DARLAN

DES MÊMES AUTEURS

Hervé Coutau-Bégarie

La puissance maritime soviétique, IFRI-Economica, 1983.
Géostratégie de l'Atlantique Sud, Presses Universitaires de France, 1985.
La Puissance maritime, Fayard, 1985.
Castex, le stratège inconnu, Economica, 1985. Prix de l'Académie de Marine.
Géostratégie du Pacifique, IFRI-Economica, 1987.
Le Phénomène nouvelle histoire. Grandeur et décadence de l'école des Annales, Economica, 1989.

Claude Huan

L'Énigme des sous-marins soviétiques, France-Empire, 1957.
La Marine soviétique (en collaboration avec Jurgen Rohwer), La Documentation Française, 1978. Prix de l'Académie de Marine.
La Marine soviétique en guerre. I. Arctique, Economica-Mémorial, 1989.

Hervé COUTAU-BÉGARIE
Claude HUAN

DARLAN

Ce n'est pas un fardeau si peu léger qu'on pense
De bien chanter les faits d'un Amiral de France

Ronsard, *Hymnes*

FAYARD

REMERCIEMENTS

Un tel livre n'a été rendu possible que par de multiples concours, de détenteurs d'archives privées, de témoins encore survivants, des archivistes qui ont la garde de dépôts publics surabondants et en même temps fragmentaires, d'historiens qui travaillent sur cette période. S'il nous est arrivé de nous heurter à des refus — plus ou moins courtois —, à des réponses plus ou moins franches, beaucoup plus souvent nous avons rencontré un accueil qui a grandement facilité notre travail. Nous exprimons ici toute notre gratitude à ceux qui nous ont, à des titres divers, apporté leur aide.

Parmi ceux qui nous ont communiqué des documents tirés d'archives privées, plusieurs ont exprimé le désir de conserver l'anonymat. Pour respecter leur souhait, n'est citée dans cette rubrique que l'identité du créateur du fonds, et non celle de ses ayants droit. Nous ne ferons exception à cette règle que pour deux personnes : Eric-Frank Darlan, petit-fils de l'Amiral de la flotte, qui a bien voulu apporter à Paris la totalité des archives de son grand-père, ce qui nous a permis de découvrir de nombreux inédits et de vérifier les textes publiés par son père Alain Darlan dans L'Amiral Darlan parle (précisons tout de suite, puisque Henri Michel avait mis en doute la qualité de cette publication, que si Alain Darlan n'a pas cru devoir retenir certaines pièces qui ne cadraient pas avec l'image qu'il voulait donner de l'Amiral de la flotte, les textes publiés sont dans l'ensemble conformes aux originaux, hormis quelques corrections de style), et Mme la maréchale de Lattre, qui a bien voulu recevoir l'un d'entre nous et lui communiquer quelques pièces. Ont été consultés, en tout ou en partie, les papiers Auphan, Bergeret, Bidault, Bouthillier, Cagger, Castex, Chrétien, Deramond, Docteur, Esteva, Fenard, Fernet, Fontaine, Gasnier-Duparc, Gensoul, d'Harcourt, Huntziger, Jouanin, Jousse, Landriau, Laure, Leclerc, Le Luc, Marzin,

Michelier, Rivet, Sanson, Tracou, Violette, Vulliez, Weygand, ainsi que trois fonds qu'il ne nous est pas permis de citer. L'accès aux papiers Durand-Viel, qui nous avait été accordé dans un premier temps, nous a ensuite été retiré, de sorte qu'aucune des lettres de Darlan qui y figurent n'a pu être citée dans ce livre, mais Mme Warnier, fille de l'amiral Durand-Viel, nous a permis de prendre connaissance des pièces en sa possession. Précisons que les papiers Auphan, Castex et Violette sont déposés au Service historique de la Marine, ceux du général Weygand au Service historique de l'Armée de Terre, et que les papiers Fenard et Michelier dont il est question ici sont ceux conservés par les familles, les papiers déposés dans des archives publiques étant soit égarés (Fenard), soit fermés à la consultation (Michelier). Nos remerciements vont aussi à ceux qui ont pris la peine de répondre à nos demandes pour nous informer qu'ils n'avaient conservé aucun document. La liste des archives privées manquantes est longue, et certaines disparitions sont particulièrement regrettables, par exemple celles des papiers des amiraux Salaün (chef d'état-major général dans les années 20) ou de Laborde.

Plusieurs personnes ont complété (ou suppléé) les documents d'archives par des témoignages oraux ou des correspondances. Outre certains des détenteurs des papiers déjà cités, nous ont fourni une aide précieuse : Mme Baril, S.A.R. Mgr le comte de Paris, MM. le capitaine de vaisseau Arden, le colonel Allemand, le capitaine de vaisseau Ballande, le comte Pierre de Bérard, le capitaine de vaisseau Bourgeois, le vice-amiral Caron, le vice-amiral Cussac, le vice-amiral Dartigues, Henri Dhavernaz, Louis-Dominique Girard, le colonel Fourcaud, le capitaine de vaisseau Hourdin, le capitaine L'Hostis, le ministre François Lehideux, le contrôleur général Linas, l'inspecteur général de Lombarès, le commissaire général de La Monneraye, le colonel Paillole, le capitaine de vaisseau Pluyette, le capitaine de vaisseau Rupied, le commissaire général de Saint-Steban, Georges Sauverwein et le général Rygor-Slowikowski. L'un d'entre nous avait pu rencontrer avant sa mort Jacques Benoist-Méchin. Notre reconnaissance s'adresse tout particulièrement aux vice-amiraux d'escadre Duval et de Lachadenède qui ne se sont pas contentés de mettre à notre disposition leurs souvenirs : leur lecture exigeante a permis en maints endroits d'améliorer un manuscrit dont la maturation a été longue et parfois laborieuse.

Ce livre a aussi bénéficié du concours de plusieurs historiens qui travaillent sur la période et ont parfois accepté de prolonger nos propres recherches en archives, notamment les professeurs Hanns-jorg Kowark et Elmar Krautkrammer en Allemagne, Dick Boyle, George Melton et Mario Rossi aux États-Unis. Nous avons trouvé le meilleur accueil auprès du personnel des centres et dépôts que nous avons fréquentés. Notre reconnaissance va ici en premier lieu à l'amiral Chatelle et au personnel du Service historique de la Marine qui ont été mis à contribution plus souvent qu'à leur tour ; à Mme de Tourtier-Bonazzi et Mme Irigoin aux Archives nationales, qui ont dû faire face à de multiples demandes et nous ont aidés à nous orienter dans des séries où les cartons se comptent par centaines ; ainsi qu'au personnel du Service historique de l'Armée de Terre, du Service historique de l'Armée de l'Air, des Archives du Quai d'Orsay, de la Fondation nationale des Sciences politiques, du Public Records Office de Londres, du Bundes Archiv-Militar Archiv de Fribourg, de la bibliothèque de l'École nationale d'administration. Le ministre de la Défense nous a accordé une dérogation pour consulter le dossier personnel de l'amiral Darlan. Nous avons rencontré le meilleur accueil auprès de la mairie de Podensac (Gironde), dont les registres ont permis de reconstituer la généalogie de la famille Darlan, de Mme Benquet et Mme Bordes, nièces de l'Amiral de la flotte, du docteur René Prévost qui a constaté le décès de Darlan, de Me Melac, notaire à Nérac, du chirurgien-dentiste en chef Cariou, actuel propriétaire de la villa Marguerite à Saint-Malo, de l'abbé Chanut qui a bien voulu nous éclairer sur la théologie de la confession. Nous remercions également, en la personne du capitaine Boutillier, la direction générale des C.R.S. de Paris. Le Mémorial de la Seconde Guerre mondiale de Caen et les éditions Economica ont permis de compléter ce livre par une publication des principaux papiers de l'amiral Darlan (parution en deux volumes en octobre 1989). Enfin, Denis Maraval a suivi de bout en bout ce projet aux éditions Fayard ; il a lancé l'idée et a mené à bien la réalisation de cet ouvrage. M. Michel Fleury, président de la IVe section de l'École pratique des Hautes-Études, nous a fait profiter de ses remarques éclairées. Mme Salkin nous a aidés à corriger les épreuves et à établir l'index.

Un dernier mot, pour préciser que ce livre est véritablement une œuvre collective, dans laquelle les auteurs n'ont pas rédigé séparément des chapitres, ensuite juxtaposés, mais ont travaillé constamment ensemble, l'un corrigeant l'autre.

A
la mémoire
de
Bertrand de SAUSSINE
et de
Henri-Honoré d'ESTIENNE d'ORVES,
morts pour la France

AVANT-PROPOS

La France dans la Seconde Guerre mondiale est dominée par le duel Pétain-de Gaulle. En dehors d'eux, il n'y a que des personnages secondaires. Certains n'en ont pas moins joué un rôle majeur, parfois même décisif. Aucune figure n'émerge du côté de la France libre, où de Gaulle n'avait que des exécutants. En sens inverse, deux noms s'imposent lorsqu'on songe à Vichy : Laval et Darlan. Le deuxième est sans doute le plus important. A la différence de Laval, qui fut l'homme d'une seule carte, celle de la collaboration avec l'Allemagne, Darlan, après avoir constamment joué un rôle de premier plan durant les deux premières années de Vichy, a tenté de réaliser à Alger en 1942 l'impossible synthèse entre la France de l'armistice et la France combattante. A ce titre, successeur désigné du maréchal Pétain, il a été le plus dangereux rival de de Gaulle. C'est pour cela qu'on l'a tué.

Sur cet acteur capital, on a émis des jugements contradictoires, de plus en plus négatifs avec le temps. Alors que, pour Robert Aron, « pendant les quatorze mois de son gouvernement, l'amiral n'a rien abandonné d'essentiel, ni l'Empire, ni la flotte : il a tenu tête aux Allemands sur bien des points, où, nous le verrons, Laval cédera [1] », l'historien américain Robert Paxton soutient au contraire : « C'est Laval qu'on traite en général de renégat et d'opportuniste, mais c'est Darlan qui va pousser la France le plus près d'une vraie collaboration militaire avec l'Allemagne en 1941, pour se retrouver, par accident peut-être, aux côtés des Alliés en novembre 1942 », et « en définitive, le gouvernement Darlan cède au Reich à peu près tout ce qu'il veut [2] ». Ce jugement est repris par Marc Ferro dans sa récente biographie de Pétain : Darlan, « lorsqu'il était au pouvoir, avait poussé jusqu'au bout la logique et les offres de collaboration avec l'occupant nazi [3] ». Confirmant cette appréciation négative, Jean-

Baptiste Duroselle le présente comme un être simpliste, uniquement soucieux d'« obtenir le réarmement d'unités sans cesse plus nombreuses de la flotte française » et, en fait, comme le vrai responsable du drame de la marine française : son pseudo-réalisme lui dicta « une attitude qui aboutira à l'absurde, c'est-à-dire à la destruction de la flotte qu'il avait créée : Mers el-Kébir, Dakar, plus tard la résistance en Afrique du Nord, puis le sabordage de Toulon marqueront les principaux jalons de cette histoire objectivement sinistre[4] ». Son ralliement aux Alliés, en novembre 1942, ne sera qu'un « épisode tragi-comique » qui s'achèvera logiquement par son élimination : « les attaques contre Darlan étaient trop universelles, trop violentes pour qu'un tel régime pût subsister[5] ». Du côté britannique, les critiques sont encore plus violentes : Arthur Marder le rend responsable de Mers el-Kébir[6], Anthony Cave Brown lui reproche d'avoir donné l'ordre de s'opposer au débarquement en Afrique du Nord[7]... Darlan serait ainsi à l'origine de la plupart des déboires britanniques. Il aurait même livré aux Allemands les codes de la Royal Navy et le détecteur de radar !

Il n'est pas sûr que l'état de la recherche autorise des jugements aussi tranchés. Alors que Laval bénéficiait d'un nombre déjà appréciable de biographies, Darlan n'en a eu aucune jusqu'à une date récente. On ne peut considérer comme telles l'opuscule de Claude Farrère[8] paru en 1940, durant la drôle de guerre, dans un but apologétique, ceux de G. Mikes[9] et d'Alec de Montmorency[10] publiés respectivement à Londres et New York à une époque où l'amiral était plutôt mal vu par l'opinion anglo-saxonne. Pour précieux qu'ils soient par les documents qu'ils fournissent, les témoignages de l'amiral Docteur[11] et du fils de l'amiral, Alain Darlan[12], émanent de gens trop proches pour pouvoir prétendre à l'objectivité. Ce n'est qu'en 1986 qu'on a vu paraître une première biographie avec le petit livre de l'ambassadeur Jacques Raphaël-Leygues et de l'amiral François Flohic[13].

Un si durable oubli ne manque pas d'intriguer. Les explications par le discrédit du personnage et le déclin naguère du genre biographique[14] dans les études historiques sont insuffisantes dès lors que Pierre Laval a connu un traitement de loin plus favorable. Le sort a joué un rôle, puisque Yves Bouthillier, ancien ministre des Finances de Vichy, est mort en 1977 sans avoir publié le tome III de ses Mémoires qui aurait dû être consacré à l'œuvre de Darlan à Vichy[15] ; Jacques Mordal, incomparable connaisseur des choses de la marine, est mort en 1980, au moment où il achevait une biographie. Plus récemment,

Henri Michel n'a pas eu non plus le temps d'achever l'ouvrage qu'il avait entrepris [16]. Mais d'autres facteurs sont entrés en ligne de compte. Si l'on a tant tardé à rouvrir le chantier, c'est d'abord pour des questions de documentation. Les Archives de la Marine ont souffert plus que tout autre dépôt des destructions de 1940-1942, et, jusqu'à leur ouverture récente, il n'était guère possible de suppléer cette carence par les papiers entre mains privées qui ne se livraient pas facilement : difficulté d'identifier les dépositaires, répugnance de ceux-ci à laisser consulter leurs dossiers, et plus encore à les confier à des dépôts ou à livrer leurs souvenirs [17] : beaucoup des « amis de Darlan » ont préféré rester silencieux (les amiraux Esteva, Le Luc, Fenard, Marzin, Michelier ont rédigé leurs souvenirs, mais sans les publier). La fracture des années de guerre, encore aggravée par une épuration dont même l'historien américain Peter Novick, pourtant enclin à en minimiser les effets, reconnaît qu'elle a laissé des traces durables dans la marine [18], a rejailli sur le travail des historiens.

A ce problème de la documentation s'en ajoute un autre, plus fondamental, et qui tient à la personne de Darlan. D'abord, il était marin, et l'histoire de la marine française demeure mal connue : la politique navale de l'entre-deux-guerres reste à écrire [19], et la seule synthèse dont nous disposons [20] est un travail d'état-major écrit sur ordre de l'amiral Darlan [21] et à sa gloire, que l'on ne peut utiliser qu'avec précaution. Même si Darlan a joué un rôle essentiel à plusieurs reprises, il est évident qu'il n'était pas seul et que la reconstitution de la flotte est d'abord le résultat d'une action collective à laquelle ont pris part plusieurs ministres et chefs d'état-major.

Mais aussi, et surtout, la personnalité même de l'amiral est restée difficilement déchiffrable, même pour ceux qui l'ont connu de près. L'amiral Docteur, qui avait été son plus fidèle soutien, a donné à son témoignage un titre significatif : « La grande énigme de la guerre ». Des membres de son cabinet ont déclaré qu'il était souvent insaisissable [22]. Dans ses écrits, il ne se livre que rarement. Les extraits de journal qui ont été conservés sont le plus souvent des chronologies sèches, avares de commentaires ou d'impressions. Lui-même y apparaît assez peu, et souvent à la troisième personne, ce qui rend d'ailleurs l'identification de l'auteur parfois incertaine.

Difficile, la biographie de l'amiral Darlan n'en est pas moins nécessaire. D'abord parce que l'homme mérite d'être connu en raison de la place éminente qui est la sienne dès les années 30 dans la reconstitution de la marine française, puis dans l'histoire de France tout court à partir de 1940. Ensuite parce que cette approche biographique est la seule qui puisse affiner et renouveler notre connaissance de l'histoire de Vichy jusqu'en 1942. On connaît la thèse qu'a soutenue l'historien américain Robert Paxton, celle d'un Vichy cherchant constamment et unanimement la collaboration [23]. Une telle thèse est simplificatrice, non seulement parce que des tendances diverses s'affrontaient (on ne peut ranger sous la même étiquette Laval et Weygand, ni confondre les partisans de l'armistice et les partisans de la collaboration), mais parce que les individus eux-mêmes ont changé : le Darlan de 1942 n'est plus entièrement celui de 1940. Retracer la vie de François Darlan, c'est mettre en lumière un acteur de premier plan de l'histoire de la France contemporaine, mais aussi ouvrir la voie à une relecture d'une période riche en bouleversements.

Difficile, la biographie de l'amiral Darlan est cependant possible. L'ouverture des archives publiques, la découverte de papiers privés, des témoignages inédits nous permettent de disposer de nombreux éléments encore inconnus il y a quelques années. L'histoire des « papiers Darlan » est à elle seule une véritable odyssée.

L'amiral Darlan écrivait beaucoup — on peut même dire qu'il passait son temps à écrire. Non seulement il communiquait avec son état-major et ses subordonnés essentiellement par notes, mais en outre il tenait un agenda, écrivait à sa sœur au moins une fois par semaine et à sa femme pratiquement tous les jours ; il rédigeait des synthèses pour lui-même, adressait souvent à ses principaux subordonnés des lettres personnelles pour leur commenter le sens des décisions qu'ils recevaient, allant même jusqu'à recopier personnellement des courriers importants (on trouve aux Archives nationales des lettres manuscrites en deux exemplaires) et à écrire une note sur le sens d'un document. C'était sa méthode de travail, mais il agissait aussi en vue de l'image qu'il souhaitait léguer à l'histoire : un document porte ainsi la mention : « pour Mémoires ». Il était tellement soucieux de ses archives qu'il a songé à leur préservation durant la débâcle de 1940, chargeant son maître d'hôtel de mettre en lieu sûr à Nérac, sa ville natale, « des papiers auxquels je tiens particulièrement parce qu'ils concernent l'œuvre navale de ces quinze dernières années [24] ». En novembre 1942, il a de même confié certains papiers au capitaine de vaisseau Sanson, chef du 2e bureau, et emporté avec lui dans une valise jaune les pièces les plus importantes sur son action à Vichy. Cette valise a été capturée avec les bagages de l'amiral par les insurgés qui ont tenté de s'emparer du pouvoir à Alger le 8 novembre 1942, mais l'échec de ce putsch a permis à Darlan de la récupérer le soir même. Après sa mort, ces pièces ont été réunies avec les papiers d'Alger par l'amiral Battet, toujours dans cette valise ; celle-ci a d'abord été confiée à l'amiral Leclerc (trop proche de Darlan, Battet prenait ses précautions), puis récupérée par Battet qui l'a ensuite confiée à l'amiral Michelier lorsqu'il a dû partir pour les États-Unis et enfin restituée à Alain Darlan[25]. Elle est aujourd'hui en possession du fils de ce dernier, Eric-Frank Darlan. D'autres pièces ont été mises à l'abri par l'amiral Auphan et le commandant Ballande après l'invasion de la zone libre[26], ou conservées à Alger par l'amiral Fenard. Pour des raisons faciles à comprendre, tous ces papiers n'ont pas reparu immédiatement après la guerre, ce qui a incité Henri Michel à écrire en 1949 que les proches de l'amiral avaient fait disparaître les traces de son action[27]. Ils existent pourtant, et il en reste sans doute encore beaucoup d'autres dans des fonds privés.

Mais l'amiral n'a pas pu tout emporter, et l'ampleur des destructions est considérable. Après son départ pour Alger, le commissaire général Louis de La Monneraye a passé plus de trois jours à détruire des archives laissées par Darlan à Vichy, craignant constamment de ne pouvoir en venir à bout, « tellement il y en avait[28] » ; la plupart des papiers mis à l'abri en 1940 ont ainsi disparu. Mission nécessaire, car les Allemands voulaient mettre la main sur eux, et le commissaire général et Mme de La Monneraye ont été arrêtés et fouillés par les Allemands alors qu'ils regagnaient leur propriété du Ravay, dans la Sarthe. Mais calamité pour l'historien, car cette disparition s'ajoute à celle des archives officielles en 1940-1942. Des années 30, il ne reste plus, à l'exception de la série capitale des archives de la « section études », miraculeusement préservée, que des débris[29]. Des années de Vichy, il subsiste encore moins de pièces, au surplus très dispersées, la reconstitution ayant été effectuée dans des conditions très difficiles au lendemain de la guerre. Ce que l'on appelle parfois « papiers Darlan » aux Archives nationales n'est en fait qu'un fragment d'un volume assez mince, concernant essentiellement la période finale à Alger. Aux Archives de la Marine, la plupart des papiers qui ont pu être récupérés ont été regroupés dans deux cartons : l'un renferme surtout des documents des années 30 et de la « drôle de guerre », l'autre contient les notes de Darlan sur le désarmement. On trouve également des notes et des lettres dans plusieurs cartons, et notamment un riche dossier sur la campagne de Norvège. Les Archives de la Guerre contiennent ce qui reste de l'année 1942, lorsque Darlan était commandant en chef, ainsi que les papiers du général Weygand déposés par son fils, mais les papiers du général Giraud, qui avaient aussi fait l'objet d'un dépôt, ont mystérieusement disparu. Celles des Affaires étrangères livrent en revanche peu de pièces. Les archives de la Haute Cour, conservées aux Archives nationales, contiennent de nombreux documents dispersés.

Les lacunes des archives officielles peuvent être partiellement compensées par le recours aux papiers privés. Pour les raisons précédemment indiquées, la moisson est souvent difficile et décevante. Au cours des dernières années, un certain nombre de dépôts ont livré des pièces importantes : il faut citer avant tout, aux Archives de la Marine, les papiers de l'amiral Auphan, très importants, surtout pour la période vichyssoise ; les papiers de l'amiral Castex qui permettent de saisir les relations de Darlan avec l'un de ses principaux subordonnés ; les papiers de l'amiral Violette, chef d'état-major de 1928 à 1931, qui contiennent plusieurs lettres de Darlan. Les papiers de l'amiral Durand-Viel, prédécesseur de l'amiral Darlan à l'état-major général, ne seront consultables qu'une fois la biographie de Durand-Viel écrite, ce qui demandera sans doute quelque temps. Aux Archives nationales, si les papiers Fenard sont « égarés[30] », on trouve des lettres de l'amiral Darlan dans plusieurs fonds. Le Quai d'Orsay conserve plusieurs fonds importants (Reynaud, Baudouin, Massigli...).

De nombreux papiers restent entre des mains privées. L'ambassadeur Raphaël-Leygues a conservé les archives de son grand-père : il a publié les lettres les plus importantes de Darlan à Georges Leygues[31]. D'anciens collaborateurs de Darlan, des témoins du drame d'Alger ou des événements antérieurs ont conservé diverses pièces, modestes ou plus importantes. Le fait que l'un d'entre nous soit officier de marine a évidemment facilité les contacts. Certes, beaucoup d'éléments manquent encore, soit qu'ils n'aient pu être localisés, soit qu'ils aient définitivement disparu. Les amiraux de Laborde et Gensoul n'ont pratiquement rien laissé. Gasnier-Duparc, ministre de la Marine du Front populaire, non plus. Le sort des papiers de l'amiral Esteva est révélateur des tribulations des archives dans les périodes troublées : à la veille d'être fait prisonnier par les Allemands en Tunisie, Esteva a détruit les pièces les plus importantes. Une partie de ses papiers ont survécu et ont été saisis par les Britanniques qui les ont par la suite rétrocédés aux Français. Après sa sortie de prison, Esteva a pu les récupérer, au moins partiellement, et s'en servir pour rédiger des souvenirs restés inédits. La disparition des papiers de la famille Darlan à Nérac (notamment des lettres adressées par l'amiral à ses parents, à son beau-frère et à sa sœur), probablement définitive[32], nous prive d'éléments très précieux pour comprendre sa personnalité.

Les archives britanniques, américaines et allemandes sont également indispensables. A travers les analyses, les comptes rendus d'entrevues et de négociations, on voit le point de vue des uns et des autres sur le comportement d'un interlocuteur qui, le plus souvent, suscite la perplexité et la méfiance. Des deux côtés, mais en sens inverse, on le soupçonne volontiers de jouer double jeu. Manquent les archives italiennes, soumises à la règle des cinquante ans, ainsi que certains dossiers très secrets : il est assez surprenant de constater que les Américains — qui laissent consulter et publier les plans nucléaires des années 50 et les délibérations du *National Security Council* jusqu'en 1962 — interdisent encore l'accès à des documents relatifs aux événements d'Alger. Les Britanniques sont encore plus restrictifs : l'histoire officielle de la *British Intelligence* rédigée par F. H. Hinsley ou la biographie de Sir Stewart Menzies (chef de l'I.S.) par Anthony Cave Brown ne disent pas tout, loin de là, et cette situation n'a guère de chances de s'améliorer dans un avenir proche ; les archives des services secrets durant la Révolution ne sont accessibles que depuis une dizaine d'années et leur consultation se heurte encore à de multiples obstacles : l'historien se voit souvent répondre que tel dossier est « en cours de classement » (!) ou inaccessible pour des raisons diverses... On sait déjà que certaines pièces trop sensibles ont été retirées des archives britanniques et probablement détruites, par exemple à propos de l'affaire de Mers el-Kébir.

A ces sources d'archives, souvent inédites ou à peine explorées, il faut ajouter des témoignages et des études : outre les souvenirs inédits déjà cités, ceux de l'amiral Auphan[33], de Guy Raïssac[34], du commandant Ballande[35] nous livrent quantité de renseignements sur l'homme. Jacques Benoist-Méchin, a laissé un témoignage posthume capital sur l'action politique de Darlan en 1941-42[36]. Le drame d'Alger, obscurci par des témoignages déformés, voire par des revendications fantaisistes, a été en partie éclairci par les récits de Pierre Ordioni[37], du commandant Voituriez qui conduisit l'enquête[38] et de l'amiral Moreau[39]. L'obstacle de la documentation, s'il est loin d'avoir disparu, s'est cependant considérablement réduit et n'est pas de nature à interdire un essai d'approche globale de François Darlan.

Reste un autre obstacle, celui de la compréhension. Le genre biographique, surtout pour la période contemporaine, fait bien ressortir l'inanité de la distinction entre l'histoire-récit et l'histoire-problème, car il n'est pratiquement aucun élément du récit qui ne soit problématique. Les destructions d'archives ont créé des « trous », certains bien visibles, d'autres moins aisément décelables, et en fin de compte plus redoutables, car elles peuvent suggérer une continuité là où il y a eu en fait des hésitations ou des retours en arrière. Chaque acteur a raconté ses souvenirs de manière sélective ou biaisée. L'exemple du livre d'Alain Darlan est particulièrement significatif. Mme Keraudren, sœur de l'amiral, parlait des « fausses confidences de l'amiral Darlan », et l'on ne peut accepter sans vérifications sa reconstitution des paroles de son père [40]. Même les pièces les plus connues doivent être, chaque fois que cela est possible, vérifiées car l'usage qui en a été fait peut être déformé : certains ont voulu voir dans le télégramme du 24 juin 1940 le signe d'une volonté de rupture avec l'Angleterre, mais en n'en citant qu'une partie ; la lecture de l'ensemble du document révèle sans ambiguïté le sens réel que Darlan lui donnait. D'où le recours le plus large possible, dans ce livre, aux sources primaires, les autres n'étant appelées qu'à titre de substitution. D'où aussi l'abondance et souvent la longueur des citations : pour éviter des interprétations hâtives, il n'est de moyen plus sûr que la démarche érudite. Deux exemples.

Pour comprendre les journées, dramatiques entre toutes, de juin-juillet 1940, il faut entrer dans le détail pour savoir ce que fut le rôle de Darlan dans l'affaire du bombardement de Gênes, si son opposition au transfert des troupes vers l'Afrique du Nord était fondée sur des faits matériellement exacts (et en l'absence de notes de synthèse fiables, on ne peut le savoir que par un dépouillement, long et fastidieux, des registres de messages), s'il a comploté pour devenir ministre...

De même, les événements de novembre 42 sont d'une complexité extrême que l'on ne peut espérer réduire que par la connaissance de sources fragmentaires, mais beaucoup plus nombreuses qu'on ne le pense généralement. Ainsi, on cite un certain nombre de messages, toujours les mêmes, échangés entre Vichy et Alger par la ligne secrète qui a fonctionné du 8 au 14 novembre. Tant les cahiers « départ » que les cahiers « arrivée » ont été détruits dès novembre 42, et on ne connaît donc que ceux dont les principaux acteurs avaient conservé copie. Mais on oublie que la ligne avait des ramifications en direction de Casablanca, d'Oran, de Bône... et que celles-ci écoutaient beaucoup. Le dépouillement de leurs registres permet ainsi de retrouver la plupart des messages que l'on croyait perdus. Pour apprécier l'importance de cette reconstitution, il suffit de dire que 380 messages ont été émis ou reçus par Alger dans la seule journée du 8 novembre et que le nombre total dépassait le millier lorsque la ligne a définitivement cessé de fonctionner le 14.

Ce n'est qu'à partir d'un tel faisceau d'indices, fondés sur des documents originaux, que l'on pourra saisir le comportement réel de Darlan. La rançon de cette démarche est évidemment la longueur de ce livre. Mais trop d'affirmations erronées ou simplificatrices ont été énoncées pour que l'on puisse faire l'économie d'une vérification aussi minutieuse que possible. Ce n'est que grâce à une telle démarche que l'on peut découvrir que Darlan n'a livré aux Allemands ni le détecteur de radar (que la France ne possédait pas) ni les codes de la Royal Navy (que les Allemands ont déchiffrés tout seuls).

Tous les documents doivent être passés au crible de la critique, surtout pour la période de Vichy : face aux multiples « fuites » dont bénéficiaient les Allemands, Darlan a érigé en système le « non-écrit » et même parfois le « faux-écrit ». Son ministre des Finances Yves Bouthillier, qui fut l'un de ses collaborateurs les plus proches, l'a affirmé avec force : « J'ai lu pendant la guerre et depuis la guerre bien des textes de la main de l'Amiral de la flotte. Je nie que ses notes et ses schémas reflètent exactement le fond de sa pensée et qu'elles aient toujours préfiguré ses attitudes et ses actions[41]. » La remarque est encore plus vraie pour ses déclarations : il n'était pas rare de l'entendre tenir à des interlocuteurs différents des discours contradictoires, et la logique de certains propos était parfois plus complexe que ne le supposaient ceux qui les entendaient. Plusieurs officiers français ont été choqués de l'insistance avec laquelle il disait aux Allemands en 1942 : « Mais prenez donc Malte », sans comprendre que ce conseil désintéressé lui permettait d'esquiver les pressions de l'Axe pour l'accès au port de Bizerte : « Au lieu de vous focaliser sur Bizerte, occupez-vous plutôt de Malte qui est la clef de la Méditerranée. »

A éviter aussi l'écueil des fausses questions. L'historien n'a pas à réécrire l'histoire, ni à suggérer *post mortem* aux acteurs ce qu'ils auraient dû faire ou ne pas faire, mais plus simplement à expliquer ce qui s'est passé, en se rappelant l'aphorisme : « Le problème, dans les circonstances difficiles, n'est pas de faire son devoir, mais de savoir où est son devoir. » Cette formule, profondément juste, au lieu d'entraîner des condamnations définitives, devrait inciter à l'effort d'objectivité auquel Clausewitz, avec un brin de provocation, invitait les chercheurs : « La grande majorité des critiques stratégiques disparaîtraient complètement ou se réduiraient à de très légères distinctions de compréhension, si les écrivains voulaient ou pouvaient se mettre par la pensée dans toutes les circonstances où se trouvaient les acteurs[42]. » Sans aller aussi loin, ce qui serait difficile pour une période aussi troublée, la recherche historique peut au moins, suivant le conseil de Raymond Aron, éviter cette « tendance à la mode dans le Paris d'aujourd'hui : refuser le passage par l'interprétation proprement historique, autrement dit à l'intérieur du système de pensée de l'auteur [ici, du personnage] que l'on étudie[43] » et expliquer pourquoi Darlan a fait ce qu'il a fait, laissant au moraliste le soin d'approuver ou de condamner.

Pour comprendre le comportement de l'amiral Darlan à partir de 1940, il est nécessaire de se souvenir qu'il était marin. Marin « politique », rompu aux cabinets ministériels sans aucun doute, mais marin tout de même. On lui a d'ailleurs souvent reproché, le général de Gaulle le premier, de ne raisonner qu'en fonction de la marine et même d'avoir fait passer le souci de sa conservation avant les intérêts de la France[44]. Mais lui avait le sentiment de servir les intérêts supérieurs de la France en défendant sa marine. Avant d'aborder la phase cruciale des années de guerre, il faut donc retracer sa carrière antérieure plus profondément que cela n'a été fait jusqu'à présent.

CHAPITRE PREMIER

Les origines

La vocation maritime de François Darlan n'est pas fortuite. Elle s'inscrit dans une longue tradition familiale qui lui aurait fait dire : « Nous sommes tous marins dans la famille, seul mon père a mal tourné : il est devenu ministre de la Justice. »

L'origine lointaine des Darlan n'est pas connue. Dans la famille, on se vantait volontiers de lointaines origines scandinaves. Il est exact que ce nom est porté par plusieurs familles en Angleterre ainsi que par deux villages, l'un dans le Kent, l'autre au Pays de Galles, au point que l'on trouve une *Darlan Road* à Londres depuis la fin du XIXe siècle. Mais cet indice est mince. L'étymologie ne nous est pas d'un grand secours. Elle suggère à l'opposé des origines plus locales. Le *Dictionnaire des noms de famille* de Lagneau et Arbuleau indique : « originaire d'Arlane, localité du Puy-de-Dôme », avec l'orthographe Darland[1]. Une autre étymologie, plus audacieuse, assigne à ce nom une origine celtique : « *Ar Lann :* près des landes, ou à l'est des landes[2] ». Il serait trop risqué de vouloir tirer des conclusions de données aussi fragmentaires.

La famille Darlan n'apparaît qu'au début du XVIIIe siècle à Podensac, petit bourg situé sur la rive de la Garonne dans la région des Graves, au milieu d'un vignoble réputé. Par un hasard heureux, les registres paroissiaux ont été conservés depuis 1604. Bien qu'ils aient été plus ou moins bien tenus selon les desservants, ils permettent d'avoir une vue de la démographie communale sur quatre siècles.

Alors que des familles comme les Ducau et les Dorgueilh, auxquelles les Darlan seront par la suite plusieurs fois alliés, sont présentes dès les premiers registres, le nom de Darlan n'apparaît qu'en 1736, le 21 novembre, à l'occasion du baptême de Bernard Darlan, fils légitime de François Darlan et de Catherine

Bernard Darlan — Marie Bouchon | Jean Mongaillard — Marie Bouchon

Charles Darlan <— 23 nov. 1747 —> Marie Mongaillard

Jean Darlan <— 26 janv. 1785 —> Marie Civrac
11.4.1759 - ?

Antoine Darlan <— 11 sept. 1816 —> Catherine Marcuch
17.12.196 - ?

Jean, dit Sabin <— 14 juill. 1847 —> Claire Bal
10.6.1817 - 7.7.1872

Jean-Baptiste Joas <— Juin 1877
10.6.1848 - 8.12.1912

Louise-Claire <—> Jules Keraudren
22.3.1878-1958 s.p.

Sources : État civil de Podensac
État civil de Nérac
État civil de Saint-Malo
État civil de la famille Rodney

George Rodney
(1er baron Rodney)
1718 - 1792

George Rodney
1753 - 1802

Georges Rodney
1782 - 1842

Charles-Rodney Morgan
1820-1880

rie-Marguerite Espagnac

Charles Morgan <—> Catherine Peyrot
1851 - 1904

François <— 6 décembre 1910 —> Berthe Morgan
1 - 24.12.1942 14.4.1884

Alain Darlan
15.4.1914 - 10.5.1983

1) Melle Hamon
2) Miss ?
3) Gisèle Jolibert

Eric-Frank Darlan

Labarthe. Le 6 février suivant, est signalé le mariage de Jeanne Darlan, fille de Bernard Darlan et de Marie Bouchon. Ce Bernard, à ne pas confondre avec le précédent, est l'ancêtre de l'amiral. Comme François (son cousin ou son frère), il est maître de barque. Pratiquement tous ceux qui vont suivre continueront dans cette voie, plus fluviale que maritime. Les patrons de barque assurent le transport entre les deux rives du fleuve et descendent vers Bordeaux des marchandises diverses, notamment le vin destiné à l'exportation. Ce trafic leur procure une certaine aisance et les place au-dessus de la foule des laboureurs. A l'exception des deux premiers, tous les Darlan sauront signer.

Outre leur fille Jeanne, Bernard Darlan et Marie Bouchon ont un fils, Charles, dont la date de naissance n'est pas mentionnée. Connu sous le sobriquet de « Charlot » (c'est ainsi qu'il est désigné dans l'acte de mariage de son fils), il exerce la profession de charpentier de marine. De son mariage le 23 novembre 1747 avec Marie Mongaillard (fille de Jean Mongaillard, tonnelier, et de Marie Bouchon ; mais celle-ci est originaire de la commune de Paillet, tandis que la mère de Charles est de Podensac), il a un fils, Jean, né le 11 avril 1759. Maître de barque inscrit à Langon, où se trouve un quartier de l'inscription maritime, il devient capitaine au long cours et commande un voilier de Bordeaux, *Le Fils unique*. Près de cent cinquante ans plus tard, l'amiral fera venir à Paris un ex-voto trouvé dans une église de Gironde, vraisemblablement celle de Podensac, et représentant un voilier pris dans la tempête, avec la Vierge portant l'Enfant Jésus au-dessus des éléments déchaînés et la légende : « *Le fils unique*, capitaine Darlan, 1790[3]. »

Jean Darlan épouse, le 26 janvier 1785, Marie Civrac (parfois écrit Pivrac) qui lui donne au moins cinq enfants[4] : deux filles, toutes deux prénommées Marie, nées en 1786 et 1795, et trois fils : l'aîné, Jean, né le 25 avril 1789, sert d'abord à bord de la frégate *Circé* de 1812 à 1814, puis obtient son diplôme de maître au petit cabotage le 13 décembre 1814 ; du troisième, également prénommé Jean et lui aussi maître au petit cabotage, nous ne connaissons que ses dates de naissance et de mort : 3e jour complémentaire de l'an X (29 décembre 1801)-18 août 1859. Le deuxième, Antoine, né le 27 frimaire an V (17 décembre 1796), est l'arrière-grand-père de l'amiral.

Lui est d'abord marin de commerce avant de devenir capitaine de barque. Bien que son dossier personnel manque, il ne semble pas qu'il ait servi dans la marine. Contrairement à ce que laissait entendre l'amiral lui-même, aucun de ses ancêtres directs n'a participé à la bataille de Trafalgar. Le quartier-maître Sabin Darlan, embarqué à bord du célèbre *Redoutable*, qui soutint un combat mémorable contre le *Victory* de Nelson, était issu d'une branche collatérale. Son identification est difficile, car Sabin n'est pas un prénom de baptême et ne figure sur aucun registre (le grand-père de l'amiral, lui aussi connu sous le prénom de Sabin, se prénommait Jean). Il s'agit sans doute de Guillaume, fils de Jean Darlan et d'Élisabeth Dorgueilh, né le 10 septembre 1789, matelot (sans aucune autre indication), mort le 8 juillet 1814, le lendemain de son rapatriement des pontons anglais[5]. Un autre, Bernard, sert à bord du vaisseau *Charlemagne* de 1807 à 1812, naviguant au total pendant 147 mois et 15 jours, dont 122 mois de guerre, et Jean-Baptiste (fils d'Antoine Darlan et de Marie Ducau) sert à bord du vaisseau *L'Océan* à l'île d'Aix de 1812 à 1814.

Antoine épouse, le 11 septembre 1816, Catherine Marcuche, dont il a cinq enfants : deux filles encore prénommées toutes deux Marie (la première était appelée Rose en famille) et trois fils : Jean, né le 10 juin 1817[6], Jean dit Sabin, né le 3 décembre 1818, et Antoine, né le 23 novembre 1821. Avec Jean Sabin, grand-père de l'amiral, l'horizon de la famille Darlan va changer de dimension. Délaissant les rives de la Garonne, il décide d'imiter l'exemple de son grand-père et d'un de ses oncles, Laurent (ou Laurens), qui, après avoir navigué sur la barque *La Fortune,* commandée par son père Antoine Darlan (sans rapport avec l'arrière-grand-père de l'amiral), et servi dans la marine de guerre, a obtenu en 1810 son brevet de capitaine au long cours. Malheureusement, le dossier de Jean Sabin manque. Tout ce que nous savons, c'est qu'il se distingue lors du naufrage de la corvette *La Marne,* le 25 juin 1841, en sauvant le commandant et un officier et obtient ensuite son brevet. Puis ayant amassé un petit capital, il s'installe à son compte. Alain Darlan nous dit qu'il possédait « douze beaux voiliers », tout en continuant à commander l'un d'entre eux[7]. Sans doute exagère-t-il quelque peu, ne serait-ce que parce qu'un armateur n'aurait pu diriger une flotte de douze unités en étant lui-même à la mer. En fait, il semble avoir eu deux navires, *La Mexicaine* et *Le Nouveau Cantabre* sur la ligne France-Mexique[8]. Toujours installé à Podensac, habitant une belle maison à deux étages sise au numéro 14 de la voie aujourd'hui nommée rue du Président-Wilson, il est devenu un notable. De son mariage avec Claire Ballen, célébré le 14 juillet 1847, il a trois fils : Jean-Baptiste Joas, né le 10 juin 1848, Michel appelé Xavier en famille, né le 5 novembre 1853 et son jumeau Charles, mort en bas âge.

L'armateur nourrit des ambitions pour ses fils qu'il envoie à l'Université : Jean-Baptiste fera son droit et Xavier sa médecine. La faculté de droit de Bordeaux n'existant pas encore (elle ne sera créée qu'en 1873), les deux adolescents vont faire leurs études à Paris. Mais leur brillant avenir est soudain compromis par la mort de leur père le 7 juillet 1872, dans sa cinquante-quatrième année. Encore trop jeunes pour assurer la direction de l'entreprise, ils doivent assister à la vente à la chandelle des deux navires, ce qui leur laisse un capital respectable, mais les détourne définitivement de la mer.

S'éloignant alors du berceau familial, ils ne retournent pas à Podensac. Jean-Baptiste achète en 1874 une charge de notaire à Marmande. Il se signale durant les inondations de 1875 et reçoit la médaille de sauvetage (en or). Son frère le suit vraisemblablement. C'est à cette époque qu'il rencontre Marie-Marguerite Espagnac qu'il épouse en juin 1877, tandis que son frère épouse Marie Élisabeth Espagnac[9]. Le docteur Espagnac, médecin à Nérac, n'est pas dépourvu de biens et donne 100 000 francs de dot à chacune de ses filles. Les frères Darlan apportant de leur côté 75 000 francs chacun, les deux jeunes ménages sont tout de suite financièrement à l'aise. Ils s'établissent à Nérac. Xavier y devient un médecin honorablement connu, qui brillera quelque peu dans les salons littéraires. Jean-Baptiste, quant à lui, vend sa charge de Marmande pour devenir avocat. Peut-être n'y a-t-il pas alors de charge de notaire à acheter à Nérac[10], peut-être aussi a-t-il changé de voie dans l'espoir d'une carrière politique, la profession d'avocat étant alors un tremplin privilégié pour l'accès aux charges publiques.

Comme son père, il a des idées républicaines. Il est initié à la franc-maçonnerie. A partir de 1885, il est vice-président et « l'un des conférenciers les plus actifs » de l'Association du Centenaire fondée « pour la propagation des idées républicaines ». Cela lui permet de nouer d'utiles relations avec son aîné Armand Fallières, député, et Georges Leygues, plus jeune que lui de quelques années (il est né en 1857) mais élu député dès 1885. Darlan entreprend un parcours classique de notable local : en 1880, deux ans seulement après son installation, il est élu maire de Nérac, ce qui constitue une belle performance ; en 1886, il est conseiller général.

Le 27 juillet 1890, enfin, il est élu député, pratiquement sans opposition, avec 8 757 voix sur 9 772 suffrages exprimés dans une élection partielle : Armand Fallières, élu sénateur le 8 juin précédent, lui a légué son siège. Il le conserve sans difficulté aux élections générales du 20 août 1893, avec 7 105 voix sur 9 952. A la Chambre, il siège à gauche, sur les bancs du groupe de l'Union républicaine dont il est l'un des vice-présidents. C'est un parlementaire consciencieux, membre de multiples commissions dont celle de la Marine, mais assez terne : il intervient peu dans les débats, toujours sur des sujets techniques (tarifs douaniers, régime des successions, réforme des justices de paix, rachat des canaux du Midi...). Ses propositions de loi ne portent pas sur de grandes questions : la plupart tendent à l'ouverture de crédits pour venir en aide aux victimes des orages et des inondations dans le Lot-et-Garonne. On relève aussi une proposition de loi relative à la retraite des conducteurs des Ponts et Chaussées. Il se met cependant en valeur en 1895 lors de l'accusation contre un ancien ministre des Travaux publics, Raynal; son rapport est adopté le 14 janvier à une large majorité [11]. Mais ce sont sans doute davantage ses relations d'amitié avec Fallières et Leygues que ses propres talents qui conduisent Méline à en faire, le 29 avril 1896, un garde des Sceaux. On peut cependant supposer qu'il réussit honorablement dans ses fonctions ministérielles puisque à la suite d'une crise ministérielle il ajoute, le 26 septembre suivant, à son portefeuille celui des Cultes. En avril 1897, il accompagne les ministres du Commerce et des Finances en Tunisie pour l'inauguration du port de Sfax. Avant de s'embarquer à Marseille, les trois ministres passent en revue à Toulon l'Armée navale commandée par le vice-amiral de Cuverville. Ils sont salués par dix-sept coups de canon.

Cette promotion finira par causer sa perte. Homme de gauche comme on l'est dans le Sud-Ouest, Jean-Baptiste Darlan n'a rien d'un sectaire. Ce républicain franc-maçon n'a aucune envie de déclencher la persécution religieuse. Sa modération va donc lui susciter des ennemis à gauche, alors qu'il en a déjà assez à droite car il est le seul membre du cabinet Méline à douter de la culpabilité de Dreyfus (même s'il refuse la révision du procès). Après avoir eu à répondre à plusieurs interpellations, il va tomber sur celle du sénateur de l'Aveyron Joseph Fabre, le 30 novembre 1897.

L'interpellateur, avec beaucoup de mordant et d'ironie, accuse le garde des Sceaux d'avoir fait prêter serment à deux magistrats sans respecter les formes prescrites : la prestation du serment a été remplacée par la lecture de deux télégrammes envoyés par les nouveaux promus. Cette précipitation s'expliquait, selon l'interpellateur, par la volonté d'un des deux magistrats, Monservin, de quitter à temps son poste de juge d'instruction à Rodez pour pouvoir être candidat aux prochaines élections dans le département de l'Aveyron à l'expiration du délai légal de six mois. Le télégramme lui a permis de respecter ce délai au jour près. Le sénateur Fabre n'ironise pas seulement sur « ce serment fin de siècle dont M. Darlan a été l'initiateur » (*applaudissements et rires à gauche*), il accuse le garde des Sceaux de s'être prêté à une manœuvre au profit de la droite (ledit Monservin est candidat « catholique »).

Jean-Baptiste Darlan, qui est resté silencieux pendant cette très longue attaque, entreprend de répondre. Après avoir soutenu que le serment par écrit était « d'usage très fréquent », usité dès avant 1832, il affirme que « la chancellerie n'a autorisé directement que le serment par écrit et non le serment par télégramme », et soutient qu'il ignorait tout des intentions électorales du magistrat Monservin, ce qui provoque ce que l'on appelle dans le langage parlementaire des « mouvements divers ». Ses explications ne sont pas assez convaincantes pour le sauver. Il s'en faut de très peu puisque l'ordre du jour simple (c'est-à-dire sans blâme) est rejeté par une seule voix de majorité : 105 contre 106. Par 133 voix contre 113, le Sénat adopte un ordre du jour qui équivaut à un blâme : « Le Sénat, persuadé que le gouvernement tiendra la main à ce que les lois soient strictement exécutées, passe à l'ordre du jour[12]. » Le lendemain, Jean-Baptiste Darlan va remettre sa démission. Sa carrière politique est brisée : un lutteur comme Clemenceau n'y aurait vu qu'un contretemps et serait reparti à l'assaut ; Darlan, lui, ne s'en remettra pas. Aux élections générales de mai 1898, il est nettement battu, recueillant seulement 5 729 voix sur 13 683 suffrages au deuxième tour. Il perd peu après son siège au Conseil général. Il ne reprend pas son métier d'avocat, et son ami Georges Leygues le fait nommer le 4 septembre 1899 percepteur-receveur du XVIe arrondissement de Paris, poste des plus modestes pour un ancien ministre. Il reviendra quelques années plus tard à Nérac pour y mourir le 8 décembre 1912, à soixante-quatre ans.

Malgré le manque de renseignements, il n'est pas difficile de deviner la marque que cette chute a dû imprimer sur son fils. Mais l'épreuve va le durcir au lieu de le briser. D'autre part, malgré sa disgrâce, Jean-Baptiste Darlan a conservé avec Fallières et Leygues des relations qui seront bien utiles à son fils plus tard.

Le ménage Darlan a eu deux enfants : une fille, Louise-Claire-Marie-Hélène, née le 22 mars 1878, et un fils qui va faire entrer le nom de Darlan dans l'histoire : Jean-Louis-Xavier-François, né dans la maison de Nérac, rue de Condom, le 7 août 1881 à 9 heures du matin. L'enfant porte comme premier prénom Jean, ainsi que la plupart des hommes de la lignée, mais son prénom usuel sera François, beaucoup plus rare dans la famille : il n'apparaît que deux fois dans les registres de Podensac au XVIIIe siècle : l'un, dont nous ne savons rien, était capitaine de barque ; l'autre, fils d'Antoine Darlan et de Marie Castéra, a été le héros involontaire d'une curieuse histoire : un quidam a tenté en 1797 de faire opposition à son mariage avec Françoise Bordessoule ; l'affaire a connu un dénouement heureux puisque le juge de paix Ducau (que l'on pourrait soupçonner de partialité, car les familles Darlan et Ducau sont apparentées) a rejeté l'opposition et les deux jeunes gens ont pu convoler en justes noces...

L'enfant est baptisé le 30 août par l'abbé Duluc, vicaire à l'église Saint-Nicolas : le père, républicain et franc-maçon bon teint, n'est pas pour autant un mécréant. Simplement, la cérémonie se fait avec discrétion : alors qu'Armand Fallières avait servi de témoin à l'état civil, le parrain et la marraine sont pris dans la plus proche famille : l'oncle Xavier et la grand-mère Espagnac. Contrairement à la légende partout colportée[13], Georges Leygues n'est pas son parrain.

De l'enfance de François Darlan, nous ne savons pratiquement rien, puisque aucun document n'a été conservé. Ce qui est sûr, c'est qu'elle a été placée sous le signe de la solitude et de la tristesse. Sa mère meurt alors qu'il n'a que trois ans. Il est élevé par des gouvernantes et ne semble guère tirer de réconfort de la présence de sa tante à qui il donnera un sobriquet expressif : « la tante à gifles ». Son père le met ensuite en pension au lycée de Talence, période dont il conservera un souvenir pénible, mais qui le met en relation avec Henri Moysset qui deviendra plus tard son conseiller intime. Son accent gascon lui vaut quelques quolibets, mais il n'est pas du genre à recevoir sans rien rendre : il racontera plus tard à son fils qu'il s'était associé à un Antillais, également marginalisé, pour mettre les moqueurs à la raison. Sa solitude n'est cependant pas absolue puisqu'il y a toujours des Darlan à Nérac, et il fera une bonne partie de sa scolarité avec son cousin André[14]. En 1894, il va, avec sa sœur, retrouver son père à Paris et y finir ses études comme externe au lycée Henri-IV. Tous les jeudis, Mme Leygues emmène Hélène et François à la Comédie-Française. Les enfants Darlan et Leygues sont si liés que leurs parents caresseront quelque temps l'idée d'un mariage entre François et l'une des filles de Georges Leygues[15]. Ce projet n'aboutira pas, mais cet échec ne remettra jamais en cause les liens d'affection du ministre pour le jeune homme. Cette familiarité, que de mauvaises langues (il n'en manque pas...) voudront plus tard transformer en filiation[16], favorisera grandement sa carrière.

La vocation maritime de François s'étant très tôt affirmée, il entre en « flotte » (préparation à Navale) au lycée Saint-Louis dès l'âge de quatorze ans. Cela n'a rien d'exceptionnel (les candidats à Navale n'attendent pas le baccalauréat), encore que l'âge habituel soit plutôt de quinze ans, mais il n'a atteint que la classe de cinquième, alors que tous ses condisciples sortent au moins de quatrième. Le cursus normal dure deux ans : une première année de transition, une deuxième de préparation proprement dite au concours. Le parcours de l'élève Darlan est laborieux. Il se lie avec l'un de ses condisciples, fils d'un négociant champenois, Jean-Pierre Esteva. Celui-ci raconte qu'un jour Darlan, quelque peu dissipé, le laissa punir à sa place, n'osant avouer qu'il était l'auteur du désordre sanctionné ; bien des années après, il se reprochait toujours sa lâcheté [17]. L'amiral Auphan, qui défendit toujours la mémoire de son chef, parle de « quelques trous dans sa formation [18] ». Il échoue à sa première tentative en 1898, ce qui n'a d'ailleurs rien de déshonorant : le niveau du concours était fort élevé, et les places peu nombreuses ; 65 seulement en 1897. Heureusement pour Darlan, la montée de la tension avec l'Angleterre, qui va aboutir à la crise de Fachoda en 1898, entraîne un gonflement des promotions : 80 postes sont offerts au concours en 1898, 100 l'année suivante. Si la première augmentation est encore insuffisante pour lui assurer le succès, la seconde lui permet de revêtir l'uniforme de « bordache ». Avec 1 173 points, il se classe 77e sur 100. Le major est Sablé qui aura une carrière tout juste honorable et sera en 1945 président de la commission d'épuration de la marine. Le deuxième est Ollive, qui sera « amiral Afrique » en 1940. Font également partie de cette promotion Muselier, futur chef des Forces navales françaises libres, Le Bigot qui sera préfet maritime de la 1re région en 1940, ainsi que Fernet qu'il retrouvera à Vichy. Dans la promotion précédente (les « anciens »), figurent Esteva, Gensoul, Duplat ; dans celle qui suit (les « fistots »), Moreau, d'Harcourt, Lacroix, Derrien, Odend'hal.

L'École navale à la fin du XIXe siècle, c'est encore le *Borda*, superbe vaisseau aussi peu fonctionnel que possible et qui porte les derniers canons se chargeant par la bouche de la marine française. Les élèves vivent à bord comme des matelots, dorment dans des hamacs et ne descendent à terre que le dimanche après la messe obligatoire (les protestants et les israélites, s'il y en a, sont consignés à l'infirmerie pendant l'office) [19]. L'enseignement est essentiellement technique et pratique, la tactique n'est guère étudiée et la stratégie pas du tout. Les élèves sont ainsi tenus à l'écart (très provisoirement...) de la querelle qui oppose les défenseurs du cuirassé et de la bataille en ligne à la Jeune École qui proclame l'avènement du torpilleur et du sous-marin [20]. C'est cette dernière qui occupe le devant de la scène durant les années 1890, servie par des polémistes de talent qui célèbrent les vertus démocratiques du petit torpilleur face au gros cuirassé réactionnaire !

Darlan aimera visiblement cette école flottante au « règlement presque trop dur, tempéré par une administration presque trop faible[21] ». Plus tard il regrettera le transfert à terre[22], estimant que ce contact continuel avec la mer, cet apprentissage de la manœuvre des voiles sont la meilleure manière d'apprendre le métier de marin. Durant la première année, il se traîne dans les fonds du classement : 65e sur 99 à la fin du premier semestre, 70e à la fin du second. Mais il fait un bond spectaculaire durant la seconde année : 34e sur 94 à la fin du premier semestre, 27e au classement final. Ses notes dans les disciplines générales restent tout juste convenables : 12,27 de note moyenne en anglais, 12,29 en dessin, 13,3 en analyse (mathématique) et mécanique, alors que la moyenne est à 12[23]. Il ne brille qu'en littérature et histoire où il obtient 16,28 et accessoirement en physique et chimie avec 15,5. En revanche, dans la plupart des matières techniques, il se tient plus qu'honorablement : 17,2 en astronomie et navigation, 17,13 en infanterie (fusil et discipline), 16,58 en artillerie (canon), 16,82 en torpilles, 17,15 en manœuvre. Il est plus moyen en calcul nautique (14,21) et en architecture navale (15,6). Le capitaine de vaisseau Arago, commandant l'École navale, le note « excellent élève, discipliné et plein de bonne volonté[24] ». Il n'est pas exagéré de dire que l'enfant renfermé et triste des lycées de Talence et Paris s'est épanoui dans un milieu qui lui convenait parfaitement et qui remplaçait l'ambiance familiale qui lui avait tant manqué. Peu avant sa sortie de l'École navale, il assiste, au mois d'avril, au mariage de sa sœur avec le lieutenant de vaisseau Jules Keraudren, stagiaire à l'École supérieure de marine après une campagne en Extrême-Orient[25].

Le 5 octobre 1901, l'aspirant Darlan embarque à bord du navire-école *Duguay-Trouin,* commandé par le capitaine de vaisseau Houette, pour la traditionnelle croisière d'application. Le navire possède des machines, mais hisse encore la voile quand le vent est favorable. Il se rend d'abord aux Canaries, puis aux îles du Cap-Vert pour gagner ensuite les Antilles. Le 1er janvier 1902, il est à la Jamaïque, puis, après un voyage à Santiago de Cuba avec un roulis qui atteint 30°, il se rend à La Nouvelle-Orléans où l'ambassadeur Cambon vient le visiter. Retour en février, avec une escale à Madère, et arrivée à Toulon le 3 mars. Dans son rapport sur cette première partie de la croisière d'application, le commandant Houette juge cette promotion de 100 officiers (94 « bordaches » plus 4 polytechniciens et 2 ingénieurs) « plus hardie, mais beaucoup moins habile dans la manœuvre du sextant » que la précédente[26].

Le 19 mars 1902, le *Duguay-Trouin* repart pour la deuxième partie de sa croisière qui le mène d'abord en Italie en mars, avec escales à Naples et Venise, puis en avril en Autriche-Hongrie, avec escales à Pola et Fiume. C'est ensuite le tour de la Grèce, avec une escale au Pirée : le roi, accompagné de l'ambassadeur de France d'Ormesson, vient à bord. En mai, il visite Bizerte et Alger avant de pénétrer dans l'Atlantique. Après une escale à Bergen, le *Duguay-Trouin* entre en Baltique, s'arrête à Stockholm du 3 au 6 juin, où il reçoit la visite du roi de Suède, puis à Reval (en Estonie — aujourd'hui Tallin), où il est inspecté par l'amiral Rodjestvensky, le futur vaincu de Tsoushima. Il arrive à Cronstadt le 25 juin. Le vendredi 27, le commandant est reçu par Nicolas II au château de Peterhof, tandis que les aspirants sont pris en charge par le maréchal de la Cour. Le lendemain, l'empereur se rend à bord du *Duguay-Trouin* accompagné du grand-duc Alexis, Amiral de la flotte. Il décore les officiers et donne des médailles en or à douze aspirants (Darlan n'en fait sans doute pas partie en raison de son classement moyen). Tout le monde remarque son « exceptionnelle amabilité » : l'alliance franco-russe ne cesse de se consolider, la visite du président de la République, Émile Loubet, en Russie, au mois de mai précédent, a été un grand succès. Le 1er juillet, le *Duguay-Trouin* prend le chemin du retour jusqu'à Brest où il arrive le 21 juillet. Darlan a encore progressé puisqu'il est 19e à l'issue de l'examen de fin de stage. Sa notation sanctionne cet effort : « A fait de très sérieux et réels progrès pendant cette année. Sérieux, intelligent et faisant bien son service[27]. » Ollive est devenu major, tandis que Sablé s'est effondré, rétrogradant à la 32e place. A la différence de Raoul Castex[28], le futur Amiral de la flotte n'a donc que des débuts modestes. Il est loin d'être le premier partout et rien ne le prédestine à un avancement exceptionnel. Mais un bon classement à la sortie de Navale est loin de garantir une brillante carrière. Le vice-amiral Boué de Lapeyrère, commandant en chef de l'Armée navale en 1914, en sait quelque chose : passant en revue l'École navale, il écoute d'un air sévère le commandant de l'école détailler les navrants résultats du dernier de la promotion, puis, à la fin de la tirade, laisse tomber avec un regard complice : « Ne vous en faites pas mon vieux, je suis sorti de cette école le dernier et ça ne m'a pas empêché d'être promu vice-amiral le premier[29]. »

CHAPITRE II

Les premières affectations

Le 5 octobre 1902, François Darlan devient donc aspirant de première classe et reçoit son affectation : avec quinze autres aspirants, dont Muselier, il est désigné pour l'état-major de la 2e division d'Extrême-Orient. Affectation privilégiée, car cette région du monde est alors au centre de la diplomatie internationale. Tout le monde voit venir la guerre russo-japonaise, et il n'est pas certain qu'elle restera limitée à ces deux pays : la France est l'alliée de la Russie alors que la Grande-Bretagne vient de conclure un traité d'alliance avec le Japon. Du côté britannique, on s'inquiète déjà : la *China Fleet* ne dispose que de trois cuirassés, trois croiseurs cuirassés et sept croiseurs face aux neuf cuirassés et vingt croiseurs de la coalition franco-russe, séparés, il est vrai, en deux morceaux fort éloignés l'un de l'autre [1]. Beaucoup d'officiers français envisageraient sans déplaisir une guerre contre la Grande-Bretagne : le souvenir de Fachoda est encore très présent. Être en Extrême-Orient, c'est être là où risque de se passer quelque chose. Le souvenir de la campagne victorieuse de l'amiral Courbet contre la Chine, en 1884-85, est encore dans tous les esprits. Au moment où la promotion reçoit ses affectations, on ramène en France le corps de l'enseigne de vaisseau Henry, tué à la tête d'un contingent franco-italien durant la guerre des Boxers. En plus, il y a l'attrait de l'Orient. Les places sont donc chères et réservées aux mieux classés. Malgré sa progression, Darlan est encore trop bas pour « décrocher » l'Extrême-Orient. Il recourt donc au « piston » Georges Leygues : un télégramme spécial de Pelletan, ministre de la Marine, prescrit son affectation en Extrême-Orient [2]. Un tel passe-droit a dû susciter quelques jalousies...

Darlan embarque à Toulon sur le croiseur *Châteaurenault* qui sort de réparations et appareille, après essais, pour l'Indochine le

30 octobre. Les midships en excédent sont logés dans les casemates arrière de 138 mm[3]. Après une traversée sans histoires, le *Châteaurenault* arrive à Saigon le 24 novembre 1902. Le lendemain, Darlan est débarqué « en vacation à terre », c'est-à-dire sans affectation. Le surlendemain, il est désigné pour un embarquement provisoire sur le *D'Entrecasteaux*. Celui-ci est alors à Hong-Kong. Darlan n'embarque que le 6 décembre en baie d'Along[4] (il a sans doute rejoint par le paquebot *Tonkin*). Il ne fait à son bord qu'une courte croisière, car, dès le 24 décembre, il est de retour à Saigon où il met son sac à terre tandis que le *D'Entrecasteaux* est renvoyé en France pour un grand carénage. Le 1er janvier 1903, il embarque sur son affectation définitive, le croiseur *Bugeaud* qui constitue, avec le *Châteaurenault* et le *Redoutable,* la 1re escadre des Forces navales des Mers d'Orient[5]. Celles-ci sont alors organisées en cinq divisions : la 1re escadre regroupe les croiseurs ; la 2e division les autres bâtiments légers de haute mer, parmi lesquels le populaire *Catinat,* dit « l'escargot du Pacifique » ; la 3e division réunit les torpilleurs et sous-marins de défense mobile ; la 4e division, la réserve ; la 5e division, les transports. Il faut aussi y ajouter les célèbres canonnières « chargées du service des côtes du Céleste Empire » ou chargées de la police sur le bassin supérieur du Yang-Tsé-Kiang. Quelques jours après l'embarquement de Darlan, les F.N.M.O. sont supprimées et remplacées par l'escadre d'Extrême-Orient à laquelle sont rattachées la division de réserve de Cochinchine, la division du Pacifique et la division de l'océan Indien.

Jusqu'en juillet, le *Bugeaud* est en réparation et n'a donc aucune activité après la réception de l'escadre britannique le 6 janvier. Réadmis au service le 9 juillet 1903, il accompagne le *Montcalm* (croiseur qui a rallié en mars) qui va chercher à Vladivostok le vice-amiral Bayle, lequel succède au vice-amiral Maréchal. Le gouvernement a ordonné au nouveau commandant en chef de rejoindre son poste par la voie terrestre : il s'agit de profiter de cette relève pour voir d'un peu plus près le Transsibérien[6]. Le 31 août, le vice-amiral Bayle met son pavillon sur le *Bugeaud.* Le 31 octobre, toute l'escadre (cinq bâtiments) se réunit à Yokohama pour participer aux fêtes du Mikado le 3 novembre, puis à la fête du Chrysanthème présidée par l'impératrice le 13. Fin décembre, le *Bugeaud* est de retour en baie d'Along après être passé au bassin à Shanghai. L'escadre prend ses quartiers d'hiver en attendant de reprendre les croisières dans le Nord à la belle saison.

Le contre-amiral de Jonquières, commandant la 2e division, adresse à la fin de l'année un rapport dans lequel il demande au ministre le rappel immédiat du *Bugeaud,* « complètement usé » et son remplacement par le *D'Entrecasteaux* qui vient de terminer son carénage à Toulon[7]. Le ministre, Delcassé, n'accède que partiellement à cette requête et décide de remplacer le *Bugeaud* par le *Sully* qui part le 29 janvier 1904. Une partie de l'équipage du *Bugeaud* est dispersée sur les autres navires de l'escadre. François Darlan est muté sur le *Montcalm* à compter du 1er janvier 1904 où il sera attaché au service artillerie, chargé d'une tourelle de 194 mm. Il quitte le *Bugeaud* sur lequel il a été bien noté : « Intelligent, zélé et ferme. A déjà du commandement. Fera un bon officier[8]. »

Le 27 janvier 1904, l'attaque du *Varyag* à Chemulpo marque le début de la guerre russo-japonaise. Paris envoie des ordres de stricte neutralité. Le vice-amiral Bayle, qui a son pavillon sur le *Montcalm,* reçoit l'ordre de garder la flotte dans les eaux tonkinoises et d'approvisionner les bâtiments qui vont recevoir le renfort d'un croiseur et de quatre contre-torpilleurs[9].

A partir du 15 mars, le *Montcalm* est, avec le reste de l'escadre, en baie d'Along. Il passe au bassin à Saigon du 27 mai au 7 juin. Le 27 juin, il appareille pour une croisière sur les côtes de Chine. Le 14 juillet, l'escadre rallie à Shanghai où elle voit arriver le 12 août deux bâtiments russes (le croiseur protégé *Askold* et le torpilleur *Grozovoi*) rescapés de la bataille du 10 août qui a vu l'échec de la tentative de forcement du blocus japonais de Port-Arthur par l'amiral Witheft. Le *Montcalm* navigue au large des côtes chinoises. Il est du 16 août au 2 septembre à Woo Sung où le commandant va faire une visite au vice-roi du Tonkin à Hankeou, puis participe à une école à feu au large d'Amoy (il enlève la coupe) et arrive à Hong-Kong le 7 octobre[10]. Pour Darlan, c'est la fin de sa campagne d'Extrême-Orient. Promu enseigne de vaisseau le 5 octobre, au bout de deux ans comme tous les midships, il doit rentrer en France après ses deux ans de campagne. Quelques semaines auparavant, le commandant du *Montcalm* lui a attribué d'excellentes notes : « Très apprécié pour son commandement ferme [et] actif, sa pondération, son aptitude dans tous les détails du service courant, sa tenue et ses formes correctes, en un mot pour son esprit militaire et son goût pour le métier. » Appréciation relayée par le vice-amiral Bayle qui note sobrement : « M. Darlan est déjà un bon officier[11]. »

Le nouveau promu débarque le 16 octobre et repart pour la France à bord du paquebot *Salazie,* avec Le Bigot (qui sera préfet maritime de la 1re région, à Cherbourg, en 1940) et Deleuze (qui l'assistera plus tard lorsqu'il sera en charge du désarmement naval). Le 15 novembre, il est à Marseille[12] et obtient un congé de campagne de trois mois, durant lequel il est administré par le dépôt de Toulon, mais payé par Paris, ce qui suggère qu'il séjourne chez son père, maintenant domicilié au 15, avenue La Motte-Picquet.

Son congé expire le 26 février 1905. Il est désigné pour l'école de canonnage installée sur deux vaisseaux, *Le Calédonien* et son annexe *La Couronne.* Le 1er mars, il embarque sur *Le Calédonien,* bâtiment démodé qui vient tout juste de recevoir la chauffe à vapeur et la T.S.F. Le cours dure quatre mois, et la formation est essentiellement théorique, le point fort étant constitué par cinq journées complètes d'école à feu sur but fixe : l'îlot des Mèdes dans la rade des Salins-d'Hyères (à trois heures de route de Toulon[13]). Darlan, qui a déjà plusieurs années d'artillerie, s'y montre à son avantage et sort, le 26 juin, avec son brevet d'officier canonnier, premier de sa promotion. Il y gagne en outre un témoignage officiel de satisfaction[14]. Quelques semaines auparavant (le 28 mai), a eu lieu la bataille de Tsoushima qui a marqué le retour triomphal du canon après l'engouement pour la torpille. Avec retard, la France va se résoudre à suivre le mouvement général : délaissant les torpilleurs « démocratiques » de Camille Pelletan[15], elle se lance dans la construction de cuirassés dreadnought à grosse artillerie monocalibre[16]. La spécialité d'officier canonnier est donc particulièrement considérée.

Le capitaine de vaisseau Le Cannelier, commandant de l'école de canonnage, a beaucoup apprécié Darlan : « M. l'enseigne de vaisseau Darlan est un officier intelligent, actif, travailleur, d'une excellente éducation et dont j'ai été particulièrement satisfait[17]. » Tellement satisfait qu'il demande à le garder comme instructeur. Darlan va donc être instructeur sur *La Couronne,* second de la première escouade, pendant deux cours de quatre mois. Le commandant de *La Couronne* lui décerne, lui aussi, des notes élogieuses : « Excellent officier, intelligent et actif. D'une éducation parfaite, qui a rendu les meilleurs services[18]. »

Le 1er mars 1906, Darlan quitte l'école de canonnage et demande à repartir pour l'Extrême-Orient : « Quoique n'ayant pas encore dix-huit mois de séjour en France depuis mon retour d'Extrême-Orient, je désire repartir en campagne si cela est possible[19]. » Comme son beau-frère Keraudren est aide de camp du président de la République, qui n'est autre qu'Armand Fallières, et que Georges Leygues est ministre des Colonies, il obtient sans peine satisfaction. Il profite d'une permission de deux mois, pendant laquelle il est embarqué administrativement sur le *Chanzy*[20], avant de quitter Marseille le 30 mai, sur le paquebot *Himalaya.* Après une traversée d'un mois, il embarque sur le croiseur cuirassé *Dupetit-Thouars.* L'escadre d'Extrême-

Orient, aux ordres du vice-amiral Richard, comprend alors le *Dupetit-Thouars,* le *Montcalm,* le *Gueydon* et quatre torpilleurs[21].

Darlan ne reste pas longtemps sur le *Dupetit-Thouars.* Un ordre télégraphique l'affecte à la canonnière de rivière *Olry* qui navigue sur le haut Yang-Tsé. Il dépose alors une réclamation qui fait valoir qu'en tant que breveté canonnier il doit embarquer sur un navire pourvu de canons alors que l'*Olry* n'en a pas[22]. Il ne s'en met pas moins en route pour rejoindre son poste et débarque à Hong-Kong le 4 septembre. Le récit de son voyage est le seul document de lui antérieur à la guerre 14-18 qui nous soit parvenu[23] :

> « Je pris le paquebot *Salazie* jusqu'à Shanghai, le paquebot *Li-Ta* jusqu'à Hankeou, le paquebot chinois jusqu'à Itchang, et finalement une jonque jusqu'à Tchoung King où j'arrivai le 23 octobre. J'avais accompli tout mon voyage avec comme seules armes un sabre non aiguisé et un étui à revolver contenant ma pipe et mon tabac. Mon vocabulaire chinois se composait de cinq mots : en avant, arrêter, traverser, manger, dormir.
>
> « Je fis deux fois naufrage, je faillis me noyer, mais, contrairement aux prédictions que ma vieille bonne avait faites lorsque je m'étais destiné à la carrière maritime, je ne fus jamais en danger d'être mangé par les Chinois. Je fus au contraire nourri par des sous-préfets [...] [qui] me firent parvenir, avec leur carte de visite, des poulets, du riz et des fruits. »

Il ne navigue sur le Yang-Tsé que quelques semaines, car sa requête est agréée. Le 2 novembre, l'enseigne de vaisseau Auverny est désigné pour le remplacer tandis que lui-même est affecté à compter du 8 sur le *D'Entrecasteaux* qu'il connaît bien et qui est maintenant le navire amiral de la division navale d'Extrême-Orient commandée par le contre-amiral Boisse[24] : comme la Grande-Bretagne qui ramène ses navires dans les eaux métropolitaines pour faire face à la montée en puissance de la flotte allemande, la France a réduit sa présence navale en Extrême-Orient, et l'escadre a été dissoute pour céder la place à une simple division. Conséquence logique de la montée des tensions en Europe, mais aussi reconnaissance de la suprématie du Japon en Extrême-Orient après sa victoire sur la Russie.

Darlan refait donc le voyage en sens inverse jusqu'à Hong-Kong où se trouve le *D'Entrecasteaux.* Il embarque sur son nouveau bâtiment le 19 décembre 1906 pour y être aide de camp et second officier canonnier. Appareillage dès le lendemain pour des tirs d'instruction, puis retour à Saigon pour la fin de l'année. Après un passage au bassin, le *D'Entrecasteaux* reprend ses croisières sur les côtes de Chine. L'année 1907 se déroule ainsi sans histoires[25].

Darlan est une fois de plus très bien noté : « Excellent officier, aimant son métier et le faisant bien. De relations fort agréables, il est un excellent élément à bord d'un bâtiment. J'estime que cet officier a tout ce qu'il faut pour faire une bonne carrière[26]. » Durant cette année, il reçoit sa première décoration, qui n'est autre que le... Mérite agricole. Les circonstances de cette attribution ne sont pas très claires. Elle ne résulte ni d'une initiative de l'Agriculture, qui demande à la Marine quels titres s'est acquis M. Darlan, ni d'une action de la Marine, qui ne répond même pas à la demande d'avis qui lui est adressée[27]. Il s'agit certainement d'une faveur octroyée par Georges Leygues.

Au début de 1908, une vacance conduit Darlan à faire fonction, pendant cinq mois, de lieutenant de vaisseau chef du service de l'artillerie[28]. Il y réussit fort bien : « Quand il a fait l'intérim comme chef du service de l'artillerie, il a rempli ses fonctions avec une très grande compétence et a fait progresser l'instruction des canonniers[29]. » Il est inscrit au tableau pour avancement au choix, troisième sur dix. Durant cet intérim, le *D'Entrecasteaux* s'est rendu aux Philippines en mars, puis en avril au Japon où le vice-amiral Richard a reçu à son bord l'amiral Togo, le vainqueur de Tsoushima. Durant l'escale, qui a duré un mois, tous les officiers ont participé à la fête du Cerisier[30].

Le 30 mai 1908, Darlan débarque à Woo-Sung. Son deuxième séjour en Extrême-Orient est terminé. Après son retour en France le 8 juillet, il bénéficie d'un congé de trois mois, avant de gagner le 25 octobre l'école de pilotage en tant qu'instructeur. Il a été demandé au choix par le capitaine de frégate Grandclément, commandant l'école[31].

L'école de pilotage a été instituée le 14 juillet 1865 pour former des patrons pilotes dont il faut un grand nombre pour les quelque trois cents torpilleurs de défense côtière qui ont été construits. Elle est basée à Saint-Servan, près de Saint-Malo, et dispose d'un aviso, le *Chamois,* et de deux annexes, les cutters *Le Railleur* et *Le Mutin.* Darlan remplace l'un de ses « fistots » du *Borda*[32], l'enseigne de vaisseau Moreau, qu'il retrouvera par la suite, et embarque avec un autre fistot, l'enseigne de vaisseau Vallée qui cédera la place, en octobre 1909, à l'enseigne de vaisseau Odend'hal. Darlan, plus ancien, est donc le second du bord.

Le service n'est pas très difficile ni prenant : chaque pilote doit connaître 1 800 alignements. Le *Chamois* passe à raser les cailloux les plus dangereux sans que l'officier de quart ait beaucoup à intervenir. Sa tournée, qui commence au début d'avril pour s'achever au début d'octobre, emmène la promotion de Hendaye à Calais en sautant d'un port à l'autre[33]. Le 26 juillet 1909, le *Chamois* est à Cherbourg, où sont rassemblées les escadres du Nord et de Méditerranée pour la visite du tsar de Russie, qui donne lieu à de grandes festivités.

Darlan se montre bon instructeur, très bien noté : « Officier parfait, très zélé, très consciencieux, très marin. Il a le désir constant de bien faire et de s'instruire davantage[34]. » En 1910, le capitaine de frégate Exelmans, successeur du capitaine de frégate Grandclément, le juge « apte à des fonctions très supérieures à celles de son grade[35] ». A la fin de son embarquement, la commission de classement l'inscrit au tableau d'avancement pour le grade de lieutenant de vaisseau.

Ce séjour à Saint-Servan est capital pour François Darlan, car il va y faire la connaissance de deux personnes qui joueront un grand rôle dans sa vie. Il se lie d'amitié avec un jeune avocat malouin, Gasnier-Duparc, qui sera plus tard le ministre de la Marine qui le nommera chef d'état-major. Et surtout il y rencontre, précisément par l'intermédiaire de Gasnier-Duparc, celle qui va devenir sa femme, Berthe Morgan.

Berthe-Loïse-Juliette Morgan est née à La Châtre (dans l'Indre) le 14 avril 1884. Elle est la fille naturelle de Charles Morgan et de Catherine-Clotilde Peyrot. Sa mère est morte alors qu'elle n'avait que six ans et elle a été élevée par son père, rentier et consul honoraire de Grande-Bretagne à Saint-Malo jusqu'à sa mort le 20 mai 1904. Dans la famille Morgan, on naît enfant naturel depuis plusieurs générations : Charles-Marie-Émile est le fils naturel de Charles-Rodney Morgan, ainsi prénommé parce qu'il descendait du célèbre amiral Rodney[36], vainqueur de l'amiral de Grasse à la bataille des Saintes (1782). Mais alors qu'il avait été reconnu par son père, il n'a pas cru utile d'en faire autant pour sa fille, et ce n'est qu'en 1906 que celle-ci a obtenu du tribunal civil de Saint-Malo la rectification de son état civil et la dévolution de la succession précédemment déclarée vacante. Pas spécialement jolie, elle attire la sympathie par son extrême gentillesse. Elle sait conquérir le cœur de François Darlan qui la demande en mariage. Mariage d'amour, nullement teinté par des considérations d'intérêt : épouser une fille naturelle même non dépourvue de biens, voilà qui est plutôt mal vu dans la marine, et un enseigne de vaisseau ne peut ignorer qu'il prend un risque pour la suite de sa carrière. L'autorisation de ses supérieurs n'est d'ailleurs acquise qu'au vu de rapports qui se gardent bien de mentionner son état d'enfant naturel. Demandée le 7 octobre, elle est accordée le 31 du même mois par le préfet maritime de Toulon (son port d'immatriculation), et le 6 décembre 1910, Darlan peut épouser l'élue de son cœur. Le lendemain, le mariage religieux est célébré en l'église Notre-Dame-Auxiliatrice. Les témoins du marié sont son oncle et parrain Michel-Xavier Darlan et son beau-frère Jules Keraudren. Le jeune couple peut ensuite jouir d'un congé de mariage jusqu'au 12 février 1911.

Le 13 février 1911, Darlan embarque sur le croiseur cuirassé *Waldeck-Rousseau,* en achèvement à Lorient[37]. Dernier de sa série, le *Waldeck-Rousseau* porte 14 canons de 194 mm, alors que le premier n'en avait que 6. Ce renforcement est bien sûr la conséquence du retour en force du canon après Tsoushima. L'affectation est donc intéressante pour un officier canonnier ; elle l'est encore plus pour un jeune marié, car Lorient n'est pas loin de Saint-Malo. Les essais officiels commencent le 16 avril sans l'enseigne de vaisseau Darlan, « en corvée » sur le croiseur *Jurien de La Gravière*[38] depuis le 8 mars. Il revient le 27 avril, mais pour quelques jours seulement : pendant un essai de vitesse sur la base des Glénans, le bâtiment heurte une tête de roche inconnue, et il faut changer la ligne d'arbre. Darlan en profite pour partir en permission pendant deux semaines. A compter du 28 mai, il collabore activement aux essais en tant que deuxième officier canonnier. Bien que les essais ne soient pas terminés (la vitesse prescrite n'a pu être atteinte), le *Waldeck-Rousseau* met le 10 août le cap sur Toulon pour participer aux grandes manœuvres de l'Armée navale commandée par l'amiral Jauréguiberry. Les manœuvres se terminent par une revue navale en présence du président Fallières, la première du genre depuis celle qu'avait présidée Émile Loubet en 1901[39]. Mais cet événement est bientôt éclipsé par la catastrophe du cuirassé *Liberté,* qui explose à Toulon à l'aube du 25 septembre[40].

D'octobre à décembre, le *Waldeck-Rousseau* termine ses essais. Darlan est encore une fois très bien noté par le capitaine de vaisseau de Martel : « Bon officier, très intelligent et bien au courant de l'artillerie. Mérite d'arriver[41]. » A la fin de l'année, il est inscrit au tableau de concours pour la Légion d'honneur, 14e sur 17 ; il n'a aucune chance d'être retenu, mais il a pris rang pour une prochaine promotion.

Armé définitivement le 10 février 1912, le *Waldeck-Rousseau* est affecté à la 1re escadre légère de la 1re armée navale à Toulon. Mais Darlan n'est plus à son bord : promu lieutenant de vaisseau à compter du 1er janvier, il a débarqué le 13 janvier pour rejoindre le croiseur *Victor-Hugo,* rattaché à la 2e division[42] de la 1re escadre légère de la 1re armée navale en tant qu'officier fusilier, c'est-à-dire chargé de la discipline et du corps de débarquement.

Il n'y reste que moins de trois mois, le temps d'un intérim. Il est en effet demandé au choix par le nouveau commandant du navire école *Jeanne-d'Arc,* le capitaine de vaisseau Grasset, qui l'avait remarqué quand il présidait en 1910 la commission d'examen des pilotes, pour être officier des montres (professeur de navigation). Peut-être y a-t-il eu aussi une intervention de son beau-frère Keraudren qui appartient alors à la maison militaire du président de la République après avoir commandé « la *Jeanne* ». Pour l'instant, le nouvel instructeur est hors d'état de rejoindre son poste. Hospitalisé le 1er avril pour dyspepsie, il sort de l'hôpital avec un congé de convalescence de deux mois qu'il prolonge en juin-juillet par un congé de quarante-cinq jours pour convenances personnelles (à demi-solde), si bien qu'avec les délais de route, il ne rejoint « la *Jeanne* » que le 1er août. Les deux officiers des montres enseignent les calculs nautiques et l'observation à partir des tables de logarithmes de Friocourt qu'ont maniées des générations de marins. N'étant pas chef de poste, ils prennent le quart chacun à son tour, de 4 à 8 heures du matin. Darlan retrouve à cette occasion Fernet et surtout Esteva. Celui-ci, plus ancien que lui (il est entré à Navale à sa première tentative), est premier officier des montres et à ce titre responsable des « tribordais », tandis que Darlan a en charge les « bâbordais » ; les midships sont en effet divisés en deux groupes, qui alternent le service de quart et l'instruction. Dans cette promotion de 99 élèves, on trouve plusieurs futurs A.D.D. (« Amis de Darlan ») : Ronarc'h, Aubert, Seguin...

Esteva est un bourreau de travail, et Darlan ne tarde pas à en profiter : c'est ainsi qu'ils se partagent la correction des calculs d'observations, mais Esteva corrige seul les calculs du point par étoiles. Leur ardeur inégale se traduit évidemment par des conceptions différentes qui provoquent un incident amusant à l'occasion d'une revue : « *Esteva* : Pourquoi n'observez-vous pas ? — *Darlan* : Pourquoi observez-vous tout[43] ? »

La première partie de la croisière d'application 1912-1913 se déroule dans l'Atlantique d'octobre 1912 à mars 1913. Le 29 octobre, Darlan se distingue lors d'un incendie à l'arrière, près des soutes à munitions : fort de son expérience de canonnier, il prend la direction de la lutte contre l'incendie. Le capitaine de vaisseau Grasset attire l'attention du ministre sur « ce bel exemple de caractère, de sang-froid et de dévouement » et le propose pour la Légion d'honneur. Il devra finalement se contenter d'un témoignage de satisfaction.

En avril 1913, la *Jeanne d'Arc* entame la deuxième partie de sa croisière qui la conduit d'abord en Méditerranée avant de remonter en Baltique. Une escale à Cronstadt du 21 mai au 2 juin permet aux officiers de recevoir l'Ordre de Saint-Stanislas, dont la splendide croix rouge cantonnée de quatre aigles héraldiques est plus élégante et honorable à porter que « le poireau »... « La *Jeanne* » fait ensuite escale dans les trois capitales nordiques, recevant à chaque fois la visite du roi, pour revenir finalement à Brest le 27 juillet[44]. A la fin de cette campagne, le capitaine de vaisseau Grasset lui attribue des notes élogieuses : « Excellent officier, esprit clair et pratique, ne s'embarrassant pas de détails superflus ; excellent instructeur pour les aspirants, s'occupe de son service avec beaucoup d'intelligence et de dévouement[45]. » Il le propose pour un commandement. La croisière 1913-14, avec une promotion qui compte plusieurs futurs A.D.D. de premier plan (Auphan, Dupré, Missoffe, Le Hagre), s'ouvre sur une circumnavigation de l'Afrique d'octobre à mars. En avril, la deuxième partie commence par le tour de la Méditerranée occidentale, puis va se poursuivre dans l'Atlantique. Au Maroc, une réception par le sultan vaut aux officiers l'étoile du Ouissam Alaouite. Le 17 juillet, une grande réception est organisée à bord en l'honneur de Pierre Loti, le plus prestigieux des écrivains issus de la marine. Dans son *Journal*, l'écrivain détaille avec complaisance les égards que l'on a eus pour lui :

> « On me fait fête à bord ; on m'attendait pour me faire remettre des médailles militaires à de vieux serviteurs. Il faut visiter tous les postes d'aspirants. Chez le commandant, il y a un grand dîner pour moi, auquel tous les officiers ont tenu à assister, sauf l'officier de quart. Tous, et les aspirants qui sont là, me regardent et m'écoutent. Je n'avais jamais si bien senti l'influence que j'ai eue sur cette jeunesse de la marine qui a rêvé de moi, pour qui j'ai été une sorte d'enchanteur[46]. »

Mais la tension internationale consécutive à l'assassinat de l'archiduc François-Ferdinand à Sarajevo vient troubler la fin de la croisière. Le 26 juillet, la *Jeanne d'Arc* reçoit l'ordre de rallier Cherbourg pour s'incorporer à la 2e escadre légère du contre-amiral Rouyer. Le 28, « la *Jeanne* » relâche à Brest pour débarquer les bordaches dont l'examen de sortie a été supprimé et les officiers instructeurs en surnombre[47]. Parmi eux, Darlan, qui regarde « la *Jeanne* » mettre le cap sur l'ennemi avec son équipage qui chante la *Marseillaise*.

CHAPITRE III

L'épreuve de la guerre

Le 3 août, la France est en guerre. Le contre-amiral Rouyer reçoit à Cherbourg le télégramme 2700 lui enjoignant d'appareiller et d'interdire l'entrée en Manche de la flotte de haute mer allemande : mission suicide, avec ses vieux croiseurs. Avant l'appareillage, quelques officiers écrivent leur testament, et, devant l'imminence supposée du combat, on jette à la mer, conformément au règlement, tout ce qui pourrait alimenter l'incendie, y compris le piano du carré des officiers. Dans l'enthousiasme de la revanche, tout le monde manifeste la plus grande résolution.

Pendant ce temps-là, le lieutenant de vaisseau Darlan est à terre à Brest, sans affectation. On imagine aisément son état d'esprit. Tout le monde s'attend à une guerre courte et à une bataille navale décisive dès les premiers jours de conflit, et il risque de rater l'événement ! Son moral doit être plutôt bas. Seule consolation, il peut revoir sa femme dont il est séparé depuis des mois, et qui attend un enfant.

Mais les choses ne se déroulent pas comme prévu. En Méditerranée, l'Italie a signifié sa neutralité, et la flotte autrichienne ne sort pas de ses bases. L'Armée navale commence un blocus monotone et frustrant à l'entrée de l'Adriatique [1]. Du côté du front terrestre, le tour défavorable que prend la bataille des frontières amène la Marine à céder à la Guerre ses disponibilités d'artillerie (9 pièces de 14 cm et 9 de 16 cm) avec le personnel correspondant. La menace contre Paris devient bientôt si pressante que les marins sont mis en route sans attendre les pièces. Dès le 1er septembre, 2000 hommes aux ordres du capitaine de vaisseau Amet sont répartis dans les forts de Paris [2].

Darlan ne fait pas partie de ce premier contingent. Il continue à ronger son frein au dépôt de Brest, sélectionnant et préparant les canonniers envoyés sur le front terrestre. Le 1er septembre, il est nommé commandant de la batterie de Kerviniou au front de mer de Brest. Ses pièces de 240 risquent fort de ne pas tirer un seul coup de toute la guerre, car, depuis que la Grande-Bretagne s'est rangée aux côtés de la France, une sortie de la *Hochseeflotte* en Manche (que l'état-major redoutait beaucoup, en cas de neutralité britannique) paraît peu vraisemblable. Enfin, il est désigné, sur sa demande, pour débarquer et mettre en batterie douze pièces de 16 envoyées à Toul. Il arrive dans la place le 2 octobre avec un autre officier et quinze marins. Le 9 octobre, ce détachement est incorporé au régiment de canonniers-marins qui se trouve encore dans la région parisienne.

Après la confirmation du recul de l'ennemi, les batteries de canonniers-marins sont dirigées sur le camp retranché Toul-Nancy. Darlan prend le commandement d'une pièce de 16 de la 3e batterie installée dans le bois des Bluses dans la seconde quinzaine d'octobre. Mais, « ayant été repéré de façon très précise par l'ennemi, le commandant du régiment juge nécessaire, le 3 novembre 1914, de remplacer cette pièce par une autre mieux défilée[3] ». Le commandant Amet arrête son choix sur le bois de Vignot, dans la région du Grand-Couronné de Nancy. La pièce est prête à tirer le 17 novembre. « Du 17 novembre au 4 décembre, la pièce tire sur les villages de Buxières, Buxeruller, Woinville, sur les routes aboutissant à ces villages, sur des rassemblements ennemis aux environs de l'étang de la Perche et sur des batteries placées derrière le mont de Loupmont. De nombreux dégâts matériels sont observés[4]. » Mais repérée le 4 décembre, désormais « contrebattue toutes les fois qu'elle exécute un tir », elle est retirée le 12 janvier 1915 et remplacée par une batterie sous casemate. Le 10 février, Darlan remet son commandement au lieutenant de vaisseau Ollive. Quelques jours après, il est désigné par le commandant Amet pour prendre le commandement des pièces de 16 du camp retranché de Toul. Il « fait casemater les emplacements de Lucey, Jaillon, Villey-Saint-Étienne, puis construire et casemater de nouveaux emplacements dans le secteur nord-ouest (Lucey et Romont), le gouverneur craignant une attaque de la place par Saint-Mihiel et Commercy. Des observatoires et des réseaux téléphoniques spéciaux sont créés pour les pièces de marins[5] ». Dans cette tâche, Darlan manifeste des qualités d'organisateur qui lui valent en mars 1915 des notes très élogieuses du commandant Amet : « Officier de beaucoup de valeur, à l'esprit vif... Sait très bien prendre le personnel sur lequel il a beaucoup d'ascendant... Commandera très bien. Mérite de recevoir immédiatement la croix de chevalier de la Légion d'honneur[6]. » Proposition vite suivie d'effet : Darlan obtient, presque coup sur coup, deux citations. La première, de mai 1915, comporte l'attribution de la Légion d'honneur et de la Croix de guerre avec palme :

> « Déjà inscrit au tableau de concours, s'est acquis de nouveaux titres pour les fatigues et les périls qu'il a vaillamment affrontés et pour l'énergie intelligente qu'il a déployée pour vaincre de très grandes difficultés d'installation de matériel. »

La deuxième citation, en juillet, est à l'ordre de l'artillerie de Toul :

> « Officier du plus grand mérite, a réalisé des installations de pièces très intéressantes ; a commandé avec bravoure, pendant trois mois, une batterie de 16 cm sur le front.

En juin 1915, une attaque contre Toul n'étant plus probable, les ouvrages sont désarmés et les pièces envoyées au front. Darlan arme, le 12 juin, une pièce dans le bois de la Sampe, en avant de Nancy, mais rien ne se passe dans son secteur. En juillet, on l'envoie dans la région de Belfort installer une pièce de 16 appartenant à la 7e batterie et destinée à détruire un pont de chemin de fer. Les tirs ne donnent aucun résultat, et la pièce est déplacée dans le bois de Carspach en vue de tirs contre Mulhouse. Elle aura peu l'occasion de servir. Le commandant du 2e groupe de batteries, auquel sa pièce est rattachée, apprécie Darlan : « Beaucoup d'énergie et d'endurance. Connaissances techniques très approfondies[7]. »

Peu avant de céder son commandement au capitaine de vaisseau Jehenne, le contre-amiral Amet renouvelle ses éloges et le désigne le 4 janvier 1916 pour une mission à Salonique. Le général Sarrail, commandant l'armée d'Orient, a réclamé des grosses pièces de marine pour renforcer les défenses du camp retranché dont la sécurité est menacée depuis l'entrée en guerre des Bulgares. La marine a offert deux pièces de 164 mm provenant du *Gaulois* et du *Charlemagne*. Abandonnant l'ouvrage *Guichen* (les batteries de marine portent des noms, comme les bâtiments), Darlan, accompagné de cinq marins, va réceptionner les canons à Versailles le 18 janvier, puis les embarque sur un train ; opération délicate, car chaque pièce pèse 18 tonnes. Le cargo *Santa Anna* les charge à Toulon et appareille le 12 février. Il arrive à Salonique le 20[8]. Le débarquement prend une semaine. Le 2 mars, la première pièce est opérationnelle sur le front du Vardar, suivie, le 6, par la deuxième sur le front nord. Darlan passe ensuite quelques semaines à instruire les canonniers que l'armée a désignés, puis regagne la France en avril[9].

Après une permission, il prend le 11 mai le commandement de la 8e batterie de canonniers-marins qui effectue des tirs de représailles et de contre-batterie sur les pièces de gros calibre ennemies à Nixeville, entre Reims et Soissons. A la fin du mois, à Verdun, il commande une pièce de 14 dans le secteur du Bois-Bourru. On est en pleine bataille, et Darlan y participe pleinement, alors qu'en Champagne il était dans un secteur calme. Le capitaine de vaisseau Jehenne a sur lui la même opinion que son prédécesseur et note en juillet : « Je le considère comme l'un des meilleurs officiers de la formation[10]. » Il le propose pour le grade de capitaine de corvette, quatrième sur neuf officiers proposés.

Sans doute désireux d'embarquer à nouveau sans quitter le front, Darlan essaie d'obtenir le commandement d'une canonnière fluviale en construction. Il fait probablement intervenir son beau-frère, le capitaine de vaisseau Keraudren, bien placé au ministère[11] ; en septembre, l'amiral Schwerer, directeur du cabinet du ministre, signe une note en ce sens[12]. L'opération n'aboutit pas, mais, au début de 1917, Darlan reçoit une nouvelle affectation, qui équivaut à une promotion. Il est en effet chargé du commandement du groupe de canonniers-marins des Ve et Xe armées, de Reims à l'Aisne. Sous ses ordres, deux batteries mobiles et deux pièces fixes de 16, toutes commandées par des lieutenants de vaisseau. Le groupe participe à l'offensive Nivelle à compter du 16 avril, avec une double mission : « Tirs contre des batteries ennemies très gênantes, pour les neutraliser, en attendant que les pièces de gros calibre (320 ou 240) fussent prêtes à entrer en action sur ces mêmes batteries », mais aussi, en cas de besoin, « tirs inopinés et urgents » pour lesquels elles sont particulièrement adaptées en raison de la rapidité du pointage. Dans son rapport, Darlan se plaint de l'insuffisance de la dotation en munitions qui « n'a pas permis d'utiliser comme il aurait convenu les pièces de 16 » : les canons n'avaient qu'une allocation journalière de 75 coups, tombée ensuite à 50, alors qu'il en aurait fallu 150 pour « faire une interdiction efficace sur trois ou quatre points importants[13] ». Les tirs ont provoqué l'explosion de plusieurs dépôts et convois de munitions et obligé les batteries ennemies contrebattues à cesser momentanément leurs tirs.

Le 20 mai, les opérations s'arrêtent, en application de la stratégie défensive décidée par le général Pétain, sauf dans les Flandres, où la Ire armée du général Anthoine doit appuyer l'offensive britannique (qui aboutira à la terrible bataille d'usure de Paschensdaele). En juin, Darlan y est envoyé avec un groupe de quatre batteries mobiles (3e, 4e, 5e et 8e). Il y retrouve le lieutenant de vaisseau Ollive qui commande un groupe de canonnières fluviales. Le terrain, complètement plat et dépourvu d'obstacles, ne présente pas de défilement, les batteries ne peuvent que se cacher derrière des haies ou des rideaux d'arbres ; les ponts franchissant les canaux ne sont que rarement aux normes A.L.G.P. (artillerie lourde à grande puissance). Malgré ces difficultés, les pièces sont débarquées entre le 29 juin et le 5 juillet. Elles sont prêtes les premières de toute l'artillerie lourde (155 mm comprises), et Darlan reçoit les félicitations du général Laboria, commandant l'artillerie de l'armée [14].

La préparation d'artillerie doit durer plusieurs jours, et cette fois-ci, les pièces sont abondamment pourvues en munitions. A partir du 15 juillet, elles effectuent des tirs méthodiques qui obtiennent de bons résultats malgré les mauvaises conditions d'observation (pluie et brouillard) : « Un tir très précis sur les points sensibles [...] a porté un grand trouble dans les mouvements de l'ennemi à l'arrière. Les gares de débarquement les plus rapprochées n'ont pu être utilisées. Les cantonnements de repos n'ont pu être occupés [15]. » Des incendies et des explosions ont été observés. Les 4e et 5e batteries, par un tir rapide et violent, ont désorganisé un important rassemblement de troupes ennemies et ainsi contribué à l'échec d'une contre-attaque allemande sur l'aile gauche de l'armée britannique. A la fin du mois d'août, les opérations se ralentissent. Darlan est de nouveau proposé pour le grade de capitaine de corvette, cette fois-ci premier sur six proposés : « Officier de tout premier ordre ayant toutes les qualités de capacité technique et de commandement pour mériter un avancement exceptionnel [16]. »

En novembre, intervient un épisode qui nous est connu par l'ambassadeur Raphaël-Leygues. Georges Leygues, nommé ministre de la Marine par Clemenceau, l'appelle à Paris. Il était resté en relations régulières avec lui depuis son intervention à la sortie de l'école d'application et lui avait écrit une lettre de félicitations lorsqu'en 1909 le ministre avait bénéficié d'un « fabuleux héritage » laissé par le propriétaire des Grands Magasins du Louvre [17]. Lettre que Jacques Raphaël-Leygues qualifie d' « ingénue », mais que l'on pourrait aussi taxer de flagornerie, car les circonstances de cet héritage avaient quelque peu fait jaser, et l'on n'appelait plus Leygues que « l'héritier Chauchard [18] ». En 1917, le nouveau ministre de la Marine souhaite avoir l'avis d'un combattant du front. Darlan se rend donc chez lui, dans son appartement de la rue de Solférino. L'entrevue se prolonge fort tard, et Leygues lui propose de venir à son cabinet. Darlan refuse, préférant rester au front pour ne pas susciter de jalousies. Il suggère à sa place Esteva, qui vient d'être blessé et dont il sait qu'il n'a rien à redouter. Esteva, « brave type » à qui Darlan « filait en douce » une partie de son travail sur « la *Jeanne* », n'a rien d'un intrigant[19]. De retour au front, Darlan prend le commandement d'un groupe de trois batteries (1re, 9e et 10e) hâtivement constitué en vue d'appuyer une attaque de la IIIe armée dans la région de Saint-Quentin. L'opération est arrêtée à la suite de l'échec de l'attaque anglaise.

Au début de 1918, les batteries mobiles sont réorganisées en quatre groupes à cinq batteries. Darlan commande le 4e groupe, attaché à la réserve du G.Q.G., à Villenauxe. Le lendemain du déclenchement de la grande offensive allemande (21 mars), les batteries nos 3 et 10, sous le commandement direct de Darlan, sont dirigées sur Noyon où elles débarquent le 24 mars. Devant la rapidité de l'avance ennemie, il faut se replier en toute hâte au sud de l'Oise pour éviter la capture. Les pièces s'établissent le 25 à La Pommeraye (à 8 km de Noyon), mais il n'y a pas de munitions. Le groupe retraite alors jusqu'à Carlepont. Les munitions arrivent enfin le 26 au soir, et les tirs d'interdiction commencent immédiatement. Le 2 avril, Darlan reçoit l'ordre de trouver un nouvel emplacement au nord de l'Oise, pour battre le secteur allant de Montdidier au Matz. Le mouvement s'exécute du 6 au 9 avril. A partir du 16 avril, le groupe commence ses tirs d'interdiction, notamment sur Avricourt qui aurait beaucoup souffert, au dire d'un prisonnier allemand. Le 14 mai, il reçoit le renfort de la 12e batterie, puis dix jours après de la 16e (qui sera retirée au bout de quelques jours). La bataille du 9 juin est très dure : face à l'avance ennemie, toutes munitions épuisées, il faut évacuer les positions en détruisant le matériel intransportable. La 10e batterie est particulièrement éprouvée, avec 14 % de son effectif hors de combat. Le 10, le groupe est retiré du front et renvoyé au cantonnement de Villenauxe. Du 26 mars au 9 juin, il a tiré 6500 coups. Le 11 juillet, son chef est promu capitaine de corvette avec une citation :

> « Officier de tout premier ordre, ayant au plus haut degré les qualités du chef : énergie, sang-froid et esprit de décision. Commandant un groupe de canonniers-marins dans des régions particulièrement actives, n'a cessé de se distinguer et de tirer le meilleur rendement de ses batteries dans les combats du 21 mars au 10 juin. »

Le général Humbert, commandant la IIIe armée, y ajoute le 1er juillet une citation à l'ordre du corps d'armée :

« Au cours des engagements de mars à juin 1918, par son énergie et son esprit de décision, a rempli les importantes missions dévolues à son groupe dans les circonstances les plus critiques et jusqu'à l'épuisement complet de ses munitions. »

Le 30 août, l'état-major du 4e groupe et la 10e batterie, suivis le lendemain par la 12e batterie, quittent Villenauxe à destination de la IIe armée stationnée sur le front Argonne-Meuse. Reconstitué à cinq batteries (6e, 10e, 12e, 17e et 18e) le groupe devient un sous-groupement du groupe d'artillerie lourde à grande puissance de la IIe armée. A partir du 7 septembre, il gagne les positions à partir desquelles il va appuyer l'attaque américaine sur Saint-Mihiel. La préparation d'artillerie commence le 12. Le 15, Darlan abandonne temporairement le commandement de son groupe pour prendre la direction des travaux sur la rive gauche de la Meuse. Au début d'octobre, de retour, il participe à l'offensive de l'armée américaine jusqu'à la fin des hostilités. Le 9 novembre, il est décidé de retirer les batteries du front. Deux jours après, c'est l'armistice. La guerre est terminée.

Pour Darlan, elle se termine bien. Il a été un officier de fortune, au sens que l'on donnait à cette expression au XVIIIe siècle : il a eu de la chance. D'abord, il s'en est sorti sans la moindre blessure alors qu'il a passé quatre ans au front, parfois en première ligne : le 9 juin 1918, les Allemands étaient à 400 mètres de ses pièces quand il a évacué son P.C. Ensuite, il a fait « une belle guerre » : alors que les officiers de l'Armée navale se sont morfondus sur leurs cuirassés et n'ont gagné qu'une étoile (c'est le cas de Durand-Viel, futur chef d'état-major), au mieux une palme (Castex), Darlan a été quatre fois cité et a gagné un avancement exceptionnel. Ses supérieurs l'ont constamment apprécié. En août 1918, le contre-amiral Jehenne, commandant des formations de la marine aux armées, le redit : « Officier d'une valeur exceptionnelle qu'il importe de pousser le plus rapidement possible. Il se fait remarquer partout où il passe sur le front, par son esprit de décision, son calme réfléchi, son bon sens et son jugement[20]. »

Un autre aspect de ces années de guerre est constitué par les relations qu'il a nouées avec un certain nombre de personnes que l'on verra reparaître par la suite : les lieutenants de vaisseau Ollive, Aubert, d'Harcourt, Tracou, les enseignes de vaisseau Dupré, Fontaine, Broussignac, le commissaire de La Monneraye, le lieutenant Revers... Le clan des « Amis de Darlan », des A.D.D., se met en place.

IV

L'après-guerre

Après quatre années à terre, Darlan a peut-être éprouvé le désir de retrouver le grand large. Mais les circonstances en décident autrement. Le jour même de l'armistice, il est convoqué par le contre-amiral Jehenne qui lui annonce qu'il envisage l'emploi de canonnières fluviales[1] sur le Rhin et qu'il songe à lui en confier le commandement. Il lui demande d'étudier l'organisation à créer. Darlan accepte la mission proposée.

Nous ne connaissons pas ses raisons, mais on peut essayer de les deviner. D'un côté, il va pouvoir déployer ses talents d'organisateur pour créer de toutes pièces la nouvelle structure. De l'autre, il aura un commandement indépendant et intéressant pour un officier qui n'est encore qu'un capitaine de corvette sans ancienneté. Sans doute aussi y a-t-il des considérations d'ordre privé : séparé de sa femme presque sans interruption depuis son mariage, d'abord par les croisières de « la *Jeanne* » puis par quatre années de guerre, il aspire peut-être à connaître enfin la chaleur d'un foyer (ce dont il n'a guère profité durant son enfance) et à avoir près de lui son fils Alain, né en décembre 1914 et qu'il n'a vu que lors de courtes permissions.

Le 13 novembre, Jehenne adresse aux maréchaux Foch et Pétain une lettre préconisant la formation d'une flottille de surveillance et de police sur le Rhin. Le 24, Foch informe Pétain qu'une Commission interalliée de navigation et de contrôle va être créée pour la police de la navigation sur le Rhin. Il invite Jehenne à se mettre en rapport avec le président de cette commission. De son côté, Pétain approuve le projet et met à la disposition de la flottille à créer quatre canonnières fluviales armées de canons de 140, trois chasseurs de sous-marins armés de 37, et seize vedettes armées de 75 ou 65, auxquels viennent s'ajouter trois péniches porteuses de pièces de gros calibre (19 ou

24 cm). Le 27, Darlan va au Havre réceptionner les bâtiments de sa flottille. Les quatre canonnières sont celles de la 2e batterie de canonnières fluviales (F, G, H, I)[2] désarmées en décembre 1917 et remises en état ; les vedettes neuves arrivent directement du Canada ; la provenance des chasseurs n'est pas connue ; les péniches *Jeanne d'Arc, Marcelle II* et *Saverne,* qui ont participé aux opérations depuis 1917, rejoindront la flottille le 10 janvier 1919 à Strasbourg.

La flottille est officiellement constituée le 8 décembre[3] et mise à la disposition du contre-amiral Jehenne, commandant les formations de marins aux armées. L'effectif total se monte à quinze officiers parmi lesquels d'Harcourt, Dupré (qui viennent des canonniers marins) et Guichard (qui apparaît pour la première fois) et 352 hommes. Darlan en est nommé commandant le 20 décembre, avec résidence à Mayence. Sa femme quitte Saint-Servan pour venir le rejoindre et le couple s'installe dans une vaste maison réquisitionnée.

Le 25 mars 1919, les formations de marins aux armées sont dissoutes et la flottille devient indépendante. Ses missions sont à la fois civiles et militaires. Sur le premier plan, elle doit assurer la police de la navigation ; elle est alors sous l'autorité de la Commission internationale. Sur le second, elle est à la disposition de la Réserve générale d'artillerie de l'armée du Rhin. Le 18 juin, elle est ainsi mise en alerte, en prévision d'un éventuel refus allemand de signer le traité de paix. Après la signature à Versailles, elle voit sa force réduite : elle n'a plus que deux chasseurs et huit vedettes, auxquels s'ajoutent un chasseur et quatre vedettes en réserve. Mais les bâtiments se révèlent peu adaptés à leur mission en raison de leur tirant d'eau excessif. Aussi sont-ils remplacés en 1919 par trois remorqueurs allemands réquisitionnés. La flottille n'a plus que des missions de police et son effectif n'est plus que de 14 officiers et 83 hommes. A partir du 1er janvier 1920, son entretien est pris en charge par l'Allemagne au titre des frais d'occupation.

Au début de 1920, la tension remonte en raison de l'entrée de l'armée allemande dans une zone démilitarisée par le traité de Versailles. Le 6 avril, les Français réagissent en occupant Darmstadt et Francfort. Darlan, qui a préparé de longue date des plans de surveillance, de tir, de transport, d'accompagnement de l'armée, etc., dirige sa flottille qui entre à Francfort et y reste jusqu'à l'évacuation, le 17 mai.

Après cette opération, les effectifs remontent à 267 hommes, avec trois remorqueurs, huit pinasses et deux hydroglisseurs. Darlan quitte son commandement le 1er novembre 1920, ne recevant que des éloges. D'après le colonel Dumont, commandant la Commission internationale, il « a rendu les plus grands services par son action personnelle, [...] ses initiatives heureuses et ses qualités d'organisation[4] ». Le 16 juin il est inscrit au tableau spécial de concours pour la rosette d'officier de la Légion d'honneur : « A montré les plus belles qualités d'énergie et de décision comme commandant d'un groupe de canonniers marins sur le front. Trois citations. » Son supérieur le propose pour le grade de capitaine de frégate (7e sur 21). Sa promotion est effective le 1er août 1920. Quelques semaines après son départ, le général Payot, directeur général des communications et des ravitaillements aux armées, adresse à la marine des remerciements officiels « pour les services rendus par cet officier supérieur à la flottille du Rhin[5] ».

Après toutes ces années de métropole, Darlan aspire à retrouver les mers du Sud. Au bout de son congé de deux mois, il est nommé le 28 décembre chef d'état-major de la division navale d'Extrême-Orient, commandée par le contre-amiral Thomine qui l'a sans doute demandé au choix en raison de son expérience de l'Extrême-Orient. Parti de Brest le 13 janvier 1921 à bord du *Montcalm,* il arrive à Saigon à la fin de février après des escales à Djeddah, où l'on a reçu à bord le chérif Hussein : celui-ci s'est plaint du comportement de la France (qui résiste à sa tentative, appuyée par les Britanniques, de la chasser de Syrie), et Bombay. Accompagné d'avisos, le *Montcalm* reprend à partir de mai le cycle annuel des croisières sur les côtes de la Chine alors en pleine anarchie et où il faut montrer le pavillon pour assurer la sécurité des concessions et des ressortissants français, et du Japon. A chaque visite protocolaire, les officiers de la division enrichissent leur collection de décorations : Darlan devient ainsi commandeur de l'Éléphant blanc du Siam, du Dragon d'Annam et de l'Ordre royal du Cambodge, et officier du Soleil levant du Japon. L'amiral apprécie son chef d'état-major : « Officier énergique, d'un jugement sûr, aimant son métier ; a fait jusqu'ici une très brillante carrière qu'il mérite de voir continuer[6]. »

Le 15 janvier 1922, arrive le maréchal Joffre, chargé d'une mission d'inspection en Extrême-Orient et que le *Montcalm* conduit à Yokohama. En cours de route, il est pris dans une tempête : « Le typhon eût pu faire sombrer le bateau ; sourd aux fureurs de l'ouragan, insensible aux objurgations de la maréchale qui se voyait en danger de mort, le solide dormeur voulait épuiser son compte de sommeil avant de se lever[7]. » Darlan quitte le bord le 20 février pour prendre le commandement de l'*Altaïr,* aviso de 1 100 tonnes qui a fait la guerre en Méditerranée, où il a été commandé pendant quelques mois par le lieutenant de vaisseau Castex. C'est la première fois que Darlan exerce le commandement d'un bâtiment. Mais il ne s'agit que d'un intérim, et il a tout juste le temps de faire avec lui une croisière qui le mène à Shanghai, Nagasaki, Kobé et Hankeou avant de passer, le 1er juin, son commandement au capitaine de frégate Éveillard. Il redevient chef d'état-major de la D.N.E.O. jusqu'au 20 juin. Son séjour en Extrême-Orient s'achève. Malade, il doit en effet être rapatrié[8]. L'amiral Thomine renouvelle sa note élogieuse et le recommande pour l'école de pilotage[9]. Visiblement, Darlan a envie de retourner à Saint-Servan. Son ambition ne lui fait pas oublier les douceurs du confort domestique...

A la fin du mois, il embarque à Shanghai sur le paquebot *Angers* qui le ramène en France le 18 juillet. A peine arrivé à Paris, il se précipite chez Georges Leygues. Celui-ci est absent et Darlan lui écrit pour lui demander son appui pour le commandement du *Chamois :*

> « Ce commandement va être attribué au début d'août. Nous sommes deux candidats sérieux en présence. Mon concurrent, qui est moins ancien que moi, a pu, étant sur place, poser sa candidature le premier, ce qui lui donne un léger avantage. D'après ce qui m'a été dit au ministère, un mot personnel de vous à M. Raiberti ferait pencher la balance en ma faveur[10]. »

Encore une fois, l'intervention de Georges Leygues est efficace : après une permission de trois semaines et un stage d'un mois du 25 août au 30 septembre, Darlan succède au capitaine de frégate Traub au commandement du *Chamois* et de l'école de pilotage qu'il a déjà connus avant guerre. Son second est le lieutenant de vaisseau Jaujard. Il a aussi sous ses ordres les enseignes de vaisseau Marcel Fontaine (qu'il a connu aux canonniers marins) et Bourragué (qui apparaît pour la première fois).

Le 25 octobre, Darlan adresse son rapport de prise de commandement. Il signale que le *Chamois* joue très mal son rôle : ses qualités nautiques sont médiocres et sa vitesse dérisoire : 9 nœuds « toutes voiles dehors, grand largue et bonne brise » ! Il propose de le remplacer par *L'Ailette.* Le rapport se conclut par un rappel des buts de l'école : former des pilotes, compléter l'instruction des pilotes déjà formés, suivre l'état des documents nautiques en signalant les modifications géographiques, ce qui exige un bâtiment adapté. Le vice-amiral Fatou, préfet maritime, appuie la demande, mais celle-ci ne reçoit aucune suite[11].

Le programme n'a guère changé par rapport à l'avant-guerre. C'est toujours le même circuit sur les côtes de l'Atlantique et de la Manche. Le 16 juin, cette monotonie est troublée par le transport à l'île d'Oléron du cercueil de Pierre Loti. L'embarquement se fait à Rochefort en présence de Léon Bérard, ministre de l'Instruction publique, de l'amiral Jehenne qui représente la marine et du fils de l'écrivain, Samuel Viaud. Le *Chamois* gagne ensuite Oléron escorté par trois torpilleurs. Nullement découragé par l'échec de sa tentative relative au renouvellement du bâtiment-école, Darlan revient à la charge à l'occasion de la session d'examen de l'été 1923. Les 30 stagiaires passent devant une commission d'examen présidée par le capitaine de vaisseau Olmi [12]. Il suggère de passer de la formation de pilote complet à celle de pilote militaire, et, pour cela, de ramener les cours de cinq ans à quatre ans et de développer la pratique. Il demande le remplacement du *Chamois* par l'*Ancre*. Olmi approuve et transmet ces propositions qui, cette fois, aboutissent. Le 1er mars 1924, l'*Ancre* devient le navire de l'école de pilotage. La promotion 1924 ne compte que 10 stagiaires (il y avait 19 candidats).

A la fin du mois de juillet, Darlan remet son rapport sur la campagne 1924. Le 6 août, le capitaine de vaisseau Douguet, président de la commission d'examen des pilotes, envoie ce rapport « si clair et si complet [qu'il] le transmet en l'état [...]. [Il] approuve les modifications heureuses [de Darlan] et le programme établi avec discernement ». Il demande l'inscription d'office au tableau d'avancement de cet « officier d'élite à tous égards ayant les aptitudes, le tempérament et le caractère d'un chef au sens complet du mot » et sa désignation pour le prochain cours du Centre des hautes études navales. Le 28 août, l'amiral Salaün, chef d'état-major, propose Darlan pour une lettre de félicitations du ministre. Le 16 septembre, il les reçoit pour « l'initiative et les qualités professionnelles remarquables dont le commandant Darlan a fait preuve dans l'exercice du commandement de l'*Ancre* et de l'école de pilotage ». Son commandement doit se terminer le 1er octobre. Mais la refonte des *Instructions nautiques* des côtes nord et ouest de la France n'est pas terminée, et il est placé en service à terre pour une durée d'un mois afin de mener cette tâche à bien. Le 31 octobre, il passe son commandement au capitaine de frégate Marquis [13].

Ayant passé les deux derniers mois de 1924 en permission chez lui à Saint-Servan, il s'installe en janvier 1925 à Paris, 3, rue Bosco dans le XVIe arrondissement. Il a été désigné comme auditeur au Centre des hautes études navales, dont les promotions sont alors fort réduites (celle de Darlan compte huit stagiaires, parmi lesquels Laborde et Abrial) et réservées en priorité aux officiers que la guerre a empêchés de suivre les cours de l'École supérieure de marine (devenue en 1920 École de guerre navale), ce qui est le cas de Darlan. Le stage dure cinq mois. L'enseignement est à base d'exercices. Les stagiaires doivent rédiger des instructions générales, des ordres généraux et des ordres particuliers d'opérations. Sur les sept exercices de la session, qui ont tous pour thème des actions contre l'Allemagne en cas de rupture du traité de Versailles, la France se considérant comme la garante du traité de paix, trois travaux de Darlan ont été conservés : le n° 4 sur le thème « Débarquement de vive force en territoire ennemi ; occupation et organisation d'une base » ; le n° 5 sur la surveillance et l'attaque des bâtiments légers opérant de nuit contre le littoral entre Nieuport et Calais ; le n° 7 est l'étude d'une opération de mouillage de mines dans la baie allemande. On relève dans ce dernier une conclusion pleine de bon sens qui est une condamnation du sujet proposé : « L'ennemi aura vent, plus ou moins tardivement, de notre action. Il draguera les chenaux de sécurité qui lui seront nécessaires et notre opération ne servira guère, en définitive, qu'à améliorer la défense de la baie allemande. [...] Les seuls mouillages de mines efficaces sont ceux que nous pouvons effectuer très discrètement avec nos sous-marins[14]. » Darlan a très bien perçu l'une des leçons de la guerre en mer du Nord : peu après le déclenchement des hostilités, les Britanniques avaient mouillé des mines au large de la côte allemande. Les Allemands s'empressèrent de draguer les chenaux, complétèrent les mouillages britanniques et se trouvèrent ainsi à l'abri d'un rideau défensif qui ne leur avait pas coûté cher.

A la différence des exercices, l'examen de sortie a pour thème le transport de renforts vers la Provence à partir des ports de l'Atlantique, dans l'hypothèse d'hostilités contre l'Italie. Le temps de l'élève laborieux est loin. Darlan quitte le C.H.E.N. le 31 juillet 1925, « apte à remplir les fonctions de chef d'état-major », avec « mention spéciale », assortie en octobre d'un témoignage officiel de satisfaction « pour s'être fait particulièrement remarquer pendant son stage au C.H.E.N.[15] ».

Après une permission de deux semaines, il rejoint en août 1925 la troisième division de ligne de l'escadre de la Méditerranée. Son nouveau chef, le contre-amiral Olmi, s'est souvenu du commandant de l'école de pilotage et l'a demandé comme chef d'état-major. La division est composée des cuirassés de 23 000 tonnes *Courbet* (Gensoul), *Jean-Bart* (Castex) et *Paris* (Descottes-Génon), entrés en service à la veille de la guerre et qui constituent toujours le corps de bataille de la flotte avec les trois *Provence* (puisque aucune mise sur cale n'est intervenue depuis la guerre).

Darlan embarque sur le *Paris,* navire amiral, le 18 août, lorsque l'escadre de la Méditerranée (Dumesnil) rentre du Nord où elle s'est livrée avec l'escadre du Nord (Docteur) à des manœuvres qui se sont terminées par une grande revue navale à Cherbourg. Ce sera le seul séjour du capitaine de vaisseau Darlan (il a été promu le 23 octobre) sur un cuirassé, car il n'en commandera jamais et n'y reviendra que pour y mettre son pavillon quand il sera devenu amiral. La division participe aux tirs d'honneur et à des exercices sur les côtes de Provence, reçoit le ministre Borel et une commission parlementaire. Mais dès le 11 décembre, Darlan la quitte pour devenir chef-adjoint du cabinet du ministre de la Marine. Georges Leygues l'a de nouveau appelé et, cette fois-ci, il a estimé que le moment était venu d'accepter. Le passage rue Royale est quasiment obligatoire pour un officier qui aspire aux étoiles. Olmi le voit partir avec regret et lui attribue, comme d'habitude, d'excellentes notes : « Sait orienter ses solides qualités de tous ordres vers l'exécution pratique et raisonnée. Chef d'état-major de premier ordre. A faire avancer rapidement [16]. »

Pour la première fois, le capitaine de vaisseau François Darlan va être associé à l'élaboration et à la direction de la politique navale, et ce dans des conditions exceptionnelles. Il va être en effet le collaborateur immédiat d'un ministre qui le protège depuis toujours et a en lui une totale confiance. Un marin ne saurait rêver d'un meilleur « parrain », car, à défaut de réussir dans les fonctions de président du Conseil (qu'il n'a occupées que durant quelques semaines en 1921), Georges Leygues s'est imposé comme « le » ministre de la Marine. Les gouvernements passent, mais lui reste rue Royale, défendant avec virulence « sa » marine dans les conférences du désarmement et les discussions budgétaires. D'autre part, Darlan arrive au moment où commence véritablement la restauration de la puissance navale française.

Celle-ci était alors en assez triste état. Les années de guerre avaient prématurément usé la flotte et arrêté les constructions, de sorte que les 690 000 tonnes de 1914 n'étaient plus que 485 800 tonnes en 1922. La marine était sortie humiliée de la conférence de Washington [17] qui l'avait limitée à 175 000 tonnes de navires de ligne (alors qu'elle en voulait 300 000), à parité avec la marine italienne, rivale méprisée. En outre, elle avait eu un rôle plutôt ingrat et effacé durant la guerre, et son prestige était bas. Les lenteurs de la démobilisation, la lassitude engendrée par l'inaction sur les grands bâtiments, la propagande communiste avaient abouti à des mutineries de grande ampleur en 1919-1920 [18]. Cette crise morale venait se superposer à une crise matérielle provoquée par le bas niveau des soldes (très inférieures aux salaires civils), de sorte qu'avant 1926 le nombre annuel d'engagements atteignait à peine 3000, ce qui, avec la réduction du temps de service à un an, ne permettait aucune sélection. Le nombre des candidats à Navale était lui aussi tombé jusqu'au chiffre dérisoire de 275. Il fallait promouvoir une politique du personnel, opérer de profondes réformes organiques (le règlement sur le service à bord de 1910 était totalement dépassé), étudier et préparer la mise en service des nouveaux bâtiments péniblement obtenus du Parlement en 1922 et 1924[19], définir une politique navale à long terme malgré le refus par la Chambre du projet de statut naval (1924)...

A tous ces problèmes, Darlan avait certainement beaucoup réfléchi, même si ses affectations à la flottille du Rhin puis en Extrême-Orient l'avaient largement tenu à l'écart de l'ambiance délétère qui régnait alors dans la flotte. Il allait pouvoir participer à l'œuvre de redressement avec des hommes qui allaient ensuite devenir ses plus proches collaborateurs, Henri Moysset, conseiller de Georges Leygues qu'il avait connu dès son enfance et qui le suivra jusqu'à Vichy, et le capitaine de corvette Paul Auphan qui, malgré une première rencontre un peu « rugueuse[20] », allait se lier à lui et devenir son « poulain ». Font également partie du cabinet plusieurs futurs A.D.D. : Michelier, Dupré, Battet, le commissaire de La Monneraye, le docteur Lapierre. C'est aussi durant son passage rue Royale que Darlan se lie avec le vice-amiral Docteur, qui occupe alors les fonctions de directeur du personnel militaire de la flotte et sera ensuite l'un de ses plus fidèles soutiens.

Dès 1926, l'œuvre réformatrice de Georges Leygues touche à tous les domaines. Une loi des cadres est mise en chantier ; sans attendre son vote (qui interviendra le 4 mars 1929), une nouvelle politique du personnel est définie avec une efficace propagande en faveur du recrutement (dès 1927 le nombre des engagements dépasse 6000 ; celui des candidats à Navale se relève à 377 en 1927 ; il sera de 471 deux ans plus tard) et une réforme des écoles d'officiers : École des ingénieurs mécaniciens en 1926 ; écoles de perfectionnement des officiers de réserve en 1927 ; École navale en 1928. Les préfectures maritimes sont réorganisées par les décrets du 10 septembre 1926 et du 22 avril 1927. Ce dernier texte est une véritable « charte » qui définit les nouvelles structures de la marine, précise les compétences respectives des services et des forces (celles-ci étant divisées entre forces de haute mer et forces de défense du littoral), les attributions du chef d'état-major général[21]... Dans le même temps, la reconstitution matérielle des forces est lancée. Faute de statut officiel, le ministère essaie de faire passer des « tranches » qui s'inscrivent dans une programmation officieuse reprenant les grandes lignes du statut : en 1925, il a obtenu 48584 tonnes (le transport d'hydravions *Commandant-Teste,* deux croiseurs, trois contre-torpilleurs, quatre torpilleurs, neuf sous-marins) ; en 1926, il obtient à peu près autant : 42032 tonnes pour une répartition presque identique (la différence vient de l'absence de porte-aéronefs, très partiellement compensée par deux sous-marins supplémentaires) ; en 1927, il faudra se contenter de 33109 tonnes (un croiseur, six contre-torpilleurs, onze sous-marins).

Trop d'archives ont disparu pour que l'on puisse cerner avec précision les parts respectives de l'état-major et du cabinet. Il est néanmoins certain que celui-ci reste le vrai centre du pouvoir. Le décret du 27 décembre 1921 organisant le haut commandement maritime est encore trop récent pour que l'état-major général ait pu s'imposer. Ses structures sont embryonnaires. Il ne compte que 66 officiers, au lieu de 24 avant guerre, alors que ses tâches se sont considérablement accrues. Son chef, l'amiral Salaün, s'est plaint en mars 1925 de son incapacité à « faire étudier dans de brefs délais certaines questions complexes dont dépend l'avenir même de la marine, telles que l'application du protocole de Genève, la préparation d'une conférence éventuelle du désarmement, la refonte de plans d'opérations ou le réajustement de conventions militaires », et il a demandé un renforcement de ses effectifs[22]. Le ministre Dumesnil a refusé en invoquant des raisons budgétaires. Celles-ci sont certes fondées, mais il est aussi permis de penser que le cabinet ne tient pas à voir ses attributions progressivement réduites par un état-major trop puissant.

En outre, la personnalité du chef d'état-major n'est pas pour faire ombrage au ministre : le vice-amiral Salaün est d'un naturel plutôt indécis. Avec l'appui de certains officiers de l'état-major qui s'agacent de son inaction, notamment le capitaine de vaisseau Castex, chef du 3e bureau[23], le cabinet peut ainsi court-circuiter le chef d'état-major général et intervenir dans la définition des programmes et la préparation des opérations.

Au sein du cabinet, dirigé par le contre-amiral Pirot, Darlan joue sans aucun doute un rôle capital, mais nous n'avons conservé aucun papier de cette époque. Une fois de plus, il sait se faire apprécier. Le contre-amiral Pirot lui décerne des notes très élogieuses : « Type de l'officier absolument complet. Excellent marin possédant à fond la technique du métier, sachant commander, aussi bon dans le conseil que dans l'action. [...] Un des chefs de la marine de demain. » Il le propose pour la cravate de commandeur de la Légion d'honneur. Son influence s'accroît encore quand il devient chef du cabinet le 20 août 1926.

Manifestement, Georges Leygues est très satisfait de son protégé : « Chef de cabinet remarquable dont j'ai particulièrement apprécié le concours. Fera un officier général de premier ordre[24]. »

Le 30 août 1927, Darlan quitte la rue Royale. Il faut qu'il exerce un commandement s'il veut accéder rapidement aux étoiles. Au poste stratégique qu'il occupe, il peut choisir son bâtiment, et il choisit : ce sera la *Jeanne d'Arc,* commandement fort recherché, car traditionnellement assimilé à celui d'un cuirassé et tremplin pour les étoiles. Le 1er septembre 1927, il devient donc commandant de « la *Jeanne* » où, comme à l'école de pilotage, il succède au commandant Traub. C'est toujours celle d'avant 14. Il était prévu de la désarmer pendant l'été et de la remplacer par le croiseur cuirassé *Edgar-Quinet,* mais la transformation de celui-ci a pris du retard, et « la *Jeanne* » est prolongée d'un an. Darlan se plaint, dans son rapport de prise de commandement, de la vétusté du navire entré en service en 1903 : « Il est imprudent de lui faire reprendre la mer, ce bâtiment est indigne de la marine française. Il est impossible de continuer à former des officiers sur un bâtiment qui n'a plus du navire de guerre qu'une vague apparence. » L'habitabilité est inacceptable, l'eau est servie sous les tropiques à 31 et même 36 degrés[25].

Pour la première fois, Darlan a la possibilité de choisir son état-major. C'est un privilège traditionnellement reconnu au commandant de « la *Jeanne* ». Il prend le capitaine de frégate Fenard comme second et le capitaine de corvette Dupré comme adjoint : il les a tous deux connus aux canonniers marins. Il choisit aussi les lieutenants de vaisseau Erulin (connu sur l'*Altaïr*), Hourcade (connu à l'école de pilotage), Merveilleux du Vignaux, Jaujard, Bourragué, Fontaine (déjà embarqués avec Darlan sur le *Chamois*) et Auboyneau. La promotion compte 81 élèves : 71 bordaches, 6 « X » (polytechniciens), un « zèbre » (concours interne) et 3 Polonais.

« La *Jeanne* » appareille le 11 octobre 1927 de Brest. Darlan manque de peu de se mettre au sec lors de la sortie et raconte complaisamment l'incident dans une lettre à l'amiral Docteur :

> « J'ai quitté Brest par un soleil magnifique et 5 nœuds de courant dans le goulet (marée de 118).
>
> « Par le travers des Fillettes, après avoir reçu de nombreuses gifles, je vois le bateau se précipiter sur ce plateau de rochers à 12 nœuds. — Avarie de barre ! Obligé de mettre les trois tournebroches en arrière. Mon avant est allé entre les deux têtes des Fillettes, et à basse mer j'avais 98 chances sur 100 de toucher. Cet

incident fâcheux a eu au moins l'avantage de montrer aux midships affolés que leur commandant restait calme dans la baroufle. Cela les a beaucoup frappés. Leçon de choses ! Je suis allé à Quiberon affourcher et faire quelques galipettes[26]. »

Le bâtiment descend jusqu'à Conakry, puis se dirige vers la mer des Antilles. Le 10 décembre son commandant écrit à l'amiral Docteur :

« Ma vieille hourque, grâce aux soins continus que nous lui prodiguons, arrive à se propager sur les mers. Mais il ne faudrait pas recommencer la plaisanterie l'année prochaine sans faire des travaux excessivement coûteux.

« État-major et équipage excellents, donnant la plus entière satisfaction. Le seul point faible est la maistrance. De braves gens certes. Il est temps que les jeunes prennent la place de ces fonctionnaires abrutis par l'alcool.

« Je viens de faire quinze jours de ribouldingue à la Martinique, où j'ai été reçu comme un prince régnant. Une auto à ma disposition, d'autres prêtées aux officiers, nous ont permis de faire de délicieuses promenades dans cette île, que je considère comme une des plus belles de la terre. J'ai eu à subir des banquets, des bals et des discours, et j'ai rendu les mêmes attractions. Aussi le séjour austère des Saintes est-il le bienvenu. Arrivé ce matin à la pointe du jour, j'ai immédiatement déchaîné les midships sur l'hydrographie et le corps de débarquement.

« Dites à votre chef d'état-major que je ne comprends plus rien aux corrections à votre instruction n° 3 et autres bla-bla-bla. A distance, c'est du chinois, mal imprimé d'ailleurs, refaites donc ces bouquins à neuf. En arrivant à Toulon, je rendrai mes exemplaires à l'escadre, car je ne puis plus les tenir à jour.

« J'ai entendu dire que vous aviez fait barder votre escadre pendant votre croisière d'Afrique et fait des exercices très intéressants. Cela ne m'a nullement surpris[27]... »

Le 14 janvier, à Panama, « la *Jeanne* » accueille à bord les aviateurs Costes et Le Brix, follement acclamés par l'équipage. Elle fait ensuite un détour dans le Pacifique, jusqu'à Callao où Darlan manque de causer un incident diplomatique. Recevant le ministre péruvien de la Défense à son bord, il veut lui faire un compliment et déclare : « Votre marine possède un beau croiseur... — Un croiseur ? coupe le ministre, indigné, mais nous en avons trois. » Darlan, pris de court, maudissant son officier de renseignements, reste sans voix. Alors le ministre précise d'un ton sentencieux : « *Uno en construcción, uno en reparación y el tercero en demolición*[28]. »

Revenu en mer des Antilles, Darlan se plaint une nouvelle fois à l'amiral Docteur de l'état de son navire :

« Puisque je suis sur le chapitre navigation, je vous préviens que je vais faire une offensive violente auprès de Georges [Leygues] pour que la marine se décide à outiller convenablement ses bâtiments pour naviguer. On dépense un argent fou pour la direction du tir du canon et des torpilles et on nous fait naviguer avec des instruments datant de Colbert et des installations de cartes dont un chalutier ne voudrait pas. Il y a de nombreuses commissions dites " pratiques " au centre d'études et d'embusquage. Rien ne sort pour la navigation. Trop de gens s'en foutent. La navigation est un mal que l'on subit. Il est aussi important pour un commandant de pouvoir télécommander ses machines, sa barre, ses ancres que son artillerie. Depuis vingt-huit ans que je suis dans la maison, je n'ai vu sur ces points que des progrès insignifiants. Je ne parle naturellement pas des installations de la *Jeanne* qui sont grotesques. C'est certainement le dernier bateau à choisir pour l'instruction de la jeunesse.

« Mon pauvre coucou devient de plus en plus asthmatique. Il me serait impossible de me mettre en ligne de file avec vous à une vitesse de route de 10 nœuds. D'ailleurs l'avarie est la règle ici, et mes voisins auraient à se méfier de moi. J'ai heureusement pu franchir deux fois le canal de Panama sans avaries de barre. J'en avais eu deux consécutives avant d'arriver à Balboa ! Dans ce canal, j'ai rencontré le *Saratoga.* C'est un meuble ! Les timoniers circulent à motocyclette sur le pont d'envol. Un camion automobile est prévu pour le transport du matériel d'un bout du navire à l'autre. Je suppose qu'il y a un métro à l'intérieur. Ce monstre a franchi avec peine les écluses qui ont à peine un mètre de plus que lui en largeur. Il a grillé 12 locomotives électriques de traction ! Plus je vois ces gros bateaux et plus je suis convaincu qu'ils sont plus empoisonnants qu'utiles ! C'est d'ailleurs l'avis des Américains, qui vont en construire de plus petits... »

Il se livre à quelques commentaires sarcastiques sur la succession de l'amiral Salaün, qui a essayé de se maintenir en poste en faisant modifier les limites d'âge :

« Votre chronique maritime relatant les intrigues de notre ancien grand chef pour conserver son fauteuil m'a rempli de joie. Depuis juin dernier, j'avais prévenu le ministre. Lui, M. Moysset et moi étions tombés d'accord pour maintenir le *statu quo* en ce qui concerne les limites d'âge. Depuis juin, également, la nomination de l'amiral Violette était *décidée.*

« Le proconsul " brèche-dent " de Bizerte doit être devenu orgueilleux comme un paon. Que d'honneurs pour un vieil alcoolique. Dans quelques mois nous en serons heureusement débarrassés. Si j'avais été à Paris j'aurais mobilisé toutes mes forces pour que sa part de gâteau soit plus petite[29]. »

En mars 1928, « la *Jeanne* » est à Dakar. Le ministre a demandé à Darlan de passer l'inspection de Marine-Dakar. Le rapport souligne l'insuffisance des installations : « Le point d'appui de Dakar ne correspond pas aux nécessités de la flotte actuelle (amarrage, stockage, ateliers). Quel que soit notre prochain adversaire en Europe, Dakar sera le point de concentration obligé des ravitailleurs[30]. » « La *Jeanne* » arrive à Toulon le 1er avril.

Après l'interruption d'usage, la deuxième partie de la croisière d'application se déroule en Méditerranée du 1er au 29 mai. Le croiseur revient ensuite dans l'Atlantique pour participer le 3 juillet à la revue navale du Havre. Le président Doumer vient à bord, accompagné de Leygues et du vice-amiral Violette, le nouveau chef d'état-major général. De retour à Brest, Darlan adresse son rapport de fin de campagne. Il juge la promotion

> « sérieuse et appliquée. Age moyen vingt et un ans. Pas de sujets très brillants. Une petite queue de 12 élèves, mais un groupe moyen très étoffé. Dans l'ensemble, elle manque de culture générale (littérature, histoire, géographie). L'instruction servie à l'École navale est trop théorique, trop technique. Les élèves ne savent ni observer, ni exposer, ni conclure. Il faut simplifier les cours qui sont trop techniques[31] ».

Darlan s'est encore mis en valeur durant cette campagne. Mouget, tout nouvellement promu contre-amiral, ne tarit pas d'éloges : « Réalise un équilibre rare de qualités de caractère et d'intelligence. Par sa vigueur exceptionnelle de corps et d'esprit, par son goût de l'action et des réalisations, par son jugement d'une solidité à toute épreuve, s'affirme comme un grand chef de demain[32]. » Jugement corroboré par celui de l'amiral Violette : « Devra être choisi de bonne heure pour le grade d'officier général, le plus tôt sera le mieux, et préparé aux plus hautes fonctions[33]. »

L'*Edgar-Quinet* prend enfin la relève de la *Jeanne d'Arc,* vraiment à bout de souffle. Il est à peine moins vieux que « la *Jeanne* » (1910), mais vient d'être refondu. Darlan réclame un hydravion pour faire voler les élèves. L'état-major de « la *Jeanne* » s'est transporté au complet sur « l'*Edgar* », à l'exception de Dupré, remplacé par le capitaine de corvette Battet, qui sort de l'École de guerre navale.

Le 12 octobre 1928, l'*Edgar-Quinet* quitte Brest pour sa première croisière d'application avec une promotion de 94 élèves, dont 6 « X », 2 réservistes, un ingénieur hydrographe et 4 Polonais. Au large des côtes espagnoles, a lieu une cérémonie à la mémoire des disparus du sous-marin *Ondine* qui s'est perdu corps et biens. Une photographie montre le « boüte » (l'aumônier) donnant sa bénédiction avec derrière lui Darlan saluant avec son sabre. Darlan écrit à Georges Leygues une très longue lettre résumant son premier mois de navigation[34]. Il se plaint d'abord de certaines incommodités de son bâtiment et critique l'absence de formation pratique des ingénieurs :

« Le bâtiment est dans l'ensemble, à part quelques faiblesses, un bon navire qui peut rendre encore d'honnêtes services. Il a les défauts inhérents à ceux de son espèce et de son époque : mauvaise aération des locaux habités et des fonds, complication exagérée du cloisonnement et des appareils auxiliaires, installations de vie courante défectueuses.

« Si nos ingénieurs, grâce à leur capacité technique qui est réelle, sont arrivés à dessiner des coques admirables et à construire des appareils moteurs remarquables, ils ont tout à apprendre pour l'organisation d'un navire au point de vue du bien-être de l'équipage et de la facilité du service à bord. [...] Cela tient à ce que nos ingénieurs ont une formation à peu près exclusivement théorique et qu'ils ne s'intéressent pas à ces questions-là parce qu'ils n'en comprennent pas l'utilité.

« Vous avez, l'hiver dernier, pris la décision de les faire embarquer sur les bâtiments d'escadre. La mesure est bonne mais permettez-moi de vous signaler qu'elle est insuffisante. Il faudrait qu'à leur sortie de l'école dite d'application (?) du génie maritime, qui est à Paris (!), les jeunes ingénieurs fussent embarqués sur le croiseur-école. Ils se rendraient compte de ce que sont la vie et le service à bord d'un navire effectuant de longues traversées, à des intervalles rapprochés, sous des climats chauds et humides. Cela leur éviterait d'adopter plus tard des solutions théoriquement impeccables et pratiquement absurdes. »

La croisière a débuté par une longue escale au Maroc :

« Je vous ai demandé à commencer notre croisière par Casablanca pour montrer avant tout autre pays à nos élèves, une contrée supérieurement organisée par la France et chasser de leur esprit l'idée trop répandue que nous sommes moins capables que d'autres de coloniser. Aucun peuple n'a réussi en vingt ans, dont quatre ans de guerre et huit années de difficultés financières, la conquête, la pacification et l'organisation d'un pays aussi vaste, aussi difficile, habité par des guerriers aussi intraitables. [...]

« Nous avons été admirablement reçus par tous et j'ai répondu à ces amabilités par un déjeuner auquel M. Steeg m'a fait l'honneur d'assister et par un bal à bord.

« L'*Edgar-Quinet* n'a recueilli que des éloges pour son apparence impeccable et pour la bonne tenue de ses hommes.

« Quelqu'un m'a dit : " Décidément depuis quelques années il y a du changement dans la marine. Elle devient épatante. "

« J'ai répondu que " depuis ces quelques années nous avions à notre tête quelqu'un qui nous aimait, nous comprenait et qui avait su nous réveiller ". »

Darlan n'oublie pas de faire sa cour... Après Casablanca, il s'est rendu aux îles du Cap-Vert qu'il a trouvées « pelées et revêches. [...] Si je connaissais le chef décorateur de l'Opéra, je lui conseillerais de venir ici pour faire un décor représentant l'Enfer » et où il a rencontré

« Alain Gerbault, dont le yacht *Fire Crest* est mouillé depuis quatre mois dans la rade. Je lui ai rendu sa visite, à son bord. Son pauvre bateau est bien délabré et je crains que Gerbault ne soit dans une assez grande détresse financière. Pendant quatre jours il a pris pension sur le *Quinet*. Nous lui avons donné du matériel et des vêtements et nous avons fait quelques réparations à son yacht. Je lui ai demandé de faire une causerie aux élèves sur son voyage. Il s'est exécuté de bonne grâce. Le caractère de cet homme est bizarre. Il présente un mélange de décision réfléchie et de naïveté extraordinaire en ce qui concerne les choses de la mer — si l'on doit admirer l'audace tranquille de cet homme on est obligé de frémir en songeant que jusqu'ici s'il a échappé à certains dangers il ne le doit qu'à une chance exceptionnelle[35]. »

L'*Edgar-Quinet* devait ensuite se rendre à Bahia et Rio, mais ces escales ont été supprimées en raison d'une épidémie de fièvre jaune. Il va donc directement vers les Antilles et relâche durant une semaine, du 11 au 19 novembre, à Trinidad où « Français et descendants de Français ont reçu le *Quinet* avec enthousiasme ». Tout le monde a profité de l'hospitalité des planteurs et visité la curiosité du lieu, l'un des deux lacs de bitume existant au monde.

« Ce lac a 300 mètres de diamètre. On estime à 100 mètres la profondeur du bitume. Depuis cinquante ans qu'on l'exploite le lac n'a baissé que de 10 mètres. On marche sur le lac sans trop de peine. On pioche le bitume, on le fait fondre pour extraire les impuretés, on le met en barils et on l'embarque. Pendant la nuit, la partie piochée se reforme[36]. »

A la fin de décembre, l'*Edgar-Quinet* est à San Francisco. Darlan s'inquiète des sentiments des Américains à l'encontre des Européens. Son impression est à noter car il ne reviendra plus aux États-Unis et le souvenir qu'il a gardé de cette visite unique pèsera certainement sur son comportement envers les États-Unis durant la guerre.

« Les Américains ne cachent pas leur haine des Anglais, tout leur est prétexte pour la manifester. Par exemple : le naufrage du paquebot anglais *Vestris,* survenu en novembre sur la côte est des U.S., a provoqué une violente campagne de presse contre les marins britanniques, qui, il faut l'avouer, n'étaient pas sans reproches.

« D'ailleurs il y a aux États-Unis un mouvement anti-européen très marqué. Le gouvernement actionne en sous-main des ligues comme la Goodwill Association, qui, sous couleur de propagande humanitaire, fait de l'internationalisme, de l'antimilitarisme, et de l'antipatriotisme à l'usage des Européens. Son but, qui a été exposé devant moi par le recteur de l'Université de la Californie du Sud, est de créer des États-Unis d'Europe sous la dépendance de ceux d'Amérique. La propagande par le film est intense. J'en ai vu un, *L'Arche de Noé,* où tous les peuples Européens sont ridiculisés et bafoués. Notre gouvernement paraît ignorer cette propagande[37]... »

Le Jour de l'An, il reçoit à bord son ancien major, Sablé, devenu attaché naval aux États-Unis, et dont la carrière piétine (il n'est toujours que capitaine de frégate alors que Darlan a déjà trois ans d'ancienneté dans son grade de capitaine de vaisseau). A la fin de janvier, il revient dans les Caraïbes. Dans une nouvelle lettre à Georges Leygues[38], Darlan se laisse aller à un lyrisme assez inhabituel chez lui.

« Nous sommes d'abord passés au large des côtes du Nicaragua et du Honduras, au milieu des cayes où les boucaniers carénaient, à l'abri des regards indiscrets, leurs brigantins alourdis par les algues et les coquillages collés à leurs flancs. De là, ils s'élançaient à la poursuite des navires marchands et des lourds galions de Castille venant de Carthagène et de Puerto Bell et montant au nord vers le cap San Antonio, pointe ouest de Cuba, pour, aidés par le courant équatorial, franchir le canal de Floride et atteindre, sous les latitudes plus hautes, les grandes brises d'ouest qui les menaient vent en poupe vers l'Europe.

« Escortés par de nombreux Argonautes, mollement poussés par leurs voiles violettes ou rouges lamées d'argent, nous avons suivi cette route jusqu'à La Havane. La perle des Antilles a su se moderniser tout en conservant son cachet de vieille ville espagnole. Dans les vieux quartiers vous pourriez vous croire à Santander. La ville neuve, tracée par un ingénieur français, est très belle. Je lui reproche cependant un certain aspect " nouveau riche ". »

A Cuba, Darlan a trouvé, « comme dans tout le reste de l'Amérique latine, [...] la haine de l'Américain du Nord : son impérialisme outrecuidant heurte l'orgueil national ». Il s'est intéressé aux expériences de Georges Claude sur l'énergie thermique des mers. L'*Edgar-Quinet* s'est ensuite rendu dans les Antilles françaises mais n'a pu relâcher que quelques heures à Basse-Terre, l'état sanitaire étant, paraît-il, mauvais. Darlan met en doute cette assertion et fait remarquer que cet incident s'était déjà produit l'année précédente : « Pour une raison que je ne trouve pas, les autorités de l'île ne désirent pas voir relâcher un bâtiment de guerre à Basse-Terre[39]. » Le *Quinet* s'est consolé avec l'excellent accueil qui lui a été réservé aux Saintes et à la Martinique. Après une traversée sans histoires de l'Atlantique, Dakar est atteint le 28 mars, le bâtiment regagne Toulon où il arrive le 28 avril, après des escales à Cadix et à Alger (où Darlan a reçu à son bord le maréchal Franchet d'Esperey). Après un tour en Méditerranée, le *Quinet* est de retour à Brest le 12 juillet. Malheureusement, le rapport de fin de campagne manque. Le 1er septembre, ayant reçu son lot habituel d'éloges (Castex, sous-chef d'état-major, le qualifie de « chef remarquable, parfait éducateur et entraîneur d'hommes », et Violette réitère son appréciation de l'année précédente), il passe son commandement au capitaine de vaisseau Benoist et part en permission.

Tout au long de cette croisière, Darlan n'a cessé d'envoyer des rapports sur l'organisation de la marine, le fonctionnement des bases, la tenue, les règlements... qui sont autant de propositions de réformes[40]. Certes, il ne s'agit pas encore de grandes questions, mais plutôt de points de détail. Cette activité est cependant révélatrice de son souci de rester en contact avec Georges Leygues et de se préparer à un retour au cabinet. L'officier un peu dilettante qui comptait sur sa facilité naturelle et sollicitait volontiers des affectations en raison de leur proximité géographique avec Saint-Malo est devenu un ambitieux qui ne vise plus qu'une place : la première.

CHAPITRE V

L'irrésistible ascension

Avec son accession aux étoiles, Darlan échappe aux normes et entame une ascension fulgurante. Le 18 novembre 1929, il devient en effet, à quarante-huit ans, le plus jeune contre-amiral de la marine française et il ne va plus cesser, sauf durant de courtes périodes, de graviter autour du pouvoir.

En 1926-1927, l'œuvre de restauration de la marine ne faisait que commencer, et le cabinet consacrait beaucoup de temps à la préparation des grandes réformes organiques. En 1930, les structures sont en place. Les priorités sont désormais budgétaires, avec la définition et le vote des tranches annuelles, et internationales, avec la question du désarmement. Ce sont ces questions qui vont occuper Darlan jusqu'en octobre 1934, date à laquelle il ira prendre le commandement d'une escadre.

Sa quasi-permanence rue Royale sera entrecoupée de séjours extérieurs, de courte durée. Plutôt que de présenter un récit strictement chronologique de la vie de François Darlan, il est préférable de rappeler d'abord l'ensemble de ses affectations en détaillant celles qui se situent hors du ministère, pour évoquer ensuite son rôle dans l'élaboration et la conduite de la politique navale.

Du ministère à la mer et retour

Officiellement en permission jusqu'au 11 novembre 1929, Darlan est en fait « en mission » au cabinet à partir du 15 octobre. Il est possible, peut-être même probable, qu'il devait déjà redevenir chef du cabinet. Mais le 3 novembre, une heureuse crise ministérielle ramène Georges Leygues rue Royale. Darlan vient donc reprendre auprès de son protecteur les fonctions qu'il avait déjà exercées en 1926, officiellement à compter du 12 novembre, en réalité dès le 3. Auprès de lui, à nouveau Michelier, Dupré, La Monneraye...

A ses fonctions au cabinet, il ajoute, à partir du 18 janvier 1930, celle de conseiller naval auprès de la délégation française à la conférence sur le désarmement naval qui va s'ouvrir à Londres. Mais, en février, le ministère Tardieu tombe. Georges Leygues doit quitter la rue Royale, non sans laisser avant de partir de nouveaux éloges sur ce « collaborateur remarquable par son activité, ses méthodes et sa connaissance parfaite de tous les problèmes maritimes[1] ». Son successeur Albert Sarraut le conserve auprès de lui, mais il ne reste qu'un peu plus d'une semaine, du 21 février au 2 mars. Et le nouveau venu, Jacques-Louis Dumesnil, choisit le contre-amiral Traub comme chef de cabinet.

A compter du 3 mars, Darlan n'est plus que conseiller naval à Londres, d'ailleurs fort apprécié par son ministre, si du moins l'on croit ses dires :

> « Mon ministre me prend en amitié et ne cesse de m'inviter à déjeuner ou à dîner. Il est très aimable et se montre un véritable camarade.
>
> « Comme " élève ", il est bon. Il comprend vite, raisonne bien, voit rapidement les arguments à utiliser. Il doit aujourd'hui faire ses débuts dans l'action, ce qui m'a valu de me coucher à deux heures du matin pour lui préparer son affaire. Nous allons voir ce qu'il rendra. S'il est aussi ferme dans son attitude que dans ses paroles, cela pourra aller[2]. »

La conférence s'achevant en avril, les fonctions de Darlan prennent fin du même coup le 22 avril. Nanti d'un témoignage officiel de satisfaction pour « services rendus à la conférence de Londres », il reste cependant à la disposition du ministre, avec le contre-amiral Cambon, pour les négociations navales, qui continuent par les canaux ordinaires (négociations bilatérales et conférence de Genève) jusqu'au 4 août, date à laquelle il doit partir prendre le commandement de la marine en Algérie.

Il n'est pas impossible que ce soit son successeur Traub qui ait manœuvré pour l'envoyer là-bas, se débarrassant ainsi d'un rival encombrant. Beaucoup considèrent que ce poste marque une disgrâce. Emmenant avec lui le fidèle Fontaine, il prend ses fonctions le 7 août et fait part de ses sentiments à l'amiral Docteur :

> « Mes impressions sont diverses. Il y a en Algérie de belles choses et de bien moches. Ces dernières sont dominantes. Les mauvaises

routes, les nourritures médiocres, les hôtels douteux, fatiguent le postère, l'estomac, et agitent le sommeil. Mais ne parlons que de ce qui est bien : d'abord la lumière qui embellit tout, les forêts de chênes entre Tizi-Ouzou et Bougie. Pendant une trentaine de kilomètres, la route escalade ou dégringole des pentes abruptes, laisse voir de splendides panoramas, est parcourue par de nombreux Kabyles dignement posés sur leurs mules ou sur leurs ânes. [...]

« Vous connaissez Constantine, je ne vous en parlerai pas. Mais est-ce pour attirer les touristes que l'on permet aux indigènes de déposer des excréments aux endroits les plus intéressants du Rummel ?

« Décidément, la saleté est la caractéristique dominante de l'Algérie[3]. »

Pour quelqu'un qui a travaillé sur les dossiers du ministre, la gestion d'un arrondissement maritime n'a rien d'exaltant. Les fêtes du centenaire de l'expédition d'Alger, auxquelles toute la marine a été associée, viennent de se terminer et le poste apparaît secondaire. Alger, c'est la disgrâce et l'exil. Au mois d'octobre, il inspecte le littoral, de Bône à La Calle, visitant les batteries de côte et supervisant les écoles à feu. Il note l'intérêt stratégique du site de Mers el-Kébir[4]. Il n'est pas sûr que cela suffise à l'occuper et il est permis de ne point trop prendre à la lettre ce qu'il écrit à Docteur :

« Vous me dites qu'à Toulon, sur la traverse de la médisance, le bruit court que le ministre, ayant assez vu l'amiral Traub, songerait à me faire venir. Dieu m'en préserve ! Un retour éphémère rue Royale ne me plairait pas. Pour faire quelque chose dans cette boutique, il faut durer[5]. »

Il ne fait d'ailleurs nullement mystère de sa volonté de « ne pas moisir à Alger[6] » et accueille avec soulagement son rappel comme chargé de mission à la conférence du désarmement à Genève. Il est à la disposition de René Massigli, responsable du désarmement au Quai d'Orsay, et du vice-amiral Levavasseur, conseiller technique de la délégation française et chargé de maintenir la liaison directe avec le ministre. A l'œuvre dès le 1er novembre, il ne retourne pas à Alger. Le 15 décembre 1930, il redevient chef de cabinet. Le cabinet Tardieu vient de tomber (l'instabilité ministérielle s'accélère), et le nouveau ministre Sarraut l'appelle auprès de lui. Le cabinet Steeg est remplacé dès le mois de janvier par un cabinet Laval, mais Charles Dumont le maintient dans ses fonctions. Il va les occuper durant toute l'année 1931, ayant toujours auprès de lui Michelier, Dupré, La Monneraye... En avril, il quitte en fait mais non en titre la rue

Royale pour commander du 7 au 17 la division présidentielle durant la visite du président Doumer en Tunisie. Comme ses prédécesseurs, Dumont le tient en haute estime :

« Le contre-amiral Darlan est un officier hors de pair, apte aux plus hautes fonctions de commandement, d'administration et de négociation. Agilité et netteté d'esprit, aimable ténacité, franchise, observation, aptitude à concilier, il réunit les qualités les plus diverses. Les ministres qui ont eu l'amiral Darlan comme chef de leur cabinet militaire, les chefs d'état-major et les directeurs du ministère qui l'ont eu comme collaborateur s'accordent à louer l'agrément de ses relations et la sûreté de son jugement. L'opinion est la même chez les diplomates français et étrangers avec lesquels il a été en relation à Londres, à Genève ou à Paris[7]. »

Le 1er janvier 1931, le contre-amiral Darlan est promu commandeur de la Légion d'honneur. En accompagnant Paul Doumer en Tunisie, il reçoit son premier cordon : il est fait grand-croix du Nicham Iftikar. Malheureusement, cet ordre ne jouit pas d'une très flatteuse réputation : non content de le distribuer avec une grande prodigalité, le bey de Tunis en fait commerce pour arrondir des revenus fort modestes.

Mais Darlan est surtout sensible à une récompense beaucoup plus intéressante : le 8 juin 1931, le ministre a signé le décret le nommant au commandement de la 1re division légère en Méditerranée. Un contre-amiral ne saurait rêver d'un plus beau commandement : la division est composée de quatre croiseurs de 10 000 tonnes tout neufs. L'assez long délai qui s'écoule entre sa nomination et sa prise de commandement lui permet de bien choisir ses hommes. Dupré le suivra comme chef d'état-major, ainsi que Marzin et le commissaire de La Monneraye. Michelier sera son capitaine de pavillon sur le *Foch,* assisté de Jaujard. Le *Suffren* est commandé par Lacroix, le *Tourville* par Carpentier, le *Duquesne* par Godfroy. En outre, il a réussi à faire désigner pour sa succession Odend'hal, de la même promotion que lui et qu'il avait retrouvé sur le *Chamois*. Ses arrières au ministère sont donc assurés. C'est Odend'hal qui devra faire face aux problèmes posés par la première tentative de fusion des ministères militaires en un grand ministère de la Défense nationale qui met Darlan en fureur :

« Ma lettre commence par le résumé de la nouvelle doctrine politique de M. Tardieu :

« " La Marine, on s'en fout ! "

« Nous voilà passés au rang des nations scandinaves ou de la Yougoslavie.

« La deuxième puissance ccoloniale du monde n'éprouve plus le besoin d'avoir un ministre responsable des communications maritimes.

« Si les élections n'apportent pas de changements dans une organisation pareille du gouvernement, la marine ira à la dérive et ce sera gros de conséquences pour la sécurité nationale. Les militaires voraces vont tirer toute la couverture à eux.

« Si Tardieu croit que son geste aura un effet utile à Genève, il se fiche le doigt dans l'œil jusqu'au coude. Si c'est une manière élégante de régler le différend air-marine, cela prouve qu'il y a crise d'autorité.

« Naturellement, la presse se gargarise de l'intelligence de la conception. C'est à pleurer !

« Comment voulez-vous qu'un seul homme puisse faire marcher une machine aussi lourde, il aura des sous-secrétaires d'État qui se feront la guerre, imitant en cela les ministres d'hier.

« La pétaudière est organisée [8]. »

Darlan succède à Descottes-Génon qui l'avait remplacé de 1927 à 1929 au cabinet de Georges Leygues lorsqu'il commandait « la *Jeanne* » et l'*Edgar-Quinet.* Il prend possession de son commandement le 29 décembre 1931 avec le cérémonial habituel. Un mois plus tard, il écrit ses premières impressions à l'amiral Docteur :

« J'attendais pour vous écrire d'avoir pris contact avec ma division à la mer pour pouvoir vous dire mes impressions. Elles sont excellentes. Les bateaux, dont vous connaissez les qualités et les défauts, sont en bonne forme et sont armés par des gens de bonne volonté, sinon d'expérience. Le *Foch* paraît être un des mieux pourvus et je suis persuadé que sous la direction avertie de Michelier il donnera le rendement maximum.

« L'amiral Robert m'a laissé une grande liberté et j'ai pu faire virevolter mes coucous qui sont parfaitement adaptés à la tactique actuelle.

« Je me suis rendu compte avec plaisir que le métier revenait vite et que bientôt j'aurais retrouvé les quelques astuces qu'il convient de posséder sur le bout du doigt.

« J'ai l'impression d'avoir quitté la rue Royale depuis des siècles et mon esprit est bien loin du budget, des négociations, des Craigie et autres.

« Je viens de respirer depuis quelques semaines un air vif, pur, qui m'a totalement ravigoté [9]. »

L'année commence par une sortie de l'escadre, commandée par le vice-amiral Robert, sur les côtes de Provence. Du 9 au 12 février, la 1re division légère reçoit pour un embarquement de 36 heures une commission sénatoriale, accompagnée d'Esteva, alors sous-chef d'état-major « aéro », pour une étude sur les capacités de l'aéronautique. Visite capitale, car on prépare alors le décret qui va rendre à la marine le contrôle de son aéronautique, qui lui avait été enlevé en 1928 lors de la création du ministère de l'Air [10], et la neutralité du Parlement est indispensable. En mars, le nouveau chef d'état-major général, le vice-amiral Durand-Viel, vient en visite d'inspection. Le 1er avril le *Foch* reçoit la visite de la maréchale Foch. Darlan a « la prudence de descendre à terre avant son arrivée » et laisse Michelier faire face à une cohorte de visiteurs qui se montre « d'un parfait sans-gêne [11] ». Du 3 au 7 avril, Darlan à bord du *Foch* va saluer le président de la République espagnole Zamora qui se rend aux Baléares. Il reçoit à cette occasion la grand-croix du *Merito Naval* qui lui confère la noblesse personnelle.

A la fin du mois arrive l'heure de gloire de Darlan. Le vice-amiral Vindry, inspecteur général des forces maritimes du Midi (c'est-à-dire commandant en chef pour la Méditerranée), organise un exercice de grande envergure à la demande de l'état-major général qui désire étudier les possibilités d'un raider contre les communications italiennes. Le *Foch* (croiseur rouge) représente un raider balayant la Méditerranée occidentale. Une force adverse conduite par le vice-amiral Robert et disposant de moyens aériens est chargée de l'intercepter. Du 25 au 30 avril, il échappe à tous ses poursuivants [12].

> « Le *Foch* jouait le rôle du hardi corsaire avec, comme théâtre, toute la Méditerranée occidentale et, comme seul asile, Bizerte.
>
> « Trois croiseurs, quatre contre-torpilleurs, douze sous-marins et trente hydravions étaient chargés de le découvrir et de l'empêcher de rentrer chez lui.
>
> « Pendant cinq jours, nous avons parcouru à vingt-sept nœuds la mer entre la Provence et l'Algérie, l'Espagne et la Sardaigne, en faisant des dégâts imaginaires. Nous avons été aperçus deux fois seulement, la première fois par des sous-marins, la seconde fois par un hydravion. Je me suis débarrassé sans peine de ces moustiques.
>
> « Trois fois, j'ai forcé de nuit le blocus de Bizerte à vingt-huit nœuds, sans être vu.
>
> « Nous avons fait 2789 milles (5000 kilomètres), c'est-à-dire la distance de Brest à la Martinique, en 119 heures.
>
> « Enfin c'est le *Foch* qui a été vainqueur dans cette affaire. Les officiers et l'équipage étaient déchaînés et croyaient presque que c'était vrai [13]. »

Les différents rapports établis après l'exercice permettent de reconstituer son déroulement. Le « croiseur rouge » appareille de Toulon le 25 en début d'après-midi, force dans la nuit du 26 au

27 le barrage établi au sud de la Sardaigne et jette l'ancre au matin du 27 dans le goulet de Bizerte. Négligeant les ordres de Vindry qui lui prescrivaient d'appareiller de jour, Darlan quitte Bizerte dans la nuit pour échapper au barrage de sous-marins qui guettent sa sortie. Vindry a positionné un groupe d'interception en attente au milieu de la Méditerranée occidentale tandis qu'un autre groupe est lancé directement à la poursuite du *Foch*. Darlan leur échappe grâce à des circonstances favorables (il traverse le rideau de torpilleurs à la faveur d'une couverture nuageuse) et grâce surtout à son savoir-faire : son ravitaillement en cours d'exercice lui permet de « marcher » beaucoup plus vite que ne le pensent ses adversaires qui le croient obligé d'économiser le combustible ; il intercepte le 29 le message d'un hydravion qui l'a repéré et le renvoie sur la même fréquence en modifiant la position indiquée. Il peut ainsi remonter jusqu'au nord des Baléares, où il cause de sérieux « dégâts » au trafic, simule des bombardements d'Alger et de Port-Vendres, puis redescend vers Bizerte, où il rentre de nuit. Son triomphe est parachevé par ses sous-marins qui surprennent et attaquent les deux groupes « ennemis » qui ont opéré leur jonction au nord de Bougaroni.

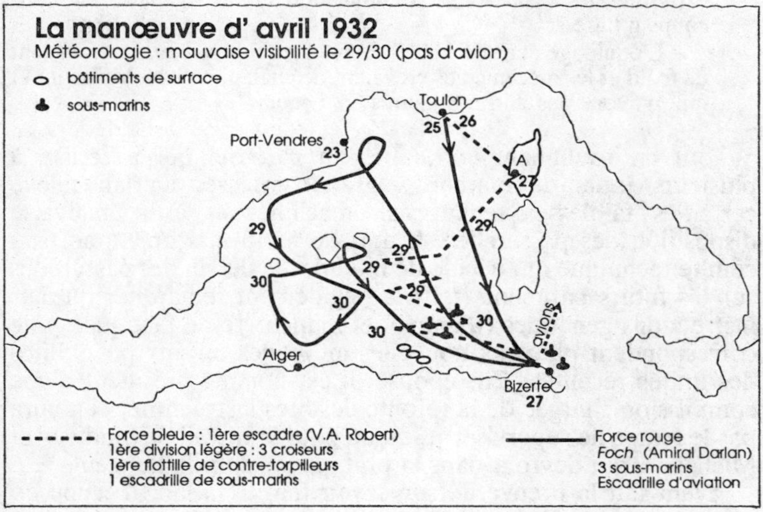

Dans une lettre à l'amiral Docteur, Darlan tire les enseignements tactiques de l'opération :

« Je crois, écrit-il, qu'on ne pensait pas que j'entrerais aussi complètement dans la peau de mon rôle et que le *Foch* pourrait soutenir si longtemps un pareil effort. Après avoir parcouru 2000 milles à des vitesses comprises entre 24 et 28 nœuds, il pouvait encore marcher 4 jours à 26 nœuds.

« De cet exercice il résulte :

« *a*) que celui qui a du poil quelque part doit mener le jeu ;

« *b*) qu'un grand croiseur marchant 27 nœuds est à peu près invisible et inattaquable la nuit ;

« *c*) qu'il faut trouver le moyen — et cela est possible — de bourrer nos bateaux de mazout ;

« *d*) qu'il faut munir les bateaux rapides d'appareils auxiliaires robustes ;

« *e*) que tant que nous n'aurons pas une hydraviation maritime capable de contrôler effectivement et continuellement les Baléares, nous ne pourrons employer nos coucous que comme des vigies côtières ;

« *f*) que le torpilleur de 1500 tonneaux, lent et sans souffle, ne peut pas travailler avec les croiseurs, que ceux-ci ne peuvent être aidés ou attaqués que par de gros contre-torpilleurs (type *Verdun*) ;

« *g*) qu'un corsaire doit opérer par des coups brefs et rapides en des points successifs très éloignés. Pour lui permettre de choisir ses terrains de chasse, il faut l'acoquiner avec des sous-marins, qui explorent les lignes de communication et lui signalent les bons coups à faire.

« L'équipage était déchaîné. Et pourtant les veilleurs grelottaient de froid et les mécaniciens crevaient de chaleur en bas. Michelier et moi n'avons pas dormi 8 heures en 5 jours [14]. »

Tout en soulignant la qualité du matériel qui a résisté à plusieurs jours de marche à grande vitesse, Darlan relève certaines faiblesses tenant aux machines et à la mauvaise disposition des passerelles. Il adresse le 15 mai un rapport au comité technique qui décide de modifier le dessin des passerelles sur les futurs bâtiments [15]. Il fait également remarquer que les instructions générales (d'emploi et manœuvre de tactique...) ne correspondent plus aux nouvelles méthodes, ni aux possibilités des unités récentes. En réponse, il est nommé président d'une commission chargée de la refonte desdites instructions. Il n'aura pas le temps de superviser jusqu'au bout le travail de Godfroy et Michelier, qui devront dans la pratique se débrouiller seuls [16].

Ayant fait la preuve de son savoir-faire, Darlan s'occupe du « faire-savoir ». Il détaille son triomphe à plusieurs correspondants et lui assure le maximum de publicité, au point que certains trouvent qu'il en fait trop. Le contre-amiral Castex, qui vient de prendre le commandement du secteur maritime de Toulon, remarque aigrement qu'il n'est pas difficile d'échapper à ses poursuivants lorsqu'on est plus rapide qu'eux et que les moyens aériens sont très limités [17]. L'affaire fait grand bruit, car l'amiral Vindry demande des sanctions contre l'amiral Robert, qu'il accuse de passivité, et il s'ensuit une polémique (qui finira par se perdre dans le « tiroir cimetière »). Loin de ce tumulte, Darlan vogue vers la Crète avec sa division qui a reçu le renfort du *Colbert*. Après une série d'exercices qui ont de nouveau mis en œuvre des hydravions (basés à Candie), l'escadre se rend ensuite à Alexandrie d'où l'amiral Robert doit gagner Le Caire pour être reçu par le roi Fouad. Mais l'assassinat du président Doumer conduit à l'annulation de toutes les festivités. La 1re division légère va montrer le pavillon à Alexandrette, au nord de la Syrie, dont le mandat est disputé à la France par la Turquie ; Darlan en profite pour visiter Alep et Antioche. C'est enfin le retour en Méditerranée occidentale où les manœuvres se terminent par un exercice combiné, du 13 au 17 juin, avec la réunion de la 1re escadre avec la 2e escadre (contre-amiral de Laborde) venue de Brest [18]. Le 1er juillet, il quitte son commandement. Georges Leygues l'a rappelé au ministère. Il est si pressé de l'avoir de nouveau auprès de lui qu'il lui a prescrit de se mettre en route sans attendre la nomination de son successeur, laquelle n'interviendra que deux mois plus tard. Une fois de plus, il a réussi un parcours sans faute, comme le montrent les notes sans équivoque de l'amiral Robert :

> « Tempérament de chef et de marin. N'a cessé de briller dans tous les emplois qui lui ont été confiés et d'y rendre à la marine les plus éminents services. Laisse sa forte empreinte dans la brillante division de croiseurs de 10 000 tonnes qu'il aura commandée avec une rare aisance et une belle maîtrise. Destiné aux plus hautes fonctions et d'ores et déjà indiqué pour le commandement en chef de l'Escadre. A promouvoir sans délai au grade de vice-amiral [19]. »

Cette recommandation est suivie d'effet : le 4 décembre 1932, Darlan devient le plus jeune vice-amiral de la marine française. Il n'a que cinquante et un ans et a conquis sa troisième étoile en trois ans, dépassant Castex et Descottes-Génon et rattrapant presque tout son retard sur Mouget et Laborde qui ne le devancent plus que de quelques semaines. Ceux de sa promotion sont encore le plus souvent capitaines de vaisseau.

Du 4 juillet 1932 au 7 mai 1934, Darlan est directeur de cabinet de quatre ministres successifs : Georges Leygues (qui meurt en charge le 2 septembre 1933), Albert Sarraut (du 2 septembre 1933 au 30 janvier 1934), L. de Chappedaine pendant une semaine (du 30 janvier au 7 février 1934), et François Pietri (à compter du 9 février 1934). Directeur et non plus chef, à compter du 19 décembre 1932 : ce changement de titulature reflète sa montée en grade. Sur un plan civil, il est à égalité avec les directeurs d'administration centrale, mais aussi beaucoup plus influent qu'eux. Dans la hiérarchie militaire, il a, à partir de 1934, les rang et prérogatives de vice-amiral commandant en chef une escadre ou une région maritime.

Il sait se faire apprécier de tous ses ministres. Même s'il a pu y avoir quelques tiraillements[20], dont il ne faudrait pas exagérer l'importance, Georges Leygues lui conserve sa confiance jusqu'au bout. Albert Sarraut va encore plus loin. Ses notes sont véritablement dithyrambiques :

> « Dans la collaboration qui, à trois reprises, a associé le vice-amiral à ma tâche quotidienne, j'ai mesuré les qualités éminentes qu'il dévoue sans limite à ses fonctions. Une admirable puissance de travail, une amplitude d'esprit qui embrasse largement tout le complexe des problèmes techniques et politiques proposés à la marine, une sûreté de jugement qui dégage des solutions précises et heureuses, une hardiesse lucide dans l'initiative du progrès, une énergie qui affronte nettement les responsabilités, une droiture et une loyauté qui donnent à tous la sécurité absolue, imposent le grand et solide caractère de ce chef hors de pair et justifient l'estime et la confiance unanimes dont il est entouré dans la marine[21]. »

Après une telle tirade, son successeur Pietri n'a plus rien à dire :

> « Je n'ai rien à ajouter aux notes que mes prédécesseurs ont données à l'A[l] Darlan. J'ai encore moins à en retrancher. En le portant au commandement d'une escadre, j'ai conscience d'avoir fait un sacrifice personnel pour la suite de sa carrière, et aussi pour le bien de la marine[22]. »

Le 17 mai 1934, Darlan quitte en effet la rue Royale. Il est à la disposition du ministre pour les négociations navales et participe à titre consultatif, à deux séances du Conseil supérieur. Le 10 octobre, il met son pavillon à Brest sur le cuirassé *Provence* en tant que commandant en chef de la 2e escadre. Pendant près de deux ans, il va être à la mer et rester éloigné d'une politique navale à laquelle il n'a pratiquement pas cessé de participer depuis la fin de 1929.

DARLAN ET LA RECONSTITUTION DE LA FLOTTE

Le problème est évidemment de savoir ce qu'a pu représenter la part de Darlan dans l'œuvre accomplie durant les années 30 et plus précisément de 1930 à 1934, date à laquelle il s'éloigne du ministère pour près de deux ans. Son action après son retour en juillet 1936 et avant son accession aux fonctions de chef d'état-major général le 1er janvier 1937 n'aura qu'une durée très brève (moins de six mois). En outre, il faut rappeler que tous les navires en service à la déclaration de guerre, sauf quelques unités de faible tonnage, sont issus des tranches antérieures à 1936 (le *Richelieu* et le *Jean-Bart* appartiennent à la tranche 1935). La construction de la marine en service en 1939 a donc été décidée avant cette date.

Or Darlan n'est devenu chef d'état-major général que le 1er janvier 1937. Il n'a donc pas été en titre le responsable de la marine durant la phase essentielle de reconstitution. Pourtant, il a volontiers laissé parler de « la marine de Darlan ». Bien plus, il a accrédité cette thèse par l'intermédiaire d'une histoire « officielle » parue en 1941 sous le titre *Vingt ans de politique navale*. Ce livre a été écrit sur son ordre et sous son contrôle par un membre de longue date de son cabinet, le commissaire général Louis de La Monneraye, qui a choisi, sans doute sur ordre, un pseudonyme transparent : Espagnac du Ravay. Espagnac est le nom de jeune fille de la mère de l'amiral Darlan (le Ravay étant le domaine du comte de La Monneraye). Si l'on excepte un hommage à « l'ardent animateur de la rénovation de notre flotte Georges Leygues », le livre ordonne toute l'œuvre des années 30 autour de l'Amiral de la flotte et rejette les autres acteurs dans l'ombre : on y voit Darlan sauver la marine dans les conférences du désarmement, puis donner l'impulsion lorsqu'il dirige le cabinet du ministre avant de devenir chef d'état-major général. Dans le même temps, ses prédécesseurs sont abaissés : Durand-Viel n'est cité que deux fois, Violette une seule fois en passant, et l'amiral Salaün, qui avait précédé Violette, aucune. L'amiral Durand-Viel, dans une note écrite après la guerre, a réagi vivement contre cette présentation :

> « Les grands bâtiments de la flotte, en particulier les 2 *Dunkerque* et les 2 *Richelieu,* ont été obtenus du Parlement et mis en chantier alors qu'il n'était pas en service à Paris, par un ministre, M. F. Pietri, qui était bien loin d'être “ fantomatique ”.
>
> « La rénovation de la flotte française, fruit de quinze années d'efforts méthodiques, patients et continus, fut l'œuvre collective

d'une pléiade d'officiers d'état-major formés à l'École de guerre navale, sous la haute direction des amiraux qui se sont succédé depuis 1921 à la tête de l'état-major général de la rue Royale, appuyés eux-mêmes par quelques bons ministres. Nul ne pouvait être en droit de s'en attribuer le mérite exclusif.

« Dans la marine française, entre les deux grandes guerres, en application des décrets organiques constamment respectés, le principal collaborateur du ministre dans l'ordre militaire était le chef d'état-major général, vice-président du Conseil supérieur de la marine, commandant en chef désigné pour le temps de guerre, qui était exclusivement responsable de la préparation de la flotte comme de l'entraînement du personnel, et de l'élaboration des programmes d'armement.

« Or l'amiral D. n'avait pris ses fonctions de chef d'état-major général que le 1er janvier 1937, moins de trois ans avant la guerre de 1939, et toute la flotte en service à l'ouverture des hostilités résultait de constructions engagées avant qu'il n'ait pris ses fonctions.

« Il fut, il est vrai, à plusieurs reprises, chef de cabinet de plusieurs ministres mais il n'eut, à ce titre, à intervenir que pour les affaires qui n'étaient pas du ressort de l'état-major général. Tout au plus a-t-il assisté parfois le ministre dans certaines négociations navales[23]. »

Cette mise au net souligne deux points essentiels : 1. le chef d'état-major général existait et il jouait un rôle lui aussi ; 2. il ne faut pas inverser les rôles et faire du ministre le porte-parole de son chef de cabinet. C'est vrai, mais à condition de distinguer selon les ministres et les chefs d'état-major général.

Quand Darlan est arrivé au cabinet de Georges Leygues, celui-ci était assis depuis trop d'années dans le fauteuil de Colbert pour être manipulable : son chef de cabinet, quel qu'il fût, était un auxiliaire et rien de plus ; il pouvait (et devait) conseiller, voire suggérer, mais la décision appartenait au ministre, et celui-ci avait des idées très arrêtées. En 1931, il était opposé aux bases d'accord avec l'Italie, et, s'il avait été ministre à ce moment-là, le compromis élaboré par son ancien chef de cabinet n'aurait jamais vu le jour. C'est également le cas de François Pietri, qui occupe à plusieurs reprises le fauteuil de Colbert. On ne saurait donc suivre Maurice Vaïsse lorsqu'il écrit qu' « au cabinet du ministre, la présence de Darlan fait du ministre, quel qu'il soit, un représentant des intérêts de la marine qui entend n'en faire qu'à sa tête[24] ». En revanche, l'influence de Darlan a été pratiquement sans limites lorsque Albert Sarraut était ministre : il « ne faisait le matin qu'une apparition de quelques minutes au ministère, laissant toutes coudées franches à l'amiral Darlan ». Il signait « sans les regarder » les tableaux d'avancement[25]. Charles Dumont était plus assidu, mais dénué d'une forte personnalité ;

ne connaissant rien à la marine, il s'en remettait lui aussi souvent à son chef de cabinet.

La même remarque vaut pour les chefs de l'état-major général. On a vu au chapitre précédent l'échec de la tentative d'augmentation des effectifs de l'E.M.G. en 1925. L'amiral Violette, comme son prédécesseur, reste souvent tenu à l'écart des grandes décisions. C'est particulièrement net dans le domaine du désarmement, seule matière pour laquelle nous ayons des dossiers très abondants. Toutes les notes ou presque émanent du cabinet, et l'amiral Violette n'intervient que pour approuver. Lorsqu'il n'approuve pas, il est mis devant le fait accompli : en mars 1931, il écrit à Georges Leygues (qui n'est alors plus ministre) : « Dans les négociations de l'actuel accord naval, dont j'ignore les termes, tenu à l'écart je n'ai pas eu à donner mon avis de responsable[26]. » On ne saurait avouer plus franchement son impuissance. Lorsqu'en mars 1931 le gouvernement crée un comité spécialisé chargé de suivre la conférence du désarmement au sein du Conseil supérieur de la défense nationale, Violette y participe, mais la documentation de base est toujours fournie par le cabinet.

Tout change en 1931 avec l'arrivée de l'amiral Durand-Viel. Le nouveau chef d'état-major général est bien décidé à faire de l'E.M.G. le centre effectif du pouvoir. Il commence par obtenir du ministre le 9 juin la création de la Section d'étude des armements navals. L'E.M.G. se trouve ainsi doté de l'organe d'analyse qui lui a jusqu'alors manqué. Placé à sa tête, le capitaine de corvette Decoux entretient avec les attachés navals à l'étranger une correspondance suivie. Le 8 juillet, Durand-Viel adresse un rapport au ministre qui affirme d'entrée sa volonté de suivre de près la question du désarmement : « En prenant mes fonctions, je me suis préoccupé de déterminer la situation de notre flotte et de la comparer aux flottes des grandes puissances voisines[27]. » La section E.A.N. prend progressivement de l'importance, son chef devient délégué permanent du ministre à Genève. Le chef d'état-major général envoie désormais des avis sur les questions importantes. A partir de la fin de 1931, Darlan n'est plus « l'homme » du désarmement naval, et doit de plus en plus partager une compétence dont il n'a d'ailleurs jamais eu le monopole absolu (le contre-amiral Descottes-Génon n'était pas venu à la conférence de Londres pour faire de la figuration : lui aussi avait été chef de cabinet de Leygues et connaissait bien les dossiers).

La rénovation de la puissance navale française a été une œuvre collective entreprise dès le début des années 20 et poursuivie de manière continue jusqu'à la guerre, malgré les changements fréquents de personnes. Ce qui est exact, en revanche, c'est que Darlan y a été associé pendant plus longtemps qu'aucun autre acteur : si l'on additionne ses passages au cabinet, et ses missions en tant qu'expert naval à la disposition du ministre, on obtient, entre décembre 1925 et décembre 1936, la durée plus que respectable de six ans environ. Si l'on considère qu'il a généralement eu, quand il était directeur de cabinet, une influence bien plus grande que celle des autres titulaires du poste, on ne peut nier qu'il ait joué un rôle éminent auquel seuls ceux de Georges Leygues et de l'amiral Durand-Viel doivent être comparés.

Darlan et la politique navale

En 1931, dans une lettre à l'amiral Violette, Darlan définit la politique navale comme un combat sur « cinq fronts : ceux de Londres, de Rome, du Quai d'Orsay, de la rue de Rivoli et du Palais-Bourbon, les trois derniers étant plus durs à maintenir que les deux premiers [28] ». La marine est donc obligée de se battre à la fois contre les adversaires de l'intérieur et ceux de l'extérieur. En tant que chef du cabinet militaire du ministre et expert du désarmement, Darlan est au cœur de ce double affrontement. La disparition des papiers des cabinets qu'il a dirigés rend malheureusement difficile, on l'a déjà dit, une évaluation précise de son action personnelle. Mais il reste assez de documents pour saisir ses conceptions stratégiques, tactiques et techniques, et son rôle dans les négociations sur le désarmement.

Les conceptions stratégiques et techniques de François Darlan

Dans les années 25-30, la période de doute qui s'était emparée des marines après la Première Guerre mondiale cède la place à une restauration de l'orthodoxie : tous les marins se préparent à de nouvelles batailles en ligne comparables au Jütland, la construction de navires de ligne, pratiquement arrêtée depuis la conférence de Washington, est de nouveau à l'ordre du jour, les potentialités du sous-marin et de l'avion restent largement sous-estimées. Darlan participe pleinement de ce courant, avec des idées soigneusement mûries. Il écrivait en 1928 à l'amiral Docteur : « Il y a longtemps que je pense à ce qu'il faudrait faire pour créer ou conserver une flotte de combat [29]. » De multiples notes attestent de cette réflexion. En 1930, il rédige une synthèse sur la politique navale. La mission assignée à la marine est

« d'assurer en cas de troubles ou de conflit la sécurité des ports et des rivages métropolitains et outre-mer ainsi que la liberté des communications maritimes entre les diverses parties de l'empire ». Il faut pour cela une marine suffisante. Deux éléments déterminent la puissance et la composition de la flotte : la géographie, élément fixe ; la situation politique internationale, élément variable.

En 1930, la situation internationale se caractérise par l'instabilité, avec trois ennemis éventuels pour la France : l'Italie fasciste, qui « convoite nos possessions de l'Afrique du Nord et même certains de nos départements. Son chef, pour sauver une situation intérieure compromise, peut chercher un dérivatif dans une action extérieure » ; l'Allemagne, qui « aspire par tous les moyens à la révision des traités » ; la Russie, qui, elle, veut un conflit général. La marine russe étant négligeable, restent l'Italie et l'Allemagne. La marine française devrait donc opérer sur deux théâtres, face à deux adversaires et ceci l'oblige à disposer d'une supériorité globale :

> « Géographiquement, l'Italie est admirablement placée pour attaquer et paralyser nos communications vitales en Méditerranée occidentale et nos communications en Méditerranée orientale avec le canal de Suez et la Syrie.
>
> « En Méditerranée, l'égalité de notre flotte avec la flotte italienne serait insuffisante pour nous garantir la libre disposition de la mer. Nous devons compenser notre infériorité géographique par une supériorité navale.
>
> « La flotte allemande peut menacer notre littoral de la Manche et de l'Atlantique, attaquer nos communications lointaines et nos colonies.
>
> « L'expérience de la guerre nous a appris que la flotte qui doit défendre des routes maritimes et des territoires dispersés doit être plus nombreuse que la flotte qui attaque. Ceci nous impose l'obligation, tout en restant supérieurs aux Italiens en Méditerranée, d'être, en dehors de cette mer, plus forts que les Allemands. »

Cette exigence de supériorité s'impose avec d'autant plus de force que, « dans un conflit avec l'Allemagne ou l'Italie, ou avec ces deux puissances unies, nous ne devons compter sur mer que sur nous-mêmes ». Aucun des alliés continentaux de la France « ne possède une marine de guerre capable de nous aider efficacement. [...] La Société des Nations, inapte à l'action, ne nous serait pratiquement d'aucun secours en cas d'agression ». Et le concours britannique se ferait certainement attendre :

« L'Angleterre n'a certainement pas intérêt à voir croître la puissance allemande ou italienne, mais il ne lui déplairait sans doute pas de voir amoindrir la puissance française. Elle est d'autre part aux prises avec de graves difficultés. Aussi — et en admettant que ses dominions le lui permettent — si elle intervenait en notre faveur ce ne serait que tardivement et pour protéger ses intérêts menacés. »

En 1930, la supériorité de la marine française (628 605 t) face à la coalition italo-allemande (396 652 t) « est insuffisante pour nous assurer la maîtrise de la mer ». En outre, « nous n'avons aucun croiseur de bataille moderne capable de combattre le croiseur allemand[30] qui, en application du traité de Versailles, peut être suivi de cinq autres », et « un certain nombre de nos croiseurs devant être obligatoirement détachés dans les mers lointaines, nous aurons pratiquement l'*infériorité* dans ce type de bâtiments en Méditerranée[31] ».

Il n'y a rien dans cette analyse qui s'écarte de la position officielle de la marine. Dans une « Note sur les missions de la marine en temps de guerre » rédigée en 1933, l'état-major général exprime des idées identiques : « Nous n'avons le droit de compter sur l'assistance *immédiate* d'aucune puissance importante. Malgré la supériorité apparente, de l'ordre de 230 000 tonnes, que possède à l'heure actuelle la flotte française sur la flotte italienne, notre marine ne peut déjà assurer sans des risques très sérieux l'exécution des missions[32]. »

Comme tous les marins, Darlan ne cesse de critiquer l'insuffisance des tranches navales votées par le Parlement. La priorité doit être accordée au renouvellement de la flotte de ligne avec la construction de deux croiseurs de combat de 25 000 tonnes qui « pourront jouer le rôle de croiseurs de 1re classe aussi bien que celui de bâtiments de ligne, nous garderont éventuellement contre l'Allemagne et seront des adversaires redoutables pour les 10 000 tonnes italiens[33] ». En même temps, il faut moderniser les cuirassés en service. Dès 1928, il se déclarait partisan de la refonte des *Provence* et opposé à la course au tonnage :

« Pourrons-nous remplacer notre flotte actuelle par une nouvelle ? Financièrement, c'est impossible. Il faut donc améliorer, rénover et refondre notre flotte actuelle. Cette amélioration est-elle possible techniquement et financièrement ? Techniquement, je réponds fermement : oui, car d'autres nous ont déjà donné l'exemple et ont réalisé ce que nos ingénieurs déclarent difficile. [...]

« Je suis fermement opposé au navire de 50 000 tonneaux, qui est une hérésie pour nous. Combien en aurions-nous ? Un ? Deux ? Toute notre flotte légère serait mobilisée pour protéger ce mastodonte, que nous n'oserions jamais risquer. Comme nous ne saurions où l'abriter, il aurait bonne mine !

« Les Américains, après expérience, sont aussi de cet avis[34]. »

Au cabinet, Darlan travaille sur ce double projet. La refonte des trois *Provence,* entreprise en 1930, permettra à ces cuirassés de 23 333 tonnes entrés en service en 1915-1916 de rester à la hauteur des *Cavour* italiens qui ont été entièrement reconstruits. Le navire de ligne de 25 000 tonnes se heurte à des problèmes plus sérieux. Dans la marine, tout le monde est d'accord sur sa nécessité, mais les avis diffèrent sur ses caractéristiques, et Darlan se plaint de ces discussions stériles qui retardent un peu plus l'aboutissement du projet :

« Comme les marins, s'ils sont tous d'avis que ce bateau est nécessaire, le voudraient parfait — conformément à un vieux travers maritime —, ils adressent à tout projet, quel qu'il soit, des critiques justifiées en valeur absolue qui permettent aux combines politiques de s'échafauder.

« Et pour avoir voulu un navire parfait, pour n'avoir pas su faire le front unique pour défendre la conception de l'état-major général que ce soit celle du 23 333 [tonnes] ou celle du 26 500, les marins seront privés d'un navire qui augmenterait magnifiquement la puissance de la marine. Et dans quelque quatre ou cinq ans, quand nous nous mordrons les doigts pour n'avoir pas su construire l'outil nécessaire à la sécurité nationale, les parlementaires nous accuseront d'être exclusivement les auteurs de la carence navale[35]. »

Sur ce point, le cabinet n'a pas compétence pour agir. C'est l'état-major général, ainsi que Darlan le dit dans sa lettre, qui doit arrêter les caractéristiques du bâtiment. En revanche, c'est au ministre qu'il appartient de vaincre la résistance des parlementaires, qui reste très vive. Depuis le traité de Washington, aucune nation n'a mis sur cale de navires de ligne et en prenant l'initiative la France donnerait l'impression de relancer la course aux armements navals. De plus, le souvenir de la Jeune École ne s'est pas effacé, et nombreux sont ceux qui voient encore dans le cuirassé « une cible à torpilles ». En juin 1931, le ministre Charles Dumont présente à la Chambre un projet de loi autorisant la construction d'un « navire de ligne ». Au terme d'une discussion très difficile, le ministre n'évite l'ajournement qu'en acceptant l'amendement présenté par le député Loucheur : « Le ministre de la Marine est autorisé à mettre en chantier, entre le 1er avril 1931 et le 31 mars 1932, un navire de ligne. [...] Toutefois, la fixation du tonnage et des caractéristiques du navire de ligne sera soumise à l'appréciation du Parlement, avant passation de toutes commandes, sauf celles relatives aux ordres antérieurs. » Donc l'autorisation théoriquement acquise devra être renégociée.

Devenu ministre de la Défense nationale en février 1932, François Pietri reprend aussitôt le dossier. Vieux routier des discussions budgétaires, sachant qu'un nouveau débat de fond pourrait s'achever par un rejet qui risquerait cette fois d'être définitif, il a l'idée de « glisser » les 17 millions de frais d'étude dans deux chapitres du budget général de la Marine. La gauche parle d' « escamotage », de « subterfuge honteux », mais les chapitres sont adoptés le 29 février. Il obtient ensuite en séance de nuit, devant des bancs très clairsemés, le vote des articles de la loi de finances consacrant l'autorisation définitive de mise en chantier du *Dunkerque.* Le Sénat suit sans difficulté, mais, durant la navette entre les deux chambres, un député de gauche revient à la charge dans la nuit du 30 au 31 mars. A sa vigoureuse interpellation, Pietri se borne à répondre que l'adoption est devenue définitive et ajoute avec quelque perfidie : « Mon cher collègue, pourquoi n'étiez-vous pas là, lorsque l'article 81A, qui autorise la construction du navire de ligne, a été voté par la Chambre[36] ? » Le combat a été gagné de justesse, mais, deux ans plus tard, la construction du *Strasbourg, sister-ship* du *Dunkerque,* sera obtenue avec beaucoup moins de difficultés. En 1934, Darlan n'a pas changé d'avis et continue à accorder la priorité à la reconstitution de la flotte de ligne.

> « Depuis 1920, la France a reconstitué une flotte sous-marine puissante, une flotte légère convenable. Elle a commencé timidement à reconstituer sa flotte de ligne et elle n'a rien fait pour sa flotte de porte-avions.
>
> « En agissant de la sorte, nous avons mis la charrue avant les bœufs. Sans flotte de ligne pour les soutenir, les flottes légère, sous-marine et aérienne peuvent accomplir des exploits sporadiques, gêner quelque temps l'adversaire, elles n'*occuperont* jamais la mer qui appartiendra toujours à la puissance qui possédera des navires endurants, puissants, protégés, capables de frapper fort et longtemps et de recevoir des coups sans périr. [...]
>
> « Dans l'état présent de la technique le tonnage des bâtiments de ligne doit être au minimum de 25000 tonnes[37]. »

Darlan continue à résister à l'attrait des gros déplacements. En 1935, alors que la mise sur cale de deux « 35000 tonnes », le *Richelieu* et le *Jean-Bart,* a déjà été votée, il réclame la construction de « 4 navires de 30000 tonnes ». Le motif de cette retenue semble être essentiellement financier. Il évalue l'effort à accomplir pour réaliser la flotte prévue à 9 milliards, alors que la tranche 1935, la plus importante depuis la guerre avec ses deux 35 000 tonnes, atteint tout juste 2 milliards. « Avec les ressources budgétaires normales, il faudrait environ neuf ans pour reconstituer la flotte. Ce délai est trop long[38]. » Darlan propose donc de recourir à l'emprunt, pour un montant de 3 à 4 milliards, chiffre porté à 7 milliards l'année suivante après la signature de l'accord anglo-allemand du 18 mars 1935[39].

A côté des cuirassés, Darlan envisage aussi la construction de porte-aéronefs. Le principe est le même : pas de tonnage excessif. En 1930, dans une lettre à l'amiral Docteur, il veut « des croiseurs portant des avions et je vois la solution dans des navires de 15 000 à 16 000 tonneaux portant des canons de 203 et ayant un pont d'envol », mais dans son programme de constructions établi en mars de cette année, il demande un croiseur de 20 000 tonnes à pont d'envol[40] — un seul, car les cuirassés sont prioritaires. Mais, « ultérieurement, le tonnage des cuirassés pourrait être diminué et le tonnage ainsi libéré serait reporté sur les croiseurs de combat et les porte-aéronefs[41] ».

Pour le reste, il faut, « avec le tonnage disponible, augmenter les bâtiments légers autres que les croiseurs armés de 203 [mm][42] ». La flotte sous-marine, la plus nombreuse du monde, sera simplement entretenue et pourrait même être réduite de quelques unités. Priorité donc, en 1930, aux bâtiments légers d'escorte du trafic. Cinq ans plus tard, la menace constituée par les raiders allemands s'étant accrue avec l'entrée en service du *Scharnhorst* et du *Gneisenau,* Darlan rajoute à ce programme trois croiseurs cuirassés de 15 000 tonnes pour s'opposer aux « cuirassés de poche ». Les contre-torpilleurs et torpilleurs et les sous-marins resteront aux niveaux atteints et l'effort portera sur six croiseurs de 2e classe (7 600 tonnes) venant s'ajouter aux dix unités existantes.

La flotte aérienne sera renouvelée avec 30 divisions de 9 hydravions chacune : 6 d'exploration, 6 de combat, 6 d'hydravions torpilleurs, 12 de surveillance. Soit un programme de 270 appareils « à réaliser à peu près entièrement », auquel il faut bien sûr ajouter « l'aviation des porte-avions comprenant des avions de chasse, de reconnaissance et de bombardement-torpillage[43] ».

Un tel programme traduit clairement les idées de François Darlan quant à la composition de la flotte : ce qu'il veut, c'est une marine homogène, efficace et équilibrée. Pas de conception audacieuse, ni dans les caractéristiques techniques ni dans la répartition entre les différents types de bâtiments. Il faut concilier toutes les exigences de coût, de vitesse, de protection, d'armement : ainsi, « pour le croiseur de bataille, il faudrait dans les 25 000 tonneaux un navire ayant 30 nœuds de vitesse au moins, du 305 [mm] et une protection efficace contre bombes et torpilles ». Pas question de sacrifier la protection à la vitesse ou à l'armement : « Il répugne au Parlement de dépenser des millions sur un bâtiment à la merci d'un coup de 155. C'est mon avis, et cela nous conduira à des croiseurs de 7000 à 9800 tonneaux avec une vitesse d'environ 30 nœuds[44]. » Les grandes lignes étant fixées, le détail technique importe peu : 15000 ou 20000 tonnes pour le porte-aéronefs ? C'est un problème que Darlan abandonne aux ingénieurs.

Équilibre donc dans des solutions éprouvées. Il faut éviter le retour aux errements de l'époque de la Jeune École où la fascination pour la nouveauté conduisait à multiplier les échantillons, au prix de sévères désillusions, et rechercher au contraire l'effet de série. Les cuirassés restent donc les *capital ships* autour desquels s'ordonne toute la flotte : « Ils ont toujours existé et existeront toujours. » Mais cela ne signifie pas un aveuglement devant les transformations techniques. Darlan écrit en 1930 une « Note sur le navire de ligne » propre à faire crier les conservateurs :

« La suppression du cuirassé réclamée par certains est en train de se réaliser toute seule.

« Le cuirassé, conçu pour utiliser à peu près exclusivement une très grosse artillerie et pour résister aux effets d'une très grosse artillerie, n'est pas conçu pour résister convenablement à la torpille, à la mine et à la bombe d'avion. [...]

« Aussi, en raison de son prix de construction, de l'ordre du milliard, de son entretien coûteux, hésitera-t-on à le risquer en haute mer.

« Lorsqu'il sortira, il devra avoir autour de lui une véritable flotte de protection.

« Une telle limitation de son emploi, peu en rapport avec son prix de revient et d'exploitation, le condamne.

« *Mais le bâtiment de ligne demeure.*

« *Quel doit être ce bâtiment de ligne ?*

« Sans entrer dans des détails techniques, on peut dire qu'un navire de ligne, c'est-à-dire un navire ayant des caractéristiques offensives et défensives, peut être réalisé à un déplacement très inférieur à celui des cuirassés actuels. Il paraît cependant difficile de descendre à 10000 tonnes. [...]

« Dans l'état actuel de la technique, le navire de ligne peut être réalisé avec un déplacement compris entre 15000 et 20000 tonnes[45]. »

C'est dans cette optique qu'il faut comprendre la position de Darlan à l'égard du porte-avions. On a beaucoup colporté dans la marine son apostrophe à un officier aviateur : « Maintenant que vous vous êtes amusé, mon jeune ami, il serait temps de songer aux choses sérieuses si vous voulez songer à votre carrière[46]. » Par ce genre de propos, Darlan affirme sans équivoque sa croyance dans le maintien de la suprématie du canon, donc du cuirassé, et il se sépare clairement des aviateurs comme Laborde et Esteva. Manifestement, il n'a pas senti la mutation fantastique induite par le porte-avions. Dans les années 30, il préfère encore au vrai « pont-plat » un bâtiment hybride, croiseur armé de canons de 203 mm et pourvu d'un pont d'envol qui permettrait de récupérer une supériorité en matière de croiseurs à laquelle la France doit renoncer dans les discussions du désarmement[47]. Mais il s'agit de prudence et non d'indifférence ou d'hostilité. A ses yeux, les capacités du porte-avions sont encore trop incertaines pour justifier un bouleversement de la structure de la flotte. Mais quand il commandait l'école d'application, il avait demandé l'installation d'un hydravion pour faire voler les bordaches[48]. Dès 1930, son programme prévoit un porte-avions et la possibilité d'en construire d'autres, y compris au prix d'une diminution du tonnage des cuirassés[49]. En 1935, il en réclame trois[50].

Résultat d'une méfiance avivée par le spectacle des excès de la Jeune École, la priorité accordée au cuirassé est aussi la conséquence logique du type de menace auquel la marine française aura à faire face. L'Allemagne et l'Italie construisent d'abord des cuirassés. Il est donc impératif de renouveler le corps de bataille. Tout le programme de Darlan est d'ailleurs construit en fonction des missions que la marine devra remplir face à des adversaires déterminés : en Méditerranée, elle devra d'abord assurer la liberté de communications entre l'Afrique du Nord et la métropole ; dans l'océan, protéger le trafic contre les raiders et les sous-marins allemands. En cela Darlan adhère totalement à la doctrine officielle. Son plan de construction de 1935 s'établit à 800000 tonnes environ, ce qui correspond exactement aux « besoins absolus » de la France (à un niveau minimum) tels qu'ils ont été définis par le Conseil supérieur de la marine dans son avis du 15 novembre 1929.

Or, au début des années 30, il y a un déficit d'environ 120000 tonnes par rapport à ces « besoins absolus ». Comme tous les marins d'alors, Darlan incrimine l'incompréhension des Français à l'égard des problèmes maritimes :

> « Le peuple français [...] ne s'occupe des questions maritimes que lorsque des hommes avertis l'y poussent ou lorsque des événements malheureux l'y obligent. Hypnotisé par la crainte des invasions venant de l'est, nombreuses dans notre histoire, il conçoit naturelle-

ment la défense directe contre l'agresseur oriental, mais il ne comprend pas toujours que les moyens nécessaires à cette défense ne pourront être obtenus que si les routes et les frontières maritimes [...] restent libres pour lui[51]. »

L'effort naval se heurte ainsi à un double obstacle : financier, car « les finances de l'État traversent une crise redoutable et le gouvernement et le parlement, cherchant des économies, font d'abord les plus faciles, celles qui portent sur la marine », et politique, avec les négociations sur le désarmement.

Darlan et le désarmement naval

La politique navale française est en effet très dépendante de l'issue des négociations sur le désarmement qui n'ont pratiquement pas cessé depuis le début des années 20[52]. En 1921, à la conférence de Washington, la France s'est laissé surprendre en flagrant délit d'impréparation et s'est vu imposer la volonté des Anglo-Saxons : elle a dû accepter un contingent de navires de ligne très inférieur à ce qu'elle attendait (175 000 tonnes au lieu de 300 000) et consentir à une parité artificielle avec l'Italie, ce qui a été ressenti comme une humiliation. Tout ce qu'elle a pu faire a été de refuser l'interdiction des sous-marins souhaitée par les Britanniques, et surtout refuser l'extension aux autres catégories des proportions édictées pour les bâtiments de ligne. Le traité de Washington est donc incomplet. Tout au long des années 20, plusieurs conférences ont tenté, sans succès, de parvenir à un accord global.

Le gouvernement travailliste britannique, dirigé par Ramsay MacDonald, ouvre en 1929 des pourparlers avec les États-Unis, et les deux partenaires s'estiment suffisamment près d'un accord pour lancer une invitation aux puissances signataires du traité de Washington en vue d'une conférence navale qui doit se réunir à Londres le 21 janvier 1930. François Darlan revient au cabinet le 15 octobre 1929, veille du jour où la France fait connaître son acceptation. Il va avoir un rôle essentiel à jouer, car les désaccords politiques fondamentaux se dissimulent derrière des controverses techniques très complexes, ce qui arrache un jour à Édouard Herriot cette réflexion mi-naïve mi-désabusée : « Jamais je n'aurais cru qu'il y avait autant de catégories et de canons. Ces problèmes sont d'une extrême difficulté et je les découvre seulement maintenant[53]. » Les experts vont donc jouer un rôle décisif. Darlan, d'abord contraint de partager le dossier avec le contre-amiral Descottes-Génon, qui l'avait remplacé au cabinet durant son commandement de « la *Jeanne* » et s'était donc occupé du désarmement jusqu'en octobre 1929, va vite s'arroger un quasi-monopole en la matière.

Le 10 novembre 1929, une lettre de Georges Leygues, sans doute rédigée par Darlan, précise la position de la marine à l'égard des négociations qui vont s'ouvrir. D'emblée est réaffirmé le refus de la méthode britannique des catégories :

> « L'Empire britannique et les États-Unis semblent considérer cette conférence comme la suite normale de celle de Washington et avoir l'intention d'étendre à toutes les classes de navires des proportions analogues à celles admises en 1922 pour les bâtiments de ligne.
>
> « En entrant dans leurs vues et en acceptant une limitation par catégories de nos forces navales avec des coefficients analogues à ceux de Washington, nous signerions l'abdication définitive de la France sur les mers et nous laisserions les Anglo-Saxons libres d'exercer à leur seul profit le contrôle des communications maritimes. [...]
>
> « La France doit rester juge de la force et de la composition à donner à sa flotte[54]. »

La France réclame donc une marine proportionnée à ses besoins :

> « Tant qu'il n'existera aucun pacte de garantie assurant à la France, en cas d'agression, l'assistance navale immédiate et entière d'une ou de plusieurs autres puissances, la France doit avoir :
>
> « a) en Méditerranée, une force navale suffisante pour dominer la flotte italienne ;
>
> « b) dans le Nord, une force capable d'arrêter l'escadre allemande tentant de pénétrer dans la Manche et dans l'Atlantique ;
>
> « c) des bâtiments pour la surveillance des lignes de communication lointaines et de protection directe de ses transports. »

Les « besoins absolus » ainsi définis s'élèvent à 800 000 tonnes qui se décomposent comme suit :

500 000 t	(tonnage prévisible de l'Italie)
+ 144 000 t	(tonnage allemand)
+ 60 000 t	(pour la surveillance des communications lointaines)
+ 100 000 t	(« destinées à faire face à des besoins supplémentaires et inéluctables » ; en fait, marge de supériorité)
804 000 tonnes Washington	

Ce tonnage est « indispensable pour l'accomplissement de sa mission » ; aussi la marine ne pourrait-elle admettre qu' « un chiffre légèrement inférieur » dans le cadre d'une convention valable dix ans[55].

Dans ses notes, Darlan développe ses conceptions :

« a) *La sécurité n'est pas modifiée :* la convention ne peut diminuer le chiffre fixé par nous.

« b) *La situation politique internationale permet de considérer la sécurité comme temporairement améliorée :* la convention peut porter sur un ralentissement du rythme des constructions de complément nécessaires pour atteindre le niveau fixé par nous, sans que ce niveau soit modifié.

« c) *La sécurité est définitivement améliorée :* la convention peut porter sur une réduction des armements, c'est-à-dire sur la fixation d'un plafond moins élevé de limitation que celui primitivement fixé.

« Ce plafond est à déterminer d'après une nouvelle évaluation des besoins[56]. »

Contrairement à ce qui a pu être soutenu par la suite, ou au moins suggéré, Darlan n'est pas opposé par principe à toute idée de réduction. En revanche, il rejette fermement le projet britannique de limitation par catégories qui « amène une standardisation des marines au bénéfice de la marine la plus forte[57] ».

La France aborde donc la conférence avec des dossiers bien préparés et des idées très arrêtées. La délégation française est conduite par le président du Conseil André Tardieu accompagné de Georges Leygues. Elle dispose de deux experts, Descottes-Génon, maintenant sous-chef d'état-major général, et Darlan. La séance inaugurale a lieu le 21 janvier 1930. Darlan la décrit dans une lettre à sa femme.

« Aujourd'hui fut la grande journée inaugurale de la conférence. Rarement a été jetée sur le tapis une telle dose de lieux communs.

« A 11 heures du matin, coiffés de nos tubes et revêtus de nos jaquettes, nous nous sommes rendus dans la grande galerie de la Chambre des Lords, grande salle longue aux dorures déteintes.

« Sur l'une des murailles, la bataille de Trafalgar ; sur l'autre, celle de Waterloo : charmant !

« Il y avait bien un millier de personnes autour d'une vaste estrade sur laquelle j'avais l'honneur de me trouver. Courants d'air, photographes, haut-parleurs...

« Quant tout le monde a été casé, le roi a fait son entrée dans un silence impressionnant. Il s'est mis devant son trône, on lui a tendu un papier, il a cherché son lorgnon, a lu le papier et s'est assis. Nous avons fait de même.

« Un interprète a relu le papier en français. Le roi s'est levé, nous l'avons imité. Il est parti : malheureusement, nous sommes restés.

« On a enlevé le trône, on a mis un fauteuil dans lequel le Très Honorable Ramsay MacDonald s'est assis.

« M. Stimson, des États-Unis, et M. Tardieu l'ont invité à présider, ce qu'il a fait. Il en a profité lâchement pour faire un discours qui a été ensuite traduit. M. Tardieu a fait de même, mais en français ; on l'a traduit en anglais.

« Le représentant du Canada, celui de l'Afrique du Sud, ceux de l'Inde et de l'Irlande ont palabré. On les a traduits.

« Enfin le signor Grandi, parlant au nom de l'Italie, a fait un discours dans un anglais incompréhensible. On l'a traduit en français.

« Le Japonais s'est exprimé dans sa langue. Il a été traduit en anglais et en français.

« La Nouvelle-Zélande et je ne sais plus quel autre dominion ont parlé en anglais. On ne les a pas traduits parce qu'il était 13 h 25 et que tout le monde voulait f... le camp. Ce qu'on a fait[58]. »

Le surlendemain, avant la deuxième séance plénière, Darlan évalue les possibilités d'action de la France.

« Tout à l'heure, deuxième grande séance de la conférence.

« La situation est la suivante :

« — Les Anglais, très embêtés, ont peur de Tardieu et nous font des avances. Ils ont déjà fait quelques concessions.

« — Les Américains, très divisés entre eux, pas d'accord avec les Anglais, nous font des bonnes manières.

« — Les Japonais, fermes, dignes et renfermés, tiennent leur os fortement et sont portés à être bien avec nous.

« — Les Italiens, orgueilleux, hargneux, impérialistes, paraissent avoir déplu à tout le monde.

« — Les Français ont une excellente position et paraissent presque les maîtres du jeu. Souhaitons qu'ils sachent utiliser ces atouts[59]. »

Après les déclarations d'intention et les manières protocolaires du début, la conférence passe aux choses sérieuses avec l'exposé des thèses en présence.

« Le palais de Saint James a, comme entrées par la cour des Ambassadeurs, deux espèces de guichets qui le font ressembler à une prison. Dès que, par un escalier où le courant d'air règne en maître, on est arrivé dans les belles pièces du premier étage, l'impression change. On se trouve dans de vastes pièces bien éclairées, chauffées par de grandes cheminées où flambent des feux magnifiques.

« La salle de conférence est un immense salon rouge donnant par quatre fenêtres sur un vaste jardin.

« Les délégués, les conseillers, les experts se sont assis à leurs places.

« Il était entendu que chacun devait exposer ses besoins.

« L'Honorable Stimson, des États-Unis, a parlé le premier... et n'a rien dit.

« Les figurants pour l'Australie et le Canada ont parlé... et n'ont rien dit.

« M. Tardieu a dit, et bien dit, nos besoins.

« M. MacDonald nous a expliqué que seule l'Angleterre était qualifiée pour user de la mer.

« Le signor Grandi, après avoir déclaré que, depuis qu'elle est fasciste sans doute, l'Italie est une île, a dit qu'il se moquait de tout pourvu qu'elle ait la parité avec la France.

« Le Japonais a fait entendre des sons rauques sans remuer les lèvres.

« Puis on s'est séparés... guère plus avancés que le matin[60]... »

André Tardieu a répété son refus du système des catégories. Il a chiffré les besoins de la France à 800000 tonnes : dans une enceinte internationale, il n'est pas possible d'invoquer la nécessité de surclasser des adversaires désignés ; aussi a-t-il mis en avant des facteurs géographiques (longueur des côtes et des lignes de communication...), économiques (importance du trafic maritime français) et militaires (nécessité de conserver ouvertes les communications entre la métropole et l'empire).

Naturellement, les Britanniques ne sont pas d'accord et trouvent ce tonnage de 800000 tonnes tout à fait excessif. La sécurité, disent-ils, est déjà assurée par le traité de Paris (pacte de renonciation à la guerre, qui n'est assorti d'aucune sanction et repose sur... la force morale de l'opinion publique). La France s'en tient à sa position initiale, et les discussions sont vives. Darlan se félicite de la fermeté de « son » nouveau ministre, Jacques-Louis Dumesnil, qui a remplacé Leygues en février, mais redoute l'influence pernicieuse d'Aristide Briand :

« Je ne suis pas sans inquiétude, cependant, car je crains qu'il ne se soit laissé un peu enjôler par le vieux roublard qui dirige nos affaires extérieures, et qui a l'idée fixe d'assurer la paix par une série de coups de pied dans le derrière de notre pays[61] ».

A sa grande satisfaction, la France maintient sa position initiale et refuse l'extension des coefficients de Washington aux autres catégories de bâtiments, et les États-Unis, la Grande-Bretagne et le Japon doivent se contenter d'un accord à trois. La réduction du tonnage global échoue pareillement. Dès mars, il est clair que la conférence n'aboutira pas, mais Briand essaie à tout prix d'arracher quand même un accord politique. Darlan s'en inquiète :

> « Nous pensions bien que tout était fini après le refus des Anglais de signer un pacte de sécurité et devant l'intransigeance italienne.
> « La ténacité d'Aristide, désireux d'ajouter à tout prix un nouveau pacte à sa collection, a fait rebondir la balle. On est en train de fabriquer une formule de sécurité qui n'ajoutera sans doute pas grand-chose aux garanties existantes, mais qu'on va chercher à nous faire payer de quelques milliers de tonnes de bâtiments[62]. »

Mais dès le début d'avril, ces inquiétudes sont dissipées :

> « Tout porte à croire que les Anglais vont refuser une fois de plus les suggestions d'accord politique faites par Aristide. Je suis ravi, car, pour une vétille sans valeur, il nous aurait fallu lâcher un certain nombre de tonnes, ce que nous ne voulions pas.
> « Tout cela me fait espérer la fin prochaine de cette sinistre comédie[63]. »

Après d'ultimes « simagrées briandesques », Darlan peut enfin annoncer à sa femme le 11 avril : « Nous nous en tirons sans avoir laissé aucune plume et c'est l'essentiel[64]. » Les derniers jours, jusqu'à la clôture officielle le 22 avril, sont consacrés à la rédaction définitive des textes : « Les phrases les plus claires sont examinées à la loupe. On y entasse les réserves, les *si*, les *mais*. Bref, on accouche d'un monstre[65]. » L'accord n'a pu se réaliser entre les cinq parties que sur des points particuliers :
— arrêt de la construction de bâtiments de ligne de 1931 à 1936 (avec des aménagements pour la France et l'Italie) ;
— nouvelle définition des porte-aéronefs ;
— réglementation des caractéristiques des sous-marins ;
— définition des bâtiments exempts de limitations (navires de moins de 600 tonnes ou de faible valeur militaire), règles de remplacement et de déclassement, renseignements sur les constructions, etc.

En somme, la France n'a renoncé à rien, ce qui explique la bonne humeur de Darlan qui répond avec désinvolture à un journaliste qui lui demande comment marche la conférence : « Mais elle marche admirablement. Comment espériez-vous donc qu'elle évoluerait cette conférence, étant donné qu'elle est conduite par des marins ? Nous n'avons aucun goût pour le suicide. Croyez-moi, jeune homme, lorsqu'un gouvernement voudra supprimer une partie de la flotte, il est préférable qu'il fasse faire l'opération par des hommes politiques, ce sera plus sûr[66] ! » Face aux menées britanniques, la marine française a évité la répétition de Washington, et elle ne cache pas sa satisfaction. L'atmosphère est donc plutôt bonne lorsque les escadres sont concentrées à Alger au début de mai pour une grande revue navale commémorant le centenaire de la conquête.

Cette manifestation est source d'une polémique que Darlan doit surmonter avec tact. L'amiral Docteur, passé dans le cadre de réserve et donc libre d'écrire, condamne « cette exhibition de navires vieillis » dans un article du *Matin* qui est une attaque directe contre Georges Leygues. Celui-ci s'en plaint à Darlan qui essaie de calmer les ardeurs de l'un et de l'autre. Il écrit à Docteur le 9 mai :

> « Amiral, en voyant aujourd'hui votre article, nous en avons inféré que vous alliez mieux et que, sauf le respect que je vous dois et que je vous donne, la bête avait repris du poil et des griffes, car vous griffez le ministre, le chef d'état-major et autres de moindre importance.
>
> « Oui, M. G. Leygues a certainement fait une réclame un peu trop personnelle. Mais vous devez lui rendre cette justice que c'est lui et lui seul qui, par son action incessante sur la presse, par ses discours, a intéressé le pays à la marine et a redonné aux officiers un esprit qui avait disparu. [...]
>
> « Permettez-moi de vous dire que même pour faire du bien à la marine, il ne faut pas taper sur elle dans des articles. Le lecteur ne conserve que le souvenir de la critique et ne comprend pas toujours le but. Lorsqu'on demande des crédits pour la flotte, on répond : à quoi bon[67] ? »

Il peut ensuite écrire à Leygues le 15 mai :

> « L'article de l'amiral Docteur ne m'a pas échappé. Le trouvant très mauvais, j'ai immédiatement écrit à l'auteur pour lui dire ma façon de penser et essayer de lui faire comprendre que ce n'est pas en dénigrant la marine et ses chefs qu'on peut espérer intéresser le public à son sort. Je ne vois qu'une excuse à cet article, c'est que l'amiral Docteur est malade et couché depuis un mois. Son caractère acide et mordant a dû s'aigrir. En tout cas, j'espère qu'après ma lettre il ne récidivera pas[68]. »

Mais il ne s'agit que d'une péripétie. Les discussions sur le désarmement ne sont pas closes et doivent reprendre dans le cadre de la commission préparatoire à Genève. Le problème prioritaire est de savoir si la France doit donner son adhésion à la troisième partie du traité de Londres, signée par les États-Unis, la Grande-Bretagne et le Japon, et qui établit des proportions pour les bâtiments légers. Ramsay MacDonald a relancé l'affaire tout de suite après l'échec de Londres, et le ministre a convoqué à ce sujet à Paris tous les vice-amiraux, ainsi que les contre-amiraux Descottes-Génon, Castex, Traub, Dumont et Darlan. Le procès-verbal de cette réunion n'a pas été conservé, mais il ne fait aucun doute que les participants ont réaffirmé la nécessité d'un tonnage global minimum de 642 216 tonnes, d'une supériorité globale de 240 000 tonnes sur la marine italienne, avec un nouvel aménagement du tonnage [69]. Les discussions officieuses ne s'en poursuivent pas moins. Dès juillet, Darlan manifeste son inquiétude :

> « Je reviens de Paris où j'étais appelé par le ministre pour lui donner de nouvelles répétitions sur la conférence de Londres. Il a fallu une fois de plus me replonger dans cette maudite chicane.
>
> « Je rapporte une impression d'inquiétude.
>
> « Le gouvernement paraît flottant sur la question du programme naval. Il faudrait un programme de principe jusqu'en janvier 37, surtout à présent, et on ne parle que vaguement d'une tranche annuelle, alors qu'il faut des années pour franchir les gestations parlementaires, financières, techniques et réalisatrices d'un navire de combat. Les Italiens l'ont bien compris. Il faudrait établir un programme minimum, quitte à l'étendre si les autres puissances nous y obligent [70]. »

Les conversations entreprises avec l'Italie durant l'été, pendant que Darlan commande la marine à Alger, ont très vite tourné court [71]. Darlan est rappelé à la fin d'octobre pour participer en tant qu'expert aux discussions qui vont reprendre à Genève dans le cadre de la commission préparatoire. Le négociateur français est René Massigli, universitaire (ancien de la rue d'Ulm) devenu diplomate, en charge du service français de la S.D.N., et donc du dossier du désarmement, depuis 1928. Partisan de l'entente franco-britannique, il est regardé avec méfiance par la marine [72]. Il dispose d'un adjoint naval, le capitaine de frégate Deleuze, que Darlan a connu en Indochine. Pour la session qui va s'ouvrir, la marine a envoyé comme conseiller technique le vice-amiral Levavasseur, inspecteur général des forces maritimes du Midi, de grade très élevé (il est n° 2 dans la hiérarchie navale), mais qui jouera un rôle assez effacé. Darlan, qui est officiellement à sa disposition, conduira seul les négociations avec Massigli. D'ailleurs, pour bien montrer qu'il est indispensable, à peine arrivé à Genève, il envoie une note faisant remarquer que les chiffres de construction qu'on lui a fournis sont faux [73]. Il récidive deux semaines plus tard : « Les tableaux qui ont été établis pour le Conseil supérieur fourmillent d'erreurs. J'ai été dans l'obligation de ne pas les utiliser [74]. »

Le schéma des négociations est assez complexe : il s'agit de parvenir à un accord à trois : Grande-Bretagne-France-Italie.

Mais l'Italie s'en tient officiellement à sa revendication de la parité, que la France rejette catégoriquement. Les contacts directs sont donc impossibles, et il faut passer par l'intermédiaire du négociateur britannique Craigie, qui essaie d'orienter l'accord recherché selon les vues de Londres. Il en résulte des malentendus et des difficultés supplémentaires qui contribueront à l'échec final des négociations.

Les instructions adressées par le ministre Dumesnil à Darlan le 1er novembre s'en tiennent à la position arrêtée à Londres. La France accepte de limiter ses constructions (beaucoup moins que ne le voudraient les Britanniques) en échange d'un accord d'assistance, la Royal Navy prenant en charge, comme dans les accords de 1912, la défense de la Manche [75]. Plus réaliste, le Quai d'Orsay estime que la Grande-Bretagne ne signera pas un tel accord.

Le 10 novembre, Darlan propose de consentir à une réduction analogue à celle à laquelle la Grande-Bretagne a consenti à Londres, soit 15,6 %. Mais ce pourcentage est calculé par rapport aux « besoins absolus », c'est-à-dire que la marine française s'en tiendrait au tonnage qu'elle possède déjà (640 000 tonnes) au lieu de monter jusqu'à 760 000 tonnes. L'Italie s'en tiendrait elle aussi à son niveau actuel, soit 396 000 tonnes. La disparité de 240 000 tonnes, sans être officiellement reconnue, serait ainsi maintenue dans les faits. Il insiste dès le lendemain, dans une nouvelle note, sur l'utilité d'un accord, à condition que la disparité de 240 000 tonnes soit maintenue :

> « Ou nous maintenons intégralement la flotte des besoins absolus et nous nous trouvons isolés à la conférence du désarmement. En outre, pour maintenir notre supériorité sur l'Italie dans toutes les catégories nous sommes conduits à faire un effort financier qui sera excessif.
>
> « Ou nous réalisons un accord naval avec l'Angleterre, qui en réalise un avec l'Italie, et nous trouvons un allié dans les discussions de Genève, et nous maintenons la disparité avec l'Italie.
>
> « Ce dernier est à mon avis de marin le plus important et j'estime qu'une supériorité de 240 000 tonnes sur la flotte italienne dans la limite des tonnages globaux actuels est nettement préférable à une assistance étrangère qui ne serait certainement pas donnée gratis [76]. »

Le ministre donne son accord à cette proposition le 14 novembre. Mais les premiers entretiens ne sont pas encourageants, l'Italie restant intransigeante sur la question de la parité. Craigie presse Massigli de faire quelques concessions : « Il est en effet très important, dit-il, de ne pas créer de difficultés à Mussolini dont la chute pourrait amener le bolchevisme en Italie. » Son projet prévoit la parité des constructions entre l'Italie et la France, la supériorité française étant assurée par les bâtiments anciens. Massigli répond qu' « il voit bien les sacrifices que l'on nous demande, mais il ne voit pas très bien ceux qui sont consentis par l'Italie ». L'amiral Darlan est tout aussi ferme et moins diplomate :

> « La proposition de M. Craigie est une marche oblique vers la parité intégrale. Devant l'impossibilité d'annuler d'un coup la disparité on cherche à la grignoter. En 1936, on nous priera de renoncer à nos vieux bâtiments qui ne servent à rien, on fera pression sur nous pour diminuer nos sous-marins, et finalement nous serons au même niveau que l'Italie.
>
> « L'amiral constate que sous prétexte que l'Italie est très chatouilleuse sur son prestige l'adoption du projet nous ferait supporter exclusivement les frais de l'accord.
>
> « M. Craigie étant revenu sur la question du maintien de notre supériorité par la conservation des vieux bâtiments, l'amiral lui répond que nous ne voulons pas être les seuls à consentir à ce qu'une partie de notre flotte soit obligatoirement composée de navires de deuxième zone[77]. »

Après d'ultimes discussions, les pourparlers sont rompus le 9 décembre. Darlan rentre à Paris, où il redevient chef du cabinet du ministre. De nouvelles tentatives, en décembre 1930 et en février 1931, n'aboutissent à aucun résultat.

Mais Briand et les Britanniques veulent à tout prix un accord. La négociation reprend à la fin de février. Le nouveau ministre, Charles Dumont, est plus accommodant que Leygues ; au cours d'un voyage à Paris du Premier Lord de l'Amirauté Alexander, accompagné de l'inévitable Craigie, le 24 février 1931, sont définies les « bases d'accord » que l'on peut résumer en cinq points :

1. La France et l'Italie pourront construire deux bâtiments de ligne de 23 333 tonnes avant le 31 décembre 1936.
2. La France et l'Italie ne mettront pas sur cale de croiseurs de 1re classe (armés de 203 mm). C'est une concession faite aux Britanniques qui redoutent particulièrement cette catégorie.
3. La France ne devra pas avoir, au 31 décembre 1936, plus de 81 989 tonnes de sous-marins. Là aussi, il y a une concession française, puisque le chiffre de 125 000 tonnes était envisagé par l'E.M.G.
4. Au 31 décembre 1936, la France aurait un tonnage global de 670 723 tonnes (dont 585 366 sous l'âge) tandis que l'Italie aurait 441 256 tonnes (dont 427 925 sous l'âge). La France peut achever

avant le 31 décembre 1936 136438 tonnes et l'Italie 129615 tonnes.
5. La question du remplacement des navires français hors d'âge[78] au 31 décembre 1936 reste réservée[79].

Maurice Vaïsse, reprenant les conclusions de l'historien italien Di Nolfo, estime que c'est l'Italie qui a fait le plus de concessions puisqu'elle a renoncé à la parité navale pour six ans[80]. Mais cette parité n'est alors qu'une revendication, non un état de fait. La marine française a, au contraire, le sentiment de faire une concession importante en acceptant la parité des constructions. L'amiral Violette, chef d'état-major général, désapprouve l'accord[81]. Darlan, qui a été l'un de ses artisans du côté français, le considère, lui, comme satisfaisant, ainsi qu'il l'écrit à Georges Leygues :

> « Je vous envoie, à titre confidentiel, le résultat pratique de l'accord qui vient d'être conclu.
>
> « Nous conservons une supériorité globale de 230000 t sur l'Italie.
>
> « Nous avons la supériorité en

bâtiments de ligne	46000
porte-aéronefs	22000
croiseurs de 1re classe	24000
bâtiments légers	87000
sous-marins	29000

> « L'accord oblige les Italiens à construire dans des catégories déterminées ; ils ne peuvent porter leur effort exclusivement sur les bâtiments légers; ils s'engagent à faire un navire de ligne du déplacement choisi par nous.
>
> « L'accord supprime la course aux armements dans laquelle nous n'étions pas certains du succès étant donné que nous avons un tonnage plus élevé que l'Italie en bâtiments hors d'âge.
>
> « L'accord ne préjuge en rien des proportions définitives entre les flottes.
>
> « Il nous permet de construire annuellement 45000 t de navires combattants, alors que notre moyenne depuis 1922 n'atteint pas 33000 t. Je le considère comme satisfaisant[82]. »

Mais son sentiment change lorsque les négociateurs britanniques rentrés de Rome pressent les Français d'adhérer à la partie III du traité de Londres relative aux constructions (qui n'avait été signée que par la Grande-Bretagne, les États-Unis et le Japon). Darlan fait remarquer que l'article 19 du traité reviendrait à empêcher la France de mettre en chantier avant 1936 le tonnage de remplacement des navires hors d'âge. Le 10 mars, il rédige une note attirant l'attention sur l'amoindrissement considérable de la supériorité française qui en résulterait :

« Si ce tonnage ne donnait pas droit à remplacement, la France aurait consenti une réduction de 23 % sur son programme naval alors que l'Angleterre n'aurait consenti que 15,6 % et que l'Italie aurait augmenté sa flotte de 40900 tonnes. [...] Ce serait inadmissible et l'accord serait très probablement repoussé par le parlement français[83]. »

Des négociations tripartites s'engagent à Londres le 19 mars pour surmonter le blocage. Dès l'abord, Anglais et Italiens soutiennent que la France n'a pas le droit de mettre sur cale des bâtiments de remplacement des unités devenues hors d'âge avant le 31 décembre 1936 ; seuls les navires devenant hors d'âge en 1937 et 1938 ouvriraient un droit à remplacement. Les Français rejettent catégoriquement cette interprétation. A défaut d'un accord immédiat, ils demandent que cette question reste réservée et fasse l'objet d'un accord ultérieur. En outre, il y a désaccord sur les règles de déclassement en compensation de l'entrée en service des nouveaux navires de ligne italiens. La France fait le 27 mars une concession sur le déclassement des navires italiens, mais le délégué italien, Rosso, a été rappelé à Rome. Et pour tout arranger l'Amirauté britannique vient désavouer la formule de compromis suggérée par le Foreign Office tandis que les États-Unis et le Japon expriment des réserves sur l'accroissement du tonnage de navires de ligne (pourtant fort modeste : 6000 tonnes) consenti à la France et à l'Italie. Darlan raconte les péripéties de la négociation à l'amiral Docteur :

« Dès les premières séances, les Italiens se sont montrés très surpris et ont déclaré, avec sincérité, que les Anglais leur avaient présenté l'accord sous une forme différente, nos tableaux portaient l'en-tête : bâtiments *à achever* et non bâtiments *à entreprendre*. Les Italiens se montraient furieux contre les Anglais, et ceux-ci étaient bien embarrassés, car ils avaient cherché à réaliser l'accord sur des formules vagues que les Italiens et nous avons repoussées pour des raisons différentes.

« Là-dessus Ruspoli est parti pour Rome. Massigli et moi avons fait un saut à Paris, où se trouvait Henderson.

« Copieuse engueulade chez Briand.

« L'après-midi, j'ai pondu un texte qui a été agréé par Dumont et Briand. Massigli et moi sommes allés le présenter à Henderson, qui, après une modification de forme, l'a fait téléphoner à Rome. Tout paraissait aller sur des roulettes lorsque l'Amirauté britannique l'a refusé et a fait connaître son refus à Rosso. Ce dernier a téléphoné à Rome de ne pas tenir compte du papier d'Henderson et est parti pour l'Italie.

« Hier, Massigli et moi nous sommes attrapés pendant 4 heures avec Alexander et Craigie. Les Anglais mollissent et nous aurons demain un autre entretien.

« Mais il y a l'Amirauté ? Et que feront les Italiens, furieux contre les Anglais ?

« Mystère !

« Je me félicite d'avoir soulevé le lièvre à temps. Je compte revenir mercredi. Ici, dès que l'on ne discute plus on s'embête à mourir[84]. »

Lors de l'entretien avec Craigie le 30 mars, Darlan a trouvé son interlocuteur « assez fuyant [...], son attitude a réellement manqué de franchise ». Il en retire la conclusion que « les Anglais se dérobent sur tous les points où ils avaient déclaré être prêts à s'engager ». Comme les Italiens ne semblent pas portés à la conciliation, « il ne reste rien de l'accord que nous étions disposés à signer. J'estime n'avoir plus rien à faire à Londres, et je rentre à Paris demain[85] ». Avant de quitter Londres, Darlan dresse le bilan de la négociation et propose d'en revenir à la position initiale (maintien du tonnage au niveau atteint en 1930 avec réaménagement de sa composition et supériorité de 240 000 tonnes sur la marine italienne). Le ministre refuse d'aller aussi loin et, dans une très longue lettre à Briand, rédigée le 7 avril par Darlan lui-même, déclare que la marine s'en tient aux concessions consenties par les bases d'accord signées le 1er mars[86]. Sur cette base, la France adresse de nouvelles propositions le 20 avril à la Grande-Bretagne et à l'Italie.

Le mémorandum italien du 1er mai achève d'enlever ses dernières illusions. Le 12 mai, Darlan fait signer à son ministre une lettre constatant l'impossibilité d'un accord et posant comme préalable à une reprise des négociations la reconnaissance par la Grande-Bretagne et l'Italie du droit de la France à mettre sur cale le tonnage de remplacement des unités hors d'âge au 31 décembre 1936[87]. Briand, passablement désabusé, exprime ses doutes sur les chances d'une nouvelle discussion. Le 1er juillet, Darlan, sous couvert de la signature de Charles Dumont, suggère de proposer à l'Italie une réduction de 25 % des annuités jusqu'en 1936[88]. Proposition qui n'a aucune chance d'aboutir puisqu'elle revient à interdire à l'Italie la parité des constructions (depuis 1922, la tranche française a été en moyenne de 31 473 tonnes alors que celle de l'Italie n'atteignait que 20 955 tonnes).

Entre le quai d'Orsay qui veut un accord et la rue Royale qui est de moins en moins portée aux concessions, le ton s'aigrit. Lorsque le premier reproche à la seconde de demander des tonnages difficiles à justifier, Darlan fait répondre avec désinvolture : « Si le ministère des Affaires étrangères est assuré de ne rien sacrifier des chiffres inéluctables [...], je n'ai pas de raison décisive de ne pas vous laisser libre de choisir la manière de justifier ces chiffres qui vous paraîtra la plus opportune et la plus expédiente [89]. »

Darlan sait que l'amiral Durand-Viel, qui vient de succéder à Violette comme chef d'état-major général, a vivement critiqué les bases d'accord qui avaient admis la parité des constructions pour une durée limitée. L'heure n'est plus au dialogue. Il n'est donc pas surprenant que les propositions adressées par la France à l'Italie sur ces bases le 21 août se heurtent à un refus immédiat.

Pourtant, en novembre de cette même année 1931, les Britanniques reviennent à la charge en profitant de l'accession à la présidence du Conseil de Pierre Laval que l'on sait porté au dialogue. La marine est saisie de nouvelles propositions qui reprennent les précédentes. Dans une lettre à Massigli, Darlan se montre très dur à l'égard de Craigie et dit sa « méfiance à l'égard des intentions de nos “ amis anglais ” ».

> « Pourquoi Craigie, qui déclare que le point de vue naval n'a aucune importance dans une question purement navale, a-t-il refusé d'examiner ma suggestion personnelle du 23 mars qui, pourtant, était très conciliante ? Pourquoi poursuit-il obstinément la diminution de la flotte française et en même temps l'accroissement de la flotte italienne, autant du moins qu'il est nécessaire pour nous acculer à la parité franco-italienne.
>
> « Une telle tactique n'a qu'un motif, c'est d'assurer la supériorité britannique au meilleur marché possible, sur les trois flottes française, italienne et allemande réunies [90]. »

Dûment chapitré par l'état-major et par Darlan, Charles Dumont se déclare opposé à la proposition britannique. Mais il recourt pour cela à un procédé assez surprenant, qui lui a sans doute été inspiré par son chef de cabinet lui-même : à sa lettre écrite comme d'habitude par Darlan, il joint celle que celui-ci a adressée à Massigli ainsi qu'une autre qu'il lui aurait écrite : cette note rappelle que les Britanniques ont par deux fois repris leur parole, qu'ils veulent empêcher le remplacement des unités hors d'âge, ramener la flotte française à parité avec l'Italie, etc. [91]. Les pourparlers reprennent donc à Genève, mais seulement sur des questions techniques assez secondaires. Personne n'espère plus d'accord avant la conférence du désarmement de 1932.

Les négociations sur le désarmement vont continuer jusqu'en 1934, mais n'ont plus la même signification. En 1930-31, les discussions étaient purement navales, et, au début de 1931 au moins, il y a eu une réelle volonté d'aboutir à un accord : malgré ses répugnances, la marine a fait des concessions et Darlan a agi comme il a pu pour que la négociation aboutisse. A la conférence du désarmement, qui s'ouvre en février 1932, la marine est fermement décidée à ne rien céder et son seul but est de faire en sorte qu'il n'y ait pas d'accord. D'autre part, le centre de décision s'est déplacé. Darlan a quitté le cabinet le 26 décembre 1931 pour prendre le commandement de la 1re division légère. Il revient certes rue Royale dès juillet 1932, mais, sous la ferme direction de l'amiral Durand-Viel, l'état-major général s'est emparé du dossier et le cabinet a désormais un concurrent qui dispose de plus de moyens que lui. Darlan ne sera plus qu'un acteur parmi d'autres, qui d'ailleurs, lui aussi, n'est plus guère porté aux concessions : à sa méfiance envers l'Italie et la Grande-Bretagne s'ajoute l'inquiétude devant le réarmement de l'Allemagne qui s'est vu reconnaître le 11 décembre 1932 l'égalité des droits. Il va pourtant tenter un dernier effort en 1932.

Inconscients de la montée de la menace allemande, les Britanniques continuent à rechercher la limitation de la marine française. La conférence inaugure ses travaux le 2 février 1932, et tout de suite ils soulignent la nécessité d'abolir certains armements qualifiés d'offensifs, au premier rang desquels figure le sous-marin. La France s'en tient à l'interdépendance des armements terrestres, navals et aériens. Les propositions faites par Tardieu dès l'ouverture de la conférence, pour prendre de vitesse les autres délégations, sont vite enterrées. Les discussions s'enlisent. En juin, la France repousse les propositions du président américain Hoover qui visent à la réduction des tonnages sur la base du traité de Washington et des bases d'accord du 1er mars 1931. Mais sa position est très difficile : « Mise en demeure de désarmer, invitée à passer l'éponge sur les réparations, sommée de payer ses dettes, elle est isolée [92]. »

Elle tente de reprendre l'initiative en novembre avec la présentation du « plan constructif » d'Herriot, qui prévoit la transformation des armées en milices, l'organisation d'une force d'assistance, des pactes d'assistance ou de consultation. Sur un plan naval, la France se déclare prête à limiter son tonnage à 628 000 tonnes, avec des limitations qualitatives (25 000 tonnes pour les cuirassés, 8 000 tonnes pour les croiseurs...) et le maintien d'une marge de supériorité sur l'Italie. D'après l'amiral Docteur, c'est Darlan qui est à l'origine de cette proposition [93], laquelle constitue la dernière tentative française de parvenir à un accord agréé (à contrecœur) par la marine. Mais Britanniques et Américains remettent sur la table de négociation le problème des sous-marins et font pression pour que la France adhère à la partie III du traité de Londres, préalable à toute discussion ultérieure. La marine sent que le gouvernement y répugne et adopte une attitude entièrement négative. C'est Darlan qui propose une « porte de sortie » au cours d'une réunion chez l'amiral Durand-Viel le 20 novembre :

« Anglais et Américains demandent l'abolition des sous-marins ? Fort bien, entrons dans leurs vues et acceptons cette abolition. Mais la commission navale de la conférence du désarmement a décidé, par 19 voix contre 4, que le caractère offensif des navires de ligne était prédominant, et par 17 voix contre 8 que les sous-marins étaient défensifs. Et le président Hoover a déclaré que les forces comparatives de défense doivent être augmentées par la diminution des forces d'attaque. Il convient de respecter ces principes : l'abolition des sous-marins doit donc entraîner celle des navires de ligne.

« Pour laisser aux flottes le nombre d'unités nécessaires à la stricte exécution de leurs missions défensives, remplaçons les sous-marins “ défensifs ” par des bâtiments légers qui soient également “ défensifs ”.

« Enfin, pour marquer leur nette volonté de réduire leurs armements, les puissances ne mettront sur cale avant le 31 décembre 1936 aucune autre construction que celles déjà autorisées et celles destinées à remplacer les sous-marins détruits[94]. »

La France maintiendrait ainsi une flotte de 483 000 tonnes, avec une marge de près de 200 000 tonnes sur l'Italie (289 000 tonnes) et une infériorité de moins de 100 000 tonnes sur la Grande-Bretagne (572 000 tonnes) et les États-Unis (570 000 tonnes). Bien entendu, ceux-ci refusent la remise en cause des accords de Washington et de Londres. Lorsque, à la fin de novembre, les négociateurs anglo-saxons reviennent à la charge, Georges Leygues oppose un refus immédiat, rédigé par Darlan ; il souligne que la base des traités de Washington et de Londres va être remise en cause puisque l'Allemagne va sans doute s'affranchir du traité de Versailles, et dénonce le comportement britannique.

« La Grande-Bretagne veut que la flotte anglaise, telle qu'elle est prévue par le traité de Londres, soit supérieure aux deux principales flottes continentales : la française et l'italienne. Elle veut s'assurer cette supériorité aux moindres frais. C'est pour cette raison qu'elle propose de ramener le tonnage français sensiblement au niveau du tonnage italien.

« Une telle diminution relative de nos forces ne nous permettrait pas, en cas de conflit, de dominer un adversaire possible et assurerait à la Grande-Bretagne le rôle d'arbitre[95]. »

Comme d'habitude, le Quai d'Orsay essaie de continuer la discussion sur les propositions britanniques, mais le rejet de la marine est définitif. L'année 1932 s'achève sur le maintien du blocage naval.

L'année 1933 voit une nouvelle menace avec le plan MacDonald. Profondément francophobe, le Premier ministre britannique se soucie fort peu des besoins français en matière de sécurité. Comme le note Maurice Vaïsse, d'habitude assez sévère envers les militaires français :

> « Le plan MacDonald est un défi sur le plan militaire, car il augmente les armements de l'Allemagne et diminue la force française, tout en n'apportant aucune sécurité supplémentaire. [...] Ce qui heurte les experts français, c'est que le plan anglais dérange le moins possible les armements anglais tandis qu'il bouleverse l'organisation militaire de l'Europe. Le plan octroie à l'Allemagne l'autorisation d'effectuer tout de suite certains réarmements importants : doublement des effectifs, dotation d'une quantité illimitée de pièces d'artillerie dans la limite du calibre de 105 mm, de chars dans la limite de 16 tonnes ; et la possibilité de reprendre une entière liberté en matière d'armements dans cinq ans. [...] Ce qui heurte les Français ce sont les destructions de matériel sans que l'on ait aucune garantie pour l'avenir, ni même la certitude d'un bon fonctionnement du système[96]. »

Il n'est pas étonnant que Darlan se déchaîne contre le projet :

> « La flotte allemande pourra sans doute être égale à la flotte française. Comme la flotte italienne pourra être égale à la flotte française, il faut, à tout prix, diminuer cette dernière pour que la somme des trois soit inférieure à la flotte britannique. Voilà pourquoi, dans le projet de convention anglais, la marine française fait seule les frais de l'opération.
>
> « Si l'on considère les armements aériens, on constate que le nombre des avions français et italiens est ramené au nombre des avions britanniques, mais qu'aucun avion n'est attribué à l'Allemagne parce que l'Angleterre craint une attaque aérienne.
>
> « En résumé, le projet britannique :
>
> — ne touche à aucune des forces anglaises ;
>
> — diminue les forces françaises ;
>
> — met l'Allemagne sur le même pied que la France pour les armements terrestres métropolitains ;
>
> — maintient en matière navale et aérienne l'Allemagne dans l'application du traité de Versailles ;
>
> — empêche la France de se protéger contre les *Deutschland*.
>
> « Merci, M. MacDonald, pour la sécurité telle que la prévoit votre projet !
>
> « Quand, en application de vos idées, l'agresseur sera enfin déterminé, il y aura longtemps que les villes et les usines seront

détruites, que les champs seront saccagés, que la guerre aura causé la mort de milliers d'innocents[97]. »

Plus officiellement, Darlan rédige pour Georges Leygues une réponse que celui-ci adresse le 24 avril au Quai d'Orsay. Il fait remarquer qu' « aucune réduction n'est apportée aux flottes des trois grandes puissances navales », que le rapport franco-italien serait modifié au profit de l'Italie, que l'Allemagne est libérée des clauses du traité de Versailles... Malgré les efforts du Quai d'Orsay et les pressions britanniques, la conférence s'enlise, et, d'ajournement en ajournement, le désarmement disparaît de l'ordre du jour. Une dernière tentative d'accord direct franco-italien échoue rapidement à l'automne 1933, les Italiens, après une ouverture encourageante, refusant finalement de renoncer à la parité[98]. Par une note du 17 avril 1934, la France met fin aux négociations en cours, et, tout en réaffirmant sa volonté de voir la conférence du désarmement repartir sur de nouvelles bases, met au premier plan l'exigence de la sécurité.

A partir du printemps 1934, l'attention se tourne vers la préparation de la conférence internationale qui doit se réunir en 1935 pour élaborer un traité remplaçant celui de Londres quand celui-ci arrivera à expiration (et accessoirement, pour s'entendre sur la reconduction, ou la renégociation, du traité de Washington au-delà du 31 décembre 1936). Dès janvier 1934, Darlan demande la dénonciation du traité de Washington qui « ne nous apporte aucun avantage, aucune garantie » et qui « place la France dans une situation désavantageuse[99] ». La France finira par s'y décider à la fin de l'année et annoncera sa décision le 2 janvier 1935, encouragée par le Japon qui a pris les devants. Mais, à cette date, Darlan n'est plus au cabinet. Nommé en octobre au commandement d'une escadre, il abandonne à d'autres les problèmes du désarmement.

DARLAN CHEF D'ESCADRE

Le jeudi 4 octobre 1934, Darlan succède au vice-amiral Drujon au commandement de la 2e escadre à Brest. Il a choisi Michelier comme chef d'état-major, Marzin comme officier « opérations ». Le capitaine de vaisseau Derrien sera son capitaine de pavillon sur la *Provence*. Mais le cuirassé est à l'arsenal lors de la prise de commandement. Comme il n'est pas question que la cérémonie ait lieu sur un bâtiment en cale sèche, le croiseur *Duguay-Trouin* le remplace. A 10 heures du matin, la marque du nouveau commandant en chef est hissée et saluée de treize coups de canon. Dès que la cérémonie est terminée, Darlan s'installe sur la *Provence*. Son escadre se compose d'un cuirassé, de deux croiseurs (le *Duguay-Trouin* et le *La Motte-Picquet*, qui va bientôt rejoindre la 1re escadre en Méditerranée), six contre-torpilleurs et torpilleurs, du croiseur sous-marin *Surcouf* et de seize sous-marins.

Darlan est enchanté de son commandement. Dans une lettre à l'amiral Violette, il assure : « Je pouvais choisir l'escadre à commander, j'ai choisi la 2e parce que je considère Mouget comme mon chef de file[100]. » Il n'y a pas là de renoncement généreux, mais simplement reconnaissance d'une situation de fait : plus ancien dans le grade que Darlan (il a été promu vice-amiral en mai 1932 et Darlan en décembre suivant), auréolé d'une flatteuse réputation, Mouget a droit au commandement de la 1re escadre, la plus prestigieuse, celle qu'ont commandée Salaün, Violette et Durand-Viel avant d'accéder au poste suprême. Sans doute, ainsi qu'il le suggère dans sa lettre, Darlan aurait-il pu user de son poste privilégié de directeur de cabinet pour « circonvenir » son ministre, mais un tel passe-droit n'aurait pas manqué d'être sévèrement jugé dans la marine, et il n'est pas sûr qu'une telle manœuvre aurait été profitable à terme.

Mais d'autres facteurs ont également joué. Passons sur le fait que Darlan restait ainsi proche de Saint-Malo où continuait à résider sa femme. Il a souhaité ce commandement parce qu'il a deviné avant les autres qu'un rééquilibrage entre les deux théâtres, méditerranéen et atlantique, était inévitable. Dès mars 1934, donc plusieurs mois avant sa nomination, il a exprimé sa conviction dans une étude sur la répartition des forces navales. La concentration en Méditerranée, décidée en 1926 face à la montée en puissance d'une Italie hostile, ne lui paraît plus défendable, d'abord parce que la menace allemande s'accroît, ensuite parce que la menace aérienne rend trop dangereux le stationnement des navires de ligne dans une mer étroite :

> « Depuis 1926, année où la concentration en Méditerranée fut ordonnée, l'aviation a fait des progrès considérables particulièrement en ce qui concerne la durée des vols et l'efficacité des bombardements.
>
> « Dans un avenir rapproché, les mers étroites à proximité des côtes ennemies seront, *de jour* tout au moins, sous le contrôle effectif de l'aviation.
>
> « Dans de telles mers les opérations seront surtout effectuées par :
> de jour, l'aviation maritime, les sous-marins ;
> de nuit, les petits bâtiments légers. »

« Dans le cas d'un conflit avec l'Allemagne seule, face aux raiders allemands qui s'attaqueront au trafic et aux bases coloniales, la flotte doit être concentrée à Brest ; « Toulon est trop excentrique ». Dans l'hypothèse d'un conflit avec l'Italie seule, le point de concentration sera Oran (Mers el-Kébir) dont Darlan a souligné l'importance dès 1930, de même que dans le cas d'une guerre contre une coalition Allemagne-Italie :

> « Il résulte des considérations ci-dessus que la répartition actuelle de nos forces navales est illogique. [...]
>
> « Dans l'état actuel de la situation internationale le gros de nos forces navales devrait être dans l'Océan, le gros de notre hydraviation, de nos sous-marins et de nos petits bâtiments légers devrait être réparti entre le pas de Calais et la Méditerranée. »

Comme « il ne saurait être question de bouleverser dès maintenant, d'un seul coup, l'organisation actuelle », il convient dans un premier temps de renforcer la 2e escadre afin qu' « elle soit au moins égale en valeur à la flotte allemande ». D'autre part, « il faut remplacer dans les forces navales l'esprit caboteur par l'esprit hauturier parce que les opérations futures nous entraîneront certainement loin en haute mer ». « L'Atlantique étant un champ d'opérations possible, les exercices généraux devraient, au moins une fois l'an, se dérouler entre Brest, Fort-de-France et Dakar. Cela présenterait en outre l'avantage de faire naviguer les états-majors et les équipages et de montrer largement le pavillon aux colonies[101]. »

On peut évidemment faire remarquer que Darlan « prêche pour sa paroisse », puisque, lorsqu'il rédige cette étude, il sait déjà qu'il a de grandes chances de commander l'escadre de Brest. Mais le calcul va se révéler juste : du 1er janvier 1935 au début de mai 1936, la 2e escadre va passer de 25 à 46 bâtiments. Au lieu d'un cuirassé, elle en comptera trois et sera désignée pour recevoir les bâtiments de ligne *Dunkerque* et *Strasbourg* à leur achèvement. Darlan va ainsi se retrouver à la tête d'une escadre qui n'aura plus grand-chose à envier à celle de la Méditerranée et qu'il va soumettre à un entraînement très poussé.

Durant les trois derniers mois de 1934, les exercices ne s'écartent pas du cadre côtier. L'escadre sort sur les côtes du sud de la Bretagne : évolutions, recherche et prise de contact, lancements de torpilles, tirs... avec participation des hydravions qui ajoutent à leur mission d'éclairage et de reconnaissance des attaques à la torpille. De janvier à mars, l'activité ne se relâche pas, avec des croisières sur les côtes bretonnes ou vers Cherbourg. Alors que l'hiver est traditionnellement une période de moindre activité, Darlan a fait sortir ses bâtiments à la mer huit à dix jours par mois, ce qui est considérable[102].

La grande croisière du printemps 1935 commence le 8 mai. Elle doit conduire l'escadre aux Canaries, au Maroc et aux Açores. Le cuirassé *Bretagne,* qui vient de Toulon, rallie en mer le 17 mai, rejoint trois jours plus tard par le croiseur neuf *Émile-Bertin.* Cet événement mérite d'être noté, car le *Bertin* est commandé par le capitaine de vaisseau Tavera, personnage truculent qui ne cache guère ses idées de gauche, ni son appartenance à la franc-maçonnerie, et qui va jouer un rôle décisif dans l'accession de Darlan au sommet de la hiérarchie.

A Punta Delgada (Açores), la 4e division légère trouve au mouillage l'*Emden,* bâtiment-école de la marine allemande commandé par le *Kapitän zur See* Karl Doenitz. Le contre-amiral Duplat lui rend sa visite ; il est accueilli avec la plus extrême courtoisie. La division rejoint ensuite l'escadre qui se dirige vers Casablanca. Darlan écrit le 27 mai à l'amiral Docteur :

> « Depuis que je vous ai quitté, j'ai effectué un certain nombre de milles. Notre première relâche a été Horta, où j'ai ramassé 4 grands sous-marins effectuant leur grande croisière. Je les ai envoyés prospecter les îles. En passant devant Punta Delgada, j'ai ramassé la 4e division légère et 4 autres sous-marins et je suis arrivé à Madère avec 13 navires de guerre, ce qui a impressionné la population de ces îles trop soumises à l'emprise allemande (câbles, T.S.F., navires marchands, etc.)...
>
> « Il nous faudrait, comme les Anglais et les Allemands, visiter en force les îles éparses de l'Atlantique. On peut faire en route tous les exercices désirables.
>
> « Quand comprendra-t-on que les escadres sont des forces de haute mer et non des forces côtières ?
>
> « On se rend compte tous les jours dans l'Atlantique de l'erreur des conceptions trop méditerranéennes[103]. »

L'escadre se livre durant la traversée à des exercices d'escorte des convois avec la participation de sous-marins (la marine française est pratiquement la seule à les affecter à cette mission défensive). A Casablanca, Darlan est reçu par le sultan et par le résident général Ponsot. Le 5 juin, le général Weygand, en tournée d'inspection en Afrique du Nord, vient visiter l'escadre. Celle-ci reprend la mer vers le 10. Le 13, elle rejoint au large du cap Saint-Vincent la 1re escadre. Les deux forces réunies, sous le commandement de l'amiral Mouget, le plus ancien, manœuvrent ensemble pendant trois jours : l'escadre de l'Atlantique est censée protéger un convoi figuré par le *Jules-Verne* que l'escadre de la Méditerranée est chargée d'attaquer dans le golfe de

Gascogne. Darlan fait face à ces attaques en disposant en grand-garde ses sous-marins. Le croiseur *Algérie,* qui porte la marque de Mouget, conduit la ligne pour la rentrée à Brest[104]. Darlan à bord de la *Provence* suit en ligne de file. Dans une lettre à l'amiral Docteur, il tire les enseignements de la croisière.

« Les manœuvres ont prouvé :
« 1° que des croiseurs tels que le *Duguay-Trouin* doivent s'efforcer de fuir les lieux où l'on se bat ;
« 2° que les cuirassés, dont l'artillerie ne porte qu'à 23 000 mètres contre 32 000 pour les *Deutschland* et 24 000 pour les croiseurs légers allemands, ne peuvent être utilisés que pour l'escorte des convois avec des sous-marins ;
« 3° que contre les croiseurs allemands, qui sont protégés, il faut non seulement des contre-torpilleurs récents, mais aussi des croiseurs puissants comme l'*Algérie ;*
« 4° que le rayon d'action *à grande vitesse* a une importance capitale ;
« 5° que les sous-marins marchant vite en surface peuvent être judicieusement utilisés ;
« 6° que l'aviation pourra être utilisée plus d'un jour sur trois si elle n'a pas pour bases des pots-au-noir tels que Brest[105]. »

Les 25 et 26 juin, les escadres ressortent pour se livrer à un exercice en Manche sur le thème d'un barrage contre une force de raid allemande. Avant de regagner la Méditerranée, la 1re escadre participe à une grande revue navale qui a lieu le 27 juin en baie de Douarnenez. Pietri et Durand-Viel passent en revue 55 bâtiments sur 5 rangs. Pietri passe la nuit sur la *Provence,* qui offre des appartements plus grands qu'un croiseur, mais le lendemain il embarque sur l'*Algérie,* toujours en raison de l'ancienneté de Mouget. En juillet, c'est la routine des visites dans les ports (il faut que la marine montre le pavillon), puis, à la fin du mois, les tirs d'honneur[106]. Au début d'août l'attention se tourne vers la terre. Le préfet maritime, le vice-amiral Castex, doit faire face à de violentes manifestations ouvrières[107]. Darlan lui envoie les compagnies de débarquement de l'escadre pour protéger l'arsenal. En septembre, le calme revenu, il rédige son rapport annuel dans lequel il proteste contre la répartition des midships à la sortie de l'École navale. Les meilleurs sont dans le Midi et le Nord ne reçoit que les « culots », c'est-à-dire les derniers. Il demande une distribution plus équitable[108].

En octobre, les exercices dans la Manche reprennent. Deux contre-torpilleurs neufs rallient, de sorte que l'escadre aligne maintenant deux cuirassés, deux croiseurs, douze contre-torpilleurs, neuf sous-marins... Au total 43 bâtiments. Avec cette flotte, il va pouvoir réaliser son grand projet de croisière lointaine. Le 15 janvier 1936, l'escadre appareille pour la croisière de printemps dont la date a été avancée. Destination Dakar. L'escale est marquée par quelques incidents protocolaires entre Darlan et le secrétaire général Boisson (qui sera gouverneur général de l'A.O.F. en 1940) et par la visite du cardinal Verdier, archevêque de Paris et légat du pape pour la consécration de la cathédrale. L'évêque du lieu fait demander « avec une prudente circonspection » si l'escadre participerait à la cérémonie. Non content d'y venir en grande tenue et d'y associer ses compagnies de débarquement au défilé, Darlan reçoit à bord de la *Provence* le légat et les évêques qui l'accompagnent : « Ce déjeuner fut mémorable. Mgr Verdier s'y montra parfaitement affable et sensible à l'attention. Depuis l'aristocratique évêque de Versailles jusqu'à l'épiscope broussard de Ouagadougou en gros souliers à clous, les évêques ne cachèrent pas leur satisfaction des égards dont ils étaient l'objet. Certains burent coup sur coup sans aucune appréhension trois punchs martiniquais qui leur firent beaucoup de bien et Mgr X. se lança dans des histoires de corps de garde inaccoutumées dans la marine[109]. »

Comme en 1928, le ministre demande à Darlan d'en profiter pour passer l'inspection générale de Dakar, ce que celui-ci fait les 4 et 5 février. Dans son rapport, il note les améliorations intervenues depuis son précédent passage, « amorce d'installations futures nécessaires[110] ».

De retour en France le 27 février, l'escadre reçoit le renfort d'un troisième cuirassé, la *Lorraine,* qui sort de refonte. Le 17 mars, le corps de bataille au grand complet sort pour des tirs au canon[111]. Nouvelle sortie à la fin du mois en Manche pour un grand exercice avec attaques par les vedettes lance-torpilles de Cherbourg. Le schéma de ces exercices est toujours centré sur le combat de surface avec l'intervention contre une escadre pénétrant en Manche depuis la mer du Nord. Un seul est consacré à la lutte anti-sous-marine, et on ne relève dans les rapports qu'une seule séance de tir de D.C.A. Pourtant, l'année précédente, la commission d'étude pratique de l'aéronautique a remis un rapport, rédigé par le capitaine de frégate Serre, qui souligne les possibilités offertes par le bombardement en piqué. Darlan l'a examiné avec son adjoint « aéro », le capitaine de frégate Caron[112]. Mais il continue à sous-estimer les dangers sous-marin et aérien et à accorder la priorité à la préparation d'un engagement au canon type Jutland. En revanche, il croit beaucoup à l'aviation pour l'éclairage et l'attaque et l'associe à toutes les sorties de l'escadre.

Dans ses rapports, Darlan multiplie comme d'habitude les

suggestions et propositions de réformes. Les manœuvres de 1935 ont révélé la nécessité d'intensifier l'entraînement au combat de jour et de nuit et de simplifier les manœuvres. Il rédige de nouvelles instructions de guerre pour les adapter à l'arrivée de bâtiments neufs et propose des réformes ponctuelles, rendues nécessaires par l'arrivée de nouvelles unités, par exemple la réforme des escadrilles de sous-marins pour améliorer les conditions d'entretien [113].

Le 18 mai 1936, l'escadre reprend la mer pour une sortie au cours de laquelle ont lieu sur la *Provence* les premiers essais, plutôt encourageants, de télévision [114]. Le 30 mai, c'est l'inauguration de la nouvelle École navale en présence du président de la République, Albert Lebrun. Darlan a assisté à la pose de la première pierre le 14 novembre 1930. Il cherche à se mettre en avant et propose d'organiser le banquet officiel à bord du *Dunkerque* alors en achèvement. Ainsi c'est lui qui recevrait, et non le préfet maritime, Castex. Mais celui-ci s'y oppose et fait prévaloir son point de vue : les préparatifs entraîneraient un retard d'au moins une semaine dans les travaux d'achèvement. Bien que mineur, ce genre d'incident ne doit certainement pas contribuer à rapprocher les deux hommes, de tempéraments très différents.

Le 9 juin, paraît l'arrêté qui nomme Darlan directeur du cabinet du ministre de la Marine. Le même jour, il appareille pour la dernière fois à la tête de son escadre pour une série d'exercices en Manche qui durent jusqu'au 23 juin. Il quitte son commandement le 28, et son successeur, le vice-amiral de Laborde, arrive le 31. La 2e escadre devient escadre de l'Atlantique à compter du 13 août, et reçoit le renfort du porte-avions *Béarn* [115]. Partisan déclaré de l'aviation, aviateur lui-même, Laborde va intensifier l'emploi de l'aéronautique et les exercices de D.C.A. Il hérite cependant d'une formation très bien entraînée, beaucoup mieux qu'elle ne l'était lors de la prise de commandement de Darlan. Celui-ci « a redonné des jambes à l'escadre », selon une formule marine peut-être inventée plus tard, en l'emmenant dans des croisières lointaines et en la faisant manœuvrer le plus souvent possible. Son rapport final révèle que, durant les neuf derniers mois de son commandement, l'escadre a été à la mer pendant cent onze jours, soit un jour sur deux et demi [116], ce qui constitue une proportion très élevée. Une nouvelle fois, il a réussi un parcours sans faute, même si certains lui reprochent de s'en être tenu à des schémas d'exercice très conventionnels pour ne courir aucun risque (il n'a organisé que très peu d'exercices de nuit, qui occasionnent des accidents fréquents) [117]. Mais dans le même temps, Mouget a, lui aussi, brillamment commandé la 1re escadre, et les jeux pour la succession de l'amiral Durand-Viel, qui doit intervenir dans les mois qui suivent, sont loin d'être faits. Darlan quitte son commandement avec beaucoup de regrets [118], mais il lui faut être à Paris s'il veut défendre ses chances.

La dernière étape

Comme il arrive souvent, l'accession de Darlan au poste de chef d'état-major général a été « réécrite » après coup, pour apparaître comme quelque chose de logique et de nécessaire. D'après l'amiral lui-même, après les grandes manœuvres combinées de 1935, au cours desquelles « son escadre sortit victorieuse de tous les exercices », le ministre Pietri lui aurait déclaré : « Maintenant, l'accord est unanime, c'est vous qui devez être le chef de la marine [119]. » Michelier rapporte que « le ministre avait été frappé, paraît-il, de voir à la dislocation marquant la fin des manœuvres les trois cuirassés de Darlan rentrant gaillardement à 15 nœuds dans le goulet alors que les croiseurs de 10000 tonnes de Mouget restaient égaillés et stoppés dans l'Iroise pour passer en turbines de croisière [120] ». L'authenticité du propos est cependant douteuse, parce que Pietri a surtout navigué avec Mouget, enfin parce que l'accord, à supposer qu'il fût unanime, se faisait sur un autre nom, celui de l'amiral Mouget.

En 1936, celui-ci est commandant en chef de la 1re escadre à Toulon et possède plusieurs avantages sur Darlan. Né en 1879, donc de deux ans son aîné, il a lui aussi fait une très belle carrière, au surplus moins liée à la fréquentation des cabinets ministériels. Il a toujours été promu très jeune ; à la différence de l'avancement de Darlan qui suscite parfois des commentaires acides, le sien n'est discuté par personne. A ses qualités de chef, il ajoute une culture (il est lecteur de Nietzsche, Schopenhauer et autres auteurs que Darlan ne fréquente jamais) qui lui donne un grand prestige. Malgré les promotions éclair de Darlan, il a gardé l'avantage sur son concurrent : il commande la 1re escadre qui conserve une prééminence protocolaire sur la 2e malgré les renforcements dont celle-ci vient de bénéficier. Alors que Darlan est devenu membre du Conseil supérieur de la marine le 4 février 1936, il a reçu sa cinquième étoile un an plus tôt. Dans la marine, tout le monde voit en lui le successeur de Durand-Viel depuis la mort en 1934 de Descottes-Génon dont la santé fragile n'a pas supporté le climat de l'Extrême-Orient. Même l'amiral Violette, franc-maçon qui a favorisé la carrière de Darlan, se déclare pour Mouget. En outre, celui-ci connaît beaucoup de monde dans tous les milieux, et il bénéficie de nombreux appuis dans le monde politique, tant au centre droit que chez les radicaux. Sa culture lui a notamment permis de séduire Herriot, alors au sommet de son influence. En face, Darlan, qui a perdu son plus fidèle soutien en 1934 avec la mort de Georges Leygues, ne dispose pas d'arguments aussi puissants. D'après l'un de ses proches, il est même persuadé en 1935 que c'est Mouget qui va l'emporter et que tout ce qu'il peut espérer, c'est lui succéder pour deux ans quand celui-ci atteindra la limite d'âge en 1941 [121]. Mais il va être servi par les circonstances. A l'en croire, il aurait failli devenir ministre de la Marine en janvier 1936 dans le cabinet présidé par Albert Sarraut :

> « A mon passage à Paris, j'ai été reçu par le président du Conseil qui m'a dit n'avoir pas pu faire le ministère qu'il aurait désiré.
>
> « Il ne m'a pas caché qu'il n'avait qu'une médiocre confiance politique dans le titulaire du poste de la rue Royale. J'ai frémi rétrospectivement d'épouvante quand j'ai appris qu'à deux reprises j'avais failli aller m'asseoir dans le fauteuil de Colbert.
>
> « Dans d'autres circonstances cela ne me ferait pas peur, mais dans un ministère forcément temporaire cela ne m'aurait rien dit, et je me trouve beaucoup mieux à la tête de mon escadre [122]. »

Un tel épisode surprend, car il n'était plus d'usage depuis la Première Guerre mondiale d'appeler au gouvernement des militaires d'active. Peut-être Darlan a-t-il trop pris au sérieux un propos « lancé en l'air ». Mais sa véritable chance va intervenir trois mois plus tard avec l'avènement du Front populaire. Il faut un ministre de la Marine radical et issu du littoral. Blum choisit Gasnier-Duparc, député-maire de Saint-Malo. La première décision de celui-ci, qui ne connaît pas grand-chose aux affaires de la marine, est d'appeler auprès de lui son vieux camarade comme directeur de cabinet [123]. Le 1er juillet 1936, Darlan est de retour rue Royale.

Tutoyer son ministre n'est pas chose courante pour un amiral. Le nouveau directeur sait qu'il peut compter sur un appui sans réserve. Du coup ses chances ne sont plus négligeables. Certes Gasnier-Duparc n'est qu'un homme politique de second plan : devenu ministre un peu par hasard, il n'a qu'une influence très limitée et ne peut rien contre Herriot. Mais la chance va servir Darlan une deuxième fois.

Pendant qu'il commandait l'escadre, il avait eu sous ses ordres le capitaine de vaisseau Tavera. Or celui-ci connaissait très bien Jouanin, A.D.D. du cercle le plus intime : célibataires, les deux hommes s'étaient liés d'amitié à l'état-major général. Jouanin a présenté Tavera à Darlan qui a tout de suite vu le parti qu'il pouvait tirer de ce franc-maçon déclaré. Il l'a pris dans son entourage et l'a emmené à Paris comme chef de cabinet. Le choix va se révéler décisif.

Tavera est ce que l'on peut appeler un homme d'influence. Il commence par parler de Darlan à Clapier, chef de cabinet de Daladier, qui est ministre de la Guerre. Il insiste sur les attaches du père de François Darlan avec les radicaux-socialistes et les francs-maçons, fait valoir qu'il pense « à gauche », ce qui est plutôt rare dans la marine... Clapier convainc à son tour Daladier, qui promet de soutenir la candidature de Darlan[124]. Gasnier-Duparc s'active aussi et parle de lui à Léon Blum qui va lui confier une étrange mission.

La guerre d'Espagne éclate en juillet. Blum voudrait que la Grande-Bretagne s'oppose, comme la France, à l'installation du régime franquiste en Espagne, et décide d'alerter les Britanniques sur les conséquences d'un succès des insurgés, qui ne manquerait pas de se traduire par une étroite collaboration de l'Espagne avec l'Allemagne et l'Italie. En accord avec Daladier, Blum décide de confier à l'amiral Darlan cette mission confidentielle, car, dira-t-il plus tard, « l'amiral Darlan pense exactement comme moi[125] ». L'objectif est de persuader l'Amirauté britannique, afin qu'elle fasse à son tour pression sur le cabinet, qu'il serait très grave que les Allemands et les Italiens pussent disposer de bases aux Baléares ou aux Canaries. Darlan se rend à Londres le 5 août, accompagné du contre-amiral Decoux, chef de la section d'étude des armements navals à l'E.M.G., qui s'étonne d'ailleurs de cette « démarche insolite et pour le moins prématurée[126] ».

Il n'est pas le seul. L'amiral Chatfield, *First Sea Lord,* est lui aussi surpris par cette « mission d'information ». Aux inquiétudes exposées par Darlan à propos d'une utilisation des Baléares et des Canaries par les flottes italienne et allemande, il répond que ce serait effectivement très préoccupant, mais que l'Amirauté n'a pas reçu de renseignements aussi précis, et « il voudrait savoir si les déclarations de l'amiral Darlan reposent sur des données certaines et récentes, ou reflètent au contraire de simples présomptions ». Darlan ne peut faire état que de « visées italiennes sur les Baléares », de « l'action allemande aux Canaries ». Autrement dit, rien de bien précis. Chatfield s'en tient dès lors à des réponses dilatoires et ajoute un peu perfidement que, « si les autorités françaises sont en possession de renseignements si importants qu'ils aient motivé une démarche immédiate auprès de l'Amirauté, cela vaudrait peut-être la peine qu'une note à ce sujet fût adressée de Paris à Londres par la voie diplomatique ».

Embarrassé, Darlan répond « qu'il fera part de ces suggestions à son ministre dès qu'il aura regagné Paris » et doit préciser que sa visite « est une simple mission d'information dont le ministre de la Marine français a seul pris l'initiative [127] ». Il regagne Paris le soir même et adresse à Blum un compte rendu de mission manuscrit [128]. Comme l'écrit l'amiral Decoux dans ses Souvenirs, « l'étrange initiative française tombait à plat [129] », mais elle avait permis à Darlan d'entrer en relation avec Blum.

Le directeur de cabinet accompagne son ministre dans la tournée de prise de contact qu'il effectue durant l'été et l'automne. Le 10 septembre, il est à Brest pour une visite du *Dunkerque* qui sera mis à flot le 2 octobre. Il presse Tavera et Gasnier-Duparc pour que la décision sur la succession de Durand-Viel soit prise rapidement : plus le temps passe et plus le gouvernement sera enserré dans la nasse de la routine et des puissances administratives. Aussi, dès le mois de septembre, la désignation du nouveau chef d'état-major général est-elle débattue au Conseil des ministres.

A l'époque, aucun procès-verbal du Conseil n'est dressé. On ne peut donc connaître les modalités de la décision, mais la discussion est difficile puisque le président de la République impose le renvoi de la question au Conseil de la semaine suivante, et Tavera considère cela comme une catastrophe. De toute évidence, quelqu'un fait opposition à la candidature de Darlan proposée par Gasnier-Duparc et avance sans doute le nom de l'amiral Mouget. Blum, qui pense sans doute qu'il vaut mieux avoir un chef d'état-major général « sûr » à la tête d'une marine dont le manque de sympathie pour le Front populaire est évident, arbitre finalement en faveur de Darlan, qui est officiellement désigné le 1er octobre. Deux jours plus tard, celui-ci peut accompagner Gasnier-Duparc dans les ports atlantiques en tant que chef d'état-major général désigné.

Mais les péripéties de cette nomination ne s'arrêtent pas là. En toute logique, Darlan devrait entrer en fonction en mars 1937, quand Durand-Viel atteindra la limite d'âge. Or le 4 novembre 1936, à la surprise générale, un arrêté le nomme à compter du 1er janvier 1937. Impatience « juvénile » ou volonté d'être en poste avant que n'interviennent plusieurs changements importants dans la hiérarchie (les amiraux Robert, Morris et Drujon doivent quitter le service actif à peu près en même temps que Durand-Viel, Robert dès janvier) ? En tout cas, Durand-Viel, ainsi mis devant le fait accompli, est furieux et proteste avec véhémence une fois rentré à Paris. Finalement, on aboutit à une formule bâtarde : Darlan prendra effectivement les fonctions de chef d'état-major général le 1er janvier 1937, mais Durand-Viel restera vice-président du Conseil supérieur de la marine jusqu'au terme prévu, c'est-à-dire le 11 mars. Il y aura donc cohabitation pendant un peu plus de deux mois.

En avril, cette succession agitée connaîtra un épilogue tragique avec le suicide de l'amiral Mouget. Celui-ci avait évidemment été très affecté par la nomination de son concurrent. Il écrivait peu après : « Il faut que je me résigne maintenant à n'être plus qu'un poids léger et cependant encombrant. Ce serait plus facile si j'avais trois ou quatre ans de plus, car la limite d'âge, accident naturel et fatal, serait proche[130]. » Nommé inspecteur général des Forces maritimes du Midi, il sombre dans la dépression et finit par se donner la mort le 7 avril 1937. Darlan apprend la nouvelle le soir même. Le capitaine de vaisseau Le Luc lui remet la lettre écrite par Mouget avant sa mort, qui ne contient « pas un mot de révolte » contre son rival. Il la lit, l'enferme dans son coffre-fort[131] et écrit à Docteur deux jours plus tard :

> « En arrivant ici, jeudi soir, je trouve mon état-major m'attendant avec impatience pour m'annoncer le suicide de l'amiral Mouget le matin même, en se tirant une balle de revolver dans la bouche. Avant de se tuer, il avait écrit une lettre de 12 pages pour expliquer son acte. Cette lettre, qui était dans la poche de son veston, extrêmement curieuse, démontre nettement que Mouget était atteint de neurasthénie aiguë, du type dit mélancolique. Il déclare qu'il ne peut y avoir au monde d'être plus haïssable que lui, qu'il était atteint d'un orgueil satanique, que depuis dix ans il se sentait diminuer de jour en jour, qu'il ne se reconnaissait qu'un seul talent, celui de parler avec force et conviction apparente et de retarder par une astuce diabolique le moment des réalisations, qu'il est très étonné d'avoir pu faire illusion. Il a écrit tout cela la veille au soir. Je le savais sujet à des dépressions nerveuses, mais je ne pensais pas qu'il en était là. Je l'avais vu avant de partir, il y a quelques semaines, il m'avait paru tout à fait normal.
>
> « Quand on a appris le fait à une haute personnalité politique, elle a seulement dit : " Quel salaud ! " Et ce fut toute l'oraison funèbre officielle de ce malheureux[132]. »

Darlan assiste à l'enterrement à Saint-Pierre de Chaillot. Plus tard, au lendemain de la guerre, on dira qu'il est arrivé au sommet de la hiérarchie sur le cadavre de ses concurrents : Descottes-Génon et Mouget. Il est exact qu'il a encouragé la nomination de Descottes-Génon au commandement des forces navales d'Extrême-Orient pour l'éloigner du ministère où il avait trop bien réussi en tant que directeur de cabinet pendant que lui-même commandait « la *Jeanne* ». Cela dit, il serait tout de même excessif d'affirmer qu'il l'a envoyé en Indochine parce qu'il savait que sa santé fragile n'y résisterait pas. En outre, la nomination de Descottes-Génon a résulté moins des manœuvres de quiconque que des refus successifs de plusieurs amiraux d'accepter ce commandement [133]. Quant à Mouget, nul ne pouvait prévoir qu'il en viendrait à pareille extrémité. D'après les témoignages que l'on a pu recueillir, sa mort a suscité une vague de compassion dans la marine, mais personne ne semble en avoir rejeté la responsabilité sur Darlan.

A cinquante-six ans, l'amiral Darlan est devenu le numéro un de la marine française. Il peut espérer six ans et demi en poste, soit plus longtemps qu'aucun chef d'état-major avant lui. Doit-on en conclure, comme on l'a souvent fait, que sa carrière a été « anormale » ? Lui-même s'est un jour vanté d'être l'officier « le plus pistonné de toute la marine ». En fait, lorsqu'on la compare à celle de ses rivaux, elle ne présente qu'un décalage assez faible. Jusqu'au grade de lieutenant de vaisseau inclus, son avancement n'a rien que de très normal : il devient « loufiat » à trente et un ans, alors que des promotions à vingt-neuf ans ne sont pas rares. La guerre lui permet de prendre un peu d'avance sur ceux de sa promotion, mais dans des limites très raisonnables : il est promu capitaine de vaisseau en 1926 à quarante-cinq ans. Descottes-Génon est promu au même âge, Castex et Durand-Viel à quarante-quatre ans et Mouget à quarante-trois ans. C'est avec les étoiles que l'écart se renverse au profit de Darlan : il devient en effet le plus jeune contre-amiral de la marine française à quarante-huit ans et trois mois. Mais Mouget le suit de très près puisqu'il a été promu à quarante-huit ans et demi. Descottes-Génon l'a été à quarante-huit ans et dix mois, Durand-Viel à quarante-neuf ans tout juste. Ce n'est qu'à partir du grade de vice-amiral qu'il l'emporte nettement puisqu'il est promu à cinquante et un ans et cinq mois, contre cinquante-deux ans et sept mois pour Mouget et plus de cinquante-trois ans pour Descottes-Génon. En fin de carrière, ces mois gagnés ou perdus comptent. Mais finalement jamais l'écart n'a été scandaleux, et si son « tour » théorique (en tant que chef d'état-major général) de six ans et demi est effectivement long, il ne dépasse cependant celui de Durand-Viel que d'une année.

En fait, si l'avancement de Darlan choque un certain nombre d'officiers, c'est surtout parce qu'il a été acquis dans les couloirs du ministère plus souvent que sur la passerelle d'un bâtiment. Il y gagne un méchant surnom : « l'amiral qui n'a jamais connu la mer ». Reproche injuste, mais il est vrai qu'avant d'accéder aux étoiles il n'a jamais commandé un bâtiment de combat moderne, qu'il s'agisse d'un torpilleur ou d'un cuirassé (ce qui, il faut aussi le reconnaître, ne rend que plus remarquable l'aisance avec laquelle il manœuvrera le *Foch* en 1932 puis l'escadre de l'Atlantique). A l'exception de ses deux campagnes avec la *Jeanne d'Arc* et l'*Edgar-Quinet,* il n'a guère eu après la guerre d'embarquement de longue durée : son commandement de l'*Altaïr* n'a été qu'un intérim de trois mois, son passage à l'état-major de la 3ᵉ division de ligne en 1925 n'a duré que quatre mois. Le contraste avec la longueur de ses séjours au cabinet du ministre est éclatant. De décembre 1925 à décembre 1936, il aura passé six ans rue Royale, et sa carrière aura été puissamment aidée par ses protections politiques, notamment Georges Leygues. Et il n'est pas exagéré de dire que sans Tavera et ses relations maçonniques, il ne serait jamais devenu chef d'état-major général.

Cela dit, ce côté « politique » de l'ascension de Darlan ne doit pas faire oublier un autre aspect, tout aussi incontestable : il a progressé très vite parce qu'il a réussi dans tous les postes qu'il a occupés. Georges Leygues ne l'aurait pas aidé jusqu'au bout s'il l'avait déçu. Recevoir des notes élogieuses et même parfois dithyrambiques de quatre ministres différents ne révèle pas seulement des talents de courtisan, mais aussi, et surtout, de réelles qualités intellectuelles et une étonnante capacité à éviter tous les faux pas [134]. De même, il remplit avec bonheur tous ses commandements à la mer. Quoi qu'en dise Castex, sa performance avec le *Foch* lors des manœuvres de 1932 est remarquable : il mystifie tous ses poursuivants qui le cherchent partout où il n'est pas. Commandant en chef, il impose à la 2ᵉ escadre un entraînement intensif avec des croisières lointaines sans qu'intervienne aucun incident (alors que son successeur Laborde, pourtant réputé fin manœuvrier, mettra son navire au sec à l'entrée du port du Havre). Comme les ministres, ses supérieurs lui attribuent tous des notes très élogieuses. Dans tout son dossier, on ne discerne pas la moindre réserve. Au-delà des formules de style, une telle unanimité est tout de même révélatrice. Si l'on peut discuter à l'infini des mérites respectifs de Mouget et Darlan, on peut au moins reconnaître que celui-ci est prêt à exercer les fonctions de chef d'état-major général.

CHAPITRE VI

La préparation à la guerre

De la retraite définitive de Durand-Viel à la déclaration de guerre, il ne s'écoule que deux ans et demi. Durant ce délai assez bref, Darlan va asseoir son autorité plus solidement qu'aucun chef d'état-major général avant lui et mettre en place de nouveaux plans d'opérations tout en poursuivant la réalisation du programme naval et en maintenant la marine en état d'alerte permanente face aux crises qui se succèdent pratiquement sans interruption.

La concentration du pouvoir

La situation de chef d'état-major général, pour enviable et enviée qu'elle soit, n'est pas des plus faciles. Il est en effet pris entre un ministre qui élabore les grandes décisions avec son cabinet (Darlan a là-dessus une expérience inégalée) et des grands subordonnés qui ne s'inclinent pas facilement devant son autorité. Certes, le décret du 27 décembre 1921 organisant le haut commandement maritime a fait du chef d'état-major général le conseiller militaire du ministre et le commandant en chef des Forces maritimes françaises en temps de guerre. Mais en temps de paix un texte n'efface pas facilement une longue tradition d'indépendance des commandants en chef à la mer. En dessous du chef d'état-major général, les deux inspecteurs généraux de forces maritimes, l'un pour le Nord, l'autre pour le Midi (Méditerranée), considèrent volontiers qu'ils ont toute latitude pour organiser et conduire les opérations sur leurs théâtres respectifs et regardent le chef d'état-major général comme un *primus inter pares* aux attributions plus administratives qu'opérationnelles.

Toute l'histoire du commandement maritime français depuis les décrets fondateurs de 1899 et 1902 peut, au moins en temps de paix, se ramener à une lutte opiniâtre de l'état-major général pour accroître ses compétences et son autorité sur les forces. Il a obtenu théoriquement gain de cause en 1921. Mais la traduction dans les faits est lente, et, en 1926 encore, on verra le commandant de l'escadre de la Méditerranée modifier le schéma des manœuvres sans en référer à l'état-major général[1]. Les amiraux Salaün et Violette, qui dirigent celui-ci de 1924 à 1931, ne sont pas encore assez puissants pour se dresser contre leur ministre ou leurs inspecteurs généraux.

Durand-Viel (1931-1936) introduit un premier progrès. Il obtient un accroissement des moyens, met fin à certains errements dans l'organisation et le fonctionnement, crée une section d'étude des armements navals qui lui permet de dépasser la gestion journalière pour intervenir dans les négociations sur le désarmement. Ainsi qu'on l'a vu, l'état-major général cesse avec lui d'être spectateur pour devenir un concurrent du cabinet, lequel avait jusqu'alors tendance à monopoliser les questions politiques. Mais cette évolution reste limitée : l'état-major général prépare les décisions, mais le plus souvent soumet au ministre diverses alternatives parmi lesquelles le ministre (avec son cabinet) arrête ses choix[2]. De même, le chef d'état-major général reste sans beaucoup de prise sur ses grands subordonnés qui peuvent en appeler au ministre en cas de conflit d'autorité. Telle est la situation que trouve Darlan lorsqu'il arrive « aux manettes ». Situation désagréable, tant pour le chef d'état-major général que pour les deux inspecteurs généraux, qui n'ont pas grand-chose à faire, sinon subir les persécutions du chef d'état-major général (Violette et Durand-Viel pratiquaient déjà cet exercice) et mener contre lui une sourde guérilla, tout en se querellant entre eux. Situation dangereuse, car il en résulte une paralysie du haut commandement naval :

> « Au début de 1937, après treize ans de discussion permanente et l'établissement de monceaux de papier, rien n'existait pour une préparation *sérieuse* des premières opérations de guerre, ni pour l'organisation du haut commandement. [...] Aucun des postes de haut commandement n'était organisé au matériel ; à chacun des deux théâtres alors prévus correspondaient des organisations particulières [...], absolument comme s'il s'était agi de deux marines distinctes ; en dehors de ces deux théâtres, c'est-à-dire pour le reste du monde, rien n'était prévu[3]. »

Avec une rapidité assez étonnante, Darlan va y mettre bon ordre et réaliser en quelques mois une concentration du pouvoir à son profit.

Premier principe : « neutraliser le ministre ». Pour cela, Darlan va s'assurer que le cabinet ne sera plus un concurrent de l'état-major général. Ce but est atteint avec la nomination de Tavera comme directeur de cabinet. Celui-ci a plusieurs qualités : il est acquis à Darlan qui sait qu'il peut compter sur lui ; aurait-il même des velléités que son grade modeste de contre-amiral limiterait forcément son influence ; enfin il est franc-maçon, et cela peut lui servir. Le ministre est César Campinchi qui, à l'exception d'un court intermède du 18 janvier au 10 mars 1938 au profit de W. Bertrand, va occuper le fauteuil de Colbert après le départ de Gasnier-Duparc du 21 juin 1937 au 16 juin 1940. A de multiples reprises, Tavera va jouer un rôle délicat de liaison entre Darlan et Campinchi. Les relations entre les deux hommes ne sont pas toujours faciles, car le second supporte assez mal l'activité envahissante du premier, qui ne propose plus au ministre des choix, mais transmet ses décisions. Il ne faut donc pas s'étonner que les crises soient fréquentes. La disparition des papiers du cabinet ne permet malheureusement pas de mieux cerner ce problème capital, qui durera jusqu'à la fin. Lorsque Tavera rejoindra, le 1er septembre 1938, l'état-major général pour devenir sous-chef, il conservera ce rôle de médiateur[4]. Son successeur, Gouton, aura une marge de manœuvre encore plus réduite : il n'est que capitaine de vaisseau lors de sa nomination, et Darlan parvient à faire prendre à Campinchi un arrêté qui précise — et donc limite — le rôle du cabinet.

Darlan va profiter des circonstances, c'est-à-dire de la présence de Gamelin à la tête de l'armée. Celui-ci, qui inspire confiance aux hommes politiques, va obtenir les pouvoirs que Weygand s'était vu refuser, et le chef d'état-major général de la marine va en bénéficier parallèlement. Le décret secret du 7 septembre 1938 le soustrait en temps de guerre à l'autorité du ministre de la marine (qui n'a plus que des fonctions purement administratives) pour être placé sous l'autorité plus lointaine du gouvernement dont il exécute les directives élaborées en Comité de guerre[5]. Autonomie que Darlan essaie d'étendre au temps de paix en demandant que son pouvoir de notation se substitue à celui du ministre pour ses grands subordonnés :

> « Dans l'état actuel des choses, fixées par le décret du 22 février 1937, les forces maritimes sont articulées en " forces indépendantes " (escadres, régions maritimes, commandements de la

marine outre-mer...) dont les chefs dépendent directement du ministre et sont notés directement par lui.

« Le chef d'état-major général n'agit en temps de paix à l'égard de ces " forces indépendantes " que dans les domaines où il a reçu délégation du ministre et signe alors " par ordre et pour le ministre de la Marine "[6]. »

Mais Campinchi, qui n'entend pas être réduit à un rôle de spectateur, fait la sourde oreille. Darlan ne peut donc aller jusqu'au bout de son projet. Il n'en a pas moins réussi à obtenir plus de pouvoirs et de liberté qu'aucun de ses prédécesseurs n'en avait jamais eu.

Deuxième principe : renforcer les structures de l'état-major général. S'il est un domaine qu'affectionne Darlan, c'est l'organisation. Dès qu'il a les mains libres, c'est-à-dire après le départ définitif de Durand-Viel à la retraite, il publie, le 20 mars 1937, l'instruction permanente n° 1 qui définit les « attributions des bureaux, sections et services de l'état-major général ». Les quatre bureaux traditionnels (1er : organisation-matériel-personnel ; 2e : renseignements ; 3e : opérations ; 4e : ports et bases, transports, ravitaillement, combustibles) subsistent, placés sous les ordres des deux sous-chefs d'état-major général. L'innovation essentielle réside dans la concentration des pouvoirs au sein même de l'état-major général, au profit de son chef. Celui-ci dispose d'un cabinet pour des missions et études, les relations extérieures... et d'un secrétariat qui contrôle tout le courrier. Mais la pièce fondamentale du dispositif est la Section d'études générales, ancienne Section d'étude des armements navals, dont le rôle est démesurément amplifié : « Elle donne au chef d'état-major général les éléments de ses décisions et en prépare la notification aux organismes chargés de les mettre en œuvre. » L'énumération de ses attributions se passe de commentaires : politique navale ; étude des opérations de guerre ; organisation générale de la marine ; budget ; secrétariat du Conseil supérieur de la marine.

Dirigé par le contre-amiral Le Luc, c'est le *brain trust* de Darlan, l'organisme au sein duquel s'élaborent toutes les décisions. En 1938, Darlan renforcera encore cette concentration en créant trois sections supplémentaires placées sous son autorité directe : la Section du personnel qui accroît le contrôle du chef d'état-major général sur la direction du personnel militaire de la flotte théoriquement dépendante du ministre ; la Section de la flotte en construction est destinée à « contrôler » la direction centrale des constructions navales sur laquelle le chef d'état-major général n'avait jusqu'alors que peu de prise ; Espagnac du Ravay le reconnaît sans détour : « En substituant l'intervention de l'autorité responsable à celle de comités et de commissions sans capacité de décision, elle fortifia l'unité de doctrine entre les services constructeurs et les utilisateurs, elle subordonna plus étroitement l'action des premiers aux vues des seconds[7]. » La Section information et presse est chargée d'intensifier la propagande pour la marine... et pour son chef.

Troisième principe : réduire l'indépendance des grands subordonnés. Durand-Viel avait travaillé dans ce sens, mais Darlan va donner une accélération extraordinaire au mouvement. La disparition de Mouget va faciliter sa tâche : à l'exception de Juge, qui n'est pas une personnalité de premier plan, tous les amiraux membres du Conseil supérieur sont moins anciens que lui. Mais Mouget lui-même n'aurait pu s'opposer aux projets de Darlan qui ont commencé à être mis en œuvre avant sa mort.

Un arrêté du 22 février 1937 (dont les intéressés auront connaissance par le *Journal Officiel*) précise les attributions des inspecteurs généraux : s'ils conservent toute initiative pour provoquer eux-mêmes des missions d'inspection, ils dirigent les exercices suivant les instructions du chef d'état-major général et leur documentation est fournie par l'état-major général. Tout de suite après la mort de Mouget, une instruction particulière en date du 23 avril 1937 consacre l'abaissement des inspecteurs généraux. A lire la déclaration d'intention, on pourrait croire le contraire :

> « Les vice-amiraux, inspecteurs généraux ne sont plus intéressés uniquement aux problèmes qui se posent sur un théâtre particulier ; ils doivent, au contraire, connaître la physionomie générale des opérations. Le vice-amiral chef d'état-major général compte, dans ce but, faire appel à leur collaboration personnelle pour l'étude des questions essentielles concernant les opérations de guerre. »

Mais, après ce plaidoyer en faveur de la collégialité, vient une décision pratique qui réduit à néant toute l'autorité des inspecteurs généraux. Leurs états-majors respectifs, qu'ils contrôlaient entièrement, sont désormais désignés par le chef d'état-major général[8]. Ils travaillent ensemble à la préparation des plans d'opérations, sous le contrôle du chef de la Section des études générales et donc en fait de Darlan. Comme le constate l'amiral Castex avec fureur et impuissance, « au fond, les inspecteurs généraux n'ont plus d'état-major[9] ». Une instruction du 15 novembre 1938 ira encore plus loin en les fusionnant au sein d'un état-major permanent des théâtres d'opérations qui n'est qu'un élément de l'état-major général : il est placé « sous l'autorité directe du chef d'état-major général » et peut *momentanément* être mis à la disposition des inspecteurs généraux :

« Il est constitué, sous l'autorité directe du vice-amiral, chef d'état-major général, un état-major permanent des théâtres d'opérations, organe d'études générales des opérations et des problèmes que posent celles-ci.

« L'état-major permanent des théâtres d'opérations reçoit du chef d'état-major général des instructions pour les études à entreprendre. Ces études donnent lieu à l'établissement des notes adressées au vice-amiral chef d'état-major général dont les décisions sont mises en œuvre par les bureaux compétents de l'E.M.G.

« Le contre-amiral, sous-chef d'état-major général, chargé des 2e et 3e bureaux dirige le travail de l'état-major permanent des théâtres d'opérations.

« En dehors de leur service normal, les officiers de l'état-major permanent des théâtres d'opérations peuvent être mis momentanément à la disposition des vice-amiraux inspecteurs généraux des forces maritimes pour la préparation des missions de guerre dont ceux-ci ont la charge ou de certaines missions d'inspection et de direction d'exercices d'ensemble [10]. »

Darlan ne se contente pas de contrôler les inspecteurs généraux étroitement en les privant de moyens autonomes. Il réduit aussi leurs prérogatives. Le décret du 22 février 1937 supprime les deux commandements de théâtres d'opérations (Nord et Midi) en tant que commandements organiques prévus dès le temps de paix. Libre de répartir à son gré les théâtres d'opérations et de redistribuer les forces navales, Darlan, dans des directives pour les plans d'opérations datées du 5 juin 1937, crée pour les inspecteurs généraux deux commandements aux attributions pour le moins réduites : celui des forces maritimes du Nord sera limité à la Manche ; celui des forces maritimes du Sud n'aurait sous son autorité en cas de guerre avec l'Allemagne seule que Marine-Maroc et le secteur d'Oran et n'y ajouterait les préfets maritimes des 3e (Toulon) et 4e (Bizerte) régions qu'en cas d'hostilités avec l'Italie [11]. L'amiral Castex, amiral Nord désigné, proteste contre cette réorganisation qui multiplie le nombre des grands subordonnés du commandant en chef et plaide pour le retour à la dualité traditionnelle, l'amiral Sud ayant en toute hypothèse autorité sur les 3e et 4e régions et l'amiral Nord récupérant la 2e (Brest) [12]. Darlan répond par une fin de non-recevoir [13], mais, comme son schéma est assez compliqué et discutable, il le remplace en 1938 par une nouvelle formule plus simple : si l'unité du théâtre méditerranéen est restaurée, au moins en ce qui concerne la Méditerranée occidentale [14], le démembrement du théâtre Nord est consacré par la création d'un troisième inspecteur général qui exercera les fonctions d'amiral Ouest à Brest, l'amiral Nord ne gardant que la Manche.

Les inspecteurs généraux ont naturellement fort mal pris cet « aménagement du haut commandement ». Devant l'inanité de ses protestations Castex s'enferme dans un mépris hautain. A l'amiral Le Luc, qui essaie (sans conviction) de défendre les dispositions prises, il crie en juillet 1937 : « Ne me parlez pas d'un tel fumier (de papier) ! Vous ne me verrez plus mettre les pieds ici ! » Il tiendra parole pendant deux ans, jusqu'à la déclaration de guerre. L'amiral de Laborde, qui a refusé le plus longtemps possible sa cinquième étoile (« il ne manifestait qu'un seul désir pour la fin de sa carrière : retrouver sa préfecture maritime de Bizerte » pour reprendre ses randonnées dans le Sahara), est convaincu de l'inutilité des inspecteurs généraux : à la sortie de l'entretien, « bref et sinistre », au cours duquel Darlan l'a informé de son élévation au rang d'amiral, « furieux d'avoir été dérangé au kilomètre 82 sur le canal du Midi », il déclare au contre-amiral Le Luc qui l'interroge sur son état-major que « cela lui était indifférent [...] pour ne rien faire ! ». Au Conseil supérieur, « les deux hommes s'affrontaient les dents serrées, ce qui n'est pas simplement une image ». Seul Esteva manifeste de l'ardeur à servir, et Darlan ne sait comment s'en débarrasser, « lui confiant les missions les plus lointaines et les plus complexes qui pussent être. Mais le missionnaire réapparaissait au bout de quelques jours, ayant tué son escorte et les inspectés [...]. Renonçant à l'occuper pour en être débarrassé, l'amiral Darlan en était arrivé à lui rappeler tout crûment son interdiction de paraître rue Royale. “ Te voilà encore ici à rôder. Je t'ai déjà dit... ”, et il faisait subrepticement fermer à clef, par le chef de son cabinet, un bureau vide du ministère de la Marine où l'amiral Esteva avait tenté de s'asseoir [15] ».

Ainsi affaiblis, les inspecteurs généraux interviennent fort peu dans les questions générales, Darlan réunissant le Conseil supérieur le moins souvent possible [16]. Brimade complémentaire, ils doivent quitter la rue Royale et sont exilés avenue Octave-Gréard, « avec les inspecteurs de la santé, de l'intendance et autres potiches [17] ». Enfin, ils vont se trouver rabaissés sur un plan protocolaire par un « aménagement de la hiérarchie dans les hauts grades » que Darlan va poursuivre avec ténacité.

La hiérarchie navale n'est pas sans rappeler la Cour de Louis XIV avec ses questions de préséance qui enchantaient Saint-Simon. Il n'y a que deux grades d'officiers généraux dans la marine : contre-amiral et vice-amiral, la dignité d'Amiral de France n'ayant plus été attribuée depuis le Second Empire. Ce nombre limité de grades s'est révélé gênant durant la guerre 14-

18 dans les relations avec le commandement britannique en Méditerranée[18]. Aussi a-t-on donné après la guerre aux vice-amiraux commandants en chef une quatrième étoile et aux inspecteurs généraux et chef d'état-major général une cinquième étoile, mais sans que fussent créés les grades correspondants. Ainsi Laborde est-il plus ancien que Darlan dans le grade et, de ce chef, vient avant lui dans l'annuaire, alors qu'il n'est que le quatrième par le rang, n'étant devenu inspecteur général qu'en 1938. Castex est numéro 3 dans la hiérarchie des grades et numéro 2 par le rang... Situation très déplaisante pour Darlan qui entreprend aussitôt de la faire modifier, en prenant prétexte des problèmes protocolaires que rencontrent les amiraux français à l'étranger.

Il fait élaborer par la Section études un tableau qui montre la disparité entre la hiérarchie française et les hiérarchies étrangères qui comportent des amiraux, amiraux d'escadre, amiraux de la flotte, grands amiraux... Le 29 octobre 1937, il propose dans une note le rétablissement « d'une commission d'amiral ne devant normalement concerner que le vice-amiral chef d'état-major général ou, exceptionnellement, si l'on en décide ainsi, des vice-amiraux inspecteurs généraux des forces maritimes ». Il n'est pas difficile de deviner que cette concession, rajoutée pour ne pas donner l'impression de ne demander que pour soi, n'est nullement dans l'intention de Darlan. La suite de la note envisage d'ailleurs « la suppression éventuelle de l'assimilation actuellement établie pour les honneurs entre le vice-amiral chef d'état-major général et les inspecteurs généraux des forces maritimes ». Si le principe d'une commission d'amiral n'était pas retenu, Darlan demande au moins la création du grade d'amiral de la flotte dont l'insigne serait une sixième étoile et la marque deux ancres entrecroisées[19]. Le 15 novembre, il revient à la charge en prenant prétexte du couronnement de George VI :

> « Toute courtoise qu'ait été l'attention de la marine britannique pour la marine française, rien n'a pu empêcher qu'au cours des cérémonies réglées par l'Amirauté, le C.E.C. désigné de notre flotte passât après un amiral chinois, " full admiral " en droit. Dans les cérémonies du couronnement réglées par la Cour [...], le chef d'état-major général a été classé selon son grade réel et non selon ses fonctions [...] à l'arrière-plan d'une tribune excentrée[20]. »

Darlan réitère sa demande qu'il étend aux autres armées. Les chefs d'état-major auraient le grade de « général de l'armée » ou « amiral de la flotte », avec six étoiles, tandis que les inspecteurs généraux n'en auraient que cinq. Darlan a envoyé l'un de ses officiers « sonder » Gamelin, lequel a laissé faire sans paraître y attacher une grande importance[21]. Mais l'année 1938 se passe sans qu'aucun progrès soit accompli. Les trois armées se sont certes mises d'accord et présentent un front commun, mais le gouvernement reste indifférent.

Ce n'est qu'en 1939 que le dossier aboutit. Le décret du 6 juin relatif aux appellations dans les hauts grades de la hiérarchie militaire, sans instaurer de grades nouveaux, crée les appellations de vice-amiral d'escadre (et général de corps d'armée) et d'amiral (général d'armée). Mais cela ne suffit pas à Darlan qui reste sur un pied d'égalité avec les inspecteurs généraux et voit Gamelin recevoir le titre, à vrai dire assez sibyllin, de « général commandant en chef ». D'ultimes pressions permettent de réparer cette omission : le décret du 24 juin lui confère le *titre* d'amiral de la flotte qui le place à égalité avec les *admirals of the fleet* britanniques et lui permettrait donc « de commander éventuellement à des troupes ou à des escadres alliées[22] ». Mieux, il a réussi à obtenir ce titre quelques mois avant son homologue britannique Sir Dudley Pound, Premier Lord de la Mer depuis le 12 juin 1939, de sorte qu'il est plus ancien que lui. Les Britanniques sont atterrés, mais n'osent pas procéder à une nomination avec effet rétroactif. Darlan peut savourer son triomphe...

Celui-ci est cependant assombri par quelques insuffisances du texte : il n'a que le titre d'amiral de la flotte et non le grade ; il n'a pas obtenu la sixième étoile espérée. Mais enfin, l'essentiel est acquis : il est passé en tête de l'annuaire, et il n'est pas interdit d'obtenir encore plus par la suite. Comme il l'a écrit à l'amiral Docteur, « on a accouché d'un décret-loi médiocre, mais le premier pas est fait[23] ».

Quatrième principe : refuser toute subordination à une autorité militaire extérieure. Après la création du ministère de l'Air, la marine a dû batailler pour récupérer son aéronautique. Elle y est parvenue partiellement par le décret du 27 novembre 1932, complètement par le décret du 22 août 1936. Mais si elle a réussi à surmonter cet obstacle, elle doit toujours faire face au risque de subordination à l'armée de terre et donc au danger de se voir réduire à la portion congrue dans les arbitrages budgétaires, dans l'hypothèse d'une fusion au sein d'un ministère de la Défense nationale, comme cela a été tenté en 1932 ou, risque plus grave encore, dans l'hypothèse de création d'un commandement unique. Le Front populaire a repris la formule dans une version édulcorée : le ministre de la Guerre est également ministre de la Défense nationale et à ce titre chargé de la coordination de l'action des départements militaires. La loi du 11 juillet 1938 sur l'organisation de la nation en temps de guerre dispose que la conduite supérieure des opérations est assurée par les trois commandants en chef agissant, chacun en ce qui le concerne, selon les directives du Comité de guerre. Il n'est fait exception à cette règle que dans l'hypothèse d'opérations combinées. Le décret secret du 7 septembre 1938 pris pour son application précise la compétence du chef d'état-major général de la Défense nationale. S'il est chargé de la coordination des forces terrestres et des forces aériennes, il n'assure la même coordination entre forces terrestres et forces aériennes que dans le cas d'opérations combinées. L'indépendance de la marine est donc préservée. Mais Darlan voit dans cette mission de coordination un premier pas vers le commandement unique qui est réclamé avec beaucoup d'insistance par de nombreux militaires[24], parmi lesquels le maréchal Pétain. Il s'y oppose avec énergie :

> « Nous avons connu en France deux commandements uniques :
> — celui de Louvois ;
> — celui de Napoléon.
> « Les résultats s'appellent La Hougue et Trafalgar.
> « L'Allemagne a connu celui de Guillaume II ; le résultat s'appelle Scapa Flow.
> « Pendant les guerres contre Napoléon, l'Angleterre n'a pas songé à subordonner Nelson au commandement militaire ; plus tard, Wellington au commandement naval.
> « Les résultats s'appellent Trafalgar et Waterloo, mais pour la Grande-Bretagne, ces noms sont des noms de victoires[25]. »

Ce problème du commandement unique est chez Darlan une véritable obsession. Il s'oppose à l'instauration du commandement unique dans la défense aérienne du territoire[26] et dans les colonies qui pourraient servir de « banc d'essai[27] ». Il s'en prend à l'armée de terre qui est à l'origine de cette campagne destinée à réparer les conséquences néfastes de l'indépendance accordée à l'armée de l'air en 1928, et il cherche à soustraire la marine à l'autorité de ce « coordonnateur » :

> « Plutôt que de demander le retour à une organisation logique, elle s'efforce depuis plusieurs années de camoufler son désir [de récupérer l'aviation] sous la création d'un commandement unique qui dirigerait l'action des trois armées terrestre, navale et aérienne.
> « Si cette conception était réalisée, notre organisation militaire serait complètement bouleversée, les trois commandants en chef responsables seraient gênés par l'action d'un état-major général supérieur, certainement incompétent, et par essence irresponsable.
> « La seule solution qui paraît logique est [...] [que] le C.E.M.G. de la D.N. ne devrait avoir comme attributions que la coordination

de l'action du chef des armées en opérations et de celle du chef de la défense du territoire hors de la zone des armées[28]. »

Pour donner plus de poids à ses arguments, il publie sous le pseudonyme de Morgan une brochure dans laquelle il n'hésite pas à agiter l'épouvantail de la dictature du chef unique :

« Le chef unique devrait être total.

« Non seulement les forces armées, mais aussi les forces économiques, industrielles et financières devraient être sous son autorité.

« Il supplanterait donc le gouvernement qui n'aurait qu'à disparaître.

« Il serait obligé d'ailleurs, comme le gouvernement, de déléguer ses pouvoirs dans chaque branche à un chef responsable.

« La vraie solution dans une démocratie est la suivante.

« Le gouvernement — ou les membres qualifiés du gouvernement — décide de la conduite de la guerre.

« Le comité des chefs d'états-majors généraux arrête la conduite des opérations.

« Les ministres qualifiés donnent aux chefs d'états-majors généraux les moyens de combattre[29]. »

Son combat sera efficace, puisque le commandement unique ne verra pas le jour avant Vichy. Mais alors il ne protestera plus, car ce sera lui qui en bénéficiera... De même, il s'oppose en 1939 avec énergie à la création d'un commandement suprême interallié proposée par les Britanniques. Le conseil suprême ne devra pas se superposer aux états-majors nationaux, mais sera un simple organisme de travail. S'il acquiert une importance plus grande, les commandants en chef devront y avoir accès alors que leurs ministres en seront exclus : « Si le conseil suprême comprend le chef de gouvernement et un ministre de chaque pays, ce ministre doit plutôt être celui des Finances ou celui des Affaires étrangères. En temps de guerre, les ministres de Défense nationale ne sont plus que des pourvoyeurs, et les personnalités qui doivent représenter les armées de terre, de mer et de l'air ne doivent pas être les ministres mais les commandants en chef[30]. » Sur ce point, il n'obtiendra pas satisfaction. Mais en attendant la marine peut préparer la guerre sans interférences extérieures.

Darlan et le réarmement

Lorsque Darlan devient chef d'état-major général, le 1er janvier 1937, il s'attend, comme beaucoup, à la guerre. L'heure n'est plus à la S.D.N., mais au contraire au réarmement dans lequel se sont lancées toutes les grandes puissances. Le nouveau chef d'état-major général doit défendre la part de la marine dans le budget face à la résistance des Finances et aux exigences concurrentes de la terre et de l'air.

De 1922 à 1937, le Parlement a voté des tranches et des contingents d'une valeur totale de 539 975 tonnes[31]. Parmi les tranches votées, la tranche 1931 comporte le navire de ligne *Dunkerque* qui achève ses essais ; son similaire le *Strasbourg* a été inscrit à la tranche 1934 et doit commencer ses essais à la mi-38. La tranche 1935 contient deux cuirassés de 35 000 tonnes, le *Richelieu* dont l'entrée en service est prévue en 1940, et le *Jean-Bart* en 1941. Au 1er janvier 1937, la situation s'établit ainsi[32] :

navires hors d'âge	4 137 t
en service, sous l'âge	475 209 t
en construction	154 542 t
	633 888 t

La marine française est donc très proche d'atteindre les 640 000 tonnes qu'elle était disposée à accepter au début des années 30. Mais il ne s'agissait que de besoins relatifs subordonnés à une limitation de la flotte italienne. Or celle-ci a continué un intense programme de construction :

navires hors d'âge	81 531 t
en service, sous l'âge	332 738 t
en construction	124 303 t
	538 572 t

Les besoins relatifs sont donc dépassés. Mais les besoins absolus eux-mêmes, arrêtés à 800 000 tonnes sur la base d'une marine allemande limitée à 108 000 tonnes par le traité de Versailles, se trouvent remis en cause par l'accord naval anglo-allemand du 18 juin 1935 qui a libéré la marine allemande des sujétions du traité et l'a autorisée à atteindre 35 % du tonnage de la *Royal Navy* (45 %, puis 100 % pour les sous-marins). Hitler a lancé sa reconstitution à un rythme rapide :

navires hors d'âge	44 438 t
en service, sous l'âge	90 750 t
en construction	196 316 t
	331 504 t

Bien plus, les perspectives d'évolution sont encore aggravées par la nécessité de remplacer des bâtiments anciens. La situation de la France est beaucoup moins bonne que ne le suggèrent les chiffres bruts, car les trois cuirassés *Bretagne* vont bientôt atteindre la limite d'âge. Il faut prévoir le déclassement, avant le 1er janvier 1943, date d'achèvement du programme naval, de 139067 tonnes, alors que les retraits italiens et surtout allemands seront moindres.

La marine française se trouve donc confrontée à une dégradation du rapport de forces. La tranche 1937, votée en décembre 1936, ne prévoit que des bâtiments légers et auxiliaires, et des sous-marins, pour un total de 34105 tonnes (non compris un contingent supplémentaire de 3633 tonnes[33]), et elle succède à une tranche 1936 squelettique (17470 tonnes). Le Conseil supérieur de la marine s'en émeut : après avoir recommandé un tonnage de 750000 tonnes le 12 septembre 1935 à la suite de l'accord anglo-allemand, il demande, le 4 décembre 1936, que le tonnage de la flotte soit porté dans un délai de dix ans à 771000 tonnes de bâtiments de combat et 79000 tonnes d'auxiliaires[34].

Malgré ses tendances iréniques, le gouvernement du Front populaire ne peut ignorer cet avertissement, mais ses velléités vont se briser sur l'opposition traditionnelle des Finances. Au cours des interpellations sur la défense nationale (janvier 1937), le ministre Gasnier-Duparc annonce un programme supplémentaire de trois ans destiné à atteindre 660000 tonnes en 1943. Il porte sur 153000 tonnes de construction (2 cuirassés de 35000 tonnes, 2 porte-avions de 15000 tonnes, 2 croiseurs de 8000 tonnes, 16 torpilleurs...) à entreprendre avant le 31 décembre 1939. Darlan souligne que ce programme « est un minimum » qui permettra tout juste « de remplacer les navires ayant dépassé la limite d'âge ». Il signifie « l'abandon de la position traditionnelle de la France aux conférences internationales où elle demandait un tonnage supérieur de 100000 tonnes environ à l'ensemble des tonnages italien et allemand[35] ». Sa réalisation permettra tout juste de maintenir au 1er janvier 1943 une parité approximative entre les trois flottes d'Europe continentale :

France	662079 t
Italie	607000 t
Allemagne	630000 t

Approuvé par le Comité permanent de la défense nationale le 15 avril 1937, le projet bute sur l'opposition du ministre des Finances, Vincent Auriol, et Gasnier-Duparc sollicite l'arbitrage de Léon Blum. Finalement, le Conseil des ministres du 19 mai décide que le programme de trois ans ne sera pas déposé et que les constructions neuves seront réalisées par tranches annuelles, selon les possibilités financières. La marine fait donc les frais de la « pause » décidée dans les dépenses d'armement, comme d'ailleurs l'armée de l'air.

Ainsi que le note Robert Frankenstein, la décision de retarder le programme naval était « conforme à la nouvelle situation diplomatique[36] ». La Grande-Bretagne venait de se lancer dans un réarmement naval massif puisque, pour le seul exercice 1937-38, elle mettait sur cale 231 000 tonnes, soit bien plus que les 153 000 tonnes du plan triennal demandé par la marine française. Comme elle semblait sortir de son splendide isolement et prendre enfin conscience des intentions agressives de l'Allemagne hitlérienne, le gouvernement français accordait la priorité à la frontière nord-est. Robert Frankenstein se demande si certains marins n'en gardèrent pas « rancœur à l'égard du Front populaire, [...] plus tard à l'époque de Vichy[37] », et il songe évidemment en premier lieu à Darlan. La correspondance de celui-ci ne révèle rien de tel. Bien entendu, il est amer et furieux, mais il s'en prend à Campinchi, qui vient de succéder à Gasnier-Duparc et qui n'a pas su défendre la marine, et non aux institutions elles-mêmes.

> « Me voici de retour pour suivre notre budget de 38 dont l'établissement menace d'être difficile. En ce qui concerne les travaux neufs, le gouvernement nous a déjà réduits à une portion tellement congrue que, si la décision est maintenue, c'est la faillite de la marine, celle des industries qui travaillent pour elle, le chômage et la dégringolade de notre puissance navale. J'ai fait un rapport là-dessus, qui a été envoyé aux principaux membres du gouvernement. Je ne sais pas s'ils comprendront. Maintenant, après avoir bousillé la marine de demain, on veut bousiller celle d'aujourd'hui : en ne nous donnant pas les crédits suffisants pour l'entretien et l'entraînement. Je ferai un autre rapport, mais le titulaire actuel du fauteuil de Colbert ne paraît pas s'intéresser à la marine. Je regrette notre vieil ami Gasnier-Duparc. Si cela continue, je vous demanderai de me faire engager dans le Byrrh[38]. »

Il repart donc à l'assaut pour obtenir en 1938 ce que la marine n'a pas pu arracher l'année précédente. Le 19 juillet 1937, les premières décisions gouvernementales semblent annoncer un compte d'investissement en capital égal à celui de 1937. Dès le 29 juillet, il souligne que « les crédits demandés en 1937, établis sur la base de 18 % d'augmentations résultant de l'application des lois sociales, se sont révélés insuffisants. [...] Depuis, une nouvelle dépréciation de la monnaie a été effectuée. Par suite, quoique disposant en apparence sensiblement des mêmes possibilités de paiement qu'en 1937, la marine voit en 1938 ses possibilités effectivement réduites ». Il détaille les conséquences économiques et sociales de ce coup d'arrêt et fait remarquer que le concours britannique est loin d'être acquis en toute circonstance : « A ma connaissance, la Grande-Bretagne n'a pas pris l'engagement de nous soutenir dans tout conflit où nous nous trouverions engagés[39]. » Finalement, la tranche 1938 s'établit à 57785 tonnes ; elle comporte 2 porte-avions, 1 croiseur, 6 torpilleurs, 5 sous-marins. Mais le ministre des Finances, Georges Bonnet, n'a accepté de l'inscrire dans la loi de finances que sous réserve de compressions dans les tranches en cours, de sorte que les bâtiments de ligne et le premier porte-avions ne peuvent être poursuivis qu'au prix d'une mise en veilleuse des autres constructions. Le 7 janvier 1938, Darlan revient à la charge :

> « Les événements extérieurs me conduisent à insister de nouveau auprès de vous pour accélérer nos constructions navales, de surface, sous-marines et aéronautiques et l'aménagement de nos bases.
>
> « Japon, États-Unis, Angleterre, Italie font un effort d'accroissement qui va s'accentuant alors que nous n'arrivons pas à entretenir. [...]
>
> « Le conflit futur se déroulera en grande partie sur *mer*. Soyons forts sur *mer*.
>
> « Je ne cesse de le répéter depuis six mois.
>
> « Je demande :
>
> — accélération des constructions en cours ;
>
> — mise en chantier aussi rapide que possible des unités de la tranche 38 ;
>
> — vote aussi rapide que possible d'une tranche 39 comportant deux navires de ligne de 35000 tonnes[40]. »

Les circonstances ne vont pas tarder à illustrer ces craintes, puisque, le lendemain de cette note, le 8 janvier 1938, l'Italie annonce une tranche navale comprenant 2 cuirassés de 35000 tonnes. Dès le 20 janvier 1938, une longue note attire l'attention du président du Conseil sur les conséquences de l'accélération des plans allemands et italiens :

> « Jusqu'en 1939, la flotte française sera nettement supérieure à chacune des deux flottes allemande et italienne. Du milieu de 1939 à fin 1941, la flotte française sera comparable à la flotte italienne et supérieure à la flotte allemande. A partir de 1942 la flotte française sera nettement inférieure à la flotte italienne, et, vis-à-vis de la flotte allemande, elle sera d'abord comparable, puis inférieure.
>
> « Conséquences politiques :

« Jusqu'en 1939, nous pouvons faire tête sur mer avec nos moyens à l'une des deux nations maritimes continentales.

« De 1939 à 1942, notre flotte ne peut agir seule avec succès en Méditerranée ; une aide alliée est nécessaire sur ce théâtre. Après 1942, notre faiblesse constitue une lourde charge pour un allié éventuel et seuls nous sommes battus d'avance sur les divers théâtres d'opérations maritimes. Nos possessions d'outre-mer sont à la merci de l'étranger à partir de 1942[41]. »

Le gouvernement est obligé de réagir. Tout en continuant à accorder la priorité à l'armée de l'air, le projet de loi du 17 mars 1938 prévoit une tranche 1938 *bis* qui reprend les constructions précédemment refusées. Le décret-loi du 2 mai suivant autorise la mise sur cale de près de 100 000 tonnes (98 375 exactement) dont 2 cuirassés de 35 000 tonnes. Soit 6 milliards étalés sur cinq ans de 1938 à 1943. Le retard accumulé peut ainsi être en partie rattrapé, puisque sont lancées dès 1938 des constructions qui n'auraient dû commencer qu'en 1939 ou 1940. En contrepartie, il n'y aura pas de véritable tranche 1939. Le décret du 12 avril 1939 accordera cependant 12 140 tonnes de sous-marins et de bâtiments légers supplémentaires (tranche dite 1938 C), de sorte qu'à la veille de la guerre la marine française a en construction ou autorisées 290 000 tonnes de bâtiments de combat et 74 000 tonnes d'auxiliaires, soit 163 bâtiments pour 360 000 tonnes. Cet effort est suffisant pour maintenir le rapport avec l'Allemagne, qui a en chantier 342 000 tonnes de bâtiments de combat, et l'Italie, qui en a 258 000 tonnes[42]. La France est donc assurée de conserver la première place parmi les marines d'Europe continentale, et Darlan en donne acte au gouvernement : « A la menace que les entreprises de certaines puissances étrangères font peser sur notre pays, le gouvernement a répondu en donnant à la marine les moyens nécessaires à l'accomplissement de sa mission[43]. »

Mais cet effort ne portera ses fruits que s'il est poursuivi. Le 5 avril 1939, Darlan rédige un plaidoyer pour le lancement de la tranche 40 qui « n'a pas pour objet un accroissement de la flotte, mais son maintien au niveau actuel » :

« Au cours de l'année 1938, après consultation du comité permanent, le gouvernement a prescrit la mise sur cale des dernières unités nécessaires pour reconstituer la flotte et la porter au tonnage et à la composition reconnus nécessaires.

« Or, depuis cette décision, nous constatons chez nos adversaires éventuels une accélération de l'accroissement des armements pour toutes les catégories de navires.

« Ceci aurait dû logiquement conduire la marine à demander un accroissement de la puissance de sa flotte. Si elle ne le fait pas, c'est qu'elle sait que d'autres éléments de la défense nationale ont besoin d'être renforcés par priorité.

« Mais ce serait une faute grave de consentir une diminution de la puissance navale de la France parce qu'une autre branche de la défense nationale a été défaillante[44]. »

Au-delà de cette poursuite des constructions, le problème le plus urgent est de s'assurer que les bâtiments « autorisés » sont bien mis sur cale et progressent à un rythme satisfaisant. Darlan a prévenu à la fin de 1938 : les crédits prévus pour 1939 sont suffisants « sous l'expresse réserve qu'aucune restriction budgétaire n'intervienne[45] ». Or l'affectation de certains crédits est toujours susceptible d'être modifiée au profit de l'armée de terre ou surtout de l'armée de l'air, qui connaît des insuffisances de crédits pour exécuter son plan[46]. En décembre 1938, Darlan s'insurge contre cette éventualité et affirme la nécessité d'une répartition équilibrée entre les trois armées. Et si les crédits manquent, il n'y a qu'à sacrifier l'aviation de bombardement, la priorité devant aller à l'aviation qui prendra part à la bataille :

« Si je comprends bien la demande qui nous est faite, la question peut être résumée de la façon suivante.

« La société air ayant fait faillite, on demande aux sociétés guerre et marine de la renflouer.

« Comme la société guerre et la société marine n'ont pas de réserves disponibles et ne possèdent que le strict nécessaire pour leur fonctionnement normal, si satisfaction est donnée à la demande les sociétés guerre et marine seront désorganisées, et rien ne prouve que la société air sera sauvée[47]. »

Sur ce point, Darlan parviendra à préserver ses crédits[48]. Mais il n'y a pas que le problème financier. Tout aussi redoutable est l'obstacle industriel : les chantiers français sont mal équipés, et cela se traduit par des délais de construction trop longs. La situation est encore aggravée par les effets de la loi des 40 heures qui se font particulièrement sentir dans les secteurs employant une main-d'œuvre qualifiée, comme c'est le cas dans les chantiers navals. Un contre-torpilleur se construit en quarante mois, alors qu'un destroyer britannique est achevé en vingt-quatre mois. En décembre 1938, l'état-major général constate que « les retards subis par les constructions en cours sont inadmissibles. Rien de ce qui a été fait depuis plusieurs mois pour empêcher ces retards de s'accroître n'a été opérant, et l'échéance légale du 31 décembre 1942 risque fort de ne pas être respectée. Si un remède efficace n'est pas apporté immédiatement à cette situation, l'équilibre relatif des flottes française et italienne sera très prochainement compromis en notre défaveur[49] ».

Le handicap français est particulièrement sensible pour les bâtiments de ligne. En février 1938, la construction du *Richelieu* et du *Jean-Bart* a respectivement onze et treize mois de retard, et Darlan s'en inquiète : les deux cuirassés italiens *Littorio* et *Vittorio Veneto* seront disponibles en mai 1940 alors que les deux premiers 35000 tonnes britanniques et le *Richelieu* ne seront prêts qu'à la fin de 1940 au plus tôt, et l'artillerie du *Richelieu* risque fort de n'être pas disponible avant janvier 1941. « La situation sera donc médiocre en Méditerranée en 1940. » Il prescrit de hâter les travaux par tous les moyens : « Tout mois gagné est capital[50]. » Mais ce n'est que quelques mois avant la déclaration de guerre que la marine obtient le rétablissement d'une sixième journée de travail. Les chantiers français travaillent, à la déclaration de guerre, au maximum de leurs capacités, au point qu'il faut commander en Angleterre les 18 vedettes autorisées par le décret-loi du 12 avril 1939 et 12 chalutiers destinés à compenser l'insuffisance des dragueurs.

De 1922 à 1939, 700000 tonnes ont été construites. Les prévisions pour 1943, date d'achèvement du programme, donnent à la marine britannique 1600000 tonnes, à la marine italienne 600000 tonnes, à la marine allemande 530000 tonnes, tandis que la marine française en alignera 740000 ainsi réparties :

navires de ligne	259567 t (35 %)
porte-aéronefs	68146 t (9 %)
croiseurs	178502 t (24 %)
contre-torpilleurs et torpilleurs	147889 t (20 %)
sous-marins	89454 t (12 %)
	743558 t (215 unités)

Avec les bâtiments côtiers et auxiliaires, on atteindra 1039491 tonnes, soit 628 bâtiments. Pour Darlan, « la flotte constituée comme il vient d'être dit semble convenir aux exigences de la défense nationale[51] ». En 1939, ce programme est inachevé, comme d'ailleurs celui des autres marines (le plan Z allemand doit lui aussi être réalisé en 1943). Malgré cela, la marine française alignera à la déclaration de guerre un ensemble imposant.

Le corps de bataille se compose de deux Dunkerque de 26500 tonnes, assez réussis, bien qu'ils tiennent mal la mer par gros temps[52], et des trois Provence de 23333 tonnes refondus. Le *Richelieu* est en essais et doit rallier à la fin de 1940 ou au début de 1941 (avant le premier 35000 tonnes anglais dont la construction est pourtant plus rapide, mais qui a été inscrit plus tardivement), le *Jean-Bart* doit être lancé en 1940. Des deux cuirassés autorisés en 1938, le *Clemenceau* est sur cale à Brest et la *Gascogne,* commandée à Penhoët, va suivre. Les bureaux d'études travaillent déjà sur leurs successeurs que l'on prévoit plus gros, puisque les parties au traité de Londres de 1936 sont convenues en 1938 de porter le déplacement limite à 45 000 tonnes. En avril 1938, la fonderie de la marine à Ruelle reçoit commande d'un canon de 406 mm, le 380 mm des *Richelieu* étant jugé insuffisant pour les futurs bâtiments[53].

La flotte de croiseurs aligne sept croiseurs de première classe (10 000 tonnes) qui souffrent, à l'exception du dernier de la série, l'*Algérie,* d'un certain manque de protection, et douze croiseurs de deuxième classe (moins de 8 000 tonnes, considérés comme très réussis). Trois unités de 8 000 tonnes, le *De Grasse,* le *Châteaurenault* et le *Guichen,* sont en construction.

Parmi les bâtiments légers, la plus belle réussite des chantiers français est la superbe série des 32 contre-torpilleurs très rapides (le *Terrible* atteint lors de ses essais 45,02 nœuds, record qui n'a jamais été dépassé[54], et bien armés avec des canons de 138 mm. A la déclaration de guerre, une série de quatre est sur cale. Darlan avait proposé de leur donner des noms de chefs de la guerre de Cent Ans *(Du Guesclin, Xaintrailles...),* mais, en ces temps d'alliance avec la Grande-Bretagne, le ministre a choisi des noms à coloration plus patriotique : *Hoche, Desaix, Marceau, Kléber.* Plus légers, 26 torpilleurs d'escadre dont le tonnage a progressivement augmenté, jusqu'à 1 772 tonnes sur les dernières séries. A la veille de la déclaration de guerre, Darlan a décidé que désormais il n'y aurait plus que deux catégories : des éclaireurs de 3 000 tonnes pour le large et des torpilleurs de 1 000 tonnes pour la côte. La marine dispose aussi d'une belle flotte de 64 sous-marins de grande croisière (1 500 tonnes) et côtiers (600 tonnes) qui avaient si fort inquiété les Britanniques durant les années 20.

L'ensemble a grande allure, et il est courant d'entendre dire que la marine française a retrouvé une efficacité qu'elle avait perdue depuis Louis XVI. Son prestige dans le pays et à l'extérieur est très grand. Elle n'en souffre pas moins de sérieuses déficiences.

Du côté de l'armement, la D.C.A. est notoirement insuffisante. Les croiseurs de 7 600 tonnes n'ont que des mitrailleuses et aucun canon de 37 mm. Les contre-torpilleurs du type Fantasque ont des canons de 37 modèle 25. Celui-ci est démodé, mais en 1939 son successeur le 37/33 commence tout juste à entrer en service. Quant au 37/35 automatique et au 25 quadruple (le

« tromblon »), ils en sont encore au rodage du prototype[55]. Cela n'a rien de spécifique aux bâtiments français, car le danger aérien est partout sous-estimé, et l'expérience de la guerre d'Espagne, où les attaques aériennes de navires ont été très rares[56], ont renforcé ce sentiment de fausse sécurité. L'équipement anti-sous-marin est également déficient : les navires français n'ont pas de sonar[57], mais seulement (pour certains d'entre eux) des appareils d'écoute aux performances limitées. Certains patrouilleurs sont même encore pourvus de filets destinés à attraper les sous-marins. La France est ici très en retard sur la Grande-Bretagne. Quand un officier de son état-major fait remarquer à Darlan l'intérêt des réalisations britanniques, il se fait tancer vertement : la marine française saura se débrouiller seule[58]. Mais l'amiral de la flotte est pragmatique, et, quand les Britanniques offriront d'équiper les bâtiments français de sonars, il acceptera avec empressement.

Plus évidente est la limitation du rayon d'action, particulièrement sensible sur les bâtiments légers, et qui se révélera vite une gêne considérable durant les opérations. Les torpilleurs de 1500 tonnes ne peuvent parcourir que 1500 milles au lieu des 3000 annoncés, eux-mêmes très inférieurs aux performances de leurs homologues étrangers qui atteignent couramment 4000 ou même 5000 milles. Les mauvaises langues britanniques prétendent que cela tient à la place démesurée occupée par la cambuse sur les bâtiments français ! Plus sérieusement, ces « jambes courtes » sont le reflet d'une conception stratégique. Les ingénieurs ont conçu des unités d'abord destinées à opérer en Méditerranée, c'est-à-dire sur un théâtre relativement restreint et où le danger aérien sera très grand. D'où le primat de la vitesse au détriment du rayon d'action[59]. La disponibilité des unités se trouve encore réduite du fait de l'impossibilité d'appliquer une politique d'échanges standard : les types d'appareils sont trop nombreux, et il n'y a pas assez de rechanges. Résultat : en cas d'avarie, le bâtiment doit souvent attendre la réparation de son appareil au lieu de le remplacer. Le simple approvisionnement en munitions pose lui aussi des problèmes comparables à cause de la multiplicité des calibres : à titre d'exemple, derrière le calibre unique de 138 mm se trouvent quatre modèles différents : seuls les deux premiers tirent la même munition, et les arsenaux doivent avoir en stock trois types d'obus.

Darlan prend conscience un peu tardivement de ces problèmes. Il veut une marine océanique, et, en 1939, il demande des bâtiments solides et disposant d'un rayon d'action convenable : « Assez de ces échantillons trop fragiles dont nous sommes encombrés[60] ! » Il faut « faire plus robuste, plus marin, mieux défendu de l'avant ; éviter les bateaux qui sont sur le nez en surcharge de combustible, les formes qui font piquer du nez quand la vitesse augmente ; ne pas compliquer inutilement le matériel, ne plus chercher des records de vitesse, donner plus de rayon d'action en tenue de guerre[61] ».

Logiquement, Darlan se soucie aussi des infrastructures qui sont dramatiquement insuffisantes. Il déplore qu' « en dehors de la métropole et de l'Afrique du Nord [...], la France n' [ait] pu encore établir un réseau complet de bases en harmonie avec ses besoins[62] ». A partir de mai 1938, les crédits supplémentaires accordés ont permis de hâter les travaux déjà en cours (grands dragages dans les ports, aménagements nécessaires pour accueillir les grandes unités nouvelles) et d'en entreprendre d'autres. L'amiral voudrait un réseau mondial avec des bases à Mers el-Kébir, Bizerte, Beyrouth, Casablanca, Dakar, Diégo-Suarez et Fort-de-France, complétées par des points d'appui à Djibouti, en Indochine et dans le Pacifique. Il doit se contenter de pousser les travaux à Bizerte, dont les défenses sont renforcées par une batterie de 240 mm ; à Dakar qui devrait pouvoir accueillir un cuirassé de 35 000 tonnes ; des travaux d'aménagement sont aussi prévus à Beyrouth et Cam Ranh (Indochine), mais la Marine et les Colonies sont en conflit sur la répartition des dépenses[63].

La grande affaire, c'est l'Afrique du Nord, avec Mers el-Kébir, dont Darlan avait été l'un des tout premiers à souligner l'intérêt lorsqu'il commandait la marine à Alger en 1930. Dès cette époque, il soulignait que « le port d'Oran, point stratégique important, ne peut que voir son importance grandir, surtout en cas d'opérations en Méditerranée. Toulon est trop proche de l'Italie et donc exposé aux bombardements aériens ; Mers el-Kébir est à l'abri des raids italiens et bien placé à mi-chemin entre Toulon et Brest. Il faut donc qu'il soit susceptible d'abriter en temps de guerre la totalité de nos forces de haute mer[64] ». Quelques jours après sa prise de fonctions, le 14 janvier 1937, il a accompagné Gasnier-Duparc pour la pose de la première pierre de la nouvelle base. Le ministre a alors déclaré — paroles tristement prophétiques — que Mers el-Kébir était « susceptible de voir de grands événements[65] ». Le décret-loi du 2 mai 1938 autorise la construction de réservoirs de combustible enterrés. Le 27 avril 1939, les travaux de la base sont déclarés d'utilité publique et le financement, devenu trop lourd pour le budget ordinaire de la marine, fait l'objet d'une loi qui accorde 200 millions pour l'exercice 1939 et 400 millions annuels jusqu'en 1944. On travaille nuit et jour à la jetée qui avance d'un mètre par jour, « mais tout l'équipement de ce port à des fins militaires (stocks de combustible, dépôts de munitions, ateliers, magasins) reste encore à faire[66] ». La base ne sera pas prête avant l'achèvement du programme naval, c'est-à-dire avant 1943. Parallèlement, Darlan se préoccupe de l'agrandissement du port de Casablanca qui doit pouvoir recevoir les escadres sans gêner le commerce. « Casablanca est la porte de l'A.F.N. », écrit-il dans un rapport au ministre[67]. Au début de 1939, il emmène Gamelin au Maroc pour une inspection dans le but d'obtenir son appui.

Cet effort en faveur des infrastructures s'accompagne d'un plan d'accroissement des stocks de combustible, d'un vaste programme de défense des côtes (il est prévu d'installer en vingt ans 1 000 canons et des barrages électromagnétiques devant les principaux ports) et du renforcement du soutien logistique mobile (4 pétroliers sont en construction). En 1939, le tournant est pris, mais les effets ne s'en feront pas sentir avant 1942-1943.

Dernière lacune, et non la moindre, la faiblesse de l'aéronautique navale. Son développement a été gêné par la priorité absolue accordée aux cuirassés, par les fluctuations de son statut (tutelle de l'air ou de la marine) et par les insuffisances de l'industrie aéronautique. En novembre 1937, Darlan se plaint de son état lamentable : les retards atteignent six mois en moyenne, et, « sur 160 appareils de série (de six modèles) devant être livrés à la marine avant novembre 1937 [...], 4 seulement lui ont été livrés et en tel état qu'ils sont tous 4 *interdits de vol*[68] ». A la date du 1er janvier 1939, l'aéronautique navale aligne 345 appareils de combat : « Ce nombre, *tout à fait insuffisant,* est largement inférieur aux prévisions du plan de développement en cours de réalisation. De plus, beaucoup de ces appareils sont *soit très âgés* [...], *soit de type très ancien*[69]. »

Darlan est très soucieux de ce retard. A la tête du service aéronautique, il a placé un A.D.D. notoire, Michelier. Dès l'annonce de la mise sur cale du *Bismarck,* il ordonne de construire des bombes de 1 000 kg (les plus grosses ne dépassant pas alors 700 kg). Le 1er avril 1938, il arrête une nouvelle version du plan de développement adopté en 1935. Il devrait être réalisé le 1er janvier 1941, mais, bien que défini comme « un minimum à peine suffisant », il accuse déjà un retard de près d'un an en 1939, et certains choix sont discutables : jusqu'en 1939, la marine privilégie les hydravions bien qu'ils coûtent plus cher et que les côtes de la Manche et de l'Afrique du Nord soient pauvres en plans d'eau, pour la seule raison qu'elle « peut craindre que l'adoption d'appareils terrestres soit de nature à provoquer des tentatives du ministère de l'Air pour rattacher ces appareils à l'armée de l'air[70] ». Le « plan 1939 » se tourne enfin vers les avions terrestres, mais un peu tard[71]. La marine française possède deux escadrilles de bombardiers en piqué Vought achetés aux États-Unis alors que l'armée de l'air n'en a pas. Ils feront la preuve de leur efficacité durant la campagne de France. Normalement embarqués sur le *Béarn,* ils doivent aussi équiper les deux porte-avions autorisés en 1938[72], dont le premier, le *Joffre,* a été mis sur cale à Saint-Nazaire le 22 novembre 1938. Il doit commencer ses essais en novembre 1941, avec près de deux ans de retard sur son concurrent allemand, le *Graf Zeppelin*[73].

Beaucoup d'imperfections et de lacunes, certes. Mais il ne faudrait pas en conclure que la marine française de 1939 n'est qu'un trompe-l'œil. Les flottes étrangères connaissent des difficultés comparables, parfois même plus graves[74]. Les effectifs français sont passés en quelques années de 68 000 hommes à 85 000 hommes[75] ; les escadres ont été entièrement réorganisées et l'entraînement est très poussé. Darlan crée en 1939 une école de commandement à la mer sur le modèle britannique[76] et réforme dans un sens pratique les enseignements de l'École de guerre navale[77] et du Centre des hautes études navales, le « chen », dont il dit un jour, oubliant sans doute qu'il en était sorti major, qu' « il n'a jamais produit que des glands[78] ». Enfin, à la différence de sa devancière de 1914, la marine de 1939 possède une doctrine cohérente et a soigneusement préparé ses plans d'opérations.

LA PRÉPARATION DES PLANS D'OPÉRATIONS

Jusqu'en 1935-36, les hypothèses stratégiques sur lesquelles raisonne l'état-major général sont simples : le concours britannique n'est pas considéré comme probable, et la France se retrouvera seule soit face à l'Allemagne seule (cas A), soit face à la coalition italo-allemande (cas A I). Dans la première hypothèse, la marine allemande, limitée par le traité de Versailles, est trop faible pour représenter une menace ; dans la deuxième, l'effort s'exercera naturellement contre l'Italie.

En quelques mois, une situation nouvelle apparaît. A partir de 1936, les conversations d'état-major avec la Grande-Bretagne se développent, avec difficulté, et l'éventualité d'une coopération avec la Royal Navy devient sérieuse (cas F-B) sans être cependant certaine. Le réarmement naval allemand oblige à accorder une attention accrue au théâtre atlantique, d'où le renforcement, à partir de 1934, de l'escadre de Brest. Enfin, la guerre d'Espagne introduit un facteur nouveau en Méditerranée, et il faut désormais prévoir la possibilité d'une coalition Allemagne-Italie-Espagne (cas A-I-E). Darlan va donc devoir mettre à jour des plans d'opérations complexes, susceptibles d'être remis en cause par une conjoncture diplomatique plus que jamais instable. Au-delà des aléas du moment, il met en évidence quelques idées-forces dans les nombreuses notes d'actualité qu'il rédige de 1937 à 1939. Dès novembre 1937, à la suite du pacte anti-Komintern, il trace les grandes lignes de « la situation politique internationale » :

« 1. Bloc germano-italo-nippon à direction germanique
« Sympathisants : Espagne franquiste,
Hongrie.
« Buts : Expansion coloniale et pour l'Allemagne européenne,
Matières premières,
Débouchés économiques.
« Ces buts rendent obligatoire l'opposition de ce bloc à l'Angleterre, à la France, à la Russie et, plus tard, aux États-Unis.
« L'Angleterre, la France ne forment pas un bloc, mais une entente plus ou moins active.
« Les États-Unis cherchent leur voie. Ils considèrent que la neutralité est le remède contre la guerre et répètent ainsi l'erreur de l'Angleterre en 1914.

« 2. L'âme du bloc est l'Allemagne. Celle-ci une fois abattue, le bloc se désagrège.
« Comment l'abattre ?
« Une alliance anglo-française est indispensable. Il lui faut le concours de la Tchécoslovaquie, de la Pologne, de la Yougoslavie, de la Roumanie et au moins la sympathie de la Turquie.
« La Russie est d'ores et déjà fixée en Extrême-Orient par le Japon, elle ne pourra qu'observer une attitude défensive en Europe [79]. »

La guerre est-elle pour autant inévitable ? L'opinion de Darlan sur ce point n'est pas catégorique. Encore en janvier 1939, il se demande s'il ne serait pas possible d'obtenir au moins un délai en encourageant l'Allemagne à s'engager à l'est :

« La durée du conflit sera longue, il sera épuisant. Nous devons l'éviter. [...]
« Nous devons avant tout conserver notre empire, le reste est secondaire. Aussi, sous réserve qu'elle ne soutienne pas l'Italie dans ses revendications, devons-nous laisser l'Allemagne libre d'agir vers l'est. La neutralité allemande acquise, l'Angleterre et la France doivent réduire l'Italie et ramener l'Espagne dans leur jeu soit par la persuasion, soit par la contrainte.
« La chaîne impériale franco-britannique étant de nouveau solidement fixée, nous pourrions alors, si c'est nécessaire, arrêter l'Allemagne dans tout mouvement offensif qu'elle voudrait entre-

prendre vers l'ouest. Mais si elle est engagée à l'est, elle ne le voudra pas d'ici longtemps[80]. »

Mais ce scénario a assez peu de chances de se réaliser, et la France doit donc se préparer à la guerre. Au-delà des préparatifs militaires, une préparation diplomatique s'impose, avec pour objectif prioritaire d'interdire à l'Allemagne de s'installer sur les lignes de communications maritimes de la coalition franco-britannique.

« Je tiens donc d'intérêt vital pour nous une politique qui, tout en s'efforçant de dresser dans le Proche-Orient un barrage aux visées du Reich,
— refuserait à l'Allemagne toute concession coloniale en Afrique noire [*Darlan réaffirme plus loin son opposition catégorique à la restitution du Togo et du Cameroun*] ;
— écarterait le péril d'une installation effective ou camouflée de nos ennemis éventuels en Espagne continentale ou insulaire ;
— interdirait à l'Allemagne toute installation en Extrême-Orient[81]. »

L'Espagne est un souci constant : « La situation internationale actuelle nous oblige, si le conflit envisagé éclate, à tenir pour ennemies les côtes de l'Espagne franquiste. Cette collaboration passive nous obligera à ranger l'Espagne nationaliste parmi nos adversaires, ce qui apportera un surcroît considérable de charges aux forces navales franco-britanniques et neutralisera pratiquement Gibraltar[82]. » A tout prendre, Darlan préférerait une Espagne ouvertement hostile, ce qui permettrait de la combattre effectivement[83]. Mais il ne s'agit que d'une dernière extrémité. A plusieurs reprises, il avertit : « La neutralité espagnole nous est indispensable[84]. » De même caresse-t-il l'espoir de détacher l'Italie de l'alliance allemande :

« A ce travail de sape [de l'Allemagne] devrait se superposer une secrète négociation italienne, qu'il faut avoir le courage d'entamer sans publicité et qu'on peut d'autant mieux inaugurer sans honte que nous avons fait la preuve de notre force et de notre volonté de ne rien céder de territorial.

« Le problème italien, vieux de soixante-dix ans, est beaucoup plus psychologique que territorial. Depuis des années, des deux côtés de la frontière, on fait du sentiment au lieu de faire de la politique. On se jalouse, on s'injurie, et maintenant on se boude sans se parler, alors que :
— notre intérêt est toujours, si possible, de détacher l'Italie de l'Axe ;
— la seule profonde raison du rapprochement italo-allemand est

pour l'Italie la nécessité de vivre et de se souder à l'économie allemande (à défaut de la nôtre), comme avant 1914.

« Sans céder un pouce de territoire, sans rien lâcher au point de vue politique, un arrangement économique et financier avec l'Italie est possible, à condition de ne pas l'humilier. En tout cas, des offres habilement formulées dans ce domaine détacheraient du fascisme toute l'élite aristocratique et industrielle du pays[85]. »

Et surtout cette préparation diplomatique doit transformer l'entente avec la Grande-Bretagne en véritable alliance : « Je vois notre seule possibilité de résistance dans l'*accord étroit* qui doit exister entre l'Angleterre et nous, tant sur le plan politique que pour la préparation des moyens militaires[86]. » Darlan accueille avec soulagement la reprise des conversations d'état-major en avril 1939, mais prévient qu'il ne faut pas en attendre le règlement du problème maritime :

« Ne comptez pas sur la flotte anglaise pour assurer vos communications. La crise de septembre [1938] a surabondamment prouvé que non seulement elle demandait à la flotte française une aide puissante dans l'Atlantique mais, en outre, elle laissait à la flotte française le soin de garder la Méditerranée occidentale[87]. »

Darlan ne voit pas que des inconvénients à cette répartition des charges. Au contraire, elle valorise sa marine, mais aussi par contrecoup la position française au sein de l'alliance, puisque la Grande-Bretagne se soucie d'abord de ce qui se passe sur mer : « Notre marine est, au regard de l'Angleterre, un facteur important des forces de la coalition[88]. » Cela dit, il faut se souvenir que le concours britannique, au moins jusqu'en avril 1939, ne peut être considéré comme définitivement acquis en toutes circonstances, et il faut prévoir l'hypothèse d'une France seule face à la coalition italo-allemande : les instructions du 26 septembre 1938 (Cas A I) envisagent toujours une Grande-Bretagne neutre[89]. Ce n'est qu'en 1939 que le cas FB-AI devient l'hypothèse de base[90].

Si la guerre éclate, ce sera la répétition de 14-18. A aucun moment, Darlan n'envisage l'éventualité d'une rupture décisive : « Quant au front occidental terrestre, il paraît certain que ses lignes fortifiées, se prêtant difficilement à la manœuvre, enlèvent tout espoir de décision rapide[91]. » Le mot « char » n'apparaît jamais alors que la nécessité de renforcer les fortifications est maintes fois soulignée. Dans ces conditions, la stratégie alliée est toute tracée.

« 1. Défensive terrestre sur nos frontières ;
offensive aérienne sur les territoires ennemis ;

garde vigilante des passages maritimes : nord de l'Écosse, pas de Calais, Provence, Corse, Bonifacio, Sicile, Gibraltar ;

défensive frontière tunisienne ;

défensive navale dans la partie est [de la] Méditerranée occidentale ;

« 2. Offensive terrestre et aérienne au Maroc espagnol, aux Baléares ;

offensive navale en Atlantique, détroit de Gibraltar, partie occidentale [de la] Méditerranée.

Occuper Ceuta, Larache, etc. Si possible les Baléares, sinon les neutraliser (bombardiers, sous-marins), ensuite occuper Las Palmas, Ténériffe

Ensuite prendre l'offensive en Libye

Une fois cela fait, nous aurons l'avantage en matière (de) communications maritimes et si nos adversaires ne sont pas lassés, prendre l'offensive en Europe[92]. »

Dès 1937, la vision stratégique de Darlan est fixée, et il restera fidèle aux grandes lignes ainsi définies. Puisque le front terrestre est supposé bloqué, « la décision ne peut venir que de la mer[93] ». Mais il n'est pas question de s'en remettre au seul blocus, comme en 14-18, car ses effets sont trop longs à se faire sentir, d'autant plus que l'Axe a développé une politique d'autarcie. Il faut donc prendre l'offensive. Le théâtre Nord ne s'y prête guère. Dans une note de juin 1939, Darlan évoque la possibilité d' « une action de surprise sur la région d'Emden [qui] permettrait de déboucher sur l'arrière des lignes Siegfried » (il avait rédigé une note à ce sujet lorsqu'il était stagiaire au C.H.E.N.) et souhaite qu'on étudie « de très près cette opération », mais il ne semble guère y croire puisqu'il n'en reparle jamais, et qu'une autre de ses notes constate que « les défenses formidables accumulées depuis cinq ans rendent à peu près impossible une attaque directe du Reich par la mer du Nord[94] ».

La Méditerranée est donc désignée comme le théâtre principal. Darlan estime que l'Italie prendrait l'offensive en vue de couper les communications entre la métropole et l'Afrique du Nord. En sens inverse, la coalition franco-britannique doit « fatiguer le bout italien de l'Axe [...], le but final étant au moins l'offensive en Tripolitaine à entreprendre dès qu'on y verra clair[95] ».

L'occupation de la Tripolitaine permettra d'assurer la sécurité des communications en Méditerranée orientale et donc la liaison avec les alliés balkaniques sur lesquels Darlan compte beaucoup pour des opérations périphériques destinées à obliger l'Axe à se battre sur deux fronts, comme en 1914. Prise entre l'armée des Alpes et l'armée yougoslave, l'Italie serait peut-être obligée d'appeler à son secours son allié allemand, l'obligeant à dégarnir le front Nord-Est et donc offrant une possibilité offensive à l'armée française. Il faut donc envisager dès le déclenchement des hostilités le débarquement d'un corps expéditionnaire à Salonique, en vue d'entraîner les Grecs et les Turcs et d'épauler les Yougoslaves. Mais cette opération, très difficile, suppose une Italie neutre, car il serait impossible de ravitailler Salonique avec une marine italienne hostile. En outre, le concours des Britanniques, qui ont officiellement en charge la Méditerranée orientale, est indispensable[96].

C'est cette conception d'ensemble que Darlan va s'efforcer de mettre en œuvre. Si cela ne lui pose aucun problème sur un plan strictement naval puisqu'il supervise seul la rédaction des instructions d'opérations, il est obligé de tenir compte des desiderata du pouvoir politique et des Britanniques.

Plusieurs fois remaniées, notamment en fonction du problème espagnol et de l'attitude anglaise, les instructions d'opérations conservent cependant les mêmes hypothèses de base dont la principale est qu' « il faut s'attendre, dès le début des hostilités, à une violente offensive des forces allemandes contre nos communications militaires et économiques dans l'Atlantique, et à une offensive italienne en Méditerranée occidentale ayant pour but d'interdire nos communications par la Méditerranée entre la France et l'Afrique du Nord[97] ». Les raiders de surface allemands rendent nécessaire, quelle que soit l'attitude britannique, de maintenir les deux Dunkerque dans l'Atlantique, ce qui impose de prévoir le fractionnement des forces de haute mer. Dans un premier temps, la marine française devra assurer le convoyage des troupes en provenance d'A.F.N. et de l'Empire. Tant que ces transports ne seront pas achevés, l'attaque des communications et des côtes ennemies sera considérée comme une mission secondaire. Des dispositifs de sûreté (composés de sous-marins, de bâtiments légers et d'avions) seront mis en place dans le pas de Calais, dans le détroit de Gibraltar, entre la Provence et la Corse, dans le détroit de Sicile. L'amiral Castex, qui a toujours été convaincu de l'inutilité de ces déploiements de forces statiques, émet des objections, mais Darlan ne s'y arrête pas[98].

Le cadre maritime ainsi proposé est appelé à s'intégrer dans une stratégie globale sur la définition de laquelle Darlan entend avoir son mot à dire. Le décret secret du 7 septembre 1938 prévoit que l'Amiral de la flotte est membre du Comité de guerre, mais aucune structure semblable n'est prévue pour le temps de paix. Darlan rédige en juin 1939 un plaidoyer sur la « nécessité d'un " commandement " de la France plus fort » :

« Si nous voulons devancer ou seulement parer de nouveaux actes politico-militaires d'agression, il faut, avant tout, qu'on le veuille ou non, renforcer encore l'exécutif et organiser dès maintenant (c'est-à-dire dès le temps de paix) une " direction politico-militaire " des affaires de la France, une sorte de directoire[99]. »

A défaut d'institution nouvelle, il demande au moins l'activation du Comité de guerre, « légalement possible en période de crise ». C'est la première fois qu'il manifeste la volonté d'être associé aux décisions gouvernementales. Il faudrait en chercher l'origine, d'après un officier de son entourage, dans une démarche insolite du président de la République, Albert Lebrun. Celui-ci l'a fait appeler au début de 1939 pour lui dire que, devant la paralysie des institutions face à la montée des périls, il devait se tenir prêt, lui Darlan, à exercer les plus hautes responsabilités. L'Amiral de la flotte n'a pas eu le réflexe d'en sourire et aurait immédiatement réfléchi, avec deux de ses conseillers les plus proches, à la composition de son gouvernement[100]. Mais finalement rien ne s'est passé. Il est néanmoins probable que l'épisode aura contribué à susciter en lui des ambitions qu'il n'avait pas auparavant.

Écarté de la « conduite de la guerre », Darlan a cependant une réelle influence sur la conduite des opérations. S'il récuse pour des raisons de principe la mission de coordination du chef d'état-major de la défense nationale, il a de bonnes relations avec Gamelin. Il approuve sans réserves importantes les notes sur la conduite de la guerre que celui-ci lui soumet ; de son côté, Gamelin tient « compte de toutes les corrections apportées de la main du chef d'état-major général de la marine[101] ». Darlan emmène Gamelin à deux reprises en inspection en Afrique du Nord, tandis que Gamelin l'invite sur la ligne Maginot du 23 au 25 octobre 1938. Les deux hommes sont des adeptes de la stratégie indirecte et attachent une égale importance à la manœuvre de revers balkanique[102]. Il semble que Darlan ait succombé comme tout le monde à l'optimisme qu'inspire la placidité du généralissime. En tout cas, il a confiance et n'a jamais envisagé l'éventualité d'un effondrement du front Nord-Est. En sens inverse, Gamelin, n'est pas un « décideur » et subit l'influence de Darlan qui intervient avec vigueur au cours des réunions des chefs d'état-major généraux, à la différence de Vuillemin, chef d'état-major général de l'armée de l'air. Le chef d'état-major général de la marine imprime ainsi sa marque sur la stratégie générale : la France est considérée comme un bastion péninsulaire adossé à la mer par laquelle viendront les hommes et le matériel qui permettront de surclasser l'armée allemande. C'est au fond la reprise, à une échelle infiniment plus vaste, de la manœuvre de Torres-Vedras qui a permis aux Britanniques de gagner la guerre d'Espagne...

Darlan attache un grand prix, on l'a dit, à l'alliance avec la Grande-Bretagne. Le peu de succès de son premier contact en 1936, le souvenir de la conférence de Londres, du traité naval anglo-allemand et de l'attitude ambiguë de la Grande-Bretagne en 1936, le peu d'estime qu'il porte à l'amiral Pound, First Sea Lord, ne l'empêchent pas de souhaiter une coopération aussi étroite que possible [103]. A partir de juin 1938, les deux marines échangent régulièrement des informations. Dès la crise de Munich, la coopération est assez poussée pour entraîner une modification de la répartition des forces navales françaises, avec concentration du gros des forces en Méditerranée occidentale. Les moyens laissés en Manche sont réduits au strict minimum, et l'Atlantique ne conserve, outre les forces d'escorte confiées à l'amiral Ouest, que la Force de raid destinée à donner la chasse aux corsaires allemands. Cela ne paraît d'ailleurs pas suffisant à Darlan qui se plaint de la modicité de la Mediterranean Fleet : la coalition franco-britannique déploie 750 000 tonnes sur le théâtre Manche-mer du Nord-Atlantique face aux 226 000 tonnes de la marine allemande, qui doit laisser une partie de ses moyens en Baltique, « soit un coefficient de sécurité de 400 % », alors qu'elle n'aligne que moins de 600 000 tonnes en Méditerranée face aux 467 000 tonnes de la marine italienne, « soit un coefficient de sécurité de 125 %, très inférieur à celui du Nord [104] ». Mais les échanges qui ont eu lieu durant la crise de Munich ont confirmé que l'Amirauté britannique ne partage pas l'option méditerranéenne de Darlan et insiste pour une importante participation française à la défense des communications dans l'Atlantique.

Après Munich se produit un nouveau coup d'arrêt dans les conversations franco-britanniques. Elles ne recommencent qu'en mars 1939 et prennent cette fois une tournure très concrète. Les modalités techniques de la coopération (échange de codes, délimitation des zones respectives) sont précisées, et Darlan et Pound se rencontrent le 8 août à Portsmouth à bord du yacht royal l'*Enchantress* pour sanctionner les décisions prises.

En vue de cette rencontre, Darlan a préparé un mémento qui pose la question de la répartition des forces entre les deux théâtres. Il voudrait au moins obtenir l'assurance que la Méditerranée bénéficiera de renforcements « dès que les premiers mouvements de la flotte allemande nous donneront plus d'aisance en mer du Nord [105] ». Mais finalement il renonce à soulever ce problème, car il sait que ses interlocuteurs britanniques ne sont pas disposés à céder sur ce point. L'échange de vues se limite donc à des questions techniques : bases de sous-marins à Gibraltar, Dakar et Malte, bombardements navals de l'Italie, opération franco-turque à Salonique, organisation du commandement interallié, etc. [106]. Cette conférence ne permet donc pas d'aller jusqu'au fond des choses, mais elle a au moins le mérite d'améliorer le climat entre l'Admiralty et l'état-major général. Honneur insigne, Darlan accompagne le lendemain le roi George VI qui passe en revue la flotte britannique à Weymouth. Le roi le reçoit ensuite à déjeuner. A la fin du repas, l'amiral Pound lui déclare : « Veuillez considérer que vous faites partie de l'équipage » (du yacht royal) — marque d'estime extraordinaire pour un étranger — et l'invite à une partie de golf. Darlan ne pratique pas ce sport aristocratique, et l'on se rabat sur une promenade d'où le malheureux Pound revient épuisé. Darlan repart le soir à bord du contre-torpilleur *Volta,* satisfait de montrer à ses hôtes les réalisations des chantiers navals français. Le climat est donc bon, mais le plan stratégique général n'existe que dans ses grandes lignes. Les réserves que Pound a émises sur l'opération de Salonique, à laquelle Darlan attache une grande importance, laissent déjà entrevoir les désaccords qui se manifesteront de manière ouverte durant la drôle de guerre.

DES CRISES À LA GUERRE

De 1937 à 1939, les trois dernières années de paix ne sont qu'une succession de crises qui peuvent à tout instant dégénérer en conflit ouvert. Tout en poursuivant la préparation des plans d'opérations et en « ferraillant » pour ses budgets, Darlan doit d'abord veiller à maintenir la marine en état de répondre sans délai aux multiples tâches qui sont imposées par la conjoncture.

La première crise à laquelle est confronté Darlan est la crise espagnole. On a rappelé plus haut sa mission infructueuse à Londres en août 1936. Dès les origines, il est plutôt favorable au régime républicain, d'abord à cause de ses opinions « républicaines », mais aussi parce qu'il redoute qu'une Espagne franquiste ne devienne l'alliée de la coalition germano-italienne. Mais il est vite convaincu que les nationalistes seront vainqueurs, car ils se sont emparés de la maîtrise de la mer et bénéficient d'une aide massive de l'Allemagne et de l'Italie tandis que les républicains sont soumis à un blocus. Il fait part de sa conviction à Léon Blum, et il est possible que son jugement ait influé sur la décision de celui-ci de ne pas intervenir. Le 15 mars 1937, lorsque

Blum pose la question d'une opération contre les Baléares ou le Maroc espagnol, au Comité permanent de la défense nationale, Darlan, d'accord avec Gamelin, s'y oppose[107].

Le problème naval prioritaire, après l'évacuation des ressortissants français, est la protection du trafic maritime en Méditerranée face aux attaques aériennes et aux sous-marins pirates (en fait italiens) qui torpillent plusieurs bâtiments de commerce en 1937. Un dispositif de surveillance composé de quatre bâtiments est mis en place dans la région des Baléares et sur la côte est d'Espagne, et Darlan résiste fermement aux demandes de la marine marchande qui voudrait le voir renforcer au risque de perturber le programme d'entraînement de l'escadre[108]. En août 1937, la recrudescence des torpillages conduit la France et la Grande-Bretagne à provoquer la réunion d'une conférence internationale qui se tient à Nyon du 9 au 14 septembre. Darlan y assiste, mais n'intervient que pour donner une précision d'ordre technique. En revanche, il négocie avec l'amiral Chatfield, First Sea Lord, lui aussi présent à Nyon, un accord de répartition des zones de police en Méditerranée. Le fidèle Esteva, nommé amiral Sud, prend le commandement de ce Dispositif spécial en Méditerranéee qui mobilise des forces très importantes, atteignant en 1938 18 contre-torpilleurs et torpilleurs. En sus de la protection du trafic français et étranger, les bâtiments assurent la liaison avec les autorités françaises dans les ports espagnols et l'évacuation des ressortissants étrangers au fur et à mesure de l'avance des nationalistes. Plusieurs d'entre eux sont soumis à des attaques aériennes, heureusement sans résultat.

L'Espagne n'est pas le seul point sensible. Outre les exercices habituels des escadres et les habituelles missions de service public à la demande des Affaires étrangères ou des Colonies (transport de personnalités, envoi de troupes pour rétablir l'ordre...), la marine doit renforcer sa présence en Extrême-Orient à la suite du déclenchement de la guerre sino-japonaise, montrer le pavillon dans le golfe de Guinée face à la revendication allemande sur le Togo et le Cameroun, réaffirmer la souveraineté française sur des îlots du Pacifique et intensifier l'activité en mer des Antilles dans la perspective de l'importation de pétrole vénézuélien[109]. Autant de charges nouvelles ou accrues alors que la menace d'une guerre avec l'Allemagne ne cesse de se préciser. L'état-major général essaie au moins d'en limiter l'impact et refuse catégoriquement de nouveaux renforcements des Forces navales d'Extrême-Orient[110]. Dans ses notes, Darlan se soucie beaucoup d'une éventuelle attaque japonaise, mais il n'est pas question de dégarnir la métropole au profit de l'Indochine.

La répétition générale survient en septembre 1938 avec la crise tchèque. A partir du 1er septembre, l'aggravation de la tension suscite des mesures de sûreté : « Du 1er au 7 septembre, la marine, sans modifier la distribution de ses forces, s'est mise, aussi discrètement que possible, en état de prendre sans heurt les mesures nouvelles que la situation va provoquer. » A cette date, Darlan ne croit pas à une aggravation de la crise, ainsi qu'il l'écrit à l'amiral Docteur :

> « Amiral, j'ai bien reçu votre lettre hier au soir. C'est entendu, je vous enverrai le message convenu si la situation internationale s'embrouille.
>
> « Pour le moment, je n'ai pas cette impression. Je n'ai pas rappelé les permissionnaires des escadres. J'ai simplement mis en place quelques éléments de défense du littoral dans certains endroits.
>
> « Il est vrai que depuis deux ans la flotte est en état de semi-mobilisation et que la moitié des forces de haute mer est prête à agir sur signal et que [une moitié] de l'autre moitié peut être prête en 48 heures.
>
> « J'ai maintenu jusqu'à nouvel ordre l'amiral Abrial C.E.C. dans le Midi. L'amiral Ollive exerce provisoirement les fonctions de préfet maritime à Toulon. Votre ancien chef d'état-major a donné à tout le monde l'impression d'accueillir avec soulagement cette décision qui lui enlève des épaules une responsabilité trop lourde. Je suis de plus en plus convaincu qu'il est un excellent administrateur mais un médiocre chef. [...]
>
> « On oublie que les Allemands nous craignent et que l'unanimité est loin d'exister chez eux...
>
> « Les Tchèques se sont montrés raisonnables.
>
> « Tout cela est bon pour le maintien de la paix. Restent les impondérables. Il nous faut rester très attentifs et prêts au pire mais le calme doit régner dans nos esprits et dans nos cœurs[111]. »

Mais Hitler, persuadé que la France n'interviendra pas, accroît ses exigences. A partir du 10, le dispositif de garde est prescrit, les permissionnaires et certains réservistes sont rappelés ; sur 173 bâtiments constituant les forces navales, 115 sont prêts à appareiller dans les 24 heures. Le 27, alors que l'on s'attend à la guerre dans les prochaines heures, la liaison entre les marines britannique et française est établie. Le lendemain, les inspecteurs généraux rallient leurs P.C., mais sans prendre effectivement leurs fonctions ; 73 % des bâtiments sont disponibles. Le 29 septembre, l'accord de Munich « sauve la paix », et les opérations en cours sont suspendues dès le lendemain[112].

La crise a permis d'expérimenter le plan A I, qui a fonctionné correctement, et d'apporter certaines améliorations de détail. Mais elle a surtout eu pour résultat de priver la France de son plus fidèle allié de revers qui est définitivement démembré en avril 1939. La marine met à cette occasion une fois de plus en place son dispositif de couverture. Darlan écrira quelques semaines plus tard :

> « J'ai d'ailleurs donné un petit échantillon de cette préparation en avril dernier, en envoyant sournoisement, au moment opportun, à Gibraltar, seize navires dont trois cuirassés qui, dans l'espace de quelques heures, pouvaient être rejoints par quarante autres.
>
> « D'après ce qui m'est revenu, j'ai l'impression que j'en ai bouché un coin à ceux d'en face, outre-Manche et outre-Rhin.
>
> « Et, pour la première fois dans l'histoire, on a vu une base navale anglaise exclusivement protégée par une escadre française.
>
> « Je suis assez content également du petit coup que j'ai fait en envoyant à Lisbonne, juste avant les Boches, le *Strasbourg* et le *Dunkerque*.
>
> « Du coup, les Allemands ont raté leur effet [113]. »

Peu après la crise d'avril 39, Darlan se rend à Brest, le 15 mai, pour visiter l'École navale et le *Richelieu*. Le 26, il est à Lorient pour la création de la 5ᵉ région : celle-ci, supprimée en 1927, vient d'être rétablie pour désengorger la préfecture maritime de Brest, surchargée par la croissance des effectifs de l'escadre de l'Atlantique et le transfert des écoles de Toulon. Darlan met en effet à exécution son vieux projet de transfert des écoles sur la côte atlantique, plus propre selon lui à former les marins. Il écrit à l'amiral Docteur : « Demain l'école de canonnage quitte Toulon pour Quiberon. Les mocos doivent pleurer, mais cela m'est égal. L'école des radios va suivre et après toutes celles qui n'ont pas de motif impérieux d'être à Toulon [114]. »

En juin, il part en cure. Au lieu d'aller à Évian comme il en a l'habitude, il se limite à Vittel, plus proche de Paris. A la fin du mois, il assiste à Notre-Dame de Paris à la messe solennelle célébrée à la mémoire des disparus du sous-marin *Phénix* qui vient de se perdre corps et biens en Indochine. Le 10 juillet, il passe l'inspection à Toulon, puis se rend le 20 à Brest pour « plaquer » l'amiral Gensoul qui commande la flotte de l'Atlantique.

En juillet, Darlan « optimiste de nature, [...] donne encore la paix à 50 %, mais cette cotation peut varier dans un sens ou dans l'autre en quelques heures [115] ». En août, la crise polonaise se déclenche. Le 21, les premières mesures de sûreté sont ordonnées. Le 23 août, au Comité permanent de la défense nationale, Darlan déclare que la marine est prête [116]. Le lendemain, les inspecteurs généraux reçoivent l'ordre de gagner leurs P.C. L'épreuve de vérité va commencer.

CHAPITRE VII

Le système Darlan

Avant d'aborder l'action de Darlan à partir du moment où il va jouer un rôle capital, il est nécessaire de s'arrêter sur l'homme, sur ses idées, sur ses méthodes de travail. On l'a déjà dit, il ne se laisse pas aisément déchiffrer. Derrière une façade d'assurance et de maîtrise de soi, on peut cependant discerner une psychologie beaucoup plus complexe, dominée par trois traits saillants : une certaine timidité qui le conduit à s'entourer d'un cercle restreint, les fameux A.D.D. ; une passion absolue pour la marine ; une ambition qui va le pousser, à la faveur de circonstances exceptionnelles, à s'aventurer dans l'arène politique.

L'HOMME

A première vue, Darlan apparaît comme un être entier, sûr de lui. Homme d'action, il n'est guère préoccupé par des soucis intellectuels ou métaphysiques comme pouvait l'être Mouget. Il aime le pouvoir et en accepte les charges : il décide et assume les conséquences de ses décisions, ne cherchant jamais à en rejeter la responsabilité sur des sous-ordres. Mais, sous le masque d'impassibilité qu'il cultive, se dissimule un personnage plus tourmenté.

C'est en effet un timide, au point d'être mal à l'aise à l'idée de se trouver en tête à tête avec quelqu'un qu'il ne connaît pas, ou n'apprécie pas. Cette timidité est la résultante de plusieurs facteurs. Il y a d'abord un complexe lié à sa taille — 1,66 mètre —, qu'il essaie de compenser en se tenant très droit et en présentant toujours une tenue soignée. Complexe aussi lié à son manque de culture générale : à la différence de Mouget, il serait bien incapable de séduire Herriot par sa conversation sur des sujets littéraires ou philosophiques. En dehors des questions navales, et plus tard politiques, il ne lit guère que des romans policiers. Il écrit (pour le public) encore moins. En 1930, il publie, par ordre, un petit article dans la *Revue maritime* sur la conférence de Londres[1]. Devenu chef d'état-major général, il commettra quelques articles sur la place de la marine[2] sous pseudonyme (commandant Morgan, d'après le nom de sa femme), sans doute avec le concours de membres de son état-major. Il le reconnaît lui-même avec un humour un peu forcé : « Mes faibles moyens intellectuels ne me permettraient guère de vivre de ma plume[3]. » Timidité enfin liée sans aucun doute à une enfance solitaire et provinciale. Il a certes toujours connu Georges Leygues, mais n'a guère fréquenté les salons. A l'École navale, il affectait un certain mépris pour les gens « bien nés ».

On comprend dès lors la difficulté de ses relations, sur des registres très différents, avec Castex, qui l'écrase de son œuvre immense, ou avec Laborde, qui le domine de sa haute stature et de ses manières aristocratiques : tandis que Darlan était un enseigne obscur, le « comte Jean » jouait au polo avec le roi d'Espagne...

Même au sommet de la hiérarchie, Darlan ne parviendra jamais à se débarrasser complètement de cette timidité qui le poussera à réduire les contacts directs au minimum indispensable. Les exemples abondent : en 1939, le conflit avec Castex se déroule entièrement par courrier ; les deux hommes ne se voient jamais. En juillet 1940, recevant Gensoul après Mers el-Kébir, il ne lui pose aucune question, ne fait pas le moindre commentaire. En septembre 1942, alors que l'avenir des forces de haute mer commandées par l'amiral de Laborde est une question capitale, Darlan se rend en inspection à Toulon : Laborde « sent » tout de suite que son interlocuteur désire lui parler de quelque chose d'important ; le sujet n'est pas difficile à deviner. Mais au dernier moment le courage lui manque, comme l'a raconté plus tard l'amiral de Laborde : « Notre conversation a été très banale, ce qui, après coup, m'a fait trouver bizarre le coup d'œil que j'avais observé à son arrivée à bord (et naturellement pas à son départ) ; je crois encore qu'il était venu pour me dire quelque chose d'important qu'il ne s'est pas décidé à me dire au cours de cette conversation[4]. »

Ce problème de relations ne se limite pas à ses grands subordonnés. Il n'aime guère se montrer en public car il parle mal. Par un mécanisme de compensation bien connu, il se défoule de temps en temps en racontant des histoires grivoises et même carrément vulgaires, ou en choisissant dans l'assistance une « tête de Turc » qui fera les frais d'une ironie un peu lourde. Ses comportements dans les dîners officiels surprennent parfois :

« Il lui arrive, quand vient l'heure des toasts, d'obtenir le silence en lançant un coup de sifflet aussi strident qu'inattendu. Ses allocutions, plus ou moins improvisées, comportent des passages qui suscitent la joie des initiés, mais laissent réticents ou perplexes bon nombre de ses hôtes[5]. »

Dans le privé, il mène, jusqu'à son accession à l'état-major général, une vie très simple. Sa femme, très effacée, n'interfère pas dans ses activités et passe d'ailleurs le plus clair de son temps à Saint-Malo, loin des réceptions officielles qu'elle n'aime pas. Elle n'intervient jamais dans la carrière de son mari. Dotée d'un robuste bon sens, elle s'inquiétera pourtant du cours dangereux pris par les événements à Vichy et lui conseillera de se retirer. Leur fils Alain, dont les études sont laborieuses, est en pension. Ses médiocres résultats lui interdisent d'entrer à Navale et son père lui trouve un emploi assez modeste dans une compagnie d'assurances. Peu avant la guerre, il épousera la fille de l'amiral Hamon.

Le ménage Darlan s'entend très bien. Même si l'amiral se plaint de la paresse épistolaire de sa femme[6], il lui est très profondément attaché, au point de lui écrire tous les jours et de transgresser les règlements en la faisant venir au quartier général de Maintenon dont l'accès est théoriquement interdit aux épouses. Aux sorties mondaines il préfère les veillées familiales ou les soirées entre copains. Mme Darlan raffole du Monopoly, que son mari déteste et stigmatise « d'une appellation méprisante, en changeant la première lettre de son nom[7] ». Lui reste dans un fauteuil à tirer sur sa pipe. Vers 22 heures, il va se coucher, lisant un roman (policier le plus souvent) avant de s'endormir. Il va parfois au cinéma, ou à l'opéra voir des opérettes. En dehors de son travail, sa grande passion est la marche. Tous les matins, après s'être fait masser, il se promène pendant une heure avant de gagner son bureau. La vie d'une famille bourgeoise et provinciale... D'ailleurs Darlan qualifie Paris de « ville sale et crasseuse[8] ». Dès qu'il le peut, il rejoint sa femme à Saint-Malo. En 1942, il acquiert, en vue de sa retraite, une belle maison à Sanary, la « Villa Reine »; il aura peu l'occasion de s'y rendre.

A Vichy, ses adversaires brocarderont son goût du faste, en exagérant souvent. Lorsqu'il transporte son quartier général à Maintenon, il fait mettre à sa disposition un train spécial, ce qui n'est peut-être pas indispensable pour faire le trajet Paris-Chartres. Dans la ville où le gouvernement s'est réfugié, sa table est toujours abondamment garnie et il ne se soucie guère de faire maigre les jours sans viande[9]. Mais cela ne va pas très loin. A Maintenon, il refuse d'occuper le château que le duc de

Noailles a mis à sa disposition et se contente de la modeste hôtellerie du village. En juillet 1940, la marine réquisitionne pour lui le château du Lonzat, à une vingtaine de kilomètres au nord de Vichy, mais il préfère loger dans une petite villa. Et s'il installe son représentant à Paris à l'Élysée, ce n'est que pour éviter l'occupation du palais par les Allemands : quand il se rend dans la capitale, il descend à l'hôtel Bristol. Il ne change rien non plus à ses vacances : simplement la cure se passe à Luchon au lieu d'Évian ou Vittel. Ce n'est qu'en 1942 qu'il entreprend de faire aménager une résidence officielle. Il jette son dévolu sur le domaine de Beaudouvin à La Valette (Var), qui appartenait aux Rothschild et a été acheté en 1941 pour devenir maison de repos et colonie de vacances de la marine [10]. Une décision du 22 mars 1942 l'affecte à la résidence de l'Amiral de la flotte et aux réceptions officielles [11], et des transformations très importantes sont entreprises : elles coûteront 8 millions de francs. Darlan viendra deux fois visiter le domaine durant les travaux, mais n'y fera qu'un séjour de quatre jours avec sa femme en septembre 1942 pour l'inaugurer.

On l'a aussi accusé d'avoir fait réquisitionner à son profit le yacht du baron de Rothschild, mais la rumeur dépasse ici la réalité. L'*Eros* a servi de stationnaire à Tanger jusqu'à l'armistice, puis a été désarmé à Fédala ; la marine l'a acheté à la fin de 1941. Le yacht est rentré à Toulon en juin 1942 pour servir de navire de commandement au capitaine de vaisseau Fontaine, commandant la division métropolitaine de police. Darlan ne l'a jamais utilisé pour son usage personnel [12]. Il a simplement songé à l'envoyer en Afrique du Nord pour en faire son bâtiment de commandement dans la perspective de la rentrée de la France dans la guerre qu'il prévoyait pour le début de 1943. L'accélération des événements ne lui en a pas laissé le temps.

Le changement induit par son ascension se situe plutôt sur un autre plan. Lui qui n'était jusqu'alors qu'un second rôle est désormais un personnage important que l'on invite, que l'on courtise d'autant plus qu'il a la chance d'arriver lorsque la reconstitution de la marine est très avancée et qu'elle bénéficie d'un prestige croissant dans le pays. Toutes les attentions dont il est l'objet le flattent et le poussent certainement à nourrir des visées qu'il n'avait pas auparavant.

Non qu'il ait jamais été modeste. Il a au contraire très tôt eu la réputation d'être un « jeune aux dents longues ». Vers 1905 ou 1906, le commandant Destremeau écrit en substance à l'un de ses camarades qui vient d'être nommé au commandement d'un sous-marin : « Tu me demandes de te conseiller quelqu'un qui pourrait être ton second ; je te conseille Darlan ; il ne connaît rien aux sous-marins, mais c'est un garçon extrêmement intelligent, et il s'y mettra très vite ; son seul défaut serait peut-être d'avoir une certaine tendance à monter sur ses supérieurs[13]. » Tout en prenant aussi en compte jusqu'en 1914 la proximité de Saint-Malo, il a très tôt eu une stratégie de carrière et a passionnément poursuivi sa quête du pouvoir. Esteva l'écrit sans détour : « [Darlan] n'a reculé devant rien pour assurer une continuité d'avancements discutables. Il n'avait jamais eu d'éducation et ne croyait qu'au débrouillage[14]. » L'amiral Le Luc va dans le même sens : « Son ambition démesurée [...], sa morale — si tant est qu'il en eût une — était utilitaire[15]. » Mais jusqu'en 1939 au moins, il n'a conçu cette ambition que dans le cadre de la marine. Tout au plus envisage-t-il de devenir sénateur du Lot après sa retraite[16].

Ambitieux, Darlan est aussi orgueilleux (« orgueilleux jusqu'à l'enfantillage », dit Le Luc) et vaniteux. Il aime les honneurs attachés au pouvoir. On brocarde son amour immodéré des décorations, au point d'ailleurs de lui en prêter plus qu'il n'en fait. A la différence de Gamelin qui sidère ses interlocuteurs britanniques avec son « tapis marocain » (placard de rubans de décorations), il ne porte que la plaque de la Légion d'honneur et la Croix de guerre. Une rumeur rapportée par Robert Aron affirme qu'il aurait demandé en 1939 l'Ordre de la Santé publique et le Mérite de Malte[17], mais son dossier personnel ne confirme pas le fait[18].

Darlan n'est pas très religieux. Il ne met jamais les pieds à l'église. Il écrit à l'amiral Docteur : « Je n'ai aucune considération particulière pour le Jour du Seigneur[19]. » Mais il porte toujours sur lui une image de sainte Thérèse et il n'est absolument pas anticlérical : quand on lui apprend qu'un député radical proteste parce que les marins jouent *Aux champs* lors de l'élévation à la messe de Maintenon, il se contente de répondre : « Dites-lui de faire comme moi : qu'il n'aille pas à la messe, comme ça il n'en saura rien[20]. » Que son protégé Auphan aille à la messe tous les matins le laisse indifférent.

On a souvent dit qu'il était franc-maçon, mais la preuve n'a jamais pu en être apportée. Son fils a affirmé le contraire et publié une lettre du Grand-Orient de France datant de l'année 1940, signalant qu'il ne figurait pas sur les listes de cette obédience, ni sur celles de la Grande-Loge[21]. En sens inverse, une lettre de la loge des Frères-Écossais de Toulouse en date du 20 décembre 1935 parle « de nos frères Darlan et Violette[22] ». L'appartenance du second n'est pas discutable. En revanche, celle de Darlan est des plus douteuses. Lui-même a affirmé à l'un de ses proches ne jamais avoir été F∴ M∴ et a raconté une anecdote de jeunesse :

> « Étant jeune enseigne, j'ai été envoyé en tenue à un enterrement. J'ai été placé derrière le corbillard, et on m'a donné à tenir le coin d'un drap mortuaire sur lequel étaient inscrites les deux lettres LP. Dans ma jugeote de midship, j'ai pensé que ces initiales étaient celles du mort.
>
> « A mon grand étonnement, on m'a accusé ensuite d'avoir porté le drap représentatif de la Libre Pensée[23]. »

Si Darlan avait été F∴ M∴, il aurait sans doute montré moins d'empressement à parapher la législation antimaçonnique de Vichy, car il aurait pu craindre des révélations compromettantes. Ce qui est exact, en revanche, c'est qu'il a constamment été au contact de francs-maçons. Son père était vénérable de la loge L'Auguste Amitié de Condom, et plusieurs membres de son entourage étaient maçons (on connaît au moins Tavera et le général Revers). Il a lui-même participé à des tenues blanches, c'est-à-dire qu'il a été reçu dans les loges. Mais il n'a sans doute jamais été initié et est resté prudemment « à la marge », utilisant ses relations maçonniques sans s'affilier.

On a également beaucoup glosé sur ses opinions politiques « de gauche » que l'on oppose aux convictions monarchistes ou au moins droitières du « grand corps ». Un auteur américain a récemment systématisé cette image[24]. En fait, dans les années 30, la grande majorité des officiers était républicaine, et les monarchistes n'étaient plus qu'une minorité. Quant aux idées de Darlan, malgré tout ce que l'on a pu en dire, elles n'étaient pas très différentes de celles de ses collègues. Certes, il prend grand soin de ne pas se compromettre avec la droite et s'irrite de voir le bulletin du duc de Guise citer son nom avec approbation à propos des réformes de la marine[25]. Mais il est aussi anticommuniste que les autres, on le verra pendant la drôle de guerre, et il s'agace de l'instabilité du régime, surtout après la crise du 6 février 1934. Les velléités de réforme disparaissent vite, et le ministère Doumergue lui paraît retomber dans les errements antérieurs :

> « Le marquis de Tournefeuille est bien fatigué ou mal conseillé, on ne comprend rien à la situation.
>
> « Il avait une occasion magnifique dans cette épouvantable aventure de faire fonctionner l'aspirateur, d'expulser tous ces ministres usagés et de constituer un ministère d'action. Il a fait la stupidité habituelle de replâtrer une maison dont les pierres s'effritent et de plus il a employé du plâtre éventé.
>
> « Zéro pour la question.

« Dans huit jours, à Nantes, son sort sera décidé.

« Ou bien nous continuerons à dormir sous sa férule en papier mâché et nous nous enfoncerons dans la mouise, ou bien nous tomberons brusquement dans le chaos qui sera peut-être générateur d'énergie après quelques convulsions rapides.

« A moins qu'Hitler ne nous réveille... [26]. »

En écrivant cela, il n'exprime nullement des idées subversives, ni des tendances fascistes [27], mais simplement un sentiment général de lassitude devant les querelles parlementaires face à la montée des périls. Dans une lettre à l'amiral Docteur, il se plaint que « les commissions harcèlent le gouvernement comme elles ne l'ont jamais fait ». Il n'en tire cependant pas une condamnation globale du « système », mais s'inquiète, car « il y a là une déformation inquiétante du rôle du Parlement et une tendance à l'accaparement de l'autorité par des irresponsables [28] ». L'Italie et l'Allemagne sont les adversaires désignés et Darlan ne manifeste aucune sympathie pour leurs régimes dictatoriaux :

« Le principal sinon le seul pilier des régimes totalitaires est le bourrage de crâne collectif. [...] Il faudrait quelque chose de très solide au point de vue philosophique pour lutter contre les théories racistes ou fascistes dont on peut rire, mais qui existent et s'étalent solidement dans de très nombreux ouvrages. Il faudrait que nos penseurs en montrent objectivement les erreurs ou les exagérations [29]. »

La politique de conciliation de Briand et de Laval n'y changera rien :

« M. G. Doumergue a commis bien des erreurs au cours de ses quelques mois de ministère, mais je crois que celle qui a consisté à mettre l'Auvergnat au quai d'Orsay n'est pas une des moindres. Le rapprochement avec l'Allemagne ne peut que favoriser les coups de pied où vous savez, et ce n'est pas nous qui manœuvrerons le pied [30]. »

Face à cette menace, la France est seule. Elle n'a « rien à attendre de cette parlote de vieilles femmes et de bavards intéressés [31] » qu'est la S.D.N. Elle ne peut compter sur aucun allié sûr. Darlan a ramené de son voyage avec « la *Jeanne* » en 1928 une piètre opinion des États-Unis. Il est convaincu qu'il n'y a rien à en attendre en cas de conflit, au moins dans une première phase. De même, il refuse toute idée de coopération avec l'Union soviétique. Au contraire, il la laisserait plutôt se débrouiller seule avec l'Allemagne.

« En ce qui me concerne j'ai toujours été opposé à un pacte franco-soviétique. Je pars de ce principe qu'il faudra bien que l'Allemagne éclate et que notre intérêt est de la voir éclater vers l'est. Si elle va par là, elle en aura bien pour un quart de siècle à digérer sa conquête. La paix perpétuelle n'étant qu'une utopie, vingt-cinq ans de tranquillité ne sont pas à dédaigner[32]. »

Quant aux Britanniques, Darlan professe envers eux de la méfiance, depuis qu'il les a vus à l'œuvre à la conférence de Londres. Il est persuadé qu'ils ne songent qu'à abaisser la France sans lui fournir la moindre garantie de sécurité.

« Des conversations de Londres en 1930 et en 1931, il résulte clairement que pour les Britanniques la France reste sur mer, en Europe, l'ennemi héréditaire. M. Alexander, Premier Lord de l'Amirauté, s'adressant en mars 1931 à l'amiral Darlan qui lui déclarait ne pas comprendre l'opposition britannique au maintien de la flotte sous-marine française, dit : “ Tant qu'il y aura des sous-marins français, si petits soient-ils, dans la Manche, un Premier Lord de l'Amirauté ne dormira pas tranquille. ”

« L'amiral Darlan lui ayant fait remarquer que, l'Angleterre trouvant également excessives nos prétentions en navires de ligne et en croiseurs, il fallait conclure que la Grande-Bretagne s'efforcerait d'empêcher la France d'avoir la marine qui lui paraissait nécessaire étant donné ses besoins, M. Alexander, un peu désarçonné, laissa entendre que c'était bien exact.

« L'amiral ayant fait allusion au fait que l'absence d'engagement britannique formel en ce qui concerne l'aide à apporter à la France attaquée nous obligeait à prendre les précautions nécessaires, M. Alexander s'est élevé avec force contre tout engagement de la Grande-Bretagne à prendre parti dans un conflit européen[33]. »

L'accord naval anglo-allemand de 1935 le conforte dans cette conviction. La Grande-Bretagne continue à se tromper d'adversaire.

« Si l'Angleterre avait une compréhension moins étroite de ses intérêts généraux, elle devrait contracter avec la France, qui est avec elle la seule nation européenne possédante, une alliance défensive pour assurer la protection des territoires outre-mer qui sont évidemment convoités par les puissances non possédantes au premier rang desquelles on peut placer l'Allemagne.

« Le problème naval serait simplifié non seulement pour nous, mais aussi pour les Anglais.

« Mais l'Angleterre, fière de sa flotte puissante, préfère agir seule et continuer sa politique de bascule dont le seul effet jusqu'à présent a été d'augmenter la puissance allemande[34]. »

Méfiance profonde donc. Le souvenir de Londres, de Genève et de l'accord naval de 1935 pèsera lourd sur les décisions de Darlan en 1940, moins par rancune que par crainte de voir une nouvelle fois la Grande-Bretagne s'entendre avec l'Allemagne sur le dos de la France. Peu après son accession au pouvoir, Hitler n'a-t-il pas déclaré au leader travailliste Henderson : « Vous avez la meilleure flotte du monde et nous aurons la meilleure armée du monde. Si vous et nous, nous nous entendions, le monde nous appartiendrait[35]. » La méfiance de Darlan n'est pas un simple fantasme.

Doit-on en conclure qu'il était anglophobe ? On répète qu'il aimait à dire qu'un de ses ancêtres avait combattu à Trafalgar, qu'il avait été mortifié par le peu d'accueil qu'on lui avait réservé lors du couronnement du roi George VI... Il faut faire la part des choses. Le Sabin Darlan qui se trouvait à bord du *Redoutable* n'était pas un ancêtre direct et ce genre de propos provocateur n'avait rien d'inhabituel chez lui. Quant au couronnement de George VI, il l'a souvent invoqué moins pour exhaler sa rancœur que pour appuyer ses demandes répétées en faveur de la création de hauts grades. Dans l'une de ses notes, il souligne d'ailleurs les égards de l'Amirauté britannique qui l'a traité comme un « amiral plein ». Ce n'est qu'à Westminster que le protocole de la Cour l'a placé derrière un pilier et après une poignée d'amiraux de pays secondaires. Et en famille il raconte l'épisode avec plus d'humour que d'acrimonie[36]. Lorsque George VI se rend en visite en France du 19 au 22 juillet 1938, Darlan fait bien les choses. Le roi est accueilli sur des bâtiments neufs, les marins sont de toutes les revues, de toutes les gardes d'honneur. L'amiral reçoit la grand-croix de l'Ordre royal de Victoria. Il écrit à Docteur :

> « Votre Sir vous remercie des congratulations que vous avez eu l'amabilité de lui adresser.
>
> « Comme disait l'autre, cela me fait une belle jambe.
>
> « Ces festivités britanniques se sont fort bien déroulées. La marine a brillé d'un vif éclat à terre et à la mer. George VI ne nous l'a pas caché[37]. »

Certes, ses relations avec les Britanniques n'ont jamais été excellentes. Il n'aime guère son vis-à-vis le First Sea Lord Dudley Pound[38], qu'il surnomme « le demi-kilo » (*pound* : livre, en anglais). Mais toutes ses notes jusqu'en 1940 soulignent la nécessité de l'alliance anglaise, et il joue le jeu de la coopération quand la Grande-Bretagne s'y résout enfin. Jacques Raphaël-Leygues, témoin bien placé, l'écrit : « Aucune des cinquante-sept lettres que je possède adressées par Darlan à Georges Leygues de 1909 à 1933 ne me semble antianglaise : il défend les intérêts de la marine française, mais je ne sens jamais contre l'Angleterre une haine ou même une aversion[39]. » A la différence de l'amiral de Laborde qui proclame son anglophobie à qui veut l'entendre[40], Darlan n'envisage jamais l'éventualité d'une guerre avec l'Angleterre ou d'un renversement des alliances. Au contraire, il s'indigne et enrage de voir la Grande-Bretagne ne pas comprendre que l'alliance entre les deux pays contre la menace allemande est indispensable. Son anglophobie ne date que de Mers el-Kébir. Tout au plus peut-on dire qu'elle trouvera alors un terrain favorable.

Les « Amis de Darlan »

Timidité et méfiance (Le Luc ajoute : « sécheresse de cœur », ce qui n'est pas évident quand on voit les efforts qu'il déploiera en faveur de d'Estienne d'Orves, polytechnicien d'origine, qui n'a pourtant jamais appartenu à son entourage) s'allient pour inciter Darlan à s'entourer d'un petit groupe de fidèles qui se renouvelle assez peu, mais s'élargit au fur et à mesure de son ascension. Ils sont d'origines très diverses, mais unis par une fidélité commune à un même chef qui sait les récompenser.

Certains A.D.D. connaissent de belles accélérations de carrière : Battet obtiendra ses étoiles pendant la guerre à quarante-huit ans. Le cas le plus exemplaire est celui d'Auphan. En 1939, Darlan demande son inscription au tableau d'avancement des capitaines de vaisseau : celui-ci deviendrait ainsi, à quarante-cinq ans, le plus jeune contre-amiral que la marine ait connu depuis longtemps. Mais le ministre, estimant que c'est aller vraiment trop vite, s'oppose à la nomination. Darlan est bien obligé de s'incliner, mais insiste pour qu'Auphan soit inscrit au prochain tableau[41], et l'une de ses premières décisions en juin 1940, dès qu'il est débarrassé de la tutelle de Campinchi, est de procéder à la promotion de son protégé. On connaît même un cas, tout à fait exceptionnel il est vrai, où un matelot se retrouve promu du jour au lendemain officier défenseur de bord avec rang de lieutenant de vaisseau. Le bénéficiaire, Guy Raïssac, magistrat que Darlan charge de missions de liaison avec l'armée, objecte qu'une telle promotion est contraire à toutes les règles. Darlan fait répondre qu'elle est motivée par l'intérêt du service et que ceux qui ont des objections à présenter « fileront vingt nœuds[42] ». Cette fois pourtant, il n'aura pas le dessus, et la mesure devra être rapportée.

En retour de ces postes de choix, les A.D.D. sont astreints à une grande disponibilité. Quand Gensoul est nommé commandant de l'escadre de l'Atlantique en 1938, Darlan intervient de façon pressante en faveur du capitaine de vaisseau Négadelle qui doit commander un cuirassé : comme capitaine de pavillon, « il sera très bien ». Et il déconseille le choix de Le Chuiton comme chef d'état-major : il y a eu une dispute entre les deux commandants, « et je crois que les torts sont du côté de Le Chuiton[43] ». Difficile de résister à ce genre de pression...

Parmi ces A.D.D., certains occupent une place privilégiée. Mais aucun ne peut se vanter d'être *le* conseiller occulte. Darlan ne s'en tient jamais à une seule source d'informations ou d'avis. Il écoute beaucoup et s'entoure d'opinions différentes, auxquelles il révèle rarement sa pensée.

Parmi ses intimes, il y en a cependant au moins un qui occupe une place à part et exerce une énorme influence : Henri Moysset, qui l'a connu dès son enfance. Le personnage est véritablement hors série. Fils d'un berger illettré de l'Aveyron, né en mars 1875, il est remarqué par l'instituteur et le curé, mais c'est le second qui l'emporte. Au petit séminaire de Rodez, l'enfant est distingué par l'évêque de Rodez qui l'envoie à Rome après son échec au baccalauréat. Au Vatican, il est accueilli par le cardinal Rampolla, secrétaire d'État, qui le présente au pape. Il a tout juste seize ans ! Ses protecteurs le confient à l'abbé Della Chiesa qui n'est autre que le futur Benoît XV... Mais il n'a pas la vocation et rentre en France. Comme il n'est pas bachelier, il s'inscrit en auditeur libre aux cours les plus divers à l'université de Bordeaux où un professeur appelé à la célébrité, Pierre Duhem[44], le remarque et le propose à Jean-Baptiste Darlan qui cherche un précepteur pour son fils pensionnaire au lycée de Talence. Lorsque l'élève ira rejoindre son père à Paris, le « précepteur » suivra. Il travaille pour Méline, puis pour Clemenceau[45]. Placé par celui-ci au cabinet de Georges Leygues, il devient l'un de ces « inconnus de l'histoire » qui exercent une influence considérable, mais dans l'ombre. Lui-même ira jusqu'à dire un jour : « Quand j'étais ministre de la Marine sous le nom de Georges Leygues... » Mais la disparition quasi totale de ses papiers rend toute évaluation de son rôle très difficile. Il reste avec Leygues jusqu'en 1931, puis se lie avec Tardieu tout en écrivant dans divers journaux et en enseignant à l'École de guerre navale. Mais il demeure en relations constantes avec Darlan. Celui-ci l'appellera à Vichy pour en faire un ministre d'État. Le rôle qu'il jouera en une circonstance décisive entre toutes (et que nous connaissons par un témoignage direct) montre qu'il sera jusqu'à la fin un conseiller privilégié à l'influence sans égale sur Darlan.

Parmi les militaires, il faut distinguer entre « les anciens » et « les jeunes ». Les premiers se sont liés d'amitié avec Darlan depuis longtemps, et ce n'est que progressivement que leurs relations sont devenues « inégalitaires ». Esteva qu'il a connu en « flotte[46] » a un statut privilégié. Viennent ensuite Duplat qui est de ses anciens, Ollive et Le Bigot qui appartiennent à sa promotion, Derrien, Moreau et Odend'hal qui ont été ses fistots à l'École navale. En revanche, il n'entretient aucune relation particulière avec Gensoul dont il a pourtant été le fistot. Dans ce groupe des « anciens », l'amiral Docteur occupe une place particulière. Plus âgé que Darlan, passé au cadre de réserve dès 1930, il s'est lié d'amitié avec lui vers 1926. A partir de cette date, les deux hommes ont échangé une correspondance suivie qui ne s'arrêtera qu'au départ de l'Amiral de la flotte pour l'Afrique du Nord en novembre 1942. Darlan lui témoignera toujours une affection déférente, et, lorsqu'il sera élevé à la dignité de grand-croix de la Légion d'honneur le 31 décembre 1937, il lui demandera d'être son parrain, renonçant ainsi à la prise d'armes aux Invalides, traditionnelle quand c'est le président de la République qui remet les insignes, pour une cérémonie « intime ». Celle-ci a lieu le 19 janvier 1938 à 10 heures 30 dans les salons de la rue Royale. Darlan a fait venir pour l'occasion le drapeau des fusiliers marins. Après avoir été décoré, il remet la cravate de commandeur à Michelier et à Bourragué[47].

Les « jeunes » se répartissent en plusieurs vagues. Darlan a fait la connaissance de plusieurs d'entre eux lorsqu'il était officier des montres sur « la *Jeanne* » : Ronarc'h, Auphan, Battet, Dupré, Missoffe... Mais il ne les a pas nécessairement tous remarqués à ce moment-là : l'amiral Auphan témoigne qu'il n'a plus aucun contact avec Darlan jusqu'à ce qu'il le retrouve au cabinet de Leygues en 1926. En revanche, il noue au front des relations plus solides : Ollive, Tracou, Dupré, Marcel Fontaine, La Monneraye et aussi le lieutenant Revers. Certains ont ensuite été remarqués soit lors d'un embarquement, soit pour un rapport qui a frappé Darlan (Ballande et Barjot entrent ainsi dans le cénacle après des articles sur le problème aérien), soit sur recommandation (Tavera est présenté par Jouanin ; Rupied, qui sera son aide de camp à Vichy, par Fontaine ; Marzin par son cousin commissaire de la marine...). Il s'agit donc d'un système de cooptation très souple. Rares sont les « recalés » : le plus notable est d'Harcourt, qu'il avait connu au *Borda* et retrouvé aux canonniers-marins, et dont la carrière piétine à la suite d'un différend. En contrepartie, rares aussi sont les « repêchés » provenant d'une autre équipe : le plus illustre est Le Luc, qui fait partie jusqu'en 1937 du « clan Mouget ».

Au sein de cette équipe, on trouve les caractères les plus divers, depuis Auphan, gros travailleur et chrétien très pratiquant, jusqu'à Battet et Auboyneau, enclins à la facilité. Darlan, dont « la vie privée défiait la critique[48] », s'amuse des frasques des deux derniers qui laissent derrière eux « un long sillage de cœurs émus[49] » : lorsqu'une femme du monde vient solliciter pour Auboyneau en 1939 un poste moins exposé (!) que celui d'officier de liaison auprès de la Home Fleet, il ne s'en irrite pas et affecte Auboyneau à Alexandrie, d'où il ralliera la France libre dès juillet 1940. L'Amiral de la flotte aime bien octroyer quelques libéralités : peu après la déclaration de guerre, le lieutenant de vaisseau Thierry d'Argenlieu, ancien officier devenu moine et provincial des Carmes de France (on le surnomme le carme-naval...), demande par écrit sa promotion au grade de capitaine de corvette, « arguant des inconvénients, pour un homme de son état et de son rang, de la vie dans un carré d'officiers subalternes dont les propos profanes blessaient ses oreilles. Après s'en être amusé, car il est notoire que les conversations d'officiers supérieurs dépassent souvent en légèreté celles de leurs jeunes camarades, l'amiral Darlan avait souligné en plaisantant que, dans son ordre, d'Argenlieu était — si l'on peut dire — l'équivalent d'un officier général, et obtenu du ministre l'avancement désiré[50] ».

Contrairement à ce qui a été suggéré[51], l'Amiral de la flotte ne prend pas plaisir à entretenir les dissensions autour de lui. Tutoyant tout le monde, il aime le travail d'équipe, et les inévitables mésententes ou rivalités (entre Marzin et Le Luc ; entre Fenard et plusieurs autres...) n'ont jamais sérieusement menacé la cohésion du groupe. Près de lui, le commissaire de la marine de La Monneraye (dit P'tit Louis) et le médecin de marine Lapierre (dit Coco) tiennent son secrétariat et s'occupent du courrier personnel. Le commissaire, surtout, a « une réelle influence[52] ». Ses aides de camp s'occupent des démarches, l'accompagnent dans ses déplacements et gardent sa porte : ils doivent savoir qui peut accéder en permanence à son bureau (Le Luc, Auphan, Moysset...) et qui doit être « filtré ».

L'amiral arrive à son bureau après la rituelle séance de marche vers 9 heures 30 ou 10 heures. Après avoir pris connaissance des questions du jour, il confère avec les responsables de l'état-major (selon les époques Bourragué, Auphan, Le Luc...), puis reçoit. L'après-midi, il travaille seul. Souvent, à Maintenon, il vient s'asseoir dans le bureau où travaillent ensemble Le Luc, Négadelle et Auphan. Ne rompant que rarement le silence, il lit les papiers mis de côté pour lui ou les regarde simplement travailler, en tirant sur sa pipe[53]. Le plus souvent, il médite seul, parfois pendant des heures toujours avec sa pipe (on en trouvera après sa mort dans son appartement une collection de plusieurs dizaines !). Il en sort des notes écrites d'un jet, pratiquement sans ratures[54]. Guy Raïssac, qui a passé quelques mois au Q.G. de Maintenon sans pour autant appartenir au cercle des A.D.D., remarque que « les ordres qu'il diffuse par écrit sont à la fois concis et dépourvus de la moindre ambiguïté. Les instructions sont toujours explicites, nettes et pertinentes[55] ».

Le système est bien rodé et contribue indiscutablement à l'efficacité du commandement. Darlan sait choisir ses hommes : leur compétence ne prête pas à discussion, et ils lui resteront généralement fidèles même dans les jours sombres : avant de rejoindre la France libre, Auboyneau lui adresse une lettre d'excuses très respectueuse... Mais il présente un inconvénient non négligeable en créant une coupure au sein du corps des officiers, entre les A.D.D. et les autres. Une plaisanterie court dans les couloirs et les carrés : « Il y a la marine souffrante et la marine triomphante, comme l'Église. » Certes, ce genre de « chapelle » n'était pas une innovation dans la marine, où chaque grand chef avait ses « protégés ». La nouveauté était que Darlan avait trop tendance à s'appuyer sur son cercle au détriment des autres. L'amiral Philippon a bien résumé le sentiment des carrés :

> « Une seule équipe faisait la pluie et le beau temps. On en faisait partie ou non. Un dessin circulait, représentant les caricatures d'amiraux bien connus de nous tous, avec des légendes correspondantes. Il y avait là " celui qui n'a jamais connu la peur ", " celui qui n'a jamais connu la soif ", " celui qui n'a jamais connu l'amour ". Enfin un très vieux et très ridé lieutenant de vaisseau à la barbe chenue, manifestement en bout de carrière, clôturait la série : " celui qui n'a jamais connu Darlan "[56]. »

L'accusation de favoritisme était fréquente, et elle a contribué à ternir la popularité de Darlan dans la marine, par ailleurs très réelle. Le personnel était très fier du redressement matériel de la marine, de son prestige qui n'avait jamais été aussi haut. Les officiers mariniers lui étaient reconnaissants de ses efforts pour augmenter des soldes ridiculement basses (un gradé gagnait moins qu'un ouvrier des arsenaux) et surtout d'avoir remplacé leur tenue traditionnelle (avec « presse-étoupes ») par la veste croisée et ouverte des officiers. Ces derniers avaient, de leur côté, obtenu en 1937 le titre d'ingénieur à la sortie de Navale, ce qui facilitait leur reclassement dans le privé, tandis que les midships devenaient officiers dès leur entrée à l'école d'application et non plus à la sortie, ce qui leur permettait de recevoir une solde décente. Le commandant Ballande note :

> « De toutes les réformes qu'il réalisa ou encouragea et de leurs heureux effets, les officiers de ma génération étaient certes très reconnaissants à l'amiral Darlan. Mais ce sentiment n'allait pas sans restriction. Le croyant tout-puissant, on avait tendance à lui reprocher les insuffisances de la marine, les budgets étriqués, les effectifs trop faibles et instables, la lenteur des constructions neuves, le laisser-aller des arsenaux. On blâmait en outre son favoritisme. [...] [Dans les carrés], l'on critiquait ouvertement les A.D.D. dont le choix relevait trop souvent, disait-on, de la camaraderie plutôt que d'une appréciation objective des services. [...] Ignorant trop souvent l'intérêt de ces relations [politiques] pour une bonne intelligence des questions maritimes par le Parlement, rappelant que son père avait été député et ministre de la Justice, chuchotant qu'il était franc-maçon, bon nombre de mes camarades voyaient en Darlan un amiral politicien, inféodé au parti radical[57]. »

En d'autres termes, il était plus respecté qu'aimé. Ce n'est que dans l'épreuve que les officiers et les équipages feront bloc autour de lui, devenu par le jeu des circonstances l'incarnation de la marine meurtrie.

CHAPITRE VIII

La drôle de guerre

Le 23 août, Darlan a déclaré à la réunion organisée par Daladier que la marine était prête. Elle l'est effectivement. Le 27 août, le dispositif se met en place. Le poste central d'opérations s'installe dans l'abri construit sous le ministère. Dans les jours qui suivent, les mesures de passage du régime normal au régime de guerre se succèdent à un rythme accéléré, mais « dans le calme et sans heurt [1] ». Les alertes de septembre 1938 et d'avril 1939 ont servi de répétition générale. Durant ces journées, Darlan supervise la mise en place et reçoit les amiraux allant prendre leurs postes. Le passage aux effectifs de guerre impose de rappeler à l'activité un certain nombre d'amiraux du cadre de réserve. Parmi eux, l'amiral Robert va recevoir le commandement du théâtre d'opérations des Antilles. En revanche, l'amiral Durand-Viel, qui a lui aussi demandé à reprendre du service et a reçu le 1er septembre un télégramme du contre-amiral Gouton, chef du cabinet militaire, l'avertissant d'avoir à se tenir prêt, ne sera pas rappelé : Darlan n'aime pas son prédécesseur [2] et veille à le laisser à l'écart.

Le 2 septembre au soir, Gamelin appelle Darlan au téléphone : « En proie à une vive émotion, il demande à l'amiral de prendre les dispositions que pourrait nécessiter une ouverture très prochaine des hostilités. [...] Sans un commentaire, l'amiral Darlan se borne à faire prévenir de l'ouverture prochaine des hostilités le P.C. “ Opérations ”, d'où l'information sera répercutée sur les principaux échelons de commandement subordonnés [3]. »

Mais pour commencer la guerre, il faut un ordre du gouvernement. Celui-ci n'ayant pas songé qu'il fallait prévenir les navires en mer et les colonies, Darlan envoie l'amiral Le Luc chez Daladier lui demander de signer l'avis d'ouverture des hostilités.

« Bigre ! fait celui-ci en se grattant la tête, vous croyez qu'il faut que je signe ça ? — C'est une décision politique, Monsieur le Président. — Écoutez, allez voir Gamelin, c'est lui que ça regarde. » Le Luc se rend au P.C. de Vincennes : « Je ne vois pas pourquoi je signerais ce papier, dit Gamelin. Que l'amiral Darlan fasse ce qu'il voudra, moi je n'attaque que demain matin. » Le Luc insiste. Même réponse du général, qui ajoute : « Je ne saisis pas ce que veut l'amiral Darlan. »

Il faut retourner chez Daladier qui consent enfin à signer, et l'avis peut être lancé le 3 septembre à 18 heures 30, c'est-à-dire une heure et demie *après* l'ouverture des hostilités[4]. L'entrée en guerre n'est pas laborieuse qu'au Parlement...

Darlan, en dépit de son tempérament optimiste, a des motifs d'inquiétude qu'il expose à l'amiral Docteur au cours d'un dîner avant de gagner son quartier général de Maintenon : il est inquiet des divisions dans le haut commandement de l'armée, de la mobilisation industrielle excessive qui a désorganisé les usines et les arsenaux. Il s'en est plaint à Gamelin en lui disant que c'est « une démobilisation industrielle[5] » ; elle lui paraît d'autant plus grave qu'il s'attend à une guerre longue.

Le dispositif initial

Le 27 août à midi, Darlan a troqué ses fonctions de chef d'état-major général de la marine contre celles de commandant en chef des Forces maritimes françaises. La nouvelle organisation prévoit le fractionnement du commandement. Commencée dès le 3 septembre, l'opération est terminée le 6. A cette date, Darlan quitte Paris pour s'installer à Maintenon.

Ce transfert a été prévu dès 1938[6], pour soustraire le haut commandement naval aux alertes aériennes et aussi aux ingérences du pouvoir politique. Le choix s'est arrêté sur cette petite bourgade d'Eure-et-Loir, car s'y trouve un important nœud de câbles téléphoniques et télégraphiques souterrains. La liaison par fil est donc assurée avec les théâtres Manche, Atlantique et Méditerranée, tandis que les liaisons radio sont facilitées par l'éloignement des grands centres, sources de parasites. Le village a été érigé en zone des armées et confié à la marine. Celle-ci a installé des baraquements en bois dans le parc du château du duc de Noailles et réquisitionné les auberges avoisinantes. Darlan s'est préoccupé d'une possible attaque de parachutistes, mais, fidèle à une habitude qui lui sera fatale à Alger, il ne prend guère de précautions. La nuit, la « sécurité » de l'auberge dans laquelle il dort est assurée par un unique factionnaire. Dès la fin du mois de septembre, le sous-préfet de l'endroit se plaint cependant des sujétions excessives imposées à la population civile. Son rapport est transmis à Paris par le préfet d'Eure-et-Loir, qui s'appelle Jean Moulin. La marine réagit vivement, et souligne que les mesures prises se limitent à la réquisition du bureau de poste et des auberges, et que seul un ressortissant étranger a fait l'objet d'une mesure d'éloignement[7].

Maintenon est assez proche de Paris pour que l'Amiral de la flotte puisse s'y rendre tous les jours s'il en a besoin. Au début, il se rend à toutes les réunions des commandants en chef chez Gamelin, mais rapidement, devant leur manque d'intérêt, il y délègue le contre-amiral Le Luc et ne se déplace plus que pour des ordres du jour importants. Il se montre fort discret sur les opérations navales et écoute impassible les discussions surréalistes entre Gamelin et ses subordonnés. Devant le manque de couvertures pour la troupe, le commandant en chef suggère un jour de les couper en deux pour en faire des couvre-pieds ! Sarcastique, Darlan murmure à Le Luc : « Si ça continue, il va en faire des mouchoirs ! » Histoire surréaliste, mais dont l'authenticité est confirmée par le général Gamelin lui-même, qui consacre, dans ses souvenirs, une page à la question des couvertures (et deux aux chaussures). On peut y lire que les couvertures « peuvent servir à faire deux petites couvertures de campement pour la troupe en campagne ». L'origine de cette pénurie serait à rechercher dans une décision prise en 1934, quand le « maréchal » Pétain était ministre de la Guerre[8] !

Darlan dispose pour ses voyages d'un train spécial, marque de vanité peut-être, mais aussi moyen bien utile pour éviter les indiscrétions qu'entraînerait inévitablement l'utilisation des trains ordinaires. L'express Paris-Chartres transporte cependant souvent des officiers et prend l'habitude d'effectuer un arrêt non annoncé en gare de Maintenon. Pour les usagers réguliers de la ligne, le motif de cet arrêt devient vite un secret de Polichinelle, mais officiellement l'Amirauté est « quelque part en France »...

Le P.C. de Maintenon, connu sous le nom de code de Marceau, comprend le 2e bureau (renseignements ; capitaine de frégate Sanson), le 3e bureau (opérations ; capitaine de frégate Geldreich), le 5e bureau (annexe du 2e, il est chargé des services spéciaux, des écoutes et du décryptage ; il est installé à Hanches, village voisin de Maintenon car il reçoit beaucoup de visiteurs), ainsi que les sections des transmissions, de la marine marchande et du courrier. Viennent s'y ajouter peu après la mise en place un 1er bureau (personnel-matériel ; capitaine de corvette Ballande ; le 1er bureau est resté à Paris, mais il est apparu qu' « un organe manquait à l'Amirauté pour expliciter les besoins des combat-

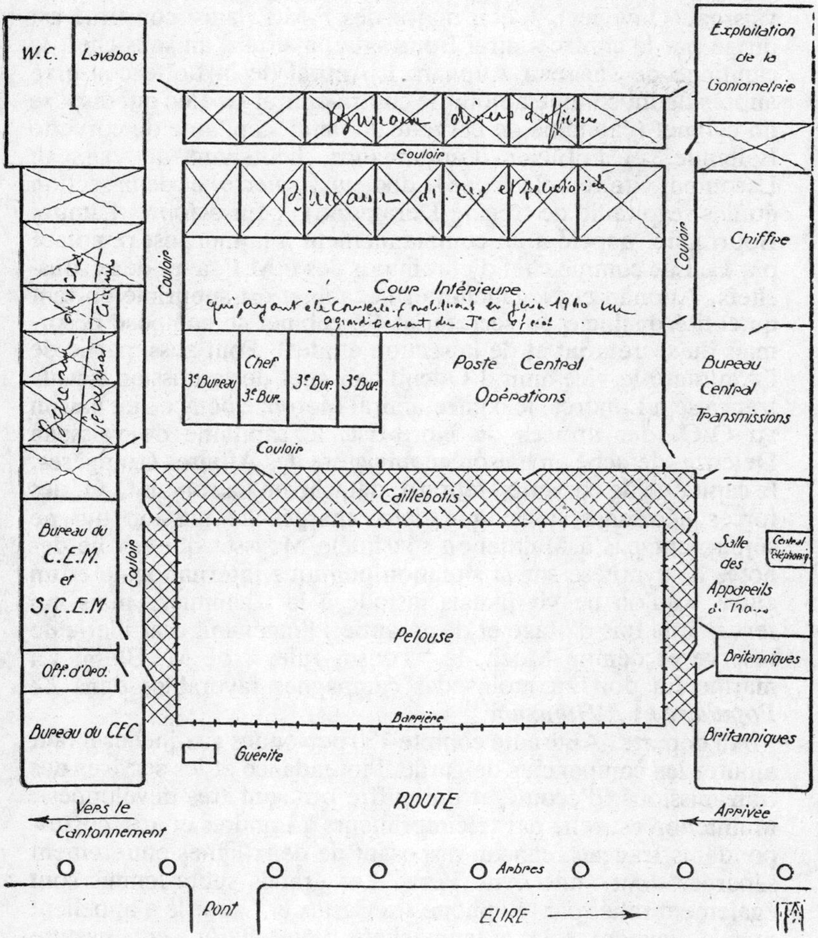

Les installations de Maintenon (fac-similé)

tants en la matière, les transmettre au ministre et en obtenir rapidement la satisfaction[9] ») et la section presse (lieutenant de vaisseau Duvivier). L'état-major des F.M.F. ainsi constitué est dirigé par le contre-amiral Bourragué, assisté d'un sous-chef, le capitaine de vaisseau Auphan. L'Amiral de la flotte conserve auprès de lui comme adjoint le contre-amiral Le Luc qui dispose du cabinet (capitaine de corvette Jouanin, capitaine de corvette Ballande, et l'officier d'ordonnance, lieutenant de vaisseau Lacombe, vite remplacé par le docteur Lapierre) et de la section études (capitaine de frégate Deramond)[10]. En octobre, l'amiral Bourragué, appelé à un commandement à la mer, est remplacé par Le Luc comme chef d'état-major des F.M.F. avec deux sous-chefs, Auphan et Négadelle, et le cabinet est supprimé en tant qu'entité distincte du secrétariat (le cabinet se compose désormais du secrétariat et de la section études). Font aussi partie de l'Amirauté le vice-amiral Odend'hal, chef de la mission navale française à Londres, le contre-amiral Merouze détaché en liaison au Q.G. des armées du Nord-Est, le capitaine de vaisseau Deleuze, détaché en liaison au ministère des Affaires étrangères, le capitaine de corvette Hébrard, détaché en liaison au Q.G. des forces aériennes, ainsi que deux chargés de mission qui ne séjournent pas à Maintenon : le fidèle Moysset qui envoie des notes de synthèse sur la situation politique internationale et un autre « qu'on ne vit jamais installé à la Chaumière mais qui servait à la fois d'otage et de garantie : l'ingénieur d'artillerie de réserve et député Moch, le " cousin Jules " de M. Blum. La marine lui doit au moins des campagnes favorables dans *Le Populaire* et *L'Humanité*[11] ».

Au départ, l'Amirauté compte 150 personnes auxquelles il faut ajouter les compagnies de garde, l'intendance et les services des transmissions, d'écoute et du chiffre qui sont très développés : Maintenon est relié par téléimprimeurs à Londres et à 35 correspondants français, chacun disposant de deux lignes entièrement séparées dont l'une évite Paris. Les grands subordonnés sont également reliés par téléphone : si Castex et Laborde n'appellent jamais, laissant cela à leurs chefs d'état-major, la « gazette toulonnaise » (Esteva) se manifeste tous les matins à 7 heures 30. Mais toutes les affaires sérieuses se traitent par messages. Plus de 55 000 sont reçus ou transmis en dix mois, et la croissance continue du trafic entraîne un gonflement régulier des effectifs qui atteindront un total de 1 100 personnes lors de l'évacuation de Maintenon en juin 40[12].

Le ministre, réduit au rôle de « pourvoyeur » — selon l'expression de Darlan —, est à Paris, avec le major général de la marine, le contre-amiral Michelier, qui a sous ses ordres les 1er et

4e bureaux de l'ancien E.M.G. Sont également restés rue Royale le service aéro et les services centraux (constructions navales, artillerie navale, intendance...). Comme le note Jules Moch, « pratiquement, l'amiral Michelier a infléchi les règlements, d'une part en obtenant des directeurs centraux qu'ils se considèrent pratiquement comme ses subordonnés, même lorsqu'ils ont une étoile de plus que lui ; et d'autre part, en recevant en fait ses directives du commandant en chef beaucoup plus que du ministre, toujours tenu au courant de son action. Paris apparaît ainsi comme une annexe de Maintenon [13] ». L'unité de commandement est préservée au bénéfice de Darlan. Si celui-ci marque de la déférence envers son ministre qu'il voit très souvent (sauf lorsqu'il est en inspection, il vient plusieurs fois par semaine à Paris, où il dispose d'un P.C. annexe dit « Murat » dans l'abri protégé du ministère), il ne parle pratiquement jamais avec lui de la conduite des opérations qui constitue son domaine réservé et le malheureux Campinchi en est réduit à chercher des informations dans la presse !

Aux termes du décret secret du 7 septembre 1938, le commandant en chef des Forces maritimes françaises
— fait partie du Comité de guerre ;
— est chargé de la conduite supérieure des opérations maritimes sur tous les théâtres d'opérations ;
— assure la coordination avec les alliés éventuels ;
— est chargé de la défense des côtes et de la défense antiaérienne de la zone littorale.

Il a sous ses ordres directs les commandants en chef de forces maritimes sur un théâtre d'opérations et les forces de haute mer qu'il manœuvre directement. Avec tous ses moyens, il doit assurer :
1) — la protection des transports de troupes, notamment entre l'Afrique du Nord et la métropole ;
— la protection du littoral français.
2) en liaison avec la marine britannique,
— la sûreté des convois de troupes britanniques ;
— la défense des communications maritimes ;
— l'attaque des communications ennemies ;
— l'attaque des côtes italiennes [14] *.

Les théâtres métropolitains prévus dès le temps de paix sont au nombre de trois depuis 1938. Ils sont commandés par les inspecteurs généraux qui ont pris le titre de commandants en chef des forces maritimes du Nord, de l'Ouest et du Sud.

* Voir annexes I et II, p. 848 et 849.

L' « amiral Nord » (Castex) a sous ses ordres des forces très réduites depuis que la coopération britannique est acquise : 1 division de torpilleurs, 1 division de sous-marins, 1 escadrille d'avisos... Le dispositif pas de Calais a été supprimé, la Channel Fleet de la Royal Navy prenant le relais. Il doit
« — conduire les opérations dans la zone Manche-mer du Nord dans le but d'interdire si possible, et tout au moins de signaler le passage des forces ennemies dans le pas de Calais ;
« — assurer la défense des côtes de la 1re région maritime [15]. »

L' « amiral Ouest » (Laborde) dispose de forces plus importantes : la 3e division de ligne (avec les deux vieux cuirassés *Paris* et *Courbet,* devenus bâtiments-écoles), le porte-avions *Béarn,* 1 division de contre-torpilleurs, une division de torpilleurs, 1 escadrille de sous-marins (à 4 divisions, soit 16 unités), 2 escadrilles d'avisos... Avec cela, il est chargé
« — de la défense et de la sûreté du littoral de la 2e (et de la 5e) région(s) :
« — de la sûreté générale dans la zone d'opérations comprenant le golfe de Gascogne et les atterrages ouest des îles Britanniques ;
« — de l'attaque, avec l'aviation de bombardement mise sous ses ordres, et en liaison avec les opérations des forces de haute mer et des forces de raid, des forces ennemies à la mer [16] ».

Priorité est accordée au théâtre méditerranéen. L' « amiral Sud » (Esteva) dispose de forces importantes, notamment sous-marines (4 escadrilles, soit 16 divisions alignant 54 sous-marins) et aériennes, qui doivent lui permettre d' « empêcher l'Italie d'acquérir (ou d'exploiter sans discussion) la maîtrise de la Méditerranée occidentale afin
« — d'assurer les passages de transports de mobilisation et de concentration
« — d'exploiter, dans la mesure du possible, nos communications en Méditerranée occidentale
« — de mettre les côtes de France et d'Afrique du Nord à l'abri des insultes de l'ennemi [17]. »

Dès le 1er septembre, un quatrième théâtre d'opérations est créé, « Atlantique Ouest et Antilles » ; l'« amiral Antilles » (amiral Robert) sera nommé le 2 octobre haut-commissaire aux Antilles. Les moyens ridiculement faibles mis à sa disposition (croiseur-école *Jeanne d'Arc,* aviso *Ville-d'Ys* et les petits bâtiments de Marine-Antilles) ne justifiaient sans doute pas la création d'une autorité de rang si élevé (Marine-Antilles est commandée par un simple capitaine de frégate). Mais celle-ci pourra traiter d'égal à égal avec l'amiral britannique West Indies.

L'influence de l'alliance britannique se fait également sentir dans l'organisation et la répartition des forces de haute mer. Quelques mois avant la déclaration de guerre, Darlan a substitué à l'organisation traditionnelle très simple (escadre de la Méditerranée, escadre de l'Atlantique, division d'instruction) une nouvelle structure, avec six escadres regroupées en deux flottes. La flotte de l'Atlantique (vice-amiral d'escadre Gensoul), comprend les 1re et 5e escadres. La 1re, dite aussi « Force de raid », comprend les navires les plus modernes : 1re division de ligne (*Dunkerque* et *Strasbourg*), 4e division de croiseurs (3 croiseurs de 7600 tonnes), 3e escadre légère (8 contre-torpilleurs) et 2e flottille de torpilleurs (12 torpilleurs). Elle est basée à Brest. La 5e escadre, ancienne escadre d'instruction, ne comporte qu'une division de croiseurs. Elle est destinée à être basée à Dakar pour assurer la protection des communications dans l'Atlantique Sud. La flotte de la Méditerranée (vice-amiral d'escadre Ollive) regroupe toutes les autres forces métropolitaines : la 2e escadre comprend les trois cuirassés Provence avec leur escorte de torpilleurs ; les 3e et 4e escadres se composent chacune d'une division de croiseurs et de trois divisions de contre-torpilleurs. La 6e n'a d'escadre que le nom : c'est le dispositif d'Oran, destiné à compléter la surveillance du détroit de Gibraltar. Elle se compose d'une division de torpilleurs et de trois divisions de sous-marins[18]. Cette organisation complexe traduit la montée en puissance de la marine française. Elle reflète aussi le souci de calquer le modèle britannique, assez compliqué, afin d'éviter que les divers commandants en chef britanniques n'aient affaire avec des sous-ordres français comme cela s'était souvent produit en 14-18.

Soigneusement mûrie et préparée, très cohérente, parfaitement articulée, cette organisation prête cependant le flanc à la critique, principalement du fait de la dissociation opérée entre les forces de haute mer et les théâtres d'opérations. Si elle peut se justifier dans le cas de la Force de raid, appelée à passer très rapidement d'un théâtre à l'autre, elle est plus difficilement défendable pour la flotte de la Méditerranée, destinée à opérer dans une mer étroite dont elle est censée ne jamais sortir. La collaboration avec les forces côtières et aériennes à la disposition de l'amiral Sud qui actionne les dispositifs de surveillance mis en place au nord-est (entre la Corse et le continent), au sud-est (canal de Sicile) et au débouché de Gibraltar doit être constante, et elle serait certainement mieux assurée si les forces de haute mer relevaient également de l'amiral Sud. Il a d'ailleurs fallu mettre au point un statut spécial pour la 4e escadre, basée à Bizerte, et qui, sous le nom de Forces légères d'attaque, participe au dispositif sud-est et est d'abord placée pour ce faire sous l'autorité du préfet maritime de la 4e région avant d'être rattachée à la flotte de la Méditerranée le 30 septembre.

Également discutable est la coupure du théâtre Nord en deux, avec les amiraux Ouest et Nord. Celui-ci, qui n'a sous ses ordres que des forces dérisoires, n'a pas grand-chose à faire, ce qui va d'ailleurs le conduire à s'intéresser de près à ce qui se passe sur terre. L'amiral Ouest est mieux loti, et il est exagéré d'affirmer, comme le fait Jules Moch, qu'il ne commande qu'à des « rafiots [19] », mais il n'est en charge que de la protection directe des communications (l'escorte des convois) ; la protection indirecte (la chasse aux corsaires de surface) est confiée à la Force de raid qui reçoit directement ses ordres de Darlan. En fait, toute cette structure vise d'abord à renforcer les prérogatives du commandant en chef au détriment des commandants de théâtre.

On touche là la principale faiblesse du commandement naval français en 1939, qui n'apparaît pas dans les organigrammes : Darlan ne dirige pas une « bande de frères » (Nelson). Il a au contraire tendance à se méfier de ses grands subordonnés. A l'exception d'Esteva, il s'entend mal avec ses « cardinaux » (c'est ainsi qu'il appelle les commandants en chef de théâtres d'opérations) : sa mésentente avec Laborde est de notoriété publique, et il a eu avant guerre de graves différends avec Castex [20]. Avec les commandants en chef des forces de haute mer, de rang inférieur, il ne saurait bien sûr être question de divergences semblables, mais l'Amiral de la flotte n'a qu'une confiance médiocre dans les qualités de chef de l' « amiral Méditerranée » (Ollive) [21] et même, semble-t-il, de l' « amiral Atlantique » (Gensoul) [22]. C'est peut-être une raison supplémentaire qui le poussera à une réorganisation rendue de toute façon nécessaire par la neutralité italienne.

La guerre de siège

Le propos de cette biographie n'est pas de retracer l'ensemble des opérations navales de la drôle de guerre, qui commencent à être bien connues même si beaucoup d'archives restent à explorer [23], mais seulement d'analyser les réactions de François Darlan face aux événements. Ainsi qu'il l'avait prévu, on semble s'acheminer vers une guerre longue, mais il ne partage pas l'assoupissement général : au contraire, il s'inquiète très vite de la tournure que prend cette « drôle de guerre » et il cherche les moyens de sortir de l'impasse.

Dès le déclenchement des hostilités, il manifeste son intention d'utiliser offensivement ses grandes unités. Au reçu de renseignements fournis par l'Amirauté britannique le 2 septembre, qui « laissent supposer que les cinq navires de ligne allemands sont sortis de la mer du Nord pour le nord de l'Écosse[24] », il fait appareiller la Force de raid, qui quitte Brest dans la soirée du 2 et ordonne la concentration des Forces de haute mer[25] dans la région de Gibraltar, qui est réalisée dès le 4. Ces premiers mouvements ont un heureux effet moral, car ils montrent que Darlan n'entend pas laisser ses cuirassés au port derrière des filets anti-sous-marins, comme en 14-18. L'obsession des sous-marins reste en effet très présente : rentrant à Brest après que la fausseté des renseignements britanniques a été confirmée, la Force de raid « déjoue quatre attaques de sous-marins et canonne par méprise une division de sous-marins français au large de Brest[26] ».

Darlan a toujours dit que la victoire irait à celui qui aurait réussi à conserver et exploiter la maîtrise de la mer. Aussi se préoccupe-t-il très tôt de la protection du trafic. Dès le 4 septembre, il demande (et obtient quelques jours plus tard) la suspension du traité de Londres qui gêne l'action des sous-marins français alors que l'Allemagne ne respecte pas les règles du droit international[27]. La semaine suivante, il fait prendre la décision de commander en Grande-Bretagne 12 patrouilleurs, 18 vedettes et 50 appareils de détection Asdic[28]. Comme c'est la guerre, Darlan ne s'encombre pas de procédures. Le 25 septembre, l'ingénieur général Norguet vient à Maintenon lui parler du problème des moteurs Diesel lourds. L'industrie française étant incapable de les produire, Norguet a proposé de les commander en Suisse, « mais il a essuyé un refus car, selon le règlement, il faut procéder par cahier des charges et appel d'offres ». Bien que la question ne soit théoriquement pas de son ressort (elle relève des services centraux, et donc du ministre), Darlan, « outrepassant ses pouvoirs, signe immédiatement une décision ordonnant de passer [la commande]. Quarante minutes à peine se sont écoulées entre l'arrivée de Norguet à Maintenon et son départ muni du précieux papier. Il n'aurait pas fallu beaucoup moins de quarante semaines, en temps de paix, pour obtenir ce résultat ». Darlan récidive dix jours plus tard à propos de la commande d'appareils Asdic en Grande-Bretagne : sans s'arrêter aux objections du Service technique des constructions navales, « l'amiral Darlan donne sans hésiter son visa, bien que l'Amirauté ne dispose pas de budget pour les achats de ce genre, relevant de la compétence du ministre[29] ».

Darlan fait pousser l'armement militaire des bâtiments de

commerce et, malgré sa répugnance initiale[30], généralise la formation de convois. Les résultats de cette action se font très vite sentir, et la courbe des pertes alliées amorce une diminution très nette : 120 000 tonnes dans la première quinzaine de septembre, 54 000 tonnes dans la deuxième quinzaine, soit 174 000 tonnes en un mois ; 138 000 tonnes en octobre ; 47 000 tonnes en novembre. En deux mois, le total des pertes ne dépasse pas 1,7 % du tonnage disponible[31]. Dans ce total, la part française est très faible pour ne pas dire négligeable : 9 navires ont été coulés (6 par sous-marins, 3 par mines) soit 60 000 tonneaux de jauge brute (chiffre qui s'explique par la perte de l'*Émile-Miguet,* le plus gros pétrolier du monde). Darlan ne peut pas savoir que cette proportion s'explique par l'ordre donné par Hitler aux U-boote de ne pas attaquer les bâtiments français. La liberté des communications est donc préservée, même si le ralentissement des rotations induit par la formation de convois se traduit par une insuffisance des capacités de transport[32].

La lutte anti-sous-marine ne se traduit pas par ce seul succès défensif. Elle obtient aussi de très brillants résultats offensifs. En trois mois de guerre, d'après l'Amirauté, « 10 sous-marins ont sûrement été coulés, 14 ont été très probablement attaqués, 9 ont été attaqués avec des chances de succès[33] ». Le torpilleur *Sirocco* se distingue particulièrement en « coulant » 3 U-boote en quelques jours. Mais la répétition trop fréquente de ces succès finit par intriguer, car aucun survivant n'est jamais recueilli : « Prudemment, Maintenon ordonne une enquête et l'explication du mystère ne tarde pas. Des expériences montrent que l'éclatement des grenades sous-marines, chargées chacune de 200 kilos de tolite, se manifeste en surface par une intumescence évoquant, sous certains éclairages, une coque noirâtre roulant sur elle-même, et paraissant chavirer[34]. » Dans un cas pourtant, un scaphandrier a trouvé une épave. Le succès est donc indiscutable. Malgré cela, les archives allemandes révéleront après la guerre qu'aucun sous-marin allemand n'a été coulé par les Français durant le drôle de guerre[35] : le patrouilleur X a tout simplement grenadé l'épave du sous-marin *Prométhée* coulé au large de Barfleur en 1932 !... Les fausses alertes pullulent. L'une d'elles met Darlan en joie, quand Le Luc lui résume le rapport d'un pêcheur breton : « Mon attention a été attirée par un feu clignotant à terre. J'ai pensé qu'il s'agissait d'un signal envoyé à un sous-marin allemand. Je l'ai cherché en vain. Alors, j'ai bu un coup de rhum — à peu près la moitié de ma gourde — et j'ai aussitôt aperçu le sous-marin dans mon voisinage[36]. »

A partir de novembre, une désagréable surprise provient de l'offensive par mines magnétiques, lesquelles occasionnent des pertes sérieuses et perturbent sérieusement la navigation côtière, principalement sur la côte orientale anglaise. Heureusement, le 22 novembre, une mine tombée sur un banc de sable peut être récupérée, et des parades sont mises au point (en France, le professeur Néel invente la démagnétisation des navires). La chasse aux corsaires de surface est activement menée au prix d'une activité intense des forces navales : les croiseurs sont à la mer plus d'un jour sur trois, certains contre-torpilleurs y sont même un jour sur deux et les navires de ligne ont parcouru, à la fin du mois de décembre, plus de 36000 milles[37]. Des groupements tactiques ont été formés dans l'Atlantique Sud lors de la poursuite du *Graf Spee* (Force X, créée à Dakar le 4 octobre 1939) ou pour l'escorte de convois importants dans l'Atlantique Nord (Force Z constituée en décembre pour l'escorte d'un convoi de Halifax à Casablanca). De sorte qu'à la fin de l'année, la liberté de la navigation paraît assurée : au 31 décembre, 1509 transports de troupes et navires marchands ont été convoyés par la marine française : deux seulement ont été torpillés. En sens inverse, plusieurs navires allemands ont été capturés, et beaucoup ont dû chercher refuge dans des ports neutres.

L'essentiel étant ainsi préservé, Darlan va pouvoir songer au long terme. Au début de la guerre, il a paré au plus pressé en donnant la priorité aux capacités d'escorte. En novembre, il demande de pousser l'achèvement du *Richelieu* et du *Jean-Bart*, ainsi que de 10 torpilleurs et 10 avisos dont l'entrée en service est prévue pour 1940, « même, si besoin est, au détriment des unités qui ne doivent être terminées qu'en 1941[38] ». A partir de décembre, les préoccupations quant à l'avenir reparaissent. Darlan veut éviter la répétition du précédent de 1914, lorsque les cuirassés Normandie avaient été abandonnés aux trois quarts de leur construction. En janvier 1940, il demande que la France puisse disposer au milieu des années 40 de 8 navires de ligne modernes pour faire face aux 10 cuirassés que l'Allemagne et l'Italie aligneront alors. Sans doute songe-t-il aussi, même s'il n'est pas question de l'écrire, à la nécessité de maintenir le rang de la marine française par rapport à la Royal Navy pour que ne puisse se reproduire le scénario de la conférence de Washington[39]. Il insiste donc sur la nécessité de poursuivre la construction de deux porte-avions, de reprendre la construction de la *Gascogne* interrompue à la déclaration de guerre, ainsi que des croiseurs *Châteaurenault* et *Guichen*, et réclame deux navires de ligne supplémentaires. Il demande également 3 croiseurs lourds de 13000 tonnes pour remplacer les Duguay-Trouin qui approchent de la limite d'âge, 1 croiseur léger, la poursuite de la construction de 12 torpilleurs de 1 800 tonnes et 14 torpilleurs de 1 000 tonnes en chantier, la mise sur cale de 4 contre-torpilleurs commandés mais pas encore commencés, la commande de 6 contre-torpilleurs antiaériens de 3 000 tonnes, 18 torpilleurs de 1 000 tonnes ou plus, 6 sous-marins de 1re classe s'ajoutant aux 5 déjà commandés, 12 sous-marins de 2e classe[40]. Cette longue énumération montre la montée en puissance que Darlan entend obtenir pour la flotte. Un décret-loi d'avril 1940 lui donne satisfaction à peu près complète (seuls manquent les 12 sous-marins de 2e classe), mais trop tard. Darlan insiste encore sur la nécessité de « faire plus robuste, plus marin, mieux défendu de l'avant [...] ne pas compliquer inutilement le matériel, ne plus chercher des records de vitesse, donner plus de rayon d'action en tenue de guerre[41] ». Instruit par l'expérience des mines magnétiques et les informations recueillies sur le radar, il renforce les moyens du Service des recherches scientifiques qu'il confie à Fenard[42]. Les enseignements de la campagne de Norvège le conduisent à accroître la dotation des futurs bâtiments en D.C.A.

La guerre navale semble donc se développer favorablement. Les inquiétudes de Darlan concernent plutôt la stratégie générale. Le 8 septembre, le Comité de guerre se réunit pour la première fois à l'Élysée.

> « Aucune décision n'est prise.
> « Il urgerait [sic] cependant de définir la manière dont la guerre doit être conduite.
> « Les questions militaires s'enchevêtrent avec les questions politiques. En particulier il y a lieu de décider si l'on doit transporter deux divisions en Orient.
> « A-t-on pris l'accord des Turcs, des Grecs, si l'on veut aller à Salonique ?
> « A-t-on songé aux réactions de l'Italie ?
> « Est-on certain de l'attitude du Japon ?
> « Autant d'énigmes[43]. »

Les choses ne se décantent guère dans les jours qui suivent. Darlan note dans son Journal : « Aucun changement dans la situation politique. On peut dire qu'au-dessus de l'échelon commandant en chef, il n'y a personne. Et pourtant le président du Conseil est un homme énergique et bien intentionné[44]. »

En octobre, plus d'un mois après la déclaration de guerre, ce « flottement » général persiste. Darlan note dans son Journal l'absence de direction de la guerre. Pour la première fois, il émet des critiques directes à l'encontre de Gamelin :

« Le secrétariat de la Défense nationale joue médiocrement son rôle.

« La guerre économique, les transports maritimes, ne sont pas organisés.

« J'ai l'impression que le général en chef est à peu près exclusivement occupé du front N.-E. et qu'il néglige ou ne comprend pas son rôle de C.E.M. Défense nationale qui est d'organiser la lutte totale.

« Le général Jamet, chef du secrétariat, s'avère de plus en plus inférieur à sa tâche.

« J'écris plusieurs lettres particulières à Clapier[45] pour lui signaler :

la nécessité d'organiser les importations par mer ;

la nécessité de réglementer la consommation, la carence des transports maritimes nous faisant vivre sur des stocks qui, quoique importants, ne sont pas inépuisables ;

la nécessité de faire un « pool » de toutes nos ressources économiques, industrielles et *financières* avec les Anglais.

« Il ne doit plus être question entre les deux pays de dettes de guerre. Chacun met dans le chaudron tout ce qu'il a. Et il ne faut pas que, après la guerre, l'un des pays soit écrasé financièrement par l'autre[46]. »

Les buts de guerre ne sont pas définis, la stratégie alliée se ramène à une attitude défensive sur le front nord-est et à une politique d'attente en Orient. Darlan, au contraire, a des idées très arrêtées sur les objectifs à atteindre et la stratégie à suivre. Elles ne s'écartent pas sensiblement de la position officielle. Leur principale originalité est d'être exposées de manière claire et dépourvue d'ambiguïtés. Fidèle à ses habitudes, Darlan les résume dans une longue note datée du 11 octobre[47]. La guerre qui vient de commencer est une guerre totale, non pas contre le nazisme, mais bien contre l'Allemagne expansionniste qu'il s'agit d'abattre durablement pour ne pas rééditer l'erreur de 1918.

« Les buts politiques de l'Allemagne sont :

la destruction du traité de Versailles,

l'hégémonie allemande en Europe.

« C'est une utopie de déclarer que nous faisons la guerre à Hitler et non au peuple allemand. Si, pour une raison ou pour une autre, Hitler disparaissait de la scène mondiale, il serait remplacé par un autre chef de gouvernement qui suivrait la même politique.

« Nous devons continuer la guerre contre les Allemands tant que ceux-ci disposeront des moyens suffisants pour imposer leur hégémonie. Ce serait une grosse faute de faire la paix avec l'Allemagne sans avoir pris la précaution de désarmer ce pays. »

Cette sécurité ne sera assurée que par une réorganisation de la carte politique de l'Europe. Darlan estime que le démembrement de la double monarchie Habsbourg a été une erreur. Pour contenir l'Allemagne, il faut prévoir dans le traité de paix :

« — La rive gauche du Rhin et le bassin de la Ruhr sous mandat allié (le bassin de la Ruhr ayant par son charbon la rive gauche du Rhin sous sa dépendance économique).

« — Une puissance catholique (État fédéral) groupant la Bavière, l'Autriche, la Hongrie et la Tchécoslovaquie ; cette puissance ferait contrepoids à l'Italie en Europe centrale.

« — Une Pologne dont les frontières améliorées la relieraient à la Lituanie et sépareraient la Prusse-Orientale de la Prusse-Occidentale. »

Mais, avant de songer à organiser la paix, il faut gagner la guerre. Confiant dans la ligne Maginot et la puissance des armées françaises, il envisage plutôt une stratégie indirecte et passe en revue les éventualités :

« 1. Une guerre d'usure, donc de blocus, qui nécessitera de part et d'autre une grande force morale et des restrictions de toute nature, soit par obligation impérieuse pour les Allemands, soit afin de tenir le plus longtemps aux moindres frais pour les Franco-Britanniques...

« 2. Les Allemands bloqués à l'est par les Russes, à l'ouest par les Alliés, tentent une marche vers le sud-est et la Méditerranée. [...]

« 3. Expansion de l'Allemagne vers les pays nordiques, Danemark, Norvège, Suède, Islande, lui offrant un accès plus facile à la mer ouverte, des régions riches en minerais, et lui permettant de faire échec à la Russie. [...] »

Quelle que soit l'éventualité retenue, la France doit se préparer à une guerre longue et accomplir un triple effort militaire, économique et politique.

L'effort militaire conditionne tout le reste. La France doit être en état de résister à toute attaque allemande, que celle-ci soit terrestre ou aérienne. Elle doit aussi se préoccuper de sa flotte, qui doit à la fois protéger les communications maritimes et dissuader l'Italie d'entrer dans le conflit. Darlan reprend un thème qui lui est cher, celui du renforcement équilibré et simultané de toutes les composantes des forces armées. Par rapport à l'avant-guerre[48], son programme n'a pas changé. Il faut :

« renforcer nos fortifications sur toutes nos frontières métropolitaines ;

« renforcer au maximum notre D.C.A., notre guet, notre aviation de chasse ;

« accroître notre aviation de bombardement ;

« renforcer notre flotte légère anti-sous-marine et développer tous nos moyens de recherche et de destruction des sous-marins ;

« maintenir notre flotte de ligne [...] ;

« renforcer notre aéronautique navale en avions bombardiers de reconnaissance et en avions d'exploration. »

L'effort économique doit viser à « accroître notre marine marchande, organiser nos importations, réglementer la consommation ». Si la mobilisation industrielle a fait des progrès par rapport à 1914, où tout le monde s'attendait à une guerre courte, elle reste cependant très imparfaite, et Darlan en a bien conscience : si le gouvernement finit par se décider à instaurer des jours sans viande, il ne se résout pas à rationner l'essence qui doit pourtant être totalement importée. Le niveau des stocks, notamment agricoles, est dramatiquement insuffisant.

Enfin, il faut un sérieux effort de préparation politique, notamment en direction de l'Italie.

« Dans ces deux éventualités [les deux premières], la neutralité bienveillante de l'Italie est indispensable. [...]

« Par sa position en Méditerranée, une Italie ennemie gênerait considérablement nos communications dans cette mer : toute opération en Orient serait gravement compromise. »

Il faut donc :

« rallier à nous l'Italie, au besoin par des concessions hors de l'Afrique du Nord et du Levant, et les États balkaniques (Grèce, Yougoslavie, Bulgarie) qui, avec la Turquie, conditionnent une aide possible à la Hongrie et à la Roumanie ;

« obtenir la neutralité bienveillante des pays scandinaves ;

« orienter le Japon sur une action antirusse, dans la région de Vladivostok en lui laissant les mains libres dans le Petchili et la Chine du Nord, et en conservant nos positions dans la vallée du Yang-Tsé et dans la Chine du Sud. »

Le programme tracé est donc clair : la guerre totale appelle une victoire totale qui ne pourra être atteinte qu'en utilisant toutes les forces du pays. 14-18 ayant montré l'inutilité des offensives contre un front continu, la victoire ne pourra résulter que d'une manœuvre indirecte. L'Amiral de la flotte reste donc fidèle aux directives qu'il a données quelques semaines avant la déclaration de guerre : « L'Allemagne reste l'ennemi principal.

Mais il faut l'atteindre par la Méditerranée[49]. » C'est par cette mer, la Baltique étant fermée, que l'on peut atteindre les pays balkaniques et constituer un front oriental permettant de prendre l'Allemagne à revers.

Il n'est pas le seul à penser ainsi. Daladier, Gamelin, Weygand sont tous partisans d'entreprendre quelque chose en Orient. Mais Darlan, conseillé par Moysset, qui lui adresse régulièrement des notes sur la situation internationale[50], estime qu'une telle manœuvre exige une préparation très sérieuse, notamment sur un plan diplomatique. C'est ce qu'il fait remarquer dès le 9 septembre à Gamelin en réponse à une demande de transport d'une division vers le Proche-Orient. Il note d'abord que les capacités de transport disponibles sont très limitées et que l'acheminement d'un corps expéditionnaire de 9 divisions exigerait près d'un an : « Les données du problème sont encore trop imprécises pour qu'une décision soit prise[51]. » Il insiste deux jours plus tard : « L'action militaire ne peut que suivre une action politique. [...] Nous ne pouvons rien faire d'important dans les Balkans sans en avoir pesé auparavant les répercussions politiques avec nos alliés et sans avoir leur concours militaire et maritime : autrement dit, toute nouvelle expédition balkanique ne peut être que franco-britannique[52]. »

Or justement les Britanniques sont plus que réticents. Darlan n'a pas assisté à la première séance du Conseil suprême interallié qui s'est tenue le 12 septembre à Abbeville et où rien n'a été décidé. En revanche, il accompagne Daladier et Gamelin à la deuxième réunion, qui se déroule dix jours plus tard à Brighton. La réunion consacre l'essentiel de son ordre du jour au projet oriental. Tout en reconnaissant qu'un corps expéditionnaire à Salonique « serait un encouragement pour les États balkaniques », le Premier ministre Chamberlain « estime qu'il y a lieu d'attendre le développement ultérieur de la situation[53] ». Comme le note François Bédarida, « il est clair que les Anglais, très inquiets des projets élaborés à Paris et en complet désaccord avec eux, ont réussi à porter un coup fatal aux plans français d'installation à Salonique ou à Istamboul[54] ». Churchill n'a pas oublié qu'il a failli ruiner sa carrière avec l'échec des Dardanelles, Chamberlain non plus, et personne ne tient à renouveler l'expérience, d'autant plus que les forces que les Français envisagent d'y affecter paraissent insuffisantes par rapport au coût prévisible de l'opération.

Darlan qui n'a pas dit un mot durant tout le Conseil, comme la plupart des participants (la rencontre se réduit à un dialogue entre les deux chefs de gouvernement), ne fait aucun commentaire dans son Journal, mais les réserves britanniques ne lui paraissent sans doute pas infondées. En tout cas, il note simplement, dans son Journal pour les jours suivants : « Routine ordinaire de la protection des convois[55]. » Les semaines qui vont suivre seront occupées par des problèmes internes à la marine, et notamment par un grave conflit avec l'amiral Nord.

Le 6 octobre, l'Amiral de la flotte se rend en mission d'inspection à Toulon, où il voit Esteva (amiral Sud), Abrial (préfet maritime de la 3e région) et inspecte plusieurs unités. Il en retire une impression très favorable : « Moral et physique du personnel excellents. Bâtiments bien tenus[56]. » Il se rend ensuite à Lorient, Brest et Cherbourg le 11 (l'accueil de l'amiral de Laborde est glacial), puis le 26 à Dunkerque où les choses se passent moins bien.

L'amiral Castex, « amiral Nord », qui n'a pas grand-chose à faire d'un point de vue naval et a toujours plaidé pour la liaison des diverses stratégies, ne partage pas la confiance générale dans l'inviolabilité de la frontière nord-est. Le 6 octobre, il adresse à Darlan une lettre personnelle dans laquelle il souligne, à côté de questions purement navales (il critique notamment la localisation de son P.C. à Dunkerque et demande son transfert à Cherbourg), la faiblesse du dispositif terrestre : les armées françaises sont insuffisamment concentrées, l'Empire absorbe trop de forces et le flanc nord du front est dangereusement exposé[57]. Darlan lui répond le 11 par une lettre manuscrite dans laquelle il balaie les inquiétudes de son subordonné et conclut : « Même s'il [l'ennemi] prenait la décision d'envahir la Belgique, je ne le vois pas entrant à Dunkerque comme dans du beurre. » Refusant le transfert demandé, il accompagne son refus d'une menace à peine voilée : « Si le dispositif du pas de Calais sautait, l'amiral Nord n'aurait plus de raison d'être et serait supprimé, le préfet maritime de la 1re région suffisant alors à l'accomplissement de la tâche qui nous incomberait[58]. »

Cela ne suffit pas à calmer l'amiral Nord qui revient à la charge, trois jours après, dans une note évoquant « une hypothèse qui, toute extrême qu'elle soit, n'est cependant pas à écarter d'une manière absolue, ainsi que l'expérience de la dernière guerre l'a montré et ainsi que l'insuffisance des dispositions terrestres peut le faire craindre[59] ». Cette hypothèse, c'est l'encerclement de Dunkerque qui devrait alors être transformé en camp retranché et être ravitaillé par mer. Sans attendre la réponse, Castex, qui a également alerté Daladier et Gamelin, réoriente son dispositif vers la terre, puisqu'un débarquement n'est pas à craindre. Le 21 octobre, il informe Darlan qu'il a

« placé les troupes de ce secteur [de Dunkerque] face à l'est, face à la frontière » et « rameuté [...] toutes les pauvres forces dont je pouvais disposer dans les divers secteurs maritimes au titre de la défense du littoral[60] ».

Comme on pouvait s'y attendre, la réaction de l'Amirauté est négative. Le contre-amiral Le Luc note le 24 octobre : « Il y a dans l'opération entamée là par l'amiral Nord une modification profonde au statut actuel de la défense du littoral, sans que les événements “ immédiats ” justifient que la marine fasse front vers l'est[61]. » C'est bien l'avis de Darlan ; lors de son inspection à Dunkerque, il déclare à Castex qui lui répète son inquiétude : « Mais, amiral, il ne se passera rien sur terre[62]. » Mais, comme d'habitude, il n'ose pas entrer en conflit ouvert avec son subordonné dans une discussion face à face et attend d'être revenu à Maintenon pour lui faire savoir qu'il « désapprouve complètement [ses] propositions[63] ».

> « Il ne vous appartient pas de pénétrer dans un domaine qui n'est pas de votre ressort et qui nécessite d'autant moins votre intervention que le haut commandement terrestre a prévu, à temps voulu, l'éventualité d'un engagement sur notre frontière nord[64]. [...]
>
> « Les prélèvements que vous avez effectués sur les troupes affectées à la défense du littoral de la 1re région en vue de constituer une division ne peuvent, en effet, qu'inciter l'armée à constituer avec ces éléments une division mobile, donc susceptible de nous être enlevée. [...] Je fais le nécessaire pour parer à une telle éventualité[65]. »

Castex répond le 7 novembre par une critique mordante et quelque peu ironique de l'attitude « corporatiste » de Darlan.

> « Dunkerque n'est pas menacé sur ses côtes mais bien, et dangereusement, sur son flanc droit, c'est-à-dire sur la bordure terrestre du secteur de Dunkerque.
>
> « C'était donc là, indiscutablement, qu'il fallait appliquer les quelques forces terrestres dont je pouvais disposer, au lieu de les laisser inactives ailleurs. Ce faisant, je n'ai nullement changé la mission de ces forces, ce que je ne me serais pas permis. Je l'ai seulement interprétée largement et intelligemment. [...]
>
> « Je n'ai été mû, dans la circonstance, que par le seul souci du bien général, qui a toujours été la règle de ma vie militaire, et je suis resté au-dessus de considérations accessoires de dépendance de forces ou autres, qui, je l'avoue, n'ont pas effleuré mon esprit[66]. »

Mais, tirant les conséquences de ce désaccord, Castex demande à être relevé de son commandement et à recevoir une autre affectation. Il le fait le jour même où les rumeurs au sujet d'une offensive allemande secouent la torpeur générale et amènent l'Amirauté à acheminer des renforts vers Dunkerque. Le 9 novembre, Darlan participe au P.C. du général Georges à une conférence des commandants en chef « pour établir un plan d'action au cas où les Allemands envahiraient la Hollande[67] ». Malgré ce changement de circonstances, il exploite sans tarder la demande de son subordonné. Tout en reconnaissant que ses lettres du 28 octobre ont été écrites « avant que la situation militaire n'évolue avec ampleur dans le sens que vous prévoyiez très justement », il invite Castex à demander son passage dans la deuxième section (cadre de réserve) :

> « Vous sentez maintenant que les fatigues des deux mois écoulés vous rendent l'exercice de vos fonctions difficile.
>
> « C'est tout ce que je retiens de votre lettre comme justifiant votre demande d'être déchargé de votre commandement.
>
> « Votre rang ne permet pas d'envisager qu'après votre remplacement à la tête des Forces maritimes du Nord je puisse trouver à votre activité un emploi approprié dans le cadre de notre organisation[68]. »

Finalement, Castex quitte Dunkerque le 17 novembre pour un examen médical qui aboutit à sa mise à la retraite dès le 21 pour raison de santé. Le 23 novembre, Darlan lui adresse une lettre assez hypocrite lui souhaitant un prompt rétablissement[69]. Castex note en marge : « Le bon apôtre ! » et lui répond par une missive d'une égale hypocrisie[70]. Ainsi s'achève le seul conflit d'autorité qui ait opposé Darlan à l'un de ses grands subordonnés avant juin 40.

L'élimination de Castex est logique. Darlan est trop jaloux de son autorité pour supporter un subordonné qui conteste ouvertement ses vues. En outre, les méthodes des deux hommes sont trop différentes : Castex demande l'inondation des basses terres autour de Dunkerque en invoquant l'exemple des Espagnols au XVIIe siècle ; Darlan se préoccupe assez peu des grands principes et des enseignements de l'histoire, sa démarche est beaucoup plus pragmatique. Mais on aurait tort de ramener leur conflit à une simple querelle de personnes. Au-delà de cette dimension, immédiatement visible et évidente, il y a une opposition plus fondamentale et qui tient à la stratégie. Castex est l'un des très rares grands chefs militaires — et le seul qui ose l'exprimer aussi ouvertement — à s'inquiéter de la faiblesse des armées françaises. Darlan ne partage pas ces craintes : il ne croit pas aux chars et en reste au dogme hérité de 1918, c'est-à-dire à l'inviolabilité du front continu. Alors que Castex critique la dispersion des forces terrestres, insuffisamment concentrées sur le front Nord-Est, Darlan estime au contraire que celui-ci est « assez garni[71] ». Il le répétera encore au général Noguès en avril 1940 : « Le Nord-Est se bourre jusqu'à l'indigestion, ce n'est pas ma faute, loin de là[72]. » Dans ces conditions, l'agitation de son subordonné lui paraît inutile et au surplus intempestive, car elle remet en cause l'accord tacite passé avec Gamelin : la marine ne s'occupe pas de ce qui se passe sur le front terrestre et vice versa. Jusqu'en mai 1940, malgré ses réticences de plus en plus nettes envers Gamelin, malgré ses inquiétudes concernant l'aviation, Darlan reste convaincu qu'il ne se passera rien de grave sur la frontière Nord-Est : même s'il y a une attaque allemande, le front tiendra.

Le même jour que l'amiral Nord, le vice-amiral Muselier, commandant le secteur de Marseille, est mis à la retraite d'office. Mais dans son cas, il s'agit d'une mesure disciplinaire, à la suite d'une histoire assez trouble[73]. Muselier en conserva une haine farouche à l'encontre de l'Amiral de la flotte. Il essaiera, sans succès, de se faire nommer inspecteur général du blocus. Son heure ne viendra que plus tard, en juin 40. Son ressentiment à l'égard de Darlan jouera un rôle déterminant dans son entrée en dissidence.

L'affaire Castex s'accompagne de plusieurs mouvements dans la hiérarchie navale. Après avoir songé un moment à supprimer le commandement des Forces maritimes du Nord[74], Darlan désigne finalement l'amiral Abrial pour succéder à Castex. Il voudrait profiter de l'occasion pour se débarrasser aussi de l'amiral de Laborde, le dernier « rebelle », et essaie, sans succès, de le convaincre de prendre une retraite anticipée[75]. Le 20 novembre, « en raison de l'importance prise par ce théâtre d'opérations », il institue un commandement en chef des Forces maritimes d'Atlantique Sud et d'Afrique (amiral Afrique) confié au vice-amiral d'escadre Ollive, jusqu'alors commandant en chef de la flotte de la Méditerranée qui est dissoute. Les 2e, 3e et 4e escadres deviennent des forces navales indépendantes relevant directement du commandant en chef des Forces maritimes françaises. On peut se demander si cette réorganisation, qui accroît les pouvoirs directs de Darlan, ne résulte pas pour une part de la méfiance de celui-ci envers les qualités de chef d'Ollive. Les 5e et 6e escadres, qui n'avaient d'escadres que le nom, sont dissoutes, tandis que sont créés, « pour commander, entraîner, administrer » les patrouilleurs du large chargés de la protection du trafic, deux commandements, des Patrouilles de l'océan (PATOC) et des Patrouilles de la Méditerranée occidentale (PATMOC)[76]. Ces créations sont une conséquence directe des demandes formulées par Churchill lors de sa visite à Maintenon le 3 novembre. Cette première rencontre entre les deux hommes a permis de faire le point sur la coopération navale franco-britannique.

Elle illustre la différence d'organisation du commandement dans les deux pays. Le ministre de la Marine n'a pas son mot à dire sur les opérations et ne vient pratiquement jamais à Maintenon (il s'y est rendu le 13 octobre, mais seulement pour accompagner le président de la République). En Grande-Bretagne, ce serait plutôt le contraire : le Premier Lord de l'Amirauté (l'équivalent du ministre français) écrase de son exubérante personnalité le Premier Lord de la Mer. Il l'oblige à travailler jusqu'à une heure avancée de la nuit, et le malheureux Pound, qui est plus âgé que Darlan (il a soixante-deux ans), supporte mal ce régime, ce qui le conduit à somnoler pendant une bonne partie de la journée ! En outre, il est affligé d'une surdité gênante. Comme le dit Sir Basil Liddell Hart, « chez Pound, la surdité s'ajoute à la stupidité[77] ». Darlan n'a guère d'estime pour le « demi-kilo » — si l'on en croit l'historien Arthur Marder, la réciproque est d'ailleurs vraie[78]. Quant à Churchill, il se montre surpris et choqué de la manière dont Darlan cantonne son ministre dans des tâches administratives.

Les débuts des relations entre les deux marines ont été laborieux, si l'on en croit le colonel de Villelume[79], conseiller de Reynaud, mais les dispositions arrêtées durant les conversations qui ont eu lieu depuis avril 39 ont joué sans difficultés notables. L'offre de l'Admiralty d'équiper les navires français d'appareils Asdic a été très appréciée. La visite de Churchill, exactement deux mois après le déclenchement des hostilités, se déroule donc « dans une ambiance d'entente vraiment cordiale[80] ». Churchill s'attend à une situation difficile en 1940 : « Une augmentation considérable du nombre des sous-marins adverses est à craindre : programme de 8 par mois, ce qui porterait le nombre de sous-marins allemands à une centaine en 1940. Il y a aussi l'appoint possible de sous-marins russes. Cette menace doit être jugulée par des contre-mesures énergiques. » D'autre part, le *Bismarck* pourrait être prêt pendant l'été 1940, soit plusieurs mois avant les King George V. « Le besoin urgent en navires Asdic conduit l'Amirauté britannique à souhaiter, et même à solliciter, un développement rapide du programme naval français », et « un achèvement rapidement des deux Richelieu serait intéressant ». L'amiral Darlan répond qu'il a demandé au président du Conseil de pousser le programme naval, que le *Richelieu* sera prêt en juillet 1940. En réponse à une demande britannique tendant au déplacement de forces vers l'Atlantique pour lutter contre les raiders de surface, il indique que deux croiseurs et deux contre-torpilleurs ont déjà été prélevés en Méditerranée, il n'est pas possible de faire mieux à cause des carénages en cours[81]. « L'Amirauté française fait remarquer que dans la région Free-town-Dakar sont rassemblés trois groupes de combat. N'est-ce pas excessif[82] » ? D'autre part, « il n'est peut-être pas opportun que, simultanément, l'Angleterre et la France abandonnent la Méditerranée ; ce serait par trop tenter l'Italie ». Néanmoins, elle donne un accord de principe à l'envoi des cuirassés Provence à Dakar pour l'escorte des convois dans l'Atlantique Sud[83]. Au total, les divergences sont minimes, et l'accord entre les deux amirautés est total sur les grandes orientations à suivre. Rentré en Angleterre, Churchill rend, quelques jours plus tard, un hommage appuyé à la marine française à la Chambre des Communes, et Darlan y est très sensible[84].

Le 17 novembre, le Conseil suprême interallié se réunit à Londres, et la question d'Orient y est évoquée : « On reconnaît son importance et sa complexité. Son incidence italienne. On décide de continuer à l'étudier[85]. » Le 24 novembre, Darlan participe à une réunion chez Daladier sur ce thème. Il fait remarquer qu' « étant donné la rareté des navires marchands [...], il y aurait intérêt à faire les transports à l'avance avec le maximum de moyens » et qu' « à son avis, la Tunisie constitue le bastion fortifié idéal où nous pouvons placer nos réserves pour agir soit en Thrace, soit en Yougoslavie, soit en Libye, soit en France. [...] On décide de poursuivre l'étude sur ses bases[86] ». Le 11 décembre, nouvelle réunion à Vincennes, au Q.G. de Gamelin, sur le sujet. Il n'en sort rien de concret : « Tout le monde est d'accord que la politique prime le militaire et que rien de sérieux ne peut être entrepris tant que l'attitude de la Grèce et de la Turquie n'est pas définie[87]. » L'année s'achève ainsi sans que rien ait été décidé.

A la fin de l'année, Darlan est inquiet. Comme il l'avait prévu, on s'oriente vers une guerre longue. Mais les choses prennent mauvaise tournure. Il se livre à un violent réquisitoire qui n'épargne personne... sauf la marine.

> « [...] Le gouvernement est attaqué, ainsi d'ailleurs que le général en chef.
>
> « On reproche au président du Conseil de ne pas se montrer assez ferme vis-à-vis des communistes.
>
> « En réalité, le pays à l'impression qu'il n'est pas dirigé. Il s'attendait à une guerre foudroyante avec des bombardements

massifs, des pertes considérables. Comme il n'y a rien de tout cela, il finit par se demander pourquoi on l'a dérangé. Il ne sent pas une politique extérieure ferme et cohérente.

« Le gouvernement décrète un blocus intensif de l'Allemagne, mais il s'efforce de ne pas l'appliquer. Le ministre du Blocus est accusé d'empêcher les exportations françaises, etc., etc. [...]

« Bref, le pays ne comprend pas.

« Le gouvernement gouverne par saccades.

« Les ministères civils qui n'ont jamais préparé la guerre n'ont pas l'esprit de guerre.

« Le ministère de la Guerre a médiocrement préparé la mobilisation autre que celle des hommes.

« Les chefs militaires ne savent que faire derrière leurs fortifications et devant celles de l'ennemi. Ils ne sont pas assez attentifs au moral de leurs troupes.

« Les intérêts particuliers commencent à se dresser contre l'intérêt général.

« Seule, jusqu'à présent, la marine, qui est en état pratique de mobilisation depuis le début de la guerre d'Espagne, tient le coup. Les équipages bien nourris, bien habillés, envoyés en permission dès que c'est possible, font leur métier avec entrain. [...]

« Il urgerait que le pays fût gouverné et que l'armée prît de l'activité.

« Les Anglais ne sont prêts ni sur terre ni dans les airs, ni même sur mer. Toute leur politique peut se résumer dans le célèbre *Wait and see* — (jusqu'au mois d'avril 1940) [membre de phrase rajouté postérieurement].

« Persuadés qu'ils vaincront à la longue, ils se foutent du temps. [...]

« On devrait bien comprendre que puisqu'on n'a pas su éviter la guerre, *il nous faut vaincre* si nous voulons rester libres et qu'après il faudra abattre le communisme.

« Il nous faut un gouvernement qui gouverne, et je ne vois guère pour cela qu'un cabinet de guerre réduit, muni de pleins pouvoirs, non seulement jusqu'à la fin des hostilités mais aussi jusqu'à ce que le pays ait repris son équilibre[88]. »

Son inquiétude est d'autant plus grande que, à la différence de l'opinion commune, il ne croit pas que « le temps travaille pour nous ». Il s'en explique dans une longue note datée du 23 janvier 1940 qui, cette fois, n'est pas destinée à sa réflexion personnelle, mais est communiquée à Daladier et à Gamelin[89].

« Si sa consommation intérieure n'augmente pas du fait d'opérations militaires actives et si elle n'est privée d'aucune de ses sources européennes actuelles de ravitaillement, l'Allemagne, par les stocks qu'elle a accumulés et les restrictions qu'elle s'impose, peut “ tenir ” très longtemps, malgré le blocus maritime. »

Darlan en est d'autant plus convaincu que le blocus, malgré l'institution d'un ministère du Blocus, reste largement théorique, ainsi qu'il l'écrit dans une note rédigée en mars : « Nos frontières terrestres sont ouvertes comme en temps de paix. Seul est organisé et fonctionne le blocus sur mer. Mais par les tractations diverses, par des accords commerciaux variés, il est émasculé. » En trois mois, n'ont été saisies que 78200 tonnes de marchandises : « C'est dérisoire, et largement dépassé par ce que l'Allemagne a pu recevoir, via nos frontières terrestres » (par le jeu des réexportations hollandaises ou italiennes). Le système de blocus des exportations allemandes est lui aussi « un simple jeu de papiers[90] ». L'Allemagne supporte donc sans grands dommages le *statu quo,* alors qu'au contraire les Alliés s'usent.

> « *Sur le front économique,* la situation met en présence :
>
> « — d'une part, les Allemands dépensant peu et vivant, avec une parcimonie calculée, sur leurs stocks ou sur les neutres voisins ;
>
> « — d'autre part, les Alliés, rattrapant leur retard d'armement au prix d'une débauche de moyens économiques et financiers, permise par la maîtrise de la mer.
>
> « Les Alliés partent d'une situation économique infiniment plus solide que celle de l'Allemagne, mais ils s'appauvrissent plus vite qu'elle. Il y a un moment à partir duquel le temps ne travaillera plus pour eux.
>
> « *Du point de vue psychologique et moral* enfin, c'est tout le problème des " fronts intérieurs " qui se pose. Pays d'opinion, les démocraties occidentales sont plus vulnérables sur ce terrain que la dictature national-socialiste[91]. »

Il faut donc « s'outiller pour tenir », ce qui exige « qu'une place prépondérante soit accordée aux problèmes économiques et sociaux pour tenir également « à l'intérieur ». Mais il faut aussi « préparer toute manœuvre de nature à troubler l'équilibre actuel pour « en sortir ». La manœuvre frontale étant exclue, on en revient à la « manœuvre d'aile ou excentrique ». En Méditerranée, il paraît difficile, sans l'Italie, d'obtenir un résultat décisif par l'Orient ». La manœuvre nordique offrirait, au contraire, « des possibilités de manœuvre peut-être décisives ».

LA MANŒUVRE SCANDINAVE

Le 30 novembre, le déclenchement de la guerre soviéto-finlandaise place la Scandinavie au premier plan. L'émotion causée par l'agression soviétique est considérable en France : mise au ban des nations par la S.D.N., l'Union soviétique devient un adversaire presque au même titre que l'Allemagne. Il faut faire quelque chose pour aider l'héroïque Finlande. On va assister à la répétition du scénario méditerranéen : les Français vont tenter d'entraîner dans l'aventure les Britanniques qui freineront tant qu'ils pourront. Darlan va participer activement à tous ces projets. Mais pour lui, il s'agit moins de secourir la Finlande — et plus tard la Norvège — que de reprendre par le nord la manœuvre d'aile qui n'a pu être réalisée au sud. Lorsque au Conseil suprême du 23 avril 1940, le ministre de Norvège parle de la défense « des droits sacrés de la civilisation et de la liberté », l'Amiral de la flotte se penche vers son voisin, Paul Baudouin (sous-secrétaire d'État à la présidence du Conseil) et lui chuchote : « Voilà l'eau bénite et les bêtises qui recommencent. Il ne s'agit pas de cela, mais de battre les Allemands[92]. »

Au départ, Darlan ne semble pas croire à la possibilité d'une manœuvre nordique. Son Journal ne signale même pas le déclenchement de l'attaque soviétique contre la Finlande[93]. L'initiative vient de Daladier, qui lui demande le 24 décembre par téléphone de préparer un débarquement anglo-polono-français dans la région de Petsamo (Arctique). L'attaché militaire finlandais à Paris a en effet remis un mémento « montrant qu'une action navale sur le trafic russe Mourmansk-Petsamo serait une aide précieuse pour la Finlande ». Le jour même, l'Amirauté française saisit l'Admiralty d'un avant-projet d'opération navale dans la région Mourmansk-Petsamo[94]. Dans les premiers jours de janvier, les Britanniques font connaître leur opposition : « Même conduite avec des bâtiments polonais, l'opération envisagée par l'Amirauté française pourrait provoquer un conflit avec l'U.R.S.S., qui n'est pas souhaitable[95]. » L'Amirauté ne fait que confirmer la position énoncée par Chamberlain et par Halifax au Conseil suprême du 19 décembre, et qui a fait exploser Daladier : la non-intervention[96].

Malgré l'opposition britannique, Daladier s'obstine, car l'opinion publique s'impatiente et le quai d'Orsay lui a signalé l'importance d'opérations coupant les approvisionnements allemands en minerai de fer suédois. Les « hésitations » (en fait, il s'agit d'une véritable opposition) britanniques pourront être surmontées, pense-t-on, si l'on propose aux Anglais un plan cohérent. Aussi, rentrant d'une réunion chez le président du Conseil le 13 janvier, Darlan donne-t-il l'ordre d'étudier « d'urgence et *dans un sens positif* une action navale dans les régions nordiques : Petsamo, Mourmansk, Narvik, côte norvégienne[97] ». L'étude est promptement menée puisque, dès le surlendemain, il peut remettre à Gamelin :

« a) un avant-projet d'opération sur la côte nord de Finlande et une note sur l' " Allemagne et le minerai de fer suédois " étudiant les divers aspects d'une opération scandinave, notamment l'occupation de Narvik-Lulea, de Bergen et de Trondheim.

« b) une " note sur une opération navale dans l'océan Glacial Arctique ", exposant, en particulier, qu'il n'y a pas lieu de redouter outre mesure un conflit avec l'U.R.S.S. et qu'il faut en convaincre le War Cabinet et l'Amirauté britannique[98]. »

Gamelin transmet ces études le 16 janvier à Daladier, avec une note dans laquelle il conclut dans le même sens (puisque Daladier a exigé « un sens positif ») mais en attirant l'attention sur les risques de l'opération. La position française est donc arrêtée. Reste à convaincre Londres qui s'effraie, à juste titre, d'une Union soviétique hostile. Loin de s'en inquiéter, Darlan envisage au contraire cette éventualité avec faveur et souhaite même que la France en prenne l'initiative. Dans une note rédigée le 22 janvier, il propose : « — sauf sur le front Nord-Est, attaquer partout où nous le pouvons (Finlande, Caucase, mer Noire) ; — ouvrir délibérément les hostilités contre l'U.R.S.S. [99] ».

Une guerre ouverte permettrait de monter une manœuvre de grande ampleur contre les approvisionnements dont l'Allemagne a absolument besoin : « En attaquant la Russie par la mer Noire et le Caucase, nous paralysons totalement ses transports de combustibles et en partie certains mouvements de matières premières pour l'Allemagne[100]. »

L'intérêt de la manœuvre est donc double. L'Allemagne sera privée de ses matières premières les plus essentielles. Darlan insiste :

« *Le but secret et lointain de la manœuvre finlandaise par l'Arctique doit être la mainmise sur les minerais de fer suédois*[101]. Mais on peut aussi espérer que la Turquie et sans doute les pays scandinaves se joindront à la coalition alliée. C'est la seule chance de renverser l'évolution défavorable de la guerre. [...]

« Si nous n'attaquons ni en Finlande, ni en Orient, ni en mer Noire et au Caucase, ni sur la frontière occidentale du Reich, nous verrons l'Allemagne et la Russie grignoter les neutres, et nous aurons à subir une guerre de siège qui sera d'autant plus longue que le blocus maritime sera devenu à peu près inutile et que l'usure des flottes de commerce alliées se fera sentir.

« Et la victoire sera d'autant plus ruineuse qu'elle sera plus tardive[102]. »

Il ne s'agit donc pas seulement d'une attaque localisée pour soulager la Finlande. Mais une manœuvre exige une base en Norvège. Deux solutions sont concevables : soit l'occupation d'un « fjord perdu de Norvège : Kirkenes par exemple, [...] qui ne soulèvera sans doute pas une grave émotion[103] », soit « exiger, en y mettant les formes, et au nom de la S.D.N., le libre passage par la Norvège et la Suède pour porter assistance à la Finlande ; sous ce prétexte, ou à la faveur de quelque faute allemande, débarquer à Narvik les troupes nécessaires pour occuper la région des minerais ».

> « L'opération de Petsamo, décrite plus haut, ne devrait être considérée que comme le prélude et la diversion de la manœuvre scandinave proprement dite. Comme elle, elle exige une action diplomatique préalable[104]. »

C'est justement sur ce point que bute le projet de Darlan. Sans même parler du fait qu'il est pour le moins irréaliste (et même insensé), quand on est déjà en guerre avec l'Allemagne, de vouloir en plus se battre contre la Russie, il est évident que les pays scandinaves ne veulent pas être entraînés dans la guerre, comme ils l'ont déjà fait savoir. Se posent en outre des difficultés pratiques d'une ampleur insoupçonnée. Les Soviétiques ont mouillé 400 mines qu'il faut draguer, et le port n'a qu'un mauvais quai en bois et pas de grue. En hiver, le jour dure à peine trois heures, la température descend à −45°, et la toundra est impraticable. Même si l'on avait réussi à débarquer des véhicules, tout aurait gelé aussi bien à terre que sur les navires de guerre. Le seul moyen de traction, c'est le cheval et le traîneau, et il faut des hommes entraînés à supporter ce climat épouvantable. Pour avoir une idée du problème, il suffit de rappeler que les Allemands, qui se sont installés à Petsamo en temps de paix, n'ont pu franchir durant l'été 1941 que 45 des 100 kilomètres les séparant de Mourmansk. On reste stupéfait, dans ces conditions, de l'ignorance de l'Amirauté devant la réalité du théâtre arctique. Darlan projette « d'engager une force navale comprenant un cuirassé classe Bretagne, une division de contre-torpilleurs, une division de torpilleurs et deux divisions de sous-marins dans une attaque du port finlandais de Petsamo, occupé par les Soviétiques[105]. Sous le couvert de la flotte franco-britannique, les troupes polonaises reprendraient la ville et les forces franco-britanniques pourraient ensuite débarquer " l'arme à la bretelle ". Le contre-amiral Le Luc déclare au cours d'une réunion au ministère de la Guerre, le 24 janvier 1940, que "les marines française et anglaise sont en état de mener avec aisance une affaire Petsamo et sans délai[106] " ».

Les Britanniques, plus réalistes, sont parfaitement conscients de ces difficultés. Mais les Français poussent tant qu'ils le peuvent. A la réunion des commandants en chef alliés les 31 janvier et 1er février, « les renseignements anglais montrent que le trafic aboutissant vers Petsamo est rare et peut-être nul, contrairement à ce que supposaient les Finlandais. L'attaque ne présente pas d'intérêt ». Il faut y renoncer. Pourtant les Français s'accrochent, et les Anglais finissent par admettre que « l'action sur les minerais vaut les risques du conflit ». On décide de saisir le Conseil suprême[107]. Réuni le 5 février, celui-ci décide de réaliser l'opération par Narvik. Les Britanniques, qui n'hésitent pas à qualifier en privé les projets français de *fantastic, nonsense,* se sont ralliés avec une étonnante facilité... apparente. Il reste à organiser l'expédition, qui reçoit le nom de code B.K.

Darlan, enthousiaste, donne dès le lendemain ses instructions « relatives à l'exécution des mesures à prendre pour les opérations envisagées par le Conseil suprême du 5 février ». Le contre-amiral Derrien, « A.D.D. » notoire, sera le chef de la force navale affectée à l'opération, dite Force Z. Les mesures de préparation sont conduites « comme si la totalité du corps expéditionnaire devait embarquer dans les premiers jours de mars[108] ». Dès le 12 février, on procède aux réquisitions de navires de commerce.

Le problème est que « les préparatifs vont plus lentement du côté britannique, où les autorités semblent encore hésitantes. L'incident de l'*Altmark*[109] qui aurait pu donner motif à une vigoureuse intervention n'est pas exploité[110] ». Darlan prévient le 17 février que, « la situation de la Finlande devenant critique, il faut activer le plus possible l'opération[111] ». Le 22, il propose à Gamelin « de hâter l'opération en transportant le corps expéditionnaire avant le gros britannique qui n'est pas encore prêt[112] ». La lettre reste sans réponse. Les Britanniques hésitent, reparlent de l'opération sur Petsamo, Gamelin modifie l'échelonnement du corps expéditionnaire. Tant et si bien que le premier convoi anglais appareille seulement le 13 mars, le jour où la Finlande signe la paix. Deux jours plus tard, l'opération B.K. est suspendue.

Dès le 10 mars, Darlan, sentant venir l'événement, a rédigé une nouvelle note sur la conduite de la guerre dans l'hypothèse d'une paix russo-finlandaise : les Alliés s'usent plus vite que l'Allemagne, ravitaillée par les neutres. « Nous avons plus d'intérêt qu'elle à sortir de cette guerre de siège. Comment ? Il convient en premier lieu de rendre le blocus plus efficace en rationnant, pour les matières essentielles, les neutres limitrophes de l'Allemagne. » Mais cela ne saurait suffire. Il faut reprendre la manœuvre d'aile : « Le raté éventuel de l'opération finlandaise ne doit pas changer nos buts (minerai suédois, pétrole du Caucase) mais nous oblige à les atteindre par d'autres moyens plus politiques que militaires. » Darlan propose

> « — une déclaration interdisant aux neutres (Suède, Russie, Roumanie) d'importer en Allemagne certains produits clefs (fer et pétrole par exemple) sous peine de représailles ;
> « — la préparation d'une intervention militaire éventuelle en Scandinavie (pour le cas où l'Allemagne envahirait la Suède) ;
> « — une négociation avec l'Italie et la Turquie pour une intervention militaire éventuelle en mer Noire [113] ».

Autrement dit, il faut tout recommencer, mais dans des conditions beaucoup plus difficiles. L'affaire finlandaise a causé de sérieux dégâts à la solidarité d'armes franco-britannique [114]. Vers le 9 mars, une note du quai d'Orsay accuse les Britanniques d'être responsables de l'échec : « Le cabinet de Londres a donné l'impression qu'il était plus préoccupé d'esquiver ses engagements que de les remplir. » De l'autre côté de la Manche, Lord Cadogan, sous-secrétaire d'État au Foreign Office, écrit dans son Journal que Daladier est devenu « hystérique. [...] Les Français prennent le mors aux dents. Enfonçons-le-leur dans la gueule [115] ». C'est dans cette atmosphère de plus en plus tendue que la coalition va désormais fonctionner.

A cette crise franco-britannique vient se superposer une crise proprement française. Darlan a été exaspéré par les hésitations de Gamelin (qui en fait ne croyait pas à la manœuvre scandinave) et le manque d'autorité de Daladier. De son côté, ce dernier confie à Coulondre (ambassadeur en Suède) : « Darlan a l'air très décidé, mais si je lui dis : “ On fait l'opération sans les Anglais, ils sont trop lents ”, il trouvera qu'il manque un élément nécessaire avant de pouvoir partir [116]. » Darlan, plus conscient des réalités stratégiques, sait en effet que l'opération est irréalisable sans les Britanniques, pour des raisons géographiques évidentes, mais Daladier, devenu véritablement obsédé par son projet, ne s'arrête pas à ce genre de considération. Si l'on en croit l'amiral Docteur, il aurait même déclaré : « Je ne veux plus voir Darlan, c'est un factieux [117] ! »

Le 19 mars, mis en minorité, le gouvernement Daladier démissionne. Il est remplacé par un gouvernement Paul Reynaud dans lequel Daladier conserve le portefeuille de la Défense nationale, ce qui va encore compliquer les choses, car, plein de rancœur pour celui qui l'a remplacé, il va s'efforcer de torpiller son action par tous les moyens. Les rapports entre le pouvoir civil et le haut commandement vont encore se dégrader. Reynaud n'a pas confiance en Gamelin[118] et préfère se fier à son propre jugement et à celui de ses conseillers, notamment le colonel de Villelume. Il gouverne en cabinet de guerre restreint, « comité dont les attributions, d'ailleurs non définies, paraissent chevaucher sur les attributions du Conseil supérieur de la défense nationale et du Comité de guerre prévues par les textes en vigueur ». Or, le 23 mars, ledit cabinet se réunit pour envisager la reprise de la manœuvre scandinave, et ce sans la participation de l'Amiral de la flotte qui n'a pas été convoqué et n'apprend les résultats de cette délibération que le lendemain. Celui-ci adresse aussitôt une vigoureuse protestation contre cette situation « anormale[119] ». Dans son Journal des événements, il note avec aigreur : « M. Paul Reynaud, qui paraît tout ignorer de l'organisation de la nation en temps de guerre, crée un cabinet de guerre (qui n'a aucune existence légale), charge des fonctionnaires non qualifiés de réunir des renseignements sur les opérations, en un mot, il sème le désordre et la confusion[120]. »

Malgré cela, on reprend l'étude de la manœuvre d'aile, car il faut agir pour effacer l'échec finlandais. Le 24 mars, Darlan rencontre Gamelin et lui remet deux aide-mémoire sur « des opérations ayant pour but soit d'arrêter le trafic maritime sur la côte norvégienne, soit de contrôler le trafic pétrolier en mer Noire[121] » et qui reprennent ses propositions précédentes.

Le 27 mars, les commandants en chef alliés se réunissent à Londres. Darlan a préparé un canevas pour son exposé :

> « On ne peut pas se livrer sans raison à l'invasion d'un pays neutre ; pour le faire, il faut :
> « — un *prétexte juridique,* indispensable en particulier pour les consciences anglo-saxonnes ;
> « — un *but suffisamment important* pour entraîner un résultat décisif.
> « L'expédition scandinave avec le " prétexte " Finlande et le " but " minerais remplissait ces conditions. Il est rare de retrouver à la guerre les occasions perdues.
> « Les seules initiatives pratiquement possibles sont
> « a) renforcer le blocus...
> « b) comme conséquence de cette position, exiger que la Suède ne fournisse plus de fer à l'Allemagne sous menace de :
> « — blocus
> « — saisie de la flotte marchande suédoise
> « — intervention armée dans la région des minerais ;
> « c) comme autre conséquence de cette position, demander la liberté de passage d'une force alliée par les détroits des Dardanelles et du Bosphore pour couper le trafic pétrolier en mer Noire.
> « Cet acte entraînera probablement les hostilités avec la Russie,

dont il faudra profiter pour une expédition définitive sur les pétroles du Caucase. »

Darlan termine en demandant « une sérieuse préparation diplomatique en particulier avec l'Italie (compensations à proposer en mer Noire) », et « d'étudier d'avance les ripostes dans les divers cas, pour ne pas être pris au dépourvu ». Il situe plutôt la riposte allemande dans les Balkans, mais envisage aussi « une invasion de la Hollande pour y conquérir des bases sans toucher à la Belgique[122] ».

Au cours de la réunion, il expose les plans français (Norvège et mer Noire), Gamelin et Vuillemin se contentant d'intervenir sur des questions ponctuelles. Du côté britannique, c'est l'*air marshall* Newhall qui mène la discussion, Pound, sans doute somnolent, ne parlant que sur l'opération de Norvège. Il se prononce pour une action en dehors des eaux territoriales norvégiennes et compte sur l'aide de la marine française. Newhall met constamment en avant l'argument politique : c'est aux gouvernements qu'il appartient de prendre de telles décisions. Darlan lui répond qu'il vaut mieux un accord préalable entre les militaires. Les Britanniques n'ayant pas d'objections techniques majeures, le plan français est adopté et soumis au Conseil suprême qui se réunit le lendemain[123].

Le Conseil suprême décide d'effectuer simultanément le 4 ou le 5 avril des mouillages de mines le long des côtes norvégiennes (idée française) et dans le Rhin (opération Royal Marine passionnément défendue par Winston Churchill). Le bombardement des pétroles de Bakou sera étudié. Auphan, qui accompagne Darlan, lui glisse une feuille sur laquelle il a écrit : « On peut se demander si une action aérienne seule serait efficace, sans occupation des puits de pétrole. » L'Amiral de la flotte lui répond par la même voie : « Ne compliquez pas, le zèle est déjà assez faible[124]. »

Dès la fin de la réunion, Darlan signale à Gamelin qu'il faut s'attendre à une réaction allemande « immédiate et violente ». Il importe donc « de rassembler un corps expéditionnaire et de le tenir prêt à être débarqué aussitôt le mouillage des mines effectué pour parer à cette réaction[125] ». Ses craintes sont encore avivées lorsque, de retour à Maintenon, il apprend que l'exemplaire du plan d'opérations remis au général Gamelin a été retrouvé sous le coussin d'un des fauteuils de son appartement à l'hôtel Carlton… tenu par du personnel en partie italien. Sommet d'une série d'indiscrétions qui dépassent l'imagination : l'attaché militaire français à Oslo demande aux autorités norvégiennes des renseignements sur les installations portuaires qui lui sont obligeamment fournis ; l'attaché de l'air contacte un officier norvégien qui informe immédiatement ses supérieurs ; quant à l'attaché naval adjoint, il va rendre visite au commandant de la place de Narvik qui est membre du Parti nazi norvégien et Berlin est aussitôt alerté[126]...

Darlan est convaincu que la riposte allemande sera rapide et massive. Le 30 mars, il alerte Daladier :

> « Il serait téméraire de supposer que l'Allemagne assistera passivement à notre intervention dans les eaux norvégiennes. [...]
>
> « Des renseignements récents montrent qu'elle a rassemblé les moyens d'une expédition sur les bases de la Norvège méridionale (Stavanger) ou de la Suède : il n'est pas déraisonnable d'imaginer qu'elle réagisse au lendemain de notre démarche diplomatique ou du mouillage des mines, c'est-à-dire dès le 3 ou le 6 avril, en envahissant la péninsule scandinave pour marcher vers les minerais.
>
> « Si donc nous ne voulons pas risquer de perdre tout le bénéfice de l'initiative qui se prépare, il nous faut être prêts à débarquer en Norvège et spécialement à Narvik pour occuper la région des minerais avant les Allemands.
>
> « La réunion d'un corps expéditionnaire franco-britannique et des moyens de transport appropriés me paraît un complément indispensable aux décisions interalliées du 28 mars, et je l'ai signalé le soir même au général commandant en chef Gamelin.
>
> « Pour bien faire, il faudrait que l'avant-garde de ce corps puisse débarquer en Norvège à partir du 3 avril dans l'éventualité d'une réaction allemande.
>
> « Il est difficile de tenir cette date. Lors de la dislocation de l'expédition de Finlande un délai de quinze jours avait été prévu pour réunir dans les ports d'embarquement les moyens maritimes nécessaires à une nouvelle expédition du même genre ; je prends des mesures pour réduire ce délai à une huitaine de jours.
>
> « De leur côté, les Britanniques pourraient certainement réunir des croiseurs et des moyens de transport appropriés pour un premier échelon dans un temps encore plus réduit.
>
> « Mais pour eux comme pour nous une décision rapide s'impose[127]. »

Le jour même où Darlan envoie sa lettre à Daladier, le cabinet de guerre refuse l'opération Royal Marine par peur des représailles. Du coup, les Britanniques refusent d'exécuter la partie norvégienne du plan : « *No mines, no Narvik* », dit Chamberlain. Pourtant, la mission navale française à Londres signale, les 31 mars et 1er avril, que les Britanniques reprennent les préparatifs de l'expédition scandinave, avec le même rythme de convois. Gamelin est prévenu dès le 1er avril, et Darlan lui demande une nouvelle fois, le lendemain, de préciser l'importance et les délais du transport du corps expéditionnaire français[128]. Comme celle du 30 mars, cette lettre reste sans réponse, mais les officiers de liaison au G.Q.G. informent l'Amirauté, dans la soirée du 4, que la composition du corps expéditionnaire a été modifiée. Il faut désormais 4 cargos supplémentaires dont Darlan demande, dans l'après-midi du 5, la réquisition immédiate. Dans la soirée, il est avisé que l'ordre a été donné de reprendre l'opération. Sans même attendre officiellement l'accord de Daladier (qui ne viendra que le 9 !), il commence aussitôt les réquisitions. Les mouillages de mines doivent commencer le 8. Mais le même jour, Hitler a lancé l'opération *Weserubung*. Dans la soirée, Paul Reynaud fait informer l'Amirauté que, d'après l'agence Reuter, des convois allemands traversent la mer du Nord. Darlan, qui s'attendait à une réaction rapide mais pas à une initiative allemande, est surpris. Pour une fois, son système de transmissions a été pris en défaut. « Comment le savez-vous ? — Je viens de le lire dans Reuter. — Alors, je vais faire une enquête[129]. » Le 9 au matin, le Comité de guerre se réunit d'urgence. Paul Reynaud demande aux chefs militaires ce qu'il faut faire. C'est Darlan qui parle le premier. Il propose de

> « 1. Occuper rapidement Narvik, Trondheim et si possible Bergen ;
> « 2. rentrer en Belgique ;
> « 3. procéder au lancement des mines fluviales (pour bloquer la navigation sur le Rhin) ;
> « 4. procéder à des attaques locales sur le front Nord-Est. »

Le Comité ne retient que l'action en Norvège et l'avancée en Belgique (sous réserve de l'accord du gouvernement belge[130]). L'après-midi un Conseil suprême improvisé se tient à Londres et adopte les mêmes conclusions. La Home Fleet, à laquelle est rattaché le groupe *Émile-Bertin* du contre-amiral Derrien (envoyé fin mars), est soumise à de violentes attaques aériennes. En France, l'Amirauté procède aux réquisitions nécessaires au transport du corps expéditionnaire.

Le 11 avril, Reynaud, exaspéré par l'apathie de Gamelin face à l'événement, adresse à Daladier, en lui demandant de la transmettre aux commandants en chef, une lettre très longue et très sèche accusant le haut commandement d'avoir été surpris et ordonnant d'agir sans retard. Darlan juge la lettre « extrêmement cavalière » :

> « Cette lettre, dans laquelle M. P. Reynaud découvrait tout d'un coup ce dont on parlait depuis des semaines, montrait une ignorance totale des possibilités, était injuste, au moins en ce qui concerne l'Amiral de la flotte.
> « J'adresse ma réponse au président Daladier.

« 1° Il y a longtemps que je connais l'importance du fer.
« 2° J'indique que je n'ai pas été surpris puisque j'ai été prévenu.
« 3° Je signale que je ne peux pas décrocher la lune[131]. »

La réponse, très longue, de Darlan fait en effet référence à sa lettre du 30 mars et indique que « les désirs formulés par le président du Conseil, quant à la date d'embarquement du premier échelon français, se trouvent, dès à présent, réalisés : aujourd'hui 12, partira de Brest le premier échelon » et rappelle qu'il n'est pas possible de « réunir 81 navires aptes aux transports pour jeter trois divisions sur le sol norvégien ». Et il conclut sur une flèche que François Bédarida qualifie, non sans raison, de « chef-d'œuvre de froide insolence » : « Je ne puis que remercier le président du Conseil de la confiance qu'il veut bien avoir sur ma pleine conscience des énormes responsabilités qui pèsent sur l'Amiral de la flotte : l'action — efficace — de nos forces maritimes depuis sept mois de guerre aurait suffi — à défaut de réflexion — pour mesurer ces responsabilités[132]. » Mais Reynaud ne vise pas l'Amiral de la flotte. Il veut instruire le procès de Gamelin au cabinet de guerre qui se tient le 12 avril au soir.

Les commandants en chef ne participent pas à la première partie de la réunion et attendent dans un salon voisin : « On entend de violentes altercations entre les ministres[133]. » Reynaud donne lecture de la lettre du 30 mars par laquelle Darlan soulignait la nécessité de prévoir une riposte allemande : « M. Paul Reynaud n'hésite pas à qualifier cette lettre de prophétique en ce sens qu'elle prévoit les événements de mardi dernier et des jours suivants tandis qu'au contraire le président du Conseil a le regret d'indiquer qu'il ne lui paraît pas que le haut commandement ait suivi les conseils de l'amiral Darlan et pris des dispositions pour maîtriser la riposte allemande. Le président du Conseil considère qu'il y a eu une véritable défaillance de l'autorité[134]. » Daladier défend le généralissime, et aucune décison ne peut être prise. A 19 heures 10, Gamelin et Darlan sont introduits. « Monsieur Daladier est seul, renfrogné, dans un coin et murmure qu'il en a assez et qu'il va s'en aller[135]. » Reynaud demande de hâter l'exécution du plan arrêté. Darlan « intervient alors pour indiquer qu'il ne lui paraît pas possible de hâter le plan d'intervention, qu'au contraire même, du fait de la présence de l'ennemi, on peut craindre que ce plan d'intervention ne voie son exécution allongée de trois ou quatre jours, qu'enfin l'augmentation des effectifs français est un problème très difficile puisque l'Amirauté britannique a demandé au gouvernement français d'assurer le transport de ses propres troupes. Or la France a très peu de bateaux disponibles, et une augmentation des troupes à transporter en Norvège provoquerait de graves perturbations dans le ravitaillement de la France par la voie maritime[136] ». Tableau très sombre, mais conforme à la réalité : la marine marchande française ne dispose que de 3 millions de tonneaux, et malgré des affrètements massifs de navires étrangers, les marchandises s'entassent dans les ports américains. Armateurs et industriels sont donc résolument opposés à toute réquisition, et le ministre de la Marine marchande, seul compétent pour déclencher une telle procédure (les pouvoirs de l'Amirauté sont limités à la gestion des convois), est sensible à leurs doléances.

La semaine qui suit est très pénible. Le pouvoir politique est complètement paralysé. Darlan note dans son Journal :

> « Du 13 au 17 avril, nombreux comités de guerre au cours desquels on peut constater l'animosité entre P. Reynaud et Daladier. Laurent-Eynac ne cesse de répéter qu'il ne peut rien faire parce qu'il n'a rien. Le président de la République veut qu'on ne fasse rien parce qu'il a peur des coups. Monsieur Daladier ne veut rien faire parce que P. Reynaud veut faire et aussi sans doute parce qu'il sait que, comme l'aviation, l'armée n'a rien[137]. »

L'Amirauté britannique est responsable des opérations en Norvège, et tout ce que peut faire l'Amirauté française est de transporter le corps expéditionnaire. Le 13 mars, Darlan fait rallier Brest à la Force de raid : elle se tient « prête à reprendre la mer pour aller soutenir éventuellement l'action des forces navales anglaises[138] ». Les Britanniques sont si inquiets qu'ils demandent, le 17 avril, « si l'Amirauté française est prête à prendre la direction des opérations dans la Méditerranée. Réponse affirmative[139] ». Sans attendre, Darlan définit l'organisation à mettre en place en Méditerranée orientale : l' « amiral Sud-Est » dépendra de l' « amiral Sud » et aura sous ses ordres la division navale du Levant, la Force X (escadre constituée le 29 avril avec les cuirassés Provence envoyés à Alexandrie pour renforcer la Mediterranean Fleet) et les Patrouilles de la Méditerranée orientale (à créer). Le titulaire est déjà désigné : c'est le vice-amiral d'escadre Devin, préfet maritime de la 3e région[140]. Loin de rechigner devant cette extension des charges de la marine française, Darlan en tire une profonde satisfaction :

> « Lorsque j'écrivais, avant la guerre, qu'il nous fallait une marine parce que la marine anglaise aurait sur les bras un fardeau très lourd et qu'il ne faudrait pas compter sur son aide, on ne me croyait pas ; j'étais pourtant au-dessous de la vérité. Que pense Monsieur Yvon Delbos qui, comme ministre des Affaires étrangères, soutenait qu'il

n'y aurait pas besoin de flotte française puisqu'il y avait la flotte anglaise[141] ? »

L'Amirauté britannique ne pense sans doute pas autrement et renonce finalement à abandonner la Méditerranée aux Français. Pourtant, les nouvelles de Norvège sont mauvaises : « Le 26 avril, les Anglais, fortement démoralisés par les attaques aériennes allemandes, sont prêts à tout abandonner en Norvège[142]. » Comme le dit l'amiral Docteur, « il y a du tirage entre les amirautés française et anglaise. Darlan m'écrit : " Nous avons du boulot, mais nous en aurions moins si le board d'en face savait mieux maîtriser ses nerfs. Un H.M.S. s'appelle *Versatile.* Ce nom irait fort bien à la boîte que dirige le 1/2 kilo " » (Pound en langue anglaise)[143]. Les relations sont encore compliquées par les dissensions avec les militaires, comme le montre un incident survenu durant la bataille de Namsos : les militaires britanniques accusent le croiseur *Émile-Bertin* d'être responsable du bombardement de la ville de Namsos. Darlan s'en explique à Reynaud et conclut : « J'en ai parlé à l'amiral Pound qui a haussé les épaules et m'a dit : " Ces militaires anglais sont vraiment stupides[144] ". » La solidarité entre marins n'est pas un vain mot, alors même que les relations entre les deux amirautés ne cessent de se tendre. Au Conseil suprême du 23 avril, Baudouin a trouvé Darlan « plein de mépris pour ses collègues britanniques. Assis à côté de moi, il jouissait littéralement des somnolences de Sir Dudley Pound[145] ». Au Comité de guerre du 4 mai, il remarque : « L'Amirauté anglaise est cristallisée dans la défense directe de la Grande-Bretagne et ne veut rien d'autre[146]. » Paroles qui se révéleront encore plus vraies durant la campagne de France...

A la fin d'avril, Darlan croit l'entrée en guerre de l'Italie de plus en plus probable. Le 29 avril, il déclare à l'amiral Docteur que « les injures italiennes deviennent intolérables[147] ». Il s'occupe de faire revenir en Méditerranée le gros de ses forces et définit sa stratégie :

> « En cas d'opérations en Méditerranée orientale, la Grèce et la Turquie étant avec nous, j'estime indispensable d'occuper la Crète qui commande la mer Égée et le Dodécanèse, l'île de Milo, la rade de Navarin et d'utiliser l'arsenal de Salamine.
>
> « La possession de la Crète est primordiale si nous envoyons un corps expéditionnaire à Salonique[148]. »

Au début du mois de mai, « sont concentrés en Méditerranée tous nos cuirassés, tous nos croiseurs lourds, d'importantes forces légères et une masse de sous-marins[149] ». En Norvège, la Force Z (qui va bientôt se transformer en Forces navales de Scandinavie) dispose d'un croiseur (le *Montcalm,* qui a remplacé l'*Émile-Bertin*), 5 contre-torpilleurs (réduits à 4 le 3 mai par la perte du *Bison* coulé par les stukas), 3 torpilleurs, 1 division de croiseurs auxiliaires, 13 sous-marins (l'un d'eux, la *Doris,* sera torpillé par un sous-marin allemand le 9 mai). Pour un contre-torpilleur coulé par l'aviation ennemie (et un autre, le *Maillé-Brézé,* victime d'un accident de torpille) et un sous-marin torpillé, la Force Z revendique la destruction d'un sous-marin, de deux patrouilleurs et de deux vedettes, ainsi que de quelques avions[150]. Du point de vue des enseignements de la campagne, qui a été pour la marine ce qu'a été la *blitzkrieg* en Pologne pour l'armée de terre, Darlan ne partage pas l'inquiétude de l'Amirauté britannique, traumatisée par les attaques aériennes ; d'un point de vue stratégique, il estime, là aussi à l'inverse des Britanniques qui sont très pessimistes, que rien n'est encore perdu malgré l'évacuation de Namsos le 3 mai :

> « Si les Alliés parviennent à s'emparer de Narvik, à y faire un camp retranché et à y réunir les moyens d'une action éventuelle sur les gisements suédois, le bilan de l'affaire restera nettement en notre faveur. Il est donc encore trop tôt pour porter un jugement définitif.
>
> « Provisoirement, les résultats suivants sont obtenus :
>
> « a) sur le plan politique, il faut reconnaître que nous n'avons pu, une fois de plus, sauver un neutre, mais :
>
> « b) sur le plan militaire, les Allemands ont dû consacrer au front norvégien de grands moyens, prélevés sur le front de Hollande et sur celui du Nord-Est ; ils ont usé leur matériel, leur combustible ; ils devront toujours y entretenir des forces importantes, difficilement transportables ailleurs.
>
> « c) sur le plan économique, une fois les stocks locaux dévorés, le bénéfice de l'occupation est mince pour un pays qui ne vivait que de la mer.
>
> « d) sur le plan maritime, un nouveau front d'usure aéronaval s'est créé, fixant l'activité des flottes allemandes et alliées. [...]
>
> « Cette fixation de l'activité aéro-navale fait que les communications maritimes alliées dans le monde entier n'ont plus guère été attaquées par l'aviation et les sous-marins allemands : au mois d'avril, *aucun bâtiment de commerce français ou affrété français n'a été torpillé*[151]. »

Darlan n'est donc pas pessimiste. Mais il s'attend à une intensification des opérations, et notamment à une entrée en guerre prochaine de l'Italie. Il rédige à ce sujet deux notes le 2 mai 1940, dans lesquelles il prône une attitude résolument offensive, aussi bien sur terre que sur mer[152]

« L'action navale principale devient l'action contre la flotte italienne. La flotte anglaise ne doit alors conserver dans la mer du Nord que les bâtiments nécessaires pour tenir en respect les navires allemands restants et pour assurer les besoins du corps expéditionnaire de Norvège qui doit être maintenu à tout prix, au moins au nord de Trondheim.

« La flotte française doit, presque tout entière, rallier la Méditerranée — en particulier les bâtiments légers. Tous nos navires de ligne, 6 croiseurs de 10 000 tonnes, 5 croiseurs de 7 600 tonnes s'y trouvent déjà. [...]

« *Action générale* :

« Renforcer l'aviation du Levant, pour que les alliés soient immédiatement présents dans les Balkans.

« Attaquer l'Italie en Tripolitaine par la Tunisie et par l'Égypte.

« Attaquer, si possible, l'Italie sur les Alpes.

« Du succès des actions contre l'Italie dépendra la possibilité d'une action de grande envergure dans le Levant.

« Il est vraisemblable qu'à l'action de l'Italie dans le Levant correspondra une poussée violente de l'Allemagne sur notre front Nord-Est, le Belgique et la Hollande.

« Tenir sur la ligne Maginot.

« Avancer notre aile gauche aussi loin que possible vers la Hollande. »

Darlan reste donc partisan de la manœuvre Bréda (avance des troupes françaises jusqu'en Hollande) que Castex avait si fortement critiquée. Mais c'est le seul point sur lequel il demeure en accord avec Gamelin. Le généralissime s'en tient en effet plus que jamais à une stratégie purement défensive. Dans une note du 5 mai, il réaffirme que « le caractère défensif initial de la stratégie alliée doit viser aussi bien nos actions dans l'air que nos actions sur terre et sur mer ». S'il accepte des offensives localisées, il estime impossible de conduire des opérations profondes en Tripolitaine, refuse que les Alliés prennent l'initiative de la guerre aérienne et subordonne toute opération en Méditerranée orientale à la fourniture par les Britanniques de « sinon la totalité, du moins la majeure partie des forces aériennes et anti-aériennes[153] ».

Darlan connaît l'immobilisme du généralissime[154]. Il expose cependant ses conceptions au Comité de guerre le 4 et le 6 mai. Puisque la manœuvre nordique est manquée, au moins en partie, il veut donner une grande ampleur à la manœuvre méditerranéenne. Il affirme que « la guerre maritime est devenue aéronavale » et que les conditions sont plus favorables en Méditerranée qu'en mer du Nord. Il demande une concentration accrue en Méditerranée : la Royal Navy prendrait seule en charge le théâtre scandinave et augmenterait sa participation à l'escorte des convois dans l'Atlantique. La flotte française pourrait ainsi se concentrer en totalité en Méditerranée. Reprenant une idée exprimée en avril par les Britanniques (qui l'ont très vite retirée), il souhaite que le commandement français (c'est-à-dire lui-même) ait autorité sur l'ensemble du Bassin méditerranéen. Des actions offensives seront entreprises contre les points sensibles du littoral italien et éventuellement contre les Baléares si l'Italie manifestait l'intention de s'y installer. Darlan demande également le renforcement des troupes d'Afrique du Nord qui devraient atteindre 400 000 hommes (au lieu de 120 000 à peine) en vue d'une offensive en Tripolitaine[155].

Manœuvre de très grande ampleur, donc trop ambitieuse pour être mise en œuvre. Au Comité de guerre, Gamelin se déclare catégoriquement opposé à des prélèvements sur le front Nord-Est en vue de renforcer l'Afrique du Nord. D'autre part, les Britanniques n'entendent pas abandonner aux Français la direction des opérations en Méditerranée : ils renforcent à 5 cuirassés la Mediterranean Fleet, et, au début de mai, proposent que la Force X, qui vient tout juste d'arriver à Alexandrie, retourne en Méditerranée occidentale. Darlan en est fort mécontent et l'écrit à Esteva le 9 mai : « Je me suis un peu fâché de la désinvolture avec laquelle on m'invitait à vider les Provence du Levant après s'être traîné à mes genoux pour les y envoyer. J'ai reçu, hier, une plate lettre d'excuses de Whitehall[156]. »

L'Amiral de la flotte se heurte une nouvelle fois au problème de l'absence de direction ferme de la guerre. Il pense (et il n'a pas tort) que « l'échec relatif de l'expédition de Norvège est dû en grande partie à la façon défectueuse dont la guerre est conduite par les Alliés. Trop de conseils, trop de comités dans les deux pays, surtout en Angleterre où la notion de commandant en chef paraît être inconnue[157] ». Finalement, rien ne marche, à part l'Amirauté française bien sûr. Le gouvernement est complètement paralysé par le conflit Reynaud-Daladier, Gamelin est incapable de décider face à l'événement, les Britanniques ne valent pas mieux, avec leurs comités trop nombreux qui se dispersent en fin de semaine et leur Amirauté qui perd la tête devant les attaques aériennes.

L'autocritique n'est pas le fort de l'Amiral de la flotte. Mais il faut reconnaître que, dans cette démission générale, il est le seul à diriger convenablement son affaire, comme le note Paul Baudouin, observateur lucide et sévère :

> « Gamelin n'a dégagé aucune force. Il est dépourvu de tout rayonnement. Pas un chef ; lui aussi un administrateur. Vuillemin,

nul comme d'habitude, mais sans prétention. Il n'envoie pas, comme Gamelin, sa photo dédicacée à ceux qui la lui demandent. Il n'a pas pris la parole une seule fois. Peut-être est-il muet. [...] Darlan est bien, connaissant son métier, précis. Il n'est intervenu que rarement, chaque fois pour remettre les questions en ordre. Quelques mots lui suffisent [158]. »

Certes, on peut lui reprocher de sérieuses erreurs de stratégie générale. Il partage l'illusion commune sur l'impossibilité d'une offensive décisive allemande à l'ouest et ne tient aucun compte des avertissements très clairs de Castex. Son anticommunisme, avivé par le pacte germano-soviétique, le conduit à sous-estimer grossièrement la puissance de Staline et à monter des « manœuvres d'aile » pour le moins aventurées. Mais pour ce qui est de « sa partie », proprement maritime, il fait montre d'énergie et d'esprit de décision, à la différence de Gamelin et Vuillemin, et la Médaille militaire qui lui est décernée le 9 avril 1940 n'est contestée par personne.

Pendant la « drôle de guerre », les Forces maritimes françaises, en liaison avec la Royal Navy, assurent la libre circulation du trafic, participent à la campagne de Norvège, restent prêtes à faire face à une entrée en guerre de l'Italie en Méditerranée. Darlan suit de très près les opérations. Tous les télégrammes importants lui sont soumis, de même que les comptes rendus journaliers des différents commandants en chef. Il actionne personnellement la Force de raid [159] et intervient à plusieurs reprises pour sanctionner des exécutants timorés ou maladroits : le commandant d'une division de torpilleurs qui a laissé un cargo allemand s'échapper d'un port neutre est démis de son commandement. La veille du déclenchement de l'offensive allemande, il se plaint encore du manque d'esprit de guerre :

« Les amiraux commencent en général à m'agacer. Ils oublient souvent qu'il y a la guerre.

« Il y a un mois que j'ai prévenu d'Harcourt qu'il se tienne prêt à aller à Casa, Jardel qu'il se tienne prêt à rallier Rochefort.

« Ils me foutent leur famille dans les jambes, et pour un peu ils me demanderaient un mois de délai [160] ! »

Le fonctionnement de l'Amirauté est un modèle du genre et suscite l'admiration de tous ses visiteurs. Baudouin s'y rend le 13 mai :

« Grande impression d'ordre, de calme. Une organisation bien articulée. On sent un état-major efficace qui tient en main la situation maritime. Comme je demande à l'amiral si la même clarté règne à Vincennes [G.Q.G. de Gamelin], il me sourit et me dit : " Je puis ici en quelques minutes répondre à toutes les questions que me posera le gouvernement. Nous ne sommes pourtant que 150 officiers. Regardez le temps qui est nécessaire pour obtenir de Vincennes la moindre réponse, et vous serez renseigné sur la valeur du grand quartier militaire[161] ". »

Maintenon impressionne particulièrement le plus illustre de ces visiteurs, Pétain, que Darlan reçoit le 5 mai 1940. Sortant de l'atmosphère délétère de Paris, le maréchal ne cache pas sa satisfaction : « Enfin, je vois quelque chose qui marche. Je vous félicite. » Il s'entretient avec lui de la direction de la guerre et lui demande une étude à ce sujet. Alors qu'il faut à Gamelin des jours pour fournir la moindre note, Darlan adresse à Pétain une longue lettre dès le lendemain. On y retrouve ses thèmes favoris : la critique de l'indépendance de l'armée de l'air, la volonté d'écarter de la direction des opérations les ministres « militaires ». Mais on remarque aussi qu'il propose un accroissement du rôle du chef d'état-major de la Défense nationale, qu'il a jusqu'alors combattu. Peut-être l'expérience de la guerre l'a-t-elle amené à réviser son jugement. Mais joue sans doute aussi le fait qu'il sait, comme tout le monde, que le maréchal est le plus résolu des partisans du commandement unique :

« Monsieur le Maréchal,

« J'ai réfléchi longuement à la conversation que vous avez bien voulu avoir avec moi et je vous demande la permission de vous exposer quelques idées.

« *Critiques :*

« 1° Actuellement les Alliés et particulièrement les Britanniques dirigent la guerre comme s'ils avaient à gérer une société par actions : à grands coups de conseils d'administration pompeux et inutiles, mais sans administrateur délégué pour prendre des décisions et diriger l'exécution.

« 2° L'organisation n'est pas la même dans les deux pays. En France, des commandants en chef sont responsables des opérations. En Angleterre, il n'y a pas de commandants en chef, il y a des comités.

« 3° Dans les deux pays, les comités supérieurs ont tendance à s'occuper de ce qui ne les regarde pas.

« 4° Tous ces comités sont trop nombreux.

« 5° En France, nous avons une loi sur l'organisation de la nation en temps de guerre complétée par des décrets appropriés. Ces textes sont souvent ignorés ou méconnus.

« Par exemple, il a été institué un cabinet de guerre dont les attributions, mal définies d'ailleurs, paraissent chevaucher sur celles du Conseil supérieur de la défense nationale et sur celles du Comité de guerre. Ce cabinet n'a aucune autorité légale. Il doit être supprimé. [...]

« *Suggestions :*

« 1° Conserver le Conseil supérieur de la défense nationale qui, en définitive, est le gouvernement, plus le maréchal Pétain, le chef d'état-major général de la Défense nationale et, éventuellement, à titre consultatif, les commandants en chef.

« 2° Établir un décret-loi permettant au conseil, lorsqu'il a pris des décisions de principe, de déléguer ses attributions à un comité de guerre, présidé par le président du Conseil, ne comprenant qu'un nombre restreint de ministres, le maréchal Pétain, le chef d'état-major général de la Défense nationale et, éventuellement, les C.E.C. Pratiquement, c'est ce comité qui dirigerait la guerre.

« 3° Remplacer le comité de guerre actuellement prévu par un comité militaire de la guerre composé du président du Conseil, *obligatoirement ministre de la Défense nationale,* du maréchal Pétain et des commandants en chef. Les ministres de la Guerre, de la Marine et de l'Air qui, de par la loi, n'ont pas à s'occuper de questions d'opérations n'ont pas leur place au comité militaire de la guerre.

« 4° Le chef d'état-major de la Défense nationale est chargé de mettre en forme les décisions des conseils et comités, de préparer le travail de ces conseils et comités. [...]

« 5° Le Conseil suprême interallié doit cesser d'être le " Café du Commerce " qu'il est actuellement.

« Il devrait se réduire aux deux chefs de gouvernement assistés des seuls chefs d'état-major généraux de la Défense nationale.

« 6° L'armée de l'air ne doit plus être indépendante. Elle doit être répartie entre l'armée de terre et l'armée de mer. Je me suis permis de vous adresser une étude faite par moi, il y a quatorze mois, sur ce sujet. [...]

« Nous pouvons et nous devons gagner la guerre. Nous ne réussirons que si nous avons une organisation rationnelle de la direction.

« Certains Anglais disent en plaisantant : " Le meilleur auxiliaire de Hitler est le War Cabinet. " Je finis par penser qu'ils n'ont pas tort[162]. »

En le quittant, Pétain lui a déclaré : « Il faut nous épauler les uns et les autres, je compte sur vous. » Le déclenchement, cinq jours plus tard, de l'offensive allemande, cette offensive à laquelle Darlan ne croyait pas, va donner à cette phrase une portée à laquelle aucun des deux hommes n'avait certainement songé.

CHAPITRE IX

L'effondrement

Avec l'invasion de la Hollande et de la Belgique commence le drame de la France, qui va être aussi celui de la marine et de son chef. Malheureusement, nous sommes assez mal renseignés sur l'évolution de l'état d'esprit de l'Amiral de la flotte durant cette période cruciale : les circonstances ne lui permettaient pas de développer les notes de synthèse qu'il affectionnait, car il devait assister pendant de longues heures aux Comités de guerre qui se succédaient tous les jours, et les déménagements successifs de l'Amirauté ont évidemment entraîné la perte de nombreuses archives. Il ne nous reste pratiquement que les messages, qui ne livrent que les décisions finalement prises, ainsi que les lettres quotidiennes à sa femme, précieuses car elles révèlent ses impressions au jour le jour, et quelques notes. C'est évidemment peu.

Darlan face à l'invasion

Darlan n'a jamais cru à une offensive allemande générale. Il l'a dit à Castex en novembre 1939, il l'a répété dans ses notes du début de 1940[1]. L'éventualité a bien sûr été envisagée[2], et lui-même s'est déclaré avec netteté partisan d'une entrée préventive des armées françaises en Belgique pour mieux y faire face[3]. Mais de toute façon, il est convaincu qu'une défaite française sur le terrain n'est pas possible. Ses lettres ne manifestent aucune inquiétude. Celle du 10 mai parle surtout de la paralysie du gouvernement Reynaud et indique simplement au passage : « Pendant ce temps, les Allemands entrent en Hollande[4]. » Même optimisme le lendemain : « Nos opérations se déroulent normalement, et il n'y a qu'à attendre avec confiance leur développement. » Il signale à sa femme que « le pauvre Parapluie [Chamberlain] est liquidé : ce n'est pas une perte. W.C., que nous surnommons Mayol, le remplace. Je ne sais pas ce que cela donnera, mais, en tout cas, il y aura plus de fantaisie et d'imagination[5] ». Il suit de près les opérations car les Forces maritimes du Nord participent à la manœuvre Bréda, et son fils Alain est affecté à un détachement de démolition qui a été débarqué à Anvers[6].

Le 13 mai, Baudouin vient déjeuner à Maintenon. Les nouvelles du front n'ont rien d'alarmant. Ce n'est que dans la soirée que l'on apprend l'offensive allemande dans les Ardennes. Le 14, les nouvelles sont franchement mauvaises : l'armée hollandaise capitule, le dispositif français est percé dans la région de Sedan. Le 16 au matin, Darlan écrit à sa femme : « La situation paraît assez grave actuellement. Il faut garder la tête froide, mais prendre les mesures pour parer à toutes les éventualités[7]. » Les rumeurs les plus folles commençant à circuler, il se rend à Paris l'après-midi.

> « Je suis allé voir Gamelin qui m'a exactement mis au courant.
>
> « Ensuite, je suis allé au ministère où j'ai trouvé un cabinet militaire calme et un cabinet civil “ moins calme ”.
>
> « Puis, je suis allé au cabinet de guerre où j'ai trouvé les ministres en bonne forme, même ceux qui, paraît-il, ne l'étaient pas le matin...
>
> « J'ai la conviction que si nous étalons cette secousse et si nous ne laissons pas la cinquième colonne libre de faire ses sabotages moraux et matériels, nous verrons assez tôt la fin rapide de la guerre et la victoire.
>
> « En tout cas, il faut taper fort partout où nous pouvons[8]. »

Cet optimisme de façade ne se retrouve pas dans ses notes personnelles. Sans doute, certaines de celles-ci ont-elles été écrites après coup. Elles n'en traduisent pas moins toute l'ambivalence des réactions de Darlan : d'un côté le refus obstiné, que l'on retrouvera jusqu'au début de juin, d'accepter l'idée de la défaite ; de l'autre la confirmation de ses inquiétudes à l'encontre du gouvernement, du commandement et de la troupe. C'est sans doute à ce moment que commence à se former dans son esprit le thème de la marine comme seul élément sain au milieu de la décomposition générale.

> « L'armée hollandaise capitule.
>
> « Le haut commandement de la nôtre paraît désorienté et effondré. Tout ce que le général Gamelin trouve à me dire est : “ Nous n'avions pas mérité cela. ” C'est ce qui reste à savoir. Nos

troupes ont lâché pied et fui en débandade parce que... troupes mal encadrées, mal entraînées, mal fortifiées, mal armées, en particulier pas d'aviation.

« États-majors encroûtés dans la routine et le dogmatisme, vivant aussi loin de la troupe qu'un habitant de Jupiter d'un habitant de la terre.

« Aucun feu sacré, aucun esprit de corps ni chez les officiers, devenus de mauvais fonctionnaires, ni chez les hommes pourris par des théories pacifistes professées par des instituteurs communistes.

« L'affolement à Paris est considérable. Le gouvernement songe à quitter Paris. Le quai d'Orsay brûle, brûle ses papiers.

« Grotesque et écœurant[9]. »

Pourtant, l'Amiral de la flotte continue à espérer dans un redressement de la situation pourvu que la direction de la guerre soit assurée de manière plus énergique, ce qui lui paraît se réaliser dans les jours qui suivent. Il y a d'abord le remaniement gouvernemental qui intervient le 18 mai : Paul Reynaud prend la Défense nationale et Daladier le quai d'Orsay, tandis que le maréchal Pétain devient vice-président du Conseil. C'est un pas dans la bonne direction : « On a enfin réalisé ce que je répète sans arrêt : un gouvernement avec un seul chef[10]. » Mais ce n'est pas suffisant.

« Il a fallu un grand désastre militaire pour que les politiciens acceptent cette idée simple que le chef du gouvernement, seul qualifié pour diriger la guerre, doit être ministre de la Défense nationale. Mais cela n'a pas suffi pour leur faire comprendre que le ministre de la Défense nationale n'a pas à être ministre de la Guerre, de la Marine ou de l'Air puisque ces ministres ne sont plus que des fournisseurs, au même titre que le ministre de l'Armement, puisqu'il y a des commandants en chef pour les opérations militaires, mais que le poste essentiel pour *diriger* la guerre est celui du quai d'Orsay[11]. »

Débarrassé de l'obstacle Daladier, Reynaud peut enfin limoger Gamelin[12], remplacé en pleine bataille par Weygand. Darlan approuve cette nomination :

« L'événement prévu s'est décidé hier au soir : Gamelin est remplacé par Weygand. Je crois que c'était devenu indispensable, Gamelin n'avait plus la confiance de la troupe, ni celle des officiers. Les uns et les autres, depuis longtemps, le disaient ouvertement.

« En outre, je l'avais trouvé abattu et sans réflexes il y a trois jours...

« Cette situation ne pouvait durer.

« On a bien fait également de changer M. Léger qui dirige pratiquement notre diplomatie depuis quinze ans. Elle s'est toujours trompée[13]. »

En temps ordinaire, les termes du décret du 19 mai 1940 nommant le nouveau commandant en chef auraient suscité de vives réticences de Darlan, car Weygand obtient des pouvoirs plus étendus que Gamelin. Celui-ci était chef d'état-major général de la Défense nationale et commandant en chef des Forces terrestres. Weygand devient chef d'état-major général de la Défense nationale et « commandant en chef sur tous les théâtres d'opérations ». Le général Gamelin a soutenu par la suite que son successeur « recevait donc, sur la marine et sur l'air, une autorité que je n'avais jamais pu obtenir [14] ». Affirmation confirmée par Paul Reynaud qui écrit dans ses *Mémoires :* « Mon intention est de lui donner tous les pouvoirs en le nommant commandant en chef, sur tous les théâtres d'opérations, des forces de terre, de mer et de l'air [15]. » Mais le décret de nomination ne dit rien de tel, et Weygand a vivement réfuté cette interprétation lors de son témoignage devant la Commission d'enquête parlementaire : « Ces fonctions étaient celles du général Gamelin. [...] J'avais le commandement des forces de terre et, Dieu sait, tout le monde sait, à quel point l'amiral Darlan était jaloux de son autorité [16]. » André Reussner, qui a minutieusement étudié la question, lui donne raison : « Le décret du 19 mai 1940 ne pouvait modifier la loi du 11 juillet 1938 sur l'organisation de la nation en temps de guerre, qui prévoyait que le commandant en chef des Forces maritimes françaises assurait, sous sa propre responsabilité, la conduite supérieure des opérations sur les théâtres maritimes ; il ne pouvait non plus modifier les accords franco-britanniques qui ne prévoyaient qu'une collaboration entre les deux amirautés [17]. » Ajoutons un troisième argument : les théâtres d'opérations (Afrique du Nord et Méditerranée orientale ; Nord-Est et Sud-Est constituent des « fronts » et non de véritables théâtres d'opérations) sont constitués par décret : le 9 juin encore, en pleine débâcle, c'est un décret qui crée le théâtre d'opérations d'Afrique noire [18]. Or les commandants en chef de ces théâtres n'ont autorité que sur les forces terrestres et aériennes, ainsi que sur les forces maritimes affectées à la défense du littoral. D'autre part, il n'y a pas de théâtres d'opérations maritimes puisque Darlan a obtenu dès son entrée en fonction la suppression des théâtres d'opérations Nord et Midi : les Forces maritimes du Nord, de l'Ouest et du Sud, qui les ont remplacés, sont seulement des commandements prévus dès le temps de paix, organisés par de simples instructions du chef d'état-major général. Même si Reynaud et Pétain souhaitaient un commandement unique, celui-ci n'a pas été instauré par le décret du 19 mai 1940 qui a simplement eu pour effet d'étendre les pouvoirs du commandant en chef sur les forces aériennes. Au reste, dans les circonstances dramatiques de mai-juin 1940, la pratique prime la lettre des textes, et elle est, à la différence de ceux-ci, dépourvue de toute ambiguïté : « L'Amirauté anglaise ne traita jusqu'au bout qu'avec la nôtre [...] [et] Darlan a continué d'assister, après le 19 mai, aux conversations interalliées auxquelles le général Weygand était lui-même convoqué. Et dans les multiples réunions, proprement françaises, où les deux hommes ont siégé (comités de guerre, comités de guerre restreints), leurs relations ont été de collaboration sur un pied d'égalité [19]. » Certes, Darlan soumettra le 2 juin le plan d'opérations contre l'Italie à l'assentiment de Weygand, mais c'est parce qu'il prévoit des opérations combinées, notamment contre les Baléares [20], et des bombardements mettant en œuvre des formations de l'armée de l'air [21].

De toute façon, en pleine bataille, l'heure n'est pas aux querelles de boutons. Le 21 mai, Darlan croit que tout peut encore être sauvé :

> « Je pense qu'avec le général Weygand, qui a de la lucidité, de l'autorité, une décision rapide et sûre, la situation militaire peut être redressée. [...]
>
> « Si le pays et l'armée sentent qu'ils sont commandés, je suis persuadé qu'après quelques vicissitudes tout s'arrangera.
>
> « Il y a tout de même de bonnes troupes, témoin la 3e division coloniale qui, elle, ne " fout pas le camp " au premier coup de canon et arrête " pile " le Boche en lui foutant une vaste tripotée...
>
> « Le détachement de destruction que dirige Lemonnier paraît s'être fort bien acquitté de sa tâche à Anvers, en dépit du roi des Belges qui aurait voulu laisser tout intact [22]. »

Dans ce détachement figure Alain Darlan, mais l'Amiral de la flotte se garde bien de le dire à sa femme. La marine déploie durant ces journées une intense activité. Les Forces maritimes du Nord, sous la conduite d'Abrial, renforcées par plusieurs divisions de torpilleurs et de contre-torpilleurs, participent à fond à la bataille des Flandres. Après la destruction des installations d'Anvers, elles procurent un appui feu le long du littoral et escortent le ravitaillement du camp retranché de Dunkerque, à partir de l'Angleterre, du Havre et de Cherbourg. Ainsi que Darlan l'avait prévu, l'aviation de coopération maritime (avions de l'armée de l'air mis à la disposition de la marine) est absente, accaparée par la bataille terrestre, à laquelle participent aussi des avions de l'aéronautique navale. A Boulogne, le commandant du port perd la tête et donne l'ordre d'évacuer : il est traduit sur le champ devant une cour martiale et condamné à vingt ans de travaux forcés.

En Méditerranée, Esteva active les préparatifs de combat, car tout le monde s'attend à une prochaine entrée en guerre de l'Italie, éventuellement rejointe par l'Espagne. Des opérations combinées sont montées contre le Maroc espagnol (opération SOMAR) en vue de conserver la maîtrise du détroit de Gibraltar, et contre les Baléares (opérations BALA) pour éviter que les forces italiennes ne s'y installent et menacent nos communications entre l'Afrique du Nord et la métropole. Et on commence à se préparer au pire : à partir du 19 mai, l'achèvement du cuirassé *Jean-Bart* est poussé au maximum : il faut que le bâtiment soit prêt à appareiller en un mois, alors que sa première sortie n'était prévue que pour octobre.

Le 21, on espère encore pouvoir rétablir la liaison avec les armées du Nord et prendre les Allemands à leur propre piège. Mais l'offensive Weygand se révèle très vite impossible. Le 25 mai, « le général ne professe plus le même optimisme [23] », les Britanniques ont entamé la veille, sans en avoir reçu l'ordre, un mouvement de repli vers les ports, et il n'est donc plus question de reprendre l'initiative, mais seulement de faire en sorte que la tête de pont de Dunkerque tienne assez longtemps pour qu'un nouveau front puisse être constitué sur la Somme et sur l'Aisne. Le Comité de guerre, qui s'est réuni dans la soirée, a débattu pour la première fois ouvertement de l'éventualité d'un armistice. D'après les notes de Darlan, c'est Paul Reynaud lui-même qui en a parlé le premier. A la question de Lebrun : « Mais que ferons-nous s'il n'y a plus d'armée ? », il répond : « Il faut examiner librement les propos[itions] de l'ennemi [24]. » Darlan, qui semble n'avoir pas dit un mot [25], n'en parle pas à sa femme et se borne à lui rapporter le seul mot historique d'Albert Lebrun : « Tout ce que le président a pu dire fut : “ Elle n'est pas gaie, cette délibération ”, et il avait les yeux embués de larmes [26]. »

Le lendemain, Weygand téléphone à Darlan pour lui dire « que le rembarquement devient inéluctable » à cause du recul britannique : « “ Gort s'est conduit d'une façon criminelle, dit le général Weygand [27]. » Sans attendre, l'Amiral de la flotte « envoie l'amiral Auphan à Douvres pour s'entendre avec les Anglais sur le rembarquement des troupes alliées à Dunkerque et le commandant Négadelle va à Cherbourg pour organiser le ravitaillement par mer des armées du Nord [28] ». Contrairement à ce que dira plus tard Auphan (qui a sans doute quitté Maintenon avant l'appel de Weygand) : « nous autres, Français, ne pensant qu'à nous agripper au sol, les Anglais voulant, au contraire, rapatrier les seules troupes qu'ils avaient pour défendre leur île[29] », la possibilité d'une évacuation est envisagée par le commandement français dès le 26 mai. Mais les cargos réunis à Brest et à Cherbourg sont destinés à assurer le ravitaillement des armées du Nord, et non leur évacuation. Darlan conserve encore l'espoir qu'elles réussiront à tenir, comme il l'écrit le lendemain à sa femme :

> « La situation n'est pas très brillante. Les armées du Nord sont dans une situation assez difficile. Il faudra qu'elles se replient en bon ordre sur Dunkerque et... peut-être que je les embarque. Ce ne sera pas facile. Ce sera long et meurtrier.
>
> « Au sud, l'on a reconstitué une ligne de défense sur la Somme, l'Aisne, Montmédy et la ligne Maginot.
>
> « C'est là qu'on doit tenir.
>
> « Si cette ligne ne tenait pas, le gouvernement envisagerait peut-être de s'en aller loin dans le sud.
>
> « Je leur ai dit que je ne pourrais, dans cette hypothèse, aller qu'à Brest pour pouvoir continuer à commander.
>
> « J'espère que Hitler fera la bêtise de pousser sur l'Angleterre tout en nous contenant. Peut-il d'ailleurs pousser longtemps ?
>
> « Le moral de l'armée est bien remonté depuis l'arrivée de Weygand. Mais, quelles que soient ses qualités, il ne peut accroître le matériel. Nos fabrications ont reçu un rude coup dans cette affaire. Je crois que si nous résistons quelques semaines, certains signes permettent de le penser, un redressement pourra être effectué[30]. »

Dans une coalition, chacun pense d'abord à soi, et les Français ne raisonnent pas autrement que les Britanniques, ils ont simplement le malheur d'être en première ligne. Cet espoir va se révéler aussi vain que les précédents, car, dans la soirée du 27, on apprend la capitulation de l'armée belge :

> « L'après-midi, je suis allé à Paris. J'ai vu le général Weygand, M. P. Reynaud et mon ministre.
>
> « J'étais sur la route du retour, déjà rendu à Rambouillet, après avoir franchi cinq barrages de contrôle, lorsqu'un gendarme, qui m'a rattrapé de justesse, m'a dit qu'il fallait que je retourne à la présidence du Conseil.
>
> « Je suis arrivé à huit heures pour apprendre que le roi des Belges avait demandé aux Boches à capituler.
>
> « Justement, l'après-midi, j'avais dit à Reynaud et au général Weygand : “ *Je crains toujours une capitulation de Léopold. Si la chose est possible, j'aimerais avoir des troupes françaises derrière les Belges.* ”
>
> « J'espère que Weygand pourra boucher le trou laissé par les Belges[31]. »

Aussitôt, Darlan ordonne de saisir les navires belges partout où ils se trouvent[32]. Dans le tourbillon des événements, cet ordre passe inaperçu. Car, dès le lendemain, les dernières illusions s'écroulent. De retour de Douvres, Auphan informe Darlan et Weygand que les Britanniques ne songent qu'à rembarquer leurs troupes ; il n'y a plus qu'à les imiter. Abrial et son adjoint Platon étant absorbés par la bataille terrestre, la flottille du pas de Calais est constituée et confiée au contre-amiral Landriau. C'est elle qui, de concert avec les Britanniques, va assurer l'évacuation.

Malgré sa volonté de se raccrocher à la plus petite parcelle d'espoir, les nouvelles sont trop mauvaises pour que la question de la cessation des hostilités ne se pose pas. Dès le 25, le Comité de guerre en a débattu. Le problème du sort de la flotte est donc lui aussi posé : chacun se souvient alors qu'en 1918, les Alliés avaient imposé à l'Allemagne de livrer ses sous-marins et que la Hochseeflotte n'avait échappé à un sort semblable qu'en se sabordant. Le 26 mai, Darlan prend ses dispositions pour le fonctionnement de l'Amirauté :

> « Si Paris est menacé d'encerclement ou de pire, le gouvernement se repliera dans la région de Bordeaux.
>
> « Envisager l'éventualité où il faudrait le transporter par hydravion ou navire hors du territoire national.
>
> « Si le gouvernement se replie dans la région de Bordeaux, l'Amirauté ne le suivra pas et se repliera si nécessaire sur un port de guerre. [...]
>
> « L'amirauté se repliera suivant la situation soit sur Tours, soit sur Brest[33]. »

Deux jours plus tard, il donne ses instructions au contre-amiral Le Luc sur ce qu'il faudra faire en cas d'armistice prévoyant la livraison de la flotte :

> « Au cas où les événements militaires conduiraient à un armistice dont les conditions seraient imposées par les Allemands et si ces conditions comprenaient la reddition de la flotte, *je n'ai pas l'intention d'exécuter cet ordre.*
>
> « Il conviendrait par suite de donner les ordres suivants qui devront être préparés par vous à l'avance pour pouvoir être lancés en temps voulu :
>
> « 1. Si l'Italie est en guerre contre nous et si elle n'est pas partie dans l'armistice, tous les navires de combat devront entreprendre une action à mort contre la flotte ou les ports italiens ;
>
> « 2. Ceux qui sortiront du combat se réfugieront dans le port *anglais* le plus aisé à atteindre et se tiendront prêts soit à se détruire, soit à combattre avec les Anglais ;
>
> « 3. Si l'Italie n'est pas en guerre ou si elle est partie à l'armistice,

tous les navires de combat, tous les appareils aériens, tous les navires auxiliaires ou de servitude devront rallier le port britannique le plus aisé à atteindre ;

« 4. Tous les navires susceptibles de traverser l'Atlantique par leurs moyens, par ravitaillement en mer, remorqués, doivent s'efforcer de se rassembler à Halifax, au Canada ;

« 5. Les bâtiments n'obéiraient à un ordre de revenir en France ou dans un port sous l'autorité de nos ennemis que si l'ordre portait en tête et *in fine* : “ De la part de Xavier-François[34]. ” »

Cette note à usage interne exprime de la façon la plus nette le fond de la pensée de Darlan. Au-delà de toutes les considérations politiques ou stratégiques, il pose dès l'abord une règle absolue : la flotte ne sera pas livrée. Position dont il ne se départira jamais et qui ne souffrira aucune discussion, Pétain et Goering en feront l'expérience plutôt brutale à l'entrevue de Saint-Florentin. Darlan dira et répétera qu'il s'agit d'une question d'honneur. A la limite, c'est même plus que cela : c'est une réaction instinctive, viscérale. Un marin ne livre pas son vaisseau, c'est tout ; ce n'est pas seulement déshonorant, c'est inconcevable. Si l'on ne devait trouver qu'un seul fil directeur à l'action de l'Amiral de la flotte jusqu'à la fin (en fait, on peut en identifier d'autres), ce serait celui-là : jamais il n'envisagera la moindre entorse à ce qui est pour lui un dogme.

Cette note fournit un autre renseignement précieux. Malgré les démêlés avec l'Amirauté britannique, malgré le recul intempestif des troupes anglaises, le point de repli reste la Grande-Bretagne ou le Canada. Contrairement ce qu'on prétendra plus tard, à la fin de mai, Darlan n'est pas anglophobe et n'envisage aucunement une rupture de l'alliance. Attitude qui sera encore la sienne pendant les trois semaines suivantes, on le verra.

Mais la bataille de Dunkerque va soumettre les relations franco-britanniques à rude épreuve. Darlan s'énerve de la précipitation des Anglais à rembarquer. Il écrit le 31 mai à sa femme : « Le rampant britannique paraît avoir des ailes lorsqu'il s'agit de regagner la mer[35]. » Malgré les assurances données par Churchill lors du Conseil suprême qui se réunit le 31 mai à Paris, « les Anglais ne paraissent avoir qu'une idée, évacuer le Nord. L'un des motifs est que le corps expéditionnaire comprend la totalité des cadres de leur armée future ». Le 31 mai, le Conseil suprême se tient à Paris.

« Il est décidé d'abandonner Narvik, de défendre Dunkerque au maximum pour permettre l'embarquement.

« L'amiral Darlan rédige un ordre pour l'amiral Abrial chargé de la défense. Il prévoyait que l'arrière-garde serait faite par les

Français. Churchill poussa les hauts cris, disant qu'il y avait beaucoup plus d'Anglais que de Français d'embarqués, qu'il fallait égaliser et qu'il réclamait l'honneur pour les Anglais de faire l'arrière-garde.

« L'ordre à Abrial fut modifié en conséquence pour tenir compte des objections du général Dill, basées sur la difficulté d'application (il n'en avait fait aucune lorsqu'il s'agissait de laisser les Français à l'arrière).

« Les Anglais ne paraissent pas comprendre l'intérêt qu'il y a à prolonger la résistance à Dunkerque pour permettre l'établissement d'un front défensif au sud auquel ils ne veulent d'ailleurs pas participer.

« Le 1er juin la situation s'aggrave à Dunkerque. Les Anglais veulent arrêter les opérations d'embarquement dans la nuit. Il reste 20000 Anglais et 50000 Français. Nous regonflons les Anglais.

« Le 2 dans la nuit, les Anglais seront tous embarqués, malgré leur demande de rester les derniers.

« Je suis obligé de faire " engueuler " Churchill et l'Amirauté pour qu'ils continuent jusqu'à la nuit du 3 au 4.

« L'Amirauté déclare ses hommes fatigués et pleure ses destroyers perdus. Et nous alors ?

« Enfin il est décidé que l'on continuera jusqu'au 4 au matin.

« L'amiral [Abrial] évacue le 4 à 5 heures[36]. »

L'évacuation est un incontestable succès. Darlan l'écrit à sa femme : « Je n'espérais pas sauver la moitié des types qui l'ont été[37]. » L'effort consenti a été énorme : ont participé à l'opération, du côté français, 38 bâtiments de guerre, 89 navires auxiliaires, 38 cargos, 149 chalutiers et 198 embarcations[38]. Tous ont déployé des prodiges de valeur et d'énergie, qui n'ont pas été sans casse : « Cela m'a coûté 7 contre-torpilleurs ou torpilleurs. Ce n'est pas mal, mais je m'attendais à bien plus[39]. »

Comme le montre le Journal de Darlan, les rapports avec l'Admiralty sont passés par des phases très tendues. Le 3 juin, Darlan adresse à Odend'hal, chef de la mission navale à Londres, une lettre acerbe qui n'a malheureusement pas été conservée, mais la réponse d'Odend'hal donne une idée de sa teneur : « Non, je ne suis pas passé dans le camp britannique, et je serais navré si tu le croyais. Depuis que je suis à Londres, j'ai considéré que ma mission consistait, d'une part à essayer d'assurer les meilleures relations entre Paris et Londres, d'autre part à expliquer à Paris le point de vue anglais, tandis que j'exposais à Londres le point de vue français. Mais je ne suis pas aveugle pour cela, et je sais très bien tout ce que nous pouvons reprocher aux Anglais[40]. »

Ce n'est pas pour autant la rupture. Certes, l'affaire laissera des traces, qui seront encore avivées lorsque l'Amirauté aura connaissance des multiples incidents qui ont opposé les marins anglais aux soldats français qui voulaient rembarquer et se voyaient refoulés[41]. Mais, même s'il a fallu les bousculer un peu, les Britanniques ont participé jusqu'au bout à l'évacuation, ils ont assuré en totalité la couverture aérienne[42] et ils ont enlevé la majorité (85 %) du total des évacués, au prix de lourdes pertes pour la Royal Navy. Surmontant son ressentiment, Darlan adresse à l'Admiralty un télégramme de remerciement qui « fait grand plaisir à Monsieur Alexander et à l'amiral Pound[43] ».

Dunkerque étant tombé le 4 juin, la bataille de France va commencer. Dès le lendemain matin, l'offensive allemande se déclenche. Au Comité de guerre qui se réunit dans la matinée, le président du Conseil évoque la possibilité de créer un « gouvernement de salut public, plus apte à décider, plus mobile qu'un Conseil des ministres trop lourd. [...] L'amiral Darlan suggère de légaliser la création d'un Cabinet de guerre qui, par une loi, serait autorisé à délibérer par délégation du Conseil supérieur de la défense nationale, trop nombreux et trop difficile à réunir[44] ». Toujours le souci d'une direction restreinte... On aborde également le problème du réduit breton, qui a déjà été évoqué au comité du 2 juin, dans l'hypothèse d'une rupture du front. Mais durant les deux premiers jours de la bataille, les dispositifs en hérisson imaginés par Weygand donnent de bons résultats. Darlan refuse encore de croire à la possibilité d'un effondrement. Il revient assez optimiste du Comité de guerre qui se réunit le 7 juin :

> « Hier, voyage habituel dans la capitale. La séance [du Conseil] n'a pas été très longue.
>
> « Le général Weygand était très content de la façon dont nos troupes se sont battues et dont son dispositif a tenu.
>
> « On a réellement, à certains endroits, fait un massacre de chars. Si cela continue ainsi, ce sera parfait.
>
> « Les Boches ont beau être armés, leur souffle est peut-être plus bref qu'on ne le pense. Aussi faut-il tenir et en écraser tant qu'on peut[45]. »

Malheureusement, dès le lendemain, les nouvelles sont « moins bonnes et le front de la Somme n'est plus sur la Somme. Mais le front n'est pas crevé, et la résistance peut et doit continuer ». Le 9, « l'attaque allemande se généralise. Les services des ministères quittent Paris ». Le 10, la Seine est franchie en plusieurs points : « La décision de replier le gouvernement et les Q.G. est prise. L'Amirauté part le 10 au soir pour Montbazon[46]. » C'est le début d'une longue série de tribulations sans qu'à aucun moment les liaisons de l'Amirauté soient interrompues. « Molière » succède à « Marceau » qui cesse de fonctionner le 14.

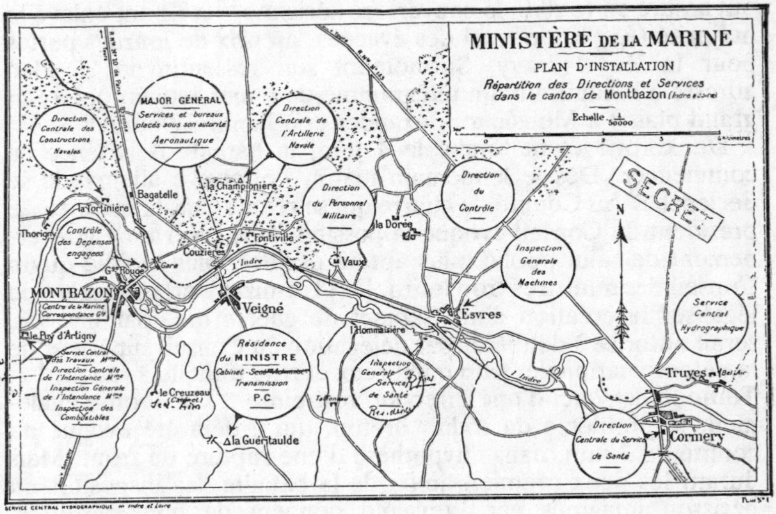

Le repli sur Montbazon avait été prévu de longue date pour le cas où Maintenon aurait dû être abandonné. Ses installations sont modestes : « Trois bâtiments légers démontables, dissimulés dans le parc du château de Fontiville affecté comme résidence au ministre de la Marine. Quinze cents mètres plus loin, d'autres baraques abritent les bureaux du major général et une partie des directions techniques, les uns et les autres réduits au minimum indispensable. Le cantonnement s'organise en hâte autour du quartier général établi à trois kilomètres de là dans le château d'Artigny, énorme " pièce montée " toute blanche restée inachevée depuis la mort de son propriétaire, le parfumeur Coty. L'entreprenant capitaine de corvette, chef du quartier général, décide aussitôt de camoufler cette cible tentante en la laissant arroser de peinture verte par la pompe à incendie du village[47]. » Darlan n'aura guère le temps d'apprécier l'ouvrage, d'abord parce qu'il faudra décamper dès le 17 devant l'avance allemande, ensuite parce que durant ces quelques jours, « les contacts ministériels lui mangeaient tout son temps, tant les résidences étaient dispersées et les routes encombrées de réfugiés[48] ». L'amiral Le Luc doit se débrouiller seul.

Dans la nuit du 10 au 11 juin, l'Italie déclare la guerre à la France. En exécution des plans arrêtés en concertation avec les Britanniques, l'Amirauté donne, quelques heures plus tard, l'ordre d'effectuer un bombardement dans le golfe de Gênes. Mais Paul Reynaud, averti, ordonne de décommander l'opération dans l'après-midi du 11 : « Certains ministres avaient trouvé impolitique de porter à l'Italie le premier coup ou redoutaient des " représailles " sur Marseille sans défense aérienne sérieuse[49]. » Plus tard, de Gaulle accusera Darlan « d'être à l'origine du retard de l'opération », car « Darlan, lui aussi, jouait maintenant son propre jeu[50] ». Auphan s'inscrit en faux contre cette assertion et soutient que le gouvernement a imposé le report. Il vaut la peine d'éclaircir ce point, car les historiens ont souvent repris la version de de Gaulle comme preuve du comportement ambigu de Darlan dès le 10 juin[51].

Paul Reynaud, sans doute peu fier de cette décision qui ne cadre guère avec l'image jusqu'au-boutiste qu'il entendait laisser, n'en souffle mot dans ses Souvenirs. En revanche, son conseiller militaire Paul de Villelume revendique la paternité de l'idée et précise que sa démarche auprès de Reynaud fut appuyée par le général Vuillemin[52]. Il ne parle pas de Darlan qui se trouve donc mis hors de cause. Le registre des messages de l'Amirauté confirme qu'il n'est pour rien dans cette décision dont il s'efforce au contraire d'obtenir l'annulation. Tous ses ordres sont résolument offensifs, conformément à la position qui a toujours été la sienne et qu'il a répétée le 2 juin à Charles-Roux, secrétaire général des Affaires étrangères, qui l'interrogeait sur ses intentions en cas d'entrée en guerre de l'Italie : « Je ferai bombarder Gênes dans les 24 heures[53]... »

> N° 6311 le 10 juin à 14 heures 50 : « Dès que les hostilités italiennes seront notifiées, exécutez Comar et Cabo. Vado et Corad sur mon ordre. »
>
> N° 6344 le 11 juin à 8 heures 50 : « Exécutez Vado. »
>
> N° 6380 le 11 juin à 17 heures 35 : « Je m'efforce d'obtenir le concours total de l'armée de l'air. Si ce concours ne peut vous être adressé localement, marchez quand même. »

Aussitôt, la 3e escadre se prépare à appareiller. Les contre-torpilleurs sont déjà en mer, les instructions d'opérations ont été décachetées quand survient le contrordre :

> N° 6382 le 11 juin à 17 heures 57 : « Annulez Vado et mon ordre de 17 heures 35. »
>
> N° 6392 le 11 juin à 19 heures 42 : « Sur ordre du gouvernement, les deux opérations Vado et Focolav sont retardées. »

N° 6397 le 11 juin à 21 heures 20 : « Les deux opérations sont différées par ordre du gouvernement. »

Le vice-amiral d'escadre Duplat, commandant la 3e escadre, proteste contre cette annulation tardive qui compromet le secret de l'opération. Darlan lui répond :

N° 6428 le 12 juin à 13 heures 25 : « Je sens avec vous votre fausse position et la difficulté de conserver le secret. L'opération est annulée par ordre très supérieur. Il se peut qu'elle soit reprise sans tarder. »

Le même jour les Italiens bombardent Bizerte. Darlan peut revenir à la charge et obtient l'autorisation qu'il répercute aussitôt :

N° 6462 le 12 juin à 22 heures 50 : « Bizerte ayant été bombardée, le gouvernement autorise représailles[54]. »

Le 14, la 3e escadre bombarde des installations industrielles dans le golfe de Gênes sans subir de pertes (un contre-torpilleur endommagé), mais sans causer de gros dégâts, comme l'amiral Duplat pourra lui-même le vérifier lorsqu'il présidera la délégation française à la Commission d'armistice[55], et le quadrimoteur *Jules-Verne* effectue des raids sur Venise et Livourne. Les Forces de haute mer se tiennent prêtes à intervenir contre une sortie de la flotte italienne, mais celle-ci ne quittera pas ses bases, sauf pour un raid de croiseurs en direction des Baléares qui ne donnera aucun résultat. Suspendue à la déclaration de guerre le 10 juin, la navigation commerciale reprend deux jours plus tard : elle passera jusqu'à l'armistice sans aucune perte[56], malgré la présence à la mer de plusieurs dizaines de sous-marins italiens. La guerre en Méditerranée se déroule donc assez bien, mais elle introduit un facteur d'incertitude supplémentaire, encore renforcé par l'attitude de l'Espagne : le 16 juin, Darlan informe Esteva que l'Espagne peut entrer en guerre à tout moment ; l'amiral Sud prescrit aussitôt à la 3e escadre de prévoir un renfort pour l'escorte des convois[57].

Darlan face à l'armistice

A partir du 11 juin, la question de l'armistice, qui avait été évoquée dès la fin du mois de mai, est ouvertement posée : Weygand l'a dit au Conseil suprême, et le président du Conseil a fait remarquer que « le problème de la continuation de la guerre est d'ordre politique et relève des décisions du gouvernement[58] ».

Le sort de la flotte devient alors le problème central (avec celui de l'empire) car tous les partisans de l'armistice sont d'accord pour estimer qu'en aucun cas, elle ne devra être livrée. Le 13 juin, le général Weygand a déclaré qu' « il ne serait jamais question de livrer à l'ennemi un vaisseau de notre flotte et qu'[il] serait le plus ardent à repousser l'armistice si une condition de cette nature était posée par lui[59] ». Darlan, « présent également au Conseil, ne dit qu'un mot faisant entendre que la question était de son ressort[60] ». Mais en règle générale, il se tait, à la différence de Weygand, qui intervient avec véhémence, et il se contente de crayonner comme à son habitude la feuille qui se trouve devant lui[61]. Dès lors, en l'absence de propos « authentiques » consignés dans les procès-verbaux de Baudouin, on a interprété son évolution au cours de cette semaine critique du 11 au 18 juin à la lumière de paroles rapportées par divers témoins. Ceux-ci sont au nombre de trois.

Le premier, par ordre chronologique, est Jules Moch, qui a été sous-secrétaire d'État dans le gouvernement Blum et est devenu ingénieur en chef. Darlan lui déclare le 3 juin : en cas d'armistice prévoyant la livraison de la flotte, « je terminerai ma carrière par un acte de splendide indiscipline, je prendrai le commandement de la flotte, et nous rallierons l'Angleterre ». Mais le 14, il n'est plus question d'indiscipline, et il déclare : « Nous payons les fautes de tous les gouvernements de droite comme de gauche[62]. »

Le deuxième est le général de l'armée de l'air François d'Astier de La Vigerie, qui vient trouver l'amiral à Montbazon dans la soirée du 14 pour s'entendre dire : « On se battra jusqu'au bout et s'il le faut, je mettrai la flotte sous pavillon britannique[63]. »

Le troisième est Édouard Herriot, président de la Chambre des Députés, dont le témoignage corrobore les deux précédents :

> « Le samedi matin 15 juin, je rencontrai Darlan à l'Amirauté de Bordeaux où j'étais venu dans l'espoir de me faire céder un paquebot pour loger les députés qui ne trouvaient plus de place dans les hôtels. Darlan m'entraîna dans un angle de la pièce devant une fenêtre et me dit : " Est-ce vrai, Président, que ces c... de Pétain et de Weygand veulent demander l'armistice ? Si c'est exact, je vous préviens que dès demain je fous le camp avec la flotte. " Je l'ai félicité de son courage et m'en trouvai réconforté. Le lendemain dimanche après-midi, nous étions convoqués, M. Jeanneney, M. Paul Reynaud et moi chez le président de la République Albert Lebrun. M. Reynaud confirmait sa démission. Nous nous refusions

à indiquer le nom d'un autre président du Conseil que lui. En sortant du cabinet de M. Lebrun, nous voyons de nombreuses personnes qui attendaient. J'ai eu l'impression d'un ministère en formation sur le point d'être présenté au président. Darlan était là, en petite tenue. Je vais à lui et je lui dis : " Eh bien ! amiral, quand partez-vous ? " Il me répond : " Un gouvernement qui part ne revient jamais. " Je lui ai tourné le dos[64]. »

A partir de ces trois témoignages concordants, Albert Kammerer a accrédité l'idée que Darlan, d'abord partisan de la résistance à outrance et du refus de l'armistice, se serait laissé convaincre de rester avec « sa » marine après qu'on lui eut fait miroiter des perspectives d'avenir politique. Cette thèse a été récemment reprise par l'ambassadeur Raphaël-Leygues et l'amiral Flohic dans un chapitre au titre explicite : « Le retournement ». Le scénario proposé est le suivant :

« Pourquoi alors, partant d'un esprit de résistance exemplaire, abandonne-t-il le 15 juin le gouvernement Reynaud, qui a formé plusieurs projets pour continuer la lutte dont le dernier en date de se transporter en Afrique du Nord, et accepte-t-il de rentrer le lendemain dans le gouvernement Pétain formé à l'unique fin de demander l'armistice ?

« C'est que le 12 juin à Briare s'est produit un événement qui bouleverse sa vue des choses futures. Le Maréchal l'a pris dans sa voiture pour aller au-devant de Churchill et de la délégation anglaise au Conseil interallié. [...]

« Le Maréchal sent le gouvernement à sa portée et fait tout son possible pour ébranler Paul Reynaud. Dans cette perspective et pour s'en saisir tout en conservant l'empire sous son autorité, il a besoin de la flotte et de l'appui de son chef dont les dispositions d'esprit présentes ne lui conviennent pas du tout.

« Durant le trajet qui les mène à l'aéroport, Pétain, en rusé paysan dont il a conservé le trait, fait miroiter à son passager qu' " il faudrait à la France une sorte de consulat... dont il [Darlan] serait le premier consul ". Ce fut pour Darlan " une grande surprise que la révélation de ce que pourrait lui réserver l'avenir[65] " ».

Le 16 juin, Darlan devient ministre de la Marine militaire et marchande dans le gouvernement Pétain. « C'était beaucoup moins que ce qui lui avait été tacitement promis mais beaucoup plus, presque inespéré pour un homme dont l'ambition il n'y a pas si longtemps encore était de finir sénateur du Lot-et-Garonne. [...] Le paradoxe qui semble toutefois lui avoir organisé quelques cas de conscience, c'est qu'athée[66], homme de tradition et de pensée radicales, fondamentalement attaché aux institutions républicaines, partisan de la poursuite des combats, il se trouve ministre d'un gouvernement réactionnaire de révolution nationale, ayant en son sein de nombreux cagoulards dont le but avoué de longue date est d'étrangler la gueuse, formé pour demander l'armistice d'urgence, à plus long terme chargé de réconcilier la France et l'Allemagne[67]. »

Tel est le schéma. Il soulève cependant quelques objections.

Sur un plan de principe d'abord. Peut-on expliquer le comportement de Darlan durant ces journées tragiques par le seul orgueil personnel ? On se moquerait, avec raison, de celui qui ne trouverait comme mobile au refus du général de Gaulle que sa déception de n'être plus ministre à compter du 16 juin. Il est tout de même difficile d'admettre que Darlan, dont nul n'a jusqu'alors contesté le patriotisme et qui conduit la guerre maritime avec énergie, se transforme d'un coup en un être ayant pour seul but de siéger au Conseil des ministres. Raphaël-Leygues et François Flohic reconnaissent d'ailleurs qu'il a traversé une « crise de conscience » qu'ils attribuent au sentiment de culpabilité engendré par le sentiment de participer à une mauvaise action contre la République. Mais, le 15 juin, il n'était pas encore question d' « abattre la gueuse ». Le problème qui dominait tous les débats était uniquement celui de l'armistice, et il semble plus raisonnable d'attribuer cette crise au désespoir de la défaite. Que Darlan se soit soucié de son sort personnel est plus que probable, car tout le monde agit ainsi, mais cela ne permet pas d'en conclure qu'il a perdu de vue les intérêts supérieurs de la France. On pourrait d'ailleurs retourner l'objection : si Darlan n'avait eu en vue que son intérêt personnel, aurait-il été tellement pressé d'entrer dans un gouvernement où il n'y avait assurément guère de gloire à gagner ? N'aurait-il pas été tenté, au contraire, par une révolte contre une défaite dont « sa » marine n'était pas responsable ? C'est ce que suggère Yves Bouthillier, dont l'analyse ne confirme pas la thèse de Jacques Raphaël-Leygues et François Flohic :

> « Je trouvai Darlan très maître de lui comme à l'ordinaire, très lucide, mais en proie à une violente crise de conscience. Par ce qu'il y avait de plus spontané en lui, par son tempérament, par sa nature essentielle, il tendait visiblement à accomplir l'acte grandiose et téméraire qui lui eût fait ordonner aux escadres de rallier, sous son commandement personnel, les couleurs de Sa Majesté britannique. Mais il n'était pas l'homme du premier mouvement. [...]
>
> « François Darlan était un esprit trop politique pour engager sans retour possible, dans la nuit, comme par un coup de tête, le sort des Français et mettre si brusquement, pour ainsi dire, le marché en main à la fortune. L'armistice, au contraire, laissait place à cent virtualités dont il appartiendrait au gouvernement, au fur et à

mesure du développement de la situation militaire, de tirer parti[68]. »

La deuxième objection tient à la cohérence du schéma de retournement. Sous son apparente simplicité, il dissimule quelques contradictions majeures. Car si Darlan a été « acheté » par les promesses de Pétain dès le 11 ou le 12, comment expliquer les propos jusqu'au-boutistes qu'il tient à d'Astier de La Vigerie le 14 ? Pour Raphaël-Leygues et Flohic, cette déclaration « semble n'être qu'à usage interne, pour renforcer son poids dans le nouveau gouvernement où sa présence est indispensable[69] ». Mais on peut trouver étrange, dans l'hypothèse d'une telle « manœuvre », que Darlan choisisse comme « relais » un général d'aviation qui ne passe pas pour être un intime du Maréchal, car le message avait assez peu de chances d'arriver à un destinataire supposé. D'autre part, à supposer que Darlan n'ait pas complètement été acquis aux vues de Pétain dès le 12, il aurait dû l'être pleinement à partir du moment où il est devenu ministre. Or, le 18, « tout semblait encore possible », et ce n'est que le 20 que sa position est définitivement arrêtée, après une conversation avec son fidèle conseiller Moysset[70]. Si sa conviction n'était pas assise plus tôt, on voit mal pourquoi il aurait monté la tortueuse manœuvre de d'Astier le 14. Son esprit n'était pas assez machiavélique pour cela.

La troisième objection est plus grave. Toute cette construction repose pour l'essentiel sur les trois témoignages de Moch, de d'Astier et Herriot, trois adversaires posthumes qui avaient tout intérêt à décrier le personnage et qui cherchaient plus à justifier leur comportement qu'à expliquer celui de l'Amiral de la flotte. Mais leurs déclarations ne sont pas douteuses pour cette seule raison.

Jules Moch a une regrettable tendance à « compléter » ses souvenirs par des événements qui n'ont pas existé. Embarqué sur le *Bertin* puis sur le *Maillé-Brézé* durant la campagne de Norvège, il raconte qu'il a débarqué à Namsos, où il s'est entretenu (en norvégien !) avec le seul habitant qui n'avait pas fui, le gardien du cimetière. Après son rembarquement, son groupe est harcelé par la Luftwaffe et le contre-torpilleur *Bison* est coulé. Mais son bâtiment n'a jamais relâché à Namsos et il était déjà reparti en Grande-Bretagne quand le *Bison* a été coulé par des stukas le 3 mai[71]. De même, Moch rencontre, le 15 juin, à Bordeaux, Darlan accompagné d'Auphan ; or ce dernier n'arrivera à Bordeaux que le 17[72]. Son témoignage est donc à manier avec précaution. En outre, les propos du 3 juin, s'ils ont été tenus, ne confirment pas nécessairement la thèse du retournement : Darlan réitère simplement son refus de tout armistice qui prévoirait la livraison de la flotte.

Le témoignage de François d'Astier a, quant à lui, été récusé de façon formelle par l'amiral Auphan : « Une nuit, le général de l'armée de l'air François d'Astier de La Vigerie arriva à notre P.C., demandant à voir Darlan en personne. Très excité, il voulait faire passer la flotte en dissidence. Je crois bien que c'est la seule fois de la guerre où l'on ait réveillé le patron. Tiré de son sommeil, Darlan, assis sur son lit, l'écouta, bougonna quelques assurances de bon sens et nous fit comprendre qu'il voulait dormir. Je me trouvais à côté du général, et je ne me rappelle rien des paroles bravaches et cocardières que le futur organisateur de l'assassinat de l'amiral à Alger lui a prêtées plus tard à Alger pour le discréditer[73]. » De toute façon, sans qu'il soit besoin de savoir qui dit la vérité, du comploteur ou du féal, le seul contenu de la phrase rapportée par d'Astier suffit à montrer son invraisemblance : Darlan a sans doute dit qu'on se battrait jusqu'au bout, mais il est impensable qu'il ait jamais affirmé que la flotte passerait sous pavillon britannique.

Quant à Herriot, sans entrer dans la polémique sur son comportement en 1940 (qui fut assez ambigu, il faut bien le dire), on notera simplement que son témoignage est contredit par celui de Jules Jeanneney, président du Sénat, qui rencontre Darlan le 19 juin et évoque avec lui le départ du gouvernement pour l'Afrique du Nord sans susciter aucune réaction hostile[74]. Le témoignage de Jeanneney a d'autant plus de poids que celui-ci était lui aussi opposé à l'armistice et qu'il se montrera par la suite adversaire de Vichy.

Aucun de ces trois témoignages ne peut donc être accepté sans bénéfice d'inventaire. Ils doivent être confrontés avec les documents dont nous pouvons disposer. Ainsi qu'on l'a dit, il y en a assez peu. Mais cela ne signifie pas que nous soyons totalement démunis. Il subsiste encore quelques notes. Mises bout à bout, ces bribes suggèrent une perspective différente de celle du retournement. Darlan a certes hésité, tâtonné, comme tout le monde en ces heures tragiques, il a fini par arriver à la conclusion que l'armistice était inévitable. Mais il l'a fait au terme d'un cheminement long et progressif qui ne révèle pas de véritable rupture. Pour le comprendre, il est nécessaire de revenir un peu en arrière.

Dès le 28 mai, l'amiral a dû se résoudre à envisager l'hypothèse d'un armistice, comme le montre sa note à Le Luc. Mais il se refuse, jusqu'au début de juin, à reconnaître que cette éventualité pourrait devenir inéluctable. Jacques Raphaël-Leygues l'a très bien vu : il « ne croyait visiblement pas à la défaite de la

France. L'ancien combattant de 1914-1918, le canonnier valeureux de Salonique et de Verdun ne comprenait pas l'effondrement total de sa patrie[75] ». Ses lettres à sa femme, non retouchées *a posteriori* et dans lesquelles il s'exprime sans arrière-pensées, le montrent bien : le 21 mai, il pense que « la situation militaire peut être redressée » ; le 27 que, « si nous résistons quelques semaines, certains signes permettent de le penser, un redressement pourra être effectué » ; le 8 juin encore : « Si cela [la résistance sur la Somme] continue ainsi, ce sera parfait. » Jusqu'à cette date, l'armistice est pour lui une hypothèse d'école. Lorsque Pétain lui déclare le 6 juin : « Darlan, cela va très mal et se terminera par une capitulation en rase campagne », il le trouve « un peu pessimiste[76] ».

Mais à partir du 10, il faut se rendre à l'évidence : après la rupture du front de la Somme, la bataille de France est perdue. Reynaud s'accroche à l'utopie du réduit breton. Darlan y a cru pendant quelques jours au point d'envisager le repli de l'Amirauté vers Brest[77], puis il s'est vite ravisé. Weygand a dit, avec la plus grande netteté, au Comité de guerre qu'il ne fallait pas y compter : les troupes de la VIIe armée sont encerclées, le général Altmayer, chargé d'organiser le réduit, n'a pratiquement aucune troupe, et la flotte ne peut pas grand-chose. Darlan remet à Baudouin, le 10 juin, une note « au sujet de la défense par la marine du réduit breton. La force de l'aviation allemande et l'absence de D.C.A., dit l'amiral, interdiront rapidement les débarquements de vivres, de munitions et de renforts. Aussi l'amiral n'hésite-t-il pas à considérer le réduit breton comme indéfendable[78] ». Donc, dès le 10 juin, Darlan considère que la guerre est perdue en métropole.

Dès lors, si l'on veut continuer la lutte, la seule solution est de passer en Afrique du Nord. La flotte serait concernée au premier chef, à la fois pour transporter les troupes et défendre les côtes de l'Afrique du Nord contre l'invasion. Mais Darlan considère les deux tâches comme irréalisables.

Dès le 3 juin, en réponse à une demande de Weygand de transporter 80000 recrues en Afrique du Nord, il répond qu'il faudrait un délai de deux mois à raison d'un convoi de 10000 hommes tous les dix jours ; il attire l'attention du généralissime « sur les risques sérieux auxquels seront exposés ces transports. [...] Ces risques ne doivent être courus que si de tels mouvements s'avèrent absolument nécessaires[79] ». Mais Reynaud et de Gaulle s'obstinent. Le 12 juin, de Gaulle, en sa qualité de sous-secrétaire d'État à la Guerre, demande à l'Amirauté « d'étudier le transport entre Bordeaux et Casablanca, *dans un délai de 45 jours,* de 900000 hommes et de 100000 tonnes de matériel[80] ».

Le 14 juin au soir, Reynaud, arrivé à Bordeaux, demande à voir l'Amiral de la flotte. Celui-ci qui revient d'un voyage éclair en Bretagne où il est allé voir l'amiral Ouest (et aussi veiller au départ de sa femme qui quitte Saint-Malo pour Nérac) n'est pas enchanté de devoir quitter son P.C. alors que les liaisons routières sont si difficiles et ne l'envoie pas dire à de Gaulle, qui l'informe par téléphone [81]. Arrivé à Bordeaux le 15 au matin, il s'entend dire que le délai de 45 jours est réduit à 10 jours. Alors qu'il a demandé, deux semaines plus tôt, deux mois pour transporter le dixième des effectifs envisagés maintenant... Il propose de s'en tenir à un contingent plus modeste :

> « “ Monsieur le Président, lui répondis-je, il est matériellement impossible de réunir en dix jours deux cents navires qui sont aujourd'hui dispersés sur les océans. Mais j'ai dix transports dans le port de Bordeaux. Chacun d'eux peut charger 3000 personnes. Trente mille hommes partiront donc dès ce soir, s'ils sont prêts à embarquer. ”
>
> « Le président du Conseil me déclara alors qu'il ne savait pas où se trouvaient les hommes destinés à l'Afrique et qu'il ignorait même comment ils pourraient rallier Bordeaux.
>
> « “ Comment, lui dis-je alors, pouvez-vous me demander, dans ces conditions, d'évacuer 900000 hommes en dix jours [82] ? ” »

Darlan rentre à Montbazon « furieux ». Néanmoins, il exécute l'engagement pris et fait rassembler 8 transports de troupes et leurs escorteurs à l'embouchure de la Gironde ; « mais, quand tout fut en place, on ne trouva à faire monter à bord que des détachements isolés ou des formations de l'arrière sans intérêt [83] ».

Darlan est d'autre part convaincu que l'opération serait inutile, car l'Afrique du Nord est indéfendable. Il pense que l'Espagne, comme l'Italie, va s'allier à l'Allemagne et autoriser le passage des troupes allemandes qu'on ne pourra empêcher de passer au Maroc. Il le dit le 13 juin à Baudouin qui lui pose la question.

> « L'amiral m'a répondu que son état-major avait déjà examiné la question, que l'avis de celui-ci était net, à savoir que des forces navales appuyées sur Gibraltar ne pourraient, par cette belle saison, que faire payer un certain prix la traversée des 30 kilomètres de mer par des navires couverts en plein jour par une aviation complètement maîtresse du ciel, ou qui de nuit se faufileraient d'une rive à l'autre. Il ajouta que l'Amirauté anglaise avait fait en Norvège et à Dunkerque la cruelle expérience des pertes considérables infligées à sa flotte par la Luftwaffe. Elle a décidé d'importants renforcements de l'artillerie antiaérienne de ses navires de guerre qui doivent autant que possible rester à l'abri des bombardements en piqué

jusqu'à ce que ces transformations aient été faites. D'autre part, la valeur de l'aviation anglaise de Gibraltar est négligeable[84]. »

A ces considérations immédiates s'ajoutent des vues à moyen terme sur le contexte diplomatique (la Grande-Bretagne pourra-t-elle ou voudra-t-elle continuer la lutte ? Que feront les États-Unis ?), ainsi que le souci de ne pas abandonner la population française au vainqueur. L'ensemble de ces raisons sera examiné en détail plus loin. Revenons pour l'instant au fil des événements.

Le 11 juin, a lieu le fameux entretien entre Pétain et Darlan, qui constitue la pièce maîtresse de la thèse du retournement. L'épisode a été raconté par Darlan lui-même dans un numéro de *Gringoire* et dans une lettre qu'il a adressée à Pétain en octobre 1942. Son authenticité est donc incontestable :

« Nous étions ensemble à Briare, au quartier général du général Weygand, où se tenait un Conseil suprême. Le Maréchal me prit dans son auto pour aller à la rencontre de Churchill, venu d'Angleterre en avion. Il me confia combien il était écœuré de l'incapacité du gouvernement à prendre une décision quelconque. " Il nous faudrait une sorte de consulat, me dit-il, et si l'on me demandait mon avis sur le choix du premier consul, c'est vous que je désignerais, mon ami.

« — C'est un beau cadeau que vous voulez me faire, monsieur le Maréchal, je n'y tiens pas du tout.

« — Si, si, dit le Maréchal, j'ai bien réfléchi, vous êtes le seul à avoir réussi votre affaire, c'est donc vous qui devez prendre cela[85] ". »

Il est certain qu'une telle déclaration de Pétain a tout de même dû avoir un effet sur Darlan et lui faire sentir plus encore l'importance de son rôle futur. Se voit-il pour autant premier consul, comme l'en accuseront plus tard Paul Reynaud[86] et à sa suite bon nombre d'historiens ? Cela est plus que douteux lorsqu'on examine son comportement dans les jours qui suivent.

Au Conseil suprême du 12 juin, Darlan répète à Churchill qu'il n'est pas question de livrer la flotte. Avant de partir pour la Bretagne le lendemain, il réitère son refus :

« 1° Si l'armée le peut, je crois qu'il faut essayer de tenir.

« 2° Peut-être pourrait-on donner le commandement du Cotentin à Abrial ainsi que quelques troupes organisées si possible.

« 3° Si l'on est acculé à l'armistice, je désirerais être prévenu avant, pour donner des ordres à la flotte, qu'il y aurait intérêt à ne pas comprendre dans l'armistice et que, en tout cas, je me refuse à livrer.

« 4° Je serai peut-être conduit à m'installer à Brest[87]. »

Dans la nuit du 14 au 15, avant de se rendre à la convocation du président du Conseil, il ordonne de préparer des instructions pour le cas où il serait coupé de l'Amirauté plus longtemps que prévu par suite de l'encombrement des routes et des problèmes de transmission, mais aussi pour le cas où des décisions politiques engageant la flotte seraient prises en dehors de lui. Malgré l'aggravation de la situation militaire et l'éventualité d'un armistice, il s'en tient aux principes déjà affirmés le 28 mai dans la note pour l'amiral Le Luc.

> « En cas d'armistice malheureux où flotte serait impliquée, voici mes directives. Les prescriptions qui suivent, que les événements peuvent modifier, ne seront exécutées que sur ordre de l'Amirauté française authentifié par signature " XAVIER 377 ". Tout autre message devant être considéré comme nul. Accusez-moi réception.
>
> « *Primo :* Aucun bâtiment de combat proprement dit ou avion ne doit tomber intact aux mains de l'ennemi.
>
> « *Secundo :* Si une dernière action navale ne peut être tentée, tous bâtiments de combat et formations aériennes se rendront dans ports français outre-mer non soumis à armistice s'il en existe ou dans ports britanniques aux ordres commandement local en attendant que je me sois fait reconnaître. Emporter munitions matériel de rechange.
>
> « *Tertio :* Bâtiments de combat ne pouvant exécuter paragraphe secundo devront se saborder. Garder pour servir au ravitaillement ultérieur du pays tous bâtiments lents ou petits sans grande valeur militaire en détruisant leurs armes[88]. »

Ces instructions sont complétées par une note à l'amiral Le Luc :

> « 1° Je prends la décision de transporter l'Amirauté à Marseille.
>
> « 2° Commencer le mouvement à midi le 15.
>
> « 3° Aviser immédiatement Marine-Marseille d'avoir à préparer l'installation du Pharo.
>
> « 4° Je me rendrai directement de Bordeaux à Marseille.
>
> « 5° Donner des instructions à l'amiral Ouest et à Odend'hal pour envoyer en Angleterre dans le plus bref délai le *Richelieu* (et les appareils qu'il a encore à terre) et les bâtiments en essais capables de marcher ainsi que le *Jean-Bart* à partir du 20[89]. »

Ce télégramme comme la note du jour précédent confirment que Darlan ne s'attend pas à devenir ministre deux jours plus tard. L'entretien du 11 avec Pétain n'a donc fait naître en lui aucune espérance particulière. Il est dans l'incertitude et prend ses précautions pour qu'aucun bâtiment ne puisse être livré.

Il part pour Bordeaux le 15 à 3 heures du matin. Dans la matinée, il a l'entretien déjà évoqué avec Paul Reynaud au sujet du transport des troupes en Afrique du Nord[90]. Le président du Conseil le presse également de préparer l'évacuation du gouvernement et du Parlement, en rassemblant les unités nécessaires dans le golfe de Gascogne. Cette demande reçoit un accueil assez froid :

« Je lui réponds que je dispose de navires de commerce et que, à part quelques torpilleurs, je n'ai pas de navires de guerre dans cette zone et que je considère comme inopportun de les retirer de la Méditerranée qui est la zone de combat. A plusieurs reprises, Monsieur Campinchi, ministre de la Marine, me demande d'être prêt à effectuer cette opération.

« Je lui réponds que, lorsque j'aurai un ordre écrit du gouvernement, je prendrai les dispositions pour l'exécuter, mais que tant que je n'aurai pas cet ordre, je ne bougerai pas, la mission principale de la flotte de guerre étant le combat.

« Je ne reçois aucun ordre, je ne fais rien[91]. »

L'après-midi, le Comité de guerre se réunit : « On demande au général Weygand, à moi et à Vuillemin d'exposer la situation en ce qui nous concerne. Le général déclare que l'armée ne peut plus rien. Vuillemin déclare que pour le moment il n'y a pas d'avions, mais qu'il compte en avoir dans quelques semaines. Je déclare que la flotte est toujours en état[92]. » On imagine que cela a dû le satisfaire... Mais il est maintenant convaincu que la demande d'armistice est inéluctable. A la sortie du Conseil, il le dit à Paul Baudouin :

« A la sortie du Conseil, l'amiral Darlan me prend par le bras et m'entraîne dans une pièce voisine. Il me fait une critique violente des conditions dans lesquelles l'armistice va être demandé, car cette demande lui apparaît inévitable à très bref délai. L'amiral veut rester en complet accord avec l'Angleterre. En aucun cas il n'accepte la venue au pouvoir de Laval qui, me dit-il, est très actif et envoie émissaire sur émissaire au Maréchal. Il ajoute : “ Depuis que vous m'avez mis au courant du Conseil suprême d'avant-hier, je sais que vous partagez mon point de vue sur le maintien de l'alliance anglaise. J'ai donc demandé au Maréchal, s'il est appelé à constituer un cabinet comme cela paraît possible, de vous faire passer du poste de sous-secrétaire d'État aux Affaires étrangères à celui de ministre de ce département[93]. ” »

Darlan ne retourne pas à Montbazon, car la séance du Conseil doit reprendre le lendemain matin. Mais des liaisons avec « Molière » sont assurées grâce aux services locaux de la marine, et les instructions préparées la veille n'ont plus d'objet, sauf en ce qui concerne le *Richelieu* et le *Jean-Bart.* Encore le 15 juin, Darlan n'a pas d'états d'âme sur l'alliance anglaise, puisqu'il prépare le départ pour la Grande-Bretagne de ses plus belles unités.

Le 16, Darlan attend comme tout le monde le dénouement du conflit au sein du gouvernement. Il reçoit Léon Blum qui s'estime menacé et veut quitter la France. Compréhensif, il lui délivre sur-le-champ le document sollicité : « Prière aux autorités navales de faciliter éventuellement l'embarquement de M. le Président Léon Blum sur un bâtiment ou un avion de la marine à destination de l'Afrique du Nord[94]. » Dans l'après-midi, le gouvernement Reynaud démissionne, et le maréchal Pétain constitue le sien sans attendre : Darlan est ministre de la Marine militaire et marchande tout en conservant le commandement en chef des Forces maritimes françaises. Il succède à Campinchi, avec qui ses relations s'étaient détériorées au cours des semaines précédentes[95], et à Rio. Il siège désormais au Conseil des ministres : plus qu'une satisfaction d'amour-propre, il en retire l'assurance qu'il sera présent pour veiller à la préservation de la marine durant les discussions sur l'armistice qui vont s'ouvrir. Il doit rester à Bordeaux avec le gouvernement. Il en informe l'Amirauté à Montbazon et appelle près de lui Auphan qui le rejoindra le lendemain matin. L'Amirauté devra d'ailleurs suivre quelques heures plus tard pour ne pas être capturée et va s'installer dans la banlieue de Bordeaux, au château de Dulamont (commune de Blanquefort) qui appartient aux Louit, famille bien connue de moutardiers. Le nouveau P.C., dit « Morgan », fonctionne à partir du 17 juin à 16 heures 30 en doublure de « Molière » qui est évacué dans la nuit alors que les Allemands ne sont qu'à une vingtaine de kilomètres.

La préoccupation immédiate de l'amiral est double : il faut préserver la flotte de la reddition, mais il ne peut qu'attendre de connaître les conditions allemandes demandées par l'intermédiaire de l'ambassadeur d'Espagne ; il faut la préserver de la capture, et Darlan lance dès le 15, on l'a dit, l'ordre de préparer l'appareillage des bâtiments se trouvant dans les ports de l'Atlantique et de la Manche :

> « Dès que l'amiral Ouest l'estimera nécessaire, soit par suite risque aérien excessif, soit pour toute raison grave, il demandera à l'amiral W.A. [*Western Approaches*] prévenu une escorte pour les baser momentanément dans la Clyde ou autre port anglais. Emporter à bord ou sur bâtiments réquisitionnés matériel nécessaire à achèvement munitions, rechanges[96]. »

Pour couper court aux rumeurs démobilisatrices engendrées par le message du maréchal Pétain disant qu' « il faut cesser le combat », l'Amirauté expédie à tous, le 17 à 13 heures, l' « ordre de continuer toutes opérations de guerre aéronavales avec la plus farouche énergie jusqu'à nouvel ordre de ma part[97] ». Le préfet maritime de la 3e région donnant des signes de découragement, le contre-amiral Le Luc le rappelle à l'ordre avec rudesse : « Ce n'est pas le moment de mollir[98]. » Quelques heures après, il annonce l'ouverture des négociations d'armistice :

> « La situation militaire et civile a conduit le gouvernement à faire ouverture d'une paix honorable à nos ennemis. Quelle que soit l'évolution de la situation la marine peut être certaine qu'en aucun cas la flotte ne sera livrée intacte. Tous ordres à ce sujet seront authentifiés par signature Xavier 377. Accusez réception[99]. »

Au cours de la nuit du 17 au 18, l'Amirauté télégraphie aux amiraux Nord et Ouest : « Ne laissez aucun bâtiment de combat tomber intact entre les mains de l'ennemi[100]. » L'évacuation va se prolonger jusqu'au matin du 19 : 74 bâtiments, dont le cuirassé *Richelieu,* quittent Brest ; le *Jean-Bart,* qui, inachevé, n'a jamais navigué, appareille de Saint-Nazaire à l'aube du 19. Tout ce qui est hors d'état de flotter est sabordé, les équipements à terre sont détruits. Le 18, l'ordre est donné de préparer l'évacuation de Toulon : à l'exception de la 3e escadre, engagée dans des opérations contre le littoral italien, tout ce qui flotte quitte Toulon les 22 et 23 juin. Le sous-marin *Émeraude,* pourtant achevé à 80 %, est détruit sur cale. L'opération est menée aussi complètement qu'elle peut l'être, et les marins français garderont longtemps de la rancœur envers Churchill[101] qui affirmera plus tard, contre toute évidence, pour justifier Mers el-Kébir, qu'aucun navire français ne prit la mer pour échapper à l'ennemi.

Destination pour tous, sauf ceux qui sont hors d'état d'accomplir le voyage : l'Afrique. Darlan est soumis aux sollicitations insistantes des États-Unis et de la Grande-Bretagne, et il préfère mettre la flotte à l'abri des convoitises dans des ports français. Lorsque Charles-Roux lui parle de la demande britannique d'envoyer la flotte dans les ports anglais, il sort de sa poche une note préparée pour le prochain Conseil des ministres et dont la première phrase dit : « La flotte est de trop. » Propos sibyllin (sans doute éclairé par la suite de cette note, qui est perdue), mais que Charles-Roux traduit ainsi : « Je crois qu'il avait pour elle un projet de départ[102]. » L'Amirauté renouvelle ses consignes le 18 au soir :

« *Primo.* Président du Conseil rappelle à tous combattants que aucun armistice n'est encore intervenu et que leur devoir est de poursuivre résistance maximum. Je compte que cet ordre sera particulièrement bien compris des places maritimes.

« *Secundo.* En cas de besoin, la ligne de repli de tous bâtiments ou aéronefs est Afrique du Nord. Tout bâtiment de combat ou aéronef ne pouvant l'atteindre et risquant de tomber sans combat aux mains de l'ennemi doit se détruire ou se saborder suivant ordres autorité supérieure. Bâtiments lents ou petits sans grande valeur militaire doivent seulement détruire leurs armes[103]. »

Mais ce n'est pas pour autant la rupture avec l'Angleterre. La pensée de Darlan au soir du 18 juin nous est connue de manière indiscutable par une note qu'il rédige à l'attention de l'amiral Michelier, major général de la marine qu'il nomme secrétaire général et directeur de cabinet pour assurer la fusion des services civils et militaires (celui-ci n'aura d'ailleurs guère le temps d'exercer ses nouvelles fonctions, car il sera fait prisonnier le 22 à Rochefort avec les services du ministère) :

« 1° En tant que secrétaire général, vous avez ma délégation permanente dans conditions légales, sauf pour les questions dont je me réserverais la décision, ou pour celles que vous estimeriez ne pas pouvoir régler seul.

« 2° Les ordres du gouvernement sont pour tous de rester en place.

« 3° Libération du personnel civil. Y aller doucement pour ne pas jeter sur le pavé des gens déracinés et sans ressources, en particulier les femmes. Il vaut mieux attendre.

« 4° Il n'y a plus de cabinet civil, il n'y a qu'un cabinet militaire réduit. C'est vous qui, comme secrétaire major général, remplirez le rôle de directeur du cabinet militaire. La section administrative est sous vos ordres.

« 5° Situation militaire très médiocre : Cherbourg est évacué, est ou va être pris. Les Allemands seraient à Rennes et à Ploërmel. A part quelques îlots qui résistent, l'armée paraît ne plus exister.

« 6° J'ai donné l'ordre à la flotte de combattre avec la plus grande énergie jusqu'à ce qu'un ordre de *moi,* authentique, lui dise le contraire.

« *Je ne la rendrai jamais.* — J'ignore encore où elle ira (Afrique, Angleterre, États-Unis ?) ou si elle sera détruite, *mais les Allemands ne l'auront pas.*

« 7° Je n'ai pas l'intention *d'émigrer,* mais les *autres*[104] ? »

Le 19 au matin, la réponse allemande étant enfin parvenue, Darlan convoque le contre-amiral Le Luc vers 11 heures :

« Aussitôt mon entrée dans son bureau, il me tendit — sans mot dire — une feuille de son bloc-notes et j'y lus :

« “ Vous êtes désigné comme plénipotentiaire en vue d'être informé des conditions de paix [*sic*] ; tenez-vous prêt à partir au premier signal. Les détails d'exécution vous seront donnés ultérieurement. ”

« Le coup était dur, mais il convenait d'obéir. Aussi mes réflexions à haute voix furent brèves, et j'allais sortir lorsque l'amiral Darlan ajouta :

« “ Vous n'avez pas tout lu. ”

« Le billet dont les lignes dansaient quelque peu sous mes yeux commençait en effet par l'indication : “ pour le V.A. Le Luc ”, ce que je n'avais pas remarqué.

« “ Le gouvernement a voulu que vous soyez vice-amiral et vous a annoncé comme tel ”[105]. »

Le Luc part avec la délégation dans l'après-midi, après un ultime entretien avec Darlan qui lui a déclaré en substance : « De toute façon, vous pouvez signer n'importe quoi, je n'exécuterai rien qui porterait atteinte à la flotte[106]. » L'attente commence.

La journée du 19 se passe ainsi dans l'incertitude. Les Allemands continuent à avancer, l'armée, hormis quelques héroïques exceptions, se désintégrant depuis le message du 17 juin du maréchal Pétain disant qu'il faut cesser le combat, dont l'effet psychologique a été désastreux (puisque la guerre doit bientôt finir, peu de gens tiennent à être les derniers tués...). Seul motif de satisfaction, l'évacuation des ports de l'Atlantique s'est bien terminée. Darlan reçoit les Britanniques à qui il renouvelle ses assurances sur son refus de livrer la flotte. Il écrit deux fois à sa femme dans la journée. La première lettre témoigne de son pessimisme et de sa conviction désormais bien arrêtée de la nécessité de l'armistice :

« Nous attendons les propositions des dictateurs. Si elles sont honorables, nous ferons l'armistice ; sinon, nous continuerons à nous battre, ce qui n'empêchera pas le rouleau compresseur d'aller jusqu'aux Pyrénées et, par l'Espagne consentante, en Afrique du Nord.

« Dans l'ouest, les Allemands ont avancé de façon foudroyante, ne trouvant aucune troupe devant eux. Ils seraient à Rennes et Ploërmel.

« Les hommes politiques, craignant sans doute d'être fusillés par les Allemands, peu rassurés sur les intentions des Français à leur égard, ne pensent qu'à émigrer.

« Ils trouvent toute sorte de bons motifs, oubliant que c'est une lâcheté d'abandonner le peuple de France et d'émigrer.

> « Si les élites de la bourgeoisie désertent, quelle autorité veut-on qu'elles aient pour reconstituer le pays, ou ce qui en restera ? Quand elles rentreront, elles recevront des pommes cuites et iront à la lanterne [107]. »

Mais il reste inébranlable dans son refus d'un armistice déshonorant qui comporterait la livraison de la flotte. Le Conseil des ministres se réunit « pour examiner les décisions à prendre dans le cas où un armistice serait refusé ou si les conditions proposées étaient contraires à l'honneur » :

> « Il fut décidé que, dans ces deux cas, le Maréchal resterait en France pour recevoir les Allemands et ne pas abandonner au vainqueur les populations privées de chef, et que le gouvernement se retirerait en Afrique du Nord pour essayer de continuer la lutte.
>
> « Personne ne se faisait beaucoup d'illusions sur la possibilité de continuer la lutte en Afrique du Nord. [...]
>
> « J'avais envisagé de replier la flotte sur Dakar et sur la Martinique, en emportant l'or qui était chargé sur mes bateaux, et d'attendre la possibilité de reprendre la lutte dans de meilleures conditions [108]. »

L'Amirauté prépare les modalités du transfert en Afrique du Nord du gouvernement et du Parlement. Esteva reçoit l'ordre d'envoyer à Sète des petits paquebots ou des cargos mixtes ainsi qu'une division de contre-torpilleurs en vue d'une mission spéciale avec la 4e division de croiseurs en soutien éloigné. Le croiseur *Dupleix* doit se tenir prêt à six heures d'appareillage à Toulon [109]. La 1re division de torpilleurs rallie Port-Vendres pour embarquer une partie du personnel de l'Amirauté, avec les archives, sous le commandement de Négadelle et La Monneraye. Des messages sont envoyés à Noguès et Esteva pour préparer l'installation à Alger [110]. Ordre est donné aux préfets maritimes de diriger sur l'Afrique du Nord tous les avions disponibles [111]. Dans l'après-midi, après avoir rendu compte au maréchal Pétain, Darlan se rend chez Albert Lebrun pour l'informer du plan d'évacuation. En arrivant à la présidence, il rencontre Herriot et Jeanneney. Il leur « parle du moral de la flotte, qui est très élevé. Il fera de chacun de ses ports de guerre un camp retranché où l'on se battra jusqu'au bout. Les équipages y sont bien résolus. Toulon est particulièrement bien armé, équipé et en position de résister [112] ». Le paquebot *Florida* se tient prêt, à Port-Vendres, à embarquer le gouvernement. Les parlementaires qui désirent quitter Bordeaux pour l'Afrique du Nord peuvent embarquer au Verdon sur le paquebot *Massilia.* Le président de la République approuve les dispositions prises, de même que Chautemps,

Jeanneney et Herriot au cours d'une réunion organisée ensuite chez ce dernier [113]. Tout est donc prêt pour un éventuel départ que Darlan annonce le soir à sa femme :

> « Il est possible que le gouvernement se rende en Afrique du Nord. Naturellement, je suis dans l'obligation d'en faire autant.
> « Si une décision est prise, elle le sera cette nuit, et il est possible que je passe à Nérac demain dans la matinée. [...]
> « Notre départ à nous n'aura pas lieu par Bordeaux, mais par un port méditerranéen [114]. »

Le 20 juin, l'attente continue. Sa première lettre à sa femme est encore plus pessimiste que celle du jour précédent, car il envisage l'exil et la mort :

> « Berthe chérie, je ne suis pas encore parti, mais il se peut que je parte ce soir.
> « Si les propositions allemandes sont inacceptables et si le gouvernement les refuse (ce qui ne fait aucun doute), je me rends en Afrique du Nord pour continuer à exercer le commandement des forces navales.
> « Ma vie sera errante ou flottante.
> « Dans ces conditions, je me demande s'il est sage de te prendre avec moi pour courir le risque de te laisser seule dans un coin du bled algérien et s'il n'est pas préférable que tu restes à Nérac, même si les Boches occupent tout le territoire.
> « Si je suis obligé de partir brusquement avec la flotte, si je suis tué, tu te trouves [*sic*] seule, abandonnée en Afrique [115]. »

Ne sachant s'il pourra conserver le commandement effectif de la flotte, il prend des dispositions pour assurer sa succession et rappeler ses ordres.

> « *Primo :* L'Amiral de la flotte pense pouvoir conserver la possibilité de commander les forces maritimes et fait le nécessaire pour qu'il en soit ainsi.
> « *Secundo :* Au cas où l'Amiral de la flotte serait hors d'état d'exercer librement son commandement, les forces maritimes seraient placées sous les ordres de l'amiral de Laborde, puis de l'amiral Esteva et de l'amiral Abrial, ensuite de l'amiral Gensoul.
> « *Tertio :* Tous ces officiers généraux ou ceux qui seraient appelés à leur succéder devront se conformer aux ordres généraux ci-après :
> « *a.* Combattre farouchement jusqu'au bout tant qu'un gouvernement français régulier et indépendant de l'ennemi n'aura pas donné d'ordre contraire.
> « *b.* Désobéir à tout autre gouvernement.
> « *c.* Quels que soient les ordres reçus, ne jamais abandonner à l'ennemi un bâtiment de combat intact [116]. »

Ce message est rédigé par Darlan lui-même. Son manuscrit contient une omission révélatrice : dans le premier jet, il a écrit : « de l'amiral Esteva et de l'amiral Abrial, puis de l'amiral Gensoul ». Ce n'est qu'à la relecture qu'il s'est aperçu qu'il a oublié Laborde, qu'il lui était impossible d'écarter bien qu'il ne l'aimât point, car il était le plus ancien. L'ordre du tableau a donc été rétabli, mais seulement pour les trois premiers. Gensoul est en effet placé en quatrième position alors qu'Ollive est plus ancien que lui d'un mois [117]. Mais Darlan, on le sait, n'a aucune confiance dans les qualités de chef d'Ollive et l'écarte délibérément. La liste des destinataires montre le manque de renseignements qui caractérise ces journées : l'amiral Ouest est sur le *Hardi,* mais Abrial, Traub (préfet maritime de la 2e région) et Penfentenyo (préfet maritime de la 5e région) sont on ne sait où : Darlan ignore encore que le dernier cité a été fait prisonnier en défendant Lorient, avec plusieurs officiers de son état-major tués ou blessés à ses côtés [118].

Dans l'après-midi du 20, le départ du gouvernement paraît imminent : « Un grand affolement règne chez les parlementaires qui, craignant que les conditions de l'armistice ne soient inacceptables, ne pensent qu'à s'enfuir en Afrique du Nord. Le président de la République en est comique. [...] Lui qui sue la peur voudrait partir sans délai pour Perpignan. » Certains parlementaires s'embarquent sur le *Massilia* à destination de Casablanca [119]. Mais, en fin d'après-midi, « le Maréchal décide que l'on ne partira que si l'on ne peut communiquer librement avec nos plénipotentiaires [120] ». Darlan en informe aussitôt sa femme :

> « Je ne pars pas ce soir. Le Maréchal prendra une décision demain matin à huit heures, d'après la situation.
> « Une liaison téléphonique va être établie entre Tours et Bordeaux pour que nous puissions correspondre avec notre délégation...
> « Les “ jusqu'au-boutistes ” sont crevants. Ils cherchent tous à se défiler par les voies les plus rapides et ils se précipitent à toute allure sur le Verdon, où j'ai mis un paquebot à leur disposition.
> « C'est beau de dire aux autres de crever et de se débiner [121]. »

Il écrit également à Noguès qui demande au gouvernement de continuer la lutte en Afrique du Nord pour justifier la demande d'armistice et réaffirmer son refus de livrer la flotte :

> « Mon cher général et ami,
> « Vous pouvez être convaincu que ce n'est pas un gouvernement dirigé par le maréchal Pétain qui acceptera quelque chose de déshonorant.

« Nous sommes prêts à nous rendre chez vous s'il est nécessaire de continuer la lutte.

« Mais il fallait tenter le geste que l'on fait actuellement pour montrer à ce pays qu'on ne le plongera dans d'immenses souffrances — auxquelles il est mal préparé — que parce qu'on ne peut faire autrement. En ce qui concerne la flotte elle combattra jusqu'au bout tant qu'un gouvernement régulier et *indépendant de l'ennemi* ne lui donnera un ordre contraire. Elle ne se rendra jamais.

« J'ai même prévu le cas où personnellement je n'aurais plus mon indépendance et celui où je serais tué. Soyez donc tranquille.

« Votre lettre a ému tout le conseil.

« Mais si vous saviez l'état de l'armée ici.

« A vous, bien tristement mais bien résolument[122]. »

Absorbé par les réunions du Conseil des ministres, Darlan reste dans son hôtel du cours de Verdun (l'hôtel Prom), à proximité de la rue Vital-Carles où sont installés le président Lebrun, Reynaud et le maréchal Pétain, et ne va guère à Dulamont, où la cellule réduite, restée en place après le départ de Négadelle pour Marseille et de Le Luc pour Rethondes, fonctionne sous la direction d'Auphan, tout nouvellement promu contre-amiral. Enfin, le 21 au soir, la liaison avec les plénipotentiaires étant établie, le général Huntziger, chef de la délégation, peut téléphoner à Weygand le texte de la convention (la conversation dure une heure et demie). Darlan, accompagné d'Auphan, prend connaissance de l'article 8 qui traite du sort de la flotte. Selon Auphan, les clauses sont jugées très dures, mais l'impression qui domine est le « soulagement » devant la renonciation de l'Allemagne à une « mainmise sur nos bateaux[123] ».

Les Français peuvent être soulagés, car, même s'ils l'ignorent, ils sont passés très près de conditions beaucoup plus sévères. Le premier projet de convention, préparé sur ordre de Keitel, prévoyait une occupation totale du territoire métropolitain. La Kriegsmarine, de son côté, avait conçu un projet extrêmement dur : « La capitulation française ne doit pas se limiter à mettre hors circuit dans la guerre présente les forces militaires françaises, mais elle doit être exploitée, avec toutes les possibilités qu'elle offre, dans la continuation de la guerre contre l'Angleterre », ce qui entraînait :

« 1. Occupation de tous les ports de guerre français et de toutes les installations appartenant à la marine de guerre par des commandos de la marine allemande ou italienne, selon les cas. Les bases françaises seront utilisées sans retard pour les besoins de la continuation de la guerre contre l'Angleterre... 2. Mainmise sur toute la flotte française avec tous ses effectifs en navires de guerre, navires auxiliaires de guerre, et bâtiments de transport, de ravitaillement, arsenaux, approvisionnements, combustibles, munitions y compris les unités en cours de construction [124]. »

Les Italiens eux aussi réclament la saisie de la flotte française. Hitler, qui estime souhaitable un armistice pour éviter de voir celle-ci continuer le combat aux côtés des Britanniques et de devoir assurer toutes les fonctions d'autorité à l'égard de la France [125], écarte toutes ces prétentions dont il sait qu'elles sont inacceptables pour le gouvernement français. Le 18 juin, il rencontre Mussolini à Munich et l'amène à ses vues [126] ; le 20, il reçoit le grand amiral Raeder, qui demande à pouvoir utiliser Dakar : il refuse [127] et impose une ligne beaucoup plus modérée qui se traduit par l'article 8 de la convention :

« 8. La flotte de guerre française — à l'exception de la partie qui est laissée à la disposition du gouvernement français pour la sauvegarde des intérêts français dans son empire colonial — sera rassemblée dans les ports à déterminer et devra être démobilisée et désarmée sous le contrôle de l'Allemagne et respectivement de l'Italie.

« La désignation de ces ports sera faite d'après les ports d'attache des navires en temps de paix.

« Le gouvernement allemand déclare solennellement au gouvernement français qu'il n'a pas l'intention d'utiliser pendant la guerre, à ses propres fins, la flotte de guerre française stationnée dans les ports sous contrôle allemand, sauf les unités nécessaires à la surveillance des côtes et au dragage des mines.

« Il déclare en outre solennellement et formellement qu'il n'a pas l'intention de formuler de revendication à l'égard de la flotte de guerre française, lors de la conclusion de la paix. Exception faite de la partie de la flotte de guerre française à déterminer qui sera affectée à la sauvegarde des intérêts français dans l'empire colonial, tous les navires de guerre se trouvant en dehors des eaux territoriales françaises devront être rappelés en France [128]. »

Les Allemands demandant une réponse pour le lendemain 9 heures, le Conseil des ministres se réunit à 1 heure du matin. D'après Baudouin, « l'amiral Darlan prend tout à coup parti contre l'armistice. Il déclare qu'il faut continuer à se battre. Il voudrait faire bombarder par la flotte les ports italiens [129] ». Le gouvernement n'accepte pas l'article concernant la flotte. A 3 heures, le Conseil s'achève. Un comité, composé de Weygand, Darlan et Baudouin, est chargé de rédiger les observations à présenter au gouvernement allemand. Darlan rédige alors [130] une nouvelle version de l'article 8, qui substitue aux ports d'attache du temps de paix les ports français d'Afrique et ne fait plus mention du désarmement des navires, mais parle seulement de les mettre à équipages réduits après débarquement des munitions, mesures dont il est évidemment plus facile d'annuler les effets. Le Conseil des ministres se réunit de nouveau à 8 heures : « L'atmosphère est très différente de celle de la nuit. M. Chautemps et l'amiral Darlan ne parlent plus de continuer la résistance. Le mot d'ordre est : “ résignation ”. [...] Les observations à présenter aux Allemands sont approuvées, et le général Weygand quitte le Conseil pour les téléphoner au général Huntziger[131]. » A 10 heures, celui-ci les communique à la délégation allemande, qui ne comprend aucun marin. Le général Keitel, qui la dirige, adopte une position très dure. Au vice-amiral Le Luc qui demande la parole pour obtenir une précision sur l'article 8, il lance : « Si j'étais amiral, je n'appellerais pas l'attention sur mon cas. » Il refuse la modification demandée.

« *Le Général Huntziger :* « En ce qui concerne l'article 8, le gouvernement français demande une modification de forme des deux premières phrases :

« La première phrase serait à rédiger comme suit : *La flotte de guerre française — à l'exception de la partie qui est laissée à la disposition du gouvernement français pour la sauvegarde des intérêts français dans son empire colonial —, après avoir été démobilisée et après avoir débarqué ses munitions sous le contrôle de l'Allemagne ou respectivement de l'Italie, sera basée dans les ports français de l'Afrique. Les effectifs de chaque navire ne devront pas dépasser la moitié des effectifs normaux en temps de paix. Le Gouvernement allemand déclare solennellement...* Si nous laissons nos bateaux dans les ports français de l'Atlantique ou de la Manche, il est probable que l'aviation britannique cherchera à les détruire ; nous demandons à soustraire notre flotte à ce risque dans les conditions de neutralisation fixées par le gouvernement allemand lui-même. Il n'y aurait là aucune modification profonde aux stipulations de l'article 8.

« *Le Général Keitel :* Je considère la formule de l'article 8 comme une offre extrêmement libérale de l'Allemagne. En ce qui concerne les détails (modalités, garanties) de la démobilisation et du stationnement de la flotte, il s'agit là de questions qui doivent être traitées par la Commission d'armistice.

« La modification proposée me paraît donc inacceptable et je regretterais que par une discussion de détail, on méconnaisse l'esprit libéral qui a inspiré l'article 8.

« J'ajoute que le texte de la 2e partie (les ports d'attache du temps de paix de ces navires présideront à la désignation de ces ports) ne comporte pas à proprement parler une obligation ; le mot *soll* dans le texte allemand laisse la possibilité d'une discussion ultérieure sur les modalités, au sein de la Commission d'armistice. Je déclare que la possibilité de discussion sur ce point sera donnée à cette commission.

« *Le Général Huntziger :* Je prends acte de cette déclaration. Il s'agit sans doute d'une traduction imparfaite.

« *Le Général Keitel :* Le texte allemand a autorité et ma parole fait foi. C'est à vous de régler la question de traduction [132]. »

A 14 heures, le Conseil des ministres prend connaissance des réponses allemandes : « Pour la flotte, les Allemands ne repoussent pas notre proposition, mais ils estiment que c'est une mesure d'application relevant de la Commission d'armistice. Le Conseil s'arrête sur cette question et confirme sa décision de faire stationner la flotte uniquement dans des ports non contrôlés par les Allemands, et en Afrique du Nord. [...] Le Conseil décide à l'unanimité d'accepter les propositions allemandes sous la condition que les demandes du gouvernement français et les réponses du gouvernement allemand soient authentifiées dans un protocole annexe ou une lettre annexe [133]. » La délégation française objecte que ce serait imprudent, et, à 18 heures 36, le général Huntziger reçoit l'ordre de signer la convention sans protocole annexe.

Dans l'après-midi, l'Amirauté a informé ses subordonnés que des négociations étaient en cours, en a donné les raisons, et a prescrit les mesures à prendre. Le télégramme a été rédigé par Auphan :

« 1° Situation qui a conduit à demander armistice est :

a. Armée française dispersée n'offrant plus résistance et permettant occupation totale du pays.

b. Résistance en Afrique du Nord serait sans portée pratique et abandonnerait notre patrie à invasion sans défense morale du gouvernement. Peu de soutien local à attendre de Angleterre ou États-Unis. Hostilité probable officiellement annoncée de l'Espagne si nous résistons en Afrique. Égypte très ébranlée.

c. Anglais se sont montrés sur terre soldats médiocres et nos revers viennent en partie de leur armée, leur succès paraît aléatoire. Aucun secours efficace à attendre des États-Unis avant longtemps.

« 2° Négociations en cours comporteront vraisemblablement immobilisation Flotte française partiellement désarmée sous pavillon français dans ports français métropolitains ou coloniaux jusqu'à cessation des hostilités anglo-allemandes. Allemagne s'engage solennellement à ne jamais revendiquer notre Flotte même dans paix définitive. Conditions italiennes auxquelles est subordonné Armistice avec Allemagne pas encore connues.

« 3° Malgré amertume de déposer les armes, le gouvernement pense qu'il y a intérêt à accepter ces conditions qui ne sont pas déshonorantes pour ne pas faire échouer totalité d'un armistice jugé indispensable militairement et socialement.

« 4° Négociations n'étant pas terminées, instructions seront envoyées ultérieurement. Dès maintenant je précise une fois de plus, alors que je dispose encore du secret des transmissions, qu'une équipe déterminée doit être organisée sur chaque bâtiment afin d'être maintenue à bord, de manière occulte, dans la disposition définie au paragraphe 2. Cette équipe aurait pour mission de détruire les armes ou de couler le navire si l'ennemi, abusant de l'armistice, tentait contrairement à ses engagements d'utiliser pour lui un ou plusieurs navires de combat. Cette considération s'applique à tout étranger.

« 5° En attendant des jours moins sombres, le devoir est de conserver la Flotte dont la résurrection pourrait peser éventuellement sur négociations de paix ou profiter de dissensions possibles entre Allemagne et Italie. Dans ce but, il faut entretenir le matériel et garder trace du personnel pour reconstituer équipages.

« J'étudie ces questions.

« 6° Les destinataires du présent message me feront connaître si possible leur sentiment. Je précise que rien n'étant encore conclu, les hostilités continuent [134]. »

La dernière phrase n'est pas une clause de style, puisqu'une offensive contre l'Italie est prévue dans la soirée : la Force X doit participer à un raid sur Messine avec la Mediterranean Fleet de l'amiral Cunningham. Vingt minutes avant que l'ordre de signer ne soit envoyé à Huntziger, Darlan adresse à ses grands subordonnés en Méditerranée l'ordre de préparer « une action à courte portée contre les places et points sensibles du littoral italien » : 3e escadre dans golfe de Gênes jusqu'à Livourne et l'île d'Elbe, Force de raid, Naples, Gaète et objectifs Sicile-Sardaigne en mer Tyrrhénienne « pour le cas où les conditions italiennes seraient inacceptables [135] ». Cet ordre est reçu avec satisfaction et même empressement, car tout le monde ne rêve que de « casser » de l'Italien. Et le sentiment exprimé en réponse au télégramme d'Auphan est unanime : il faut continuer la lutte. Le contre-amiral de Carpentier, commandant la division navale du Levant, « demande instamment : 1°) ne conclure aucun armistice, car sera violé dès que intérêts allemands l'exigeront ; 2°) faire maximum moyens de combattre dans territoires extérieurs ; 3°) seul statut est dans union totale France-Angleterre et continuer lutte [136] ». L'amiral Decoux, commandant en chef les Forces navales d'Extrême-Orient, exprime une opinion analogue [137]. Esteva fait connaître l'indignation des équipages qui ne comprennent pas « que sans avoir livré bataille Italie puisse obtenir avantages considérables et que nous soyons amenés à penser que nos bâtiments seront éventuellement détruits sans avoir pu rencontrer un ennemi qui se dérobe[138] ». Le seul avis divergent émane de l'amiral de Laborde, amiral Ouest, qui « avait été le seul à toucher la défaite de près[139] » : « En raison d'absence de renseignements exacts sur la situation militaire France et Afrique je veux seulement exprimer points suivants : résistance en Afrique du Nord n'est admissible que si on peut prévoir 1) offensive immédiate victorieuse en Tripolitaine ; 2) dès hostilités Espagne déclarées conquête rapide du Maroc espagnol. Sinon ce sera un geste sans portée pratique[140]. »

Le 24 en fin de matinée, Darlan adresse à tous ses grands subordonnés un long télégramme justifiant à nouveau l'armistice :

> « *Primo :* Examen approfondi situation militaire montre que continuation lutte Afrique du Nord et colonies donnerait résultat illusoire. [...]
>
> « *Secundo :* État armement terrestre et aérien Grande-Bretagne, éloignement bases britanniques — Gibraltar Malte facilement neutralisés — font que d'ici de longs mois tout secours britannique serait illusoire surtout si Angleterre attaquée sur son propre sol.
>
> « *Tertio :* Dans ces conditions, étant donné état pays centre vital Empire, gouvernement a estimé indispensable reconnaître notre défaite et demander cessation des hostilités. Clauses des armistices ne contiendront aucune clause contraire honneur. [...] En ce qui concerne la flotte elle restera française et sera basée dans des ports français. Attitude actuelle anglaise est d'ailleurs nature à favoriser situation notre flotte[141]. »

Le 24 juin à 19 heures 15, la convention franco-italienne d'armistice est signée à Rome. Ses stipulations concernant la flotte (article 12) sont identiques à celles de la convention franco-allemande. L'amiral Le Luc a demandé que lui fût substituée la rédaction mise au point par l'amiral Darlan, mais il n'a pas eu plus de succès qu'à Rethondes. En revanche, Le Luc a obtenu le maintien de certains moyens logistiques dans les ports à démilitariser (Toulon, Bizerte, Ajaccio, Mers el-Kébir). Avant la signature, Darlan adresse un dernier message chiffré renouvelant les consignes de sabordage ou de départ vers les États-Unis (il n'est plus question de la Grande-Bretagne) en cas de danger :

> « Clauses armistice vous sont notifiées en clair par ailleurs. Je profite dernières communications que je peux transmettre en chiffré pour faire connaître ma pensée à ce sujet.
>
> « *Primo :* Les navires de guerre démobilisés doivent rester

français avec pavillon français, équipage français séjournant port français métropolitain ou... colonial.

« *Secundo :* Précautions secrètes de auto-sabotage doivent être prises pour que ennemi ou étranger s'emparant d'un bâtiment par la force ne puisse pas s'en servir.

« *Tertio :* Si Commission armistice chargée d'interpréter texte décidait autrement que primo, au moment exécuter cette décision nouvelle, navires de guerre seront sans ordres nouveaux soient conduits aux É.-U., soit sabordés s'il ne peut être fait autrement. Pour les soustraire à ennemi. En aucun cas ils ne devront être laissés intacts à ennemi.

« *Quarto :* Navires ainsi réfugiés à l'étranger ne devront pas être utilisés à opérations contre Allemagne ou Italie sans ordres du C.E.C. F.M.F. [142]. »

Une heure plus tard, un autre télégramme annonce la conclusion désormais certaine de l'armistice [143]. A 20 heures, l'Amirauté annonce : « Cessation des hostilités entre la France d'une part, l'Allemagne et l'Italie d'autre part, le 25 juin 1940, à 0 heure 35, heure française d'été [144]. » Le 25 juin est déclaré jour de deuil national. Sur tous les bâtiments, le pavillon est mis en berne. Beaucoup d'officiers pleurent de honte et de rage.

Comploteur ou réaliste ?

Peu d'événements de l'histoire contemporaine de la France ont donné autant lieu à polémiques que l'armistice de juin 1940. Fut-il un acte sauveur ou un geste « abominable » et néfaste [145] ? Pour Darlan, jusqu'à la fin de sa vie, il n'y a eu aucun doute : l'armistice était nécessaire et bienfaisant :

« La France se trouvait seule, privée de la meilleure partie de ses armées, sans aviation, en face d'un ennemi puissant ; les populations fuyaient vers le sud dans un désordre indescriptible sous les attaques incessantes des avions allemands. Les enfants, les femmes, les vieillards, jalonnaient leur retraite de nombreux cadavres.

« Ce qui restait de l'armée française était émietté et disloqué. [...]

« Ni l'Angleterre notre alliée, ni les États-Unis encore en paix ne pouvaient nous assister en aucune manière.

« Deux solutions s'offraient au gouvernement : la première, quitter la France, abandonner les Français en désordre au vainqueur et se rendre en Afrique du Nord pour essayer de continuer la lutte ; la deuxième, essayer de limiter les dégâts en demandant un armistice honorable, remettre de l'ordre dans le pays et négocier avec le vainqueur.

« La première solution n'aurait pas eu à l'époque l'adhésion de la majorité des Français. Du point de vue militaire, elle était utopique.

« Notre armée d'Afrique était faiblement dotée d'un matériel désuet ; notre aviation était à peu près inexistante. L'Afrique du Nord n'avait aucune industrie de guerre, ses approvisionnements de toute nature étaient faibles.

« La flotte aurait été rapidement chassée par l'aviation adverse de ports qui auraient été rendus inutilisables.

« Finalement, l'Axe aurait pris pied en Afrique par la Libye, par la Tunisie et peut-être par le Maroc espagnol. La France et la plus belle partie de son empire seraient devenues la proie de l'Axe. [...]

« Grâce à Dieu, l'armistice fut accordé et l'Afrique préservée[146]. »

Il n'a pas été le seul de cet avis. Non seulement du côté de Vichy, mais aussi chez les Britanniques : on sait que Churchill a déclaré en 1944 au général Georges que l'armistice « avait en réalité aidé l'Angleterre[147] ». Le général de Gaulle lui-même était moins sévère que certains de ses fidèles puisqu'il a fait d'un membre de la délégation de Rethondes le premier président du Conseil constitutionnel, et d'un membre de la Commission d'armistice son Premier ministre. Et l'on connaît les propos célèbres rapportés par Rémy sur les deux cordes qu'il fallait à l'arc français en 1940... C'est dire que sa condamnation était assortie de nuances. Les historiens ont, parfois avec passion, repris l'examen du dossier et apporté, à défaut d'une impossible « réponse » (nul ne peut dire ce qui serait advenu si l'armistice n'avait pas été signé), des éléments d'appréciation : Eberhard Jäckel a ainsi éclairé le comportement de Hitler[148] et plusieurs biographes celui de Pétain[149]. On peut compléter le dossier avec le comportement de Darlan.

Le 24 juin, quelques heures avant l'entrée en vigueur de l'armistice, celui-ci rédige sur la continuation de la guerre une note qui résume sa position :

« [...] Si nous continuions la lutte, le territoire métropolitain serait entièrement aux mains et à la disposition de l'ennemi.

« L'Espagne, et peut-être le Portugal, seraient tenus de laisser utiliser leur sol, leurs ports, leurs aérodromes par les forces allemandes.

« Nos adversaires seraient les maîtres du littoral européen occidental et central, du cap Nord à Gibraltar, de Gibraltar à Trieste, du Maroc espagnol, de la Libye, et de la Cyrénaïque.

« Gibraltar et Malte seraient au moins neutralisés.

« Les Baléares, les Canaries et peut-être les Açores et les îles du Cap-Vert seraient également à la disposition de nos ennemis.

« Les Français ne pourraient utiliser que les ports d'Afrique du Nord, de Beyrouth et de Dakar.

« Les Anglais en seraient réduits aux ports de leur métropole et à ceux d'Égypte et de Palestine.

« La Royal Air Force n'aurait que des bases lointaines.

« Les conséquences de cette situation seraient l'asphyxie rapide de l'Afrique du Nord par le bombardement aérien de Casablanca, Oran, Alger et Bizerte, le repli de notre flotte sur la base de Dakar. Dakar est à 2500 km du détroit de Gibraltar et n'a pas les ressources suffisantes pour faire vivre une force navale importante.

« L'état actuel de l'armée britannique, sa pénurie de matériel, la mettent dans l'impossibilité d'envoyer sans délai des renforts importants en Afrique du Nord.

« Les troupes britanniques se sont d'ailleurs montrées médiocres, les chefs ignorants et indisciplinés.

« Une aide américaine efficace ne peut être espérée que dans plusieurs années.

« D'autre part, les Allemands peuvent, soit par l'Italie et la Tripolitaine, soit par la Bulgarie, la Turquie, la Palestine, l'Égypte et la Tripolitaine, envoyer des forces blindées importantes contre l'Afrique du Nord.

« En résumé, la prolongation de la lutte en Afrique du Nord se traduira par la perte plus ou moins rapide de ce territoire parce que nous n'avons plus la possibilité d'augmenter un armement insuffisant, parce que les Anglais, surtout s'ils sont menacés dans leur île — et ils le seront — ne pourront rien envoyer de substantiel en Afrique du Nord d'ici de longs mois, et que lorsqu'ils le pourront, l'Afrique du Nord n'aura plus de ports[150]. »

Cette note et les télégrammes envoyés durant ces journées permettent de cerner exactement les sentiments de l'Amiral de la flotte. Au total, il pense que la continuation de la guerre en Afrique du Nord est impossible parce que le transport d'une partie de l'armée souhaité par Reynaud et de Gaulle est irréalisable dans le délai imparti, les capacités de défense de l'Afrique du Nord sont insignifiantes, et la Grande-Bretagne est incapable de lui apporter une aide efficace. En outre, il l'estime inutile parce que la Grande-Bretagne lui paraît condamnée à brève échéance, et, même si elle n'est pas envahie, elle risque fort d'être tentée par une paix de compromis aux dépens de la France. Enfin il la croit nuisible, car quitter la métropole reviendrait à abandonner la population sans défense aux entreprises de l'occupant et à la subversion communiste. Ce sont les seuls éléments dont nous soyons sûrs, car étayés par des documents. Dès lors à partir de ces éléments, la seule approche consiste à essayer de voir si l'analyse de Darlan répondait à une réalité stratégique et politique. Si ce n'était pas le cas, on serait alors conduit à envisager le motif peu avouable de l'ambition personnelle comme facteur déterminant de son comportement.

1. *Le problème de l'évacuation des troupes*

Ce problème soulève en fait deux questions : y avait-il des troupes à transporter et avait-on les moyens de les embarquer ?

Vers le 13 juin, de Gaulle envisageait l'évacuation de 900 000 hommes et 100 000 tonnes de matériel. Dans ses *Mémoires de guerre,* il donne le détail : « Il s'agissait, en particulier, des deux classes de recrues qui s'instruisaient dans les dépôts de l'Ouest et du Midi et des fractions du personnel des unités mécaniques qui avaient pu échapper au désastre du Nord ; en tout 500 000 hommes de qualité. Par la suite, les débris de nos armées refluant vers les côtes, beaucoup d'éléments combattants pourraient sans doute être embarqués [151]. » Mais quand la marine rassembla ses transports à Bordeaux et au Verdon, ils ne trouvèrent que quelques milliers d'hommes au lieu des 30 000 attendus. Les routes étaient encombrées de réfugiés, « le chemin de fer, complètement embouteillé, était hors d'état de rassembler les quelque 50 ou 60 trains nécessaires à l'embarquement d'une division [...], en admettant qu'il existât encore une seule unité constituée susceptible d'être rassemblée quelque part [152] ». L'estimation donnée par de Gaulle est exagérément optimiste tant en quantité qu'en qualité : les deux classes de recrues dont il fait état n'ont reçu que très peu d'instruction, voire aucune pour la classe 40 ; pour la plupart, les appelés de celle-ci n'ont même pas d'uniforme. En aucun cas, ils ne peuvent être considérés comme des unités constituées et instruites prêtes à combattre.

Pourrait-on au moins assurer leur instruction et leur incorporation dans des unités combattantes en Afrique du Nord ? C'est tout à fait impossible si l'on en croit le général Noguès, résident général au Maroc et commandant en chef du théâtre d'opérations d'Afrique du Nord. Son avis est d'autant plus fiable qu'il sera l'un des critiques les plus véhéments de l'armistice. Voici ce qu'il télégraphie à Paul Reynaud :

> « Installation et instruction en Afrique du Nord du contingent français à incorporer en juin se heurteraient aux difficultés suivantes :
>
> « 1°) au point de vue installation matérielle, Algérie et Maroc ne disposent ni casernements, ni baraquements, ni matériel de couchage et campement nécessaires à effectif aussi considérable ;

« 2°) au point de vue habillement, équipement et armement, aucune disponibilité n'existe en Afrique du Nord et tous les effets et armes nécessaires devraient être fournis par la métropole ;

« 3°) au point de vue instruction, tous les cadres devraient être envoyés par la métropole ; les possibilités d'instruction sont également très réduites, faute de moyens particuliers en ce qui concerne les armes spéciales ;

« 4°) au point de vue sanitaire, l'incorporation en Afrique du Nord au moment où vont commencer les grandes chaleurs, qui vont durer jusqu'à fin septembre, ne pourrait avoir que de très graves inconvénients pour les jeunes Français, non accoutumés à un tel climat et qui, de plus, seraient installés dans des conditions très précaires[153]. »

En admettant même que l'on trouve des troupes instruites prêtes à embarquer, se pose un problème purement maritime tenant à l'insuffisance des capacités de transport. Reynaud et de Gaulle soupçonnent Darlan de faire preuve de mauvaise volonté, mais celui-ci ne fait qu'exposer un problème très réel[154]. On se souvient que, dès la fin de 1939, il s'en est inquiété à tel point que c'est l'un des facteurs qui l'ont incité à penser que le temps ne travaillait plus pour les Alliés. Lors de l'expédition de Norvège, dont il est un fervent partisan, il indique fermement que le transport de trois divisions est impossible[155]. A propos de la manœuvre de Salonique, dont il est également partisan, il estime dès septembre 1939 que le transport de neuf divisions nécessiterait près d'un an, étant entendu que « le transport d'une division exige l'utilisation de 22 à 25 bâtiments, d'un tonnage global de 150000 tonnes environ[156] ».

Or, en juin 1940, ne sont immmédiatement disponibles en Méditerranée occidentale que 543531 tonneaux de jauge brute (11 % du total), desquels il faut déduire les fruitiers et pétroliers inutilisables pour évacuer des troupes. Restent donc 457152 tonneaux ainsi répartis[157] :

29	paquebots	176499
6	paquebots mixtes	36184
70	cargos	176019
6	cargos mixtes	21667
7	cargos affrétés	17553

Le déroutement de cargos naviguant dans l'Atlantique aurait bien sûr pu être décidé, mais il aurait demandé un assez long délai (il s'agissait le plus souvent de cargos lents, et il fallait décharger leur cargaison dans des ports d'Afrique du Nord déjà embouteillés), de sorte que très peu d'unités supplémentaires auraient pu participer effectivement à l'opération, qui aurait dû être effectuée en quelques jours (à la vitesse de la progression allemande, l'occupation totale du territoire aurait été consommée dès la première quinzaine de juillet). En outre, le tonnage théoriquement disponible se serait en fait trouvé réduit d'un quart ou d'un tiers pour des raisons diverses (avaries mécaniques, pertes de guerre...). Avec quelque 300 000 tonnes, on peut transporter dans des conditions normales deux divisions, au maximum trois. Certes, il est possible de réduire le ratio tonnage hommes transportés en embarquant des hommes en surnombre, et en ne prenant à bord aucun matériel lourd, mais dans l'hypothèse la plus favorable, il faut quand même au moins deux tonnes par homme. Le transport de 800 000 hommes, même de 500 000, était irréalisable dans le délai imparti.

De l'embarquement à la mise à terre, une traversée vers l'Afrique du Nord exige dix jours à partir des ports atlantiques. On peut gagner un jour ou deux si les transports repartent à vide, mais alors la population métropolitaine est condamnée à la famine : l'exode a désorganisé tous les circuits de ravitaillement et créé la disette [158] à laquelle on ne peut faire face, dans le midi de la France, que grâce aux envois massifs de produits alimentaires par l'Afrique du Nord [159]. Tous les ports sont engorgés, à tel point que Weygand doit interdire les embarquements « sauvages » et ordonner de disperser « le personnel qui a indûment rallié les points d'embarquement [...] afin de décongestionner nos ports indispensables au ravitaillement du pays [160] », tandis que Darlan ordonne à Esteva de diriger tout ce qu'il peut vers la métropole [161]. A partir des ports méditerranéens, la traversée est évidemment beaucoup plus courte, mais l'encombrement des ports est encore plus grand que dans l'Atlantique : seuls Oran, Alger, Mostaganem et éventuellement Bougie sont utilisables, Philippeville et Bône étant trop exposés à des attaques aériennes italiennes.

Ajoutons que la D.C.A. des navires est dramatiquement insuffisante, qu'il serait impossible d'assurer une couverture aérienne, que plusieurs dizaines de sous-marins italiens sont à la mer, qu'il n'y a aucun dragueur magnétique en Méditerranée (alors que les Allemands fabriquent 750 mines magnétiques par mois) et qu'il faut toujours compter avec une éventuelle sortie de la marine italienne qui aurait de belles occasions (la flotte doit-elle escorter les convois et risquer de se faire surprendre en ordre dispersé ou rester groupée en abandonnant les convois aux raiders ?). Les objections de Darlan ne sont malheureusement pas infondées.

2. *Les capacités défensives de l'Afrique du Nord*

Longtemps controversée, cette question a fait l'objet d'une mise au point que l'on peut considérer comme définitive avec la thèse de Christine Levisse-Touzé. Sa conclusion est nette : l'Afrique du Nord est complètement dépourvue des infrastructures nécessaires pour soutenir un conflit :

> « Que le gouvernement ait pris conscience de l'importance stratégique de l'Afrique du Nord est indéniable ; mais il n'en a pas saisi tous les aspects et ne s'est pas donné les moyens de concrétiser ses projets. En 1938, est lancé un programme de grands travaux réalisable en trois ans, orienté vers le développement des communications, des transmissions, des stocks. Ce programme est à peine commencé lorsque la guerre éclate. Mers el-Kébir, la base d'hydravions d'Arzew sont loin d'être achevés. L'armée d'Afrique souffre de toutes les insuffisances de la métropole : pénuries des moyens de transmissions, des transports... En fait, la France n'a plus les moyens de son empire. L'Afrique du Nord n'est pas en mesure de se suffire à elle-même et de faire face à une lutte de longue durée [162]. »

Jusqu'en mai 40, l'Afrique du Nord n'est qu'un réservoir d'hommes, et on voit encore, à la fin de mai et au début de juin, les 84ᵉ et 85ᵉ divisions d'infanterie traverser la Méditerranée pour venir combattre en métropole. Hormis l'amiral Castex [163], personne n'a envisagé le trajet en sens inverse. Résultat, il n'y a plus en Afrique du Nord que 100 000 hommes ne disposant d'aucun matériel moderne : les — rares — chars sont le plus souvent des F.T. Renault de 1918, il n'y a pratiquement aucune D.C.A., ni d'armes antichars modernes, et il est hors de question, dans la débâcle qui s'accélère, d'évacuer beaucoup de matériel de la métropole. Les forces terrestres sont pratiquement désarmées, en tout cas hors d'état d'opposer une résistance autre que symbolique.

L'aviation et la marine ne sont heureusement pas statiques et il leur est plus facile de se replier, ce qu'elles font effectivement. Mais si les avions et les navires sont là, ils n'ont pu emmener avec eux les infrastructures qui font totalement défaut : les stocks de munitions sont tout juste suffisants pour soutenir quelques jours, voire dans certains cas quelques heures, de combat. Pour ne donner qu'un exemple, les obus et les gargousses de 380 mm des Richelieu sont entreposés à Brest, c'est-à-dire que le *Richelieu* ne dispose que de ceux qui sont embarqués à bord, soit 49 charges, et le *Jean-Bart,* qui sort tout juste des chantiers, n'en possède aucune ! Mers el-Kébir est encore loin de constituer une véritable base, à tel point que Darlan aurait refusé d'y stationner les unités désarmées qui n'y auraient pas été protégées en l'absence de batteries de côtes et de D.C.A. [164]. Il n'y a pratiquement pas de pièces de rechange, pas de bassin sauf à Bizerte (trop exposé). Sur les 70 000 ouvriers des chantiers et arsenaux, 800 seulement travaillent dans l'Empire... On pourrait allonger la liste des déficiences et des lacunes de tous ordres qui ne sont niées par personne, même pas par Noguès, qui, tout en prônant la poursuite de la lutte, bombarde le gouvernement de télégrammes soulignant la faiblesse militaire de l'Afrique du Nord et demandant des renforts.

3. *Le concours britannique*

Si la guerre continuait, la France ne serait pas seule, elle pourrait compter sur le concours britannique. Mais en quoi consisterait celui-ci ? D'un point de vue naval, l'appoint de la Mediterranean Fleet, avec ses trois cuirassés et son porte-avions, serait important. Mais c'est de forces terrestres et aériennes que l'Afrique du Nord a surtout besoin, car l'expérience de Dunkerque a montré qu'une flotte ne pouvait se maintenir dans des mers étroites face à un adversaire aérien. Or il est illusoire d'espérer que la Grande-Bretagne qui a gardé sur son territoire ses escadrons de chasse durant la bataille de France (en juin, elle n'en a envoyé que 5 sur 44 sur le front français) les prêtera plus généreusement pour la défense de l'Afrique du Nord. Quant aux unités terrestres, elle n'en a plus aucune disponible. Les troupes évacuées de France et en cours de reconstitution sont destinées à défendre les côtes de la Manche. Celles qui sont stationnées en Égypte sont déjà surclassées par les armées italiennes de Libye, et il est impossible d'en distraire ne serait-ce qu'une partie. Ajoutons que les places fortes de Gibraltar et de Malte, qui joueront par la suite un rôle si important, sont dans un état lamentable : le gouverneur de Gibraltar avertit Londres que la place est hors d'état de se défendre contre une attaque espagnole qui semble imminente, car les Espagnols installent des canons lourds aux abords de la zone neutralisée. Il va jusqu'à avouer à Noguès que la garnison manque de fusils. Les moyens aériens de Malte sont ridicules. Il est donc pour le moins difficile d'envisager avec confiance et sérénité la poursuite des opérations en Méditerranée. En cas d'impossibilité d'obtenir un armistice acceptable, Darlan envisage plutôt, on l'a vu, un repli vers l'Afrique noire et les Antilles.

4. *Le contexte diplomatique*

Darlan croit que la Grande-Bretagne est perdue à brève échéance. L'avenir montrera qu'il a tort, mais, sur le moment, tout le monde s'attend à une invasion, et il ne fait aucun doute que, si le Channel est franchi, ce ne sont pas les milices et les débris du corps expéditionnaire en France qui pourront arrêter les divisions allemandes. Or, pour la première fois, la Royal Navy n'est plus une protection suffisante. Le sort de l'Angleterre se jouera dans les airs. Que la Luftwaffe obtienne la maîtrise de l'air et tout est perdu. A Londres, l'heure n'est pas à l'optimisme. Le cabinet de guerre et les chefs d'état-major considèrent une tentative d'invasion allemande comme imminente. Lord Cadogan, sous-secrétaire d'État aux Affaires étrangères, note dans son Journal l'impréparation de la défense[165]. L'accord conclu entre le gouvernement britannique et les Français Libres prévoit d'ailleurs explicitement qu'en cas de défaite les officiers et soldats français obtiendront la nationalité britannique (ou celle d'un dominion), tout en conservant leur grade et leur ancienneté. Il n'y a pas que le gouvernement français qui s'attende au pire !

Au reste, Darlan ne redoute pas seulement une défaite britannique. Il craint que, sans attendre celle-ci, le gouvernement de Londres ne cherche à s'entendre directement avec Berlin et ne conclue une paix de compromis, qui ne pourrait se faire qu'aux dépens de la France. On sait que cela n'arrivera pas à cause de l'inébranlable résolution de Churchill. Mais il s'en est fallu de peu. Hitler y est tout disposé, il le répétera encore dans un grand discours de la victoire prononcé le 19 juillet. Et du côté britannique, bien qu'on se soit longtemps efforcé de le cacher, il existe au sein même du gouvernement un parti de la paix conduit par Lord Halifax. Son sous-secrétaire d'État Butler charge même le consul de Suède de sonder les Allemands. Les craintes de Darlan ne sont pas de simples fantasmes.

Bien sûr, il y a l'Amérique. Mais Darlan n'aime pas l'Amérique. Il a ramené une mauvaise impression du voyage qu'il y a effectué en 1928. Impression superficielle sans doute. Il est cependant évident, en juin 1940, que les États-Unis se garderont d'intervenir, armistice ou pas. Ils ont assisté à l'écroulement de la France sans réagir, ils assisteraient de même à la conquête de l'Afrique du Nord. Ce n'est que dans un an et demi qu'ils vont être précipités dans la guerre, et encore à leur corps défendant. Et même après Pearl Harbor, Roosevelt se demandera comment justifier une entrée en guerre contre l'Allemagne et l'Italie, qui se chargeront de lui ôter ce souci en prenant l'initiative d'une déclaration de guerre. A l'été 1940, la France n'a rien à attendre des États-Unis.

Elle a tout à redouter, en revanche, de l'Espagne. Depuis longtemps, l'état-major général de la marine s'inquiète de l'éventuelle entrée en guerre de ce pays. N'est-ce pas le moment, maintenant que la France est vaincue ? Elle pourrait ainsi récupérer Gibraltar, mettre la main sur le Maroc, voire éventuellement sur l'Oranie, et se placer dans la perspective de la paix : le 21 juin, son ministre des Affaires étrangères précise à l'ambassadeur de France les agrandissements territoriaux qu'elle entend obtenir au Maroc. Or les indices de son éventuel ralliement à l'Allemagne se multiplient. Le 11 juin, l'Amirauté apprend que les avions espagnols basés aux Baléares signalent tous les mouvements navals français[166]. Le lendemain, l'attaché naval à Madrid rapporte qu'un U-boot a été repéré à l'entrée de Cadix. Le 13, le ministère espagnol des Affaires étrangères signale que l'Espagne n'est plus neutre, mais « non belligérante », changement sémantique dont les conséquences peuvent être redoutables : à la différence d'un neutre, un non-belligérant peut prendre parti et, sans entrer dans le conflit, mettre ses bases à la disposition d'un des belligérants[167]. Le lendemain, des troupes occupent Tanger. Vont-elles en rester là, ou est-ce le point de départ d'une opération plus large ? La deuxième hypothèse peut d'autant moins être exclue que l'attaché naval signale dans la soirée que les torpilleurs du Ferrol font mouvement vers le sud[168]. Dans les jours suivants, aucune activité anormale des bâtiments de guerre espagnols n'est signalée[169], mais, le 20, « il se confirme que les troupes espagnoles se préparent à occuper le Maroc français. On parle de l'arrivée de 500 avions allemands en Espagne. 200 seraient peut-être arrivés à Saragosse[170] ». L' « amiral Afrique » réclame des renforts[171]. Le 22 juin, il signale que deux croiseurs et deux torpilleurs stationnés au Ferrol ont reçu l'ordre de se préparer à l'appareillage « pour mission importante[172] ». Darlan a donc quelques raisons de se faire du souci du côté espagnol. Les Britanniques s'attendent d'ailleurs eux aussi à une attaque espagnole[173].

5. *Le contexte intérieur*

La position de Darlan s'explique aussi par son souci de maintenir un gouvernement face à l'occupant (c'est une préoccupation que l'on peut approuver ou condamner, mais qui se justifie) et face aux risques des menées communistes. C'est alors une hantise largement partagée. Marc Ferro tourne en dérision Weygand annonçant au Comité de guerrre du 13 juin qu'un gouvernement communiste présidé par Thorez s'est installé à l'Élysée[174]. Robert Paxton écrit que « personne ne sait aujourd'hui si l'aide de camp qui fit irruption le 13 juin au Conseil de cabinet pour avertir le général Weygand que les communistes s'étaient emparés du pouvoir se faisait l'écho d'un " bobard dirigé " ou d'une rumeur exacte[175] ». En fait, c'est l'Amirauté qui a reçu le renseignement communiqué par le lieutenant de vaisseau Honorat, commandant le P.C. « Murat », au ministère à 16 heures 10. Elle a demandé confirmation :

« Allez vérifier ces renseignements auprès du gouverneur militaire de Paris.

— [Lieutenant de vaisseau Honorat] : Le gouverneur militaire a quitté Paris ce matin.

— Allez vérifier près de la préfecture de police. »

Vers 17 heures, le lieutenant de vaisseau Honorat a téléphoné que la préfecture de police confirmait. Darlan en a fait informer le président de la République, le président du Conseil et le général Weygand[176]. Bien que faux, le renseignement n'était pas un « bobard dirigé », et il n'est pas sûr qu'il ait été accueilli, comme le soutiendra plus tard Pomaret, par des sourires goguenards. Il faut se souvenir que, dès le mois de mai, Reynaud et Mandel s'inquiètent des « 400 000 communistes » de la « ceinture rouge », et l'ambassadeur des États-Unis, qui n'est pas partie à un prétendu complot, télégraphie à Washington qu'un régiment de chasseurs (!) composé de 18 000 communistes (!) s'est emparé de Compiègne[177] ! Le fantasme n'est pas celui des seuls partisans de l'armistice.

Cet exposé ne cherche pas à démontrer que l'armistice était la seule solution, que le gouvernement ne pouvait agir autrement qu'il l'a fait. On ne peut savoir comment les choses auraient évolué en cas de poursuite de la guerre : la métropole aurait été entièrement occupée, c'est certain. Mais après ? Hitler ne s'intéressait pas à la Méditerranée, et l'O.K.W. n'avait préparé aucun plan contre l'Afrique du Nord. D'autre part, il n'est pas du tout sûr que Franco se serait rangé aux côtés de l'Allemagne : à l'instar de Mussolini, qui avait attendu pour entrer dans la guerre l'écrasement de la France, il attendait l'écrasement de la Grande-Bretagne avant de se déclarer. L'Afrique du Nord avait donc une chance d'être préservée. Mais une chance minuscule, comme le suggère l'évolution ultérieure des événements : si Hitler se souciait peu de la Méditerranée, l'O.K.W. (Wehrmacht) et l'O.K.M. (marine) s'y intéressaient fortement et étaient capables d'établir les plans nécessaires. Si l'Espagne était restée fermée, il aurait toujours été possible de passer par l'Italie. Certes, Mussolini aurait refusé dans un premier temps, mais il aurait bien été obligé d'y venir quand ses armées se seraient révélées incapables de venir à bout de leurs adversaires. Et le répit obtenu n'aurait servi à rien, l'odyssée de l'Afrika Korps (qui ne comptait, rappelons-le, que deux divisions) le montre bien. Également inutile aurait été la supériorité navale franco-britannique face à la Luftwaffe, les pertes subies par la Royal Navy en 1941, notamment lors de l'affaire de Grèce, et l'impossibilité pour les Anglo-Américains de s'opposer au débarquement allemand en Tunisie en novembre 1942 sont là sinon pour le prouver, tout au moins pour le suggérer fortement. D'un point de vue purement stratégique, l'armistice de juin 1940 a certainement été positif. Sur un plan politique, c'est un autre problème, impossible à trancher.

Ce qui importe dans cette analyse, c'est ce qu'elle révèle sur le comportement de Darlan : son analyse sur l'impossibilité de continuer la guerre avec des chances de succès en Afrique du Nord repose sur des données sérieuses, qui ne paraissent pas exagérées, les objections qu'il oppose à l'évacuation de plusieurs centaines de milliers d'hommes sont techniquement fondées. En ce qui concerne les considérations politiques, on peut lui appliquer une formule de Robert Aron (qui l'emploie à propos des Britanniques) : il a « des raisons, apparentes sinon réelles, vraisemblables sinon vraies[178] » de tenir son analyse pour correcte. Son choix en faveur de l'armistice s'explique dès lors sans qu'il soit besoin de faire intervenir le facteur de l'ambition personnelle. Celui-ci a pu jouer, mais n'a pas commandé sa décision.

En revanche, celle-ci a pu être influencée, sinon dictée, par deux traits psychologiques : d'abord, un commandant quitte son navire le dernier, il manque à l'honneur s'il abandonne les gens qui lui sont confiés. Ensuite, Darlan, peut-être à cause de ses origines populaires, méprise les « émigrés », le ton de ses notes est tout à fait révélateur à cet égard. Il ne veut pas partir parce qu'il estime que le gouvernement n'a pas le droit d'abandonner les Français à la férule du vainqueur.

Un dernier point, curieusement perdu de vue, doit être souligné. On a identifié par la suite Darlan à la flotte, et on en a tiré la conclusion que Darlan était maître des destinées de celle-ci. Jacques Raphaël-Leygues et François Flohic ont réaffirmé cette idée : pour eux, Churchill a manqué « d'à-propos en ne tentant rien en direction du commandant en chef de la flotte dont le sort était au cœur des préoccupations de son gouvernement » :

« Qu'attendait celui-ci ? Sans doute que le grand Anglais lui dise quelque chose dans le style de ce qu'avait exprimé Pétain lors de sa visite à Maintenon au mois de mai : " Vous êtes le seul à avoir réussi votre affaire : entendons-nous ! " Et cette entente eût pu se concrétiser par des propositions du genre : " Sachez que votre flotte restera indépendante, que vous en serez le chef incontesté, que tous les ports de votre empire seront ravitaillés par nos soins s'il le faut : l'empire de la France restera sous votre autorité, etc. " Quel rêve tragiquement écourté[179] ! »

C'est oublier que Darlan n'était le maître de la flotte que par la volonté du gouvernement. Il avait certes acquis un grand prestige que sa conduite énergique de la guerre avait encore renforcé, mais on ne lui obéissait que parce qu'il était le commandant en chef régulièrement désigné. Si à un moment ou à un autre le gouvernement avait décidé de le remplacer par l'amiral de Laborde ou par l'amiral Abrial, la marine aurait obéi à son successeur de la même manière. Le capitaine de vaisseau Gandin a très bien résumé l'état d'esprit qui régnait alors : « Pour nous marins, du haut en bas de l'échelle, habitués, par tradition, à une stricte discipline, et par habitude, à une non moins stricte obéissance aux ordres de nos chefs, [...] il n'était d'autre comportement que celui d'attendre les décisions qui seraient prises en haut lieu, sachant pertinemment que de telles décisions ne pouvaient être prises que dans l'intérêt supérieur du pays et dans l'honneur[180]. » Certes, ses subordonnés avaient pour la plupart exprimé le désir de continuer la lutte, mais cela ne signifiait pas qu'ils auraient suivi Darlan dans l'hypothèse où celui-ci aurait décidé d'entrer en dissidence. Il ne fallait pas compter sur l'amiral de Laborde, tant à cause de ses sentiments envers l'Amiral de la flotte que de son sens de la discipline. Le fidèle Esteva lui-même n'aurait pas franchi le pas ; après avoir protesté par télégramme, il avait adressé à Darlan une très longue lettre dans laquelle il plaidait pour une continuation de la lutte en Afrique du Nord, pourvu que celle-ci pût compter sur « des troupes françaises assez nombreuses venues de la métropole, à condition qu'elles soient armées convenablement », mais il affirmait en même temps : « Il ne peut pas être question, à mon avis, que le gouvernement français abandonne le sol national. » Il souhaitait qu'il y eût « un délai suffisant entre l'armistice et la paix pour que nous ayons le temps de recommencer l'éducation de quelques bons Français[181] ». Ce n'était pas le langage d'un homme s'apprêtant à passer en dissidence. Esteva fut aussi profondément marqué par les informations rapportées par un officier qu'il avait envoyé aux nouvelles en France : celui-ci, effaré par ce qu'il avait vu, était revenu en faisant une description apocalyptique de la situation, parlant même de 1 700 000 morts ! (soit 17 fois plus que le chiffre réel, et plus que durant les quatre années de la Première Guerre mondiale). De ce jour, Esteva s'était incliné[182]. Parmi les subordonnés, un seul paraissait résolu à continuer envers et contre tout, le contre-amiral de Carpentier, commandant la division navale du Levant[183]. Dans les équipages, si les gens d'active restaient disciplinés, ils n'en étaient pas moins inquiets et n'auraient pas accepté de gaieté de cœur de s'engager dans une aventure plus qu'hasardeuse qui les aurait mis hors la loi, et coupés de leur patrie et de leurs familles. Les réservistes, eux, parlaient de mettre sac à terre, des incidents s'étaient déjà produits au Verdon parmi les équipages des transports. On signalera après l'armistice des mouvements de désobéissance un peu partout[184]. Si Darlan avait eu l'idée de partir, il n'aurait pas emmené toute la flotte avec lui, loin de là.

N'est-il cependant pas responsable d'avoir rendu « la demande d'armistice inéluctable » comme le lui reprochent Jacques Raphaël-Leygues et François Flohic en abandonnant le camp des jusqu'au-boutistes[185] ? Il ne le semble pas. Aucun des nombreux témoignages dont nous disposons ne suggère que Pétain ou Weygand aient argué de sa caution pour rallier les hésitants, aucun ne fait état d'intervention fracassante au Conseil. Il se confie à Baudoin mais, en séance, il reste fidèle à sa réputation de « Gascon silencieux » ; en outre, jusqu'au 17 juin, il n'est pas ministre et n'a pas à intervenir. La flotte est au cœur des débats, mais lui est en retrait. Dans le processus qui aboutit à l'armistice, il n'est pas un acteur de premier plan.

CHAPITRE X

La crise franco-britannique

Dès qu'il apparut que la bataille de France prenait mauvaise tournure, les Britanniques s'inquiétèrent des conséquences stratégiques d'une capitulation française, et notamment de ce qu'il adviendrait en pareille hypothèse de la flotte. Dès que Churchill apprit le limogeage de Gamelin, il demanda aux chefs d'état-major d'étudier la question. Ils remirent leurs conclusions au gouvernement le 11 juin. Elles étaient fort nettes :

> « Nous ne pouvons nous payer le luxe de voir les navires et sous-marins français s'ajouter à ceux de l'Allemagne et de l'Italie. Il nous semble donc ne pouvoir choisir qu'entre deux solutions :
>
> « 1°. Tenter de persuader autant de navires français que possible de se joindre à notre flotte.
>
> « 2°. Presser les Français de saborder toutes les unités de leur flotte [1]. »

Au cas où aucune de ces deux solutions ne serait agréée par les Français (la seconde au moins n'avait aucune chance de l'être), l'étude des chefs d'état-major ouvrait la voie à une troisième solution qui n'était pas encore exprimée. Mais on ne peut savoir si Churchill y songeait déjà lorsqu'il vint à Briare le 11 et le 12 juin pour un Conseil suprême. Churchill, qui continue à refuser d'envoyer son aviation de chasse en France, s'en tient à des propos vagues et généraux, et ne pose pas en séance le problème de la flotte. Mais il prend en aparté Darlan à l'issue de la seconde séance pour lui dire : « Darlan, j'espère que vous ne livrerez pas la flotte. — Il n'en est pas question. Ce serait contraire aux traditions navales et à l'honneur. Des ordres de sabordage seront donnés en cas de danger [2]. »

Pour Darlan, tout est dit : il a donné une assurance formelle et définitive. Pour Churchill, au contraire, cela ne suffit pas ; de retour à Londres, il télégraphie à Roosevelt : « Darlan lui a déclaré qu'il enverrait la flotte au Canada si nécessaire, mais il serait catastrophique que les deux grands bâtiments modernes tombassent en de mauvaises mains. » Il termine en pressant son interlocuteur d'intervenir[3]. Il prêche à un convaincu. A Washington, on s'inquiète aussi beaucoup du sort de la flotte française. Même si la doctrine de Monroë reste officiellement l'un des dogmes de la diplomatie américaine, les milieux officiels savent que Brest est deux fois plus proche de New York que Rio de Janeiro[4]. Le secrétaire d'État Cordell Hull déclare à l'ambassadeur de France que « la flotte française aux mains des Allemands serait comparable à un canon prêt à tirer sur nous[5] ». Britanniques et Américains sont d'accord sur la nécessité de la conserver dans la lutte, sinon de la neutraliser. Ils ne veulent pas se contenter des assurances prodiguées par les Français.

Aussi, le 15 juin, l'ambassadeur de Grande-Bretagne en France, Sir Ronald Campbell, vient-il déclarer au secrétaire général du quai d'Orsay, Charles-Roux, que le gouvernement de Sa Majesté considérerait « comme une véritable défection tout sondage de notre part auprès des Allemands en vue d'un armistice » si les bâtiments français n'étaient pas mis à l'abri[6]. Charles-Roux informe aussitôt Darlan par l'intermédiaire de son officier de liaison, le capitaine de vaisseau Deleuze. Nous ne connaissons pas la réaction de l'Amiral de la flotte à cette exigence, mais on peut imaginer sans peine qu'elle fut plutôt négative. Fidèle à l'alliance britannique au point d'avoir ordonné le jour même à l'amiral Ouest de préparer l'envoi du *Richelieu* et du *Jean-Bart* dans un port britannique[7], il n'entend pas pour autant se laisser dicter par Londres ou Washington ce qu'il a à faire. Cela dit, la formule « mettre les bâtiments à l'abri » est vague (on peut les envoyer dans les ports africains) et ne met pas en cause la souveraineté de la France sur sa flotte.

Il n'en va pas de même le lendemain 16 juin. Informé que le gouvernement français envisage de demander les conditions d'un armistice, le cabinet de Londres pose comme condition préalable « que la flotte française soit envoyée immédiatement vers les ports britanniques pendant les négociations[8] ». Demande maladroite qui n'a aucune chance d'aboutir. Au reste, les deux télégrammes qui la formulent sont très vite retirés par les Britanniques et Paul Reynaud ne les communique à personne. Darlan n'en aura connaissance que le 18.

Le 17 juin, alors que la démarche auprès de l'ambassadeur d'Espagne en vue de demander aux Allemands les conditions d'armistice a été faite, Darlan reçoit la visite de l'ambassadeur des États-Unis auprès du gouvernement français à Bordeaux[9], qui vient lui faire une proposition. « Il me couvre de compliments et me dit que les États-Unis et le président Roosevelt ont une grande admiration pour la marine française et pour moi. “ Vous serez, ainsi que vos navires, admirablement accueillis aux États-Unis. ” Je le remercie, et lui dis que la flotte française restera française[10]. »

Nullement découragé par ce refus poli, le diplomate revient à la charge le lendemain matin. « Le 18 juin, il demande à être reçu d'urgence par moi avant le Conseil des ministres. Il m'apporte un message *personnel à moi,* du président Roosevelt : éloges, compliments et, in fine, le président attire mon attention sur les conséquences désastreuses qu'aurait la reddition de notre flotte[11]. » Cette fois, le refus est moins poli : « Voilà les Américains qui commencent à m'em... », dit Darlan à Auphan en lui montrant le message. Celui-ci, peu conforme aux usages diplomatiques, contient en effet une menace pas même voilée :

> « Le point de vue de mon gouvernement en ce qui concerne la disposition de la flotte de guerre française a été porté clairement et à plusieurs reprises à la connaissance du gouvernement français. Le président des États-Unis déclare qu'en l'opinion du gouvernement américain, si le gouvernement français, avant de conclure un armistice avec les Allemands, ne prend pas toute disposition pour éviter que la flotte tombe entre les mains de ses adversaires, le gouvernement français poursuivra une politique qui minera fatalement la préservation de l'Empire français et la restauration éventuelle de l'indépendance et de l'autonomie de la France.
>
> « En plus, si le gouvernement français manque de prendre ces mesures et permet que la flotte française soit rendue à l'Allemagne, le gouvernement français perdra irrémédiablement l'amitié et la sympathie du gouvernement des États-Unis[12]. »

La réaction de Darlan est d'autant plus vive qu'à deux reprises, les 10 et 14 juin, Roosevelt a répondu aux appels au secours du gouvernement français par de simples messages de sympathie. Quant on refuse de s'engager, on s'abstient ensuite de donner des conseils aux belligérants. C'est ce que pense Darlan qui rédige un projet de réponse très gascon :

> « Le point de vue du gouvernement américain sur la cessation éventuelle des hostilités franco-allemandes, et l'intérêt particulier qu'il porte aux bâtiments de guerre français, n'a pas échappé à l'Amiral de la flotte, ministre de la Marine.
>
> « Il n'a pas attendu des remarques de cet ordre pour prendre les dispositions qui lui ont semblé les meilleures pour la sauvegarde des intérêts dont il a la charge.

« Tout en rendant hommage aux initiatives généreuses et aux suggestions qui lui viennent du gouvernement des États-Unis, le chef de la marine française n'a pas besoin d'avis extérieurs pour prendre les décisions qui s'imposent et pour défendre l'honneur d'un pavillon dont il a seul la garde [13]. »

Le message ayant officiellement été transmis au gouvernement par M. Biddle, le Conseil des ministres du même jour adopte à l'unanimité une position très ferme : la dernière partie de la communication est rédigée en termes inacceptables et ne peut être retenue. L'ambassadeur Biddle télégraphie à Washington le résultat (prévisible) de sa démarche. Il estime celle-ci « hautement salutaire en conjoncture », mais les États-Unis se garderont cependant de récidiver.

C'est au tour de la Grande-Bretagne de revenir à la charge. A la sortie du Conseil des ministres où il vient d'être répondu au message du président Roosevelt, Darlan est abordé par Charles-Roux qui le met au courant de l'existence des deux télégrammes du 16 juin. « Il ne s'en montra pas ému et me dit : “ Aucun de nos bâtiments ne peut tomber entre les mains des Allemands ni des Italiens, aucun ne le pourra jamais, je vous en réponds, enfin le gouvernement n'acceptera pas de leur en livrer. Vous pouvez le garantir à l'ambassadeur d'Angleterre [14]. ” »

La réponse est ici plus courtoise. Comme l'écrira plus tard l'amiral Auphan, « autant la démarche américaine avait été cavalière et insolite de la part d'un homme qui se refusait à nous aider et qui entendait rester neutre, autant il était normal que nos alliés britanniques vinssent s'enquérir de ce que le nouveau gouvernement français comptait faire dans la question qui, à juste titre, les angoissait [15] ». Dans l'après-midi du 18, une délégation de l'Admiralty vient à Bordeaux voir Darlan. Celui-ci a laissé un récit de l'entretien auquel assistaient Alexander et Pound du côté britannique, Darlan et Auphan du côté français :

« L'après-midi arrivent, 25 cours de Verdun où j'habite, MM. Alexander, Premier Lord de l'Amirauté britannique, et Dudley Pound, Premier Lord naval, accompagnés par le captain Pleydell-Bouverie et par un autre officier. Ils n'ont pas déjeuné : je leur offre le thé. Il me déclarent que si mes navires, en particulier le *Richelieu,* le *Jean-Bart,* le *Dunkerque* et le *Strasbourg* viennent en Angleterre, ils seront reçus à bras ouverts. Ce serait un désastre si les Allemands s'emparaient de notre flotte. Je leur déclare qu'il n'est nullement question de livrer notre flotte à l'Allemagne et que si l'armistice exigeait cette reddition contraire à l'honneur nous détruirions la flotte. J'ajoute que la flotte ne sera à aucun autre pays qu'à la France.

« Ils terminent en me disant que cette décision de ne pas livrer la flotte aura des conséquences politiques très heureuses. Je leur réponds que pour moi, c'est tout une question d'honneur [16]. »

D'après Auphan, ce fut surtout Darlan qui parla, exposant les raisons qui conduisaient la France à demander l'armistice et répétant que la flotte ne serait pas livrée. Il donna sa parole d'honneur et y associa Auphan :

« Il ne fut nullement question dans cet entretien du communiqué du 28 mars [sur l'engagement de ne pas conclure de paix séparée], ni des deux fameux télégrammes remis à Paul Reynaud le 16 juin par l'ambassadeur britannique, retirés le soir même, puis laissés une deuxième fois à Baudouin le lendemain, ni même d'une quelconque demande anglaise que la flotte passât en Angleterre avant tout armistice. La position loyale de la marine française étant comprise et admise par nos interlocuteurs, Darlan fit servir un thé frugal, et la conversation s'acheva à bâtons rompus sur ce que la Royal Navy allait faire pour boucher le trou causé par notre neutralité forcée : elle n'avait pas duré plus d'une heure ou une heure et demie. J'ai noté à l'époque qu'ils nous quittèrent " émus, cordiaux et en apparence satisfaits ". Rien ne pouvait faire présager la suite [17]. »

Il n'est pas sûr que cette impression irénique soit la bonne. Darlan écrira plus tard dans ses notes personnelles :

« Si la flotte avait été en Angleterre, ou bien les Anglais l'auraient utilisée contre les Allemands et c'est la France qui en aurait souffert, ou bien ils l'auraient désarmée et l'auraient laissée pourrir.

« En dehors de la lutte contre l'Allemagne, notre flotte les intéresse parce qu'elle constituerait entre leurs mains une monnaie d'échange et parce qu'elle les a toujours inquiétés.

« Je suis écœuré par l'attitude de ces gens-là qui n'ont pas un sentiment de pitié — même infime — pour la France vaincue et qui paraissent avoir oublié les immenses services que leur a rendus la marine française.

« D'ailleurs, les Anglais se livrent sur mer à des actes inamicaux envers nos navires marchands [18]. »

Certes, ces lignes ont été écrites après Mers el-Kébir, ce qui modifiait radicalement l'appréciation que Darlan pouvait avoir des événements antérieurs. Mais, sur le moment, son impression a tout de même été défavorable puisqu'il écrivit le lendemain à sa femme : « Ces messieurs s'inquiétaient du sort de la flotte. [...] Ils avaient l'air des héritiers qui viennent s'assurer que le moribond a bien testé en leur faveur [19]. » D'autre part, les témoignages d'Alexander et de Dudley Pound infirment partiellement la version d'Auphan : « Darlan parut choqué à l'idée d'envoyer la flotte française dans les ports britanniques alors qu'elle se battait encore[20]. » En fait, il semble bien que, sans en faire une condition formelle, les Britanniques aient demandé l'envoi de la flotte non pas nécessairement en Grande-Bretagne, mais peut-être dans l'empire français, aux États-Unis ou au Canada[21]. Devant la fermeté de leur interlocuteur, ils n'ont pas insisté[22], mais n'en restent pas moins inquiets[23].

Pound repart dans la nuit. Alexander reste durant toute la journée du 19 pour des contacts supplémentaires : il revoit Baudouin[24] et probablement Darlan[25], et quitte Bordeaux dans la nuit. Avant son départ, il rencontre, en compagnie de Lord Lloyd, Pétain, Baudouin et Darlan : ce dernier « renouvelle les assurances au sujet de la flotte. Le Maréchal les confirme[26] ». Ce dernier entretien avive encore les craintes britanniques car Darlan a refusé de baser la flotte à Mers el-Kébir, qui n'est pas défendue par des batteries de côte; il préfère la laisser à Toulon[27]. Crainte d'une attaque italienne ou début d'un doute sur le rôle de la Force H dont Pound lui a appris l'envoi à Gibraltar? On ne peut le dire, mais ce qui est sûr, c'est qu'il a appris avant la réunion du soir que l'Admiralty avait donné l'ordre à ses bâtiments de guerre de dérouter sur les ports britanniques tous les navires de commerce français[28], nouvelle si surprenante que l'Amirauté a aussitôt demandé à la mission navale française à Londres d'en vérifier l'authenticité[29]. Mais Darlan l'a sans doute eue à l'esprit durant son deuxième entretien avec Alexander.

Irrésistiblement, le fossé entre les deux pays, et donc entre les deux amirautés, s'élargit. Le voyage de la délégation n'a pu enrayer un processus de dégradation déjà largement amorcé. Le 17, l'Amirauté a télégraphié à Laborde et Abrial : « Repli flotte en Angleterre devenant moins probable, prévoir l'éventualité repli colonial[30]. » Le même jour, l'amiral Cunningham, commandant en chef de la Mediterranean Fleet, reçoit un message disant en substance : « Si la France concluait une paix séparée, tous les efforts devraient être déployés en vue de faire passer auparavant la flotte française sous notre autorité ou, sinon, la couler[31]. » Le 19 juin, la mission navale française à Londres informa l'Amirauté que le renseignement reçu est bien exact mais qu'elle pense obtenir la levée de cette mesure[32], ce que l'Admiralty accordera officiellement mais non effectivement[33].

Le lendemain dans la soirée, sans attendre le résultat de cette démarche, l'Amirauté donne l'ordre aux navires français ou neutres affrétés de n'obéir qu'aux ordres des autorités navales françaises[34]. A Bordeaux, Darlan réitère, dans la journée du 20, ses assurances à l'ambassadeur de Grande-Bretagne et à Lord Lloyd (secrétaire d'État aux Colonies) et il télégraphie à Odend'hal : « Faites tous vos efforts pour que l'attitude adoptée [par la Grande-Bretagne] soit neutre et non hostile[35]. » C'est dire qu'il n'a plus d'illusions sur les sentiments britanniques, mais il pense encore qu'un *modus vivendi* pourra être trouvé et que l'Admiralty finira par relâcher les bâtiments qu'elle retient : le 21, le vice-amiral Cayol est nommé commandant supérieur des forces stationnées en Grande-Bretagne « pour les conduire en Afrique du Nord », et, dans la soirée, ordre est donné à tous les navires français stationnés dans les ports britanniques de rallier des ports français « au sud de Noirmoutier ». Mais les autorités britanniques vont empêcher l'appareillage, sous prétexte de la présence de mines magnétiques[36].

Dans la nuit du 21 au 22 juin, un nouveau message de Darlan prévient que les pourparlers d'armistice sont en cours et que les conditions allemandes n'ont rien de contraire à l'honneur. Il ajoute « prévoir dans ce cas ressentiment britannique. J'estime qu'il convient le calmer courtoisement en arguant force majeure[37] ».

Pour la première fois, le 22 juin, il précise que les consignes de sabordage s'appliquent « à tout étranger[38] ». L'éventualité d'un coup de force britannique apparaît donc dans son esprit. Mais elle est encore limitée à la saisie des bâtiments immobilisés dans les ports britanniques.

Ses craintes ne sont que trop fondées. A Londres, il ne s'agit pas seulement de ressentiment, mais bien avant tout d'une réelle inquiétude. Deux éléments du texte allemand de l'article 8 de la convention d'armistice nourrissent les craintes : d'une part, la flotte doit être démobilisée et désarmée « sous le contrôle de l'Allemagne ou respectivement de l'Italie » ; or, alors qu'en français le contrôle peut n'être qu'une simple surveillance, le *control* anglais est beaucoup plus fort, il suggère une véritable maîtrise. D'autre part, la désignation des ports où elle sera rassemblée « sera faite d'après les ports d'attache des navires en temps de paix » : à l'exception de Toulon, tous ceux-ci (Brest, Cherbourg, Lorient) sont situés en zone occupée. La plupart des bâtiments seront donc à la merci d'un coup de main allemand. C'est ce que dit l'ambassadeur Campbell à Charles-Roux lorsqu'il prend connaissance du texte le 22.

« — Mais alors vous livrez la flotte !
— Non, la flotte n'est pas livrée. "
« Et j'ajoutai, à l'appui de ma dénégation, tous les arguments qui pouvaient être tirés du texte des articles. Il reprit :

“ Mais un bâtiment français désarmé, monté par un équipage de garde, dans un port occupé, sera à la merci d'un coup de main des occupants.

— Non, car l'amiral Darlan a déjà pris toutes les dispositions pour qu'aucun bâtiment ne puisse tomber entre les mains de l'ennemi.

— Mais l'exécution des mesures prescrites par l'amiral Darlan pourra toujours être prévenue par l'irruption soudaine d'une troupe allemande sur un bâtiment.

— Non, car l'amiral, qui connaît son métier de marin, assure le contraire et a déjà prescrit que certaines dispositions soient prises d'avance[39]. ” »

L'ambassadeur britannique n'est pas convaincu. Ses contacts assez rugueux avec Baudouin ont encore accru sa suspicion et son manque de bienveillance envers les Français : il est persuadé qu'on lui cache une clause secrète. Dans la nuit du 22 au 23, il quitte Bordeaux avec toute la mission britannique et l'attaché naval, le captain Pleydell-Bouverie, nommé en pleine campagne de France. Autant son prédécesseur Holland (qui fera office de négociateur à Mers el-Kébir) avait su établir des relations confiantes et étroites avec l'Amirauté française[40], autant Pleydell s'est montré terne et réservé durant sa mission, certains diront même par la suite, hostile[41]. Darlan, qui ne l'aime pas, a refusé de le recevoir avant son départ. A leur retour en Grande-Bretagne, Campbell et Pleydell-Bouverie ne feront aucun effort, c'est le moins que l'on puisse dire, pour présenter avec bienveillance ou même simplement objectivité la position française.

Dans cette nuit du 22 au 23 juin, la rupture est en fait consommée même si cela n'apparaît pas encore clairement à tous. A 1 heure 30 du matin, Londres officialise l'embargo mis sur les unités françaises : « Le First Sea Lord demande aux bâtiments français de ne pas appareiller tant que la situation n'est pas plus claire dans l'empire français[42]. »

L'amiral Cunningham reçoit l'ordre d'annuler une sortie de la Mediterranean Fleet à laquelle devait participer la Force X afin que celle-ci reste à Alexandrie, tandis que l'amiral North reçoit l'ordre d'aller voir Esteva pour l'inciter à continuer la lutte. Les instructions qu'il reçoit sont dépourvues d'ambiguïté : « Si la flotte française ne doit pas continuer à combattre, nous voulons avoir ses bateaux dans nos ports et les contrôler. Si cela se révèle absolument impossible, ils devront être coulés[43]. »

La déception des Britanniques est d'autant plus vive qu'ils pensaient que Darlan serait partisan de la continuation de la lutte. Or le voici maintenant soupçonné d'accepter d'exposer la flotte à un coup de force allemand, voire d'être prêt à la livrer. La mission navale française à Londres, dernier chaînon de liaison encore en fonctionnement, est très consciente de cette suspicion croissante. Elle télégraphie le 23 juin au matin :

> « Gouvernement anglais ne connaît pas encore texte exact des clauses navales signées, il ne connaît que le texte initial allemand qui lui a été envoyé par son ambassadeur, et il redoute de voir notre flotte une fois désarmée tomber aux mains de l'ennemi et être utilisée contre lui. Pouvez-vous me donner indication[44] ? »

Darlan et le gouvernement français en sont bien conscients, tout comme ils sont résolus à ne pas accepter le stationnement des bâtiments en zone occupée. Mais ils ne peuvent donner aucune garantie autre que leur parole puisque les Allemands ont refusé toute modification du texte même de l'article 8. Faute de pouvoir apaiser les Britanniques, Darlan met en garde ses subordonnés contre les agissements britanniques et les appelle à la discipline.

> « *Primo :* Depuis que, pour des motifs impérieux, le gouvernement légal de la France a entamé des pourparlers d'armistice avec l'Allemagne et l'Italie, une violente campagne est déclenchée par radio et même par des agents consulaires étrangers pour créer la confusion et amener la désunion des Français.
>
> « *Secundo :* Le gouvernement britannique paraît être l'instigateur de cette campagne qui, si elle réussissait, aurait pour résultat de mettre les colonies et la flotte françaises entre les mains du gouvernement britannique pour la défense de ses seuls intérêts.
>
> « *Tertio :* Le général français de Gaulle, qui à Londres, prêche la révolte, vient d'être destitué.
>
> « *Quarto :* Chacun doit, dans les heures graves et pénibles que nous vivons, s'attacher à ne penser qu'aux intérêts de la France à l'exclusion de tous autres.
>
> « *Quinto :* En ce qui concerne notre flotte, elle restera française ou périra. Mais si nous ne combattons plus elle ne sera à la disposition d'aucune autre puissance quelle qu'elle soit.
>
> « *Sexto :* Il ne faut pas oublier que le Premier britannique, mis au courant le 11 juin de la nécessité où se trouvait la France de cesser la lutte, a déclaré comprendre cette nécessité et s'incliner sans retirer sa sympathie à notre pays. Il n'est donc pas qualifié aujourd'hui pour parler autrement.
>
> « *Septimo :* S'il fait un retour sur le passé, il constatera sans doute que la Grande-Bretagne est pour une large part responsable de notre situation actuelle[45]. »

Darlan se voit adresser deux messages, par Alexander et Pound, rappelant que la Grande-Bretagne avait posé comme condition à l'armistice l'envoi de la flotte française dans les ports britanniques. Une telle démarche ne peut, bien sûr, être couronnée de succès, et Darlan n'y répond même pas, se contentant d'une raillerie : « A moins de m'embarquer sur le torpilleur avec Campbell pour rejoindre de Gaulle, je ne vois pas ce que l'Angleterre attend de moi[46]. » L'insuccès est identique en Afrique du Nord avec Esteva, sur qui les amiraux britanniques qui le connaissaient bien[47] fondaient quelque espoir : Esteva reste sourd aux sollicitations, par esprit de discipline et de loyalisme bien sûr, mais aussi parce que s'exiler, c'est se placer au niveau de puissances secondaires comme la Hollande, la Norvège ou la Pologne[48]. Il y a là un facteur psychologique capital durant ces journées de juin 1940 : les Français ne veulent pas se traîner à la remorque d'une Grande-Bretagne qui ne s'est pas engagée à fond durant la campagne de France.

« Durant toute la journée du 23, la Grande-Bretagne intensifie son effort de dissociation des Français pour empêcher le gouvernement de signer l'armistice : lettres personnelles, flatteries, menaces. Elle nous injurie à la radio. Ses agents officiels ou non se livrent à une action sournoise contre le gouvernement. Le général de Gaulle est utilisé pour cette campagne. Le Conseil décide d'envoyer une protestation à M. Churchill et met le général de Gaulle à la retraite[49]. »

Les 23 et 24 juin, le président Lebrun, Baudouin, Reynaud à titre personnel, Darlan adressent des messages aux Britanniques répétant que la flotte ne sera pas livrée. Mais le télégramme de Darlan, bien que communiqué à l'Amirauté britannique par la mission navale française, n'atteint pas le cabinet qui n'en aura pas connaissance[50]. Le 23 juin au soir, Churchill attaque violemment le gouvernement français à la radio. Darlan riposte dès le lendemain matin :

« *Primo :* Débarquez immédiatement les officiers de liaison britanniques et le personnel qui les accompagne.
« *Secundo :* Retirez des navires britanniques notre personnel de liaison.
« *Tertio :* Se méfier d'attaques britanniques possibles.
« *Quarto :* Prévenez tous subordonnés sous vos ordres[51]. »

Il renouvelle ses consignes de méfiance après l'entrée en vigueur de l'armistice :

« *Primo :* Étant donné attitude inamicale des autorités navales britanniques et leur dépit non dissimulé de n'avoir pu interner notre flotte en Angleterre, je vous prie de limiter vos rapports éventuels avec marine britannique au strict indispensable.

« *Secundo :* Soyez attentifs à toute tentative de destruction ou de sabotage de nos navires qui constituent toujours un des éléments essentiels de notre situation internationale.

« *Tertio :* Prévenez tous sous vos ordres et forces voisines[52]. »

L'amiral Odend'hal rencontre Pound le 25 juin. Il a reçu la veille un télégramme précisant que « la flotte française reste française sous pavillon français, à équipage réduit français, et ceci définitivement. Ces conditions ne lèsent pas les intérêts britanniques[53] ». En revanche, il n'a pas connaissance des ordres de Darlan prescrivant de saborder ou de conduire aux États-Unis, sans ordres nouveaux, les bâtiments en cas de danger. L'entrevue ne donne aucun résultat : Pound lui « a paru un peu ébranlé », mais l'Amirauté française apprend, peu après, que la Force X est bloquée à Alexandrie. Darlan télégraphie aussitôt à Odend'hal.

« Amirauté française comprend et partage déception britannique et souhaite victoire anglaise. La France meurtrie demande à être traitée comme neutre et non hostile. Jamais aucune autre solution n'avait été envisagée lors des conversations récentes entre amiral Pound et amiral Darlan à Bordeaux. Je demande en conclusion qu'on relâche Force X, *Pasteur* et tous les bâtiments français en Angleterre[54]. »

Le 25, conformément aux dispositions de la convention d'armistice, l'Amirauté française a dû cesser de communiquer par T.S.F. en code. Les messages doivent transiter par l'attaché naval à Madrid, voire pour la Force X par Dakar. Il en résulte des délais de transmission extrêmement longs qui atteindront parfois trois jours entre une demande et une réponse. C'est un facteur de complication supplémentaire dont la France n'a pas besoin en ces jours tragiques.

Le 27, Odend'hal informe l'Amirauté, qui s'apprête à évacuer Bordeaux, désormais en zone occupée, pour s'installer à Nérac (qui entrera en service le 28 juin à 3 heures G.M.T.), que l' « embargo demeure mis sur navires de guerre et commerce français présents en Angleterre jusqu'à ce qu'on connaisse conditions exactes d'armistice[55] ». Dans la soirée, l'Amirauté fait savoir que « demande déjà formulée d'immobiliser la flotte dans les ports français non occupés sera vraisemblablement agréée. Je répète que flotte restera française ou ne restera pas[56] ». Enfin, le 29 au soir, l'Amirauté apprend que la commission italienne d'armistice, qui a compétence pour la Méditerranée et la mer

Rouge (toutes les autres mers relevant de la commission allemande), « accepte le projet de répartition par ports de l'Amirauté française sous réserve d'une acceptation semblable de l'Allemagne (donc ne pas bouger les bateaux de guerre)[57] ». Le lendemain matin, elle câble à Odend'hal : « Gouvernement italien autorise stationnement de la flotte à demi-effectif à Toulon et en Afrique du Nord. J'ai ferme espoir qu'il en sera de même du gouvernement allemand dont la réponse est attendue. Dans ces conditions, tous les prétextes anglais pour bloquer nos forces tombent, et je vous prie d'insister pour que nos bâtiments de guerre et de commerce soient libérés[58]. »

C'est aller un peu vite en besogne, car l'accord du gouvernement allemand manque encore. Il sera acquis dans la journée, mais la mission navale à Londres n'en est pas informée. De toute façon, il est trop tard, car la décision de Churchill est prise depuis déjà plusieurs jours, et le cabinet l'a entérinée le 27 juin : puisque la flotte française ne s'est pas ralliée, elle sera saisie ou détruite. Churchill est bien informé de la négociation sur les lieux de stationnement de la flotte mais, pour lui, « cela n'affecte pas la réalité de l'armistice ».

Après la guerre, on discutera passionnément des raisons réelles de Churchill. Celui-ci a toujours soutenu que la décision avait été inspirée par des considérations à la fois militaires (il fallait éliminer une menace insupportable contre la sécurité de la Grande-Bretagne) et politiques (montrer que la Grande-Bretagne, seule contre tous, combattrait jusqu'au bout). Dans cette lutte à mort, il n'était pas question de courir le risque de voir la flotte française capturée par les Allemands ou mise à leur service par un gouvernement Laval après un retournement d'alliances. Les assurances fournies par Darlan n'étaient pas suffisantes, d'abord parce que, même s'il tenait parole, il était toujours susceptible d'être remplacé ; ensuite parce que les ports de la zone libre, et même les ports africains, n'étaient pas à l'abri d'un raid de forces aéroportées ; enfin parce que l'Allemagne pouvait toujours exercer un chantage, en menaçant de se livrer à des représailles sur les villes ou les prisonniers si la flotte n'était pas livrée.

On peut comprendre de telles craintes dans une heure aussi grave, mais elles ne justifient pas entièrement l'opération Catapult : d'un point de vue technique, la saisie d'une flotte par des troupes aéroportées est pour le moins difficile ; ensuite les ports nord-africains, à l'exception de Bizerte, où ne stationnaient plus que des forces résiduelles, sont assez éloignés des bases italiennes pour ne rien dire de Dakar qui est absolument inaccessible ; enfin et surtout, une caractéristique surprenante du comportement britannique au mois de juin 1940 est sa hâte à prendre acte de la rupture avec la France avant même la signature de l'armistice : à la suite de la démarche du général de Gaulle le 16 juin, en vue de la continuation de la lutte en Afrique du Nord, l'Admiralty offre, le 20 juin, la participation de navires britanniques à l'évacuation des troupes, mais son délégué à Marseille quitte son poste le lendemain, sans explication et sans pouvoir alléguer, comme l'ambassadeur Campbell à Bordeaux, le risque d'être capturé. De même que du côté français il y a eu une réaction de rejet de « conseils » et pressions perçus comme une tentative de mise sous tutelle, de même a joué chez les Britanniques un réflexe égocentrique : si la flotte française n'est plus avec nous, elle ne sera à personne. Les Allemands, les Italiens ne l'auront pas, mais les Français non plus. Ainsi sera rétabli le *two power standard* à l'égard des marines continentales, base historique de la puissance maritime britannique. Winston Churchill ne cherche pas à connaître l'évolution des événements jusqu'au dernier moment, son idée est fixée d'avance. Il accepte, contraint et forcé, de renoncer à l'opération Susan (invasion du Maroc pour y établir un contre-gouvernement favorable à la Grande-Bretagne[59]) qui se révèle irréalisable, mais n'écoute pas l'Amirauté qui se prononce le 24 juin contre l'opération Anvil (attaque de Mers el-Kébir[59]), et il accepte même le risque d'une guerre avec la France[60]. La clef de son comportement réside peut-être finalement dans l'exaltation fort bien notée par le général de Gaulle : « Il était saisi déjà, et non peut-être sans une obscure satisfaction, par la perspective terrible et magnifique d'une Angleterre laissée seule dans son île et que lui-même aurait à conduire dans l'effort vers le salut[61]. »

Peut-être aurait-il été cependant possible d'éviter la tragédie si la France avait pu donner des indications définitives sur le désarmement des bâtiments en dehors de la zone occupée avec des assurances allemandes précises, mais on se heurte ici à un dilemme central très justement relevé par Hervé Cras : « Le refus des Anglais de lever leur embargo et leur action du 3 juillet s'expliquent en partie par l'insuffisance des garanties que nous pouvons leur apporter sur le sort de la flotte. Mais c'est précisément cet embargo qui retarde la conclusion du règlement favorable, que nous cherchons à obtenir des Allemands[62]. » Le drame va se nouer, et il sera une complète surprise pour les Français.

Le 28 juin, Darlan a quitté Bordeaux avec l'Amirauté qui va s'installer à Nérac, sa ville natale, où il retrouve sa femme et sa sœur. Le 29 juin, il se rend dans le Gers passer en revue la batterie antiaérienne de Maintenon qui s'est particulièrement distinguée [63], puis il part le 30 pour Clermont-Ferrand, nouveau siège du gouvernement qui va enfin être regroupé [64].

« Sur la route on ne rencontre pas une troupe organisée. On se demande ce qu'a pu devenir l'armée française.

« A Royat et à Clermont, une immense pagaille règne dans tout ce personnel politique encombré de femmes jacassantes. Une seule idée : revenir à Paris. Mais les Allemands l'occupent.

« Mon impression d'ensemble est qu'une partie du pays est abasourdie par la défaite et que l'autre, ne se rendant compte de rien, est totalement indifférente [65]. »

Le 1er juillet, Darlan reçoit l'ambassadeur des États-Unis : « Je ne lui cache pas mon sentiment sur les Anglais et sur leur inaptitude à faire la guerre. Je lui confirme que la flotte n'est pas livrée à l'Allemagne ni à l'Italie [66]. » A cette date, il ne s'attend pas au pire, les nouvelles reçues de l'amiral Michelier de Wiesbaden et de l'amiral Duplat, qui préside la délégation française près la commission italienne d'armistice à Turin, annoncent au contraire un règlement proche qui devrait permettre de débloquer la situation avec les Britanniques. A condition que tout aille bien, ce dont Darlan n'est pas sûr. Il note à propos du 2 juillet : « Journée vide et désespérante, au cours de laquelle je me sens envahi par le cafard [67]. » Il ignore que la Seekriegsleitung (Amirauté allemande) a identifié, grâce à l'interception radio, le départ de Gibraltar d'une flotte composée des cuirassés *Hood, Valiant, Resolution,* du porte-avions *Ark Royal,* de 2 croiseurs et 10 destroyers et qu'elle « tient pour possible une action contre la flotte française à Oran [68] ». C'est Mers el-Kébir le lendemain. L'Amirauté britannique vient de déclencher le plan Anvil, c'est-à-dire la capture ou la destruction des bâtiments français dans tous les ports où ils se trouvent.

Dans la nuit du 2 au 3, les Britanniques saisissent les bâtiments présents dans les ports britanniques. A Portsmouth, Falmouth et Southampton, l'opération se passe sans effusion de sang, mais dans des conditions peu honorables (utilisation du pavillon de la Croix-Rouge par les commandos britanniques, pillage à bord des bâtiments après l'évacuation des équipages).

A Plymouth, en revanche, l'équipage du sous-marin de grande croisière *Surcouf* résiste, et l'affaire se termine par quatre morts. Plusieurs dizaines d'unités sont ainsi capturées, mais il s'agit pour l'essentiel de bâtiments légers (patrouilleurs, dragueurs, avisos, chasseurs...). Les deux cuirassés *Paris* et *Courbet,* navires-écoles réarmés pour la bataille de Dunkerque, sont totalement démodés et destinés à être désarmés. Ne présentent une valeur militaire que 2 contre-torpilleurs (*Léopard* et *le Triomphant*), 8 torpilleurs et 5 sous-marins, dont le *Surcouf* et le *Rubis,* qui s'illustrera dans les Forces navales françaises libres[69].

A Alexandrie, le sang-froid des amiraux Godfroy et Cunningham, ainsi que la situation particulière de deux escadres embossées dans le port d'Alexandrie sans qu'aucune puisse espérer échapper aux coups de l'autre[70] permettent d'aboutir à un accord : la Force X (le vieux cuirassé *Lorraine,* 3 croiseurs lourds, 3 torpilleurs) restera immobilisée, avec équipages réduits français.

Le gros morceau est à Mers el-Kébir où se trouvent les deux Dunkerque, 2 cuirassés Provence, le transport d'hydravions *Commandant-Teste* et 6 contre-torpilleurs. Depuis le 28 juin, un hydravion britannique vient tous les jours vérifier que la Force de raid se trouve toujours au mouillage. Elle y est à l'aube du 3 juillet, quand apparaît devant la rade la Force H de l'amiral Sommerville, composée de 3 cuirassés et 1 porte-avions. Le captain Holland, ancien attaché naval à Paris, vient apporter à Gensoul, qui refuse de le recevoir, un ultimatum (non signé) lui offrant le choix entre quatre solutions faute de quoi ses navires seront coulés :

1) rallier un port britannique et continuer la guerre aux côtés de la Grande-Bretagne ;

2) conduire les bâtiments dans un port britannique d'où les équipages seraient ensuite rapatriés ;

3) conduire les bâtiments avec équipages réduits dans un port des Antilles où ils seraient soit démilitarisés, soit placés sous contrôle américain pour la durée des hostilités après rapatriement de leurs équipages ;

4) saborder les navires.

Gensoul rend compte à 8 heures 45 de l'ultimatum à l'Amirauté par un message qui lui sera beaucoup reproché plus tard, car il le résume d'une manière qui passe sous silence la possibilité d'aller aux Antilles : « Une force anglaise composée de trois cuirassés, un porte-avions, des croiseurs et des torpilleurs devant Oran m'envoie un ultimatum : " Coulez vos bâtiments, délai six heures, ou nous vous y contraindrons par la force. " Ma réponse a été : " Bâtiments français répondront à la force par la force. " » Darlan et le gouvernement n'auront pas connaissance de l'option « Antilles ». Albert Kammerer a affirmé que celle-ci était « franchement acceptable[71] », et qu'elle aurait permis de résoudre la crise. Charles-Roux a soutenu le contraire : le départ aux Antilles aurait signifié la violation de l'armistice ; il était donc inacceptable[72]. De toute façon, les Britanniques n'avaient aucune intention d'escorter la Force de raid jusqu'aux Antilles.

Le but de cette proposition était uniquement de faire sortir du port les bâtiments français pour être capturés : *allow themselves to be captured by force*[73]. Les équipages réduits, hors d'état de résister, n'auraient pu que saborder leurs navires.

Le message de Gensoul est reçu par l'Amirauté à Nérac à 10 heures 56. Il ne pouvait survenir à plus mauvais moment : Darlan est à Clermont-Ferrand avec le gouvernement ; il ne dispose que du téléphone pour correspondre avec l'Amirauté qui se trouve alors en plein transfert : Négadelle vient d'arriver à Vichy avec la plus grande partie du personnel, Auphan est sur la route, Le Luc assure la permanence à Nérac avec des moyens plus que sommaires : le capitaine de corvette Ballande « tient lieu à lui tout seul de tous les bureaux » ; le commissaire général chargé de la démobilisation des arsenaux, « le très digne M. Cucq », et son adjoint Marès rédigent des instructions « sur un guéridon de café introduit à moitié dans les W.-C des facteurs, Marès assis sur le siège[74] ». C'est lui qui va devoir faire face à la crise alors qu'il a déjà subi un choc pénible moins de deux semaines plus tôt quand Darlan l'a désigné pour faire partie de la délégation d'armistice. Vu la teneur du message dont il est saisi, il estime aussitôt qu'il n'y a qu'une seule solution : résister. Il essaie de joindre Darlan, mais il n'y parvient pas immédiatement. Il prend donc sur lui d'envoyer à 12 heures 15 deux messages : le premier prescrit à la Force X d'appareiller immédiatement d'Alexandrie « par la force si nécessaire[75] », ce que Godfroy est bien incapable de faire ; le second donne à la 3e escadre (à Toulon) et aux 3e et 4e divisions de croiseurs (à Alger) l'« ordre d'apareiller immédiatement en tenue de combat. Concentration à Oran. Répondre à la force anglaise, je dis britannique, par la force[76] ».

Darlan peut enfin être joint à 12 heures 30. Il approuve les dispositions arrêtées par Le Luc. Il prend connaissance presque aussitôt du nouveau message envoyé par Gensoul à 12 heures 20, qui présente toujours l'ultimatum sous la forme : « ou bien rallier flotte anglaise ou bien détruire bâtiments dans les cinq heures pour éviter qu'ils tombent aux mains allemandes ou italiennes », tout en ajoutant : « Commandant Holland, qui a servi d'intermédiaire, a indiqué que désarmement forcé à Mers el-Kébir serait susceptible donner base à arrangement, ceci sous toutes réserves. » Il s'en tient aux dispositions premières mais ordonne à Le Luc d'attendre l'accord du gouvernement avant de lancer un raid contre Gibraltar[77]. Il fait informer par téléphone le gouvernement (Baudouin apprend la nouvelle à la fin du déjeuner) et part pour Vichy pour participer au Conseil restreint qui va se réunir, tandis que Le Luc câble à Gensoul :

« Vous ferez savoir à intermédiaire britannique que Amiral de la flotte a donné ordre à toute force navale en Méditerranée de vous rallier en tenue de combat immédiatement. Vous avez donc à donner vos ordres à ces forces. Vous répondrez à la force par la force. Appelez sous-marins si nécessaire. Commission d'armistice par ailleurs prévenue [78]. »

Jacques Raphaël-Leygues et François Flohic se montrent très critiques à l'encontre de Darlan, qui « ne cherche pas à se renseigner, il se contente d'approuver les ordres antérieurs de son chef d'état-major sans les modifier d'un iota. Il ne cherche pas non plus à saisir le gouvernement pour une affaire manifestement de son ressort. [...] Peut-être ne veut-il pas s'immiscer dans une affaire hasardeuse dans laquelle, par prudence, il laisse la responsabilité devant l'histoire au commandant sur place ? Peut-être pense-t-il, en laissant s'accomplir l'irréparable entre la France et l'Angleterre, donner des gages aux Allemands et préparer ainsi le renversement des alliances ? [...] A moins que ce n'ait été là une manière de cacher son désarroi devant une situation qui le dépassait [79] ».

Indécision ou machiavélisme poussé à l'extrême, dans les deux cas, le portrait n'est guère flatteur. On pourrait faire remarquer qu'il ne s'accorde guère avec ce que l'on sait du caractère de Darlan : d'une part, il n'hésitait jamais à assumer ses responsabilités en toute circonstance, d'autre part il n'aurait jamais laissé couler ses navires et massacrer ses hommes dans un but politique. Mais ce n'est pas nécessaire : cette construction repose sur une erreur de base, à savoir que Darlan serait arrivé à Nérac à 10 heures et n'aurait rien fait jusqu'au début de l'après-midi pour s'informer ou informer le gouvernement [80]. Mais le message de Gensoul n'est reçu à Nérac que quelques minutes avant 11 heures, et Darlan n'en a connaissance qu'à 12 heures 30 environ. Il ne peut alors songer à rallier Nérac, distante de plus de 200 km, par des routes encore encombrées de réfugiés. Il reste en communication avec Le Luc pendant une demi-heure, peut-être un peu plus, téléphone ou fait téléphoner au gouvernement puis se met en route pour rejoindre celui-ci. Les communications sont difficiles, et il lui faut près de deux heures pour parcourir les 60 km qui séparent Clermont-Ferrand de Vichy. Ce n'est qu'à 15 heures 30 que le Conseil peut s'ouvrir. Il semble difficile de soutenir qu'il a perdu son temps.

Aurait-il dû s'informer davantage ? Mais quand il a été mis au courant, le délai de six heures imparti par l'ultimatum britannique était pratiquement expiré, et il fallait prendre des décisions au vu des seuls éléments fournis par l'amiral Gensoul. L'heure était d'autant moins au supplément d'instruction que les communications avec celui-ci étaient fort difficiles : en application des conventions d'armistice, l'usage de la radio était interdit, et la seule liaison était le câble Marseille-Alger. Le cheminement était fort long. Darlan, à Clermont, donnait des ordres à Le Luc installé à Nérac, qui les transmettait à Marine-Marseille, qui câblait à Alger, qui communiquait à Oran pour atteindre enfin Gensoul sur le *Dunkerque*. La réponse au deuxième message de ce dernier (celui de 12 heures 20) n'a pu être envoyée qu'à 13 heures 5 et a été reçue après l'ouverture du feu. Dans ces conditions, il n'y avait rien d'autre à faire que s'en remettre au commandant sur place.

Gensoul aurait-il dû agir autrement qu'il ne l'a fait ? Darlan ne lui a jamais adressé officiellement le moindre reproche, mais en privé, il a déclaré à son fils que l'amiral Atlantique avait commis une erreur en ne transmettant pas les termes exacts de l'ultimatum britannique et avait manqué d'initiative en n'essayant pas de ruser : il fallait faire semblant d'accepter l'appareillage, même avec des équipages réduits, puis, une fois en mer, accepter la bataille que les Britanniques auraient peut-être alors hésité à engager[81]. Réaction épidermique qui ne tient pas compte du fait que les Britanniques n'auraient accepté l'appareillage qu'après avoir vérifié que les équipages avaient été réduits et l'artillerie neutralisée. Répondre par la force était impossible : les bâtiments de ligne étaient amarrés par l'arrière à la grande jetée de sorte que les 16 canons de 330 du *Dunkerque* et du *Strasbourg* n'étaient pas tournés vers le large. Cette situation a été critiquée et imputée à l'amiral Gensoul. Mais, comme celui-ci l'a noté dans son rapport, « les dispositions et les fonds dans le port de Mers el-Kébir ne se prêtaient pas à l'amarrage des cuirassés l'avant à la jetée. D'ailleurs, dans cette dernière situation, les délais d'appareillage eussent été sérieusement augmentés[82] ». La seule issue eût peut-être consisté à discuter sur le « contrôle » comme Godfroy à Alexandrie (mais les deux situations n'étaient pas comparables : à Alexandrie, les Britanniques n'étaient pas pressés par le temps). Gensoul n'a peut-être pas exploité à fond cette possibilité. Mais, jusqu'au dernier instant, il s'est refusé à croire que la Royal Navy pourrait ouvrir le feu.

Incrédulité compréhensible, car du côté britannique les résistances ont été vives : Churchill, sachant qu'il ne pouvait compter sur North ou Cunningham, a dû sortir de sa retraite Sommerville qui était prêt à tout pour reprendre du service. Pourtant, au dernier moment, ce dernier a lui-même hésité, et il a fallu que Churchill intervienne de façon plus que pressante pour le contraindre à passer à l'action : on ne peut qu'imaginer le ton comminatoire des messages adressés à la Force H, car les Britanniques, malgré le soin extrême qu'ils apportent à leurs archives, les ont détruits pour qu'ils ne soient jamais connus ! Lorsque la Force H a terminé son tir, elle a fait route au nord-ouest pendant une dizaine de minutes, s'éloignant de Mers el-Kébir et facilitant la fuite du *Strasbourg* ! Aux échelons inférieurs, beaucoup ont également hésité, et certains ne se sont pas contentés d'avoir des scrupules. Sur les 12 torpilles lancées par avion le 6 juillet contre le *Dunkerque,* 4 n'ont pas explosé et ont été récupérées par les Français : leur examen a révélé que *3 d'entre elles n'avaient pas de détonateur* et, sur la quatrième, *le levier de prise d'air a été trouvé retenu par une broche vissée*[83]. *Le tiers des torpilles a donc été sciemment saboté.*

Le conseil se réunit à 15 heures 30 à l'hôtel du Parc. Y participent Pétain, Laval, Weygand, Darlan et Baudouin, lequel a laissé un récit dont la sobriété ne fait que renforcer le caractère dramatique :

> « L'amiral Darlan nous explique qu'il a reçu à 12 heures 30 le télégramme envoyé à 8 heures 45 par l'amiral Gensoul, commandant l'escadre mouillée à Mers el-Kébir. Ce télégramme annonce qu'une puissante escadre anglaise a sommé l'amiral Gensoul, par un ultimatum expirant à 15 heures, de rallier la flotte anglaise ou de saborder ses navires. L'amiral Gensoul a répondu qu'il opposerait la force à la force. L'amiral Darlan l'a approuvé. La destruction d'une partie de l'escadre française doit être maintenant un fait accompli.
>
> « Nous restons tous silencieux, complètement atterrés. Je suis accablé par un immense sentiment d'impuissance. Nous sommes dans le plus tragique des malentendus. Il faudrait pour l'éclairer un contact et du temps. Et nous n'avons ni l'un ni l'autre[84]. »

Darlan ignore que l'amiral Sommerville, à qui cette mission déplaît souverainement, a accordé un délai supplémentaire jusqu'à 17 heures 30. Mais les efforts de Holland n'aboutissent à aucun résultat, et l'Amirauté britannique, qui a déchiffré les messages enjoignant aux croiseurs français de rallier Oran, lui ordonne d' « en finir avant la nuit ». A 16 heures 57, l'escadre britannique ouvre le feu. Gensoul télégraphie à 17 heures : « Combat engagé contre force britannique. » A 17 heures 15, tout est déjà consommé : « Je demande à l'amiral anglais de cesser le feu. »

En un peu plus de dix minutes, la Force H a tiré 36 salves, soit 63 tonnes d'explosif et d'acier, sur les bâtiments de l'allié d'hier devenu *l'ennemi* (le mot figure dans le rapport de Sommerville[85]). Elle ne cesse le feu que parce que la fumée est devenue si dense qu'elle cache les objectifs[86]. Le bilan est très lourd. Trois cuirassés sur quatre ont été atteints. La *Bretagne* explose et chavire, entraînant 977 marins ; détail horrible, certains hommes enfermés dans les fonds mettront plusieurs jours à mourir. La *Provence,* atteinte à l'arrière, s'échoue. Le *Dunkerque* manque son appareillage et doit lui aussi s'échouer, atteint de 3 obus de 380. Seul le *Strasbourg* réussit à sortir, superbement commandé par le capitaine de vaisseau Collinet, qui a soigneusement préparé sa manœuvre : il appareille en arrachant les bossoirs du quai (cela va plus vite que de larguer les amarres), monte aussitôt à 15 nœuds, passe à raser les filets et évite les mines magnétiques larguées par les avions britanniques. Escorté par 3 contre-torpilleurs, il échappe à tous les poursuivants et gagne Toulon le 4 au soir[87]. Deux autres contre-torpilleurs parviennent également à s'enfuir. Ils arrivent à Toulon le 4 en même temps que les croiseurs d'Alger, suivis le lendemain par le *Commandant-Teste,* sorti indemne de l'attaque. Seul le contre-torpilleur *Mogador,* son arrière arraché, a dû s'échouer. Il y a plus de 1200 morts.

Après avoir mis hors de combat l'escadre de Mers el-Kébir, la Force H devait se diriger vers Casablanca pour faire subir un sort semblable au *Jean-Bart.* L'opération sera annulée, car les ressortissants britanniques qui évacuent le Maroc ont été rassemblés dans ce port. De même, rien ne se passe, pour le moment, à Dakar où stationne le *Richelieu.* Celui-ci est surveillé au large par le croiseur *Dorsetshire* qui reçoit dans la matinée du 3 juillet un télégramme qu'Albert Vulliez qualifie d'« enragé » et qui, de fait, sidère son commandant, qui demande : « *Say again* » et reçoit aussitôt la confirmation : « Si le *Richelieu* appareille et fait route au nord, suivez-le. S'il se dirige vers les Antilles, mettez tout en œuvre pour le détruire à la torpille, et, si vous n'y réussissez pas, abordez-le[88]. »

Ce message confirme que Churchill n'avait pas seulement en vue d'empêcher une éventuelle mainmise allemande sur la flotte française, mais bien son élimination pure et simple. Mais, en ce 3 juillet, le *Richelieu* bénéficie d'un sursis.

Vers 19 ou 20 heures, Darlan apprend le bilan de cette journée de deuil : « *Bretagne* saute et coule. *Dunkerque, Provence* et *Mogador* avariés et incendiés. Les autres bâtiments sortent en combattant[89]. » C'est à ce moment qu'il réalise véritablement l'ampleur du drame auquel, jusqu'à présent, il refusait de croire. Se déchaîne alors en lui, sans aucune retenue, une rage indicible contre l'ancien allié qui a refusé de croire en sa parole et coulé ses bateaux par traîtrise. Dorénavant, ce sera la haine. L'ambassadeur Massigli attribue sa réaction à un dépit orgueilleux : il en voulait à Churchill et à Pound de n'avoir pas cru à sa parole[90]. C'est vrai, mais cette explication n'est que partielle : Darlan vouait à « sa » marine une passion sans réserve, presque charnelle, et Mers el-Kébir l'a atteint au plus profond de lui-même. Ce n'est pas l'orgueil qui l'a fait pleurer, mais le désespoir de voir sa flotte invaincue, qui venait d'échapper à la mainmise allemande, agressée par son ancien allié qui n'a pas hésité à faire couler le sang. Pour Darlan, rien ne pourra effacer la forfaiture et le crime. Jusqu'à sa mort, il détestera les Anglais. En 1942, il se ralliera aux Anglo-Saxons par raison, mais n'oubliera pas Mers el-Kébir, refusant ostensiblement de serrer la main d'un officier de la Royal Navy[91].

Dans la soirée du 3 juillet, l'Angleterre est devenue un adversaire. Le premier souci de l'Amirauté française est de se prémunir contre de nouvelles attaques qui paraissent imminentes. A 18 heures 20, « interdiction est faite à tous navires ou aéronefs britanniques de s'approcher à moins de vingt milles marins des eaux territoriales de la France et de ses possessions d'outre-mer sous peine d'être attaqués sans avertissement[92] ». L'amiral Godfroy, qui a répondu au message lui prescrivant d'appareiller que c'était impossible et qu'il saborderait ses bâtiments si nécessaire, reçoit « défense de [se] couler passivement. Combattez pour sortir ou pour être coulé. Amiral Gensoul vient de se battre à 17 heures à Oran. Au minimum œil pour œil[93] ». L'amiral Afrique, à Casablanca, reçoit un télégramme assez sibyllin qui ne lui dit pas s'il doit s'en tenir à la défensive ou attaquer les forces britanniques : « Je compte que vous ferez bon usage de vos sous-marins et de votre aviation et que vous assurerez concours armée de l'air[94]. » Sitôt l'accord de la commission italienne d'armistice obtenu, les « clauses navales et aériennes de l'armistice franco-italienne [*sic*] sont suspendues. Reprendre toutes dispositions d'avant armistice. Il s'agit défendre notre liberté d'action[95] ». Avant 20 heures, on peut penser qu'il s'agit encore de mesures essentiellement défensives, mais à 20 heures 30, sans doute à la réception des derniers messages de Gensoul décrivant l'étendue des pertes subies, se produit l'escalade.

> « *Primo :* Devant attitude hostile prise par marine royale britannique à Mers el-Kébir considérez comme hostile et attaquez tout navire de guerre britannique rencontré.
>
> « *Secundo :* l'ordre ci-dessus s'adresse à tous bâtiments de surface, sous-marins et aéronefs.
>
> « *Tertio :* Saisir tout navire de commerce britannique rencontré et le conduire dans un port français[96]. »

De telles mesures signifient en fait la guerre. Un message envoyé à 21 heures aux amiraux Antilles et Afrique leur prescrit de décharger les cargaisons embarquées sur l'*Émile-Bertin* (qui vient d'amener à Fort-de-France l'or de la Banque de France), le *Victor-Schœlcher* et les croiseurs auxiliaires : « Être prêt à combattre bâtiments britanniques avec toutes vos forces navales et aériennes[97]. » Certains destinataires, malgré l'émotion causée par l'agression britannique qui a instantanément dressé contre l'allié de la veille toute la marine, trouvent ces messages quelque peu excessifs. L'amiral Godfroy décide de ne pas tenir compte de celui qui lui enjoint de combattre. Plus tard, un officier lui affirmera que Darlan « n'était pour rien dans l'envoi de ce message émanant d'un grand subordonné[98] », c'est-à-dire de Le Luc. Il reste cependant peu probable que ce dernier ait pris l'initiative d'ordres aussi graves sans avoir consulté l'Amiral de la flotte. Dans l'état de rage où se trouvait alors celui-ci, il n'est pas surprenant qu'il ait approuvé de telles mesures.

La nuit apporte une première amorce de désescalade. Sans annuler les télégrammes précédents, un message ordonne à l'amiral Afrique de faire attaquer tout bâtiment de guerre britannique se dirigeant vers les ports de Casablanca ou de Dakar[99]. Il n'est donc plus question d'attaquer les unités britanniques n'importe où. Madagascar, l'Indochine, les Antilles et le Levant reçoivent la consigne d' « assurer bonne garde » et d' « adopter jusqu'à nouvel ordre attitude défensive[100] ». On ne sait pas qui précisément est à l'origine de ces messages, qui ne cadrent guère avec les initiatives précédentes de Le Luc, mais ne s'accordent pas non plus avec le comportement de Darlan dans la journée qui va suivre.

Dès le matin, Darlan se rend chez le maréchal Pétain, résolu à obtenir sa vengeance. Pierre Laval, qui ne saurait manquer une si belle occasion de pousser au renversement des alliances, est là. Il se décide pour une riposte directe. Mais Baudouin va réussir à persuader Pétain d'y renoncer.

> « A 8 heures 30, le Maréchal m'appelle. Je trouve dans son bureau Laval et l'amiral Darlan. Celui-ci n'est plus l'homme qui, hier, sobrement, en n'élevant pas la voix, nous disait sa douleur. Ce matin, en me confirmant les détails du drame sa voix tremble : " J'ai été trahi par mes frères d'armes. Ils n'ont pas cru à la parole que je leur ai donnée. " Devant le Maréchal et Laval silencieux, l'amiral me lit les instructions qu'il vient d'écrire de sa main. Elles m'apprennent que, sur son ordre, hier soir, l'escadre des croiseurs qui était à Alger a passé la nuit au sud des Baléares, toutes

dispositions de combat étant prises. Cette escadre va être renforcée par le *Strasbourg* qui s'est échappé de Mers el-Kébir et ordre lui est donné d'essayer d'engager par surprise une action de représailles sur l'escadre anglaise.

« “ Mais, dis-je aussitôt, c'est la guerre avec l'Angleterre ? ” Le Maréchal regarde Laval qui me dit : “ Nous avons décidé de répondre par une attaque à l'attaque d'hier. ” Je ne réponds ni à Laval ni à Darlan, et je supplie le Maréchal de considérer dans quelle catastrophe il va précipiter la France. Je lui rappelle sa promesse du 16 juin, mon télégramme à Londres du 23, celui du 27 juin. Je sens le Maréchal gêné, puis hésitant. Au bout d'une demi-heure, le Maréchal cède à mon insistance. Il se rallie à une proposition qui est de ne rien décider aujourd'hui, en réponse au coup qui nous a frappés[101]. »

Comme il n'est cependant pas question de rester sans réaction, Baudouin propose la rupture des relations diplomatiques avec l'Angleterre. En ce 4 juillet, on ne peut faire moins. Le président Lebrun (qui reste en fonction jusqu'au 10 juillet, on l'oublie trop souvent) et le Maréchal acceptent cette mesure (symbolique, puisque l'ambassadeur britannique a quitté le France depuis dix jours déjà) qui est entérinée par le Conseil des ministres qui se réunit à 10 heures. Celui-ci approuve aussi l'instauration d'une zone de vingt milles interdite aux navires de guerre britanniques[102]. En réponse à une question de Baudouin, Darlan « précise avec clarté[103] » les précautions prises pour empêcher la flotte de tomber aux mains des Allemands ou des Italiens. Le Conseil parle ensuite des conversations d'armistice à Wiesbaden et de l'Indochine, où le général Catroux refuse de céder sa place à l'amiral Decoux. Weygand et Darlan sont chargés d'aller rendre compte au président de la République qui n'a pas assisté au Conseil : « Il nous dit que nous ne pouvons abandonner notre politique traditionnelle vis-à-vis de ce pays [l'Angleterre]. Nous lui disons que c'est l'Angleterre qui abandonne cette politique. Il pleure, il gémit ; nous l'engueulons[104]. »

L'emploi du temps de Darlan durant l'après-midi du 4 n'est pas connu. Mais il a certainement des entretiens avec des personnes qui lui prêchent la modération. Certes, il n'annule pas un bombardement de représailles contre Gibraltar, mais celui-ci est exécuté dans la nuit avec des moyens symboliques, ne cause aucun dommage, les aviateurs bombardant... la mer. Peut-être serait-il prêt à en rester là, car le 5 au matin, il annule l'ordre d'attaque des bâtiments britanniques envoyé le 3 au soir et lui substitue des dispositions beaucoup plus prudentes :

« *Primo :* En haute mer, ne pas attaquer des navires de guerre britanniques, mais être prêt à riposter à une attaque.

« *Secundo :* L'ordre ci-dessus s'adresse à tous bâtiments de surface, sous-marins et aéronefs.

« *Tertio :* Ainsi que je l'ai fait savoir par avis en clair, seuls seront capturés bâtiments de commerce britanniques entrant dans zone interdite de vingt milles[105]. »

Mais tout est remis en question par les nouvelles reçues dans la matinée. On apprend que l'aviso *Rigault-de-Genouilly* a été torpillé dans la nuit par un sous-marin britannique devant Alger. Erreur ou volonté de poursuivre la destruction de la flotte française ? Au début de l'après-midi, Darlan adresse à tous un message portant sa signature (le P.C. de Vichy a officiellement commencé à fonctionner dans la matinée) qui montre qu'il attend encore de voir comment vont évoluer les choses : « Actuellement, d'ordre de notre gouvernement qui a rompu relations diplomatiques avec Grande-Bretagne, notre attitude vis-à-vis des Britanniques est plutôt défensive, mais elle ne présage en rien du futur et vous serez tenu au courant de la situation. Recommandez à tous exécutants d'être ardents, mais circonspects pour éviter méprise entre nous et forces en guerre contre l'Angleterre[106]. » Mais il exhale sa rancœur dans un ordre du jour :

« La France, d'ailleurs, n'aurait pas consenti à la livraison d'une flotte qui n'avait pas été vaincue. Le maréchal Pétain, l'amiral Darlan et M. Paul Baudouin l'ont maintes fois répété à M. Churchill, à Lord Alexander, à Lord Lloyd et à l'amiral de la flotte, Sir Dudley Pound, ainsi qu'à l'ambassadeur Sir Ronald Campbell.

« L'Amirauté française a eu la sensation pénible que les malheurs de la France laissaient insensibles les dirigeants anglais, qui ne songeaient qu'à devenir maîtres de la flotte française. La flotte devait rester française ou périr. Elle ne méritait pas, en tout cas, d'être frappée dans le dos sur l'ordre de M. Churchill qui, l'hiver dernier, suppliait l'Amirauté française d'affecter nos forces principales à la protection des convois canadiens, l'Amirauté britannique n'ayant pas les moyens nécessaires.

« L'amiral Darlan n'a pas égaré les lettres de remerciement de M. Churchill.

« Les marins français qui se sont dépensés depuis dix mois pour aider la marine britannique, dépassée par sa tâche écrasante, ont ressenti avec indignation la trahison de leurs anciens frères d'armes[107]. »

Le texte, qui sera radiodiffusé le lendemain, suscite une large réprobation. Pour Charles-Roux, l'Amiral de la flotte « n'avait pas su rester dans le ton : ce ton de dignité qui s'impose d'autant plus que l'on prétend relever une offense. Sans se montrer autrement violent, il avait versé dans la récrimination et, jusqu'à un certain point, dans la vulgarité, prenant nommément à partie M. Churchill, M. Alexander, l'amiral Sir Dudley Pound. [...] Cette proclamation qu'on ne saurait dire véhémente n'avait pas brillé par la tenue : elle avait été, dans l'ensemble, plutôt déplacée [108] ». Réaction de diplomate qui ne comprend pas qu'après un tel carnage Darlan, fou de douleur et de colère, n'est pas disposé à en rester sur une condamnation rédigée dans le langage feutré de la chancellerie, où l'on se contente de déplorer ce « regrettable incident [109] ». On peut certes regretter qu'il n'ait pas su dominer sa colère, mais, avant de blâmer avec une pointe de dédain son manquement aux convenances, il faut au moins reconnaître qu'il avait de sérieuses raisons de se laisser emporter. Yves Bouthillier a cerné avec plus de justesse la psychologie de François Darlan durant ces journées tragiques :

> « Le mercredi 3 juillet, l'amiral Darlan exposant les circonstances de l'ultimatum britannique était l'homme impassible, l'homme des exposés précis et calmes, l'homme de la claire raison. Il n'avait pas pris conscience encore du malheur et de l'offense. Il savait, il ne croyait pas. Le lendemain, son intelligence avait pleinement appréhendé le drame jusque dans sa racine. Le garant de l'indépendance de la flotte française face à l'Allemagne avide, c'était lui. Le 4, Darlan s'éveilla saisi par une passion terrible qu'il dissimula en s'installant dans un état de froideur apparente et de frénésie intérieure. Mentalement, il n'était plus le même. Physiquement aussi, il avait changé. Sa parole était plus brève et plus saccadée, sa voix plus sourde, sa main tremblante. [...]
>
> « Il faudrait être bien léger et bien ignorant des ressorts du cœur des hommes pour juger hâtivement d'une telle crise lorsqu'elle est vécue par une âme avec autant de sincérité. La colère froide de Darlan fut poignante parce qu'elle était vraie [110]. »

C'est dans ce contexte que les Italiens offrent le concours de leur aviation contre la marine britannique, et ils demandent pour cela l'octroi d'une base en Oranie. Darlan en est informé le 5 dans l'après-midi. Il lui vient alors à l'esprit de lier sa réponse à une demande d'action navale conjointe : la flotte italienne et le groupe *Strasbourg* attaqueraient la Mediterranean Fleet à Alexandrie pour dégager la Force X. Le 6 au matin, il apprend que des avions de l'*Ark Royal* sont revenus à Mers el-Kébir attaquer le *Dunkerque* qui a de nouveau été avarié. Il y a plusieurs dizaines de morts. Sa fureur ne connaît plus de bornes, d'autant plus que les premiers rapports laissent croire que les appareils anglais ont mitraillé le pont du *Dunkerque* et les embarcations alentour. Au Conseil restreint du matin, il déclare

« qu'il a demandé à l'Amirauté italienne si elle pourrait nous aider dans une action engagée par nos navires contre la base navale d'Alexandrie [111]. Weygand et Baudouin sont contre, Laval est pour, bien entendu. D'après Baudouin, le maréchal Pétain décide de ne pas répondre négativement [112] ». Devant la commission parlementaire d'enquête, Baudouin a explicité cette formule sibylline : Pétain aurait simplement voulu dire qu'il fallait étudier la proposition italienne, tandis que le projet de Darlan contre Alexandrie était rejeté sur l'insistance de Weygand et de Baudouin [113]. En réalité, le Conseil est allé beaucoup plus loin, puisque, le lendemain, l'amiral Duplat transmit à son interlocuteur italien un accord de principe sur « les facilités demandées dans la province d'Oran » et lui demande « comment le gouvernement italien envisagerait une demande du gouvernement français concernant une action navale française contre les forces navales britanniques d'Alexandrie [114] ». Le projet n'aboutit pas à cause des hésitations italiennes. Le général Pintor, président de la commission d'armistice, « paraissait extrêmement désireux d'obtenir cette base » [en Oranie], mais apparemment, l'état-major recula devant l'idée d'une participation à une action contre Alexandrie. Comme les Français lui paraissent lier les deux questions, il ne répond pas immédiatement, pour le grand soulagement du gouvernement français, car les rapports de l'amiral Godfroy révèlent vite que l'opération envisagée est impossible, les navires de la Force X ayant neutralisé leur armement et déchargé leur combustible. Dès le 8, Vichy informe Duplat que, « dans ces conditions, l'opération est ajournée et l'adhésion du gouvernement italien serait demandée si les circonstances permettaient un jour de la reprendre [115] ».

Le 7 juillet, Darlan apprend « qu'il y aurait des conversations anglo-allemandes [116] ». Cela ne le surprend pas, car il redoute depuis quelque temps déjà une paix anglo-allemande sur le dos de la France. Les attaques britanniques seraient dans ce contexte destinées à affaiblir la France dans la perspective d'un règlement général. Il faut donc s'attendre à des opérations similaires contre le *Jean-Bart* à Casablanca et le *Richelieu* à Dakar. Aussi envoie-t-il, dans la soirée du 6, à l'amiral Afrique l'ordre de conserver ses forces « armées plein effectif prêtes à toute opération de riposte et de poursuite en cas d'agression britannique ». Il précise que le « gouvernement a décidé que pour l'instant, je dis provisoirement, les opérations à entreprendre devaient conserver un caractère défensif dans la zone à 20 milles de nos côtes [117] ».

Il n'a pas à attendre longtemps la poursuite des attaques britanniques. Le 7 juillet, Dakar signale qu'une force comprenant un porte-avions s'est présentée pour adresser un ultimatum identique à celui de Mers el-Kébir. Bien entendu, il est repoussé. Mais le commandement local est jugé peu sûr : le contre-amiral Plançon a plaidé pour la poursuite de la guerre, et Darlan a même eu des doutes sur Marzin, « A.D.D. », commandant du *Richelieu,* quand celui-ci, inquiet de l'état d'esprit qui régnait à Dakar, a appareillé le 25 juin pour Casablanca ; il lui a aussitôt envoyé un télégramme comminatoire pour le faire rentrer à Dakar (ce qui lui évitera de rencontrer le *Hood* et l'*Ark Royal* qui se dirigent vers Dakar). L'amiral de Laborde, dont chacun sait qu'il n'a pas d'états d'âme, est désigné pour exercer la défense du Sénégal. Avant qu'il n'arrive, le *Richelieu* est avarié à l'aube du 8. Cette fois-ci, Darlan ne se contentera plus de représailles symboliques :

« Conseil restreint de 10 heures 30 à 12 heures 30. L'amiral Darlan, dont l'anglophobie explose, nous met au courant de l'affaire de Dakar. Il propose la préparation d'une riposte locale sur le port de Freetown. L'amiral indique qu'il faut deux semaines pour tout préparer à cet effet. Ce délai me paraît rassurant. Je ne proteste pas. L'amiral fait en plus décider, malgré l'opposition du général Weygand et la mienne, que dès que la flotte anglaise qui a bombardé Mers el-Kébir sera revenue à Gibraltar, un raid d'avions de bombardement sera déclenché [118]. »

Ainsi que l'a prévu Baudouin, l'opération contre Freetown n'aura pas lieu. Dès le 11 juillet, devant le risque de mutinerie parmi les équipages, l'Amirauté donne l'ordre de surseoir à l'opération [119]. L'attaque se perdra définitivement dans les méandres des bureaux et les objections de Baudouin, de Weygand, du gouverneur général Rivière, ministre des Colonies... Bref, le 30 juillet, Darlan annoncera au Conseil restreint qu'il y renonce [120]. Dans l'après-midi du 8, Darlan donne l'ordre d'étendre les opérations contre la Royal Navy à la haute mer au lieu de s'en tenir à la zone des 20 milles...

« *Primo :* Les bâtiments de surveillance que vous employez pour couverture défensive de vos ports ne sont plus tenus à limiter leur action à une distance de vingt milles au large de ces ports. Aucune restriction de distance géographique ne leur est imposée.

« *Secundo :* Dans le même esprit, tout bâtiment de guerre ou aéronef français à la mer, doit attaquer, s'il juge les circonstances favorables, tout bâtiment de guerre britannique, et cela quel que soit le lieu de la rencontre.

« *Tertio :* Toutefois la guerre de course libre au commerce anglais n'est pas encore autorisée [121]. »

Ce n'est cependant plus la rage aveugle des jours précédents. Sur une lettre de l'amiral Michelier qui fait part d'une proposition du général Huntziger visant à l'occupation ou à la destruction du pipe-line britannique de Haïfa au Moyen-Orient, il note en marge : « Non, à mon avis, ne pas détruire mais occuper[122] », excluant donc une riposte aveugle et confirmant la justesse de l'analyse d'Yves Bouthillier.

> « Darlan était trop politique pour ne pas redevenir maître de sa pensée. Il ne prétendit pas, comme on l'a trop vite dit et par une interprétation bien trop sommaire d'une nature complexe, entraîner la France dans une guerre contre l'Angleterre. Il avait bien trop de sens pour cela. Mais il souhaita, lorsque l'intérêt de la France lui paraîtrait s'accorder avec la vengeance, nécessaire à ses yeux, de l'honneur de la marine, rendre à la Royal Navy coup pour coup. D'où ses plans pour le bombardement de Gibraltar et le déblocage de notre escadre réfugiée à Alexandrie. D'où aussi sa circonspection et sa prudence lorsqu'il se trouva en présence d'opérations d'envergure qui, perdant le caractère de représailles, risquaient d'entraîner la flotte et la France dans l'aventure[123]. »

Mais l'attaque de l'escadre britannique à Gibraltar s'avère difficile. Signalée dans les parages d'Alboran dans la soirée du 8, elle doit être attaquée par des dispositifs comprenant des sous-marins, des avions et de nuit des bâtiments légers. Mais elle ne se dirige vers aucun port français et le 10, un nouveau message de l'Amirauté prescrit de l'attaquer « dès son retour à Gibraltar avec moyens existants ». L'amiral Afrique fait alors remarquer que des rapatriements sont en cours et l'Amirauté doit surseoir à l'opération le lendemain[124]. Enfin, le 14 juillet, Darlan annonce au Conseil que l'attaque aura lieu le lendemain ; il se garde de préciser qu'il a déjà envoyé l'ordre avant la réunion[125]. Mais Baudouin réussit à faire fléchir le Maréchal dans l'après-midi, et il faut envoyer un contrordre[126]. Darlan précise que l'opération est simplement suspendue : « Ne pas exécuter, mais maintenir toutes dispositions prises[127]. » Au Conseil restreint du lendemain 15 juillet, qui réunit chez Pétain Weygand, Baudouin et Darlan, ce dernier revient en effet à la charge.

> « Le 15 juillet, au Conseil, M. Baudouin dit que si nous bombardons Gibraltar, cela fera très mauvais effet en Angleterre et aux États-Unis. Je réponds : “ Churchill vient de faire un discours où il fait l'aimable sous des conditions inacceptables pour nous, car les Allemands seraient en droit de nous dire que nous n'appliquons pas l'armistice et nous mettraient dans l'alternative ou de livrer une bataille navale aux Anglais ou de voir les conditions de l'armistice

devenir plus dures. En ce qui concerne les États-Unis, ils n'ont pas bougé lors du massacre de Mers el-Kébir, je me moque d'eux[128]. " »

Le Conseil décide d'exécuter l'opération malgré les objections de Baudouin, et il rejette catégoriquement la proposition de règlement que l'amiral North, commandant en chef à Gibraltar, a communiquée à l'amiral Ollive le 14 juillet : la Royal Navy cessera ses attaques si la marine française s'abstient de tout mouvement offensif et se conforme à une discipline de la navigation comportant notamment l'interdiction de certaines zones. La France n'accepte aucune condition britannique et ne renonce pas à sa vengeance.

« Vous répondrez immédiatement à amiral Gibraltar, citation :

« *Primo :* En réponse à votre communication mon gouvernement me charge de vous faire savoir qu'il communique au vôtre les conditions d'une reprise des relations entre les deux pays.

« *Secundo :* L'arrêt des agressions britanniques limité à certaines eaux est une condition inacceptable pour nous, car elle est contraire à nos obligations.

« *Tertio :* J'ai l'ordre de poursuivre le châtiment des navires britanniques qui ont injustement attaqué leurs alliés de la veille désarmés. Des mouvements de navires ramenant du Maroc les réfugiés de Gibraltar nous ont fait suspendre jusqu'ici notre action de riposte qui est maintenant libre de s'exercer[129]. »

De même, une proposition de reprise des relations émanant de l'amiral Cunningham, transmise par Godfroy le 15 juillet, ne recevra aucune réponse[130]. Malgré cette réaction de refus, la situation va se calmer progressivement. Le 15 juillet, l'amiral Pound précise au chargé d'affaires français l'attitude britannique à l'égard des sous-marins français : en dehors de zones d'exercice seront traités comme hostiles tous les sous-marins en plongée ainsi que les sous-marins en surface non escortés ; dans la pratique, les Français se plieront à cette exigence, et leurs sous-marins seront escortés par des bâtiments de surface ou accompagnés par des navires de commerce. Dans la matinée du 16, Baudouin réussit une fois de plus à « retourner » Pétain, et l'expédition contre Freetown est de nouveau annulée, définitivement cette fois. Les attaques britanniques cessent, parce que Churchill, malgré son entêtement, ne veut tout de même pas acculer la France au renversement des alliances ; en Extrême-Orient, les amiraux Decoux et Noble ont conclu un pacte de non-agression : leurs forces respectives sont trop faibles et la menace japonaise trop forte[131]. Aux Antilles, l'amiral Robert, après des tractations laborieuses, a lui aussi trouvé un *modus vivendi* avec Washington[132]. A Madagascar, une instruction spéciale limite la zone interdite de 20 milles aux bâtiments de guerre britanniques et autorise le libre passage des navires de commerce[133], mais l'utimatum de l'amiral britannique commandant en chef pour l'océan Indien est repoussé[134], et les choses en resteront là.

A la fin de juillet, la crise manque de rebondir à cause de trois faits nouveaux : la présence de navires britanniques au large de Douala, qui marque le début de la prise de contrôle de l'ensemble de l'Afrique Équatoriale Française par la « dissidence » gaulliste ; le blocus instauré par les Britanniques au large des côtes métropolitaines et d'Afrique du Nord[135] et le rapatriement des marins internés en Grande-Bretagne : « L'attitude ignoble des Anglais à l'égard de nos officiers et de nos hommes est confirmée[136]. » Darlan ordonne de débarquer les équipages britanniques, de les envoyer « dans camps de concentration. Motif : représailles contre traitement analogue ou pire subi par nos compatriotes à bord navires capturés[137] ».

Darlan retrouve peu à peu sa maîtrise habituelle, et sa réaction n'est plus aussi passionnelle qu'au lendemain de Mers el-Kébir. Au début d'août, il approuve secrètement le *modus vivendi* d'Alexandrie[138], et il ne s'oppose pas à la ratification de l'accord, scellé avant Mers el-Kébir, qui cède à la Grande-Bretagne les contrats d'affrètement par la France de navires norvégiens, danois et grecs conclus pendant les premiers mois de guerre (et qui portent sur 2 millions de tonnes)[139]. Mais la blessure ne se refermera pas. En mai 1941, lorsqu'il apprendra la destruction du *Hood,* qui avait fait partie de la Force H, il laissera percer une secrète satisfaction[140], et il prescrira d'organiser tous les ans, le 3 juillet, une cérémonie « pour honorer la mémoire des officiers et des marins morts à Mers el-Kébir pour la défense de l'honneur français. L'ordre du jour adressé à la marine par l'Amiral de la flotte sera lu aux états-majors et aux équipages assemblés. Il sera commenté pour perpétuer le dégoût du forfait accompli par la marine britannique[141] » (Le Luc laissera traîner la note dans le « tiroir cimetière »).

Darlan n'a pas laissé, contrairement à son habitude, la moindre note sur Mers el-Kébir, mais on peut se faire une idée précise de son état d'esprit, et particulièrement de ses griefs, grâce à une lettre signée par son chef de cabinet Paul Fontaine, inspirée sinon entièrement rédigée par lui, en réponse à une lettre du captain Pleydell-Bouverie, lequel lui a écrit le 18 juillet, probablement sur l'ordre de ses supérieurs en vue de rétablir un contact. Tout, dans cette lettre, a été pesé pour exprimer le mépris, depuis le refus de donner à l'intéressé son grade (pour signifier que les officiers de la Royal Navy ont failli à l'honneur et ne sont plus dignes d'être considérés comme des militaires) jusqu'à l'absence de formule de courtoisie.

« Monsieur,

« L'Amiral de la flotte, secrétaire d'État à la Marine, commandant en chef, me charge de vous accuser réception de votre lettre du 18 juillet.

« Il me prie en outre de vous informer qu'il lui est impossible d'entretenir des relations personnelles avec un Anglais quelconque et spécialement avec un membre de la marine royale britannique,

parce que M. Winston Churchill et l'Amirauté britannique n'ont pas cru à sa parole d'honneur,

parce que le chef de la marine de guerre française ne peut pardonner :

le lâche assassinat par une escadre britannique de nos marins à Mers el-Kébir,

la récidive, le surlendemain, sur le *Dunkerque,* navire qui a rendu d'inestimables services à l'Angleterre,

l'attaque du *Richelieu* à Dakar,

l'internement de l'escadre de l'amiral Godfroy sans laquelle, quelques semaines plus tôt, les cuirassés britanniques n'osaient pas franchir le canal de Sicile,

le traitement odieux infligé aux officiers de la marine française à Portsmouth et à Plymouth, alors qu'ils s'étaient confiés à leurs anciens camarades de combat,

la reconnaissance et l'entretien par l'Amirauté britannique d'un ancien amiral chassé de la marine française pour faute contre l'honneur,

l'utilisation de navires et de marins français pour poursuivre la guerre contre l'Allemagne,

le blocus de la France libre, encore plus rigoureux que celui auquel peut être soumis un ennemi.

« Le gouvernement de Sa Majesté et l'Amirauté britannique ont commis une grave erreur psychologique et politique.

« Par leur faute, le lien de camaraderie qui s'était noué entre les deux marines est rompu[142]. »

D'un point de vue humain, cette réaction est facilement explicable. Aux yeux de l'Amiral de la flotte, il serait trop facile de s'entendre dire par les Britanniques, après que ceux-ci ont détruit ou saisi tous les bâtiments à leur portée : « Maintenant, *business as usual.* » Darlan n'est pas disposé à passer par profits et pertes les bateaux coulés et les morts de Mers el-Kébir qui ont été pour lui un traumatisme absolu. Il faut y insister : il y aura encore de nombreuses crises franco-britanniques à Dakar, en Syrie, à Diégo-Suarez, jusqu'au débarquement de novembre 1942. Aucune n'atteindra l'intensité de celle de juillet 1940.

Aurait-elle pu déboucher sur un renversement des alliances ? Darlan, aveuglé par la colère, n'était plus dans son état normal et ne rêvait que de vengeance. Comme, au surplus, tout le monde (ou presque) était persuadé que la victoire de l'Allemagne était inévitable, si Hitler avait fait des propositions très généreuses, il n'est pas sûr que Weygand et Baudouin auraient pu s'y opposer. On verra que ce n'est que d'extrême justesse que le premier fera repousser, le 17 juillet, la demande allemande de bases en Afrique du Nord. Hitler lui-même y a songé, puisqu'il a demandé au grand amiral Raeder, le 11 août, si les Français devaient entrer dans la guerre contre l'Angleterre. Raeder, convaincu de l'imminence de la défaite de la Grande-Bretagne, a refusé, ce qu'il aura l'occasion de regretter amèrement par la suite[143], et Hitler, qui n'a au fond aucune envie de traiter la France comme un partenaire, abandonne aussitôt cette idée. Il aurait pu saisir l'occasion, quitte à prodiguer des promesses dont il n'aurait tenu ensuite aucun compte. Il est cependant peu probable que les Français auraient finalement accepté. La défaite était toute proche, et l'Allemagne restait l'ennemie. D'autre part, l'idée fixe de Pétain était de maintenir désormais la France à l'écart de la guerre.

Une fois le choc passé, le bilan de Mers el-Kébir paraît très lourd. Certes, la marine en profite pour échapper au désarmement prévu par les conventions d'armistice, mais la France doit désormais se garder sur deux fronts : face au maître du continent et face au maître de la mer. Situation dangereuse entre toutes, à laquelle certains essaient d'échapper en choisissant un camp : Laval veut l'alliance avec l'Allemagne, Weygand et Baudouin entendent à tout prix éviter la rupture avec la Grande-Bretagne. Le premier accepte toutes les exigences allemandes, tandis que les seconds cherchent à faire oublier le plus vite possible le drame fratricide de juillet et attendent les États-Unis.

La position de Darlan, mélange de passion et de raison, est beaucoup plus inconfortable. Il ne veut rien céder, et surtout pas sa flotte aux Allemands, mais il ne veut plus rien oublier de la traîtrise britannique, et il est prêt à rendre coup pour coup. La France se retrouve donc isolée face à deux antagonistes qui disposent chacun de moyens de pression auxquels elle ne peut résister. Darlan en est parfaitement conscient : « Le difficile de la situation, c'est que, pour rester propres et sauf hostilités généralisées de la part des Britanniques, nous devons agir seuls sans collusion avec nos adversaires d'hier[144]. » En outre, il n'y a rien à attendre avant longtemps des États-Unis : Roosevelt ne s'est pas gêné pour déclarer à l'ambassadeur de France qu'il approuvait l'opération Catapult. Il n'a assorti ce constat réaliste d'aucune marque de sympathie pour la France vaincue ou pour les morts de Mers el-Kébir, et Darlan lui en a voulu.

Dans ces conditions, que faire ? Il n'est pas sûr que Darlan ait, durant l'été 40, une idée très nette de la politique que la France doit adopter. En revanche, il sait exactement ce que la marine doit faire, il l'a dit dans l'un de ses derniers messages, quelques heures avant l'entrée en vigueur de l'armistice : « Faire preuve d'une discipline absolue pour que la marine, forte et intacte, puisse collaborer par ses cadres au redressement du pays sans lui créer de difficultés supplémentaires[145]. » Toute sa politique se trouve dans ces mots.

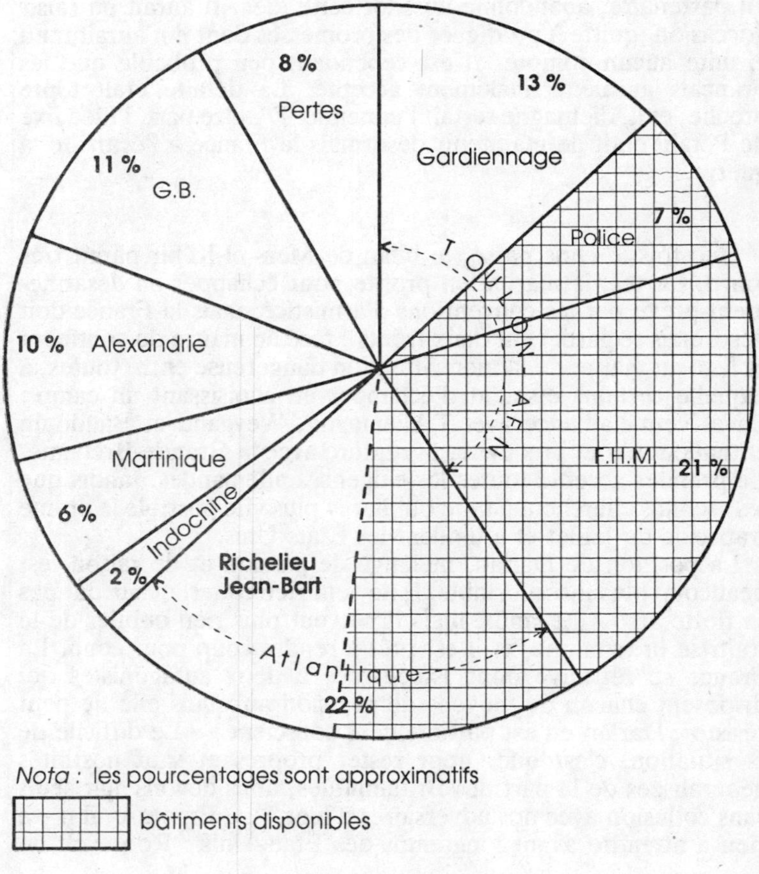

Nota : les pourcentages sont approximatifs

bâtiments disponibles

CHAPITRE XI

Entre deux feux

Si la marine a échappé, lors de l'armistice, à la livraison ou à l'internement, elle doit cependant affronter un avenir difficile, car le fameux article 8 lui impose des sujétions très sévères. L'affaire de Mers el-Kébir lui permet d'y échapper *temporairement.* Commence alors une bataille d'usure avec les commissions allemande et italienne d'armistice qui s'efforcent constamment de l'enserrer dans des règles très strictes, tandis qu'elle doit dans le même temps faire face à la Royal Navy qui soumet la France au blocus et cherche à entraîner l'empire dans la dissidence.

L'ÉTAT DE LA MARINE APRÈS MERS EL-KÉBIR

Apparemment, elle est sortie sans trop de « casse » des épreuves de la guerre et des attaques britanniques puisque les pertes ne dépassent pas 7,8 % du tonnage initial[1]. Ont été coulés :

— 1 cuirassé : la *Bretagne,* perdu à Mers el-Kébir ;
— 1 croiseur mouilleur de mines : le *Pluton,* qui a explosé dans le port de Casablanca en septembre 1939 ;
— 4 contre-torpilleurs : 2 durant la campagne de Norvège (*Bison* et *Maillé-Brézé*), 2 à Dunkerque (*Chacal* et *Jaguar*) ;
— 7 torpilleurs : 5 à Dunkerque (*Adroit, Sirocco, Orage, Bourrasque, Foudroyant),* 1 sabordé à Brest (*Cyclone*), 1 perdu accidentellement *(La Railleuse) ;*
— 6 sous-marins ;
— 2 avisos.

Il faut y ajouter les unités saisies ou internées par les Britanniques, Force X à Alexandrie, bâtiments réfugiés en

Angleterre lors de l'évacuation des ports de la Manche et de l'Atlantique. On trouve :

— 3 cuirassés de 23 000 tonnes : la *Lorraine* à Alexandrie, le *Paris* et le *Courbet* en Angleterre ;
— 3 croiseurs de 1re classe : *Tourville, Suffren, Duquesne* à Alexandrie ;
— 1 croiseur de 2e classe : *Duguay-Trouin* à Alexandrie ;
— 2 contre-torpilleurs : *Léopard* et *Le Triomphant* en Angleterre ;
— 11 torpilleurs, dont 3 à Alexandrie ;
— 8 sous-marins, dont le *Surcouf;*
— 4 avisos.

Soit 136 000 tonnes (dont 65 000 à Alexandrie) représentant un peu plus du cinquième (21,3 %) du tonnage initial. Près du tiers (29,1 %) de la flotte doit donc être considéré comme perdu, définitivement ou pour la durée de la guerre, par l'Amirauté française. Cette proportion se trouve majorée par l'inclusion de 2 vieux cuirassés qui n'ont plus aucune valeur militaire, hormis comme batteries flottantes[2]. En les excluant des calculs (et donc du tonnage initial), on obtient 9,5 % de pertes de guerre et 15,8 % de bâtiments internés. Le tonnage « utile » perdu pour l'Amirauté s'élève donc au quart. Dans la pratique, il faut y ajouter les navires immobilisés en Indochine (2 % du total, dont un croiseur de 2e classe le *La Motte-Picquet*) et surtout aux Antilles (6 %, avec le porte-avions *Béarn,* la *Jeanne-d'Arc* et le croiseur de 2e classe *Émile-Bertin*). L'Amirauté ne contrôle donc effectivement que les deux tiers de la flotte, ce qui représente tout de même un tonnage respectable de plus de 400 000 tonnes... sur le papier. Le tableau réel est malheureusement moins brillant.

Sur les 5 navires de ligne restants, un seul, le *Strasbourg,* est disponible. Le *Jean-Bart* est inachevé à Casablanca, le *Richelieu* est avarié à Dakar, comme le *Dunkerque* et la *Provence* à Mers el-Kébir. En temps normal, il faudrait déjà de longs mois pour réparer. Avec les sujétions imposées par l'armistice et la perte des chantiers atlantiques, l'achèvement du premier est impossible, et la remise en état des autres problématique, car soumise à la bonne volonté allemande et italienne. La situation est meilleure pour les autres catégories (seul le contre-torpilleur *Mogador* a été sérieusement avarié à Mers el-Kébir), mais demeure la faiblesse des stocks de munitions (les plus gros dépôts étaient à Brest), de combustible et de pièces de rechange (tout le matériel capturé en zone occupée est considéré par les Allemands comme butin de guerre).

La flotte marchande a également été durement éprouvée. Sur

les 3 millions de tonnes de 1939, 1173000 sont perdues pour l'Amirauté française. Aux 270000 de pertes de guerre s'ajoutent les navires retenus par la Grande-Bretagne (450000 t), immobilisés aux États-Unis (196000 t) ou capturés par les Allemands (257000 t)[3].

Les problèmes matériels ne sont pas les seuls en cause. Au moins aussi graves sont les difficultés tenant au personnel. Les mutineries de 1940 n'ont pas eu le même retentissement que leurs devancières de 1919-1920, car elles n'ont que très rarement dégénéré en manifestations violentes, mais leur ampleur a cependant été considérable. Dès la deuxième quinzaine de juin, avant même la signature de l'armistice, les équipages des paquebots rassemblés dans la Gironde (dont le *Massilia*) refusent d'appareiller et il faut embarquer à leur bord des sections pour maintenir l'ordre[4]. Dès que l'armistice est signé, les mouvements d'indiscipline se multiplient parmi les réservistes qui réclament leur démobilisation immédiate, et leur agitation se communique à quelques éléments d'active, heureusement peu nombreux. Des cas d'insubordination sont signalés un peu partout. En Afrique du Nord, Noguès se plaint de l'attitude des marins évacués des dépôts de Toulon, qui hantent les rues de Casablanca et se signalent par leur mauvaise tenue et des désordres[5]. L'amiral Ollive signale qu'à Dakar un « tiers des équipages du *Fleuret,* de l'*Épervier* [torpilleurs pourtant armés par des marins d'active], de l'*El-Djezaïr* [croiseur auxiliaire] ont abandonné leur bâtiment. Situation précaire sur les autres bâtiments. Suspend toute possibilité d'appareiller[6]. » Des sous-mariniers (d'active pourtant) mettent sac à terre, et l'amiral de Laborde doit prendre des mesures très sévères[7]. L'amiral Antilles (Robert) annonce qu'il va renvoyer en France un millier d'hommes[8]. Même situation à Alexandrie : le lendemain de Mers el-Kébir, Godfroy signale qu' « étant donné troubles dans cerveaux de tout le personnel, 800 réservistes encadrés pour être renvoyés en France dans 3 ou 4 jours[9] ».

Peu de ports ont donc échappé à l'agitation, et il est urgent d'organiser la démobilisation des réservistes. L'opération est rendue difficile par son ampleur (85000 réservistes) et la nécessité d'aller très vite alors que la direction du personnel militaire de la flotte, capturée à Rochefort et libérée par les Allemands après Mers el-Kébir, ne sera pas en état de reprendre son fonctionnement à Vichy avant la fin de juillet. Durant les premières semaines, c'est le 1er bureau de l'Amirauté, structure très légère, qui doit faire face à cette écrasante tâche sous l'active direction du capitaine de frégate Ballande. A la fin de juillet, 33188 hommes ont été démobilisés ; ils sont 61500 au 1er septembre et 68 800 au 21 septembre. L'effectif est en réalité plus élevé, car certains personnels restés en zone occupée se sont démobilisés de leur propre chef. Au 1er septembre, 15 000 hommes restent à démobiliser en zone libre et 3 000 aux colonies, 12 000 sont toujours internés en Angleterre ; les retours s'échelonnent jusqu'à la fin de l'année. La situation des 24 000 hommes restants est inconnue (prisonniers, personnel resté en zone occupée ou passé à la « dissidence »...)[10]. Au début d'octobre, la démobilisation peut être considérée comme achevée : 77 500 hommes ont été rendus à la vie civile ; 5 479, mobilisés, restent sous les drapeaux : 1 850, originaires de la zone interdite ou d'Alsace-Lorraine, ne peuvent regagner leurs foyers ; 3 629 sont immobilisés aux Antilles, au Levant, à Madagascar et en Indochine[11].

Pour le personnel d'active, le problème est différent. Il faut à la fois restaurer le moral, fortement ébranlé, conserver le plus d'hommes possible (les Allemands ont fermé les écoles et interdisent les engagements en zone occupée) tout en prévoyant des dégagements de cadres pour éliminer les personnels en surnombre, combattre les velléités de dissidence de certains... Toute une panoplie de mesures est mise en place, en combinant, selon la formule bien connue, « la carotte et le bâton ».

La tâche la plus urgente est le paiement des soldes aux personnels restés en zone occupée et aux familles des marins prisonniers, internés ou même passés chez les gaullistes (Mme Muselier recevra ainsi une pension de réversion, son mari étant porté disparu). « Dès la première semaine de juillet, FMF 1 fait donner au commissaire général en service à Brest les pouvoirs administratifs du préfet maritime emmené en captivité, le charge de payer traitements et salaires, de verser aux familles séparées de leur chef des allocations dites " délégations d'office " pouvant s'élever jusqu'à 85 % de la solde et de faire appliquer ces mesures par les autres ports. A la fin du mois, 16 000 délégations ont été payées par le port de Brest, 800 par celui de Toulon[12]. »

Parallèlement à cet effort matériel, l'Amiral de la flotte organise une vaste campagne d'explications sur le bien-fondé de l'armistice. Il a prévu que certaines dispositions pourraient être fort mal reçues ; aussi, dès le 26 juin, a-t-il adressé un message demandant de ne pas faire état des textes qui vont être publiés « et qui risquent d'être incomplets. Attendez de recevoir de moi textes complets et les procès-verbaux des discussions qui en atténuent la rigueur sur certains points[13] ». Cette notification est faite dans les jours suivants[14], mais reste limitée aux grands subordonnés. Les échelons inférieurs n'en ont pas immédiatement connaissance et certains s'en plaignent[15]. L'agression britannique vient dénouer une situation qui, si elle s'était prolongée, aurait pu inciter nombre d'officiers à rejoindre les Britanniques ou la France Libre [16]. Le 9 juillet, Darlan rédige un « exposé des motifs qui ont conduit le gouvernement français à demander un armistice à l'Allemagne et à l'Italie », qui constitue la trame du discours qu'il prononce le lendemain devant les officiers de l'Amirauté et qui sera ensuite largement diffusé [17]. Ce texte appelle à « payer nos erreurs, nous corriger des défauts qui les ont rendues possibles et n'agir que dans le seul intérêt de notre pays douloureusement meurtri ». Il place au premier rang des causes de la défaite le comportement des Britanniques qui, à Dunkerque, ne songeaient qu'à rembarquer, qui ensuite ont refusé d'envoyer des forces participer à la bataille de France et qui, pour finir, par dépit de n'avoir pu mettre la main sur la flotte, « ont commis l'insigne maladresse et l'ignoble forfaiture d'assassiner nos marins et nos bateaux à Mers el-Kébir [18] ».

Ce discours ne peut que rencontrer un large écho : il n'est pratiquement pas un officier qui n'ait perdu un camarade de promotion ou un ami à Mers el-Kébir. Les récits des marins rapatriés d'Angleterre, qui ont été internés dans des conditions très dures, parfois scandaleuses, aviveront encore la rancune contre l'ancien allié. Pour compléter le tableau, la personnalité du vice-amiral Muselier, chef des Forces navales françaises libres, suscite la méfiance et même parfois la répulsion.

Pour autant, contrairement à ce qui sera abondamment soutenu après la guerre, la marine n'a pas « retourné sa casquette ». L'Allemand reste plus détesté que l'Anglais et Darlan le sait. Il approuve le 15 septembre une note d'Auphan qui le dit nettement : « S'il y eut un mouvement anglophobe parmi nos marins aussitôt après cette agression [Mers el-Kébir], ce mouvement s'est bien atténué. Les non-dissidents font preuve de plus de discipline que de sentiment. [...] Il faut dire les choses comme elles sont : la marine française a senti que la marine anglaise était celle dont elle était la plus proche. Il sera peu aisé de la lancer dans un conflit contre la Grande-Bretagne [19]. »

Trois semaines après l'affaire de Dakar, Darlan est obligé d'écrire à Landriau (Force Y) et Lacroix (Marine-Dakar) pour les exhorter à raffermir le moral de leurs officiers qui doutent encore du bien-fondé de la rupture avec la Grande-Bretagne. Cette note est entièrement rédigée par lui :

> « Il me revient que certains officiers n'ont pas le sentiment très net de leur devoir.
>
> « Certains se demandent contre qui la France est en guerre, pour qui nous nous battons.

« Vous voudrez bien exposer au personnel sous vos ordres ce qui suit.

« Notre armée ayant été défaite dans les Flandres, sur la Somme et sur de nombreux autres points pour des raisons diverses que vous connaissez aussi bien que moi, mais dont une des principales est l'abandon déterminé de la France par l'Angleterre, nous avons dû demander un armistice qui nous a été accordé et qui, entre autres clauses, nous laisse la flotte avec certaines servitudes et prévoit que nos possessions coloniales ne seront pas occupées.

« Le gouvernement britannique, après avoir, par la voix de son chef, déclaré admettre cette situation, a fait tous ses efforts pour s'emparer des richesses qui nous restaient : l'or, la flotte, l'empire colonial.

« Dans ce but il nous a proposé la fusion des deux nations en une seule.

« Ceci revenait, la France métropolitaine étant tout entière occupée, à verser aux Britanniques les trois richesses en cause, à la suppression de la nation française, à l'annexion pure et simple de la métropole par l'Allemagne.

« La proposition ayant été rejetée et l'armistice signé, les Anglais, dépités, ont fait mettre l'embargo sur la partie de notre or qui était en Amérique, ont essayé de détruire la flotte, ont tenté et tentent toujours de s'emparer de notre empire colonial.

« Aussi, lorsque nous nous battons c'est pour conserver à la France son patrimoine, c'est pour respecter la parole donnée que nous nous retirons de la lutte anglo-allemande et pour éviter des représailles sur la métropole et sur les colonies car, si nous ne les défendions pas, d'autres viendraient les défendre et auraient ainsi des titres pour les revendiquer.

« Quel que soit celui qui vient nous attaquer chez nous, nous devons riposter.

« Si nous agissions autrement, nous serions des lâches et des dégénérés mûrs pour n'importe quel esclavage.

« Et je ne peux comprendre cette mentalité d'officiers qui, nourris et payés pour défendre l'État, se demandent où est leur devoir quand l'État est attaqué. [...]

« La porte est ouverte à ceux qui veulent prendre leur retraite ou donner leur démission.

« La marine ne les retient pas, elle n'a que faire des parasites[20]. »

Les combats fratricides d'Afrique Équatoriale viendront cependant renforcer le sentiment antibritannique. La mort du capitaine de corvette Bernard de Saussine, commandant le sous-marin *Poncelet* (qui s'était illustré durant la drôle de guerre en capturant le cargo allemand *Chemnitz*), refusant d'évacuer son bâtiment et coulant avec lui devant Libreville le 9 novembre, cause une impression profonde dans toute la marine. Dans sa prison, le commandant d'Estienne d'Orves évoquera avec émotion sa mémoire[21].

Tous ces facteurs font que les ralliements à la France Libre resteront peu nombreux. A la fin de l'année, leur nombre est évalué à 2200 environ (marine marchande comprise), dont une cinquantaine d'officiers d'active (placés en non-activité par retrait d'emploi). Parmi ceux-ci, 6 officiers supérieurs et un « A.D.D. », Auboyneau, qui a quitté la Force X, laissant une lettre d'excuses en demandant qu'elle soit remise à l'Amiral de la flotte. Le reste se compose d'une cinquantaine d'officiers de réserve, d'une cinquantaine d'officiers mariniers et de 2000 marins[22]. A l'égard de ces « soldats perdus » Darlan n'exprime guère ses sentiments. Il déteste de Gaulle, qui a approuvé l'opération Catapult et se livre à des attaques violentes contre le gouvernement dont il fait partie. Lorsqu'un officier des F.N.F.L., écœuré du conflit entre de Gaulle et Muselier, lui écrira en 1941 pour solliciter l'autorisation de rentrer en France, il ne donnera aucune suite à cette demande... pour le plus grand bien de l'intéressé, lequel atteindra les plus hauts grades et sera Compagnon de la Libération[23]. En revanche, il ne ménagera pas ses efforts pour essayer de sauver d'Estienne d'Orves.

Fin connaisseur de la psychologie militaire, Darlan prend soin de renforcer la fidélité de ses subordonnés en distribuant décorations et promotions avec une grande générosité. Durant l'été, les listes de citations se succèdent. Tous ceux qui ont été à Mers el-Kébir reçoivent d'office la Croix de guerre. A la fin de l'année, Darlan s'opposera avec fermeté à une éventuelle révision des citations identique à celle qui a lieu pour l'armée[24] : d'après lui, la procédure qui soumet à son contrôle toutes les citations décernées aux échelons inférieurs exclut les citations abusives[25]. Le surlendemain de Mers el-Kébir, Esteva est élevé à la dignité de grand-croix de la Légion d'honneur, récompense sans doute déplacée en de telles circonstances et peu méritée, car son message indiquant que les avaries du *Dunkerque* étaient peu importantes a été à l'origine du second raid britannique. De même, Gensoul reçoit sa cinquième étoile à son arrivée à Vichy, assortie d'une relégation dans un poste secondaire (inspecteur général des œuvres de la marine). Le 26 juillet, de nouvelles limites d'âge sont adoptées pour faciliter le dégagement des cadres, mais leur ampleur sera finalement bien moindre que prévu initialement, à cause de la suspension des clauses navales de l'armistice[26] : sont radiés 4 vice-amiraux d'escadre sur 16 (Traub, Devin, Rivet et Penfentenyo), 10 contre-amiraux (dont 4 rappelés) sur 30, 26 capitaines de vaisseau, 78 officiers des équipages[27]. L'amiral de Laborde, qui doit atteindre la limite d'âge à la fin de l'année, est en revanche maintenu en activité *in extremis* (son passage dans la 2e section était déjà réglé et devait intervenir quelques jours après) à la suite de l'attaque britannique contre Dakar. Ces dégagements permettent des promotions : le 7 août, 6 capitaines de vaisseau, dont Collinet pour sa brillante manœuvre de Mers el-Kébir, sont promus contre-amiraux. En même temps, des sanctions frappent ceux qui ne se plient pas à la ligne officielle : le contre-amiral Plançon est admis à la retraite par anticipation le 1er août[28]. De telles mesures restent cependant exceptionnelles : à quelques exceptions près, le « grand corps » fait bloc autour de son chef. Dès l'été, celui-ci peut être rassuré sur la fidélité de « sa » marine.

S'il est un domaine dans lequel excelle François Darlan, c'est bien l'organisation. La structure complexe mise en place en 1939 doit être remplacée par une organisation plus légère, adaptée au régime d'armistice. Dès le 15 juillet, une instruction définit l'organisation provisoire du secrétariat d'État à la Marine qui comprend :

— le cabinet de l'Amiral de la flotte, auquel sont rattachés la section administrative et le service des œuvres de la marine ;

— l'Amirauté française : le secrétariat, les quatre bureaux traditionnels, la section études et la « section des directives militaires aux directions », créée à la fin de juillet à partir du 1er bureau (capitaine de frégate Ballande), chargée de la liaison (et en fait du contrôle) avec les services centraux ;

— l'administration centrale, avec les directions (industries navales ; intendance ; service de santé) et les services de la marine marchande[29].

Darlan est à la fois secrétaire d'État et commandant en chef des Forces maritimes françaises. Il a auprès de lui un chef d'état-major (Le Luc) qui a autorité sur tous les services et porte désormais le titre de directeur du cabinet de l'Amiral de la flotte. Subordonnés à celui-ci, trois sous-chefs, dont l'un exerce les attributions de major général de la marine (Négadelle) et un autre s'occupe de la marine marchande (Auphan). L'Amirauté, qui compte une centaine d'officiers et trois cents marins, est installée à Vichy dans l'hôtel du Helder, « avec les mêmes habitudes qu'à Maintenon : personnel exclusivement militaire [l'hôtel était réquisitionné " coque nue "], pas de femmes, compagnie de garde aux accès, priorité aux transmissions, popotes communes, permanence du commandement[30] ». Jusqu'à la fin, ce sera le « territoire » de Darlan. Il en connaît tous les rouages, tous les membres. Chaque jour, sauf lorsqu'il est en inspection, il y fait au moins un passage pour s'informer des questions les plus importantes.

Le commandement réorganisé, c'est le tour des forces. Le 8 août, deux instructions générales définissent leur organisation provisoire[31]. Les forces principales sont regroupées en deux escadres, la 3e à Toulon et la 4e en Afrique du Nord. Les 1re et 2e escadres sont dissoutes, et le *Strasbourg* est rattaché à la 3e escadre, qui comprend la 1re division de croiseurs (les 4 croiseurs de 10 000 tonnes restants) et la 3e escadre légère (6 divisions de contre-torpilleurs, 19 unités). La 4e escadre, composée de deux divisions de croiseurs (6 croiseurs de 2e classe) et 2 divisions de contre-torpilleurs (6 unités), est placée sous les ordres tactiques du vice-amiral commandant en chef la 3e escadre. L'unité tactique ainsi esquissée sera consacrée en septembre avec la création des Forces de haute mer[32].

Les commandements des Forces maritimes du Nord et de l'Ouest disparaissent par la force des choses. Celui d'Atlantique Sud et Afrique est également supprimé, l'amiral Ollive devenant amiral Sud en remplacement d'Esteva nommé résident général en Tunisie[33]. L'amiral Antilles reste en fonction. Il n'y a donc

Schéma de l'organisation du commandement
(Annexe à l'Instruction N° 1 496 F.M.F 3 du 8 août 1940)

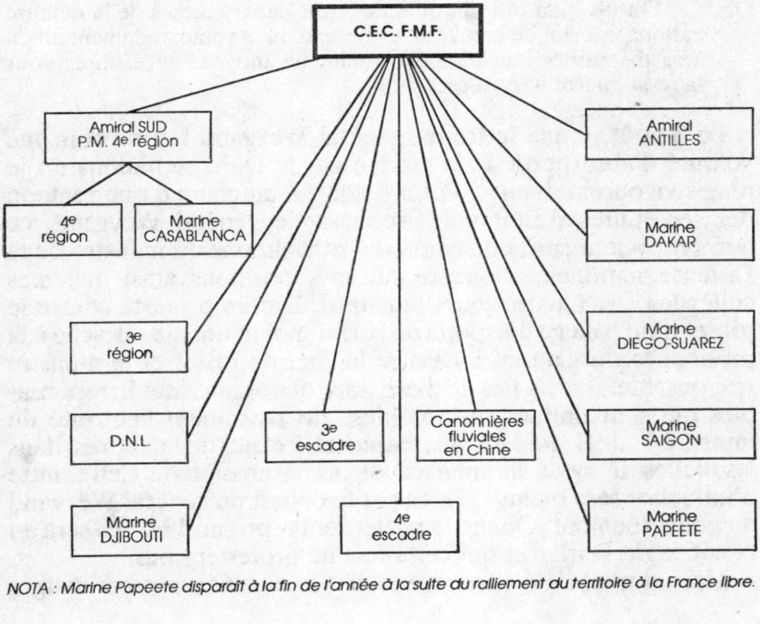

NOTA : Marine Papeete disparaît à la fin de l'année à la suite du ralliement du territoire à la France libre.

plus que deux grands commandements géographiques, et des commandements indépendants au Levant, en Indochine, à Madagascar et en A.O.F., celui des Établissements français d'Océanie disparaissant avant la fin de l'année, du fait du ralliement du territoire à la France Libre, et celui du Maroc faisant retour à l'amiral Sud.

Le choc passé, la marine retrouve une structure certes différente de celle du temps de paix, en raison de la coupure de la France en deux, mais selon des principes directeurs semblables. Darlan veille en particulier, comme par le passé, à éviter toute subordination par le biais du commandement unique. Weygand a en effet repris l'idée, chère à Pétain, d'un grand ministère de la Défense nationale doté de pouvoirs étendus. Sans attendre, il a créé une Direction des services de l'armistice et mis à sa tête le général Koeltz pour s'assurer le contrôle des relations avec les commissions d'armistice. Dès juillet, une note particulièrement virulente donne le ton du refus de la marine :

> « Ceux qui, par dogmatisme scolaire ou par intérêt, voudraient intégrer la marine dans des organisations de défense nationale ont-ils bien réfléchi qu'il serait paradoxal de modifier actuellement cette organisation de la marine, alors qu'elle est une des rares qui ait résisté à la débâcle causée par la déroute sans précédent de nos armées ?
>
> « Ont-ils bien réfléchi que, des trois départements de la défense nationale, celui de la marine est le seul où le commandement ait eu à sa disposition, au moment voulu, les moyens nécessaires pour faire la guerre avec succès[34] ? »

Le 3 août, « une lettre du général Weygand fait prévoir une volonté d'absorption de la marine par la Défense nationale : je réagis vigoureusement[35] ». Le 8 août, « au cours d'une réunion des secrétaires d'État militaires chez le général Weygand, ce dernier revient sur la question des attributions du ministre de la Défense nationale. Je reste sur mes positions ainsi que mes collègues[36] ». Quatre jours plus tard, Darlan proteste contre le projet d'un collège d'experts de la Défense nationale rattaché à la présidence du Conseil : « Entre le chef de l'État et le ministre responsable, il n'y a pas de place pour des organismes irresponsables qui sont inutiles ou nuisibles, car ils ruinent l'autorité du ministre[37]. » Il adresse au maréchal Pétain deux lettres dans lesquelles il agite la menace de sa démission[38]. Cette lutte d'influence sera bientôt réglée par le départ du général Weygand du gouvernement. Quand le projet sera repris en 1941, ce sera au bénéfice de Darlan... qui cette fois ne protestera pas.

Mais, durant l'été 40, ces querelles interarmées restent malgré tout à l'arrière-plan. Le problème principal est autrement plus grave : « Il s'agit de vivre en faisant face à des événements dont nous ne sommes pas les seuls maîtres[39]. »

La marine face a l'armistice

Le sort de la flotte dépend en premier lieu des commissions d'armistice allemande et italienne. L'amiral Duplat préside la délégation française auprès de la première. Michelier dirige la sous-commission « Marine » dans la délégation française auprès de la seconde, que préside le général Huntziger. Cette nomination, décidée le 27 juin, amorce un procédé dont Darlan fera un large usage : si Michelier est choisi, c'est moins parce qu'il a fait partie de la Commission d'armistice interalliée à Berlin de 1918 à 1920 que parce qu'il est prisonnier des Allemands qui sont bien obligés de le libérer.

Le 26 juin, Darlan écrit à Weygand pour lui faire part de son projet de répartition des bâtiments à désarmer. Les deux Dunkerque iraient à Toulon et aux Salins-d'Hyères avec les croiseurs de 1re classe et les contre-torpilleurs. Le reste serait réparti entre les ports d'Afrique du Nord, les deux Richelieu étant à Mers el-Kébir. Surtout, Darlan « demande instamment que notre délégation s'efforce d'obtenir qu'aucun bâtiment de combat ne séjourne en port occupé sur la côte de l'Atlantique et de la Manche[40] ». La flotte coloniale devrait comprendre 3 croiseurs lourds, 4 croiseurs légers, 6 torpilleurs, 10 avisos coloniaux et 18 sous-marins[41].

Le 27, Darlan convoque Michelier pour lui donner ses instructions. Écartant la question de l'administration centrale capturée à Rochefort (« c'est un cas particulier, vous le réglerez à Wiesbaden »), il lui prescrit de jouer sur les incidents avec les Britanniques pour atténuer la rigueur des clauses navales de l'armistice : « Vous mettrez les Allemands au courant des difficultés survenues entre les Anglais et nous et du besoin dans lequel nous pourrions nous trouver de défendre nos communications contre les Anglais. Il faudra se servir de ceci pour obtenir des facilités pour la flotte et pour augmenter la flotte coloniale[42]. »

La première séance a lieu le 29 juin, bien que les deux commissions ne commencent officiellement leurs travaux que le 30. A Turin, les Italiens donnent leur accord au projet de répartition des bâtiments désarmés présenté par les Français[43]. Ils ont en effet tout intérêt à maintenir la flotte française en Méditerranée plutôt que de la voir dans l'Atlantique hors de leur atteinte. A Wiesbaden, on n'entre pas tout de suite dans un sujet aussi crucial. Les Allemands interdisent le passage des navires français par Gibraltar et demandent le retour des bâtiments français réfugiés en Angleterre. Michelier leur objecte l'absence de transmissions, l'utilisation de la radio étant bloquée depuis le 25 juin. L'autorisation de reprendre les émissions radio sera alors accordée le lendemain après la fourniture de codes non connus (en principe) des Britanniques qui seront remis dès le 29 (codes V.N.3 et V.N.5). Les Allemands n'ont pas connaissance du code employé pour la transmission des ordres de sabordage, ni de la signature spéciale « Xavier 377 ».

Le 1er juillet, la sous-commission Marine de la C.A.A. précise les modalités de désarmement de la flotte : la flotte métropolitaine sera complètement désarmée dans les ports métropolitains sauf ceux de la Manche et remplacée par une force de police. Les bâtiments désarmés seront gardiennés par des civils et débarqueront combustible, munitions, culasses, télémètres, mitrailleuses ; les radios seront partiellement démontées ; les sous-marins débarqueront les panneaux du kiosque et les périscopes. Sur les 100 000 hommes autorisés en zone libre pour l'armée d'armistice, la marine n'en aura que 3 000 (Amirauté non comprise). La composition de la flotte coloniale, qui pourra disposer de 30 000 hommes, sera fixée plus tard.

Michelier prend note de ces exigences. Il demande la restitution des archives et la libération de l'administration centrale capturées à Rochefort et propose incidemment de remplacer « les ports de la Manche, de Dunkerque à Cherbourg compris » par « de Dunkerque à Brest compris ». Son interlocuteur, le Kapitan zur see Wever[44], ne s'y laisse pas prendre et objecte qu'il n'y aurait plus dans ces conditions aucun port disponible pour le désarmement des 35 000 tonnes, ce qui est évidemment le but recherché par les Français. Michelier lui répond qu'on les ramènera en Méditerranée, mais Wever rappelle que le passage du détroit de Gibraltar est interdit. Le lendemain, la question est reprise, et, devant l'insistance des Français qui font remarquer que le retour des cuirassés dans les ports occupés serait une véritable opération de guerre vis-à-vis de la Grande-Bretagne, il est décidé de surseoir à toute décision et d'en référer aux autorités gouvernementales[45].

Les Allemands posent comme condition préalable à tout règlement le retour en France des bâtiments réfugiés en Grande-Bretagne, dont ils ignorent d'ailleurs le nombre. Mentant effrontément, l'Amirauté française avoue, le 2 juillet, la Force X à Alexandrie et, en Angleterre, « les deux vieux cuirassés *Courbet* et *Paris,* un torpilleur, 4 avisos et quelques patrouilleurs auxiliaires », en oubliant simplement 2 contre-torpilleurs, 7 torpilleurs, 11 avisos, 7 sous-marins, 15 chasseurs, quelques dizaines de dragueurs, vedettes, etc.

Les Allemands perdent patience. Le 3 juillet, ils exigent que l'Amirauté ordonne « à tous les navires de guerre français se trouvant dans les ports de Grande-Bretagne de rejoindre immédiatement Brest ». Le lendemain, dans l'après-midi, l'ordre est donné auxdits bâtiments d' « essayer par tous moyens de rallier Brest[46] ». Albert Kammerer a voulu voir dans ces instructions la preuve que Darlan préparait un renversement d'alliances : « Darlan ordonnait, sans même que cela lui fût demandé, de faire rentrer dans un port occupé par l'ennemi nos bâtiments d'Angleterre, ce qui était exactement l'acte redouté par les Britanniques et dont la seule crainte avait produit Mers el-Kébir. En outre, [...] les mouvements de ces navires seraient réglés par des instructions allemandes[47]. » Une telle interprétation est erronée. D'abord, on ne peut voir dans cette décision la preuve du bien-fondé des craintes britanniques dans la mesure où précisément elle n'a été prise qu'après l'annonce de l'arrivée de la Force H devant Mers el-Kébir, quand les Britanniques eux-mêmes l'avaient rendue inévitable ; elle ne concernait d'ailleurs que les navires réfugiés en Angleterre et non ceux qui avaient pu gagner Casablanca ou Dakar. D'autre part, contrairement à ce que soutient Kammerer, cet ordre répondait bien à une exigence allemande, mais les instructions de la C.A.A. ne concernaient que les marques de reconnaissance pour éviter des attaques de la Luftwaffe et ne signifiaient pas que les unités passaient sous contrôle allemand. En outre, l'ordre a été envoyé « en l'air », c'est-à-dire sans demande d'accusé de réception (de sorte qu'il était impossible de savoir s'il avait effectivement été reçu), il n'a pas été répété et il n'était pas authentifié par la signature Xavier 377. De toute façon, il était prévisible que la sortie serait impossible, et de fait l'ambassade à Londres fit savoir le lendemain que l'ordre était arrivé trop tard.

L'affaire de Mers el-Kébir a pour résultat immédiat d'entraîner un assouplissement de la position allemande. Le jour même, la C.A.A. fait savoir à la délégation française qu' « en raison de l'attitude exemplaire de la flotte française, le Führer a donné l'ordre d'envisager certains adoucissements au traité d'armistice » et que « l'attitude de la flotte française entrera en ligne de compte lors de la signature de la paix[48] ». La marine en profite sans tarder : le lendemain, elle demande 56000 hommes pour la flotte, l'aéronautique et la défense des côtes, 15600 pour la flotte gardiennée, soit plus de 70000 hommes, la quasi-totalité des effectifs d'active. Les Allemands et les Italiens, eux aussi encore sous le choc de l'attaque britannique, donnent un accord de principe malgré leur méfiance entretenue par le flou qui règne autour de la situation à Alexandrie : ils ne connaissent pas (et ne connaîtront jamais) le contenu de l'accord Godfroy-Cunningham. La marine espère ainsi conserver, à peu de chose près, ses effectifs du temps de paix. A condition toutefois que les Allemands et les Italiens persévèrent dans leurs bonnes dispositions, ce qui n'est nullement assuré. Les seconds ont déjà refusé l'inclusion de sous-marins dans la flotte coloniale, et ils maintiennent l'exigence de désarmement des batteries côtières. Le 30 août, ils font savoir que, la Grande-Bretagne ayant cessé ses attaques, l'article 8 peut être appliqué et qu'il convient donc que la flotte soit désarmée avant le 30 septembre. L'Allemagne adopte la même position[49]. On en revient donc à la situation prévue avant Mers el-Kébir, avec une force métropolitaine de police qui devrait être composée de 6 torpilleurs et 6 avisos et une flotte coloniale comprenant 3 croiseurs de 2e classe, 6 contre-torpilleurs, 3 torpilleurs, 2 avisos, complétés par 3 croiseurs de 2e classe, 6 contre-torpilleurs, 6 torpilleurs, 8 sous-marins disponibles à sept jours, sans torpilles ni grenades A.S.M.

Le 3 septembre, Darlan fait approuver sa réponse par le Conseil des ministres[50] : tout en affirmant son intention d'exécuter les clauses navales de l'armistice, la France demande le maintien de la suspension de l'article 8 de la convention d'armistice et même une plus grande liberté pour les mouvements de ses navires en arguant de la dissidence, du blocus et de la pression navale britannique, de la protection du trafic qui reprend[51]. La flotte coloniale à conserver jusqu'au traité de paix, même si la suspension de l'article 8 n'était pas maintenue, devrait comprendre 2 croiseurs lourds, 6 croiseurs légers, 3 contre-torpilleurs, 9 torpilleurs, 8 avisos, 18 sous-marins ou, en cas d'interdiction des sous-marins, 2 croiseurs lourds, 7 croiseurs légers, 13 contre-torpilleurs, 6 torpilleurs, 8 avisos. Soit, en gros, la moitié des bâtiments disponibles à répartir entre les zones italienne (Méditerranée-mer Rouge) et allemande (tout le reste).

La lettre est envoyée le 5 sous couvert de Weygand de qui dépend la Direction des services de l'armistice. Les Allemands se montrent beaucoup moins méfiants que les Italiens. Le 16 septembre, la C.A.A. maintient la suspension de la démobilisation prévue par l'article 8 et fait connaître, « dans un but de prévision », les principes selon lesquels cette démobilisation devrait être effectuée dans le cas d' « un changement de la situation politique actuelle ». Les navires seront désarmés à leur lieu de mouillage actuel, sauf les sous-marins qui devront être désarmés à Brest. La flotte coloniale (hors Méditerranée) comprendra 4 croiseurs de 2e classe, 2 contre-torpilleurs, 7 torpilleurs, 5 avisos et 4 sous-marins[52] qui deviendront 18 le 23 septembre, soit à peu près tout ce qu'ont demandé les Français. La commission refuse cependant les équipages de gardiennage à 50 % de l'effectif normal et impose 25 %, niveau fixé par les Alliés en 1918 à Scapa Flow. De leur côté, les Italiens refusent le 12 septembre d'accéder aux demandes françaises, mais acceptent « de prendre en considération les exigences particulières qui réclament des mesures exceptionnelles » et accordent 3 croiseurs de 2e classe, 6 contre-torpilleurs, 3 torpilleurs, 2 avisos coloniaux pour la flotte coloniale méditerranéenne[53], 3 torpilleurs et 6 avisos coloniaux pour la force métropolitaine de police, ainsi qu'une force à sept jours composée de 3 croiseurs de 2e classe, 6 contre-torpilleurs, 6 torpilleurs et 8 sous-marins[54]. Cette fois, le *Strasbourg* et les croiseurs lourds semblent avoir peu de chances d'échapper au désarmement, l'obstruction italienne paraissant insurmontable.

Une fois de plus, une attaque britannique vient « sauver » la marine. Dans l'après-midi du 23 septembre, on apprend l'apparition de la Force H devant Dakar. Sans attendre la réaction des commissions d'armistice, Darlan ordonne de parer le *Strasbourg* et, le 25, demande à la C.A.A. d'autoriser l'envoi à Dakar du *Strasbourg*, de 3 croiseurs lourds et de 2 croiseurs légers avec leur accompagnement de contre-torpilleurs. Hitler refuse en arguant qu'ils arriveraient trop tard, mais les Allemands sont très satisfaits de la résistance française. Le 24 septembre, la Seekriegsleitung estime que « maintenant que les Français ont montré leur bonne volonté à défendre les colonies, il est nécessaire de leur accorder tous les moyens qui leur paraissent indispensables pour maintenir leur résistance dans ces colonies[55] ».

Justement le 27, tout en réaffirmant que sa démarche « n'est nullement un prétexte à retarder l'exécution des clauses de désarmement naval, mais est uniquement inspirée par la nécessité de conserver les moyens de sauver notre empire colonial et de poursuivre le trafic maritime nécessaire à notre ravitaillement », la France demande à conserver « momentanément armés » pour faire face aux agressions britanniques « le *Strasbourg* et 3 croiseurs de 1re classe en plus des forces qui nous étaient accordées précédemment[56] ». La C.A.A. maintient la suspension de l'article 8, et, le 4 octobre, le contre-amiral Wever confirme à Michelier qu'il « ne voit pas encore de raisons actuellement à ce désarmement ». Comme d'habitude, les Italiens sont plus réticents, mais, après une intervention allemande, ils acceptent, le 10 octobre, de « considérer que les clauses navales de l'armistice restent suspendues en Méditerranée[57] ». Le 19, ils accordent la constitution d'une force occasionnelle (qui va bientôt devenir les Forces de haute mer) composée du *Strasbourg,* de 3 croiseurs lourds, 5 croiseurs légers, 11 contre-torpilleurs, 12 torpilleurs, 8 avisos ; en contrepartie, les forces à sept jours seront supprimées quelques jours plus tard[58] alors que la France demandait leur maintien.

La marine conserve ainsi ses principaux bâtiments : au 1er septembre, restent armés 1 cuirassé (le *Strasbourg,* seul disponible), 3 croiseurs lourds sur 4 disponibles, 9 croiseurs légers sur 10, 15 contre-torpilleurs sur 26, 15 torpilleurs sur 27, 39 sous-marins sur 64[59]. Pour autant, les relations avec les vainqueurs ne deviennent pas plus faciles. Les discussions avec les commissions d'armistice sont au contraire marquées par des accrochages continuels, y compris sur des points mineurs : la volonté allemande est que la flotte soit entretenue, mais non améliorée, tout renforcement étant subordonné à l'octroi de facilités à Dakar et Casablanca. Le 3 octobre, la C.A.A. accorde un officier supplémentaire par sous-marin gardienné. Le 28 octobre, on discute à Wiesbaden du renouvellement des sous-marins dans l'Atlantique : il faut remplacer 4 unités qui regagnent la Méditerranée, l'*Ajax* et le *Persée* perdus à Dakar, la *Méduse* échouée devant Casablanca après une explosion, soit 7 sous-marins à remplacer nombre pour nombre. Les Allemands n'en accordent que 6, en soutenant que la *Méduse* n'est que temporairement indisponible. Une semaine plus tôt, ils ont accepté de débloquer 316 obus de 380 mm pour le *Richelieu,* mais ont refusé la livraison du matériel nécessaire à la réparation de la ligne d'arbre. Le *Richelieu* doit pouvoir se défendre, mais il ne doit pas être réparé. Au début de novembre, c'est au tour des Italiens de refuser l'envoi de la *Provence* à Bizerte où l'Amirauté veut le faire remettre en état : ils n'acceptent que son retour à Toulon. En face, les Français n'encaissent pas les coups sans réagir : lorsque, à la fin d'août, les Italiens demandent la cession de 70 000 à 100 000 tonnes de mazout, Darlan pose trois conditions : aucune cession ultérieure, aucune restriction ni prétention sur les importations françaises. La commission allemande ayant annoncé le 19 octobre que la France devrait vivre sur ses stocks, Darlan décide qu'il n'y aura pas de cession à l'Italie[60]. Dans une lettre à Michelier, le 28 octobre, il se plaint du « caractère presque systématique des réactions de la C.I.A. devant toute concession faite par Wiesbaden[61] ». En matière navale, loin de « calmer le jeu », l'Italie pousse au contraire à l'intransigeance.

Le 31 octobre et le 1er novembre, une grande négociation politique se déroule à Paris, avec Laval, Bouthillier et Huntziger.

Celui-ci remet à l'ambassadeur Abetz un mémorandum sur les besoins de la défense de l'empire. Profitant de l'affaire de Dakar, la marine demande le réarmement de presque tous ses navires, la conservation de tout l'armement à bord (et donc la levée de l'interdiction d'embarquer sur les bâtiments en gardiennage d'armistice des torpilles et des grenades A.S.M.), la libération des prisonniers, la livraison de munitions entreposées en zone occupée, la réouverture des écoles, la liberté de manœuvre à l'intérieur de certaines règles générales, la reprise de construction des bâtiments sur cale, l'augmentation des effectifs de 52220 hommes à 67600[62]. Autrement dit, la levée de toute sujétion. Ce beau projet n'aboutira pas, car les Allemands demandent en échange l'octroi de facilités à Casablanca, Tunis et Dakar, et les Italiens ne veulent pas entendre parler d'un réarmement de la flotte française : au contraire, en novembre, ils redemandent son désarmement en métropole. Keitel doit aller voir Badoglio à Innsbruck, les 14 et 15 novembre, pour le calmer. Les Italiens doivent renoncer à leurs prétentions, mais les Français doivent perdre leurs espérances, et l'on en revient à la guerre d'usure habituelle : à la fin de novembre, la France obtient une sortie mensuelle pour ses forces de haute mer dans la zone de Toulon, et le 3 décembre, l'Italie autorise la création d'un « groupe de relève » de 6 sous-marins armés à 50 % et à dix jours. Mais le 23 décembre, les Allemands refusent la livraison de deux canons de 380 mm pour remplacer les deux pièces du *Richelieu* qui ont explosé à Dakar.

Au prix d'une guérilla continuelle, la marine française parvient ainsi à maintenir une force de haute mer respectable, susceptible de peser dans l'équation stratégique en Méditerranée. Elle s'emploie en outre, comme la marine allemande l'avait fait après 1918, à camoufler tout ce qui peut l'être. Les corps non navigants sont « civilisés » : génie maritime, transmissions, administration, guetteurs, musique, pompiers, justice, hydrographie, affaires maritimes, médecins, pharmaciens... Une loi du 29 août 1940 crée le corps civil des ingénieurs de l'industrie navale ; un décret du 30 septembre autorise les officiers de marine à entrer dans la marine marchande, d'autres officiers sont reclassés dans les ministères les plus divers[63] ; une loi du 7 décembre crée le corps spécial temporaire des ingénieurs et agents de transmission de l'État. Pour les personnels non officiers, la loi du 28 août 1940 crée le corps des agents civils de la marine dans lequel sont intégrés les boulangers, cuisiniers, maîtres d'hôtel, cordonniers, tailleurs, secrétaires, fourriers... Payés par la marine, ils continuent à concourir pour l'avancement. Les effectifs ainsi camouflés sont considérables : plusieurs milliers de personnes. La proportion atteindra en 1941 10 % pour les forces navales, 30 % pour la D.C.A. et 40 à 50 % pour les services à terre[64]. Les travaux sur le radar sont secrètement poursuivis à Dakar à bord du *Richelieu*. Le rappel des réservistes est secrètement préparé : le 1er juillet 1940, l'ordre est donné de remettre à jour les fichiers des centres mobilisateurs de Toulon et Bizerte, de reconstituer à Toulon ceux de Cherbourg, Brest et Lorient; les services spéciaux sont réorganisés : à côté des services existants, soumis à une étroite surveillance des Allemands et des Italiens (ce qui ne les empêche d'ailleurs pas de continuer à traquer les agents allemands, dont bon nombre seront fusillés), Darlan ordonne dès le mois d'août de créer un service nouveau, « d'allure non militaire » sous le couvert de la marine marchande. Cette Section des études économiques est en fait rattachée à F.M.F. 2 et se voit assigner comme mission prioritaire « la protection contre les investigations des commissions d'armistice[65] » : elle met en place des sections de surveillance et de documentation (S.S.D.) en zone libre et reprend les réseaux d'outre-mer (R.O.M.) qui avaient été institués avant la guerre et sont maintenus malgré l'armistice. La Section de décryptement est reconstituée à Montpellier et à Lyon. Le réseau filaire a été communiqué aux Allemands en application de l'armistice, mais le câble Marseille-Alger est prolongé en secret par une liaison Marseille-Lyon-Vichy, ce qui permet à l'Amirauté de communiquer directement et discrètement avec l'Afrique (le réseau a des ramifications jusqu'à Dakar) et la Syrie; cette ligne secrète jouera un très grand rôle en novembre 1942. La force métropolitaine de police, « destinée, aux yeux des commissions d'armistice, à empêcher les départs clandestins de la métropole par voie de mer, sert en réalité à l'entraînement et à la mise au point des bâtiments neufs récemment achevés » et n'a reçu aucune instruction se rapportant à sa mission officielle[66].

Darlan surveille personnellement et de très près ce combat incessant pour le maintien des capacités de la flotte. Toutes les occasions, tous les prétextes lui sont bons pour demander un assouplissement des conditions d'armistice. A la différence de Laval, qui considère la collaboration comme une fin en soi et reproche à ceux qui attirent l'attention sur l'énormité des exigences allemandes de « manquer d'imagination[67] », l'Amiral de la flotte entend ne rien céder sans contrepartie. On l'accuse de communiquer aux Italiens et aux Allemands des renseignements sur les mouvements navals britanniques[68]. Il agit ainsi pour conserver l'autorisation de conduire des vols de reconnaissance[69], mais ne transmet que des informations sans portée immédiate ou dont les vainqueurs ont déjà connaissance. On ne peut imputer aucune perte britannique aux renseignements fournis par les Français. Dès que les attaques britanniques s'arrêtent, les vols de reconnaissance cessent, et avec eux les transmissions de renseignements.

Menaces contre l'empire

L'arrêt des attaques britanniques directes après le 8 juillet ne signifie pas pour autant la levée de toute menace pesant sur l'empire. A quelques jours près, la France doit faire face à deux dangers venant des deux camps en présence.

L'Allemagne se manifeste le 16 juillet. Le général von Stülpnagel écrit à Weygand : « Le Führer et commandant en chef de l'armée a fait d'importantes concessions sur les stipulations de la convention d'armistice en rendant le libre usage des eaux territoriales françaises et en ajournant le désarmement des forces françaises à cette fin. Il attend donc que le gouvernement français lui accorde de son côté l'appui qu'il juge nécessaire pour poursuivre d'une manière efficace sa lutte contre l'Angleterre[70]. » Il réclame huit bases aériennes pour la Luftwaffe au Maroc, la mise à disposition du chemin de fer Tunis-Rabat, de stations météorologiques sur tout le territoire africain, des ports du Midi et de l'Afrique du Nord, ainsi que la réquisition de transports français pour l'acheminement des unités en Afrique du Nord. Ces demandes ouvrent la voie à une occupation de l'Afrique du Nord, et leur exécution entraînerait sans aucun doute une réaction britannique contre le reste de l'Empire. Dans la matinée du 17, un Conseil restreint, auquel participe Darlan, se réunit. Baudouin affirme que Pétain et même Laval sont d'accord avec lui pour rejeter ces exigences[71]. Le général Huntziger, rappelé de Wiesbaden pour assister à la réunion, en donne un récit bien différent, resté jusqu'à présent inédit :

> « Baudouin lit alors le projet de réponse du Maréchal. Celui-ci me demande mon avis. Je réponds que je préférerais que nous ne parlions pas nous-mêmes de négociations. Laval s'explique : on ne peut pas jouer sur les tableaux anglais et allemand simultanément. Il repousse le tableau anglais. Quant au tableau allemand, il se rend compte que c'est difficile, mais Abetz, qui est à Paris, a dit et écrit que la situation devenait mauvaise, et qu'il fallait que le gouvernement s'en rende compte, qu'il y aurait intérêt à des contacts. M. de Brinon lui aurait dit la même chose de même source. Il ira lui-même après-demain à Paris... donc, il ne faut pas laisser dépecer la France. Tout le reste est illusoire. L'amiral Darlan appuie, il est l'ennemi des Anglais et tient cela de famille !!! Baudouin appuie. Le

général Weygand proteste encore qu'il ne faut pas se laisser faire. Mais les positions sont prises. Le Maréchal parle même de “ déclarer la guerre aux Anglais ”. On lui fait remarquer qu'il ne le peut pas. J'observe que nous pouvons et devons, dans une négociation, s'il y en a, tout faire pour empêcher les Allemands d'aller en Afrique du Nord : a) offrir de renoncer à la suspension des clauses de l'armistice pour marine et air, b) au besoin, nous charger nous-mêmes de bombarder Gibraltar. Le Conseil approuve. La lettre est signée. A Dieu vat[72] ! »

Dans le tumulte qui suit Mers el-Kébir, la tentation du renversement des alliances est grande, et Darlan, touché plus directement que les autres, n'y échappe pas. Mais finalement, après l'intervention de Weygand, c'est un refus, assorti d'une proposition de négociation nouvelle. En raison des controverses auxquelles a donné lieu la réponse adressée à Hitler, il est nécessaire de la citer intégralement :

« Je viens de prendre connaissance des demandes que le général von Stülpnagel a transmises, de la part de Votre Excellence, au gouvernement français par l'intermédiaire du général Huntziger.

« Vous ne pouvez douter qu'elles m'aient douloureusement surpris, car vous connaissez les conditions dans lesquelles l'armistice a été signé et exécuté.

« Vous me permettrez cependant de les rappeler brièvement.

« A la suite de la campagne victorieuse de vos armées, le gouvernement français ne pouvait continuer la lutte en France. Mon gouvernement a écarté l'idée d'un départ pour un de ses territoires d'outre-mer, qui l'eût tôt ou tard amené à chercher refuge dans un pays étranger, ce qu'il ne voulait à aucun prix. Il a donc décidé de rester sur le sol de la patrie et de demander à son adversaire les conditions de l'arrêt des hostilités. Ces conditions, il était résolu à les exécuter loyalement si elles étaient compatibles avec son honneur, mais tout aussi résolu, si elles ne l'étaient pas, à les repousser sans égard aux conséquences de son refus. Un pareil choix lui a été épargné. Si dur que soit l'armistice, du moins a-t-il laissé notre honneur intact. Et c'est parce que la dignité du pays était sauve que la France, placée devant l'alternative dramatique de Mers el-Kébir, n'a pas hésité sur son devoir. Elle a mis au-dessus d'une longue confraternité d'armes le respect scrupuleux de la parole donnée à l'adversaire d'hier : elle a scellé du sang de ses marins l'engagement qu'elle avait pris.

« Je répète solennellement ici qu'il en sera de même dans l'avenir. La France honorera sa signature. Et si une tierce puissance veut s'y opposer, toute la nation rassemblera contre cette tentative, sans un doute, sans une hésitation, ce qui lui reste de forces.

« J'ai tenu à replacer ces faits sous vos yeux avant d'aborder le fond même du débat, pour ne vous laisser aucun doute sur l'attitude passée, actuelle et future de la France, mais surtout pour que le soldat et le patriote que vous êtes comprenne mon émotion de patriote et de soldat quand j'ai reçu hier la lettre du général von Stülpnagel. Il porte à ma connaissance des revendications très graves qui ne justifient que trop certaines propagandes hostiles à nos pays, et dont la propagande française, en réponse, n'a cessé de dire qu'elles étaient impossibles et qu'elles ne se produiraient pas.

« Il n'est pas douteux, en effet, que ces nouvelles demandes ont pour conséquence de mettre l'Afrique du Nord, ses populations indigènes si faciles à émouvoir, ses forces militaires ou aériennes, ses moyens d'existence et de communications, à la discrétion des aviateurs et des contrôleurs du Reich.

« Une telle servitude peut-elle être considérée comme la contrepartie de la suspension de certaines clauses de l'armistice ? Je ne le crois pas. La suspension provisoire de ces clauses n'avait et ne peut avoir d'autre objet que de remettre entre les mains de la France les armes nécessaires pour repousser l'agression britannique et répondre à la force par la force. Par là même, l'Allemagne et l'Italie, bien loin de mettre en question l'autorité de la France sur ses territoires d'outre-mer, confirmaient les dispositions de l'armistice qui reconnaissent son empire et lui laissent la liberté de le protéger. Tout au contraire, en souscrivant aux demandes présentées par le général von Stülpnagel, le gouvernement français accepterait la tutelle sinon la mainmise des autorités militaires allemandes sur une partie considérable de cet empire.

« Il ne s'agit plus là d'aménagements mais d'exigences nouvelles qui aggravent les conditions des armistices signés il y a vingt et un jours seulement, au point d'être en contradiction avec elles alors que, sur la foi de ces conventions, la France était convaincue que les sacrifices douloureux acceptés par la métropole épargneraient à son empire d'outre-mer les épreuves de l'occupation.

« Je suis donc fondé à croire que les demandes du gouvernement allemand placent le gouvernement français devant une situation entièrement nouvelle et posent des problèmes dont l'ampleur et la gravité dépassent la compétence de la commission de Wiesbaden. J'estime que seule une négociation nouvelle peut apporter une solution à ces problèmes.

« En exprimant cet avis je pense que mon pays peut encore faire entendre sa voix. Certes, l'Allemagne est en mesure de lui faire subir sa loi, mais je pense que le résultat d'une libre négociation avec la France a plus de valeur pour le vainqueur qu'une décision imposée par lui et subie par elle.

« J'ai le désir sincère qu'après tant de dissentiments mon pays et le vôtre parviennent à se mieux comprendre, que, se comprenant mieux, ils pensent davantage à ce qui les unira qu'à ce qui les a si longtemps et si rudement opposés.

« Je prie Votre Excellence de voir dans ce message un premier effort pour atteindre un but auquel ne peut être insensible le chef suprême d'une armée victorieuse et d'une grande nation[73]. »

Pour Robert Aron, cette décision « montre que Vichy, simultanément, ne veut pas résister au Reich et est décidé coûte que coûte à préserver l'Empire d'une mainmise nazie[74] ». Robert Paxton soutient au contraire, conformément à sa thèse d'un Vichy n'ayant jamais cherché que la collaboration, que cette offre de négociations nouvelles vise à trouver « un arrangement allant plus loin que l'armistice[75] ». Marc Ferro va dans le même sens et accuse carrément Robert Aron d'avoir tronqué la réponse de Pétain en ne reproduisant pas l'avant-dernier paragraphe : « En coupant ainsi la citation, Robert Aron entend faire en sorte que ce texte signifie " la volonté de ne pas résister ouvertement et de préserver l'empire " quand il manifeste, au contraire, le désir d'ouvrir une négociation sur un terrain plus large : celui de la collaboration. Les Allemands le comprennent bien ainsi[76]. »

Si Aron ne cite pas la fin de la lettre, Paxton et Ferro procèdent de la même manière avec les premiers paragraphes. Vichy cherche à amoindrir la portée de son refus, d'où l'offre de nouvelles négociations, mais la lettre précise quand même que la France est décidée à repousser toute exigence contraire à l'honneur, « sans égard aux conséquences de son refus », que l'utilisation des bases nord-africaines par l'Allemagne serait « une servitude ». A aucun moment il n'est question, même d'une manière allusive, contrairement à ce que suggère Paxton, à une participation indirecte de la France à la guerre contre la Grande-Bretagne. Ce n'est pas la meilleure manière d'ouvrir la voie à la collaboration. D'ailleurs Vichy attend la réaction allemande non avec impatience, mais avec crainte. Avec raison d'ailleurs, car ce que les Allemands comprennent avant tout, c'est que leur demande s'est heurtée à un refus. Le général von Stülpnagel n'a pas caché à Huntziger que « seule la signature de l'armistice avait empêché l'occupation rapide et totale de l'Afrique du Nord[77] » et certains, à l'O.K.W., voudraient bien réparer cette erreur. Heureusement, Hitler ne s'intéresse pas à la Méditerranée et il n'insistera pas. Mais le gouvernement français ne peut le savoir, et il s'attend au pire.

Durant la deuxième quinzaine de juillet, les relations franco-allemandes sont tendues à l'extrême, et Baudouin envisage « la probabilité de l'arrivée à Vichy d'un détachement de la Wehrmacht chargé de mettre fin à l'existence d'un gouvernement aussi peu docile ». Le 4 août, il parle à Pétain des mesures qu'il conviendrait de prendre en pareille situation :

> « " Que voulez-vous dire ? me demande le Maréchal. — Il faut qu'un avion soit toujours prêt pour vous transporter à Alger. — J'y ai déjà réfléchi, me répond le Maréchal, je ne quitterai la France en

aucun cas ; je me laisserai faire prisonnier et vous serez fait prisonnier avec moi. Mais vous avez raison, il faut que quelqu'un soit toujours prêt à s'enfuir à Alger. Ce ne peut être que le chef de la flotte, l'amiral Darlan. — Lui en avez-vous parlé ? — Non. — Il ne faut pas perdre de temps. Pouvez-vous le convoquer ? — Venez ce soir à 19 heures, me dit le Maréchal, vous trouverez dans mon bureau l'amiral Darlan. "

« L'entretien à trois dure une heure. L'amiral ne s'attendait pas du tout à une conférence de cette nature. Je dois peser de toutes mes forces sur la volonté du Maréchal. L'amiral, après être resté longtemps silencieux, m'apporte finalement une aide décisive. Il est définitivement et nettement convenu qu'au cas où Vichy recevrait la visite de l'armée allemande et où le Maréchal serait ainsi placé dans l'impossibilité de gouverner avec indépendance, l'amiral fera tout son possible pour gagner l'Afrique du Nord et y exercer au nom du Maréchal l'autorité gouvernementale. La marine de guerre rejoindrait l'Afrique du Nord sur un ordre de l'amiral. Malgré notre insistance, le Maréchal, toujours prudent, refuse de signer l'ordre de mission que je viens d'écrire. " Je ne veux pas de papier, mais vous devez considérer mon ordre comme définitif. Je ne reviendrai pas sur cette décision. D'autre part, il doit être bien entendu qu'elle restera strictement entre nous trois. Personne d'autre ne doit la connaître. "[78] »

L'authenticité de l'épisode n'est pas niable. Le Maréchal renouvellera son ordre le 17 octobre en présence de Baudouin et de Huntziger[79]. Bouthillier en aura connaissance avant la fin de l'année[80], et Pétain confirmera, lors de l'instruction de son procès, l'existence d'une « consigne permanente verbale, d'homme à homme[81] ». Il n'est pas certain que Pétain y ait attaché une valeur durable et qu'il s'en soit souvenu en novembre 1942, bien que ce soit possible. En sens inverse, Darlan y fera une allusion très claire à Alger[82], montrant qu'il n'a pas oublié la mission reçue en août 1940. Mais sur le moment, il n'y a pas lieu d'envisager un tel transfert en A.F.N. : les demandes du 16 juillet sont oubliées, et la tension avec l'Allemagne se porte sur d'autres sujets : les frais d'occupation, fixés au montant exorbitant de 400 millions par jour, la barrière rigide instaurée par les Allemands entre les zones libre et occupée, l'annexion de fait de l'Alsace-Lorraine, etc.

L'Empire n'est pas pour autant à l'abri. Le Japon convoite l'Indochine, incapable de se défendre. Le 25 juin, le gouvernement relève de ses fonctions de gouverneur général le général Catroux, que Darlan connaît bien (Mme Catroux est la cousine de Berthe Darlan), en lui reprochant d'avoir cédé trop vite au premier ultimatum japonais, et le remplace par le vice-amiral d'escadre Decoux, universellement surnommé « Pan-Pan ». Darlan, connaissant la faiblesse militaire de l'Indochine, approuve Baudouin qui veut négocier, malgré l'opposition de Lémery (ministre des Colonies), de Weygand et de Bührer, chef d'état-major général des colonies. Comme il l'écrira plus tard, « lorsque, en août 1940, les Japonais ont voulu occuper le Tonkin, nous pouvions refuser et accepter le combat contre des forces supérieures ou, encore, accepter l'aide chinoise. Nous aurions transformé le Tonkin en champ de bataille et de carnage. Il serait devenu japonais ou chinois, mais il ne serait pas resté français et aurait été ruiné[83] ». Les États-Unis ont fait savoir qu'ils ne pouvaient rien faire, et le blocus britannique interdit d'envoyer des renforts, qui seraient en tout état de cause insuffisants. D'ultimatum japonais en proposition française de compromis, on arrive finalement au traité du 30 août qui reconnaît la souveraineté française ; en échange de quoi, le Japon obtient le stationnement de 25 000 hommes au Tonkin avec trois aérodromes (accord du 22 septembre). Malgré son éloignement et la gravité des problèmes de l'heure, l'Indochine n'est pas une question secondaire : céder aux exigences japonaises, c'est encourager de nouvelles demandes allemandes sur l'Afrique ; en sens inverse, la perte de l'Indochine risquerait d'être définitive. L'accord du 30 août représente le moins mauvais compromis possible. Il restera en vigueur jusqu'au coup de force japonais du 9 mars 1945. Malgré la fin de la crise, le gouvernement se préoccupe d'envoyer des renforts : le 31 août, une lettre de Weygand demande l'accord de Wiesbaden pour l'envoi de 2 sous-marins en Indochine et 2 à Madagascar. La commission donne son autorisation le 30 septembre[84].

Mais le souci numéro un, c'est évidemment l'Afrique, cœur de l'empire, atout essentiel avec la flotte et grenier indispensable à l'approvisionnement de la métropole. La mission de la marine est donc double : protéger le trafic et contribuer à la défense des colonies contre les Britanniques et la « dissidence ».

Le ravitaillement se trouve pris entre deux feux : d'un côté, les interdictions de trafic édictées par les commissions d'armistice ; de l'autre, le blocus édicté le 30 juillet par les Britanniques en représailles contre le rejet par la France de leurs propositions de normalisation. Cette mesure s'accompagne de la saisie des navires de commerce français réfugiés dans les ports de l'empire britannique (y compris deux pétroliers saisis dans le canal de Suez en violation de son statut de neutralité). La Grande-Bretagne met ainsi la main sur 400 000 tonneaux dont elle a le plus grand besoin.

Il faut d'abord obtenir l'autorisation de l'Allemagne et de l'Italie pour la reprise du trafic. La commission italienne se montra très restrictive pour les liaisons avec le Levant, mais autorise cependant dès le 8 juillet la reprise de la navigation commerciale en Méditerranée. Les négociations sont plus difficiles avec l'Allemagne, qui commence par exiger la cession de 50 % des produits coloniaux transportés. La délégation française refuse et déclare que, dans ces conditions, elle préfère renoncer au trafic. Finalement, l'accord se fait le 5 septembre sur la livraison de 25 % des stocks d'arachides en provenance de l'A.O.F.[85].

Reste à savoir comment vont réagir les Britanniques. Le 30 juillet, l'Amirauté a défini l'alternative : il faut « ou que Gibraltar devienne intenable aux Anglais et soit évacué, ou que nous passions outre ». C'est la deuxième solution qui est choisie : les convois partiront de Casablanca sans préavis et seront escortés, l'aviation se tenant prête à attaquer Gibraltar en cas d'action britannique. Il y a des risques d'escalade, mais il faut « tenter une expérience[86] ».

Mais le gouvernement n'est pas disposé à courir ce risque. Le lendemain, Baudouin fait « repousser cette proposition qui est seulement mise à l'étude[87] », tandis que la France essaie d'obtenir la levée de la décision britannique par l'intermédiaire de son ambassadeur en Espagne. Au Conseil du 2 août, Darlan, « dont l'anglophobie est de plus en plus violente, pousse à la solution des convois » encore sans résultat[88]. Finalement, devant l'inertie persistante de Londres qui ne répond pas à la requête française, il obtient gain de cause le 19 août. D'après Baudouin (qui n'aime pas Darlan et s'attribue constamment le mérite de bloquer ses initiatives antianglaises), « l'amiral espère que le passage devant Gibraltar sera forcé à coups de canon. Il veut que la France prenne position contre Gibraltar et l'attaque immédiatement par son aviation de bombardement qui est au Maroc. Je fais repousser ce programme. Ce n'est pas à nous d'attaquer Gibraltar. Voyons d'abord quelle sera l'attitude anglaise lors du passage des premiers convois[89] ». Quand est connu, le surlendemain, le refus de Churchill, Darlan veut de nouveau faire bombarder Gibraltar, mais l'opération est une fois de plus reportée. Elle semble ne pas devoir avoir lieu car, le 5 septembre, en donnant leur accord à la reprise du trafic, les Allemands précisent que leur amirauté s'oppose aux convois escortés « qui pourraient avoir l'air de provocations aux yeux des Britanniques ». Darlan décide alors de tenter l'expérience avec un navire isolé, escorté à distance par un bâtiment de guerre. Le 7 septembre, le chalutier *Pescagel,* escorté par l'aviso *Elan,* passe sans encombre, suivi, le 16, par le paquebot *Alaïna,* surveillé à distance par le torpilleur *Frondeur.* Les passages s'accélèrent ensuite, seulement suspendus pendant quatre jours lors de l'affaire de Dakar. Les négociations entreprises à Madrid avec l'ambassade britannique traînent en longueur, mais les bâtiments français continuent à franchir le détroit sans entraves alors même que dès la fin de septembre aucun préavis n'est plus adressé aux autorités britanniques. A partir du 26 novembre, la surveillance à distance est remplacée par une escorte directe, étendue à tout le parcours entre Oran et Casablanca, à partir du 20 décembre.

En voie d'extinction dans la région de Gibraltar, la querelle franco-britannique va malheureusement se rallumer en Afrique noire, avec le passage, à partir d'août, de l'Afrique Équatoriale Française à la « dissidence ». Presque simultanément, de Gaulle décide de tenter de rallier l'Afrique Occidentale Française, tandis que Vichy entreprend de reconquérir l'A.E.F.

Au Conseil du 29 août, Darlan « propose et fait accepter le principe de l'envoi de navires de guerre [90] » pour réprimer la dissidence en A.E.F. Les raisons d'une telle démarche sont claires. Il s'agit à la fois de maintenir (ou plutôt de restaurer) l'unité de l'empire, mais aussi de montrer aux commissions d'armistice que la suspension de la démobilisation de la flotte doit rester en vigueur malgré l'arrêt provisoire des attaques britanniques, pour veiller à la défense de l'empire. L'amiral Duplat a averti Vichy dès le 18 août : « L'Italie, ayant appris que la Grande-Bretagne s'est engagée à ne plus nous attaquer, veut réduire progressivement notre marge de liberté [91]. » C'est ce que Darlan explique le 5 septembre à l'amiral Bourragué, désigné pour conduire l'opération avec sa 4ᵉ division de croiseurs et la 10ᵉ division de contre-torpilleurs qui composeront la Force Y : il paraît « mou et hésitant, je lui lave la tête et je lui dis que je ne peux espérer sauver la flotte que si elle justifie son activité [92] ».

En fait, les événements de septembre vont être une série de surprises pour chacun des adversaires [93]. Malgré de multiples fuites de part et d'autre, aucun des protagonistes ne sera averti à l'avance. De Gaulle quitte Liverpool le 31 août, mais Vichy ne l'apprend que le 8 septembre. La Force Y appareille de Toulon le 9 et se présente devant le détroit de Gibraltar le 11 à l'aube. Les bâtiments traversent le détroit à grande vitesse et aux postes de combat. Mais, par suite d'un concours de circonstances, l'Amirauté britannique, bien qu'informée, n'a pas réagi, et l'amiral North, qui avait déjà vigoureusement protesté contre Catapult, en a profité pour s'abstenir de toute initiative contre les navires français. Dans l'affaire, il perdra son commandement, victime de la rancœur de Churchill et de l'Amirauté qui ne lui ont pas pardonné ses critiques antérieures et, malgré ses efforts, il n'obtiendra jamais réparation [94].

Lorsque la Force Y passe devant le rocher, celui-ci se contente d'émettre le signal : « Qui êtes-vous? — *French cruisers and french destroyers.* — *What names?* — *Gloire, Georges-Leygues, Montcalm, Fantasque, Audacieux, Malin.* — *Thank you*[95]. »

Réagissant avec retard, l'Amirauté donne l'ordre, dix heures après, de poursuivre la Force Y qui vient d'arriver à Casablanca. Averti de la présence d'une escadre britannique lancée à sa poursuite, Bourragué repart sans attendre dans la nuit du 12, à 3 heures du matin et fait route à pleine vitesse vers Dakar. Mais, se rendant compte que ses contre-torpilleurs n'ont pas le rayon d'action suffisant pour suivre, il les renvoie dans la journée à Casablanca, qu'ils regagnent sans encombre le 13 : Sommerville a reçu l'ordre d'intercepter des bâtiments qui descendent vers le sud et non ceux qui remontent vers le nord. En outre, peut-être désireux de ne pas renouveler le combat peu glorieux de Mers el-Kébir, il se tient trop loin de la côte pour réussir une interception. Réduite à ses croiseurs, la Force Y entre à Dakar le 14, où elle retrouve le croiseur *Primauguet,* arrivé quelques jours plus tôt en escorte de convoi. Les quatre croiseurs doivent repartir pour Pointe-Noire (au Congo) et de là se diriger vers Libreville pour exécuter leur mission. Mais la Force Y se trouve dissociée par l'obligation de traîner avec elle un pétrolier ravitailleur (toujours le problème du rayon d'action) : le *Primauguet* part avec le *Tarn* le 15, les trois autres croiseurs ne quitteront Dakar que trois jours après. Le 19, les deux tronçons tombent sur la Force H, très supérieure en puissance de feu, qui les somme de faire demi-tour. Comme les consignes sont d'éviter le combat contre un adversaire plus puissant, ils ne peuvent que s'incliner : le *Montcalm* et le *Georges-Leygues* regagnent Dakar tandis que la *Gloire* et le *Primauguet* retournent à Casablanca.

L'opération de reconquête de l'A.E.F. s'achève donc par un échec complet. Baudouin en impute la pleine responsabilité à Darlan, qui n'a pas tenu au courant le gouvernement, sans aucun doute désireux d'accaparer les lauriers en cas d'un succès qui à ses yeux ne devait guère faire de doute (la dissidence n'avait guère de moyens, et il ne pouvait prévoir que les Britanniques lanceraient au même moment l'opération Menace). Le gouvernement l'apprend le 20 au matin :

> « Convoqué à 10 heures par l'amiral Darlan qui avait appelé également Pierre Laval et le général Huntziger, je suis mis au courant de la ridicule aventure arrivée hier à notre escadre légère qui, partie de Pointe-Noire, se rendait à Libreville pour combattre la dissidence. Au lieu de rester groupée, elle s'est divisée en deux échelons que des croiseurs anglais ont séparément priés de faire

demi-tour. Nous allons être ridicules aux yeux des Allemands et des Anglais !

« Je n'ai pas caché à l'amiral Darlan combien j'étais surpris d'apprendre les ordres de mouvement et d'action qu'il avait donnés — sans en prévenir personne — à l'escadre de croiseurs. Pierre Laval lui aussi n'avait pas été mis au courant de cette initiative de l'amiral [96]. »

Le lendemain, au cours du Conseil restreint, Darlan incrimine « les erreurs commises par son subordonné. Des 4 croiseurs qui n'auraient pas dû se séparer, 2 sont rentrés à Dakar, 1 poursuivi par la flotte anglaise se dirige vers Casablanca, et le dernier, le *Primauguet*, ne donne pas de nouvelles. C'est peu brillant et inquiétant [97] ». L'amiral Bourragué est relevé de son commandement [98] et remplacé par l'amiral Lacroix, aussitôt envoyé à Dakar par avion.

La version de Baudouin est celle d'un témoin mis devant le fait accompli, comme la plupart des ministres. Il ignore que Darlan a pris cette décision avec l'accord de Pétain (et sans doute de Weygand) au cours d'un entretien qui a eu lieu le 29 août [99]. Nous en avons la preuve grâce à la note pour l'amiral Le Luc rédigée, ou plutôt griffonnée par Darlan (ce n'est pas son habitude et il ajoute d'ailleurs « excusez écriture », ce qui suggère une grande précipitation) sur du papier *à en-tête du cabinet militaire du maréchal Pétain :* « Prière rédiger et faire porter à la D.N. [Défense nationale] télégr. destinés à commissions armistice demandant autorisation envoyer 3 [croiseurs] 10 000 ou 7 600 t et 3 CT en A.O.F. et A.E.F. rapport aux dissidents [100]. » Il n'a donc pas agi seul.

De toute façon, cette peu glorieuse affaire va vite être effacée par l'attaque de Dakar qui commence le 23. Le Conseil restreint qui se réunit aussitôt ordonne au gouverneur général Boisson de résister à tout prix et décide, sur proposition de Darlan, de lancer une opération de riposte sur Gibraltar. C'est tout ce qu'il peut faire dans un contexte aussi tendu. Darlan ordonne de réarmer le *Strasbourg* et les croiseurs qu'il confie à l'amiral de Laborde, auquel il câble :

« Les Anglais attaquent Dakar. Nous préparons nos forces pour les contre-attaques. Je vous nomme commandant en chef des forces de haute mer à bord du *Strasbourg*. Prise de fonctions immédiate. Entraînez au maximum les bâtiments prêts au personnel. Vous pouvez les faire appareiller pour exercices aux Salins. Complétez armement du plus grand nombre possible de navires. Je vous autorise à effectuer toutes mutations que vous jugerez nécessaires, vous soumettrez à mon approbation celles relatives aux chefs de groupe et aux commandants[101]. »

Il est ensuite condamné, comme ses collègues, à attendre des nouvelles de Dakar.

Heureusement pour le gouvernement, celles-ci sont plutôt bonnes. Les tentatives gaullistes de ralliement de la colonie ont été repoussées ; l'escadre britannique a pris le relais, elle a désemparé le 24 le contre-torpilleur *Audacieux* et coulé les sous-marins *Persée* et *Ajax,* mais, le lendemain, le *Richelieu* a touché le cuirassé *Barham* tandis que le sous-marin *Béveziers* torpillait le cuirassé *Resolution.* Ses deux cuirassés avariés, la Force H s'est retirée avant midi. L'attaque contre Dakar et l'A.O.F. a échoué.

Le gouvernement français ne peut que se féliciter de cette issue. Les Allemands, très favorablement impressionnés par la défense de Dakar, ne parlent plus de remettre en vigueur le désarmement de la flotte, et les Italiens sont bien obligés de suivre. Ils n'accusent plus les Français de mollesse dans la lutte contre les menées gaullistes et renoncent à envoyer à Dakar la commission locale d'armistice qui était déjà en route lors du déclenchement des événements[102].

De l'autre côté, les Britanniques, comprenant désormais qu'ils ne pourront détacher l'empire français de la métropole et que la poursuite des attaques n'aboutirait qu'à l'intervention des Allemands, se résignent à chercher un *modus vivendi.* Le 2 octobre, à Madrid, Samuel Hoare annonce à l'ambassadeur de La Baume « qu'il croyait à un revirement en Angleterre à la suite de l'échec de Dakar. La déception qui avait suivi [...] ferait sans doute mieux comprendre à Londres la vanité de telles opérations[103] ». A la suite de la sortie des Forces de haute mer le 19 octobre, les Anglais font demander si les forces navales françaises ont « des intentions hostiles à leur égard. Réponse : aucune tant que les forces anglaises ne gêneraient pas notre trafic et ne commettraient pas d'agression contre nous[104] ». Les négociations secrètes vont se succéder jusqu'à la fin de l'année.

A LA RECHERCHE D'UN *MODUS VIVENDI* AVEC LES BRITANNIQUES

Ces contacts franco-britanniques à la fin de 1940 ont fait couler beaucoup d'encre. Les partisans de Vichy y voient la preuve des sentiments véritables du Maréchal. A l'inverse, ils embarrassent les tenants de la thèse du Vichy collaborateur qui en minimisent l'importance. Pour Robert Paxton, la note de Lord Halifax à Pétain « révèle simplement l'abîme séparant les deux hommes. [...] Ni Rougier ni Chevalier n'ont eu d'influence réelle sur les relations entre Vichy et Londres[105] ». D'après Jean-Baptiste Duroselle, ce rapprochement n'aboutit pas : les conversations Hoare-La Baume, puis Rougier-Churchill, Chevalier-Halifax n'ont débouché sur aucun accord digne de ce nom et ont été démesurément grossies après la guerre pour étayer la thèse du « double jeu » de Vichy[106].

On pourrait discuter à perte de vue de la portée exacte de ces « accords ». Il semble cependant incontestable que le gouvernement britannique y ait attaché une réelle importance. Trois télégrammes du diplomate britannique William Strang[107] et un mémorandum « très secret » de Lord Halifax[108] montrent sans aucune ambiguïté qu'il n'avait aucun doute sur le mandat de ses interlocuteurs et qu'il était convaincu de discuter avec les émissaires de Pétain et de Darlan. Le 15 décembre, Strang communique le résultat de ces conversations ; le bilan qu'il en dresse est très optimiste :

« Les assurances données par le maréchal Pétain par l'intermédiaire de Monsieur Rougier sont :

« 1) La France ne signera pas de paix séparée avec l'Axe avant la fin des hostilités entre ce pays [la Grande-Bretagne] et l'Allemagne.

« 2) La France ne cédera pas de bases navales ou aériennes ou la flotte français aux puissances de l'Axe et résistera par la force en Afrique du Nord à toute tentative des Espagnols, des Allemands ou des Italiens de s'emparer de ses colonies.

« 3) La France accepte la soumission de l'Afrique Équatoriale au général de Gaulle comme un *fait accompli* jusqu'à la fin des hostilités ; étant entendu que l'Afrique Équatoriale Française sera rendue à la France à la fin des hostilités et qu'aucune nouvelle entreprise ne sera dirigée contre l'Afrique Occidentale Française, le Maroc et l'Afrique du Nord.

« J'envoie en même temps le télégramme de Madrid n° 1201 du 9 décembre et le télégramme de Washington n° 2995 du 9 décembre. Le rapport de M. Dupuy dans le télégramme de Madrid est très important, car il émane de l'amiral Darlan approuvé par le maréchal Pétain. L'amiral Darlan a déclaré que le gouvernement français résisterait aux pressions allemandes tendant à lui faire attaquer les colonies ralliées à de Gaulle jusqu'en février et si possible après. Il n'était pas question d'accorder aux Allemands l'usage de bases métropolitaines ou africaines. Si la pression allemande devenait irrésistible, ils [les Français] nous inviteraient à temps à nous en emparer. Il était persuadé que les navires français auraient le temps de sortir des ports métropolitains, mais, dans le cas contraire, ils se saborderaient. Le maréchal Pétain a déclaré être en accord avec ces vues.

« Ce qui précède est la déclaration la plus satisfaisante que nous ayons obtenue de Vichy. L'amiral Darlan ne dit pas qu'il nous demanderait de nous emparer de la flotte française [quelques jours auparavant, il avait envoyé un message à l'attaché naval à Madrid, dans lequel il affirmait qu'il ne serrerait plus jamais la main d'un officier de marine britannique], mais en déclarant qu'il nous inviterait à nous emparer des bases, il signifie que la flotte française coopérerait avec nous si elle quittait ses ports métropolitains. Il ne faut peut-être pas chercher plus loin que les récents succès de la marine contre l'Italie[109] une explication de l'attitude de l'amiral Darlan.

« Le télégramme de Washington ajoute au bref rapport de M. Dupuy que le maréchal Pétain et l'amiral Darlan ont exprimé le vœu d'une victoire britannique et tous deux étaient très anxieux qu'aucune fuite ne vienne compromettre leur position vis-à-vis des autorités allemandes.

« Dans ces conditions, la distribution des deux télégrammes doit être limitée au Premier ministre, au Premier Lord [de l'Amirauté], au Premier Lord de la Mer, au général Ismay et au major Norton. »

Il ne s'agit pas des illusions d'un sous-ordre trop zélé. Lord Halifax lui-même reprend à son compte les assurances données par Vichy dans un mémorandum qui récapitule les assurances reçues.

« 1. Il me paraît utile de résumer brièvement à l'intention de mes collègues le résultat de nos échanges récents avec le gouvernement de Vichy.

[...]

« 4. Nous avons jusqu'à présent reçu des assurances en écrivant au gouvernement de Vichy sur sa détermination à garder le contrôle de son empire et de sa flotte et sa volonté de ne pas prendre l'initiative de nous attaquer. Au-delà de cela, il lui serait difficile de s'engager sur le papier, car il doit être prudent dans sa correspondance avec nous pour éviter d'alerter les Allemands.

« 5. Nous avons eu cependant deux contacts intéressants. Le professeur Rougier est venu à Londres en octobre en tant qu'émissaire du maréchal Pétain et a été reçu par le Premier ministre et moi-même. [...] Comme résultat de ces conversations, il a préparé un papier destiné à ses conversations avec le maréchal Pétain et le général Weygand. [...]

« 6. Le professeur Rougier a depuis vu le maréchal Pétain et dans une lettre adressée au Premier ministre et à moi-même déclare que le Maréchal a donné les assurances suivantes :

1) la France ne signera pas de paix séparée avec l'Axe avant la fin des hostilités entre l'empire britannique et l'Allemagne ;

2) la France ne cédera pas de bases navales ou aériennes ni la flotte française aux puissances de l'Axe et résistera par la force des armes à toute tentative espagnole, allemande ou italienne contre ses colonies d'Afrique du Nord ;

3) la France accepte la soumission de l'Afrique Équatoriale Française au général de Gaulle comme un *fait accompli* jusqu'à la

fin des hostilités, étant entendu que l'Afrique Équatoriale Française sera rendue à la France à la fin des hostilités et qu'aucune nouvelle entreprise ne sera dirigée contre l'Afrique Occidentale Française, le Maroc et l'Afrique du Nord.

« Il faut noter que cette assurance 3), en reconnaissant la situation existant en Afrique Équatoriale, va plus loin que ce que nous demandions dans notre communication officielle [110]. [...] Il faut aussi noter que nous n'avons pas jusqu'à présent donné au gouvernement de Vichy l'assurance que nous demanderions au général de Gaulle de s'abstenir de nouvelles attaques contre ses colonies.

« 7. Plus importantes que celles ci-dessus sont les conversations que M. Pierre Dupuy, le chargé d'affaires canadien, a récemment eues à Vichy. J'ai vu M. Dupuy avant qu'il ne quitte Londres pour Vichy, et je l'ai informé complètement de nos échanges avec le gouvernement de Vichy et de nos demandes. M. Dupuy, qui est maintenant sur le chemin du retour vers Londres, a vu le maréchal Pétain deux fois. La deuxième fois, l'amiral Darlan était avec le Maréchal. L'amiral Darlan lui a déclaré que le gouvernement français résisterait aux pressions allemandes tendant à lui faire attaquer les colonies ralliées à de Gaulle, en toute hypothèse jusqu'en février et si possible plus longtemps (le général Weygand, de son côté, a laissé entendre au professeur Rougier qu'il renonçait à toute idée de réduction de l'Afrique Équatoriale par la force). Il a ajouté qu'il n'était pas question d'accorder aux Allemands l'usage de bases métropolitaines ou africaines. Si la pression allemande devenait irrésistible, ils nous inviteraient à temps à nous en emparer. L'amiral Darlan était persuadé que les navires français auraient le temps de quitter les ports métropolitains, mais dans le cas contraire, ils se saborderaient. M. Dupuy a demandé au Maréchal s'il acquiesçait à ces vues, et le Maréchal a répondu : “ Oui. ” L'amiral Darlan a aussi donné l'assurance *formelle* que la flotte française ne serait pas *engagée contre* la flotte britannique et en particulier qu'elle n'attaquerait pas les colonies françaises (gaullistes). »

Si les Français se sont fait des illusions sur ces contacts secrets, ils n'ont pas été les seuls. Du côté britannique, on a également pris l'affaire très au sérieux. Même s'il n'y a pas eu échange de lettres en bonne et due forme, on s'est tout de même entendu sur les questions essentielles. Les Français ont donné des assurances précises sur l'absence de paix séparée, la préservation de l'empire et de la flotte, l'acceptation du *statu quo* vis-à-vis des colonies dissidentes. La preuve que les Britanniques y ont attaché du crédit, c'est qu'ils y ont répondu par des gestes concrets : la B.B.C. cesse ses attaques contre Pétain, ce qui ne manque pas d'ailleurs d'inquiéter les gaullistes [111]. Et surtout le blocus est levé *de facto* par l'assimilation du trafic entre la zone libre et l'Afrique à du cabotage. Si l'on excepte le torpillage du pétrolier *Rhône* et du sous-marin *Sfax* sur la côte africaine par un sous-marin de nationalité inconnue le 19 décembre 1940 (on croira à une attaque britannique ou italienne alors qu'il s'agit d'une méprise d'un sous-marin allemand, le *U37)*, deux incidents dans le détroit de Gibraltar, les 22 novembre (le cargo *Charles-Plumier* doit se dérouter sur Gibraltar), et 13 décembre (le chalutier *Avant-Garde* est arraisonné) et un au large des Tres Forcas le 1er janvier 1941 (le convoi K5 composé de 5 petits navires escorté par un chalutier est arraisonné), il n'y aura plus d'attaque de navires français jusqu'en mars 1941. Aux passages de Gibraltar d'ouest en est (vers Marseille), qui ont repris en septembre, viennent s'ajouter, à partir de novembre, des traversées en sens inverse vers les colonies françaises au-delà de Gibraltar. Le 23 novembre, contrairement à ce que soutient Paxton, qui affirme que « Vichy ne parvient à aucune de ses fins à Madrid [112] », les accords Marchal-Eccles règlent la question du ravitaillement du Maroc. Toutes les lignes sont ainsi progressivement remises en service : Marseille-Maroc à partir du 2 novembre, France-Portugal le 18, lignes du Sénégal et d'Indochine le 23, Afrique du Nord-Nantes le 25, lignes des Antilles le 5 décembre, de la C.O.A. (Côte d'Ivoire-Togo-Dahomey) le 6, de Madagascar, enfin, le 28 décembre. Seul Djibouti reste soumis à un blocus complet (le cargo *Espérance*, parti de Diégo-Suarez le 20 septembre, est saisi une semaine plus tard devant Aden), seulement rompu par des liaisons aériennes (Djibouti sert d'escale sur la ligne France-Madagascar) et le rétablissement des liaisons vers l'Amérique du Sud et dans le Pacifique n'aboutit pas, à cause du blocus dans le premier cas, du refus de la commission allemande d'armistice dans le second.

Une note du 25 janvier 1941 fait le point sur la reprise du trafic : depuis juillet 1940, il y a eu 1 830 voyages sur les lignes France-A.F.N.-Syrie, avec 3 bâtiments perdus (1 torpillé, 2 coulés par mines) ; depuis septembre, il y a eu 208 passages du détroit de Gibraltar ; 6 navires ont été saisis dans le détroit et le total des pertes dans l'Atlantique s'élève à 20 navires (4 paquebots, 5 cargos, 2 pétroliers, 7 chalutiers saisis ; 2 cargos sabordés pour échapper à la capture [113]). Le comportement britannique est pour le moins erratique : Gibraltar laisse passer des pétroliers chargés, mais saisit des chalutiers chargés de poisson, un voilier et un paquebot en provenance des Antilles transportant des démobilisés. Le trafic réussit à « passer », avec des pertes supportables. La France échappe ainsi à l'asphyxie.

Cette reprise de la navigation commerciale n'est pas niable. Paxton lui-même note qu' « à la fin novembre, le trafic de

Marseille a repris à 80 % ». Mais pour lui, « cette tolérance s'explique moins par un accord que par l'insuffisance numérique de la marine anglaise [114] ». Une telle argumentation est difficilement recevable pour deux raisons au moins. D'abord, le verrouillage de Gibraltar est facile à exécuter même avec des forces minimes. Ensuite, si les forces britanniques sont faibles, la situation de la flotte coloniale française est encore bien pire : à partir de septembre, il ne reste plus, comme force coloniale armée en Afrique du Nord, que 3 torpilleurs [115]. Lorsque les convois français sont escortés, ils le sont avec des moyens insignifiants, un aviso ou un torpilleur. La Royal Navy aurait eu la partie belle... Ajoutons que cette reprise est d'autant plus remarquable qu'elle intervient après Montoire et alors que se poursuit la lutte en A.E.F. (avec le sabordage du sous-marin *Poncelet* le 8 novembre et le combat fratricide entre les avisos *Bougainville* et *Savorgnan-de-Brazza* le lendemain). Vichy reconnaît d'ailleurs le « fait accompli », ainsi que Pétain et Darlan en ont pris l'engagement devant Dupuy. Certes, lors des trois conférences militaires qui se tiennent à Paris le 31 octobre, le 29 novembre et le 10 décembre, Huntziger et Darlan présentent aux Allemands un plan de reconquête de l'A.E.F. et une opération contre Freetown, mais en indiquant que les préparatifs exigeraient un an de délai. Leurs interlocuteurs y voient, non sans raison, un prétexte pour appuyer les demandes très importantes présentées pour le renforcement des forces stationnées dans l'empire et n'y donnent pas suite. La riposte française en reste à des mesures symboliques qui ne reçoivent aucun commencement d'exécution : au mois de novembre, l'Amirauté donne l'ordre d'attaquer sans avertissement tout navire dissident ; en décembre, à la suite du torpillage du *Sfax*, elle prescrit d'attaquer tout sous-marin aperçu à moins de 20 milles des côtes atlantiques françaises d'Afrique.

Il y a donc une incontestable détente dans les rapports franco-britanniques à la fin de l'année, ou au moins une accalmie, malgré Montoire, malgré l'annonce de la collaboration, et il semble difficile de soutenir que les négociations secrètes n'y sont pas pour quelque chose. Elles ont eu lieu et ont produit des résultats. Les controverses à leur sujet résultent surtout de la manière abrupte dont est généralement posé le problème : « double jeu ou collaboration, tel est donc bien le dilemme [116] ». Ce n'est pas sûr, du moins pour 1940. Entre les deux extrêmes, il peut y avoir un moyen terme qui s'appelle la neutralité. C'est ce qu'a déclaré Darlan dès le mois de juin : « La France demande à être traitée comme neutre et non hostile [117]. » Pétain fait même référence à l'exemple suédois [118]. Les assurances données à

Dupuy ou portées à Londres par Rougier répondent exactement à cet objectif « minimal » qui n'implique pas un double jeu, mais plus simplement témoigne d'un combat dramatique pour survivre : durant les six derniers mois de 1940, Vichy ne s'est pas encore lancé dans la collaboration à laquelle pousse Laval qui reste encore minoritaire au sein du gouvernement (le complot du 13 décembre le montrera bien), il a plus simplement essayé de faire face aux pressions contradictoires de l'occupant qui pille la France et menace de l'occuper complètement, de l'ancien allié qui essaie de lui enlever ses derniers atouts (l'empire et la flotte) et menace de l'asphyxier par le blocus, des États-Unis qui ne se montrent guère compréhensifs, du Japon qui convoite l'Indochine, de l'Espagne qui ne dissimule pas ses visées sur le Maroc. D'où des efforts désespérés pour rétablir les liens avec les États-Unis, parvenir à un accord acceptable avec les Japonais, amadouer les Espagnols (à qui Vichy restitue les trésors wisigoths et propose l'application de l'accord de 1925 sur le Maroc), etc.

Les négociations secrètes avec la Grande-Bretagne s'inscrivent dans ce contexte. Leurs objectifs sont fondamentaux mais nettement circonscrits. Dès que Pétain a le sentiment que l'essentiel a été dit, elles sont interrompues : le renvoi de Laval le 13 décembre suffit à prouver que les engagements pris seront tenus, et il ne faut surtout pas qu'une fuite vienne alerter les Allemands. C'est pour Pétain une véritable obsession ; le secret qui préside à tous ces contacts est très rigoureux : Baudouin qui a suivi toute la mission Rougier n'est pas mis au courant des entretiens avec Dupuy, et il n'est pas sûr que, de son côté, Darlan ait su grand-chose des voyages à Londres de Rougier, dont Pétain n'a dû lui indiquer que les grandes lignes.

L'Amiral de la flotte a pour sa part observé une discrétion semblable. *Aucun* de ses proches n'a eu connaissance de son entretien avec Dupuy : ni son fils ni Auphan n'en ont rien su. Au contraire, ce dernier, averti par Chevalier de la visite de Dupuy, décide le 5 décembre de « se retirer des négociations qu'il avait amorcées, tout en continuant à les suivre et à s'occuper de leur exécution. Il était gêné, en effet, de continuer à s'en occuper officiellement par le fait que Darlan, son chef hiérarchique, se montrait très réticent [119] ». Seul peut-être son fidèle conseiller politique Moysset a été mis dans la confidence. Personne ne l'a soupçonné, jusqu'à l'ouverture des archives britanniques, d'avoir participé de si près à de tels contacts. Baudouin l'accuserait plutôt d'être prêt à s'entendre avec les Allemands, et sa réputation d'anglophobe est bien établie.

Elle n'est d'ailleurs pas surfaite. Au ressentiment s'ajoute la conviction que la Grande-Bretagne est appelée « à bref délai » à perdre la guerre. De cela, nous sommes certains, puisque son fils le reconnaît, au moins pour la période allant jusqu'au « début de décembre 1940[120] ». En août, il rédige une brève étude sur les « époques favorables à un débarquement de vive force en Angleterre ». Sa conclusion est claire : « L'opération de débarquement peut être tentée jusqu'au 31 octobre[121]. » Mais le temps passe et rien ne se produit : ni invasion ni capitulation de l'Angleterre. Les deux adversaires se retrouvent en « pat » : l'Allemagne domine le continent, mais la Grande-Bretagne reste protégée par son insularité. Darlan ne croit cependant pas que sa résistance puisse se prolonger indéfiniment. Bien qu'on ne puisse être certain de son origine, une note du 9 décembre 1940 semble bien résumer son état d'esprit :

> « La presse britannique et les déclarations des représentants de la Grande-Bretagne à l'étranger font apparaître l'inquiétude du gouvernement anglais : ralentissement certain de la vie dans les grands centres administratifs et industriels, pertes sévères subies par la marine marchande, difficultés de financement des achats aux États-Unis.
>
> « Ce peut être une attitude voulue pour impressionner l'opinion américaine et hâter l'arrivée de l'aide — encore faible — des États-Unis, ce peut être aussi l'expression de la vérité.
>
> « [...] La Grande-Bretagne pourra-t-elle soutenir la lutte au rythme actuel jusqu'au moment où ces effets [de l'arme économique] se feront sentir en Allemagne[122] ? »

Pour autant, l'Allemagne n'est pas sur le point de devenir la maîtresse du monde. Lorsque, au Conseil des ministres du 26 octobre, Laval évoque le projet grandiose de Hitler qui « veut faire de l'Afrique le prolongement de l'Europe », l'Amiral de la flotte lui objecte : « Pour réaliser ce projet, il faudrait une flotte puissante. Hitler ne l'a pas. » Et il ne faut pas compter sur la marine française pour jouer ce rôle : « On suppose la marine prête. Mais à l'heure actuelle, la marine n'a plus les approvisionnements nécessaires pour se battre. Il faut reprendre en main le matériel[123]. » Dans les notes qu'il remet au maréchal Pétain après Montoire, il prévoit que la guerre va se prolonger au-delà de la courte période à laquelle tout le monde s'attendait durant l'été. La victoire allemande, si elle intervient, ne pourra plus résulter que d'une guerre d'usure et non d'une *blitzkrieg*. La France se trouve dans une situation entièrement nouvelle : comme le régime d'armistice est condamné à durer plus longtemps que prévu, elle doit faire le choix d'une politique à plus long terme que celle suivie durant les premiers mois. Pragmatique, Darlan comprend qu'il faut donner aux Britanniques les garanties minimales sans lesquelles ils continueront à asphyxier la France. Mais en même temps il juge inévitable la collaboration avec le vainqueur dont le principe a été arrêté à Montoire le 24 octobre. C'est à lui que va incomber, après le renvoi de Laval et l'échec de l'intermède Flandin, la conduite de cette politique.

CHAPITRE XII

Intrigues politiques à Vichy

La défaite a provoqué un choc dont la IIIe République ne se remettra pas. Aussi bien à droite qu'à gauche, le sentiment dominant, même parmi ceux qui se sépareront très vite de Vichy [1], est que le parlementarisme traditionnel s'est disqualifié par ses excès et qu'il doit céder la place à un régime libéré des partis et capable de réaliser le redressement de la France. Dès le départ, il est clair que Vichy ne se contentera pas de gérer, mais entend en finir avec des mœurs politiques jugées responsables de la défaite. Pour le général Weygand, « l'ancien ordre des choses, c'est-à-dire un régime politique de compromissions maçonniques, capitalistes et internationales, nous a conduits où nous sommes [2] ». Il ne lui vient pas à l'idée de poser la question des responsabilités de l'armée.

Darlan n'a pas cette naïveté. Pour lui, « vivant sur le souvenir de la guerre de position de 1918, notre armée ne s'est adaptée que trop tard aux progrès scientifiques [3] ». La défaite est donc aussi militaire. Pour autant, il n'exclut pas l'intervention de facteurs sociaux et politiques : « Les causes lointaines [de l'effondrement] sont l'abaissement de la moralité publique et privée, le goût du moindre effort dans toutes les classes de la société, les théories pacifistes répandues par tous les moyens [4]. » Il est donc convaincu de la nécessité d'une œuvre de réforme qui passe par l'élimination des parlementaires qui n'ont pas su préparer le pays à la guerre et ont trop souvent donné une image d' « affolement » et de « pagaille » durant la débâcle [5]; « le gouvernement comprend trop d'hommes politiques », note-t-il le 30 juin [6].

Reste à savoir s'il est d'accord sur le programme de « révolution nationale » esquissé dès les premiers jours par l'entourage du maréchal Pétain, composé en majorité d'hommes de droite.

Darlan, on l'a vu, n'est nullement de droite, il est plus proche de la maçonnerie que du parti clérical. S'il est plus discret que Laval, qui ne se gêne pas pour traiter le Maréchal de « vieux schnock » et se moquer de la Révolution nationale, il n'est cependant pas pour autant un inconditionnel de Pétain. Il s'est opposé à lui sur le commandement unique avant la guerre et l'a traité un jour, dans une conversation privée avec Jacques Raphaël-Leygues, de « vieux c... [7] ». Avec le temps, les relations se détérioreront, et Darlan supportera de plus en plus mal l'inconstance du vieillard qui tendra de plus en plus à subir l'influence de son entourage et à opiner dans le sens du dernier qui a parlé, au point d'inclure dans le projet de constitution qu'il rédige peu avant sa mort une disposition écartant des fonctions électives les citoyens de plus de soixante-six ans [8]. Mais en 1940 Darlan ne conteste pas l'autorité du chef des Français.

Sur la forme de gouvernement qu'il envisage, on ne sait pas grand-chose. Il souhaite une équipe ministérielle resserrée, avec des ministres responsables, débarrassés du harcèlement des commissions et conseils en tous genres : « La France a besoin d'autorité et non de conseils », écrit-il à Pétain. On lui reprochera souvent ses penchants technocratiques. Mais il est impossible de dire s'il prévoit une représentation nationale et selon quelles modalités. Le projet de constitution qu'il élaborera à Alger en 1942 ne peut servir de guide, les conditions étant trop différentes. S'il conserve une ou deux chambres, c'est certainement avec la ferme intention de les enfermer dans des limites strictes pour qu'elles ne puissent pas paralyser l'action du gouvernement. Un parlementarisme très rationalisé, en quelque sorte.

Durant les premières semaines, Darlan se garde de toute intervention trop visible dans les questions de politique intérieure. Ce n'est que progressivement qu'il affirme son autorité jusqu'à s'imposer comme le chef du gouvernement.

Le ministre

Dans le gouvernement constitué par le Maréchal après la démission de Paul Reynaud, Darlan est ministre de la Marine militaire et marchande. Peu après l'armistice, il va être « rétrogradé » au rang de secrétaire d'État, Pétain souhaitant une équipe aussi réduite que possible pour des raisons d'efficacité... et de surdité [9].

> « Le 27 juin, le Maréchal dit à l'Amiral de la flotte qu'il veut réduire à neuf le nombre des ministres. Les départements militaires

seront gérés par des secrétaires d'État qui auront les mêmes pouvoirs que les ministres, mais qui n'assisteront au Conseil que lorsqu'on traitera des affaires les intéressant. Il me demande si j'accepte. Je lui réponds que peu m'importe le titre, si je peux continuer à diriger en toute indépendance la marine et à le seconder dans sa tâche. Il me remercie et me dit : " Vous êtes le seul à qui je pose la question. Les autres s'inclineront quand ils sauront que vous, qui avez une grosse cote, avez consenti [10]. " »

Un tel désintéressement peut surprendre, d'autant plus que cet abaissement est manifestement le prélude au commandement unique tant prôné par Pétain et tant redouté par la marine : les trois secrétariats d'État dépendent de Weygand, qui porte le titre de ministre de la Défense nationale. Mais Darlan est décidé à le refuser : tout en ayant l'habileté d'acquiescer à la demande qui lui est faite, il précise tout de suite qu'il entend continuer à commander la marine « en toute indépendance ». Dans les jours suivants, il s'oppose avec fermeté aux tentatives de Weygand visant, sous couvert de coordination, à obtenir la subordination des armées [11]. D'autre part, son changement de titre, qui interviendra le 12 juillet lors de la réorganisation du ministère, n'entraînera aucun amoindrissement de ses compétences : « Le nouveau gouvernement comprend 12 ministres secrétaires d'État et 3 secrétaires d'État (guerre, marine, air). On ne voit pas très bien la distinction puisque les trois secrétaires d'État ont les attributions d'un ministre et assistent au Conseil [des ministres] mais le Maréchal paraît y tenir [12]. »

Darlan est le seul des trois secrétaires d'État à siéger au Conseil restreint (Pétain, Baudouin, Bouthillier, Alibert, Laval, Weygand et lui), véritable centre du pouvoir qui se réunit tous les matins pour débattre des questions importantes, le Conseil des ministres, qui se réunit deux ou trois fois par semaine dans l'après-midi, fonctionnant plutôt comme une chambre d'enregistrement. Il peut donc considérer que, malgré sa titulature, il est toujours l'égal de Weygand. Les relations avec celui-ci sont d'abord correctes (l'amiral recevra le général à déjeuner chez lui, ce qu'il ne fera apparemment pas pour Pierre Laval), mais il trouve très vite que « le général a décidément un caractère excessif [13] ».

Au début de juillet, Darlan assiste sans émotion et sans regret à la disparition de la IIIe République, tout en affirmant se tenir à l'écart des « nombreuses intrigues politiques » :

« Le 9 juillet, réunion du parlement à Vichy.

« La cancrelatière politique s'agite en ville. Les parlementaires répandent le bruit que certains ministres sont " fascistes " : si l'on considère ainsi les gens qui veulent mettre de l'ordre et qui considèrent que nos mœurs parlementaires ont assez duré, c'est exact.

« Le casino, où siège le parlement, est gardé par des forces importantes de gardes mobiles.

« Le 10 juillet, l'Assemblée nationale se réunit.

« Le spectacle des parlementaires en action est, paraît-il, de plus en plus écœurant.

« Comme M. Laval leur a laissé entendre qu'ils continueraient à percevoir leur traitement jusqu'à la formation de nouvelles assemblées, ils sont prêts à toutes les abdications.

« Les pleins pouvoirs de tous ordres sont votés à une grosse majorité pour le Maréchal [14]. »

Le Conseil est d'abord accaparé par les suites de Mers el-Kébir et la demande allemande de bases en Afrique du Nord. Le 18 juillet, après la mise au point de la réponse à Hitler, « on parle ensuite des restrictions : il y a dix mois qu'on en parle sans en faire de véritables ». On procède également à des nominations, et plusieurs grands postes échoient à des marins : l'amiral Robert était haut-commissaire aux Antilles depuis septembre 1939, le vice-amiral d'escadre Decoux a été nommé gouverneur général en Indochine à la fin juin ; ils sont rejoints, au cours du mois de juillet, par l'amiral Abrial, nommé gouverneur général en Algérie le 19 juillet, l'amiral Esteva, qui devient résident général en Tunisie le 23 juillet (en remplacement de Peyrouton, devenu ministre de l'Intérieur), l'amiral de Laborde nommé commandant de la défense du Sénégal, tandis que le vice-amiral Fernet devient secrétaire général de la présidence du Conseil. On accuse déjà l'Amiral de la flotte de placer ses hommes partout. Mais il ne s'agit encore que de quelques individualités ; on ne peut parler de « marée bleue ». Il faut en outre remarquer que Robert a été nommé dès le début des hostilités ; que Decoux avait le grade le plus élevé en Indochine après Catroux ; que la mission de l'amiral de Laborde était limitée à quelques semaines, le temps d'une « reprise en main » et n'a pas remis en cause les autorités en place ; que Fernet était déjà secrétaire général du Conseil supérieur de la défense nationale et que son nom avait été avancé non par Darlan mais par Alibert, qui le connaissait [15]. Enfin, dans le cas particulier de l'amiral Abrial, sa nomination à un emploi civil s'explique par le désir de le faire libérer. Darlan utilisera plus tard le même procédé pour l'amiral de Penfentenyo, nommé président de la Compagnie générale transatlantique, et l'amiral Le Bigot, porté à la présidence de la Corporation des pêches maritimes.

Durant les premières semaines, Darlan paraît se tenir en

retrait. Comme la plupart de ses collègues, il n'intervient que très rarement au Conseil[16]. Il prend note des critiques souvent contradictoires portées contre le gouvernement.

« 23 juillet. Le Maréchal me montre un manifeste que lui ont adressé certains parlementaires qui protestent contre la présence dans le ministère de représentants des puissances d'argent.

« 24 juillet. L'atmosphère politique est toujours tendue. Il est temps que cela cesse. A mon avis, il y a beaucoup trop d'hommes politiques à la direction des affaires.

« 28 juillet. De renseignements qui me parviennent il résulte que, dans le pays, on a confiance dans le Maréchal mais qu'on ne veut pas de politiciens au gouvernement. On n'est pas satisfait de voir les officiers doubler les administrateurs[17]. »

Surtout, il observe les affrontements, parfois très violents, qui opposent presque en permanence le général Weygand et Pierre Laval.

« 25 juillet. Propos aigres échangés entre le général Weygand et M. Laval au sujet de la censure. Le général critiquant la censure à propos d'un article de M. Déat, le président Laval dit : " Mais ce sont des hommes à vous qui font la censure. " Le général répond : " Je n'ai pas d'hommes à moi, je n'ai pas de clientèle. "

« 2 août. Vive altercation entre le général Weygand et M. Laval au sujet des anciens parlementaires et des militaires. Le premier déclare que tous les parlementaires sont des crapules, le second déclare que tous les militaires sont des crétins. Il est douteux que ces deux hommes puissent longtemps collaborer[18]. »

Même s'il ne prend pas parti dans cette querelle, il est clair que pour lui, le général Weygand est l'adversaire du moment à cause de ses velléités de contrôle de la marine. Le 8 août, il lui exprime de vive voix son opposition à toute extension des pouvoirs du ministre de la Défense nationale. Weygand s'obstinant, il adresse le 21 août à Pétain « une lettre demandant que soit maintenue l'indépendance de la marine vis-à-vis de l'armée », « pratiquement réduite à un rôle de police et de gendarmerie », et réclame, « pour rassurer un personnel anxieux et pour conserver à la marine l'indépendance indispensable », la restitution de son rang ministériel qu'il a perdu deux mois auparavant[19]. Il se retrouve en fait l'allié objectif de Laval pour éliminer son concurrent et pousse le Maréchal à agir dans ce sens.

« 28 août. Le Maréchal m'invite à déjeuner et me prend à part pour me dire qu'il ne veut plus conserver d'hommes politiques dans son cabinet. Il ajoute qu'il sait que le général Weygand n'est pas aimé, mais qu'il lui faut le garder, alors qu'il voudrait que je prenne la Défense nationale. Je lui suggère de donner un poste honorifique au général. Cette idée lui plaît[20]. »

Cette éviction s'annonce inévitable, car les Allemands posent le départ du généralissime comme préalable à toute négociation. Au début de septembre, tout le monde sait que le gouvernement va être remanié : « Les intrigues politiques battent leur plein. Trois équipes voudraient former le nouveau ministère. Je reste à l'écart[21]. »

Cette dernière affirmation peut laisser sceptique. En réalité, l'Amiral de la flotte, de plus en plus convaincu que la marine — et donc lui aussi — aura un grand rôle à jouer, échafaude comme les autres des combinaisons. Au début d'août, il entretient l'amiral Fernet, secrétaire général de la présidence du Conseil, de l'intérêt qu'il y aurait à supprimer le ministère de la Défense nationale[22]. Mais à la fin du mois, il a changé d'avis et accepterait la conservation du ministère... à son profit. Vers le 20 août, il remet à Fernet un projet de gouvernement dans lequel il est « ministre de la Défense nationale, commandant en chef les forces armées, ministre de la Marine marchande, des Ports maritimes, de l'Aviation civile ». Le général Huntziger aurait « rang de secrétaire d'État sous l'autorité du ministre de la Défense nationale », Weygand serait exilé à Paris comme grand chancelier de la Légion d'honneur[23] ». Programme très ambitieux, et légèrement prématuré : à l'été 40, même vaincue, l'armée n'est pas prête à accepter la tutelle d'un marin, par ailleurs si acharné à refuser toute « coordination » dès lors que ce ne serait pas lui qui en bénéficierait.

Le remaniement intervient le 6 septembre. Le général Weygand quitte son poste pour devenir délégué général du gouvernement en Afrique ; il ne dissimule pas son amertume devant cette disgrâce qu'il attribue, avec raison, aux pressions de Laval et de Darlan et des Allemands. Le succès de l'Amiral de la flotte n'est cependant pas complet, car il ne succède pas à Weygand comme il l'avait espéré : le ministère de la Défense nationale est supprimé. En revanche, il obtient une consolation intéressante : l'Aviation est rétrogradée au rang de secrétariat d'État rattaché non pas à la Guerre, mais à la Marine. Le titulaire reste le général Bergeret, qui suivra Darlan jusqu'à la fin. Par ailleurs, un autre amiral entre au gouvernement : Dumoulin de Labarthète, et Baudouin étant d'accord pour estimer que le poste doit échoir à un marin, Darlan propose le contre-amiral Platon, qui s'est rendu célèbre par son attitude durant la bataille de Dunkerque et qui n'est pas encore devenu ouvertement pro-allemand[24].

Ce que Darlan n'a pu obtenir lors de la constitution du gouvernement, il va l'arracher dans les semaines qui suivent par des voies détournées. Le 19 septembre, une loi charge le ministre secrétaire d'État à la Marine « d'assurer la coordination nécessaire à l'élaboration de toute décision d'ensemble ». Ces décisions d'ensemble concernent la défense impériale. Elles sont du ressort du gouvernement, mais le ministre secrétaire d'État à la Marine est chargé de les préparer. Il dispose pour cela d'un secrétariat qui, dans la pratique, remplace le secrétariat général du Conseil supérieur de la défense nationale. Darlan place à sa tête le contre-amiral de Rivoyre et lui demande des études sur la défense de l'empire, par exemple la défense des côtes marocaines dans l'hypothèse d'une attaque anglo-saxonne, ou les conséquences d'une défaite complète de l'Italie[25]. Darlan est cependant obligé d'exercer ses attributions en théorie très vastes avec prudence à cause de la présence de Weygand en Afrique. D'autre part, contrairement à ce que soutient Baudouin[26], il n'obtient pas le passage sous son autorité de la Direction des services de l'armistice, que Huntziger conservera jusqu'à la constitution du ministère de la Défense nationale au profit de Darlan en août 1941.

Ce dernier occupe ainsi une place essentielle au sein du gouvernement et acquiert une nouvelle assurance qui l'incite à intervenir dans les questions de politique générale. Le 19 octobre, il ne craint pas d'aller à contre-courant des vœux de la majorité du gouvernement de Pétain lui-même, en prenant position contre le retour du gouvernement à Paris : « Le projet allemand qui nous est soumis comporte des servitudes contraires à notre dignité[27]. » Parti en inspection, Darlan n'est pas à Vichy lorsqu'on apprend, le 23 octobre, que Pétain va rencontrer Hitler le lendemain à Montoire. Il est reçu en même temps que Huntziger, Alibert, Peyrouton et Bouthillier le 25 octobre au soir, tout de suite après son retour : « Le Maréchal nous dit ce soir-là peu de chose, sauf qu'il ne s'était engagé à rien, qu'il espérait que son entrevue faciliterait notre tâche et celle de nos négociateurs, et que Hitler n'avait rien offert de précis[28]. » Au Conseil des ministres du lendemain, Laval se montre euphorique, mais Pétain répète que la collaboration ne doit pas entraîner de guerre avec l'Angleterre. C'est ce que retient d'abord Darlan. Il écrit le 27 octobre : « Il n'est nullement question de s'associer à l'Axe pour faire la guerre à l'Angleterre. La mission de la flotte reste ce qu'elle est : défendre éventuellement l'empire contre quiconque[29]. » Le lendemain, il adresse un message à Dakar pour couper court aux rumeurs : « Je précise que seules, je dis seules, des forces françaises assureront la défense éventuelle de l'empire[30]. » Dès le lendemain de Montoire, les limites de la collaboration sont nettement fixées. Il y insiste à nouveau le 1er novembre dans une lettre personnelle à ses grands subordonnés :

« Dans les négociations en cours, il n'est nullement question de nous joindre à nos anciens adversaires pour faire la guerre à l'Angleterre. Il s'agit pour nous de collaborer pour l'établissement d'un ordre européen nouveau. Si notre empire est attaqué par qui que ce soit, nous le défendrons par nos propres moyens et par nos seuls moyens[31]. »

Tout le problème devient alors de savoir ce que doit être cette collaboration dont le principe a été posé sans qu'en soit précisé le contenu. A la suite de Montoire, Pétain demande à Darlan « de lui adresser à titre personnel un rapport sur la situation[32] ». L'Amiral de la flotte lui remet le 8 novembre une longue note qui commence par « faire le point » : le pays est divisé, les forces armées métropolitaines sont « pratiquement inexistantes », celles stationnées dans l'empire sont « incapables d'une action offensive de grande envergure », « les Anglais se sont conduits et continuent à se conduire comme des ennemis. [...] Les Américains nous sont nettement défavorables. [...] Les Italiens deviennent de plus en plus exigeants et exaspérants. »

« Les Allemands refusent pratiquement depuis trois mois toute amélioration des conditions de franchissement de la ligne de démarcation, ce qui rend impossible toute reprise de la vie économique française.

« Par leurs maladresses, leur manque de sens psychologique, leurs tendances à déborder du cadre de l'armistice, leurs exigences financières et politiques, ils n'ont pas préparé les esprits à une collaboration franco-allemande.

« *Situation des belligérants.*

« L'Italie est essoufflée et a peur de tout, peur surtout de n'être pas considérée comme victorieuse.

« L'Allemagne est déçue de la résistance britannique et semble un peu oppressée par le poids de ses conquêtes.

« L'Angleterre est lassée de sa résistance et peut difficilement passer à l'offensive, sauf peut-être par la voie excentrique de l'A.E.F. et de la Nigeria.

« Ces trois pays voient avec inquiétude la guerre se prolonger.

« Le Japon, la Russie, les États-Unis sont dans l'incapacité d'intervenir utilement dans le conflit avant longtemps.

« Il en résulte que l'issue de la guerre est peut-être plus une question de moral qu'une question de matériel.

« Voici la situation telle que je la vois au moment où l'Allemagne nous offre de collaborer cependant que l'Italie reste foncièrement hostile, que l'Angleterre nous adjure de ne pas passer dans le camp ennemi, que les États-Unis nous menacent.

« *Quelle doit être notre attitude?*

« *Militairement,* nous devons rester neutres parce que nous ne sommes prêts ni moralement ni matériellement à redevenir belligérants — ni dans un camp ni dans l'autre, — parce que nous devons éviter de rompre ouvertement avec les puissances anglo-saxonnes. Nous serions les premières victimes de cette rupture : nous perdrions les Antilles, Saint-Pierre-et-Miquelon, Madagascar, la Réunion. Nous serions attaqués au Maroc, en A. O. F. et probablement en France libre sans pouvoir porter de coups sensibles à l'Angleterre.

« Nous ne pourrions pas solliciter l'aide allemande ou italienne en Afrique, car ce serait la dissidence totale immédiate.

« Nous ne pouvons pas dénoncer les armistices et nous porter contre nos anciens adversaires, car nous sommes pratiquement désarmés dans la métropole.

« *Économiquement,* nous devons nous prêter à une collaboration avec l'Axe parce que dans l'avenir nous serons conduits obligatoirement à le faire et parce que pour le présent c'est notre seule possibilité de faire vivre le pays.

« *Politiquement,* nous devons collaborer avec l'Axe parce que nous sommes européens et que dans l'avenir il y aura un bloc européen (Afrique incluse) contre un bloc américain, parce que, quelle que soit l'issue de la guerre, l'empire britannique sera disloqué au profit de l'Amérique ou de l'Allemagne.

« Si l'Allemagne nous offre la collaboration, ce n'est pas par sentiment mais par besoin.

« Si nous acceptons cette collaboration il nous faut en compensation recevoir quelques avantages. En particulier :

a) diminution de la superficie de la zone occupée ;

b) caractère exclusivement militaire de la ligne de démarcation ;

c) échanges de toute nature libres entre les deux zones ;

d) les frais d'occupation doivent être diminués ;

e) notre trafic maritime ne sera plus soumis aux entraves excessives apportées par les Italiens :

f) nos forces armées de toute nature devront être suffisantes pour défendre notre empire africain et notre industrie devra être mise en mesure de les approvisionner en matériel, munitions, combustibles ;

g) une partie au moins de nos prisonniers devra nous être rendue ;

h) les réquisitions de l'armée d'occupation devront cesser — nous l'entretiendrons nous-mêmes ;

i) la souveraineté française s'exercera pleinement en zone occupée sous réserve du respect des droits des troupes d'occupation.

« Notre collaboration se manifestera :

a) par l'engagement de défendre par nos seules forces notre empire africain — à l'exclusion d'actions offensives si nous ne sommes pas attaqués ;

b) par des fabrications dans nos usines au profit de l'Axe ;

c) par des fournitures de produits métropolitains et coloniaux ;

d) par une participation à l'établissement d'un ordre nouveau en Europe.

« Parallèlement nous devrons faire savoir aux Anglo-Saxons qui craignent de nous voir prendre parti contre eux que nous resterons militairement neutres si leur blocus est allégé, si de Gaulle et ses partisans sont abandonnés à eux-mêmes, si les attaques contre le gouvernement du Maréchal ne sont plus continuées ou encouragées[33]. »

On trouve dans cette note l'exposé le plus clair des conceptions de Darlan à la fin de 1940 : la France est seule, elle est hors état de reprendre la lutte, elle doit donc rester militairement neutre. Comme l'Allemagne semble la mieux placée pour l'emporter à la longue, et comme elle dispose des plus forts moyens de pression, il faut collaborer avec elle. Mais cette collaboration devra rester limitée à des mesures économiques et politiques, toute action militaire offensive étant exclue et l'empire restant défendu par les seules forces françaises, et elle devra être payée par des compensations très importantes. Des assurances devront être données à la Grande-Bretagne et aux États-Unis sur l'absence de collaboration militaire. Il s'agit d'une véritable déclaration de politique générale, qui sera mise en application quand Darlan sera chef du gouvernement. D'ailleurs, sans attendre, il met à exécution la partie secrète concernant les assurances à fournir à la Grande-Bretagne : on a déjà vu qu'en retour de celles-ci le gouvernement britannique assouplit le blocus et cesse ses attaques contre Vichy.

Cela dit, il n'est pas certain que l'évolution de la situation permette à la France de rester neutre. Neuf jours plus tard, Darlan remet une seconde note à Pétain, dans laquelle il examine les cas de figure possibles. La guerre est devenue aérienne et maritime, les forces terrestres « sont à peu près inemployées ». Le bombardement stratégique (auquel Darlan n'a jamais cru) ne pourra « amener la décision avant un temps très long ».

« Les adversaires ne peuvent faire évoluer cette situation que

a) par une paix de compromis

b) par des actions excentriques ayant pour objet : pour

l'Allemagne d'expulser l'Angleterre du Moyen-Orient et de la Méditerranée ; pour l'Angleterre d'isoler l'Allemagne de l'Est, de l'expulser des Balkans et de faire déposer les armes par l'Italie. »

Des deux côtés, la Méditerranée devient le théâtre principal, avec comme conséquence « de nous entraîner dans la guerre, dans un camp ou dans l'autre ». Si l'Afrique du Nord constitue pour l'Angleterre « un gros morceau à attaquer », il faut en revanche envisager « une nouvelle attaque sur Dakar », qui doit être renforcé :

« 4°) Si la situation évolue dans l'un des sens qui viennent d'être indiqués, trois solutions s'offrent à nous :

a) Maintien strict de notre neutralité et application des armistices.

L'Axe se servira de nos territoires qui seront occupés, attaqués, bombardés.

Notre souveraineté deviendra inexistante ; partout nos populations souffriront de la famine. Le chômage sera général.

b) Prendre parti pour l'Angleterre.

Nous souffrirons des mêmes maux, aggravés.

c) Défendre nos possessions.

Cela revient pratiquement à l'état de guerre avec l'Angleterre.

« Nos territoires seront attaqués et bombardés si la " collaboration " s'est établie avec l'Axe.

« Notre souveraineté sera sauvegardée.

« Notre industrie pourra travailler.

« Des prisonniers, peut-être tous, pourront nous être rendus.

« Notre ravitaillement ne sera plus entravé que par les Anglais au lieu de l'être par les Anglais et par l'Axe.

« La solution c) paraît être la moins mauvaise. Mais, comme je l'ai déjà dit, le pays n'est moralement pas prêt à l'adopter.

« Pour qu'elle puisse l'être, un changement radical est indispensable dans les relations de l'Axe et de la France. Ce changement est urgent. Il ne faut pas se dissimuler que le pays est fortement déçu de ne pas voir d'autres résultats tangibles de la politique de " collaboration " que l'expulsion des Lorrains.

« Ce changement dans les relations de l'Axe et de la France doit être accompagné d'une campagne d'information bien faite et pénétrant dans tous les milieux.

« Nous ne pouvons reprendre les hostilités que si le pays est convaincu que c'est indispensable.

« Si tout ceci n'est pas acquis, il ne reste que la solution a) — (la solution b) étant dans l'état actuel de nos forces difficile à prendre) — : la conséquence sera que, au moins jusqu'à la fin de la guerre anglo-allemande, la France et une partie de son empire seront totalement asservies au Reich, l'autre partie de l'empire étant conquise par l'Angleterre ; nos populations et nos prisonniers souffriront la faim, la misère, l'esclavage, les bombardements. C'est ce que nous avons voulu éviter en demandant l'armistice[34]. »

Une lettre adressée à Weygand un peu plus tard, en janvier 1941, précise sa pensée sur le système de puissance qui sortira de la guerre. Il voit un partage des sphères d'influence entre les États-Unis et l'Allemagne aux dépens de l'empire britannique.

> « J'ignore comment finira la guerre. Mais j'ai la conviction que, quelle que soit cette fin, il y a une chose acquise, c'est la dislocation de l'empire britannique. Cet empire qui, depuis quelques années, présentait des lézardes sérieuses ne se relèvera pas des coups portés par-devant par Hitler, par-derrière par Roosevelt.
>
> « Les États-Unis ont déjà commencé à grignoter l'empire britannique : ils lui sucent sa richesse et... le laisseront tomber quand il sera desséché.
>
> « La marine et l'aviation navale des U.S.A. seront bientôt les premières du monde, et la lutte qui dure sournoisement depuis [19]18 se terminera par le triomphe de la bannière étoilée.
>
> « Je ne crois pas qu'il y ait lutte entre les U.S.A. et l'Axe. Il y aura partage d'influences, puis action politique pour désolidariser l'Axe du Japon et, enfin, guerre avec le Japon pour reprendre le marché d'Extrême-Orient.
>
> « Nous qui sommes européens sommes conduits à faire une politique européenne et à essayer d'établir le pont entre l'Europe et l'Amérique[35]. »

En cette fin de 1940, Darlan estime donc que l'Axe est militairement beaucoup plus fort que la Grande-Bretagne, que la France ne peut espérer lui résister et qu'il ne faut pas trop compter sur les États-Unis. Manifestement, il est convaincu que l'Allemagne va gagner la guerre, malgré son impuissance à envahir l'Angleterre, et qu'il vaut mieux collaborer militairement avec elle si les circonstances l'exigent que subir passivement sa volonté. Mais cela suppose un changement profond dans les relations franco-allemandes qui, jusqu'à présent, n'a pas été obtenu. Tant qu'il ne le sera pas, mieux vaut s'en tenir à la neutralité, le pays n'étant pas prêt à un renversement des alliances. Dans tous les cas, l'objectif prioritaire doit être d'éviter la dissociation de la métropole et de l'empire. C'est la ligne de conduite qu'il expose à ses grands subordonnés dès octobre, dans une note qui dépasse le problème immédiat de la collaboration pour évoquer les conditions du redressement français dans la perspective de la fin du conflit et de l'ordre nouveau qui s'ensuivra. Réformes à l'intérieur, attentisme à l'extérieur, tel est le programme :

« Nous sommes battus, comme nous ne l'avons jamais été au cours des siècles, parce que :

« Notre politique extérieure, d'abord subissant l'influence anglo-saxonne par l'intermédiaire de la Société des Nations, basée sur la conception utopique de la sécurité collective, qui nous imposait des charges que nous n'avions pas les moyens d'assumer, puis l'inspiration purement britannique, a été maintenue dans l'erreur et l'indécision et n'a jamais été conduite d'une façon réaliste en vue de défendre les seuls intérêts français.

« Notre politique intérieure, menée dans la coulisse puis ouvertement par les juifs et les francs-maçons subissant l'influence britannique, déformée par une propagande étrangère intéressée à notre affaiblissement, qu'elle soit allemande ou russe, a conduit notre pays à un avilissement moral sans exemple dans notre histoire. Le Syndicat des instituteurs pénétrant illégalement dans le domaine politique, délibérément antinational, a saboté la jeunesse et par suite l'armée ; nos ouvriers ont saboté le travail et privé l'armée de son matériel. Nos fonctionnaires ont saboté l'institution. Nos hommes politiques, nos journalistes ont tout saboté.

« L'expérience, chèrement acquise, nous montre où est notre devoir.

« Nous devons exclusivement penser français, agir pour relever notre pays moralement et matériellement.

« Pour cela, il nous faut écarter délibérément les mauvais bergers qui nous ont conduits à la défaite.

« Compte tenu des obligations de la défaite que nous ne pouvons éluder, travailler à notre redressement, à notre indépendance morale et politique, dans le cadre économique qui nous est imposé.

« Mais il ne nous faut compter que sur nous-mêmes.

« L'Allemagne victorieuse de la France occupe déjà, parfois avec rudesse, une partie du pays. Elle imposera ses conditions : elles seront dures.

« L'Angleterre victorieuse de l'Allemagne nous imposerait les siennes qui ne seraient pas moins sévères, et qui comporteraient en outre le retour au pouvoir des juifs cosmopolites et des francs-maçons inféodés à la politique anglo-saxonne.

« Quelle sera l'issue de la guerre ? Nous l'ignorons. Quoi qu'il arrive, l'Allemagne pourra se refaire, dans une économie européenne où la France aura obligatoirement sa place. L'Angleterre aura tiré les marrons du feu pour les États-Unis qui entraîneront certainement dans leur orbite le Canada, l'Australie, la Nouvelle-Zélande. L'Afrique australe deviendra sans doute indépendante. L'Inde également, ce qui lui assurera le triste privilège d'être le prétexte des futurs conflits d'intérêt.

« Elle perdra certainement la place prépondérante qu'elle avait dans le monde.

« Notre intérêt est d'attendre patiemment et dignement la fin du conflit, tout en dotant notre pays d'une solide armature politique qui nous permettra, le moment venu, de développer notre économie agricole, marine et industrielle et de reprendre la place que nous n'aurions pas dû perdre.

« Nous devons également nous opposer à toute tentative d'amoindrissement de notre patrimoine d'où qu'elle vienne et quel que soit le prétexte invoqué[36]. »

Par rapport au lendemain de l'armistice, le ton s'est durci à l'égard des francs-maçons, des syndicats et des juifs, maintenant désignés comme les principaux responsables de la défaite. Cette note destinée à fixer les orientations de la propagande future n'implique pas que son auteur soit devenu antisémite, mais l'apparition de ces thèmes est quand même significative. Darlan est de plus en plus convaincu que la France est seule, menacée de partout par des forces hostiles. Il écrit le 5 octobre : « De nos jours, les uns sont anglophiles, les autres sont germanophiles. Peu nombreux sont ceux qui, par-dessus tout, cherchent à être francophiles *exclusivement*[37]. » C'est dans cette optique qu'il va contribuer activement à la chute de Pierre Laval soupçonné de vouloir entraîner la France dans le sillage de l'Allemagne.

LA CRISE DU 13 DÉCEMBRE

Le renvoi de Laval le 13 décembre est l'aboutissement d'une très dure bataille d'influence dans l'entourage du maréchal Pétain. Celui-ci s'effraie très rapidement des initiatives de Laval qui lui paraissent engager la France au-delà de la convention d'armistice et dont il n'est que très vaguement informé, Laval ne lui remettant jamais de notes et ne lui faisant que des exposés sommaires. Ses appréhensions s'accroissent au cours du mois de novembre. De tous côtés, on lui dit que Montoire a été mal reçu dans l'opinion, que l'armée exprime des craintes[38]..., alors que Laval forme au contraire « des espoirs soudains et illimités[39] » et multiplie les contacts avec les Allemands à Paris, persuadé qu'il va obtenir sous peu la diminution de moitié des frais d'occupation, le retour sous administration française du Nord et du Pas-de-Calais (que les Allemands ont rattachés au gouvernement militaire de Bruxelles) et le retour d'un grand nombre de prisonniers[40]. Il est le seul au sein du gouvernement à penser ainsi. Ses collègues constatent qu'aucun résultat concret n'a encore été obtenu et qu'au contraire l'Allemagne procède à des expulsions massives de Lorrains fidèles à la France. Le Maréchal en est très ému : cette violation de l'armistice renforce son désir de se débarrasser de Laval et de reprendre personnellement les rênes du pouvoir. Mais il hésite, car il n'ose affronter ouvertement son vice-président du Conseil et il a peur de la réaction allemande, comme il le déclare au général Laure : « On oublie trop souvent que nous sommes terriblement vaincus et que je n'ai, sauf par une diplomatie habile, aucun moyen de résister au vainqueur[41]. » D'autre part, il ne sait par qui remplacer Laval. Le nom de Darlan ne s'impose pas dans son esprit.

Un complot s'organise alors pour obtenir le renvoi de Laval. Plusieurs membres de son entourage, notamment son conseiller Dumoulin de Labarthète et le général Laure, secrétaire général du chef d'État, s'efforcent de le convaincre. Au sein du gouvernement, Baudouin pousse dans le même sens, avec l'appui de Bouthillier et de Peyrouton (Intérieur). Les comploteurs savent qu'ils peuvent compter sur le général Huntziger, mais il leur est indispensable de s'assurer de l'appui de Darlan. Bouthillier, qui entretient des relations amicales avec l'Amiral de la flotte, se charge de cette démarche délicate. Il le rencontre le 4 novembre et lui expose la nécessité de se débarrasser de Laval. « La réaction de l'amiral fut franche et nette : " Comptez sur moi. Je prendrai le risque avec vous[42]. " »

Après guerre, on expliquera son adhésion au complot contre Laval par son désir de le remplacer comme vice-président du Conseil[43]. Yves Bouthillier a vivement réagi, dans ses Souvenirs, contre cette accusation : « Pourquoi attribuer toujours aux choix difficiles et périlleux de bas mobiles ? Darlan fut des nôtres parce qu'il pensait comme nous[44]. » Même si l'ambition dévorante de l'Amiral de la flotte est indiscutable, l'explication de Bouthillier est aussi à prendre en considération. Darlan a accepté de participer à une action dont il ne devait pas être le bénéficiaire principal, puisque les conjurés s'étaient mis d'accord sur le nom de Pierre-Étienne Flandin, ancien président du Conseil. Celui-ci avait été un chaud partisan de l'accord de Munich, mais paraissait cependant acceptable par les Britanniques.

En tout état de cause, Darlan était assuré de conserver une place prépondérante dans le nouveau gouvernement, mais il ne pouvait prévoir que « l'intermède Flandin » ne durerait que deux mois. Le souci de sa carrière personnelle ne lui faisait pas oublier l'intérêt de la France. Après tout, il aurait pu rester à l'écart d'une combinaison qui n'était pas sans risque (on ne savait pas quelle serait la réaction des Allemands, et on n'était pas sûr que le Maréchal irait jusqu'au bout) et attendre de voir l'évolution des événements pour choisir son camp.

Le 4 décembre Pétain se rend à Toulon pour passer en inspection les Forces de haute mer. Darlan l'accueille et en profite pour lui demander de remettre à son fils la Légion d'honneur qu'il a gagnée pour sa brillante conduite à Anvers. Un déjeuner officiel a lieu à bord du *Strasbourg*. Bouthillier y participe...

> « Nous reprîmes à mots couverts le thème de l'entretien que nous avions eu à Vichy dix jours auparavant. Envisageant ensemble, à l'issue du repas, les conséquences possibles de l'affaire, il me parla pour la première fois de ce dimanche d'août, où le Maréchal l'avait élu, dans le cas de l'envahissement de la zone libre, pour se rendre en Afrique avec la flotte afin d'y porter la légitimité du pouvoir et d'y gouverner en son nom. La conversation, interrompue, reprit le soir sur le quai de la gare où, dans l'obscurité, nous fîmes ensemble les cent pas, un assez long moment, en attendant le signal du départ. L'amiral Darlan demeurait à Toulon. Au moment où je pris congé de lui, il me dit en me serrant la main : “ Vieil ami (c'est le terme dont il usait dans ses rares moments d'expansion), sur un signe de vous, je marche à fond[45]. ” »

Le 10 décembre, Darlan est à Paris pour de nouveaux entretiens avec les Allemands. Comme d'habitude, il reste silencieux et laisse parler Laval et Huntziger, bien décidé à ne rien faire contre les colonies britanniques malgré l'insistance des Allemands qui exigent une attaque immédiate. Quand le général Warlimont insiste pour une attaque contre Freetown dans les plus brefs délais, il se dérobe prudemment : « L'amiral Darlan déclara que son point de vue sur l'importance particulière de Freetown était conforme à celui du général Warlimont. Il ajouta qu'il avait déjà donné cet avis le 29 novembre. Il espérait que le cuirassé *Provence* serait de nouveau en état à la fin de février et qu'il pourrait l'engager pour combattre les deux batteries côtières de 15 cm qui défendaient Freetown. En ce qui concernait l'attaque combinée par aviation et sous-marins, il souligna de nouveau la nécessité d'attendre le moment où la présence d'un nombre important de bateaux à Freetown rendrait cette opération plus payante[46]. » Il le répète à Bouthillier le vendredi 13 décembre au matin : « Quoi qu'il arrive, je n'engagerai pas la flotte », et appuie son propos par une plaisanterie : « Comme la Home Fleet, c'est une flotte maison[47]. »

Depuis le 9 décembre, la décision est acquise : le Maréchal ne se rendra pas à Paris le 15 décembre pour le retour des cendres de l'Aiglon. Mais la décision de procéder au remplacement de Laval a déjà été remise le 10, Pétain ayant déclaré au général Laure qu'il ne sentait « pas encore l'heure venue de procéder à ce coup de force[48] ». Le 13 en fin de matinée, nouveau coup de théâtre : Laval voit Pétain et le persuade de venir à Paris le 15, sans ses ministres. Atterrés, les comploteurs réagissent aussitôt. Peu après 15 heures, Bouthillier, Peyrouton, Huntziger et Darlan se réunissent dans le bureau de Dumoulin de Labarthète ; ils sont rejoints après 16 heures par Alibert (garde des Sceaux).

Les comploteurs votent à main levée l'exécution immédiate de leur plan : Huntziger se montre réticent mais se rallie au consensus, « Darlan lève la main sans avoir ouvert la bouche[49] ». Il est convenu que c'est l'Amiral de la flotte qui prendra la parole devant le Maréchal. Vers 16 heures 45, le groupe, rejoint peu après par Baudouin, est introduit chez le Maréchal. Comme prévu, Darlan porte l'attaque : « Il prononça en quelques mots très simples, du ton un peu heurté qui lui était habituel, la condamnation de la politique de M. Laval et termina en montrant que le Maréchal ne pouvait pas paraître à Paris l'ayant à ses côtés. L'amiral Darlan demanda que le président, en raison des hautes fonctions publiques qu'il avait remplies depuis de longues années, fût traité avec les plus grands égards[50]. » Peyrouton prend le relais. Pétain se rend à leurs arguments malgré sa crainte de la réaction allemande et convoque le Conseil des ministres pour le soir même.

Peyrouton prend aussitôt des dispositions pour faire garder l'hôtel du Parc par des gardes mobiles. Darlan, de son côté, envoie un officier à l'Amirauté pour faire prendre les mesures de sûreté prévues en cas de troubles intérieurs. Le Luc en demande la raison, la réponse est brutale : « L'amiral vous fait dire que cela ne vous regarde pas[51]. » Il ne met personne dans le secret : Le Luc apprendra, comme les autres, la nouvelle de l'arrestation de Laval par le journal du lendemain.

Le dénouement de cette journée est bien connu : au Conseil des ministres qui se réunit à 20 heures, Laval apprend avec stupeur son renvoi et repart pour son domaine de Châteldon peu avant minuit sous bonne escorte. A Paris, le général de La Laurencie fait arrêter Déat le lendemain matin, mais l'ambassade d'Allemagne le fait libérer quelques heures après. Pendant ce temps, Darlan est au cinéma, et il prend soin de le faire savoir.

Le 14, en fin de matinée, Pétain reçoit Ferdinand de Brinon, proche de Pierre Laval qui insiste pour que le chef de l'État soit représenté à la cérémonie du retour des cendres de l'Aiglon. Le Maréchal désigne Darlan et Laure, qui partent pour Paris vers 15 heures. A 22 heures 15, ils se retrouvent dans le bureau du général de La Laurencie à l'ancien ministère du Travail. A minuit, ils se rendent avec Brinon aux Invalides. Le général Laure a laissé un récit de cette cérémonie sinistre qui laissera la population, tenue à l'écart, tout à fait indifférente :

> « Par un froid glacial, sous la neige fondue, arrive à une heure du matin le cortège des cendres du duc de Reichstadt. Le lourd cercueil

est reçu à l'extérieur de la grille par les autorités occupantes, au premier rang desquelles sont le général von Stülpnagel et l'ambassadeur Abetz. Douze soldats allemands franchissent le portail avec le cercueil qu'ils déposent sur l'emplacement préparé à l'entrée de la cour intérieure et que le général von Stülpnagel et M. Abetz remettent à l'amiral Darlan. Douze gardes républicains le prennent à leur tour et montent vers la chapelle, en passant entre deux haies de torches qui grésillent sous la neige. Quelques instants après, les cendres du duc de Reichstadt reposent sur le catafalque qui a été dressé sous la voûte des Invalides, devant l'autel et au-dessus du tombeau impérial : elles demeureront là pour la messe de la matinée qui sera célébrée dans quelques heures et ne seront transportées qu'ultérieurement à leur place définitive[52]. »

A la fin de la cérémonie, Abetz prie Laure d'attendre un message qu'il va lui faire porter à l'hôtel Bristol. Darlan, qui a horreur des nuits blanches, va se coucher sans attendre. A 3 heures 45, le message arrive : aucune publicité ne doit être faite autour de ce qui vient de se passer à Vichy. Laure tente de réveiller Darlan. Il n'en tire qu'un « débrouillez-vous ». De toute façon, il n'y a rien à faire : le Maréchal a parlé la veille à la radio, et les journaux sont déjà composés.

Le dimanche 15 à midi, Darlan et Laure assistent à la messe célébrée devant le catafalque et déposent des couronnes au nom du Maréchal et du gouvernement. « Après la messe, nous saluons le général von Stülpnagel qui s'excuse de ne pouvoir nous recevoir dans ses bureaux comme nous le demandons par correction et M. Abetz qui nous prie aussitôt de venir à l'ambassade pour un entretien important[53]. »

Abetz est personnellement furieux du coup du 13 décembre, car, de même que Laval avait misé sur lui, il avait fondé toute sa politique sur ses contacts avec le vice-président du Conseil, dont la disgrâce risque d'entraîner la sienne. Aussi est-il décidé à tout faire pour obtenir son retour. L'entrevue, qui va durer une heure, de 13 à 14 heures, va donc commencer sur un ton très aigre. Darlan, Laure ont laissé des témoignages qui ne contredisent pas le procès-verbal aussitôt dressé par le commissaire de la marine Fatou qui les a accompagnés[54].

Abetz commence par une diatribe contre le gouvernement français qui « expulse tous les hommes favorables à la collaboration. Il y a des ministres qui sont à la solde de l'Angleterre. L'entourage du Maréchal n'est pas sûr[55] ».

« Le Reich ne peut faire confiance à un gouvernement français qui ne comprendrait pas M. Laval. Il ne doute pas de la sincérité du Maréchal, ni de sa fidélité à la politique définie à Montoire. Il a également confiance dans l'amiral Darlan qui est le chef de la seule force réelle qui reste à la France. Il fait aussi confiance à l'armée française, mais il n'a véritablement aucune confiance dans les éléments civils du cabinet, ni dans les anciens parlementaires, ni d'ailleurs dans le général Weygand. Le gouvernement, au surplus, n'est pas solidement assis dans le pays. Si les troupes allemandes étaient amenées à occuper la France tout entière — la présence des forces armées allemandes sur le littoral méditerranéen pourrait présenter un grand intérêt militaire —, le gouvernement de Vichy serait immédiatement balayé[56]. »

Darlan et Laure essaient de convaincre leur interlocuteur que le renvoi de Laval n'a été motivé que par des considérations d'ordre intérieur. Laure note qu'Abetz n'est ébranlé par aucun de leurs arguments[57], ce qui se conçoit. Darlan répète que le Maréchal et le gouvernement sont convaincus que la collaboration est indispensable. Mais il précise : « La collaboration telle qu'elle a été entendue entre le Maréchal et le Chancelier à Montoire[58] », ce qui est une manière habile de rappeler la limite posée par Pétain devant Hitler : « Mon pays a trop souffert moralement et matériellement pour se lancer dans un nouveau conflit[59]. » Malgré cela, « aux derniers instants de la conversation, Abetz exprime des sentiments assez cordiaux et presque confiants à l'égard de l'amiral Darlan qui, dit-il, représente la marine invaincue et loyale de la France et pourrait avoir un rôle à jouer dans la réorganisation des forces militaires européennes à laquelle le Führer songe déjà. [...] Il prie l'amiral de revenir le voir dans la soirée[60] ».

Tandis que Laure retourne à Vichy, Darlan rencontre seul Abetz à deux reprises, le 15 au soir et le 16 au matin. Aucun procès-verbal du premier entretien n'a été établi. Apparemment, il insiste encore pour que Laval revienne au gouvernement et exprime son intention de se rendre à Vichy pour faire pression sur Pétain. Le lendemain matin, il revient à la charge, puis, devant la fermeté de son interlocuteur, propose une solution de rechange. Darlan a laissé un compte rendu de cette entrevue :

« M. Abetz revient sur les sujets de la veille et il développe les mêmes arguments.

« Je lui expose qu'il ne paraît pas utile qu'il vienne à Vichy pour demander au Maréchal de reprendre M. Laval. S'il agissait ainsi, le Maréchal perdrait toute autorité et sans le Maréchal, ce serait le désordre, la dissidence certaine de l'Afrique et la prise de possession de nos autres colonies par l'Angleterre ou par les États-Unis.

« Ce n'est certainement pas ce que désire le Chancelier.

« M. Abetz dit que s'il était un diplomate de carrière il n'insisterait pas pour aller à Vichy et qu'il estimerait avoir rempli tous les devoirs de sa charge. Mais, partisan convaincu de la collaboration, il veut tout tenter pour la faire revivre.

« Il fait une nouvelle sortie contre les membres civils du gouvernement à la solde de l'Angleterre, contre M. Peyrouton, contre les cagoulards.

« Il parle de l'affaire Déat. M. Déat, dit-il, peut être utilisé pour ramener au gouvernement des gens qui, sans cela, iraient au communisme.

« Il dit avoir donné des ordres à la presse pour faire une opposition à la française sans pour cela aller jusqu'au sabotage de l'œuvre du gouvernement.

« Il déclare avoir donné des ordres pour qu'on n'attaque pas les membres du gouvernement.

« “ Alors, lui dis-je, pourquoi M. Déat a-t-il attaqué le général Huntziger, l'autre jour ? ” Il paraît étonné par cette riposte et dit à M. Schleier de s'informer.

« “ Nous avons entière confiance en vous, me dit-il. Pourquoi le Maréchal ne constituerait-il pas un directoire dont vous auriez la présidence, et qui comprendrait le général Huntziger, M. Flandin et M. Laval ? ”

« Je réponds qu'il me paraît difficile d'introduire M. Laval dans le gouvernement deux jours après l'avoir éliminé, que si l'on agissait ainsi, le Maréchal perdrait toute autorité.

« L'idée de directoire, le Maréchal l'a déjà eue et je pense qu'il l'acceptera mais sans M. Laval[61]. »

Dès l'après-midi, Darlan est de retour à Vichy où il rend compte des propositions d'Abetz sur la constitution d'un directoire : « Flandin serait accepté aux Affaires étrangères à condition que Laval ait l'Intérieur, Peyrouton serait ainsi éliminé ; il en serait de même de Caziot et de Belin qu'on aurait à remplacer par Achard et Froideval. Le général de La Laurencie devra quitter son poste[62]. » Abetz doit arriver à Vichy dans la nuit.

Pétain, qui a beaucoup hésité avant de se résoudre à renvoyer Laval, est inquiet : son entourage lui avait dit que les choses s'arrangeraient très vite. Or il se trouve confronté à une crise majeure : la ligne de démarcation est fermée, les libérations de prisonniers sont suspendues et des mouvements anormaux de troupes allemandes peuvent laisser craindre le pire, c'est-à-dire une invasion de la zone libre. Des dispositions sont prises pour faire face à cette éventualité. Un mémento secret récapitule les mesures à prendre, qui prévoient notamment le passage de la flotte et de l'aviation en Afrique du Nord[63]. Malgré cette menace, Pétain est résolu à ne pas céder sur l'essentiel : Laval ne peut revenir immédiatement, et il est exclu de lui confier un poste clef comme l'Intérieur, les Affaires étrangères ou l'Information. Toutes les autres concessions sont envisageables, mais pas celles-là. Abetz, qui franchit la ligne de démarcation le 16 au soir, va en faire l'expérience. Le 17 à 10 heures du matin, l'ambassadeur est reçu avec son conseiller Achenbach par Pétain. Darlan assiste à l'entretien. Il rédige un minutieux procès-verbal [64] qui montre un Pétain inébranlable dans sa résolution. Face aux menaces et aux sollicitations répétées d'Abetz, il multiplie les bonnes paroles mais ne cède pas : Laval pourra être membre du directoire, mais il n'aura pas l'Intérieur.

A 11 heures 30, Darlan est sorti quelques instants pour demander au général Laure d'envoyer chercher Laval à Châteldon [65]. A 12 heures 45, l'ancien vice-président du Conseil arrive et est introduit chez le Maréchal une demi-heure après. L'entrevue se passe très mal : Laval, furieux de son éviction, insulte grossièrement Pétain qu'il traite de « girouette ». Tout compromis est impossible, et Laval repart pour Châteldon.

Après le déjeuner, qui se déroule dans une atmosphère « froide et sans aisance », Laure discute avec Abetz pendant une heure. Les deux hommes mettent au point une formule transactionnelle : le retour de Laval sera subordonné aux résultats d'une enquête sur ses agissements. Le Conseil des ministres adopte cette proposition et décide d'envoyer une nouvelle lettre à Hitler, car on croit que celle rédigée le 13 et remise le lendemain aux Allemands n'est pas parvenue à destination : on proposera la constitution d'un « directoire à trois » Flandin-Darlan-Huntziger — susceptible de se transformer en « directoire à quatre » avec Laval si les résultats de l'enquête sont favorables. A 19 heures 30, Abetz est de nouveau reçu par Pétain et Darlan. Il demande la suppression du passage rappelant les griefs reprochés à Laval. La lettre ainsi modifiée est signée par le maréchal à 21 heures [66]. Abetz repart aussitôt après pour Paris, accompagné de Laval [67].

A Vichy, on a le sentiment d'avoir gagné du temps. Abetz est au contraire persuadé que l'enquête ne sera qu'une formalité. Le 18 décembre, il télégraphie à Berlin : « Nous devons insister pour un rappel officiel immédiat de Laval dans ses nouvelles fonctions gouvernementales. [...] A cet effet, tous les moyens de pression [...] devront être utilisés sans aucun égard, dans les prochaines semaines, afin de signifier aux gens hasardeux du 13 décembre quelle bêtise indescriptible ils ont commise [68]. » Ce genre de suggestion est inutile, car Berlin a déjà pris des mesures de rétorsion : les libérations de prisonniers sont suspendues, la ligne de démarcation est fermée... Pourtant, Pétain reste ferme. Le 19, il réitère « sa décision irrévocable de se priver pour une durée indéterminée de la collaboration de M. Laval [69] » et annonce l'envoi d'une nouvelle lettre le 21 décembre. Ferdinand de Brinon, qui a remplacé le général de La Laurencie comme délégué général du gouvernement à Paris, est reçu par Abetz qui lui manifeste son énervement devant le refus persistant du Maréchal[70]. Le lendemain, Abetz remet à Brinon un télégramme de Ribbentrop constatant que le gouvernement français « n'a pas rempli l'engagement pris au cours de l'entretien du 18 [*sic*] décembre » et annonçant que « le gouvernement du Reich a décidé d'attendre d'abord cette lettre [annoncée par la communication du 19], et il ne prendra position définitivement au sujet de l'ensemble de l'affaire qu'après avoir pris connaissance de son contenu[71] ». Pétain fait répondre le soir même qu' « il souhaite que cette lettre soit remise au Chancelier par l'amiral Darlan qu'il délègue spécialement à cet effet[72] ». Le 24, Abetz fait savoir que le Führer est disposé à recevoir l'amiral Darlan « et que l'entrevue aura lieu dès le lendemain[73]. La position de l'Amiral de la flotte se renforce encore. Il est servi par les circonstances, car Flandin, qui relève d'une sérieuse angine, est hors d'état d'entreprendre pareil voyage. La mission qui lui est confiée est délicate entre toutes. Il part dans la nuit, accompagné par le commandant d'aviation Stehlin qui a été attaché de l'air adjoint à Berlin avant la guerre. Comme Pétain avant Montoire, il est « très content de cette première occasion qu'il a de rencontrer Hitler[74] ».

La rencontre va malheureusement commencer sous de fâcheux auspices. Darlan est attendu à 10 heures dans la gare de La Boissière-le-Déluge, près de Beauvais. Pour être certain d'être à l'heure, le cortège part alors qu'il fait encore nuit et il est prévu d'attendre à proximité du lieu de rendez-vous. Mais le commandant de l'escorte s'égare, « arrête le convoi avant et après chaque demi-tour, lit sa carte, consulte des papiers qu'il sort en désordre de ses poches, jette des regards affolés, en avant, à droite, à gauche[75]... ». Finalement, l'arrivée se fait avec une heure et vingt minutes de retard. L'attente n'a fait qu'exaspérer la mauvaise humeur de Hitler. Après avoir salué sèchement Darlan et Stehlin, il les invite à s'asseoir et s'installe en face d'eux avec Abetz à sa droite et l'interprète Schmidt à sa gauche. Nous avons trois comptes rendus de l'entretien, par l'interprète Schmidt[76], Stehlin[77] et Darlan lui-même[78]. Au-delà des inévitables différences de rédaction, ils concordent sur l'essentiel. On peut suivre celui de Darlan :

> « Je suis reçu dès mon arrivée par le chancelier du Reich qui me donne immédiatement la parole.
>
> « J'exprime à M. Hitler les vœux personnels du maréchal Pétain et je lui remets les deux lettres.
>
> « M. Hitler ne répond pas aux vœux et ouvre la lettre concernant

M. Laval (je lui avais remis en premier la lettre le remerciant pour le retour des cendres du duc de Reichstadt).

« Il lit la lettre au sujet de M. Laval, sans traduire ses sentiments par un geste ou une expression de physionomie. A deux reprises cependant, il lance un regard vers M. Abetz, semblant témoigner d'un certain mécontentement.

« Puis M. Hitler parcourt très rapidement la seconde lettre, paraissant n'y prêter aucune attention.

« Le Chancelier me passe ensuite de nouveau la parole.

« Après lui avoir rappelé l'intention du Maréchal de lui faire part, dans une lettre en date du 9 décembre, de son désir de modifier le gouvernement et de se séparer de M. Laval, j'ai indiqué ensuite les motifs qui avaient conduit le Maréchal à ne pas envoyer cette lettre.

« J'ai exposé au Chancelier l'organisation projetée du nouveau gouvernement et exprimé notre volonté de poursuivre la politique de collaboration.

« M. Hitler prend alors la parole et déclare en substance :

" 1. — J'ai été profondément indigné de la manière dont on a interprété mon geste relatif à la remise à la France des cendres du duc de Reichstadt.

" — Le gouvernement français m'a fait demander à diverses reprises l'autorisation de rentrer soit à Versailles, soit à Paris. J'ai chaque fois rejeté cette demande, et ceci dans l'intérêt même du gouvernement français, afin qu'il ne puisse pas être dit que, par suite de sa présence à Paris ou à Versailles, il fonctionne sous la pression de la puissance occupante.

" — Cependant, ce retour aurait pu être une conséquence de la collaboration et la première étape aurait pu être marquée par la venue du maréchal Pétain à Paris, à l'occasion de la cérémonie qui a entouré le retour en France des cendres du duc de Reichstadt.

" — Les choses étant devenues ce qu'elles sont maintenant, je ne veux plus entendre parler de cette question du retour du gouvernement français à Paris.

" *— Je considère comme une infamie inqualifiable (bodenlose infamie),* l'intention qui m'a été attribuée d'attirer le maréchal Pétain à Paris afin de le retenir prisonnier.

" 2. — La forme du gouvernement français et les hommes qui le composent me sont parfaitement indifférents, ou pourraient m'être indifférents. "

Note : M. Hitler fait alors un long exposé de sa politique de rapprochement d'avant-guerre. Il rappelle les efforts constants qu'il a faits pour s'entendre avec la France et les refus successifs auxquels il s'est heurté de la part des dirigeants français.

" Après l'armistice, poursuivit le Chancelier, j'ai renouvelé mon offre.

" M. Laval ne comptait pas avant guerre parmi les adversaires irréductibles de cette politique de rapprochement franco-allemand.

C'est avec lui, lorsqu'il est venu à moi, que j'ai voulu tenter un nouvel essai.

“ Les griefs formulés aujourd'hui contre lui étaient, semble-t-il, largement connus avant ma rencontre avec lui. Je dois donc considérer pour le moins comme un manque de tact qu'il m'ait été envoyé. On aurait pu m'épargner cette rencontre et le faire partir avant.

“ De même que cela a déjà été le cas avant la guerre, une partie de l'opinion et même des hommes politiques gouvernant actuellement en France ont interprété comme un signe de faiblesse de ma part la politique de rapprochement préconisée par moi.

“ Les faits qui se sont déroulés cette année ont apporté la preuve éclatante que mes efforts d'avant-guerre, pour tenter de réaliser une entente entre les deux peuples, n'étaient pas la conséquence d'un sentiment de faiblesse ; ils sont aujourd'hui moins que jamais une expression de faiblesse.

“ *Je déclare solennellement que je tente cette politique de collaboration pour la dernière fois.*

“ Si la France ne comprend pas la portée de mon geste, la leçon qu'elle vient de recevoir, et qui a amené son gouvernement à Vichy, ne serait que peu de chose en regard de ce qui adviendrait.

“ D'ailleurs je ne crois pas que les causes qui ont conduit au départ de M. Laval soient celles qui me sont indiquées. Si je reprends, en effet, le passage de la lettre du maréchal Pétain affirmant que le retour de M. Laval entraînerait la division en France, je comprends que cela veut dire que le général Weygand en tirerait les conséquences auxquelles il croit devoir arriver et agirait de son côté.

“ J'ai voulu m'entendre en soldat avec le maréchal Pétain et lui parler en toute franchise de la collaboration ; mais une partie de l'opinion et du gouvernement ne veut pas comprendre quels sont les véritables intérêts de la France. ”

« Après cette déclaration de M. Hitler, j'ai réaffirmé la volonté formelle du Maréchal et de son gouvernement de poursuivre la politique de collaboration.

« J'ai déclaré qu'étant appelé à prendre une part importante à la direction de la politique, je tenais à souligner que, depuis que j'étais aux affaires publiques, j'avais été partisan d'une politique d'entente franco-allemande.

“ Avant la guerre, ai-je dit en substance, les chefs de la marine n'ont jamais été consultés sur la politique extérieure à suivre. Si on l'avait fait, elle aurait eu probablement une tout autre orientation.

“ A l'armistice, j'aurais pu partir avec la flotte et me rendre en Amérique. Je ne l'ai pas fait, parce que j'estimais qu'en nous accordant un armistice honorable, alors que vous pouviez occuper la France entière, vous aviez l'intention de réserver à mon pays une place dans l'œuvre de reconstruction européenne.

“ Je n'oublie pas que la France a été battue, encore que moi je ne me considère pas comme vaincu, et que, par conséquent, c'est vous qui devez nous assigner cette place et définir notre tâche.

“ Si M. Laval aime son pays, et j'en suis absolument persuadé, il restera de lui-même dans l'ombre, au moins pour un certain temps. Son retour donnerait trop de prise à la propagande anglaise.

“ Vous avez dit dans vos discours qu'on ne bâtit pas sur la haine. Nous devons donc faire disparaître toute cause de haine. Soyez assuré que le gouvernement français poursuivra la politique de collaboration actuellement indispensable et, pour l'avenir, nécessaire aux deux peuples. S'il ne faisait pas cette politique, il agirait contre les intérêts du pays. ”

« Je m'arrête là, pensant pouvoir reprendre après traduction de cette partie de ma déclaration.

« M. Hitler se fait répéter par l'interprète la dernière phrase, il se lève et me déclare qu'il répondra personnellement au maréchal Pétain. »

Hitler n'ayant annoncé aucune décision, le climat de l'entretien revêt une grande importance. Pour Stehlin, le Führer a recouru à son procédé habituel : il a commencé par inspirer la peur par un « discours violent, irrité et passionné », puis a cherché à « le subjuguer par le ton adouci des mots d'abord, le convaincre par leur sens ensuite [79] ». Il a d'abord l'impression que le but est atteint : « J'avais suivi, avec un mélange de mépris et de colère, d'amusement et de pitié, l'attitude de Darlan désemparé devant la violence et la menace, rassuré de nouveau en parlant, stupéfait par la fin de la rencontre [80]. » Mais l'amiral a une étonnante capacité à encaisser les coups. L'interprète Schmidt en témoigne : rentrant en voiture à Paris avec lui, il constate « que toute la scène avait glissé sur le créateur de la marine française moderne, exactement comme un paquet de mer sur le “ ciré ” d'un vieux loup de mer. Tout souriant, il me raconta pendant le retour les histoires les plus drôles tout à fait comme s'il ne s'était rien passé. Cette insouciance m'en imposa [81] ». Le commandant Stehlin, malgré son hostilité à l'encontre de Darlan, le confirme : il est étonné « par son calme et sa bonne humeur ». L'amiral paraît satisfait de l'entretien : « Hitler n'est sans doute pas un homme facile à manier, mais sa réaction a été meilleure que ce à quoi je m'attendais. Je pense avoir pris avec lui un bon départ [82]. »

Dans ses Mémoires, Stehlin porte sur l'Amiral de la flotte un jugement sévère : « Dans son imagination et ses ambitions, il vient de vivre le grand jour de sa vie. Il me suffit de l'écouter, pendant que nous prenons le premier repas près des Champs-Élysées, depuis près de 24 heures, pour comprendre où il veut en venir. A Hitler il a voulu promettre une collaboration active, en commençant par le concours de notre marine[83]. » Comme beaucoup d'autres, Stehlin s'est laissé tromper par les apparences : Darlan s'est grisé et a ressenti intensément qu'il était en train de jouer un rôle historique. Pour autant, il n'a pas perdu la tête au point de vouloir devenir un nouveau Laval. Comme Pétain à Montoire, il a affirmé avec force sa volonté de collaborer, mais s'en est tenu à des généralités. Il a cherché à rétablir le dialogue, mais n'a pris aucun engagement et reste décidé à ne consentir à aucune concession touchant à la flotte ou à l'empire.

Rentré à Vichy, Darlan rend compte de son voyage. Il fait état de la vive irritation de Hitler, qui « n'a cependant aucune prévention contre l'amiral Darlan et lui a témoigné à la fin de l'entretien des sentiments amicaux[84] ». C'est une présentation optimiste de l'ambiance de l'entretien qui n'a rien résolu. Lui-même en est parfaitement conscient puisqu'il déclare à Baudouin : « J'ai fait tout ce voyage pour une conversation de 20 minutes qui n'a rien résolu, rien réglé. J'ai écouté l'explosion d'une mauvaise humeur[85]. » Hitler ne se presse pas de répondre à la lettre de Pétain dont il dit : « *Das ist eine louche Brief* » (c'est une lettre louche). Pétain ne peut adresser un message personnel aux prisonniers, la presse parisienne aux ordres d'Abetz accentue ses attaques contre Vichy, et des informations font état d'une possible invasion de la zone libre. L'année 1940 s'achève ainsi dans une incertitude de plus en plus pesante.

CHAPITRE XIII

L'accession au pouvoir

Au début de 1941, la conjoncture extérieure est heureusement calme, hormis la crise thaïlandaise marquée par une victoire navale française à Koh Chang le 17 janvier[1] et le directoire Darlan-Flandin-Huntziger qui a été constitué par décret le 19 décembre, même si sa nomination n'a pas été annoncée, peut consacrer toute son énergie à la solution de la crise politique avec l'Allemagne.

Au sein du trio, Darlan occupe une place prééminente : Flandin ayant refusé le 14 décembre la vice-présidence du Conseil, Pétain l'a nommé président du directoire. D'autre part, même si l'acte constitutionnel le désignant officiellement n'est pas encore intervenu, il est déjà en fait le successeur désigné du Maréchal qui l'a ainsi présenté dans la lettre que Darlan a remise à Hitler le jour de Noël. Enfin les Allemands refusant tout contact avec Flandin, c'est à lui que va incomber la conduite des négociations.

Sortir de la crise

Dans les premiers jours de janvier, Vichy tente de sortir de l'impasse en ordonnant à Brinon de demander à Abetz « si le Chancelier attend pour répondre au Maréchal que celui-ci ait effectué les modifications » dans la composition du gouvernement « indiquées dans sa lettre ou si le Chancelier compte que ces modifications ne seront apportées qu'après sa réponse[2] ». Darlan adresse à l'ambassadeur une note dont le texte n'a pas été conservé[3]. Mais Abetz ne sait rien des intentions de Hitler et ne peut que répondre à Brinon le 7 janvier qu'il va demander des instructions à son gouvernement[4]. Le lendemain, les Français tentent de brusquer les choses : « La persistance de la campagne de presse dans les journaux de Paris à laquelle il paraît difficile à M. Abetz de mettre un terme, oblige le Maréchal à rendre publiques, dès que possible, ces dispositions. Néanmoins, il attendra encore 48 heures avant de le faire, mais il vous prie d'en avertir l'ambassadeur Abetz afin que tout malentendu soit évité quant à cette publication[5]. » Les Allemands ne répondent pas et Vichy n'ose pas mettre sa menace à exécution.

Devant l'intransigeance allemande, le retour de Laval semble le seul moyen de dénouer la crise. Le 7 janvier, Pétain reçoit Jacques Benoist-Méchin, auteur de la célèbre *Histoire de l'armée allemande* et germanophile déclaré, qui lui décrit l'état d'esprit allemand. Dans l'après-midi, le Maréchal réunit le directoire qui entend Benoist-Méchin répéter ce qu'il a dit à Pétain le matin. Le lendemain, Darlan reçoit Benoist-Méchin et l'informe des décisions du directoire : le Maréchal « envisagerait de lui offrir [à Laval] un poste important dans le gouvernement, mais celui-ci ne serait, en aucun cas, le ministère de l'Intérieur (que Laval réclamait comme condition expresse de son retour). Ce retour aurait lieu après un certain délai durant lequel le Maréchal s'efforcerait d'asseoir plus solidement les institutions fondamentales du régime nouveau ». Lui-même désire rencontrer Abetz « pour examiner avec lui les modalités de ce règlement[6] ».

Le 13 janvier, une note anonyme, probablement rédigée par Darlan, envisage le retour de Laval au gouvernement « comme ministre d'État, puis, après un délai, si aucun obstacle ne se révélait à cet égard, comme quatrième membre du Comité directeur[7] ». Le même jour, des instructions sont adressées à Benoist-Méchin qui doit essayer de rencontrer Ribbentrop, avec lequel il est lié depuis longtemps : l'Amiral de la flotte désirerait être reçu par le ministre des Affaires étrangères du Reich « afin de dissiper tout malentendu[8] ».

Un mois après le 13 décembre, la position de Darlan n'a cessé de se renforcer. Il est désormais clair que Flandin ne sera pas agréé par les Allemands qui refusent d'établir toute relation avec lui. Abetz explique dans ses télégrammes à Berlin que Flandin est à l'origine du raidissement français[9]. Au contraire, l'Amiral de la flotte semble bénéficier d'un préjugé favorable. Il a été reçu par Hitler, et l'ambassadeur Abetz qui est l'homme de von Ribbentrop à Paris et qui passe (à tort) pour avoir de l'influence à Berlin l'a choisi comme « carte de rechange » au cas où il ne parviendrait pas à obtenir le retour de Laval. Dès le mois de décembre, il en a fait son candidat pour la succession du Maréchal et a fait son éloge devant un homme politique français. Celui-ci a transmis à Vichy un rapport[10] qui a arraché à Pétain cette réflexion mi-agacée, mi-désabusée : « Les Allemands voudraient nommer Darlan à ma place, car ils aiment Darlan jusqu'à l'embrasser, lui et ses cuirassés[11]. »

> « " Nous sommes, dit Monsieur Abetz, opposés à un dauphin civil.
>
> « " Comme successeur du Maréchal qui est vieux, change souvent d'avis, est mal entouré et représente une victoire du passé il faudra, le jour de sa disparition, un *chef militaire victorieux.*
>
> « " Or, à l'heure actuelle, vous n'en avez qu'un qui, à travers la défaite, a conservé un prestige intact : *c'est le chef de la marine française, l'amiral Darlan.*
>
> « " Partout, pendant la guerre et depuis l'armistice, la marine française s'est magnifiquement battue ; c'est la seule arme qui n'ait pas été vaincue.
>
> « " J'ai causé personnellement avec l'amiral Darlan, c'est un homme qui produit une excellente impression.
>
> « " *Lorsque les Anglais seront battus, il faudra à l'EUROPE une marine formidable pour se défendre.* La marine française a de belles et grandes traditions ; pourquoi ne serait-ce pas autour d'elle que se construirait la marine européenne, et pourquoi ne serait-ce pas l'amiral Darlan qui deviendrait le chef de la marine européenne comme le maréchal Goering, qui a su donner à notre aviation une si vaste impulsion, ne deviendrait-il pas le protecteur de l'air européen ? "
>
> « Monsieur Abetz se défendit de vouloir s'immiscer dans la politique intérieure de la France, mais ajouta :
>
> « " Pour la collaboration, il faut mettre en face de l'Allemagne des hommes qui ne lui manifestent pas une hostilité systématique ; or l'amiral Darlan, en dehors de ses autres qualités, est antianglais, comme l'a prouvé son attitude lors des attaques anglaises contre la France. »

Le général de La Laurencie, qui commente ce rapport, en conclut aussitôt que Darlan a donné des gages. Mais, dans les télégrammes qu'il adresse à la Wilhelmstrasse (le quai d'Orsay allemand), Abetz ne mentionne rien de tel. Il note simplement le 12 janvier que « le directoire gagne de plus en plus de l'influence, et ainsi les éléments nuisibles de l'entourage du Maréchal et les membres du cabinet qui sont, dans leur for intérieur, opposés à la collaboration avec nous sont pratiquement éliminés[12] ». Abetz a autant que les Français le désir de voir se dénouer la crise, car la suspension du dialogue avec Vichy, si elle se prolonge, entraînera sa mise hors circuit, et il a absolument besoin de trouver un nouvel interlocuteur. Dans ces conditions, il est prêt à accorder crédit à l'Amiral de la flotte qui lui répète qu'il est partisan de la collaboration. Celui-ci en profite pour pousser son avantage.

Le 18 janvier, Pétain rencontre Laval à La Ferté-Hauterive. Malgré sa ruse, l'ancien vice-président du Conseil n'obtient du Maréchal aucune promesse de participation gouvernementale. C'est ce qui ressort du procès-verbal communiqué à Darlan et que Pétain confirme au Conseil des ministres par une formule lapidaire : « Ni regrets ni promesses [13] ». La voie est donc libre pour Darlan, qui fait acte de candidature à la direction des affaires dès le lendemain.

« Hitler répondra sans doute à la *louche brief :*

« — qu'il n'est pas convaincu que les motifs qui lui ont été donnés pour expliquer le départ de M. Laval soient uniquement ceux qui lui ont été fournis par la lettre du 25 [décembre] :

« — que, dans ces conditions, il n'a plus confiance dans la sincérité de la collaboration ;

« — que, d'ailleurs, dans le gouvernement il reste des hommes qui au fond n'en sont pas partisans ;

« — que sa confiance en nous ne peut renaître que si, les malentendus ayant été dissipés lors de l'entrevue Pétain-Laval du 18 janvier 1941, à La Ferté-Hauterive, M. Laval reparaît dans les conseils du gouvernement à côté de certains hommes dont la loyauté à Montoire n'est pas douteuse.

« Il dira peut-être que le retour de M. Laval peut être reporté à une époque ultérieure et que, sans vouloir s'immiscer dans la composition du gouvernement de la France, il réglera sa conduite vis-à-vis de notre pays d'après les décisions prises par le Maréchal au sujet de cette composition.

« *Dans ces conditions, que faire[?]*

« 1e Constituer officiellement le Directoire et publiquement organiser le gouvernement ;

« 2e Demander à MM. Alibert et Belin de se démettre de leur portefeuille et leur donner les compensations prévues : C.E. [Conseil d'État] pour Alibert ; C.N.C. [Caisse nationale de compensation] pour Belin ;

« 3e Nommer des intérimaires ;

« 4e Envoyer l'Amiral à Paris pour prendre contact avec Abetz, — à moins que de Brinon n'apporte des commentaires ;

« 5e Faire éventuellement les autres modifications qui seraient nécessaires : éliminer Peyrouton, Jacques Chevalier, Achard ;

« Nommer Peyrouton, soit au Maroc, soit en Algérie ;

6e Laisser entendre que, dans *n* semaines, Laval sera nommé ministre d'État, 4e membre du Directoire.

« *Ministres faisant partie du Comité directeur* :

1. Amiral Darlan, président ;
2. M. P.-E. Flandin ;
3. Général Huntziger ;
4. .... ;

5. Justice : Barthélemy ;
6. Finances : Bouthillier ;
7. Intérieur : Barthélemy ;
8. Agriculture : Caziot ;
9. Production : Perrin ;
10. Communications : Berthelot ;
11. Ravitaillement : ? ;
12. Instruction publique : ? ;
13. Aviation : Bergeret ;
14. Colonies : Platon ;
15. Travail : ?.

Amiral Darlan contrôle : Marine, Aviation, Intérieur, Justice.

M. P.-E. Flandin contrôle : Affaires étrangères, Finances, Agriculture, Production, Travail, Commerce.

Général Huntziger contrôle : Guerre, Colonies, Instruction publique [14].

Les ambitions de Darlan peuvent encore paraître limitées. S'il aspire à la première place au sein du directoire, il n'essaie pas d'enlever à Flandin les Affaires étrangères, mais il sait qu'il est dorénavant le mieux placé pour négocier avec les Allemands et il prend soin de revendiquer le contrôle de l'Intérieur auquel Laval accordait, à juste titre, une importance capitale. Et les événements vont bientôt conduire à l'élimination de Flandin, qui « voit peu à peu le vide se faire autour de lui [15] ». Sa réaction à l'entrevue Pétain-Laval du 18 janvier (il a convoqué les journalistes étrangers pour leur dire de ne tenir aucun compte du communiqué qui allait être publié) a encore dressé un peu plus les Allemands contre lui [16]. Vers le 20 janvier, la tension est au plus haut : Brinon vient de rendre compte qu' « Abetz, rentrant de Berchtesgaden et de Berlin, a fait pressentir l'abandon possible, par le Führer, de la politique de Montoire et la *sécession* totale de la zone occupée où les lois et règlements de Vichy ne seraient plus appliqués. Darlan et Huntziger sont d'avis que ces menaces doivent être prises en sérieuse considération : « l'heure est grave, […] il faut sans tarder lâcher du lest [17] ». Les ministres militaires sont plus conscients que leurs collègues civils de l'impossibilité de résister à une épreuve de force. Mais leurs avis sont loin d'être identiques. Huntziger est très alarmiste, alors que Darlan « persiste à penser que l'Axe n'a pas intérêt à revenir sur les clauses de l'armistice et que, par conséquent, nous n'avons pas à craindre une extension de l'occupation de la France ou une infiltration en Afrique du Nord [18] ». Pendant le mois de janvier, il est partisan, comme Flandin, d'attendre et voir venir, en prenant des précautions : des archives secrètes sont évacuées vers l'A.F.N. ou détruites, et les forces restent en état d'alerte. Ce n'est que le 29 janvier qu'il se rallie au point de vue de Huntziger qui veut que l'on cherche à renouer le contact avec Laval et Abetz, et il ne le fait qu'au bout d'une heure et demie de discussion[19]. Flandin reste partisan de la fermeté, mais il est le seul de cet avis au sein du directoire. Il est désormais clair que ses jours sont comptés. Le général Laure, partisan sans réserve de Flandin, note à la date du 28 janvier que le Maréchal s'est rendu aux raisons de ses deux ministres militaires qui veulent que « l'on aille à Paris discuter ce qu'on pourrait appeler " la reprise de la collaboration aux moindres frais ". [...] Son siège est fait et il veut jouer le programme Darlan-Huntziger[20] ».

Pour autant, Pétain n'entend pas céder sur le point essentiel dont semble dépendre le retour de la crise, ainsi que le montre une note écrite par Darlan le 30 janvier :

ORGANISATION DU GOUVERNEMENT

« Le Maréchal tient à rester président du Conseil.

« Dans l'intérêt même de la politique de collaboration, il importe que Monsieur Pierre Laval ne soit pas vice-président du Conseil.

Le principe d'un directoire doit être conservé. Monsieur Laval en serait membre mais non président.

« Directoire :
Al. Darlan — Président
M. Flandin — Affaires étrangères
Général Huntziger
M. Pierre Laval

« L'information dépendra du directoire et sera pratiquement dirigée par un secrétaire général[21]. »

C'est dans ce contexte que Vichy reçoit, dans la soirée du 30 janvier ou plus vraisemblablement le 31, une lettre de Brinon : Abetz l'a informé que « le Führer était résolu à signifier la fin de la politique de collaboration avec l'équipe gouvernementale actuelle puisqu'il dit avoir la preuve absolue des influences anglaises et américaines qui s'exercent sur elle ». Flandin, qui n'est pas nommé, est seul visé, puisque Abetz a ajouté « qu'il était certain pour sa part de la loyauté de l'amiral Darlan et du général Huntziger, et qu'il les mettait absolument hors de cause[22] ». En outre, l'Allemagne tiendra le gouvernement français pour responsable de toute extension de la dissidence, qu'il considérera comme une rupture de l'armistice et elle envisage une fermeture encore plus rigoureuse de la ligne de démarcation.

Face à une telle menace, il n'est plus question de s'en tenir à la proposition de compromis encore réaffirmée la veille, et il faut envisager des concessions plus sérieuses. Darlan considère que le retour de Laval est devenu inévitable : « Pour être logique avec ses déclarations, étant donné que les malentendus sont dissipés, que le délai d'un mois courant du 17 décembre est largement dépassé, que dix jours se sont écoulés depuis La Ferté, le Maréchal, s'il veut continuer la collaboration, doit reprendre M. Laval[23]. »

Reste à définir le cadre dans lequel ce retour pourrait s'effectuer. Darlan, s'en entretient le 1er février avec Pétain qui esquisse un projet de ministère assez profondément transformé : Darlan, tout en conservant la Marine, prendrait les Affaires étrangères, que Flandin abandonnerait pour un vaste ministère économique englobant les Finances, la Production et les Transports, Peyrouton serait remplacé à l'Intérieur par le préfet Angeli, bien vu des Allemands. Huntziger garderait la Guerre, et y ajouterait l'Aviation. Barthélemy resterait à la Justice, où il a succédé à Alibert, démissionnaire depuis le 28 janvier (pour « raisons de santé » mais surtout parce que les Allemands exigeaient son départ et que Pétain l'avait assez vu). Resteraient également à leurs postes Caziot (Agriculture et Ravitaillement) et Chevalier (Instruction publique et Jeunesse), bien que les Allemands demandent aussi leur renvoi, et Platon aux Colonies[24]. La capitulation de Pétain n'est donc pas totale. Mais il accepte désormais une concession de taille : Pierre Laval, s'il acceptait de revenir au gouvernement, pourrait obtenir l'Intérieur qu'il a toujours réclamé, ainsi que le titre de vice-président du Conseil. Il ne serait cependant pas chef du gouvernement, cette fonction étant confié à Darlan. Celui-ci préférerait, quant à lui, que le Maréchal restât chef du gouvernement. Lui-même aurait le titre de vice-président du Conseil. Le directoire serait conservé et réduit à trois membres du fait de l'élimination de Flandin. Laval aurait l'Intérieur. Reste à savoir si celui-ci acceptera cette formule, car on sait qu'il revendique le poste de chef du gouvernement, mais qu'il serait prêt à abandonner à Darlan le titre de successeur désigné[25]. Le Maréchal se rallie finalement à la formule proposée par l'Amiral de la flotte et approuvée par le Conseil des ministres, au cours duquel Flandin affronte seul Darlan, Huntziger et Bouthillier[26]. Darlan en informe aussitôt Paris.

> « Avec l'approbation du Maréchal, téléphoné à M. de Brinon d'informer l'ambassade d'Allemagne que : le Maréchal a l'intention de faire rentrer le président Laval dans le gouvernement dont l'amiral Darlan aura la vice-présidence. Avant de rendre cette

décision officielle le Maréchal estime qu'il est indispensable que l'amiral ait un entretien avec le président Laval et avec M. l'ambassadeur Abetz[27]. »

Seul ministre détenteur d'un *ausweis* permanent, Darlan s'impose comme le seul négociateur possible. Le 3 février, il est à Paris où il rencontre dans l'après-midi successivement Laval et Abetz. L'entrevue avec le premier n'est pas très encourageante. Convaincu d'être indispensable, « l'Auvergnat » (comme le surnomment souvent ses adversaires) pose des conditions exorbitantes. Selon la formule classique, il n'a « rien appris, rien oublié » et reste persuadé qu'il est le seul à pouvoir sauver la France. A Darlan qui lui demande ce que devient le Maréchal dans son projet de gouvernement, il répond : « C'est une potiche, je le mets sur la cheminée. » Même débarrassé de ce genre de formule, le compte rendu que rédige Darlan le soir même montre clairement que tout accord est impossible[28].

« L'amiral expose au président Laval que, désireux de voir continuer la politique de collaboration, le Maréchal offre au président Laval de rentrer dans le gouvernement comme membre du Comité directeur, l'amiral ayant la vice-présidence du Conseil.

« L'amiral expose ensuite au président Laval comment, avec l'assentiment du Maréchal, il envisage le fonctionnement du gouvernement.

« Le président Laval déclare qu'il ne peut accepter d'entrer dans un gouvernement fonctionnant de la sorte.

« Il ajoute qu'en outre il ne saurait s'asseoir à côté de certains membres du gouvernement et qu'à l'exception de l'amiral Darlan et du général Huntziger, tout le monde doit s'en aller.

« M. Laval estime :

« 1° que les fonctions de chef de l'État doivent être distinctes de celles de chef du gouvernement.

« Il revendique la place de chef du gouvernement.

« En revanche, il ne revendique pas la place de successeur du chef de l'État et il estime, tenant compte de ce que le Maréchal a écrit au Chancelier, que l'amiral Darlan peut être désigné comme successeur par un acte constitutionnel irrévocable ;

« 2° que le chef du gouvernement doit choisir ses ministres et soumettre leur désignation à l'agrément du chef de l'État.

« Les révocations de ministres ne peuvent être prononcées que sur proposition du président du Conseil ;

« 3° le chef du gouvernement sera responsable devant les nouvelles Assemblées qui seront créées ;

« 4° le gouvernement est chargé de présenter la nouvelle constitution à l'agrément du chef de l'État ;

« 5° le chef du gouvernement préside le Conseil des ministres, assure l'exécution des lois, dispose de la force armée ;

« 6° le Conseil des ministres exerce le pouvoir législatif, et constitutionnel pour le moment.

« M. Laval tient à ce que le Maréchal ait toujours l'hommage de la nation et que les critiques ne soient que pour le chef du gouvernement.

« Le chancelier Hitler a dit *nettement : Avec le gouvernement actuel, plus rien.*

« Le président Flandin a perdu la confiance des Allemands en ce qui concerne son attachement à la politique de collaboration.

« Les autres ministres sont considérés comme n'étant pas sûrs au point de vue de la collaboration.

« Le problème reste toujours le même : collaboration ou pas collaboration.

« Pour ma part, *j'estime la collaboration indispensable,* donc les ministres doivent tous démissionner pour rendre au Maréchal sa liberté.

« La décision doit être rapide. Il y a lieu de la prendre avant la rupture définitive.

« Si la collaboration cesse, nous aurons une vaste campagne contre le Maréchal et le gouvernement qui, pour une simple question d'amour-propre auront renoncé

à la libération des prisonniers
à – 200 millions par jour
à adoucissement ligne démarcation
à accords économiques etc. »

Apparemment, Darlan n'a pas beaucoup parlé. Il n'a en tout cas pas évoqué la possibilité d'une nomination de Laval à l'Intérieur, sans doute parce qu'il entend d'abord connaître les intentions précises d'Abetz qu'il doit rencontrer ensuite. Un premier entretien se déroule à l'ambassade avec les représentants du commandement militaire. Les questions politiques ne sont pas abordées, et l'on discute des travaux de culture du printemps, du ravitaillement de la zone occupée. Darlan demande des permissions pour les marins rentrant des camps d'internement britanniques et accepte la transformation de Havas en société mixte par l'entrée d'intérêts allemands[29]. Les problèmes politiques sont évoqués ensuite, au cours d'un dîner qui réunit Darlan, Brinon, Abetz et Achenbach. L'exposé de l'ambassadeur « n'est que confirmation de ce que nous savons déjà » : Hitler « ne reprendra pas la politique de collaboration avec le présent gouvernement », Flandin est considéré « de par ses propos et ses actes, depuis qu'il est au gouvernement, comme un des principaux opposants à la reprise de la collaboration », les Allemands veulent que le Maréchal ne soit plus chef du gouvernement (« M.

Abetz et Achenbach sont revenus à diverses reprises sur cette question »). Laval « est qualifié pour continuer la politique de Montoire », tandis que « l'amiral, qui est le seul en France s'appuyant sur une force réelle matérialisant le lien qui unit la France à son empire, est celui qui devrait être désigné officiellement, dès maintenant, comme « dauphin ». Le tandem Laval-Darlan « donnerait une certitude sur la continuation de la politique de la collaboration ». Les Allemands « m'ont laissé entendre cependant qu'ils ne tenaient pas absolument à cette vice-présidence [pour Laval], mais qu'il fallait que M. Laval ait la certitude que sa liberté et sa sécurité ne seraient pas menacées », formule que Darlan comprend comme voulant dire que les Allemands désirent voir l'ancien vice-président du Conseil prendre le ministère de l'Intérieur[30]. D'après Abetz, Darlan a déclaré que personnellement il approuvait ces exigences de Laval, mais qu'il ne croyait toutefois pas pouvoir les faire accepter par le Maréchal en une seule étape.

Le lendemain, Darlan revoit Laval, et s'efforce de lui faire admettre une solution mixte : « Le Maréchal, toujours président du Conseil, assisté d'un comité directeur amiral, général [Huntziger], Laval, les autres membres du gouvernement étant choisis en accord entre le Maréchal, l'amiral et M. Laval. Il n'a ni accepté ni refusé, mais m'a déclaré qu'ayant été échaudé une fois il ne voulait pas l'être de nouveau et qu'il exigeait de toute façon l'Intérieur. » Il termine par des menaces et « ricane » quand son interlocuteur lui parle d'un traité de paix[31].

Le 5 février, Darlan de retour à Vichy rend compte de son voyage et des exigences de Laval. « Le Maréchal, désagréablement surpris, a réagi d'abord, puis le général Laure l'a “ senti faiblir[32] ”. Il faut dire qu'il est soumis à des influences contradictoires : Flandin et son entourage d'un côté, ses ministres de l'autre. Le matin, après avoir reçu Darlan, il reçoit Flandin. A 16 heures, le Comité directeur se réunit. Selon Huntziger, « Flandin attaque Darlan sur la validité de la création d'une présidence du Conseil. Du jurisme [*sic*]. Darlan ne s'embarrasse pas de cela ; il ne demande qu'une délégation du Maréchal. J'appuie Darlan comme convenu. Le Maréchal est visiblement très perplexe[33]. » A 16 heures 30, Conseil des ministres. « Darlan expose et demande d'abord si on veut oui ou non la collaboration telle que la demandent les Allemands. Avantages et inconvénients de reprendre Laval. Il opte pour. » Suit une discussion à l'issue de laquelle, d'après Huntziger, « l'unanimité du Conseil, moins Flandin, approuve de continuer la collaboration en reprenant P.L.[34] ». Bouthillier donne une version légèrement différente : lui-même et Peyrouton appuient Flandin, la plupart des ministres recommandent la prudence. « Le siège de l'amiral était fait. Il fut impatienté par les objections. Cependant, lorsqu'il résuma le débat, il en tint loyalement compte. Il offrira à Pierre Laval le ministère des Affaires étrangères, persuadé qu'il ne l'acceptera pas, et refusera de discuter au sujet de sa double prétention au ministère de l'Intérieur et à la vice-présidence du Conseil. Puis il déclara, avec l'approbation visible du Maréchal, que, “ si nous tournions le dos à la ‘ collaboration ’, tous les avantages que nous pouvions espérer de l'armistice seront compromis[35]. ” » C'est donc à la fois un rejet des prétentions de Laval — qui n'aurait plus la haute main sur les négociations avec les Allemands, ne contrôlerait ni l'Intérieur ni l'Information, voire pourrait ne recevoir qu'un portefeuille secondaire comme la Production, l'Agriculture ou la Justice[36] — et un rejet de la ligne dure de Flandin qui persiste à prendre position non seulement contre le retour de Laval, mais aussi contre toute négociation avec Abetz sur la composition du gouvernement. Isolé, Flandin est dès lors condamné. La rumeur publique colporte déjà que « Darlan repart ce soir, avec en poche la démission du Cabinet tout entier »[37]. En réalité, ce n'est pas encore fait, mais le dénouement est proche. Darlan télégraphie le soir à Brinon :

> « Il est possible que je revienne demain. Voulez-vous demander l'agrément de principe ?
>
> « 1 – La répartition d'attribution dont il a été question est acceptée à condition que ce soit à mon profit.
>
> « 2 – Qui vous savez viendra immédiatement après, mais l'attribution du département dont il était question n'est pas acceptée. Le titulaire serait à choisir par entente.
>
> « 3 – Voulez-vous demander à la personne chez qui nous avons dîné si cela serait considéré favorablement[38] ? »

Le 6, Darlan retourne à Paris, pour expliquer à Abetz que Laval ne peut recevoir l'Intérieur : « Après ce qui s'est passé, la venue de M. Laval au ministère de l'Intérieur serait de nature à diminuer fortement l'autorité du Maréchal, ramènerait le trouble dans les esprits qui y verraient un retour aux anciens errements dont le pays ne veut plus. La personnalité à mettre au ministère de l'Intérieur ne doit pas être parlementaire. » Il n'est pas question non plus de lui confier les Affaires étrangères : « Il est certain que, tout en collaborant loyalement, nous avons intérêt — et l'Allemagne a intérêt — à ce que des contacts soient conservés avec les États-Unis. Or je ne pense pas que M. Laval soit considéré outre-Atlantique comme l'homme qualifié pour tenir ces contacts. » L'ancien président du Conseil ne recevra qu'un portefeuille technique ou le titre de ministre d'État. En échange de cette rigidité sur la question Laval, Darlan est autorisé à sacrifier Flandin qui pourrait recevoir un grand ministère économique[39]. Mais il n'est pas sûr que cela suffise à apaiser les Allemands.

Le 7, Darlan rencontre séparément Laval et Abetz. De retour le 8 au matin, il est immédiatement reçu par Pétain à qui il rend compte du résultat de ses entretiens. La rencontre avec Abetz a abouti à une percée décisive : le retour immédiat de Laval n'est plus exigé par l'Allemagne qui se rallie à la solution Darlan seul.

> « L'Ambassade a exprimé le désir renouvelé de voir :
>
> a) L'amiral Darlan désigné officiellement comme successeur éventuel du Maréchal ;
>
> b) La délégation par le Maréchal à l'amiral, des attributions de chef du gouvernement ;
>
> c) Des changements profonds et rapides dans le gouvernement. Est souhaité : le départ immédiat de M. Flandin dont l'attitude équivoque n'a pas échappé aux occupants qui ont été outrés de la campagne radio ces jours-ci de M. Portmann, agent de M. Flandin, Histoire de sa femme (a écrit à Abetz, avec quelle autorisation ? pour négocier).
>
> « M. Flandin a la réputation de trahir tout le monde.
>
> « En ce qui me concerne, je ne veux plus travailler avec lui.
>
> « Ne conserver :
>
> « Ni M. Bouthillier, à qui il est reproché « de ne pas avoir d'autorité sur son ministère qui est obstructionniste en tout ». (Ce reproche a été exprimé par des Français.)
>
> « Ni M. Berthelot (rupture des communications téléphoniques et ferroviaires le 13 décembre).
>
> « Ni M. Caziot, à qui l'on reproche d'avoir, autrefois, favorisé la politique des trusts d'engrais britanniques et, maintenant, de ne pas favoriser la collaboration et de prêcher la patience en conseillant de voir venir.
>
> « J'ai pu défendre M. Chevalier, à qui l'on reproche son télégramme, à l'occasion de Bergson[40], de vouloir imposer des idées religieuses dans l'enseignement. [...]
>
> « L'ambassade accepte très volontiers, si les points ci-dessus sont acquis, que M. Laval n'entre pas actuellement dans le gouvernement. Mais la position allemande ne s'est pas modifiée : M. Laval, dans un certain délai, devra être repris dans le gouvernement, avoir un département ministériel et participer aux négociations. La pleine collaboration ne reprendra pas immédiatement mais des mesures aimables m'ont été promises à bref délai[41]. »

De son côté, « M. Laval n'accepte pas de revenir dans le gouvernement comme un ministre d'État membre du Comité directeur. [...] Il a repris toute son intransigeance. [...] Il soutient la thèse, plus que discutable, qu'il est héritier désigné du Maréchal et le chef obligatoire du gouvernement ». Darlan lui a « conseillé la patience [...], de son attitude dépend la décision du Maréchal à son égard ». Les modalités de son retour seront étudiées dans les semaines à venir. Mais, désormais « lâché » par l'ambassade d'Allemagne, il ne peut plus faire obstruction à un règlement.

Pour le Maréchal, l'essentiel est acquis. Sitôt l'entretien terminé, il va voir Flandin pour lui demander sa démission[42]. « L'après-midi tous les bruits les plus fantaisistes continuent à circuler. L'opposition, derrière Flandin et les militaires, prétend que l'on pourrait fort bien débarquer Darlan et Huntziger, accusés d'être des capitulards. On reprend l'idée dans ce milieu d'un gouvernement Weygand[43]. » La réponse arrive le lendemain, avec la nomination de Darlan à la vice-présidence du Conseil en remplacement de Flandin.

La signification du 9 février

Le dénouement du 9 février, beaucoup moins spectaculaire que le « coup » du 13 décembre, n'en a pas moins suscité sur-le-champ des interrogations qui se sont poursuivies après la guerre : quelle est la signification du renvoi de Flandin ? Quel rôle a exactement joué Darlan ?

Pour Robert Aron, qui reprend le jugement du général Laure, « le 9 février 1941 marque le tournant décisif de l'histoire de Vichy ». Le renvoi de Flandin contre-balance celui de Laval en décembre : « En forçant Flandin à démissionner après avoir renvoyé Pierre Laval, le Maréchal indique nettement quelle sera son attitude. Il a choisi de ne pas choisir : ni collaboration militaire avec le Reich, ni résistance ouverte[44]. » Longtemps plus ou moins acceptée, cette interprétation a fait l'objet, on le sait, d'une critique radicale de la part de Robert Paxton. Poussant jusqu'à ses plus extrêmes conséquences sa thèse d'un Vichy n'ayant jamais recherché autre chose que la collaboration, il nie que le 13 décembre et le 9 février aient la portée qu'on leur a attribuée. Pétain a renvoyé Laval à cause d' « une foule de petites irritations agaçantes », parce que « Laval s'arrogeait le monopole de toutes les négociations consécutives à Montoire » (ce qui suggère une lutte pour le pouvoir et non une divergence politique fondamentale sur le sens à donner à ces négociations), et parce qu'il n'avait pas réussi à obtenir des Allemands le retour du gouvernement à Versailles[45] ; l'attentisme de Flandin est une « légende[46] » ; en fait, il a toujours été favorable aux Allemands.

La politique de Vichy n'a jamais varié, seule a changé la politique allemande.

Il resterait à expliquer dans cette logique pourquoi les Allemands ont réagi aussi brutalement au coup du 13 décembre, dans lequel ils n'ont pas vu une simple lutte d'influence entre factions. Abetz l'écrit dès le 18 décembre : « Il y a une connotation antiallemande dans le renvoi de Laval, puisque Pétain a déclaré que " Laval n'était pas bien vu des gouvernements étrangers ". Il ne peut avoir songé qu'aux Anglo-Saxons[47]. » Le 26 décembre, il déclare dans un télégramme qu' « il résulte des déclarations — qui nous ont été rapportées — faites par d'autres politiciens français et en partie par des journalistes étrangers, que Laval devait être renversé en premier lieu en raison de son attitude non équivoque envers l'Angleterre, attitude qui n'excluait pas la possibilité d'une déclaration de guerre[48] ». Même les auteurs qui adhèrent pour l'essentiel au schéma de Paxton reconnaissent aujourd'hui « la dimension antiallemande du complot[49] ». Malgré toutes les autres raisons que l'on peut invoquer, cet aspect reste déterminant.

Le renvoi de Laval n'implique pas une volonté de rupture, mais le refus d'un engrenage pouvant conduire à une guerre avec la Grande-Bretagne. Certes, Laval n'envisage pas une déclaration de guerre, mais il accepte l'éventualité d'une réaction hostile des Britanniques face aux opérations de reconquête des colonies dissidentes. Pour Pétain et Darlan, il s'agit d'un risque qui ne doit pas être couru. Si le 10 décembre, au cours des entretiens de Paris, l'Amiral de la flotte a évoqué une action contre Freetown[50], c'était pour indiquer, on l'a vu, qu'il ne pouvait rien entreprendre pour le moment. Huntziger parle de reconquête de l'A.E.F., mais réclame un an de délai. Telles sont les raisons qui conduisent à l'élimination de Laval et qui vont guider toute l'action de Darlan durant la crise. Ses conceptions, absolument semblables à celles de Pétain, sont résumées dans deux notes écrites le 30 janvier. La première justifie le principe de la collaboration.

> « La question qui se pose alors est la suivante :
>
> « Devons-nous continuer la " collaboration ", celle-ci étant politique, économique, comportant la défense de l'empire par nos seules forces, *et étant exclusive de la guerre à nos anciens alliés ?*
>
> « Nous sommes vaincus par l'Allemagne.
>
> « Quelle que soit l'issue de la guerre actuelle elle peut nous dicter ses volontés.
>
> « L'Angleterre ne nous sera d'aucun secours politique.
>
> « *Nous ne devons compter que sur nous-mêmes.*

« *Si nous ne collaborons pas, l'Allemagne peut :*

a) Occuper tout le territoire ; nous ne sommes plus une nation, nous n'aurons plus de représentation diplomatique, l'Allemagne nous gouvernera, nous ferons de la collaboration forcée, notre empire se disloquera ;

b) Séparer les deux zones ; dans ces cas, la zone occupée collaborera par ordre, la zone libre connaîtra des troubles provoqués par les Allemands ; désordre, misère.

« Ayant une épée de Damoclès sur la tête nous devons d'abord songer au présent et, continuant la politique qui nous a conduits a demander l'armistice, nous devons collaborer.

« Sinon, nous nous retrouverons pratiquement en état d'hostilités avec l'Allemagne et dans des conditions matérielles et morales plus mauvaises qu'en juin (1940)[51]. »

La deuxième précise le contenu de cette collaboration. Malgré l'aggravation de la pression allemande, elle s'en tient exactement à ce que Darlan avait énoncé dans sa grande note à Pétain du 8 novembre 1940 :

« COLLABORATION
« économique et politique
« militaire : limitée à la défense par nos forces seules de l'empire. Aucune force de l'Axe stationnée en Afrique.

Moralement et matériellement la France dans la situation actuelle ne peut faire davantage.

Le moral de la nation ne pourrait évoluer que si les conditions de l'occupation sont adoucies. Il serait grandement amélioré par une déclaration sur l'intégrité de l'empire et par une sorte de préliminaire de paix[52]. »

L'état matériel du pays n'a pas besoin d'être démontré : en métropole, il n'y a plus qu'une force armée résiduelle de 100 000 hommes, incapable de résister à une attaque allemande ; dans les colonies, la situation n'est pas meilleure et tout projet offensif est exclu. La marine elle-même, la plus solide des forces armées, est sévèrement amoindrie : le manque de combustible et de pièces de rechange lui interdit toute opération prolongée. Moralement, Darlan est convaincu que « tout le monde conçoit cette collaboration comme le Maréchal et moi-même. Le pays ne veut à aucun prix être replongé dans la guerre[53] ».

Nous avons là le nœud de la pensée de l'Amiral de la flotte. Toutes ces notes ont été rédigées par lui, sans l'intervention de conseillers (elles sont manuscrites, et non remaniées après coup) et pour son usage exclusif : il s'en servait comme canevas dans ses entretiens avec Pétain[54] et les conservait par devers lui sans en faire aucune copie[55]. On peut donc les considérer comme l'exposé exact de ses conceptions. Et de fait ce sont celles qu'il mettra en pratique durant son ministère avec une exception, nous le verrons lors de l'affaire de Syrie.

« Collaboration » est devenu un de ces mots chargés, pour reprendre une excellente expression de Paul Sérant, d' « un pouvoir de détestation magique[56] ». Mais il est nécessaire de se souvenir qu'un même terme peut revêtir des acceptions très différentes. On peut dire que Darlan a recherché la « collaboration » en ce sens qu'il a toujours eu le souci d'éviter avec l'Allemagne une rupture dont la France n'avait pas les moyens. Mais cette « collaboration » restait enfermée dans des limites strictes. Ainsi entendue, elle avait pour objectif de prolonger le régime d'armistice au-delà de la courte période que l'on prévoyait à l'été 40. Il n'y avait pas d'alternative, à moins d'envisager la rupture de l'armistice.

Darlan s'est imposé aux yeux de Pétain parce qu'ils partageaient la même conception de la collaboration. Ainsi que l'écrira l'amiral à Alger en 1942 dans son *Résumé de la politique française à l'égard de l'Allemagne,* « le Maréchal donna comme instruction à l'amiral de reprendre la politique de la collaboration ébauchée à Montoire. Il estimait qu'étant donné l'isolement de la France, cette politique était la moins mauvaise[57] ». Ce point est clair. Il n'en va pas de même de l'attitude de Darlan vis-à-vis des Allemands : comment a-t-il pu se faire accepter et supplanter Laval ? Le dénouement de la crise a en effet surpris et suscité bien des interrogations. Le général Laure a écrit brutalement ce que beaucoup pensaient : « Cette affaire est louche. Qui a chargé Darlan de venir dire : c'est moi qu'il faut et non plus lui ? Qui l'a désigné dauphin ? Si je voulais être franc, très franc avec moi-même j'ajouterais : qu'a-t-il fait des trente deniers[58] ? »

Ces soupçons sont faciles à comprendre. Si les Allemands ont soudain abandonné Laval dont ils réclamaient le retour avec tant d'insistance, cela ne peut vouloir dire qu'une chose : que Darlan a donné des gages. L'homme politique non identifié qui a rapporté les propos tenus par Abetz, le 20 décembre adopte sans hésiter cette explication :

> « Quant à l'amiral Darlan, les gages qu'il avait sans doute donnés en faisaient un candidat acceptable, voire même souhaitable à la succession de M. Pierre Laval.
>
> « Monsieur Abetz mania l'encensoir à l'égard du chef de notre marine avec une habileté assez grossière ; mais l'encens qu'il avait déjà fait respirer à l'amiral Darlan au cours d'entretiens particuliers (15 décembre) ne s'était pas dissipé en fumée, et l'amiral l'avait absorbé avec volupté au point de s'en griser. Les horizons ouverts à

ses ambitions personnelles étaient si riches de promesses qu'il n'hésita pas, bien qu'ils portassent l'estampille allemande, à s'y engager au risque de blesser l'opinion publique française dans ses plus intimes et plus respectables sentiments[59]. »

C'est oublier que la vanité, incontestable, de Darlan ne l'entraînait tout de même pas jusqu'à perdre tout contrôle de lui-même. Il n'était pas stupide au point de prendre au sérieux la perspective d'être amiral de la flotte européenne. Encore une fois, il n'est pas possible de ramener les raisons de son comportement au seul mobile d'une vanité sans bornes : certes, le fait d'être le premier marin de l'histoire de France à devenir, en fait sinon en titre, chef du gouvernement, l'a grisé, tous les témoignages concordent[60] là-dessus. Bien plus, la nature humaine étant ce qu'elle est et l'ambition de l'Amiral de la flotte ce que nous savons, on peut avancer sans grand risque d'erreur qu'il a dû flirter avec l'idée d'être appelé aux plus hautes fonctions, l'âge du Maréchal rendant l'hypothèse de sa disparition prochaine au moins envisageable. Mais le fait de rêver ne signifiait pas qu'il abdiquait tout sens politique et tout patriotisme. Darlan songeait intensément à sa carrière, mais il n'y a aucune raison de douter qu'il songeait aussi intensément à la France et aux Français.

La clef de son agrément par les Allemands ne réside pas dans des gages qu'il aurait donnés, mais dans le calcul de Berlin exprimé par un télégramme envoyé par Ribbentrop à Abetz le 5 février : « Je vous prie de faire en sorte que Laval reste en zone occupée, et que l'affaire Laval soit traitée avec Vichy de telle façon qu'aucune entente ne se réalise, pour le moment, entre Laval et Vichy[61]. » L'Allemagne avait intérêt à ce que la crise se dénouât, car toutes les négociations économiques étaient suspendues, et aucun accord politique ou éventuellement militaire n'était envisageable tant qu'un nouveau gouvernement français n'était pas officiellement constitué. Mais elle a estimé intéressant de garder en réserve la carte Laval, escomptant que la menace de constituer avec lui un gouvernement en zone occupée ou d'exiger son retour aux affaires amèneraient Vichy à une plus grande souplesse. Calcul assez aventureux, la suite des événements le montrera, mais qui a dans l'immédiat pour conséquence d'ouvrir à Darlan la voie du pouvoir.

Le gouvernement Pétain-Darlan

Le 9 février, une loi définit l'organisation du gouvernement. Son article 2 dispose que « l'un des ministres est nommé, par décret, vice-président du Conseil. Sous la haute autorité du Maréchal, chef de l'État et du gouvernement, il dirige et contrôle l'action des ministres et des secrétaires d'État pour tout ce qui concerne l'application des décisions de principe et de celles relatives à la politique générale du gouvernement ». L'article 5 lui permet de présider le Conseil de cabinet qui comprend les ministres et les secrétaires d'État. C'est-à-dire qu'il est en fait chef du gouvernement, même si le titre continue à appartenir à Pétain.

Le même jour, un décret nomme François Darlan vice-président du Conseil et ministre des Affaires étrangères, tout en le maintenant dans ses fonctions de ministre de la Marine et commandant en chef des Forces maritimes françaises. Le lendemain, l'acte constitutionnel n° 4 *quater* le désigne comme successeur éventuel du chef de l'État.

Quelques jours plus tard, il ajoute à sa titulature, déjà abondante, le ministère de l'Intérieur ; attentif à l'expérience de Laval, il a bien vu que celui-ci tenait l'Intérieur pour le « nœud » du pouvoir et il n'a pas oublié la leçon : le chef du gouvernement doit contrôler cette administration qui permet de savoir précisément tout ce qui se passe dans le pays. Dans sa note du 8 février, il l'a déjà réclamé, mais le titulaire, Peyrouton, n'est pas démissionnaire. Son attente ne va cependant pas être longue, car Peyrouton, qui n'accepte pas la perspective d'une étroite subordination à l'amiral, démissionne le 15 et Darlan lui succède le 17. Il obtient également deux concessions importantes du chef de l'État. La loi du 9 février rattache à la vice-présidence du Conseil le secrétariat général à l'Information, à la Presse et à la Radio. Le sénateur Portmann, en charge de ce secrétariat général très convoité (Laval et Flandin en avaient successivement réclamé — et obtenu — le contrôle), essaie de faire oublier qu'il a été nommé par Flandin, mais Darlan, en attendant de le remplacer, nomme un chef des informations adjoint à la vice-présidence du Conseil, le capitaine de corvette Duvivier. Il est suffisamment conscient de l'importance de la propagande pour y placer un de ses hommes. D'autre part, il obtient, le 10 février, que le secrétariat général de la présidence du Conseil cesse de dépendre de Pétain pour lui être rattaché. L'amiral Fernet, qui est de la même promotion que Darlan, mais dévoué au Maréchal, est remplacé par l'homme en qui Darlan a le plus confiance : Henri Moysset.

Dès le départ, il a plus de pouvoirs que Laval n'en a eu : il est véritablement le chef du gouvernement et contrôle directement les départements ministériels clefs. L'entourage du Maréchal, notamment Dumoulin de Labarthète et le général Laure, s'inquiètent de cette « abdication grave consentie par le Maréchal[62] », dont ils redoutent qu'elle ne soit suivie par d'autres. Ce n'est un secret pour personne que les Allemands souhaiteraient voir Pétain ne conserver que les fonctions de chef de l'État, car ils l'estiment trop sensible à l'influence de son entourage pro-anglais, et Darlan est soupçonné de penser comme eux ; non sans raison, puisqu'il écrit dans ses notes : « Non seulement les Allemands mais de nombreux Français trouvent *exorbitants* les pouvoirs donnés au chef de l'État par l'acte constitutionnel n° 7, qui à mon avis devra être amendé[63]. » Mais Darlan est trop habile pour risquer un affrontement sur une question de titulature ; comme il sait que Pétain ne veut pas abandonner la direction du gouvernement, il ne se hasarde pas sur ce terrain dangereux, il saura calmer les exigences allemandes en la matière. Au reste, il a déjà assez à faire par ailleurs. La nomination acquise, il doit faire face à une nouvelle tâche : consolider son pouvoir en écartant définitivement l'hypothèque Laval et mettre en place le nouveau gouvernement.

La nomination du 9 février n'a en effet pas réglé la crise vis-à-vis des Allemands. Si Ribbentrop à Berlin est partisan de garder la carte Laval en réserve, Abetz n'a pas renoncé à obtenir le retour de son interlocuteur privilégié. Darlan lui aurait laissé entendre qu'il était d'accord avec Laval pour qu'au moment choisi par lui, Abetz, il cède la vice-présidence du Conseil à son rival, avec les ministères de l'Intérieur, des Affaires étrangères et de l'Information, lui-même se contentant de rester le successeur désigné[64]. C'est pour cela qu'il conserve pour lui, à la demande d'Abetz, ces portefeuilles, malgré les reproches unanimes que suscite[65] cette personnalisation abusive. Il est évident que l'Amiral de la flotte n'a aucune intention de s'exécuter, mais il doit maintenant faire accepter le fait accompli.

La partie est difficile, peu de gens semblent accorder au nouveau vice-président du Conseil des chances sérieuses de durer. Le Journal de Pierre Nicolle est à cet égard révélateur : permanent patronal, défenseur de la petite et moyenne industrie, pourfendeur de la haute banque et de sa prétendue émanation politique, la « *synarchie* », il est à l'affût de tous les bruits de couloir. Durant tout le mois de février, les rumeurs les plus contradictoires circulent. Le 9 février, « on laisse entendre que tout le scénario a été préparé en plein accord entre l'amiral Darlan et Pierre Laval[66] » ; les anglophiles sont d'abord hostiles à Darlan, mais, le 11, « devant son succès, on affirme que Laval a été roulé[67] ». En tout cas, celui-ci semble convaincu de revenir bientôt au pouvoir.

« Laval serait dans une forme physique et morale jamais égalée. Il juge l'expérience Darlan avec beaucoup d'optimisme. Les Allemands estiment que Darlan est loyal, contrairement à ce qu'ils pensaient de Flandin. Laval est également certain que Darlan ne fera, avec son équipe, qu'expédier les affaires courantes : les Allemands ne lui concéderont rien, tout en ayant avec lui des contacts cordiaux[68]. »

Les événements vont vite contredire cet optimisme. Le 18 février, Darlan repart pour Paris bien décidé à faire admettre aux Allemands que le retour de Laval est impossible. Il prépare un canevas résumant l'argumentation qu'il va développer le 19 lors de sa rencontre avec Abetz. (Alain Darlan n'a pas publié ce document ne concordant pas avec l'image qu'il souhaitait donner de son père.) Son plaidoyer s'articule autour de deux idées-forces : le Maréchal n'acceptera pas le retour de Laval ; celui-ci serait plus nuisible qu'utile à la collaboration :

« Conversation très cordiale avec G^{al} [Foerster, de la C.A.A.] et S.S. [non identifé ; H.C.B. et C.H.]

« Nous avons parlé de la collaboration et de l'ordre nouveau — accord.

« La presse de Paris continue à attaquer Vichy et à insinuer que sans Monsieur P. Laval rien ne pourra marcher.

« Je dois vous dire ceci :

1 – Le pays dans son ensemble a poussé un soupir de soulagement quand il a vu que P. Laval ne reprenait pas la direction des affaires.

La marine, et ceci est grave, commençait même à trouver inadmissible son attitude envers le maréchal.

2 – Le maréchal n'acceptera *jamais* Monsieur P. Laval comme chef du gouvernement. Il préférerait se retirer.

S'il se retirait, dans ces conditions, je le suivrais.

3 – Si Monsieur Laval prenait le pouvoir dans ces conditions, il ne serait pas admis par la grande majorité du peuple français, et la collaboration *cordiale* et *efficace* deviendrait impossible.

4 – Dans l'intérêt de l'ordre nouveau que le chancelier Hitler veut instaurer en Europe, l'Allemagne doit souhaiter que la France soit une associée active et agissante et non un poids mort.

Il faut donc que la France redevienne dans le cadre européen à prépondérance allemande une nation cohérente et disciplinée.

5 – Je crois que je peux amener la plus grande partie de la population à la politique de collaboration qui est, ainsi que je l'ai dit au chancelier, la seule compatible avec l'intérêt des deux pays.

J'ai la conviction que, actuellement, Monsieur Laval ne le peut pas et qu'il ne le pourra jamais *seul*.

En ce qui me concerne, je suis disposé, quand les esprits seront calmés, à voir Monsieur Laval occuper une place importante dans le gouvernement, mais ni comme chef, ni ministre de l'Intérieur.

Mais son retour — qui n'est souhaité présentement ni par le maréchal, ni par la majorité de la nation — sera d'autant plus facilité que Monsieur Laval et ses amis plus ou moins encouragés ne se mettra pas systématiquement en travers de ma route.

6 – Ou vous n'avez pas confiance dans ma sincérité à collaborer et alors je me retire purement et simplement et je prends ma retraite, décidé à ne plus m'occuper de rien, pas même de la marine.

Ou vous avez confiance en moi et je vous demande de me faire crédit, de me juger à mes actes et de me laisser constituer un gouvernement à ma guise.

J'ai déjà pris les mesures indispensables à la collaboration (P. E. Flandin — Peyrouton).

Le maréchal m'a donné pratiquement toute l'autorité. Il me la donne à moi, il ne la donnerait pas à un autre. Je viens encore de reprendre le secrétariat général de la présidence du Conseil sous mon autorité.

« Aller plus loin dans les textes me paraît pratiquement impossible.

« Je vais changer d'autres hommes — je réfléchis avant de leur donner des successeurs.

« J'ai donné au gouvernement une forme pyramidale au lieu d'une forme linéaire — je peux imposer ma volonté aux autres ministres.

« J'introduirai des hommes nouveaux qui tout en étant de bons Français, honnêtes, sont des partisans convaincus de la collaboration[69]. »

Aucun procès-verbal de l'entretien n'a été établi, de sorte qu'on ne peut connaître la réaction d'Abetz. Celui-ci a pu se rendre compte que les bonnes paroles que lui a prodiguées l'amiral ont autant de valeur que les flatteries avec lesquelles il a cru le manipuler. Apparemment, il ne s'inclinera pas immédiatement, puisqu'il sera encore question du retour de Laval au début du mois de mars. Darlan propose de créer pour lui la fonction de Premier ministre (qui n'existe pas dans la tradition républicaine française), mais sans se dessaisir d'aucun des postes qu'il occupe[70]. Autrement dit, ce serait au tour de Laval de jouer le rôle de potiche sur la cheminée... L'affaire va traîner jusqu'à ce qu'en avril la conjoncture internationale la fasse disparaître des questions d'actualité.

Sans attendre cette circonstance, heureuse pour lui, Darlan s'attelle dès février à l'organisation de ses multiples fonctions. Son bureau principal est à l'hôtel du Parc, au 2e étage, juste en dessous de celui du Maréchal. Il siège là en tant que vice-président du Conseil et ministre des Affaires étrangères. A côté de son bureau, sont installés : à droite le fidèle Moysset et le capitaine de vaisseau Tracou qui connaît parfaitement les questions allemandes (il a été attaché naval à Berlin et vient de la délégation de Wiesbaden), nommé directeur de cabinet pour la vice-présidence du Conseil ; à gauche le capitaine de corvette Louis Guichard, chef de cabinet pour les affaires étrangères, qui travaille en étroite liaison avec Rochat, directeur des affaires politiques. C'est là que Darlan passe le plus clair de son temps.

Tous les jours, il se rend aussi dans ses deux autres ministères. Sauf lorsqu'il est en inspection, il ne manque jamais de passer à l'hôtel du Helder où fonctionne le ministère de la Marine sous la direction expérimentée du vice-amiral Le Luc qui porte le titre de directeur du cabinet du commandant en chef des Forces maritimes françaises. Auphan est en charge de la marine marchande. Avec une telle équipe, Darlan n'a aucun souci à se faire, et sa visite est généralement brève : souvent, Le Luc et Auphan en sont réduits à évoquer avec lui un dossier urgent « entre deux portes [71] ». Il va ensuite au Grand Casino où est installé le ministère de l'Intérieur. Il a songé à faire encore appel à un marin, le contre-amiral Fenard, pour « mettre un peu d'ordre » dans le ministère, l'a effectivement convoqué à Vichy à la mi-mars et l'a chargé d'inspecter les services de renseignements et de police [72], mais l'affaire n'a pas eu de suite [73], hormis la promotion de Fenard au grade de vice-amiral le 26 mars. Darlan continue donc à s'appuyer sur les secrétaires généraux Sabatier (pour l'administration) et Chavin (pour la police) et le directeur de cabinet Demange. Comme le note avec une ironie un peu grinçante le général Laure, « voilà bien des occupations pour le seul Darlan, si bien doué soit-il [74] ». De fait, il abandonnera en août l'Intérieur, département trop lourd pour être géré par un ministre à temps partiel.

La mise en place du cabinet se révèle difficile et va exiger deux semaines, suscitant l'impatience de la presse parisienne et l'irritation de l'entourage du Maréchal qui juge Darlan « hanté par la préoccupation des dosages [75] ». En fait, il faut concilier plusieurs exigences contradictoires : celles des Allemands, de Pétain, et de Darlan lui-même.

L'ambassade d'Allemagne a reçu plusieurs satisfactions avec les départs successifs d'Alibert, de Flandin et de Peyrouton. Elle demande aussi le départ de Bouthillier, Caziot (Agriculture), Chevalier (Instruction publique), Berthelot (Communications), et Belin (Travail). Pétain refuse de se séparer de Caziot, qui travaille à la réalisation d'une idée qui est lui chère, la Corporation paysanne, ainsi que de Belin, ce qui est plus curieux, car il s'est plaint dans le passé de l'incapacité de celui-ci à faire disparaître la lutte des classes. De même, il tient à garder Chevalier, peut-être à cause du rôle qu'il a joué dans les contacts avec les Britanniques à la fin de 1940. De son côté, Darlan a deux idées directrices : se débarrasser à la fois des hommes de Flandin et de Laval ; remplacer les hommes politiques par des techniciens. Dans sa note du 8 février, il propose :

« La nomination immédiate de :
— Amiral Darlan : Intérieur, Affaires étrangères, Marine ;
— Général Huntziger : Guerre, Colonies, Aviation ;
— Secrétaire d'État à l'Aviation : Bergeret ;
— Secrétaire d'État aux Colonies : Platon ;
— Secrétaire d'État Production : Perrin ;
— Secrétaire d'État Travail : Bard ;
— Secrétaire d'État Ravitaillement : Achard ;
— Secrétaire d'État Instruction publique, Jeunesse, Famille : Chevalier ;
— Secrétaire d'État Justice : Barthélemy.

« On m'a signalé pour les Communications : M. Marot, ancien officier qui a eu de nombreuses négociations, heureuses, avec les Allemands.

« Pour l'Agriculture : M. Le Roy Ladurie.

« En ce qui concerne l'Économie nationale : Peyrecave a décliné. Il m'a indiqué : Baudouin (si pas d'objection en face), ou Lehideux.

« Pour le secrétariat d'État aux Finances placé sous l'autorité du ministère de l'Économie nationale : M. Brunet, directeur aux finances.

« De nouvelles attaques allemandes et françaises ont été faites contre le général Laure, Du Moulin de la Barthète et l'amiral Fernet.

« Je songerais à remplacer Fernet comme Secrétaire Général par Bouthillier s'il veut bien.

« Pour remplacer Portmann, on m'a signalé M. P. Marion[76] ? »

Dans cette première combinaison, à côté des personnes déjà en place et que Darlan ne peut (Huntziger, Chevalier) ou ne veut (Platon, Bergeret) remplacer, ou pour lesquels il n'a pas de candidat à proposer (Barthélemy), il introduit les techniciens : Jacques Le Roy Ladurie, spécialiste des questions paysannes ; Brunet, directeur du Trésor ; François Lehideux, président du comité d'organisation de l'industrie automobile ; Paul Marion. On remarque l'éviction à cause du veto allemand de Bouthillier, à qui est promis en échange le secrétariat général de la présidence du Conseil, poste important, mais qui n'est tout de même pas ministériel. On note aussi la présence de Baudouin, qui n'est donc pas en aussi mauvais termes avec Darlan qu'il l'affirmera plus tard.

Dès le 7 février, Darlan a évoqué avec Abetz la composition du gouvernement : « Aucune objection contre M. Barthélemy, M. Achard, général Bergeret, amiral Platon. Accord sur l'entrée de M. Perrin, M. Bard et M. Angeli[77]. » Aucun de ces trois nouveaux ne fera finalement partie du gouvernement qui sera sensiblement différent.

Des conciliabules et tractations qui se succèdent durant ces deux semaines, nous ne savons pas grand-chose. Le 11 février, Bouthillier refuse le poste de secrétaire général du chef de l'État, et Darlan le maintiendra finalement à l'Économie. Il s'oppose au maintien de Chevalier à l'Éducation, et comme Pétain souhaite le conserver dans le gouvernement, il le fait passer à la Famille[78]. Berthelot accepte, non sans difficultés, d'abandonner les Travaux publics à Lehideux et de ne conserver que les Communications[79]. Pour le reste, on ne peut guère que suivre les bruits recueillis par ce spécialiste des potins qu'est Pierre Nicolle. Le 12, Bouthillier est donné partant, et l'on avance pour le remplacer le nom de Moreau-Neyret, secrétaire général au ministère de l'Économie ; le 15, « la candidature de Perrin au ministère de la Production semble définitivement écartée. On parle maintenant de Lehideux, mais Lehideux est trop connu pour ses attaches avec la grosse industrie et la haute banque. Le nom de Froideval est à nouveau mis en avant, pour le ministère du Travail » ; trois jours plus tard, Lehideux paraît éliminé, et l'on parle de Barnaud, qui lui-même semble hors de course deux jours plus tard ; le 21, Froideval est, lui aussi, rayé des listes et l'académicien Abel Bonnard donné comme successeur de Chevalier à l'Instruction publique ; sa nomination semble acquise, au point que la radio suisse l'annonce le lendemain ; mais le 23, « il est question de nouvelles démissions. Cette fois, l'amiral Platon quitte les Colonies. Abel Bonnard est déjà éliminé au profit de Bellessort à l'Instruction publique. Le nouveau candidat au ministère de la Production serait Bouthillier. Belin garde le Travail, Pucheu prend la direction du secrétariat à la Production industrielle[80] ». Finalement, le gouvernement est constitué le lendemain. Darlan arrête la composition définitive :

Ministres :
Général Huntziger (Guerre) ;
Bouthillier (Économie nationale, Finances) ;
Caziot (Agriculture) ;
Barthélemy (Justice).

Secrétaires d'État :
Berthelot (Communications) ;
Pucheu (Production) ;
Belin (Travail) ;
Carcopino (Éducation nationale) ;
Chevalier (Famille) ;
Platon (Colonies) ;
Bergeret (Aviation) ;
Achard (Ravitaillement) ;
Lehideux (Équipement) ;
Barnaud (délégué général économique).

Quatre ministres seulement, qui assistent à tous les Conseils des ministres et supervisent plusieurs secrétaires d'État : Bouthillier contrôle les Communications, la Production industrielle, le Travail ; Huntziger les Colonies, l'Éducation nationale et la Famille et la Santé ; Caziot le Ravitaillement ; Barthélémy, à la Justice, ne contrôle personne. En dessous des secrétaires d'État, on trouve un ou plusieurs secrétaires généraux ou commissaires généraux. Tous les secrétaires généraux choisis depuis juillet 1940 sont maintenus. Darlan ne procédera à des changements que de façon progressive et prudente.

Cette stricte hiérarchie, conforme à la vision pyramidale de l'État chère à Pétain, donne l'apparence d'une construction harmonieuse. Mais l'organigramme dissimule une contradiction fondamentale qu'a tout de suite perçue Henri Moysset. Avec la liberté de ton qui caractérise ses rapports avec son ancien élève, il lui déclare : « Votre ministère me rappelle le nom d'un café de ma ville natale du Ségalas, *Aux jeunes cyclistes et aux anciens Romains*[81]. »

D'un côté, des notables, d'âge généralement mûr et de formation traditionnelle, qui ne manifestent aucune sympathie pour le nazisme ou le fascisme. Barthélemy et Carcopino sont deux universitaires éminents, membres de l'Institut. On peut aussi ranger dans cette catégorie le général Huntziger et Caziot ainsi que Bouthillier, qui est plus jeune. Contrairement à ce que certains d'entre eux suggéreront après la guerre, ils ne sont pas tous résistants dans l'âme. Huntziger n'est pas un émule de Weygand, et sa réputation d'antigermanisme tient surtout à ses origines alsaciennes, à sa disparition prématurée et à la volonté de certains au lendemain de la guerre de noircir Darlan par comparaison. Carcopino, défenseur des libertés universitaires, signera sans beaucoup de remords les révocations d'universitaires franc-maçons. Mais, représentants de la droite traditionnelle, ils n'ont aucune inclination pour les méthodes totalitaires et conservent une grande méfiance vis-à-vis de l'Allemagne. Bouthillier a joué un rôle décisif dans le complot qui a abouti au renvoi de Laval.

Mais de l'autre côté, Darlan a fait aussi appel à un groupe de jeunes technocrates réputés proches du P.P.F. de Doriot, très brillants, mais partisans résolus d'une entente avec l'Allemagne et de réformes de structure profondes plus inspirées par les modèles totalitaires que par une Révolution nationale qu'ils jugent archaïque. Durant la crise, ils ont joué la bonne carte en s'entremettant auprès d'Abetz en faveur de Darlan : « Si l'amiral cherchait une équipe ministérielle, nous cherchions, quant à nous, un chef de gouvernement[82]. » Darlan est séduit par cette réunion de compétences et récompense leur intervention.

François Lehideux reçoit l'Équipement, Pierre Pucheu la Production industrielle, Jacques Barnaud devient délégué général pour les relations économiques, Paul Marion, secrétaire général adjoint pour l'Information, et Jacques Benoist-Méchin, secrétaire général adjoint à la vice-présidence du Conseil pour les relations franco-allemandes[83]. Jacques Le Roy Ladurie devra attendre un peu avant de prendre la tête de la Corporation paysanne.

L'arrivée de ces hommes très dissemblables (le contraste entre l'aristocrate maniéré Benoist-Méchin et le désinvolte Marion qui ne perd pas une occasion de se gausser des excellences, des généraux et des curés est saisissant) mais unis par un commun désir de faire bouger les choses ne peut que heurter les milieux vichyssois bien-pensants et souvent compassés. Le général Laure confie à son Journal son horreur devant la désignation de Marion, « trop connu pour son ancienne affiliation à *L'Humanité* dans le temps ou ce journal menait une violente campagne contre les plus respectables de nos institutions et contre l'armée et pour son adhésion ultérieure au P.P.F. de Doriot[84] ». Mais surtout, cette cohabitation entre ces deux « clans » si opposés va entraîner à terme la condamnation du gouvernement Darlan, victime de la colère allemande, mais aussi de ses propres dissensions. Entre Bouthillier qui lutte contre le pillage de la France et Benoist-Méchin qui se jette à corps perdu dans une collaboration qu'il voudrait pure et dure, l'accord se révélera vite impossible. Le vice-président du Conseil ne fera d'ailleurs pas grand-chose pour le favoriser. Il ne cherche pas à créer un esprit d'équipe ; au contraire, il tient ses ministres à l'écart de ses tractations. Dès le 21 février, Huntziger note que Darlan est « entouré de marins muets comme lui ; plus de mystère encore que du temps de Pierre Laval. Darlan tient son sceptre et sera hermétique sur beaucoup de ses rapports avec les Allemands. Pourvu que nous n'ayons pas à regretter P. Laval[85]. »

Mais cette contradiction, si elle sera finalement désastreuse, est aussi la condition de la création du gouvernement Darlan. C'est parce que Benoist-Méchin et Marion entrent que Bouthillier reste. Sans eux, l'ambassade n'aurait jamais laissé se développer l'expérience. Et le groupe de ces technocrates collaborateurs n'occupe que des postes relativement secondaires. Il n'est pas en état à lui seul de bloquer l'action du gouvernement.

Mais il n'est pas le seul dont Darlan doit tenir compte. Il est en butte à l'hostilité à peine dissimulée de l'entourage du Maréchal. Laure le juge « plus politicien que grand. On saisit avec peine le fond de sa pensée quand on parle avec lui. Il semble prendre plaisir à se dissimuler toujours partiellement derrière les volutes de fumée de sa pipe. Parfois bonhomme, parfois rude, souvent grossier dans son langage. Il n'est pas assuré dans ses hautes fonctions et se montre, pour acquérir la confiance, déférent vis-à-vis du Maréchal et résolu à une certaine docilité, sans nous donner, à nous spectateurs, la certitude de sa sincérité[86]. » Dumoulin est encore plus hostile : il aurait souhaité que le maréchal gardât la totalité du pouvoir pour jouer dans l'ombre le rôle d'un père Joseph et accuse Darlan d'avoir « constitué son propre ministère sans que le chef de l'État pût se permettre d'en discuter les moindres éléments[87] », ce qui ne correspond absolument pas à la réalité : les quatre ministres appartenaient tous au précédent gouvernement et le maintien de Chevalier et de Caziot, par exemple, résulte visiblement de la volonté de Pétain. « Quant au secrétaire particulier du chef de l'État, Bernard Ménétrel, il voua d'emblée au nouveau vice-président du Conseil une haine déterminée et efficace[88]. » Darlan devra également faire face à l'hostilité presque immédiate de la presse parisienne qui se déchaîne contre le maintien de Bouthillier et de Belin, et voit dans l'entrée des technocrates la mainmise de la « synarchie », c'est-à-dire de la haute banque et des trusts. *Je suis partout, L'Œuvre, Les Nouveaux temps, Le Pilori,* etc., ne feront aucun cadeau au nouveau vice-président du Conseil. Les gaullistes non plus, évidemment. Les uns et les autres l'appellent vite « l'amiral Courbette ». Et puis bien sûr, il y a les Allemands qui attendent de le voir à l'œuvre.

L'Amiral de la flotte a gagné la course au pouvoir. Mais il doit se garder de tous les côtés contre ceux qui n'attendent que le moment de précipiter sa chute.

CHAPITRE XIV

À la recherche de la collaboration

Au début de 1941, la situation semble s'être stabilisée vis-à-vis des Anglo-Saxons. Les Britanniques ont cessé leurs attaques et s'efforcent plutôt de rétablir le contact, notamment par l'intermédiaire du général Weygand (lequel reste obstinément sourd à leurs avances et transmet à Pétain les lettres qu'il reçoit au lieu d'y répondre). Le trafic passe sans encombre par le détroit de Gibraltar. Les États-Unis manifestent également de meilleures dispositions qu'à l'été 40, et Roosevelt envoie à Vichy un ambassadeur [1], l'amiral Leahy, qui prend ses fonctions le 7 janvier.

Le diplomate rencontre aussitôt Pétain, puis Darlan le 9 janvier : il le trouve « bien informé, énergique, courageux, incurablement anglophobe, convaincu que le régime nazi ne survivrait pas longtemps à la disparition de Hitler et que la France pourrait alors exercer une grande influence ou même une hégémonie (*control*) sur la nouvelle Europe qui sortira de la guerre. Bien que ne croyant pas que les Allemands puissent envahir l'Angleterre, en dépit de l'incapacité britannique, il est persuadé que les Allemands gagneront la guerre et établiront un ordre nouveau en Europe [2] ».

La commission allemande d'armistice de Wiesbaden ayant demandé à la fin de février de cesser toutes conversations avec les Britanniques en précisant que les discussions pouvaient se poursuivre avec les États-Unis, des négociations sur le ravitaillement de l'Afrique du Nord aboutissent à un accord paraphé le 26 février par le général Weygand et Robert Murphy, consul général des États-Unis à Alger et représentant de Roosevelt pour l'Afrique du Nord, avec l'accord officieux de David Eccles, directeur au ministère britannique du Blocus. L'accord est approuvé par le gouvernement français et notre ambassade à

Washington annonce le 5 avril que le gouvernement britannique a décidé d'accorder les navicerts[3] nécessaires à son exécution[4]. Les contacts avec les Anglo-Saxons ne sont donc pas rompus. Darlan prend d'ailleurs la précaution de conserver des canaux officieux : les liaisons avec le gouvernement britannique sont assurées par l'attaché naval à Madrid, le capitaine de vaisseau Delaye, qui rencontre fréquemment son homologue le captain Hillgarth, lequel est d'ailleurs un agent de l'Intelligence Service. D'autres contacts existent, par Lisbonne ou l'Amérique du Sud : si Darlan interdit officiellement tout contact avec les diplomates britanniques[5], il fait transmettre à l'ambassadeur au Brésil par l'intermédiaire de l'attaché naval, le capitaine de frégate André Daynac : « Le gouvernement français, dont les relations de service sont sous contrôle allemand, autorise l'ambassadeur à agir dans l'intérêt de la France, sans se conformer strictement à des instructions contraires du gouvernement[6]. » Par ailleurs on peut parler d'une liaison triangulaire Londres-Washington-Vichy : chaque fois que Churchill a des craintes particulières, à propos de l'empire ou de la flotte, il adresse un message à Roosevelt, qui prescrit aussitôt à son ambassade d'effectuer une démarche auprès de Pétain, puis communique le résultat à Londres.

à cette époque j'ai rencontré au moins 2 fois le Maréchal et l'Amiral Leahy des USA en promenade en voiture seuls -

Une détente se confirme aussi avec l'Espagne. Pétain rencontre Franco à Montpellier le 14 février, tandis que Darlan s'entretient avec le ministre des Affaires étrangères Serrano Suñer : même si l'on n'y discute de rien de précis[7], il est acquis que l'Espagne s'en tiendra à la position d'attente définie par Franco lors de son entrevue avec Hitler peu avant Montoire et qu'elle ne créera pas d'ennuis supplémentaires à la France. Au vu de ce tableau, la position de la France semble meilleure qu'au lendemain de l'armistice. Mais il subsiste malheureusement un problème, et celui-là domine tous les autres : la pression allemande ne se relâche pas.

LE PILLAGE DE LA FRANCE

Toutes les négociations sont bloquées et les exigences s'accroissent dans tous les domaines, et d'abord sur le plan économique. Le montant exorbitant des frais d'occupation (400 millions de francs par jour) donne aux Allemands un pouvoir d'achat énorme qui leur permet de passer des commandes massives à l'industrie française : à la fin de 1940, leur montant s'élevait déjà à 22 milliards (le quart du budget de l'État français) et d'énormes contrats sont en cours de discussion, notamment la fabrication de

3 000 avions et de 6 500 moteurs pour un montant de 17 milliards de francs (200 000 ouvriers occupés pendant dix-huit mois à deux ans), la fabrication de munitions et d'explosifs et des constructions navales (achèvement des bâtiments de guerre sur cale et construction de cargos et bâtiments auxiliaires). La marge de manœuvre de Vichy est ici très limitée, car les usines concernées se situent presque toutes en zone occupée, et les Allemands ont les moyens d'imposer leur volonté. Par ailleurs, en échange de la reprise du trafic maritime, il a fallu accepter la cession de pourcentages allant de 12 % (pour les tourteaux) à 25 % (pour l'huile) et même 50 % (pour les bananes) [8] sur les arrivages de produits coloniaux, ainsi que la fourniture de 25 000 tonnes de caoutchouc indochinois et de matières premières. Ont déjà été autorisées, en février 1941, des livraisons portant sur 259 000 tonnes de bauxite, 36 000 tonnes d'alumine, 23 000 tonnes d'aluminium, 500 000 tonnes de minerai de fer, 720 000 tonnes de phosphates [9], 100 tonnes de cobalt, 30 tonnes de phosphore rouge [10]. De nouveaux contrats sont en cours de discussion. A cela, il convient d'ajouter les stocks saisis comme butin de guerre (450 000 tonnes de pétrole, 2 500 locomotives sur 5 200, 200 000 wagons sur 450 000) et les achats officieux dont le gouvernement français n'a pas connaissance. Il s'agit bien d'un véritable pillage méthodiquement organisé et conduit [11].

Malgré ces achats massifs, les Allemands n'arrivent pas à dépenser tout le montant des frais d'occupation. Leur compte à la Banque de France accuse au printemps 41 un excédent de 50 milliards qui constitue, ainsi que le note Yves Bouthillier, « une redoutable menace. En le portant brutalement dans tel ou tel secteur de l'économie, il était loisible aux autorités allemandes de briser nos efforts pour stabiliser les prix [12] ». Le docteur Hemmen, président de la Mission économique, qui d'ailleurs se transporte, à partir du 1er avril, de Wiesbaden à Paris pour être en contact direct avec les industriels, travaille à renforcer l'emprise allemande sur l'économie française. Il réclame la mise en place d'un contrôle allemand aux frontières, de commissaires du Reich près la Banque de France et les grandes banques, l'envoi d'ouvriers dans le Reich, la cession de participations dans les entreprises et notamment de la majorité du capital des sociétés aéronautiques. Devant le refus de Vichy, il oppose une fin de non-recevoir catégorique à toute les demandes françaises, maintient une « ligne dure » et se déclare partisan de l'emploi de mesures de coercition [13].

Heureusement pour la France, celles-ci seraient difficiles à appliquer et même nuisibles pour le Reich : la fermeture de la ligne de démarcation poserait autant de problèmes à la zone occupée qu'à la zone libre, et l'accord du gouvernement français est indispensable au bon fonctionnement des industries qui travaillent pour le Reich. Les constructions navales en offrent un bon exemple : en janvier, les Allemands annoncent leur décision de faire construire des bâtiments de guerre dans les chantiers de la zone occupée, mais refusent d'effectuer les paiements correspondant aux constructions en cours et d'ouvrir des négociations sur les contreparties. En riposte, Darlan refuse d'accorder les licences indispensables (la convention d'armistice interdit la fabrication de matériels de guerre). Les Allemands tentent de passer outre en menaçant les chantiers de sanctions, mais le rendement devient si faible qu'ils se rendent compte qu'il vaut mieux négocier. Le 14 février, la commission allemande d'armistice accepte pour la première fois une négociation globale sur les constructions navales (financement, contreparties, matières premières...), et un accord financier provisoire est paraphé par le négociateur français Sergent et le professeur allemand Noc. Le 19 mars, le général Barckausen, chargé des problèmes économiques en zone occupée, tente une dernière fois d'arracher la signature des licences. La réaction de Darlan est catégorique : « Il n'y aura pas de construction sous la contrainte. » Le Reich va devoir se résoudre à composer.

Ce qui se passe dans le secteur économique n'est que le reflet du climat général des relations franco-allemandes. Le 14 février, Keitel adresse à Warlimont et Stülpnagel les directives de l'O.K.W. (Oberkommando der Wehrmacht) pour les négociations à venir. Elles sont dépourvues de toute ambiguïté : « L'affaire Laval a brisé la confiance naissante. Les rapports seront basés uniquement sur la convention d'armistice ; si nous en sortons, la France demande des concessions économiques et militaires. Il faut rejeter toute demande de renfort dans la métropole *car nous pouvons être amenés à occuper la zone libre* [souligné par les auteurs]. On révisera cette position si les Anglais attaquent, ce qui ne semble pas devoir être le cas. De même, il y a assez de forces aux colonies[14]. » Le 14 janvier, la commission allemande d'armistice a exigé l'envoi d'une mission d'inspection au Maroc, jusqu'alors du ressort de l'Italie qui ne s'y intéressait guère et se concentrait sur la Tunisie et l'Algérie[15]. En mars, elle réclame la présence d'officiers de la commission de contrôle lors des manœuvres combinées, exigence insupportable pour Darlan qui tient par-dessus tout à la liberté d'action de sa flotte[16]. Un aide-mémoire du 2 mars récapitule les principales demandes de la marine française dont le règlement est toujours en cours : les renforts d'escorte demandés pour le trafic dans la région de Gibraltar n'ont pas été obtenus, le déblocage de munitions entreposées en zone occupée et la libération d'officiers généraux (Le Bigot et Penfentenyo) sont toujours en attente[17].

Pour capitales qu'elles soient aux yeux de Darlan, les questions navales ne constituent pourtant plus qu'un aspect de sa tâche depuis qu'il est devenu vice-président du Conseil. Le 4 mars, il fait établir une « liste des questions importantes en suspens entre la France et l'Allemagne[18] ». Celles-ci sont au nombre de huit :

1. *Révision du montant des frais d'occupation.*
2. *Commandes d'avions allemands en France* (les exigences allemandes absorbent la quasi-totalité de la capacité de production ; la France veut une diminution pour pouvoir fabriquer des avions pour son propre compte).
3. *Rattachement des départements du Nord et du Pas-de-Calais à l'administration militaire allemande à Paris.*
4. *Retour des réfugiés en zone réservée* (600 000 réfugiés attendent encore de pouvoir rentrer chez eux dans les départements de l'Est).
5. *Colonisation de la zone réservée par l'organisation Ostland* (Vichy demande l'arrêt de tout envoi d'agriculteurs étrangers et le retour des propriétaires français).
6. *Restitution de locomotives et de wagons français* (la France demande le retour de 900 locomotives et de 80 000 wagons pour faire face au trafic réduit au minimum).
7. *Recrutement en zone occupée d'engagés pour l'armée d'armistice métropolitaine* (les engagements sont trop peu nombreux en zone libre).
8. *Assouplissement de la ligne de démarcation* (de 100 à 120 par jour, le nombre des laissez-passer a été réduit à 30 en février avec des délais trop longs et des procédures compliquées).

Darlan est très conscient de tous ces problèmes. Contrairement à ce que l'on prétendra par la suite, sa politique ne se limite pas à obtenir le réarmement de ses bateaux. Ministre de l'Intérieur, il a à sa disposition la synthèse des rapports des préfets sur l'état de l'opinion et peut y lire que la population demeure très méfiante vis-à-vis de la collaboration, autant par haine de l'Allemand que parce qu'elle n'en a perçu aucune contrepartie. Même s'il place « sa » marine au-dessus de tout, l'Amiral de la flotte a tout de même assez de sens commun pour comprendre que le réarmement de quelques torpilleurs n'est pas de nature à frapper l'opinion et qu'il doit obtenir des résultats plus tangibles. D'autre part, même s'il se soucie peu des questions financières, il est capable de saisir l'importance du problème financier que lui présente Bouthillier : durant les discussions de Paris, la réduction des frais d'occupation va être un de ses *leitmotive*[19]. En deux occasions au moins, il s'est expliqué sur le sens et la portée qu'il convenait de donner au mot collaboration. Le 19 mai, après son retour de Berchtesgaden et avant les protocoles de Paris, il adresse une circulaire aux postes diplomatiques pour fixer les lignes générales de la propagande. L'idée directrice apparaît nettement : la collaboration est le seul moyen de faire face à la prolongation du régime d'armistice au-delà de la courte période qui avait été initialement envisagée.

> « Depuis le mois de juin dernier, la France métropolitaine et l'empire vivent sous un régime d'armistice qui avait été primitivement conçu en prévision d'une conclusion rapide des opérations militaires en cours. Ce régime comportait des stipulations dont la rigueur s'expliquait par leur caractère provisoire, mais qui, à la longue, pesaient de plus en plus lourdement sur toute la vie du pays. Après onze mois et devant l'évolution d'un conflit dont la durée reste imprévisible, la prolongation de cette situation se faisait de jour en jour plus difficile et risquait de compromettre à la fois l'existence et l'avenir de la nation.
>
> « Il était donc du devoir du gouvernement, responsable du sort du pays devant la nation et devant l'histoire, de s'efforcer de transposer le problème des relations franco-allemandes du plan du diktat sur le terrain de la collaboration et d'instituer une méthode qui nous permette d'obtenir, en échange de certaines concessions, des contreparties propres à alléger dès maintenant les charges de toute nature supportées depuis juin dernier, de recevoir certaines assurances concernant les intentions allemandes en prévision du futur traité de paix et d'assurer à la France une place honorable dans une Europe dont la réorganisation s'avérera nécessaire quelle que soit l'issue du conflit.
>
> « Toute autre attitude exposerait la France et son empire au double danger, pour le présent, d'une asphyxie progressive, et pour l'avenir, de revendications territoriales illimitées[20]. »

En octobre, Darlan se rend en visite en Bretagne, et il expose aux maires sa définition de la collaboration :

> « Tous nos efforts consistent à faire revenir le plus grand nombre de prisonniers, en particulier les agriculteurs. Tout ceci nécessite des négociations avec la puissance occupante et victorieuse, ne l'oubliez pas ! Nous avons subi la plus grande défaite de notre histoire. Vous en payez les conséquences. Il faut nous efforcer de limiter les frais, et cette politique ne pourra être fructueuse que si nous ne tournons pas le dos à notre ancien adversaire. C'est ce qu'on a appelé d'une façon mauvaise la collaboration[21]. »

Dès la formation de son gouvernement, l'amiral a pris soin de centraliser au plus haut niveau, c'est-à-dire le sien, les négociations avec l'occupant : s'il n'a pu arracher à Huntziger la

Direction des services de l'armistice, qui supervise les relations militaires, il a créé deux postes pour contrôler les questions économiques (avec la nomination de Barnaud comme délégué général pour les relations économiques) et politiques (avec Benoist-Méchin comme secrétaire général chargé des relations franco-allemandes). La délégation de Wiesbaden ne traitera plus désormais que des affaires de routine, les problèmes essentiels se régleront à Paris.

Le projet de l'Amiral de la flotte est clair : il souhaite ardemment une négociation globale, car il se rend bien compte que les Allemands obtiennent beaucoup plus de concessions dans les discussions parcellaires qui ont eu lieu jusqu'alors. Il nourrit à ce sujet quelques illusions, comme Pierre Laval avant lui, et pense pouvoir parvenir à une transformation du statut politique sans être entraîné dans une guerre contre la Grande-Bretagne. Son idée est d'obtenir des contreparties telles qu'elles mettraient fin, au moins *de facto,* au régime d'armistice et assureraient le maintien de la France à son rang de puissance coloniale et européenne dans un continent dominé par l'Allemagne. Par rapport à sa note de novembre 1940, sa position est en train d'évoluer : alors qu'auparavant il n'envisageait qu'une collaboration économique et excluait toute intrusion des Allemands dans l'empire, il est maintenant prêt à l'octroi de facilités militaires. La raison est sans doute à chercher dans l'évolution de la guerre : à la fin de 1940, l'Angleterre n'a pas été envahie, elle a infligé de sérieuses défaites aux Italiens en Afrique et en Méditerranée. Au printemps 41, la conjoncture va se renverser avec l'apparition de l'Afrika Korps en Libye et une terrifiante démonstration de *blitzkrieg* dans les Balkans : deux semaines suffisent pour l'occupation de la Yougoslavie, et la Grèce connaît aussitôt après le même sort malgré l'intervention de troupes britanniques condamnées à se rembarquer précipitamment avec de lourdes pertes. L'Allemagne est désormais la maîtresse de la totalité du continent européen excepté la péninsule Ibérique, et Darlan, comme beaucoup d'autres, va en conclure que cette suprématie est appelée à durer. Joue aussi dans ce sens l'influence de Benoist-Méchin qui vient, pour un temps, contrebalancer celle de Moysset, partisan de l'attentisme.

Mais les Allemands ne paraissent guère désireux d'ouvrir de réelles négociations, et les deux premiers mois du gouvernement Darlan ne sont marqués par aucune avance notable. Les 19 et 20 février, Darlan demande l'allégement des livraisons imposées par la Wehrmacht, il se heurte à un refus. Le 18 mars, il demande une réduction des frais d'occupation et une réévaluation du franc (le cours de 20 francs pour 1 mark était très au-dessus de la parité réelle, qui s'établissait à 12 francs pour 1 mark) : le refus est immédiat sur le second point ; le 29 mars, Hemmen déclare accepter le principe d'une réduction des frais d'occupation, mais demande en échange un droit de contrôle sur les banques que Vichy ne peut que refuser. Le 25 mars, les Allemands demandent la cession (à titre onéreux) de camions prélevés sur les stocks d'Afrique du Nord pour l'Afrika Korps qui vient d'arriver en Libye et de passer à l'offensive en Cyrénaïque. En échange de la cession de 13 000 camions (en métropole), les Français obtiennent le déstockage des 87 000 restants qui sont ainsi rendus à l'économie française. Le gouvernement en profite pour présenter une longue liste de revendications : réarmement d'unités supplémentaires de chasse et de D.C.A., amélioration du ravitaillement, mise à disposition de matières premières, ainsi qu'un « geste » vis-à-vis de la population : libération de prisonniers, assouplissement de la ligne de démarcation, arrêt des réquisitions en zone interdite, départements du Nord et du Pas-de-Calais[22]. Avec, en prime, la libération du général Giraud pour le nommer résident général au Maroc à la place de Noguès. Rien de tout cela n'aboutit. L'accord sur la livraison de quelques centaines de camions en Afrique du Nord ne sera formalisé qu'en juin. Berlin reste insensible à toutes les propositions françaises : « Les diktats continuent à succéder aux diktats », constate la délégation de Wiesbaden[23], et Goering, chargé du plan de quatre ans, songe même, dans le cadre de la campagne de récupération des métaux, à faire enlever les cloches des églises de France. Barnaud s'y oppose vigoureusement. Comme les Allemands insistent, Darlan prend le dossier en main :

> « Je leur fis répondre que jamais je ne consentirais, parce que pour les Français les cloches des églises sont sacrées et symbolisent l'âme des villages. J'ajoutai que s'ils s'en emparaient malgré nous ce serait de leur part une colossale erreur psychologique. Ils revinrent à la charge régulièrement jusqu'en novembre. A ce moment, je leur dis : " Il n'y a qu'un moyen pour vous d'obtenir les cloches, c'est de déclarer que tout village qui donnera les siennes verra ses prisonniers libérés. Alors c'est le curé lui-même qui descendra la cloche. " Ils parurent intéressés, mais le gage constitué par les prisonniers leur parut sans doute plus utile que le bronze des cloches. Ils se contentèrent de celui des statues[24]. »

Le dégel va intervenir à la fin d'avril avec l'évolution de la situation en Irak. Rachid Ali y a pris le pouvoir après le coup d'État du 3 avril et a constitué un gouvernement favorable à l'Axe. Les Britanniques, qui ne peuvent tolérer une telle menace sur leurs arrières, sont intervenus, et Rachid Ali appelle les

Allemands à l'aide. Le 21 avril, Hitler étudie avec Ribbentrop l'aide à apporter à l'Irak ; le ministre des Affaires étrangères va en discuter avec les Italiens et même avec les Japonais. Mais il apparaît que le seul moyen de venir en aide aux Irakiens consiste à passer par la Syrie, ce qui exige l'accord de la France. Hitler décide le 26 d'envoyer des avions en Irak et de recevoir Darlan. La perspective d'une reprise des discussions incite l'O.K.W. à dépasser l'affaire irakienne pour reposer la question d'un accès des navires allemands à Dakar, qui avait été évoquée sans résultats au début de l'année[25]. Des deux côtés, on s'achemine donc vers une négociation globale. Mais alors que les Français raisonnent en termes politiques, les Allemands n'obéissent qu'à une préoccupation militaire.

Le 2 mai, Abetz convoque Benoist-Méchin pour lui demander que le gouvernement français accorde à la Luftwaffe des bases dans le nord et le nord-est de la Syrie (Alep, Deir es-Zer et Abou Kémal) et cède des armes aux partisans de Rachid Ali. Benoist-Méchin a « peine à dissimuler [sa] satisfaction. Jusqu'ici c'était la France qui demandait des armes au Reich pour lui permettre de renforcer sa défense en Afrique. Et voici que, par un de ces retournements dont l'histoire a le secret, le Reich demandait des armes à la France pour l'aider à soutenir son prestige en Orient[26] ». Rentré aussitôt à Vichy, Benoist-Méchin expose la demande d'Abetz en soulignant que c'était « le moment de songer à reconquérir ce que nous avions perdu, en prenant appui sur ce que nous possédions encore ». Le Maréchal et l'amiral approuvent, « en principe, l'utilisation de certaines bases aériennes par la Luftwaffe, à condition que toutes les précautions fussent prises pour ne pas alerter prématurément les Anglais[27] ». C'est sur ces bases que va s'ouvrir la négociation que Darlan a tant souhaitée et qui lui sera tant reprochée.

De Paris à Berchtesgaden

Dans le « dossier » Darlan, les mois de mai et juin 1941 représentent la partie grave de l'acte d'accusation. Les concessions consenties par les protocoles de Paris et les illusions nées de l'entrevue de Berchtesgaden ont failli jeter la France dans les bras de l'Allemagne et conduit à un affrontement fratricide en Syrie. Qu'ils estiment, comme Robert Paxton, que ce sont les Allemands qui n'ont finalement pas donné suite aux ouvertures françaises[28] ou, comme Jean-Baptiste Duroselle, que c'est à Weygand que l'on doit la non-application des protocoles[29], tous les historiens se retrouvent pour en rejeter l'entière responsabilité sur Darlan. La cause semble entendue. Pourtant, des témoignages inédits peuvent suggérer une conclusion légèrement différente : si Darlan se laisse surprendre durant la première partie de la négociation, il prend vite conscience du refus allemand d'accorder des contreparties réelles et du risque d'engrenage et il ne joue pas dans la négociation et le refus d'application des protocoles de Paris le rôle qui lui est habituellement attribué.

Dès le 3 mai, Darlan fait un voyage éclair à Paris pour rencontrer Abetz qui lui annonce « qu'il pouvait s'attendre à être reçu bientôt par le Führer et à obtenir éventuellement quelques concessions allemandes » sur les frais d'occupation, la libération des prisonniers et l'assouplissement de la ligne de démarcation. Mais l'ambassadeur ajoute que le gouvernement français ne doit pas nourrir « l'espoir d'une reprise de la chance accordée à la France à Montoire. [...] C'est surtout depuis le 13 décembre que la méfiance de l'Allemagne vis-à-vis de la France est devenue insurmontable, et elle ne pourra plus être diminuée par des paroles, mais uniquement par des actes. Un tel acte serait, par exemple, l'assistance apportée à l'Irak ». Darlan se déclare disposé à coopérer, mais réclame des contreparties :

> « Darlan se déclara personnellement d'accord en ce qui concerne ces demandes et promit de faire le nécessaire en vue d'obtenir le consentement des membres du cabinet de Vichy qui devront d'abord être entendus sur cette question. Sa position, dit-il, n'est sûrement pas facile, du fait qu'une pareille assistance étendue prêtée à l'effort de guerre allemand pourrait donner lieu à des mesures anglaises. Sa position personnelle est rendue très difficile, parce qu'il n'a jamais obtenu des concessions allemandes en récompense de son empressement à donner suite à des exigences allemandes dépassant celles de la convention d'armistice[30]. »

Rentré le soir même à Vichy, il rend compte à Pétain, lui aussi très désireux de voir s'ouvrir une négociation d'où pourrait résulter un allégement de l'occupation. Le Maréchal se déclare prêt à accepter l'utilisation des bases de Syrie par la Luftwaffe si des contreparties substantielles sont obtenues, et il écrit immédiatement à Hitler pour lui demander de recevoir Darlan[31]. Il est donc informé dès le début de l'enjeu et des risques de la négociation. Dès le 4 mai, avant même l'ouverture de la conférence qui doit avoir lieu à Paris entre le gouvernement français et les représentants de l'O.K.W., Huntziger adresse au général Dentz, haut-commissaire au Levant, un message lui enjoignant de ne pas s'opposer à l'arrivée des Allemands[32].

Le 5 mai, l'Amiral de la flotte est de retour à Paris, et une première conférence se déroule le lendemain rue de Lille, dans les superbes salons de l'hôtel de Beauharnais, siège de l'ambassade d'Allemagne. Darlan, accompagné de Benoist-Méchin, informe Abetz que Pétain est d'accord pour aider l'Irak. Il fait remarquer qu'il a eu beaucoup de mal à obtenir l'aval du gouvernement, lequel estime que la France « va trop loin sans rien recevoir ». Cette fois-ci, il faut des contreparties sérieuses. En échange de l'aide accordée à l'Irak (atterrissage et approvisionnement en essence des avions allemands à condition qu'ils portent les insignes de l'armée irakienne — camouflage dérisoire, car l'Irak n'a pas d'avions modernes, et la Grande-Bretagne entretient toujours un consul à Beyrouth — et livraison d'armes françaises à l'Irak) l'ambassadeur promet « un assouplissement notable » de la ligne de démarcation, une réduction des frais d'occupation et la libération d' « un nombre substantiel de prisonniers ». La demande de libération du général Giraud a été refusée. Une nouvelle conférence doit avoir lieu le lendemain, en présence d'experts militaires et économiques, pour préciser les modalités techniques de cet accord.

Darlan peut croire que le résultat est atteint, et c'est alors qu'il va tomber dans le piège à la fin de la conférence (d'après Benoist-Méchin) ou après le déjeuner (version suggérée par un télégramme d'Abetz)[33]. Le récit de Benoist-Méchin semble crédible. On apporte à Abetz une dépêche :

> « Il en prit connaissance et fronça les sourcils. " Les nouvelles que je reçois, à l'instant, de la révolte irakienne ne sont pas fameuses, dit-il en se tournant vers l'amiral. Rachid Ali est en difficulté et demande que l'on vienne à son secours au plus vite. Il dit que le temps presse. Un premier groupe d'avions de chasse est prêt à quitter incessamment Salonique. Ne pourriez-vous envoyer tout de suite des instructions à Beyrouth ? Il ne faudrait pas que nos pilotes se fassent mitrailler au moment d'atterrir à Alep.
>
> — C'est que les modalités techniques de l'accord ne sont pas encore fixées, répondit l'amiral.
>
> — Elles le seront demain, répondit Abetz. Puisque nous sommes d'accord sur le fond, il ne reste plus à régler que quelques détails pratiques. Ceux-ci ne sauraient soulever de discussion sérieuse. En donnant immédiatement des ordres au haut-commissaire, nous gagnerons vingt-quatre heures. Toute la suite des opérations peut s'en trouver modifiée[34] ". »

Darlan, « dont c'était la première négociation de ce genre » comme le rappelle Benoist-Méchin[35], commet l'erreur de se fier à la parole de l'ambassadeur et envoie au général Dentz le télégramme annonçant l'arrivée des avions allemands. Il fait remarquer qu'en agissant ainsi il outrepasse les ordres du Maréchal. Mais dès 16 heures 20, les aérodromes concernés sont prêts à accueillir les avions allemands. Les premiers arriveront à Alep le 9 mai.

Abetz peut annoncer triomphalement à Berlin le lendemain : « Les concessions de la part des Français dépassent tout ce que l'on pouvait attendre du côté allemand[36] », alors même que Darlan est parfaitement conscient des risques encourus, puisqu'il « déclare que l'assistance apportée à travers la Syrie à l'effort de guerre de l'Irak conduira irrémédiablement à une attaque des Anglais contre le protectorat français et, de ce fait, à la perte de la Syrie, car là aussi les possibilités de défense contre un agresseur disposant d'un armement moderne sont nettement insuffisantes. Cependant, il prendra sur lui de passer, devant l'opinion française, pour l'homme qui a perdu la Syrie, car il est convaincu de pouvoir obtenir une amélioration des relations franco-allemandes en soutenant l'effort de guerre allemand dans le Proche-Orient[37] ».

Réalise-t-il vraiment qu'il va perdre la Syrie ? L'aide annoncée est plus symbolique qu'efficace : les armes promises sont pour la plupart très vieilles (il y a des fusils Gras modèle 1874) et dans un mauvais état de conservation, les tribus qui doivent les recevoir n'ont aucune formation militaire, il faut déstocker les armes et les acheminer par des voies de communication rudimentaires (en dehors des pistes, il n'existe qu'un chemin de fer à voie unique qui passe par la Turquie). Il peut estimer que l'aide accordée ne modifiera pas la situation (et de fait les armes expédiées arriveront juste à temps pour être reçues par les troupes britanniques qui les rétrocéderont aux gaullistes) et que l'atterrissage de quelques avions ne conduira pas à un affrontement avec les Anglais, même si le risque existe.

En agissant ainsi, Darlan commet une erreur d'appréciation et surtout il se place dans une situation impossible, car il a « lâché » l'essentiel sans avoir obtenu aucune garantie. Il va découvrir le système nazi dans lequel les différentes administrations se livrent une lutte d'influence sans merci. Abetz n'a aucun pouvoir sur Hemmen. Celui-ci ne se gêne pas pour dire qu'il n'est aucunement lié par les engagements qu'a pu prendre Abetz. Darlan va en faire l'amère expérience dès le lendemain.

Le 7 mai à 11 heures, les deux délégations se réunissent rue de Lille. Darlan est accompagné par Bouthillier, Benoist-Méchin, Barnaud, Boisanger, gouverneur de la Banque de France, et le commandant Fontaine. Abetz est flanqué du général Vogl, président de la commission d'armistice de Wiesbaden, et du ministre Hemmen. Le procès-verbal de cette longue séance qui a abordé un large éventail de questions n'a pas été retrouvé, et il faut s'en remettre à des comptes rendus partiels établis par Bouthillier et par Benoist-Méchin du côté français et à des télégrammes du ministre Ritter et de l'ambassadeur Abetz du côté allemand[38].

D'après Benoist-Méchin, « l'on se mit rapidement d'accord sur les questions militaires[39] ». L'accord sur la Syrie entérine ce qui a été arrêté la veille. Il a également été question d' « aider et approvisionner les sous-marins allemands et certains bateaux de commerce allemands sur la côte de l'Afrique occidentale. Darlan s'est déclaré d'accord en principe au sujet de cette demande ; toutefois, une entente définitive n'est pas encore conclue sur ce point, car on n'a pas encore pris de décision au sujet d'une demande spéciale présentée en compensation ». Cette « demande spéciale » vient se superposer aux compensations que la partie allemande « a laissé entrevoir » : réarmement de 6 contre-torpilleurs et 7 torpilleurs pour la protection du trafic, extension « jusqu'à un certain point » de la liberté de mouvement des forces navales françaises, réarmement de 7 batteries côtières au Maroc et en Algérie.

Sur le plan politique, Darlan se déclare prêt à « remplacer les représentants du gouvernement français et les fonctionnaires d'administration qui n'inspirent pas confiance [...], sur une grande échelle ». De leur côté, les Allemands acceptent la libération des prisonniers anciens combattants de 14-18, au nombre de 90 000 environ[40] et accordent « des facilités minimes au trafic voyageurs et au trafic postal à la ligne de démarcation ».

C'est en matière économique que les discussions vont mal tourner. Vogl et Abetz, désireux d'aboutir à un accord, doivent ici s'effacer devant Hemmen, toujours intransigeant. Il est entendu que la ligne de démarcation sera ouverte au trafic marchandises et monétaire. En échange, la France livrera de l'alumine et de l'aluminium et accepte de reconnaître le cours du reichsmark à 20 francs, contre lequel elle a jusqu'alors protesté. Mais l'accord sur la réduction des frais d'occupation se révèle impossible. Dûment instruit par Bouthillier du risque que représente cette masse d'argent en possession des Allemands, convaincu de la nécessité d'offrir à l'opinion un résultat tangible, Darlan expose ses demandes : il veut une réduction de 50 % sans contrepartie et avec rétroactivité au 1er septembre 1940.

> « L'amiral dénonça le danger pour la France d'un système qui permettait au Reich de pénétrer au cœur de nos finances, d'appréhender sans contrôle nos richesses et de fonder dans le silence et l'obscurité sa domination économique sur la France. L'Allemagne

ne fera rien en Europe sans la France. Or notre pays attend depuis neuf mois un geste de compréhension et de raison. La réduction du forfait doit être immédiate, considérable et rétroactive afin d'effacer, dans ses suites tangibles, les excès les plus évidents d'un régime insupportable [41]. »

Hemmen déclare alors que « le Reich accepte d'abaisser le montant des frais d'occupation de 400 à 300 millions par jour. Toutefois, cette réduction ne pourra être accordée que moyennant l'installation préalable de contrôleurs allemands à la Banque de France ». Bouthillier se récrie, proteste, mais Hemmen reste inébranlable et la délégation française finit par céder : des contrôleurs seront installés immédiatement à la Banque de France et à l'office des changes et, « à une date à fixer ultérieurement », au commerce extérieur. Un « contrôle non permanent » aux frontières est aussi évoqué sans que les modalités en soient précisées. C'est une grosse concession française.

Hemmen veut alors aller plus loin et subordonne la réduction à la condition qu'une partie soit versée en or et en devises, ce qui reviendrait à un accroissement des charges réelles (il est plus difficile de livrer ses réserves de change que de faire fonctionner la planche à billets). Cette fois, la conversation prend une tournure carrément mauvaise. Si Vogl et Abetz sont prêts à accepter le chiffre de 200 millions et exercent une vive pression sur Hemmen pour qu'il accepte, ce dernier soutient qu'il n'a pas compétence pour prendre une telle décision et qu'il faut demander l'accord de Berlin. Finalement, on aboutit à un compromis : le Reich ne réclamera que 300 millions jusqu'à l'échéance du 15 juillet, et une négociation ultérieure essaiera de résoudre le problème [42]. Un communiqué annonce sans attendre cette réduction... que Berlin refusera d'avaliser.

La négociation s'est donc mal terminée, et, au dire de Benoist-Méchin, peu suspect de vouloir faire à tout prix de Darlan un « résistant », elle « éveilla chez lui [Darlan] des doutes sur la bonne foi de ses interlocuteurs. Il s'était fié spontanément à la parole de l'ambassadeur et avait l'impression d'être tombé dans un piège. Désormais, il n'accorderait plus rien aux Allemands sans se faire payer d'avance [43] ». Il a en effet beaucoup plus donné qu'il n'a reçu. Mais si les discussions avec Hemmen ont été pénibles, leur impact est atténué par une confirmation apportée par Abetz à la fin de la séance : Hitler est prêt à recevoir l'Amiral de la flotte, dans son « nid d'aigle » de l'Obersalzberg.

Darlan retourne à Vichy pour rendre compte à Pétain du résultat de ses entretiens. Mais le chef de l'État est parti passer quelques jours dans sa propriété de Villeneuve-Loubet. On murmure dans les couloirs qu'il s'est éloigné « pour ne pas être l'objet de sollicitations répétées de quelques-uns de ses ministres » et pour laisser « Darlan négocier, face à ses responsabilités, et certainement en butte aux difficultés intérieures qui ne vont pas manquer de se développer au sein du cabinet[44] ». De fait, il se montre inquiet de l'accélération des événements et de la manière dont sont conduites les négociations. Il a déclaré à l'un de ses proches qu'il n'approuvera pas un accord qui comporterait des concessions trop importantes[45]. Faute de voir Pétain, Darlan lui adresse une lettre qui n'a jamais pu être retrouvée[46] malgré les recherches ordonnées par la Haute Cour de justice à la Libération : on ne peut exclure que ce soit Pétain lui-même qui l'ait détruite, peut-être parce qu'elle faisait apparaître qu'il avait approuvé la cession de bases en Syrie alors qu'il répétait constamment à Leahy qu'il ne laisserait jamais les Allemands utiliser l'empire. Darlan envoie le général Bergeret à Alger pour mettre le général Weygand au courant et confie la présidence provisoire du gouvernement à Huntziger avant de partir pour l'Allemagne, le 10, accompagné de Benoist-Méchin, La Monneraye et Fontaine.

Le 11 mai, au matin, la délégation française arrive à Salzbourg. Darlan est en tenue n° 1 avec sabre et décorations. Benoist-Méchin le décrit « visiblement ému, et son émotion, faisant ressortir son atavisme gascon, lui donnait une sorte de bonne humeur pétulante ». Cette émotion transparaît encore dans le récit qu'il rédige à Alger peu avant sa mort :

> « Hitler me reçut à Berchtesgaden le 11 mai. Je fus accueilli avec beaucoup d'égards dans cette splendide propriété, admirablement située dans les montagnes du Tyrol et arrangée avec beaucoup de goût. Hitler entouré de MM. de Ribbentrop, Abetz et Schmidt, l'interprète, me reçut dans son bureau, vaste pièce éclairée par une grande fenêtre qui découvre un magnifique paysage.
>
> « Aux murs, quelques tableaux de maîtres. Une vaste table de travail où on ne voit qu'un bloc-notes et des crayons ; des canapés, de vastes fauteuils. Une haute cheminée de brique fait face à la fenêtre[47]. »

Il était content d'être là, conscient de jouer un rôle historique et il s'apprêtait à rencontrer Hitler avec un « mélange d'optimisme et d'appréhension[48] ». Malheureusement pour lui, il était dit que ses entretiens seraient marqués par la malchance : à Beauvais, sa voiture s'était égarée, et il était arrivé en retard ; à Salzbourg, Rudolf Hess vient de s'envoler pour l'Angleterre, et cette incroyable nouvelle n'a certes pas mis le Führer de bonne humeur.

Darlan est d'abord reçu, seul, par Ribbentrop. L'entrevue dure deux heures. Le compte rendu de l'interprète Schmidt est la seule source dont nous disposions[49]. L'amiral répète que la France veut poursuivre la collaboration décidée à Montoire, mais Ribbentrop rétorque que Montoire a été un échec. Il laisse entendre que le Reich n'a pas besoin de la France pour vaincre et déclare même que les stocks de munitions sont tels qu'ils permettent de continuer la guerre pendant vingt ou trente ans. Mais si la France aidait l'Allemagne dans sa lutte contre l'Angleterre, elle pourrait recevoir des compensations, lors du traité de paix, pour les cessions qu'elle devrait consentir. D'après Benoist-Méchin, l'amiral ressort souriant.

A 15 heures, après un rapide déjeuner à Salzbourg (aucune invitation n'a été faite par les officiels allemands), commence l'entretien décisif avec Hitler qui dure une heure et demie. Comme le matin, Darlan est seul, et Benoist-Méchin en est réduit à faire les cent pas (dans un salon dont on a fermé la porte à clef, car personne n'a le droit de circuler à l'intérieur du Berghof durant les audiences du Führer), en attendant la fin de l'entretien avec inquiétude, car il juge l'amiral totalement dépourvu d'imagination et de sens politique et incapable de discuter convenablement avec le maître du Reich[50].

Darlan remercie Hitler de son accueil et des assouplissements déjà consentis au régime d'armistice. Il fait référence à Jeanne d'Arc (dont on célèbre la fête le 11 mai) et à son combat contre l'Anglais et déclare que la France trouve une certaine consolation à sa défaite dans le fait qu'elle n'a pas été vaincue par n'importe qui,

> « mais par le Führer qui était un bâtisseur plus qu'un destructeur. Malheureusement, ainsi que l'avait dit le maréchal Pétain, la France pour le moment marchait dans le noir, aussi souhaitait-elle que l'Allemagne éclairât quelque peu son chemin. S'il comprenait que les conditions de paix ne pussent encore être communiquées, la France aimerait néanmoins savoir où la menait la voie de la collaboration qu'elle était toujours prête à suivre[51] ».

Hitler se lance alors dans une longue tirade sur les responsabilités de la Grande-Bretagne et de la France dans le déclenchement de la guerre. La France doit supporter les conséquences de son erreur. Elle doit

> « comprendre qu'un véritable rétablissement ne pourra avoir lieu que si l'Angleterre est définitivement battue. A présent, il [Hitler]

ne peut garantir des facilités que dans une certaine limite et uniquement si elles aident l'Allemagne à mener la guerre, mais elles ne devront en aucun cas constituer une charge pour la conduite de la guerre. C'est pourquoi il doit exiger une compensation immédiate pour toutes les facilités. Il n'est pas un " margoulin ", mais il procède ainsi simplement parce que les conditions de la guerre l'y poussent ».

Dans sa réponse, Darlan reconnaît que

« rien de définitif ne pourrait se faire aussi longtemps que l'Angleterre ne serait pas vaincue. Il fit remarquer que, depuis qu'il faisait partie du gouvernement français, certaines mesures avaient été prises en accord avec le maréchal Pétain et lui-même, particulièrement sur le plan économique, lesquelles montrent clairement l'esprit de collaboration entre la France et l'Allemagne. A ce propos, il attire l'attention sur la vente de camions à Tunis et sur la mise à sa disposition de bases aériennes en Syrie. Comparé aux efforts de l'Allemagne, ceci était sans doute peu, mais le maréchal Pétain et lui-même se sont mis d'accord sur ces points afin de prouver combien ils se sont engagés dans la coopération franco-allemande. [...] [Mais] on déclare en France qu'il est difficile de coopérer avec un pays qui retient tant de Français prisonniers. [L'Allemagne ferait] une très bonne impression [en libérant] un certain nombre de prisonniers, en améliorant l'approvisionnement, en donnant des assurances sur l'avenir de l'empire, en assouplissant le sort de la métropole ».

Mais Hitler se refuse à tout engagement précis : il n'est pas un « fanatique de l'espace » (*Raumfanatiker*), et les revendications allemandes et italiennes sur l'empire seront très modérées ; « il appartient à la France de conserver son empire colonial et de ne pas le livrer à l'Amérique » ; en ce qui concerne la métropole, « la division de la France est une nécessité militaire » ; « les prisonniers ne sont pas seulement une sécurité pour l'Allemagne, mais une assurance pour la compréhension de la France en vue d'un accord ».

En conclusion, Darlan, après avoir rappelé que la France n'était pas disposée à accorder des concessions à l'Italie, qui ne l'avait pas vaincue, demande au Führer « de faciliter la tâche du gouvernement français pour amener la majorité des Français dans le camp de la politique de coopération [il faut lire : *collaboration ;* sans doute une erreur du traducteur] par l'octroi de concessions. [...] Les concessions récemment faites par l'Allemagne avaient déjà fait baisser le nombre des anglophiles en France. En conséquence, il priait le Führer d'accorder à nouveau d'autres avantages *plus spectaculaires que profonds*[52] ». Ce dernier membre de phrase est écrit entre parenthèses et en français dans le texte du procès-verbal de Schmidt : il s'agit donc d'une expression employée par Darlan lui-même. On mesure ici sa conviction qu'il est indispensable de relancer à tout prix le dialogue et son illusion que les Allemands accorderont ensuite des contreparties réelles.

Après une interruption pour le thé vers 17 heures, signe que l'entrevue ne s'est pas trop mal passée (on avait prévenu les Français que, si le Führer était mécontent[53], ils repartiraient immédiatement pour Munich), la conférence reprend. Cette deuxième partie se déroule en présence de Benoist-Méchin, Abetz et Ribbentrop, et traite des modalités de l'aide allemande à l'Irak. La discussion prend fin au crépuscule. Aucune décision nouvelle n'est prise : des avions allemands sont à pied d'œuvre en Irak depuis le 11 mai, en nombre tout à fait insuffisant, mais il n'est pas question d'en envoyer d'autres, car une priorité absolue est accordée à l'opération Barbarossa (invasion de la Russie). Mais cela, les Français ne le savent pas encore. Un dernier dialogue donne la conclusion de l'entretien.

> « J'ai été heureux, amiral, de faire avec vous ce tour d'horizon, dit-il. J'espère que cette entrevue portera ses fruits.
> — Nul ne le souhaite plus ardemment que moi, répondit l'amiral.
> — Vous avez bien compris ma pensée ? dit Hitler en soulignant chaque mot. L'Allemagne et ses alliés gagneront cette guerre. C'est un fait indiscutable. La France ne saurait en aucun cas modifier l'issue du conflit. Je n'ai pas besoin d'elle pour vaincre. Mais la France peut, si elle est compréhensive, m'aider à raccourcir la durée de la guerre. Voilà l'aide que j'attends d'elle. Pour chaque acte positif qu'elle accomplira dans ce sens, je lui accorderai une concession équivalente. Pour une grande chose, je donnerai une grande chose. Pour une petite, une petite.
> — Si je comprends bien, dit l'amiral, ce sera " donnant-donnant " ?
> — Exactement. Ce n'est pas un marchandage ; c'est une précaution indispensable. La politique franco-allemande est, avant tout, une question de confiance. C'est à vous de la mériter[54]. »

Le lendemain, Darlan, seul, revoit Ribbentrop, qui doit partir tout de suite après en Italie pour calmer les appréhensions de Mussolini au sujet des conversations franco-allemandes. Le ministre des Affaires étrangères du Reich lui demande que la France entre en guerre sans délai contre l'Angleterre. Il n'a pas été question d'une pareille éventualité la veille, et l'Amiral de la flotte répond qu'il est prêt à marcher de concert avec l'Allemagne, mais que la France a besoin d'armes et d'hommes, ce qui pose de manière très claire les problèmes des prélèvements allemands en France et du retour des prisonniers. Aussitôt, Ribbentrop se dérobe : « La France aurait seulement à apporter son aide avec les moyens à sa disposition, entre autres dans le secteur de la marine. L'amiral assura que celle-ci était prête, mais demanda néanmoins quelques compensations[55]. » Ribbentrop se garde encore une fois d'entrer dans les détails, et il est seulement convenu que des pourparlers auront lieu à Paris. L'historien Eberhard Jäckel fait remarquer que Ribbentrop va très au-delà des intentions de Hitler qui n'a aucunement l'intention de faire de la France vaincue un partenaire, même de rang inférieur[56].

Abetz propose, dès le 14 mai, des compensations relativement étendues quoique encore très éloignées des demandes françaises[57] en vue d'obtenir un état de belligérance *de facto* entre la France et la Grande-Bretagne[58], mais l'O.K.W. (haut commandement) s'en tient à un programme plus modeste : il s'agit d'obtenir « la disposition d'installations et de points d'appui français pour les opérations militaires allemandes et, en liaison avec celles-ci, le rétablissement de la souveraineté française dans les colonies » [passées à la dissidence]. N'est envisagée que la possibilité d'une participation ponctuelle à la défense des côtes ou l'escorte du trafic. « Pas un mot d'une aide militaire française en Irak ou en Afrique. [...] Pas un mot non plus, bien entendu, des larges compensations qui devaient y correspondre[59]. » Au contraire, sont prévues « des demandes accrues pour l'économie de guerre », avec des contreparties limitées à un renforcement modéré des forces armées françaises, la libération de 72000 prisonniers et quelques facilités de circulation entre les différentes zones.

Du côté allemand, les choses sont donc parfaitement claires (pour l'historien d'aujourd'hui) : il n'est pas question d'une collaboration à double sens, la France vaincue doit payer, et l'aide qu'elle pourra apporter ne se traduira au mieux que par une facture un peu moins lourde ; seul Abetz, pour des raisons personnelles, est prêt à aller plus loin[60]. En revanche du côté français, les choses sont moins claires qu'il n'y semble au premier abord. Pourtant, les sentiments de Darlan paraissent limpides à la lecture de sa communication au Conseil des ministres qui se réunit le 14 mai, le lendemain de son retour à Vichy. Après avoir résumé l'entretien, il évoque les propositions de Hitler et les conclusions qu'il en tire :

« Les conclusions que je tire des conversations que j'ai depuis six semaines avec diverses personnalités qualifiées allemandes et des entretiens de Berchtesgaden sont les suivantes :

« 1° C'est la dernière chance qui se présente à nous d'un rapprochement avec l'Allemagne.

« 2° Si nous favorisons la politique anglaise, la France sera écrasée, disloquée et cessera d'être une nation. C'est ce que le Maréchal a voulu éviter en faisant la politique de Bordeaux opposée à la politique de Tours conduite par P. Reynaud qui conduisait la France à la ruine.

« 3° Si nous essayons de faire une politique de bascule entre les deux adversaires, l'Allemagne nous créera mille difficultés dans l'exercice de notre souveraineté, fomentera des troubles. En tout cas, la paix sera désastreuse et nous perdrons le Nord, le Pas-de-Calais et peut-être d'autres départements du Nord-Est (en plus de l'Alsace et de la Lorraine), les deux Savoies, Nice, la Corse, la Tunisie, le Maroc, etc.

« Après avoir perdu la guerre, nous aurons perdu la paix.

« 4° Si nous collaborons avec l'Allemagne, sans pour cela nous ranger à ses côtés pour faire délibérément la guerre à l'Angleterre, c'est-à-dire si nous travaillons pour elle dans nos usines, si nous lui donnons certaines facilités, nous pouvons :

— sauver la nation française,

— réduire au minimum nos pertes territoriales métropolitaines et coloniales,

— jouer un rôle honorable — sinon important — dans l'Europe future.

« Pour moi, mon choix est fait : c'est la collaboration et je ne m'en laisserai pas détourner par l'offre sous conditions d'un bateau de blé ou de pétrole.

« En admettant même qu'une intervention extérieure arrive à sortir l'Angleterre du gouffre où elle est en train de sombrer, tous les Français seraient morts ou en esclavage quand cette intervention produirait ses effets.

« La seule intervention possible est celle des États-Unis.

« L'état d'impréparation militaire de ce pays fait qu'il passera bien des années avant qu'un seul de ses soldats prenne pied en Europe.

« D'ailleurs l'état social des États-Unis ne leur permettra pas de soutenir la guerre. Ils sont dans un état de décomposition plus avancé peut-être que celui dans lequel nous étions en 1939.

« L'intérêt de la France est que la guerre soit aussi courte que possible.

« L'intérêt de la France est de vivre et de rester une grande puissance.

« Dans l'état actuel du monde et compte tenu de notre défaite, de notre formidable défaite, je ne vois pas d'autre solution que la collaboration pour sauvegarder cet intérêt.

« Nous avons déjà fait pas mal de gestes de collaboration.

L'Allemagne se considère actuellement comme en dette envers nous.

« En dehors des concessions que vous connaissez déjà :

— libre passage des membres du gouvernement d'une zone à l'autre,

— assouplissement de la ligne de démarcation,

— réduction première des frais d'occupation,

je pense pouvoir vous en apporter d'autres d'ici deux ou trois jours[61]. »

Pas de guerre délibérée avec l'Angleterre, donc. Mais, convaincu que l'Allemagne va gagner la guerre, Darlan va désormais plus loin qu'il ne l'envisageait en 1940. A côté de la collaboration économique, il accepte maintenant l'octroi de « certaines facilités », en clair des escales, des transports et des bases dans l'empire, avec le risque inévitable de rupture définitive avec la Grande-Bretagne. S'il ne prône pas le renversement des alliances, il en envisage du moins l'éventualité. Voilà qui ne peut qu'inquiéter Pétain qui en reste à son idée fixe : ne pas replonger la France dans la guerre[62]. Mais l'espoir de nouvelles concessions allemandes, annoncées comme très prochaines, balaie ses réticences... pour le moment. La conclusion logique de cette délibération du Conseil des ministres sera la signature, deux semaines plus tard, des protocoles de Paris, qui ouvrent la voie à une collaboration militaire.

Doit-on pour autant en conclure que Darlan se lance à corps perdu dans la collaboration, comme l'avait fait Laval après Montoire ? Ce serait excessif. L'amiral ne s'est pas abandonné à la griserie qu'on lui prête trop volontiers. Durant le voyage de retour, il répond à Benoist-Méchin évoquant l'agrandissement de l'empire aux dépens des Britanniques : « C'est la peau de l'ours. Tout cela est bien chimérique[63]. » Quatre jours plus tard, il raconte à Berthelot, secrétaire d'État aux Communications, sa conversation avec Hitler, qui lui a laissé entendre qu'il pourrait commander la flotte européenne : « S'il a cru m'amadouer avec ce hochet, il se trompe. Je ne suis tout de même plus un enfant[64]. » Le compte rendu qu'il fait à Pétain le 13 mai horrifie Benoist-Méchin qui ne rêve que de « décisions éclatantes » : « C'était un mélange filandreux de compensations et de contreparties où le terme " donnant-donnant " revenait toutes les deux minutes[65]. » Mais ce genre d'argument convient à Pétain qui ajoute : « N'allez pas trop vite en besogne. Il faut avancer pas à pas. Sinon, nous serions entraînés Dieu sait où. Je ne désire pour ma part que de petites compensations. Vous entendez : de très petites compensations. Soyons prudents, très prudents, [...] la guerre n'est pas finie[66]. » Le Maréchal et l'amiral sont ici sur la même longueur d'onde. Darlan a déjà déclaré au cours du voyage de retour : « C'est très beau de vouloir bâtir pour l'éternité. Mais à notre époque, en pleine guerre, où bien des surprises peuvent survenir, peut-être serait-il plus sage de limiter ses horizons[67]. »

S'il croit que la victoire de l'Allemagne est l'hypothèse la plus probable, Darlan exprime cependant son scepticisme devant l'assurance de Ribbentrop qui lui a affirmé que le sort de l'U.R.S.S. serait réglé en trois semaines, et constate une nouvelle fois le manque d'esprit marin des Allemands[68]. D'autre part, il est toujours aussi conscient de la nécessité de maintenir les communications maritimes « indispensables à l'unité de notre empire et à la vie de la métropole », et donc de ne pas se couper des Anglo-Saxons : une note de la vice-présidence du Conseil diffusée le 15 mai, soit deux jours après le retour de Darlan à Vichy, prescrit « d'éviter toute attitude pouvant porter les Anglais à intensifier un blocus dont nous ferions finalement les frais[69] ». Ajoutons enfin, dernière différence avec Laval, que, s'il espère parvenir à un accord avec les Allemands, Darlan ne joue pas franc-jeu pour autant. Le 17 mai, quatre jours après son retour, l'Amirauté prescrit le transport de munitions en Indochine : « Je ne compte pas demander aux commissions d'armistice l'autorisation d'effectuer ce transport. Celui-ci devra donc être assuré discrètement », par un contre-torpilleur au nom prédestiné : *Le Malin*[70].

On le voit, la collaboration vue par Darlan n'est pas aussi simple qu'on pourrait le croire, et l'on ne peut que se rallier à la conclusion de Robert Aron, d'une perspicacité d'autant plus remarquable qu'il ne disposait que d'informations très fragmentaires : « Pour l'amiral, la collaboration devient un moindre mal, un marché inévitable, le moyen d'éviter le pire, c'est-à-dire à la fois l'alliance militaire et l'anéantissement : elle n'a donc rien d'absolu, ni d'éternel ; c'est un expédient provisoire, correspondant aux circonstances[71]. » De ce point de vue, il se différencie radicalement de Laval. Il ne souhaite pas la victoire allemande, comme il le déclare au diplomate Pierre de Leusse qui représente Weygand à Vichy : « Les Allemands n'aiment pas Weygand, pas plus qu'il ne les aime. Mais aucun de nous ne les aime. La seule différence, c'est que le général Weygand montre ses sentiments plus vivement que nous[72]. »

Darlan se sépare toutefois de Weygand en ce qu'il ne souhaite pas non plus une victoire anglaise. Depuis Mers el-Kébir, il a un compte à régler avec les Britanniques et se montre convaincu que la France ne subirait pas moins durement une victoire britannique qu'une victoire allemande. D'autre part, en 1941, il continue à vivre sur ses impressions superficielles d'avant la guerre et mésestime gravement le potentiel américain et russe. L' « expédient provisoire » est donc appelé à durer un temps indéterminé et c'est ce qui rend la position de l'Amiral de la flotte si difficile. Seule certitude, à la veille de l'ouverture de la troisième partie de cette grande négociation de mai 1941 : il a déjà fait une expérience cruelle mais profitable. On ne lui refera pas le coup du 6 mai : il répète à plusieurs reprises « qu'après le prix payé en Syrie, il faudrait y réfléchir à deux fois avant de faire des concessions à l'Allemagne en Afrique du Nord [73] ». Et les contreparties allemandes se font attendre. Abetz a déclaré, le 15 ou le 16 mai, à Benoist-Méchin qu' « étant donné la voie où nous nous trouvons engagés, c'est tout le statut franco-allemand qui doit se trouver révisé. Il a la ferme conviction d'y arriver [74] ». Mais Darlan a déjà pu mesurer ce que valaient ses promesses. Sa méfiance s'est encore trouvée avivée par une note que lui a fait parvenir Benoist-Méchin le 18 : « J'ai insisté pendant trois jours auprès d'Abetz pour hâter la sortie d'un communiqué comportant des concessions substantielles. Maigre résultat hier soir [75]. »

Les protocoles de Paris

La négociation décidée à Berchtesgaden s'ouvre à Paris le 21 mai à 11 heures 30. La délégation allemande est conduite par le général Warlimont, chef de la section sécurité du territoire de l'O.K.W. Du côté français, Darlan est accompagné par Huntziger et Benoist-Méchin. Le général Warlimont expose les demandes allemandes relatives à l'aide à apporter à l'Irak et au ravitaillement de l'Afrika Korps, Darlan se déclare prêt à aider l'Irak dans la mesure où la défense de la Syrie ne sera pas compromise. Dans la séance de l'après-midi, il « montre la gravité du geste permettant à l'Allemagne d'utiliser un port d'Afrique du Nord. Il faudra être discret. L'Allemagne ne doit pas être visible dans cette affaire. Il faut, avant toute chose, nous donner les moyens de parer à une réaction anglaise vraisemblable et lever les hypothèques qui pèsent sur notre trafic maritime [76] ».

A l'issue de cette première journée, l'amiral abandonne la conduite des discussions, qui sont d'ordre militaire et non politique, à Huntziger et à Benoist-Méchin, et retourne à Vichy. Il ne reviendra que pour les ultimes séances le 27 au soir et le 28 au matin [77]. C'est en son absence que sont mises au point les trois conventions militaires qui seront connues sous le nom de protocoles de Paris [78] en France et de *Pariser Protokoll* (au singulier) en Allemagne.

1. *Syrie-Irak*

Le premier protocole ne fait qu'entériner l'accord conclu le 6 mai sur la cession d'armes à l'Irak et les facilités accordées aux avions allemands. La modification la plus notable est que les trois quarts, et non plus les deux tiers, du matériel stocké seront cédés à l'Irak. En échange, les Allemands accordent le quart restant et l'envoi de renforts prélevés en métropole ou en Afrique du Nord. Mais les matériels ainsi envoyés seront restockés sous contrôle italien, « leur déstockage ultérieur, en vue de leur emploi, reste subordonné aux nécessités de la situation ». Il n'y a donc pas accroissement des forces, mais simplement transfert d'unités existantes vers la Syrie, et les entraves à leur utilisation ne sont pas allégées. En outre, la délégation allemande a refusé de garantir le maintien de la souveraineté française en s'abritant derrière l'incompétence de l'O.K.W. pour les questions politiques et l'existence d'un mandat de la S.D.N. (référence que Benoist-Méchin juge assez cocasse), et la partie française doit se contenter d'une déclaration unilatérale affirmant la volonté du gouvernement de défendre la souveraineté française « avec tous les moyens dont il dispose ». Benoist-Méchin lui-même juge que le résultat est « mince »[79].

2. *Afrique du Nord*

C'est le protocole le plus difficile à mettre au point. Les Français considèrent que l'utilisation de Bizerte par les Allemands expose l'Afrique du Nord à deux dangers : voir les Italiens en profiter pour s'y installer à demeure ; voir les Britanniques riposter de manière violente avec le risque d'une guerre franco-britannique. Darlan a souligné le premier jour que l'Allemagne ne devait pas se manifester de manière visible en Afrique du Nord et devait donner à la France les moyens de résister à la réaction britannique. Huntziger et Benoist-Méchin répètent plusieurs fois que le renforcement de l'armée d'Afrique ne constitue pas une compensation, mais le moyen de faire face aux risques encourus du fait des facilités concédées à l'Axe.

Finalement, après deux jours de négociations laborieuses, l'Allemagne obtient l' « utilisation du port de guerre de Bizerte comme port de déchargement des ravitaillements et des renforts en matériel pour les troupes allemandes en Afrique, avec un personnel réduit d'accompagnement (en civil) », avec affrètement de tonnage par la France et transit ferroviaire jusqu'à Gabès, un « accord de principe pour la cession, contre paiement, d'artillerie lourde, de pièces d'artillerie de côte et de quantités correspondantes de munitions à prélever sur les stocks existant en Afrique du Nord », et la cession de quelques centaines de véhicules supplémentaires. Il est aussi prévu que « la marine française assurera, en cas de nécessité, la protection des transports effectués par bateaux français de Toulon à Bizerte[80] ». En échange, l'Allemagne accorde le transfert vers l'Afrique du Nord de près de 11 000 hommes, une liberté de mouvement accrue pour la flotte, le maintien d'un groupe hippomobile d'artillerie qui aurait dû être dissous et le déstockage d'un groupe de chasse, de 33 canons antichars et 140 mitrailleuses antiaériennes. Est différée, jusqu'à plus ample informé, la décision relative au déstockage de 62 chars de combat, à la libération de 7 000 hommes environ (dont le général Juin) et au maintien des forces de police indigènes qui devraient être dissoutes. Encore une fois, Benoist-Méchin est déçu.

3. *Afrique occidentale et équatoriale*

Le climat devient de plus en plus tendu au fur et à mesure que les jours passent, et la discussion du troisième protocole est encore plus pénible que les précédentes : « Chaque chiffre mis en avant par le général Huntziger était pointé et discuté. On finit par compter une à une les douilles de cartouche et les bretelles de fusil. Croit-on que j'exagère ? Je me souviens qu'il ne fallut pas moins d'une demi-heure pour décider si nous aurions le droit de déstocker, pour l'ensemble de l'Afrique Occidentale Française, 174 ou 180 motocyclettes. Le reste était à l'avenant[81]. » Le procès-verbal le confirme : quand les Français demandent 16 mitrailleuses antiaériennes par terrain d'aviation, les Allemands en accordent 10...

Le Reich demande des facilités navales (et aériennes dans un deuxième temps) à Dakar, mais ne veut consentir à aucun accroissement réel des forces françaises, car il soupçonne un piège, les généraux de l'armée d'Afrique étant capables de passer à la dissidence sitôt en possession des armes réclamées. Soumis à des questions pressantes, Huntziger perd pied, donne des réponses contradictoires... et renforce encore la méfiance de ses interlocuteurs. Benoist-Méchin a alors l'idée de confier la discussion à l'amiral Platon, plus au fait de la question de par ses fonctions de secrétaire d'État aux Colonies.

Après des heures de marchandage, ce dernier accepte, à

3 heures du matin, un compromis : à partir du 15 juillet, « des sous-marins allemands seront ravitaillés dans le port de Dakar par un bateau ravitailleur, et des navires de commerce allemands pourront y faire escale » ; durant une deuxième période, « l'utilisation du point d'appui également pour des forces de surface, l'utilisation des installations portuaires et la concession d'un point d'appui pour l'aviation seront réalisées ». Le gouvernement français prendra en charge la défense des installations. A cette fin, il estime indispensable un renforcement militaire dont le détail est donné : pour la marine, 6 contre-torpilleurs, 7 torpilleurs, 2 sous-marins, ainsi que le cuirassé *Provence,* le transport d'hydravions *Commandant-Teste* et 3 contre-torpilleurs, suivant les possibilités en personnel ; pour l'armée de l'air, renforcement des groupes de bombardement en A.O.F., déstockage de batteries de D.C.A. ; pour l'armée de terre, libération de plusieurs centaines d'officiers, sous-officiers et spécialistes, déstockage de 32 automitrailleuses, 15 sections antichars, etc. ; sont aussi réclamés le doublement des contingents de carburant, la réouverture de l'École de l'air, l'autorisation de recruter en zone occupée ; la reconquête de l'A.E.F. exigerait des renforcements supplémentaires. Demandes exorbitantes aux yeux des Allemands qui se contentent de les enregistrer sans donner d'accord formel : « Le règlement de tous les détails découlant des mesures fixées ou projetées dans le présent protocole incombe à la commission allemande d'armistice. » C'est-à-dire que Platon a consenti une concession majeure et accepté une date rapprochée pour l'utilisation de Dakar par les Allemands, et ce sans aucune garantie quant aux contreparties.

Le risque que Platon a accepté de prendre[82] est énorme : Vichy a répété à maintes reprises que pas un Allemand n'entrerait à Dakar. Renier cet engagement, c'est s'exposer à une rupture avec les Américains qui accordent une importance extrême à la place[83]. C'est aussi risquer l'entrée en dissidence de l'A.O.F., le gouverneur général Boisson étant intransigeant sur ce point : s'il démissionne, les conséquences seront imprévisibles. De toute façon, la propagande gaulliste trouverait là un argument de choix pour dénoncer l'abandon de l'empire à l'Allemagne. La loyauté des populations en serait sérieusement ébranlée. L'impact en métropole serait également considérable et guère favorable au gouvernement : le 6 mai, les Français ont appris la réduction des frais d'occupation, mais il n'en est résulté aucune amélioration de leur sort (et pour cause, puisque les Allemands ne parvenaient pas à dépenser plus de la moitié des sommes colossales virées à leur compte...) ; les assouplissements apportés à la ligne de démarcation sont restés très limités, et la libération des prisonniers anciens combattants annoncée le 19 mai ne porte que sur un peu plus de 30 000 hommes au lieu des 90 000 prévus. L'O.K.W. a en effet brutalement exclu de cette libération tous ceux qui étaient officiers de réserve, soit les deux tiers ; 30 000 c'est très peu, alors qu'il en reste 1,5 million dans les camps. Darlan, en tant que ministre de l'Intérieur, ne peut pas ignorer que l'opinion est hostile à la collaboration et, après son discours du 23 mai vantant la « générosité » allemande qui a été mal reçu, il ne peut annoncer de pareilles concessions touchant à l'empire sans ruiner définitivement son crédit politique. Même un collaborationniste aussi forcené que Benoist-Méchin est obligé de reconnaître que le bilan des protocoles est entièrement négatif face au risque de perdre l'empire et de voir la métropole isolée.

> « *Quels avantages retirions-nous de la signature des protocoles ?* Le droit de prélever dans les stocks français de la métropole de quoi remplacer les armes que nous fournissions à la Wehrmacht, avec un léger excédent destiné à accroître nos moyens de défense. C'était tout. Aucune aide n'était prévue en cas d'agression anglaise. Aucune garantie ne nous était donnée concernant le sort futur de notre empire. Notre potentiel militaire n'était qu'à peine accru. Les conditions de l'armistice n'étaient pas allégées. Nos prisonniers n'étaient pas libérés. Nous pouvions nous trouver brusquement en conflit avec l'Angleterre, sans avoir liquidé notre conflit avec le Reich[84]. »

Ce sont sans doute toutes ces pensées qui viennent à l'esprit de Darlan lorsqu'il revient à Paris pour la signature des protocoles le 27 mai au soir. Il n'est, bien sûr, pas question de rompre brutalement les négociations, mais l'exécution des protocoles militaires ne pourra avoir lieu qu'en échange des contreparties économiques et politiques qui doivent être expressément stipulées. Darlan est fermement décidé à ne pas renouveler le marché de dupes du 6 mai, et il le fait clairement savoir à Abetz. Celui-ci déclare que « la contrepartie décisive pour la France, c'est de se trouver en face de l'Allemagne, au moment de la signature du traité de paix, dans des conditions psychologiquement plus favorables », et il n'annonce que des concessions immédiates limitées. Darlan ne cède pas :

> « Je remercie l'ambassadeur sur les indications relatives aux avantages économiques ou autres qui sont envisagés en contrepartie du geste fait par la France en Syrie.
>
> « J'espère voir compléter la libération des prisonniers au chiffre de 100 000 en faisant appel à d'autres catégories.

« Le Chancelier m'a dit qu'il donnerait une contrepartie pour tout geste que nous ferions pour l'aider dans sa lutte.

« 1° Le 6 mai : accord sur l'utilisation des aérodromes de Syrie ; cession d'armes à l'Irak ; vente de camions.

« Dès le 9 mai : les armes sont livrées à l'Irak ; les avions sont en Syrie.

« Il n'y a pas eu la même rapidité dans les contreparties.

« Le geste fait pour les aérodromes de Syrie est grand par ses conséquences, car il marque une orientation politique. Les contreparties demandées ne sont pas excessives. Je désire qu'elles soient réglées vite.

« Dans un deuxième groupe.

« 2° Demande de charger les camions de vivres et de matériels ; transport en A.F.N. par bateaux français ; vente d'artillerie.

« Nous sommes prêts. Mais les conséquences risquent d'être très grandes. Les Anglais sauront et attaqueront le trafic maritime et les ports. Les conséquences sont graves.

« Autres conséquences : suppression du ravitaillement américain et saisie de notre flotte de commerce.

« Il faut donc nous donner les moyens militaires (guerre, air, marine) pour parer aux risques.

« Les contreparties, pour le premier groupe, n'étant pas réalisées, je voudrais étudier les contreparties politiques et économiques pour cette nouvelle aide apportée à l'Allemagne.

« 3° Troisième question : utilisation de certains ports africains de l'Atlantique.

« Je précise que la demande initiale était celle d'une relâche permanente de bateaux de commerce ravitailleurs et l'arrivée de sous-marins venant se reposer et se ravitailler auprès de ces navires.

« Pour le moment, impossibilité d'envisager une base permanente à Dakar, mais seulement une base flottante.

« Même ainsi limitée, cette aide amènera un conflit certain avec la Grande-Bretagne, non pas seulement à Dakar, mais généralisé.

« Ce n'est d'ailleurs pas à l'avantage de la France, ni par suite à celui de l'Allemagne [d'avoir un second en difficultés militaires].

« Ce geste marquerait une orientation totale de la France vers la politique de l'Axe. Il y aurait donc lieu de se mettre d'accord sur les contreparties : 1° Moyens militaires en place en A.F.N. et en A.O.F. ; 2° Discussions politiques très larges, comportant presque la révision du statut franco-allemand, de façon que, le cas échéant, la France devienne un partenaire associé dans une entreprise commune.

« En conséquence, je propose d'achever la rédaction des procès-verbaux militaires et de confier à Monsieur Abetz et à M. Benoist-Méchin la suite des négociations politiques et économiques qui sont à la base de tout le système et permettront d'appliquer successivement les diverses phases prévues dans le procès-verbal militaire [85]. »

On ne connaît malheureusement pas les circonstances précises dans lesquelles la partie française a eu l'idée de fixer dans un protocole additionnel l'exigence de contreparties politiques et économiques. Deux hypothèses sont envisageables : informé par Huntziger, qui est venu lui rendre compte à Vichy le 24 mai, Darlan s'est inquiété dès ce moment-là des conséquences du protocole sur l'Afrique du Nord et s'est entretenu avec ses conseillers des précautions à prendre. Ou, revenu à Paris, il a pris connaissance de la concession majeure accordée par Platon à propos de Dakar et a estimé qu'il était nécessaire d'obtenir en échange des contreparties immédiates. Dans le premier cas, l'idée du protocole adjoint serait à attribuer à l'influence de Moysset, dans le deuxième à celle de Benoist-Méchin qui, tout au long des discussions, a constamment eu à l'esprit la dimension politique de la négociation.

La paternité de l'idée du protocole additionnel n'est pas un point de détail, car elle permettrait de savoir dans quel esprit elle a été conçue. Si c'est Moysset, il s'agit dès le départ d'une manœuvre d'esquive destinée à éviter l'application d'accords jugés trop dangereux. Si c'est Benoist-Méchin, leur signification est inverse : il indique très clairement qu'il jugeait « les protocoles d'une façon différente des autres négociateurs français », c'est-à-dire qu'il était le seul à les juger acceptables et même avantageux « à condition de les englober dans une négociation politique. Ces lignes du protocole donnaient leur véritable sens aux protocoles militaires[86] ».

Les Allemands ne l'entendaient pas ainsi : « Le général Warlimont fit remarquer avec amertume que si l'amiral subordonnait l'exécution de toutes les demandes de la Wehrmacht à l'octroi préalable des concessions politiques envisagées dans le protocole additionnel, son travail aurait été vain et il aurait pu se dispenser de venir à Paris[87]. » Mais « Darlan refusa de signer aucun accord militaire si le protocole politique n'y était pas inclus ». Finalement, on arrive à une formule de compromis : le gouvernement français est prêt à accepter l'exécution immédiate du protocole sur l'Afrique du Nord, celui sur l'Afrique occidentale n'entrera en vigueur qu'après l'octroi de concessions politiques. Darlan et Warlimont[88] signent les trois protocoles militaires, mais Warlimont refuse de signer le protocole additionnel en affirmant qu'il n'est pas mandaté pour traiter des questions politiques, et c'est avec Abetz que Darlan paraphe le protocole additionnel mis au point dans la nuit par Benoist-Méchin et Abetz.

« Le gouvernement français doit escompter que le droit d'utiliser le port de *Bizerte,* fixé dans l'accord sur l'Afrique du Nord, et la *protection* des transports de matériels débarquant dans ce port à destination de l'armée allemande d'Afrique, ainsi que l'aide à accorder aux forces de la marine allemande prévue dans l'accord sur l'Afrique occidentale française et l'Afrique équatoriale française peuvent conduire à un conflit armé avec l'Angleterre ou avec les États-Unis.

« Le gouvernement français doit donc obtenir la réalisation des conditions militaires et politiques qu'implique cette situation.

« Les concessions allemandes fixées et prévues dans l'accord sur *l'Afrique du Nord* en vue du renforcement de l'état défensif sur terre, et sur mer et dans les airs permettent d'assumer immédiatement les risques que comportent les facilités accordées du côté français en ce qui concerne Bizerte.

« Les grands dangers que comportent l'octroi, par les Français, des facilités prévues dans le projet d'accord sur l'*Afrique occidentale française et l'Afrique équatoriale française* exigent toutefois de subordonner l'exécution pratique de ces mesures, convenues en principe, aux conditions suivantes :

1) Le gouvernement allemand accordera *préalablement* les renforts nécessaires en vue d'augmenter l'état défensif de l'Afrique occidentale française.

2) Le gouvernement allemand fournira au gouvernement français, par la voie de *concessions politiques et économiques,* les moyens de justifier devant l'opinion publique de son pays l'éventualité d'un conflit armé avec l'Angleterre et les États-Unis[89]. »

Une fois de plus, il n'est pas facile de cerner avec certitude l'attitude de Darlan durant ces journées cruciales, d'autant plus, rappelons-le, qu'il n'assiste pas aux séances durant lesquelles sont mis au point les protocoles militaires. A-t-il réellement cru obtenir des contreparties politiques sur une grande échelle ou a-t-il vu le protocole additionnel comme le moyen de saboter les accords ? Au début de mai et jusqu'au retour de Berchtesgaden, il a cru qu'un accord était possible. Si les Allemands avaient fait des concessions, il aurait accepté l'exécution des protocoles militaires, avec le risque d'affrontement avec la Grande-Bretagne que ceux-ci entraînaient. Mais il aurait fallu pour cela bien davantage que les demi-mesures envisagées par Abetz : mise en congé de captivité de 30000 agriculteurs ; frais d'occupation ramenés à 12 millions de marks par jour dont 3 en or, devises et valeurs ; réintégration des départements du Nord et suppression de la zone interdite, étant entendu que de telles mesures ne devraient pas être considérées comme une anticipation des dispositions territoriales du traité de paix ; assurances sur le maintien de la souveraineté française en Syrie et en Afrique occidentale[90]. D'autre part, durant ces négociations, l'état d'esprit de l'amiral avait changé : il « était exaspéré par tant de lenteur et de minutie. Cette façon de mener une négociation lui semblait d'une mesquinerie dérisoire [91] ». Échaudé par le précédent du 6 mai, il se rendait bien compte que les contreparties promises avaient toutes les chances d'être réduites comme peau de chagrin. Dans ces conditions, le protocole additionnel était le moyen de faire en sorte que les engagements pris *en principe* ne soient jamais exécutés. Dès son retour à Vichy, il allait être renforcé dans cette intention par ses propres conseillers avant même l'intervention fracassante du général Weygand.

L'idée que seule l'intervention de Weygand a évité à la France de s'engager sur la voie de la collaboration militaire est maintenant largement acceptée [92]. Déjà, lorsqu'il avait reçu le 10 mai le général Bergeret envoyé par Darlan pour l'informer des premiers entretiens de Paris, il avait manifesté son inquiétude. Bergeret l'avait assuré qu' « il n'était question ni de cession de bases ni d'opérations contre la dissidence [93] », mais trois jours plus tôt, Darlan avait dit à son représentant à Vichy, Pierre de Leusse : « Prévenez le général Weygand qu'il doit se préparer à attaquer la dissidence [94]. » Au reçu de la communication faite par Darlan au Conseil des ministres le 14 mai, cette inquiétude s'est encore accrue, et il a adressé à Darlan une mise en garde très nette le 16 mai : « Dans le poste qui m'a été confié, j'ai l'obligation de rappeler au gouvernement la promesse qui a été faite aux Africains que leurs territoires seraient défendus contre quiconque. [...] Il importe de demeurer fidèles à cette ligne de conduite. Je ne saurais le dire avec trop de force. [...] L'Afrique ne peut être défendue que par nos propres forces [95]. » Il a également écrit à Pétain pour lui faire part des réticences que soulève en Afrique la politique de collaboration [96]. Il est donc très inquiet lorsqu'il reçoit, le 1er juin, l'ordre de se rendre à Vichy.

La suite des événements est bien connue. Mis au courant du contenu des protocoles, il est décidé à donner un « coup d'arrêt ». Au Conseil des ministres du 3 juin, auquel le général assiste, Darlan fait un exposé dans un silence glacial sans lire ses papiers et sans faire beaucoup de commentaires, se contentant d'analyser les accords conclus [97]. Personne n'ose prendre la parole, tous les ministres semblent « atterrés [98] ». Weygand, sur l'invitation de Pétain, donne lecture d'une longue note condamnant la collaboration et met en balance sa démission : « C'est une autre politique que celle que j'ai été chargé de faire en Afrique. Elle me ferait mentir à tout ce que j'ai affirmé d'accord avec le gouvernement. Le gouvernement change de politique ; à politique nouvelle, homme nouveau. »

« Ce n'est pas une politique nouvelle, c'est celle de l'armistice, répond l'amiral.

— Non, les deux politiques n'ont aucun rapport. L'armistice n'a pas dit : collaboration militaire avec l'ennemi.

— Ce n'est pas une collaboration militaire.

— Voilà bien l'équivoque qui fait que personne ne peut plus avoir confiance dans le gouvernement [99]. »

Weygand quitte la salle du Conseil et s'en tient à sa position intransigeante. Le lendemain, il voit Darlan qui lui dit qu'il a préparé une communication au gouvernement allemand demandant des garanties sur les concessions politiques, manœuvre dilatoire suggérée la veille par Weygand au Maréchal. Toujours maximaliste, Weygand juge cette note « totalement insuffisante », alors qu'elle présente une série de revendications inacceptables pour les Allemands (suppression totale des frais d'occupation, libération de tous les prisonniers...) qui seront reprises dans la note définitive du 14 juillet [100]. Le 6, au Conseil des ministres — auquel assistent Weygand, Boisson arrivé de Dakar et Esteva venu de Tunis —, Darlan déclare : « Rien ne va plus. Comme l'a dit Pucheu, les Allemands en refusant les avantages que nous espérions obtenir d'eux en compensation de nos concessions nous libèrent et rien ne nous engage plus. On va recommencer les pourparlers. Nous attendrons que les Allemands reviennent à la charge [101]. » Weygand a le mot de la fin, avec sa diplomatie coutumière : « Si quelqu'un vient à Bizerte, je le fous à l'eau à coups de canon [102]. » Esteva et Boisson approuvent ce propos bravache, bien que la Tunisie n'ait pas de canons d'un calibre supérieur au 75 mm. Le sort des protocoles est scellé. Après un « entretien sec et froid » avec Darlan dans la soirée, il quitte Vichy le lendemain 7 juin au matin, « la conscience en repos ». La rumeur affirme qu'il est monté dans son avion en sifflotant l'air de *Sambre-et-Meuse* [103]. Pétain « est satisfait d'avoir résisté sans rien faire de direct contre Darlan avec qui il importe qu'il ne casse pas, sans quoi ce serait le retour de Laval ». Recevant Weygand venu le saluer avant son départ, il lui promet « de ne jamais laisser Darlan agir seul » à l'avenir [104]. Il déclare à Boisson : « C'est une affaire réglée. » Le 10 juin, Darlan envoie à Alger le capitaine de vaisseau Gandin informer Weygand de l'imminence de l'attaque allemande contre la Russie [105] et lui écrit le 17 : « Je crois que nous sommes au tournant, et que nous pouvons peut-être voir se défaire un certain nombre de liens qui nous ligotent [106]. »

Ce récit, sur lequel tout le monde s'accorde, est exact. Mais un point capital doit être précisé : si Darlan fait figure de vaincu dans cette affaire, c'est parce qu'il a laissé Weygand faire la besogne à sa place. Mais dès le 31 mai ou le 1er juin, sa décision était prise : en tout état de cause, les protocoles ne devaient pas être exécutés.

Marc Ferro est intrigué par la rapidité de son retournement (question que les historiens se posent décidément souvent à son sujet) : « Comment Darlan a-t-il pu passer si rapidement d'une position extrême — la signature des protocoles — à la position inverse, la rédaction d'un texte qui signifiait en réalité une fin de non-recevoir [107] ? » Il faut pour le comprendre accepter l'idée que Darlan était un homme assez pragmatique pour reconnaître, au moins en son for intérieur, qu'il s'était fourvoyé, au lieu de s'entêter comme le faisait Laval en refusant de voir la réalité. Tout au long du mois de mai, sa méfiance n'a cessé de croître. Le 7 mai, il a pu constater qu'Abetz lui avait fait sur les frais d'occupation une promesse qu'il ne pouvait tenir ; les négociations qui se sont ensuivies ont abouti à une impasse, Hemmen formulant des exigences de plus en plus exorbitantes. L'O.K.W. a réduit unilatéralement des deux tiers les libérations de prisonniers anciens combattants. Durant les négociations, Warlimont a refusé tout engagement politique et a limité autant qu'il a pu les contreparties militaires. Et, pour couronner l'ensemble, Abetz a refusé, le 29 mai, de lui donner un droit de censure politique sur la presse parisienne. Derrière ses protestations de francophilie, l'ambassadeur trouvait bon de conserver le contrôle de cette presse pour s'en servir comme moyen de pression... et aussi pour assouvir sa passion de l'influence souterraine et de l'intrigue, car il se prenait, avec quelque exagération, pour une intelligence politique. Mais, en agissant ainsi, il achevait de détruire la confiance (très relative...) que Darlan pouvait avoir en lui. Benoist-Méchin l'a noté : « L'amiral Darlan était peut-être un naïf. Mais il n'était pas un sot, et ce refus eut les plus fâcheuses répercussions dans son esprit. Du coup, Abetz baissa singulièrement dans son estime [108]. » Il en conclut que tous les Allemands n'avaient qu'une idée : exploiter la France sans lui permettre de se relever de sa défaite. Dès la fin de mai, il a commencé à réaliser que décidément la négociation était impossible. Comme l'écrit Bouthillier, « il s'était exposé trop, c'est certain. Cependant, il gardait certes les yeux grands ouverts. Laval agissait en inspiré. L'amiral écoutait, réfléchissait, dialoguait sans cesse avec lui-même, avec ses officiers, avec certains ministres. Il se comportait, pourrait-on dire, en ruminant [109] ».

Pourtant, il a signé les protocoles. A partir du moment où les discussions étaient entamées, il n'était plus possible de les rompre sans s'exposer à une réaction brutale des Allemands. Mais mis devant le fait accompli pour le troisième protocole, il a tout de suite compris qu'une telle concession était trop lourde de conséquences pour être acceptée telle quelle, et il a immédiatement déployé un contre-feu avec le protocole additionnel. Et sitôt revenu à Vichy, il en confère avec Moysset, Huntziger, Bouthillier et Bergeret, qu'il réunit à deux reprises entre le 28 mai et le 3 juin[110].

Le rôle capital d'Henri Moysset est curieusement ignoré. Dès qu'il a connaissance des protocoles, il élève immédiatement « les protestations les plus vigoureuses ». Selon le témoignage du général Bergeret, « Moysset a fait un saisissant exposé, affirmant que l'Allemagne était perdue, qu'elle allait déclarer la guerre à la Russie, que l'Allemagne s'enliserait dans l'immensité russe, etc., que ce n'était pas le moment de s'orienter vers l'Allemagne et qu'il fallait noyer le poisson[111] ». Bergeret appuie : il vient d'avoir connaissance quelques heures plus tôt d'un fait capital : l'attaché de l'air à Bucarest a confirmé l'imminence de l'invasion de la Russie et même donné la date : 20 juin (en fait, ce sera le 22 juin). Darlan, convaincu, ne songe plus, dès lors, qu'à se désengager de ce mauvais pas. Mais, pour ne pas se « brûler » aux yeux des Allemands, très bien renseignés, il se contentera de laisser agir Weygand, ce qui explique son détachement au lendemain des Conseils des 3 et 6 juin, détachement qui étonne Carcopino : « Il venait d'essuyer devant ses collègues, appliqué par la main de Weygand, le plus retentissant des camouflets, et il semblait aussi à l'aise que s'il avait été plébiscité. Son attitude était celle d'un joueur qui avait joué à qui perd gagne[112]. »

Ce rétablissement *in extremis* ne doit pas faire oublier que Darlan a pris un risque terrible et commis des erreurs qui auraient pu avoir des conséquences incalculables. Mais il n'a pas été le seul. Le déclenchement de ces négociations a été approuvé par Pétain. Celui-ci télégraphie le 15 mai au général Dentz, haut-commissaire en Syrie : « Je tiens à insister personnellement sur la haute portée de ces négociations et sur la volonté que j'ai de poursuivre, sans arrière-pensée, la politique qui s'en dégage[113]. » Les protocoles sont négociés par Platon, et aussi et surtout par Huntziger. On peut dès lors se demander pourquoi on fait endosser à l'Amiral de la flotte l'entière responsabilité de cet épisode de l'histoire de Vichy.

Pour des raisons opposées, partisans et adversaires de Vichy se sont en effet accordés pour noircir son rôle. D'un côté, avec la volonté de montrer qu'il ne valait pas mieux que Laval et que Vichy a toujours poursuivi la même politique d'abandon et de collaboration. De l'autre, par souci inavoué d'absoudre le maréchal Pétain, de le montrer mettant en échec les projets dangereux de son chef de gouvernement. Aujourd'hui encore, ces attitudes restent dominantes.

Elles sont du reste facilitées par le comportement énigmatique de l'intéressé. A côté de l'affaire des protocoles, on lui reproche tout un ensemble de faits qui prouvent que « Darlan allait décidément très loin. Les Allemands en étaient stupéfaits : " Quand nous demandions à Laval une poule, après avoir négocié et mégoté pendant des semaines, il nous donnait un œuf ; quand nous demandons à Darlan un œuf, sans hésiter, il nous donne la poule. " Nombre de faits corroborent cette appréciation [114] ». Marc Ferro cite la livraison de renseignements sur les déplacements de la flotte britannique pour obtenir la grâce du lieutenant de vaisseau d'Estienne d'Orves et l'arrestation d'officiers proches de la Résistance. C'est une inversion des rôles difficile à soutenir. Loin d'ergoter, Laval a cédé aux Allemands, peu avant son renvoi, l'or belge et les actions de la mine de Bor sans discuter, dans l'illusion d'un règlement global [115]. Au contraire, Darlan cherche à conserver le maximum de gages pour que la France ne soit pas complètement désarmée quand viendra l'heure de ce règlement global. Il refuse de livrer l'or polonais [116] et de céder le tonnage neutre sans l'accord des propriétaires [117]. Il ne cesse de demander le renforcement de la défense de l'empire [118], cherche à freiner au maximum le contrôle allemand aux frontières et en Afrique du Nord, et revient constamment à la charge pour la réduction des frais d'occupation et la libération des prisonniers. Et l'un au moins des exemples cités par Ferro à la charge de Darlan n'est pas très probant.

L'accusation à propos de l'affaire d'Estienne d'Orves n'est pas nouvelle. Embarqué sur un croiseur de la Force X, le lieutenant de vaisseau Henri-Honoré d'Estienne d'Orves a rallié la France Libre. Parachuté en France pour organiser un réseau de renseignements, il a été arrêté et condamné à mort par une cour martiale allemande. Dès l'annonce du jugement, Pétain et Darlan ont demandé la grâce de l'officier dissident. Bien que d'Estienne d'Orves n'ait jamais été un « A.D.D. », l'Amiral de la flotte va s'engager à fond dans le combat pour le sauver (ce qui prouve qu'il n'était pas aussi sec de cœur qu'on l'a dit ; on peut d'ailleurs noter que s'il n'avait rien fait, on n'aurait pas manqué de le lui reprocher). Il s'adresse à l'amiral Canaris, chef de l'Abwehr (services secrets allemands), qui lui propose un marché : si les Français fournissent des renseignements, la sentence ne sera pas exécutée.

Darlan envoie alors son chef de cabinet Fontaine chez le chef du service de renseignement de la marine, le capitaine de corvette Rossignol, avec mission de trouver des renseignements qui n'engagent à rien, mais auraient de la valeur aux yeux des Allemands : Rossignol propose de leur donner la situation des bâtiments britanniques à Gibraltar.

Le S.R. allemand avait organisé un poste d'observation à la Linea pour surveiller le port et le détroit de Gibraltar, et celui-ci communiquait tous les jours les mouvements britanniques. Un officier de l'armée française, le capitaine Blake, qui travaille pour la marine, a réussi dès 1940 à percer la clef de chiffrement de la Linea, et le S.R. Marine du Maroc transmet tous les jours à Vichy les messages allemands. A partir de la fin du mois de mai, l'Amirauté va donc communiquer aux Allemands, sous une forme légèrement modifiée, leurs propres renseignements. Le secret entourant cette opération est si rigoureux que seuls les officiers du « service de garde permanente » ont connaissance des « télégrammes de Wiesbaden », de sorte que beaucoup croiront après la guerre, quand l'affaire sera révélée, que la marine française a travaillé pour l'Allemagne, alors qu'on ne lui a rien transmis qu'elle ne sût déjà [119]. Tous ces efforts se révéleront inutiles : à la suite de l'assassinat d'un aspirant de la Kriegsmarine par un F.T.P. qui deviendra célèbre, Fabien, d'Estienne d'Orves et ses deux compagnons seront fusillés le 29 août (la radio de Londres annoncera, en sachant parfaitement que c'est faux, qu'il a été fusillé par les Français). Les Français continueront cependant à transmettre ces « petits tuyaux » (ainsi que les appelle Darlan) qui ne coûtent pas cher et témoignent d'une bonne volonté constamment soulignée dans les discussions qui se poursuivent tant à Wiesbaden qu'à Paris.

L'affaire Groussard est tout à fait différente et révèle les contradictions, tant intérieures qu'extérieures, de Vichy. Huntziger, qui a pourtant conduit les discussions des protocoles, s'inquiète de la politique de Darlan, qu'il ne comprend pas, et il redoute les conséquences d'une cession de bases à l'Axe. Aussi autorise-t-il, *avec l'approbation de Pétain,* l'envoi à Londres du colonel Groussard qui doit renouer le contact avec les Britanniques. Le 14 juin, Groussard rencontre Churchill pour lui expliquer la politique française, tandis qu'un civil, Poniatowski, est à Washington où il est reçu par le général Marshall, chef d'état-major de l'U.S. Army et proche collaborateur de Roosevelt. Celui-ci s'inquiète fort des négociations entreprises par Vichy et il a fait adresser le 15 mai par son ambassadeur, l'amiral

Leahy, une protestation auprès de Darlan à propos de l'aide accordée à Rachid Ali : « Une telle participation à l'effort militaire du Reich va au-delà des exigences de la convention d'armistice et constituerait en fait — ajoute mon gouvernement — une aide active à l'Allemagne. [...] [Ces faits] ne sont pas conformes aux assurances antérieures que j'ai reçues de Son Excellence le maréchal Pétain[120]. » Exactement le genre de missive que déteste Darlan : ceux qui se tiennent à l'écart de la guerre n'ont pas à donner de conseils ; il rédige sur-le-champ un canevas de réponse très sec qui sera fidèlement reproduit dans la lettre adressée à Leahy dès le 17 mai :

« 1. Nous n'envoyons pas de mat[ériel] de g[uerre] aux forces allemandes et italiennes.

« 2. Les armes qui peuvent être prélevées dans les dépôts placés sous contrôle italien ne sont pas à la disposition du gouvernement français.

« 3. La France ne peut sans rompre l'armistice empêcher les Allemands d'utiliser les terrains.

« 4. Le gouvernement français saisit l'occasion qui lui est offerte de faire remarquer au gouvernement des États-Unis qu'il n'a élevé aucune protestation lorsque les Anglais ont interné des navires et des marins français, attaqué et coulé des navires français dans des ports français, tué des civils à bord de navires de commerce français, qu'il n'a même pas protesté lorsque le gouvernement anglais a soutenu les dissidents français[121]. »

Cette animosité de Darlan à l'encontre des Américains est encore avivée par l'annonce, le 16 mai, de la saisie des navires de commerce français immobilisés dans les ports des États-Unis (il s'ensuivra une discussion assez aigre). Elle vient s'ajouter à son anglophobie toujours aussi forte. Vis-à-vis de Londres, la situation ne s'est pas améliorée, car, après quelques mois d'accalmie, les accrochages ont repris sur mer. Le 8 mars, la Grande-Bretagne a déclaré la côte tunisienne au sud de Sousse zone de guerre et recommandé aux navires français d'éviter d'y naviguer de nuit sous peine d'être pris pour des Italiens. Plusieurs unités qui ne respectent pas cette consigne sont attaquées en avril et mai. Le 30 mars, des croiseurs de la Royal Navy ont tenté d'intercepter au large de Nemours un convoi français[122] qui n'a été sauvé que par l'action du torpilleur *Simoun* et des batteries de côte. Dans ces conditions, aucune suite n'est donnée à une proposition du Foreign Office transmise par le consul français à Londres, Chartier, qui quitte Londres le 7 mai et arrive à Vichy le 17 : « Le gouvernement anglais attache la plus grande importance à être renseigné sur la position de la France à son égard. Le gouvernement anglais souhaite pouvoir envoyer en France un agent chargé d'une mission officielle ou officieuse qui recueillerait de la bouche même du Maréchal des déclarations précises sur l'attitude de la France vis-à-vis de l'Angleterre[123]. » Au contraire, Darlan prononce un discours violemment antibritannique le 23 mai. L'affaire de Syrie vient naturellement jeter de l'huile sur le feu. Il n'est donc pas étonnant que Pétain le tienne à l'écart de ses contacts secrets avec les Anglo-Saxons.

Malheureusement, Huntziger, par sens de la discipline et aussi par peur que cela ne finisse par revenir de toute façon à la connaissance de Darlan, décide de lui en rendre compte. Comme on pouvait s'y attendre, la réaction est violente. L'Amiral de la flotte doit déjà « gérer » la non-exécution des protocoles ; si en plus les Allemands apprennent que des contacts ont lieu avec les Britanniques, ils seront définitivement convaincus de la duplicité de Vichy. S'ajoutent à cette analyse la fureur de voir que l'on s'acharne à « torpiller » sa politique et son exaspération à l'encontre des services spéciaux et de l'entourage du Maréchal, et spécialement de Groussard et Loustaunau-Lacau.

Après son évasion le 15 août 1940, ce dernier a reconstitué son réseau d'avant guerre et l'a mis à la disposition du Maréchal qui lui a fait verser par son secrétaire particulier, Ménétrel, 100 000 francs en octobre-novembre 1940. Pour remplacer les Groupes de Protection de Groussard, dissous après le 13 décembre (ce sont eux qui ont organisé l'arrestation de Laval et la mise en état de siège de Vichy), Loustaunau-Lacau reçoit mission de « constituer un noyau d'hommes de main solide[124] » ! Ce sera le réseau Navarre. Flandin lui remet 100 000 francs un mois plus tard, et Pétain lui accorde fin mars une subvention de 2 millions sur un an, « annulée peu après par l'amiral Darlan qui estime qu'il n'a rien à faire de ce réseau[125] ». Au début de l'année 1941, on assiste donc à une floraison d'intrigues, souvent contradictoires. Le 2e bureau de l'armée (colonel Rivet) traque sans relâche (et avec succès) les réseaux allemands en zone libre et en Afrique du Nord[126], et communique régulièrement des informations à l'Intelligence Service. Le S.R. air (colonel Ronin) fait de même. Les agents gaullistes et britanniques ne sont pas inquiétés : le capitaine Fourcaud est relâché alors qu'il a été trouvé en possession de l'état des munitions du *Richelieu,* de même que le lieutenant Turck (ancien du S.R. passé au service de l'I.S.). En A.F.N., c'est encore plus net : le poste clandestin de l' « Agence Rygor » (réseau polonais qui travaille pour l'I.S.) émet une heure par jour sans jamais être inquiété. En sens inverse, le 2e bureau de la marine a pour instruction de ne rien entreprendre en zone occupée[127]. On retrouve les traditionnelles rivalités entre services concurrents, encore aggravées par les divergences politiques et les initiatives individuelles.

Tous ces facteurs aboutissent au « coup de gueule » de Darlan qui veut couper la liaison avec l'Intelligence Service et cesser l'espionnage des Allemands pour éviter tout incident et centraliser l'action des services secrets. L'arrestation de Groussard et de Loustaunau-Lacau le 15 juillet s'inscrit dans ce contexte de la lutte pour le contrôle des services spéciaux dont nous verrons le dénouement au chapitre suivant.

4. *L'affaire de Syrie et la fin de la négociation politique*

Le mois de juin 1941 est sans aucun doute le plus dramatique du gouvernement Darlan qui va devoir se battre sur tous les flancs et y perdre l'essentiel de son crédit : aux yeux de l'opinion française, l'Amiral de la flotte sera l'homme qui a perdu la Syrie ; aux yeux des Anglo-Saxons, il sera l'homme de la collaboration militaire avec l'Allemagne ; aux yeux des Allemands, il sera au contraire incapable de faire passer dans les faits la collaboration décidée à Berchtesgaden et arrêtée à Paris. Désormais, il inspirera une méfiance presque universelle.

A la fin de mai, rien ne semble pourtant suggérer une telle dégradation de la situation diplomatique française. Au contraire, l'affaire d'Irak s'achève sans avoir suscité de réaction violente (hormis des bombardements des aérodromes utilisés par les Allemands) de la part de la Grande-Bretagne malgré la présence des avions allemands en Syrie. Il faut dire que cette intervention est restée d'ampleur très limitée [128]. Hitler a bien déclaré : « Le mouvement de libération arabe est notre allié naturel contre l'Angleterre au Moyen-Orient [129] », mais, en même temps, il ne tient nullement à une émancipation des peuples colonisés [130], et surtout toutes ses pensées sont tournées vers le lancement prochain de l'opération Barbarossa contre la Russie. Aussi n'y a-t-il eu que 44 avions envoyés en Syrie (dont 11 italiens), qui se sont heurtés à des difficultés logistiques considérables (les bases syriennes sont trop éloignées de Bagdad ; l'indice d'octane de l'essence locale est trop faible ; la défense antiaérienne des aérodromes pratiquement inexistante ; l'approvisionnement en munitions et pièces de rechange insuffisant, car il doit se faire par avions), et n'ont joué qu'un rôle mineur [131]. Le 30 mai, la révolte de Rachid Ali s'écroule ; sans perdre de temps, Darlan demande, le 1er juin, le retrait des avions allemands de Syrie : « Pour ôter à une attaque [britannique] tout prétexte, il est de la plus haute importance que les avions et le personnel allemands revenant d'Irak ne demeurent pas en Syrie [132]. » Hitler donne l'ordre de retrait le 3 juin. Dès le 1er, Darlan a câblé au général Dentz, haut-commissaire au Levant : « Il n'existe aucun accord de collaboration sur le plan militaire contre l'Angleterre. La formule de défense de l'unité de l'empire par les seuls moyens français contre quiconque tient toujours et doit continuer à inspirer votre conduite[133]. »

Ainsi donc l'escapade irakienne semble liquidée. En réalité, ses conséquences ne font que commencer. Churchill va saisir le prétexte pour obtenir un succès dont il a bien besoin après la déroute des Balkans et liquider une présence française qui n'a jamais eu l'heur de plaire aux Britanniques, alors même que ses services de renseignement l'ont averti que la Luftwaffe a retiré ses avions et dissous le « groupe occasionnel » créé pour l'aide à Rachid Ali, ce qui conduit le général Wavell, commandant en chef pour le Moyen-Orient, à s'opposer — sans succès — à l'opération. De leur côté, les Allemands, maintenant que l'échec est consommé, ne veulent plus rien savoir des contreparties qu'ils avaient laissé entrevoir et en reviennent à leur intransigeance antérieure, notamment sur la question toujours pendante de la réduction des frais d'occupation. Le 2 juin, Hitler expose à Mussolini ses vues sur la France : il soupçonne le gouvernement de Vichy de jouer double jeu ; Darlan est « sans aucun doute le plus sûr des Français » car il est « entièrement antianglais », Laval est un opportuniste, Pétain un vieillard sous l'influence d'un entourage plein de juifs, de francs-maçons, de représentants de l'Action française et du Comité des Forges. « Même s'il n'est pas possible de se livrer à des pressions trop directes à cause du risque de sécession de l'Afrique, il n'est pas question de satisfaire les continuelles demandes des Français[134]. » La veille, Ribbentrop a déclaré à Abetz qu'une entrée en guerre de la France contre la Grande-Bretagne, non seulement n'est pas souhaitée, mais doit même être évitée à tout prix, car elle conduirait à la sécession de l'Afrique du Nord. Aucune contrepartie n'est donc à accorder, aussi bien pour les facilités accordées en Syrie que pour celles prévues en Afrique[135]. L'intransigeance du gouvernement français va donc se heurter à une intransigeance égale du côté allemand. Toutefois, en vue de faciliter l'application des protocoles de Paris, la C.A.A. accordera le 7 juin un certain nombre de concessions militaires pour le renforcement de l'Afrique du Nord et la libération de six amiraux et du général Juin[136].

Le 3 juin, Darlan constitue une « commission chargée de poursuivre avec les autorités civiles et militaires allemandes la mise au point des conversations qui ont eu lieu les 10, 11 et 12 mai 1941 » (aucune allusion n'est faite aux protocoles de Paris), et il en confie la direction à Benoist-Méchin, assisté de

Barnaud pour les affaires économiques et du contre-amiral Marzin [137] pour les questions militaires. Le 8, il fait entrer Benoist-Méchin au gouvernement comme secrétaire d'État à la vice-présidence du Conseil. Cadeau empoisonné, car le 6, en application de la décision arrêtée par le Conseil des ministres du même jour, il lui a transmis un mémoire réclamant le remplacement des conventions d'armistice par des textes nouveaux et énumérant « les concessions politiques et économiques que le gouvernement français estime indispensables pour la poursuite de la politique envisagée ». La liste, fort longue, aboutit à libérer la France de toute entrave : rétablissement total de la souveraineté française sur l'ensemble du territoire métropolitain, statut spécial pour l'Alsace-Lorraine, suppression des frais d'occupation et des prélèvements, assurances sur le maintien de l'intégrité de l'empire, libération de tous les prisonniers, suppression des commissions de contrôle, etc. [138]. Autant de conditions que les Allemands ne peuvent accepter. Mais la rupture inévitable va se trouver retardée par un élément nouveau : le 8 juin à l'aube, deux jours avant la première réunion de la commission, les Britanniques, appuyés par les gaullistes, attaquent la Syrie.

Darlan est-il surpris par l'événement ? Probablement pas, car les avions anglais n'ont pas cessé de bombarder divers points du territoire syrien. Il a décliné le 4 juin une proposition allemande d'assistance militaire en cas d'attaque anglaise [139], et fait préparer une note pour l'ambassade américaine, dont il a lui-même rédigé le canevas.

> « Prévenir l'amiral Leahy que nous renouvelons au Gal Dentz les ordres antérieurs.
>
> « Ne pas attaquer les Anglais en représailles des bombardements sauf si les troupes britanniques franchissent la frontière.
>
> « Dans ce cas le Gal Dentz aurait libre usage de toutes les forces à sa disposition pour défendre la Syrie.
>
> « Nous précisons de nouveau qu'il n'y a en Syrie aucune collaboration de forces allemandes avec les forces françaises [140]. »

Dès l'annonce de l'attaque, il donne l'ordre de résister par tous les moyens, sans grandes illusions, car la disproportion des forces est écrasante : la Division navale du Levant ne dispose que de 2 contre-torpilleurs, d'un aviso (l'*Élan,* qui survivra à la guerre) et de 3 sous-marins ; les forces terrestres sont si faibles que le général Huntziger déclare à Benoist-Méchin qu'elles ne résisteront pas plus de quatre jours [141]. Mais il n'est pas possible de capituler sans combattre, ne serait-ce que pour sauver les apparences face aux Allemands. En outre, cette attaque a sans aucun doute réveillé l'anglophobie de Darlan. Mais il n'en a pas pour autant perdu ses esprits. Dès le 10 juin, il signe un télégramme prescrivant à l'ambassadeur de France en Espagne, Pietri, de prendre contact avec son homologue britannique, Hoare, pour sinon mettre fin aux combats, du moins s'assurer que le conflit restera localisé [142]. Les deux diplomates se rencontreront à plusieurs reprises dans les jours suivants. Les Britanniques déclarent qu'il s'agit d'un conflit limité et, pour le prouver, ne s'opposent plus au ravitaillement de l'Afrique du Nord par les navires américains en application de l'accord Weygand-Murphy. Le pétrolier *Shéhérazade,* immobilisé depuis le 28 mai par les Américains, inquiets de l'entrevue de Berchtesgaden et des entretiens de Paris, peut ainsi reprendre sa route. Le 12 juin, Darlan câble à ses grands subordonnés navals : « La situation politique actuelle pouvant donner lieu à des déductions ou des suppositions qui seraient — à cette heure — erronées, je crois devoir vous préciser que, pour le moment, je répète actuellement, l'action diplomatique ne vise pas à l'extension du conflit, mais tend au contraire à le restreindre. Il s'ensuit que, pour le moment, rien n'est changé aux consignes en vigueur en ce qui concerne la navigation des bâtiments de guerre et de commerce [143]. »

Vis-à-vis des Allemands, Darlan approuve une initiative de Benoist-Méchin qui propose de demander une nouvelle entrevue avec Ribbentrop. Le 8 juin, Benoist-Méchin rencontre Abetz et lui suggère, outre un tel entretien, une déclaration du Führer sur le maintien de la souveraineté française sur la Syrie et le Liban, « qui ne manquerait pas d'avoir un retentissement considérable ». Il va se heurter à un refus complet. Abetz l'informe le 10 que l'Allemagne se refuse à toute déclaration de ce genre pour ne pas indisposer l'Italie, et qu'un nouvel entretien, venant après celui de Berchtesgaden, serait inutile. Ce n'est qu'un avant-goût de ce qui l'attend avec le général Vogl, président de la commission allemande d'armistice, qu'il rencontre avec Marzin dans l'après-midi. D'entrée de jeu, Vogl déclare « qu'il est venu pour l'application du protocole du mois de mai ». Interloqué, Benoist-Méchin répond avec vigueur que « la question des protocoles ne se pose plus, car la situation est devenue brusquement tragique au cours des dernières journées ». Vogl se résigne alors à écouter les réclamations françaises sur le renforcement du Levant, mais ne prend aucun engagement précis et veut ramener la discussion sur Bizerte [144]. Dans ses Souvenirs, Benoist-Méchin affirme qu'il finit par perdre patience et déclarer qu'il se refusait à discuter de la question de Bizerte en ce moment [145]. Finalement, une autre réunion sera consacrée, deux jours plus tard, à la question du transit du ravitaillement de l'Afrika Korps à travers la Tunisie.

La position française est une nouvelle fois très délicate, car il faut obtenir des concessions militaires sans se laisser entraîner dans une cobelligérance. Or, si Hitler et Ribbentrop sont maintenant hostiles à une entrée en guerre de la France, tout le monde, à l'O.K.W., ne pense pas comme eux : les partisans d'une stratégie méditerranéenne saisiraient volontiers l'occasion pour installer des bases en Syrie. Malgré l'ordre de Hitler, une mission commandée par le colonel von Manteuffel se trouve encore en Syrie lors de l'attaque britannique. Hitler ordonne son rappel, mais l'idée est reprise à propos de la participation de la Luftwaffe à la bataille. Les Allemands interprètent la demande de renforts adressée par Dentz comme signifiant une demande d'intervention de l'aviation de l'Axe. Dès le 9 juin, c'est-à-dire le lendemain du déclenchement de l'attaque, la Direction des services de l'armistice remet les choses au point : à l'officier de liaison italien qui lui proposait l'intervention de l'aviation italienne en Palestine, le général Dentz a répondu que « les Italiens étaient libres d'attaquer l'Angleterre partout, mais à condition de ne pas utiliser les terrains de la Syrie [146] ». Pas de participation directe de l'Axe aux opérations, telle est la position du gouvernement français, et il n'en déviera pas malgré les efforts de Benoist-Méchin et l'insistance des Allemands qui reviennent à la charge les 10, 14 et 18 juin. Lorsque Dentz, qui se trouve dans une situation critique, semble céder aux pressions du consul allemand Rahn et du contre-amiral Gouton, commandant la division navale du Levant (le général Jannekeyn, commandant l'aviation du Levant est contre), et est prêt à demander l'aide de la Luftwaffe [147], Darlan lui-même arrête la réponse : « Votre demande doit être examinée par gouvernement en raison répercussions probables sur situation générale. Général Bergeret sera près de vous mardi 17 après-midi. Après conversation avec vous, il télégraphiera résultats. En attendant, aviation partant de Crète peut obtenir résultats appréciables. Prier Rahn de faire intensifier cette action ce que je demande de mon côté [148]. »

Le 17 juin, Bergeret, secrétaire d'État à l'Aviation, vient à Damas informer Dentz qu'il n'est pas souhaitable, pour des raisons politiques, que des avions allemands atterrissent en Syrie. L'intervention allemande restera donc limitée aux avions du Xe Fliegerkorps qui opèrent à partir des bases de Crète : les 13 et 15 juin, 16 avions sont engagés sur la côte pour des largages de mines ; du 10 au 25 juin, 4 raids sont lancés avec 42 avions contre Haïfa ; enfin, le 8 juillet, alors que les combats sont terminés, 21 Junker 88 attaquent de nouveau Haïfa. C'est évidemment trop peu pour peser sur le cours des opérations.

Les Français doivent donc se battre seuls. Dès l'annonce de l'attaque, deux groupes de bombardement sont prélevés en Afrique du Nord ; « fidèle à ses engagements de défendre contre quiconque les possessions, protectorats, mandats et tous biens français, le général Weygand a mis le plus grand empressement à fournir les unités aériennes qui lui étaient demandées [149] ». Mais le transport d'armes, de munitions et de renforts ne peut s'effectuer par voie aérienne. Il faut faire passer des navires de surface. Une première tentative échoue tragiquement : le contre-torpilleur *Chevalier-Paul* est torpillé le 15 juin. En revanche, le *Vauquelin* réussit à passer, encore que ce qu'il apporte soit dérisoire. Des approvisionnements ont été acheminés par voie ferrée jusqu'à Salonique (avant même le déclenchement des combats, pour compenser les livraisons faites à Rachid Ali). Mais la voie de mer est coupée [150], et les Allemands refusent de prêter des avions de transport. La seule solution consiste à passer à travers la Turquie neutre. Le 23 juin, Benoist-Méchin quitte Vichy pour tenter une démarche en ce sens auprès du gouvernement turc. Malgré son ardeur, il n'obtiendra de ses interlocuteurs que des bonnes paroles.

En dépit du manque de munitions et de leur infériorité numérique, les troupes de Dentz résistent avec bravoure. Mais leur écrasement est inévitable si rien n'est fait pour les secourir. Or, le 14 juin, des radios étrangères annoncent l'appareillage de la flotte française pour le Levant. Faux bruit vite démenti, mais qui provoque des commentaires peu obligeants pour la marine : « L'opinion général de l'armée, qui se bat toujours très bien, est que la politique de l'amiral Darlan a provoqué la situation actuelle et que la marine “ toujours invaincue ” ne fait rien pour la défense du Levant [151]. » Darlan ne reste pas insensible à ce genre de critique, et il évoque le lendemain la possibilité de l'envoi des Forces de haute mer en Syrie. Le 22 juin, jour où les Allemands entrent en Russie, Laborde est convoqué à Vichy pour étudier le transfert en Syrie de cinq bataillons sur des croiseurs protégés à distance par le groupe *Strasbourg* [152]. Des ravitaillements sont prévus en Grèce (au Pirée et dans la baie de la Soude) avec du mazout fourni par la Kriegsmarine. Le départ est prévu dans la soirée du 2 juillet. Le 26 juin, Marzin expose l'opération projetée aux Allemands : la Kriegsmarine se déclare disposée à céder 15 000 tonnes de mazout.

Décision irréfléchie à double titre. D'un point de vue technique, aventurer la flotte si loin de ses bases sans couverture aérienne dans un environnement hostile est pour le moins hasardeux, et Darlan le sait parfaitement : lorsque, le mois précédent, l'amiral de Laborde avait proposé de faire sortir les

Forces de haute mer pour recueillir la Force X avant que les Britanniques, pressés par l'avance de Rommel, ne songent à s'en emparer ou à la couler, il avait répondu en soulevant des objections logistiques — manière élégante de ne pas répondre non à son ombrageux subordonné [153]. D'un point de vue politique, l'intervention des Forces de haute mer risquerait de déboucher sur une confrontation générale avec les Britanniques alors que tous les efforts tendent au contraire à éviter l'extension de l'affrontement. Marzin, Auphan et Le Luc soulèvent des objections, font traîner l'affaire et persuadent finalement Darlan dans la soirée du 28 juin, après quatre heures de discussion, de renoncer à son projet.

Dès lors, il ne reste plus qu'à mettre fin aux combats. Le 28 juin, Pétain et Darlan reçoivent le commandant Tézé, chef du cabinet militaire de Dentz, qui leur expose la situation. Ils concluent à la nécessité de traiter. Le 29, une note remise à l'ambassade des États-Unis suggère la cessation des hostilités sur les positions actuelles, avec l'instauration d'une ligne de démarcation [154]. Mais il est impossible de parvenir à un accord sur ces bases. Le 8 juillet, Dentz, dont la situation est désespérée, doit demander un armistice. Le 11 juillet, le gouvernement français proteste contre les termes imposés par les Britanniques [155], mais l'armistice est tout de même signé le 14 juillet à Saint-Jean-d'Acre. Les troupes de Dentz seront rapatriées en France avec les honneurs de la guerre.

L'épisode syrien creusera encore un peu plus le fossé entre la France et la Grande-Bretagne, et il avivera, s'il en était encore besoin, l'anglophobie de Darlan. La responsabilité de celui-ci dans le déclenchement du drame n'est pas niable : sans l'erreur commise au début du mois de mai, l'affrontement aurait pu être évité et la Syrie et le Liban conservés à la France (provisoirement...). En sens inverse, on peut créditer Darlan d'avoir « géré la crise » avec sang-froid, si l'on excepte sa « gasconnade » sur une sortie de la flotte : il a tout de suite pris des contacts avec les Britanniques pour limiter le conflit et pris garde d'éviter tout « dérapage » pouvant déboucher sur une cobelligérance avec l'Allemagne.

La prudence de l'Amiral de la flotte dans l'affaire syrienne s'explique par son pragmatisme. Lucide, il a vite tiré les leçons de ses deux séries d'entretiens à Paris. Conseillé par Moysset, il est revenu de ses illusions et se montre méfiant. Il ne fera plus confiance aux assurances des Allemands. Le général Laure, qui ne l'aime pas et estime qu'il « n'a pas réagi comme il eût convenu » lors des négociations de mai, note le changement le 11 juin : Darlan « manifeste un renouveau d'énergie. " Je suis décidé à ruer ", dit-il. En attendant que M. Abetz réponde favorablement à la lettre confiée à Benoist-Méchin [celle qui réclame des concessions exorbitantes], je bouderai et resterai au bord de l'Allier[156] ».

Cette méfiance est entretenue par le comportement des Allemands qui, tout en accordant le renforcement de la puissance militaire française en Syrie et en Afrique parce qu'ils pensent en tirer profit, ne se départent pas de leur intransigeance dans les autres domaines, ainsi que le relève la délégation française d'armistice : « Si des résultats favorables sont à noter sur le plan militaire (parce qu'en définitive la Wehrmacht y trouve son avantage), on a peine à établir une liste de même longueur sur le plan " climat en zone occupée ", et aucun n'est à signaler dans le domaine économique. [...] M. Hemmen réagit brutalement aux propositions françaises relatives aux frais d'occupation. Devant le refus de gros transferts, venant en fait compenser la réduction des payements en billets de banque, il fait dire par M. Abetz qu'il propose à Berlin la rupture des négociations[157]. » L'entrée en guerre contre l'Union Soviétique vient encore aggraver la situation : « Le Reich a conscience de la grandeur des difficultés de la nouvelle tâche qu'il s'est fixée ; il lui faut des moyens supplémentaires, qu'il s'agisse du plan économique — matières premières, main-d'œuvre — ou du plan militaire ; la France représente, sans aucun doute, à côté d'une Italie de plus en plus déficiente, d'une Espagne exsangue, d'une Roumanie peu convaincue, l'élément le meilleur[158]. » Et de fait les demandes ne cessent de croître : réclamation de l'or polonais (refus français), demande de cession de tonnage neutre (refus, sauf pour les navires danois en cas d'acceptation de la cession par le gouvernement danois[159]), demande de livraisons accrues de matières premières (le 20 mai, Bouthillier accepte de céder 200 tonnes supplémentaires de cobalt), réclamation d'un pourcentage du pétrole roumain importé par la France (après avoir refusé, le gouvernement français finit par donner un accord de principe[160] qui n'aura pas l'occasion de s'appliquer par suite du resserrement du blocus britannique[161]), demande de rapatriement en métropole de l'or de la Banque de France entreposé à la Martinique et en Afrique[162], augmentation des réquisitions... Le pillage devient de plus en plus intensif. A ces difficultés économiques se superpose le risque d'une véritable déroute financière, bien que le Trésor français ait réduit unilatéralement en mai ses versements à 300 millions par jour : à la fin du mois de juin, les avances demandées par l'État à l'institut d'émission s'élèvent au chiffre exorbitant de 118 milliards de francs. Par comparaison, les recettes fiscales pour 1941 n'atteignent que 68 milliards, couvrant seulement la moitié des dépenses (134 milliards, frais d'occupation non compris[163]). La France est prise à la gorge.

Parallèlement à cette exploitation économique, l'Allemagne est très désireuse d'obtenir de la France l'application des protocoles de Paris, et notamment celui qui porte sur le ravitaillement de l'Afrika Korps par la Tunisie. La maîtrise britannique de la mer paralyse presque complètement les transports vers Tripoli et Benghazi. Deux jours après le déclenchement des opérations en Syrie, Vogl, en rencontrant Benoist-Méchin et Marzin, n'avait pas caché que c'était pour lui la question la plus urgente. Le 12 juin, le colonel Böhme fait connaître les desiderata allemands : le volume envisagé s'élèverait à 20000 tonnes par mois et serait transporté par moyens français jusqu'à la frontière libyenne, le personnel allemand étant réduit au minimum indispensable et vêtu en civil[164]. La France céderait aussi du matériel lourd : 400 camions (en sus des 1100 précédemment accordés) et de l'artillerie. La question est reprise au cours de trois réunions qui se déroulent à Paris du 24 au 26 juin[165]. Mais Darlan est décidé à rompre. Il déclare à Marzin avant la dernière réunion : « C'est abandonné. Vous ferez le bouc émissaire. Il faut continuer à amuser le tapis[166]. » Les négociations vont continuer dans le vide.

Les Allemands présentent un projet de protocole auquel les Français opposent un contre-projet le 3 juillet : les ravitaillements porteront exclusivement sur des matériels ou marchandises sous emballage camouflant leur nature ; le transport sera fait à partir des ports italiens jusqu'à Bizerte sur des cargos italiens ; les marchandises seront acheminées jusqu'à Gabès par chemin de fer ; au-delà, la voie terrestre ne permet qu'un débit de 7000 tonnes, et le reste devra être embarqué sur des caboteurs battant pavillon italien ; l'Allemagne fournira les pneus et pièces de rechange[167]. Marzin rencontre de nouveau le 9 juillet son interlocuteur allemand, le colonel Böhme (chef d'état-major de la C.A.A.), qui présente une série de demandes nouvelles : utilisation de Toulon, cession de tonnage neutre (72000 tonnes), escorte des navires italiens, y compris par des bâtiments français, dépassement du chiffre de 20000 tonnes mensuelles, cession de tonnage aux Italiens[168]... A l'issue de cette réunion, les Allemands remettent un nouveau projet de protocole qui prévoit un départ des ports italiens, avec la possibilité de se servir de Toulon « en cas de nécessité », la cession de 73000 tonnes à l'Allemagne et de 37000 tonnes à l'Italie, toutes les mesures préparatoires devant être terminées en juillet[169]. Dans son compte rendu,

Marzin remarque que, si « les Allemands ont tenu compte de la plupart des observations de la commission de négociation », l'accord risque de ne pas se faire sur la cession de tonnage neutre ; d'autre part, la renonciation à Toulon n'est que momentanée[170]. Formules extrêmement pudiques, puisque le sort des négociations est déjà scellé, à la grande fureur des Allemands qui sentent bien que leur proie leur échappe. Le 7 juillet, Darlan et Marzin rencontrent Abetz et Vogl pour s'entendre dire que l'Allemagne a déjà payé et que la France doit exécuter les protocoles. Marzin s'indigne en privé de l'attitude allemande. L'Amiral de la flotte lui répond : « On ne peut pas négocier avec ces gens-là[171]. »

Encore une fois, nous manquons de ces notes de synthèse que Darlan affectionnait et qui permettent de cerner sa pensée. Rompt-il les négociations, dénonce-t-il les protocoles parce qu'il sait qu'il ne peut surmonter l'opposition de Weygand ? Il est impossible de le dire avec certitude. Tout ce que l'on peut affirmer, c'est que ses idées connaissent une nette évolution entre mai et juin : l'enthousiasme et l'assurance des débuts ont fait place à des sentiments de méfiance et de prudence, inspirés par le comportement de ses interlocuteurs allemands et par le fantastique fait nouveau que constitue l'invasion de la Russie : la guerre a changé de dimension et le bon sens (qualité dont l'Amiral de la flotte, malgré ses défauts, n'est pas dépourvu) impose de laisser voir venir. Weygand, qu'on ne peut soupçonner d'indulgence pour « la Flotte » (ainsi appelle-t-il Darlan dans ses carnets), lui en donne acte. Le 11 juillet, appelé à Vichy, peut-être pour servir de bouc émissaire aux yeux des Allemands, il rencontre Darlan le matin et note dans son carnet :

> « Il a fait un pas énorme, il a moins confiance dans les Allemands, il sent mieux sa responsabilité vis-à-vis de l'empire, il n'est plus question, malgré les demandes allemandes renouvelées, de donner Bizerte ni Dakar sans renforcement préalable et les garanties écrites demandées. Leusse n'en revient pas de ses métamorphoses[172]. »

L'après-midi, un Conseil de cabinet est convoqué sous la présidence de Pétain et en présence de Weygand. Vichy s'attend à un remaniement ministériel, et, comme rien n'est annoncé, on en déduit qu' « une fois de plus la montagne accouche d'une souris[173] ». En réalité, le Conseil a approuvé la note rédigée par Weygand qui définit la nouvelle position française :

« Il n'est pas question de rompre avec l'Allemagne. Aussi bien la continuation des négociations commencées est-elle indispensable à notre renforcement militaire.

« Mais maintenir très haut nos exigences politiques — et tenir bon.

« Nous ne sommes pas pressés[174]. »

Pétain, Darlan et Weygand sont sur la même longueur d'onde. Mais cela n'exclut pas les arrière-pensées, comme Weygand le note avec lucidité le 12 : « Dîner chez Darlan. Tout le monde très aimable. Très différent d'il y a un mois. Est-on sincère ? Cherche-t-on un appui en moi pour dire aux Boches : c'est lui[175] ! »

La décision de rupture est transmise le 12 juillet à l'ambassade d'Allemagne par un message fort bref :

« J'ai l'honneur de vous informer qu'après avoir entendu l'exposé de l'amiral Darlan, le Conseil de cabinet, présidé par le Maréchal, a décidé que :

« 1° Il ne lui paraissait pas possible de passer à l'exécution de la partie deux du protocole militaire du 25 mai tant que la négociation politique, dans le cadre de laquelle ce protocole est placé, n'avait pas abouti.

« 2° Le gouvernement français reste fidèle à la politique définie le 11 mai à Berchtesgaden, mais il pense que, en ce moment, toutes autres décisions que celles qu'il prend seraient contraires aux intérêts tant de la France que de l'Allemagne.

« 3° Une note verbale va vous être adressée incessamment précisant la position du gouvernement français[176]. »

La note annoncée est remise le 14 juillet[177]. Elle précise que des « facteurs nouveaux » ont modifié la situation générale depuis le 28 mai :

« 1) *L'agression anglaise sur la Syrie.*

« Cette agression a eu pour conséquences d'affaiblir la défense de l'empire ; de faire perdre à la France l'un de ses territoires les plus précieux ; “ d'alerter l'opinion publique française sur les conséquences désastreuses que pourrait avoir, pour l'empire, la politique d'aide à l'Allemagne pratiquée par le gouvernement français [...] ; de faire toucher du doigt au gouvernement français l'antinomie qui existe entre une politique qui doit amener la France à combattre sur divers points de son empire et le régime d'armistice destiné à la mettre hors d'état de combattre auquel elle est actuellement soumise ; de provoquer un conflit armé entre l'Angleterre et la France, sans que cette dernière ait obtenu de la part du gouvernement du Reich la reconnaissance explicite que le fait d'être en lutte avec l'ennemie principale de l'Allemagne apportait une modification essentielle au statut franco-allemand ”.

« 2) *L'attitude d'hostilité accrue prise par l'Angleterre et les États-Unis à l'égard de la France.*

" [...] Les diverses déclarations de MM. Churchill et Roosevelt ne permettent plus de considérer les opérations en Tunisie, en A.O.F. et en A.E.F. comme des actions isolées, mais comme un ensemble. L'exécution d'une seule partie desdits protocoles devant entraîner presque à coup sûr une riposte des Anglo-Saxons sur d'autres points parfois très éloignés de l'empire français. " [...]

« 3) *La stagnation des conversations politiques servant de cadre aux protocoles militaires.*

" Depuis le 28 mai — malgré certaines concessions de détail dont le gouvernement français n'a garde de mésestimer la valeur —, les négociations franco-allemandes n'ont pas progressé au même rythme que les événements militaires et n'ont pas encore apporté de résultat de nature à justifier aux yeux de l'opinion publique française l'éventualité d'un conflit armé avec l'Angleterre et les États-Unis. Or, ce conflit n'est plus aujourd'hui une éventualité, mais a effectivement éclaté en Syrie. [...] "

« Le gouvernement français ne croit pas qu'il soit dans l'intérêt du Reich ni de la France de précipiter une opération africaine, avec tous les risques qu'elle comporte, sans une préparation militaire judicieuse et une modification profonde du climat politique. [...] Les vues du gouvernement français sur " la nature et l'objet de cette modification sont résumées dans une note conjointe ". »

Cette note conjointe reprend une idée de Benoist-Méchin, à savoir la substitution au régime d'armistice d'un « pacte transitoire ». En échange d'une adhésion de la France au pacte antikomintern et d'une promesse de reconquête des territoires de l'empire passés à la dissidence (avec par conséquent le risque d'un conflit ouvert avec la Grande-Bretagne), l'Allemagne et l'Italie « s'engagent à ne présenter, lors de la discussion du traité de paix, aucune revendication territoriale sur la France métropolitaine et sur les pays extra-européens placés sous la souveraineté française », sous réserve de la restitution des anciennes colonies allemandes, de rectifications de frontières dans l'empire (Benoist-Méchin pense au Sud tunisien) et d'un statut particulier pour l'Alsace-Lorraine. Des conventions provisoires régleront dans les plus brefs délais la suppression immédiate des zones interdites et la suppression progressive de la zone occupée (des troupes allemandes pouvant demeurer en France sous un statut spécial), le retour sous administration française des départements du Nord et du Pas-de-Calais, la libération de tous les prisonniers, la suppression des frais d'occupation, le réarmement français...

Brillante intelligence, mais d'une naïveté parfois confondante, Benoist-Méchin croyait sincèrement qu'un tel projet, dont il note lui-même qu'il « représentait, pour la France, l'effacement presque complet de la défaite qu'elle venait de subir[178] », avait de sérieuses chances, sinon d'aboutir, du moins de « servir de base de discussion[179] ». Il était certainement le seul de cet avis. Si des gens comme Bouthillier ou Weygand l'ont accepté[180], c'est parce qu'ils se rendent bien compte que le Reich ne consentira jamais des concessions aussi exorbitantes. Dès le lendemain de sa remise, la note du 14 juillet est rejetée. Le gouvernement allemand la considère « comme une rupture des protocoles du 28 mai et un refus de la part de l'amiral Darlan de poursuivre la politique définie le 11 mai à Berchtesgaden[181] ». Benoist-Méchin « se perd en conjectures sur les motifs de ce refus », incapable de saisir la différence entre son rêve et la réalité.

De manière assez surprenante, les historiens, à la notable exception d'Eberhard Jäckel, n'ont guère accordé d'attention aux négociations de juin 1941. Personne n'a mentionné la commission de négociation, et la note du 14 juillet, qui marque la fin du processus ouvert à Paris au début de mai, est à peine évoquée. Jean-Baptiste Duroselle n'en fait pas état, Robert Aron ne lui consacre que quelques lignes. Robert Paxton est plus prolixe, mais sa position est assez embarrassée. Fidèle à sa thèse, il soutient que « Darlan espère alors, “ dans un climat politique nouveau ”, pouvoir mettre en œuvre les protocoles », et il ajoute : « A la différence des historiens de l'après-guerre, les autorités de Berlin ont fort bien compris la portée de ces propositions. » Mais quelques lignes plus loin, il écrit que « Ribbentrop voit tout bonnement dans la note verbale “ une naïve tentative de chantage[182] ” ». Il est vrai que Paxton reconnaît n'avoir pas eu connaissance de la totalité de la note qui, lors de la parution de son livre, n'avait pas été publiée (elle avait échappé aux recherches pourtant fort minutieuses de Pierre Cézard, éditeur des cinq volumes de documents de la D.F.C.A.A., et n'a été publiée pour la première fois que par Jacques Benoist-Méchin dans ses Souvenirs posthumes). Au vu de la litanie des conditions énumérées par Vichy, il aurait peut-être eu plus de mal à y voir « une manœuvre pour élargir » les négociations.

En réalité, il s'agissait bien de les saborder, et ce n'était pas facile. Weygand avait joué un rôle décisif dans la décision du Conseil des ministres du 6 juin, mais il n'était pas chargé de la transmettre aux Allemands. Ceux-ci n'en ont pas eu connaissance immédiatement, car Benoist-Méchin a bien communiqué la note du 6 à Abetz, mais « pour son information personnelle, en le priant de ne pas la transmettre à son gouvernement[183] ».

Abetz, qui n'aurait sans doute pas survécu politiquement à une si rapide dénonciation des protocoles, n'a pas informé Berlin, et a tenté, avec Benoist-Méchin, de trouver un compromis. Les exigences nouvelles de l'O.K.W. lors des séances de la commission de négociation ont définitivement ruiné toute chance d'accord. Les événements de Syrie ont fourni le prétexte, le déclenchement de l'invasion de la Russie, qui reléguait la France au second plan, l'occasion. Pour être sûr que, cette fois, le message parviendrait à destination, Darlan a fait remettre simultanément la note à l'ambassade à Paris et à la commission d'armistice à Wiesbaden.

C'est donc bien du 14 juillet qu'il faut dater la fin de la grande négociation rêvée par Darlan et qui se termine sur un bilan extrêmement négatif, tant pour la France que pour son initiateur. La France a perdu la Syrie et le Liban, et elle n'a rien gagné à une réduction factice des frais d'occupation qui a eu pour contrepartie un resserrement du contrôle allemand sur l'économie française (avec l'installation des commissaires que Hemmen réclamait depuis des mois). Seul point positif, elle y a gagné un futur maréchal, puisque c'est à l'occasion de ces conversations que le général Juin a été libéré.

Darlan a, lui aussi, beaucoup perdu et il le sait. Marzin le trouve effondré, le 9 juillet au soir, « ne cachant pas sa rancœur devant la dureté des Allemands, qui barrait la route à un rapprochement. Dès ce moment, il envisageait d'abandonner le gouvernement[184] ». Il se reprendra, mais le coup n'en est pas moins rude. Pour les Allemands, il a « torpillé » les protocoles, et la responsabilité de Weygand dans cette issue ne fait pas oublier la sienne. Pour les Américains, il est l'homme de la collaboration, et l'amiral Leahy est désormais convaincu qu'on ne peut lui accorder aucune confiance[185]. Les Britanniques y voient la confirmation de leurs craintes de 1940. L'opinion française est montée contre lui. Tout le monde retiendra ses erreurs initiales, personne n'aura connaissance de son rôle, plus actif qu'on ne le croit, dans le « désengagement » final dont tout le crédit sera accordé à Weygand. En mai-juin 1941, Darlan a fixé l'image négative que reprendront les historiens. Mais surtout l'échec de sa politique vis-à-vis de l'Allemagne prépare déjà l'échec final de 1942.

CHAPITRE XV

Crises en régime normal

La note du 14 juillet marque la fin de la grande négociation lancée en mai. Mais il faut continuer à survivre face au Reich. Weygand lui-même, dans la note qu'il a lue au Conseil des ministres du 11, tout en demandant que l'on maintienne très haut les exigences politiques, reconnaît qu'il ne faut pas rompre avec l'Allemagne et qu'il faut continuer à négocier pour gagner du temps[1]. Mais il se récrie dès que le gouvernement accorde la moindre concession, fût-elle de détail, sans voir que sa position est assez difficile à tenir : on ne peut, surtout lorsqu'on est en position de faiblesse, prétendre négocier en refusant d'accorder quoi que ce soit. Darlan va donc se trouver pris entre l'intransigeance du général et la fureur des Allemands qui veulent relancer l'exécution des protocoles.

Ayant pris connaissance de la note du 14 juillet, Ribbentrop a eu une réaction classique de diplomate et a considéré qu'elle équivalait à une rupture des négociations. Le 23 juillet, il adresse en conséquence de nouvelles instructions à Abetz : « Toutes les négociations pendantes pour l'instant avec les Français, comme, par exemple, celles sur Bizerte, Dakar, etc., doivent être suspendues, ces questions doivent être traitées de façon dilatoire. Toutes les concessions promises aux Français en contrepartie du ravitaillement via Bizerte ne doivent pas être rendues effectives[2]. » Mais l'O.K.W. n'est pas du même avis et tient absolument à l'exécution des protocoles, notamment celui sur les transports via la Tunisie dont dépend pour une bonne part l'issue de la campagne d'Afrique. Il était déjà intervenu auprès de la Wilhelmstrasse pour souligner l'intérêt stratégique de ces transports et demander plus de souplesse dans l'octroi de concessions politiques ou économiques[3]. Ses efforts ayant échoué, il reprend l'affaire sous un angle purement militaire : le 24 juillet, le général

Vogl transmet à la délégation française à Wiesbaden une note verbale comminatoire : les notes du 14 juillet ont produit « un effet de stupeur en Allemagne. Le haut commandement allemand ne peut reconnaître comme fondée la tentative de mêler les accords de Paris à des considérations d'ordre politique. Il exige que soit continuée la politique préconisée, que le gouvernement français réalise les dispositions souscrites à Paris et continue la collaboration dans l'esprit du protocole de Paris ». Tant que satisfaction ne lui sera pas donnée, aucune demande française ne recevra de réponse favorable, et certaines concessions déjà accordées (autorisation du recrutement en zone occupée ; atténuation du contrôle du trafic maritime) pourraient être rapportées[4].

Le 28 juillet, le vice-amiral Michelier, président par intérim de la délégation, remet à Vogl la réponse de Vichy, mise au point par Darlan lui-même : « Dès le 28 mai, les questions militaire et politique étaient dans une étroite dépendance mutuelle. [...] En attendant la conclusion des négociations politiques, pour passer à l'exécution des accords militaires, le gouvernement français se tient exactement dans la ligne des protocoles du 28 mai 1941[5]. » Mais ce genre de plaidoyer n'a qu'une utilité pratique limitée. Pour sortir de la crise, il faut mettre en œuvre un programme positif.

Que faire ?

Ce programme, Darlan va l'exposer dans une note sur la situation présente qu'il remet à Pétain le 21 juillet. Le destinataire la lit avec beaucoup d'attention et l'annote en marge. Malgré sa longueur, ce document, resté jusqu'à ce jour inédit, doit être cité *in extenso,* avec les annotations du Maréchal[6] :

> « Monsieur le Maréchal
>
> « J'ai l'honneur de vous adresser la note que vous avez bien voulu me demander sur la situation présente. Ainsi que vous pourrez vous en rendre compte, nous sommes en état de crise. Cette crise, qui est larvée actuellement, pourrait devenir aiguë si nous ne réagissons pas. La cause principale est le désordre des esprits, surtout dans les milieux dirigeants.
>
> « Vous m'avez fait l'honneur de me confier une très lourde tâche qui peut se résumer ainsi : continuer la politique de collaboration, poursuivre la rénovation nationale.
>
> « La politique de collaboration a été décidée par vous

après l'entrevue de Montoire avec le chancelier Hitler le 24 octobre 1940.

mais pas de collaboration armée ni de cession des bases aériennes ou navales que notre opinion publique n'admettrait pas.

« *Je considère qu'elle est la seule possible pour permettre à la France de vivre dans le présent et de retrouver sa place en Europe dans l'avenir.*

« La défaite nous a placés sous le contrôle de l'Allemagne qui peut, si nous lui sommes hostiles, bouleverser tous nos plans de rénovation nationale, faire naître le désordre chez nous et profiter de l'état de choses ainsi créé pour occuper non seulement la métropole mais aussi l'Afrique. Nous perdrions ainsi tout ce que vous avez voulu sauver en demandant l'armistice. Si nous voulons que la France continue à être une nation, nous ne pouvons pas tourner le dos à l'Allemagne.

« Depuis un an, l'Angleterre n'a cessé de faire la preuve, par ses agissements à notre égard, que la France ne l'intéresse que comme élément de la lutte qu'elle poursuit contre l'Allemagne.

« La France peut disparaître, l'Angleterre n'en a cure. Elle est en concurrence avec les États-Unis pour la possession de notre empire africain qu'elle considère comme la meilleure plate-forme d'opérations militaires. Plus la guerre durera plus nous aurons de difficultés à empêcher l'Afrique de tomber sous la dépendance des Anglo-Saxons. Ils déclarent qu'ils nous rendront notre empire. Je n'en crois rien. Une telle générosité serait nouvelle de leur part.

« L'Allemagne a besoin de se couvrir du côté de l'Atlantique contre les Anglo-Saxons. Elle préfère que cette couverture soit assurée par nous parce qu'elle est occupée sur de nombreux autres points.

Ce n'est pas demeurer dans l'attentisme que de créer les moyens de défense de notre empire.

En cela, l'Allemagne n'est pas d'accord avec elle-même.

« Plus la guerre se prolongera, plus il nous sera difficile de rester en dehors du conflit. Si nous persistons dans l'attentisme, nous finirons par perdre sur les deux tableaux. En décidant de défendre l'empire contre quiconque, nous avons pris la position la meilleure. Il faut reconnaître que cette position est antianglaise.

« Nous ne pouvons la conserver que si l'Allemagne nous permet de rassembler les moyens de défense nécessaires et si elle nous donne l'assurance qu'en défendant l'empire, nous ne travaillons pas pour le “ roi de Prusse ”.

« Elle n'accomplira ces gestes que si elle a la certitude que nous ne sommes plus l'ennemi héréditaire.

« Or l'Allemagne hésite.

« Elle hésite pour des motifs qui ne dépendent que d'elle et pour d'autres qui ne dépendent que de nous. Le désordre des esprits est le motif qui du côté français empêche l'Allemagne d'agir.

« Vous m'avez chargé de conduire une politique. Je vous

rends compte fidèlement du développement des négociations et vous voulez bien m'approuver.

« Or je suis attaqué, combattu, par des personnes qui
Qui ? vous touchent de près et par des hommes qui ont des fonctions importantes.

« Il n'est bruit à Vichy et à Paris que du désaccord qui
non règne entre vous et moi. L'origine de ces bruits est votre cabinet militaire.

Je puis demander « Le général Weygand s'en fait l'écho complaisant,
qu'il disparaisse. renseigné par l'agent de liaison qu'il entretient près de votre cabinet.

« Son entourage et lui-même sont hostiles à la politique que vous m'avez demandé de mener. Si le général Weygand vous est fidèle, il ne l'est qu'en apparence au gouvernement. Je ne cite que ces deux exemples, mais il en est d'autres, nombreux.

« Pour que je puisse continuer utilement à poursuivre la
conseil privé tâche que vous m'avez confiée, il faut non seulement que j'aie votre confiance, mais il est indispensable que tout le monde en soit persuadé. Il faut aussi que mon autorité sur tous soit totale et que le seul juge de mes actions soit vous.

« Veuillez agréer... »

Les conceptions stratégiques et politiques de Darlan à l'été 41 apparaissent clairement à travers cette lettre. La guerre lui paraît devoir durer, ce qu'il estime dangereux pour la France qui aura de plus en plus de mal à se maintenir hors du conflit. Il diagnostique correctement que les Anglo-Saxons voudront disposer de l'Afrique française comme base de départ pour des opérations ultérieures. L'attentisme prôné par Weygand (ne pas rompre l'armistice, mais ne rien accorder à l'Allemagne) lui paraît intenable. Se rallier aux Anglo-Saxons est impossible : d'abord l'Allemagne reste trop puissante ; elle peut occuper la zone libre et l'Afrique du Nord (constat peu discutable : même si elle est massivement engagée en Russie, la Wehrmacht a les moyens de venir à bout de la maigre armée d'armistice) ; l'anglophobie de l'Amiral de la flotte est toujours aussi systématique, un an après Mers el-Kébir, l'affaire de Syrie étant naturellement venue la raviver. S'y ajoute, comme on le verra plus en détail à la fin de ce chapitre, une exaspération croissante à l'encontre des États-Unis. Cette hostilité envers les Anglo-Saxons est la cause d'une grave erreur d'appréciation à l'égard de la politique allemande : malgré l'expérience des conversations de mai, Darlan persiste dans l'idée que la France peut parvenir à obtenir du Reich des conditions plus favorables et même une modification du statut politique[7]. Il n'est d'ailleurs pas le seul :

Pétain lui-même le croira jusqu'à la désillusion de l'entrevue de Saint-Florentin, en décembre.

Pense-t-il que l'Allemagne va gagner la guerre? Le général (alors colonel) Revers l'a affirmé : « Je me suis présenté à Darlan en août 1941. L'amiral m'a développé son idée. Il croyait dur comme fer à la victoire de l'Allemagne. *Les Allemands battront les Russes,* m'a-t-il assuré. *L'Angleterre perdra la guerre et ce sera bien fait pour elle*[8]. » Mais cette explosion d'anglophobie, dont il est devenu coutumier, ne constitue pas heureusement sa seule analyse stratégique. Le secrétaire d'État à la Production industrielle, François Lehideux, relate un exposé bien plus intéressant, car fait en présence de ses collaborateurs les plus proches : Auphan et Fontaine du côté militaire; Bouthillier, Moysset, Romier et Lehideux du côté civil.

> « Messieurs, l'Allemagne a perdu la guerre! Elle s'enfonce à l'est. L'espace et les réserves d'hommes donnent toute possibilité à la Russie de reconstituer des armées, grâce au potentiel des arsenaux de l'Occident. Les Russes peuvent encore reculer au-delà du Caucase, mais celui qui gagnera la guerre est celui qui dominera la Méditerranée et l'Atlantique.
>
> « Je ne sais pas combien de temps dureront les hostilités. Estimez-vous que les Français peuvent vivre, sans la protection d'un gouvernement national, pendant trois mois, ou bien pendant trois ans?
>
> « Si vous estimez qu'ils peuvent vivre trois ans sans autre protection que le préfet, placé sous les ordres de la Kommandantur, nous devons nous préparer à gagner l'Afrique du Nord et à reprendre le combat. Si vous estimez qu'ils ne peuvent vivre aussi longtemps sans protection, il faut tenir, attendre. Jouer par l'esprit, conserver les structures administratives — dussions-nous avaler beaucoup de couleuvres — partout où flotte notre drapeau, en Indochine, aux Antilles, à Madagascar, bien que, dans toutes ces régions, nous soyons plus faibles que les Japonais, les Américains ou les Anglais... En Syrie, de Gaulle a lâché l'administration française. On ne la retrouvera plus. »

Darlan conclut : « Réfléchissez-y, nous en reparlerons quand je vous reconvoquerai[9]. » Seulement, il ne devait jamais provoquer une nouvelle réunion de ce genre...

La contradiction entre les déclarations rapportées par Revers et Lehideux ne peut, en l'absence de notes dépourvues d'ambiguïté, être levée de façon définitive. Il faut remarquer que, dans sa note du 20 juillet, Darlan ne désigne aucun vainqueur. Comme Moysset et beaucoup d'observateurs, il pense probablement que Hitler a fait une faute[10] ou au moins pris un très gros risque, en attaquant la Russie. Mais en même temps, il est impressionné par cette nouvelle démonstration foudroyante de la *blitzkrieg*. Les armées russes sont enfoncées sur tout le front, complètement disloquées, et il n'est pas sûr du tout qu'elles pourront arrêter la ruée allemande avant Moscou. Si la capitale, nœud de toutes les communications, succombe, le gouvernement soviétique pourra se replier derrière la Volga ou l'Oural, mais, privé de la plus grande partie de ses industries, combien de temps lui faudra-t-il pour reconstituer ses forces ? Il est donc urgent d'attendre et de voir venir. Darlan envisage une situation dans laquelle l'Allemagne devrait faire face à une menace résiduelle à l'est et à une Grande-Bretagne protégée par son insularité à l'ouest, mais resterait cependant maîtresse du continent européen. Situation on ne peut plus désagréable pour la France, qui risquerait fort de faire les frais d'un règlement général, ainsi qu'il l'explique dans une note rédigée au début de novembre pour demander le renvoi de Weygand. Certes, ainsi que l'écrit Bouthillier, cette note est « conçue pour obtenir du Maréchal le rappel du général » [Weygand], et elle est « typique de la manière de raisonner de l'amiral lorsqu'il entreprenait de se convaincre lui-même [11] ». Mais, au-delà de ce but immédiat, elle révèle tout de même, même si c'est de manière orientée pour renforcer la démonstration, l'analyse que fait Darlan de la situation politique et militaire après deux années de guerre. Son raisonnement part d'une analyse plutôt optimiste de la politique suivie jusqu'alors :

> « Depuis un an, la politique de rapprochement franco-allemand a été poursuivie, selon vos directives, avec des fortunes diverses.
> « Elle a toutefois permis à la France de vivre et de tenir toujours une place en Europe et dans le monde. [...]
> « Notre décision de défendre l'empire contre quiconque nous a seule donné la possibilité de maintenir inviolée la plus grande partie de notre empire africain.
> « En résumé, malgré les innombrables difficultés de l'heure, la France et son empire subsistent.
> « Si nous avions pratiqué une politique inverse, il y a déjà de longs mois que l'Afrique du Nord serait occupée par les troupes de l'Axe. [...] Nos côtes méditerranéennes et la Corse seraient sans doute également occupées. Nous aurions perdu tout ce que nous avons sauvé en obtenant l'armistice. »

Certes, « l'envers de cette politique est l'inimitié de la Grande-Bretagne et une attitude déplaisante des États-Unis ». Mais les Anglo-Saxons sont incapables d'une action militaire sur le continent. Même si l'Allemagne n'a pas encore gagné la guerre, elle peut occuper la zone libre et l'Afrique : « Ce n'est pas notre armée d'Afrique, faible numériquement, plus que médiocrement armée, démunie d'aviation, qui arrêterait les forces allemandes.

L'empire serait perdu et nous ne le récupérerions jamais. [...] L'aide américaine, si elle arrivait jamais, arriverait encore plus tardivement que l'aide anglaise, [...] quand tout serait réglé. » Il est en outre illusoire de croire que « l'Allemagne s'est épuisée sur le front russe » :

> « Il est certain que l'armée allemande a subi des pertes en hommes et en matériel. Mais ces pertes ne sont pas telles que la Wehrmacht manque d'hommes et d'armes à transporter sur d'autres fronts. L'appoint des troupes hongroises, roumaines et italiennes lui donne la possibilité de tenir un front défensif à l'est en immobilisant le minimum de ses propres troupes.
>
> « L'énorme butin en matériel russe capturé ou détruit assure à l'Allemagne une grande quantité de matières premières qui sera encore accrue par l'exploitation des ressources minières de l'Ukraine et du Caucase. Si, comme il est probable, les troupes allemandes progressent jusqu'à la Volga et jusqu'à la Caspienne vers Astrakan, ce qui restera de l'U.R.S.S. sera totalement privé de pétrole, et le ravitaillement d'armées russes de nouvelle formation sera irrémédiablement compromis. [..]
>
> « Si l'Allemagne n'a pas encore gagné la guerre, sa position n'a pas périclité, loin de là. Ayant annihilé l'armée la plus nombreuse et la plus puissante qui pouvait lui être opposée, ayant conquis de vastes territoires productifs, elle reste maîtresse de porter son effort offensif là où elle estimera qu'il doit être fait. »

Dès lors, « comment peut se terminer la guerre » ? Trois hypothèses sont envisageables : une victoire anglo-saxonne exigerait la reconquête de l'Europe, « rien ne permet de penser qu'une pareille chance se produise d'ici longtemps » ; une victoire allemande pourrait être acquise par une invasion des îles Britanniques (sans tenir la réalisation de ce projet pour impossible, Darlan ne semble cependant guère y croire) ou par l'expulsion des Anglais de la Méditerranée, qui mettrait l'Europe à l'abri de leurs entreprises et ouvrirait l'Afrique aux Allemands. On débouche alors sur la troisième éventualité, que Darlan semble considérer comme la plus probable :

> « Si les Anglais demandaient la paix, alors que nos relations avec l'Allemagne ne seraient pas encore clarifiées dans un sens favorable au rapprochement franco-allemand, c'est la France qui assumerait les principaux frais de l'opération.
>
> « Il serait illusoire de penser que l'Angleterre ferait passer ses intérêts après les nôtres.
>
> « Après nous avoir lancés dans la guerre, après avoir largement contribué à nous la faire perdre, elle s'efforcerait d'alléger le poids de ses charges en aggravant les nôtres.

« Les deux adversaires ne pourraient utilement, si la guerre continuait, se joindre que sur les théâtres excentriques des Indes et de l'Afghanistan, ou en Afrique du Sud et en Afrique équatoriale, les Américains ayant réussi à faire traverser les océans à de gros contingents de troupes fortement armées.

« Ce serait une guerre interminable et ruineuse que, probablement, personne ne voudra poursuivre et l'on arrivera à une paix de compromis entre :

— un empire européen à prédominance allemande (avec une grande partie de l'Afrique) et un empire anglo-saxon à prédominance américaine.

— les vaincus étant, outre les petits pays d'Europe qui n'ont plus d'existence, l'empire britannique, la France et l'U.R.S.S.

« L'empire américain aura comme front oriental le Groenland, l'Irlande, les îles Britanniques, le Liberia, les colonies anglaises d'Afrique, si elles n'ont pas été prises.

« L'empire européen aura comme front occidental la Norvège, la Hollande, la Belgique, l'Espagne ; il lui sera indispensable de compléter ce front par nos côtes de la mer du Nord et de la Manche, la région de Brest, le Maroc et Dakar. »

De cette analyse, Darlan conclut que, « *pour le présent,* la politique de rapprochement franco-allemand est celle qui est la plus favorable aux intérêts du pays. Elle est à mon avis la seule qui permette de préserver l'avenir ». Suit un développement sur les promesses allemandes, qui reprend la communication du 14 mai : si la France ne se comporte plus en ennemi héréditaire, elle gardera son empire et aura « dans l'ordre européen nouveau une place honorable ».

« Si beaucoup d'Allemands désirent sincèrement un rapprochement avec la France, d'autres au contraire veulent toujours l'écrasement de notre pays.

« Jusqu'à présent, le Chancelier s'est montré partisan des premiers mais il ne vous a pas caché, et il m'a prévenu le 11 mai, que si le rapprochement échouait cette fois-ci il y renoncerait définitivement.

« Une chose l'inquiète et le retient sur la voie où il est prêt à s'engager plus avant, c'est la crainte de l'instabilité gouvernementale en France qui amènerait, avec le changement des hommes, un changement de la politique.

« Ces craintes sont accrues par les manifestations germanophobes de certains Français et par les propos anticollaborationnistes de personnalités haut placées.

« Si nous estimons que la politique de rapprochement doit être poursuivie, il nous appartient, dans la limite de nos possibilités, de dissiper ces craintes. »

Ce document révèle les erreurs stratégiques et politiques du Darlan de 1941. Sur le premier plan, il sous-estime gravement le potentiel américain et la résistance soviétique. Sur le second, il fait preuve d'un aveuglement surprenant vis-à-vis des conséquences de la paix pour la France : en cas de victoire ou de paix avantageuse pour les États-Unis, « le Maroc et Dakar deviendraient anglo-saxons », « nos départements côtiers du Nord seraient, ainsi que Cherbourg et Brest, soit occupés par les Anglo-Saxons, soit intégrés dans un État neutre vassal des Américains », alors qu'il pense par ailleurs que les revendications allemandes en métropole pourraient se limiter à l'Alsace. Les intentions qu'il prête aux Anglo-Saxons ne sont pas aussi délirantes qu'on pourrait le penser aujourd'hui : Roosevelt envisagera vraiment un mandat américain sur Dakar, un Maroc indépendant sous influence américaine et même un démembrement de la France, le Nord étant rattaché à la Belgique[12]. Mais il faut être aveugle pour refuser de voir que les exigences allemandes s'étendront bien au-delà de l'Alsace : l'annexion de fait de l'Alsace-Lorraine, le rattachement du Nord et du Pas-de-Calais au commandement militaire de Bruxelles, les accaparements de terres dans le Nord-Est par l'organisation Ostland sont autant d'indices très nets. Son anglophobie exacerbée et son américanophobie grandissante ont complètement faussé le jugement de l'amiral. La différence avec Laval est qu'il acceptera peu à peu de se dégager de ses obsessions et de prendre en compte l'évolution de la guerre, tandis que l'ancien président du Conseil restera prisonnier de ses idées fixes.

Autre différence, d'autant plus notable qu'elle se manifeste à maintes reprises : ses idées qu'il faut bien qualifier de fumeuses sur l'avenir et son désir de transformer le statut politique ne l'empêchent pas de continuer son combat sur des questions de détail qui lui servent de prétexte pour entretenir et renforcer les forces armées. Le 18 juillet, une note de l'amiral Le Luc interdit aux services de la zone occupée de fournir aucun renseignement sur les programmes français d'armement d'avant guerre[13]. Le 30 août, il réitère son refus d'un contrôle des exercices aéronavals par les délégations italiennes et rappelle qu'il a suspendu lesdits exercices depuis avril en réponse à une exigence semblable de la commission allemande[14]. Il s'agit bien sûr de la marine, et on sait qu'en ce domaine Darlan n'est pas porté aux concessions. Mais, le 7 juin, il interdit aux autorités locales de se plier à « des exigences abusives qui ne sont compatibles ni avec la législation française, ni avec les textes des traités en vigueur[15] » ; le 16 juillet, il leur interdit de se prêter directement ou indirectement aux mesures de recrutement de main-d'œuvre pour l'Allemagne et de communiquer aux Allemands la liste des chômeurs[16]. Et à Wiesbaden, malgré le départ du général Doyen après le 19 juillet, la délégation française continue à opposer des réponses dilatoires aux demandes de renseignements sur les Alsaciens-Lorrains à rapatrier, à demander la fin de l'état d'exception pour les départements du Nord et du Pas-de-Calais, à protester contre l'emploi de matériel de guerre livré à l'Allemagne sur le front russe[17]... Darlan est nécessairement au courant de cette lutte d'usure, tout comme il connaît les difficultés auxquelles se heurtent les livraisons de camions à la Libye. Celles-ci s'apparentent à un véritable sabotage qui met en fureur le major Dankworth, chef de la mission allemande d'achat : « Le service français de Constantine a cru bon de me représenter 26 véhicules que j'avais déjà refusés. [...] L'administration française a cru bon de donner contre de grosses sommes ses plus vieilles camelotes, son matériel le plus vieux, depuis longtemps déclassé, ses pièces poussiéreuses de musée. [...] La livraison des véhicules avance à la manière des escargots[18]. » Difficile de soutenir le contraire, alors que le dernier des 1100 camions ne sera livré que le 17 mai 1942, soit au bout d'un an. Certes, ce résultat est d'abord imputable au général Weygand, mais, même après le remplacement de celui-ci, Darlan n'interviendra jamais réellement pour y mettre fin (alors qu'il en aurait tout de même les moyens). Son comportement est une fois de plus ambigu et difficile à saisir. Il donne l'impression d'utiliser à la fois les pédales d'accélérateur et de frein, appuyant davantage sur l'une ou sur l'autre selon les moments.

Il est cependant clair que, jusqu'à la fin de 1941, Darlan juge que, malgré l'échec des protocoles, la collaboration doit être poursuivie : il faut durer, en attendant de voir comment vont évoluer les choses, et s'efforcer d'amadouer l'Allemagne par de petites concessions. C'est au fond la reprise des « finasseries » de Stresemann[19], mais le contexte n'est pas le même.

Le 1er août, Darlan réunit à Vichy les amiraux Michelier (président par intérim de la délégation française à Wiesbaden), Duplat (président de la délégation française à Turin) et Auphan, ainsi que Benoist-Méchin, « pour examiner la situation et trouver un moyen de sortir de cette impasse[20] ». Benoist-Méchin expose la situation politique au 1er août, Duplat la position de l'Italie et Michelier l'état des choses à Wiesbaden[21]. Benoist-Méchin fait triompher son point de vue, « non sans difficultés d'ailleurs[22] » : à défaut de contreparties politiques, qui sont obstinément refusées, on demandera désormais un élargissement des contreparties militaires pour la défense de l'empire ; en attendant une reprise des négociations, on apaisera l'Allemagne par des concessions de détail déjà promises en mai : livraison de pièces d'artillerie lourde à l'Afrika Korps, acheminement vers la Libye de 400 camions achetés en zone libre, renforcement des effectifs de la mission Dankworth chargée d'acheter des camions en Afrique du Nord. Une note en ce sens est remise aux Allemands le 4 août[23].

Darlan espère ainsi sinon relancer la négociation, du moins relâcher la tension. Mais, à ce volet « extérieur » de sa politique, il joint une manœuvre « intérieure ». Comme l'indique sa note du 20 juillet, la tension avec l'Allemagne lui semble imputable pour une part au « désordre des esprits », c'est-à-dire aux oppositions que rencontrent ses méthodes et ses décisions. Il va donc agir pour renforcer son pouvoir et éliminer les opposants réels ou supposés, et notamment le premier d'entre eux : Weygand.

La concentration du pouvoir et l'élimination de Weygand

Darlan sait qu'il n'est aimé ni par l'armée, qui se méfie traditionnellement d'un marin (l'inverse est aussi vrai), ni par l'entourage du Maréchal, qui ne cesse de mettre celui-ci en garde contre ses initiatives. Le 22 juillet, il rédige un « résumé des diverses intrigues » :

« *Intrigue allemande*
Exercice du pouvoir par une équipe Darlan-Laval (d'après les Allemands, Dumoulin aurait été sondé à ce sujet).
« *Intrigue parisienne* qui a les sympathies de l'ambassade d'Allemagne.
Reprise du pouvoir par Laval seul et, probablement, renaissance du parlementarisme.
Le Maréchal « dans les nuages »
« *Intrigue Déat*
La France naviguerait dans le sillage allemand.
« *Intrigue cabinet du Maréchal*
Pour une politique intérieure réactionnaire et pour une politique extérieure anglophile
(les gens qui mènent cette intrigue ne voient sans doute pas l'opposition de ces deux politiques).
« *Intrigue Weygand*
Retour du général au pouvoir
Politique extérieure américanophile avouée, anglophile cachée.
« *Intrigue anglaise et américaine*
Renversement de l'amiral
Écartement définitif de M. Laval.

Faire reprendre la lutte à la France aux côtés de l'Angleterre.

« *Intrigues diverses*

Soutenir le Maréchal et sa politique, s'emparer du pouvoir à sa disparition au profit du chef qui suivra les conjurés.

« *Intrigues parlementaires*

Rien ne marchera tant que l'on ne convoquera pas les Chambres[24]. »

A ces intrigues, il pourrait ajouter celle du Maréchal lui-même. Inquiet au début de mai des concessions que s'apprêtait à consentir l'Amiral de la flotte, Pétain est maintenant alarmé par la rupture des négociations. Il avait congédié Laval en décembre 1940 parce que sa politique n'avait pas obtenu de résultats tangibles, il se demande maintenant si Darlan ne devrait pas à son tour être remplacé. Se pose alors la question du retour de Laval. Pétain y songe, au point de reprendre contact avec l'ancien vice-président du Conseil. Déjeunant avec le consul allemand Otto Hagedorn et six autres personnes le 27 août dans son restaurant favori, « La Cascade », Laval raconte que Pétain lui a offert deux jours plus tôt le ministère des Affaires étrangères et que Pucheu est venu le voir le lendemain pour insister, mais il a refusé[25]. Par un procédé classique, Darlan va tenter de surmonter ces oppositions et de consolider sa position menacée en accroissant ses pouvoirs.

L'un des tout premiers à en faire les frais est le général Doyen. Président de la délégation française d'armistice à Wiesbaden, il se montre coriace avec ses interlocuteurs allemands qui se plaignent de son peu d'empressement. Darlan ne l'apprécie pas : ses rapports ne vont pas dans le sens de la collaboration, et il rend compte à Huntziger qui continue à contrôler la Direction des services de l'armistice. Le 19 mai, il a pourtant accepté son maintien en activité au-delà de la limite d'âge que Doyen atteignait le 21 juin. Mais à la suite des événements survenus en juin, il se ravise et veut mettre à sa place un homme à lui. Le 3 juillet, Doyen est donc informé de sa cessation de fonctions. Il demande à rester en poste jusqu'à la désignation de son successeur, « pour maintenir le prestige de la délégation française aux yeux des Allemands[26] ». Demande refusée : il doit remettre immédiatement la présidence par intérim au vice-amiral d'escadre Michelier, qui vient fort à propos de recevoir sa quatrième étoile. A défaut de pouvoir nommer encore un marin à Wiesbaden (alors que l'amiral Duplat préside la délégation française à Turin), Darlan confie à Michelier un intérim appelé à durer, de manière à pouvoir actionner directement la délégation sans passer par Huntziger. Le successeur de Doyen, le général

Beynet, ne sera nommé qu'à la fin de septembre, quand Darlan aura pris personnellement le contrôle de la Direction des services de l'armistice et après l'échec, d'ailleurs prévisible, d'une candidature Prioux[27].

Mais Darlan n'entend pas s'en tenir à quelques changements de personnes. Ce qu'il veut, c'est une autorité absolue, et il la réclame sans ambages à Pétain dans une note du 21 juillet.

> « L'homme que le Maréchal désigne pour le remplacer doit être publiquement soutenu et défendu par le Maréchal. L'élevant au-dessus de tous, il doit aux yeux de tous l'associer plus particulièrement à sa haute autorité et à sa pensée intime.
>
> « Les serments de fidélité au Maréchal doivent être également des serments de fidélité à sa personne.
>
> « Il doit avoir délégation totale du Maréchal et autorité sur tous quels que soient le grade, le rang, la fonction[28]. »

Six jours plus tard, il revient à la charge, et explicite ses griefs :

> « Quelqu'un de qualifié a dit : " Il s'échappe un parfum de gaullisme du sillage de l'entourage du général Weygand. " J'ajouterai qu'un désir d'indépendance apparaît dans les actes du délégué général. [...]
>
> « Vous m'avez désigné comme votre successeur éventuel. Je ne suis pas persuadé que, le cas échéant, il respecterait mon autorité. S'il la mettait en échec, il y aurait séparatisme de l'Afrique française.
>
> « Je vous ai dit que le désordre des esprits amenait la floraison de nombreux mouvements plus ou moins secrets qui presque tous se déclarent fidèles serviteurs du Maréchal, mais qui tous se créent à l'insu du gouvernement et agissent en dehors de lui.
>
> « On doit logiquement en conclure que leur action n'est pas favorable à votre gouvernement.
>
> « Pour ne vous citer que quelques-uns de ces " mouvements ", il y a :
>
> le mouvement Loustaunau-Lacau...
> le mouvement La Laurencie-Lémery
> les amicales de France. M. Jeantet
> le mouvement Estèbe.
>
> « Je vous rappelle enfin que les services de renseignement de l'armée ont une activité pour le moins étrange, totalement ignorée du ministère de la Guerre.
>
> « Il m'est impossible de continuer ma tâche dans ces conditions. Si je ne suis plus qualifié pour la mener à bien, je vous demande instamment de me remplacer dans toutes mes fonctions.
>
> « Si j'ai toujours votre confiance je vous demande de bien vouloir l'affirmer avec force, publiquement, de bien vouloir me donner l'autorité entière sur tous de convoquer le général Weygand, le

général Noguès, l'amiral Esteva, le gouverneur général Chatel, et, en présence des ministres et secrétaires d'État, de bien vouloir définir la politique générale et leur demander de m'obéir comme à vous-même en toutes circonstances, de me reconnaître comme votre successeur.

« Sinon, Monsieur le Maréchal, ou s'ils hésitent, c'est moi qui vous demanderai de me libérer.

« Je ne veux, à aucun prix, être à un titre quelconque l'agent du démembrement de l'empire français et de la guerre civile. Le moment me semble venu pour vous de sauver encore une fois le pays[29]. »

De telles exigences sont évidemment fort mal reçues dans l'entourage de Pétain. Une note de son secrétaire général réplique trois jours plus tard que « l'amiral a déjà tous les pouvoirs. [...] Il n'est pas nécessaire de changer l'organisation et les hiérarchies actuelles. [...] Il ne faut pas que le Premier ministre [*sic*] manœuvre selon ses vues personnelles et amène le Maréchal au jour le jour à approuver certaines de ses activités sans lui laisser la possibilité de les contrôler[30] ». Ce « procès » à usage interne, qui n'épargne aucun aspect de la politique de l'amiral, restera cependant sans effets. Pétain a horreur d'être mis au pied du mur. Il n'a pas dû apprécier la demande de son vice-président du Conseil, mais il ne peut se passer de lui : à moins de rappeler Laval, il n'a personne à mettre à sa place.

Durant la deuxième quinzaine de juillet et les premiers jours d'août, les rumeurs les plus diverses circulent, fidèlement répertoriées par Pierre Nicolle : la nomination de Pucheu au secrétariat d'État à l'Intérieur, annoncée le 19 juillet, « fait l'objet de tous les commentaires », on parle de l'arrestation d'Achard (secrétaire d'État au Ravitaillement) puis de celle de Tixier-Vignancour, « devenu sans doute fou dans les conseils du gouvernement » ; le 30 juillet, « l'atmosphère est encore plus lourde » ; le 7 août, « l'angoisse étreint tout le monde » ; le 9, « le rapprochement entre l'amiral et le général Weygand est certain, le général étant nettement opposé à l'équipe Worms[31] » (toujours le mythe de la synarchie...), alors que Weygand est au contraire fermement décidé à combattre la prétention de Darlan à devenir commandant en chef et à contrôler les services secrets.

Le 9 août, Darlan, Weygand et Huntziger se retrouvent chez Pétain pour débattre du problème du commandement. Darlan expose en détail les raisons qui le conduisent à demander une augmentation de ses pouvoirs. Weygand éclate : « Darlan a déjà tout. Il est impopulaire. Il a aplati l'armée et l'air d'une façon qui révolte les armées. Cette prise de commandement nominal sera considérée comme un manque de confiance. » Une seule solution : Darlan doit être ministre de la Défense nationale. Pour les services secrets, coordination et non fusion. Huntziger appuie, en précisant que son prestige l'oblige à rester commandant en chef[32].

L'arbitrage final de Pétain, comme on pouvait le prévoir, tient compte de cette résistance de l'armée, tout en accordant à Darlan un notable accroissement de ses pouvoirs. Le remaniement du 11 août crée deux ministères d'État confiés à Lucien Romier et à Henry Moysset, et surtout reconstitue un ministère de la Défense nationale au bénéfice de Darlan... qui avait si vigoureusement combattu la formule l'année précédente quand Weygand occupait le poste. Huntziger reste ministre secrétaire d'État à la Guerre, mais il lui est désormais subordonné et perd le contrôle de la Direction des services de l'armistice. Il n'a d'ailleurs pas accepté facilement cette « rétrogradation » et Pétain a dû intervenir personnellement pour obtenir son acquiescement. En contrepartie, Darlan a dû accepter d'abandonner le secrétariat d'État à la Marine qu'il eût souhaité conserver : l'armée a exigé qu'il ne soit plus le chef d'un service concurrent, mais seulement chargé de sa mission interarmées. Après un intérim exercé par Moysset du 11 août au 1er septembre, Darlan choisit de ne pas nommer de secrétaire d'État, mais seulement un chef d'état-major des Forces maritimes françaises qui sera aussi directeur de cabinet, moyen de garder le contrôle direct de « sa maison ». Pour ce poste, Auphan est préféré à Le Luc, plus ancien mais moins connu hors de la marine. Ne pouvant servir sous les ordres de son ancien subordonné, Le Luc, qui a refusé le poste de commissaire au pouvoir, est finalement recasé au Conseil d'État où son arrivée en surnombre provoque un problème imprévu : il y avait traditionnellement 36 conseillers d'État, car ce nombre autorise de multiples combinaisons; au contraire, 37 est un nombre premier, qui ne se laisse diviser par rien. On finira par régler le problème en portant le nombre des conseillers d'État à 40...[33]. Le remaniement consacre également la promotion au rang de ministre de Pucheu, Darlan ayant compris qu'on ne peut gérer l'Intérieur en étant ministre à temps partiel.

La nouvelle organisation est assez longue à se mettre en place. Ce n'est que le 20 octobre qu'un décret vient préciser les attributions du ministre de la Défense nationale : il détermine l'organisation générale des forces françaises et les conditions générales de leur emploi et de leur répartition; il reçoit des secrétariats d'État à la Guerre, à la Marine, à l'Air, aux Colonies, les projets de budget et les programmes d'étude et de fabrication et fixe le cas échéant l'ordre des priorités[34]. Le vice-amiral Bourragué devient chef de l'état-major de la Défense nationale, avec le colonel Revers (que Darlan a connu aux canonniers-marins) comme sous-chef.

Les relations interarmées au sein du nouvel organisme sont très tendues. Les militaires n'acceptent pas d'être subordonnés à un marin, et Darlan entend exercer à plein ses nouvelles attributions. Son principal objectif est de s'assurer le contrôle des services de renseignements de l'armée, qu'il soupçonne avec raison de poursuivre leurs activités antiallemandes avec un zèle qui pourrait mettre en péril la détente recherchée avec le Reich. Les services de police contrôlés par Darlan livrent une véritable guerre au S.R. : après Groussard, arrêté le 14 juillet (on trouve chez lui 600 000 francs dans une valise), la police perquisitionne chez le colonel Ronin le surlendemain et lui signifie sa mise aux arrêts. Le 14 septembre, un décret rend au ministère de l'Intérieur les pouvoirs de police détenus par l'autorité militaire en matière de contre-espionnage. Darlan projette de créer un organisme nouveau, le Centre d'information gouvernemental : « Il s'agit en fait d'un véritable service de renseignement de la Défense nationale à majorité de marins sélectionnés en fonction de leur attachement à la personne de l'amiral, dont la direction sera confiée au général Roux, le prédécesseur du colonel Rivet au *2 bis,* rentré récemment de captivité. Une fois cet organisme créé, les S.R. Guerre et Air, ainsi que le C.E. (contre-espionnage) déguisé en M.A. (menées antinationales) et T.R. (travaux ruraux [*sic*]), seront enlevés au ministère de la Guerre afin de ne pas faire double emploi[35]. » Le général Huntziger défend ses services. Le Centre d'information est bien créé, mais les S.R. échappent à sa tutelle.

Darlan conclut alors que le seul moyen de mettre au pas les services secrets et l'armée est de se débarrasser d'Huntziger. Il songe à le faire nommer délégué général en Afrique à la place de Weygand (il ferait ainsi d'une pierre deux coups), puis se ravise et décide de régler séparément les deux problèmes. Au début de novembre, alors que Huntziger est en tournée d'inspection en Afrique, il arrache son remplacement à Pétain. Averti de ce qui se trame alors qu'il se trouve à Marrakech, Huntziger annule sa visite à Tunis et regagne la France le 12 novembre. Darlan veut lui interdire de réapparaître à Vichy[36], mais il est trop tard pour le joindre : après une escale à Montpellier, son avion a redécollé pour Vichy malgré le mauvais temps. Pris dans la tempête, il s'écrase sur l'Aigoual, tous les occupants sont tués. Darlan assure l'intérim en attendant de lui trouver un successeur plus malléable. Cet intérim va durer des mois, moins du fait de Darlan lui-même que parce que les généraux pressentis (Olry, Frère) déclinent la proposition qui leur est faite. Juin, dont le nom est un moment prononcé, est jugé plus utile en Afrique. Au début de mars 1942, Darlan se décide à nommer Bridoux, puis y renonce, Pucheu lui ayant objecté qu' « une telle nomination semblerait être dictée par les Allemands ». Comme le relève le général Laure dans son Journal, « il est assez piquant de noter cette position de notre ministre de l'Intérieur qu'on accusait, en ses débuts, de collaborationnisme outrancier[37] ». Darlan va donc exercer cet intérim jusqu'à la fin de son gouvernement, avec Revers comme directeur de cabinet.

La guérilla entre le cabinet de l'amiral et les services de renseignement n'en sera pas terminée pour autant : le contre-amiral Dupré est envoyé à Marseille pour enquêter sur le T.R. Mais le Comité d'information ne répond pas aux espoirs mis en lui : pressé par le cabinet de l'amiral « d'intervenir dans les affaires des S.R. Guerre et Air, le général Roux, qui aime trop son " ancienne boutique ", fait de la résistance passive[38] ». Avec l'entrée en guerre des États-Unis, à partir de décembre, les relations se détendront progressivement sans pour autant jamais devenir excellentes, ou même simplement bonnes.

Mais l'élimination de Huntziger n'est pas l'objectif principal. Weygand est de beaucoup un concurrent plus dangereux, car son prestige est plus grand, tant dans l'empire qu'à l'étranger, et il dit très brutalement ce qu'il pense. Benoist-Méchin, qui le déteste, décrit en termes pittoresques la manière dont il affrontait le Maréchal qui n'osait pas lui résister :

> « Le lendemain, le général arrivait à l'improviste, et, à peine descendu d'avion, se précipitait en coup de vent chez le Maréchal. Les jours où on le croisait, montant quatre à quatre les escaliers de l'hôtel du Parc, le teint bilieux et donnant des petits coups secs sur ses bottes avec le manche de sa badine, on sentait qu'il y avait de l'orage dans l'air. Sa visite se déroulait suivant un scénario immuable. Au bout d'une heure ou deux, il quittait le salon du chef de l'État, faisait une rapide incursion chez l'amiral, et redescendait l'escalier aussi vite qu'il l'avait monté. Une salve d'applaudissements marquait sa sortie de l'hôtel. On entendait claquer des portières. L'auto démarrait brusquement, et le général repartait pour son proconsulat d'Afrique avec une mine offensée — et une autorité accrue[39]. »

Cet affrontement aurait pu continuer pendant longtemps si le délégué général avait eu un minimum de souplesse et compris la nécessité de faire baisser la tension, au moins de temps en temps. Mais à force de dépasser les bornes, il a provoqué sa perte.

On se souvient de son rôle dans la non-application des protocoles de Paris, et de la tacite approbation de Darlan. Le

11 juillet, rappelé à Vichy, il participe au Conseil des ministres qui met au point la note de rupture qui sera remise aux Allemands le 14 juillet. Il repart pour Alger, « en complète communion d'idées avec le gouvernement », mais cette harmonie dure peu. Dès le 19 juillet, apprenant que Darlan envisage d'accorder des concessions en matière de livraison de camions et de matériel, il élève, une fois de plus, une protestation véhémente :

> « J'avais quitté Vichy satisfait de m'être senti en complet accord avec M. le Maréchal, avec le vice-président du Conseil et avec les membres du gouvernement avec lesquels j'avais été appelé à conférer le 11 juillet sur les négociations avec l'Allemagne. [...]
> « C'est pourquoi ma surprise a été grande en étant informé, le jour de mon retour à Alger, d'une série de concessions de détail faites aux Allemands, dont le résultat est de commencer à leur mettre en mains la disposition de Bizerte et une ligne de communication par les territoires tunisiens vers la Tripolitaine et la Cyrénaïque[40]. »

Ce genre de missive ne peut que conforter Darlan dans l'idée qu'il faut se débarrasser de lui, d'autant plus qu'elle va être suivie de beaucoup d'autres, comme le note Benoist-Méchain :

> « A intervalles réguliers, il [Darlan] recevait de Weygand des notes d'une insolence dédaigneuse qui avaient le don de le mettre hors de lui. Pâle, les lèvres crispées, il montait chez le Maréchal pour lui demander de choisir entre Weygand et lui, affirmant qu'il préférait donner sa démission plutôt que de continuer à gouverner dans des conditions pareilles. Mais jamais il n'arrivait à lui arracher une décision, et, au lieu de lui remettre la démission promise, il redescendait dans son bureau, avec un regard de chien battu[41]. »

Il y est en outre poussé par les gouverneurs et résidents généraux en Afrique. A l'exception de Boisson, protégé par la distance, Weygand a des relations difficiles avec les proconsuls qui n'acceptent pas d'être traités comme des subordonnés. Les rapports sont particulièrement tendus avec Abrial, gouverneur général de l'Algérie, qui a le malheur de résider dans la même ville. Le 9 juillet, Weygand écrit à Darlan : « Je ne rencontre de la part du gouverneur général et de ses services qu'une sorte de résistance passive. Je juge donc que toute collaboration entre lui et moi est devenue impossible[42]. » Conclusion logique d'une longue suite de reproches[43] que Darlan arbitre, pour la dernière fois, en faveur de Weygand. Le 20 juillet, Abrial est relevé de ses fonctions. Weygand cumule désormais ses fonctions de délégué général du gouvernement en Afrique avec celles de gouverneur général de l'Algérie : « Weygand n'a accepté qu'à contrecœur, convaincu que ce chevauchement d'attributions lui créera mille difficultés — ce que, dit-on, souhaite Darlan[44] ! » A la fin de juillet, celui-ci rattache le délégué général en Afrique à la vice-présidence du Conseil, officiellement pour lui permettre de correspondre directement avec les ministères, en fait pour l'empêcher d'écrire directement à Pétain. Celui-ci, qui apprendra la nouvelle au début du mois d'août, s'en montrera fort mécontent.

La disgrâce d'Abrial est rendue moins amère par la concession de la Médaille militaire. Dans l'affaire, Esteva gagne également la sienne : « Si je ne la lui donnais pas, il en ferait une maladie », déclare Darlan à Le Luc. Esteva se plaint lui aussi des méthodes de Weygand : « Par tempérament personnel et poussé par son fils, le capitaine Jacques W. et un certain nombre de gens de son entourage, le général W. tend, de plus en plus, à vouloir faire de moi un subordonné. [...] Il voudrait certainement que je sois à ses ordres pour tout. Il veut se mêler de ce qui se passe en Tunisie, et il lui arrive de dire des sornettes[45]. » En temps ordinaire, Darlan ne se soucierait guère des récriminations d'Esteva, mais là, elles tombent fort à propos pour alimenter son réquisitoire. Dès le mois de juillet, il songe à se débarrasser de son rival en le faisant nommer ambassadeur à Washington. Cette nomination s'accompagnerait de son élévation au maréchalat. Darlan s'ouvre de ce projet au général Laure, en ajoutant que cette mesure entraînerait logiquement sa propre élévation à la dignité d'amiral de France (qui n'a plus été conférée depuis 1869)[46]. Naturellement, Laure est indigné. Le 31 juillet, Weygand est averti par Leusse de ce qui se prépare à Vichy : « L'A[1] D. devient un peu fou. Il veut tout casser dans le cabinet du Maréchal, réduire mes pouvoirs ou me mettre hors d'Afrique. Tout cela est idiot, odieux[47]. »

Mais la pression décisive, qui va décider de la chute de Weygand, va venir des Allemands eux-mêmes. Pendant longtemps, ils ont pensé que le délégué général, tout en clamant haut et fort sa germanophobie, était trop loyal au Maréchal pour qu'il y eût lieu de craindre un éventuel passage à la dissidence de l'Afrique. Mais le 12 août, les services de décryptement allemands remettent à Ribbentrop le texte déchiffré de deux messages de Murphy qui prouvent que Weygand entretient des contacts secrets avec les Américains[48]. De ce jour, le Reich va exiger son départ. Le 14 août, Goering reçoit l'ambassadeur de Brinon et évoque le cas Weygand : « Il est très difficile pour l'Allemagne d'admettre une collaboration avec le général Weygand, car nous avons des preuves certaines que le général

Weygand est sans doute un soldat loyal envers le maréchal Pétain, mais qu'il est aussi très certainement un adversaire déterminé de la collaboration avec l'Allemagne qu'il considère toujours comme ennemi héréditaire. Naturellement, le règlement de cette affaire Weygand a une importance primordiale pour l'Allemagne[49]. »

Brinon rend compte à Darlan, qui en parle en septembre avec Abetz : le gouvernement songe à nommer Huntziger à la place de Weygand[50]. L'intérêt personnel de Darlan rejoint celui des Allemands. Mais on ne peut dire s'il s'est borné à enregistrer l'ultimatum allemand ou s'il l'a discrètement encouragé. En tout cas, le 25 septembre, Abetz déclare à Benoist-Méchin :

> « J'ai dû constater de nouveau, au cours des entretiens avec le Führer et les personnalités dirigeantes du gouvernement allemand et de l'armée allemande, que l'orientation et les fonctions du général Weygand en Afrique du Nord sont considérées comme constituant un obstacle insurmontable au déclenchement d'une politique constructive entre l'Allemagne et la France[51]. »

Au début d'octobre, Darlan revient à Paris. Il s'entretient avec Abetz le 1er octobre et avec le général von Stülpnagel le 3. Ils réitèrent leurs attaques contre Weygand :

> « J'ai demandé aux personnalités allemandes quelles étaient les sources de leurs informations et le crédit que l'on pouvait accorder à ces rumeurs. L'ambassadeur et le général m'ont déclaré que leurs renseignements venaient soit d'Afrique, soit de Washington, où le service d'informations de l'ambassade paraît fortement organisé.
>
> « J'ai été amené à penser que l'incident Weygand-Scapini qui a éclaté dans la salle à manger du Maréchal en présence de plusieurs personnes a été connu des Allemands.
>
> « En outre, les autorités allemandes reprochent au général certaines décisions comme :
>
> l'interdiction à tout habitant de l'Afrique du Nord d'entrer en relation avec les membres des commissions de contrôle ;
>
> l'interdiction faite aux volontaires de la Légion antibolchevique de quitter le territoire de l'Afrique du Nord.
>
> « Au cours de ces conversations, le général comme l'ambassadeur m'ont laissé entendre que si le gouvernement français ne prenait pas les mesures appropriées pendant les quelques semaines qui nous séparent du moment où le Führer, dégagé de ses occupations à l'est, s'occuperait du règlement des rapports entre l'Allemagne et la France, [celui-ci] désireux de clarifier la situation ferait connaître ses exigences et en poursuivrait au besoin la réalisation par la force.
>
> « Le général a ajouté que le Chancelier et le haut commandement allemand étaient dans d'excellentes dispositions vis-à-vis de la

France et qu'il importait de ne pas laisser modifier cette situation[52]. »

De leur côté, Pucheu et Benoist-Méchin ramènent de leurs conversations à Paris l'impression que, « vraisemblablement au début de novembre, l'Allemagne adressera à la France des propositions concrètes très intéressantes[53] »... si l'affaire Weygand est réglée. Mis au pied du mur, Pétain commence par céder : le 17 octobre, Darlan lui arrache le renvoi de Weygand. Le lendemain, celui-ci arrive à Vichy : le Maréchal « lui a fait sa déclaration sur un ton fort embarrassé et lui a offert la présidence, ici à Vichy, d'une sorte de " Conseil de l'empire " destiné à donner des avis sur les questions impériales. Le général a naturellement refusé : il retournera à Alger dans son emploi ou bien, révoqué, il se retirera dans un coin paisible de la métropole et l'on n'entendra plus parler de lui[54] ». Une fois de plus, Pétain plie et se rallie à une suggestion du général Laure qui assiste à l'entretien : il adressera à Hitler une lettre personnelle « pour lui exposer les inconvénients que présenterait un brusque rappel du général Weygand ». Darlan, si l'on en croit Laure, ne s'oppose pas dans un premier temps à l'idée d'une lettre au Führer, mais dès le lendemain il revient à la charge : il propose maintenant de donner à Weygand un poste de ministre d'État. La journée du 19 se passe en conciliabules : le matin, entretien Pétain-Darlan auquel succède dans l'après-midi un entretien Pétain-Weygand. Ensuite, nouvel entretien Pétain-Darlan-Romier, puis Pétain-Romier, enfin Pétain-Weygand : « Weygand a repoussé la proposition d'être ministre d'État et annoncé que, faute de décision à son sujet, il repartira demain matin, considérant que la confiance du gouvernement lui est maintenue. En principe, Darlan emportera demain à Paris la lettre pour le Führer, mais je [Laure] me demande s'il aura la ferme volonté de l'acheminer vers son destinataire[55]. » Le 19 dans l'après-midi, en prenant congé de Pétain, Weygand se livre à une violente attaque contre « la Flotte » et lance : « Un marin qui a navigué dans les mares de la politique et y a fait toute sa carrière est dans l'incapacité intellectuelle de comprendre un homme qui marche droit[56]. »

En fait, Pétain a à moitié cédé. Darlan lui ayant fait remarquer « qu'une pareille lettre resterait probablement sans réponse », Pétain l'a chargé d' « essayer d'obtenir des autorités allemandes la confirmation de ce qu'elles étaient bien les interprètes de la pensée du Führer lorsqu'elles déclaraient que la situation du général Weygand constituait un obstacle insurmontable à l'établissement d'une politique constructive[57] ». Le 21 octobre, Darlan rencontre une nouvelle fois à Paris le général von

Stülpnagel et lui transmet le message sans toutefois lui remettre la lettre de Pétain. La réponse parvient quelques jours plus tard : « Le ministère des Affaires étrangères du Reich vous prie de déclarer verbalement à l'amiral Darlan que le gouvernement du Reich n'accorde à aucun titre sa confiance au général Weygand[58]. »

Le 30 octobre, le cas Weygand est débattu au Conseil des ministres. Finalement, Pétain décide d'entamer une négociation avec les Allemands pour savoir quelles concessions ils accorderaient en échange de la retraite de Weygand. Darlan approuve, mais Benoist-Méchin y est opposé, pour des raisons de « dignité », en fait parce qu'il croit — avec raison — que la démarche n'aboutira pas. C'est donc Fontaine, chef de cabinet de l'amiral, qui remet le 3 novembre au colonel Speidel, chef d'état-major de Stülpnagel, un mémorandum sur la position du gouvernement français. Le 12 novembre arrive la réponse, en forme de refus : le gouvernement allemand n'entend pas lier le renvoi du général Weygand et l'octroi de concessions.

Peu importe d'ailleurs, car Darlan est résolu de toute façon à en finir. Il n'écoute plus Moysset qui lui répète : « Si Weygand quitte Alger, dites-vous bien que c'est toute votre affaire qui saute[59]. » Sans même attendre la réponse allemande, il a adressé à Pétain, le 8 novembre, une très longue note sur l' « incidence du maintien en Afrique du général Weygand » dans laquelle il somme le maréchal de choisir.

> « La poursuite de la politique actuelle est impossible tant que le général Weygand restera en Afrique.
>
> « Les conclusions qui s'imposent sont :
>
> — ou bien la politique actuelle est poursuivie et le général Weygand doit partir sur ordre du Maréchal,
>
> — ou la politique actuelle est renversée et le gouvernement actuel doit faire place à un autre[60]. »

Lui ou moi... Cette fois, Pétain ne peut plus reculer. Le surlendemain, il convoque Weygand pour la semaine suivante pour l'entretenir de « décisions importantes ». Le 13 novembre, Darlan revient encore à la charge ; dans un nouveau rapport, il agite la menace d'une perte de l'empire ; la Grande-Bretagne favorise le désordre en France, l'action des États-Unis est trouble. Leur but est clair : ils veulent séparer l'Afrique du Nord de la métropole.

> « Les Anglais et les Américains, étant incapables de créer un nouveau front à l'ouest, cherchent à prendre pied de ce côté-ci de l'Atlantique par notre empire africain.

« Lorsqu'ils croiront avoir la certitude qu'ils seront accueillis favorablement, ils tenteront de nouveau le coup de Dakar, en A.O.F., en A.F.N.

« Les Allemands sont convaincus de l'existence de ce plan et c'est ce qui explique leurs réactions, en particulier en ce qui concerne Weygand. [...]

« Si nous ne modifions pas l'état de choses actuel en A.F.N., nous ne pourrons pas nous renforcer. Nous courons le très grand risque de voir d'ici quelques semaines les Allemands occuper l'A.F.N. Cette occupation provoquera immédiatement une attaque anglaise sur Dakar.

« Nous aurons perdu l'Afrique qui deviendra le nouveau front de l'Ouest[61]. »

Le 16 novembre, le général arrive à Vichy, « intimement convaincu que jamais le Maréchal ne mettrait ses projets à exécution[62] ». Pétain espère effectivement que la crise sera une fois de plus évitée. Le 17, Weygand voit Darlan qui ne parle pas de son départ et évoque avec lui de simples questions administratives. Mais l'amiral se rend ensuite chez Pétain pour lui déclarer que son point de vue n'a pas changé et que le général Weygand doit au moins accepter une réduction de ses attributions : il abandonnerait le commandement militaire à Dentz ou Juin et le gouvernement général de l'Algérie à son adjoint Chatel : Weygand, convoqué aussitôt après, refuse. Le scénario du 19 octobre recommence avec une longue réunion Darlan-Romier-Moysset. Le lendemain a lieu la confrontation, au cours d'un Conseil qui réunit Pétain, Darlan, Weygand, Romier et Moysset. Nous avons de l'entretien deux versions qui divergent sur la réaction de Weygand, mais concordent sur la manière dont on lui apprend sa révocation : Pétain lui fait lire des notes récapitulant les griefs allemands à son encontre ; les modalités de son départ sont ensuite réglées en quelques minutes[63]. Le poste de délégué général sera supprimé et le général Juin nommé au commandement supérieur des troupes en Afrique du Nord. Le lendemain, le général Laure tente une ultime manœuvre en faveur du maintien du délégué général en Afrique, mais sans résultat. Darlan envoie, sans perdre de temps, Pucheu à Paris pour annoncer aux Allemands le renvoi de Weygand. Le 22, ceux-ci demandent en outre le remplacement de Noguès, Koeltz et de Lattre (ils admettent les noms de Dentz et Juin), mais ils n'obtiennent pas satisfaction.

Le conflit Darlan-Weygand domine tout le second semestre 1941. Alors que les négociations sont pratiquement au point mort, tout s'articule autour du sort du délégué général en Afrique. Mais autant que d'une affaire franco-allemande, il s'agit d'un problème purement intérieur, et autant que d'une question politique, il s'agit d'un conflit de personnes. Certes, Weygand s'oppose à la politique de collaboration prônée par Darlan, mais celui-ci fait de son éviction un enjeu personnel : à la fin, c'est une idée fixe, qui rappelle l'obsession de Reynaud vis-à-vis de Daladier pendant la débâcle. Le renvoi de Weygand n'est pas la panacée, mais il finit par être perçu comme le préalable à toute négociation avec les Allemands. Le résultat, c'est que Darlan agit sans trop tenir compte des contreparties qu'il pourrait retirer : sa note du 8 novembre est antérieure à la réponse allemande à son mémorandum remis le 3. Et bien entendu, les Allemands n'accordent rien en contrepartie, alors qu'eux aussi attachent beaucoup d'importance à l'éviction du général.

De toute façon, cette conclusion était probablement inévitable : Darlan et Weygand ne pouvaient « cohabiter » longtemps, l'un et l'autre étant trop jaloux de leur autorité et trop convaincus de la justesse de leurs idées pour accepter un compromis bancal, et les Allemands voulaient le départ de Weygand. Mais celui-ci est intervenu trop tard pour changer le cours des choses. A la fin de 1941, Darlan devient plus sceptique sur les perspectives de la collaboration, et l'éviction du délégué général ne se traduit pas par un bouleversement des cadres. Le colonel Navarre est rappelé sur ordre, car le 2e bureau d'Alger a trop attiré l'attention sur lui, mais Darlan refuse fermement à Benoist-Méchin l'épuration qu'il réclame et qui concerne notamment le remplacement de Noguès au Maroc par Dentz, réputé (peut-être à tort) germanophile depuis l'affaire de Syrie : l'armée, écrit-il dans les derniers jours de novembre, « vient de recevoir deux chocs : Huntziger et Weygand. Il me paraît contre-indiqué de lui en infliger un troisième[64] ».

A cette stabilité des hommes correspond une continuité politique. Les États-Unis, dont on pouvait craindre une réaction violente, comprennent au contraire qu'il vaut mieux ne pas envenimer les choses, d'autant plus qu'ils se trouvent entraînés dans la guerre moins de trois semaines après. Le 11 décembre, jour de la déclaration de guerre de l'Allemagne et de l'Italie aux États-Unis, Leahy rencontre Pétain et Darlan et leur déclare que si le gouvernement français acceptait de confirmer par écrit les termes de l'accord Weygand-Murphy, le gouvernement américain maintiendrait l'approvisionnement de l'A.F.N. Il reçoit cette confirmation dès le lendemain. L'œuvre de Weygand en Afrique ne sera pas réduite à néant.

Les conséquences sur les relations franco-allemandes ne seront pas non plus décisives : à la fin de l'année, une tentative de reprise de la négociation débouche sur un nouvel échec.

L'ÉCHEC DE LA NÉGOCIATION

A partir de juillet, on l'a dit, la négociation politique est enterrée, au point qu'Abetz peut prendre un congé pendant le mois d'août puisque, comme il le déclare à Benoist-Méchin, « c'est tout ce que j'ai à faire puisque nous ne causons plus[65] ». Ne restent donc que les discussions sur les modalités d'exécution des concessions que « la conférence des amiraux » a décidé d'accorder le 1er août et la routine des commissions de Wiesbaden et de Turin.

L'annonce, le 4 août, de ces concessions entraîne à Wiesbaden une « détente locale[66] » qui permet de régler un certain nombre de questions de détail. Mais cette amélioration se révèle passagère. Le rapport du 1er septembre signale que « les négociations de Wiesbaden se poursuivent toujours dans la même atmosphère de détente locale et de tension sur les questions importantes[67] ». Ainsi, le rapatriement de l' « armée du Levant » (5 800 hommes !) en Afrique se heurte à un refus obstiné. En contrepartie, les Français se montrent également fermes sur la question, toujours pendante, des frais d'occupation : tant que leur réduction ne sera pas acquise, « le gouvernement français n'acceptera de faire aucun transfert, ni de céder aucune participation » ; il refuse aussi la mise en place immédiate du commissaire allemand au commerce extérieur[68]. A la fin de l'été, comme le note Eberhard Jäckel, l'impasse est totale[69].

Les militaires allemands et italiens désirent pourtant en sortir : plus conscients des réalités stratégiques que les hommes politiques, ils saisissent parfaitement l'importance vitale des transports à travers la Tunisie au moment où les communications maritimes entre l'Italie et la Libye sont pratiquement interrompues du fait des attaques britanniques. Devant l'importance de l'enjeu, ils se décident pour la première fois à travailler véritablement ensemble : du 9 au 13 septembre, les deux présidents des commissions d'armistice, le général Vogl et le général Vacca-Maggiolini, se rencontrent à Gardone, près du lac de Garde, et arrêtent le principe d'une négociation tripartite, la première du genre, dont ils fixent les modalités dans un protocole qui sera approuvé par l'O.K.W. et le Comando Supremo : un conflit armé entre la France et la Grande-Bretagne n'étant pas jugé souhaitable, on doit éviter de présenter au gouvernement français des exigences qui pourraient déboucher sur une telle éventualité, c'est-à-dire le transit du ravitaillement par la Tunisie et l'utilisation de Dakar. En revanche, on peut exiger des prestations supplémentaires en échange du renforcement des défenses de l'empire selon un échéancier en quatre étapes. En échange de la cession de navires marchands, d'armes, de matériels et de ravitaillement pour les forces de l'Axe en Afrique et de la fabrication de matériels de guerre en zone libre, les Français obtiendraient divers renforcements, chaque étape étant subordonnée à l'accomplissement satisfaisant de la précédente. La quatrième étape pourrait voir la mise en route du ravitaillement par la Tunisie, en échange de quoi seraient accordés des renforcements beaucoup plus importants : la marine obtiendrait ainsi le réarmement de 11 sous-marins, du cuirassé *Provence,* du transport d'hydravions *Commandant-Teste*[70]...

Le 30 septembre, le colonel Böhme, chef d'état-major de la C.A.A., fait pour la première fois état de l'intention allemande « de faire naître une discussion d'ensemble au sujet des questions militaires en suspens. La France est invitée à créer un climat favorable à l'ouverture de ces négociations en donnant satisfaction à l'Allemagne immédiatement et sans contrepartie sur les deux points suivants : droit de passage à travers la zone libre de vedettes et de dragueurs ; livraison de 20 canons de 155 actuellement bloqués[71] ». Abetz évoque la question du transfert des vedettes et des dragueurs avec Darlan le 1er octobre : l'amiral donne un accord sur le principe de reconnaissances préliminaires. Il espère retirer des contreparties pour la marine et interdit à l'armée de se servir de cette affaire à l'appui de ses propres réclamations[72] ! Tout en renouvelant sa promesse à Abetz le 16 octobre, il donne pour instruction à la délégation de Wiesbaden d'essayer d'obtenir au moins une réponse indicative sur les contreparties. Devant la réaction allemande, qui maintient une position rigide, il se résigne à accéder sans contrepartie immédiate aux deux exigences allemandes les 23 et 24 octobre[73]. La délégation signale pourtant au début de novembre que cette acceptation « n'a pas amélioré l'atmosphère, actuellement chargée, des conversations à Wiesbaden[74] », et que les négociations espérées n'ont pas été ouvertes.

Les exigences allemandes ne sont pas les seules auxquelles doit faire face la France. Il faut aussi obtenir l'accord de l'Italie, avec laquelle les relations sont mauvaises. Les Italiens n'ont aucune confiance dans les Français et ne cessent de s'opposer à toute tentative de rapprochement franco-allemand : Mussolini, Ciano et le maréchal Cavallero ont réagi vivement à l'annonce de la signature des protocoles de Paris : « Qui sont vos vrais amis ? » a demandé Mussolini à Hitler[75]. En sens inverse, les Français, qui estiment n'avoir pas été battus par l'Italie, refusent toute concession : lorsque, en août, les commissions italienne et allemande se rencontrent à Munich et décident que 50 % du pétrole roumain importé par les Français ira à l'Italie, le refus de Vichy est immédiat. A l'automne, le différend franco-italien se polarise autour de deux problèmes : l'Italie demande la livraison de blé tunisien à la Libye et le versement d'une somme de 10 milliards de lires (à payer en matières premières, matériels et valeurs) en échange de la livraison de matériels de guerre en dépôt et de « compréhension dans les desiderata français ». La première condition est levée par l'accord dit « Trevisani[76] », conclu à Rome les 18 et 30 août et complété le 6 novembre. La seconde reste pendante, des conversations ont lieu à ce sujet. Malgré ce problème en suspens, la C.A.A. fait savoir le 12 novembre que les pourparlers tripartites vont pouvoir commencer. « Les propositions allemandes sont les suivantes : a) la base demeure le protocole de Paris ; b) certaines demandes françaises pourront déborder le cadre de ce protocole ; elles seront discutées, mais l'Allemagne demandera d'abord l'exécution de tout ce qu'a promis la France par le protocole [...] ; c) l'Allemagne ne pourra faire à Wiesbaden aucune promesse d'ordre politique ; d) en plus, l'Allemagne revendiquera la cession de tonnages de bâtiments non français se trouvant dans les ports français[77]. »

Le 18 novembre, Darlan adresse ses instructions à la délégation française. Elles sont fort prudentes :

> « J'accepte que des conversations aient lieu avec les représentants des deux commissions d'armistice dans les conditions définies par le colonel Böhme, mais tant que les négociations seront dirigées par celui-ci, elles devront consister surtout en un large échange de vues sur les sujets énumérés ; nos représentants ne seront pas munis des pleins pouvoirs et leurs réponses, dans la mesure où elles pourraient constituer un engagement précis, seront données *ad referendum*. [...]
>
> « Je ne m'oppose pas à ce qu'elles [les discussions] prennent pour base le protocole de Paris, mais à la condition qu'on ne prétende pas en faire jouer certaines clauses indépendamment des conditions générales dont dépend leur exécution. [...] [Celle-ci] demeure subordonnée à certaines conditions militaires qui devront être réalisées au préalable[78]. »

On est loin de la confiance qui présidait aux premières discussions de mai...

En guise de bonnes manières avant l'ouverture des négociations, l'Allemagne annonce le 24 novembre la libération de tous les marins encore prisonniers et de 10000 indigènes ainsi que l'autorisation de transfert de l'armée du Levant en Afrique du Nord, réclamée depuis des semaines. Mais il ne s'agit que d'une détente « locale ». En matière économique, Hemmen maintient ses exigences et menace : « En tout état de cause, nous aurons satisfaction. [...] Nos préférences vont naturellement à un arrangement amiable, mais si un tel arrangement se révélait impossible, [...] le *Militärbefehlshaber* appliquera en zone occupée les moyens appropriés dont dispose la puissance occupante[79]. »

Les négociations tripartites s'ouvrent le 27 novembre à Wiesbaden et vont se poursuivre pendant tout le mois de décembre. En fait, il apparaît très vite que l'écart entre les thèses en présence est toujours aussi grand et ne pourra être comblé. L'Allemagne maintient sa demande de 125 000 tonnes de tonnage neutre (alors que la France n'est prête à céder que 44 000 tonnes), et déclare que satisfaction ne sera donnée aux demandes de réarmement de l'empire « que dans la mesure où la France participera aux besoins de la lutte menée par l'Axe ». Aux remarques françaises sur les réactions anglo-saxonnes à la cession de tonnage neutre et au transit par la Tunisie, le colonel Böhme se contente de répondre que « l'entrée en guerre du Japon est de nature à calmer toutes les inquiétudes françaises[80] ». Les 17 et 18 décembre, Michelier vient à Vichy « faire le point de la question devant un petit Conseil des ministres ». Il souligne l'intransigeance allemande et déclare que la France ne tirera rien de ces négociations. « Darlan approuva, sortit un gros crayon bleu et écrivit sur son bloc-notes : “ Rompre les négociations ”. Puis il me remit cette feuille, tandis que les autres ministres gardaient le silence[81]. » Le 21 décembre, Darlan confirme à Wiesbaden sa décision de rompre : constatant qu' « aucune garantie ni même aucun espoir » n'est donné quant à des contreparties politiques, que le ton des négociateurs allemands tend à devenir comminatoire, « le gouvernement estime que la conversation ne peut être poursuivie plus avant, et encore moins de nouveaux engagements souscrits sans que, parallèlement à la négociation d'ordre technique et militaire menée à Wiesbaden, s'en ouvre une autre, sur le plan politique, dans des conditions à déterminer[82] ». Cette rupture prend acte de l'enlisement des pourparlers, mais aussi de l'impossibilité de relancer la négociation politique, comme l'a montré l'entrevue de Saint-Florentin le 1er décembre.

Pétain souhaitait rencontrer une haute personnalité allemande après la retraite du général Weygand. Laval et Darlan ayant échoué, il n'y avait que lui, pensait-il, qui pouvait relancer la négociation. Il en avait informé Abetz. Hitler décida que

« Goering rencontrerait Pétain pour discuter des problèmes militaires ». D'une part, il était assez haut placé pour faire impression et d'autre part, en tant que soldat, il lui serait facile d'esquiver les questions politiques[83]. Malheureusement pour les Allemands, les Français ont justement l'intention de ressortir toutes leurs demandes restées jusqu'alors sans réponse. Dans ce but, Darlan prépare un mémorandum récapitulant le point de vue français : la France ne s'engagera sur la voie de la collaboration qu'en échange d'une longue série de concessions sur la ligne de démarcation, l'organisation Ostland, le contrôle exercé sur l'activité gouvernementale et administrative française, les frais d'occupation, les besoins de la France en charbon et en produits pétroliers, les réquisitions des troupes d'occupation, les prisonniers, le renforcement de la défense de l'empire[84]. A défaut d'obtenir une réponse positive, il entend au moins signifier aux Allemands que la collaboration à sens unique est révolue : plus rien ne sera cédé sans contreparties tangibles. C'est donc le rejet de la ligne Benoist-Méchin, qui a été tenu à l'écart de la rédaction de ce mémorandum et n'est pas invité à participer à l'entretien[85].

Comme on pouvait s'y attendre à partir de telles bases, celui-ci se déroule fort mal. En présence de Darlan, Pétain remet à Goering le mémorandum qui provoque une réaction négative.

> « Le Reichsmarschall Goering déclare ne pas comprendre que le gouvernement français se permette de lui présenter un tel document. Il explique qu'il rendrait un mauvais service au maréchal Pétain et à son gouvernement s'il présentait ce document tel quel au Führer.
>
> “ Vous oubliez, souligne-t-il, que tous les avantages que nous a valus une guerre des plus coûteuses paraissent devoir être rayés d'un trait de plume, en échange d'une vague promesse de collaboration du peuple français.
>
> “ Vous nous réclamez de très grosses concessions, mais, en contrepartie, vous n'offrez rigoureusement rien. Il n'est même pas question de nous aider dans la lutte contre l'Angleterre !
>
> “ A vous entendre, la meilleure solution serait de nous voir quitter le territoire français ; mais je suis bien tranquille qu'aussitôt, le peuple français vous inciterait à reprendre les armes contre nous et, cette fois, dans une situation beaucoup plus favorable pour vous qu'en 1939. ” »

Goering continue en reprochant à la France de ne pratiquer qu'une collaboration de façade et en veut pour preuve le fait qu'en dépit d'un ordre récent de l'amiral Darlan d'attaquer les navires britanniques, aucun n'a été coulé par la marine française. Darlan intervient alors pour préciser qu' « il y a douze jours environ, un sous-marin français a coulé une unité anglaise aux environs du cap de Bonne-Espérance ». L'information, quoique de peu d'importance[86], arrive fort à propos pour calmer quelque peu Goering ; celui-ci déclare ensuite qu'il a confiance dans le Maréchal et l'amiral, mais que l'attitude du peuple français le laisse perplexe.

Après Pétain, Darlan justifie la position française : « Si les Allemands étaient autorisés à se servir de Bizerte, nous donnerions motif à l'Angleterre et aux États-Unis de nous attaquer à Dakar, à la Guadeloupe et à la Martinique. » Or « la marine française est toujours sérieusement entravée par les liens qui lui ont été imposés par la convention d'armistice et par le manque de carburant ». Perfidement, « il rappelle ensuite en quelques mots que le maréchal Goering n'avait pu lui prêter main-forte au cours des événements de juin 1941 en Syrie, la flotte aérienne allemande se trouvant engagée, à ce moment-là, sur le front de Russie ». A quoi le Reichsmarschall répond que les Français ont refusé aux avions de la Luftwaffe l'autorisation d'atterrir en Syrie et « rappelle tous les avantages dont a déjà bénéficié la flotte française ». L'entretien se termine par une évocation de la défense de l'empire dont il est convenu qu'elle fera l'objet d'un examen commun[87].

Se déroule ensuite un déjeuner au cours duquel l'atmosphère change. Goering, jovial et presque euphorique, fait une allusion à peine voilée à la grand-croix de la Légion d'honneur (Pétain lui répond qu'on verra après la guerre) et évoque l'utilisation de la flotte française par l'Allemagne. Mais si le chef de l'État se montre prudent, il se heurte du côté de Darlan à un refus buté que rien ne peut faire fléchir.

> « *Le RM Goering.* — Je ne comprends pas que votre flotte ne cherche pas à se venger de Mers el-Kébir.
>
> *L'amiral Darlan.* — Nous leur avons tué plus de monde à Dakar qu'ils ne nous en ont tué à Mers el-Kébir.
>
> *Le RM Goering.* — Pourquoi ne nous loueriez-vous pas votre flotte ?
>
> *L'amiral Darlan.* — L'argent ne vaut rien.
>
> *Le RM Goering.* — On vous la louera pour d'importants avantages matériels. Ce n'est pas la première fois qu'on loue une flotte. La France a loué la flotte hollandaise autrefois !
>
> *L'amiral Darlan.* — Je ne me servirai de ma flotte que sous mon pavillon.
>
> *Le maréchal Pétain.* — On pourrait vous céder la flotte contre une province.
>
> *Le RM Goering.* — C'est une bonne idée.
>
> *L'amiral Darlan.* — Pas du tout. Je ne céderai pas la flotte.

Le RM Goering. — Je bois à la santé de l'amiral et à la flotte française avec laquelle, je ne sais pourquoi, je pense que nous ferons ensemble quelque chose. Que devient le *Dunkerque ?*

L'amiral Darlan. — Il est en réparations. Les circonstances pour le faire rallier Toulon sont difficiles à réunir. Il est fragile avec son batardeau.

Le RM Goering. — Les Anglais sont très forts pour les batardeaux. Récemment, le *Nelson,* après avoir été très avarié par nous, est parti pour l'Amérique pour faire un complément des réparations effectuées à Gibraltar. Il a eu à ce moment une avarie de machines et est rentré à Gibraltar. Son batardeau a bien tenu.

L'amiral Darlan. — Le *Dunkerque* a été très avarié par l'explosion d'un bateau chargé de grenades à côté de lui. Il a une énorme brèche et nous n'avons pas à Oran les moyens de le réparer[88]. »

Ici Darlan se moque de son interlocuteur. Il sait parfaitement que les pertes britanniques à Dakar ont été légères et il s'apprête à donner l'ordre de ramener le *Dunkerque* à Toulon[89]. Mais sa résolution sur l'utilisation de la flotte reste inébranlable. Malgré son optimisme de façade, Goering n'a rien obtenu, Pétain et Darlan non plus. Le mémorandum sera vaguement évoqué à Wiesbaden par les Français sans que les Allemands se donnent la peine d'y répondre[90].

L'examen en commun de la défense de l'empire aboutit au voyage du général Juin et de l'amiral Platon à Berlin le 21 décembre. Juin souligne que la Tunisie est pratiquement désarmée du fait de l'armistice avec l'Italie (il n'y a plus que neuf bataillons dans le protectorat alors qu'il en faudrait une trentaine) et répète ce que son interlocuteur sait déjà : le gouvernement français subordonne la réalisation du protocole sur Bizerte à des contreparties d'ordre politique alors que Goering considère que « l'Allemagne a déjà payé[91] ».

Mais à ce stade, l'évolution de la conjoncture militaire bouleverse les données du problème africain : Rommel, qui ne reçoit presque plus d'approvisionnements, bousculé par la contre-offensive britannique, pourrait bien se trouver bientôt refoulé jusqu'à la frontière tunisienne. Devant le risque (très réel) d'un ultimatum de l'Axe au sujet de Bizerte, Vichy décide de lâcher du lest. Une note remise aux Allemands le 22 décembre annonce que la France est prête à laisser passer des approvisionnements pour la Libye et à s'opposer à toute incursion des Britanniques en Tunisie, pourvu que les moyens militaires de cette défense soient assurés (suit une longue liste de demandes), les concessions politiques ne constituant plus un préalable obligé[92]. C'est là une évolution considérable de la position française, motivée par la perspective d'un effondrement des forces de l'Axe en Afrique, avec tous les risques que cela implique pour l'Afrique du Nord. Mais les contreparties militaires réclamées restent très importantes. A la fin de l'année, le Reich n'a toujours pas répondu.

Au contraire, et de manière inattendue lorsqu'on considère le comportement français depuis l'armistice, les relations avec l'Italie connaissent une nette détente. Dès la fin du mois d'août, les Italiens ont fait savoir qu'ils souhaitent une rencontre Darlan-Ciano destinée à ouvrir la voie à un rapprochement. Pétain en est informé le 4 septembre par le commandant Mirauchaux qui a servi d'intermédiaire. Le jour même, il s'entretient avec Darlan et l'émissaire italien, le baron Confalonieri, reçoit la réponse quelques jours plus tard : l'invitation sera acceptée, étant entendu que les Allemands seront tenus au courant et que les questions militaires et territoriales seront exclues des entretiens[93]. Alors qu'en 1940 les Français comptaient sur les Allemands pour calmer les suspicions italiennes, ils vont maintenant chercher à contrebalancer la mauvaise humeur allemande par un réchauffement avec l'Italie.

Cette rencontre est préparée par la conférence de Rome qui règle plusieurs questions encore en suspens. Le 22 novembre, Leroy-Beaulieu, directeur du commerce extérieur, et l'ambassadeur Giannini signent deux protocoles relatifs à l'article X de la convention d'armistice (la France accorde une somme de 2600 millions de francs, le dixième de ce que réclamait l'Italie, tandis que celle-ci renonce à la livraison de matériels de guerre stockés) et à la situation des entreprises françaises mises sous séquestre en Italie. Les Italiens libèrent les prisonniers de guerre français (il n'y en a que 150) et les internés (64), mais cette ligne plus souple ne s'étend pas aux demandes françaises de réarmement. Le rapport de la délégation de Turin signale le 6 décembre que « l'augmentation du potentiel militaire de l'Afrique du Nord, particulièrement en matière d'aviation, se heurte toujours à la même intransigeance[94] ».

L'invitation est lancée le 2 décembre. Le 9 dans l'après-midi, Darlan arrive à Turin, officiellement pour assister à une cérémonie à la mémoire du général Pintor, ancien président de la commission italienne, récemment décédé, en fait pour rencontrer le ministre des Affaires étrangères Ciano. Les Italiens entendent ne plus être laissés « sur la touche » comme cela avait été le cas lors des protocoles, ni être réduits au rôle de figurants, comme dans les négociations tripartites qui ont commencé le 27 novembre. Recevant le 3 décembre son interlocuteur français, l'amiral Duplat, l'amiral Vacca-Maggiolini, président de la C.I.A., ne lui a pas caché pas « qu'il n'est pas satisfait des méthodes de travail des Allemands. Il trouve que son partenaire, le général Vogl, procède d'une façon compartimentée, sans largeur de vues, trop méthodique[95] ».

L'entrevue a lieu le 10 décembre. Son procès-verbal n'a pas été retrouvé, et on ne peut que déduire quelques indications des notes préparatoires ou des réactions qui ont suivi. Ciano note dans ses Carnets qu'il ne s'est rien dit d'important. Darlan a remercié de la libération des prisonniers et internés, s'est félicité de la conclusion des accords du 22 novembre, a déclaré qu'il fallait chasser les Anglais de Méditerranée[96] et évoqué l'éventualité d'une réunion tripartite Darlan-Ciano-Ribbentrop[97]. Il a accepté de donner satisfaction à certaines demandes italiennes : cession de 500 tonnes de gas-oil, transport de vivres, de vêtements et de camions par l'Afrique du Nord. En revanche, la France continue à faire la sourde oreille sur les autres points, par exemple les demandes d'envoi de missions italiennes en Afrique du Nord pour le rapatriement des ressortissants italiens ou les sépultures des marins et soldats morts en mer et rejetés sur la côte, pour s'opposer « à une politique d'infiltrations insidieuses[98] ». Ciano ayant une nouvelle fois posé la question de Bizerte, Darlan a recouru à une dérobade : « Si Malte vous gêne, arrangez-vous pour la neutraliser. De la sorte, vous n'aurez pas besoin de Bizerte[99]. »

Résultats très limités donc, mais tout de même suffisants pour que les deux parties soient disposées à poursuivre le dialogue engagé. Pour la première fois, la France accorde à l'Italie ce qu'elle a refusé à l'Allemagne. L'accord sur la cession de gas-oil et les transports est paraphé le 31 décembre.

La situation de la France à la fin de l'année 41

Le 13 décembre, au Conseil des ministres, Darlan fait un exposé général sur sa politique. La France « cherche à faire aboutir une triple négociation : politique, militaire, économique.

> « Nous avons peu à offrir sur le plan politique, beaucoup à demander.
>
> « Nous avons beaucoup à offrir sur le plan militaire, peu (ou moins) à demander.
>
> « Le transit par Bizerte est un acte politique. Il faut prévoir que l'Afrique du Nord va se trouver l'enjeu de sollicitations toujours plus pressantes de part et d'autre[100]. »

Le 31 décembre, Darlan termine l'année par une très longue note sur « la guerre germano-anglo-saxonne depuis le 25 juin

1940 jusqu'au 31 décembre 1941 ». Conservé par l'amiral Auphan[101], ce document manuscrit présente un très grand intérêt : il montre le cheminement qui s'est opéré dans l'esprit de l'amiral durant les trois derniers mois de 1941.

1.

« Opérations de l'Axe.

L'Allemagne a paru d'abord se préparer à une action offensive à l'ouest et ne prendre à l'est que des dispositions de sûreté en Pologne, en Roumanie et en Bulgarie. Puis, l'action italienne contre la Grèce ayant allumé le feu en Orient et amené le débarquement britannique dans ce pays, et le coup d'État serbe ayant démontré l'intention britannique de créer un nouveau front dans les Balkans, l'Allemagne est intervenue de tout son poids en Europe orientale. Elle a chassé les Anglais du continent, et elle s'est emparée des positions clefs dans la mer Égée. Elle a essayé sans conviction de contrecarrer l'action britannique en Irak puis s'est brusquement retournée vers l'U.R.S.S. qui, de toute évidence, prenait des dispositions pour attaquer les armées allemandes de flanc.

L'Allemagne s'est emparée de nombreux territoires russes, en particulier de l'Ukraine et de la Crimée ; elle a permis à la Finlande de récupérer les territoires perdus en 39 ; elle a brisé la puissance offensive de l'U.R.S.S.

« Opérations britanniques.

Les Britanniques, en attaquant en Éthiopie et en Cyrénaïque, en intervenant en Irak et en Iran, en attaquant en Syrie, ont poursuivi trois buts essentiels : protéger le canal de Suez et l'Égypte, créer un front continu de l'Inde à la Cyrénaïque, transformer l'océan Indien, le golfe Persique et la mer Rouge en mers impériales.

« Résultats. Les Allemands ont éliminé les Anglais du continent et de la mer Égée. Ils ont conquis des territoires productifs, ils ont brisé la force russe. Ils n'ont pas réussi à changer le régime gouvernemental russe, ils n'ont pas pris les capitales, ils n'ont pas atteint les pétroles du Caucase.

Les Anglais ont aéré le canal de Suez, créé le front continu de l'Inde à la Cyrénaïque.

Ils n'ont pas réussi à prendre pied sur le continent européen.

2.

« Erreurs des adversaires.

Les Britanniques ont eu tort de ne pas liquider entièrement la question d'Afrique et d'Asie Mineure avant d'avoir tenté l'opération de Grèce.

Libres dans ces régions, ils auraient pu faire plus utilement pression sur la Turquie et, le moment venu, auraient pu, plus facilement, assister l'U.R.S.S.

En Russie, les Allemands ont eu le grand tort de ne pas faire porter leur effort principal sur leur aile sud et de croire que, stratégiquement, la prise de Moscou avait de l'importance.

Leur objectif principal aurait dû être Astrakan et les rives de la mer Noire — les Turcs seraient peut-être déjà leurs amis et ils seraient au Caucase. Ils ont également eu le tort de n'avoir pas compris que la maîtrise maritime et aérienne de la Méditerranée centrale conditionnait les possibilités du corps africain [Afrika Korps] et que la possession de Malte et la neutralisation de Gibraltar étaient des opérations plus payantes que la prise de Moscou.

« Situation des adversaires.

L'armée allemande a été éprouvée par des pertes en hommes et en matériel, mais elle reste la force militaire la plus puissante.

L'armée italienne a été éprouvée, surtout en Éthiopie, en Cyrénaïque et en Grèce. Mais l'Italie est loin d'avoir épuisé ses ressources en hommes. L'aviation allemande demeure très puissante. L'armée d'U.R.S.S. est gravement atteinte par ses pertes en hommes, en cadres et en matériel. Elle pourra remplacer les hommes.

L'armée anglaise reste figée dans son île et a surtout fait donner les troupes des dominions qui ont subi d'assez lourdes pertes.

L'aviation britannique ne semble pas être devenue plus mordante.

La flotte britannique s'est usée très gravement. Les U.S. sont toujours à l'état de larves militaires.

« Conclusion : l'année 1941 se solde par un coup fourré, et seule l'entrée en guerre du Japon a fait pencher la balance en faveur de l'Axe.

3.

« Le Japon a porté un coup terrible à la flotte américaine du Pacifique et à la flotte britannique d'Extrême-Orient.

L'action victorieuse sur Hawaï et la destruction foudroyante des navires de ligne britanniques dans le golfe de Siam ont permis aux Nippons d'agir sans difficultés sérieuses contre Hong-Kong, les Philippines, Bornéo, Singapour et la Birmanie.

« Stratégie 1942.

Pour l'Axe, cette stratégie devrait avoir pour objet de s'assurer la maîtrise de la mer Noire et de la Méditerranée,
de prendre les pétroles du Caucase,
de couper en deux le front britannique en direction du golfe Persique, ce qui isolerait l'U.R.S.S. et permettrait la liaison avec les Japonais.

Ces deux opérations n'en font en réalité qu'une. Elles doivent être complétées par l'entrée de la Turquie de gré ou de force dans le parti de l'Axe.

Le Japon, lui, après avoir conquis les Philippines et les pétroles de Bornéo, doit avoir pour objectif Singapour qui lui donnera ultérieurement Sumatra et qui lui permettra de mener une action offensive sur Ceylan d'où il commandera tout l'océan Indien de la mer Rouge à Malacca, c.a.d. les arrières du front britannique du Proche-Orient.

« En résumé le centre stratégique est la région du Caucase, de l'Irak et de l'Iran.

L'Axe peut l'attaquer par l'U.R.S.S. et par l'océan Indien et peut-être par la Turquie.

« Pour les Anglo-Saxons :

Le problème est le maintien du front de l'Australie à l'Inde et à la Cyrénaïque et l'essai de renforcement de l'U.R.S.S. pour attaquer de flanc les armées allemandes opérant au Caucase.

Ceci implique pour eux la maîtrise de la Méditerranée et celle de l'océan Indien. Cette maîtrise est compromise par la Luftwaffe en Méditerranée-centrale, par les Japonais dans l'océan Indien. »

Par rapport à la note du 8 novembre précédent, le ton est sensiblement différent. Parce qu'il s'agit d'une note destinée à son usage personnel et non d'un plaidoyer destiné à justifier le renvoi du général Weygand, l'analyse stratégique est beaucoup plus posée et réfléchie : ses conclusions sur l'importance de la Méditerranée, l'intérêt pour les Japonais de lancer une offensive vers Ceylan et l'océan Indien, la nécessité pour les Anglo-Saxons de tenir à tout prix la ligne États-Unis-Australie rejoignent celles que développera après-guerre l'amiral Castex dans les *Mélanges stratégiques*[102] et qui sont déjà celles de la Seekriegsleitung allemande. On relève certes encore une référence plus que méprisante à l'égard des États-Unis, qualifiés de « larves militaires » : le spectacle de Pearl Harbor n'a pu que le conforter dans sa piètre opinion de la puissance américaine. En revanche, il constate que l'Allemagne n'a pu venir à bout de l'U.R.S.S., et la perspective d'une fin prochaine de la guerre lui paraît exclue. Il le dit à Charles Rist : « La guerre deviendra un duel germano-américain, où les États-Unis seront incapables d'attaquer l'Allemagne sur terre, pendant que les Allemands seront incapables de les atteindre chez eux. La guerre pourra donc se prolonger indéfiniment[103]. »

La position de la France est toujours aussi inconfortable, sinon plus : son intégration dans un bloc européen dominé par l'Allemagne est toujours l'option prioritaire, mais dès lors que les Alliés ne peuvent plus être vaincus, il faut revenir à une politique plus équilibrée. Or le contexte diplomatique est loin d'être bon à l'égard des adversaires de l'Axe.

Avec la Grande-Bretagne, on avait pu croire pendant l'été que l'affaire de Syrie n'aurait pas de suites sérieuses. Les convois français continuaient à passer sans encombre. Le tonnage moyen transporté s'est maintenu aux environs de 80 000 tonnes réparties sur une cinquantaine de navires qui entrent chaque semaine dans les ports de la zone libre. A la suite de l'incident de Nemours (30 mars) et de plusieurs arraisonnements en avril [104] et mai [105], le système des convois a été généralisé, malgré la pénurie d'escorteurs, et il s'ensuit plusieurs mois de calme relatif, sauf naturellement en Méditerranée orientale : les pétroliers *Alberta* et *Cap Damiani* envoyés chercher du pétrole roumain sont torpillés en mer Égée en juin, le pétrolier *Théophile-Gautier* subit le même sort le 4 octobre, également en mer Égée, alors qu'il navigue avec un convoi italo-allemand. Mais, à partir de septembre, les incidents se multiplient : la R.A.F. et les sous-marins s'en prennent au trafic italien qui transite par les eaux territoriales de la Tunisie et va parfois chercher refuge dans nos ports (le paquebot mixte *Florida* est ainsi bombardé dans le port de Sfax), et il arrive que des bâtiments français soient attaqués : c'est le cas du *Monselet* coulé par bombes le 20 septembre, de l'*Oued-Yquem* torpillé le 3 octobre, du *Divona* coulé par bombes le 21, du *Senneville* le 3 novembre. Dans l'Atlantique Sud, les cargos *Désirade* et *Ville-de-Tamatave* sont saisis en juillet, et, le 3 novembre, le malheureux escorteur *D'Iberville* ne peut s'opposer à la capture de son convoi de 5 cargos au large du Cap par une force britannique de 4 croiseurs. Au total, durant l'année 41, 47 bâtiments (28 pour le premier semestre, 19 pour le second) représentant 203 468 tonneaux sont saisis. A la suite de ces attaques, motivées tant par le souci de mettre fin à un trafic dont une partie prend la direction de l'Allemagne [106] que par le besoin de mettre la main par n'importe quel moyen sur du tonnage, l'Amirauté française obtient des commissions d'armistice des renforts (5ᵉ division de contre-torpilleurs et 2 sous-marins en Algérie, 2 avisos en Tunisie) qui permettent de généraliser l'escorte de convois le long des côtes tunisiennes à partir d'octobre, et elle prescrit des représailles : le 25 septembre, des torpilleurs britanniques sont attaqués par les torpilleurs de Casablanca ; le 25 octobre, ordre est donné aux batteries de côte d'ouvrir le feu sur tout bâtiment de commerce britannique passant à proximité et en particulier sur ceux qui font un usage abusif des couleurs et des marques françaises pour se protéger des attaques de l'Axe. Il est même envisagé de lancer des attaques de contre-torpilleurs et de sous-marins contre le trafic britannique en Méditerranée occidentale et une demande en ce sens est présentée aux commissions d'armistice qui n'y donnent pas suite [107]. L'heure n'est donc pas au rapprochement franco-britannique. En septembre, une très longue note sur la défense de l'Afrique considère encore une attaque britannique comme l'hypothèse la plus vraisemblable [108].

Avec les États-Unis, les relations ne sont guère meilleures. Aux traditionnelles protestations contre la politique de collaboration sont venues s'ajouter deux sources de discorde supplémentaires, l'Indochine et Saint-Pierre-et-Miquelon.

Le 13 juillet, l'ambassadeur du Japon a remis un véritable ultimatum au gouvernement français : avec ou sans accord de la France, le Japon est décidé à occuper l'Indochine. Dans un premier temps, Darlan veut résister : « Je vais leur répondre " merde " car ils commencent à m'agacer », dit-il à Benoist-Méchin, puis, sur les instances de celui-ci, il accepte de négocier et charge Benoist-Méchin du dossier : « Vous pourrez vous faire comprendre de l'ambassadeur du Japon. Moi je n'y parviens pas. Son sourire m'exaspère. Prenez cette négociation en main et voyez ce que vous pouvez en tirer. » Malgré des échanges de vues plutôt laborieux (Benoist-Méchin raconte qu'il avait l'impression, en s'adressant à l'ambassadeur du Japon, de « parler dans un téléphone dont quelqu'un aurait coupé le fil ») un accord est conclu le 20 juillet [109] et signé le 30 : le Japon reconnaît « les droits souverains de la France sur toutes les parties de l'Union indochinoise » et obtient le droit d'y faire stationner des troupes [110]. L'accord suscite une vive irritation aux États-Unis. Le gouvernement de Washington a déclaré qu'en toute hypothèse il ne pourrait rien faire pour venir en aide à l'Indochine, mais il n'en proteste pas moins. Cette fois, Leahy se fait mal recevoir. Darlan lui lance, le 1er août, une « flèche » qui, coupée de son contexte, sera interprétée plus tard par certains défenseurs de l'amiral et par lui-même comme une offre de service alors qu'il s'agit en réalité d'une réaction d'exaspération :

> « C'est toujours la même chose. Les États-Unis viennent trop tard. Vous n'agissez pas, mais vous critiquez. [...] L'arrangement avec le Japon nous permet d'espérer garder notre souveraineté sur ce territoire. La guerre de Syrie nous a épuisés. Nous ne sommes plus en état de nous défendre. Si l'Allemagne veut prendre l'Afrique française, elle la prendra. Nous n'y pourrons rien, ni vous non plus. L'Allemagne est la plus proche pour agir.
>
> « Si vous étiez en mesure d'amener à Marseille 2000 chars, 2000 avions, 500000 hommes, je les recevrais à bras ouverts. Mais cela, vous ne le pouvez pas, et c'est pourquoi j'estime que notre intérêt est qu'il se fasse le plus tôt possible une paix générale [111]. »

A l'été 41, il n'y a pas d' « accord secret Darlan-Roosevelt », ni même d'esquisse de rapprochement de la part de Darlan. Au contraire, celui-ci manifeste une irritation croissante à l'encontre des États-Unis à cause des campagnes de la presse américaine contre son gouvernement [112], des interventions continuelles de Leahy qui proteste contre les concessions accordées à l'Allemagne et complique sa situation vis-à-vis du Maréchal, du chantage exercé sur le ravitaillement de l'Afrique du Nord (en application de l'accord Weygand-Murphy). En marge d'une note du général Weygand reçue au début d'octobre, Darlan écrit : « Cet appui sera toujours accordé au compte-gouttes. Les Allemands qui le tolèrent ont les moyens de le faire cesser quand ils le voudront [...] et sans contrepartie pour nous. Si nous entrons complètement dans les vues américaines, nous perdrons l'Afrique tout simplement parce que les Allemands la prendront [113]. »

A la fin d'octobre, une occasion de reprise des contacts entre Vichy et Washington se dessine. L'économiste Charles Rist doit se rendre aux États-Unis. Pétain l'accrédite comme son envoyé personnel et celui de Darlan, et le charge de transmettre à Roosevelt une lettre dans laquelle il réitère « l'assurance que le gouvernement français n'entend supporter aucun empiétement sur sa souveraineté dans aucune partie de son empire et notamment en Afrique, qu'il est résolu à assurer le respect de cette souveraineté en toutes circonstances et qu'il s'en tient, à cet égard comme aux autres, aux conditions fixées par les conventions d'armistice [114] ». Darlan approuve le contenu de la lettre, mais ne la signe pas. Le 26 octobre, Rist rencontre Pétain qui lui recommande de correspondre directement avec lui : « Tout ce qui passe par l'Amirauté est connu des Allemands [115]. » Mais, après un premier voyage aux États-Unis, Rist apprend le prochain limogeage de Weygand. Il voit Darlan le 11 novembre et lui déclare que dans ces conditions, sa mission n'a plus de raison d'être : « Je ne puis partir pour les États-Unis en pleine crise. » L'amiral se lance alors dans un long exposé, expliquant à Rist que la paix sera « une paix de compromis », l'Allemagne dominant l'Europe et la France devant s'intégrer dans l'Europe nouvelle : « Les Allemands ne sont poussés que par des motifs économiques. Ils sont trop pauvres chez eux. On aurait dû, dès le début, les orienter vers la Russie. Quand ils la domineront, ils nous laisseront tranquilles. » Convaincu « que si le Maréchal voulait me voir à Washington, par contre l'amiral n'y voyait qu'un geste de courtoisie, sans envisager aucune politique réelle de rapprochement avec les États-Unis [116] », Rist renonce à sa mission, et cette tentative reste sans suite.

L'affaire de Saint-Pierre-et-Miquelon, le 25 décembre 1941, vient retendre des relations passablement malmenées depuis plusieurs mois et qui viennent tout juste de connaître une relative accalmie avec la confirmation par Vichy de l'accord Weygand-

Murphy. Les États-Unis proclament aussitôt qu'ils ne sont pour rien dans le débarquement des Français Libres de l'amiral Muselier et qu'ils n'approuvent pas ce coup de force, ce qui est exact, mais à Vichy, on nourrit des doutes : Washington s'intéresse depuis longtemps à Saint-Pierre-et-Miquelon et y a nommé un consul après l'armistice ; en novembre 1940, un rapport a accusé les États-Unis de préparer le ralliement de l'île à la France Libre pour le 11 novembre [117]. La suspicion est donc de rigueur.

L'année 1941 s'achève ainsi sur un échec de la politique de collaboration avec l'Axe et une tension persistante avec les Anglo-Saxons. La grande politique rêvée par Darlan a abouti à une impasse et le retournement est proche. Mais l'Amiral de la flotte ne le sait pas encore.

Arraisonnements britanniques de navires français de commerce 1941-1942

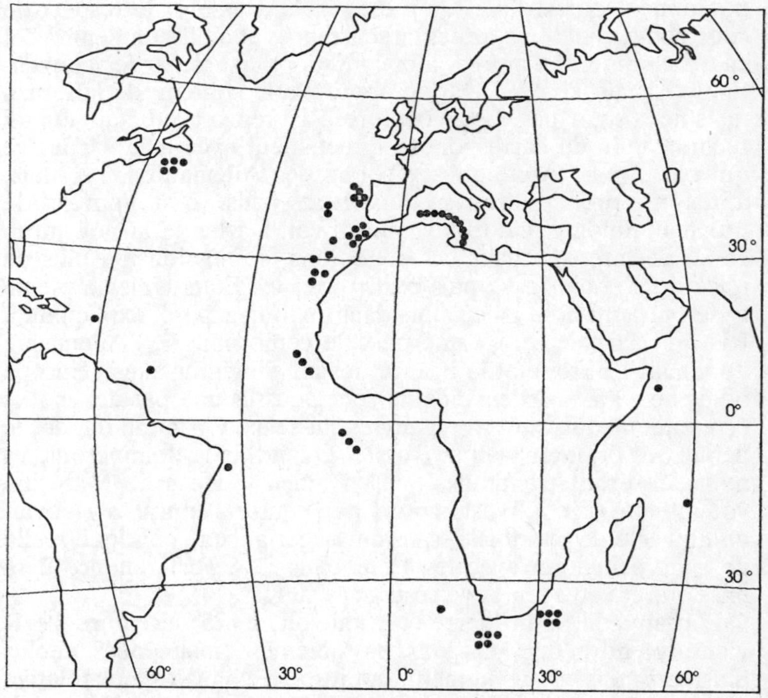

CHAPITRE XVI

Darlan et la politique intérieure

Chef du gouvernement en fait, même si Pétain le reste en titre, Darlan ne peut se désintéresser de la politique intérieure. Dès le mois de février, il a précisé dans ses notes la tâche qui l'attendait en ce domaine. Une première note résume les idées que le Maréchal souhaite voir avancer.

« En ce qui concerne la politique intérieure, les idées du Maréchal peuvent être résumées comme suit :

— rupture totale avec les anciennes assemblées qui, d'ailleurs, ne sont plus l'expression du sentiment populaire ; à la mise en sommeil actuelle devra succéder, le plus tôt possible, la suppression ;

— utilisation des membres de ces assemblées favorables à la politique de collaboration et dont l'expérience politique ou économique est reconnue ;

— mise sur pied, le plus rapidement possible, d'une police d'État, les polices actuelles étant insuffisantes en quantité et en qualité et étant farcies de communistes et de gaullistes ;

— étude, par des comités du Conseil national qui ne seront pas des commissions permanentes, de la Constitution et des principales réformes (organisations professionnelles, loi sur les sociétés, etc.) " ;

— création des régions.

« Le Comité directeur a décidé de la *neutralité* de l'école. Il n'y a rien à craindre de ce côté-là[1]. »

Une deuxième note, rédigée presque en même temps, se montre beaucoup plus explicite sur les buts à atteindre, ce qui explique qu'Alain Darlan n'ait pas cru devoir la publier.

« *Politique intérieure.*

Arriver le plus rapidement possible à la suppression définitive des assemblées qui, dans le passé, se sont avérées opposées au rapprochement avec l'Allemagne et qui, d'ailleurs, ne représentent plus le pays. Lutte serrée contre les communistes (gaullistes), les Juifs et les maçons.

Création rapide d'une police d'État.

Organisation sociale et corporative.

Rassemblement national.

Régions[2]. »

Avant même l'entrée en guerre de l'Union Soviétique qui entraîne le ralliement immédiat du Parti communiste à la résistance (alors que Billoux et d'autres députés communistes ont auparavant demandé à témoigner à charge au procès de Riom contre Daladier), Darlan pratique entre gaullistes et communistes un amalgame semblable à celui que la propagande officielle répète pour disqualifier la France Libre. De même, il souligne la nécessité de lutter contre l'influence des Juifs et des francs-maçons. Il manifeste ainsi une parfaite orthodoxie doctrinale à l'égard de deux des objectifs prioritaires de la Révolution nationale. On a vu que, dès 1940, ses idées avaient évolué par rapport à l'avant-guerre devant le spectacle de la paralysie du gouvernement et de l'irresponsabilité de beaucoup d'hommes politiques. Il avait notamment pris en horreur le régime d'assemblée[3] et s'était convaincu de la nécessité d'un exécutif fort.

Pour autant, il n'a pas adhéré au clan des doctrinaires de la Révolution nationale. Recevant les préfets en 1942, il leur lancera un « Messieurs, je suis un homme de gauche[4] » pour le moins provocateur, et il condamne sans ambages en septembre 1941 les excès de l'épuration administrative menée par les « ultras »[5]. Plus enclin aux mesures antisémites ou antimaçonniques que Laval[6], il l'est cependant beaucoup moins que le Maréchal et son entourage, et s'efforce de ne pas donner aux mesures prises à leur encontre un caractère systématique. Partisan convaincu de la modernisation, il ne partage pas la mystique du retour à la terre et l'horreur du grand capital. Cette divergence, jointe au fait que la diplomatie, avec le lancinant problème des rapports avec l'Allemagne, accapare l'essentiel de son temps, fait que Darlan intervient assez peu dans des domaines chers à Pétain, mais qui lui paraissent secondaires ou sur lesquels il sait qu'il ne pourra faire prévaloir ses idées, par exemple l'agriculture : dans l'étude très documentée qu'Isabelle Boussard a consacrée à la Corporation paysanne[7], son nom n'apparaît jamais. Robert Aron, quant à lui, a pu parler du « déclin de la Révolution nationale » durant le ministère Darlan[8]. Certes, sous l'impulsion du Maréchal et de plusieurs ministres, quelques institutions mises en place durant l'année 41 sont conformes à l'esprit nouveau : Charte du travail, Corporation paysanne, Conseil national. Mais il ne semble pas que Darlan ait pris une part déterminante à leur élaboration : les projets de discours et les notes de Pétain ne portent jamais la moindre suggestion de Darlan, ce qui montre que le chef de l'État ne lui demande jamais son avis et s'en tient à son entourage habituel. Précisons cependant qu'une telle affirmation ne peut être avancée que sous bénéfice d'inventaire, car l'histoire intérieure de Vichy reste à écrire à peu près entièrement, si l'on excepte quelques aspects spectaculaires comme la politique antisémite ou antimaçonnique. Des sujets aussi importants que la propagande, la politique coloniale, les finances ou l'ordre intérieur n'ont pas encore fait l'objet de monographies systématiques. C'est dire que les zones d'ombre sont ici plus vastes que pour les chapitres précédents.

Il est cependant possible d'identifier quelques lignes directrices de l'action de Darlan. A l'encontre des réactionnaires qui dominent dans l'entourage du Maréchal, il poursuit avec les « Jeunes Turcs » une œuvre résolument modernisatrice qui fera dire à un opposant aussi intransigeant que Louis Vallon : « A la Libération, nous serons les successeurs sinon les héritiers de Vichy[9]. » Même si les aléas de la conjoncture feront disparaître l'essentiel du travail accompli, certaines réformes structurelles, souvent remaniées pour effacer une origine devenue compromettante, subsisteront.

Jeunes turcs et marée bleue : la technocratie au pouvoir

Darlan a fait entrer au gouvernement de jeunes technocrates : Lehideux, Barnaud, Marion, Le Roy Ladurie, Bichelonne, Pucheu[10]. Ils retrouvent Bouthillier, qui appartient à la même génération. Presque tous sont fonctionnaires, mais certains n'ont pas dédaigné un séjour dans le secteur privé, notamment à la banque Worms, ce qui entretient les rumeurs sur l'existence d'une société secrète, le Mouvement synarchique d'empire : celui-ci serait en rapport avec l'Ordre martiniste (illustré par des auteurs ésotériques comme Saint-Yves d'Alveydre et Papus), le groupe X Crise fondé par Jean Coutrot (mort dans des conditions mystérieuses à Paris en 1941) et la Cagoule. Pierre Nicolle, qui passe son temps à dénoncer l'influence malfaisante de la haute finance internationale, fait circuler un rapport dans lequel il identifie comme synarques Dumoulin de Labarthète (pourtant farouche adversaire du « clan Worms »), Lehideux, Bouthillier, Berthelot, Barnaud, Benoist-Méchin, Baudouin, Rueff[11]... Darlan n'a cure de ces rumeurs fantaisistes. A Dumoulin qui lui dit : « Mais vous amenez toute la banque Worms ! » il répond : « Cela vaut toujours mieux que les puceaux de sacristie qui vous entourent. Pas de généraux, pas de séminaristes, des types jeunes, dessalés, qui s'entendront avec les Fritz et nous feront bouillir de la bonne marmite[12]. » Libérés de l'obstacle parlementaire, les technocrates peuvent se mettre au travail.

Pour Darlan, le seul critère est l'efficacité, et il sait s'entourer. A chaque nomination d'un marin, on entend dans l'entourage du Maréchal ou dans l'armée la réflexion : « Encore un amiral[13] ! » La « marée bleue » semble prendre une telle ampleur que le pays s'en agace. La boutade du cardinal Liénart, évêque de Lille, se demandant si à sa mort il resterait un amiral pour le remplacer, devient célèbre. Le mouvement est toutefois loin d'avoir l'ampleur que la rumeur lui attribue. Darlan a besoin d'avoir auprès de lui des hommes qu'il connaît, et il puise donc volontiers dans le vivier que constituent les « A.D.D. », mais il n'en reste pas prisonnier. Au secrétariat général à la vice-présidence du Conseil, il nomme, après le remaniement du 11 août qui a vu Moysset devenir ministre, Jean Jardel directeur du budget. Aux Affaires étrangères, son directeur de cabinet est un diplomate, Charles Rochat, qui deviendra secrétaire général le 3 janvier 1942. A l'Intérieur, son directeur de cabinet, Paul Demange, est aussi de la « maison ». Il est vrai que les marins ne sont jamais très loin : à la vice-présidence, Tracou est directeur de cabinet ; Gouton commissaire général du pouvoir ; Duvivier flanque Marion (pour le surveiller) à l'Information ; après le 11 août, Dupré est secrétaire général adjoint et contrôle les services secrets. Aux Affaires étrangères, Louis Guichard (qui a enseigné le droit maritime aux Sciences politiques) est chef de cabinet ; il succédera à Rochat comme directeur le 3 janvier 42. A l'Intérieur, il n'y a pas de marin en activité, mais Henri Rollin, chargé de mission au cabinet et qui arrêtera Loustaunau-Lacau le 17 juillet, est un ancien officier de marine qui a servi en même temps que Darlan en Indochine et qui lui a été recommandé par Fenard : choix judicieux entre tous, car Rollin est un agent de l'Intelligence Service. A la Défense nationale, Bourragué est chef d'état-major. Darlan dispose ainsi de relais fidèles dans tous les ministères, mais cela ne signifie pas pour autant que la marine a investi l'État. Les nominations dans les services extérieurs sont également moindres qu'on ne l'a dit. A la mi-41 on ne compte guère plus de quatre préfets : Tracou dans l'Indre-et-Loire (lorsqu'il quitte le cabinet de Darlan en septembre 1941), Hamon (le beau-père d'Alain Darlan, qui n'a pas fait une brillante carrière) dans la Drôme, Belot dans les Hautes-Pyrénées et Bard, préfet de police de Paris (il finira sa carrière comme ambassadeur en Suisse).

Il faut y ajouter 5 intendants de police, 11 détachés à l'Éducation et à la Jeunesse, 8 aux Colonies, 11 à la Marine marchande, 39 au Recrutement et à la Propagande, tous placés en position hors cadre. Si l'on ajoute ceux qui sont simplement détachés, au nombre de 49, et ceux qui occupent des hauts postes ou sont affectés dans les cabinets de Darlan autres que la Marine, on arrive à un total de 180, sur un total de 2662 officiers de marine. Et encore faut-il remarquer que sur ces 180, 55 rattachés à la Marine marchande, à la Défense nationale et à la vice-présidence du Conseil continuent en fait à travailler pour la marine[14]. 125 officiers affectés à des postes civils, c'est trop peu pour que l'on puisse parler d'invasion. Ajoutons enfin que tous ne sont pas des « A.D.D. » et n'occupent pas des postes de responsabilité : la plupart ont été reclassés dès 1940 à la suite de la déflation d'effectifs qui a touché la marine comme les armées de terre ou de l'air.

Plus que la quantité, c'est l'aspect qualitatif qui choque, car il est vrai que Darlan nomme volontiers des amiraux à de hautes fonctions : Abrial, Esteva et Decoux sont gouverneurs généraux, Robert haut-commissaire aux Antilles; Fenard est secrétaire général permanent en Afrique française après le départ de Weygand; Gouton dirige le corps des commissaires du pouvoir créé au mois d'août après le refus de Le Luc (qui ira au Conseil d'État); Fernet est secrétaire du Conseil national. Rappelons simplement que certaines de ces nominations ne sont pas imputables à Darlan et que plusieurs postes concernent les colonies, dans lesquelles la marine est traditionnellement présente.

Le gouvernement au travail

On peut reprocher beaucoup de choses à l'équipe que Darlan a réunie autour de lui, mais certainement pas d'être inactive ou passive. Le gouvernement travaille à l'amélioration du ravitaillement et des conditions de vie, au retour des prisonniers, à l'allégement des servitudes de l'occupation, à la modernisation du pays. Darlan exerce le pouvoir avec la méthode et la rigueur qui étaient de mise à l'Amirauté et qui contrastent avec le désordre de Laval. Dès la constitution du gouvernement, il a réorganisé le travail gouvernemental.

« Ayant peu de foi dans la vertu des palabres en cascade, il a, dès sa nomination à la tête du gouvernement, fusionné Conseil de cabinet et Conseil des ministres en une seule assemblée que préside le Maréchal.

« Pour plus de dignité, il a transféré le Conseil de l'étroite salle de l'hôtel du Parc dans le grand salon du pavillon Sévigné.

« Enfin l'amiral a introduit de l'ordre dans la maison : les Conseils ont lieu à date et heure fixes ; l'ordre du jour en est arrêté à l'avance ; aucun texte de loi ou de décret n'est présenté à la signature si tous les ministres intéressés n'ont pas, au préalable, donné leur accord écrit au secrétariat général de la présidence du Conseil.

« Il y a plus de sérieux que sous le règne de Laval. On ne fume ni ne bavarde. Chacun parle à son tour et à propos. Le Maréchal préside. L'amiral dirige les débats. Il parle peu ; direct, il va au but comme la trajectoire tendue d'un obus de marine. Quand, par exception, il rapporte une question de politique générale, il sort de sa poche un papier sec et précis comme un ordre d'opérations. Il décide, d'accord avec le Maréchal, et informe le Conseil quand il le juge bon.

« La direction générale de notre politique intérieure est du ressort de Lucien Romier. Malade, il peine à s'exprimer ; Serge Huard, secrétaire d'État à la Santé, le surveille, par crainte d'une syncope.

« Les institutions nouvelles, la Charte du travail forment le domaine d'élection du sage Henri Moysset.

« Tout ce qui, de près ou de loin, intéresse la vie agricole donne à Caziot l'occasion d'affirmer qu'il est bien le directeur de conscience de la paysannerie. Tandis que le Maréchal prend du plaisir à l'écouter, l'amiral manifeste son impatience par des grognements intérieurs : il n'aime ni les discours ni les oraisons.

« Joseph Barthélemy, garde des Sceaux, que Darlan a facétieusement surnommé “ 35 000 tonnes ”, fait assaut un jour avec Pucheu, l'autre avec Carcopino, plus rarement avec le général Bergeret. Sa verve est redoutable ; il trouve le trait qui porte et l'appuie d'un rire pantagruélique : brefs tournois qui égaient d'un peu de bonne humeur ces sévères conciles.

« Bouthillier parle le moins possible. En fin d'année, il consacrera dix minutes à un exposé sur le budget[15]. »

Darlan n'aime pas les Conseils, il a l'impression d'y perdre son temps, même s'il lui arrive de tenir compte des objections des ministres. Les grandes affaires de politique étrangère se règlent dans des conversations privées avec Pétain, Moysset ou Huntziger, les ministres n'étant informés qu'après coup. Le secret est érigé en règle. Mais même ceux qui se plaignent de ce manque d'esprit d'équipe apprécient la rigueur que l'Amiral de la flotte introduit dans la conduite des affaires. « Quand on lui soumet une question pour décision, il décide ; quand on lui écrit, il répond, ne serait-ce que : “ nous en parlerons ” », dit un de ses ministres[16]. Attentif aux détails, c'est lui qui impose la standardisation et la numérotation des décrets, à l'instar de ce que pratique depuis fort longtemps déjà l'état-major général de la marine : petite mesure, mais que la prolifération des textes a rendue fort opportune. Il veille à doter le gouvernement de moyens d'analyse et de prospective avec le Service national de la statistique, précurseur de l'I.N.S.E.E. (Alfred Sauvy en est le premier président), l'Institut de conjoncture, chargé de déterminer le coût de l'occupation allemande (ses états mensuels et récapitulatifs seront fort utiles après la guerre), la délégation générale à l'équipement national chargée de préparer un plan décennal, la Fondation pour l'étude des problèmes humains d'Alexis Carrel (dans laquelle travaille François Perroux).

Le chef du gouvernement se dote de moyens d'action qui subsistent encore aujourd'hui sous une autre forme. Le décret du 5 septembre 1941 prévoit que le vice-président du Conseil dispose d'un cabinet, d'un secrétariat général (l'actuel secrétariat général du gouvernement), d'un corps de commissaires du pouvoir (sans équivalent aujourd'hui), d'un état-major de la Défense nationale (aujourd'hui le secrétariat général de la Défense nationale) et de services d'information (aujourd'hui la Documentation française et le Service d'information et de documentation). En revanche, il ne pourra obtenir que les secrétaires d'État cessent de correspondre directement avec leurs services départementaux et que les préfets soient considérés comme les seuls représentants de l'État dans les départements et les régions, principe qui ne sera posé que quatre décennies plus tard, avec les lois de décentralisation de 1982.

On doit également à l'action personnelle de Darlan la promulgation par la loi du 14 septembre 1941 du statut général des fonctionnaires (civils). Le but de l'Amiral de la flotte est de s'opposer aux révocations abusives qui ont eu lieu durant les premiers mois, et il le déclare sans détour :

> « En ce qui concerne la politique intérieure, le gouvernement doit s'orienter nettement sur la voie du progrès social en s'appuyant sur les masses populaires : paysans, ouvriers, marins. L'ère de la *terreur blanche* doit prendre fin. Les fonctionnaires doivent être assurés que s'ils font leur devoir ils ne seront pas révoqués ou mis à la retraite — certaines décisions devront être revues.
>
> « Dans un pays qui depuis soixante-dix ans n'a vécu que de politique il est difficile de confier exclusivement les fonctions publiques à des hommes qui se sont tenus à l'écart de la politique.

On ne peut confier les postes de l'administration exclusivement à des hommes de " *droite* ", sinon c'est la " réaction " abominée par le plus grand nombre. Il faut donc prendre des hommes de toutes opinions pourvu qu'ils soient *nationaux* et convaincus de la nécessité d'un redressement national. J'ai donc pris comme règle de conserver les fonctionnaires en place à l'exclusion de ceux
qui ont abandonné leur poste
qui s'acquittent mal de leurs fonctions
qui sont les adversaires avérés du Maréchal.

« J'ai toujours la possibilité de révoquer les autres si cela est nécessaire [17]. »

On trouve dans ce statut plusieurs dispositions protectrices des fonctionnaires (obligation du concours pour le recrutement, tableau d'avancement, etc.) qui seront reprises dans les statuts d'après-guerre. A la différence des idéologues de la Révolution nationale, Darlan se contente d'une adhésion minimale : qui n'est pas contre le gouvernement est avec lui, le critère essentiel est l'efficacité, l'orthodoxie idéologique ne vient qu'après. Les technocrates qui travaillent à l'œuvre de modernisation suivront après 1942 des voies très différentes, certains s'engageant dans la résistance ou rejoignant Alger, d'autres choisissant le parti de la collaboration. Certains feront parler d'eux après 1945 : Pierre de Calan, Claude Gruson, Maurice Couve de Murville... Michel Debré est à Alger, auprès du général Weygand.

Bon nombre de ces futurs hauts fonctionnaires de la IVe ou de la Ve République (Paul Delouvrier, Simon Nora... mais aussi des non-fonctionnaires comme Hubert Beuve-Méry ou Jean-Marie Domenach) se retrouvent à l'École nationale des cadres d'Uriage, créée au lendemain de la défaite par Pierre Dunoyer de Segonzac, qui a pris soin de mettre une bonne distance (dans tous les sens du terme) entre Vichy et son institution. Darlan vient inspecter l'école en juin 1941. La visite commence mal :

« Environ quinze jours auparavant, nous avons reçu, en provenance de Vichy, deux caisses contenant des portraits de Pétain et de Darlan. On était " invité " à les accrocher un peu partout dans le château. Segonzac a ouvert les caisses, puis les a refermées et mises dans un coin de son bureau. Quand Darlan est arrivé, il n'a vu ni ses portraits, ni ceux du Maréchal. Quelqu'un de son entourage a bien sûr demandé où ils étaient passés, Segonzac a répondu : " Ah oui !... Ils sont là " en indiquant le coin en question. Je peux vous dire que cela n'a pas réchauffé l'atmosphère des entretiens ! »

Darlan prononce un discours sur le thème : « La situation de la France est ce qu'elle est. Je suis navré, mais il faut quand même collaborer avec les Allemands. Ça n'est pas de gaieté de cœur, ce n'est pas un mariage de cœur, c'est un mariage de raison. » Le tout dit avec « les accents d'une grande conviction », qui impressionnent bon nombre d'auditeurs, au point qu'Emmanuel Mounier constate : « Darlan a certainement fléchi les cœurs pour un temps. Il a fait du grand style[18]. »

En dépit de l'esprit frondeur qu'il n'a pu ne pas constater, Darlan apprécie cette institution qui veut former une élite administrative, et il entreprend d'y envoyer en stage des fonctionnaires de divers corps. Il procure à l'école les moyens dont elle a désespérément besoin : attribution de rations, d'un million pour le journal, apurement des dettes. Mais il ne parviendra pas à en faire l'école d'administration à laquelle il songe, pour dépasser les particularismes administratifs, et qui ne verra le jour qu'à la Libération. Il devra se contenter d'une expérience limitée au seul ministère de l'Intérieur, avec la création de l'École nationale de police, creuset d'un corps unique qui doit liquider le vieux problème de la guerre des polices.

L'État doit être l'instrument de la modernisation de la société française. Mais, comme l'a bien relevé Robert Aron, la plupart des mesures prises constituent « une cote mal taillée » entre deux tendances opposées : l'étatisation et le corporatisme[19]. Ambiguïté dont témoigne une note de Darlan sur le rôle du gouvernement dans le ravitaillement :

> « Son devoir de tous les jours est d'assurer au mieux le ravitaillement du pays non pas tant à coups de règlements ou de taxes qui paralysent la production que par des mesures telles que le paysan ait intérêt à produire — il n'aura intérêt à produire que s'il trouve bénéfice. La sauvegarde de la monnaie doit passer après cela[20]. »

Le ravitaillement est en effet le problème lancinant, celui qui domine tout le reste : avant de songer à l'avenir, il faut survivre. La désorganisation de la production du fait de l'absence de nombreux paysans prisonniers et de la pénurie d'engrais, le refus de beaucoup d'agriculteurs de livrer leur production à des cours jugés trop bas, les prélèvements allemands provoquent une sous-alimentation dans les populations urbaines. Le gouvernement essaie d'y faire face de plusieurs manières, et tout d'abord en modernisant l'agriculture. Le Roy Ladurie et Caziot mettent en place la Corporation paysanne dont son historienne a pu dire qu'elle était « probablement la création la moins critiquable et même la meilleure de l'État français[21] ». Ils promulguent une loi facilitant le remembrement et préparent le statut du fermage. Mais Darlan, on l'a dit, intervient peu dans ce « domaine réservé » du Maréchal. Ensuite, en essayant de limiter les prélèvements allemands. En acceptant de collaborer avec l'occupant dans ce secteur ultra-sensible, le gouvernement s'expose à l'impopularité, tant auprès des producteurs que des consommateurs : on accuse le rationnement d'enlever de la nourriture aux Français pour la donner aux Allemands. Même un censeur aussi intransigeant qu'Alfred Sauvy reconnaît que ce reproche est « injuste », car les Allemands pourraient, par les réquisitions pures et simples, « prendre un peu plus, sans mal »[22]. En troisième lieu, en organisant le ravitaillement de la métropole par l'empire. Ici, la marine marchande a un rôle essentiel à jouer. Sous l'impulsion du contre-amiral Auphan, elle réussit à assurer le transport d'une moyenne mensuelle de 230 000 tonnes de ravitaillement (non compris le vin d'Algérie et les arachides du Sénégal) en provenance d'Afrique du Nord et d'Afrique occidentale française. A partir de novembre 1941, les flux en provenance de Madagascar et d'Indochine sont arrêtés, ce qui entraîne la perte de 20 000 tonnes mensuelles. L'effort ainsi consenti est d'autant plus considérable que la marine ne peut employer qu'une faible partie de ses moyens. A la fin du mois de mars 1942, c'est-à-dire dans les derniers jours du gouvernement Darlan, le bilan s'établira ainsi :

— tonnage saisi par les Anglais	672 640 t
— tonnage réquisitionné par les Allemands ou bloqué en zone occupée	250 575 t
— tonnage bloqué dans les ports neutres	174 642 t
— tonnage à la disposition de la marine marchande française	1 474 026 t

Sur le million et demi de tonnes théoriquement disponibles, plus de la moitié (785 578 tonnes) sont inutilisables parce que immobilisées aux colonies ou employant du combustible liquide. Ne restent donc, au 31 mars 1942, que 688 454 tonnes effectivement utilisées, le dixième du tonnage utilisé avant guerre[23]. L'Amirauté fait diffuser des notes dans tous les services pour que tout le monde prenne conscience de cette contribution de la marine au ravitaillement du pays.

En dehors de cette gestion des subsistances, Darlan considère que le gouvernement a trois tâches principales, que nous avons déjà évoquées : la nouvelle constitution ; l'organisation professionnelle ; la retraite des vieux. Dans ces trois domaines, le ministère Darlan est marqué par plusieurs actes importants : la mise en place du Conseil national qui travaille sur le projet de nouvelle constitution ; la promulgation de la Charte du travail (qui instaure le salaire minimum garanti) ; la poursuite de la mise en place des comités d'organisation ; la loi sur la retraite des vieux travailleurs, etc. Mais il s'agit de mesures préparées dès 1940 et sur lesquelles, on l'a dit, l'influence de Darlan n'est guère décelable.

On peut dire la même chose de la politique scolaire et universitaire. L'Amiral de la flotte, qui n'a aucun diplôme, a quelque scrupule à intervenir en la matière, et il laisse les coudées franches à son ministre qu'il appelle — mi-ironie-mi-révérence —, « Monsieur le Grand Maître de l'Université ». Il ne prend pas d'initiatives et se contente d'approuver, silencieusement le plus souvent, ou de freiner Carcopino, imbu des traditions universitaires. Il s'oppose à l'élection de nouveaux doyens parce qu'il craint des incidents, mais ne voit aucune difficulté à la prorogation de ceux en place[24]. Sur l'épineuse question de l'enseignement religieux à l'école, que le ministre Chevalier a rétabli en 1940 et que Carcopino veut supprimer, il observe un mutisme complet durant le Conseil des ministres qui en débat le 7 mars[25]. En août, le même Carcopino défend son projet d'aide publique à l'enseignement privé, qui ne va pas aussi loin que le souhaiteraient certains partisans de l'école libre tout en mécontentant le parti laïc (Robert Paxton, parfois porté à l'emphase, écrit qu' « un autre des principes sacrés de la République est violé irrémédiablement[26] »). Darlan reconnaît que « ça se tient[27] », et la loi Carcopino est signée le 2 novembre. Darlan s'en tient à cette voie médiane qui lui paraît le meilleur moyen d'apaiser de vieilles querelles. Carcopino ne relate qu'une intervention plus directe lorsque l'Amiral de la flotte lui demande, en octobre 1941, de « préparer pour vos subordonnés une circulaire les invitant à ne plus favoriser le gaullisme et l'anglophilie chez la jeunesse qui leur est confiée et, au contraire, à enseigner à cette jeunesse la francophilie exclusive[28] ».

En matière de justice, le rôle de Darlan semble également peu actif. Il n'apprécie guère le garde des Sceaux Joseph Barthélemy qu'il surnomme en raison de sa corpulence « 35 000 tonnes » (allusion au déplacement standard des cuirassés). Nous ne connaissons pas ses sentiments exacts sur le procès de Riom. Henri Michel, qui a consacré un livre au procès, estime que Darlan est resté passif dans cette affaire : « Il semble ne s'être pas trop manifesté personnellement[29]. » Le 30 août 1941, le Conseil des ministres en délibère une première fois : le garde des Sceaux s'oppose avec véhémence à l'ouverture du procès, qu'il estime dangereux. La discussion prend un tour assez aigre. Darlan y met un terme en empêchant Barthélemy de poursuivre : « Si vous le voulez bien, monsieur le Maréchal, je consulterai moi-même les membres du gouvernement, et je vous soumettrai des propositions[30]. » Il convoque individuellement ses ministres et secrétaires d'État et leur pose une série de questions : le Conseil de justice politique doit-il être saisi des cas de Mandel et Reynaud, doit-il prononcer à leur encontre des peines provisoires ou définitives ? Le procès de Riom doit-il avoir lieu, et quand, selon quelles modalités ? Dans l'hypothèse où le procès ne s'ouvrirait pas immédiatement, le Maréchal doit-il prononcer des peines provisoires sur avis du Conseil de justice politique ? Cette consultation terminée, le Conseil délibère à nouveau le 4 octobre. Barthélemy reprend son plaidoyer contre le procès et s'accroche avec Romier et Pucheu. Darlan relate l'incident dans une lettre à Carcopino, cloué au lit par la grippe :

> « Vous avez perdu l'occasion d'écouter un discours astucieux et malin du garde sur l'affaire de Riom. Il en a profité pour égratigner ceux de ses collègues qu'il ne porte pas dans son cœur, et j'ai vu le moment où nous allions assister à une compétition de *catch as catch can* entre lui et le sportif ministre de l'Intérieur. Tout est rentré dans l'ordre sur un coup de crayon et nous avons été privés d'un spectacle palpitant[31]. »

Barthélemy prêche dans le désert. Darlan donne les résultats de son questionnaire. Une très large majorité a répondu oui à toutes les questions, allant même jusqu'à l'unanimité (moins trois réponses non communiquées) pour condamner Mandel et Reynaud. Darlan a répondu oui à toutes les questions, sauf à la dernière (sur les peines provisoires) pour laquelle il s'est abstenu[32]. Il est clair que s'il ne pousse pas au procès, dont Pétain a lui-même pris l'initiative (la Cour suprême de Riom a été créée dès le 30 juillet 40), il ne le craint pas non plus. Lorsqu'il deviendra évident que Vichy s'est mis dans une situation intenable, il laissera Barthélemy et les conseillers de Pétain se débrouiller seuls. C'est pourtant à lui que l'on attribuera souvent la responsabilité de cette « gaffe magistrale » en l'accusant « d'avoir voulu, par animosité contre l'armée, livrer la généralité des forces terrestres à un procès à grand spectacle[33] ».

Plus notable paraît être son action économique, même s'il abandonne à Bouthillier la présidence des conseils économiques. Peu convaincu des vertus du retour à la terre et des mérites de l'artisanat, il appuie au contraire le clan des modernisateurs. Bouthillier met au point la loi du 13 juin 1941 qui servira de charte bancaire pendant un quart de siècle (après avoir été purifiée de sa souillure originelle à la Libération). Bichelonne lance un recensement de l'industrie française (auquel travaille pendant un temps François Bloch-Lainé). Un effort particulier est consacré à l'industrie pétrolière : il est peu douteux que Darlan ait suivi ce dossier de près en raison de ses incidences pour la marine. La Société nationale des Pétroles d'Aquitaine est créée avec une participation majoritaire de l'État (le groupe Elf-Aquitaine est en partie issu de cette création), suivie par la Société nationale de Recherches de Pétrole en Algérie (S. N. Repal) qui mettra après la guerre en exploitation les premiers gisements algériens à Hassi-Messaoud. Mais la conjoncture est défavorable, et le patronat réticent. Toutes ces esquisses ne produiront leurs effets qu'après la guerre.

Darlan n'entend pas seulement gérer un pays vaincu et occupé, il veut aussi « préparer la paix », et cela ne se limite pas à la diplomatie. Il se soucie aussi de la réforme intérieure et de la reconstitution du potentiel français, y compris du potentiel militaire.

La conservation du potentiel militaire

Même si Darlan croit, jusqu'à la fin de l'automne 41 au moins, à la victoire allemande, il n'a aucune envie de s'en remettre passivement à la bonne volonté du vainqueur désigné. La France sera d'autant mieux traitée qu'elle aura des arguments à faire valoir. D'où la nécessité de maintenir et même d'accroître les capacités de défense.

C'est là une de ses obsessions. On lui reproche de tout sacrifier à l'armement de quelques navires, faisant ainsi passer la flotte avant le pays. Outre que cette formule est excessive, elle ne rend pas compte de l'idée maîtresse de Darlan : si la flotte est pour lui une fin en soi, ce qu'on ne peut contester, elle est aussi, et surtout, un moyen de protéger le trafic maritime sans lequel la métropole ne pourrait pas vivre et de préserver l'empire qui constitue la dernière chance pour la France de conserver son rang de grande puissance.

Or le potentiel militaire du pays subit une usure dangereuse, au point que les effectifs autorisés par les commissions d'armistice ne sont pas atteints. La marine a ainsi un déficit de 6000 à 7000 hommes, et il est indispensable de recourir aux engagements en zone occupée. Il faut des pièces de rechange, des munitions, et même des avions ou des navires neufs pour remplacer ceux qui sont perdus du fait d'opérations de guerre ou d'accidents de routine. Par suite du manque d'entraînement de ses pilotes, l'aviation enregistre, au cours des neuf premiers mois de l'année 1941, un nombre d'accidents très supérieur à la normale (274, entraînant la mort de 72 aviateurs et la perte de

110 appareils). La campagne de Syrie vient encore alourdir ce bilan : si la marine ne s'en est pas trop mal sortie (elle n'a perdu qu'un contre-torpilleur, le *Chevalier-Paul,* et un sous-marin, le *Souffleur*), l'armée de l'air a laissé au Levant 169 avions [34]. Or les constructions aéronautiques sont arrêtées ; plus chanceuse, la marine a pu achever sept torpilleurs de 1800 tonnes et un sous-marin [35], mais le nombre des torpilleurs armés est insuffisant pour assurer la sécurité des convois, en particulier le long de la côte tunisienne où se multiplient les attaques britanniques. Il faut donc obtenir le déstockage de certains matériels et relancer les constructions.

Les négociations avec les Allemands à ce sujet sont longues et difficiles. A Wiesbaden, la délégation française présente constamment des demandes de renforcement de l'empire en agitant la menace d'attaques britanniques. Le « mémorandum Huntziger » du 10 juillet réclame ainsi 144 batteries de 75 et 90 AA, 2146 canons de 25 AA, 800 canons de 25 et 47 antichars, 550 automitrailleuses, 300 chars, 8178 mitrailleuses, en échange de quoi la zone libre contribuera aux commandes allemandes de matériel de guerre [36]. Sans doute interloqués par l'ampleur de ce programme, les Allemands font savoir le 22 septembre qu'il a été jugé à Berlin si considérable « qu'il dépassait de beaucoup ce que le gouvernement du Reich pouvait envisager d'autoriser [37] ». Le moindre transfert ou déstockage est l'objet de discussions interminables. Il faudra des mois pour arracher l'envoi en Afrique du Nord de l'armée du Levant, qui malgré son nom pompeux ne représente même pas l'équivalent d'une division. Les Allemands, et plus encore les Italiens, ne veulent pas d'un renforcement militaire français.

Comme ils ont cependant besoin du concours français pour l'exécution de leurs commandes, les Allemands sont tout de même obligés de faire quelques concessions. L'accord du 28 juillet sur les constructions aéronautiques prévoit que la France recevra une fraction de la production, dans la proportion de 5 à l'Allemagne pour 1 à la France. Part minime, mais qui devrait tout de même permettre de remplacer les pertes de Syrie. Dans la pratique, les Français réussiront à tourner l'accord : sur 3620 moteurs prévus, 1540 seront livrés au Reich et 536 aux Français, soit un tiers au lieu du cinquième prévu [38]. Furieux, les Allemands refuseront son renouvellement en septembre 1942.

C'est encore plus net pour les constructions navales. L'accord sanctionné le 16 septembre par le gouvernement français prévoit que les chantiers construiront 28 navires de guerre (44000 tonnes) et 250000 tonnes de bâtiments de commerce et de servitude pour l'Allemagne. Mais « en pratique il avait réussi à freiner les prétentions allemandes pendant quinze mois et à obtenir pour la France 30 % de la capacité des chantiers[39] ». La marine française peut ainsi espérer achever 1 torpilleur, 3 avisos, 2 pétroliers et quelques bâtiments de servitude. C'est peu, mais cela permettrait de compenser une partie des pertes.

Il n'y a pas que l'aspect matériel. Darlan songe aussi à la réorganisation des forces à la lumière des enseignements de la guerre. En décembre 1941, il adresse à ce sujet une note à Auphan. Il insiste sur la défense antiaérienne (la note est datée du 13 décembre : deux jours avant, les cuirassés *Repulse* et *Prince of Wales* ont été coulés au large des côtes malaises par des avions japonais), la robustesse et la simplicité des navires, leur rayon d'action. Pour lui, la division navale de demain sera composée de 2 cuirassés, 1 porte-avions, 3 croiseurs spécifiquement équipés en D.C.A., 12 escorteurs antiaériens et anti-sous-marins[40]. Il ne s'agit évidemment que de projets. Mais à Dakar, on installe sur le *Richelieu* un radar expérimental et on poursuit secrètement à Casablanca l'achèvement du *Jean-Bart*.

Avec l'armée de terre, les choses sont plus compliquées. Darlan est convaincu de la nécessité de profondes réformes. Il a été stupéfié par la pauvreté des transmissions, l'absence de permanence du commandement (pendant la drôle de guerre, il était pratiquement impossible d'obtenir du G.Q.G. de Vincennes la moindre décision pendant la nuit). En décembre 41, il rédige une longue note sur la réorganisation administrative du ministère de la Guerre. Le diagnostic est on ne peut plus sévère tant pour les gouvernants de la IIIe République que pour les chefs militaires :

> « Une longue période de paix amène inévitablement la médiocrité des cadres militaires. Le seul remède est *l'activité*.
>
> « L'armée métropolitaine de la République manquait d'activité. Elle somnolait dans de petites garnisons, jouait à la belote, buvait du picon, prenait du ventre et attendait la retraite.
>
> « Une des principales erreurs commises a été d'assimiler le militaire au fonctionnaire.
>
> « Si l'on veut que le militaire " rende " le jour où l'on a besoin de lui, il faut lui faire mener l'existence rude des moines et ne pas transformer les forces armées en pouponnières et en œuvres sociales.
>
> « Mais si l'on exige une semblable existence du militaire, il faut lui donner une place morale et matérielle de premier ordre[41]. »

D'un point de vue concret, cela signifie une plus grande mobilité des officiers, l'élimination des généraux incompétents ou trop âgés, la modernisation de l'organisation, de l'entraînement, etc., toutes réformes qu'il s'efforcera de mettre en application lorsqu'il sera commandant en chef, après le retour de Laval. Pour l'instant, durant les derniers mois de son gouvernement, il se contente, par l'abaissement des limites d'âge, de mettre à la retraite plusieurs dizaines d'officiers généraux. Ces mesures ne contribuent évidemment pas à accroître sa popularité dans l'armée. Phénomène qui n'est pas isolé, car l'impopularité du gouvernement et de son chef devient vite générale.

L'IMPOPULARITÉ DE DARLAN

Sans être aussi haï que le sera plus tard Laval, même si certains groupes résistants songent déjà à l'assassiner[42], Darlan suscite une antipathie largement partagée. Celle-ci peut être symbolisée par une anecdote, qui paraît trop belle pour être vraie et dont cependant plusieurs proches du Maréchal ont garanti l'authenticité.

> « Darlan accompagne le Maréchal au cours de son voyage triomphal à Lyon en 1941. La foule acclame : “ Vive Pétain ! Vive Pétain ! ” Tout à coup, parmi ces ovations destinées au seul chef de l'État, on entend un “ Vive Darlan ! ”. Pétain se tourne alors vers l'Amiral de la flotte et, avec cruauté, lui déclare : “ Tiens, je ne savais pas que vous étiez ventriloque[43] ”. »

De cette impopularité nous avons de multiples témoignages. Lorsque, voulant imiter le Maréchal, il a la malheureuse idée de vouloir faire placer son portrait dans les devantures des magasins, les inspecteurs de police rapportent que les commerçants manifestent la plus vive répugnance, alors qu'ils accueillent avec empressement celui de Pétain[44]. Les opposants les plus résolus poussent l'effronterie jusqu'à placer sous son portrait le panneau « vendu » (Pétain ayant droit quant à lui au panneau « épuisé »). La radio de Londres déverse sur lui des tombereaux d'injures : « L'amiral Darlan ment, l'amiral Darlan est allemand. » Très vite, la presse collaborationniste de Paris, qui ne lui a pas été hostile au départ[45], s'y met aussi : Londres et Paris vont l'appeler « l'amiral Courbette ». Au cours des nombreux déplacements qu'il accomplit avec Pétain en zone libre, l'accueil est généralement froid. Le 14 juillet, à la cérémonie au monument aux morts de Vichy, « on a remarqué [...] le peu d'enthousiasme de la foule à l'arrivée de l'amiral[46] ». En zone occupée, c'est encore pire. A l'automne 41, il se rend à Saint-Malo pour vendre sa maison. Se promenant en ville à titre privé, il prend le tramway : tout le monde quitte le wagon dans lequel il est monté.

Cette impopularité a de multiples causes. La plus évidente est que les Français sont malheureux et que quelqu'un doit en faire les frais : comme Pétain reste en 1941 très populaire, c'est Darlan qui fait office de repoussoir. On lui attribue, non sans quelque apparence de raison, la responsabilité de l'affaire de Syrie et du renvoi de Weygand. Ses tirades antibritanniques heurtent l'opinion : on ne le suit pas lorsqu'il oppose en mai à « l'intransigeance britannique » la « générosité allemande », et ce rejet ira encore en s'aggravant lorsqu'on constatera que les contreparties attendues de la collaboration ne viennent pas. La condamnation de sa politique renforcera l'aversion pour l'homme. La comparaison avec Pétain est désastreuse pour lui, comme le note Lémery qui a été ministre en 1940 : « Il [Darlan] passait le chapeau sur le coin de l'oreille, l'air avantageux et satisfaisant, la bouffarde entre les dents, flanqué de quatre alguazils. Quel contraste avec le Maréchal, toujours si simple et si naturellement majestueux[47] ! » On daube sur sa vanité et la rumeur lui en prête naturellement plus qu'il n'en fait. On a déjà dit que les bruits sur son goût des châteaux, ou la réquisition du yacht des Rothschild étaient démesurément grossis[48]. On colporte qu'il se déplace avec la musique de la flotte : il est vrai que celle-ci est requise pour ses réceptions et s'est déplacée à Nérac quand Darlan a accueilli le Maréchal dans sa ville natale (à laquelle il fait rendre son statut de sous-préfecture que lui avait ôté jadis Poincaré) et à Barbazan où il se rend en cure. On raconte qu'en signant un document, il dit : « Enlevez-moi ça. Talleyrand n'existait pas à côté de moi », donnant une touche caricaturale à une vérité légèrement différente (convaincu de ses talents de diplomate, il expose un jour sa politique à Moysset et lui demande : « Qu'en penserait M. de Talleyrand ? ». Il est plutôt mal reçu : « Il penserait que vous ignorez tout de la mentalité des Allemands », lui répond rudement Moysset[49]). On lui reproche aussi ses plaisanteries qui ne sont pas toujours du meilleur goût[50], sa manie de toujours mettre la marine en avant[51], son indifférence pour les souffrances des Français. Le Maréchal est un père que l'on vénère ou que l'on plaint, l'Amiral de la flotte est un ambitieux que l'on brocarde ou que l'on déteste, qui ne bénéficie en tout cas d'aucune indulgence.

Darlan sait qu'il n'est guère populaire. Dans sa note du 21 juillet, il récapitule les difficultés auxquelles doit faire face le gouvernement :

> « 1° Le désordre règne dans les esprits. Les uns n'ont pas compris ce qui leur est arrivé, d'autres l'ont oublié, certains

cherchent à tirer parti de la situation actuelle pour des profits personnels.

Tout le monde regrette l'heureux temps de la facilité et de la " combine " et la plus grande partie de la population attend le " *miracle* " qui lui permettra de retrouver sans effort la douce vie d'avant septembre 1939.

« 2° L'armée souffre d'avoir été vaincue et de sentir qu'elle n'a plus l'affection du pays. [...]

De nombreux généraux ne se gênent pas dans leurs propos pour critiquer l'intrusion des marins dans l'administration.

Le vice-président du Conseil lui-même n'échappe pas aux effets de cette jalousie.

« 3° Les services de renseignement, camouflés sous des noms divers, ont conquis une indépendance excessive [...].

« 4° Les parlementaires qui sont simplement en congé s'agitent et travaillent contre le gouvernement qui les a dépossédés.

Si le peuple sent confusément que le régime parlementaire l'a conduit là où il est actuellement, il n'en reste pas moins qu'individuellement et localement les parlementaires conservent une grande influence et que trop de fonctionnaires tiennent à les ménager.

« 5° Le Conseil national, mal composé, n'est qu'une parodie d'assemblée qui n'a aucune considération dans le pays.

« 6° Les ouvriers sont inquiets. Le prix de la vie croît, l'augmentation des salaires est estimée dérisoire.

Les anciennes organisations ouvrières ont été supprimées et l'organisation professionnelle nouvelle tarde trop.

« 7° Les fonctionnaires, mal payés, restent fidèles à l'ancien régime dont ils étaient devenus les maîtres.

« 8° Les petits industriels, les petits commerçants ont la crainte d'être étouffés par les grosses entreprises privées ou d'État.

« 9° Les paysans — qui sont les moins malheureux — souffrent des prélèvements obligatoires et supportent mal l'économie dirigée, contraire à toutes leurs habitudes.

« 10° Les " profiteurs " sont de plus en plus nombreux, surtout en matière d'alimentation, et leurs agissements peuvent devenir générateurs de révolte.

« 11° Le gouvernement légifère trop. [...]

Les secrétaires d'État, oubliant que les préfets sont les représentants du gouvernement, envoient trop d'ordres directement à leurs subordonnés, ce qui est finalement une cause de désordre et de contradictions.

« 12° La propagande du gouvernement qui, malheureusement, ne peut guère être faite officiellement est trop dispersée.

De nombreuses organisations, en marge des organisations officielles, se déclarent accréditées par le Maréchal et travaillent souvent à contretemps.

« 13° *La Légion des combattants* qui est la seule organisation consacrée par la loi qui lui a donné, à tort à mon avis, un rôle civique a tendance à s'arroger le droit de contrôler les actes des représentants du pouvoir central, parfois à les contrarier, parfois à les provoquer. Ses cadres ont souvent été mal choisis. Son recrutement n'a pas été filtré. Elle constitue à l'heure actuelle un troupeau indiscipliné et divisé, parfois dangereux. [...]

« 14° En zone occupée, la population est excédée de la présence des Allemands et de leurs interventions constantes dans la vie publique.

L'occupation est correcte mais pesante.

C'est la rançon de la défaite. L'occupation aurait pu être pire, nous le pensions tous en 1939, nous l'oublions maintenant.

Le maintien de moins en moins tolérable de la ligne de démarcation rend la tâche du gouvernement effroyablement difficile, et risque de devenir un danger mortel pour l'unité du pays.

La population, ignorante des difficultés qu'éprouve le gouvernement à faire sentir son action en zone occupée, a tendance à se considérer comme abandonnée par lui.

Travaillée par les propagandes britannique, gaulliste, communiste (celles-ci ont le plus souvent les mêmes origines et les mêmes buts) parfois par la propagande allemande, elle a tendance à être antigouvernementale.

Elle est germanophobe parce que le Germain est l'occupant (elle était anglophobe quand les troupes anglaises étaient sur notre sol). Cette germanophobie se transforme en anglophilie ou en gaullisme.

« 15° Notre *enseignement officiel,* restant trop souvent fermement attaché aux idées et aux méthodes d'ancien régime, continue à amollir les cœurs et à pervertir les intelligences de notre jeunesse.

« 16° Des membres du clergé et des catholiques, désaxés par les ravages de la " démocratie chrétienne ", sont hostiles à la politique d'ordre, d'autorité et de raison du gouvernement de la Révolution nationale.

« 17° Les juifs, les francs-maçons sont les adversaires déterminés du gouvernement. »

« En résumé,

« Le peuple, qui sent que le Maréchal est le seul rempart contre le désordre, l'aime, le vénère, mais ne le suit pas dans son action gouvernementale.

Ce sentiment se manifeste par les acclamations lorsque paraît le Maréchal et par la critique souvent acerbe de ses actes et de ceux des hommes qui font la politique du Maréchal[52]. »

On ne peut pas reprocher à l'Amiral de la flotte de sous-estimer l'ampleur des oppositions. Peut-être a-t-il en revanche tendance, comme cela arrive souvent, à sous-estimer son impopularité personnelle. En tout cas, elle n'a pas affecté sa politique. Sans doute pensait-il qu'avec le temps, on reconnaîtrait la justesse de celle-ci. Les mesures qu'il prend pour assurer sa publicité se révèlent pour le moins inefficaces et même maladroites, par exemple la malheureuse initiative de son portrait : « Intimidé, il a baissé les yeux et la photographie montre un regard fuyant, d'une parfaite fausseté. Cette apparence, la large diffusion d'un tirage luxueux à une époque d'extrême pénurie, ne contribuent pas peu à l'impopularité de l'amiral [53]. » Un exemple parmi d'autres de l'affligeante pauvreté de la propagande vichyssoise, incapable de défendre correctement une politique attaquée de tous les côtés, et de l'ignorance d'un régime qui n'a absolument pas saisi l'importance de la dimension psychologique de la guerre moderne. Darlan signe bien le 1er février 1942 une circulaire recommandant d'assouplir la censure pour favoriser une information plus abondante, comportant suggestions et critiques [54], mais il ne prête guère attention au problème. Recevant les directeurs de journaux le 19 mars, il répond à leurs doléances : « La censure ne gêne que les mauvais journalistes et elle est pour tous les autres un stimulant [55] », propos désinvolte qui produit évidemment un fâcheux effet chez ses interlocuteurs. L'enfermement dans une petite ville thermale, l'absence de liaisons normales avec la zone occupée, la popularité persistante du Maréchal empêchent le gouvernement de saisir l'état réel de l'opinion. Darlan ne comprend pas qu'il est assez déplacé de prôner l'expiation des erreurs du passé à une population qui manque de tout, et il ne réalise que tardivement que l'ordre nouveau devient de plus en plus répressif.

L'ordre nouveau et la répression

Lorsque Darlan accède à la direction du gouvernement, le pays est calme, les mouvements de résistance sont encore embryonnaires, il n'y a pas d'attentats. Le principal litige qui oppose la France à l'Allemagne en matière d'otages concerne les gardes territoriaux qui, au cours de la campagne de France, ont traqué les aviateurs allemands abattus et en ont tué quelques-uns. Les Allemands en ont arrêté plusieurs et veulent les fusiller comme francs-tireurs ; les Français soutiennent qu'ils appartiennent à des troupes auxiliaires régulières. La délégation de Wiesbaden revient sans cesse sur cette question. Darlan prend personnellement en main le dossier et fait à Abetz une proposition étonnante : la grâce pour les gardes en échange de la livraison de

Reynaud et de Mandel[56]. Les Allemands ne donneront pas suite à cette offre inattendue. D'autres incidents épars suscitent des interventions françaises, mais il ne s'agit encore que de cas isolés, même si les Allemands adoptent d'emblée une attitude sévère : jusqu'à la guerre contre l'U.R.S.S., le nombre des Français fusillés s'élèvera à 24 ou 25[57]. Il n'y a donc pas encore de répression systématique. La résistance « active » est pratiquement inexistante, et les mesures de réorganisation de la police que prend Darlan ne répondent pas à un risque terroriste, mais à un souci de rationalisation. La loi du 23 avril 1941 crée l'École nationale de police (à la tête de laquelle est nommé un marin, le contre-amiral Ven) pour en finir avec « la guerre des polices ». La loi du 6 mai suivant étatise la police dans les communes de plus de 10000 habitants, mettant fin à un régime archaïque et inégalitaire : même l'équipe de *La Croix,* très hostile au régime, reconnaît que cette loi « en d'autres temps paraîtrait sans doute bien[58] ». La gendarmerie mobile, interdite en zone occupée, est remplacée par les Groupes mobiles de police (G.M.P.), bientôt rebaptisés Groupes mobiles de réserve (G.M.R.) et mis à la disposition des préfets régionaux : le gouvernement de la Libération les dissoudra le 7 décembre 1944 pour les recréer le lendemain sous l'appellation de Compagnies républicaines de sécurité (C.R.S.).

Le problème de Vichy jusqu'à l'été 41 est donc moins le maintien de l'ordre que l'établissement d'un ordre nouveau. La Révolution nationale a commencé dès les premiers jours du régime. On l'a dit, les sentiments de Darlan à son égard sont mitigés. Convaincu de la nécessité de réformes profondes pour en finir avec le parlementarisme, il adhère à certains aspects de ladite Révolution, mais en récuse d'autres. Il va ainsi se trouver en opposition avec une partie de l'entourage de Pétain.

Son principal contradicteur est le général Laure, secrétaire général du chef de l'État et inspecteur général de la Légion des combattants. En 1940, Pétain a écarté l'idée du parti unique, mais la Légion aspire à être sinon la garde prétorienne, du moins le fer de lance de la Révolution nationale, et ses chefs en feraient volontiers un groupe de pression. Darlan, au contraire, veut qu'elle ne soit qu'un relais à la disposition du gouvernement. Mais il sent bien que la Légion, qui ne proclame son allégeance qu'au seul Pétain, lui échappe et qu'elle regarde avec méfiance la politique de collaboration. Des deux côtés, on se considère avec suspicion, et les accrochages sont continuels. Darlan va jusqu'à interdire aux marins d'adhérer à la Légion. Après guerre, Laure suggérera un dénouement original que rapporte Robert Aron.

« Sur sa vanité, on sait pouvoir miser à coup sûr. Lorsque, à Vichy, il parle de dissoudre la Légion des combattants et de la remplacer par un parti unique, le général Laure, qui pourtant est loin d'être un Machiavel, trouve immédiatement la parade. A la première réunion de la Légion, il fera acclamer Darlan. Ovations spontanées. La Légion n'a plus rien à craindre : elle sera maintenue[59]. »

En réalité, le combat ne cessera pas jusqu'à la fin du gouvernement Darlan. Le Journal de Laure en relate fidèlement les multiples péripéties. Une note rédigée au début du ministère énumère les griefs de Darlan :

« La Légion ne représente pas le pays. Trop souvent, par son attitude partisane, son sectarisme, sa participation aux querelles locales, la Légion éloigne d'elle beaucoup de gens.

« Elle a parfois tendance à vouloir se substituer aux représentants des pouvoirs publics, alors qu'elle doit simplement et sur leur requête les aider.

« [...]

« Elle n'est en fait qu'une minorité dans la nation. Elle a peine à recruter les jeunes. Elle ne représente pas, actuellement, la totalité de la partie nationale de la population[60]. »

Le 12 août, Pétain annonce que la Légion sera désormais subordonnée à tous les échelons au gouvernement. Décision qui restera sans effets. Un mois après, Darlan renouvelle ses critiques et sa volonté de faire de la Légion un instrument docile.

« La Légion est l'outil du Maréchal.

« Le gouvernement du Maréchal est la main qui tient l'outil. C'est pour cela qu'il est indispensable que l'action civique de la Légion soit dirigée et contrôlée par le gouvernement[61]. »

Il obtiendra satisfaction... dans les textes. Le 18 septembre 1941, le cabinet civil de Pétain rédige un projet d'instruction générale sur l'organisation du commandement de la Légion, dont l'article premier énonce : « Le Maréchal de France, chef de l'État, est chef de la Légion. » Revu par Darlan, le texte devient : « Le Maréchal de France, chef de l'État, est chef de la Légion. Il est assisté du vice-président du Conseil qui transmet à la Légion les instructions du Maréchal en ce qui concerne l'activité politique légionnaire et qui exerce le contrôle général de l'activité de la Légion[62]. » En novembre, le Service d'ordre légionnaire (S.O.L.), qui doit regrouper les éléments les plus actifs (il sera l'embryon de la Milice), est constitué ; Darlan expose ses vues : pas de service national, mais un service par département, et « si les corps départementaux avaient, contrairement à mon avis, un chef national, il n'y a qu'une personne qui serait habilitée à lui donner un ordre de réquisition totale, c'est le vice-président du Conseil agissant au nom du Maréchal ». Il obtient satisfaction[63].

Mais dans les faits, il ne parvient pas à asseoir son autorité sur la Légion. En février 1942, il tire les conclusions du conseil national de la Légion :

> « Certains chefs départementaux désapprouvent la politique suivie. Ne pouvant désapprouver le Maréchal, ils désapprouvent le gouvernement.
>
> « [...]
>
> « Je n'ai pas la certitude d'avoir [la confiance] de la totalité de la Légion.
>
> « Je suis même porté à penser d'après ce que j'ai entendu et ce dont je suis informé que quelques chefs départementaux sont décidés le moment venu à m'opposer un autre chef[64]. »

Darlan imagine alors de demander aux chefs départementaux de la Légion un engagement de fidélité au cas où l'acte constitutionnel 4 *quater* viendrait à s'appliquer (c'est-à-dire où il succéderait à Pétain). Mais le Maréchal a horreur qu'on évoque prématurément sa disparition. Sa réaction est sèche : inutile[65].

Au-delà de la querelle de personnes et de la lutte pour le pouvoir, il y a une controverse de fond : Darlan reproche à la Légion de donner l'image d'un parti de droite alors que lui-même se veut beaucoup plus pragmatique : à l'orthodoxie doctrinale il préfère la compétence. L'absence de notes ne permet pas de savoir quelle forme il entend donner à l'État après la guerre ; seul indice : il se prononce contre le parti unique. Peut-être n'en a-t-il d'ailleurs qu'une idée assez vague. Ses préoccupations sont plus immédiates : comme il l'a dit à Dumoulin de Labarthète, il faut d'abord « s'entendre avec les Fritz » et « faire bouillir la marmite ». Pour le reste, on verra plus tard.

Confronté à une conjoncture qui se détériore et à l'entourage du Maréchal qui sape son autorité, Darlan va pousser au « durcissement » du régime. Sa note du 21 juillet 1941 demande la dissolution du Parlement et celle des partis politiques en zone libre, ainsi que le remaniement du Conseil national. Pour une fois, ses idées rejoignent celles de l'entourage du chef de l'État. Celui-ci prononce le 12 août 1941 un discours extrêmement dur dont Robert Aron dit qu'il « marque un tournant brusque dans la politique de Vichy[66] ». Parmi les mesures annoncées figurent la suspension de l'activité des partis politiques, la création de commissaires du pouvoir, la mise en jugement des responsables de la défaite, l'obligation pour les ministres et hauts fonctionnaires de prêter serment au chef de l'État, etc. Loin d'améliorer la situation de Darlan, ce train de mesures autoritaires va au contraire l'aggraver.

Tout en étant tout à fait décidé à en finir avec l'ordre ancien, Darlan semble avoir eu quelques doutes sur l'efficacité de certaines de ces mesures. Il écrit dans une note : « On me demande de *dissoudre* les partis. Il est facile de l'écrire : il n'est pas possible de le réaliser[67]. » La nomination des commissaires du pouvoir provoque un violent accrochage avec Dumoulin de Labarthète : le 25 août, celui-ci « s'élève violemment contre la mollesse du gouvernement (Moysset, Romier), le manque complet de sens politique de l'amiral, la révolte du pays contre les marins qui ne connaissent rien. [...] Il exige, en termes violents, que tous les commissaires du pouvoir soient nommés par lui sans attendre[68] ». Darlan résiste à cette prétention et nomme lui-même les commissaires avec à leur tête un amiral (Gouton, ancien commandant de la division navale du Levant, à la suite du refus de Le Luc), mais leur rôle restera limité, l'administration traditionnelle, et notamment le corps préfectoral, défendant ses prérogatives. Le serment, qui sera ensuite étendu à tous les fonctionnaires et officiers, sera effectivement prêté, mais la marine ne se manifestera pas par un zèle excessif : dans beaucoup d'endroits, on se contente de faire signer aux officiers des formulaires préétablis (certains en profitent pour faire traîner leur signature), mais il y a aussi des cérémonies imposantes, comme celles organisées par l'amiral Gensoul durant ses tournées d'inspection en Afrique du Nord. Parmi ceux qui prêtent serment à Casablanca, en présence de Weygand, le contre-amiral Sablé (2e section), camarade de promotion de Darlan au *Borda,* qui présidera en 1945 la commission d'épuration de la marine...

Les mesures autoritaires n'ont donc pas amélioré les rapports de Darlan avec l'entourage du Maréchal. Plus grave, elles ont renforcé les oppositions au lieu de les intimider et accentué l'image répressive qui n'en avait pas besoin. En effet, la répression s'étend, et vise maintenant plusieurs catégories d'ennemis : les gaullistes, les communistes, les francs-maçons et les juifs.

Contre les gaullistes, il y a peu de possibilités de sanction, puisqu'ils sont hors d'atteinte. On se contente donc de condamnations par contumace et de mesures symboliques (déchéance de la nationalité française, exclusion de la Légion d'honneur). On s'aperçoit ainsi qu'un certain Charles de Gaulle, déclaré déchu de la nationalité française le 8 décembre 1940, est toujours membre de la Légion d'honneur... Erreur réparée par une décision du

2 juillet 1941, qui ne sera publiée au *Journal officiel* que près de trois mois après[69]. Les mêmes peines frappent les marins : Muselier, Auboyneau... Mais Darlan, on l'a vu, ne ménage pas ses efforts pour sauver d'Estienne d'Orves. Bien plus, il ordonne que les pensions de secours soient versées aux familles des « dissidents ». D'abord versées sous forme de « délégations aux familles », elles prennent en 1941 la forme de secours aux familles dans le besoin, une condamnation pour désertion ne supprimant pas la possibilité de recevoir des secours. Ceux-ci sont imputés sur les crédits du chapitre solde équipages[70] ou, pour les cas trop voyants (Mme Muselier), prélevés sur les fonds secrets et versés par le canal des services de l'amiral Gensoul, inspecteur général des œuvres de la marine[71]. Mesure remarquable, car la marine est la seule armée à agir ainsi : les familles des aviateurs et des soldats ne reçoivent rien. Les officiers épurés après la guerre ne bénéficieront pas de la même mansuétude.

Si les gaullistes « actifs » sont hors de France, des sympathisants de plus en plus nombreux demeurent en France, mais ils sont difficiles à saisir, car ils se tiennent sur la réserve. Seuls quelques imprudents donnent l'occasion de faire des exemples, dont le plus éclatant est celui du sénateur-maire de Saint-Malo, Gasnier-Duparc : Darlan a fait nommer son vieil ami conseiller national, mais celui-ci a la fâcheuse habitude d'écouter la radio de Londres toutes fenêtres ouvertes et son poussé au maximum. Ce genre de provocation ne passe pas inaperçu. Les Allemands se plaignent, et Darlan signe le décret révoquant Gasnier-Duparc de ses fonctions de maire. L'exclu ne le lui pardonnera pas[72].

Contre les communistes, la lutte va tout de suite prendre une tournure beaucoup plus virulente, car l'entrée en guerre de l'Allemagne contre l'Union Soviétique, le 22 juin, va marquer le basculement du Parti communiste dans la résistance. Dès le déclenchement du conflit germano-russe, Darlan prend ses précautions. Le 25 juin, il ordonne au secrétaire général de la police, Chavin, de mettre à l'étude les « mesures à prendre contre l'activité communiste », notamment l' « aggravation très sévère des peines prévues pour la répression des menées antinationales, pouvant aller, dans certains cas, jusqu'à la peine capitale » et l' « institution d'une juridiction d'exception »[73]. Le 30 juin, en même temps qu'est annoncée la rupture des relations diplomatiques avec l'Union Soviétique, un vaste « coup de filet » est lancé dans les milieux communistes. Plusieurs centaines d'interpellations sont opérées, mais cela ne suffit pas à empêcher le début des attentats terroristes, dont la croissance va être très rapide : 54 dès juillet, 73 en août, 134 en septembre, 162 en octobre.

Ce problème est sans nul doute déterminant dans la décision de Darlan d'abandonner le ministère de l'Intérieur à un ministre « à temps plein ». Il choisit Pucheu qui est énergique, mais jeune, donc peu susceptible de revendiquer une place de premier plan : devenu très conscient de l'importance stratégique de ce ministère, il a un jour déclaré à Barthélemy que, « s'il devait n'en garder qu'un, ce serait celui-là[74] ». Mais le poste est vraiment trop prenant, et il lui faut l'abandonner. Le choix n'est pas heureux : Pucheu a beaucoup d'ambition et entend mener sa politique personnelle. Bientôt, Vichy bruit des rumeurs sur la mésentente entre l'Amiral de la flotte et son remuant ministre[75]. C'est celui-ci qui va devoir faire face à la crise des otages.

Le 21 août, l'assassinat de l'aspirant Moser par Fabien dans le métro parisien déclenche l'engrenage : « Devant la vigueur de la réaction allemande, Vichy estima que le mieux était de prendre la chose en main bien que ce fût par là même en assumer la responsabilité[76]. » C'est l'affaire de la section spéciale, qui se traduit par l'exécution de six personnes, en deux fois. Il ne fait aucun doute que Darlan a approuvé cette solution, Brinon ayant dit que si l'on n'agissait pas, les Allemands fusilleraient cinquante otages, et il a cosigné le texte de loi publié au *Journal officiel* le 24 août. En revanche, il n'est pas présent à Paris le 25 août lorsque Barthélemy et Pucheu doivent mettre au point les modalités de création de la section spéciale.

Mais les attentats continuent, et les Allemands, mécontents de ce qu'ils jugent être de la mollesse, organisent directement les représailles : 24 otages fusillés en septembre, et en octobre, à la suite de l'assassinat du *Feldkommandant* de Nantes, 48 otages sont fusillés à Nantes et au camp de Châteaubriant. Pétain veut se livrer en otage. D'après le récit de Dumoulin, Darlan, Moysset, Romier, Bouthillier et Pucheu sont convoqués : « L'amiral se taisait, comme toujours[77] », mais il est clair qu'il désapprouve ce projet, auquel Pétain finit par renoncer. Plus prosaïquement, il fait le voyage de Paris pour demander à Abetz d'intervenir auprès de Berlin. Abetz et Stülpnagel, très conscients de l'impact désastreux de ces exécutions, sont déjà intervenus en ce sens. Le 29 octobre, les exécutions prévues (Hitler a réclamé la mort de 100 otages) sont différées. Le mois de novembre est calme jusqu'à un attentat le 28 novembre, suivi de deux autres au début de décembre, qui entraînent l'exécution de 95 nouveaux otages avant la fin de l'année. Le cycle infernal se poursuivra dans les premiers mois de 1942 : en huit mois, de septembre 41 à mai 42, c'est-à-dire jusqu'à la fin du gouvernement Darlan, 471 otages seront fusillés[78]. Malgré le doublement des moyens de la police, Vichy n'est plus capable d'assurer le maintien de l'ordre, et l'occupation prend une tournure sanglante. Le prestige de Pétain, qui a condamné les attentats sans flétrir publiquement les exécutions, est atteint. Celui de Darlan, qui n'en avait vraiment pas besoin, plus encore. Le divorce entre le gouvernement et l'opinion s'accentue.

Contre les francs-maçons, la répression n'est ni sanglante ni provoquée par une opposition ouverte. Il s'agit d'une volonté délibérée, exprimée dès les premiers jours, de réduire l'influence d'une organisation trop intimement liée aux tares de la IIIe République. La loi sur les sociétés secrètes a été promulguée dès le 13 août 1940. Darlan adhère pleinement au but poursuivi, car il considère que la franc-maçonnerie, par son antimilitarisme, a contribué à affaiblir l'armée et donc à préparer la défaite [79]. Il préface le numéro 2 des *Documents maçonniques* (novembre 1941), « véritable journal officiel de l'action antimaçonnique » dirigé par l'administrateur général de la Bibliothèque nationale Bernard Faÿ (le numéro 1 a été préfacé par Pétain).

> « Comme l'a dit le Maréchal, le relèvement national ne peut se faire qu'au grand jour.
> « A l'heure où l'union de tous les Français conditionne ce relèvement, il convient que disparaissent toutes les organisations qui pesaient directement ou indirectement et d'une manière illicite sur les destinées du pays.
> « Le gouvernement actuel, conscient de ses responsabilités, est décidé à ne tolérer aucun mot d'ordre secret émanant de groupements irresponsables.
> « J'approuve donc l'œuvre que vous poursuivez afin de donner à l'union des Français une base solide de justice et de discipline [80]. »

Son ministère est marqué par la publication au *Journal officiel* des listes de dignitaires maçonniques et par la révocation de fonctionnaires ayant souscrit une fausse déclaration. La loi du 10 novembre 1941 organise bien une commission spéciale chargée d'examiner les demandes individuelles de dérogations, mais celles-ci ne seront que très parcimonieusement accordées jusqu'au retour de Pierre Laval, très opposé aux mesures antimaçonniques.

Darlan approuve cette action sans pour autant lui donner une impulsion décisive. L'initiative vient plutôt de l'entourage de Pétain. Celui-ci se fait d'ailleurs l'écho des rumeurs sur l'initiation prétendue de l'Amiral de la flotte et réussit à insinuer le doute dans l'esprit du chef de l'État, qui prend un jour une initiative surprenante : « Au début d'un Conseil, le Maréchal a demandé à chacun de ses ministres de lui remettre une déclaration affirmant sous la foi du serment qu'il n'avait jamais été affilié à la franc-maçonnerie. Qui pouvait être visé, si ce n'est l'amiral ? Comme nous tous, il a signé le papier : ses ennemis en seront pour leurs frais[81]. » Darlan déclare à son garde des Sceaux, Barthélemy : « Je ne suis pas franc-maçon, mais mon père l'a été pour deux[82]. »

Contre les Juifs, l'objectif est le même. Il s'agit de réduire leur influence dans la société française : « Livré à lui-même, Vichy se serait probablement contenté d'une discrimination professionnelle et de mesures destinées à hâter le départ des juifs étrangers[83]. » Sur ce programme, Pétain et Darlan étaient d'accord. Recevant en mai 41 le pasteur Bœgner (qui avait été son condisciple en « flotte ») Darlan lui déclara « que sa seule préoccupation était de protéger les Juifs qui étaient en France depuis plusieurs générations » — les « Français israélites », comme on les appelait généralement pour les distinguer des « Juifs ». Quant aux autres, dit le rapport de Bœgner, « il ne demandait qu'à les voir partir[84] ». Une circulaire de juillet témoigne très clairement de cet état d'esprit : les Juifs étrangers arrivés après mai 1940 (cela concernait surtout des Juifs allemands expulsés vers la France par le Reich à la fin de l'année 40) ne doivent pas être intégrés dans la société française, et on doit tout faire « pour obtenir leur départ[85] » ; Darlan évoque leur envoi à Madagascar[86]. Il ne se départira jamais de cette attitude et fera à ce sujet une « sortie » quelque peu provocante au Conseil des ministres en janvier 42 : « Les Juifs apatrides qui, depuis une quinzaine d'années, se sont abattus sur notre pays ne m'intéressent pas. Mais les autres, les bons vieux Juifs de France, ont droit à toute la protection que nous pouvons leur donner[87]. » Et il ajoute, pour faire bonne mesure : « J'en ai d'ailleurs dans ma famille. »

Avant d'en arriver là, Darlan a cependant donné son aval à une longue suite de mesures répressives frappant indistinctement Juifs français et étrangers. Le statut des Juifs du 2 juin 1941 (qui remplace celui promulgué en octobre 1940) ordonne le recensement des Juifs. Il ouvre aussi la voie à l' « aryanisation » des biens des Juifs, qui sera organisée par la loi du 22 juillet 1941, prévoyant que « les entreprises, biens et valeurs appartenant aux Juifs » peuvent être pourvus d'un administrateur provisoire nommé par le commissaire général aux questions juives « en vue d'éliminer toute influence juive dans l'économie nationale ». Cette spoliation est complétée par plusieurs mesures connexes : la loi du 2 novembre interdit toute acquisition de fonds de commerce par les Juifs sans autorisation, la loi du 17 novembre réglemente l'accès des Juifs à la propriété foncière. Ces mesures économiques sont complétées le 19 novembre par un décret portant déchéance de leurs mandats des parlementaires juifs (dont Léon Blum, Georges Mandel et Jules Moch). Dans une lettre adressée au général von Stülpnagel le 21 janvier 1942, à la suite de la décision allemande d'imposer le port de l'étoile jaune et un couvre-feu spécifique, Darlan annonce que les mesures prises sont « suffisantes pour atteindre le but recherché, c'est-à-dire les écarter des emplois publics et des postes de commande de l'activité industrielle et commerciale du pays » et s'oppose à toute mesure contre les personnes :

> « Il ne saurait être question d'aller au-delà sans choquer profondément l'opinion publique française qui ne verrait dans ces mesures que des vexations sans efficacité réelle, tant pour l'avenir du pays que pour la sécurité des troupes d'occupation. L'excès même de ces décisions irait certainement à l'encontre du but recherché et risquerait de provoquer un mouvement en faveur des israélites [88]. »

En même temps, dans une lettre à son vieux confident Moysset, il déclare que pour lui il n'est pas question d'aller plus loin :

> « Je vous serais reconnaissant de bien vouloir examiner la façon dont sont menées les affaires juives.
> « J'ai l'impression que M. X. Vallat va un peu fort, et qu'il ne suit pas les directives qui sont de ne pas embêter les vieux Juifs français.
> « *On* empêcherait les Juifs qui ont les visas voulus de quitter la France.
> « Le frère de Fontaine, un pur Aryen, qui a racheté il y a plus d'un an une affaire juive à Béziers, se voit coller un commissaire parce que sa maison serait juive — joie dans le public.
> « Les Juifs finissent par être des martyrs [89] ! »

Ce ne sont pas des paroles en l'air. L'amiral est résolu à ne pas accepter le port de l'étoile jaune. Les Allemands hésitent et ne s'y décideront qu'après le retour au pouvoir de Laval (qui s'y montrera aussi hostile). Un observateur aussi intransigeant que Robert Paxton reconnaît que, jusqu'à l'été 42, le programme antijuif de Vichy a été « assez substantiel pour causer des dommages réels, mais assez restreint pour ne pas alerter la plupart des gens ».

> « Les déportations n'avaient pas encore commencé. Un certain nombre de notables juifs étaient exemptés des discriminations de Vichy, et certaines catégories d'anciens combattants étaient soumises à des mesures moins sévères. Il fallut un an pour mettre en marche le processus d'aryanisation dans la zone non occupée. Le régime paraissait remarquablement souple sur des questions rela-

tives par exemple au mouvement des scouts juifs. [...] Contrairement aux efforts accrus des Allemands en zone occupée comme dans le reste de l'Europe pour établir une ségrégation des Juifs par divers moyens [...], les Juifs ne furent jamais dans la France de Vichy coupés de la société ni par des ghettos ni par des cloisons étanches résultant des lois. Même dans la zone occupée, les lois de Vichy s'appliquaient encore, et les Juifs continuèrent à paraître en public tout au cours de la guerre. Vichy n'établit pas de restrictions pour les mariages mixtes ou l'adoption[90]. »

La politique antijuive n'est pas l'un des facteurs principaux de l'impopularité de Darlan. Mais elle s'inscrit dans un cadre de plus en plus répressif qui suscite une hostilité croissante. A la fin de 1941, le divorce entre Vichy et l'opinion est consommé, même si la masse de la population a basculé dans l'indifférence plutôt que dans la résistance. Il va encore s'accentuer en 1942.

CHAPITRE XVII

La fin du gouvernement Darlan

L'échec de l'entrevue de Saint-Florentin marque la fin du « grand dessein » de la collaboration : Laval a échoué, Darlan a échoué, et Pétain lui-même a échoué. Désormais, il n'est plus question de négociations d'envergure. Darlan lui-même le déclare tout net à Bouthillier : « Nous n'en sommes plus à discuter avec eux. Essayons de vivre, voilà tout[1]. »

Dans ce contexte, les historiens en sont venus à accepter l'idée d'une agonie du gouvernement de Darlan, qui serait resté passif durant les premiers mois de 1942 en attendant un dénouement inéluctable. Dumoulin de Labarthète a énoncé cette thèse dès 1946.

> « A vrai dire, Darlan s'abandonne. Il s'effiloche. Il sent que le pays, qui ne l'a jamais aimé, se refuse de plus en plus à le suivre, que les Allemands ne lui font plus le même crédit de confiance, que Benoist-Méchin l'observe d'un œil aigu. Il erre à la dérive. Une dernière joie, une joie de marin : le retour à Toulon, par ses propres moyens, du *Dunkerque,* que les Anglais avaient gravement endommagé à Mers el-Kébir. “ Les ai-je assez possédés ? ” me confiera l'amiral, le 20 janvier.
>
> « Et puis, le grand silence, un silence morne, à peine interrompu, sur le plan diplomatique, par de menus accords, des accords de commerce en général, avec la Finlande ou la Roumanie, par quelque manifestation d'amitié franco-portugaise, franco-suisse, franco-espagnole.
>
> « [...] On croit assister à la fin d'un règne[2]. »

Mais Dumoulin ne savait pas tout, et ceux qui, après lui, ont repris cette idée, n'ont pas consulté des archives qui suggèrent une image différente. Même si le rêve d'une grande négociation s'est évanoui, il faut faire face à des pressions toujours aussi vives et donc ne pas rester passif. Durant le premier trimestre 1942, Darlan s'écarte de la position favorable à l'entente avec l'Allemagne qui avait été la sienne en 1941 et prépare son retournement, mais doit en même temps prodiguer quelques « preuves de bonne volonté » à l'Allemagne et à l'Italie, le tout dans une ambiance de plus en plus tendue, jusqu'à ce que la coalition de l'Allemagne et des oppositions intérieures aboutisse à sa chute.

La politique des petites concessions

L'échec de l'entrevue de Saint-Florentin n'a pas entraîné la rupture des négociations tripartites qui se poursuivent à Wiesbaden. Mais l'impasse est totale : l'Allemagne continue à réclamer avec insistance la cession de 130 000 tonnes de navires étrangers et l'application camouflée de la partie II du protocole de Paris (c'est-à-dire le transit du matériel à travers l'Afrique du Nord) ; la France répond que rien ne pourra se faire « tant que le climat politique franco-allemand ne serait pas amélioré et en particulier tant que le dossier de Saint-Florentin ne serait pas mis en discussion », ce à quoi les Allemands se refusent absolument[3]. Le pillage de la France continue : au 31 janvier 1942, « la France aura payé au gouvernement allemand 216 milliards 800 millions de francs, plus 9 milliards environ au titre des dépenses de logement des troupes[4] », et l'échec de la *blitzkrieg* en Russie laisse déjà prévoir un accroissement des besoins du Reich.

Le fait nouveau en ce début 1942 est le changement d'attitude vis-à-vis de l'Italie. Même si, d'après Ciano, il ne s'est pas dit grand-chose à Turin en décembre, il est incontestable qu'un nouveau climat préside désormais aux relations franco-italiennes. L'Italie s'inquiète, bien à tort, du risque d'un accord franco-allemand dont elle ferait les frais. Surtout, confrontée à une situation très difficile en Libye (les forces de l'Axe ont été repoussées jusqu'à Tripoli), elle a absolument besoin de faire passer des approvisionnements par la Tunisie, le trafic à destination des ports libyens subissant des pertes insupportables. Mussolini le dit à Hitler : « Il faut régler le problème d'une manière ou d'une autre. » Le 19 décembre, la commission économique demande la cession de 1 500 tonnes de gas-oil et l'acheminement de vivres et de vêtements. Darlan décide d'accepter[5]. Pour la première fois, il accorde aux Italiens ce qu'il refuse aux Allemands ! Il espère ainsi que « la carte italienne » lui permettra de contrebalancer dans une certaine mesure la pression allemande.

Les Italiens saisissent immédiatement l'occasion. Le 30 décembre, le général Vacca-Maggiolini convoque l'amiral Duplat pour lui dire que le Duce est « très bien disposé à l'égard de la France et animé des meilleures intentions pour l'aider. Nous comprenons, en effet, très bien votre situation. [...] Il faudrait que vous précisiez vos désirs d'une part et que, d'autre part, vous indiquiez ce que vous seriez disposés à donner aux Italiens. Sans aucun doute, nous vous sommes déjà extrêmement reconnaissants de ce que vous avez bien voulu accepter de faire pour nous aider en Libye, mais vous vous rendez bien compte que ce n'est pas avec quelques tonnes de plus ou de moins qu'on y modifiera profondément la situation. [...] Il faut faire quelque chose de plus ». Les Allemands étant « toujours lents à comprendre », il vaudrait mieux « laisser cette conversation sur le plan franco-italien, et, si elle tournait favorablement quant au fond, sans que cela engage la France vis-à-vis de l'Axe pour le moment, la rencontre à trois — Darlan, Ribbentrop, Ciano — qu'a semblé souhaiter l'amiral Darlan pourrait être organisée, et, au cours de cette rencontre, l'Italie aurait le moyen de peser sur l'Allemagne en faisant valoir l'aide éventuelle de la France pour faire aboutir vos demandes d'ordre politique [6] ».

En somme, l'Italie promet un appui moral faute de pouvoir offrir des contreparties plus concrètes. C'est peu. En outre, accepter sa requête, c'est créer un précédent dont les Allemands ne manqueront pas de se prévaloir, comme le note Duplat lui-même [7]. Darlan décide pourtant de donner une suite positive à la demande italienne, et il en explique les raisons dans une lettre qu'il adresse à Esteva le 2 janvier :

« 1) Le refoulement de Rommel à la frontière tunisienne est une éventualité possible. Pour l'instant, je ne la crois pas probable.

« 2) Des tractations sont en cours avec l'Axe au sujet du passage à travers la Tunisie de matériel et d'approvisionnements camouflés et non accompagnés.

Elles n'aboutiront que si des contreparties substantielles nous sont accordées, notamment la remilitarisation du Sud tunisien et l'augmentation du nombre des bataillons stationnés en Tunisie.

Il vaut mieux faire aboutir ces tractations que de recevoir un ultimatum exigeant le passage des troupes et supprimant en fait notre souveraineté.

« 3) Le but est d'éviter que notre Afrique ne devienne le champ de bataille. Nous n'avons pas intérêt à voir les Anglais à la frontière de la Tunisie; donc nous avons intérêt à laisser passer du ravitaillement pour permettre à l'Axe de tenir.

En tout cas, si le conflit se propageait jusqu'en Tunisie, il faudrait tirer le meilleur parti de cette situation.

« 4) Je suis certain que, pour le moment, l'Axe n'a aucune

intention d'invasion. Il pourrait en être autrement si nous refusions tout.

D'ailleurs les deux groupes de belligérants, aussi embêtés l'un que l'autre, ne tiennent pas à nous embêter.

Nous faisons actuellement une politique délicate qui peut être fructueuse pour nous mais qui ne peut aboutir qu'avec quelques concessions[8]. »

Au-delà des contreparties militaires, Darlan espère encore, une dernière fois, par le biais de la collaboration avec l'Italie, relancer la négociation politique. Mais celle-ci va soudain prendre une tournure inattendue, avec une proposition sensationnelle que Benoist-Méchin rapporte de Paris le 9 janvier : Hitler offre à la France de rentrer dans la guerre aux côtés du Reich !

Cette rocambolesque affaire du retournement des alliances a fourni un argument de poids à l'accusation lors des procès à la Haute Cour. Robert Paxton la reprend à son compte, alors que Robert Aron en avait démontré dès 1954 l'invraisemblance. Les éléments d'information que l'on peut aujourd'hui ajouter à sa démonstration confirment que Vichy n'a jamais eu la réaction que Benoist-Méchin lui attribue[9].

Le 9 janvier, Abetz convoque Benoist-Méchin pour lui transmettre une question qu'il présente comme posée par le Führer : « La France est-elle disposée à marcher avec moi jusqu'au terme du conflit d'où sortira un monde nouveau », étant entendu qu'elle obtiendra « une modification profonde du statut franco-allemand actuel [et] la définition, dans ses grandes lignes, du futur traité de paix[10] » ? Grisé par la perspective ainsi offerte[11], Benoist-Méchin rentre à Vichy et informe Darlan, dont la réaction est très positive. En fin d'après-midi le 10, un Conseil restreint réunit, autour du Maréchal et de l'amiral, Romier, Moysset, Pucheu, Bouthillier et Benoist-Méchin. Tous les participants sont d'avis qu'il faut accepter cette proposition, et Pétain se laisse convaincre. Le 12 janvier, Benoist-Méchin transmet à Abetz la réponse française, et Abetz informe Berlin : « Le 11 janvier avait eu lieu une délibération des ministres. [...] Cette délibération, qui avait revêtu un caractère solennel, aboutit à l'unanimité à la décision de déclarer la guerre à l'Angleterre et aux États-Unis, après clarification des questions préliminaires que j'avais mentionnées à Benoist-Méchin, et de mener cette guerre aux côtés de l'Allemagne, sans réserve, jusqu'à la victoire. » Le gouvernement français n'a plus qu'à attendre une réponse... qui ne viendra jamais.

Robert Aron a relevé les multiples contradictions qui émaillent les témoignages de Benoist-Méchin et d'Abetz[12]. Il est certain qu'« Abetz a fait dire à Hitler ce que celui-ci n'a pas dit » (Hitler avait fait allusion le 5 janvier, de manière très vague, à des conversations politiques avec la France ; Abetz se garde d'ailleurs bien de donner à Benoist-Méchin la note écrite que celui-ci demande), et que « Benoist-Méchin a présenté de telle sorte le rapport d'Abetz sur ces déclarations apocryphes qu'il a prêté à celui-ci des propos beaucoup plus nets que ceux qu'il a formulés[13] ». Pour la suite, on en est réduit aux conjectures en l'absence de documents écrits : tous les participants au Conseil du 10 ou du 11 janvier (puisque le télégramme d'Abetz et les souvenirs de Benoist-Méchin divergent sur la date) ont affirmé qu'en réalité cette réunion n'avait jamais eu lieu. Mais, après guerre, ils n'avaient évidemment pas intérêt à soutenir le contraire. Et tout de même, il ne fait aucun doute que Benoist-Méchin a rendu compte de la proposition d'Abetz, qui a été débattue. Il dit sans doute la vérité (en la complétant quelque peu...) lorsqu'il déclare le 12 janvier que « la réponse du gouvernement français avait été prise à la suite de plusieurs conférences auxquelles avaient participé, outre le Maréchal, vous [Darlan] et moi-même, MM. Moysset, Romier, Bouthillier et Pucheu[14] ». Robert Aron en arrive à la conclusion suivante :

> « L'extrapolation de Benoist-Méchin a consisté à substituer à des conférences, ou même à des conciliabules, une délibération de caractère gouvernemental, qui ne s'est pas tenue, au cours de laquelle le gouvernement français l'aurait autorisé à envisager une collaboration militaire localisée et subordonnée à l'octroi par les Allemands de contreparties politiques, ce qui n'a été confirmé par aucun témoignage.
>
> « L'extrapolation d'Abetz a été de transformer ces délibérations ministérielles en Conseil des ministres solennel et l'éventuelle association subordonnée à des concessions politiques en une co-belligérance inconditionnée[15]. »

Cette conclusion paraît peu contestable. L'idée que Pétain aurait accepté de déclarer la guerre à l'Angleterre et surtout aux États-Unis est absurde, tous les témoignages, tous les documents le démontrent sans aucune ambiguïté. Au surplus, la conjoncture n'incite pas à rallier le camp de l'Axe : la *blitzkrieg* contre la Russie a échoué : Leningrad et Moscou n'ont pas été prises, Sébastopol assiégée résiste toujours, il a fallu évacuer Rostov ; en Libye, les Germano-Italiens ont été refoulés jusqu'à Tripoli et sont sur la défensive. Malgré Pearl Harbor, l'image de la puissance industrielle des États-Unis est très forte. Au contraire, les rapports des préfets confirment que la haine des Allemands ne cesse de croître (les exécutions d'otages continuent), comme le scepticisme vis-à-vis de la collaboration. On a du mal à imaginer Moysset, Romier ou Bouthillier se ralliant à un tel moment à un renversement des alliances alors qu'ils combattaient les accords de Paris quelques mois plus tôt.

Quant à Darlan lui-même, il ne semble pas qu'il ait jamais envisagé de suivre Benoist-Méchin et d'aller jusqu'au renversement d'alliances. Mais sa position est, une fois de plus, ambiguë, car, en échange des concessions politiques qu'il réclame avec insistance, il se déclare prêt à ce que le gouvernement français s'engage

> « à lier sa politique et son économie à celles des puissances de l'Axe en vue de l'organisation de la Communauté européenne,
> « à faciliter les transports envisagés sur la Libye, et, éventuellement, à défendre le territoire tunisien contre une attaque anglo-saxonne [16] ».

S'agit-il simplement d'un discours destiné à prévenir un coup de force de l'Axe ? Ou accepte-t-il l'éventualité de se trouver *de facto* aux côtés des Allemands contre les Britanniques ? Probable lors des protocoles de Paris, la première hypothèse l'est beaucoup moins en janvier 42. Certes, Benoist-Méchin déclare à Abetz que l'Amiral de la flotte est tout à fait acquis à l'idée d'un renversement des alliances : « Darlan déclara qu'il était résolument partisan d'une telle politique pour enlever une fois pour toutes à l'Angleterre la possibilité de continuer à semer la discorde entre les puissances européennes. De plus, en sa qualité de chef de la marine française, il avait à régler un compte personnel avec les Anglais [17]. » Mais on sait qu'entre Abetz et Benoist-Méchin, c'est une véritable surenchère de fabulations. Il vaut mieux suivre Bouthillier, qui le trouve de plus en plus décidé à résister aux demandes croissantes des Allemands. Il le lui dit le 2 janvier, il le répète le 23 janvier en approuvant le texte d'une protestation au sujet des dépenses d'occupation : « Nous n'avons rien à perdre, me dit-il. Il est temps de passer à l'action, dans vos affaires tout au moins, et bientôt, probablement, dans d'autres [18]. » Il déclare la même chose au secrétaire d'État Berthelot qui l'informe d'une nouvelle réquisition massive de locomotives : « Il n'y a rien à faire avec ces gens-là. Ils sont de mauvaise foi. On ne peut pas discuter avec eux. Je leur ai fait des concessions. Ils n'ont pas tenu les engagements qui en formaient la contrepartie. [...] J'en ai assez de voir que malgré toutes les bonnes paroles que les Allemands nous ont prodiguées, ils ne se conduisent guère moins mal en France qu'en Pologne. J'en ai assez de leurs boniments sur la collaboration, l'Europe et la suite [19]. »

En fait, Darlan joue sur les deux tableaux. Jusqu'à l'automne 1941, il croyait à la victoire allemande : le Reich lui paraissait devoir dominer le continent européen pour longtemps. Avec l'échec du Reich devant Moscou et l'entrée en guerre des États-Unis, il commence à douter. Même s'il n'a pas une bonne opinion de l'Amérique, il sait tout de même qu'elle représente un potentiel formidable. Et s'il déclare à Ciano, lors de l'entrevue de Turin, que les Japonais vaincront les Américains dans le Pacifique, il affirme exactement le contraire à l'amiral Fenard dès le lendemain[20], et l'on peut penser que ce qu'il dit à un « A.D.D. » a plus de valeur que les bonnes paroles prodiguées à un adversaire de plus en plus inquiet de la tournure des événements. Mais il fait très attention à éviter tout risque de « fuite » : le général Juin, qui a envoyé le 30 janvier 1942 une instruction personnelle et secrète sur la « Défense de la Tunisie en cas d'agression de l'Axe par surprise », se verra aussitôt invité à faire disparaître tous les exemplaires de ce document compromettant et se fera tancer vertement lors d'un passage à Vichy : « Pensez-y toujours, mais, de grâce, n'en parlez jamais et surtout ne l'écrivez pas[21] ! »

Se pose alors la question de l'étendue de ce « retournement » : Darlan souhaite-t-il maintenant la victoire des Alliés ? Considère-t-il les offres de négociation comme un expédient destiné à abuser les Allemands et à gagner du temps, ou a-t-il encore l'espoir de déclencher une grande discussion politique ?

Sur le premier point, on peut estimer qu'il n'envisage pas une victoire alliée avec enthousiasme : d'abord, son anglophobie ne s'est pas apaisée, il en donnera de multiples exemples ; ensuite, ses relations avec les États-Unis ne seront pas faciles durant les premiers mois de 1942, on le verra ; enfin, il craint que la défaite de l'Allemagne n'ouvre la voie à une poussée du communisme. Mais comme l'Allemagne a manifesté son intransigeance, l'avenir de la France doit lui paraître sombre dans tous les cas de figure.

Sur le second point, l'analyse est plus incertaine. Dans la lettre à Esteva citée plus haut[22], il nourrit encore quelque espoir. Dès que Benoist-Méchin lui laisse entrevoir une rencontre avec Ribbentrop, il se rend à Paris, espérant être prochainement invité à une conférence. Le 10 janvier, en réponse aux sollicitations italiennes, il récapitule dans un aide-mémoire adressé à Duplat toutes les revendications françaises (sur les frais d'occupation, le retour des prisonniers, la ligne de démarcation, etc.)[23]. Mais après l'échec de la proposition Benoist-Méchin-Abetz, il est définitivement saisi par le doute. Certes, au début de février, il rédige deux notes, l'une remise à Abetz, l'autre au général von

Stülpnagel, dans lesquelles il plaide pour une relance de la collaboration, le rapprochement franco-allemand étant « indispensable à l'établissement d'un ordre nouveau stable en Europe [et] à l'établissement d'un barrage contre le communisme[24] », étant entendu que « rapprochement ne signifie pas participation à la guerre, du moins tant que le pays n'est prêt ni matériellement, ni moralement ». Mais en même temps, il avoue à Duplat son scepticisme.

« En transmettant mon bon souvenir au général Vacca-Maggiolini, tu voudras bien lui faire connaître mon sentiment personnel sur les conversations en cours :

« 1° Ainsi que tu le lui as déjà dit, je considère que les protocoles militaires et politique de Paris forment un tout et que *rien* ne me fera changer de position.

Ma résolution est d'autant plus ferme que jamais les engagements qui avaient été pris à mon égard n'ont été entièrement tenus.

Ex. : pour l'utilisation des aérodromes de Syrie, les Allemands devaient me rendre 100 000 prisonniers,

— ils n'en ont libéré que 60 000 ;

— la diminution des frais d'occupation était inconditionnelle, elle ne l'a pas été ;

— l'Ostland devait disparaître : elle fonctionne toujours, etc., etc.

« 2° Alors que, depuis un an, j'ai orienté délibérément la politique de la France dans le sens du rapprochement, je ne rencontre que méfiance du côté allemand et du côté italien.

La preuve en est donnée par les refus constants de nous donner les moyens militaires de réagir contre des actions anglo-saxonnes que nos transports au bénéfice de l'Axe risquent de provoquer.

La campagne actuelle de la presse et de la radio des Anglo-Saxons montre que mes craintes sont fondées.

« *Je n'ai pas l'habitude de frapper dans le dos les gens à qui je tends la main, et j'ai l'impression qu'en Allemagne et en Italie, on me croit capable de le faire.*

« Alors, qu'on ne s'étonne pas si à la méfiance je réponds par la prudence.

« Ceci est écrit pour expliciter nos lettres officielles[25]. »

L'évolution de Darlan est donc nette en ce début 1942, et elle a des répercussions politiques très sensibles. Il laisse Bouthillier publier au *Journal officiel* du 1er janvier un rapport soulignant le montant exorbitant des frais d'occupation. Les Allemands, furieux, exigent alors que soient soumis à leur visa tous les textes devant paraître au *Journal officiel.* Darlan refuse le 26 janvier[26] et ordonne à l'Institut de conjoncture d'établir le coût de l'occupation et d'en suivre l'évolution mensuelle. Le 28 janvier, il approuve une lettre du même Bouthillier à son homologue allemand, protestant une nouvelle fois, mais avec une solennité inhabituelle, à ce sujet. Il donne une réponse dilatoire à une proposition japonaise d'opération conjointe de reconquête de la Nouvelle-Calédonie et désavoue les études que le contre-amiral Bérenger, commandant la marine en Indochine, a fait entreprendre dans cette perspective[27]. De leur côté, les Allemands refusent toutes les demandes de renforcement de l'Afrique du Nord et de libération des prisonniers africains[28]. Comme le déclare le colonel Speidel à Wiesbaden, « l'attentisme n'est pas seulement le fait de la France, c'est aussi celui de l'Allemagne[29] ».

La paralysie n'est pas totale. Mais les concessions consenties à l'Allemagne sont dérisoires : cession de 3 600 tonnes d'essence à l'Afrika Korps et location de deux remorqueurs. Avec l'Italie, les choses sont plus sérieuses : en vertu de l'accord donné par Darlan à Ciano lors de l'entrevue de Turin, la France a accepté de transporter des vivres et des vêtements à l'exception de toutes armes (transports Delta), ainsi que 150 camions par mois (transports Gamma), et de céder 500 tonnes d'essence. Mais les difficultés d'application de l'accord apparaissent aussitôt : enhardis, les Italiens demandent une augmentation des quantités à transporter et la livraison directe à Bizerte à partir des ports italiens de camions ; les Français refusent. Durant le mois de janvier, les quantités ainsi transportées sont ridiculement faibles : 1 028 tonnes de marchandises Delta et 56 camions Gamma avec 12 caisses de matériel pesant au total 800 kilos[30], au point que les Italiens proposent eux-mêmes de renoncer aux transports le 27 janvier, étant donné leur faible rendement. Le 3 février, un accord sur les cessions de gas-oil et les transports est tout de même signé à Rome, mais, deux jours plus tard, les concessions accordées par l'Italie quant au renforcement militaire de l'Afrique du Nord sont jugées insuffisantes, et la France refuse de livrer les 500 tonnes d'essence promises. Le 10 février, devant une violente campagne de la presse et de la radio britanniques alertées par de grossières indiscrétions (les caisses arrivent à Marseille avec des inscriptions en italien, les camions avec leur camouflage pour le désert), la France arrête les transports de camions Gamma. Ne restent que les transports Delta qui seront à leur tour abandonnés en mars à la suite des protestations américaines en prenant prétexte du torpillage d'un cargo, le *Sainte-Marcelle,* par un sous-marin inconnu (en fait de nationalité italienne), le 14 mars[31]. Les transports n'auront porté au total que sur des quantités très faibles : 2 600 tonnes de vivres et de vêtements, 92 camions. Les cessions de gas-oil se font à raison de deux tranches de 20 tonnes par mois, c'est-à-dire qu'il faudra un an pour transporter les 500 tonnes convenues[32]. Très peu de chose donc. Naturellement, cette interruption entraîne une nouvelle tension dans les relations franco-italiennes : les Italiens se plaignent que les renseignements sur les mouvements des forces navales britanniques, promis par un accord en date du 17 août 1941, ne soient pratiquement jamais fournis[33], et leurs commissions de contrôle se montrent plus tatillonnes que jamais[34].

Pourtant, en ce mois de janvier 42, Darlan a l'occasion d'un nouvel entretien avec un dignitaire du Reich qui lui sera par la suite beaucoup porté à charge : le 28 janvier, il rencontre le grand amiral Raeder.

Très tôt, la marine allemande a regretté le tour que prenait la politique du Reich vis-à-vis de la France vaincue et souhaité une attitude plus compréhensive, susceptible de déboucher sur une collaboration militaire effective. En 1941, Darlan a ainsi pu obtenir la libération des marins prisonniers malgré la non-application des protocoles de Paris et une série d'incidents parfois cocasses : Darlan avait demandé le nombre de prisonniers à son entourage qui, « complètement ignorant du problème, avait répondu au hasard : 6000, chiffre effectivement inscrit au titre III des protocoles ». En réalité, il y en avait un peu plus, et Darlan décide d'y ajouter les ouvriers des arsenaux, ce qui porte le total à 12500. L'amiral Michelier réussit à faire admettre ce chiffre à son homologue allemand, le contre-amiral Wever : « Au 12500e rapatrié, les Allemands arrêtèrent les frais. » Mais « divers commandants de stalags s'étaient contentés de mettre les marins à l'appel et de les embarquer dans les trains de rapatriement. Beaucoup de sympathisants, notamment dans l'infanterie coloniale, profitèrent de cette occasion inespérée. Le cas le plus mémorable fut celui d'un adjudant de la Ligne Maginot. Portant brodées sur son col les lettres R.I.F. (régiment d'infanterie de forteresse), il prétendit que cela signifiait “ Remorqueur intermédiaire de France ”, et que c'était une formation d'élite. Sur cette démonstration, il réussit à atterrir à Montluçon ! Comme il y avait 1500 de ces malins resquilleurs, par voie de compensation, il restait 1500 marins non libérés dans les stalags ». Michelier explique une deuxième fois à Wever qu'il reste encore des marins à libérer et en rejette la responsabilité sur l'armée qui a « fourni des renseignements discutables. [...] Les Allemands ne virent pas où était la paille et libérèrent les derniers marins[35] ». Darlan, de son côté, continue à fournir les « petits tuyaux » qui ne lui coûtent pas cher.

Les marins ne sont pas les seuls à profiter d'élargissements. Par le biais de libérations catégorielles ou ponctuelles, le gouvernement français réussit à obtenir le retour de plusieurs centaines de milliers de prisonniers. On ignore cette réalité pourtant incontestable : en novembre 1942, près de la moitié des prisonniers de 40 auront retrouvé leurs foyers.

	Secrétariat d'État aux A.C.	Archives Fribourg
Prisonniers capturés en juin 40	1 850 000	1 929 000
Prisonniers transférés en Allemagne	1 580 000	
Prisonniers en décembre 40	1 490 000	
Prisonniers en décembre 41	1 216 000	1 153 123
Prisonniers en décembre 42	1 109 000	1 070 559

(*Source :* Yves Durand, Colloque de Wiesbaden, 1988.)

Mais il est vrai que la sollicitude de Darlan s'adresse d'abord à sa marine. Il passe tous les jours à l'Amirauté, cherche à rencontrer les amiraux allemands qui commandent en zone occupée, défend pied à pied, on l'a vu, la maîtrise du gouvernement français sur les chantiers navals. Sa ténacité limitera dans ce domaine les excès allemands et sera directement à l'origine de l'échec du plan allemand de construction dans les chantiers français.

Le 3 décembre 1941, Darlan, venant de Vichy, dîne chez le contre-amiral Dupré avec l'amiral Schultze, commandant de la Kriegsmarine en France. L'ambiance se détend très vite et Darlan laisse libre cours à sa rancœur contre les Britanniques. Il propose l'établissement d'une liaison directe entre l'Amirauté et la Kriegsmarine à Paris. Avec les renseignements dont il disposait, il aurait pu sauver le *Bismarck,* prétend-il, ce qui est pour le moins se moquer de son interlocuteur : si le 2e bureau déchiffre les messages des avions anglais (dont le code est très simple), les Allemands le font aussi. Il proclame son souhait de voir « la flotte anglaise chassée de la Méditerranée le plus tôt possible » et, pour faire bonne mesure, réaffirme son mépris des Italiens. Mais, dès que l'on aborde les questions concrètes, il devient plus évasif : la flotte française manque de mazout et de munitions, et, s'il affirme « l'unité de la flotte dans son antipathie pour l'Angleterre », c'est pour ajouter aussitôt que « la réaction dans le peuple n'était toutefois pas unanime et il était impossible d'agir seul ». Il demande la libération des marins demeurés en zone occupée[36] et souhaite rencontrer le grand amiral Raeder[37].

Schultze transmet aussitôt à la Seekriegsleitung, qui est naturellement enchantée de ces bonnes dispositions. L'entrée en guerre des États-Unis quelques jours après vient encore renforcer son désir d'obtenir la collaboration de la marine française pour défendre l'Afrique et faire éventuellement plus : « Matériellement, les forces maritimes françaises ont de grandes capacités, sont dirigées par des hommes capables et sont prêtes à entrer en action. Avec l'équipement nécessaire, elles rempliront les tâches qu'on attendra d'elles afin de sauvegarder les liaisons par mer et les colonies elles-mêmes, et lors d'une offensive future contre les communications maritimes anglo-américaines, elles seraient un atout puissant pour le déroulement de la guerre maritime allemande[38]. » Raeder donne donc avec empressement son accord à la libération des marins prisonniers restants[39] et, avec l'assentiment de Hitler, rencontre Darlan à Évry-le-Bourg le 28 janvier.

Le scénario du dîner du 3 décembre se répète. On multiplie des deux côtés les amabilités, on tombe d'accord pour dire que les Anglais ont toujours été « des hypocrites et des menteurs » (Darlan déclare cependant faire une exception pour l'amiral Cunningham), on échange des vues générales ainsi que des considérations techniques sur la composition future des flottes. Darlan en profite pour obtenir l'arrêt de la démolition du porte-avions *Joffre*[40], en déclarant au passage : « La flotte européenne aura besoin de porte-avions lorsque la France sera aux côtés de l'Allemagne. » Mais des deux côtés aussi, le flou est de rigueur dès que l'on aborde les dossiers délicats. Toute collaboration suppose que des bases soient établies, dit Darlan. Raeder répond avec aplomb que c'est le souhait du Führer, qui se réserve « le droit de choisir le moment de rédiger un accord politique », ce qu'admet Darlan : « Je suis le vaincu, c'est à moi d'attendre le moment que le Führer juge opportun. » Darlan déconseille de faire entrer le *Tirpitz* à Saint-Nazaire sous prétexte que la sortie du port est difficile (il désire surtout éviter à la ville le sort de Brest copieusement bombardée à cause de la présence du *Scharnhorst* et du *Gneisenau*). Il promet de communiquer les résultats obtenus par la station à ondes courtes de Dakar « dans la mesure du possible ». Il dit à Raeder que les sous-marins allemands ne sont pas assez discrets (mais la tactique des meutes de l'amiral Doenitz exige un échange constant d'informations entre les *U Boote* et le P.C. à terre). On parle de l'appareil de détection ASDIC : à une demande de mise en rapport des Allemands avec le vicomte Henri de France, expert en matière de détection, il répond qu' « il fera en sorte d'obtenir l'adresse de ce monsieur. Il donne quelques raisons quant à son scepticisme à ce sujet[41] ». Bref, Raeder s'en va très satisfait, convaincu que « Darlan a la volonté sincère de faire entrer, le moment venu, la flotte française dans le combat contre la Grande-Bretagne[42] ». Après la guerre, le procès-verbal de la rencontre sera retrouvé et figurera parmi les principales pièces retenues à charge contre Darlan. En fait, rien de concret n'est sorti de ces échanges vagues[43]. Il a obtenu la nomination d'un amiral pour commander la marine en zone occupée et administrer les marins des ports qui servent comme prisonniers (ces marins pourront désormais bénéficier d'une relève à partir de la zone libre). Mais il n'a rien donné en échange. On l'a accusé d'avoir livré l'ASDIC et le détecteur de radar qui devait permettre aux *U Boote* d'échapper à la détection. En fait, les Allemands avaient récupéré plusieurs ASDIC sur les bâtiments capturés par eux en 1940. Quant au détecteur de radar, la France n'en possédait pas (elle n'en construira qu'après la guerre en utilisant le matériel... allemand). La marine expérimentait un détecteur panoramique qui fut réalisé à trois exemplaires (détruits à Toulon en novembre 1942). Les Allemands confièrent bien à la firme française Metox, Grandin et Sadir la réalisation d'un détecteur, mais ils en fournirent les plans, et les autorités françaises furent totalement tenues à l'écart.

Cette absence de résultats ne doit pas surprendre : au moment où Darlan prodigue les bonnes paroles, il a déjà pris des contacts secrets avec les Américains.

Un allié qui cache trop bien son jeu

En politique, il est des choses qui ne s'écrivent pas. Et quand par hasard il en subsiste une trace écrite, celle-ci reste le plus souvent enfouie dans des archives inaccessibles, qu'elles soient publiques ou privées. Les témoignages ultérieurs des acteurs sont soit biaisés, soit incomplets. Les contacts secrets de Darlan avec les Américains n'échappent pas à la règle. Beaucoup d'éléments nous manquent encore, quant à leur chronologie, leur localisation... Mais on dispose cependant d'indices.

On sait que la pensée de Darlan sur l'issue du conflit connaît une nette évolution à la fin de 1941. En octobre, inspectant les Forces de haute mer à Toulon, Darlan a « fait état, sur un mode discrètement optimiste, de pertes allemandes déjà importantes sur le front de l'Est[44] ». En novembre, il déclare que la France pourrait servir d'intermédiaire en cas de négociations[45]. A la fin de l'année, il envoie au capitaine de vaisseau Battet, commandant l'*Émile-Bertin,* immobilisé à la Martinique, l'ordre de se procurer du matériel aux États-Unis : l'ingénieur mécanicien Chaffiotte se rend ainsi aux États-Unis et achète des pièces de rechange qui sont expédiées aux Antilles, puis au Maroc[45bis].

Cette évolution ne passe pas inaperçue aux États-Unis. Au cours de ses entretiens avec Churchill à la conférence d'Arcadie, le 12 janvier 1942, Roosevelt indique que « l'amiral Darlan avait demandé s'il serait admis à une conférence ; on lui avait répondu qu'il n'y devait pas compter dans les circonstances actuelles, mais qu'au cas où il apporterait aux Alliés la flotte française, la situation serait modifiée[46] ». Cette avance de Darlan a beaucoup intrigué les historiens américains, car, malgré de multiples recherches, aucun message transmettant cette offre étonnante n'a été retrouvé. Plusieurs canaux ont été envisagés : par la Suisse (l'attaché « naval » américain à Berne se rend souvent à Vichy), par les Antilles (mais la lenteur des communications, puisqu'il n'est pas question de transmettre un secret aussi dangereux par radio, s'oppose à cette hypothèse), par l'Espagne ou l'Amérique latine (on a parfois parlé de conversations secrètes à Rio, mais sans preuves). L'historien américain Mario Rossi en est venu à émettre l'hypothèse d'une extrapolation de Roosevelt, à partir des messages de Murphy, pour justifier sa politique vis-à-vis de Churchill[47]. L'amiral Fenard a en effet déclaré à Murphy dès octobre que « les vues de Darlan sur l'issue de la guerre et sur la politique étrangère de la France ont subi un changement profond. Il préconise, avec insistance, comme étant des plus bénéfique, que nous encouragions Darlan qui désire maintenant gagner la confiance des Américains[48] ». Fenard s'avance peut-être un peu, comme Abetz vis-à-vis de Benoist-Méchin quelques semaines plus tard, car il est peu vraisemblable que Darlan l'ait chargé de contacts avec le gouvernement américain. La prise de contact n'interviendra qu'au début de 1942, par l'intermédiaire de Murphy et d'Alain Darlan.

Sur ces contacts, Murphy se montre plutôt évasif dans ses Souvenirs, sous prétexte qu'il a dû détruire ses notes et ses archives avant le débarquement du 8 novembre pour le cas où... Sa mémoire a de curieuses défaillances, et l'on ne peut s'empêcher de penser qu'il a manifesté une discrétion toute diplomatique. Nous disposons heureusement du témoignage d'Alain Darlan qui, après avoir observé lui aussi une grande discrétion dans *L'amiral Darlan parle,* conformément à la parole qu'il avait donnée en 1943, s'est ensuite montré plus loquace. Murphy n'a d'ailleurs pas contredit son témoignage, se contentant de dire que sa mémoire ne lui permettait plus de le confirmer[49].

Le fils de l'Amiral de la flotte, démobilisé, était devenu fondé de pouvoir d'une compagnie d'assurances qui avait des agences en Afrique. Il pouvait donc voyager beaucoup, et son père l'avait chargé de missions d'information. A la fin de 1941, Alain Darlan reçut mission d' « essayer de rencontrer M. Murphy, en présence de l'amiral Fenard, pour créer ainsi une première liaison ».

La première entrevue intervient « au début de février 1942 à l'occasion d'un dîner intime organisé par l'amiral Fenard », d'après Alain Darlan[50], tandis que Murphy parle d'une première rencontre avec Fenard le 8 mars, Alain Darlan n'entrant en scène qu'après, mais ses souvenirs semblent moins sûrs. Quoi qu'il en soit, il est sûr que les premiers contacts ont eu lieu avant le printemps, alors que Darlan était encore au pouvoir. Fenard et Alain « suppliaient [Murphy] de croire que Darlan, malgré son attitude équivoque à Vichy, était désormais convaincu de la victoire finale des Alliés et déterminé à défendre la flotte et l'Afrique françaises contre les nazis. [...] Fenard et Alain Darlan insistèrent pour que les Américains comprennent que Vichy avait consenti des concessions mineures aux Allemands précisément pour faire obstacle à leurs exigences majeures[51] ». Washington prend note et ne répond pas, voulant éviter tout ce qui pourrait ressembler à un engagement. Ce n'est que durant l'été, lorsque Darlan ne sera plus au gouvernement et que la bataille de Midway aura levé ses derniers doutes, que les contacts prendront un tour plus précis, sans d'ailleurs que les Américains s'engagent plus nettement.

Cette prise de contact n'entraîne pas pour autant une amélioration des relations officielles avec les États-Unis. Au contraire, celles-ci sont soumises à une suite d'incidents qui entretiennent, contrairement à ce que suggère Robert Aron[52], une très nette tension.

Il y a d'abord l'affaire du *Dunkerque,* qui revient de Mers el-Kébir à Toulon le 20 février. Une première tentative, en avril 1941, avait échoué devant la réaction américaine, suscitée par Churchill qui craignait toujours de voir la flotte française tomber aux mains des Allemands. Un incendie fortement suspect (probablement un sabotage) avait endommagé le câblage et contraint en toute hypothèse à retarder le retour de plusieurs mois. Le 11 avril 1941, Pétain avait informé Roosevelt que le *Dunkerque* resterait à Mers el-Kébir et que sa remise en état serait retardée « jusqu'à ce qu'un accord ait été conclu à ce sujet[53] ».

Mais une telle situation ne pouvait satisfaire Darlan : il fait effectuer les réparations indispensables, et quand le bâtiment est paré lui ordonne de rentrer. Le groupe *Strasbourg* se porte à sa rencontre. Darlan reçoit personnellement le contre-amiral

Aubin, chargé de l'opération, et lui donne la consigne de saborder le navire si les Anglais essaient de s'en emparer avant qu'il ait rejoint les Forces de haute mer. Le 20 février, l'opération se déroule sans incidents et tout le monde est mis devant le fait accompli. Leahy apprend le lendemain que le *Dunkerque* est arrivé à Toulon. Il se précipite chez Pétain, que Darlan a « oublié » d'informer. Convoqué, l'Amiral de la flotte donne des explications toutes aussi peu convaincantes les unes que les autres (il faudra des mois pour réparer le navire, ce retour est une affaire de routine décidée par les autorités locales...), manifestement ravi d'avoir réussi son coup. Leahy est évidemment furieux.

Survient ensuite l'affaire des transports Gamma et Delta. Leahy pense que, une fois de plus, Darlan a tout organisé sans en référer à Pétain, lequel a dit et répété qu'il ne voulait pas de ces transports[54]. Informé par de multiples canaux, mais de manière souvent contradictoire, Leahy ne peut ou ne veut pas savoir que les quantités convoyées sont très faibles. En outre, l'affaire soulève une grosse émotion aux États-Unis. Les protestations américaines conduisent à l'arrêt définitif des transports. Il est douteux que Darlan en ait été chagriné, mais, comme d'habitude, c'est lui qui est tenu pour responsable. Corollaire logique, ses gestes de bonne volonté passent inaperçus, et on ne lui en a aucune reconnaissance : en novembre 41, il autorise pourtant la livraison aux États-Unis, à l'insu des Allemands, de 5 000 tonnes de graphite, minerai stratégique de grande valeur, et, en janvier, il donne à Leahy l'assurance que la France préviendra les États-Unis de toute pression japonaise sur Madagascar[55].

Un incident mineur, démesurément grossi par la presse américaine, vient s'ajouter à ces crises. Un sous-marin allemand fait surface au large de la Martinique pour débarquer un blessé fils d'un dignitaire du Reich. Aussitôt Washington s'inquiète et demande des garanties contre la transformation de l'île en base pour les *U Boote*. Avec l'accord des Allemands, qui ne tiennent pas à ce que la France rompe avec les États-Unis, car ils assurent une partie (assez modeste) du ravitaillement de l'Afrique du Nord[56], Vichy confirme qu'aucun avion ou navire belligérant ne sera admis dans les Antilles françaises[57].

La méfiance n'est pas à sens unique. Darlan considère que l'ambassade américaine est une véritable « passoire », incapable de garder un secret[58], et que Leahy le dessert auprès du Maréchal en se faisant l'écho des critiques émanant d'opposants de tous bords. Il s'exaspère que les États-Unis osent protester contre l'affrètement des navires de commerce français d'Extrême-Orient par le Japon, oubliant que la France est impuissante là-bas et qu'eux-mêmes n'ont pas procédé autrement, réquisitionnant tous les navires français réfugiés aux États-Unis, sauf trois consacrés au trafic avec l'Afrique du Nord. Le 1er mars, il prescrit à l'amiral Auphan de renforcer la défense de Toulon dans l'éventualité d'une répétition de Mers el-Kébir ou de Pearl Harbor par des forces américaines[59]. Précaution judicieuse, puisque le général Donovan a proposé une telle opération une semaine seulement après Pearl Harbor. La fureur de Darlan ne connaît pas de bornes au début de mars lorsqu'il reçoit une protestation au sujet des transports par la Tunisie alors qu'un bombardement de la R.A.F. sur les usines de Boulogne-Billancourt a fait plusieurs centaines de morts. Le 8 mars, il adresse à Leahy une missive indignée.

« Je m'autorise des liens de sympathie qui nous unissent personnellement et de notre confraternité navale pour vous écrire, *à titre strictement privé.*

« Je désire vous dire que les dernières notes du gouvernement américain sont rédigées en termes déplaisants et inaccoutumés qui justifieraient la non-acceptation par le gouvernement français de tels documents.

« Si nous avons, cependant, accepté ces notes, c'est que nous ne voulons donner aucun prétexte de rupture à un gouvernement qui, depuis plusieurs semaines, donne l'impression de chercher querelle au gouvernement français.

« Je sais que mon pays vaincu est placé dans une situation pénible, mais je ne pensais pas que le gouvernement d'une nation qui lui doit en grande partie son indépendance en profiterait pour le traiter avec mépris.

« Je vous disais il y a quelques mois que, depuis le 25 juin 1940, les Anglais avaient accumulé faute sur faute. Ils viennent d'en commettre une plus grande encore que nous ne leur pardonnerons jamais.

« Assassiner par politique des femmes, des enfants et des vieillards est une méthode d'inspiration soviétique. L'Angleterre serait-elle déjà soviétisée ?

« La peur est parfois mauvaise conseillère : Mers el-Kébir et Boulogne-Billancourt le démontrent péremptoirement.

« Je souhaite que le gouvernement des États-Unis ne cède pas à la peur[60]. »

Et pendant ce temps, Benoist-Méchin s'imagine que l'ambassade américaine profite de l'état des relations avec l'Allemagne pour « s'insinuer dans les bonnes grâces de l'amiral[61] » ! En fait, Darlan est suspect aux yeux de tous les belligérants. Ce n'est que lorsqu'on parlera du retour de Laval que les Américains lui découvriront des qualités. Certains opposants intérieurs feront la même découverte, trop tard pour sauver un gouvernement que presque tout le monde s'est employé à perdre.

LA CONJONCTION DES OPPOSITIONS

Darlan lui-même a résumé la somme d'oppositions qui allait conduire à la chute de son gouvernement :

> « 1° *Du côté de l'ambassade d'Allemagne :*
>
> Désir de voir Pierre Laval au gouvernement pour reprendre du prestige vis-à-vis du chancelier Hitler, prestige mis en question par l'arrivée des S.S.
>
> L'intervention maladroite des États-Unis a donné des atouts à l'ambassade.
>
> « 2° *Désir des ministres « Jeunes Turcs » de faire une politique plus active de rapprochement,* et désir de débarquer quelques collègues : Barthélemy, Charbin, Carcopino, Belin, Berthelot.
>
> « 3° Agissements de du Moulin, du garde des Sceaux [Barthélemy], désireux d'éliminer les « Jeunes Turcs ».
>
> « 4° Agissements de Ménétrel et de la Maréchale : rancune de l'affaire Groussard et de l'affaire Guillaume. Bataille d'influence avec le général Laure et du Moulin.
>
> « 5° Jalousie du Maréchal vis-à-vis de l'amiral... et inconscience[62]. »

L'Amiral de la flotte céderait-il au délire de la persécution ? Nullement. Il ne fait que décrire exactement la réalité.

L'ambassade d'Allemagne va naturellement jouer un rôle décisif. L'impasse dans laquelle sont tombées les relations franco-allemandes dessert évidemment Abetz, qui voit son rôle réduit à néant et dont le crédit à Berlin est singulièrement amoindri : même son télégramme annonçant triomphalement que la France était prête à déclarer la guerre à la Grande-Bretagne et aux États-Unis n'a suscité aucune réaction. De plus, il se rend compte qu'il n'est plus l'interlocuteur exclusif de Darlan, qui s'adresse de plus en plus souvent au général von Stülpnagel. Le 24 février, le conseiller Achenbach arrive à Vichy pour un séjour de trois jours au cours duquel il voit quotidiennement Pétain : il lui répète à de multiples reprises qu'il n'y aura plus de négociations politiques avec le gouvernement actuel[63] » et lui conseille de rappeler Laval, seul susceptible de débloquer la situation. Il agite l'épouvantail d'un *gauleiter.*

Le gouvernement lui-même est divisé. La plupart des ministres sont attentistes, suivant en cela l'esprit du moment. Mais certains[64], conduits par Joseph Barthélemy — qui se voit peut-être succédant à l'amiral et qui ne lui pardonne pas ses plaisanteries sur son obésité — et par Lucien Romier — qui trouve Darlan trop indifférent à la Révolution nationale —, verraient sans déplaisir son remplacement et la constitution d'une nouvelle équipe débarrassée des partisans de la collaboration. Ils vont faire sans le savoir le jeu de Laval et des « collaborationnistes » dont ils veulent l'éviction.

En face, Laval dispose de partisans actifs avec les Jeunes Turcs : Benoist-Méchin, Barnaud, Marion, Le Roy Ladurie (Pucheu a une attitude plus réservée, car il sent « le vent tourner », et Lehideux, affecté par un deuil privé, reste en retrait). Benoist-Méchin, le plus actif, a de fréquents contacts avec l'ambassade allemande rue de Lille, rencontre Doriot et échafaude fiévreusement une combinaison dans laquelle Darlan resterait à la tête d'un gouvernement débarrassé des « attentistes » Bouthillier, Berthelot, Carcopino, etc. Dans un premier temps, il ne parle pas de Laval.

L'entourage du Maréchal fait chorus. Les plus montés contre Darlan sont Dumoulin, qui complote avec Barthélemy, Ménétrel, qui se proclamera plus tard ardent défenseur de la cause alliée, mais est surtout antisémite et reproche au gouvernement sa mollesse en ce domaine, et le général Laure, qui complote avec Romier et s'accroche constamment avec Darlan au sujet de la Légion des combattants. Au début de janvier, Laure rédige un projet de « lettre aux ministres », long et passablement confus, destiné à être publié pour exprimer « les vues du chef » et galvaniser ainsi les énergies. Darlan en a connaissance le 5 janvier. Il réagit avec une ironie brutale.

> « Il ressort de tout ce fatras touffu :
>
> « 1° Que le Maréchal est *sans autorité,* qu'il n'arrive pas à se faire obéir de ses ministres qui n'acceptent pas ses conceptions ; et que, pour avoir la paix, il finit par céder sur toute la ligne et dans presque tous les cas particuliers.
>
> Exemple : je n'ai pu obtenir la Corporation, j'ai été obligé d'accepter le syndicalisme, on m'impose des chefs sociaux que je ne veux pas, on ne discipline pas la nation selon mes formules, on m'a obligé à liquider le général Weygand, etc.
>
> « 2° Que les idées des ministres sont différentes de celles du Maréchal.
>
> Il dit en effet : " Il pourrait vous arriver de vous écarter de mes vues sur certains points..., faites taire vos préférences, etc. "
>
> « 3° Que les ministres n'obéissent pas non plus au vice-président du Conseil (voir la fin du papier).
>
> « 4° Que les ministres ne sont pas obéis de leur secrétaire d'État.
>
> « 5° Que la nation française se rend parfaitement compte que les ministres sont des incapables et qu'elle désire leur départ.

« 6° Que les ministres sont sans idéal et que, tout comme leurs devanciers, ils n'ont plus qu'une idée : revenir au radicalisme et liquider doucement ceux qui ont encore un idéal (voir tout le début de la page 3).

« Étant donné tout ceci, un seul devoir semblerait rester au chef : liquider tous les ministres, sauf le vice-président du Conseil qui paraît faire ce qu'il peut, mais ne parvient pas à guider convenablement les ministres.

« Or le Maréchal se contente, d'après ce papier, de renouveler sa confiance aux ministres (voir sixième paragraphe).

« C'est un deuxième aveu d'impuissance.

« Pour mettre le comble à l'inconscience, le papier réclame que la communication soit publique (cinquième paragraphe).

« Heureusement tout de même, constate le papier, quelque chose tient encore en France, c'est la Légion des combattants, avec laquelle bien entendu les ministres ne collaborent pas assez.

RÉSUMÉ

« Le Maréchal a d'excellentes idées. Son vice-président semble les partager.

« Ni l'un ni l'autre ne sont obéis de leurs ministres.

« Les ministres ne sont pas obéis de leurs subordonnés.

« Seule la Légion marche droit, mais le gouvernement ne collabore pas avec elle.

« Et comme solution, pour résoudre le problème :

d'une part le Maréchal raconte cela à tout le monde ;

d'autre part il renouvelle sa confiance à ses ministres[65]. »

On imagine l'ambiance… Parmi les conseillers de Pétain, aucun n'est « franciscain[66] ». Quand ce n'est pas Dumoulin qui décrie l'Amiral de la flotte, c'est Ménétrel. Quand ce n'est pas Ménétrel, c'est Laure qui vient exprimer les doléances de l'armée ou de la Légion, ou Gillouin, « ami personnel du Maréchal », qui s'en prend à la « technoploutocratie[67] ». Même la maréchale s'y met : une voyante lui a dit que Darlan « trahirait un jour le Maréchal[68] ». On prononce des réquisitoires contre sa politique, on colporte tous les ragots (Pétain raffole des potins) sur son goût du faste, sa vanité, ses plaisanteries plus que douteuses, du genre : « On me traîne à la messe tous les dimanches, je m'y emmerde à cent sous de l'heure, alors pour me revancher, je pète[69] ! » Et surtout, on suggère à Pétain que son successeur désigné ne songe qu'à prendre sa place le plus vite possible. Comme le dit Lucien Romier avec justesse, « Darlan est le successeur du Maréchal. Chaque fois qu'il entre dans son bureau, sa seule apparition semble lui dire : “ Frère, il faut mourir ! ” Le

Maréchal finit par lui trouver une figure de croque-mort[70] ».

En dehors de Vichy, Darlan doit aussi compter avec l'hostilité de l'armée, qui ne lui pardonne ni le renvoi de Weygand ni « les charrettes » de généraux mis à la retraite. Avec une impopularité qui atteint des sommets : on le rend responsable de l'aggravation des conditions d'existence, on lui reproche son style vaniteux et méprisant...

Seule lui reste fidèle « sa » marine : hormis quelques amiraux retraités qui médisent dans leur coin[71] et une poignée de « dissidents », le grand corps fait bloc autour de son chef, fier de voir l'un des siens au sommet de l'État, meurtri comme lui par les affaires de Mers el-Kébir, de Dakar et de Syrie. Les équipages partagent largement ces sentiments et sont maintenus dans une discipline stricte : 3 marins du cargo *Guist'hau* qui s'étaient mutinés le 6 mars 1942 durant la traversée du détroit de Gibraltar et avaient tenté de prendre le contrôle du navire sont condamnés à mort (pour deux d'entre eux) par le tribunal maritime d'Oran. Lorsque le recours en grâce arrive, Darlan le transmet avec la mention « refusé » et Pétain, pour éviter une discussion, signe...

Au sein du gouvernement, Darlan peut compter sur le fidèle Moysset et sur Bouthillier, ainsi que sur quelques secrétaires d'État. Un clan parmi d'autres, mais pas le plus important et sans soutiens extérieurs. Quand la crise finale va éclater, l'Amiral de la flotte sera tragiquement seul.

La chute finale

Si le complot du 13 décembre peut désormais être considéré comme bien connu, la crise de mars-avril 42 reste en revanche mal élucidée. Très complexe dans son déroulement, elle a été en outre obscurcie par des relations contradictoires : Darlan lui-même, écrivant à Alger quelques mois après, a confondu plusieurs dates. Dumoulin de Labarthète, qui a joué un rôle décisif, n'a avoué dans ses Souvenirs qu'une partie de ses agissements. Il en résulte la plus extrême confusion. Le récit le plus complet, celui de Robert Aron, est peu sûr. Il est donc utile de retracer en détail cette crise complexe qu'un certain nombre de pièces d'archives encore inutilisées permettent de mieux saisir.

Au mois de mars, Darlan est découragé. Il le dit à Dumoulin : « Rien ne va plus. Les Fritz se réservent. Les Américains me boudent. J'ai perdu la confiance du Maréchal. » Suit un long échange qui se termine par ces réflexions désabusées :

« Il n'y a que deux choses qui m'aient fait plaisir depuis six semaines : le retour du *Dunkerque* et la mise à flot de la Corporation des pêches maritimes.

— Vous revenez à la mer !

— C'est la preuve que la terre ne m'a rien valu[72]. »

Instant de découragement, bientôt surmonté. Darlan n'a aucune envie d'abandonner le pouvoir. Il sait que Laval attend son heure, mais compte sur la détestation de Pétain à l'encontre de l'ancien président du Conseil et sur le veto américain. Plus que jamais, il attend : les développements de la situation militaire, les suites des contacts d'Alain avec Murphy. A la fureur de Benoist-Méchin, il refuse de venir à Paris pour l'enterrement des victimes des bombardements anglais : « Je ne veux pas voir les troupes allemandes défiler devant les cercueils. Ce qui est arrivé est de leur faute. [...] D'ailleurs ils ont encore fusillé ce matin une cinquantaine d'otages. C'est bien le moment de procéder à des exécutions pareilles, quand on n'a pas encore enterré les victimes du bombardement anglais. Ils feraient mieux de se tenir tranquilles. Moi, j'en ai assez. S'ils veulent gouverner à ma place, ils n'ont qu'à le dire[73]. » Le 23 mars, il laisse Bouthillier répéter sa protestation contre les frais d'occupation[74].

Mais à la fin mars, les grandes manœuvres qui vont aboutir à sa chute se sont déclenchées. Elles viennent de deux directions opposées : Laval et du Moulin de Labarthète. Très convaincu de son habileté politique et du manque d'intelligence de ses contemporains, celui-ci veut se débarrasser de Darlan pour le remplacer par une « potiche », Romier ou Barthélemy, la réalité du pouvoir résidant dans « un robuste secrétariat général de la présidence du Conseil dont j'aurais assumé la direction[75] ». En fait, il va travailler pour Laval. Sans doute avec l'assentiment de Pétain[76], il entreprend de véritables consultations. Pucheu, qui a cessé de croire à la victoire de l'Allemagne et a changé de bord, conseille, le 19 ou le 20 mars, de résister aux exigences allemandes et de remanier le ministère en conservant Darlan :

« L'amiral paraît indispensable à M. Pucheu. On ne peut changer de dauphin tous les jours, et les Allemands font confiance au chef de la marine. Mais il importe de le décharger du détail des négociations et des affaires, en lui subordonnant trois secrétaires d'État à la Marine, à la Défense nationale, et aux Affaires étrangères. [...]

« Afin de permettre ce " décongestionnement ", il conviendrait que l'amiral devienne en droit président du Conseil, ce qu'il est déjà en fait[77]. »

Benoist-Méchin, rencontré le 22 ou le 23 mars, donne un avis différent : son sentiment est que, « dans l'esprit des Allemands, le gouvernement est condamné » ; le procès de Riom « a été pour le Chancelier [Hitler] la goutte qui fait déborder le vase ». Il estime cependant que « l'on pourra sauvegarder la personne de l'amiral, mais en le dépouillant de son entourage », et « il reste bien entendu que pour l'avenir les conversations ne pourraient reprendre qu'avec un gouvernement comprenant — avec ou sans l'amiral — Laval »[78]. Voilà le message allemand transmis à Vichy. A partir de là, les événements vont s'accélérer.

Le 25 ou le 26 mars[79], René de Chambrun, gendre de Laval et qui connaît bien Pétain, vient à l'hôtel du Parc et s'introduit dans l'antichambre du Maréchal. Heureux « hasard », celui-ci sort fort à propos.

> « Tiens c'est toi Bunnie ! Qu'est-ce que tu fais ici ?
> — J'étais venu voir Ménétrel et Dumoulin, monsieur le Maréchal.
> — Et que devient ton encombrant beau-père ?
> — Il va bien, monsieur le Maréchal. Il m'a chargé de beaucoup d'amitiés pour vous. Et je vous assure que s'il pouvait vous voir, ne serait-ce qu'une minute, il aurait des choses graves, confidentielles à vous dire.
> — Tu les connais ?
> — J'en connais quelques-unes.
> — Eh bien, viens me les raconter[80]. »

Chambrun « avait adroitement spéculé sur ce goût de la confidence qui portait le chef de l'État à s'enfermer pendant de longues heures avec le premier venu, lorsque ce premier venu lui semblait détenir des secrets importants[81] ». En tout cas, il sait se montrer persuasif : son beau-père a vu Goering à Paris, il faut absolument qu'il parle au Maréchal... Le lendemain ou le surlendemain, sans prévenir personne, et surtout pas Darlan, Pétain rencontre Laval pendant plus d'une heure dans la forêt de Randan. D'après Benoist-Méchin, Laval « relata son entrevue avec Goering et fit tout pour effrayer encore davantage le Maréchal. Il dénonça les " maladresses " de l'amiral [...], [dit] qu'il avait beaucoup réfléchi depuis le 13 décembre, et qu'il était fermement décidé à ne pas poursuivre une politique susceptible d'entraîner la France dans la guerre. Quant à rompre les relations avec les États-Unis, il s'en garderait d'autant plus qu'il pensait pouvoir jouer, selon les circonstances, le rôle de médiateur entre Berlin et Washington[82] ». Destinée à rester secrète, la nouvelle fait aussitôt le tour de Vichy. Dans l'après-midi, Darlan convoque Dumoulin. « Il a son regard des mauvais jours. »

« Alors, cette entrevue a été un succès ?

— Je n'en sais rien, amiral. Je l'ignorais encore il y a trois heures.

— Vous mentez fort bien.

— Mais non, je vous en donne ma parole.

— Alors, je ne vous félicite pas, car votre premier devoir était de veiller au grain. Le Maréchal nous met tous dans de jolis draps. Mais je vous préviens que je ne me rendrai pas sans combattre[83] ". »

Darlan voit Pétain qui lui déclare qu' « il n'avait rien promis à Laval[84] », mais lui demande d'aller le voir pour poursuivre la discussion[85]. L'amiral se rend donc à Châteldon le 28 mars[86]. Laval « déclara que la situation était très grave, que depuis son départ rien n'avait marché, ni à l'extérieur ni à l'intérieur, qu'il fallait songer à la paix et qu'il était nécessaire de s'entendre avec l'Allemagne qui serait certainement victorieuse. Il déclara qu'il ne désirait pas revenir au gouvernement, mais que, s'il revenait, il exigerait les pleins pouvoirs. En tout cas, il n'accepterait que si les Allemands lui permettaient d'apporter quelque chose de substantiel[87] ».

A ce moment, les pare-feu prévus par Darlan se mettent en place. L'amiral Leahy déclare au nom du président Roosevelt que « le retour au pouvoir de Monsieur Laval équivaudrait à une aggravation sensible des relations franco-américaines » et que « si le gouvernement français ne tenait aucun compte de ces observations, les États-Unis se verraient dans l'impossibilité de ménager plus longtemps les intérêts français d'outre-mer[88] ». La menace sur les Antilles et Madagascar est clairement brandie. Dans ces conditions, Pétain déclare à Darlan qu'il désire le voir « rester à la tête du gouvernement et que Laval devrait se contenter d'être ministre[89] ». Le 2 avril, Pétain reçoit de nouveau Laval, cette fois officiellement au pavillon de Sévigné, pour lui déclarer qu'il ne le reprendra pas au gouvernement. Mais, face à ce vieux routier de la politique, il se laisse piéger en acceptant la parution d'un communiqué qui permet à l'ancien président du Conseil de se poser en recours : « Initiateur de la politique de Montoire et estimant que la situation extérieure de la France s'aggrave de jour en jour, j'ai cru de mon devoir de m'en entretenir avec Monsieur le Maréchal Pétain. Des conversations ont eu lieu entre le chef de l'État et moi-même. Elles se sont terminées aujourd'hui par un dernier entretien au pavillon Sévigné[90]. » Darlan est évidemment furieux de ce qu'il considère comme « un blâme pour le gouvernement[91] » et essaie sans succès de s'opposer à sa publication[92]. D'après Ferdinand de Brinon, il est même prêt à abandonner ses fonctions et a rédigé un mémoire dans lequel il conclut que le retour de Laval est indispensable à la poursuite de la politique de collaboration et envisage trois solutions.

> « 1. Laval, vice-président du Conseil, lui chef forces militaires, assiste Conseil des ministres en cas de besoin.
>
> « 2. Deux vice-présidents Conseil, Laval et lui, accords sur la composition du gouvernement.
>
> « 3. Darlan vice-président Conseil, Laval collaborant ou soutenant. »

Il affirme à Brinon que la première solution a sa préférence et, après le déjeuner, le quitte en disant : « Maintenant, je vais remettre mon papier au Maréchal. » Il « part en sifflant[93] ».

Si cet épisode est vrai (Brinon est rarement un témoin sûr, mais on ne voit pas pourquoi il aurait inventé cela dans ses notes personnelles), il reste sans conséquences. Darlan surmonte sa rancune et renonce à remettre sa note à Pétain (il l'avouera à Brinon quelques jours plus tard). Après tout, la crise semble réglée à son bénéfice, et il peut s'estimer confirmé dans ses fonctions. La rumeur publique affirme d'ailleurs que la manœuvre de Laval a échoué[94]. L'Amiral de la flotte se met au travail pour réorganiser son équipe, selon le modèle pyramidal qu'affectionne le Maréchal. Il y voit l'occasion d'une vaste réforme administrative. Le Conseil des ministres se composerait sous la présidence du chef de l'État, du « chef du gouvernement » et de cinq ministres :
— de la Défense impériale et de la Sûreté nationale, assisté de quatre secrétaires d'État : Guerre ; Marine ; Aviation ; Sûreté ;
— des Affaires étrangères et des Territoires d'outre-mer ;
— de la Justice et de l'Intérieur, assisté de quatre secrétaires d'État : Intérieur ; Justice ; Travail ; Hygiène et Famille ;
— de l'Économie nationale, assisté de quatre secrétaires d'État : Finances ; Commerce-Industrie-Artisanat ; Organisation et Production agricoles ; Communications-Énergie-Mines-Travaux publics-Répartition des produits vitaux ;
— de la Jeunesse et de l'Éducation nationale.

« Les préfets sont placés sous l'autorité du chef du gouvernement et choisis par lui. [Ils] sont les représentants du gouvernement dans les départements. [...] Les chefs des divers services départementaux sont placés sous l'autorité des préfets et n'ont plus la correspondance directe avec leur secrétariat d'État. » Darlan n'oublie pas de préciser l'indépendance des préfets maritimes. Il avance des noms pour les ministères, exclusivement des fidèles : Bouthillier reste à l'Économie, Auphan va à la Jeunesse, Guichard aux Affaires étrangères, Darlan gardant pour lui la Défense [95]. Manifestement, il est convaincu qu'il va rester aux affaires. Malheureusement pour lui, tout va se trouver remis en cause par les agissements de du Moulin et par sa propre maladresse.

Toujours accroché à son idée géniale, Dumoulin persuade Pétain qu'après tout le meilleur gouvernement serait celui que le chef de l'État formerait lui-même, sans Laval ni Darlan, assisté par son fidèle conseiller. Romier serait vice-président du Conseil, Jean Mistler irait aux Affaires étrangères, Léon Noël à l'Intérieur... La Défense serait confiée à des civils tout à fait inconnus : Bernard de Plas à la Guerre, Pinelli à la Marine, Volpert à l'Air [96]. Projet à la limite du burlesque (les personnes ainsi retenues n'ont même pas été consultées), totalement ignorant de la situation politique, mais qui aura des conséquences capitales. Tandis que du Moulin, de plus en plus content de lui, s'offre un bon dîner et une séance de cinéma en rêvant de « journées radieuses », Pétain prend une initiative tragi-comique : il charge l'aviateur René Fonck, qui connaît Goering, de sonder le gouvernement allemand sur la liste qu'il a remaniée, Barthélemy prenant la place de Romier qui a refusé [97]. Comme le dit Benoist-Méchin, « que le chef de l'État eût éprouvé le désir de constituer un gouvernement de grands bourgeois germanophobes, c'était son affaire. Mais où la combinaison prenait un tour vraiment cocasse, c'est qu'avant de procéder à ces nominations, le Maréchal avait tenu à s'assurer l'approbation du Reich [98] ». A Paris, Fonck remet la lettre de Pétain à Goering, lequel s'empresse de la transmettre à l'ambassade [99]. Maintenant, les Allemands savent que « le Maréchal est prêt à sacrifier l'amiral [100] ».

De son côté, celui-ci commet une « maladresse insigne ». Il convoque le consul allemand Krug von Nidda [101] et lui remet une copie de la note américaine, en expliquant que le retour de Laval est impossible. Mais en agissant ainsi, comme l'écrit Robert Aron, il transforme la crise en épreuve de force entre les États-Unis et l'Allemagne [102]. A-t-il voulu « tomber » sous la pression allemande pour se dégager d'une fonction gouvernementale de plus en plus inconfortable et préparer l'avenir ? Plus probablement, il a commis une erreur tactique majeure en croyant intimider les Allemands.

La réponse arrive le vendredi 10 avril. Krug von Nidda informe Darlan que le gouvernement du Reich ne peut accepter son point de vue et ne comprend pas qu'il s'oppose au retour de Laval. En outre, il lui montre la lettre que Pétain a remise à Fonck. Surpris par ce double coup du sort auquel il ne s'attend pas, Darlan se rend chez Pétain : « Le Maréchal fut consterné. Il ressemblait à un écolier convaincu d'avoir copié le jour de la composition. » Dans l'après-midi, Pétain, Darlan, Moysset et Bouthillier se concertent longuement pour définir une riposte. Finalement, il décident :

> « 1° Que la question du retour de Laval ne serait pas portée au Conseil des ministres et que le Maréchal et l'amiral la poseraient à l'égard des Allemands et de Laval en des termes tels que l'affaire ne pourrait pas aboutir.
>
> « 2° Que l'amiral Darlan rencontrerait le président Laval et lui offrirait le portefeuille des Affaires étrangères, lui-même demeurant vice-président du Conseil et ministre de la Marine.
>
> « 3° Qu'un remaniement ministériel très limité aurait lieu : M. Georges Bonnet remplaçant M. Pucheu à l'Intérieur et M. Benoist-Méchin étant éliminé du gouvernement. Un ministre de la Guerre serait immédiatement désigné [103]. »

Le scénario ainsi mis au point prévoit que, dès que Laval aura refusé, le Maréchal publiera un communiqué mettant un terme à la question du remaniement ministériel et que les choses se calmeront après quelques semaines de tension, comme après le 13 décembre. La crise se terminerait donc par l'élimination de l'hypothèque Laval et l'abaissement de l'entourage du Maréchal qui, dans le projet concocté par Bouthillier et Moysset, n'aurait plus aucun rôle politique [104]. La position de Darlan, qui recevrait le titre nouveau de Premier ministre, en serait notablement renforcée. Mais les événements vont prendre un autre cours.

Le lendemain matin (11 avril) arrive une mise en demeure allemande : « Du côté allemand on attend une décision claire telle que, au moment de l'entrée de Laval au gouvernement, c'est à lui que sera transférée, sans aucune ambiguïté, la conduite de la politique française », c'est-à-dire qu'il doit contrôler les Affaires étrangères, l'Intérieur et l'Information. Darlan pourrait rester successeur désigné, partagerait avec Laval le titre de vice-président du Conseil et aurait en charge la Défense. En somme, le gouvernement serait bicéphale [105]. Seule satisfaction pour Darlan, les Allemands exigent l'éloignement immédiat de Dumoulin.

Pétain, qui s'est lui-même placé dans un situation impossible, n'a plus qu'une solution : se raccrocher à Darlan pour éviter Laval. Recevant l'Amiral de la flotte, il s'oppose au retour de Laval malgré l'ultimatum allemand [106]. Lutteur surmontant toujours ses moments de découragement [107], celui-ci modifie la combinaison de Moysset et Bouthillier pour faire une place à Laval, avec deux idées directrices : cantonner l'ancien vice-président du Conseil dans une position subordonnée et se débarrasser une fois pour toutes des « pères Joseph » qui entourent le Maréchal.

« 1° Le Maréchal accepte le principe de l'entrée de M. Pierre Laval dans le gouvernement réorganisé et remanié, ayant l'amiral pour chef, sous la haute autorité du Maréchal.

Le Maréchal entend ainsi donner l'assurance au gouvernement allemand qu'il est résolu à poursuivre une politique de rapprochement franco-allemand.

« 2° Dans l'intérêt de ce rapprochement et dans celui de M. Pierre Laval il semble au Maréchal que le retour de l'ancien vice-président du Conseil dans le gouvernement ne doit pas avoir lieu dans un climat de tension et de froideur entre les deux pays.

Il y aurait intérêt à ce que ce retour fût précédé et suivi de mesures favorables à la France prises par l'Allemagne de nature à faire comprendre à l'opinion publique les avantages immédiats du rapprochement et à lui faire attacher moins d'importance aux réactions américaines probables.

En outre, le Maréchal aurait ainsi les arguments voulus pour expliquer au peuple français les motifs qui l'ont conduit à reprendre M. Pierre Laval comme l'un de ses collaborateurs.

Sinon, il est à craindre que M. Pierre Laval apparaisse simplement à la population française comme l'homme dont le retour au gouvernement a été imposé par l'Allemagne et qui n'apporte à la France aucun avantage mais beaucoup d'inconvénients.

Le principe du retour au gouvernement de M. Pierre Laval étant admis, le moment de ce retour pourrait être fixé par M. Pierre Laval de manière à ce qu'il se produise dans les circonstances les plus favorables.

« 3° L'intention du Maréchal est de réorganiser le gouvernement de la manière suivante.

Le Maréchal est assisté par un Premier ministre, l'amiral Darlan, chef du gouvernement, et par un vice-président du Conseil qui, sous sa haute autorité, dirigent et contrôlent l'action des membres du gouvernement.

Les décisions de politique générale sont prises par un Conseil des ministres, présidé par le Maréchal et composé :

du Premier ministre, ministre de la Défense nationale,
du ministre des Affaires étrangères,
du ministre de l'Intérieur,
du ministre de l'Économie nationale,
des ministres d'État,
du ministre chargé des négociations économiques et de la Direction des services de l'armistice.

Le Conseil des ministres et des secrétaires d'État, Conseil de cabinet, est présidé par le Premier ministre ou, à son défaut, par le vice-président du Conseil.

« 4° Les services de la présidence du Conseil et ceux de la vice-présidence du Conseil, qui sont déjà fusionnés, sont placés sous l'autorité exclusive du Premier ministre par l'intermédiaire du secrétaire général du gouvernement (actuellement le secrétaire général de la vice-présidence du Conseil) et prennent le nom de secrétariat général du gouvernement.

Le secrétaire général du gouvernement est chargé, par délégation du Premier ministre, de présenter à la signature du Maréchal les textes qui doivent la porter.

« 5° La Maison du Maréchal ne comprend plus qu'un cabinet, un secrétariat particulier et des officiers d'ordonnance.

La Maison du Maréchal n'a aucun rôle politique.

Le poste de secrétaire général du chef de l'État est supprimé.

« 6° L'intention du Maréchal est de modifier la composition actuelle du gouvernement en désignant de nouveaux titulaires pour certains secrétariats d'État.

Il est disposé à attribuer à M. Pierre Laval le poste de ministre, secrétaire d'État aux Affaires étrangères et à l'Information, avec le titre de vice-président du Conseil.

Les ministres et secrétaires d'État seront choisis par le Maréchal, sur proposition de l'amiral Darlan, Premier ministre, après accord avec M. Pierre Laval, vice-président du Conseil pour le ministre de l'Intérieur[108]. »

Pétain ayant approuvé cette note, Darlan va voir Laval à Châteldon dans l'après-midi. A partir de là, les événements deviennent plus flous. Bouthillier, qui n'a pas eu connaissance des rebondissements de la matinée (mise en demeure allemande et remaniement de la note qu'il a préparée avec Moysset pour faire une place à Laval), est persuadé que l'amiral a offert à Laval les Affaires étrangères sans la vice-présidence du Conseil. Peut-être est-ce ce qu'il a tenté dans un premier temps. Puis, devant le refus de son interlocuteur, il lui a concédé une vice-présidence du Conseil et l'Information. Le gouvernement serait donc bicéphale (Darlan aurait le titre de Premier ministre), et Laval n'aurait pas l'Intérieur. Ce n'est pas autant qu'il le souhaite, mais c'est déjà substantiel. Contrairement à ce qu'affirme Bouthillier, il n'oppose pas un refus catégorique, car Darlan lui transmet le texte corrigé de sa note le lendemain 12[109], et la lettre à Hitler que Pétain et Darlan s'apprêtent à envoyer le 13 ne prend pas acte du refus de Laval — contrairement à ce que suggère Aron —, mais rend compte de l'accord arrêté selon les modalités ci-dessus décrites, et il paraît difficile d'admettre qu'elle ne rapporte pas la situation réelle.

« Monsieur le Chancelier,

« Je tiens à vous informer personnellement des décisions que je prends pour la constitution de mon gouvernement et sa politique.

« J'ai demandé à M. Pierre Laval de faire partie du gouvernement réorganisé et remanié. J'entends ainsi vous donner l'assurance que je suis résolu à poursuivre une politique de rapprochement franco-allemand.

« Dans l'intérêt de ce rapprochement, comme dans celui de l'action personnelle de M. Laval, je pense qu'il est peu désirable que ce retour ait lieu dans un climat de tension entre nos deux pays. Je laisse toutefois à M. Laval le soin de fixer le moment de ce retour afin qu'il se produise dans les circonstances les plus favorables.

« Mon gouvernement serait ainsi organisé. Je serais assisté d'un Premier ministre, l'amiral Darlan, et du vice-président du Conseil, M. Pierre Laval. Monsieur Laval assumerait en particulier la direction des Affaires étrangères et celle des service de l'Information. Le choix du ministre de l'Intérieur interviendrait d'accord entre l'Amiral Darlan, M. Laval et moi-même [110]. »

Il n'y a donc pas rupture des conversations. Mais l'Amiral de la flotte, pris d'un accès de découragement après son entrevue avec Laval, annonce dans la soirée son intention de se retirer :

« Le Maréchal doit laisser continuer l'expérience Laval jusqu'au bout.

« Si M. Laval réussit, tant mieux.

« Si M. Laval échoue, la situation sera éclaircie.

« La politique de rapprochement doit toujours être tentée.

« Tout montre qu'elle ne peut l'être que par M. Laval, le Maréchal restant chef de l'État.

« L'amiral n'a que deux décisions possibles :

1° Seconder le Maréchal en conservant le delphinat et en prenant, sous l'autorité du Maréchal, le commandement en chef, *mais sans être ministre ou subordonné à un ministre.*

2° Se retirer.

« La première décision est celle qui doit être choisie de préférence pour que l'on ne puisse pas dire que nous "torpillons " l'expérience Laval et si le Maréchal désire que l'amiral continue à le seconder.

« Si le Maréchal renonçait à l'heure actuelle à appeler M. Pierre Laval pour former le gouvernement, les Allemands auraient la conviction que le " vieux renard " trop rusé essaye de les " rouler " et ils n'hésiteraient pas à prendre les décisions extrêmes néfastes pour le pays.

« Le Maréchal doit rester le chef de l'État.

« Il est préférable que, sans être membre du gouvernement, l'amiral continue à le seconder.

« Il *faut,* à l'heure actuelle, que M. Laval devienne chef du gouvernement [111]. »

La journée du dimanche 12 se passe donc à remonter le moral de Darlan ; Moysset, Bouthillier et Auphan y parviennent. Pour faire oublier son comportement antérieur, Pétain lui accorde son maintien en activité sans limite d'âge et lui adresse, à sa demande, une lettre le confirmant sans équivoque dans ses fonctions : il désavoue le colonel Fonck qui aurait, « de sa propre initiative », recueilli un certain nombre de noms et « réparti entre eux les différents départements ministériels » (mensonge éhonté), et lui réaffirme avec éclat son appui : « Vous savez bien que vous avez toute ma confiance et que je ne puis envisager l'idée que vous ne conserviez pas la direction du gouvernement[112]. » Le soir même, Ferdinand de Brinon rencontre un Darlan tout ragaillardi : « Amiral a fait un vire-volte complet. Affirme retour Laval impossible sans préparation d'opinion. Veut rester à la tête du gouvernement[113]. »

Il est entendu que Darlan se rendra le lundi 13 à Paris pour rencontrer le général von Stülpnagel (et non Abetz, acquis à Laval). Dans l'esprit de Bouthillier, il s'agit d'informer les Allemands « 1° du refus de M. Laval d'accepter le portefeuille des Affaires étrangères ; 2° de la décision du Maréchal de clore les conversations avec l'ancien président[114] ». Moins jusqu'au-boutistes, Pétain et Darlan essaient avant tout de gagner du temps, de différer autant que possible le retour de Laval, sous prétexte de créer un nouveau climat dans les relations franco-allemandes et de préparer l'opinion. Darlan expose le but et le déroulement de la manœuvre dans une note qu'il remet à Pétain.

« [...]

4° Il est essentiel que l'opération politique en cours soit exécutée d'un seul coup et dans son ensemble.

Il convient donc que soient précisés au Maréchal :

— le plan d'organisation du gouvernement,

— la liste de ses membres,

— les grandes lignes de la politique gouvernementale.

Faire préciser notamment la question de la neutralité. A tort ou à raison, le nouveau gouvernement va passer pour vouloir pratiquer une forme de collaboration pouvant aller jusqu'à l'alliance et la cobelligérance avec l'Allemagne. Or la France ne peut pas sortir de la neutralité, c'est-à-dire de la politique de l'armistice.

« 5° L'opération en cours étant destinée à créer des relations confiantes entre l'Allemagne et la France, l'accord de l'Allemagne doit être formel, notamment sur le point essentiel : Monsieur P. L. doit-il être le chef du gouvernement ?

« 6° En conclusion :

— Écouter la relation du voyage à Paris.

— Demander le plan complet et détaillé du nouveau gouvernement.

— Demander sous quelle forme le gouvernement allemand fait connaître son accord.

— Demander un projet de déclaration du nouveau gouvernement.

— Exposer qu'il convient de réfléchir[115]. »

La manœuvre est pour le moins délicate. Elle pourrait réussir si Darlan agissait sans perdre un instant. Mais quand Rochat lui conseille de partir le soir même pour Paris, il ne suit pas cet avis judicieux et se contente de « commander les voitures pour le lundi à une heure matinale[116] ». Ce retard lui sera fatal, car le consul allemand à Vichy Krug von Nidda, averti du départ imminent de l'amiral pour Paris, en informe Abetz dans la soirée. L'ambassadeur a toute la nuit pour préparer sa riposte...

Le 13 avril au matin, Ferdinand de Brinon téléphone à Ménétrel pour lui dire que la situation est très grave et qu'il est prêt à venir à Vichy. Dans le même temps, l'ambassade (d'où sort Brinon) fait savoir qu'« un voyage de l'amiral à Paris avant la fin de la crise gouvernementale n'est pas désirable[117] », et qu'en conséquence il ne sera pas autorisé à franchir la ligne de démarcation. Nouvelle réunion Pétain-Darlan-Moysset-Bouthillier dans la matinée : les deux ministres insistent pour que les Allemands soient placés devant une position « officielle et catégorique » du chef de l'État. Pétain donne son accord, mais Ménétrel le fait changer d'avis. Il attendra Brinon, qui a annoncé sa venue.

L'ambassadeur arrive à Vichy dans l'après-midi et, naturellement, déconseille d'envoyer la lettre à Hitler : « Erreur considérable d'envoyer cette lettre, elle représente précisément ce que le Führer ne veut plus, c'est-à-dire d'attendre ; en ai eu la certitude cette nuit par les communications échangées entre ambassade et quartier général [Abetz]. Seule solution, celle exposée par rapport amiral au maréchal » [le rapport du 3 avril que Darlan a renoncé à remettre][118]. Darlan acquiesce : « Par conséquent, il n'y a plus que ma solution n° 1 (Laval chef du gouvernement et Darlan commandant en chef). C'est tout ce que je voulais savoir de vous. [...] Maintenant, nous allons monter ensemble chez le Maréchal et vous lui expliquerez ce que vous m'avez dit. » Aussitôt introduit, Darlan se contente de dire : « Brinon va vous expliquer. » Pétain écoute et conclut avec aplomb : « Il y a longtemps que c'est mon avis, c'est ma solution. » Et, s'adressant à Darlan : « Il faut donc que vous parliez avec Laval ; quand l'avez-vous vu ? — Je crois samedi dernier [le 11]. — Eh bien, il faut le revoir, allez-y tout de suite avec Brinon. »

Darlan et Brinon partent aussitôt, alors que le soir commence à tomber. Sachant qu'il a gagné la partie, Laval se montre exigeant et même insolent ; à en croire Brinon, Darlan passe un moment difficile :

> « Introduits aussitôt. Amabilités de l'amiral au chien. Laval arrive. Court exposé de l'amiral. Maréchal a pris maintenant décision retour Laval. Silence Laval. Déclare d'abord : “ Vous m'avez remis une note qui est d'une rare insolence, vous dites que je suis impopulaire et qu'il faut préparer l'opinion. Je ne l'admets pas. Moins populaire que votre gouvernement ”. Amiral répond : “ Mais cette note est retirée[119]. ” »

Laval accuse ensuite Darlan d'avoir été l'un des organisateurs du coup du 13 décembre. Son interlocuteur avance des explications laborieuses. Laval reprend : il « veut bien s'entendre avec amiral puisque dauphin, n'a rien contre, mais veut tout le pouvoir gouvernemental pour ne pas s'exposer à pareille aventure. Darlan lui dit : “ Le Maréchal n'acceptera pas. — Pourtant il acceptait de vous le donner, j'ai vu dans un de vos papiers que vous aviez repris mon idée à votre compte ” ». Finalement, il déclare qu'il ira à Vichy le lendemain matin.

Comme lors de sa première entrevue avec Hitler, en décembre 40, Darlan laisse passer l'orage. A peine remonté en voiture, il dit sans sourciller : « J'ai toujours eu la conviction que je m'entendrais parfaitement avec le président Laval. » Pétain, informé, se déclare « très content du résultat. Répète que ça a toujours été sa solution », mais il passe une fort mauvaise nuit et hésite le lendemain à serrer la main de Brinon[120]. Il envisage un ministère bicéphale, Laval n'étant que le « chef civil du gouvernement », Darlan restant à égalité de titulature avec Laval[121].

Le lendemain mardi 14 à 11 heures 30, Pétain, Darlan et Laval se rencontrent au pavillon Sévigné. Il apparaît que Laval veut la totalité du pouvoir et qu'il n'acceptera aucune dyarchie. Darlan, de son côté, refuse toute subordination au chef du gouvernement. Il sera donc commandant en chef, en dehors du gouvernement. Marion, secrétaire d'État à l'Information, annonce les décisions prises : « Pétain reste chef de l'État et renonce au titre de chef du gouvernement. Darlan reste dauphin, aura le droit d'assister quand il le voudra aux délibérations gouvernementales comme chef de l'armée, mais ne fera pas partie de la combinaison ministérielle. Laval prend la direction des Affaires extérieures et intérieures, sans avoir le titre de chef du gouvernement[122]. » Le nouveau gouvernement sera connu le surlendemain 16 avril.

Tout paraît donc réglé. En fait, on a seulement abouti à un

accord de principe, dont les modalités restent à définir. Le 15, Laval est à Paris, où il déjeune avec Déat, Brinon... Pendant ce temps, les adversaires de Laval tentent un ultime effort. Dans le cabinet du Maréchal, Darlan, Moysset et Bouthillier font valoir que le retour de Laval serait une catastrophe :

> « En particulier dans l'empire, les répercussions, immédiates ou médiates, peuvent être incalculables. Les risques d'un refus sont bien moins grands. Les Allemands ne peuvent rien contre le Maréchal. [...] L'audace de chasser Laval le 13 décembre 1940 a été bien plus grande que ne le serait l'audace de ne pas le reprendre en avril 1942.
>
> « L'amiral Darlan exposa qu'à la veille de la campagne du printemps en Russie, il était exclu que le commandement allemand immobiliserait en France les dix ou douze divisions supplémentaires nécessaires à l'occupation de la zone libre. [...] L'amiral estimait que l'attentisme s'imposait plus que jamais. En fin de compte, c'est de la France que dépendait la maîtrise de la Méditerranée. Il expliqua alors comment, depuis l'automne 1941, il pensait que l'Allemagne perdrait la guerre.
>
> « " Voilà pourquoi, dit alors M. Moysset, le génie politique pour le Maréchal est de gagner la fin de cette année 42 sans modifier en quoi que ce soit sa position[123]. " »

L'ardeur de Moysset et de Bouthillier remue Pétain, qui a toujours autant d'aversion envers son ancien vice-président du Conseil : « Son retour serait catastrophique. Il est capital de nous passer de lui. » Il charge ses ministres de préparer un questionnaire à soumettre à Laval dans l'espoir qu'il refusera. Darlan se met aussitôt à l'ouvrage :

> « M. Laval m'a parlé d'un protocole à établir : il paraît préférable de l'établir avant la formation du gouvernement. Avant de prendre une décision définitive, il convient que soient définis les points suivants :
>
> « 1° *Politique extérieure.*
>
> Définir le rapprochement franco-allemand.
>
> Doit-il aller à la cobelligérance avec l'Allemagne contre l'U.R.S.S. ?
>
> Doit-il aller jusqu'à la rupture avec les État-Unis et les risques de guerre avec cette puissance et avec l'Angleterre ?
>
> Qu'apporte l'Allemagne à M. Laval dans l'hypothèse des différentes natures de rapprochement ? M. Laval a-t-il des certitudes, ou a-t-il des promesses ?
>
> De qui les tient-il ?
>
> Y a-t-il un document officiel dont le Maréchal puisse faire état pour savoir réellement que M. Laval peut apporter quelque chose ?

« 2° Acceptation du décret C.E.C. [fixant les attributions de Darlan].

« 3° *Politique intérieure.*

Quelles sont les intentions de M. Laval :
sur l'administration,
la régionalisation,
l'organisation du travail,
le ravitaillement
[...]

Les renseignements montrent que l'opinion est troublée par le retour de M. Laval.

Les menaces américaines ne paraissent pas vaines.

« 4° La composition du gouvernement.

« 5° L'organisation du gouvernement.

Prérogatives des secrétaires d'État
éventuellement des sous-secrétaires d'État
des secrétaires généraux.
Maintien de l'amiral Bard comme préfet de police.
Résidents généraux et gouverneur général en Afrique du Nord.
Gouverneur général de l'A.O.F.
Personnel diplomatique.
[...]
Personnel des commissions d'armistice [124]. »

Prudent, Darlan demande que le décret le nommant commandant en chef soit publié avant l'annonce du remaniement. Il obtiendra satisfaction puisque le décret paraîtra le lendemain 16 avril. Rédigé par lui-même, il dispose que l'Amiral de la flotte « sera maintenu dans la première section du cadre des officiers généraux de la marine sans limite d'âge, avec rang, titre et prérogatives d'Amiral de la flotte [125] ». En 1939, Darlan n'avait obtenu que le *titre* d' « amiral de la flotte » ; trois ans plus tard il y ajoute le *rang*.

Sage précaution. Chez Pétain, en 1942, l'ardeur combative ne dure jamais bien longtemps. Et face à un vieux routier comme Laval, il n'est pas de force. Le 16 à midi, il reçoit Laval accompagné de Brinon, qui sera bientôt récompensé de ses agissements par un secrétariat d'État. Il parvient à repousser Marquet, à éviter Benoist-Méchin aux Affaires étrangères, à sauver Romier qui achève la Constitution à laquelle il tient tant. Mais c'est tout ; il n'obtient aucune des garanties souhaitées, ne peut ni sauver Bouthillier, Berthelot et Caziot, ni éviter Bonnard, qu'il appelle la « Gestapette », ni obtenir l'éviction de Scapini (« qu'on me débarrasse de cet aveugle et de son nègre ! ») [126]. Darlan reste à l'écart de ces tractations et n'intervient que pour la nomination du secrétaire d'État à la Marine : il faut choisir entre Platon et Auphan ; naturellement, c'est le second qui est choisi, bien qu'il ait écrit une lettre jugée injurieuse pour Laval.

Le 17 avril, le cabinet Darlan se réunit pour la dernière fois. Chaque ministre signe la lettre collective de démission. La lettre que Darlan remet à Pétain est jugée « très digne[127] ». Pétain déclare : « Messieurs, j'agis sous la contrainte. » Après d'ultimes tractations marquées par quelques désillusions et le cortège habituel de rumeurs[128], le cabinet Laval est constitué le 18. Dernière péripétie, le communiqué qui annonce le transfert de « la direction effective de la politique extérieure et intérieure de la France » à Pierre Laval précise que « l'amiral Darlan est autorisé à prendre part aux séances du Conseil des ministres lorsque seront traitées des affaires relevant de ses attributions[129] », formule plus restrictive que celle qui avait été primitivement prévue (« quand il voudra »).

Le retour de Laval entraîne le départ de l'amiral Leahy, la représentation américaine étant réduite à un chargé d'affaires. Avant de quitter Vichy, il va voir Darlan qui essaie de « faire bonne contenance malgré son changement de situation[130] ». En réalité, l'Amiral de la flotte est durement atteint, et il en veut à tous ceux qui ont contribué à sa chute : Pétain qui ne l'a pas soutenu au moment critique ; du Moulin, dont les manigances ont joué un rôle décisif ; les Américains, dont l'intervention maladroite a provoqué la colère des Allemands (ici, il devrait plutôt s'en prendre à lui-même, car c'est lui qui a porté la note américaine à la connaissance des Allemands ; mais l'autocritique n'est pas son fort) ; et les Allemands bien sûr, ainsi que son concurrent victorieux.

Sans les maladresses de Pétain, de Dumoulin et de Darlan, la crise aurait-elle été évitée ? Le gouvernement aurait obtenu un sursis, c'est certain, mais il est probable qu'il aurait tout de même fini par chuter assez rapidement, sans doute avant l'été : Laval voulait passionnément revenir au pouvoir ; Abetz voulait se débarrasser de Darlan, qui avait raidi son attitude et de plus le court-circuitait en s'adressant directement à Stülpnagel ; l'entourage de Pétain voulait aussi son élimination, sans se rendre compte qu'en agissant ainsi, il travaillait pour Laval ; le gouvernement était au bord de l'éclatement. Les choses ne pouvaient rester longtemps en l'état.

Mais, même durement ressentie, la fin de son gouvernement rend à Darlan sa liberté et va lui permettre de préparer son « retournement », rendant possible ce qui va se passer à Alger à partir de novembre.

CHAPITRE XVIII

Commandant en chef

Récapitulant une fois de plus les « origines de la crise », Darlan note le 27 mai : « Personne ne désirait que je quitte le gouvernement. Certains voulaient que je partage la direction. D'autres voulaient que je reste en sous-ordre. Ma solution les a tous embêtés [1]. » Présentation un peu optimiste de la situation. En fait, la crise s'est terminée par son éviction du gouvernement, éviction qu'il a combattue tant qu'il a pu et qui était voulue par ses adversaires. Bien rares sont ceux qui perçoivent, comme le fait Benoist-Méchin, que l'Amiral de la flotte conserve une position clef [2]. Laval lui-même, ayant enfin retrouvé le pouvoir, n'attache aucune importance à cette dissociation du civil et du militaire, convaincu qu'elle n'est que temporaire et qu'il finira par se débarrasser complètement de son rival. Celui-ci organise son fief, va travailler à la réorganisation des forces militaires et attendre son heure.

Un placard doré

Les attributions du commandant en chef des forces militaires de terre, de mer et de l'air sont définies par la loi n° 509 du 16 avril 1942. Désigné par le chef de l'État et placé sous ses ordres directs, « il est chargé de l'organisation, de l'instruction, de l'entraînement et de l'emploi des forces militaires », il donne son avis sur les décisions gouvernementales relatives à « l'armement, l'équipement, le ravitaillement et les approvisionnements », « il règle les promotions, désignations, changements d'état des officiers généraux », « la nomination des officiers supérieurs et des commandements est soumise à son approbation ». Il contrôle la navigation marchande et aérienne, c'est-à-dire les communications avec l'empire. La Direction des services de l'armistice passe sous la tutelle de Laval, mais l'amiral Bourragué reste à sa tête et Darlan sera consulté pour toutes les décisions militaires. En fait, Darlan a conservé, sans les modifier, les attributions du ministre de la Défense nationale. Ainsi qu'il l'écrit le 20 avril : « L'organisation prévue par la loi n° 509 étant exceptionnelle, mon intention est de ne pas démolir l'organisation existante, mais de l'adapter simplement à la situation actuelle[3]. »

Des arrêtés pris par Darlan, par délégation du chef de l'État, et rédigés par lui le 28 avril, précisent les modalités de la nouvelle organisation : l'arrêté n° 1 lui transmet les attributions précédemment dévolues au ministère de la Défense nationale, les arrêtés n°s 2 et 3 organisent l'équipe du commandant en chef, l'arrêté n° 4 règle les honneurs à lui rendre (les plus élevés, bien entendu), les arrêtés n°s 5, 6, 7 et 8 fixent ses relations avec les secrétaires d'État à la Guerre, à la Marine et à l'Aviation et avec le chef d'état-major des colonies, l'arrêté n° 9 traite de l'acheminement de la correspondance et l'arrêté n° 10 donne délégation de signature aux chefs d'état-major « pour les questions relatives à l'organisation, l'instruction et l'entraînement des forces militaires, dans le cadre de ses directives générales ».

Dès le départ, il est évident que ce dédoublement entre les chefs d'état-major et les secrétaires d'État est illogique. Dans l'esprit de Darlan, « les secrétaires d'État militaires recevront les attributions des chefs d'état-major généraux. Les états-majors de l'armée de l'air et l'Amirauté seront donc sous leurs ordres et en tant que chef d'état-major général, les secrétaires d'État seront placés sous l'autorité du commandant en chef. Ils seront assistés chacun d'un chef d'état-major. Le commandant en chef lui-même sera assisté d'un chef d'état-major pour l'armée, d'un chef d'état-major pour la marine, d'un chef d'état-major pour l'air ». C'est-à-dire que chaque armée a deux chefs d'état-major[4]. Les chefs d'état-major « en titre » préparent les directives du commandant en chef, les secrétaires d'État sont chargés des mesures d'exécution. Dans la pratique, la distinction n'est pas aussi nette. La seule solution rationnelle consisterait à fusionner les fonctions de chef d'état-major et de secrétaire d'État, mais elle ne sera retenue que pour la marine, au profit d'Auphan. Pour l'armée et pour l'air, elles ne sont pas confondues, sans que l'on puisse dire si cette dyarchie répond au souhait de Darlan — qui entend ainsi diviser pour régner —, ou de Laval — qui veut éviter une subordination trop étroite des secrétaires d'État au commandant en chef et espère tirer profit des dissensions qui ne manqueront pas de surgir.

L'équipe de Darlan est solidement constituée, avec des hommes sûrs et de grande valeur. Le cabinet est dirigé par un « A.D.D. » de longue date, Battet, qui a reçu les étoiles juste avant son retour des Antilles, à quarante-huit ans, ce qui en fait le plus jeune officier général de la marine après Auphan. Il est assisté de trois officiers, un de chacune des trois armées, la marine étant représentée par le fidèle Jouanin. Le chef d'état-major du commandant en chef est le général de brigade Revers, que Darlan connaît depuis les canonniers-marins et dont il aurait fait un secrétaire d'État à la Guerre après la mort d'Huntziger s'il avait été plus ancien. Trois sous-chefs, un par armée : contre-amiral Lemonnier pour la marine, lieutenant-colonel Journois pour l'armée de terre, colonel Moniot pour l'air. Le capitaine de vaisseau Dupré est chef d'état-major pour les services rattachés, le général Bergeret, que Darlan retrouvera à Alger, devient inspecteur de la défense aérienne du territoire. Il a démissionné du secrétariat d'État à l'Air pour ne pas être sous les ordres de Laval. Son remplaçant, le général Jannekeyn, n'a accepté de lui succéder qu'à condition qu'il n'y ait pas de collaboration militaire avec l'occupant : Darlan lui a donné sa parole d'honneur qu'il ne l'accepterait jamais[5]. Guichard dirige le cabinet civil. Le capitaine de vaisseau Paul Fontaine est premier aide de camp ; appelé à un commandement, il sera remplacé le 30 juin par le capitaine de corvette Henri Ballande. Comme le note ce dernier, cette équipe comporte des individualités de grande envergure : « Revers, Lemonnier, Battet et Bailly deviendront chefs d'état-major de leurs armées respectives, Beaufort, ancien adjoint de Journois, sera appelé par le général de Gaulle, président de la République, à la tête de sa maison militaire. Journois mourra, hélas ! au camp de Neuengamme[6]. »

Organisation des forces militaires

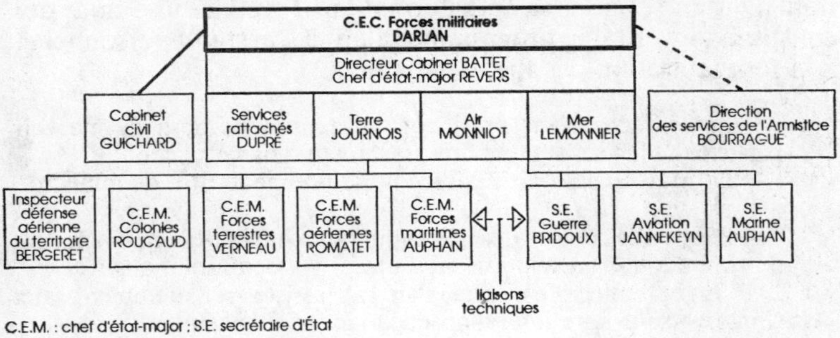

C.E.M. : chef d'état-major ; S.E. secrétaire d'État

Tout ce monde est installé à l'hôtel Thermal, siège du commandement en chef. Darlan a conservé un appartement à l'hôtel du Parc, où réside Pétain, au quatrième étage (le Maréchal est au troisième) et il partage son temps entre les deux hôtels. « Au Parc, l'amiral Darlan n'a pas de visiteurs... au Thermal, où il passe la majeure partie de la matinée, il accorde rendez-vous et audiences. Arrivant en voiture vers 9 heures 30, il traite les questions du jour avec Battet et Revers, puis reçoit pendant au moins une heure. Ses visiteurs sont le plus souvent des officiers généraux des trois armées, promus, mutés ou de passage à Vichy, des officiers supérieurs appelés à un commandement important ou qu'il connaît personnellement. En fin de matinée, il gagne, le plus souvent à pied, l'hôtel du Parc où il restera jusqu'au déjeuner puis reviendra passer l'après-midi[7]. »

Il conserve donc à la fois une position très élevée et les moyens de tenir son rang. Les apparences sont sauves. Mais il se trouve en fait écarté du pouvoir, et c'est pour lui une humiliation, comme le note Barthélemy, qui ne l'aime pas :

> « Il avait donc bien des avantages. Mais il n'était pas ministre. Il n'avait pas de droit son entrée au Conseil. Il n'y venait que quand il était convoqué, pour des questions militaires. Il y prit ma place à la droite du Maréchal, mais ce n'était plus la place en face, la seule qui lui parût digne de lui, en attendant mieux.
>
> « Au moment de la présentation du cabinet au Maréchal, il était là ; les photographes aussi, mais Laval les renvoya. À la seconde séance, Darlan n'était pas là ; Laval retint les photographes. Darlan revint quelquefois. Puis Laval lui fit la grâce de l'admettre à toutes les séances. Il ne tenait plus la première place, il ne plastronnait plus, il ne paradait plus, il ne monologuait plus. Et même ces fortifications et ces redans fantaisistes à la Vauban qu'il dessinait sans relâche d'un crayon impérieux et appuyé, il les avait abandonnés pour une méditation morose[8]. »

Quelques semaines après la mise en place de cette organisation, Darlan songe à sa transformation. Il rédige une note qui constitue un véritable programme relatif à son statut personnel et à la réorganisation des forces militaires.

> « Le Maréchal et le président ont exprimé le désir de me voir participer plus activement aux travaux du gouvernement.
>
> « Le Maréchal paraît désirer que je prenne le titre de ministre.
>
> [...]
>
> « Pour tenir compte des désirs du Maréchal et des arguments qui ont fait adopter la solution présente, il y a deux solutions :
>
> 1° La première est que l'amiral assiste régulièrement aux Conseils, sans faire intervenir aucun autre changement.

2° La deuxième est que, tout en restant C.E.C. dans les conditions présentes, l'amiral prenne le titre de ministre.

« Mais il faut présenter au public la mesure de telle sorte qu'elle n'apparaisse pas au public comme une diminution de l'autorité de M. Laval, sans cela elle n'augmenterait pas l'autorité du gouvernement, elle la diminuerait plutôt.

« En ce qui me concerne, je désire :

1° Si je prends le titre de ministre, avoir le titre non de ministre de la Défense nationale, mais de ministre de la Défense impériale, pour bien marquer que tous les résidents et gouverneurs généraux reçoivent leurs ordres de moi, en ce qui concerne la défense des territoires qu'ils administrent contre un ennemi *extérieur,* la question du maintien de l'ordre restant sans changement.

2° L'état d'esprit de l'armée est mauvais et difficile à améliorer.

Les grands chefs sont presque tous imperfectibles.

Les grands états-majors sont trop nombreux, la situation morale et matérielle des cadres est insuffisante.

[...]

« Je désire :

que les limites d'âge des cadres supérieurs soient diminuées parce qu'il faut des chefs jeunes et parce que seront éliminés d'un coup les indésirables principaux ;

que les états-majors, les services annexes, etc. soient diminués, ce qui conduira à mettre les officiers supérieurs en congé d'activité ou d'armistice.

[...]

« Je souhaite qu'un nouveau Conseil national soit bientôt mis en place pour que, si l'éventualité se produisait, je puisse recevoir une sorte d'investiture temporaire[9]. »

Sur le premier plan, celui de son statut personnel, il n'obtiendra pas gain de cause, ce qui suggère que c'était lui et non Pétain ou Laval qui songeait à cette transformation de statut. Sur le second plan, son œuvre réformatrice est intense, mais contestée. Dès le 7 mai, Darlan adresse aux trois secrétaires d'État à la Guerre, à l'Aviation et à la Marine, ainsi qu'au chef d'état-major des colonies, un mémento relatif à l'organisation générale des forces[10]. Après avoir constaté que « les organismes pompeux prévus par la loi sur l'organisation de la nation en temps de guerre n'ont pratiquement pas fonctionné », il se prononce pour un commandant en chef qui dispose des plus larges pouvoirs, plaidoyer *pro domo* qui ne se signale guère par l'originalité. En matière d'unités tactiques, il insiste sur les opérations interarmées, reconnaissant que « pour une opération déterminée, le commandement doit pouvoir être localement assuré par un officier de l'armée dont le rôle est prépondérant », acceptant ainsi pour la première fois d'envisager la subordination d'un marin à un « terrien », et il prône des unités tactiques d'un nouveau genre dont il demande la mise à l'étude par les armées. Apparaît une nette volonté de tenir compte des enseignements du conflit, notamment de la *blitzkrieg* et des exploits des commandos et de l'intensification des opérations combinées. Cette orientation est confirmée par les *Instructions sur la défense du territoire contre le débarquement* (9 juillet) et *sur la défense contre le débarquement en A.F.N.* (30 juillet)[11]. Le 9 septembre, reconnaissant que l'organisation d'avant guerre n'est plus adaptée, il en vient même à ordonner, pour faire face aux débarquements, la création de théâtres d'opérations divisés en secteurs dans lesquels un commandement unique se substituerait à la dualité des commandements terrestre et maritime.

Toujours très porté sur les problèmes d'organisation, il réforme les Forces aériennes du territoire, la D.C.A., les stocks de munitions, le commandement de la marine en Afrique, prépare la fusion de l'armée métropolitaine et des troupes coloniales, essaie de créer un esprit interarmées en imposant aux officiers supérieurs de l'armée de terre des stages dans la marine et l'armée de l'air (mais la réciproque n'est pas vraie). Chez Darlan lui-même, « le vieil homme » n'a pas disparu, loin de là, et sa remise en question de l'indépendance de l'armée de l'air rappelle l'une de ses obsessions d'avant guerre[12]. Dans l'armée de terre, les résistances seront extrêmement vives. L'Amiral de la flotte n'a jamais été vraiment apprécié, et certaines réformes symboliques, pourtant justifiées — comme l'obligation faite aux officiers de déjeuner dans les quartiers au lieu de rentrer chez eux comme ils en avaient le plus souvent l'habitude, ou l'interdiction de transformer leurs ordonnances en domestiques —, attirent les rancœurs. Pour tenter de surmonter ces oppositions et entrer directement en contact avec les unités, Darlan manie à la fois la carotte et le bâton. D'un côté, il poursuit l'élimination des opposants les plus en vue. L'abaissement des limites d'âge (dont il peut user à sa guise puisque lui-même est maintenu en activité sans limite d'âge) lui permet de mettre à la retraite les concurrents éventuels, et notamment le plus illustre d'entre eux, le général Giraud, qui vient de réussir en avril une sensationnelle évasion de la forteresse de Königstein. Comme le note Benoist-Méchin, « la présence de Giraud en France ne lui souriait nullement. Il le savait plus populaire que lui et le considérait comme un rival. [...] Mais au fond de lui-même, il n'était pas mécontent des difficultés que l'évasion de Giraud causait au président [Laval][13] ». Il accompagne Giraud à Moulins, en zone occupée, le 2 mai pour un entretien infructueux avec Abetz (dont il approuve la demande) et le laisse ensuite se retirer dans le

Midi, se gardant bien de lui donner la moindre mission, dans l'espoir qu'il sera vite oublié.

En même temps, Darlan cherche à intensifier ses contacts avec la troupe, et pour cela il multiplie les inspections : en juillet, il passe ainsi en revue les divisions de Montpellier, de Toulouse et de Lyon ; en août, les écoles et garnisons d'Agen, de Pau et d'Auch, « où le colonel Schlesser fait une éblouissante présentation de son 2e dragons[14] » ; en septembre, après une inspection des batteries de côte et de D.C.A. à Marseille et Toulon, de l'École navale repliée à La Londe-les-Maures, et des commandos de Saint-Mandrier, il se rend à Brive, Périgueux, Limoges, puis à La Courneuve pour une manœuvre de division. A chaque fois, il adresse un discours aux officiers réunis, développant le thème de la réforme nécessaire de l'armée :

> « La pire des erreurs, en ce moment, est de s'encroûter dans la routine au lieu de chercher à [se] perfectionner ; c'est-à-dire de laisser s'embourgeoiser l'armée et de laisser le militaire se transformer en rond-de-cuir en uniforme.
>
> « Chargé par le Maréchal de rénover nos forces armées, je m'emploie de toute mon énergie à remplir ma mission.
>
> « Je veux rendre au commandement l'autorité et l'initiative, je veux diminuer la paperasse, simplifier l'administration. La tâche est lourde, parce que j'ai à vaincre des préjugés, des habitudes, à liquider des situations acquises. J'ai déjà connu cela dans ma propre maison. Si le temps ne m'est pas trop compté, je réussirai comme j'ai réussi déjà.
>
> « J'ai parfois la main lourde, quand c'est nécessaire : je sais refouler quand il faut ma bonté naturelle — je mets ainsi en action les conseils que me donna jadis le maréchal Joffre quand il m'avait fait le grand honneur de m'accorder son amitié au cours d'un voyage en Extrême-Orient. Mais je sais aussi qu'un chef doit être humain, et je suis en train d'étudier les mesures nécessaires pour panser les blessures imposées par le bien du service[15]. »

Il n'est pas sûr que de tels propos emportent toujours l'adhésion. « Mais là où l'amiral a établi le meilleur contact, c'est au cours des entretiens par petits groupes dans le wagon-salon et des dîners dans la salle à manger du train spécial. Sa timidité latente l'empêche de briller en conférence. En revanche, lorsqu'il s'adresse à une quinzaine de personnes, son regard cesse d'être obstinément baissé, son œil bleu s'anime, il est naturel et se plaît à raconter d'amusantes histoires. [...] Cette tournure d'esprit agréablement familière détend vite l'atmosphère tout d'abord guindée des réunions. A la fin de la réception, généraux et colonels comprennent que ce marin commandant en chef des trois armées n'est pas un croque-mitaine mais un homme bienveillant, d'abord facile, plein de bon sens, intéressé au bien-être et au moral de ses subordonnés[16]. »

Parmi ces inspections, celles de la XVIe région militaire (Montpellier) que commande de Lattre, rappelé de Tunisie, laissent un souvenir mémorable, mais aussi des sentiments mitigés. Lors de la première visite, en mai,

> « le train spécial léger mis à la disposition de l'amiral pour ses déplacements officiels avait été bruyamment ovationné à son arrivée, par un groupe de jeunes gens si visiblement recrutés pour cette tâche que Darlan avait froncé les sourcils. L'inspection de l'école de cadres créée par de Lattre sur la plage de Carnon avait bien commencé, car la tenue et l'allant de la troupe ne laissaient rien à désirer, bien au contraire, mais la bonne impression s'évanouit lorsque le général fit avancer sur la plage un détachement de l'école pour la présentation d'un exercice d'ensemble. Environ 120 de ces jeunes militaires, pieds, tête et torse nus, vêtus de courts caleçons de bain, commandés au sifflet par un instructeur, effectuèrent d'abord plusieurs minutes de maniement d'arme avec des mousquetons. Puis, les ayant posés, ils continuèrent — si l'on peut dire — le maniement d'arme sans arme, opérant comme des automates à travers toutes les variations possibles de cet exercice. Après quoi de Lattre entraîna Darlan sur le sable pour lui présenter ses hommes de plus près, soulignant qu'ils étaient tous grands, blonds, non velus, également bronzés et que, dans leur alignement par rang de taille, officiers instructeurs ou élèves, sous-officiers et simples soldats se trouvaient mélangés sans distinction. Il insista enfin sur le fait qu'ils avaient une saine denture, tapotant de-ci de-là des flancs nus pour faire ouvrir les bouches.
>
> « Horrifié par cette séance de cirque, l'amiral Darlan pressait le pas sans écouter les explications d'un intarissable de Lattre et lançait des coups d'œil gênés vers la foule de civils mêlés aux militaires sur l'étroite dune de Carnon et qui paraissait bien s'amuser. Achevant de le mettre de mauvaise humeur, trois avions de chasse venus d'Istres passaient et repassaient en rase-mottes au-dessus de nous, gaspillant une précieuse essence en des acrobaties qui auraient pu mal tourner.
>
> « La nuit venue, un feu de camp dans le cadre grandiose de la vieille citadelle permit heureusement à l'amiral d'apprécier l'ascendant de de Lattre sur la troupe, la belle tenue et l'enthousiasme de celle-ci. Il corrigea partiellement l'impression du dressage de Carnon qui évoquait si fâcheusement des méthodes en usage dans une autre armée.
>
> « Le non-conformisme de de Lattre trouvait heureusement des champs d'application plus sérieux que ces bizarreries. Lorsque l'amiral Darlan revient à Montpellier le 1er juillet, il n'y a plus de brigade des acclamations. La matinée voit s'achever une manœuvre de nuit de la division ; dans la mairie-école d'une bourgade proche

de Sète, de Lattre en fait une brillante critique, claire, incisive, insistant sur la nécessité de pallier, par l'initiative et l'imagination, la faiblesse de l'armement laissé à l'armée de l'armistice. Cette fois, l'Amiral de la flotte ne cache pas sa satisfaction. Le général non plus, qui va déployer tout son charme pendant notre retour à l'hôtel du commandant de la XVIe région militaire. [...] Le commandant en chef note avec satisfaction que la troupe a reçu la tenue d'été adoptée sur sa recommandation pour épargner les soldats pendant les fortes chaleurs : une chemisette à manches courtes portant au col et aux épaules les insignes d'arme et de grade a remplacé la lourde vareuse de drap. La décision ayant été prise deux jours auparavant, nous sommes très étonnés de la voir déjà appliquée dans cette division. Renseignement pris, de Lattre a mobilisé un bataillon de couturières pour couper les manches des chemises et coudre les insignes au cours de la nuit[17]. »

Rassuré par cette deuxième inspection, Darlan se souviendra de de Lattre. Mais les événements d'Afrique du Nord surviendront trop tôt pour que l'action réformatrice du commandant en chef ait pu produire des changements profonds, d'autant qu'elle s'inscrit dans une conjoncture de plus en plus difficile. Les études sur la partie militaire du plan décennal d'équipement national ont, au choix, un caractère prospectif ou incantatoire : est ainsi envisagée la reconstitution au 1er janvier 1953 des forces navales « augmentées de deux porte-avions supplémentaires indispensables, ce qui exigerait la construction de 723 000 tonnes de bâtiments[18] ». A l'été 42, ces préoccupations à long terme paraissent assez détachées des contingences de l'heure...

LES PRÉPARATIFS DU RETOURNEMENT ET LE PLAN DE DARLAN

Officiellement, rien n'a changé. La directive n° 1, datée du 2 mai et adressée aux grands subordonnés, rappelle les données fondamentales : la France ne peut « songer qu'à une chose : défendre la métropole et l'empire avec les moyens dont nous disposons ». Sont désignés comme points menacés Madagascar, Djibouti, les Antilles, le Maroc et l'Oranie, l'A.O.F., c'est-à-dire à peu près tout. Doit même être envisagée « la possibilité d'une attaque sur les côtes de Provence [...] [sous] une forme aérienne ou navale, ou peut-être celle d'un raid de destruction effectué par un commando ». Agresseur désigné dans tous les cas de figure : les Anglo-Saxons[19]. Darlan a interdit d'évoquer officiellement l'hypothèse d'une attaque allemande. Accusant réception de la directive n° 1 par une lettre personnelle, Juin précise que, « pour obéir aux circonstances et conformément à vos ordres, l'une des deux hypothèses est maintenant passée sous silence au moins dans nos papiers[20] ». Aucun prétexte ne doit être fourni aux Allemands. Darlan ignore évidemment que ceux-ci ont déchiffré, à l'automne 41, le message de Murphy relatant sa conversation avec Fenard[21] et qu'ils savent à quoi s'en tenir.

Le 3 mai, les amiraux japonais Nomura et Abe arrivent à Vichy où ils rencontrent Laval et Darlan. Celui-ci cherche à connaître leurs intentions[22]. Son attente est déçue, car ses interlocuteurs ne lui disent rien. Le Japon a déjà pris contact avec le Reich en vue d'une éventuelle occupation de l'île (qui se trouve dans la zone d'action allemande), et Ribbentrop a donné son accord en précisant qu'il faudrait prendre le pouls des Français.

Darlan a des raisons de s'inquiéter, car, depuis le début de l'année, des signes avant-coureurs d'une action anglaise se multiplient : l'île est soumise à un blocus de plus en plus resserré, la radio sud-africaine intensifie son action psychologique, des débarquements d'agents ont été repérés. Le 23 avril, l'Amirauté a décidé la création d'un service de renseignement à Diégo-Suarez, mais il est trop tard. Les Britanniques y débarquent le 5 mai. Ils proclament bien entendu qu'ils n'ont qu'un but : éviter que les Japonais ne s'installent dans l'île. En fait, ils veulent se servir de la base pour eux-mêmes, les liaisons avec l'Australie par l'océan Indien devenant vitales du fait de l'avancée japonaise dans le Sud-Est asiatique. Les combats pour Diégo-Suarez ne durent que deux jours et cessent dès que le contrôle de l'ensemble Diégo-Suarez-Nossi-Bé est assuré. Mais ces deux jours de combat suffisent pour causer de lourdes pertes : un aviso, un croiseur auxiliaire et trois sous-marins, dont le *Béveziers* qui s'était illustré à Dakar. Parmi les 171 tués, un « A.D.D. », le commandant Marcel Fontaine.

Cette nouvelle agression déchaîne naturellement la fureur de Darlan. Dès qu'il a connaissance de l'attaque, il lance un ordre du jour vengeur : « Faites payer aussi cher que possible aux Britanniques leur acte de voleurs de grand chemin. [...] Défendez-vous, défendez l'honneur français. Un jour viendra où l'Angleterre paiera[23] ! » Le 26 juin, devant l'avance de Rommel en Libye, qui fait craindre que les Britanniques ne tentent de s'emparer des bâtiments de la Force X, internés à Alexandrie, pour les saborder, il ordonne à Godfroy de se préparer à rallier un port français. Les F.H.M. doivent participer à l'opération qui se révélera finalement irréalisable et sera abandonnée.

Les États-Unis, tout en faisant savoir qu'ils approuvent l'opération de Madagascar, se sont cependant gardés d'y participer pour ne pas consommer la rupture, mais ils accentuent leur pression sur les Antilles. Le 9 mai, ils dénoncent les accords

Robert-Greenslade de 1940 et demandent à traiter avec l'amiral Robert comme autorité indépendante de Vichy. Leurs revendications sont très étendues : mise à disposition des navires de commerce, contrôle des transmissions, de l'or, du trafic, etc. Toutes exigences naturellement inacceptables pour le gouvernement français, qui les repousse. Darlan, qui s'attendait depuis plusieurs mois déjà à une reprise de la pression américaine sur les Antilles, a déjà étudié la riposte : il a notamment envisagé de faire revenir le croiseur *Émile-Bertin* avec l'or de la Banque de France [24]. Finalement, les accords Robert-Horne reconduisent en gros le régime existant, avec en plus l'immobilisation des navires de guerre français par démontage des pièces essentielles transportées à Casablanca [25]. La France se tire sans dommages de cette mini-crise, mais l'épisode n'a pas dû rehausser l'estime de Darlan pour les Américains.

On pourrait attribuer à la rancœur suscitée par ces deux affaires de Madagascar et des Antilles sa réaction au discours retentissant du 22 juin, dans lequel Laval a lancé la phrase fameuse : « Je souhaite la victoire de l'Allemagne car sans elle le communisme s'étendrait partout. » De Luchon où il suit une cure, il lui envoie un télégramme le félicitant « pour ces émouvantes et courageuses paroles [26] », ce qu'aucun autre dignitaire de Vichy ne fait. Naturellement, ces félicitations sont aussitôt publiées. Sous prétexte de se « couvrir » vis-à-vis des Allemands, Darlan s'est en fait déconsidéré un peu plus aux yeux des Alliés. Le 10 juillet, pour la première fois depuis avril, il se rend à l'ambassade d'Allemagne à Paris : il exprime « sa satisfaction sur la coopération existant entre Laval et lui-même », déclare que les récents succès allemands en Russie et en Afrique ont renforcé « la conviction, qu'il avait toujours eue et exprimée, de la victoire des armées allemandes », assure que « le nombre des gaullistes et des cercles anglophiles, qui a été surestimé de tout temps, est de plus en plus fortement en voie de disparition », promet d'épurer les services de renseignement, laisse entendre que le gouverneur général Boisson va se retirer, ce qui permettra d'installer un consulat allemand à Dakar, et se déclare prêt à donner satisfaction à l'Allemagne et à l'Italie sur la question de cession du tonnage neutre [27]. Autant de « promesses de Gascon » qui ne convainquent plus ses interlocuteurs. Ses subordonnés parlent trop, et les Allemands sont désormais fixés, comme le déclare le conseiller Rahn à Benoist-Méchin abasourdi : maintenant l'Amiral de la flotte joue double jeu.

Le « retournement » de Darlan ne se fait pas d'un seul coup. Il est l'aboutissement d'un long processus qui fait intervenir plusieurs facteurs.

D'abord, bien évidemment, la conviction que la fortune des armes est en train de changer de camp. En 1941, Moysset lui a dit que l'Allemagne se perdrait dans l'immensité russe et, de fait, la *blitzkrieg* a échoué. L'entrée en guerre des États-Unis donne aux Alliés un atout formidable, et Darlan, en dépit de son américanophobie, ne peut pas ne pas en tenir compte. Battet, qui rentre des Antilles, ne cesse de lui décrire l'ampleur colossale de l'effort industriel américain. Revers et Auphan appuient dans le même sens. L'événement décisif est la bataille de Midway, au cours de laquelle la flotte japonaise perd quatre porte-avions. Darlan n'est pas marin pour rien : il y voit le tournant de la guerre. Pour être mieux informé, il demande au chargé d'affaires américain des renseignements qui lui sont obligeamment fournis. Turck signale à Washington que Darlan a assorti ses remerciements de félicitations chaleureuses[28].

Deuxième facteur qui pousse Darlan à réviser son jugement, la prise de conscience de l'échec définitif de la collaboration. Dans ses notes, il relève une conversation entre Lamartine et Vigny au cours de la fuite de Charles X : « Les dix mois de messes expiatoires que nous venons de subir nous feraient prendre en horreur jusqu'au devoir chrétien de l'expiation[29]. » Ce genre de citation littéraire est si inhabituel chez lui que l'on peut y voir une traduction juste de sa pensée. Les exigences allemandes ne cessent de s'accroître. Laval, qui claironnait partout : « Quel crétin, ce Darlan ! Il cède sans marchander ce que j'aurais fait payer très cher », cède sur plusieurs dossiers sensibles sous prétexte d'améliorer la situation d'ensemble : cession d'un très important stock de cuirs, de la moitié des stocks de munitions de la zone libre, envoi de travailleurs en Allemagne, ce qui met l'amiral Michelier en fureur :

> « Privé de la moindre technique, hors le maquis procédurier ou parlementaire, il ne pouvait lire dix lignes d'un texte, avait horreur des chiffres et, rouerie d'avocat, n'écrivait jamais. En face de négociateurs allemands, farcis de dossiers et de statistiques, il était roulé à chaque rencontre.
>
> « Ces derniers, Abetz en tête, avaient recours à une méthode aussi simple qu'infaillible. Ils affirmaient à Laval : " La tension s'aggrave ! Le Führer ou Ribbentrop est en colère. Il a froncé les sourcils ! Ce qui va arriver sera effroyable. Il faut éclaircir l'horizon. Faites quelque chose ! " et de Brinon renchérissait encore. " Que faire ? " demandait Laval, impressionné bien à tort. " Eh bien !

cédez sur ceci, sur cela, par exemple sur les cuirs d'Angers, etc. "
Cette méthode simpliste réussissait chaque fois[30]. »

Darlan est maintenant convaincu que cette politique de concessions est vaine et dangereuse. Le 10 août, il déclare au vice-amiral Landriau qui part pour Wiesbaden : « On ne peut se fier en rien aux Allemands. Ce sont des cochons, je le leur ai dit et si cela continue, je saurai bien ouvrir la porte par où les autres entreront[31]. » Une note d'état-major rédigée en septembre 1942 paraît bien exprimer son point de vue :

« 1° Le seul avantage d'une politique de collaboration avec l'Allemagne a pu être jusqu'à présent de limiter au minimum les conséquences de la défaite, dans l'ordre politique, économique et social, et de sauver, au moins dans la métropole, l'essentiel de la force française.

« 2° Les événements récents justifient difficilement la continuation sans réserves d'une telle politique :

a — les exigences croissantes de l'Allemagne (assujettissement de la main-d'œuvre en zone occupée, exigences au sujet du tonnage neutre en Méditerranée, décadence progressive de l'industrie française, renforcement accordé au compte-gouttes de la défense impériale), conduisent peu à peu la France à une situation presque aussi tragique que si en juin 1940 elle avait refusé de signer l'armistice et accepté l'occupation totale.

b — la mainmise de l'Allemagne sur la vie française aboutit d'autre part à cette conséquence que les Anglo-Saxons, nous considérant comme entièrement soumis à l'ennemi, nous ménagent de moins en moins (bombardements de Rouen, agressions systématiques sur le réseau ferré, attaque en cours contre Madagascar).

c — il résulte de ces considérations que, malgré la politique de collaboration, la France risque de se trouver presque aussi complètement ruinée que si elle s'était dérobée à cette politique et perd d'autre part toute chance de rencontrer, en cas de victoire anglo-saxonne, un préjugé favorable à Londres et Washington.

« *Conclusion.*

« On peut être amené à se demander si, dans ces conditions, un raidissement de la France vis-à-vis de l'Allemagne sur les questions essentielles ne serait pas la meilleure politique à suivre à l'avenir :

— l'unité intérieure française serait moins compromise ;

— les ruines causées par une occupation (même totale) ne seraient pas beaucoup plus graves qu'elles ne le seront en tout état de cause, car *l'Allemagne nous usera de toute manière jusqu'à la corde pour gagner sa guerre ;*

— la résistance française augmenterait nos chances d'être épargnés par les Anglo-Saxons (au cas d'une victoire, qui, en dernière analyse, reste infiniment probable) ;

— il n'est enfin pas absolument certain que l'Allemagne engagée à fond sur d'autres théâtres ait encore les moyens de nous faire payer un raidissement aussi cher qu'elle aurait pu le faire il y a quelques mois[32]. »

La marine s'oppose notamment tant qu'elle peut à la cession de tonnage neutre que Laval accorde pourtant le 17 août. Darlan, invité, a refusé d'assister à la rencontre. Dans le même temps, le contrôle allemand et italien ne cesse de s'aggraver[33]. Darlan s'oppose au contrôle détaillé des arsenaux, refuse de communiquer le texte de la convention réglant le sort de la Force X à Alexandrie, mais doit accepter le contrôle individuel des passagers vers l'A.F.N. et la présence d'observateurs aux manœuvres navales. En retour, il prescrit l'inertie et le camouflage. Un télégramme d'un subordonné imprudent l'atteste : « Conformément à vos instructions, j'ai ralenti autant que possible les transports en cours et j'ai prescrit le maintien en Tunisie des 40 camions Gamma[34]. » Des demandes allemandes de renseignements sur les détecteurs thermiques et les essais de télévision des gerbes se heurtent à une fin de non-recevoir : toute la documentation a été détruite en 1940[35]. Au cours de l'été, lorsque le gouverneur général Boisson, fatigué de sa guerre d'usure avec Laval, veut démissionner, Darlan le presse de rester à son poste[36]. Au Conseil des ministres du 4 septembre, il demande le rejet de l'ordonnance sur le travail obligatoire édictée par le gauleiter Sauckel : « Cette ordonnance ne s'applique pas à la France aux termes de l'armistice. » Corollaire logique, il s'oppose à toute rupture avec les Anglo-Saxons. Au Conseil du 10 septembre, on apprend que les Britanniques marchent sur Tananarive. L'amiral Platon propose une action contre les intérêts britanniques, Darlan s'y oppose : « Vous aurez uniquement l'interruption des relations avec l'Amérique et le bombardement de la zone libre[37]. »

Enfin, dernier facteur d'évolution de Darlan, sa rancœur d'avoir été mis à l'écart et l'attitude de Pétain et Laval à son égard. Le chef du gouvernement essaie de réduire les attributions du commandant en chef pour arriver finalement à l'éliminer. Pétain ne réagit guère : anesthésié par Laval qui vient le voir tous les matins pendant une heure et l'entoure de beaucoup d'égards, il est devenu passif. Laval en profite. Premier objectif : mettre la main sur les services secrets, qu'il sait être violemment antiallemands. Pour cela, il s'appuie sur le général Bridoux, secrétaire d'État à la Guerre et pro-allemand. En juillet, il donne son accord à l'entrée en zone libre d'équipes de *Funkspiel* (détection radio) qui vont traquer les postes clandestins qui pullulent[38]. Le 21 du même mois, il annonce à Pétain son intention de placer les services de renseignement, sous l'autorité des secrétaires d'État, et donc de les enlever à Darlan. En août, il veut éliminer le contre-amiral Dupré que Darlan avait chargé, en septembre 41, de coordonner l'action des services secrets ; Darlan s'y oppose et conserve Dupré auprès de lui. A la fin de septembre, l'amiral Canaris, chef de l'Abwehr, est à Paris et demande à rencontrer les chefs des services secrets français. Darlan envoie Dupré, avec mission de s'informer, tandis que Laval délègue de son côté le général Delmotte, dont Darlan essaie en vain d'empêcher le départ. Le 1er octobre, Dupré et Delmotte rencontrent Canaris, qui évoque l'éventualité d'un débarquement en A.F.N., demande que soient organisées des reconnaissances aériennes (Dupré répond qu'il n'y a pas de carburant) et prononce un réquisitoire violent contre le S.R. français qui travaille contre l'Allemagne. Dupré déclare naturellement l'accusation sans fondement (à cette date, plus de 120 agents allemands sont emprisonnés en zone libre ou en Afrique, plusieurs dizaines ont déjà été fusillés[39]), et il rentre pour rendre compte à Darlan.

Celui-ci est naturellement exaspéré par les agissements de Laval qui poursuit un travail de sape méthodique. Le commandant en chef a déjà perdu le contrôle de la gendarmerie, transférée au ministère de l'Intérieur. Ballande, qui le voit quotidiennement, le trouve « fatigué, presque découragé, par l'inconstance du vieux maréchal et les intrigues mesquines de son entourage[40] ». Au cours de l'été, il achète une villa à Sanary, dans le Var, avec l'intention déclarée de s'y établir après sa retraite, qui pourrait être prochaine.

Le 1er septembre, Darlan se plaint auprès de Pétain de « la suspicion gouvernementale [contre des officiers généraux] à la suite d'informations tendancieuses ou mensongères provenant soit de personnes privées soit d'hommes appartenant à des organismes officiels ou officiellement reconnus. De tels agissements, s'ils continuaient à être tolérés, rendraient impossible la tâche de rénovation de nos forces militaires que vous avez bien voulu me confier[41] ». Une semaine plus tard, le gouvernement engage avec lui l'épreuve de force.

Le 7 septembre, Bridoux adresse à ses subordonnés une instruction sur les attributions des généraux commandant les Groupes de divisions militaires, sans l'avoir au préalable communiquée à Darlan. Le 23, Darlan « invite le général à retirer son instruction et à en suspendre l'application » tant qu'il ne lui aura pas donné son approbation. Refus de Bridoux le lendemain : il « estime que le retrait de son instruction apporterait une atteinte grave à son autorité et me fait savoir que si je maintiens ma décision, il l'exécutera et démissionnera ». Darlan sollicite le jour même l'arbitrage de Pétain : « Je ne veux pas admettre que l'autorité que je tiens de vous-même et de la loi soit méconnue. » De son côté, Bridoux adresse le lendemain à Laval et au cabinet de Pétain une note faisant ressortir les difficultés d'application de la loi du 16 avril. Le 27, Pétain reçoit Darlan. Dans la note qu'il rédige ensuite, celui-ci récapitule sa position : Bridoux doit obéir à ses ordres ; s'il obtient satisfaction, il est prêt à accepter une modification de la loi du 16 avril ; sinon il démissionne.

Pétain rend sa décision : Darlan fera connaître à Bridoux les modifications qu'il veut apporter à l'instruction. Si elles sont importantes, elle sera retirée. Si elles soulèvent des objections de principe, le chef de l'État tranchera. La loi du 16 avril sera révisée, la note de Bridoux (que Pétain a annotée) devant servir de base à un nouveau texte de loi. Cela équivaut à un désaveu pour Darlan, dont la note n'est pas retenue[42].

Le 1er octobre, au cours d'un entretien avec Pétain et Laval, il réagit violemment contre la manœuvre qui veut « me transformer en potiche après m'avoir enlevé toute autorité » et il remet sa démission dans la balance. Pétain et Laval reculent devant un tel risque, et Darlan en profite. Le 5 octobre, il adresse au Maréchal une très longue lettre dans laquelle il récapitule tous ses griefs et conclut que « l'intérêt général, et non une simple satisfaction d'amour-propre personnel, demande que mon autorité reste entière[43] ». L'affaire en restera là jusqu'aux événements d'Afrique du Nord.

Mais à l'automne 42, il est clair qu'une guerre d'usure est engagée entre Laval et Darlan, et que le second finira par perdre, probablement avant le retournement qu'il prévoit pour le printemps 43. Durant toute cette crise, Darlan défend avec acharnement ses prérogatives au lieu d'adopter un « profil bas », au risque d'être « lâché » par Pétain comme en avril et, cette fois, de tout perdre et de ne plus jouer aucun rôle dans les événements qui s'annoncent. Mais les choses vont se précipiter.

On l'a vu, Alain Darlan avait pris contact avec Robert Murphy, consul américain à Alger, au début de 1942. De nouveaux entretiens ont lieu aussitôt après le retour de Laval, mais leur portée n'est pas claire : Alain Darlan soutient qu'il a transmis des propositions précises et que Murphy lui a rapporté en retour les réactions du président Roosevelt : « Des paroles de M. Murphy, mon père avait retiré l'impression que les États-Unis étaient désormais en mesure d'envisager une intervention armée d'assez grande envergure en Afrique du Nord et en Europe, au printemps 1943, et que le plan français les intéressait profondément[44]. » De son côté, Murphy, tout en reconnaissant la réalité de ces contacts, leur attribue moins d'importance : il n'aurait reçu aucune proposition concrète et n'aurait pas transmis les vues de Roosevelt[45]. C'est certainement cette deuxième version qui est exacte. Durant le premier semestre 42, Washington reste indifférent aux contacts établis par Murphy et ne s'animera qu'à la fin de juillet lorsque le principe du débarquement en Afrique du Nord (opération Torch) aura été définitivement arrêté. Au reste, cette controverse n'a qu'une importance mineure : le contact entre Darlan et les Américains est établi et les conceptions de l'Amiral de la flotte sont bien arrêtées. Il considère qu'un débarquement en 1942 est impossible, les Alliés n'ayant pas encore le tonnage nécessaire[46] et l'échec lamentable du débarquement de Dieppe l'a encore renforcé dans cette opinion. Rien ne se produira donc avant 1943. Il souhaite une intervention simultanée en Afrique du Nord et dans le midi de la France où l'armée d'armistice assurerait la couverture des débarquements[47].

Durant l'été, Darlan met en place les éléments de son plan. A la fin de juillet, il ordonne un « rotary », c'est-à-dire un mouvement d'officiers généraux de la marine. L'abaissement des limites d'âge a en effet atteint plusieurs amiraux (Duplat, Gensoul, Lacroix ; Marquis, provisoirement maintenu en activité), et Darlan veut placer à des postes importants des hommes sûrs. L'amiral Ollive deviendra en octobre inspecteur général à Toulon ; il sera remplacé par le vice-amiral Moreau comme préfet maritime de la IVe Région (Alger), tandis que le vice-amiral d'escadre Michelier succédera au vice-amiral d'Harcourt comme commandant de la marine au Maroc avec prérogatives de commandant en chef, ce qui suscitera l'opposition de Juin, commandant en chef en A.F.N., mais moins ancien que Michelier, et de Noguès : Darlan doit envoyer Revers à Rabat pour imposer sa solution.

A côté d'autres nominations moins importantes, dont l'une, cependant, aurait pu avoir des conséquences si elle s'était réalisée (celle du vice-amiral Bouxin pour remplacer le vice-amiral Derrien, à Bizerte en décembre[48]), une décision de première importance est prise : l'amiral de Laborde sera remplacé durant le courant de l'hiver au commandement des forces de haute mer. Mesure délicate entre toutes, que l'amiral Auphan annonce à l'intéressé avec beaucoup de ménagements[49] après une visite à Toulon de l'amiral Darlan auquel le courage a manqué, et qui est reparti sans avoir rien dit[50]. Son successeur désigné est le vice-amiral Gouton, rappelé à l'activité après avoir été placé hors cadre en octobre 1941 pour remplir les fonctions de commissaire général du pouvoir[51]. La date de sa prise de commandement est fixée : le 14 novembre. C'est à Gouton que devra incomber, dans l'esprit de Darlan, le passage de la flotte en Afrique du Nord[52]. Le 3 octobre, l'Amirauté demande à Comar Oran de préciser « dans quelles conditions et sous quel préavis pourrait être assurée, au mouillage de Mers el-Kébir, la protection de tout ou partie de la force de haute mer[53] ».

Organisation des forces maritimes à l'automne 1942

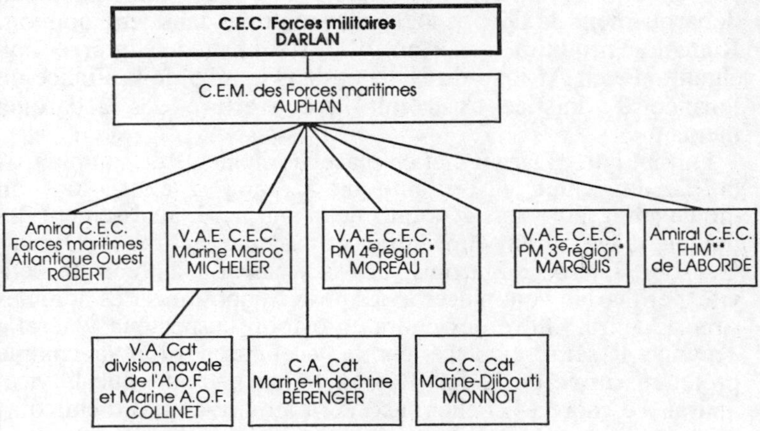

(Source : Note 996 F.M.F. 3 du 11 octobre 1942)

* Le poste d'Amiral Sud a été supprimé. Le commandant de la Marine au Maroc ne dépend plus du préfet maritime de la IVe région et reçoit le titre de C.E.C.

** Le vice-amiral d'escadre Gouton doit succéder à l'amiral de Laborde le 14 novembre.

A terre, le général de Lattre de Tassigny est nommé le 10 août commandant du théâtre d'opérations de Provence. Il aura pour mission de couvrir le débarquement allié qui doit marcher sur Paris. Le 15 juin, il a été mis dans la confidence par une lettre personnelle du sous-chef d'état-major Olleris. Le problème est qu'aux yeux de tous le T.O.P. aura pour mission de s'opposer à un débarquement allié et de Lattre n'est guère enthousiaste. Un officier de son état-major lui donne la solution : « Exigez d'avoir sous votre autorité les forces maritimes, Darlan ne pourra que refuser. » Idée très astucieuse que de Lattre reprend à son compte lorsque Darlan vient lui rendre visite. Darlan entend la demande, ne dit rien et sort. L'état-major de de Lattre croit que la partie est gagnée. Mais Darlan revient et donne lecture d'un ordre : le général de Lattre est nommé commandant du T.O.P. avec autorité sur l'ensemble des forces militaires, y compris les forces maritimes, sauf quand elles sont à la mer ; sans ajouter un mot, l'amiral remet sa casquette et sort[54].

Il est persuadé que les Américains ne seront pas prêts avant le printemps 43, le temps qu'ils constituent une armée et construisent le tonnage nécessaire. C'est pour cela qu'il effectue ce train de mutations à l'automne, pour laisser aux nouveaux nommés le temps de se familiariser avec leurs commandements. Il aurait pu, s'il l'avait jugé utile, remplacer Laborde plus tôt, maintenu en activité au-delà de la limite d'âge. Mais il estime que rien ne presse. De même, il prévoit de baser à Alger, à partir du printemps, le yacht *Éros* commandé par son ancien chef de cabinet Paul Fontaine. Mais les événements vont se précipiter, et Darlan finit par s'en inquiéter. Le 4 septembre, il fait demander à la C.A.A. s'il existe de nouveaux indices d'une action anglo-saxonne contre le Maroc[55].

A la fin de l'été, les indices suggérant une opération alliée en Afrique se multiplient. Vers le 20 septembre, « une note du cabinet du Maréchal nous fait part d'un renseignement d'une extrême importance » : Salazar, président du Conseil portugais, a informé Pétain que « les Américains et les Anglais vont effectuer dans un proche avenir un débarquement de vive force en Afrique du Nord française[56] ». Au même moment, le commandant Chrétien, chef des services secrets pour l'Afrique du Nord, vient à Vichy et demande à rencontrer Darlan. Celui-ci lui fait savoir que ce serait imprudent et l'invite à s'adresser à Revers. Chrétien annonce donc à celui-ci qu'un débarquement américain en Afrique du Nord est imminent.

> « Qu'entendez-vous par imminent ? Dans trois ou quatre mois ?
> — Non, beaucoup plus tôt.
> — Mais alors quand ? A quelle date ?
> — Donner une date précise m'est impossible. Peut-être même n'est-elle pas encore fixée. Seul le général Eisenhower peut répondre à cette question. Je n'ai aucun élément positif pour vous répondre.
> — Vous avez tout de même une idée, une impression ?
> — ... Le 15 novembre au plus tard[57]. »

Revers rend compte à Darlan qui autorise Chrétien à prendre contact avec les Américains. Le 12 octobre, ce dernier rencontre Murphy en compagnie de Jacques Tarbé de Saint-Hardouin, diplomate, et Henri d'Astier de La Vigerie, officier monarchiste en liaison avec son frère gaulliste, qui appartiennent à un groupe de résistance dit le groupe des Cinq (les trois autres sont l'industriel Jacques Lemaigre-Dubreuil, conspirateur-né, son associé Jean Rigault et le colonel Van Hecke, chef des Chantiers de jeunesse d'Afrique du Nord). Le groupe des Cinq coordonne divers mouvements de résistance et se tient en liaison étroite avec Murphy pour aider un débarquement américain. Les Cinq apprendront ainsi que Darlan est prêt à rompre avec l'Allemagne et à appuyer une intervention alliée. Mais ils ont déjà un leader avec le général Giraud et ils ne veulent pas de Darlan. Murphy se trouve ainsi placé devant une alternative qu'il se garde bien de trancher. Ses directives lui prescrivent de traiter avec « *those French nationals whom you consider reliable*[58] ». Les Américains n'excluent aucune hypothèse et préfèrent avoir plusieurs fers au feu. Peu après, Murphy rencontre le commandant Dorange, chef du cabinet de Juin, et lui déclare que « le gouvernement des U.S.A. ne veut faire aucun geste hostile à l'égard des territoires français. Il ne viendra que sur la demande de la France, et dans les conditions fixées par celle-ci : les bruits relatifs à une attaque américaine sont dénués de fondement[59] ».

A la mi-octobre, Darlan décide d'aller passer une inspection générale en Afrique. Il veut avoir un contact direct avec ses subordonnés, vérifier l'état de la défense et, peut-être, être présent durant une période critique ; il ne croit pas aux renseignements qui lui sont communiqués, mais sait-on jamais ? Peut-être aussi songe-t-il à poser les premiers jalons pour la rentrée de la France dans la guerre au printemps 43 ? Toujours est-il qu'il prévoit une durée anormalement longue, près de trois semaines, alors même que la crise avec Laval est ouverte et qu'il sait qu'une absence prolongée pourrait être dangereuse (n'a-t-il pas fait le même coup à Huntziger un an plus tôt ?). Il veut aussi être informé de l'état des contacts secrets avec Murphy. Un facteur supplémentaire, totalement imprévu et qui l'affecte au plus profond de lui-même, va encore accentuer cet appel de l'Afrique : Alain tombe malade à Alger.

Son père l'y a envoyé au début d'octobre reprendre contact avec Murphy. Il a vu celui-ci et lui a déclaré que les Américains parlaient trop : les Allemands sont avertis de leur intention de faire quelque chose en Afrique. Il confirme que son père est prêt à aider un débarquement américain. Murphy transmet le compte rendu de cet entretien au général Marshall, à Washington, et celui-ci réexpédie l'information à Eisenhower, commandant en chef désigné de l'opération Torch. « Ike » décide de prendre l'avis des « Cinq » et envoie son adjoint Clark les rencontrer à

Cherchell, sur la côte algérienne, le 22 octobre. Le général Mast, associé des Cinq, refuse les avances de Darlan et les Américains décident de ne pas y donner suite. Le contact est alors pratiquement rompu entre Darlan et les Américains, car Alain est hospitalisé le 15 octobre. On a d'abord cru à une insolation, mais il s'agit en fait d'une poliomyélite épidémique contractée au cours d'une visite à l'hôpital de Tunis le 10, et le 17, Mme Darlan part pour Alger, accompagnée du médecin général Lapierre (« Coco », vieil ami de l'amiral) et du médecin de la famille, le docteur Cazaubon. Dès leur arrivée, ils informent l'équipe médicale qui soigne Alain à l'hôpital militaire Maillot que « l'amiral Darlan désirait à tout prix que son fils fût ramené en France le plus rapidement possible, dès que son état de santé le permettrait, car il craignait que des événements ne le séparent de lui ; son désir était de lui faire accomplir le voyage en avion et de l'hospitaliser à l'hôpital Pasteur à Paris[60] ». Manifestement, Darlan ne s'attend pas à la fin d'octobre à être coupé de la métropole alors qu'il se trouve en Afrique ; il redoute plutôt de subir le sort de Weygand, c'est-à-dire de ne pouvoir retourner en Afrique alors qu'il se trouve en métropole. Il craint plus les agissements de Laval à Vichy qu'un débarquement américain en A.F.N.

Le 19 octobre, Darlan s'entretient avec Pétain de la situation à Madagascar où les troupes britanniques, qui s'étaient contentées d'occuper en mai la région de Diégo-Suarez et Nossi-Bé, ont repris leur avance sans que les forces françaises, squelettiques, s'y opposent. Le 20, Darlan s'envole pour Dakar. Inspection générale. Il lit à Radio-Dakar un message de Pétain : « A toute agression, vous feriez la même réponse qu'en septembre 1940[61]. » Aux officiers, il déclare : « A mon avis, il n'y aura pas d'action sur Dakar. Tous les bruits qui courent sont grossis par les Allemands qui sont piégés en Russie, en Cyrénaïque et ne remontent plus la pente. Les Alliés au contraire la remontent. [...] Prochainement, nous serons en guerre aux côtés de nos alliés naturels, les Anglo-Saxons. En attendant patience et silence. J'avalerai les couleuvres qu'il faudra[62]. » Le 23, Darlan arrive à Rabat : le 24, cérémonie au tombeau de Lyautey, audience du sultan, revue, discours, inspection des défenses du port. Le contre-amiral Ronarc'h, responsable du front de mer, s'oppose à une décision du général Béthouart, commandant la division de Casablanca, qui « veut faire rentrer sans plus attendre, dans les casernements de l'intérieur, les régiments qui viennent de passer la belle saison en alerte sur le littoral. L'hiver n'est pas encore venu, insiste Ronarc'h : pendant quelque temps encore, on ne pourra compter sur la houle pour empêcher un débarquement.

Le retrait des troupes est une imprudence. L'amiral Michelier, commandant depuis cinq jours la marine au Maroc, ne dit mot. Darlan se garde de prendre parti dans un conflit dont il ignore certains facteurs. Béthouart, repoussant l'argumentation de Ronarc'h, paraît obtenir gain de cause[63] ». Lié avec le groupe des Cinq, il agit en toute connaissance de cause, même s'il ne connaît pas la date du débarquement. En fin d'après-midi, Darlan reçoit les généraux Vogl et Vacca-Maggiolini, présidents des commissions d'armistice allemande et italienne, en voyage d'inspection en A.F.N. : « Aucune affaire importante ne fut abordée. La conversation se cantonna dans les généralités[64]. » Ce sera le dernier contact de Darlan avec les Allemands.

Le 25, l'Amiral de la flotte est à Casablanca, où il inspecte le *Jean-Bart,* dont la deuxième tourelle de 380 a été montée en secret, le 26 à Fez, le 27 à Oran, où a lieu une cérémonie au cimetière militaire de Mers el-Kébir et une inspection des travaux poursuivis à l'insu de l'Axe (la jetée a été allongée d'un kilomètre, et la surface abritée a été doublée). Le 28, il arrive à Alger en fin de matinée. Une fois de plus, il s'adresse aux officiers, et son débit est mauvais, comme chaque fois qu'il doit parler en public devant un micro. Comme le note le commandant Ballande, « la défense de l'Afrique du Nord contre un débarquement y est presque passée sous silence. Des 320 lignes de la dactylographie originale elle en occupait seulement 11, que voici :

> « Avant de vous quitter, je tiens, messieurs, à vous rappeler que les territoires sur lesquels vous vivez sont convoités par les belligérants, non seulement pour leur valeur stratégique, mais aussi et surtout en raison de leur richesse et du potentiel qu'ils représentent dans la lutte économique d'après-guerre. A nous de les défendre pour éviter qu'ils ne soient transformés en champ de bataille et pour tenir en main de bons atouts au moment du règlement de compte final. "

« Nous sommes loin des affirmations de Summer Welles et de tant d'autres prétendant que le voyage du commandant en chef avait pour objet de préparer la résistance à un débarquement américain[65] ».

Il rencontre l'amiral Derrien, qui vient de Bizerte, puis va rejoindre sa femme au chevet d'Alain à l'hôpital Maillot. Durant ses visites à Dakar et au Maroc, les télégrammes reçus pouvaient laisser croire à une amélioration, mais la paralysie, après avoir attaqué les membres inférieurs, atteint les membres supérieurs, et le pronostic des médecins reste très réservé. Cependant, la température a baissé, et l'état général du malade s'est amélioré.

Darlan est hébergé chez le général Juin. C'est là que, dans l'après-midi du 29[66], après avoir passé les troupes en revue le matin, il prend connaissance du rapport de Dorange et des indications de Chrétien sur leurs contacts avec Murphy. Il s'en trouve conforté dans sa conviction que les Américains n'entreprendront rien sans l'avertir. « Je connais bien les Américains, dit-il à Juin, ils ne sont pas prêts, et, s'ils ratent leur affaire, la réaction allemande sera terrible pour nous[67]. » Il autorise la poursuite de ces contacts, en recommandant la plus grande prudence.

On peut se demander si Darlan n'a pas préparé le retournement qu'il continue, malgré tous les avertissements recueillis durant ce voyage, à prévoir pour le printemps 43. Le sultan du Maroc a déclaré qu'il espérait accueillir le Maréchal. Darlan lui a répondu que le chef de l'État serait heureux de répondre à cette invitation. Il lui en parlera à son retour. Le voyage pourrait se faire par bâtiment de guerre[68]. Si l'on se souvient que dans le même temps Darlan ordonne de pousser les travaux à Mers el-Kébir, qui doit être mis en état de recevoir la totalité des Forces de haute mer, on devine tout de suite la manœuvre à laquelle il devait songer : le voyage du Maréchal fournirait un bon prétexte pour faire sortir la flotte. Dès le 16 octobre, le consul américain Cole signale à Washington qu'on attend l'arrivée à Mers el-Kébir des cuirassés et des contre-torpilleurs de Toulon[68bis]. Et, une fois de l'autre côté de la Méditerranée, il se pourrait bien que Pétain se trouvât là fort à propos pour accueillir le débarquement américain. Mis devant le fait accompli (il est probable que Darlan ne pensait pas le mettre dans la confidence, de peur qu'il ne refusât d'abandonner la métropole), Pétain ne pourrait que s'incliner. Idée simple et astucieuse, mais qui n'était réalisable qu'à plusieurs conditions : un secret absolu (avec les Américains, ce n'était pas facile), l'accord de Pétain pour entreprendre un tel voyage (qu'il avait jusqu'alors toujours refusé) et l'autorisation allemande pour le laisser partir : Laval, qui n'est naturellement pas au courant du but véritable de Darlan, évoque avec Abetz le 23 octobre l'éventualité d'un voyage de Pétain en Afrique « *auf einem großen Kriegsschiff* » (sur un grand bâtiment de guerre) : son interlocuteur lui répond que Ribbentrop s'y opposerait absolument[69], ce qui est confirmé le 4 novembre. Les obstacles sont à la mesure de l'enjeu. Mais cela n'arrête pas l'Amiral de la flotte. De retour à Vichy, il actionne l'Amirauté, qui ordonne à Comar Oran de commencer les préparatifs d'accueil de la flotte et de « réduire au minimum les délais prévus, qui paraissent très grands[70] ». Dans le même temps, elle adresse, peut-être pour tromper les Allemands en cas de fuite, une demande similaire à Comar Bizerte[71] : Bizerte est à portée des avions allemands basés en Sicile (à la différence de Mers el-Kébir), et une arrivée de la flotte en Tunisie susciterait moins de craintes chez l'Axe. Mais nous sommes le 7 novembre…

En même temps, durant tout le voyage, Darlan a cherché à s'informer : plusieurs officiels parlent de l'arrivée prochaine du général Giraud, et de multiples bruits circulent sur un possible débarquement américain. Naturellement, l'écho, même affaibli, en parvient jusqu'à Darlan qui ne peut pas ne pas se poser des questions malgré sa conviction que les Américains l'informeront en temps utile. Il donne l'impression à son entourage qu'il sait qu'on veut lui cacher quelque chose[72]. Manifestement, il n'a rien appris de sûr, mais le voyage n'a pas levé ses suspicions : le 29, avant de repartir pour Vichy, il fait remettre à Fenard un exemplaire de son code personnel, dit « code de cuisine », pour l'informer de l'état d'Alain, mais aussi de l'évolution de la situation. Il aurait dû repartir dans l'après-midi, mais le vice-amiral Moreau lui suggère de partir plutôt le lendemain matin à 5 heures, ce qui lui permettrait d'arriver à temps pour le Conseil des ministres[73]. Le 30, il arrive à Vichy pour un Conseil très bref au cours duquel il rend compte des « mesures prises pour assurer la défense de l'Afrique occidentale française[74] » et réaffirme que les Américains n'attaqueront pas l'Afrique. Au garde des Sceaux Barthélemy, il déclare que, « prise à temps et énergiquement, la maladie de son fils évoluerait favorablement. Cependant, il voulait emporter un cercueil et avait fait préparer les obsèques à Nérac[75] ». Le lendemain, pour la Toussaint, Darlan accompagne Pétain à une cérémonie au monument aux morts. C'est la dernière fois que les deux hommes apparaissent ensemble. Darlan écrit à sa femme, ainsi qu'il le fait chaque fois qu'il est séparé d'elle :

> « Le Maréchal m'a très aimablement accueilli et m'a chaudement félicité du succès de mon voyage qui, m'a-t-il dit, a été opportun et a un retentissement énorme.
>
> « J'aurais préféré être plus longtemps avec toi, auprès de notre pauvre gosse, et, si je n'ai rien modifié au programme prévu, c'est que je savais l'importance de sa réalisation. Enfin, je suis heureux de l'avoir vu avec un bon regard qui reflète la volonté de surmonter le mal.
>
> « J'ai eu une grande déception ce matin en recevant le télégramme de Fenard m'informant que le départ était retardé.
>
> « Autant que notre pauvre malade, j'ai hâte de vous voir de ce côté-ci de la Méditerranée. Ces messages laconiques ne me suffisent pas et puis les relations sont trop compliquées.

« J'attends avec impatience le signal du départ.

« Le 14 novembre je dois être à Toulon avec le Maréchal. Si le départ d'Alain avait lieu le 12 ou le 13, cela me gênerait, puisque je ne pourrais pas vous accompagner à Paris [76]. »

Le 2, Darlan se plaint à sa femme du « laconisme » des télégrammes de Fenard : « Situation stationnaire ne me dit rien puisque je ne sais pas si elle est mauvaise ou passable [77]. » Le 4, il est plus inquiet à la suite de mauvaises nouvelles, mais envisage toujours un rapatriement :

« Le mauvais télégramme reçu aujourd'hui ravive mes inquiétudes, et je pense tristement à notre pauvre Alain et à toi. Moi qui étais parti d'Alger avec le sentiment que tout danger mortel était écarté, je suis de nouveau tenaillé par le doute.

« Je suis pris entre le désir d'être près de toi et de notre cher malade et la nécessité d'être présent ici, à un moment où les affaires sont loin d'aller bien et où je sens que le Maréchal souhaite que je ne m'éloigne pas.

« En tout cas, j'ai fait télégraphier à Fenard de ne pas hésiter à me télégraphier si ma présence devenait utile à Alger et j'ai fait demander qu'un avion rapide soit prêt à ma disposition.

« Si mes craintes étaient excessives et si le retour pouvait avoir lieu le 14, j'ai pris toutes mes dispositions pour me dégager de ma présence à Toulon ce jour, aux côtés du Maréchal, et je serais à Marignane pour vous accueillir et vous accompagner jusqu'à Paris.

« Je t'embrasse tendrement et tristement [78]. »

Lui qui est terriblement seul dans cette épreuve accepte avec reconnaissance l'invitation à dîner d'Auphan. Il y retrouve Bouthillier, de passage à Vichy. A table, on parle de la folle initiative de l'amiral de Laborde qui, après sa prochaine retraite, envisage de prendre la tête d'une colonne franco-allemande pour aller reconquérir le Tchad. Mais aussitôt après arrive un nouveau message de Fenard : « État Alain désespéré. Présence indispensable. » Darlan reste un moment prostré dans son bureau, puis ordonne de préparer son départ. Le Glenn-Martin qui l'a transporté en Afrique étant indisponible, Laval accepte de prêter son avion. Le pilote de permanence est le commandant Jouhaud (qui, bien plus tard, fera beaucoup parler de lui à Alger), mais, au grand désappointement de celui-ci (originaire d'Algérie), Darlan exige d'avoir son pilote habituel, le commandant Chassin (ancien officier de marine). Il est trop tard pour partir le soir même, aussi le départ a-t-il lieu le 5 à l'aube. « Au milieu de l'émotion générale, il a un mot affectueux pour chacun, puis dans le petit matin blafard, s'envole avec Battet [79]. » Il est 8 heures 15 lorsqu'il quitte la métropole pour n'y plus revenir.

Dans l'après-midi, l'Amirauté reçoit un télégramme : « État Alain désespéré. Amiral reste ici et en cas issue fatale restera cérémonie religieuse intime hôpital[80]. » Mais, le 7 au matin, survient « un laconique et surprenant message : " Amélioration sensible. Fenard ", bientôt confirmé par un long télégramme de Battet[81] ». Le caractère subit de ce rétablissement *in articulo mortis* n'a pas manqué de surprendre et d'alimenter les rumeurs. Près de cinquante ans plus tard le mystère demeure : y a-t-il eu complot pour attirer Darlan à Alger ? Darlan savait-il que cette fois, c'était le débarquement ? Lui-même a affirmé que c'était « fortuitement » qu'il se trouvait à Alger[82]. Ceux qui se trouvaient près de lui à Vichy, Auphan et Ballande notamment, n'ont rien remarqué accréditant la thèse du coup monté[83]. Quant à Fenard, qui d'Alger a envoyé le fameux télégramme, il n'a jamais revendiqué une manipulation dont il aurait pu se glorifier (et les notes qu'il a laissées présentent un bilan très généreux de son action). Au vu de tels éléments, la thèse de la présence fortuite semble la plus probable. C'est celle que retient Jean-Baptiste Duroselle[84]. Mais Jacques Raphaël-Leygues et François Flohic sont d'un avis contraire[85]. Il paraît douteux que l'on trouve un jour une preuve irréfutable dans un sens ou dans l'autre. Mais on peut cependant souligner deux éléments non remarqués jusqu'à présent.

Le premier est la réalité de l'aggravation, puis de l'amélioration de l'état d'Alain Darlan. Le rapport du médecin en chef Le Chuitton fournit l'explication de ce renversement subit. La paralysie avait entraîné « un état d'atonie de la musculature abdominale et intestinale se traduisant par une constipation opiniâtre et du météorisme. [...] A la faveur de la stagnation intestinale, les germes passèrent dans la circulation créant un état de septicémie, de bactériémie transitoire[86] ». Alors qu'une septicémie est généralement mortelle, une bactériémie peut être soignée avec succès par des médications anti-infectieuses si l'on parvient à surmonter la phase critique, ce que les médecins ont réussi *in extremis* en créant un abcès de fixation. Fenard n'a pas noirci la situation, les médecins pensaient réellement qu'Alain était perdu : « Le 5 novembre, l'état semblait désespéré, le malade avait perdu conscience, le coma s'était installé. [...] Nous pensions tous que la mort était proche, à tel point que le soir du 5 novembre, la chapelle mortuaire de l'hôpital Maillot avait été préparée pour l'enterrement[87]. » Sur ce point, le doute n'est guère permis.

Il n'en va pas de même, en revanche, quant à la question des intentions de l'amiral lui-même. Quelques détails sont tout de même étonnants :

1. A la fin d'octobre, le colonel Rivet a été prévenu par l'Intelligence Service de l'imminence du débarquement. Le 2e Bureau est en effet en relation quotidienne avec l'I.S. Le centre d'écoute d'Uzès décrypte les messages allemands et transmet tous les renseignements obtenus à Londres : ses émissions à destination de l'Angleterre durent *3 heures, tous les jours* ! L'I.S. ne peut laisser les Allemands mettre la main sur le centre et découvrir que ses codes sont percés. Rivet s'est entretenu le 29 octobre avec Revers des dispositions à prendre[88]. Le même jour, Darlan déclare au Conseil des ministres qu'il ne croit pas à un débarquement en A.F.N. Est-il sûr cependant que Revers ne lui a rien dit ?

2. Avant de partir, il trie ses papiers et emporte avec lui les documents les plus importants, notamment ceux relatifs au 13 décembre 40 et à ses suites, ainsi qu'à son départ du gouvernement en avril 42, et il en confie d'autres à l'un de ses proches.

3. Il emmène avec lui son directeur de cabinet et son adjoint marine qui auraient dû normalement rester à Vichy pour assurer l'intérim comme ils l'avaient fait en octobre.

De telles précautions ne manquent pas d'intriguer alors que son comportement ultérieur prouve amplement qu'il sera surpris par l'événement. En fait, de multiples indices suggéraient qu'il allait se passer quelque chose : il y a d'abord eu l'avertissement de Chrétien, l'information transmise par Salazar, l'intérêt subit des Allemands (avertis dès l'été du projet de débarquement) ; puis les rumeurs sur l'arrivée de Giraud en Afrique du Nord, l'intensification des vols de reconnaissance britanniques, l'arrivée de convois insolites (avec des transports de troupes) à Gibraltar.

Darlan sait tout cela. Mais, en même temps, les assurances de Murphy l'ont conforté dans sa conviction préétablie qu'il ne se passera rien avant 1943. Lorsqu'il est parti, il pense vraiment qu'il va enterrer son fils : Ballande l'a vu pleurer lors du départ. Sans ce coup du sort, il ne se serait sans doute pas envolé à ce moment. D'ailleurs, s'il emmène avec lui le code personnel qui lui permet de communiquer avec Auphan, il laisse à Vichy les « clefs » personnelles des autres amiraux, notamment celle de l'amiral de Laborde, qu'il n'aurait pas manqué d'emporter s'il avait envisagé la possibilité d'un appareillage de la flotte.

Et cependant, il a eu, sinon une intuition, plus vraisemblablement un doute, ainsi qu'il l'a écrit peu avant sa mort. Certes, cette lettre a été écrite après coup, mais le fait qu'il ait emporté ses papiers auxquels il tenait tant vient apporter un argument décisif en faveur de sa sincérité.

« Je viens de lire un certain nombre d'articles inspirés par les diverses propagandes. Entre autres, j'apprends que mon départ de France était longuement prémédité. On en voit la preuve dans le fait que j'ai mis de l'ordre dans mes papiers contrairement à mes habitudes, etc. Je trompais le Maréchal, etc.

« Je m'imagine les commentaires plus particulièrement dans les régions où vous vous trouvez, surtout de la part de nos compatriotes.

« Dans votre propagande, bien organisée d'après votre dernier rapport, faites seulement état de ceci.

« Quand j'ai quitté Vichy pour Alger, j'ignorais absolument de A à Z ce qui allait se produire quelques jours après. Les télégrammes reçus d'Alger avaient trait seulement à l'état de mon fils.

« Mais en raison de certains sons de cloche et d'avertissements très généraux et très vagues, je pouvais prévoir le déclenchement de certains événements sans cependant en connaître le caractère, la nature, la portée et surtout la date. J'ai pris mes précautions[89]. »

Le propos est digne des oracles sibyllins, mais son sens général est clair. Darlan a été davantage surpris par les événements qu'il ne les a devancés. Mais il s'était déjà préparé à cette éventualité et y a fait face après le flottement provoqué par la surprise.

CHAPITRE XIX

Le ralliement

Le débarquement en Afrique du Nord (opération Torch) constitue avec Stalingrad le tournant de la guerre en Europe. Premier débarquement d'envergure qui prélude à ceux en Sicile (opération Husky, le 10 juillet 1943) et en Italie (opération Avalanche le 3 septembre 1943), il parachève la victoire toute fraîche d'El-Alamein et redonne définitivement l'initiative aux Alliés. Succès stratégique indiscutable donc, mais qui n'est pas la conséquence d'un plan parfaitement conçu ou d'une supériorité écrasante. Au contraire, on reste confondu devant l'accumulation d'erreurs et d'imprudences qui auraient pu se révéler fatales. La décision est prise durant l'été lorsque est reconnue l'impossibilité d'établir une tête de pont sur le continent (projet Bolero) [1]. Elle parvient presque aussitôt à la connaissance des Allemands : Murphy en a informé confidentiellement le sultan du Maroc, lequel l'a répétée au grand mufti de Jérusalem, lequel a transmis à l'Abwehr [2]. A la fin de septembre, de multiples bruits circulent à ce sujet et Radio-Boston ne trouve rien de mieux que de faire allusion, le 6 novembre, à un débarquement possible des Alliés du côté de Bizerte [3] ! Depuis le 3 novembre, les renseignements sur l'entrée de convois inhabituels en Méditerranée ne cessent d'arriver, et tant les Allemands que les Italiens en sont parfaitement informés. Dès le 7 novembre, l'O.K.W. ordonne le transfert en Sicile du *Kampfgruppen 30* stationné au cap Nord et des *Kampfgruppen* 54 et 76 engagés en Russie, en tout 300 avions [4]. C'est dire que la surprise stratégique sera très relative.

Deuxième erreur, la préparation politique de l'opération a été plutôt incohérente. Les Britanniques sont partisans d'aider les résistants et de renverser l'administration de Vichy, tandis que les Américains recherchent le concours de l'administration en place. Mais les avances discrètes de Darlan transmises par

Murphy ne reçoivent guère d'encouragements : le dauphin du Maréchal est trop suspect. On ne lui dira rien, d'autant plus que Murphy a trouvé une solution de rechange avec Giraud, chef prestigieux qui devrait rallier autour de son nom l'Afrique du Nord et permettre aux Alliés d'y « entrer pratiquement sans tirer un coup de fusil[5] » ! Giraud et Murphy échangent plusieurs lettres qui aboutissent à un « accord de principe[6] » qui se révélera vite illusoire : Giraud, qui envisage un double débarquement en Afrique du Nord et en Provence au printemps de 1943 (c'est aussi ce que prévoit Darlan) et veut être commandant en chef des troupes alliées, sera mis au courant à la dernière minute, si bien qu'il ne sera pas disponible le jour J. Il n'a aucune autorité, et les Américains s'en apercevront vite. Ils ne tireront pas non plus grand profit du groupe des Cinq et des divers groupuscules résistants, dont les tentatives de prise du pouvoir échouent partout. Il faut dire que ceux-ci n'ont été prévenus que quatre jours avant le jour J, ce qui ne leur laissait guère le temps d'organiser une action efficace. Bien plus, les Anglo-Saxons n'ont guère confiance dans ces groupes, et, à l'occasion du débarquement, les induisent en erreur : près d'Alger, l'équipe du professeur Aboulker ira ainsi attendre les armes promises sur une plage qui n'est pas la bonne[7]. Surtout, l'action diplomatique et l'action militaire ne sont pas coordonnées : au Maroc, où doivent avoir lieu de gros débarquements, la démarche est faite par le consul américain après le coup de force de Béthouart, et Noguès n'est évidemment pas bien disposé ; à Tunis, Esteva est bien prévenu par le consul américain, mais aucun débarquement ne se produit. Le plan de l'amiral anglais Lyster, qui proposait d'envoyer 5 000 hommes de Malte à Tunis, n'a pas été retenu ; Eisenhower lui a substitué le largage de deux régiments de parachutistes, puis a annulé l'opération à la dernière minute en raison de conditions météorologiques défavorables[8]. La guerre en Afrique, qui aurait pu être terminée à la fin de l'année, sera prolongée de plusieurs mois.

Reconnaissons, à la décharge de l'état-major allié, que c'était la première fois que l'on montait une opération de débarquement d'une telle ampleur et que la situation politique en Afrique du Nord était effroyablement compliquée. Savoir qui devait être l'interlocuteur d'Eisenhower n'était pas facile. Le groupe des Cinq était plein de bonne volonté, mais jusqu'à quel point devait-on le mettre au courant ? Fallait-il le suivre lorsqu'il jetait l'interdit contre l'amiral Darlan ? Face à de si redoutables incertitudes, on comprend les hésitations et les contradictions des Alliés. Mais ceux-ci voulaient d'abord une victoire, ils n'ont utilisé le groupe des Cinq que pour désorganiser la résistance française et n'ont jamais eu la volonté de conduire l'opération avec les Français. Il est pour le moins illogique de lancer des tracts annonçant l'arrivée de troupes américaines venues libérer la France en même temps que des bombardiers lâchent des bombes, ou d'essayer d'obtenir le ralliement du commandement local tout en tentant de le neutraliser par une insurrection. De telles erreurs auraient pu aboutir à un désastre. Murphy avait averti : « Si le haut commandement français ne nous est pas favorable, l'invasion de l'Afrique du Nord se terminera en catastrophe. J'en suis convaincu[9]. » Le débarquement ne mettait en effet à terre que 100 000 hommes environ. Avec l'appui de l'aviation embarquée, le corps expéditionnaire pouvait prendre pied sur le littoral, mais guère aller plus loin. Les forces françaises regroupées dans l'intérieur du pays auraient pu contre-attaquer, et la situation des Alliés serait devenue critique. L'erreur faite en misant sur Giraud serait alors apparue dans toute son ampleur. La présence, largement fortuite, de Darlan a heureusement permis aux événements de prendre un cours différent. Il n'est pas exagéré de dire qu'elle a sauvé la situation au cours de ces journées décisives.

Des indices contre une conviction

Le 5 novembre, à midi, Darlan arrive à Alger. Il se rend aussitôt au chevet de son fils et y passe l'après-midi avec sa femme. Le soir, il rencontre Juin et le contre-amiral Leclerc à l'amirauté d'Alger. On parle naturellement des convois alliés qui viennent d'entrer en Méditerranée. Darlan répète une fois de plus que ses informations personnelles confirment qu'il n'y a pas lieu de s'inquiéter. En outre, un débarquement en Algérie devrait logiquement s'accompagner d'une opération similaire au Maroc, porte naturelle de l'Afrique du Nord et de la Méditerranée. Or rien n'a été signalé au large des côtes marocaines. Personne ne sait que le convoi destiné au Maroc arrive directement de la côte Est des États-Unis et approche sans avoir été repéré. En cette soirée du 5, si Darlan a des doutes, il ne les montre guère.

Mais le 6, les avertissements se multiplient, venant à la fois de Vichy (le colonel Rivet, averti du débarquement par l'Intelligence Service, transmet l'information à Alger), du 2e Bureau d'Alger, des commissions locales d'armistice, etc. Des reconnaissances aériennes sont ordonnées : celle d'Alger ne donne rien, mais, à l'est d'Oran, un avion est porté manquant. A 16 heures 45, un télégramme de l'Amirauté ordonne d'adopter le régime « Menace ». Une heure après, le secteur d'Oran, jugé le plus exposé, est mis au régime supérieur « Danger ». La navigation aérienne est suspendue, puis, dans la soirée, le trafic maritime. Tous ces ordres sont transmis directement de Vichy à l'état-major de la IVe région maritime à Alger[10]. Darlan, toujours au chevet de son fils qui lutte contre la mort, reste étranger à cette agitation jusqu'en fin d'après-midi. Alain est entré en agonie : on lui administre les derniers sacrements.

Mais voici qu'en ces heures tragiques l'actualité vient détourner Darlan de son drame intime. Bergeret arrive à Alger vers 16 heures et se précipite à l'hôpital. Il réussit à entraîner l'amiral dans les jardins et lui annonce que des sources en relation avec la Résistance et Londres lui ont confirmé que le convoi « était destiné à l'Afrique du Nord et qu'il fallait s'attendre, comme riposte, à l'occupation de la zone libre par les Allemands ». Darlan refuse d'y ajouter foi : il a ses informations, le convoi est destiné à la Tripolitaine. Murphy le lui a confirmé. Comme Bergeret insiste, Darlan se met en colère : « Vous êtes tous les mêmes, vous voulez imaginer des choses alors que j'ai des précisions[11]. » Bergeret insiste encore, tente un suprême effort : « Amiral, vous qui n'écoutez jamais personne, cette fois écoutez-moi. Le convoi, c'est pour nous. » Darlan bondit : « Comment pouvez-vous me parler ainsi alors que mon fils est en train de mourir à côté ? » Le plaidoyer de Bergeret l'a si peu ébranlé que le lendemain matin, après être venu au P.C. Marine se rendre compte de la situation, il adresse à Vichy un télégramme dans lequel il répète que le convoi est destiné à opérer un débarquement en Tripolitaine sur les arrières de Rommel.

> « Voici comment je vois situation :
> *Primo*. Je ne pense pas qu'une action délibérée contre territoires français soit actuellement envisagée par Anglo-Saxons.
> *Secundo*. Nature et force convoi britannique me fait plutôt penser que Anglo-Saxons envisagent action contre bases Axe de Tripolitaine ou Cyrénaïque pour empêcher envoi renforts Afrika Korps et prendre celui-ci à revers.
> *Tertio*. Ma présence à Alger est encore indispensable pour trois ou quatre jours. Je suis au courant situation et peux prendre décision.
> *Quarto*. En cas de nécessité, je suis toujours paré à revenir[12]. »

Le pauvre Bergeret s'est adressé ensuite à Juin, sans plus de succès[13]. Le 6, Alger vit encore dans la quiétude.

Le lendemain, la tension monte quelque peu. L'Amirauté met les Forces de haute mer à 6 heures d'appareillage et ordonne à tous les éléments de la marine d'adopter le régime « Danger », ce qui est fait dans la matinée. L'armée refuse de faire de même, mais Juin, alerté par le capitaine Allemand (du contre-espionnage)[14], se décide cependant à mettre en alerte les troupes de Constantine, puis celles de Tunisie. L'amiral Moreau, rentré de Tunisie vers 16 heures, est maintenant convaincu que le convoi allié a pour objectif l'Afrique du Nord : « S'il continue sa marche à la même allure, il n'aura, dans la nuit du 8 au 9, qu'à faire une abattée tout à la fois de 90° sur la droite pour coiffer immédiatement toute notre côte, de la Tunisie à Oran[15]. » Moreau se précipite chez Darlan, qui se trouve chez l'amiral Fenard, à la villa Sidi Allowi. Est-ce parce que l'état d'Alain s'est amélioré, ou Moreau se montre-t-il plus persuasif que Bergeret ? Darlan l'écoute et manifeste sa surprise en disant « à peu près textuellement : “ Ce n'est pas cela qu'on m'avait annoncé[16] ” ». Sinon entièrement convaincu, du moins fortement ébranlé, il se rend à l'hôtel Saint-Georges, Q.G. (quelque peu précaire) de la IVe région maritime, pour examiner en détail la situation. Il est près de 7 heures du soir. Darlan écoute l'exposé de son subordonné, puis laisse tomber un commentaire laconique : « Tu as des ordres », lui rappelant ainsi en peu de mots que l'ordre n° 1 est de défendre l'empire contre quiconque. Il donne tout de suite son accord à l'initiative de Moreau qui a demandé à la commission d'armistice italienne l'autorisation de réarmer les batteries de côte, mais lui refuse le transfert de l'aviation du Maroc. Lorsque Moreau lui parle de Bizerte, il dit : « Donne-lui tout de suite l'ordre d'embouteiller Bizerte. » Et comme son interlocuteur marque sa surprise en soulignant que Bizerte peut résister à une attaque par mer, il insiste : « Ce n'est pas cela ; écoute-moi bien et comprends-moi : tu n'as pas besoin de Bizerte. Cela ne te gêne en rien, toi », et il revient sur le *toi :* « “ qu'il soit inutilisable. Il n'y a là que quelques mouille-cul sans valeur et dont tu te fiches pas mal, moi aussi. Fais-le embouteiller, *cela servira toujours contre quelqu'un.* Et donne l'ordre tout de suite. ” Il répète : “ Tout de suite. ” Il avait un air énigmatique et satisfait, comme s'il venait de jouer un bon tour à quelqu'un[17]. »

Pour Moreau, le sens de cette décision était clair : « Par la mesure qu'il me faisait prendre — en insistant sur ce que moi, qui n'avais à mes ordres que 3 petits bâtiments, je n'avais pas besoin de Bizerte —, il marquait son intention formelle de ne pas engager la flotte pour secourir l'Afrique du Nord. Il rendait inutilisable sa principale base en Afrique, celle sur laquelle il eût été naturel de s'appuyer, mais aussi celle où le concours de l'aviation de l'Axe se serait le plus rapidement imposé[18]. » Très proche de la Sicile, et donc des bases du IIe *Fliegerkorps* allemand, Bizerte ne peut servir aux Alliés. En revanche, son embouteillage, non seulement rendrait plus difficile une éventuelle intervention de la flotte française, mais aussi ferait obstacle au débarquement de troupes alliées ou allemandes. Darlan pense-t-il en priorité aux premiers ou aux seconds ? Probablement n'en a-t-il pas encore une idée très précise. Il prend ses précautions contre tout agresseur. Ainsi qu'il le dit à Moreau, « cela servira toujours contre quelqu'un ».

Au reste, il ne paraît pas trop inquiet : il n'envoie aucun message particulier à Vichy, ne prend pas contact avec ses subordonnés au Maroc[19] ou en Tunisie, ne prescrit aucune mesure extraordinaire de protection de son P.C. et s'en va se coucher l'esprit aussi tranquille que le lui permet l'état de son fils. Apparemment, le faisceau d'indices qui ne cesse de grossir l'a ébranlé. Mais pas au point de lui faire renier complètement sa conviction antérieure. En outre, Moreau s'attend logiquement à une action s'étendant jusqu'à la Tunisie, et le débarquement, s'il a lieu, ne devrait donc se produire que dans la nuit du 8 au 9. Il reste en conséquence au moins un jour pour prendre des dispositions. Mais le sommeil de l'Amiral de la flotte va vite être troublé.

La folle journée du 8 novembre

Le plan anglo-saxon prévoit un débarquement en trois endroits : au Maroc, à Oran, à Alger. Les insurgés doivent neutraliser les autorités à Casablanca et Rabat et à Alger pour les empêcher d'organiser la résistance. Peu avant minuit, le général Béthouart au Maroc, le général Mast à Alger déclenchent les coups de main prévus. Au Maroc, les choses se passent mal dès le début : Noguès est cerné dans sa résidence, mais l'amiral Michelier, prévenu dès 23 heures 30, organise la riposte. Il rallie les hésitants, donne les ordres nécessaires et transmet l'alerte. Quand l'attaque américaine se déclenche vers 8 heures, des combats très durs s'engagent à Casablanca, à Port-Lyautey, à Safi. Mais Michelier a cru à un putsch gaulliste, et les unités de Casablanca ne sont pas prêtes à appareiller. Ce retard leur coûtera cher.

A Alger, la réaction des autorités est moins énergique. A 2 heures du matin la plupart des communications sont coupées et les insurgés sont maîtres de plusieurs points stratégiques. Mais l'hôtel Saint-Georges (siège du préfet maritime de la IVe région) et l'Amirauté d'Alger leur échappent, de sorte que le réseau de transmissions de la marine reste en fonction et l'alerte peut être donnée vers 1 heure du matin à l'artillerie de côte[20].

Murphy a informé Saint-Hardouin (du groupe des Cinq) qui prévient dans la soirée du 7 le colonel Chrétien, chef de la sécurité militaire, acquis à la cause alliée. Celui-ci décide d'emmener Murphy voir Juin qui dort chez lui, à la villa des Oliviers, pour obtenir qu'il annule les ordres de résister à toute attaque. Chrétien se présente seul chez Juin [21] et lui annonce : « Mon général, le convoi, c'est pour nous. — Ce n'est pas possible. Ils ne vont pas nous faire cela ! Enfin, d'accord ; amenez M. Murphy [22]. »

Murphy, plutôt mal à l'aise après toutes les assurances qu'il a prodiguées quelques jours plus tôt, expose que le débarquement va avoir lieu dans quelques heures. Juin marque sa surprise et sa colère d'être mis devant le fait accompli. Il finit par dire : « Si cette affaire dépendait uniquement de moi, je serais avec vous. Mais comme vous le savez, Darlan est à Alger. C'est mon supérieur. Quelle que soit ma décision, il peut immédiatement l'annuler [23]. » Murphy demande alors qu'on l'appelle. Il est 1 heure 15 du matin. Darlan qui dort chez Fenard est ainsi réveillé, pour la deuxième fois de la guerre (la première fois, c'était en juin 1940, lorsque le général François d'Astier de La Vigerie était venu le voir en pleine nuit), par Juin qui lui annonce que Murphy souhaite lui remettre un message de la plus haute importance. Plutôt que de recevoir la visite de Murphy, Darlan décide de se rendre chez Juin. Chrétien et le vice-consul Pendar (adjoint de Murphy) vont le chercher. Vers 1 heure 45, Darlan, accompagné par Battet, arrive à la villa des Oliviers. Faut-il accorder, comme le fait l'amiral Moreau, de l'importance au fait qu'il a revêtu un costume civil, comme s'il voulait marquer qu'il n'était qu'un voyageur dérangé dans ses affaires privées ? Cela n'est pas certain. D'abord, à Vichy, l'Amiral de la flotte ne revêtait que très rarement l'uniforme ; ensuite, d'après le témoignage de Pendar qui l'a accompagné, « de toute évidence, Darlan ne flairait encore aucun complot. Il me regarda à peine et n'eut pas un coup d'œil pour notre gorille, assis à côté de moi et armé jusqu'aux dents [24] ».

Juin accueille l'amiral et le conduit au salon où Murphy recommence son discours. Cette fois-ci, Darlan comprend, et sa réaction est brutale. Nous avons deux versions, qui disent en substance la même chose. La première est donnée par Chrétien :

> « C'est encore une de ces cochonneries dont vous, les Anglo-Saxons, vous nous accablez depuis deux ans. J'ai des ordres du Maréchal. Je les exécuterai. Puisque vous voulez qu'on se batte, nous nous battrons, etc. [25]. »

La seconde est celle de Murphy, qui confirme que Darlan avait bien conçu un plan pour remettre la France dans la guerre :

> « Je savais depuis longtemps que les Britanniques sont des imbéciles, mais j'avais toujours cru les Américains plus intelligents. Vous partagez avec eux le goût des gaffes monumentales !
>
> « Il poursuivit en disant que si les Américains avaient attendu ne serait-ce que quelques semaines encore, nous aurions pu compter sur une coopération efficace des Français aussi bien sur le territoire métropolitain qu'en Afrique. Et maintenant que l'Amérique avait lancé prématurément son attaque, qu'arriverait-il en France ?
>
> « Pendant un quart d'heure au moins, Darlan arpenta la longue pièce, tirant vigoureusement sur sa pipe. Je réglai mes pas sur ceux de cet officier de marine à la taille si courte. L'opération le déconcertait et le surprenait désagréablement. Il se demandait jusqu'à quel point il devait croire à mon histoire[26]. »

Pendant une demi-heure, Murphy s'efforce de convaincre Darlan que le débarquement n'est pas une simple opération de commando et que les Français ne doivent pas résister. « Suivant ses pensées et n'écoutant guère ce que je disais, il marmonnait : “ J'ai donné ma parole à Pétain. Depuis deux ans, je n'ai pas failli à mon serment. Je ne peux pas, maintenant, renier tout cela. Cette opération est prématurée, et ce n'est pas du tout ce que nous espérions. ” Je lui demandai ce qu'il ferait si Pétain lui donnait carte blanche. Darlan réfléchit à ma question pendant un moment et finit par dire que, naturellement, il se rangerait à nos côtés. » Darlan fait alors appeler Battet, qui attend dans la pièce à côté, et lui dicte un télégramme pour Pétain. Il est 2 heures 30 ou 3 heures.

> « J'ai été demandé à 1 heure 15 par général Juin, et j'ai trouvé chez lui M. Murphy, qui m'a déclaré que, *citation,* “ sur la demande d'un Français, le général Giraud, le président Roosevelt aurait décidé d'occuper l'Afrique du Nord avec des forces importantes ce matin même, que les États-Unis n'avaient qu'un seul but, détruire l'Allemagne et sauver la France qu'ils désiraient maintenir dans son intégrité ”, *fin citation.* Je lui ai répondu que la France avait signé une convention d'armistice et que je ne pouvais que me conformer aux ordres du Maréchal de défendre son territoire[27]. »

Mais lorsque Darlan et Juin veulent se rendre à l'hôtel Saint-Georges, ils s'aperçoivent que la villa est cernée par les insurgés qui refusent de laisser passer quiconque sauf un représentant du consulat américain. Le vice-consul Pendar est donc chargé de prendre contact avec les insurgés tandis que les autres occupants restent virtuellement prisonniers. Pendar gagne le P.C. des insurgés, rue Michelet, et revient avec Rigault (l'un des Cinq) qui déclare à l'amiral que la Résistance est maîtresse d'Alger, mais qu'il sera traité avec courtoisie. Darlan demande alors à retourner dormir chez Fenard, mais Rigault refuse, préférant garder tout le monde sous surveillance. Pendar retourne en ville, mais Murphy lui recommande de ne pas trop se presser : il faut gagner du temps en attendant que le débarquement ait bien eu lieu. Pendar se rend donc chez Fenard pour le prévenir. « Rudement bien joué, s'entend-il dire, mais que rien n'arrive à Darlan[28]. » Pendar conduit Fenard chez Juin pour qu'il fasse pression sur Darlan, puis retourne en ville porter le message destiné à Pétain ; mais au lieu de se rendre à l'hôtel Saint-Georges, il va le montrer aux insurgés qui, naturellement, se gardent bien de l'envoyer. Il décide de revenir à la villa des Oliviers[29]. Il est alors près de 6 heures du matin. Jusqu'à présent, les choses se déroulent conformément au plan des Cinq et du général Mast. Mais elles vont bientôt se dérégler.

D'abord, les Américains sont en retard. Tout reste calme, au point que Murphy en vient à se demander s'il n'a pas donné le signal un jour trop tôt : « Plus je m'énervais, et plus Darlan recouvrait son calme. » L'atmosphère finit par se détendre quelque peu : Mme Juin sert du café, initiative fort bien accueillie. Darlan et Murphy s'engagent « dans une discussion dénuée de passion sur les possibilités qui s'offraient à nous. J'exposai l'affaire dans son ensemble et expliquai comment nous avions traité avec Giraud. Darlan secoua la tête sans conviction en déclarant : " Giraud n'est pas notre homme. En politique, c'est un enfant, un bon général de division, rien de plus[30] " ». Fenard appuie Murphy. Plus tard, dans ses notes, il s'attribuera le mérite d'avoir fait fléchir Darlan. C'est possible, mais les événements sont encore trop incertains pour que Darlan prenne une décision aussi grave. Comme à son habitude, il va d'abord réfléchir et observer.

Pendant ce temps, les autorités ayant échappé à la rafle commencent à réagir. Si le général Koeltz, commandant le 19e corps d'armée, et le général Mendigal[31], commandant les forces aériennes, sont eux aussi neutralisés, les marins, comme au Maroc, restent libres. A l'hôtel Saint-Georges, Moreau prend le commandement de la défense à 4 heures 55. Il fait armer les plantons, fourriers... et bloquer toutes les issues. A l'Amirauté d'Alger, Leclerc fait de même. Les batteries de côtes sont alertées, et lorsqu'un torpilleur anglais vient débarquer des commandos dans le port, il est vigoureusement accueilli : incendié, il doit abandonner la partie, et les hommes débarqués sont bientôt contraints à la reddition. Le vice-amiral Rioult, commandant la marine à Oran, est lui aussi alerté et se défend énergiquement : un commando qui tente de forcer l'entrée du port est anéanti, deux corvettes britanniques sont incendiées [32].

Moreau veut naturellement communiquer avec Darlan qu'il croit toujours chez Fenard. Les communications étant coupées et craignant que les dissidents n'arrêtent un messager en uniforme, il expédie un marin en civil à la villa Sidi Allowi. Le quartier-maître désigné, débrouillard, revient sans encombre, un groupe d'insurgés lui ayant innocemment donné le mot de passe : l'amiral, lui a-t-on dit, est parti chez le général Juin. Moreau l'expédie là-bas, il y entre sans difficulté et parvient à s'entretenir avec Darlan qui lui remet un message pour Moreau à 5 heures 15. Le marin ressort tranquillement sans être importuné par les gardiens qui ne comprennent pas grand-chose à ce qui se passe. Sur le chemin du retour, il essaie de « faire du stop » et demande à une voiture de le conduire. Il se heurte à un refus : le chauffeur n'est autre que Pendar, censé porter le message de Darlan à Pétain et qui eût été mieux inspiré en empêchant l'auto-stoppeur de continuer sa route [33]. A 5 heures 50, Moreau prend connaissance des premières instructions de Darlan :

> « Pour Amiral Moreau,
> « Si tu peux communiquer avec Bizerte et avec Casa, tâche de savoir ce qui s'y passe.
> « Je suis à la villa du Gal Juin.
> « D'après Murphy, le débarquement serait général du sud du Maroc à la Tunisie.
> « J'ai rendu compte au Maréchal par le Baudot.
> « Jusqu'à nouvel ordre de ma part, faire notre possible pour exécuter les ordres du Maréchal [34]. »

Moreau donne à Leclerc l'ordre d'envoyer une section de Sénégalais libérer Darlan et réexpédie son messager, accompagné cette fois du capitaine de frégate Robert, à la villa pour essayer d'obtenir de nouvelles instructions [35]. Ils seront devancés par le commandant Dorange, chef de cabinet de Juin : celui-ci, ayant appris que le débarquement était en cours et que son chef était prisonnier, s'est activé pour le faire libérer. Une barque de pêcheur lui permet de gagner l'Amirauté, mais le contre-amiral Leclerc ne peut lui offrir qu'un revolver modèle 1874, sans cartouches. Il parvient à se faire conduire à la caserne des gardes mobiles, où il obtient qu'un détachement soit mis à sa disposition. Vers 5 heures 45, il arrête les insurgés qui gardent la villa des Oliviers et libère ses occupants. Il trouve « Juin [qui] arpentait la pièce à grands pas tandis que l'amiral Darlan, impassible, s'appuyait à la cheminée [36] ». C'est au tour de

Murphy et de Pendar d'être prisonniers et ils n'en mènent pas large, car Dorange, furieux d'avoir été trompé, n'est pas loin de leur faire subir un mauvais sort. Il parle aussi de tuer « ce cochon de Jean Rigault[37] ».

Juste avant d'être libéré, Darlan avait rédigé avec Juin un deuxième télégramme faisant le point sur la situation en Afrique du Nord.

> « D'après les renseignements qui me parviennent, le débarquement serait général et en cours de la côte de Tunisie jusqu'au sud du Maroc. Au Maroc et en Algérie, il n'y aurait que des troupes américaines. En Tunisie, il est probable qu'il y aurait des troupes britanniques. Nombreuses intelligences à l'intérieur du pays. Le télégramme a été rédigé conjointement avec le général Juin[38]. »

Pendar s'apprêtait à le transmettre à l'Amirauté lorsque les gardes l'ont arrêté. Fenard insiste pour que ce télégramme parte sans retard. Darlan décide de se transporter avec Juin au fort l'Empereur, Q.G. de l'armée de terre, tandis que Fenard restera avec Murphy à la villa. Quant à Pendar, il ira bien porter le message à l'Amirauté, mais escorté par trois gardes mobiles. Le contre-amiral Leclerc, après avoir vérifié l'authenticité du message, l'expédie à 6 heures 17. Suit une heure plus tard, à 7 heures 15, le message rédigé vers 2 heures et que Pendar n'avait pas remis, mais dont Darlan, méfiant à juste titre, a gardé un double[39]. Ces envois tardifs n'apprennent évidemment rien à Vichy, où l'alerte a été donnée dès la nuit. A 5 heures 30, l'Amirauté française a transmis le message de Pétain ordonnant de résister : « Nous sommes attaqués, nous nous défendrons. C'est l'ordre que je donne[40]. »

Lorsque Darlan arrive au Q.G. de Juin, entre 6 heures 30 et 7 heures, la bataille est partout engagée. Si l'armée et l'aviation vont au combat « en traînant les pieds », la marine a réagi avec beaucoup plus de vigueur. Michelier au Maroc, Rioult à Oran, Leclerc (plus que Moreau) à Alger ont engagé tous leurs moyens. Darlan et Juin n'ont donc qu'à confirmer les ordres antérieurs. Le putsch, pratiquement terminé au Maroc, commence à se débander à Alger. Toutes les troupes obéissent, sauf celles d'El-goléa, où le colonel Baril, ancien chef du 2e Bureau, laisse les Américains débarquer à Sidi-Ferruch ; à Blida, le général de Monsabert est lui aussi passé à la dissidence, mais ses troupes ont refusé de le suivre et se sont retirées dans la montagne. La proclamation du général Giraud, diffusée par la radio vers 8 heures, ne rencontre aucun écho.

La réduction des îlots de dissidence est confiée à Dorange : à

7 heures, le Palais d'Hiver est dégagé, puis l'état-major du 19e corps. C'est ensuite le tour de la poste centrale (P.C. Mogador) où se trouve la liaison Baudot avec Vichy. Ne reste plus, après 9 heures, aux mains des insurgés que le commissariat central où d'Astier, l'abbé Cordier et le commissaire Achiary dirigent les opérations. Dorange veut le prendre d'assaut : « Mais avant de passer à l'exécution, en raison des pertes que cela pouvait entraîner, je remontai au fort l'Empereur. L'amiral y était encore. [...] Je lui rendis compte des mesures prises, des possibilités ainsi que des conséquences probables de l'opération. Dès les premiers mots, l'amiral m'arrêta ; il me dit, avec beaucoup d'amertume et aussi beaucoup de lassitude, qu'il fallait considérer notre dernière carte comme jouée et très mal jouée : il ne fallait pas ajouter à tout ce que la situation comportait déjà de pénible pour nous une bataille de Français contre d'autres Français, car il s'agissait bien là d'une bataille et non d'une opération de police. Sur son ordre je renonçai à l'opération projetée[41]. » Le commissariat ne sera repris qu'à 16 heures, sans effusion de sang.

L'ordre est donc rétabli mais la situation militaire s'aggrave. A 8 heures 40, un nouveau message rend compte à Vichy : « Des débarquements ont été opérés par des troupes américaines et des bâtiments anglais à Alger et environs. La défense a repoussé des attaques en plusieurs endroits, en particulier dans le port et à l'Amirauté. En d'autres endroits des débarquements se sont effectués par surprise et avec succès. La situation empire et les défenses vont bientôt être submergées. Des renseignements indiquent des débarquements massifs en préparation[42]. » Il faut donc envisager soit une négociation, soit un repli vers l'intérieur.

Mais l'Afrique du Nord n'est pas seule. Il faut aussi tenir compte de la réaction allemande et de Vichy. Dès minuit, l'Allemagne a proposé « une collaboration militaire dans cette région, notamment par appui aérien[43] ». Vers 7 heures 30, Moreau téléphone à Darlan le télégramme expédié par Vichy une heure et demie plus tôt : « O.K.W. propose concours aviation Axe basée Sicile et Sardaigne. Sous quelle forme, en quel lieu, souhaitez-vous ce concours[44] ? » A 9 heures, la réponse est envoyée, elle est laconique : « Référence votre 58534. Concours sur transports au large d'Alger[45] », ce que Vichy transmet une heure et demie plus tard à la C.A.A. à Wiesbaden : « Gouvernement accepte concours aviation de l'Axe agissant directement de leurs bases de Sicile et Sardaigne contre transports et forces navales devant Alger[46]. »

Ce message servira naturellement plus tard à étayer le dossier d'accusation contre Darlan. Pour Kammerer, celui-ci accepte

« ce concours impie » : « Loin de souhaiter le succès du débarquement, [il] préférait voir la flotte alliée au fond de l'eau[47]. » En sens inverse, l'amiral Moreau fait remarquer que « l'Allemagne n'avait nul besoin de notre autorisation ou de notre concours pour attaquer les bâtiments au large comme elle le faisait depuis deux ans déjà, de sorte que la réponse de Darlan était une sorte de fin de non-recevoir diplomatique[48] ». A l'appui de cette interprétation, on doit remarquer que le message ne fait aucune allusion à Oran et au Maroc, où la situation est tout aussi grave, mais qui ne pourraient être atteints qu'à partir de bases nord-africaines. C'est en tout cas comme cela qu'il a été interprété par Vichy et surtout par les Allemands qui marqueront dans l'après-midi leur vif mécontentement : « Suite réponse faite marquant accord gouvernement français accepter aide Luftwaffe à condition que les formations opèrent d'Italie, gouvernement allemand estime démarche totalement insuffisante car succès complet ne peut être obtenu qu'avec unités allemandes opérant d'Afrique du Nord. [...] Avons l'impression que gouvernement français non disposé à collaboration militaire avec Axe[49]. » En attendant, cette réponse dilatoire a permis de gagner un peu de temps, même si les Allemands, résolus à passer outre, envoient sans attendre des officiers de liaison.

A peu près au moment où il envoie sa réponse, Darlan prend connaissance de celle de Pétain à ses deux premiers messages :

> « J'ai bien reçu vos messages par l'entremise de l'Amirauté et suis heureux que vous soyez sur place. Vous pouvez agir et me renseigner. Vous savez que vous avez toute ma confiance[50]. »

Kammerer en conclut que Pétain donnait par là à Darlan « pouvoir de traiter[51] ». Interprétation un peu forcée et qui n'a certainement pas été celle de Darlan : les ordres antérieurs ne sont en rien modifiés, et il doit rendre compte à Vichy, où Pétain a seul pouvoir de prendre les grandes décisions. C'est en tout cas ainsi qu'il va agir au cours des jours qui vont suivre.

Il est 9 heures du matin et Darlan est toujours au fort l'Empereur, Q.G. de Juin. Mais, décidément, l'atmosphère d'un P.C. de l'armée ne lui convient pas : « Un grand désordre y règne, les coups de téléphone se multiplient, des officiers généraux et supérieurs dont les commandants de régiments arrivent sans cesse. On peut se demander ce qu'ils font là, au lieu d'être avec leurs unités. Le général Juin parle, écoute, mais ne commande pas[52]. » Il n'y tient plus et décide de se transporter à l'hôtel Saint-Georges, où il arrive à 9 heures 15 d'après Moreau, peut-être un peu plus tard. Ses premiers mots sont pour Moreau :

« Eh bien, tu avais raison hier soir de prédire un débarquement[53]. »

Les nouvelles sont mauvaises. Les troupes américaines progressent dans la banlieue. La batterie Duperré se défend vaillamment, mais sera bientôt submergée. Alger va donc être prise, ce n'est plus qu'une question d'heures. Pourtant, Darlan refuse d'évacuer la ville et décide de rester sur place, en gardant Juin près de lui. Par cette décision, il montre sans équivoque qu'il entend négocier avec les Américains plutôt que d'organiser une résistance désespérée dans l'arrière-pays. Mais en même temps il organise sa suppléance pour le cas où il ne serait plus en état d'exercer son commandement. Il en rend compte à Pétain à 11 heures 40 :

> « Alger sera vraisemblablement prise ce soir. Place à peu près encerclée par débarquement effectué est et ouest et progression par plateau Sahel. Impossible renforcer place par suite défaillance partie des troupes division [Alger], celle, de [garnison] de Blida et El-Golea.
>
> « Au cas où général Juin ne pourrait plus commander, forme deux commandements Tunisie-Constantine général Barré, Oranie-Maroc général Noguès. Prière informer ces généraux[54]. »

Dans le même temps se pose la question de l'éventuelle intervention des Forces de haute mer. Dès le début de l'attaque, celles-ci ont reçu l'ordre de pousser les feux. Moreau communique le télégramme à Darlan qui ne fait aucune remarque, esquissant seulement un mouvement que Moreau traduit par « Ce n'est pas moi qui la demande[55] ». De fait, il n'envoie à leur sujet aucun message, s'abstient de toute initiative, comme il le fera au cours des jours suivants, montrant très clairement qu'il entend garder sa carte maîtresse en réserve. C'est Vichy qui prend cette initiative peu avant midi. L'Amirauté fait connaître aux commissions d'armistice qu'elle « sera peut-être conduit[e] à envisager utilisation F.H.M. pour aider défense Algérie, mais semblable opération exigerait : *Primo* coopération aviation de l'Axe basée par exemple sur Sardaigne. *Secundo* possibilité pour nos forces navales d'utiliser bases italiennes Sardaigne ou Sicile, par exemple Cagliari[56] ». Mais un deuxième message dans l'après-midi vient poser une condition exorbitante : « Emploi des bases comporterait éventuellement possibilité ravitaillement mazout évalué pour une fois à douze mille tonnes environ[57]. » L'Amirauté, qui résiste depuis deux ans à des demandes plus que pressantes de cession de carburant, est bien placée pour savoir que les Italiens sont incapables de satisfaire une telle demande. Le contre-amiral Wever, président de la sous-commission « Marine » de la C.A.A., ne peut que répondre qu'il « pense impossible trouver mazout dans les bases italiennes des îles[58] ». Deux officiers, le capitaine de vaisseau Murgue et le lieutenant de vaisseau Hourdin, seront envoyés à Rome le 9, mais il ne sortira rien de cette mission[59].

Arrive l'heure du repas. Darlan déjeune avec l'amiral et Mme Moreau. De sa fenêtre, il peut voir l'appareillage du torpilleur anglais qui a pénétré dans le port à l'aube pour débarquer des commandos : pris sous le feu des batteries hâtivement réarmées, désemparé, il s'éloigne en donnant de la bande. On attend Battet, que Darlan a prié d'aller chercher ses bagages (il est toujours en civil) et le capitaine de vaisseau Jaujard, envoyé faire une communication à Mme Darlan, mais ils ne reviennent pas : sur la route du retour, ils ont tous deux été arrêtés par un barrage d'insurgés et conduits au commissariat central, avec tous les papiers et bagages de Darlan. Darlan demande à Murphy de les retrouver, car il tient absolument à récupérer son directeur de cabinet. Mais en début d'après-midi, les insurgés se débandent, Battet et Jaujard sortent tranquillement du commissariat, retrouvent leur voiture avec les précieuses valises et regagnent l'hôtel Saint-Georges à 14 heures 50 ; Darlan peut enfin revêtir son uniforme... L'après-midi se passe ainsi dans l'attente. D'après l'amiral Moreau, « il montrait un grand calme. [...] Nous arpentions ensemble le couloir de l'hôtel, n'échangeant que de rares réflexions, parfois interrompues par les télégrammes qu'on nous apportait. Le sujet de ses méditations dépassait visiblement de beaucoup les combats qui se déroulaient autour d'Alger et même dans toute l'Afrique du Nord. Je sentais que ce n'étaient pour lui que des incidents à côté des problèmes de gouvernement auxquels il songeait en tirant sur sa pipe. Quand il parlait, il lançait quelquefois une plaisanterie, comme pour donner le change sur le cours de ses pensées[60] ». D'autres officiers présents ont un jugement plus sévère : installé sur le balcon et tirant sur sa pipe, il ne donne aucun ordre pour contre-attaquer, ne cherche pas à ranimer les énergies souvent défaillantes (l'armée recule sans se défendre ; à Alger, elle n'aura pas un seul tué ! Seuls les marins se battent). Il se conduit plus en spectateur qu'en chef, au point de choquer certains[61].

Vers 16 heures, Juin communique que son P.C. est bombardé par des mortiers et que les Américains descendent le boulevard Gallieni. Une demi-heure plus tard, il s'entretient avec Darlan au téléphone et lui dit que toute résistance devient impossible. Après s'être fait confirmer par Auphan que rien de nouveau ne s'est passé en zone libre[62], l'Amiral de la flotte lui répond : « Il ne faut pas faire tuer des gens inutilement. Ne prolongeons pas une résistance sans espoir. Je vous autorise à traiter d'une suspension d'armes pour la place d'Alger. » A Moreau il dit : « Il se bat à coups d'aviron contre des avions[63]. » A 17 heures, il rend compte à Vichy :

> « Les troupes américaines ayant pénétré dans la ville malgré notre action retardatrice, qui était à la baie d'Hussein Dey, à la batterie Duperré et à l'Amirauté, et les forces françaises restant divisées et faiblement armées, j'ai autorisé le général Juin, commandant en chef, à parlementer, pour la ville d'Alger exclusivement[64]. »

Kammerer, toujours à l'affût de la responsabilité de Darlan, estime que « si l'amiral avait voulu conclure l'armistice pour toute l'Afrique du Nord, rien ne l'en empêchait. Il en avait doublement le pouvoir, à la fois comme commandant en chef de toutes les forces françaises et en vertu du télégramme du Maréchal de 8 heures 49 du matin lui disant : “ Vous pouvez agir ” et lui confirmant sa confiance entière. Trois jours eussent été gagnés[65] ». C'est oublier deux choses. D'abord, Darlan ne voulait rien faire qui offrît prétexte aux Allemands pour occuper la zone libre : avant d'autoriser Juin à négocier, il télégraphie à Auphan pour savoir ce qui se passe en métropole. Ensuite, s'il avait pris une telle initiative, il aurait été désavoué par Pétain (on le vérifiera deux jours plus tard), et ses subordonnés ne l'auraient pas suivi (là aussi, les événements ultérieurs le confirmeront). Il ne pouvait guère aller au-delà de ce qu'il a fait.

Une fois la décision prise, le problème est d'entrer en contact avec les Américains. Darlan retourne à la villa des Oliviers (vers 15 heures, dit Murphy, qui se trompe sans doute d'heure) et demande à Murphy de prendre contact avec le commandement américain. Il lui fournit une voiture et Murphy ramène le major général Ryder, adjoint du général Clark qui ne doit arriver que le lendemain. Vers 17 heures 20, la suspension d'armes pour la place d'Alger est signée par Juin. Murphy et Pendar affirment que Darlan assiste à la signature[66], ce que ne confirme aucun autre témoignage. Il semble plutôt qu'il soit resté à l'hôtel Saint-Georges, où Juin vient lui rendre compte à 18 heures. Il annonce qu'une réunion doit se tenir au Saint-Georges à 20 heures 15. Pour des raisons non élucidées (vraisemblablement, Murphy essaie d'initier Ryder aux arcanes de la politique française), les Américains arrivent avec deux heures de retard. Côté américain, Murphy, Ryder et son chef d'état-major, Fountain. Côté français, Darlan est entouré de Moreau, Battet, Fenard, Juin et Mendigal (commandant des forces aériennes ; il ne dira pas un mot). La discussion s'engage aussitôt.

« *Amiral de la Flotte* (au général Ryder). Je vous écoute.

M. Murphy. Le général Ryder voudrait faire un armistice.

Amiral de la Flotte. La chose a été entendue pour la place d'Alger. J'écoute vos conditions.

Général Juin. Cette première réunion a pour objet d'arranger les choses pour ce soir : demain nous nous réunirons à nouveau.

Amiral de la Flotte. Peut-on circuler ?

M. Murphy. Oui, aucune difficulté : on peut reprendre la vie normale. Le général Ryder précise que l'objet de cette réunion est de déterminer l'emploi du port d'Alger pour l'écoulement de son matériel. Le général voudrait pouvoir pousser vers l'est le plus tôt possible. Il ne compte pas occuper les casernes.

Amiral de la Flotte. Actuellement, par quoi le port est-il fermé ?

Amiral Moreau. Par une estacade.

Amiral de la Flotte (à amiral Moreau). Vous ferez ouvrir le port le plus tôt possible.

M. Murphy. Peut-on l'ouvrir demain matin, de bonne heure, vers 6 heures 30 ou 7 heures ?

Amiral Moreau. Oui.

M. Murphy. Le général désirerait traiter des questions d'armistice intéressant l'ensemble de l'Algérie, demain vers 10 heures.

Amiral de la Flotte. Le général demande-t-il qu'on suspende les opérations car, pour cela, je dois poser la question au Maréchal ? Cette suspension intéresserait-elle l'Algérie seulement, ou l'ensemble de l'Afrique du Nord ?

M. Murphy. Le général espère pouvoir vous répondre demain pour l'Algérie et la Tunisie. Ce qui intéresse le général, c'est d'avoir la disposition du port d'Alger pour commencer les mouvements de matériel. Il compte prendre contact avec les autorités civiles demain.

Général Juin. Oui, nous ferons venir M. Ettori.

Amiral de la Flotte. Je comprends que cette action de l'autorité administrative française a lieu pour le compte du gouvernement français.

M. Murphy. Le général ne peut décider de cela : il convient d'attendre l'arrivée du général Clark, prévue pour demain, pour parler du gouvernement.

Amiral de la Flotte. Vous comprenez que pour moi cette question est essentielle.

M. Murphy. Je le comprends très bien.

Amiral de la Flotte. Et le Maroc ?

M. Murphy. Le général Clark sera ici demain, nous pourrons voir alors. Le général n'a pas d'autres suggestions, il espère que tout ira bien. Il n'a pas l'intention de loger des troupes à Alger, sauf un certain nombre de postes pour assurer l'ordre cette nuit.

Général Juin. Nos troupes resteront dans leurs casernes.

M. Murphy. Et la police ?

Général Juin. Nous verrons cela demain avec M. Ettori.

M. Murphy. Le colonel Fountain propose de fermer les banques à titre provisoire pour éviter la spéculation : quant à moi, je ne suis pas partisan d'une telle mesure tant qu'il n'y aura pas matière à spéculation.

Amiral de la Flotte et général Juin. D'autant plus qu'il faut permettre aux gens de continuer à vivre.

Amiral de la Flotte. Alors, c'est bien entendu, nous aurons demain une réunion avec le général Clark puis une seconde avec MM. Ettori, Peisson, maire d'Alger, et un technicien des finances.

M. Murphy. D'accord, mais nous ne connaissons pas encore l'heure d'arrivée du général Clark.

Amiral Fenard. Faites-vous venir tout le ravitaillement pour vos troupes ?

M. Murphy. Oui.

Amiral de la Flotte. Il serait plus commode de nous réunir à nouveau ici.

M. Murphy. D'accord.

Amiral de la Flotte. Le général accepterait-il une tasse de café ?

M. Murphy. Certainement, avec plaisir.

(On apporta du café et la conversation devint plus générale et moins officielle. Elle n'est plus que résumée ci-après.)

Amiral de la Flotte. Le matériel à débarquer est-il à expédier par voie ferrée ? C'est important pour nous car cela pose une question de charbon.

M. Murphy (au général Ryder). En Afrique du Nord les chemins de fer n'ont pas de débit.

M. Murphy (répondant à l'Amiral de la Flotte). Non. (L'amiral Moreau informe l'Amiral de la Flotte que les ordres sont transmis au port d'Alger.)

Amiral de la Flotte. J'ai donné les instructions nécessaires pour que le port soit ouvert demain au petit jour.

[...]

M. Murphy. Est-ce calme dans les rues d'Alger cette nuit ?

Général Juin. Il n'y a dans les rues que les gens de la défense passive.

Amiral Fenard. Il y a eu un incident ce soir : on a tiré d'une maison sur des marins se trouvant rampe de l'Amirauté : les marins ont évidemment riposté.

Général Juin. Oui, c'étaient des gens du commissariat central[67]. »

Ce procès-verbal donne l'impression d'une discussion sans heurts, mais une lecture attentive révèle une différence de perspective qui n'est pas sans rappeler, *mutatis mutandis,* celle que l'on pouvait observer lors de la discussion des protocoles de Paris, un an et demi plus tôt. Les Français cherchent à placer la discussion sur le terrain politique : Darlan déclare qu'il agit pour le compte du gouvernement français. Leurs interlocuteurs se limitent au contraire à une question technique soigneusement limitée, l'utilisation du port d'Alger, et opposent des réponses évasives aux demandes françaises : il faut attendre l'arrivée du général Clark. Le général Ryder découvre avec effarement la complexité et la subtilité du problème politique français : il croyait que tout avait été réglé avec Giraud, et Murphy et Pendar lui expliquent maintenant que Giraud n'a aucun pouvoir et qu'il faut s'entendre avec Juin et Darlan. Murphy note pudiquement que c'était « un homme charmant et un excellent soldat. Les questions politiques n'étaient pas son fort [68] », formules dignes d'un grand diplomate. Un observateur français le qualifie plus cavalièrement de « couillon ». Complètement dépassé par les événements, conscient de la précarité de la situation du corps expéditionnaire qui n'a mis à terre le premier jour que quelques milliers d'hommes sans guère d'équipements lourds, il ne songe qu'à une chose : obtenir le dégagement du port pour mettre à terre son deuxième échelon. Sur ce point, les Français se montrent pleins de bonne volonté : l'ordre d'ouvrir le port est donné sans retard. Mais aucun problème de fond n'a été réglé. Après la réunion, Darlan adresse un compte rendu à Pétain.

> « *Primo*. Avec mon autorisation général Juin a passé pour la seule place d'Alger une supension d'armes avec le général américain Ryder. Les troupes seront consignées dans leurs quartiers et garderont leurs armes, les autorités civiles reprendront en main pouvoir de police.
>
> « *Secundo*. Je dois rencontrer général américain qui désire traiter demain 10 heures locales et ensuite suspension armes pour l'Algérie et la Tunisie. Général Ryder a déclaré que les administrations civiles resteraient en place et a affirmé qu'elles agiraient spécifiquement pour gouvernement français.
>
> « *Tertio*. J'ai demandé alors s'il s'agirait bien du gouvernement du Maréchal. Il me sera répondu demain par général Clark.
>
> « *Quarto*. Dès que je connaîtrai exactement propositions faites, vous ferai connaître et attendrai vos instructions [69]. »

Peu après minuit, il adresse à Pétain un dernier compte rendu faisant le point sur la situation militaire [70]. Après cela, il devrait aller se coucher. Exceptionnellement, il va veiller pendant presque toute la nuit, en méditant sur l'événement. Les Américains l'ont mis devant le fait accompli et ont agi sans se soucier des intérêts français : rien n'a pu être organisé, la métropole est abandonnée à son sort : l'armée d'armistice est condamnée à l'impuissance, le sort de la flotte est incertain, le Maréchal et le gouvernement risquent de se retrouver prisonniers. Il n'a donc guère de raisons de se réjouir du débarquement qui vient d'avoir lieu. Mais, réaliste, il va s'efforcer d'en limiter les conséquences. De manière caractéristique, il précise dès la première réunion avec les Américains qu'il agit pour le compte du gouvernement français. Ses interlocuteurs ne lui ont pas répondu, et il peut donc se faire du souci à ce sujet.

Les atermoiements du 9 novembre

Comment se présente la situation au lendemain du débarquement ?

Si les combats ont cessé à Alger, ils se poursuivent ailleurs. Les renseignements reçus dans la nuit indiquent qu'au Maroc, les Américains tiennent une solide tête de pont à Fedala et ont causé de gros dégâts aux navires basés à Casablanca : *Jean-Bart* avarié, croiseur *Primauguet,* contre-torpilleur *Milan,* trois torpilleurs, cinq sous-marins coulés... A Oran, la ville est pratiquement encerclée. La situation est donc critique d'un point de vue militaire.

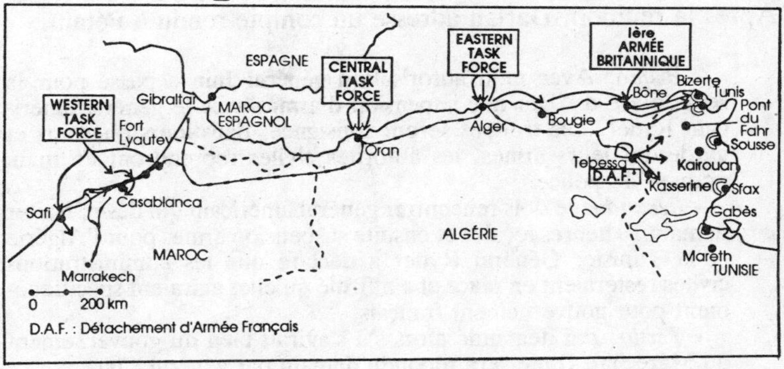

Celle des Anglo-Américains n'est pas pour autant assurée. Juin rameute les troupes de l'intérieur, et si la lutte continue, le corps expéditionnaire restera bloqué dans ses têtes de pont, à la merci d'une éventuelle intervention allemande. Face à deux ou trois divisions allemandes aguerries, les G.I.'s inexpérimentés « ne feraient pas le poids ». Il y a aussi l'inconnue espagnole, qui préoccupe beaucoup Eisenhower. Autant de sujets d'inquiétude qui suscitent cette incroyable réflexion du général Ryder, de plus en plus dépassé par l'imbroglio d'Alger : « Mais que va-t-on devenir si les Français se mettent à résister[70bis] ? » D'où l'urgence de parvenir à un accord pour toute l'Afrique du Nord.

Mais si Murphy a très vite compris qu'il fallait jouer la carte Darlan, Eisenhower en reste à l'accord avec Giraud. Celui-ci, furieux d'avoir été mis devant le fait accompli, a failli renoncer après son arrivée à Gibraltar (il a quitté la France à bord d'un sous-marin[71]), puis Eisenhower l'a convaincu de partir pour l'Afrique du Nord où il va arriver dans l'après-midi du 9. Eisenhower et Clark croient encore que sa présence va tout arranger[72]. Quand le second débarque à Alger dans l'après-midi et que Murphy le met au courant de la situation réelle, il se met en colère : « Voilà qui embrouille tout ! Il faut que nous ramenions mon Français dans cette affaire immédiatement[73]. » La confusion règne dans le camp américain.

Du côté français, les choses ne sont guère plus claires. Si la dissidence est réduite, et si Giraud ne peut compter sur aucun appui sérieux dans l'armée, Darlan n'a pas pour autant les mains libres, car il doit compter avec Vichy. Les communications ne posent aucun problème car il existe un câble Alger-Marseille-Vichy qui garantit que les messages transmis ne seront pas écoutés. A côté des messages « officiels » envoyés en codes GEMO (Général-Mondial) ou CAPA (capital A), les messages les plus secrets seront transmis en code personnel dont seuls les membres du cabinet de Darlan ont la clef (il s'agit d'un dictionnaire français-anglais Bordas). L'exemplaire personnel de Darlan ne quitte jamais la poche de son chef d'état-major Battet. A Vichy, un exemplaire est détenu par Jouanin, qui chiffrera lui-même les messages. Le câble fonctionnera sans incidents jusqu'à l'occupation de Marseille le 14 novembre. Dès le 8, il a transmis une information capitale : le ministre des Affaires étrangères espagnol, le comte Jordana, a déclaré à notre ambassadeur que « l'Espagne n'entend prendre aucune initiative à l'endroit de notre territoire africain[74] », ce qui signifie qu'elle ne laissera pas passer de troupes allemandes. Darlan peut donc être rassuré : le Maroc ne sera pas un champ de bataille avec l'Allemagne. Bien entendu, il n'en dira rien aux Américains : libérés de ce souci, ils pourraient devenir encore plus exigeants.

Le 8, le gouvernement a délibéré à deux reprises. Le général Bridoux et l'amiral Platon se sont étonnés que l'amiral Darlan n'ait pas demandé d'attaquer les terrains d'où opèrent les avions américains, mais le Conseil a décidé de s'en remettre au jugement de Darlan « sur place, seul et meilleur juge[75] ». Dans la soirée du 8, celui-ci a appris que deux officiers de la Luftwaffe, le colonel Giesche et le capitaine Schurmeyer, venaient d'arriver à Sétif pour assurer la coordination des opérations de la Luftwaffe avec les autorités françaises. Darlan a refusé (en termes diplomatiques) de les recevoir (ils repartiront le lendemain pour Tunis après avoir appris qu'Alger était occupée par les Américains [76]) et a tenté d'esquiver la proposition allemande en signalant dans la nuit que « toutes les bases aériennes du littoral à partir d'Alger sont inutilisables. » [77] Mais les Allemands savent que les terrains du Constantinois sont toujours libres et que des avions français en décollent pour des missions d'attaque et de reconnaissance. A minuit, ils font savoir qu'ils n'acceptent plus la position « hésitante » du gouvernement français et qu'ils lui donnent une heure pour accepter que les forces de l'Axe opèrent à partir de Tunis et de Constantine, faute de quoi les mesures nécessaires seront prises. Cet ultimatum est accepté une demi-heure après et les premiers avions de la Luftwaffe vont atterrir dans la matinée à El-Aouina près de Tunis. Une telle décision place Darlan devant une situation encore plus délicate vis-à-vis des Américains, mais il s'aligne et câble à 15 heures 35 à l'amiral Derrien, qui commande à Bizerte : « Les Américains ayant envahi l'Afrique les premiers sont nos adversaires et nous devons les combattre seuls ou assistés [78]. » Noguès et Esteva protestent, naturellement en vain : Vichy ne peut refuser sans provoquer l'invasion immédiate de la zone libre.

Le résultat immédiat de cette pression allemande croissante est que la marge de manœuvre de Darlan se trouve réduite. Il a annoncé dans la nuit qu'il devait rencontrer le général Clark dans la matinée pour discuter d'une convention d'armistice [79] : Pétain, qui lui avait laissé les mains à peu près libres le 8, lui câble à 8 heures 15 (7 heures 15 Alger) : « Le chef du gouvernement étant actuellement absent, aucune négociation ne saurait être envisagée avant son retour [Laval est parti à Berchtesgaden voir Hitler]. Tous les ordres donnés restent donc en vigueur. Accusez réception [80]. » Ce que Darlan fait un peu plus tard :

> « Bien reçu votre 58567.
> « *Primo*. Mon intention n'est pas de négocier, mais écouter et rendre compte.
> « *Secundo*. Exception faite cependant pour cas particulier ville Alger [81]. »

Peu avant midi, un nouveau télégramme de Pétain lui demande son « avis personnel sur les événements ». La réponse est envoyée environ une heure après. Assez longue, elle ne compte pas moins de dix paragraphes. Les cinq premiers font le point sur la situation militaire, en faisant ressortir que la résistance ne pourra plus continuer longtemps. Vient ensuite l'analyse personnelle de Darlan :

« 6° Du point de vue général nous devons tenir engagements, il est donc difficile accepter suspension armes pour territoire non encore attaqué sous peine voir Allemands dénoncer armistice et attaquer zone libre.

« 7° Cependant si Allemands n'interviennent pas Tunisie à bref délai s'attendre à occupation américaine totalité A.F.N. Dans ce cas devons nous efforcer conserver souveraineté gouvernement français légal pour négociations avec Américains à l'exclusion des Anglais et dissidents ; négociations deviendraient plus difficiles avec le temps en raison résistance rencontrée.

« 8° D'autre part, il ne paraît pas souhaitable de solliciter une aide étrangère en Tunisie parce que nous transformons A.F.N. en champ de bataille et la couperons en deux tronçons que nous ne parviendrons pas à recoller.

« 9° Situation très compliquée, serait nécessaire bien connaître intentions et moyens allemands.

« 10° Si l'Allemagne nous aide, il est essentiel qu'elle modifie situation armistice et qu'elle la remplace par autre formule politique qui nous permettrait recouvrer nos possibilités[82]. »

Ce texte alambiqué, peu conforme à sa clarté habituelle, montre que Darlan est confronté à une situation insoluble : ne rien faire qui puisse donner un prétexte aux Allemands (donc « nous devons tenir nos engagements »), mais la résistance ne pourra durer longtemps, il faudra négocier. Faut-il y voir, comme le soutient Kammerer, « un second appel à l'aide allemande[83] » ? Cela ne semble guère soutenable puisqu'il déconseille « de solliciter l'aide étrangère en Tunisie ». Mais puisque celle-ci est « proposée », sinon imposée, il faut « modifie[r] la situation de l'armistice ». Comme il ne croit plus à la victoire de l'Allemagne, il faut surtout voir dans cette proposition un moyen de gagner du temps. En même temps, il continue à hésiter. Il attendait un renversement du rapport de forces au printemps 43, ce débarquement lui paraît prématuré. Il le répétera encore à Dorange le 10 : « Les Allemands ne peuvent plus gagner la guerre, mais ils ne l'ont pas encore perdue[84]. »

Ce message fait bien ressortir son souci de ne pas se couper de la métropole. C'est ce motif qui explique le « raidissement » que constate l'amiral Moreau pour la journée du 9. Joue en outre son énervement devant les atermoiements des Américains, qui repoussent sans cesse l'heure de la conférence prévue : il ne peut pas savoir que l'avion de Clark a été immobilisé pendant plusieurs heures à Gibraltar par la brume puis avarié par la chasse ou la D.C.A. française. En revanche, il sait que Giraud est arrivé en début d'après-midi et il soupçonne naturellement ses interlocuteurs de vouloir mettre son rival à sa place. Il câble à Vichy vers 16 heures : « Général Giraud arrive aujourd'hui. S'il se présente à la conférence, je refuse de siéger[85]. » Cette conférence s'ouvre enfin à 17 heures 45 malgré l'absence de Clark, toujours pas arrivé : les Américains ont besoin de garanties pour la sécurité de leurs troupes :

« *M. Murphy.* Le général Ryder a reçu l'autorisation de son commandant en chef de vous communiquer ce document. (Distribution d'un projet de convention d'armistice, en anglais et en français. Ce document est lu à haute voix.)

Amiral de la Flotte. J'ai lu attentivement ce projet, mais je suis dans l'obligation d'en transmettre un résumé au Maréchal pour décision. Le Maréchal m'a autorisé à rencontrer le général Ryder, mais non à réaliser un accord dont il ne connaît pas les termes.

M. Murphy. Le général Ryder n'a pas l'autorisation d'attendre ; aussi va-t-il être obligé de prendre des mesures de sécurité.

Amiral de la Flotte. Dites au général que je ne peux pas lui faire d'autre réponse. Je reconnais parfaitement qu'il doit exécuter les ordres qu'il a reçus mais moi, je dois transmettre le projet au Maréchal.

M. Murphy. Le général dit que la seule mesure envisagée est le désarmement des troupes françaises et leur maintien dans les casernes. Le général estime qu'étant donné les circonstances actuelles, il ne veut pas courir le risque de menace contre sa sécurité. Si personne ne peut prendre localement la responsabilité d'accepter le projet de convention, le désarmement des troupes est la dernière concession que peut faire le général. Il n'a pas d'autre alternative.

Amiral de la Flotte. Lorsqu'il s'agit de troupes qui se sont bien battues, ma parole et celle des généraux ne suffiraient-elles pas ?

M. Murphy. Ce qui gêne le général, c'est que le gouvernement français a donné son accord à l'entrée des Allemands : ils ont occupé le terrain d'El-Aouina. Pouvez-vous nous donner quelques précisions sur les événements en Tunisie ?

Amiral de la Flotte. Je sais seulement que les Allemands sont arrivés en Tunisie. Le résident français a protesté. Quant à moi, je n'ai pas été avisé officiellement que le gouvernement ait donné accord à cette arrivée. Pour Alger, nous avons signé une convention, et nous n'avons pas l'habitude de tirer dans le dos des gens. Comme garantie, je vous propose de mettre les munitions, sauf celles de la garde qui doit demeurer prête à intervenir pour le maintien de l'ordre, sous le contrôle américain, mais je vous demande de ne pas faire à nos hommes l'affront de leur retirer leurs armes.

Général Koeltz. Je vous en donne ma parole : j'irai moi-même voir tous les chefs de corps et personne ne bougera.

M. Murphy. Vous dites qu'il n'y aura aucune attaque ?

Général Koeltz. Rien, les troupes resteront au quartier.

M. Murphy. Le général envisage comme possible une attaque contre Blida.

Général Koeltz. Les troupes autres que celles d'Alger ont reçu l'ordre de résister si elles sont attaquées, mais non d'attaquer.

M. Murphy. Pouvez-vous donner l'assurance que nous ne serons pas attaqués à Alger ?

Général Koeltz. Jusqu'à nouvel ordre, vous ne serez pas attaqués.

M. Murphy. Y aura-t-il des mouvements de troupes vers Alger ?

Général Koeltz. Non.

Général Juin. On peut définir un périmètre autour d'Alger à l'intérieur duquel les troupes venant de l'extérieur ne pénétreront pas.

M. Murphy. Si le gouvernement français n'accepte pas les conditions posées, vous restez avec vos armes prêts à agir contre nous.

Amiral de la Flotte. Pour les troupes d'Alger, je ne peux pas, j'ai signé. Si je devais le faire, l'honneur voudrait que j'en prévienne le général.

M. Murphy. Combien de temps vous faudra-t-il pour obtenir une réponse ?

Amiral de la Flotte. J'espère avoir une réponse demain soir ou après-demain matin. En attendant, on peut mettre les munitions sous contrôle en conservant seulement quelques cartouches pour le maintien de l'ordre[86]. »

La conversation se poursuit sur les modalités du stockage des munitions et sur le sort de la garnison de El-Golea, qui a suivi les ordres de Mast, quand arrive le général Clark. On fait les présentations, et on convient d'une nouvelle réunion pour le lendemain à 10 heures : Clark a besoin de s'informer avant de prendre en main la négociation et il n'y a pas urgence dès lors qu'il faut attendre la réponse du gouvernement français. Tandis que Murphy le met au courant de la situation, les Français se retrouvent entre eux. Darlan annonce qu'il veut conférer avec les officiers généraux exerçant un commandement. Ne restent donc avec lui que Moreau, Juin, Koeltz et Mendigal. Darlan leur demande leur avis sur le projet de convention qui vient d'être communiqué et dit à Moreau : « C'est toi le moins ancien, c'est à toi de parler le premier. »

« *Amiral Moreau.* Il y a des articles sur lesquels on pourrait demander des modifications.

Amiral Darlan. Mais l'ensemble ? Il ne peut être question que de l'ensemble.

Amiral Moreau. L'ensemble est acceptable.

Tous les officiers généraux sont d'accord pour accepter l'ensemble sans discuter les articles.

Amiral Darlan. Je partage personnellement cet avis, mais, en raison des répercussions qu'entraînera l'acceptation de ce projet, je dois, avant de répondre, en référer au Maréchal[87]. »

Darlan adresse alors deux télégrammes à Vichy. Le premier, officiel, contient un résumé du projet d'accord et précise : « J'ai répondu que je n'avais pas qualité pour discuter et que je ne pouvais que transmettre[88]. » Le second, personnel, expose les avis des généraux et de Moreau, qui estiment que « l'état actuel des forces et nos possibilités de résistance ne permettent pas de rejeter » [la cessation des hostilités] et qu'un refus « risque d'amener la dissidence de beaucoup de militaires et de civils qui seront soumis à la propagande Giraud ». Darlan conclut :

« Avis de l'Amiral de la flotte :
1° Dans la situation politique générale actuelle, l'acceptation nous placerait dans une situation délicate et risquerait d'amener rupture de l'armistice. On peut se demander toutefois si l'occupation du littoral provençal n'aura pas lieu dans tous les cas.
2° Je reconnais la valeur des arguments locaux ci-dessus exposés.
3° Nous ne pouvons que nous en remettre au Maréchal en lui assurant que son ordre sera exécuté[89]. »

Ce message montre une nouvelle fois que Darlan n'entend pas agir en autorité indépendante, même s'il s'attend à une occupation de la zone libre à bref délai. Il ne sera transmis à Pétain que le lendemain matin. En revanche, l'amiral reçoit trois heures après la réponse au télégramme donnant son avis sur la situation, qu'il a expédié en début d'après-midi. Elle est signée Auphan et peut lui apporter un réconfort moral à défaut d'instructions :

« Pour Xavier. Merci pour votre intéressant message n° 50764 conforme en général aux vues ici. Situation ici très difficile. Retour chef gouvernement prévu mardi soir après importante entrevue. Meilleurs vœux Alain. Signé Gabriel[90]. »

La nuit va ensuite s'écouler dans l'attente d'une réponse à son télégramme du soir. Darlan reste en relation avec Murphy, reçoit le commandant Dorange qui sert d'intermédiaire entre Giraud et les autorités : Darlan refuse de rencontrer Giraud et se contente de lui envoyer Battet[91]. Il balaie aussi l'étonnante proposition de Dorange qui lui suggère de regagner la France pour revenir avec la flotte[92] ; il ne croit pas que Pétain donnera son accord. Dans cette nuit du 9 au 10, l'initiative n'est pas dans son camp : coincé entre Vichy et les Américains, il attend.

LES REBONDISSEMENTS DU 10

Après les atermoiements de la veille, les Américains sont décidés à en finir. Eisenhower télégraphie à Clark « *Clean up that situation today and write your own ticket*[93] » (Nettoyez cette situation aujourd'hui et imposez votre solution). Celui-ci, que son tempérament ne porte pas aux solutions de compromis, y serait volontiers disposé. Il écrit dans son Journal personnel : « Quelle pagaille ! Pourquoi faut-il que les militaires se mêlent ainsi de politique à l'heure où il est urgent de se battre ? C'est épouvantable[94]. » Après une bonne nuit de sommeil, il est plein d'allant, tandis que Darlan, qui a veillé toute la nuit — contrairement à ses habitudes —, est fatigué et nerveux. Clark n'a pas une bonne impression de ce « petit homme aux yeux glauques et à la lèvre irritée[95] ». La conférence s'ouvre à 10 heures. Pour la première fois depuis juin 1940, Darlan se trouve en face d'un officier britannique, le commodore Dick, qui accompagne Clark. Il commence par l'ignorer, puis, ayant appris que Dick avait été le chef d'état-major de Cunningham, il lui serre la main en déclarant aimablement : « L'amiral Cunningham est le seul officier anglais que je respecte. »

Clark et Darlan sont pratiquement les seuls à parler, Murphy faisant office de traducteur. A plusieurs reprises, il atténuera la vigueur, sinon la brutalité, des propos de Clark, ainsi que le remarquera Dorange. Les autres participants n'interviendront pratiquement pas dans la discussion qui s'ouvre par la répétition de la séance précédente. Darlan se retranche derrière la nécessité d'attendre la réponse de Vichy :

> « *M. Murphy.* Le temps presse, le général Clark veut en finir avec la question politique. Êtes-vous prêt à signer l'accord et à faire cesser les hostilités en Afrique du Nord ?
>
> *L'Amiral.* Je suis forcé d'attendre la réponse du gouvernement, réponse qui dépend de M. Laval, lequel est absent. J'ai envoyé au Maréchal un résumé de la note qui m'a été remise par le général Clark. Ce résumé a été reçu hier au soir à Vichy. Le gouvernement français doit se réunir ce soir ; je compte sur une réponse ce soir ou demain matin.
>
> *M. Murphy.* Êtes-vous informé de la rupture des relations diplomatiques entre les États-Unis et la France ? Selon certains renseignements officieux, ces relations seraient rompues.
>
> *L'Amiral.* Je le sais officieusement. Je ne puis que vous dire que je regrette la poursuite de combats qui creusent un fossé entre nos deux pays. Mais le Maréchal m'a fait savoir hier qu'en l'absence du chef du gouvernement rien ne pouvait être décidé. Je lui ai répondu

que j'écouterais, mais ne déciderais pas. J'ai communiqué par ailleurs au Maréchal l'avis des officiers généraux qui est de ne pas continuer cette guerre. Je ne sais rien de plus : je suis lié aux ordres du Maréchal. »

Malgré les efforts de Murphy, qui insiste pour obtenir un accord immédiat, Darlan s'en tient à sa position. Il doit attendre la réponse du gouvernement.

« *M. Murphy.* Le général comprend parfaitement votre situation, cependant il est pressé et doit prendre des mesures de sécurité. Si vous ne pouvez pas donner l'ordre de cesser le feu, il posera la question au général Giraud et lui demandera de signer pour vous.

L'Amiral. Je ne sais pas si le général Giraud signera l'ordre que vous attendez. D'ailleurs, les troupes ne lui obéiront pas, tout au moins de suite. Tout compte fait, vous vous exposeriez à une perte de temps.

M. Murphy. Le général ne comprend pas qu'après ce que le Maréchal a dit hier publiquement, il puisse aujourd'hui arrêter les hostilités.

L'Amiral. Je ne connais pas la situation générale. Si je signe, les Allemands occuperont les côtes de Provence, je ne puis pas prendre cette décision lourde de conséquences, et qui entraînerait un nouveau danger pour vous comme pour nous. Je précise que jusqu'à maintenant les Allemands n'ont rien fait.

M. Murphy. Le général estime que rien ne sera changé dans l'action allemande, que vous signiez ou non. Il ajoute qu'Oran est aux mains des Américains.

L'Amiral. Ce qui me gêne, c'est d'ordonner à des troupes non attaquées de ne pas se battre. Je n'en ai pas le droit.

M. Murphy. Le général vous demande nettement : Êtes-vous prêt à continuer avec le gouvernement de Vichy ou à marcher avec nous contre les Allemands ?

L'Amiral. Je suis aux ordres de mon gouvernement, non de Vichy…

M. Murphy. Pardon.

L'Amiral. Mais aux ordres du gouvernement français. Tant que le Maréchal ne m'a pas laissé les mains libres, je suis tenu de lui obéir, sinon je serais un misérable. J'ai prêté serment au Maréchal.

M. Murphy. Le général dit que c'est la dernière chance de reprendre l'action commune. Le Maréchal, vous le savez, n'aime pas les Allemands, tandis qu'au contraire il a de la sympathie pour nous. C'est le moment de prendre votre responsabilité, nous savons que vous en êtes capable.

L'Amiral. S'il n'y avait que cela : engager ma responsabilité, ce serait facile. Je puis demander au Maréchal de cesser immédiatement les hostilités en Algérie et au Maroc.

M. Murphy. Et en Tunisie ?

L'Amiral. C'est plus loin.

M. Murphy. Nous n'avons pas le temps de demander. Le général voudrait que l'ordre de cesser les hostilités soit donné ce matin. Il croit que vous pensez comme lui sur le plan général ; il ne voit par suite aucune raison de gaspiller un temps précieux pour l'atteinte du but commun.

Il précise qu'il y a déjà 150000 hommes en Afrique du Nord ; des forces plus importantes suivent. Un matériel très moderne et en quantité suffisante peut être mis à votre disposition pour l'équipement des troupes françaises. La libération de la France est proche : saisissez l'occasion[96]. »

Clark s'énerve de plus en plus : « Que l'on refuse de se joindre à une opération qui peut aboutir à la libération de la France dépasse mon entendement. » La persuasion se révélant inefficace, il recourt à la menace : « *Giraud will sign the terms of the armistice*[97]. » Ce que Murphy traduit par : « Si le général demande au général Giraud de donner l'ordre de cesser le feu, quelle sera votre attitude ? » Juin répond que Giraud n'a aucun pouvoir. Le ton monte encore.

« *M. Murphy.* Bien que cette situation soit aussi pénible pour lui que pour vous, le général va se trouver dans l'obligation de prendre des mesures ; il n'y a rien à faire d'autre : il vous prendra sous la protection de ses troupes et vous interdira de communiquer.

L'Amiral. Qu'il fasse ce qu'il voudra, mais alors ce n'est pas la peine que mon gouvernement réponde.

M Murphy. Aucunement. Le général va donc faire affaire avec les autorités sur place.

L'Amiral. Si on m'isole, je demande que le contre-amiral Battet demeure avec moi.

M. Murphy. Bien entendu, tout sera fait pour que ce soit le plus convenable possible. On vous fixera une résidence à votre choix. »

Juin propose alors une suspension de séance. Clark accepte en maugréant, et dit qu'il perd son temps. Murphy va s'employer pendant cette interruption à le calmer. Darlan reste seul avec ses subordonnés qui, tous, le pressent de signer :

« *Le général Juin.* Avec Giraud, ce sera le désordre et la gabegie. Il signera certainement, bien qu'il n'ait aucun pouvoir.

L'Amiral. Mes ordres sont clairs cependant.

Le général Juin. Si vous ne signez pas, ce sera la gabegie complète et la guerre civile. Vous pourriez dire au Maréchal : " Je prends la décision de signer dans l'intérêt supérieur du pays, les minutes comptent. " Les troupes de Tunisie pourraient être neutralisées, les hostilités seraient aussitôt suspendues en Algérie et au Maroc.

Le vice-amiral Fenard. L'intérêt supérieur du pays vous commande de signer.

Le général Juin. J'insiste : si on ne signe pas ce sera la gabegie ; nous ne pouvons pas continuer, il faut obtenir le stade transitoire de la neutralité. Faites-vous reconnaître comme délégué général du gouvernement en Afrique du Nord.

« Tous les officiers généraux présents appuient le général Juin ; certains insistent sur les désordres que créerait une tentative de prise du pouvoir par le général Giraud qui n'est pas qualifié pour un tel commandement, et qui a des qualités de combattant mais non d'homme d'État.

Le général Koeltz. Si nous continuons la résistance, c'est une question d'heures : nous n'avons ni chars ni aviation. Nous risquons de perdre sur les deux tableaux. Nos troupes seront désarmées, et cela entraînera immanquablement des troubles : les indigènes se révolteront contre nous[98]. »

C'est certainement pour Darlan l'un des moments les plus difficiles de son existence. Une acceptation risque d'avoir des conséquences terribles pour la métropole, mais un refus aurait des conséquences dramatiques pour l'empire. S'il accepte, il risque d'être pris dans un engrenage le conduisant à la dissidence ; s'il refuse, il sera remplacé par un pouvoir dépourvu de toute légitimité et installé par l'étranger. Finalement, il accepte. A contrecœur, comme il l'écrira aussitôt après à Noguès :

« En ordonnant de cesser le feu, je pense que j'ai évité la séparation définitive de l'Afrique du Nord du gouvernement du Maréchal.

« J'ai cédé à un ultimatum très net et je ne pouvais pas attendre jusqu'à ce soir[99]. »

Il rédige un télégramme pour Pétain, puis fait rappeler Clark. « Voulez-vous traduire ceci au général ? J'accepte. »

Il montre à Clark le texte du télégramme qu'il se propose d'envoyer à Vichy. Mais son interlocuteur se soucie peu de la réaction de Pétain. Son seul but est de garantir la sécurité de ses forces, et il le dit : « Ce que je veux, ce sont des ordres aux troupes. » Darlan rédige un ordre à ses grands subordonnés et le soumet à Clark.

Celui-ci précise que cet armistice « restera en vigueur à moins qu'il ne soit modifié par le commandant en chef allié. Il pourra être nécessaire de faire des changements plus tard[100] ». On parle ensuite de divers points de détail. Darlan soulève la question du statut du général Giraud, il lui est répondu qu'on verra plus tard. Il insiste sur le cas des généraux qui se sont joints au putsch, Mast, Monsabert, etc., en demandant qu'ils n'aient plus aucun commandement. Clark n'y est pas favorable : « Je ne comprends pas. Ils nous ont beaucoup aidés. Cependant, je comprends votre ressentiment contre ceux qui n'ont pas obéi aux ordres[101]. » Encore une fois, Murphy donne une traduction pour le moins très « libre » : « Je comprends votre position. Ils n'auront jamais de commandement tant que l'amiral Darlan restera commandant en chef[102]. »

Une fois les derniers détails mis au point, l'ordre est approuvé par Clark et expédié peu avant midi :

> « L'Amiral de la flotte Darlan, commandant en chef des forces militaires de terre, de mer et de l'air à Messieurs les généraux Juin, Noguès, Barré, Mendigal, Messieurs les amiraux Michelier, Moreau, Derrien.
>
> « Nos engagements ayant été remplis et la lutte sanglante devenant inutile :
>
> 1° Ordre est donné à toutes les forces armées de terre, de mer et de l'air en A.F.N. de cesser le combat contre les forces américaines et leurs alliés dès réception de cet ordre et de regagner leur cantonnement ou leur base et d'observer la neutralité la plus stricte.
>
> 2° En Algérie et au Maroc, les commandants en chef se mettront en liaison avec le commandant américain local au sujet des clauses de la suspension d'armes.
>
> 3° Je prends autorité sur l'A.F.N. au nom du Maréchal. Les chefs militaires actuels conservent leur commandement et l'armature politique et administrative reste en place. Aucune mutation ne peut être effectuée jusqu'à nouvel ordre de ma part.
>
> 4° Les prisonniers de part et d'autre seront échangés.
>
> 5° Confirmation vous est envoyée par écrit[103]. »

La conférence terminée, tous les participants quittent la salle, à l'exception de Darlan, Clark et Murphy. Les Américains l'interrogent sur la flotte, qui a toujours été l'une des préoccupations majeures de l'administration Roosevelt. Darlan « reste vague et ne fait aucune suggestion, ne prend aucun engagement. Il informe cependant le général Clark qu'il a personnellement donné des ordres à la flotte de se préparer à appareiller à bref délai en cas d'invasion de la zone libre. Il déclare solennellement qu' “ en aucune circonstance la flotte ne tombera aux mains des Allemands[104] ” ». Paroles solennelles, mais qui lui permettent de ne rien faire. Clark lui a sans aucun doute demandé de donner l'ordre d'appareillage ; il ne le donnera que le lendemain.

L'ordre signé, il faut le faire parvenir aux destinataires. Il est envoyé par radio : Bône le reçoit à 11 heures 45, Tunis une heure après, Casablanca à 15 heures 30 seulement (ces décalages s'expliquant par la charge plus ou moins grande des services locaux de transmissions, et donc par les délais de déchiffrement). Mais il faut le confirmer par écrit : un message radio peut être émis par un tiers qui serait en possession des codes ; d'autre part, la radio américaine a laissé entendre que Darlan était prisonnier. Ce sera la réaction de Michelier au Maroc, qui demande à Vichy « quelle valeur de principe il convient d'attribuer aux messages émanant de P.M. 4e région[105] ». En prévision d'une telle réaction, Darlan a envoyé Dorange porter à Noguès le texte de l'accord et lui fournir toutes les explications nécessaires, mais par suite d'une panne d'avion, Dorange n'arrivera à joindre Noguès que le lendemain. Darlan écrit aussi au gouverneur général de l'Algérie, Chatel. Celui-ci, qui se trouvait à Vichy le 8 novembre, a regagné l'Algérie le 9. Alger étant occupé par les Américains, il s'est installé à Constantine et a donné l'ordre de considérer tous ordres émanant d'Alger comme nuls et non avenus, car imposés par les Américains à des autorités privées de liberté. Le 10 au soir, il a l'impression qu'on cherche à l'attirer à Alger et manifeste la plus grande méfiance. En même temps, il s'oppose à l'arrivée d'avions allemands, qui risque de « produire effervescence contraire au but recherché ». La lettre de Darlan (qui n'a jamais été retrouvée malgré de multiples recherches ordonnées par la Haute Cour de justice) va le mettre au courant de la situation exacte à Alger[106].

Mais le problème principal, c'est évidemment d'informer Vichy et d'arracher, à défaut d'accord exprès que l'on sait improbable, au moins un acquiescement implicite. Avant même que la conférence ne soit achevée, à 10 heures 14, il a fait expédier le message à Pétain qu'il a rédigé sitôt sa décision prise.

> « 1° Américains sur mon refus ordonner cessation combats A.F.N. se sont déclarés décidés traiter avec Giraud et couper tout contact avec vous.
>
> 2° Crains résulte désordres graves dans pays et esprits et que A.F.N. soit perdue pour nous.
>
> 3e Lutte sans issue, sang coule inutilement, nos engagements ont été remplis.
>
> 4° En conséquence, j'ordonne suspension hostilités A.F.N. et attitude neutralité entière vis-à-vis tous belligérants sous réserve que je conserve autorité totale sur Afrique en votre nom.
>
> 5° Si vous m'approuvez et ai sentiment qu'il n'était pas possible mieux faire, vous demande donner ordres nécessaires pour bâtiments français à la mer.
>
> 6. Vous demande confirmer mon ordre au général Noguès pour qu'il soit sûr authenticité comme venant de moi. François Darlan Xavier[107]. »

Après cette conférence, il n'y a plus qu'à attendre. Attente troublée par un appel téléphonique d'Esteva qui lui demande si la résistance contre les Alliés a bien cessé. Darlan le lui confirme en ajoutant : « Je ne sais pas si j'ai bien fait. » Esteva lui dit que les Américains doivent se hâter. Darlan, sur un ton résigné, presque las, reprend : « Les Américains, je ne sais pas ce qu'ils font, ils sont bougrement emmerdants [108]. »

A Vichy, la première réaction de Weygand, appelé en consultation par Pétain, et d'Auphan est d'intense satisfaction. Pétain est sur le point d'approuver l'accord, mais se ravise une fois de plus après l'intervention de Laval, informé téléphoniquement alors qu'il se trouve toujours à Berchtesgaden. Sur la suggestion d'Auphan (qui sait que Laborde ne fera partir la flotte que sur l'ordre de Pétain, ordre qu'Auphan espère convaincre Pétain de donner), le Maréchal prend le commandement en chef des forces militaires « en l'absence de l'amiral Darlan ». Cette formule a été rajoutée pour montrer que ce n'est pas un désaveu, mais dans les faits, la décision sera ressentie comme telle. Elle viendra encore accentuer l'effet du contrordre que Pétain communique à 14 heures 50 : « J'avais donné l'ordre de se défendre contre l'agresseur ; je maintiens cet ordre [109]. »

Le message est reçu à Alger à 16 heures 25 et immédiatement porté à la villa Sidi Allowi où est retourné Darlan pour prendre quelque repos. Le coup est terrible, mais il s'incline immédiatement : « Reçu votre message. J'annule mon ordre et me constitue prisonnier de guerre [110]. »

Moreau, qui se rend immédiatement à la villa, trouve un Darlan décomposé, à bout de nerfs. « Tout s'écroule autour de moi », dit-il en pleurant [111]. La tension intense accumulée au cours de ces trois journées se décharge d'un seul coup. A Clark venu le voir aussitôt après, il déclare que le Maréchal l'ayant désavoué, il n'a plus aucune autorité. Clark tente de le calmer : « Pétain est le porte-voix de Hitler. » Darlan répond qu'il ne peut qu'annuler l'ordre de cessez le feu et qu'il a d'ailleurs déjà envoyé un message en ce sens. Clark, hors de lui, se met à crier : « Vous n'annulerez rien du tout ! — Alors, je suis votre prisonnier. — Oui, vous êtes prisonnier [112]. » Et Clark ordonne de placer deux factionnaires américains devant la villa. L'emprisonnement est donc tout à fait symbolique.

La veille, il aurait sans doute recouru à des mesures plus expéditives. Mais malgré son caractère emporté, il n'est pas stupide, et les heures qui viennent de s'écouler lui ont montré que Darlan était l'interlocuteur « incontournable ». Il va encore en avoir la preuve. Après avoir vu l'amiral, il reçoit Giraud qui insiste pour être nommé commandant en chef. Mais Juin, Koeltz et Mendigal, qu'il a également convoqués, sont unanimes à déclarer qu'ils ne reconnaissent que l'autorité de Darlan. Il faut donc convaincre celui-ci qui a heureusment laissé un espoir : en fin d'après-midi, Fenard avertit Murphy qu'informé de l'imminence de l'occupation de la zone libre, l'amiral a déclaré que, dans ce cas, il ignorerait l'ordre de Pétain et se sentirait libre d'agir. Auphan va alors apporter un « coup de pouce » psychologiquement décisif. Il a eu le matin une initiative plutôt malheureuse en incitant Pétain à exercer directement le commandement en chef des forces militaires. Mais, dans l'après-midi, il raffermit un Darlan chancelant en envoyant à 16 heures 48, par la ligne secrète et en « code de cuisine », un message laconique, mais suffisamment explicite : « Comprenez que cet ordre était nécessaire pour la négociation en cours [113]. » L'existence de ce message a été contestée. Pour des raisons évidentes, aucune trace n'a été conservée à Vichy, et le registre des messages secrets d'Alger comporte également des manques [114]. Mais un officier supérieur de l'état-major de l'amiral Moreau a tenu un journal chronologique dans lequel il a enregistré les messages importants y compris celui-ci et le fameux « accord intime » du 13 novembre [115], dont l'authenticité se trouve ainsi attestée par un document rédigé sur-le-champ et non *a posteriori*.

Ce message arrive à Alger où Moreau essaie frénétiquement de faire dire à Vichy que les troupes allemandes auraient franchi la ligne de démarcation. A 16 heures 55, il télégraphie à Auphan : « Est-il exact que l'armistice soit rompu [116] ? », puis à 17 heures 20, à l'amiral Marquis, préfet maritime à Toulon : « Quelle est la situation en France [117] ? » Malheureusement, si l'on peut dire, les réponses confirment que les Allemands n'ont pas encore bougé, ce qui signifie donc que l'ordre de Pétain doit être considéré comme valable. Le message d'Auphan est accueilli avec un soulagement intense. A 19 heures, Battet adresse à Vichy une réponse encore plus laconique : « Reçu et bien compris [118]. »

L'imbroglio n'est pas terminé pour autant. Car le message d'Auphan est secret, et il est impossible d'en faire état, tandis que le désaveu et la destitution (c'est ainsi que la prise directe de commandement par Pétain est perçue) de Darlan sont rendus publics dans l'après-midi. Il s'ensuit un flottement général bien compréhensible qui, heureusement, n'entraîne pas une rupture de l'armistice en Algérie : les combats ont cessé à Oran, et ailleurs, les commandants locaux se laissent persuader de s'en tenir à la neutralité. Cela ne va pas sans mal, car la confusion est à son comble. A 13 heures 20, Bône, Philippeville, Bougie ont été avisés : « Le débarquement aura lieu ce soir. Vous ne ferez aucune opposition [119]. » Mais tout de suite après arrive le contrordre : « Annulez mon 53077 [120] », sans aucune explication.

Derrien reçoit de l'amiral Moreau l'ordre de laisser débarquer les Américains, tandis que le général Welvert, commandant la division de Constantine, lui ordonne de les repousser [121]. Certains officiers étant « dangereusement excités », Moreau informe le commandement américain qu'il ne peut « plus répondre de l'exécution de la convention d'armistice [122] ».

Le pauvre Clark est exaspéré contre ces « *yellow bellied sons of bitch* » (fils de p...) de Français [123]. Eisenhower lui a ordonné d'intimer à Giraud l'ordre « d'user de toute son influence pour faire cesser la résistance [124] ». Mais il est de plus en plus visible que celui que les Américains appellent en code *Kingpin* (grand-père) est considéré comme un dissident par l'armée et que personne ne lui obéira. Il ne cesse de subir des avanies. Les Cinq se raccrochent désespérément à lui pour ne pas être laissés de côté, mais quand ils l'installent au Palais d'Été pour lui donner un peu plus de « relief », Koeltz lui fait aussitôt couper le téléphone. Clark n'a plus qu'à s'entendre envers et contre tout avec Darlan. Il retourne le voir dans la soirée et fait de nouveau pression pour qu'il donne l'ordre à la flotte d'appareiller. Mais son interlocuteur lui répond qu'il n'est plus commandant en chef : il n'est pas sûr que la flotte obéira à ses ordres. Cependant, il lui donnera l'ordre de « rejoindre les Alliés » dès que les Allemands envahiront la zone libre, *mais pas avant* [125]. Dans cette soirée du 10, Darlan est passif. Il ne bougera pas tant que le maréchal Pétain sera libre. Paradoxe suprême, les chefs militaires qui veulent rester loyaux envers Pétain en viennent à attendre avec impatience l'attaque allemande qui leur rendra leur liberté d'action.

11 ET 12 NOVEMBRE. LE DÉNOUEMENT ?

La nuit du 10 au 11 apporte une nouvelle importante : le Maroc cesse enfin le combat. La veille, à 22 heures 20, l'Amirauté a confirmé à Michelier : « L'ordre du Maréchal est de continuer les hostilités tant que cela est possible. » Ce dernier membre de phrase, rajouté par Auphan, est assez sibyllin pour être susceptible d'interprétation large et Michelier, avec l'accord de Noguès, donne l'ordre de cesser le feu le 11 à 2 heures 30 du matin. Vichy en est aussitôt informé et répond en début de matinée : « J'approuve votre décision [126]. » Par ailleurs, Chatel a reçu dans la nuit la lettre de Darlan, et il a aussitôt demandé des ordres à Vichy, tout en ajoutant : « Exposé de la situation me confirme urgence commencer immédiatement négociations à Alger comme sans doute au Maroc. » Il se prépare à gagner Alger [127]

Vers 8 heures arrive l'information tant attendue et tant redoutée : les Allemands ont franchi la ligne. Darlan va donc pouvoir reprendre sa liberté. Mais un autre message arrive peu après : « J'ai désigné comme mon seul représentant en Afrique du Nord le général Noguès. De lui dépend toute décision. Philippe Pétain[128]. » Voilà une nouvelle complication dont les Américains se seraient bien passés, car la nouvelle est immédiatement communiquée à tous les généraux. Juin écrit à Noguès une lettre dans laquelle il demande l'entente avec les Américains, mais réaffirme son loyalisme[129]. Clark se rend une nouvelle fois chez Darlan :

> « Vous nous avez répété que vous vouliez libérer la France, mais vous ne nous avez donné aucune preuve tangible de votre soutien de la cause alliée. Vous pouvez le faire de deux manières : d'abord, en faisant appareiller la flotte française pour l'Afrique du Nord ; ensuite en ordonnant au gouverneur [*sic*] de Tunisie de combattre l'invasion allemande. »

Darlan répond qu'il n'a plus autorité pour faire appareiller la flotte et qu'il n'est plus certain que ses ordres seraient obéis. Il fait état d'un télégramme d'Auphan qu'il vient de recevoir et qui confirme les ordres de sabordage. Clark insiste encore :

> « L'armée allemande progresse à toute vitesse avec des chars et des unités parachutistes. La flotte pourrait être capturée avant d'avoir eu le temps de se saborder. En outre, le sabordage serait dirigé autant contre les Alliés que contre les Allemands. Alors que si l'ordre est donné à temps, la flotte peut partir. »

Peine perdue. Darlan refuse de donner cet ordre. Clark s'emporte : « Cela montre bien que, comme je le disais en arrivant, en dépit de ce que vous dites, vous ne voulez pas aider les Alliés ! » Et il part en claquant la porte. Un peu plus tard, il reçoit une note de Darlan qui lui confirme son refus par écrit.

> « Après avoir longuement réfléchi aux questions dont nous nous sommes entretenus ce matin, j'ai l'honneur de porter à votre connaissance ce qui suit :
>
> « Je n'ai plus aucun commandement militaire. Je ne suis donc pas qualifié pour adresser un ordre ou un conseil privé quelconque au commandant en chef des Forces de haute mer qui, de son côté, a reçu des ordres du Maréchal et du secrétaire d'État Marine dont j'ignore la teneur. Si je faisais une communication quelconque, je ne suis pas certain, dans la situation particulière où je me trouve actuellement, d'être écouté par mes camarades qui sont habitués à obéir aux ordres de leurs chefs. Je ne veux pas courir le risque d'être

accusé de fomenter l'indiscipline dans une marine où, depuis plus de quinze ans, j'ai fait introduire la discipline la plus stricte.

« Avec mes très vifs regrets[130]. »

Dans une note commentant cette communication, Darlan a précisé son état d'esprit : il croit que les communications par Baudot sont interrompues entre Vichy et Marseille du fait de l'occupation de Lyon, de sorte que les informations ne sont que fragmentaires : en particulier, il n'a toujours pas confirmation de l'invasion de la zone libre : « Dans quelles conditions a été rédigé le télégramme du Maréchal ? Je déclare à Clark que je ne ferai rien tant que je ne serai pas fixé[131]. » Clark rend compte à Eisenhower de son échec, en insistant cependant sur le fait que l'amiral finira malgré tout par se rallier :

« Jusqu'à ce que l'occupation de la zone libre soit confirmée, il ne se déclarera pas irrévocablement en notre faveur. [...] Il ne donnera pas d'instructions à la flotte immédiatement, mais m'a promis solennellement qu'en cas d'action allemande, il donnerait des instructions pour l'amener de notre côté. [...] A mon sens, il serait bon de différer l'annonce de la nomination de Giraud comme commandant en chef des forces françaises jusqu'à ce que l'armistice soit définitivement en vigueur et aussi pour laisser à *Kingpin* [Giraud] et à Darlan une nouvelle chance de se mettre d'accord[132]. »

Clark a mis un certain temps à comprendre qu'il ne pouvait se passer de Darlan, mais il a fini par le réaliser. Il ne compte plus sur Giraud seul, et il sait que rien ne pourra se faire sans le ralliement de l'Amiral de la flotte. Deux faits nouveaux vont inciter Darlan à sortir de l'expectative dans laquelle il se tient depuis la veille. Le premier est un télégramme d'Auphan, acheminé par le Baudot : « Faire savoir Amiral de la flotte que décision Maréchal désignant général Noguès comme son représentant en Afrique n'a été prise que parce que amiral Darlan est prisonnier et ne se trouve plus libre[133]. »

Ce message secret, mais transmis en code normal, est presque aussitôt confirmé par un autre transmis par la même voie, mais en code personnel et signé Philippe Pétain : « C'est uniquement parce que vous êtes prisonnier que je ne vous ai pas désigné comme mon représentant en Afrique[134]. » Ces messages montrent à Darlan qu'il n'est pas désavoué et qu'il peut agir sans devenir un dissident, ce qui est fort important pour lui.

Le deuxième fait nouveau est la confirmation de l'invasion de la zone libre, par deux messages reçus à 11 heures 35 et 13 heures 20. Le Maréchal a officiellement protesté contre cette violation de l'armistice. Dans ces conditions, il va falloir agir rapidement. Fenard demande à Clark, après le déjeuner, de revenir voir Darlan. Une nouvelle rencontre a donc lieu vers 15 heures. Clark constate avec une agréable surprise que l'état d'esprit de son interlocuteur a changé : il adresse un télégramme à l'amiral de Laborde, par lequel il l' « invite » à diriger les Forces de haute mer[135] sur Dakar, téléphone à Juin et à Esteva pour leur ordonner de combattre les Allemands et accepte d'assumer la direction politique de l'Afrique du Nord tandis que Giraud sera commandant en chef. Ce dernier se rend à la villa pour être mis au courant de l'accord qui vient d'intervenir et qu'il accepte aussitôt. Clark annonce cet heureux dénouement à Eisenhower.

Tout serait-il donc réglé ? Ce serait trop simple. Deux complications soulevées par Juin, Moreau, Mendigal et Koeltz, que Darlan a convoqués pour les mettre au courant de la solution intervenue, viennent retarder l'entrée en vigueur de l'accord qui vient d'être conclu.

D'abord, Darlan n'est plus le représentant du Maréchal en Afrique, puisque Pétain a désigné Noguès. Certes, deux messages secrets lui ont confirmé qu'il n'était pas désavoué, mais il lui faut tout de même s'entendre avec Noguès : la désignation de celui-ci n'a heureusement pas été rendue publique, mais elle est connue des grands subordonnés, et ceux-ci n'accepteront pas d'obéir à Darlan si celui-ci s'autoproclame représentant du Maréchal en Afrique face à celui que Pétain a investi. Très conscient de cette nécessité, Darlan a invité Noguès à venir le voir à Alger. Mais Noguès est allé à Fedala conférer avec le général Patton qui commande les forces américaines au Maroc ; il ne pourra donc être là que le lendemain. Pressé par les Américains, Darlan accepte de faire à 23 heures une proclamation radiodiffusée par laquelle il donne l'ordre à toutes les unités d'Afrique du Nord de cesser le feu et déclare prendre le commandement au nom du Maréchal. Mais sa situation vis-à-vis de Noguès doit être clarifiée au plus vite. Le général Mendigal lui pose immédiatement la question essentielle : « On se retourne, c'est bien, mais sous les ordres de qui[136] ? »

Ensuite, « Giraud est considéré comme un intrus, amené par les Américains, personne ne veut le reconnaître comme chef[137]. » Darlan en est, là aussi, bien conscient, il le dit à Moreau : « Je viens de répéter à Murphy que les Américains devraient comprendre qu'ils auraient avec eux ou bien Giraud tout seul sans l'armée française, ou bien l'armée française sans Giraud. Mais c'est difficile à obtenir, car il y a eu des promesses échangées entre Giraud et Roosevelt[138]. »

Pour couronner le tout, certains trouvent aussi que ce retournement un peu trop rapide peut présenter des inconvénients. Tout cela fait que, dans la soirée, Juin, sans annuler l'ordre de combattre l'Axe qu'il a un peu trop vite lancé dans l'après-midi, ordonne de surseoir à son exécution. C'est ce que Clark apprend à son réveil le 12. Naturellement, il est furieux et parle de jeter tous ces YSOB (fils de p...) en prison. Il convoque Darlan et Juin au Saint-Georges. Le second lui explique avec volubilité qu'il veut combattre les Allemands, mais qu'il ne peut rien faire tant que Noguès n'est pas là. Clark, exaspéré, hurle qu'il n'a rien à faire de Noguès et que si Juin est incapable de donner un ordre, il mettra quelqu'un de plus énergique à sa place. Puis il s'en prend à Darlan, qui n'a pas encore dit un mot et dessine des arabesques sur sa feuille de papier comme à son habitude.

> « *Clark.* Je vous ai demandé deux choses simples pour prouver que vous voulez libérer la France : ordonner à la flotte de venir en Afrique du Nord et ordonner à l'amiral Esteva de résister aux Allemands. Qu'avez-vous fait ? Il n'y a aucune indication sur l'appareillage de la flotte. Les Français ne résistent pas à l'Axe en Tunisie.
>
> *Darlan.* Je sais que la flotte a reçu mon message et j'ai reçu des informations disant qu'elle est prête à venir ici si les Allemands pénètrent dans Toulon. Je sais que la flotte est prête à prendre la mer. »

Évidemment, cela ne satisfait pas Clark. S'ensuit une diatribe dont Juin fait les frais pendant que Darlan continue à jouer avec sa feuille de papier. Mais Clark revient finalement vers lui :

> « *Clark.* Vous ne m'avez rien dit sur ce que va faire la flotte française. [...] Comprenez-vous que votre position vis-à-vis de nous ne dépend pas seulement de votre coopération dans la lutte contre les Allemands, mais aussi de votre capacité à nous amener la flotte ?
>
> *Darlan.* Oui, je le comprends très bien. Mais je ne suis plus commandant en chef. Cela dépend de la volonté du commandant des Forces de haute mer.
>
> *Clark.* Nous voulons des résultats ! Quand devez-vous rencontrer Noguès ?
>
> *Darlan.* Vers quatre heures.
>
> *Clark.* Giraud y sera-t-il ?
>
> *Darlan.* La première réunion ne comprendra que ceux qui sont en fonction. Nous vous communiquerons les résultats.
>
> *Clark.* Qui est en fonction et qui sera en fonction sera décidé par le gouvernement des États-Unis.
>
> *Darlan.* Je dois consulter Noguès. Je ne suis plus en fonction.

Mon soutien ne vous servira à rien si les gens en place ne me suivent pas.

Juin. Nous perdons du temps. Je veux vous aider.

Clark. Alors, donnez l'ordre de résister aux Allemands. »

Juin se met en colère, il ne supporte pas que l'on puisse le soupçonner de déloyauté. Murphy le calme tandis que Fenard conseille à Clark la modération, lui disant que tout le monde finira par se rallier. Chacun consent à se rasseoir, et le dialogue de sourds recommence. Clark veut que Juin envoie sans plus attendre l'ordre de combattre les Allemands, Juin refuse. Nouvelle suspension de séance. Juin sort avec Darlan, et Fenard entreprend une nouvelle fois Clark :

« *Fenard.* Attendez l'arrivée de Noguès avant de commettre l'irréparable. La situation est difficile, mais tout le monde est derrière Darlan. Si vous attendez, vous aurez tout le monde avec vous. Sinon, vous allez tout foutre en l'air ! [Fenard, qui connaît bien l'anglais, emploie l'expression populaire : *you will upset the apple cart,* littéralement : vous allez renverser la charrette de pommes.]

Clark. Oui, et si j'attends, en plus des pommes, j'aurai les Allemands sur le dos ! Ils se renforcent. Darlan, Juin et les autres veulent évincer Giraud. Je le soutiendrai. Si Juin ne donne pas les ordres tout de suite, je les laisserai conférer avec Noguès. Mais je ne sais pas qui sont mes amis. »

Juin et Darlan rentrent. Le premier annonce qu'il a téléphoné au général Barré et lui a donné l'ordre de résister à toute nouvelle arrivée d'avions allemands. Clark consent alors à attendre l'arrivée de Noguès avant de prendre une décision. Il s'en va rendre compte à Eisenhower :

« Juste sorti d'une réunion orageuse avec Darlan, Juin et Murphy. J'ai exigé que soient annulés les ordres donnés cette nuit. Cela a été fait. Noguès arrive à 14 heures. Sa conférence avec Darlan peut aboutir à la réunion de toutes les factions. La nomination de Noguès comme commandant suprême a compliqué les choses. J'espère arriver cet après-midi à un règlement avec Darlan aux affaires politiques, Noguès au Maroc et Giraud commandant en chef. Si l'accord est obtenu, vous pourrez l'annoncer publiquement. On pourra toujours se débarrasser de ceux qui sont hostiles [*uncooperative*] plus tard. Il faudra très vite démettre Juin, Mendigal et Moreau. Si les reconnaissances photographiques montrent que la flotte est encore à Toulon et si Darlan, Noguès et *Kingpin* [Giraud] n'arrivent pas à se mettre d'accord ce soir, il faudra tenter le coup et installer *Kingpin* comme autorité suprême. Dans ce cas, je ferai arrêter Darlan, Juin, Koeltz, Mendigal et Moreau et les ferai garder à bord d'un bâtiment de guerre[139]. »

Fatigué de ce feuilleton qui n'arrête pas de rebondir, alors que les Allemands commencent à arriver en Tunisie, Clark est résolu à en finir. La rencontre Darlan-Noguès sera celle de la dernière chance. Tout va donc, en fin de compte, dépendre de Noguès, puisque Darlan a déjà donné la veille son accord à la solution proposée. Clark est évidemment inquiet, car la résistance du Maroc a duré trois jours, et il a donc toutes raisons de penser que Noguès sera plutôt hostile.

En fait, Noguès n'a prolongé le combat que pour obéir aux ordres de Vichy. Dès le 10 à midi, il a fait porter par le capitaine de frégate Bataille une lettre dans laquelle il suggérait discrètement à Pétain qu'il était temps d'arrêter la lutte et a approuvé sans discussion la décision de Michelier de cesser le feu quelques heures après. Sa rencontre avec Patton à Fedala le 11 novembre s'est très bien passée grâce à la souplesse de son interlocuteur. Patton, que l'on présente trop souvent comme une brute militaire à cause de sa dégaine de cow-boy (il se promène avec deux revolvers à crosse de nacre), est en réalité un homme fin et cultivé[140], qui a tout de suite compris (beaucoup mieux que Clark) la situation difficile des Français. Il a reçu Noguès et Michelier avec beaucoup d'égards et même de pompe (garde d'honneur, musique...) et, de sa propre autorité, il a mis dans sa poche le projet d'armistice très dur qu'on lui avait envoyé pour lui substituer un *gentleman's agreement* beaucoup plus supportable. Rentré à Rabat dans la soirée, Noguès a reçu le commandant Bataille qui lui a rendu compte de sa mission à Vichy : le Maréchal lui a confirmé que Noguès était bien son représentant en Afrique et qu'il avait « toute liberté pour agir au mieux des intérêts de la France et de l'empire[141] ». Nanti de ce blanc-seing, Noguès écrit à Pétain le lendemain matin (le 12) juste avant de s'envoler pour Alger.

> « J'ai indiqué nettement aux Américains hier que le Maroc vous restait absolument fidèle, et que je me chargeais de maintenir l'ordre à la condition que les pouvoirs politiques me soient remis intégralement.
>
> « J'ai bien spécifié que je parlais en votre nom, et que c'est en votre nom que l'amiral Darlan avait commencé à traiter à Alger.
>
> « Je crois que c'est là la chose importante. Il faut séparer nettement les forces de la France du Maréchal, des forces à tendance dissidente dont Giraud veut prendre le commandement qui lui a été promis par Roosevelt pour reprendre le combat à côté des Américains.
>
> « Peut-être dans ce cas, comme je vous l'ai télégraphié, y aura-t-il intérêt à ne pas enlever à l'amiral Darlan qui a commencé la

négociation le soin de la poursuivre. Cela diminuerait beaucoup notre autorité auprès des Américains et risquerait de compromettre les résultats obtenus.

« La situation doit être très mauvaise à Alger à cause de Giraud et d'un groupe d'agités parmi lesquels l'amiral Fenard.

« Investi de votre confiance je me rends à Alger. Je ne rends pas publique ma désignation de délégué.

« Je vous télégraphierai de là-bas par la marine, s'il y a intérêt à ce que je prenne le commandement ou s'il ne vaut pas mieux dans l'intérêt du pays que vous le mainteniez, du moins provisoirement pendant une période très critique, entre les mains de l'amiral Darlan.

« La situation en Algérie ne pourra être rétablie que par des changements radicaux dans le personnel de direction. Mais ce n'est pas le moment; car cela ne servirait qu'à augmenter le désordre[142]. »

Arrivé après 16 heures, il trouve un Darlan « assez abattu », qui l'informe de la situation. A 18 heures s'ouvre la conférence réunissant, autour de Darlan et Noguès, le gouverneur général Chatel (qui vient juste de regagner Alger), Juin, Moreau, Mendigal et Koeltz. Chacun expose son point de vue — malheureusement, aucun procès-verbal n'a été établi. Tous les militaires présents sont d'accord pour estimer que la continuation de la résistance est impossible, mais tous refusent Giraud. La conférence se poursuit après 19 heures avec la participation de Murphy. Noguès doit faire connaître sa décision après avoir vu Clark.

A 21 heures 30, tous le monde se retrouve à l'hôtel Saint-Georges : les participants à la conférence, Clark et Murphy, ainsi que Giraud et Mast. Ces derniers sont traités en parias, personne ne leur parle. Giraud n'est pas admis dans la salle à manger où Noguès et Darlan rencontrent Clark et Murphy. L'entrevue commence mal. Clark dit à l'interprète français : « Dites à Noguès que nous ne le reconnaissons pas, ni lui, ni Pétain. » Noguès blêmit et veut s'en aller, Darlan le retient par la manche. Après une longue palabre, Clark accepte de traiter avec Noguès. S'ensuit une discussion d'une heure, marquée par des éclats de voix, dont aucun participant n'a laissé de récit. Giraud est finalement admis dans la pièce. L'accueil est glacial : Noguès refuse de lui serrer la main et l'appelle « Monsieur ». Au bout de vingt minutes, Clark quitte la salle en ayant posé un ultimatum : si demain matin l'accord n'est pas conclu, il formera un gouvernement militaire. Il déclare à son état-major qu'il pense que les choses vont s'arranger : Darlan essaie de réconcilier Noguès et Giraud.

La discussion est très dure. Noguès traite Giraud de lâche et de menteur. D'après le colonel Chrétien, l'Amiral de la flotte n'est guère plus tendre : il met Giraud « plus bas que terre » :

> « Vous vous conduisez comme un enfant, et il est navrant de voir un homme de votre âge et de votre considération se lancer dans des aventures dont il ne comprend pas la portée. Vous n'êtes rien ici, rien qu'un rebelle à la suite d'une armée étrangère [143]. »

Effondré, Giraud n'aspire plus qu'à un commandement militaire, si minime soit-il, qui lui permettra de se racheter au combat. Vers minuit, les trois se mettent d'accord sur une solution surprenante : Noguès, qui ne souhaite qu'une chose, retourner au Maroc, remettra ses pouvoirs à Darlan. Quant à Giraud, il est autorisé à lever un corps franc de volontaires qui ira se battre aux côtés des troupes américaines en Tunisie pendant que l'armée régulière se réorganisera et se préparera à reprendre le combat. Peut-être, par la suite, recevra-t-il un commandement [144]. Noguès télégraphie à Pétain pour lui demander de rétablir Darlan dans sa mission de représentant du Maréchal en Afrique : « Il est capital de prendre cette décision car un grand trouble règne dans les esprits [145]. »

Cette fois, c'est l'accord. Mais, décidément, rien n'est simple à Alger et, encore une fois, tout va être remis en question au petit matin.

13 novembre. Dernier acte

Ce nouveau rebondissement est cette fois imputable aux partisans de Giraud. Quand celui-ci vient leur annoncer comme un succès qu'il va lever une légion de volontaires, les conjurés sont effondrés : ils sont définitivement évincés, tout ce qu'ils ont fait n'a servi à rien ! Lemaigre-Dubreuil explose :

> « Comment ! Vous, le commandant en chef interallié, vous allez partir à la tête d'une bande de 200 ou 300 mercenaires ! Ah, nous qui croyions avoir trouvé un aigle, décidément ce n'était qu'un moineau [146] ! »

Toute la nuit, les conjurés du 8 novembre vont faire le siège de Giraud, lui répéter qu'il ne peut accepter d'être ainsi traité, que Darlan et Noguès ne sont pas sûrs vis-à-vis des Américains. Au matin, la partie est gagnée : Giraud exige d'être commandant en chef. Sa position est renforcée par l'annonce du débarquement de troupes allemandes en Tunisie : les Américains lui accordent une confiance qu'ils refusent à Noguès et à Darlan, et l'évolution de la situation ne peut que les inciter à s'assurer le concours d'hommes sûrs.

Noguès se présente chez Clark peu avant 10 heures et reprend ses arguments de la veille : « D'une part Afrique du Nord reste attachée au Maréchal faisant unanimité population française et indigène dans l'ordre avec attitude très amicale, et de l'autre trouble des consciences, guerre civile et des hommes[147]. » Clark s'en tient à son ultimatum : si un accord n'est pas trouvé, les dirigeants français seront tous arrêtés. La tension monte, car des tirailleurs sénégalais et une compagnie de mitrailleuses prennent position près du Saint-Georges. Clark ordonne à Juin de les retirer, ce qui est fait.

Noguès, Juin et Giraud se réunissent à 10 heures 30. Juin fait pression sur Noguès qui, comprenant qu'il est complètement isolé, accepte enfin que Giraud soit associé à la combinaison dont il définit lui-même les termes : « Le général de Gaulle ne viendra pas en Afrique [le bruit de son arrivée a couru] ; le général Giraud se mettra aux ordres de l'amiral Darlan ; le général Giraud commandera au nom du Maréchal[148]. »

Giraud sera commandant en chef. Il est entendu que sa nomination ne sera pas rendue publique immédiatement, et, en attendant, il pourra recruter des volontaires pour combattre aux côtés des Américains. Noguès et Chatel restent en place. Peu avant midi le 13 novembre, l'accord est ainsi conclu. Darlan arrive aussitôt et l'entérine. Noguès lui remet officiellement ses pouvoirs. A 14 heures 30, s'ouvre la réunion finale en présence de Clark qui fait un petit discours : « Je sais qu'il a été difficile, aussi bien pour vous que pour moi, d'ajuster nos vues. J'apprécie votre coopération et votre aide. Maintenant, nous sommes tous unis pour battre l'Axe, restaurer la France et restaurer la paix. » L'amiral Darlan lui répond qu'il signe cet accord pour battre les Allemands et rendre à la France son rang. Clark introduit ensuite Eisenhower, qui vient d'arriver à Alger pour une visite éclair. Celui-ci se félicite de l'accord : « Ce que vous proposez me convient tout à fait. A compter de ce jour, l'amiral Darlan est *le chef de l'État d'Afrique française du Nord.* En agissant ainsi, je suis approuvé par le président Roosevelt[149]. » Et il repart aussitôt pour Gibraltar, tandis que les Français mettent au point les détails de l'accord. Avant son départ, le moment est immortalisé par une photographie : Darlan est en civil, encadré par Eisenhower, l'amiral Cunningham (le seul amiral britannique auquel Darlan a continué d'accorder son estime en raison de son attitude chevaleresque à Alexandrie en 1940), Clark, etc.

Reste une dernière formalité à accomplir, de grande importance : informer Vichy et obtenir l'accord au moins implicite de Pétain. Noguès envoie, tout de suite après la réunion avec Eisenhower, un long télégramme qui fait un compte rendu à peu près exact de l'accord conclu, passant simplement sous silence le commandement en chef promis à Giraud :

« Général Giraud ayant, avec son équipe, fort réagi au cours de la nuit, refusé le commandement de volontaires qu'il avait accepté, et rappelé les engagements de M. Roosevelt à son égard, situation a été renversée 13 au matin.

« Aux arguments Giraud s'était ajoutée annonce des débarquements allemands en Tunisie et un télégramme du gouvernement américain ordonnant qu'une décision soit prise dans la journée.

« En effet, général Eisenhower accompagné de l'amiral Cunningham est arrivé Gibraltar cet après-midi.

« Général Clark avait pris décision de confier commandement à général Giraud aussitôt que possible, et, comme nous l'avons su dans l'après-midi, l'arrestation amiral Darlan et la mienne étaient préparées.

« J'ai demandé à voir général Clark qui m'a reçu dans sa chambre à 10 heures.

[...]

« J'ai proposé solution de l'amiral prenant seul le commandement, car j'étais certain que, à cause irritation Giraud que j'avais traité très durement, mon nom ferait échouer la combinaison.

« J'ai réussi à convaincre le général Clark.

« C'était éviter le pire.

« Une conversation avec Giraud m'a permis de le ramener à la raison et de lui faire accepter de se mettre sous les ordres amiral Darlan sans que poste qu'il devait occuper soit déterminé.

« Il a protesté en même temps que nous contre arrivée annoncée de Gaulle, à laquelle les autorités américaines ont promis de s'opposer.

« A la séance présidée l'après-midi par le général Eisenhower, on a simplement constaté l'accord réalisé.

[...]

« Il n'y a eu comme papier signé que ma déclaration et celle de l'amiral Darlan.

[...]

« En réalité c'est une véritable occupation contre laquelle nous sommes impuissants.

[...]

« Je crois avoir fait de mon mieux mon devoir.

« Je peux assurer que du moins au Maroc, dont j'ai repris le commandement, aucun acte après comme avant ne sera fait que dans ce même esprit de dévouement absolu à la France et Maréchal qui la représente[150]. »

Vichy n'aura pas eu le temps de prendre connaissance de ce télégramme, long à déchiffrer, qu'il aura donné sa réponse. En effet, à 15 heures (heure locale Alger), arrive par la ligne secrète un message d'Auphan qui répond au télégramme expédié dans la nuit, par lequel Noguès traçait déjà les grandes lignes de l'accord. Auphan a une nouvelle fois pris sur lui d'interpréter les silences de Pétain et les ambiguïtés de Laval : « Référence 50803 du général Noguès. Accord intime Maréchal et président Laval, mais décision officielle soumise à autorités occupantes[151]. »

Darlan, averti de l'arrivée de ce message, vient assister en personne au déchiffrement. L'officier transmetteur a raconté la scène à Moreau :

> « L'amiral Darlan était visiblement nerveux, lui si calme d'habitude. Il était penché derrière moi tandis que je déchiffrais, guettant la sortie de chaque mot. Je l'entendais tirer violemment sur sa pipe. Et sa satisfaction a éclaté en voyant la phrase : " Accord intime du Maréchal[152] ". »

Après d'autres, Jean-Baptiste Duroselle a mis en doute l'existence de ce télégramme[153]. Pourtant, les témoignages concordants d'Auphan, Jouanin, Moreau, Robert, Bergeret, Dupin de Saint-Cyr laissent peu de place au doute : certains de ces témoignages ont été donnés très tôt après la guerre, trop tôt pour qu'une machination ait eu le temps de se mettre en place. En outre, Clark est informé le soir même que Pétain a donné sa bénédiction *(his blessing)* à l'accord. L'A.O.F. ne s'est ralliée qu'au vu de ce télégramme et après avoir fait vérifier son authenticité. De toute façon, il n'y a plus lieu à discussion : ce télégramme a été retrouvé et il est publié dans le présent livre en fac-similé, avec la griffe du sous-chef d'état-major de Marine Maroc, le capitaine de frégate Lepotier, qui l'authentifie.

Darlan ne sera pas un dissident, c'est pour lui capital. Il le dit à Moreau : « On a l'accord du vieux monsieur. » Il a franchi le Rubicon, coupé le lien de subordination qui l'attachait au chef de l'État dorénavant prisonnier, sans pour autant renier son serment : il ne fait que remplir la mission qui lui a été secrètement assignée par le Maréchal en 1940[154] et que le télégramme secret d'Auphan a implicitement confirmée.

En cet après-midi du 13, il ne reste plus qu'à annoncer la nouvelle. Bergeret, Fenard, Moreau et le commandant Bataille rédigent deux proclamations, l'une pour Darlan, l'autre pour Noguès. Ceux-ci approuvent les textes et les soumettent à Clark, qui fait retirer une phrase renouvelant la condamnation de

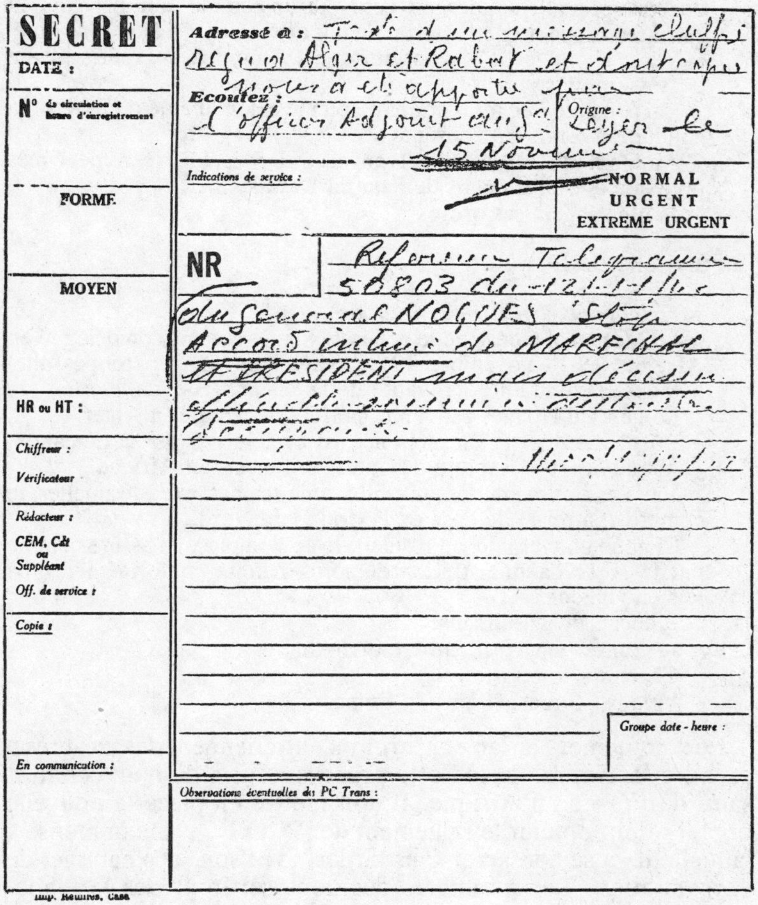

SECRET

DATE :

N° de circulation et heure d'enregistrement

FORME

MOYEN

HR ou HT :

Chiffreur :

Vérificateur

Rédacteur :

CEM, Cdt ou Suppléant

Off. de service :

Copie :

En communication :

Adressé à : Texte d'un message chiffré reçu à Alger et Rabat et dont copie nous a été apporté par

Ecoutez : l'officier Adjoint au Gal

Origine : Leyer le 15 Novembre

Indications de service :

~~NORMAL~~
URGENT
EXTREME URGENT

NR

Référence Télégramme 50803 du 12.11.42 du Général NOGUÈS Stop Accord intime de MARÉCHAL et PRÉSIDENT mais décision officielle soumise autorités d'occupation.

[illegible]

Groupe date - heure :

Observations éventuelles du PC Trans :

Imp. Réunies, Casa

l'action du général de Gaulle. Dans l'après-midi, les deux proclamations sont radiodiffusées. D'abord celle de Noguès :

> « Le Maréchal m'a désigné le 10 novembre 1942, avant l'entrée des troupes allemandes en zone libre, comme son délégué en Afrique, croyant que l'Amiral de la flotte Darlan n'était plus libre.
> Venu en Alger, j'ai constaté que l'Amiral avait repris pleine possession de sa liberté.
> J'ai constaté que nous étions en pleine communauté d'idées sur la conduite à tenir. En conséquence :
> Au nom du Maréchal, et en accord avec lui, je remets mes pouvoirs entre les mains de l'amiral Darlan.
> Je me range à ses ordres[155]. »

Puis celle de Darlan :

> « *Habitants de l'Afrique française,*
> Le Maréchal a désigné le général Noguès comme son délégué en Afrique, le 10 novembre 1942, avant l'entrée des troupes allemandes en zone libre, croyant que j'étais privé de ma liberté.
> Le général Noguès est venu, hier, 12 novembre, à Alger.
> En pleine liberté, en plein accord avec lui, et sur sa demande, j'assume la responsabilité des intérêts français en Afrique.
> J'ai l'assentiment des autorités américaines avec lesquelles je compte assurer la défense de l'Afrique du Nord.
> Chaque gouverneur ou résident reste à sa place et assure comme par le passé l'administration de son territoire conformément aux lois en vigueur.
> Français et musulmans,
> Je compte sur votre entière discipline.
> Chacun à son poste.
> Vive le Maréchal ! Vive la France[156] ! »

Le soir même, Darlan et Murphy s'entretiennent des mesures à prendre. L'Amiral de la flotte prendra le titre de haut-commissaire de France en Afrique. Il doit mettre en place la nouvelle organisation, obtenir le ralliement de l'A.O.F., tâche immense à laquelle il va se consacrer sans tarder, avec son sens habituel de l'organisation. Les premières décisions sortiront dès le lendemain.

Il a fallu six jours pour que s'effectue le ralliement officiel de Darlan et de l'Afrique du Nord à la cause alliée, au terme d'un processus particulièrement laborieux et fertile en rebondissements, on l'a vu. On lui a naturellement reproché (comment ne l'aurait-on pas fait ?) cette lenteur à franchir le pas, en suggérant que s'il a tant tergiversé, c'était dans un but tactique, pour « faire monter les enchères[157] ». Mais son entêtement dépasse ce qu'eût commandé une telle logique. Ses atermoiements ont surtout eu pour résultat d'aviver la méfiance des Américains et, à ce jeu, il a plus perdu que gagné. L'explication de son comportement est ailleurs. Elle réside dans une psychologie militaire que l'on peut peut-être blâmer, mais qu'il faut d'abord constater si l'on veut comprendre la réaction des protagonistes français de ces journées décisives. Face à cet événement inattendu (on pensait qu'il n'interviendrait que plus tard, sans doute au printemps 43), les chefs militaires restent paralysés, ainsi que le relève Darlan dans ses notes (mais lui-même, nous l'avons vu, est resté largement passif durant la journée du 8).

> « Les autorités militaires, navales et aériennes d'Alger (à l'exception de l'amiral Leclerc) m'ont paru désemparées, manquant d'autorité et de décision, et heureuses de ma présence fortuite pour s'abriter sous mon parapluie.
>
> « Elles n'ont eu d'énergie verbale que pour me convaincre de cesser le combat dans toute l'Afrique[158]. »

De fait, les militaires n'ont aucune envie de se battre contre les Américains, et ils montrent une certaine mollesse à exécuter les ordres de résistance. La seule exception vient des marins, qui restent fidèles à la discipline. Ils ont trop souvent été attaqués, à Mers el-Kébir, à Dakar, au Levant, à Madagascar, pour encaisser les coups sans les rendre. Au Maroc, Michelier joue un rôle décisif dans l'échec du putsch. A Alger, Leclerc est l'âme de la résistance dès les premières heures, ce qui lui vaut de recevoir dans la journée sa troisième étoile. A Oran, Rioult ouvre le feu sans attendre d'être bombardé ; à son adversaire britannique qui lui reprochera plus tard, d'un ton indigné, d'avoir tiré le premier, il répondra, glacial : « Oui, *cette fois,* nous avons tiré les premiers[159]. »

Ce serait cependant une erreur de conclure que l'anglophobie des marins en général et de Darlan en particulier est à l'origine des combats qui vont se poursuivre pendant trois jours. La dissidence ne concerne que quelques individualités : Béthouart, Mast, Monsabert. Les troupes obéissent avec résignation, mais elles restent attachées à la légalité et à la discipline. Une lettre du général Juin témoigne de cet état d'esprit. « Ici, étant donné que nous avons les Américains dans la place, il faut choisir. J'opine, moi, pour la lutte contre l'Allemagne, mais j'obéirai aux ordres[160]. »

Ce légalisme se trouve renforcé par les conditions dans lesquelles s'est opéré le débarquement. D'abord, il y a eu une tentative de putsch, qui, si elle a aidé les Alliés (en facilitant le débarquement de Sidi-Ferruch), même si elle a contribué à donner l'alerte prématurément, a immédiatement dressé contre elle des militaires imbus d'ordre et de hiérarchie et qui ont été froissés d'avoir été tenus dans l'ignorance d'un débarquement auquel, dans d'autres circonstances, la plupart d'entre eux auraient donné leur adhésion, et humiliés d'avoir failli être supplantés par des subordonnés. Comme le dit l'amiral Moreau, « la réaction naturelle de l'armée et de la marine était certaine : avant tout, maintenir l'ordre et la discipline[161] ». Le général Koeltz a été tellement indigné d'être retenu prisonnier par des policiers, au surplus parfaitement grossiers, qu'il donne l'ordre à Dorange qui vient le délivrer de « démolir sur l'heure, à coups de canon, l'hôtel du commandement et les bureaux d'état-major avec tout ce qu'ils contenaient[162] ». Et pourtant, cet Alsacien ne porte pas les Allemands dans son cœur.

Ensuite, même les partisans de la cause alliée ne peuvent qu'être déçus par cette opération montée à leur insu et qui ne tient guère compte des intérêts français. Juin, qui a approché Murphy au cours des semaines précédentes, est plein d'amertume, comme il le confie à Dorange :

> « Le rêve ébauché quelques semaines plus tôt s'effondrait brutalement. [...] Alors qu'il avait cru possible une union complète de tous les partis, un sursaut de toutes les forces françaises devant un ultimatum allemand et tout ce qui nous restait de forces de terre, de mer et de l'air ralliant les ports ou les aérodromes d'Afrique du Nord, il se trouvait en présence d'un débarquement de vive force compliqué de mouvements révolutionnaires locaux dressant les Français les uns contre les autres et fournissant à l'Allemagne tous les arguments nécessaires à cette intervention qu'il avait travaillé si longtemps à empêcher. [...] Alors qu'il avait envisagé une opération militaire et politique dont la France eût eu la direction et dans laquelle les Alliés n'auraient joué qu'un rôle de renforcement, il lui fallait prévoir une opération d'ensemble dont la direction totale appartiendrait à l'étranger[163]. »

Les Français restent fidèles à une double mystique : celle du Maréchal et de l'union de la France métropolitaine et de son empire. C'est ce que Darlan déclare à Murphy dans la nuit du 8 : je dois rester fidèle à mon serment. Que va devenir la métropole ? Avec cette opération, ce qu'il a toujours voulu éviter risque de se produire : s'il renie son serment, il devient un dissident ; la coupure entre la métropole et l'Afrique va être consommée. La dernière carte de la France est mal jouée. Il épanche son amertume devant Dorange dans la nuit du 9 :

> « Évoquant l'œuvre du Maréchal, il me dit : " Le Maréchal a incontestablement commis bien des erreurs, mais il a tout de même fait quelque chose de bien, c'est de n'avoir voulu, sous aucun prétexte, que la France et son empire se coupent en deux ; c'est dans ce sens qu'il faudrait travailler, mais je crains que nous ne puissions y parvenir et que le 8 novembre ne soit pour nous plus encore un jour de deuil que ne l'a été le 25 juin[164]. " »

Cet état d'esprit est celui de toute l'armée, et c'est parce qu'il en prend conscience que Clark, malgré son caractère emporté, déploie tant d'efforts pour parvenir à un accord. Son rapport est très explicite à ce sujet :

> « Que le général ait passé tant de temps à palabrer avec Darlan peut être incompréhensible au profane. Mais le général a pu constater, dans ses conversations avec des officiers de l'armée et de la marine de tous rangs, que Darlan est le seul homme ayant autorité [*control*] sur l'armée, la marine et l'aviation en Afrique du Nord. Tous les commandants supérieurs sont avec lui et contre Giraud. Le soutien de Darlan est nécessaire si nous voulons que les forces françaises coopèrent avec nous. Conclure un accord avec Darlan est une nécessité militaire [*is a matter of military expediency*]. Le général Clark redoute une petite guerre civile, avec des combats entre les factions de l'armée, s'il ne peut intégrer Darlan dans son plan[165]. »

Darlan s'impose parce que lui seul a l'autorité nécessaire pour faire rentrer l'Afrique dans la guerre, et aussi parce qu'il est le seul à accepter la charge du pouvoir politique que Giraud et Noguès, indépendamment du fait qu'ils sont récusés, l'un par l'armée, l'autre par les Américains, refusent d'assumer. A Alger, en cette deuxième semaine de novembre, il est vraiment l'homme providentiel, qui sauve une situation sans issue. Il lui reste à prouver qu'il n'est pas un « expédient provisoire ».

CHAPITRE XX

Les quarante jours d'Alger

Du 14 novembre au 24 décembre, l'Amiral de la flotte François Darlan va exercer les fonctions de haut-commissaire en Afrique. Pendant ces quarante jours, il va mettre en place les structures qui seront en définitive celles qui serviront jusqu'à la libération de la France. La personnalité écrasante du général de Gaulle ne doit pas faire oublier que la France Libre ne représente qu'une force combattante ridiculement faible : la colonne Leclerc et la Brigade des Français Libres de Koenig ne regroupent que quelques milliers de combattants. En « gonflant » les effectifs, les F.F.L. affirmeront disposer de 15 000 hommes au début de 1943, même pas le dixième de l'armée d'Afrique maintenue par Weygand et par Juin. Les Forces navales françaises libres comptent 5 800 hommes (chiffre « arrondi » à 7 000 hommes au 1er juillet 1943) quand Marine-Afrique en a 35 000… Un ouvrage récent a rappelé le rôle du général Giraud, trop souvent passé sous silence, dans le réarmement français [1]. Mais son action a été rendue possible par celle, brève mais efficace, de Darlan.

Durant cette courte période, le personnage de l'Amiral de la flotte change de dimension. Lui qui n'a été jusqu'alors qu'un brillant second se trouve propulsé par les événements au premier rang dans les pires conditions qui soient : au milieu d'un drame intime intensément ressenti (la maladie de son fils unique), sans le clan qui l'a constamment entouré (la plupart des « A.D.D. » sont restés en métropole, et il faut rappeler au service des officiers placés en congé ou même versés dans la réserve pour gaullisme comme Barjot [2]), en butte à la méfiance des Alliés et à une conjonction d'oppositions internes acharnées à provoquer sa perte, il doit, pratiquement sans moyens, mettre en place une administration, des structures, rallier des territoires et des forces éparpillées un peu partout, défendre la souveraineté française contre les empiétements anglo-saxons, remettre dans la guerre une armée encore tout imprégnée de la mystique maréchaliste et farouchement opposée à la dissidence. Mission quasi impossible et écrasante, à laquelle il se consacre durant ces dernières semaines avec son esprit méthodique habituel, mais dans un état d'esprit très différent de celui qui a été le sien jusqu'alors : le personnage content et sûr de lui qui paradait à Vichy cède la place à un homme qui accepte son *fatum* et attend le dénouement qu'il pressent proche et contre lequel il ne prend aucune protection, acquérant ainsi la dimension qui lui manquait, celle du tragique.

Premières décisions

Au matin du 14 novembre, l'Afrique du Nord a dans les faits rompu avec la métropole, et donc avec l'État français. Le passage du Rubicon a été difficile, mais il est opéré, et Darlan ne regarde pas en arrière. Quand Moreau lui parle du désaveu envoyé par Vichy dans la matinée, il lui répond en souriant : « Mais ils ne peuvent pas parler autrement. » Et il ne paraît pas s'émouvoir davantage[3]. De fait, Vichy ne peut pas ne pas condamner l'accord conclu à Alger, mais réussit cependant à limiter le blâme public radiodiffusé vers 12 heures 30 et répété par radio :

> « Pour amiral Darlan. Prends connaissance de votre télégramme à chef du gouvernement. Vous devez défendre l'A.F.N. contre l'agression américaine. La décision que vous avez prise en violation de mes ordres est contraire à la mission que vous aviez reçue. Je donne l'ordre à l'armée d'Afrique de n'exercer aucune action en aucune circonstance contre les forces de l'Axe et de ne pas ajouter aux malheurs de la Patrie. Philippe Pétain[4]. »

Mais aucune sanction n'est annoncée, et Pétain ne donne pas expressément l'ordre de continuer le combat contre les Américains. Vu l'état d'esprit de l'armée, ce demi-silence a une grande importance. Les sanctions ne viendront que plus tard, quand elles n'auront plus aucun impact : le 16, Vichy annoncera que Darlan n'exerce plus aucune fonction officielle ; le lendemain, il cessera d'être successeur désigné de Pétain ; le 28 paraîtra au *Journal officiel* le décret signé par Laval et Barthélemy lui retirant la nationalité française ; cette mesure s'accompagnant de la mise sous séquestre de ses biens, Me Clément-Nestor Coquempot, huissier audiencier près le tribunal civil de Cusset, procédera, le 25 novembre, à l'inventaire de l'appartement qu'il occupait 1, avenue des Cygnes à Vichy : 6 pages dans lesquelles on trouve pêle-mêle 12 paires de chaussures, 55 pipes, 1 buste en plâtre de l'amiral, 1 vase portant la devise Travail-Famille-Patrie et 630 paquets de sucre[5] !

Le lien avec la métropole est coupé, et pas seulement au sens figuré. Malgré l'occupation de Lyon, le câble secret Vichy-Alger a continué à fonctionner, ce qui a permis la transmission du décisif « accord intime », mais les Allemands découvrent la liaison, et le terminal de Marseille fait savoir, le 14 au matin, qu'il cesse d'émettre. Alger répond simplement : « Adieu, bonne chance à tous. » Noguès transmettra encore un message le lendemain, assurant de sa vénération à l'esprit du Maréchal[6], mais Vichy ne répondra pas. En revanche, le fonctionnement imperturbable des bureaux fait que, le 18 encore, l'Amirauté de Vichy informera par radio Marine-Maroc que Pétain a signé la promotion au grade de contre-amiral des capitaines de vaisseau Barthes et Goybet demandée par Michelier le 8[7]. Mais ce n'est qu'en 1943, après la mort de Darlan, qu'une liaison radio sera établie par Vichy, à partir de la Suisse et d'Ankara.

Sans attendre, Darlan organise ce qui va devenir le haut-commissariat. Il est tragiquement seul, n'ayant auprès de lui que Battet et Fenard. Hourcade, qui se trouve par hasard en Algérie pour inspecter la gendarmerie maritime, l'a rejoint : il va être son secrétaire et son confident, l'accompagnant partout jusqu'au drame final. Darlan installe ses bureaux non pas au Palais d'Été, qu'il laisse au gouverneur général Chatel et à Giraud, mais dans une villa située à l'entrée du parc du Palais. Choix funeste, car cette maison est très difficile à surveiller : le bureau que s'attribue l'amiral est situé au rez-de-chaussée. Abandonnant la villa Sidi Allowi où ils étaient hébergés par les Fenard, l'amiral et Mme Darlan s'installent à la villa Arthur, proche du Palais d'Été, avec Battet et Hourcade. Habitation bourgeoise, sans luxe et même assez dépourvue de confort à en croire Hourcade[8], qui rappelle « La chaumière » de Maintenon. A Alger, l'Amiral de la flotte ne se signalera pas par son goût du faste.

En ce 14 novembre, la préoccupation immédiate de Darlan est de concrétiser l'accord intervenu la veille. Sa marge de manœuvre est étroite. Comme l'a dit Noguès, il s'agit en fait d'une véritable occupation contre laquelle les Français sont impuissants. Darlan voit Clark et Murphy. Conformément à ce qui a été convenu la veille, il attendrait volontiers quelques jours pour annoncer la nomination de Giraud. Mais, soumis à une intense pression américaine, il accepte d'y procéder sans attendre. Il reçoit Giraud pour mettre au point les modalités de la nouvelle organisation. Le général, prêt à tout accepter après les déconvenues des jours précédents et d'un désintéressement qui n'a d'égal que son ignorance politique, accepte, vraisemblablement sans discuter, la solution proposée par Darlan. De retour de l'entretien, Giraud, très satisfait, annonce à son chef de cabinet Beaufre :

> « Tout est arrangé, maintenant. L'amiral m'a demandé de lui laisser le commandement de la marine et je lui ai laissé volontiers.
> — Mais, lui dit Beaufre, si vous ne commandez pas les trois armées, vous n'êtes plus le commandant en chef[9]. »

Beaufre ne croit pas si bien dire. La décision n° 1 de l'Amiral de la flotte, soigneusement pesée (le manuscrit porte plusieurs ratures, ce qui est très inhabituel chez lui), organise le haut commandement en Afrique selon un modèle qui fait tout dépendre en dernier ressort du haut-commissaire, toutes les autres autorités procédant de lui.

> « 1. L'Amiral de la flotte Darlan, haut-commissaire pour la France en Afrique, est, en même temps, commandant en chef des forces armées françaises en Afrique.
> « 2. Il a sous son autorité le commandant en chef des forces terrestres et aériennes, le commandant en chef des forces maritimes et aéronavales.
> « 3. Monsieur le général d'armée Giraud est nommé commandant des forces terrestres et aériennes en Afrique.
> « Monsieur le vice-amiral d'escadre Michelier est nommé commandant des forces maritimes et aéronavales en Afrique. Il exerce personnellement le commandement des forces maritimes et aéronavales sur le front de l'Atlantique.
> « 4. Monsieur le général d'armée Juin est nommé commandant en chef des forces terrestres en Afrique du Nord.
> « Monsieur le général de corps d'armée Mendigal est maintenu commandant en chef des forces aériennes en Afrique du Nord.
> « 5. Monsieur le vice-amiral d'escadre Moreau est maintenu préfet maritime, commandant en chef de la 4e région.
> « 6. Toutes les nominations sont faites à titre temporaire par les commandants en chef. Les désignations, les changements d'état des officiers généraux des trois armes sont soumis à l'approbation de l'Amiral de la flotte par les commandants en chef.
> « 7. Le général commandant en chef des forces terrestres et aériennes et l'amiral commandant en chef des forces maritimes et aéronavales sont responsables, chacun en ce qui le concerne, de l'organisation, de l'instruction et de l'emploi des forces sous leurs ordres.
> « Ils sont habilités pour effectuer, par délégation de l'Amiral de la flotte, la coordination de leur action avec celles des forces alliées.
> « 8. En cas d'opérations combinées, le commandement est

exercé par le commandant en chef des forces terrestres et aériennes[10]. »

Ce texte fondateur du nouveau pouvoir qui se met en place en Afrique est signé du seul Darlan, ni Giraud, ni Noguès, ni Chatel n'ayant été appelés à le contresigner. Il n'y a pas de dyarchie au sommet comme l'envisageaient les Américains, Darlan prenant le civil et Giraud le militaire. Le premier, peu soucieux de voir se renouveler l'expérience qu'il vient de connaître à Vichy avec Laval (s'il n'a rien à redouter de Giraud lui-même, il peut toujours craindre les agissements de son entourage, ou des Américains), s'arroge la totalité du pouvoir, civil et militaire. Il s'autodésigne commandant en chef des forces armées et nomme un commandant en chef des forces terrestres et aériennes et un commandant en chef des forces maritimes et aéronavales placés sous son autorité. Il peut ainsi mettre en place l'organisation duelle qu'il n'a cessé de prôner depuis des années. Toutes les mesures concernant les officiers généraux sont soumises à son approbation. Le manuscrit allait encore plus loin puisqu'il prévoyait que l'Amiral de la flotte pouvait faire opposition aux « désignations à des commandements des officiers supérieurs du rang de colonel ou de lieutenant-colonel[11] », mais cette disposition très contraignante a disparu du texte final.

La décision ne dit rien de l'organisation du pouvoir civil. Le manuscrit contenait un article 6 fort prudent et limité aux pouvoirs militaires des autorités civiles : « Les attributions des gouverneurs ou résidents généraux en ce qui concerne la défense des territoires dont ils ont la charge restent celles prévues par les règlements en vigueur. » Cet article a été supprimé. Il est encore trop tôt, le 14 novembre, pour aborder le problème du pouvoir civil.

Les décisions ainsi arrêtées sont annoncées à la population par une proclamation de l'Amiral de la flotte qui prend soin de se placer sous l'illustre patronage du Maréchal. Le texte original (malheureusement perdu) comportait une tirade contre de Gaulle. Clark, consulté, n'a pas soulevé d'objection, mais en a immédiatement référé à Eisenhower qui s'est déclaré opposé à une telle mention : toute déclaration politique doit d'abord être faite par les gouvernements britannique et américain[12]. Le passage en cause est donc supprimé du texte final radiodiffusé le 15 :

« Habitants de l'Afrique française,

« Le 13 novembre, vous avez appris, par la proclamation du général Noguès et la mienne, que j'assurais désormais la responsabilité des intérêts français en Afrique. Aujourd'hui, je viens vous confirmer ces proclamations et vous donner les premières directives.

« En tant que haut-commissaire en Afrique, j'entends, en accord avec les autorités américaines et en appliquant les principes directeurs qui nous ont été donnés par le Maréchal lorsqu'il pouvait s'exprimer librement, maintenir l'unité et la souveraineté françaises. Je suis assisté dans ma lourde tâche par ceux que le Maréchal avait placés aux postes de direction et qui ont décidé de m'apporter patriotiquement leur concours. Ils continueront dans une large autonomie, sous ma haute autorité, à diriger et à administrer les territoires dont ils ont la charge en tenant compte de leur situation, de leurs intérêts particuliers et des aspirations légitimes des populations.

« Mon rôle consistera à fixer les directives générales de l'action commune et, appliquant les principes du maréchal Lyautey, à suivre et à contrôler l'exécution des décisions prises. Si nous voulons que la France et son empire puissent, au moment de la paix, retrouver la place qu'ils tenaient et qu'ils doivent reprendre, nous devons faire notre effort personnel dans le conflit actuel et nous devons nous-mêmes participer à la défense et à la libération de nos territoires.

« C'est le rôle de l'armée d'Afrique. Je lui ai donné pour chef un homme unanimement respecté et admiré pour son œuvre africaine et sa glorieuse participation aux deux guerres : le général Giraud.

« La tâche que j'entreprends aujourd'hui est particulièrement lourde. Pour la mener à bien, je veux pouvoir compter sur le concours enthousiaste de tous ceux qui ont le sens de l'intérêt national, mais j'exigerai de tous la plus stricte obéissance et la plus parfaite discipline.

« Je vous demande d'élever avec moi vos cœurs vers la Patrie qui souffre et son chef vénéré. Certains d'être soutenus par les aspirations ardentes de la majorité des Français de la métropole, nous, Français et musulmans d'Afrique, unirons nos efforts pour atteindre, dans l'ordre et la discipline, le but que nous nous sommes fixé : LA LIBÉRATION DE LA FRANCE PAR SON EMPIRE[13]. »

Cette proclamation à la population est doublée d'une autre, destinée à l'armée, qui reste massivement attachée à Pétain et liée par le serment de fidélité que tous ont prêté. L'état d'esprit général est résumé par le comportement du capitaine de frégate Dupin de Saint-Cyr, attaché à l'état-major de Juin. Dans la journée du 14, il est avisé d'avoir à se mettre à la disposition de l'amiral Darlan. Il se présente à Battet et lui déclare d'entrée : « Amiral, avant de vous donner une réponse, je voudrais savoir dans quelle mesure je serai, en acquiesçant, fidèle au Maréchal. » Battet lui montre le télégramme d'Auphan : « Accord intime...[14] » Mais comme il n'est pas possible de montrer ce document à tout le monde, et encore moins de le publier, Darlan adresse une proclamation aux forces armées, qui doit apaiser les consciences : dès lors que le Maréchal ne peut plus « faire connaître sa pensée *exacte* aux Français d'outre-mer », ceux-ci sont fidèles à leur serment en obéissant à l'Amiral de la flotte. Comme la précédente, cette proclamation est préparée le 14 et diffusée le lendemain :

> « Depuis l'invasion de la zone libre, contre laquelle il a protesté autant que les circonstances le lui permettaient, le Maréchal se trouve dans l'impossibilité de faire connaître ses pensées intimes aux Français.
>
> « Tous les moyens de transmission sont en outre sous le contrôle allemand.
>
> « Le Maréchal a télégraphié le 9 novembre qu'il était satisfait de ma présence en Afrique, il me renouvelait encore l'assurance de sa confiance totale. Le 11 novembre, me croyant privé de ma liberté, il donnait sa délégation au général Noguès. Le 13 novembre, le général Noguès, reconnaissant mon entière liberté d'action, me remettait, avec l'approbation du Maréchal, les pouvoirs qui lui avaient été dévolus.
>
> « Dans ces conditions, je déclare : les légionnaires, les fonctionnaires de tous rangs, les officiers, les sous-officiers et hommes de troupe des armées de terre, de mer et de l'air en Afrique qui ont prêté serment au Maréchal doivent considérer qu'ils sont fidèles au Maréchal en exécutant mes ordres. Je prends pour moi seul toute la responsabilité de cette décision qui n'a pour unique objet que d'assurer le bien de l'empire et l'unité nationale.
>
> « J'ai désigné comme chef militaire un grand soldat, le général Giraud, qui a toujours servi la France avec honneur[15]. »

Il faut aussi faire face aux multiples problèmes que posent les exigences contradictoires de la vie de la population et des nécessités militaires, surtout lorsque celles-ci sont exprimées par des alliés qui, dans une certaine mesure, sont aussi des occupants. La collaboration franco-américaine s'ouvre ainsi par un épisode pénible. Dès le 14, les Américains demandent la fixation du taux de change : le dollar à 75 francs, la livre à 300 francs. Cours exorbitants, sans rapport avec la réalité économique (lors des contacts entre les Cinq et Murphy, le cours de 43,50 francs avait été envisagé) et qui ne sont pas sans rappeler le mark à 20 francs. Darlan, que Bouthillier a initié aux arcanes de la finance, proteste ; il veut le dollar à 50 francs. Mais, tant du fait de sa situation personnelle que de la dépendance de l'Afrique du Nord à l'égard des livraisons américaines, il n'est pas en état de faire de l'obstruction et doit céder après plusieurs entretiens[16]. Début plutôt rugueux.

Le haut-commissariat a besoin d'argent pour fonctionner. En

attendant l'établissement d'un budget, il faut payer les fonctionnaires, auparavant payés directement par la métropole (l'Algérie dépendait du ministère de l'Intérieur et non des Colonies), et mettre en place des services jusqu'alors inexistants. La succursale de la Banque de France à Alger ne fait aucune difficulté pour accorder les avances nécessaires. Dès le 15 novembre, le haut-commissariat dispose d'un crédit de 3 milliards, plus qu'il ne lui en faut pour terminer l'année [17].

Les entretiens se succèdent à un rythme accéléré. Dès le 14, les directeurs des deux quotidiens d'Alger, *La Dépêche algérienne,* (Alain de Sérigny) et *L'Écho d'Alger* (Eugène Robbes), sont convoqués. « Ils arrivèrent ensemble, et leurs figures n'étaient pas précisément rassurées. » Dupin de Saint-Cyr les voit ressortir « au bout d'une demi-heure environ, avec des mines toutes différentes : les choses s'étaient certainement bien mieux passées qu'ils ne l'avaient craint [18] ». Darlan reçoit des fonctionnaires, des généraux. Il demande aussi à rencontrer le groupe des Cinq, qu'il sait très lié avec Murphy. Ceux-ci sont furieux de la tournure que prennent les événements, car ils espéraient bien détenir le pouvoir avec Giraud « inaugurant les chrysanthèmes » à la manière d'un président de la IIIe République. Mais le général a clairement déclaré à Clark qu'il « marchait avec Darlan [19] » et ne songe plus qu'à la reconstitution de l'armée et à la reprise de la lutte contre les Allemands en Tunisie. Plutôt que de se réfugier dans une abstention boudeuse, ils cèdent à l'attrait du pouvoir, même s'ils doivent n'en récupérer que des miettes. L'entrevue, préparée par Fenard, a lieu le 15 novembre. Chamine en a laissé, peu après la guerre, un récit pittoresque. Comme d'habitude, il ne cite pas ses sources, mais il est généralement très bien informé (par Rigault lui-même, a-t-on dit), et son récit s'accorde parfaitement avec la psychologie de Darlan. « Très à l'aise, se promenant de long en large, il les félicite pour leur travail qu'on pourrait croire, à l'entendre, parallèle au sien. » Dorénavant, un seul but, la lutte contre l'Allemagne. Pour cela, l'union des Français est nécessaire, et donc les Cinq et lui doivent coopérer. Sans paraître entendre une impertinence de Lemaigre-Dubreuil, il promet des postes, « demande à Saint-Hardouin le texte authentique des accords échangés entre Murphy et Giraud, qu'il s'engage personnellement à défendre [20] ». L'entente est scellée par un dîner le même soir ! « Les Cinq sont là. L'amiral est flanqué de Battet et Fenard. Giraud est radieux, Murphy est souriant, Fenard vante son " action personnelle à Dubreuil devenu indulgent ". » D'après Saint-Hardouin, « l'amiral se montre très gai, très cordial et très commun [21] ».

Accord de façade. Le colonel Chrétien, observateur très fin

qui connaît tout le monde sans se compromettre avec personne, note que Darlan a prodigué des bonnes paroles, mais n'entend aucunement partager le pouvoir. Il le dit dès le 16 à Lemaigre-Dubreuil qui s'imagine pouvoir « tirer les ficelles » dans les coulisses :

> « Vous voilà définitivement hors de cause !
> — Comment cela ?
> — Voyons, les décisions du gouvernement sont prises par Darlan, et le conseil des gouverneurs et résidents. Leur exécution sera assurée ensuite dans chaque territoire par les mêmes gouverneurs et résidents ; quelle place restera-t-il à vos commissaires ? Pris entre deux feux et à la fois subordonnés et supérieurs des gouverneurs, ils seront pratiquement sans pouvoir.
> — Oh ! les gouverneurs se détestent mutuellement ; nous les opposerons les uns aux autres[22]. »

Comme Laval après le 13 décembre, Lemaigre-Dubreuil s'imagine qu'il pourra manœuvrer l'amiral. Il aura vite l'occasion de s'apercevoir de son erreur...

Darlan reçoit aussi les chefs des S.R. Terre et Air, les colonels Rivet et Ronin, qui ont pris leurs précautions et pu quitter la métropole avec leurs collaborateurs les plus proches dans deux avions qui ont décollé d'Istres. Les relations des services secrets avec l'amiral n'ont jamais été bonnes. Rivet a eu de multiples démêlés avec lui, Ronin a même été arrêté sur son ordre, et leur considération pour la marine n'a pas dû être augmentée par le refus qu'a opposé l'état-major de la marine le 7 novembre à leur demande de transport de leurs archives (40 tonnes !) en Afrique du Nord. Le 14, Rivet se présente donc à Giraud plutôt qu'à Darlan, mais le nouveau commandant en chef des forces terrestres et aériennes le renvoie au haut-commissaire. Rivet et Ronin se retrouvent donc en face de Darlan le 16 au matin : « Le haut-commissaire accueille avec bonhomie ses vieux amis de Vichy sur un banc du jardin de sa résidence. Désormais il ne s'agit plus que d'une chose : écraser l'Allemagne ! Les visiteurs sont du même avis, mais le colonel Ronin, qui n'a pas oublié l'épisode de la perquisition et des arrêts de rigueur, ne peut s'empêcher de susurrer : " Que de chemin parcouru depuis Vichy, amiral ! " Imperturbable, le haut-commissaire balaie d'un petit geste de la main tous les malentendus passés[23]. »

L'atmosphère est bien différente avec Michelier qui arrive à Alger le 16. « A.D.D. » du cercle le plus intime (il a été le second de Darlan sur le *Foch*), il n'a pas d'états d'âme et a l'habitude des méthodes de travail de l'Amiral de la flotte. À la déclaration de guerre, celui-ci l'avait convoqué et lui avait tendu sans commentaires un papier laconique : « 1° Il y a un major général de la marine. 2° Il se nomme Michelier. » Trois ans plus tard, Darlan n'est guère plus bavard : « Comment arrangez-vous votre affaire ? » Michelier lui soumet un projet, immédiatement approuvé[24]. Quand Darlan donne sa confiance, il ne la marchande pas. Michelier, qui laisse son P.C. à Casablanca au lieu de le transporter à Alger, disposera d'une grande autonomie. Giraud aussi, pour d'autres raisons : pendant qu'il dirige les opérations militaires, il n'écoute pas un entourage volontiers enclin à comploter. Darlan peut ainsi se consacrer à la consolidation du pouvoir qui vient de se créer en Afrique du Nord, avec trois priorités : rallier les territoires de l'empire, organiser les nouveaux pouvoirs publics, les faire reconnaître par les Alliés. Tâches écrasantes vu la faiblesse de ses moyens et la méfiance des Américains : Eisenhower ne demande-t-il pas le 15 novembre à Clark s'il y a un danger que Darlan essaie de s'enfuir[25] ?

RALLIER

Dès le 13, se pose la question du ralliement des divers territoires de l'empire. Darlan téléphone à Esteva. Il est décidé sans retard d'envoyer le général Bergeret à Dakar pour obtenir l'adhésion de Boisson. Dans la soirée, il a avec Murphy une conversation devant Moreau : « Il est déjà question non seulement de réunir sous l'autorité de Darlan l'Afrique du Nord et l'Afrique occidentale, mais encore de rétablir une liaison avec l'Afrique équatoriale et Madagascar[26]. » Les semaines suivantes vont quelque peu tempérer cet excès d'optimisme.

La Tunisie

On sait qu'en raison de conditions météorologiques défavorables, le général Eisenhower, qui n'était pas homme à prendre des risques, avait renoncé au lâchage de parachutistes prévu sur Tunis et Bizerte. Le consul Doolitle vint prévenir l'amiral Esteva des débarquements en cours, mais qui malheureusement ne concernaient pas la Tunisie. Esteva lui dit que les Américains devaient se hâter et téléphona au général Barré de ne pas s'opposer aux troupes américaines[27]. Mais rien ne vint, et la journée du 8 s'écoula dans l'incertitude.

Le 9 au matin, les Allemands, qui ont la réaction prompte et la décision plus rapide que le commandement allié, envoient des avions en Tunisie. Dès 15 heures, il y en a plus d'une centaine sur le terrain d'El-Aouina malgré les protestations de Barré et de l'amiral Derrien. Les ordres contradictoires se succèdent, et les autorités ne savent plus à qui elles doivent obéir. Le 10 novembre, dans l'après-midi, Darlan confirme à Esteva que la résistance des Alliés a bien cessé[28]. Le 11, le franchissement de la ligne de démarcation fait penser que la lutte reprend contre l'Axe. Après une conversation téléphonique avec Juin, l'amiral Derrien lance vers 17 heures un ordre du jour claironnant : « Allez-y de tout cœur contre les adversaires de 1940, nous avons une revanche à prendre[29]. » Mais Esteva ne l'entend pas ainsi, il vient d'avoir une nouvelle conversation téléphonique avec Darlan qui lui a demandé : « Veux-tu devenir américain ? » (Esteva a répondu oui), mais ne lui a donné aucun renseignement précis sur la situation à Alger qui, vue de Tunis, reste fort trouble : « La France est victime des circonstances, il faut encore temporiser[30]. » Derrien annule alors son ordre du jour et décide d'adopter « attitude stricte neutralité à l'égard de toutes forces étrangères de l'Axe et américaines ou leurs alliés[31] ». Il serait encore temps pour les Américains, avec un peu d'audace et d'initiative, d'acheminer des éléments aérotransportés vers la Tunisie. Mais ils ne veulent rien faire tant que l'imbroglio algérois ne sera pas dénoué. C'est laisser le champ libre aux Allemands. Le 12 au matin, des avions atterrissent à Sidi-Ahmed (près de Bizerte), et, dans l'après-midi, les premiers navires de l'Axe commencent à décharger troupes et matériel à Bizerte. Derrien est effondré. « J'ai 7 citations, 42 ans de service et je serai l'amiral qui a livré Bizerte aux Allemands », déclare-t-il à un officier[32].

Le 13 novembre, tout le monde s'étant enfin mis d'accord à Alger, Battet transmet téléphoniquement à Esteva un message de Darlan qui enjoint à Derrien d'attaquer les Allemands après les avoir prévenus. Esteva « appelle Darlan par téléphone et lui explique la situation telle qu'elle est, ce qui amène la réplique : “ Tu n'as qu'à annuler l'ordre. En effet, il est inexécutable. ” Esteva réitère ses instances des entretiens précédents : hâter par tous les moyens la venue des Américains, et surtout de l'aviation. Darlan répond sur un ton las et, semble-t-il, profondément déçu[33] ». Il sait en effet que les Américains ne sont pas en état de pousser immédiatement vers l'est.

Le 14 au matin, l'amiral Moreau, qui a repris le libre usage de ses transmissions, adresse plusieurs messages à Derrien : « Tâchez de tenir. Barré vous envoie renforts. » Il lui demande de faire appareiller vers Alger les bâtiments basés à Bizerte[34]. Mais, en début d'après-midi, Derrien, suivant la position d'Esteva, fait savoir qu'il n'obéit plus qu'aux ordres de Vichy. Le même jour à 18 heures, l'amiral Darlan reçoit le contrôleur de la marine Vinel, qui a quitté Bizerte le 12, et le renvoie auprès de Derrien pour lui demander de se ranger à ses ordres, sans pourtant lui donner d'instructions précises. Vinel voit Derrien le 16, mais celui-ci s'en tient à sa position. De retour à Alger le 17 à minuit, il rend compte de l'échec de sa mission. Darlan le renvoie à Bizerte avec une lettre personnelle pour Derrien :

> « Le dernier moyen qui nous reste, si nous voulons garder notre empire après la paix et, en particulier, la place que tu commandes, c'est d'aider les Américains et leurs alliés à vaincre l'Axe et à libérer la métropole de l'emprise allemande.
>
> « Tu ne vas tout de même pas faire combattre des Français aux côtés des Italiens qui n'ont qu'un désir, celui de posséder Bizerte à notre place. Je te demande notamment d'observer la plus stricte neutralité dans le combat qui va se livrer chez toi et dont l'issue n'est pas douteuse[35]. »

Reparti d'Alger dès le 18 à 4 heures du matin, Vinel remet le lendemain à Derrien la lettre dont il est porteur. Derrien lui déclare qu'il ne fera rien contre les Alliés, mais qu'il ne peut plus obéir à l'Amiral de la flotte. Conformément à ses instructions, Vinel propose alors le commandement de la marine en Tunisie à l'adjoint de Derrien, le contre-amiral Nouvel de La Flèche, puis à l'ancien préfet maritime de la IVe région, le vice-amiral d'escadre Rivet, qui refusent tous deux (eussent-ils accepté qu'ils n'auraient pu se faire obéir)[36]. Le 28 novembre, Vinel, de retour à Alger, rend compte de son échec, cette fois définitif. Le 8 décembre, les Allemands exigeront la livraison de la place et des bâtiments stationnés à Bizerte. Derrien cédera à l'ultimatum. Trois torpilleurs, deux avisos et neuf sous-marins tomberont aux mains de l'Axe, la plupart désarmés et hors d'état de servir.

Le contact est cependant conservé avec Esteva qui a pris la décision de ne pas abandonner Tunis, ne voulant pas quitter le bey dont l'attitude est douteuse et qui refuse de partir. A la fin de novembre, l'offensive franco-britannique se déclenche en direction de Tunis et Bizerte. Les premières nouvelles sont encourageantes. Le 3 décembre, Darlan peut adresser à son vieil ami une lettre empreinte d'optimisme.

> « Au cours des dernières communications téléphoniques que nous avons pu avoir, avant l'arrivée des forces de l'Axe, tu m'avais donné ton accord sur la conduite à tenir. Depuis, les événements ont marché favorablement. Les troupes alliées, assistées des troupes françaises, en particulier celles de Tunisie, ont chassé tes hôtes indésirables.

« La Fédération impériale française, qui comprend l'Algérie, le Maroc, l'A.O.F. et, maintenant, la Tunisie, est créée.

« Je te demande de suivre les indications que te donnera l'officier de l'armée des États-Unis porteur de cette lettre. Elles te permettront de venir rapidement à Alger où je te mettrai en détail au courant de la situation.

« A bientôt et bien amicalement à toi [37]. »

Malheureusement, quand Darlan écrit ces mots, l'offensive est déjà en train de s'essouffler, et les troupes alliées vont bientôt être rejetées sur leurs positions de départ. La campagne de Tunisie va s'en trouver prolongée de cinq mois. La régence ne rejoindra la Fédération impériale que longtemps après la mort de Darlan.

Une telle issue n'est pas surprenante. La Tunisie, soumise à un contrôle très tatillon de la commission italienne d'armistice, ne disposait que de forces très faibles (12 000 hommes sans armement lourd), et les plans de défense de l'Afrique du Nord prévoyaient explicitement l'abandon de la régence (sauf Bizerte, transformée en camp retranché) et le repli des troupes vers l'ouest pour couvrir l'Algérie [38]. Tout dépendait donc de la rapidité de l'intervention alliée. Or celle-ci s'est révélée d'une extrême indigence. Après avoir annulé le lâcher de parachutistes le 8, Eisenhower n'a pas songé à profiter de l'armistice du 10 pour pousser vers l'est. Un membre de son état-major confirmera plus tard au général Barré qu'un tel mouvement n'a « jamais été préparé ni même envisagé », alors qu'Esteva avait déclaré au consul Doolitle qu'il attendait les Américains, que Barré faisait garder les routes à leur intention « jusqu'à Tunis où le colonel Le Couteulx les a vainement attendus jusqu'à la nuit du 13 au 14 », et que jusqu'au 12 Derrien attendait leurs navires à Bizerte [39]. Pour tout arranger, le malheureux Derrien a été abandonné à lui-même durant ces journées dramatiques : Darlan puis Noguès, occupés par ce qui se passait à Alger, ne lui ont adressé aucune instruction ; son supérieur direct, Moreau, lui a câblé le 11 au matin, avec un peu trop d'empressement : « Exercice de mon commandement difficile. Je vous délègue tout pouvoir sur votre arrondissement maritime [40]. » Après la guerre, il a payé pour les erreurs des uns et les abstentions des autres [41].

L'A.O.F.

Darlan allait heureusement avoir plus de succès avec l'A.O.F. Dès le 13 au soir, la décision est prise d'envoyer Bergeret à

Dakar, où il arrive le lendemain à 18 heures. Il est immédiatement reçu par le gouverneur général Boisson, qui est dans un état d'esprit très favorable : il lui annonce sans détour « sa décision de se rallier à l'amiral ; s'il est désavoué par ses trois commandants en chef, il démissionnera[42] ».

Hors de la présence de Bergeret, Boisson réunit le soir même ses trois commandants (terre, mer, air) qui se montrent beaucoup moins disposés : « Ils sont les vainqueurs de Dakar, septembre 1940, ils ont un certain mépris pour la hâte avec laquelle l'Afrique du Nord a cessé le combat. Leur dévouement au Maréchal est total. Se rallier à l'amiral Darlan : cela sent la dissidence[43]. » Boisson leur montre le texte du télégramme secret : « Accord intime... », mais ils restent réticents : ne pourrait-il s'agir d'un faux ? Finalement, ils décident d'envoyer à Alger une mission conduite par le général Blaizot pour vérifier son authenticité et faire connaître les conditions auxquelles l'A.O.F. subordonne son ralliement : « Pas d'occupation militaire, navale ou aérienne, accords librement discutés pour l'utilisation des navires de commerce et la disposition des bases navales et aériennes, aucune ingérence gaulliste en A.O.F.[44]. »

La mission Blaizot se met en route dès le 15 et arrive à Alger le 17 à midi. Immédiatement reçue par Darlan, elle procède au déchiffrement du télégramme et le reconnaît authentique. Elle rencontre ensuite Murphy et Clark pour leur préciser les conditions posées au ralliement : Murphy déclare que le gouvernement des États-Unis les accepte. Elle repart le 19 pour Dakar avec une lettre de Darlan à Boisson :

> « Je me considère comme le représentant personnel du Maréchal en Afrique puisque, lorsqu'il était libre de ses décisions, il m'avait désigné comme son remplaçant éventuel et que, le 9 novembre, il me télégraphiait qu'il était heureux de me savoir en Afrique et que j'avais toute sa confiance. Il savait cependant pour quel triste motif j'étais ici.
>
> « Si j'ai agi de la sorte, alors que l'occasion m'était offerte de laisser les choses aller leur train en acceptant une confortable résidence surveillée, c'est que j'ai pensé qu'il était nécessaire de maintenir en Afrique le principe de la souveraineté légale française et de barrer la route à la dissidence. C'est, à mon avis, le seul moyen d'empêcher la France de disparaître de la carte du monde et d'être présente au traité de paix, aux côtés des États-Unis.
>
> « [...] Le général Blaizot vous fera part de ses impressions.
>
> « Je souhaite ardemment que votre décision permette de constituer la grande Fédération africaine française qui permettra à l'empire de sauver la métropole et aux deux réunis à nouveau de reprendre la place mondiale qui leur revient.

« Quant à moi, dès que ma tâche sera finie ou si ma personne devenait un obstacle à la réalisation de ce grand dessein, je rentrerai dans le rang sans aucune amertume et avec le sentiment d'avoir fait de mon mieux dans l'intérêt supérieur du pays[45]. »

La mission est de retour à Dakar le 22 novembre. Son rapport est favorable et le lendemain matin, l'A.O.F. annonce son ralliement.

« Pour amiral Darlan. Sous les réserves qui vous ont été communiquées, que vous avez faites vôtres et qui ont été acceptées par M. Murphy au nom de son gouvernement, et considérant qu'en agissant ainsi nous restons fidèles au serment du Maréchal, l'A.O.F. se range sous vos ordres. Signé : Boisson-Barrau[46]. »

Le message est reçu peu avant 11 heures. C'est un succès décisif pour Darlan, dont la « représentativité » acquiert un poids nouveau : si l'A.F.N. a dû subir la volonté américaine, l'A.O.F., elle, se rallie librement à lui, sans pression extérieure. C'est ce qu'il rappelle au général Clark dans la lettre officielle qu'il lui adresse aussitôt.

« A. Il serait impossible aux forces d'Afrique occidentale française d'accepter des conditions qui les placeraient sans avoir eu l'occasion de se battre et qui déshonoreraient le commandement et les troupes. [...]

« B. Il serait impossible d'accepter la venue sur le territoire de l'Afrique occidentale française et dans ses eaux territoriales d'éléments gaullistes quels qu'ils soient.

« En agissant de la sorte le gouverneur général Boisson et le général d'armée Barrau considèrent, comme nous l'avons fait en Afrique du Nord, qu'ils restent fidèles à leur serment au Maréchal. [...]

« Le ralliement volontaire de l'A.O.F. *sous mes ordres* à la cause des Alliés est un fait important pour le succès de l'entreprise que nous menons en commun[47]. »

A la fin de novembre, Boisson vient à Alger. Eisenhower lui remet une lettre l'informant que le gouvernement britannique « n'autorisera aucun acte ni aucune propagande émanant des territoires britanniques en Afrique occidentale portant atteinte à votre autorité[48] », relâchera les prisonniers qu'il détient et fera pression sur les gaullistes pour qu'ils relâchent ceux qu'ils détiennent. En échange, il lui demande de signer sans attendre l'accord qui permettra aux forces américaines d'accéder aux facilités navales et aériennes.

« Nous avons besoin d'utiliser les routes aériennes qui passent par votre territoire, nous avons besoin de votre présence à nos côtés, dit Eisenhower. Nous en avons besoin très vite. Il faudrait des semaines pour aplanir les petites difficultés qui s'attachent à chaque détail. Nous ne pouvons nous permettre de perdre du temps. Signez et je vous assure sur mon honneur de soldat que je ferai tout ce qu'il est humainement possible de faire pour que les dispositions générales de l'accord intervenu entre nous soient observées dans l'esprit de parfaite coopération que souhaitent les deux gouvernements, comme c'est le cas pour l'Afrique du Nord.

« Sans ajouter un mot, Boisson marcha vers son bureau, s'assit et apposa sa signature au bas de l'accord.

« “ Quand nos avions pourront-ils utiliser l'aérodrome de Dakar ?

— Mais tout de suite ! ”[49]. »

L'accord (officiellement qualifié de déclaration pour éviter les complications avec la presse américaine très hostile au haut-commissariat) reconnaît formellement la souveraineté française sur l'A.O.F. et le Togo et organise la coopération avec les forces américaines sur des bases bien différentes de celles qui ont été établies en Afrique du Nord : les bases utilisées par les Alliés restent sous commandement français, il n'y aura aucun stationnement de troupes alliées, les transits seront subordonnés à l'accord préalable du gouverneur général, les réquisitions seront effectuées par les autorités françaises, les biens alliés seront soumis aux impôts en vigueur[50]. En bref une coopération d'égal à égal, avec plein respect de la souveraineté française. Dans les faits, ces dispositions seront scrupuleusement respectées et fonctionneront à la satisfaction des deux parties. La position de Darlan vis-à-vis des Américains s'en trouve immédiatement renforcée.

Les autres territoires

Après le ralliement de l'A.O.F., Darlan déclare à Eisenhower et à Clark, le 23 novembre, qu'il serait utile d'obtenir le ralliement de la Côte des Somalis : « Cela donnerait aux Alliés un port supplémentaire et permettrait d'approvisionner une population affamée[51]. » Le 30, il adresse au gouverneur de ce territoire un message l'invitant à se rallier[52]. Mais Eisenhower, obéissant aux instructions de Washington, s'oppose à ce que Darlan déborde du bloc A.F.N.-A.O.F., et refuse l'envoi d'un émissaire à Djibouti. Pendant ce temps, la France combattante prépare un coup de force semblable à celui qui a été mené à la Réunion le 28 novembre[53]

Le cas des Antilles est encore plus délicat, car les États-Unis s'y intéressent de très près. Le 16 novembre, Darlan suggère à Clark que le consul américain à la Martinique approche l'amiral Robert : s'il se montre bien disposé le haut-commissaire prendra contact avec lui[54]. Le Département d'État, informé, demande l'envoi de Battet, qui a passé dix-huit mois dans l'île et a gardé là-bas un grand prestige. Battet ne se mettra en route qu'après l'assassinat de Darlan en janvier, et se heurtera à un refus obstiné de Robert, qui ne le laissera même pas débarquer (il ne se ralliera qu'en juillet 1943). Peut-être, si l'amiral avait vécu, il se serait rallié plus vite ? On ne peut l'affirmer[55].

Il n'y a rien à faire avec l'Indochine, où stationnent des troupes japonaises (le Gouvernement provisoire de la Libération lui-même se gardera de toute initiative). Quant aux territoires gaullistes, augmentés de Madagascar que le gouvernement britannique a octroyé à la France combattante au lendemain du débarquement en guise de (maigre) compensation, les illusions du 13 novembre n'ont duré que le temps d'une conversation. À la mort de Darlan, « le haut-commissariat représente l'Afrique du Nord et l'Afrique occidentale française[56] ».

La flotte

Comme en 1940, la flotte est une préoccupation constante, presque obsessionnelle des Alliés. Churchill le déclare avec son goût très britannique de la litote : « Je déteste Pétain, mais je lui lécherais le c... s'il nous amenait la flotte. » Mais aucun plan pour essayer d'obtenir son ralliement n'a été étudié. Lors du débarquement, l'état-major allié a plutôt craint que le groupe *Strasbourg* n'intervienne pour secourir l'Afrique du Nord : quatre sous-marins britanniques ont été déployés devant Toulon, et l'Admiralty envisagerait sans déplaisir excessif de terminer ce qu'elle n'a pu entièrement réaliser en 1940. Après l'armistice du 10 et l'entrée des Allemands en zone libre, l'obsession devient l'appareillage de la flotte. Celle-ci représente un potentiel considérable, avec 3 navires de ligne *(Strasbourg, Dunkerque, Provence)*, 4 croiseurs lourds, 3 croiseurs légers, 1 transport d'hydravions *(Commandant-Teste)*, des contre-torpilleurs, torpilleurs, sous-marins... représentant plus de 300 000 tonnes. Mais il faut préciser que ces forces se répartissent en cinq groupes : 1) forces de haute mer avec le *Strasbourg*, 3 croiseurs lourds, 2 croiseurs légers, 10 contre-torpilleurs, 3 torpilleurs, représentant 103 500 tonnes ; 2) les navires à disposition du préfet maritime de la 3e région, essentiellement des torpilleurs et des dragueurs pour 15550 tonnes; 3) les navires en gardiennage d'armistice, pratiquement hors d'état de reprendre la mer à bref délai en raison de leur état et de leurs équipages réduits : le *Dunkerque* en réparations, 1 croiseur lourd, 2 croiseurs légers, 6 contre-torpilleurs, 4 torpilleurs, soit 64000 tonnes (plus 12200 tonnes de torpilleurs et de sous-marins au bassin); 4) le groupe des écoles, avec la *Provence,* l'*Océan,* le *Condorcet,* le *Commandant-Teste...* 67800 tonnes sans valeur militaire; 5) les sous-marins, 25 unités pour 22000 tonnes. En y ajoutant 16500 tonnes d'auxiliaires on obtient un total de 301000 tonnes, dont la moitié serait théoriquement en état d'appareiller (toutes les F.H.M., 15000 tonnes de sous-marins, des bâtiments isolés, 145000 tonnes environ)[57]. Mais même les unités maintenues en état ont subi l'effet désastreux d'une longue inactivité, et leur valeur combattante est fortement amoindrie. Même si elle tombait intacte aux mains de l'Axe, la flotte de Toulon ne renverserait pas le cours de la guerre en Méditerranée. Mais elle conserve une valeur symbolique infiniment supérieure à ses capacités réelles : les États-Unis et la Grande-Bretagne se sont tellement souciés de son sort que si elle était capturée, l'Amiral de la flotte, qui a constamment répété qu'elle ne tomberait intacte aux mains d'aucun étranger, serait discrédité. En sens inverse, son arrivée à Alger aurait un retentissement énorme et ferait taire une bonne partie des critiques.

Clark, on l'a vu, fait constamment pression sur Darlan pour qu'il envoie à la flotte l'ordre d'appareillage. Le 10, Darlan s'y est refusé et s'est borné à dire que des dispositions ont été prises pour éviter la capture. Dans la soirée, Clark est revenu à la charge, sans plus de succès :

> « Selon Darlan, la flotte est maintenant hors de Toulon et attend les ordres. Il dit qu'il ordonnera à la flotte d'appareiller pour " se joindre aux Alliés " dès que les Allemands entreront en zone libre, mais pas avant. Le général Clark suggère que la flotte aille ravitailler à Gibraltar en raison de la congestion des ports africains et de la menace que constituent des éléments peu sûrs de la flotte française s'ils entrent dans des ports coloniaux français. Il suggère que la flotte se rende ensuite aux États-Unis le temps des négociations relatives à son emploi. Les Français sont très antibritanniques, et Darlan s'oppose à l'envoi de la flotte à Gibraltar[58]. »

La suggestion de Clark est particulièrement malheureuse : Darlan n'acceptera jamais que les forces de haute mer rejoignent un port britannique. Néanmoins, le 11, après l'invasion de la zone libre, il accepte d'envoyer un premier télégramme à l'amiral de Laborde :

« La protestation du Maréchal au maréchal von Rundstedt montre qu'il n'y a pas accord entre lui et le gouvernement allemand pour l'occupation de la France. L'armistice est rompu. Nous avons notre liberté d'action. Le Maréchal n'étant plus libre de ses décisions, nous pouvons, tout en restant fidèles à sa pensée, prendre celles qui sont les plus favorables à l'intérêt français. J'ai toujours déclaré que la flotte resterait française ou qu'elle périrait. L'occupation des côtes de Provence rend impossible le séjour des forces navales dans la métropole. J'invite leur commandant en chef à les diriger sur l'Afrique occidentale française. Le haut commandement américain déclare qu'elles ne rencontreront aucun obstacle de la part des forces alliées[59]. »

Envoyé peu avant 16 heures (groupe horaire : 15 heures 47), il est bien reçu par Laborde qui n'y répond pas. Plus tard, il affirmera que le télégramme, chiffré avec la clef GEMO (la plus commune) et non avec sa clef personnelle, pouvait être d'origine suspecte. Mais il a les moyens de vérifier en demandant confirmation par fil à Alger par exemple, et il ne le fait pas[60]. Il ne réagira pas davantage le lendemain lorsqu'il recevra un nouvel appel strictement identique, sinon par une fin de non-recevoir : « Réponse à vos deux télégrammes du 11 et du 12. Reportez-vous à la réponse de Quiévrecourt à Muselier en 1940[61]. »

Ladite réponse était célèbre dans la marine. Le capitaine de frégate de Quiévrecourt commandait l'aviso *Dumont-d'Urville* à Nouméa lorsque le territoire se rallia à la France Libre. Comme il refusait de suivre, Muselier envoya un télégramme le destituant et nommant à sa place le second du bord. Celui-ci resta fidèle, et Quiévrecourt transmit à l'Amirauté :

« Sans communication radio directe avec Londres, voudriez-vous transmettre à Muselier réponse suivante :

" De la part Commandant, officier en second, état-major et équipage du *Dumont-d'Urville*. Votre 230. Stop. Merde[62] ". »

L'amiral de Laborde est trop bien élevé pour employer lui-même le mot de Cambronne, mais le sens du message n'en est pas moins clair. Darlan répond dans la soirée à Vichy : « Avons bien apprécié la réponse du comte Jean[63]. » Message doublé d'un autre, reçu à Toulon et à Vichy à 18 heures 40 : « Mes deux messages précédents n'étaient destinés qu'à gagner du temps[64]. »

Le lendemain 13, Darlan fait une nouvelle tentative. Comme il n'est plus question d'exhorter Laborde à rallier l'Afrique du Nord, il recourt à un autre procédé pour faire sortir la flotte :

« D'après certains renseignements, flotte italienne comprenant deux *Littorio* se dirige sur Toulon[65]. »

Au vu d'une telle information, l'amiral de Laborde, qui n'est certes pas un couard, doit sortir. Et si la flotte sort, il n'est pas sûr qu'elle rentre, certaines unités au moins pourraient rallier l'Afrique. Mais il est dit que le dieu de la guerre a condamné la flotte : le message envoyé en clef GEMO à 14 heures 10 est bien reçu à Toulon, mais, de manière inexplicable, il résiste à toutes les tentatives de déchiffrement (les dires de l'amiral de Laborde à ce sujet ont été confirmés à son procès par tous ses officiers), alors que d'autres postes l'interceptent et le déchiffrent normalement. Son destinataire suppose qu'il s'agit sans doute de la répétition d'un des messages précédents et ne bouge pas[66]. Il a bien envisagé, le 11, plusieurs hypothèses de riposte à l'invasion de la zone libre : sabordage, mise à l'abri des Forces de haute mer à Ajaccio ou Porquerolles, appareillage pour l'Afrique du Nord ou l'Espagne[67]... Mais, le jour même, il s'est « ressaisi » et a décidé de rester à Toulon pour ne pas gêner le gouvernement. La flotte n'appareillera pas pour l'Afrique du Nord...

Le refus de l'amiral de Laborde est net, dépourvu de la moindre ambiguïté. Il tient par-dessus tout à la discipline : si Pétain lui donnait l'ordre d'appareiller, il le ferait peut-être avec répugnance, mais il le ferait. Tant que Pétain ne donnera pas d'ordre, il ne bougera pas. De plus, il déteste Darlan et ne va certainement pas lui obéir alors qu'il n'est plus commandant en chef. Il hait les Anglais de toutes les fibres de son être, et les combats en cours en A.F.N. renforcent encore ce sentiment. Enfin, il fait confiance aux Allemands. Bien à tort : depuis que ses services de renseignement lui ont confirmé l'existence d'une liaison secrète Alger-Vichy, Hitler est convaincu que les Français veulent faire de Toulon une tête de pont pour les Alliés, et la tentative du général Revers de concentrer trois divisions dans le camp retranché l'a renforcé dans cette conviction[68].

En face, le comportement de Darlan est beaucoup moins clair. Naturellement, Kammerer l'accuse de double jeu : « Darlan ne donna ce pseudo-ordre que pour avoir l'apparence de satisfaire à la pression américaine[69]. » L'amiral Docteur a souligné au contraire que Darlan ne pouvait plus donner d'ordres puisqu'il n'était plus commandant en chef et que le télégramme donnant l'impression de désavouer ses premiers appels (« Mes messages précédents n'étaient destinés qu'à gagner du temps ») était une formule de courtoisie adressée à l'Amirauté pour excuser son manquement à la voie hiérarchique[70]. La plupart des analyses postérieures n'ont pas retenu l'accusation de Kammerer et acceptent l'idée que Darlan a réellement essayé de faire partir la flotte. Seule exception, le commandant Ballande, favorable à Darlan, a proposé une interprétation différente :

« " Apprécié la réponse du comte Jean " a été interprété après la guerre comme une boutade, ripostant, pour la galerie, au message insolent connu de toute la marine. C'est peu vraisemblable, car Darlan a utilisé pour le chiffrer et l'acheminer les moyens les plus secrets à sa disposition. Le lendemain, au câble d'Auphan annonçant un Fort-Chabrol de Baudouvin à Sanary, il répond : " Je suis d'accord. Affection à tous. " Si l'on rapproche ces messages de l'Amiral de la flotte de ses idées plusieurs fois exprimées sur le rôle d'une marine intacte lors des négociations de paix, on incline à croire qu'il ne souhaitait nullement la participatition des F.H.M. à la phase ultime de la guerre[71]. »

A tout le moins Darlan attend-il, pour souhaiter l'arrivée des F.H.M. en Afrique du Nord, que la situation politique y soit clarifiée. L'intention déclarée du général Clark est en effet d'envoyer la flotte aux Etats-Unis jusqu'à ce qu'un accord intervienne. Ce séjour pourrait fort s'apparenter à un internement, et on comprend qu'une telle perspective ne lui sourit guère. Comme le reconnaît Clark, « la flotte constitue la dernière carte des Français[72] ». D'autre part, son passage en Afrique du Nord pourrait entraîner des représailles allemandes. De sorte qu'à toutes les pressions, Darlan oppose une force d'inertie que son interlocuteur ne parvient pas à entamer. Le 14, Clark signale qu'il va « encore essayer d'influencer Darlan pour qu'il lance un nouvel appel[73] ». Mais Darlan ne fera rien. Le sort de la flotte ne se jouera plus qu'en métropole.

Le 11, Auphan a écrit au grand amiral Raeder pour lui demander que Toulon ne soit pas occupé : « Depuis Mers el-Kébir et Dakar, une cinquantaine de bâtiments de guerre coulés ou avariés et des milliers de morts ou de blessés sont la rançon de cette fidélité [à l'armistice]. [...] Je vous demande instamment de tenir compte de notre passé depuis l'armistice pour que la marine française soit respectée[74]. » Sans attendre la réponse, un arrangement local est conclu dans la nuit : en échange des engagements des amiraux de Laborde et Marquis de se défendre contre tout agresseur, le camp retranché de Toulon ne sera pas occupé. Cet accord est entériné le lendemain par la réponse du grand amiral Raeder à Auphan[75]. Ce dernier convoque alors le général Revers pour lui demander de masser 50000 hommes dans le camp retranché et envoie vers 17 heures à Darlan un télégramme secret : « Compte faire Fort-Chabrol de Baudouvin à Sanary[76]. » Réponse de Darlan par la ligne secrète : « Affection pour vous et pour tous[77]. » Il informe Clark, sans beaucoup de précisions, qu'il a reçu un message assez mystérieux qui pourrait signifier qu'Auphan prépare « une action spéciale (*unusual*) avec la flotte[78] ».

Auphan songe effectivement à rallier l'A.F.N. avec la flotte. Jusqu'à ce que la situation soit éclaircie à Alger, il n'est pas question de départ pour rejoindre les Alliés. Au contraire, certains amiraux sont prêts à appareiller pour secourir leurs camarades attaqués. Pour prévenir pareille éventualité, Auphan ordonne de mettre bas les feux le 13 novembre à 4 heures du matin. Sitôt l'accord signé à Alger connu, le problème devient au contraire de faire appareiller la flotte. Comme Pétain, malgré l'insistance d'Auphan, ne veut pas donner un tel ordre et que Laborde ne partira pas sans cet ordre, le seul espoir qui demeure est de remplacer Laborde. Celui-ci aurait dû quitter son commandement le 14 novembre, mais Laval a ordonné de surseoir à toutes les mutations avant de partir voir Hitler, précisément parce qu'il sait qu'avec Laborde il est à l'abri de toute surprise. Auphan fait pression sur Pétain autant qu'il le peut, allant jusqu'à faire préparer deux décrets lui donnant ses troisième et quatrième étoiles pour prendre lui-même le commandement des F.H.M.[79]. Mais en vain. Pétain ne veut pas prendre l'initiative d'une rupture de l'armistice. Le 16 novembre, Auphan est démissionnaire. Sa démission est effective le 18, et il est remplacé par l'amiral Abrial qui rappelle dès le lendemain Le Luc auprès de lui en tant que chef d'état-major des forces maritimes et directeur du cabinet. Le ridicule administratif ne perdant jamais ses droits, le ministre de la Justice Barthélemy écrira le 23 novembre pour s'étonner que l'arrêté de nomination de Le Luc ne fasse pas mention de son titre de conseiller d'État[80] !

Le camp retranché de Toulon s'organise. Tous les commandants d'unités promettent fidélité à Laborde, sauf deux, immédiatement relevés de leurs commandements. Des troupes de l'armée arrivent, mais, le 18, les Allemands exigent leur retrait. Hitler a décidé (dès l'envahissement de la zone libre) l'élimination de la flotte, et le délai de grâce accordé n'a pour but que de préparer l'opération. Jusqu'au 25, l'appareillage reste possible : tous les navires ont leur plein de mazout et jusqu'au 21, la flotte est restée à trois heures d'appareillage par moitié, sans que les Allemands s'en soient aperçus. Il aurait donc été parfaitement possible d'appareiller un soir, à l'occasion d'une relève, et d'atteindre Alger le lendemain matin (Alger est à 12 heures de Toulon à 25 nœuds, et l'appareillage aurait nécessité, selon Laborde lui-même, environ 4 heures[81] ; ensuite, la flotte aurait longé la côte jusqu'à Marseille pour éviter les *U-boote* puis mis le cap sur Alger). Les Allemands n'ont pas encore réuni de moyens aériens suffisants pour s'opposer à la sortie. Après cette date, il devient beaucoup plus dangereux : 8 U Boote sont positionnés devant Toulon, et des avions sont basés à Lézignan, Toulouse, Avignon, Nîmes[82]. Mais Laborde et Marquis ne croient pas à un coup de force allemand. Au cas où cela se produirait cependant, une seule consigne : saborder les bâtiments. Le 14, Laborde a précisé les instructions et fait procéder aux préparatifs. Le 25, les derniers bâtiments sont prêts[83]. Il est temps, car l'opération Lilas est déclenchée le 27 vers 1 heure du matin : Hitler veut non pas s'emparer de la flotte (la Kriegsmarine ne dispose ni des effectifs nécessaires pour armer les bâtiments ni du mazout pour les faire naviguer) mais la désarmer (*entwaffen*).

Le déroulement de cette nuit tragique a été raconté à maintes reprises, mais le plus souvent à partir des seules archives françaises (d'après des dépouillements au surplus très fragmentaires), ce qui a conduit à quelques erreurs constamment répétées : c'est ainsi que la présence du *Gruppenführer* Hausser au commandement de l'opération a fait croire que la division S.S. *Das Reich* a participé à l'opération alors que celle-ci a été entièrement menée par des éléments des 7e et 10e divisions *Panzer,* les S.S. n'étant représentés en dehors de l'état-major de Hausser que par un détachement de 1300 hommes[84]. L'alerte est donnée vers 4 heures 30, et l'amiral de Laborde, d'abord incrédule, donne l'ordre de sabordage vers 5 heures 15. A 5 heures 30, Vichy téléphone : « De la part de P. Laval. Évitez tout incident. De la part de l'amiral Abrial : ceci annule les ordres antérieurement reçus[85] », ordre destiné à « couvrir » le gouvernement vis-à-vis des Allemands, mais qu'Abrial et Le Luc savent inexécutable. Cinq sous-marins appareillent : la *Vénus* se saborde au large[86], l'*Iris* se fait interner en Espagne, le *Casabianca,* le *Marsouin* et le *Glorieux* rallient l'Afrique du Nord. Deux contre-torpilleurs et des bâtiments de servitude tombent intacts aux mains de l'Axe. Toutes les autres unités se sont sabordées : 225000 tonnes, le tiers de la marine de 1939, ont disparu en quelques heures.

Darlan n'est pas immédiatement informé. Depuis près de deux semaines, il n'a plus de liaisons avec la métropole. Il va être prévenu à cause de l'obstination de l'amiral de Laborde, qui refuse de quitter le *Strasbourg* posé sur le fond. N'osant pas employer la manière forte (Laborde a menacé de faire sauter le bâtiment), les Allemands ont fait intervenir Vichy. Pétain rédige un message : « J'apprends que votre bateau coule. Je vous ordonne de le quitter », lancé par radio, en clair, seize fois entre 12 heures 50 et 13 heures 53[87]. Le *Strasbourg,* sabordé, ne peut l'entendre, mais le message est capté par Alger. Moreau en prend connaissance alors qu'il déjeune.

« Je me précipitai aussitôt chez Darlan à la villa Arthur. Il était, lui aussi, en train de déjeuner mais se leva de table immédiatement. Je lui montrai le télégramme. Nous fûmes sans peine en accord sur un point : il annonçait l'occupation de Toulon. Mais on pouvait l'interpréter de deux manières : la première était que le *Strasbourg* était en train de couler, et que le Maréchal ordonnait à Laborde de l'abandonner ; la seconde était que cela signifiait : “ Les Allemands vont occuper Toulon. Partez-en avec la flotte. ” Et cette deuxième interprétation pouvait sembler plus logique, car on ne voyait pas pourquoi, si le *Strasbourg* coulait, le Maréchal se mêlait d'en assurer l'évacuation[88]... »

Tandis que Moreau part prévenir l'amiral Cunningham qui se trouve à Alger, Darlan lance un ordre du jour à la flotte qu'il suppose en train de combattre :

« Une fois de plus, les Allemands manquent à leur parole et occupent Toulon. J'invite les F.H.M. à sortir de Toulon et à rallier Oran où elles seront reçues en amies par les forces alliées[89]. »

Mais au cours de l'après-midi, les reconnaissances aériennes confirment le désastre. Malgré l'absence de témoignage direct, il n'est pas difficile d'imaginer le désespoir de l'Amiral de la flotte qui doit assister, impuissant, à la ruine de l'œuvre de sa vie. Pourtant, le soir même, il trouve la force d'adresser une proclamation à la population, dans laquelle il exalte le sacrifice de la flotte et annonce sa volonté de poursuivre le combat : « Aucun de nous ne doit plus hésiter à faire son devoir, écraser l'Allemagne et l'Italie et délivrer le pays[90]. » Dans une note qu'il rédigera peu après l'événement, il tire la conclusion du sabordage :

« Dans une communication officielle, l'amiral Abrial, secrétaire d'État à la Marine du gouvernement Laval, reconnaît implicitement que la flotte s'est détruite en application d'ordres antérieurs datant de l'armistice. Il s'est efforcé de les annuler.

« Mais la flotte française, fidèle à ses traditions d'honneur, a scrupuleusement appliqué les ordres antérieurs donnés par l'amiral Darlan et qui peuvent se résumer ainsi : “ La flotte restera française ou elle périra. ”

« Les marins ont bien compris que, les Allemands et les Italiens occupant la base de Toulon, la flotte ne pouvait plus être française. Obéissant à l'amiral Darlan, ils l'ont sabordée, et, ce faisant, ils ont agi en bons Français.

> « Le chef des forces de haute mer aurait été mieux inspiré, cependant, en faisant appareiller la flotte en temps utile. Il a manqué de clairvoyance et de décision[91]. »

Le coupable est ainsi désigné. L'accusation se fait plus précise encore dans un article destiné à la presse américaine, qui présente naturellement une image très flatteuse de lui-même et de sa popularité dans la marine, avec une certaine dose d'exagération :

> « L'amiral de Laborde qui la commandait me disait un jour : " Je n'ai pas l'intention d'être l'homme qui conduira la flotte à un nouveau Scapa Flow. " Par son entêtement, par son manque d'intelligence politique, il a conduit la flotte à la mort. Je sais que les officiers et les équipages n'ont pas eu connaissance du message que j'adressais à leur chef le 11 novembre. Connaissant leurs sentiments, Laborde a eu peur que la flotte ne parte malgré lui. Lorsque Vichy a donné l'ordre de brûler mes photographies sur les navires, il y a eu de nombreuses manifestations.
>
> « Dans les rues de Toulon, les marins ont crié : Vive Darlan, à bas Laval, à bas les Boches !
>
> « Les navires de surface que l'on avait empêchés d'être sous pression n'ont pas pu partir. Les sous-marins armés seuls ont pu quitter la rade sous les bombes et les grenades. Leurs équipages sont arrivés en Afrique avec le désir ardent de combattre les Allemands, sous mes ordres et sous les miens exclusivement[92]. »

Quelle que soit la responsabilité de l'amiral de Laborde, qui était le seul, avec Pétain, à pouvoir sauver la flotte, Darlan est associé au sabordage. Comme le note l'amiral Moreau, « il perdait là, vis-à-vis des Alliés, une part essentielle de son prestige politique[93] ». Pourtant, sa position personnelle n'a pas été aussi affectée qu'il a dû lui-même le craindre. D'abord, le sabordage a eu un grand retentissement : la presse alliée, unanime, a rendu hommage à la manière dont la marine française a honoré la parole donnée, exalté des actes héroïques imaginaires[94]... L'impact dans l'opinion n'est donc pas négatif. Sur un plan opérationnel, la flotte aurait constitué un médiocre appoint pour les Alliés en raison de sa faible dotation en navires d'escorte à capacité anti-sous-marine, la seule catégorie d'unités dont les marines alliées ont un urgent besoin : celles-ci ne sont donc guère affectées par ce dénouement, dès lors que la flotte n'est pas tombée entre des mains allemandes ou italiennes. Sur place, Eisenhower et Clark sont satisfaits de la coopération avec les Français. Quelques jours auparavant, le ralliement de l'A.O.F. a été officialisé. De tels résultats compensent largement la perte de la flotte de Toulon.

Dans ce contexte, l'appoint de la division navale de l'A.O.F. avec le *Richelieu* et trois croiseurs légers devient plus qu'appréciable. Un accord est rapidement conclu pour la modernisation des bâtiments aux États-Unis. Mais il devient encore plus intéressant d'obtenir le ralliement de la Force X, toujours internée à Alexandrie. Le vieux cuirassé *Lorraine* peut encore rendre des services, et surtout il y a 3 croiseurs lourds. Darlan a indiqué aux Américains qu'elle suivrait rapidement l'exemple de l'A.O.F. Dès que l'adhésion de celle-ci est obtenue, il écrit à Godfroy : « L'Afrique occidentale française et les forces navales qui y sont stationnées viennent de se ranger librement sous mes ordres. Je viens vous demander de vous joindre à nous avec votre escadre qui, depuis dix-huit mois, sous votre ferme autorité, a fait preuve du patriotisme le plus éclairé et de la dignité la plus grande [95]. » Apparemment, il escompte un acquiescement immédiat. Mais Godfroy, après plus de deux ans d'isolement, est devenu très hésitant. Le 1er décembre, il répond par un refus : « Une entrée en action de la Force X ne ferait que fournir au chancelier Hitler et à ses séides un nouveau prétexte d'accabler la France. [...] Ce qu'il faudrait, c'est que je puisse obtenir un signe indubitable qu'à la suite des derniers événements (depuis lesquels le Maréchal n'a cessé de répéter ses précédentes consignes) notre sortie de l'inaction ne serait pas désapprouvée, au moins dans leur cœur, par lui ou par l'amiral Abrial [96]. » Dès réception de cette lettre, Darlan lui envoie le contre-amiral Barthes [97] et le capitaine de vaisseau Gandin, avec une nouvelle lettre qui tente d'apaiser ses scrupules.

> « D'après les messages confidentiels qu'Auphan me faisait parvenir de la part du Maréchal, d'après ce que m'a dit une personnalité musulmane qui a vu le Maréchal le *11 novembre,* j'ai la certitude d'être dans la ligne droite.
>
> « Ici, en Afrique, nous considérons le Maréchal comme notre chef. Comme il est moralement prisonnier et que, tant qu'il a été libre, il m'a désigné comme son remplaçant éventuel, tous ici m'ont demandé de prendre la responsabilité de la souveraineté française garantie par les Américains [98]. »

Peine perdue. Le 6 décembre, après avoir reçu Barthes et Gandin, Godfroy persiste : « De multiples considérations d'ordres divers vous feront certainement comprendre que, quelles que soient les difficultés nouvelles que cela va me créer ici, je n'ai pas honnêtement d'alternative à l'attitude que je suis moralement obligé de maintenir [99]. » Il lance un ordre du jour très long (11 pages) et assez amphigourique pour justifier sa position : « Soyons prudents. [...] Ne tirons les marrons du feu pour personne. Habituons-nous stoïquement à tout supporter de ce qui peut nous déplaire pour qu'au moins on ne puisse pas dire de nous, plus tard, que nous avons trahi les *vrais* intérêts du pays. » Darlan en prend connaissance et note en marge :

> « En résumé : ABSTENTION
> « Méthode négative qui conduira la Force X à sa perte ou à la désagrégation[100]. »

Darlan déclare à Moreau que « Godfroy déraillait et raisonnait comme l'avait fait l'amiral Mouget, il y a quelques années. Cela avait fini par un suicide : il trouvait que cette affaire risquait de finir de même[101] ». Le contact n'est pas rompu pour autant. Soumis à une pression croissante des Britanniques et de ses équipages, Godfroy sera tôt ou tard obligé de se rallier. Darlan lui envoie Battet et Fenard le 13. Ils reviennent le 16 avec Barthes (Gandin est resté à Alexandrie en observateur) sans avoir obtenu plus de résultats. Au contraire, la venue d'un vice-amiral a fait craindre à Godfroy que Darlan ne veuille le destituer. Les choses restent en l'état. En attendant, ce sont 66000 tonnes qui demeurent inutilisées, soit pratiquement la moitié du tonnage dont dispose Darlan. La marine en Afrique représente 138700 tonnes, dont 2 cuirassés, 3 croiseurs et 4 contre-torpilleurs. Total appréciable à défaut d'être considérable. Mais beaucoup d'unités sont indisponibles (le *Richelieu* et les trois croiseurs légers partiront au début de 1943 aux États-Unis pour être modernisés), et le *Jean-Bart* restera inachevé jusqu'à la fin de la guerre. Les 66000 tonnes de la Force X et les 35000 tonnes des Antilles seraient bienvenues.

Organiser

Darlan, on le sait, est un organisateur-né. Mais l'ampleur de la tâche à laquelle il se trouve confronté en Afrique du Nord dépasse tout ce qu'il a fait jusqu'à présent. Il ne s'agit pas de réformer des structures existantes mais bien de créer de toutes pièces de véritables pouvoirs publics dans une Afrique qui n'a aucune unité organique (l'Algérie dépend de l'Intérieur, le Maroc et la Tunisie des Affaires étrangères, l'A.O.F. des Colonies), qui n'est riche ni en hommes ni en ressources, alors que les cadres de valeur font cruellement défaut et qu'il n'est pas libre d'agir à sa guise, loin de là. Pourtant, il va en moins de six semaines jeter les bases de ce qui deviendra le Comité français de libération nationale, puis le Gouvernement provisoire de la République française.

L'acte par lequel Darlan a fixé l'organisation du commandement en Afrique le 14 décembre est sobrement qualifié de « décision ». Dans les jours suivants, les mesures générales deviennent des ordonnances[102] : Darlan signifie discrètement, mais clairement, que son autorité n'est pas administrative, mais bel et bien politique.

Dans le désordre des années 1943-1945, les archives du haut-commissariat ont subi d'importants dégâts, et il n'est pas facile de reconstituer l'activité de Darlan durant ces quarante jours. La collection des ordonnances qu'il a signées ou préparées a disparu, et il n'en reste plus que des bribes. Comme le *Journal officiel du haut-commissariat* — qui n'a commencé à paraître que le 1er janvier 1943 — n'en a publié qu'une partie, au surplus dans le désordre et sans leurs numéros, certaines ne sont connues que par référence (leur texte manque) et deux, les nos 18 et 33, n'ont laissé aucune trace[103]. La reconstitution à laquelle il a été possible de procéder permet cependant de constater l'ampleur de l'effort fourni : en quarante jours, Darlan va signer une soixantaine d'ordonnances portant sur les sujets les plus divers[104].

Durant le mois de novembre, les ordonnances restent fort prudentes. Le pouvoir de Darlan n'est pas assez assuré, tant à l'intérieur que vis-à-vis des Américains, pour qu'il puisse mettre sur pied des organes de souveraineté. La plupart des ordonnances prises sont relatives aux problèmes de l'heure : internement des ressortissants de l'Axe, interdiction de communiquer avec la France métropolitaine, avance de la succursale de la Banque de France au haut-commissariat, timbrage des bons du Trésor, fonctionnement de la Caisse des Dépôts, création d'un service d'information, directives pour l'établissement du budget 1943 et, naturellement, deux ordonnances sur le statut de la marine marchande et des ports. Les mesures d'organisation des pouvoirs publics sont modestes : les trois premières ordonnances, publiées au *Journal officiel* le 1er janvier 1943, qui instituent à la date du 16 novembre un haut-commissaire adjoint, un conseiller législatif, un délégué général à l'Économie et divers secrétariats, ont été fabriquées *a posteriori* et antidatées[105]. Le premier texte traitant de ces questions est l'ordonnance no 4, signée le 17; elle place le secrétaire général permanent en Afrique française (Fenard), qui prend le titre de secrétaire général économique du haut-commissariat en Afrique française, « sous la dépendance directe du haut-commissaire » et lui confère des attributions économiques très étendues[106].

Les nominations sont faites progressivement. C'est seulement le 24 novembre qu'est signée l'ordonnance n° 19 nommant Bergeret haut-commissaire adjoint, Saint-Hardouin secrétaire aux Affaires extérieures, Rigault secrétaire aux Affaires politiques. D'Astier recevra bientôt l'Intérieur (maintien de l'ordre) en qualité de secrétaire adjoint aux Affaires politiques, Rigault ne conservant en fait que l'Information, ce qui provoquera d'ailleurs une dégradation des relations entre les deux hommes [107]. Les Cinq sont ainsi associés à l'action de l'Amiral de la flotte, même si la méfiance persiste de part et d'autre. Lemaigre-Dubreuil, ulcéré de se trouver relégué au second plan, a refusé tout poste et se cantonne dans une attitude d'observateur hautain. Le 27, il adresse à Darlan un projet de Comité impérial, avec une lettre d'envoi assez insolente dans laquelle il parle tout net de « ma volonté de voir triompher dans le cadre tracé par nous les nouvelles destinées de la France » (Darlan a souligné le « nous »), dénonce l'erreur de croire « qu'il suffirait, pour neutraliser notre action, selon la méthode d'autrefois, de nous faire participer directement ou indirectement au pouvoir » (Darlan a noté en marge : « grossier ») et poursuit : « Vous ne tranquilliserez pas [l'opinion] par des mesures de force et en répartissant des tanks autour de vos demeures et de vos bureaux » (« menaces ») [108]. Ce genre de missive ne peut qu'aviver la méfiance de Darlan (même si par ailleurs il retiendra plusieurs idées du projet Lemaigre-Dubreuil). Le colonel Chrétien observe avec raison que d'Astier et Rigault n'ont reçu qu' « un os à ronger, par l'octroi d'un titre purement nominal ».

> « Comme ils viennent me voir pour régler certains partages d'attribution, j'en profite pour leur demander s'ils " ont la signature ", prérogative qu'ils ignorent. De fait, ils ne l'ont pas. Seul Darlan signe les documents issus du haut-commissariat. Ne pouvant donner aucun ordre, ils ne sont que des attachés, qu'on amuse ; jamais ils ne mettront sur pied une administration. Pendant que les jours passent, les divergences s'accentuent, et la cohésion des Cinq s'effrite, ce qu'a prévu Darlan [109]. »

Le pouvoir, théoriquement absolu, du haut-commissaire (comme le note Chrétien, il n'est même pas soumis à l'obligation du contreseing) se heurte cependant dans la pratique à un obstacle considérable (sans parler, bien entendu, de la présence américaine) : la tradition d'indépendance des résidents et gouverneurs généraux, véritables proconsuls qui n'admettent guère les ingérences extérieures ; Noguès a ainsi refusé d'exécuter des décisions prises par Giraud [110]. Mais, à mesure que son pouvoir se consolide à Alger, avec les accords Darlan-Clark et le ralliement de l'A.O.F., le haut-commissariat étend ses ambitions. L'Amiral de la flotte convoque à la fin de novembre une réunion de gouverneurs et résidents généraux, qui va se dérouler à Alger du 30 novembre au 2 décembre et poser les premiers jalons d'une véritable instauration d'un pouvoir étatique en Afrique.

La conférence, soigneusement préparée par les secrétariats qui ont rédigé des fiches de synthèse dans tous les domaines, réunit, sous la présidence de Darlan, Giraud, Noguès, Chatel, Boisson et Bergeret, Battet assurant les fonctions de secrétaire. A l'ordre du jour : l'organisation de la Fédération impériale. La première réunion s'ouvre par un discours de Darlan qui commence par rappeler qu'il n'exerce l'autorité que parce que le chef de l'État n'est plus libre et que le combat de l'Afrique n'a rien à voir avec la dissidence :

> « [...] Nous avons tous admis que le Maréchal était toujours notre chef, mais que ce chef était moralement prisonnier. Nous exercions [*sic*] l'autorité en Afrique en son nom.
>
> « Je considère que c'est le premier principe directeur que nous devons appliquer.
>
> [...]
>
> « Aucun de nous n'approuve les agissement passés des gaullistes, et nous ne voulons pas avoir de rapports avec eux, qui ont combattu la France et qui ne reconnaissent pas le Maréchal comme chef.
>
> « D'autre part, ils participent à leur manière à la lutte contre l'ennemi commun.
>
> « Dans ces conditions, j'estime que nous devons les ignorer, ne pas les appuyer, ne pas les attaquer. Si certains d'entre eux comprennent qu'il est indispensable de refaire l'unité légale de l'empire et de se joindre à nous, je suis d'avis de ne pas les repousser.
>
> « Il appartiendra au peuple français libéré, et à lui seul, de déterminer, après la guerre, l'organisation constitutionnelle qu'il voudra posséder et de désigner le chef qui devra commander. Je considère en ce qui me concerne que ma tâche prendra fin avec la libération du territoire [111]. »

Après cette déclaration de principe, « l'amiral Darlan parle de l'organisation à mettre sur pied et recueille l'accord général sur le nom de Fédération impériale française [112] ». Comme à son habitude, il se prononce pour une centralisation du pouvoir à son profit ·

Le commandement de la Fédération impériale

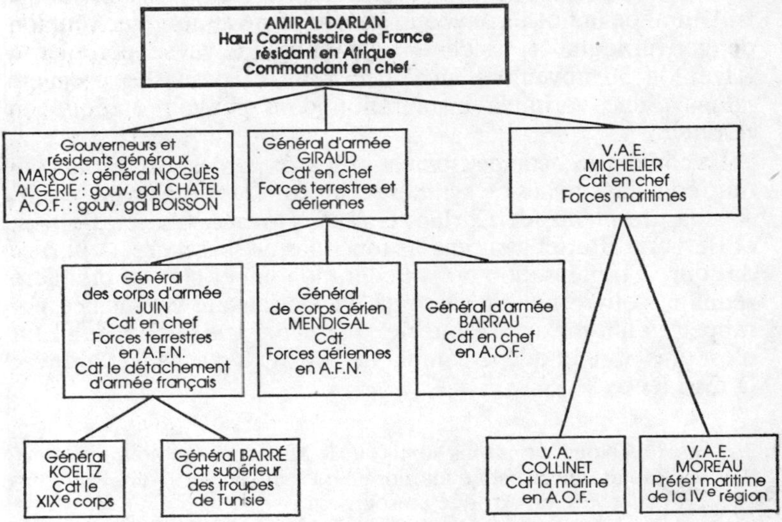

« Ces points ayant été élucidés, nous devons organiser la Fédération en vue de

1° Lui permettre de représenter la France aux côtés des Alliés dans le conflit actuel.

2° Lui permettre de reprendre sa vie économique.

3° Préparer la jonction future avec la métropole et le reste de l'empire.

« Nous devons agir en Français impériaux et non pas comme Algériens, Marocains ou habitants de l'Afrique occidentale.

« Nous ne devons pas perdre de vue que tous nos actes extérieurs : politiques, économiques et financiers engagent non seulement les territoires actuels de la Fédération mais la France impériale de demain. La conclusion est que tous nos actes extérieurs, quels qu'ils soient, doivent être concertés entre nous et exécutés par un seul organisme : le haut-commissariat.

« Certaines questions d'ordre intérieur, comme les questions musulmanes, juives, celles relatives aux étrangers domiciliés sur le territoire de la Fédération, doivent être sinon concentrées du moins coordonnées par le haut-commissariat pour que, compte tenu des situations particulières locales, l'harmonie des mesures prises soit aussi parfaite que possible. Au contraire, chaque pays de la Fédération doit conserver son autonomie propre pour toutes les mesures d'ordre strictement intérieur[113]. »

Darlan propose donc « que le haut-commissaire représente le pouvoir central et qu'il soit assisté du Conseil impérial comprenant les gouverneurs et résidents généraux et le commandant en chef militaire en Afrique française », plus Bergeret et « éventuellement, suivant les questions à traiter, le commandant en chef maritime Michelier et le commandant en chef en A.O.F. Barrau ». Le Conseil impérial disposera d'un secrétariat permanent et de commissions consultatives dans chaque territoire. « Tous les membres de la réunion donnent leur accord » et l'on passe aux questions suivantes :

> « Création d'une banque fédérale.[Noguès et Boisson s'opposent à un organe central trop puissant. Le général Bergeret est chargé de préparer un texte qui sera soumis à l'accord de tous.]
>
> « Pour les juifs et les sociétés secrètes, maintien des lois fondamentales et suppression de toutes les mesures à allure de persécution prises sous la pression des autorités allemandes.
>
> « Un tribunal unique sera institué pour juger les cas particuliers des membres des sociétés secrètes.
>
> « La dissolution des partis politiques est adoptée dans son principe — mais cette dissolution devra être étudiée avec soin de manière à ne pas priver la Fédération de l'activité utile de certains partis.
>
> « La Légion sera maintenue, mais ses pouvoirs de contrôle supprimés. Elle sera dans chaque territoire *sous l'autorité des gouverneurs et résidents généraux, ses chefs seront nommés par le haut-commissaire sur propositions locales.*
>
> « Les S.O.L. [Services d'Ordre Légionnaires] seront dissous mais l'ordre en sera donné par le chef de la Légion, ils redeviendront de simples légionnaires.
>
> « La mauvaise organisation des Chantiers de jeunesse, débordée par une démobilisation massive et hâtive, fait apparaître la nécessité de concrétiser leur rattachement à l'autorité militaire déjà décidé [114]. »

Le Conseil se réunit de nouveau le lendemain. On reparle de la Caisse fédérale, « on envisage l'envoi de M. Leroy-Beaulieu aux États-Unis dans une mission d'achat de la Fédération », on se met d'accord sur divers noms, on décide de ne plus attribuer la Légion d'honneur à des civils (sauf pour les chefs indigènes), de « conserver le même ruban de croix de guerre que le ruban actuellement réglementaire ». La lettre des présidents de conseils généraux d'Algérie demandant à l'Amiral de la flotte de se retirer [115] est évoquée : « Cette lettre qui n'est pas de circonstance ne recevra pas de réponse autre qu'un conseil de devoir et d'obéissance. » La dernière réunion, le 2 décembre, approuve définitivement le schéma d'organisation du haut-commissariat, reparle des sociétés secrètes et du problème juif, qu' « il y aura lieu de résoudre localement », et décide que la prochaine réunion

« aura lieu à Rabat au cours de la première semaine de janvier[116] ».

D'après ce procès-verbal, l'accord unanime s'est fait sur le modèle fédéral préconisé par Darlan. Dans la pratique, c'est loin d'être évident. Noguès, notamment, reste partisan d'une formule plus souple, de type confédéral. Dès le 4 décembre, Darlan doit lui écrire pour apaiser ses craintes au sujet des pouvoirs de Fenard en tant que secrétaire général de la Fédération impériale : « Il sera subordonné non seulement à moi, mais à Bergeret. Il ne sera assisté que d'un chef de cabinet, d'un officier d'ordonnance et d'un secrétariat[117]. » Mais le Conseil a en fait entériné la transformation du haut-commissariat en pouvoir central destiné à assumer toutes les prérogatives d'un État souverain. Très rapidement, les ordonnances vont traduire dans les faits cette volonté. La plus importante est l'ordonnance n° 38, du 7 décembre, qui définit enfin les attributions du haut-commissaire, de la manière la plus simple et la plus large : « Le haut-commissaire pour l'Afrique française, vu l'empêchement du chef de l'État, exerce en Afrique française les pouvoirs dévolus à celui-ci par les lois et actes constitutionnels » (article Ier). La référence aux actes constitutionnels a une portée psychologique (réaffirmer le lien avec Vichy), mais surtout pratique : les pouvoirs de Pétain ne sont pas ceux d'un président de la IIIe République. Darlan a même encore plus de pouvoir (en théorie), car il se dispense de l'usage du contreseing. L'acte constitutionnel n° 1 interdisait au chef de l'État de déclarer la guerre sans l'assentiment des chambres : Darlan ne déclare pas la guerre, mais, par l'ordonnance n° 36 du 6 décembre, reconnaît le caractère d'opérations de guerre à l'ensemble des opérations effectuées en Afrique du Nord à partir du 8 novembre 1942. A défaut de la déclarer, il constate son existence, comme l'avait fait le Parlement en 1939[118].

L'ordonnance n° 39 du 7 décembre officialise le Conseil impérial, dont le vice-amiral Fenard est nommé secrétaire général le même jour. Le 10 décembre, l'ordonnance n° 41 crée une vice-chancellerie de la Légion d'honneur. Le 17 décembre, l'ordonnance n° 43 crée un Trésor de l'Afrique française. Le lendemain sont créées une Chambre de cassation (n° 44) et une Commission des grâces (n° 45) ; puis, le 23 décembre, un Comité consultatif de législation qui remplira les fonctions du Conseil d'État (n° 53). Le pouvoir exécutif se double ainsi d'un embryon de pouvoir législatif et d'autorité judiciaire. Il faut aussi noter l'ordonnance n° 30 du 2 décembre, qui organise avec une solennité inhabituelle (c'est la seule qui commence par le « nous » monarchique, comme les actes constitutionnels de

Pétain) la suppléance et la succession du haut-commissaire, précaution qui aura vite l'occasion de prouver son utilité.

> « Nous, Amiral de la flotte, haut-commissaire en Afrique française,
> « Agissant en vertu des pouvoirs qui nous ont été conférés par le Maréchal de France, chef de l'État français,
> « Ordonnons :
> « En cas d'empêchement ou d'absence du haut-commissaire pour l'Afrique française, ses fonctions sont assurées par Monsieur le général d'armée Noguès, résident général de France au Maroc.
> « Si l'empêchement est de longue durée, dans le délai de un mois, le Conseil impérial choisit la personne qui exercera définitivement les fonctions de haut-commissaire pour l'Afrique française [119]. »

Le haut-commissaire est maintenant flanqué, outre son directeur de cabinet, Battet, et le chef de son état-major particulier, Hourcade [120], de trois adjoints directs : Bergeret, haut-commissaire adjoint, avec qui l'entente est parfaite ; Fenard, secrétaire général, plus spécialement chargé des liaisons avec les Américains et du Conseil impérial ; Alfred Pose, nommé le 10 décembre délégué général économique. Darlan ne connaît pas ce banquier, directeur de la Banque nationale du Commerce et de l'Industrie en Afrique, dont le nom a été avancé par Lemaigre-Dubreuil et qui a fait l'unanimité de la Conférence impériale en raison de sa haute compétence ; il démontrera vite que sa réputation n'est pas usurpée : en un mois à peine, il établira un budget pour 1943 et préparera le lancement d'un emprunt. Darlan se déchargera sur lui des questions économiques comme il le faisait avec Bouthillier à Vichy. Malheureusement pour lui, la loyauté du délégué général n'est pas à la hauteur de sa compétence : Pose jouera un rôle décisif dans le complot qui aboutira au meurtre de l'amiral. Le général Bergeret, haut-commissaire adjoint, qui n'aime pas les Cinq, a laissé une description acerbe du fonctionnement du haut-commissariat après la Conférence impériale :

> « Va-et-vient incessant. Bourdonnement de ruche. Ici l'on fabrique des ordonnances, on distribue des places. Une silhouette haute et carrée, manteau clair, visage au menton accusé, regard noir acéré, voix brève, c'est Lemaigre-Dubreuil. [...]
> « Pour l'instant, Lemaigre ne demande rien pour lui : " Que les militaires se donnent des galons, qu'ils choisissent des belles autos, les plus belles villas, je m'en fous, mais qu'ils commandent. "
> « La présence de Darlan à Alger, providentielle, n'était pas prévue par " Jeanne d'Arc Legras-Dugenou ".

« Il est néanmoins bien forcé de tergiverser ; Giraud ne veut rien savoir pour prendre la place de Darlan.

« En attendant, Lemaigre-Dubreuil pose des jalons dans la maison : Saint-Hardouin, Rigault, puis Monsieur Pose, ancien professeur d'économie politique, directeur de la Banque nationale de Crédit. C'est un homme de petite taille, aux yeux allongés, courte moustache. Sa vaste pèlerine lui donne un petit air de conspirateur. Il est fort astucieux, énergique et passablement intrigant. Il bégaie somptueusement, ce qui ne l'empêche pas de faire des exposés remarquables.

Saint-Hardouin est le diplomate du haut-commissariat. Sa célèbre toux interrompt cinq minutes durant les palabres ; Rigault, personnage assez énigmatique, œil bleu pâle perçant dans un visage blafard et souffrant, démarche souple ; des bruits courent sur son compte : il aurait été condamné deux fois pour émission de chèque sans provision.

« Très intelligent, n'a pas l'étoffe d'un ministre. Il sera incapable, en particulier, de monter le service de la propagande.

« Le rapport fini, les audiences commencent ; elles ne cesseront — sauf interruption du déjeuner — que vers 20 heures.

« Défilé incessant : sénateurs (Flandin, Bellanger), députés (Saurin, Serdat) gros viticulteurs, conseillers généraux qui viennent donner des conseils et flairer les places ; diplomates : Robert Murphy, général Martin, chef de la Légion, qui vient réclamer pour les légionnaires suspects de germanophilie et qui ont été incarcérés après le débarquement, le chef des Croix-de-Feu, M. Sorensen : celui-là a belle allure ; il se battra très bien sur le front ; délégués des " bloqués " en A.F.N. et qui voudraient bien regagner la métropole ; parmi eux, certains mobilisables qui n'ont aucune envie de faire la guerre et pour lesquels tout prétexte est bon. Commandant Montagne, directeur du Centre des hautes études islamiques, intrigant et nageur. Délégations indigènes et enfin le gouverneur Chatel, qui vient tous les après-midi voir l'amiral et le général Bergeret, autant pour dégager ses responsabilités que pour prendre le vent. Saint-Hardouin vient aussi à chaque instant apporter des télégrammes insignifiants pour lesquels il demande des directives.

« Pas de forte personnalité dans ce haut-commissariat — mis à part les deux hauts-commissaires et M. Pose.

« Tripotée de généraux, amiraux venant dire bonjour et exposer leurs cas de conscience.

« Enfin l'ineffable Ettori, conseiller législatif du haut-commissariat.

« Il remplaçait Chatel le 7 novembre. Dans la nuit, un simple coup de téléphone le convoque à la préfecture de police, où les putschistes l'ont prié de s'asseoir sur un banc et d'attendre. Toujours digne, faisant des effets de chapeau, il est resté là toute la nuit. Oh, il n'a gêné personne, ce chef intérimaire.

« Il est d'autant plus digne qu'il est de petite taille, d'autant plus poli et soucieux de protocole qu'avide de servir n'importe quelle cause pour garder sa place ; il fait dire aux lois tout ce que l'on désire. C'est exactement le prototype du fonctionnaire algérien[121]. »

Au sommet de ce foyer d'intrigues, Darlan se décharge de l'économie sur Pose ; des affaires intérieures sur les résidents et gouverneurs généraux ; des affaires militaires sur Giraud et Juin ; la marine est confiée à Michelier : le lendemain du sabordage, en raison de la disparition de fait de l'Amirauté française, l'Amirauté de la Fédération africaine est créée[122]. Darlan s'intéresse naturellement de très près à la marine, et il ira passer en revue quelques jours avant sa mort l'École navale, installée dans des locaux de fortune au cap Matifou, mais celle-ci ne représente plus une force considérable, et Michelier est resté à Casablanca, de sorte que Darlan n'a pas de prise directe sur les affaires courantes. Le haut-commissaire peut donc consacrer l'essentiel de son énergie aux affaires politiques. Son activité législative et réglementaire (les décrets et arrêtés sont qualifiés de « décisions » ; leur nombre dépasse la centaine) s'accompagne d'une grande prudence dans l'action quotidienne. Darlan a gardé un mauvais souvenir de la prolifération des règlements administratifs et il se gardera de répéter les errements vichyssois, en matière de ravitaillement par exemple. On verra après la guerre, tel est son mot d'ordre.

> « Tous nos efforts doivent tendre à faire la guerre pour qu'elle se termine victorieusement dans les délais les plus courts.
>
> « Tout ce qui facilite l'effort de guerre doit être accompli. Tout ce qui l'entrave doit être interdit ou brisé...
>
> « Lorsque la guerre sera gagnée et à ce moment-là seulement les libres discussions d'idées pourront reprendre[123]. »

La structure des institutions mises en place est typiquement militaire. Le budget pour 1943, que Darlan n'aura pas le temps de signer, ne consacre aux dotations civiles que 4 % du total, tout le reste allant aux dépenses militaires. Aucune instance consultative (et encore moins délibérative) n'est prévue. Les conseils généraux d'Algérie qui posent la question de l'application de la vieille loi Tréveneuc de 1871 (laquelle leur confie le pouvoir en cas d'empêchement du gouvernement) se font remettre à leur place : « Les conseillers généraux n'ont plus de mandat, et on ne peut procéder à des élections puisque la constitution de 1875 n'est plus en vigueur et que la nouvelle n'existe pas. Les conseils généraux ne peuvent se substituer au parlement[124]. »

Cette politique de temporisation est aussi celle que Darlan applique à l'un des problèmes les plus délicats auxquels il doit faire face : le problème juif. D'un côté, l'opinion alliée exige la fin des mesures antisémites, de l'autre, les musulmans ne veulent pas que l'on revienne sur l'abrogation du décret Crémieux (qui accordait la citoyenneté française aux Juifs d'Afrique du Nord). A la Conférence impériale, Darlan a défini la ligne à suivre :

> « Nos intentions envers les israélites d'Afrique sont les suivantes :
> 1° Suppression de toute mesure vexatoire en ce qui concerne les personnes et les biens.
> 2° Modifier dans un sens favorable aux israélites les clauses de " numerus clausus " visant certaines professions.
> 3° Liberté d'envoyer les enfants dans les écoles
> « Étant donné la situation spéciale en Afrique du Nord et notamment en Algérie où il y a 7 millions de musulmans contre 150 000 israélites ;
> « Étant donné que les musulmans sont farouchement opposés à l'octroi aux israélites d'avantages supérieurs à ceux qu'ils peuvent avoir, il est préférable de remettre à plus tard toute modification du statut politique des israélites,
> — dans l'intérêt des israélites d'abord, qui seraient certainement attaqués et massacrés par les musulmans ;
> — dans l'intérêt du recrutement de l'armée française dont la presque totalité du recrutement est musulman ;
> — dans l'intérêt de l'armée américaine qui, si elle avait les musulmans contre elle, éprouverait des difficultés considérables sur ses arrières [125]. »

Une circulaire confidentielle du 5 décembre fixe les directives pour « mettre en accord la législation sur les Juifs avec les circonstances nouvelles » : les procédures visant à les exclure des professions libérales ne seront pas poursuivies, mais les réintégrations se feront cas par cas et non de droit ; la restitution des immeubles et fonds de commerce se fera progressivement, on s'abstiendra de faire officiellement état du numerus clausus scolaire, et on admettra les écoliers juifs au besoin en surnombre… toutes ces directives devant être mises en œuvre avec « la discrétion et le sens des nuances qui s'imposent [126] ».

Assouplissement des mesures existantes, suppression des mesures les plus discriminatoires, mais pas d'abrogation immédiate. On verra après la guerre… C'est le même *leitmotiv* qui est opposé aux revendications musulmanes. Le 20 décembre, un pharmacien de Sétif, Fehrat Abbas, demande dans une lettre ouverte l'émancipation des musulmans en échange de leur participation à l'effort de guerre. La question d'une conférence musulmane est soulevée. Darlan veut attendre, là encore.

« Dans les circonstances présentes, il ne saurait être question d'une conférence.

[...]

« Il doit être entendu que

— tout projet de réforme doit être placé dans le cadre de la souveraineté française ;

— il ne saurait être question de modifier avant la fin des hostilités le statut politique ;

— l'exercice des droits politiques est d'ailleurs suspendu pour toutes les catégories de citoyens [127]. »

Coincé entre des revendications contradictoires, le haut-commissaire ne veut pas provoquer de troubles : donner satisfaction aux Juifs, c'est mécontenter les Arabes ; donner satisfaction aux Arabes, c'est mécontenter les colons. Donc, on fait le minimum. A la mort de l'amiral, la restitution des biens confisqués aux Juifs n'est pas commencée, la révision des mesures discriminatoires à peine amorcée. Le rétablissement des droits politiques se limite à la préparation d'une ordonnance (qui sera signée par Giraud) autorisant les engagements volontaires des Juifs. Du côté musulman, Darlan a décidé la création d'une commission comprenant notamment Robert Montagne, spécialiste très connu des affaires musulmanes, mais elle ne s'est pas encore réunie.

Politique trop prudente, voire pusillanime ? Ce quasi-immobilisme ne satisfait évidemment personne. Mais il évite l'explosion que susciterait chez les musulmans le rétablissement immédiat du décret Crémieux ou chez les « pieds-noirs » une politique musulmane réformatrice. Dans l'état de précarité du pouvoir du haut-commissariat, il n'est pas possible de faire plus. De Gaulle lui aussi devra attendre.

Doit-on en conclure que le haut-commissariat n'a qu'une apparence de légitimité, prête à voler en éclats au moindre choc ? Cette thèse, souvent sous-entendue, oublie un facteur décisif, souligné très tôt par Chamine : l' « opposition n'était pas populaire. L'Afrique dans son ensemble restait indifférente ou maréchaliste. « Pour bien des Français d'Afrique du Nord, si la Révolution nationale n'eût pas existé, il eût fallu l'inventer, déclare Jacques Soustelle. » Ces sentiments étaient plus fermes encore dans l'A.O.F. « Ce qui me revint en Gambie de l'état d'esprit des Français de l'Afrique occidentale confirma ce qui m'avait été dit à Accra par Pechkoff. Ils demeuraient pleinement attachés à Pétain et à la Révolution nationale, rapporte le général Catroux. Témoignages non suspects [128]. » Cela n'est pas surprenant : l'Afrique n'avait jamais connu l'occupation, le prestige de

Weygand était immense et le souvenir de Mers el-Kébir et de Dakar restait vivace. Le mouvement gaulliste n'y avait guère d'écho ; au contraire, il suscitait plutôt une large réprobation. L'opposition était donc limitée à des groupes minoritaires qui ne pouvaient entraîner l'opinion : les Juifs, les communistes, certains hommes politiques, une infime poignée de gaullistes... A aucun moment, il n'y a eu de manifestations populaires contre Darlan en dehors d'inscriptions barbouillées sur les murs chaque nuit par les jeunes gaullistes : une nuit, une rafle de police en arrête deux douzaines, dont René Capitant, l'une des têtes du complot ; d'Astier les fait relâcher le lendemain. L'emprunt préparé par Pose, qui ne sera lancé qu'en 1943, remportera un succès massif. La population est calme et résignée, il ne faut pas compter sur elle pour un soulèvement.

Se faire reconnaître

Si Darlan peut être très vite rassuré sur l'attitude de l'armée et de la population, il ne sera pas aussi vite délivré de son souci vis-à-vis des Anglo-Saxons. Le général Bergeret en témoigne : « L'amiral a nettement le complexe d'infériorité : il faudra à chaque instant le remonter et l'adjurer d'être énergique [129]. »

Il y a de quoi. L'hostilité initiale des Américains est ouverte et violente. Apprenant le 9 novembre que Murphy traite avec Darlan, Eisenhower s'écrie, en présence de plusieurs témoins : « Je n'admettrai jamais cela ! J'y mettrai bon ordre. » Le 10, lorsqu'il débarque à Alger, il déclare à des correspondants de guerre : « Oui, le général Giraud sera responsable tant des affaires civiles que des affaires militaires. [...] Il établira certainement une sorte de gouvernement français pour l'Afrique du Nord. Il aura le commandement de l'armée pour combattre l'Axe [130]. » Clark lui-même ne montre aucune bonne volonté, on a vu le caractère plus que rugueux de ses contacts avec Darlan, au point que celui-ci dira un jour à Murphy : « Voudriez-vous avoir l'obligeance de rappeler discrètement au major général Clark que je suis amiral à cinq étoiles ? Il devrait cesser de me parler comme à un sous-lieutenant [131]. » Mais les uns après les autres, les chefs américains doivent reconnaître que Darlan est le seul capable d'asseoir son autorité sur l'Afrique du Nord : lorsque Giraud arrive, les officiers présents le traitent en paria ; à l'entrée de Darlan, ils rectifient tous la position. Murphy le comprend dès le 8, Clark finit par l'admettre le 10 et Eisenhower se rallie vers le 12. Le 14, il adresse au Comité des chefs d'état-major un long message justifiant l'accord qui vient d'être conclu :

« Je comprends très bien le trouble de Londres et de Washington devant la tournure qu'ont prise les négociations avec les Français d'Afrique du Nord. Le sentiment existant en Afrique du Nord française ne ressemble pas, même de loin, à ce que nous avions imaginé antérieurement, et il est de la plus grande importance de ne prendre aucune décision précipitée qui bouleverserait l'équilibre que nous avons pu établir.

« Tout d'abord, il y a le fait que le nom du maréchal Pétain est tout-puissant ici. Tout le monde ici, du haut au bas de la hiérarchie, essaie de donner l'impression qu'il agit sous l'égide du Maréchal. Les chefs militaires et navals, de même que les gouverneurs civils, sont d'accord pour considérer qu'un seul homme a le droit indiscutable de parler au nom de Pétain en Afrique du Nord : l'amiral Darlan. Même le général Giraud [...] reconnaît nettement toute l'importance de cette considération, et il a modifié ses propres ambitions et ses propres intentions en conséquence.

[...]

« En substance, l'accord actuel prévoit que les Français d'Afrique du Nord feront immédiatement ce qu'ils pourront pour nous aider à prendre la Tunisie. Ils organiseront une coopération efficace en Afrique du Nord française.

[...]

« L'espoir que nous avons de nous rendre favorable la population et de l'organiser, ainsi que de réaliser à bref délai la conquête de la Tunisie, ne saurait être maintenu qu'en acceptant les principes de cet accord général. Le général Giraud, pleinement conscient de son impuissance à faire quoi que ce soit par lui-même, même avec l'aide militaire et morale des Alliés, a accepté de bon gré le poste de chef militaire dans le groupe de Darlan.

[...]

« Une complète occupation militaire, dont le coût en temps et en ressources serait considérable, sera nécessaire à moins que nous ne puissions traiter avec un gouvernement français fort en Afrique du Nord.

[...]

« Je vous assure que ces accords n'ont été conclus qu'après un examen prolongé de tous les facteurs importants. Ils sont indispensables pour nous permettre d'atteindre nos objectifs militaires contre l'Axe et pour hâter la victoire des Alliés.

[...]

« Quiconque n'est pas sur place ne peut avoir une vision nette de la complexité des sentiments favorables et défavorables qui influent sur la situation particulière de la région. On doit également comprendre nettement que l'empressement avec lequel le général Giraud participe à cet arrangement en démontre la nécessité [132]. »

Les nécessités militaires sont une chose, les considérations politiques en sont une autre. Les diatribes de Darlan après Madagascar contre les Anglais, le souvenir de son gouvernement sont encore trop proches pour que ce coup de théâtre soit facilement accepté à Londres et à Washington. Le 15 novembre, Churchill écrit à Roosevelt : « Devant l'opinion si ferme et si argumentée du commandant en chef, et qui est approuvée par nos officiers présents sur place, dont l'amiral Cunningham, nous n'avons pas d'autre choix que d'approuver les arrangements du général Eisenhower pour maintenir un équilibre local et provisoire. » Mais « nous ne pouvons pas dire que nos doutes et nos craintes sont levés par ce qui est proposé, ni que cette solution sera permanente et saine [133] ». Le conseiller spécial de Roosevelt, John Hopkins, prépare une réponse : le Président partage les doutes du Premier ministre et a envoyé à Eisenhower les instructions suivantes :

> « Je crois que vous devez connaître et garder à l'esprit les directives suivantes :
>
> 1. Nous n'avons pas confiance en Darlan.
> 2. Il est impossible de maintenir au pouvoir plus longtemps qu'il n'est absolument nécessaire un collaborateur de Hitler, quelqu'un que nous considérons comme un fasciste.
> 3. Ses mouvements doivent être soigneusement surveillés et ses communications contrôlées [134]. »

La situation à Alger est déjà assez délicate, et Roosevelt décide de ne pas envoyer ce message à Churchill ; Marshall transmet seulement à Eisenhower les réserves de Roosevelt [135]. Mais Churchill revient à la charge le 17 : « Nous ne devons pas sous-estimer les conséquences politiques sérieuses pour notre cause, non seulement en France mais dans toute l'Europe, si nous donnons l'impression d'être prêts à conclure des accords avec des Quisling locaux. Darlan a un état de services odieux. [...] Hier encore, les marins français étaient envoyés à la mort contre nos bateaux devant Casablanca et maintenant, pour conserver le pouvoir et sa place, il retourne sa veste. Un accord permanent avec Darlan en Afrique du Nord ne serait pas compris par ces masses de gens dont la loyauté constitue notre force [136]. »

A Washington, le Département d'État est opposé à l'accord avec Darlan, tandis que le Département de la Guerre l'approuve et demande à Roosevelt de prendre position publiquement pour soutenir Eisenhower contre la violente campagne de presse qui s'est déclenchée contre lui. Roosevelt est déjà convaincu qu'il n'y a pas de solution de rechange, mais il n'ose pas affronter ouvertement la presse. En outre, Eleanor Roosevelt, idéaliste et qui entretient une amitié assez trouble avec une femme qui se révélera plus tard être agent soviétique, fait également pression en ce sens. Les adjurations de Churchill viennent faire pencher la balance. Quelques heures après la réception de son message, Roosevelt fait une déclaration. Le texte en a été laborieusement remanié plusieurs fois, le Président ajoutant plusieurs fois le mot « temporaire ». Milton Eisenhower, frère du général, révèle cette déclaration le 17 novembre à 17 heures 30 :

> « J'ai accepté, à titre provisoire, les arrangements politiques réalisés par le général Eisenhower en Afrique du Nord et en Afrique occidentale française. Je comprends et j'approuve entièrement l'opinion régnant aux États-Unis, en Grande-Bretagne et dans les autres Nations Unies, selon laquelle l'histoire des deux dernières années interdit de conclure aucun accord permanent avec l'amiral Darlan. De même, les peuples des Nations Unies ne comprendraient jamais la reconnaissance ou la restauration du gouvernement de Vichy en France ni sur n'importe quel territoire français. Nous sommes opposés aux Français qui soutiennent Hitler et l'Axe.
>
> « Nul dans notre armée n'a la moindre autorité pour discuter le futur gouvernement de la France et de l'empire français. Le futur gouvernement français sera établi, en France métropolitaine et en France d'outre-mer, non pas par un individu, mais bien par le peuple français, lorsque celui-ci aura été libéré par la victoire des Nations Unies. L'arrangement provisoire, réalisé aujourd'hui en Afrique du Nord et en Afrique occidentale française, n'est qu'un expédient temporaire, uniquement justifié par les nécessités urgentes du combat.
>
> « Cet arrangement provisoire nous a déjà fait atteindre deux objectifs militaires : d'une part, il nous a permis de sauver des vies aussi bien françaises qu'américaines et britanniques ; d'autre part, de gagner du temps, facteur vital. L'arrangement temporaire a, en effet, permis d'éviter en Algérie et au Maroc une période de nettoyage d'un mois ou deux. Le temps qu'eût demandé cette opération aurait retardé la concentration de nos forces pour l'attaque à l'ouest de Tunis et, si nos espoirs se réalisent, sur Tripoli.
>
> [...]
>
> « La proclamation de Darlan nous a aidés en rendant inutile une période de nettoyage. Les arrangements temporaires faits avec Darlan, sans aucune exception, s'appliquent uniquement à la situation actuelle, sur un terrain bien déterminé.
>
> « J'ai exigé la libération en Afrique du Nord française de toutes les personnes qui avaient été emprisonnées pour s'être opposées à l'impérialisme de l'Axe, et j'ai demandé l'abrogation de tous les actes et décrets dictés par des gouvernements ou par une idéologie favorables aux nazis.
>
> « Les rapports qui me parviennent indiquent, par ailleurs, que les Français d'Afrique du Nord subordonnent toutes les questions politiques à la constitution d'un front commun contre l'ennemi [137]. »

Churchill lui répond le lendemain : « Merci pour votre déclaration sur l'Afrique du Nord que j'ai trouvée admirable[138]. » Ce n'est bien sûr pas l'avis de Darlan qui prend connaissance de la nouvelle (diffusée par Radio-Boston) le lendemain matin. Une telle prise de position va considérablement affaiblir son autorité, même si la censure va faire son travail : aucun écho ne sera donné en Afrique du Nord à cette déclaration. En outre, elle pose de manière très claire la question de son avenir politique. Sa première réaction est d'écrire à Clark pour lui rappeler que c'est grâce à lui que l'A.F.N. s'est ralliée, que son départ susciterait des troubles et demander « quelques précisions » sur « l'accord temporaire du président Roosevelt[139] ». Puis il se ravise et va voir Clark et Murphy qui ne sont pas encore au courant. Ses interlocuteurs essaient de minimiser la portée du message présidentiel.

« — Radio-Boston n'est pas un organe officiel.

— Tous nos accords ont été approuvés par Washington.

— Dans une démocratie comme les États-Unis, il faut s'attendre à des remous de l'opinion publique que le Président est obligé de ménager.

— Le général Clark a à plusieurs reprises déclaré à Washington que l'amiral Darlan était le seul homme capable de dénouer la situation[140]. »

En même temps, Clark se plaint du général Koeltz qui « ne coopère pas à 100 % », Murphy demande la libération des prisonniers politiques. Darlan promet de s'en occuper et annonce la nomination de Saint-Hardouin, Rigault et Van Hecke, ce qui satisfait beaucoup Murphy et Clark[141]. Le jour même, la décision d'amnistie pour les conjurés du 8 novembre est signée (elle ne sera pas rendue publique)[142]. Le général Anderson, commandant la Ire armée britannique, s'étant plaint du général Welvert, commandant la division de Constantine, Clark reconvoque Darlan qui réitère devant lui par téléphone l'ordre de combattre l'Axe. La journée est décidément dure pour l'Amiral de la flotte, qui est très abattu. L'un de ses proches déclare peu après à Murphy que les officiers français sont indignés de la manière dont est traité le haut-commissaire. Prévenu, Clark se contente de remarquer : « Il faut que je me montre dur avec Darlan quelquefois[143]. »

Pour autant, Clark sait que Darlan est indispensable. Il ne proteste pas contre la censure dont est victime le président des États-Unis, et, lorsque Eisenhower lui prescrit de « ne reconnaître en aucune circonstance son autorité ou son titre au-delà de l'Afrique du Nord », il rappelle toutes les mesures que Darlan a prises ; elles prouvent « son apparente volonté de faire ce que nous lui disons. [...] Si c'était à refaire, nous serions forcés de traiter avec Darlan ». Il fait remarquer qu'il est plutôt inopportun de remettre en cause son titre de haut-commissaire en Afrique au moment où l'A.O.F. va se rallier à lui. Il réaffirme aussi son opposition à la venue en Afrique du Nord d'envoyés de la France Libre [144]. Le lendemain, Clark se rend au Palais d'Été voir Darlan. Il vient de voir Giraud qui lui a apporté de bonnes nouvelles du front tunisien, et la convention d'armistice qui va remplacer pour toute l'Afrique du Nord l'accord local conclu à Alger dès le 8 est prête. Le texte est transmis à Eisenhower qui demande l'aval de Washington, lequel est obtenu dès le lendemain avec quelques modifications mineures et une réserve qui n'est pas seulement de style : le terme « protocole » ne sera pas employé, car « le Président désire conserver à l'accord entier son caractère purement militaire plutôt que d'en faire un instrument politique ou diplomatique. Il ne désire pas élever Darlan à la position d'un représentant gouvernemental *(national plenipotentiary)* ». Le texte sera finalement un accord (*agreement*) non publié. Avant de le signer, Darlan, qui a subi quelques avanies au cours des derniers jours, adresse à Clark une lettre reprenant, dans une forme adoucie, le thème de la lettre rédigée juste après la déclaration de Roosevelt et qu'il avait finalement renoncé à envoyer.

« Des informations d'origines diverses tendent à accréditer l'opinion que " je ne suis qu'un citron que les Américains abandonneront après l'avoir pressé ".

« Dans la conduite que j'ai adoptée par pur sentiment patriotique français, malgré les graves inconvénients qui en résultent pour moi, alors qu'il m'était extrêmement facile de laisser les événements se dérouler sans mon intervention, ma personne n'entre pour rien en ligne de compte.

« J'ai agi uniquement parce que le gouvernement américain s'est engagé solennellement à restaurer l'intégrité de la souveraineté française telle qu'elle existait en 1939, et parce que l'armistice entre l'Axe et la France était rompu par l'occupation totale de la métropole contre laquelle le Maréchal a solennellement protesté.

« Je n'ai agi ni par orgueil, ni par ambition, ni par calcul, mais bien parce que le rang que j'occupais dans mon pays me faisait le devoir d'agir.

« Lorsque l'intégrité de la souveraineté française sera un fait accompli — et je souhaite que ce soit dans un délai le plus bref —, j'ai la ferme intention de rentrer dans la vie privée et de terminer dans la retraite une existence au cours de laquelle j'ai servi avec ardeur mon pays.

« Si c'est dans ce sens que je peux interpréter les déclarations attribuées au président Roosevelt qu'un accord avec moi ne peut être que temporaire, je partage entièrement ce point de vue.

« Mais j'ai la prétention, peut-être excessive, de penser que, dans les circonstances actuelles, c'est autour de mon nom, associé à ceux d'hommes comme le général Giraud, le général Noguès, le gouverneur général Boisson, l'amiral Michelier que peut être réalisée l'union des Africains en vue d'une coopération confiante et loyale avec les armées alliées des forces françaises et de la population, élément essentiel du succès de la cause des États-Unis en Afrique.

« Dans ces conditions, la tâche de ralliement des Français que j'entreprends dans un but qui est commun me serait rendue bien difficile si les alliés de la France venaient eux-mêmes semer des doutes chez les Français sur l'intérêt et la portée de cette tâche.

« J'espère pouvoir compter que le gouvernement des États-Unis voudra bien s'en rendre compte et, ne fût-ce qu'en vue du résultat à atteindre dans la lutte où rentre l'Afrique française, ne pas donner aux Français l'impression que l'autorité du chef qui la fait rentrer dans cette lutte est une autorité diminuée [145]. »

Un avertissement autant qu'un conseil… Darlan sait qu'il n'y a personne pour le remplacer, et le ralliement maintenant acquis de l'A.O.F. vient opportunément conforter sa position. Il peut donc rappeler à Clark que, s'il a l'échine souple, il n'entend pas subir éternellement des rebuffades. Clark enregistre, et, le 22 novembre à 15 heures 18, a lieu la signature de l'accord Darlan-Clark. Celui-ci se compose d'un préambule et de 21 articles.

« Les forces des États-Unis et de leurs alliés ont débarqué en Afrique française du Nord dans le but d'empêcher la domination de ce territoire par les forces allemandes et italiennes et leurs alliés, afin de poursuivre la guerre pour la défaite des puissances de l'Axe.

« En vertu d'un commun accord entre les personnalités officielles dirigeantes en Afrique française du Nord, l'Amiral de la flotte française Darlan a été reconnu haut-commissaire pour l'Afrique française.

« Il a été convenu par tous les éléments français intéressés et par les autorités militaires américaines que les forces françaises aideront et appuieront les forces des États-Unis et de leurs alliés pour chasser l'ennemi commun du sol de l'Afrique, libérer la France et réaliser la restauration intégrale de l'empire français. Afin d'atteindre ce grand but et pour conclure les arrangements appropriés par la présence en Afrique du Nord de forces considérables des armées américaines et de leurs alliés, l'accord ci-après a été conclu à Alger, ce 22 novembre 1942.

I

« La coopération la plus étroite existera entre le commandant en chef des forces françaises de terre, de mer et de l'air, et le commandant de l'armée des États-Unis et forces affiliées, en vue de réaliser le but indiqué ci-dessus.

II

« La situation, le commandement, les fonctions, emplois, droits ou privilèges des forces françaises de terre, de mer et de l'air resteront sous l'autorité française. Ces forces continueront leurs services pour assurer la sécurité intérieure. Elles seront employées avec les armées des États-Unis et de leurs alliés pour libérer le sol de l'Afrique des armées de l'Axe, et pour le protéger contre toutes nouvelles violations par celles-ci. Tout déplacement des forces françaises militaires ou de l'air de leurs postes habituels sera notifié au général commandant l'armée des États-Unis par le commandement français.

III

« Le personnel gouvernemental français continuera à exercer ses fonctions avec loyalisme en fonction du but poursuivi par les forces sous le commandement du général commandant l'armée des États-Unis et forces affiliées. Ce personnel gouvernemental prendra toutes mesures voulues pour assurer le maintien de l'ordre et des services publics administratifs dans l'ensemble du territoire en consultation avec le général commandant l'armée des États-Unis. »

Les articles suivants organisent les droits des forces alliées en A.F.N. de la manière la plus avantageuse pour elles : toutes les installations nécessaires seront mises à leur disposition, elles pourront procéder à des réquisitions « en quantités suffisantes et à des tarifs équitables », elles ne seront soumises à aucun impôt, jouiront des privilèges d'extraterritorialité, la censure sera exercée par une commission mixte... L'article XVI est particulièrement attentatoire à la souveraineté française.

XVI

« En Afrique du Nord, toutes régions considérées par le général commandant l'armée des États-Unis comme importantes ou utiles au but indiqué dans le préambule précédant le présent accord pourront, lorsqu'il le jugera nécessaire, être déclarées par lui comme régions militaires tombant sous son autorité ; dans ce cas le maintien de l'ordre et des services administratifs et publics dans lesdites régions relèvera du contrôle direct du général commandant. Dans le cas où de telles mesures deviendraient nécessaires, elles seront immédiatement notifiées aux autorités françaises [146]. »

Clark déclare après la signature à Giraud : « On dirait que nous allons former une grande et heureuse famille maintenant », et Giraud rit [147]. Il est bien le seul du côté français : l'accord est en fait un armistice qui définit les droits d'une armée d'occupation sans rien énoncer quant au statut politique de la France. Eisenhower le dit de manière très claire dans l'un de ses messages à Washington : « Il faut faire une distinction claire entre le préambule et l'accord lui-même. [...] La mention du nom de Darlan n'implique aucun engagement de la part du commandant en chef allié de le maintenir dans une quelconque position ou de le soutenir. [...] Cet accord n'est qu'un accord entre un commandant sur le terrain et une commission qui exerce des fonctions administratives *(ordinary functions)* sur le théâtre d'opérations[148]. » Lemaigre-Dubreuil est consterné : « Sans que, par bonheur, les accords Giraud-Murphy soient dénoncés ou abandonnés, on omet volontairement de s'y référer, et on se contente de part et d'autre d'un texte limité, à caractère immédiat. [...] Il n'est plus question de conférer à un chef militaire français l'honneur suprême de commander les forces interalliées. [...] Il ne s'agit plus, avec l'homme douteux et transitoire qu'est Darlan, de « considérer la France comme une alliée et la traiter comme telle », ainsi que le stipulaient les accords Giraud-Murphy »[149]. C'est vrai, mais Lemaigre-Dubreuil oublie simplement que lesdits accords Giraud-Murphy n'étaient qu' « un chiffon de papier », que les Américains n'ont jamais eu l'intention de respecter : Giraud a été placé devant le fait accompli, et il a pu constater à son arrivée à Gibraltar que Eisenhower n'entendait nullement lui céder sa place. Bien plus, ces fameux accords sont restés si confidentiels que le Département d'État n'en a pas eu connaissance. On peut certes supposer que, si Giraud avait pris le pouvoir, les termes de l'accord auraient été quelque peu adoucis, mais sans que le contenu soit profondément transformé : « Le projet original a été préparé quand nous nous attendions à des conditions et à des personnalités différentes[150]. » C'est dire que le nom du haut-commissaire était assez indifférent, le rapport de forces primant toute autre considération. On le vérifie par contraste avec l'accord conclu deux semaines plus tard à propos de l'A.O.F. : les forces américaines n'y jouiront d'aucun des privilèges exorbitants qu'elles s'arrogent en A.F.N. [151]. Mais dans un cas elles se sont imposées par la force, et dans l'autre le territoire est resté inviolé. En A.F.N., il s'agit d'un armistice, en A.O.F. d'une alliance. Comme souvent, la lettre des textes importe moins que l'esprit dans lequel ils sont appliqués. Les aspects déplaisants de l'accord Darlan-Clark seront « gommés » par une coopération de plus en plus étroite sur le terrain : ainsi que le fait remarquer Chamine, l'article XVI ne sera jamais appliqué et la plupart des mesures seront prises de concert[152]. Ajoutons que l'accord n'est pas publié, de sorte que l'atteinte à la souveraineté française reste ignorée.

Le 23 novembre, Eisenhower installe définitivement son Q.G. à Alger. Pour la deuxième fois, il rencontre Darlan et procède avec lui à un examen d'ensemble de la situation. « A la fin de la conférence, Eisenhower fait l'éloge de Darlan. Il lui dit que tous les efforts sont faits pour l'imposer comme le " chef " *(top man)* " et tout ce que vous avez fait prouve que vous marchez avec nous. A cause de votre position dans le gouvernement de Vichy, continue Eisenhower qui a vu la lettre que Darlan a envoyée à Clark à la suite du message de Roosevelt, vous êtes impopulaire aux États-Unis. Mais j'ai dit à nos gouvernements de nous laisser faire, car nous connaissons mieux la situation. Et ils ont officiellement accepté tout ce que nous avons fait. Si vous dirigez un gouvernement libéral et éclairé, l'antipathie envers vous se dissipera ". Darlan hoche la tête et paraît satisfait[153]. »

Il est vrai que, malgré les pressions qui s'exercent sur lui, Roosevelt semble progressivement s'accommoder de l'entente avec Darlan. Le 18 novembre, le lendemain de sa retentissante déclaration, il cite un vieux proverbe serbe (ou peut-être bulgare ; enfin, « en usage dans les Balkans ») : « Mes enfants, il est permis en cas de grand danger de marcher avec le diable jusqu'à ce que vous ayez traversé le pont[154]. » Il s'oppose à une proposition de Churchill tendant à débattre immédiatement des questions politiques[155], et Churchill ne peut que s'incliner : « Je reconnais tout à fait que si Darlan et compagnie rendent de réels services durant les opérations, cela devra être compté en leur faveur[156]. » Mais la partie est loin d'être gagnée, et Roosevelt lui-même propose le 19 de mettre le haut-commissaire sous tutelle : « Nous devrions sérieusement envisager l'idée de nommer deux administrateurs, l'un britannique, l'autre américain, qui n'auraient pas de fonctions administratives directes, mais auraient un droit de veto sur les administrateurs français et pourraient dans des circonstances exceptionnelles leur fixer des lignes de conduite[157]. » Encore le 9 décembre, il informe Churchill qu'il a donné l'ordre à Eisenhower d'éviter tout accord avec Darlan et d'annoncer toutes ses décisions de manière unilatérale[158]. De son côté, le Premier ministre, tout en interdisant à de Gaulle de lancer des attaques contre Darlan à la radio[159], continue à critiquer l'accord : « Les organisations fascistes continuent leurs activités et persécutent nos partisans, dont certains n'ont toujours pas été libérés. [...] Des éléments hostiles aux Nations Unies consolident leur position au sein de l'administration et créent les conditions favorables aux agissements des fauteurs de troubles de l'Axe[160]. » Il suggère que les représentants politiques dont la nomination a été suggérée par Roosevelt, Murphy pour les États-Unis et Harold MacMillan pour la Grande-Bretagne, dépendent directement de Londres et de Washington, et non d'Eisenhower qu'il soupçonne d'être acquis à Darlan, mais il se heurte à un refus[161]. Il n'insistera pas.

Roosevelt soutient l'accord de plus en plus fermement parce que la coopération sur le terrain fonctionne de mieux en mieux. Le ralliement de l'A.O.F. est d'une immense importance pour les stratèges de Washington et fait oublier la perte de la flotte. En A.F.N., les troupes françaises combattent en ligne, aucun acte de sabotage n'est signalé sur des lignes de communications qui s'étendent sur des centaines de kilomètres. Darlan a créé une commission de liaison avec les autorités américaines (avec la même idée qu'à Vichy : centraliser les négociations au sein d'un organisme unique) qui fonctionne sans à-coups. Les rapports du Département de la Guerre sont donc très favorables à l'accord conclu, et le général Marshall a une grosse influence. A la Maison Blanche, l'amiral Leahy, devenu après son retour de Vichy président du Comité des chefs d'état-major, pèse dans le même sens : l'entente avec Darlan n'est pas plus monstrueuse que l'alliance avec Staline et tout est bon pour réduire les pertes et hâter la fin de la guerre, argument auquel le Président est sensible[162]. En outre, Roosevelt n'a qu'une sympathie très limitée pour de Gaulle, même s'il n'a pas cette détestation systématique qu'on lui prêtera par la suite[163].

Un facteur plus personnel entre en ligne de compte, ainsi que le remarque l'amiral Leahy : « Ce qui en premier lieu impressionna Roosevelt, c'est le fait qu'Alain Darlan était atteint de poliomyélite. Le président se rappela ce qu'il avait enduré lui-même[164]. » Il écrit à Darlan pour lui offrir de soigner Alain dans la clinique où il a été lui-même soigné. Darlan lui répond le 2 décembre :

> « Monsieur le Président,
>
> « Je prends la liberté de vous adresser cette lettre pour vous demander de bien vouloir agréer l'expression de ma profonde gratitude pour votre généreuse proposition, transmise par M. R. Murphy, d'accueillir mon fils, Alain Darlan, à Warm Springs.
>
> « Permettez-moi de vous dire simplement que j'accepte avec reconnaissance votre offre si humaine.
>
> « L'état de santé de mon fils, qui, après la paralysie infantile qui l'a frappé, a eu à lutter contre toutes les complications que l'on peut imaginer, ne lui permet pas, en ce moment, de quitter Rabat où il a été transporté grâce à la courtoisie du commandement américain en Afrique. Les médecins estiment environ à deux mois le temps qui doit s'écouler avant que son départ puisse être envisagé.
>
> « Pour le moment, les possibilités thérapeutiques de Rabat sont

suffisantes, mais le docteur est convaincu que dès que l'état du malade le permettra, un séjour à Warm Springs sera décisif.

« Comme je l'écrivais, il y a quelques jours, à l'amiral Leahy, avec qui j'ai toujours entretenu les relations les plus franches et les plus amicales, je vois l'intervention de la Providence dans la maladie de mon fils.

« Sans elle, je n'aurais pas été autorisé à quitter la France et je serais probablement aujourd'hui prisonnier des Allemands, car, ainsi que je l'ai toujours déclaré depuis juin 1940, la flotte devait rester française ou périr.

« Grâce à Dieu, après avoir exécuté loyalement les ordres que j'avais reçus, j'ai fait cesser le combat meurtrier dont la prolongation eût été néfaste à l'amitié séculaire franco-américaine et à l'intérêt de l'Afrique du Nord [165]. »

Darlan écrit aussi à Leahy une longue lettre qui ne parviendra à destination que le jour même de son assassinat, le 24 décembre [166]. Et surtout il écrit à Churchill le 4 décembre pour tenter de surmonter son hostilité :

« Monsieur le Premier ministre,

« Le 12 juin 1940, à Briare, au grand quartier du général Weygand, vous m'avez attiré à part et vous m'avez dit : “ Darlan, j'espère que vous ne livrerez jamais la flotte. ” Je vous ai répondu : “ Il n'en est pas question. Ce serait contraire aux traditions navales et à l'honneur. ”

« Le Premier Lord Alexander et le Premier Lord naval l'amiral Pound ont eu la même réponse le 17 juin 1940 à Bordeaux, ainsi que M. George Lloyd.

« Si je n'ai pas consenti à faire rallier les ports britanniques par les navires français, c'est que je savais que cette décision aurait entraîné l'occupation totale de la métropole et celle de l'Afrique du Nord.

« J'ai senti une profonde amertume m'envahir et j'ai eu un grand ressentiment contre l'Angleterre lorsque se sont produits les événements douloureux pour le marin que je suis. En outre, j'avais le sentiment que vous ne croyiez pas à ma parole.

« Un jour Lord Halifax m'a fait dire par M. Dupuis que l'on ne doutait pas de ma parole en Angleterre, mais que l'on craignait que je ne sois dans l'impossibilité de la tenir. La destruction volontaire de la flotte de Toulon vient de prouver que j'avais raison puisque, bien que je ne sois plus son chef, la flotte a exécuté les ordres que j'avais donnés et maintenus, malgré la volonté du gouvernement de M. Laval.

« Sur les ordres de mon chef, le Maréchal, je me suis efforcé, de janvier 1941 à avril 1942, de conduire une politique telle que la France et son empire ne soient pas occupés et écrasés par les puissances de l'Axe. Cette politique était, par la force des choses, opposée à la vôtre. Que pouvions-nous faire d'autre ? A cette époque vous n'étiez pas en mesure de nous assister et tout geste vers nous aurait amené les pires désastres sur mon pays. [...]

« Lorsque les forces alliées ont débarqué en Afrique le 8 novembre, j'ai d'abord exécuté les ordres reçus ; puis, dès que cela a été possible, j'ai ordonné de cesser le combat pour éviter une effusion inutile de sang dans une lutte contraire aux sentiments intimes des belligérants.

« Désavoué par Vichy et ne voulant pas reprendre la lutte je me suis remis aux autorités militaires américaines, n'ayant que cette solution pour rester fidèle à mon serment.

« Le 11 novembre, j'ai appris la rupture de l'armistice par les Allemands, l'occupation de la France et la protestation solennelle du Maréchal.

« J'ai considéré alors que je pouvais reprendre ma liberté d'action et que, tout en restant fidèle à la personne du Maréchal, je devais suivre la voie la plus favorable au salut de l'Empire français, celle de la lutte contre l'Axe.

« Appuyé par les hautes autorités d'Afrique du Nord, par le sentiment général de la population, agissant comme remplaçant éventuel du chef de l'État, j'ai constitué le haut-commissariat en Afrique du Nord et j'ai ordonné aux forces françaises de combattre aux côtés des Alliés.

« Depuis, l'Afrique occidentale a reconnu mon autorité.

« Je ne serais jamais arrivé à ce résultat si je n'avais pas agi sous l'égide du Maréchal et si je m'étais simplement présenté comme un dissident. J'ai la conviction que tous les Français qui maintenant luttent contre l'Allemagne, chacun à leur manière, finiront par se rapprocher, mais je crois que, pour le moment, ils doivent continuer leur action séparément.

« Certains ressentiments, notamment en Afrique occidentale, sont trop vivaces pour que l'on puisse faire davantage.

« Comme vous pouvez le constater, je suis mon chemin sans attaquer personne. Je demande la réciprocité.

« Il s'agit pour le moment de vaincre l'Axe. Le peuple français libéré choisira ensuite son régime politique et ses chefs. [...]

« Lorsque mon pays aura recouvré son intégrité et sa liberté, ma seule ambition sera de prendre ma retraite avec le sentiment d'avoir bien servi mon pays. »

Cette lettre est adressée à Churchill qui fait répondre :

« Le Premier ministre demande que Darlan soit rassuré, qu'il " a payé et paie son billet et a bien droit au voyage ". Les tactiques de *deception* ne sont pas compatibles avec la dignité et l'honneur du Royaume-Uni et des États-Unis et sont inimaginables. Le Premier ajoute qu'il a droit à des félicitations[167]. »

Est-il sincère ? Ses sentiments sont pour le moins ambigus, on le verra, et les tactiques de « déception » ne sont pas incompatibles avec l'honneur de l'I.S., même si celui-ci n'a aucune existence légale pour sauver les apparences. Darlan a trop de méfiance pour se contenter d'une assurance aussi vague. Cependant, en ce début de décembre, le haut-commissaire peut avoir l'impression d'être sur un terrain plus solide. Eisenhower continue certes à rester méfiant [168], et fuit le contact direct par peur des retombées « médiatiques » (le mot n'a pas encore cours), mais l'appui américain se confirme, et l'hostilité britannique semble s'atténuer : l'amiral Cunningham soutient Darlan, le maréchal Smuts, venu en inspection, est reparti convaincu de l'absence de solution de rechange [169], et le billet de Churchill vaut mieux que rien. Mais, pour que « l'expédient provisoire » se pérennise, il faut réussir à surmonter l'hostilité de l'opinion anglo-saxonne. Darlan répond aux demandes qui lui sont adressées par la presse anglaise et américaine, et rédige plusieurs articles sur le thème : l'armistice était inévitable, la collaboration n'a cédé que l'accessoire pour préserver l'essentiel, je me retirerai dès que la souveraineté française aura été rétablie... Il accorde également des conférences de presse, mais le résultat n'est pas très concluant, si l'on en croit Renée Pierre-Gosset.

> « Darlan paraît : complet brun, cravate brune. Il est trapu, courtaud, vieilli. Le bas du visage est empâté, le regard fuyant. Cet homme triste, aux gestes rares, a une étrange maîtrise de soi. Aucune expression sur son visage fermé, sinon peut-être une nuance de méfiance.
>
> — « " *Pokerface* ", murmure Colingwood de la C.B.S.
>
> « L'auditoire est attentif, mais tendu, sans sympathie. Avant que l'amiral ait parlé, on sent qu'il y aura, quoi qu'il dise, des commentaires désobligeants. Il lit une déclaration. [...] Après chaque phrase, l'amiral s'arrête ; un traducteur américain en uniforme répète ses propos. Pendant ce temps, il conserve le regard baissé, mais jette parfois un furtif coup d'œil autour de lui. [...]
>
> « L'impression générale est désastreuse [170]. »

Du côté de l'opinion, les résultats obtenus sont très décevants. En revanche, à la fin de décembre, Roosevelt est décidé : Darlan devra rester en place « jusqu'à la fin de la guerre au moins [171] ». Quant à Churchill, il ne dit plus rien... officiellement.

Le haut-commissariat essaie de se faire reconnaître par des pays étrangers. Darlan a adressé le 5 décembre une circulaire aux postes diplomatiques, mais celle-ci a été bloquée pendant près de deux semaines par les Américains, jusqu'à ce que l'intervention de Leahy promette son acheminement [172]. Les ralliements diplomatiques ont donc été rares : la légation au Portugal se rallie pratiquement en bloc, mais Pietri (ambassadeur en Espagne), après avoir hésité, refuse [173], alors que ses attachés naval, de l'air et commercial se rallient, de même que la légation à Tanger, quelques postes en Amérique latine (dont Peyrouton, ambassadeur en Uruguay) et l'attaché naval aux États-Unis. Le haut-commissariat a autorisé la réouverture des consulats en A.F.N., mais les gouvernements en exil à Londres sont partisans de la France combattante, l'accord avec Darlan pouvant constituer un précédent fâcheux pour eux. A la fin de l'année, la position internationale du haut-commissariat reste très précaire.

Les derniers jours

Elle s'améliore pourtant et Alger prend des initiatives qui témoignent d'un optimisme nouveau. Le 20 décembre, Lemaigre-Dubreuil part pour les États-Unis avec une mission d'achat de matériel de guerre. Il demande à Darlan, qui la lui donne bien volontiers, une lettre d'introduction pour Leahy [174]. Cela signifie qu'il renonce à son opposition boudeuse, et le ralliement d'un tel homme est intéressant, car il peut en préfigurer d'autres : Maurice Couve de Murville vient d'arriver à Alger pour se mettre à la disposition du haut-commissariat. Le 21, Darlan donne l'ordre à Fenard d'étudier avec Murphy l'établissement de missions navales françaises à Washington et à Londres [175]. Mais les mutations les plus intéressantes sont d'ordre juridique. Le haut-commissariat prépare le lancement, pour le 1er janvier, d'un *Journal officiel.* A cette occasion, les ordonnances destinées à la publication subissent un « toilettage » marqué par deux innovations d'apparence anodine pour le lecteur non initié aux subtilités juridiques françaises (un lecteur américain notamment). La formule exécutoire : « La présente ordonnance sera exécutée comme loi de l'État » devient systématique. Et surtout le titre de « haut-commissaire pour la France en Afrique » cède la place à celui de « haut-commissaire de France résidant en Afrique française ». Ce glissement sémantique suggère qu'il pourrait être éventuellement appelé à exercer son autorité hors d'Afrique (la mention « résidant en Afrique française » n'implique aucune limitation de compétence *ratione loci*).

Reconnaissance tardive du principe qui a guidé son action dès le début. Si la pression américaine l'oblige à déclarer en public qu'il « ne se considère pas comme chef d'État [176] », toute son action s'est en fait fondée sur sa qualité de remplaçant éventuel de Pétain. Dès lors que celui-ci est considéré comme prisonnier et donc « empêché », l'Amiral de la flotte lui a automatiquement succédé. C'est ce que reconnaîtra explicitement le n° 1 du *Journal officiel du haut-commissariat de France en Afrique* dans une déclaration liminaire : « Le 11 novembre 1942, les troupes allemandes ayant occupé totalement le territoire métropolitain de la France, le Maréchal de France, chef de l'État, a été mis dans l'impossibilité d'exercer le pouvoir. La souveraineté de la France continue sur tous ses territoires. L'Amiral de la flotte Darlan, qui résidait en Afrique française le 11 novembre 1942, a, à cette date, en vertu de l'acte constitutionnel n° 4 *quater* du 10 février 1941, assuré de plein droit la fonction de chef de l'État pour les territoires soumis au gouvernement du Maréchal et qui n'étaient pas occupés par les troupes allemandes[177]. »

Dans les derniers jours de décembre, cette question préoccupe de plus en plus Darlan au point de l'inciter à rédiger un projet de constitution. Il prévoit un pouvoir législatif bicaméral, avec une Chambre des représentants et un Sénat (appellations qui suggèrent l'influence, *a priori* surprenante, des institutions américaines). Les modalités électorales sont originales : il accorde le droit de vote aux femmes (qui ne l'ont pas encore), mais le retire aux illettrés (il faut avoir le certificat d'études), aux condamnés pour ivresse et aux plus de soixante-dix ans (une conséquence de sa cohabitation avec Pétain) ; les pères de famille ont autant de voix que d'enfants mineurs célibataires ; les mineurs mariés et les filles mères ont le droit de vote ; les mandats électoraux ne peuvent être renouvelés que deux fois. Le pouvoir exécutif est confié à un président de la République qui est aussi chef du gouvernement, élu pour quatre ans et assisté d'un vice-président et d'une cour suprême de justice (là aussi, l'influence américaine est nette). Les fonctions de membre du parlement et de membre du gouvernement sont incompatibles (idée que le général de Gaulle inscrira dans la Constitution de 1958)[178].

Darlan répète constamment à Clark et à Murphy qu'il est prêt à abandonner ses fonctions à n'importe quel moment[179], mais dans ses notes personnelles il introduit un correctif : pas avant la fin de la guerre. « Je n'ai aucune ambition personnelle et, une fois le but atteint : la défaite de l'Axe et la libération de la France et de son empire, je ne demande rien pour moi que de pouvoir retourner à titre privé dans mon pays qui choisira lui-même ses chefs et son régime[180]. » Il est clair qu'il n'envisage pas de se retirer à brève échéance, mais en même temps il sait que son maintien au pouvoir sera difficile en raison des multiples oppositions que son nom suscite. Deux jours avant sa mort, il rédige pour l'amiral Fenard une note dans laquelle il pose la question essentielle :

« Quelle attitude conviendrait-il de prendre si, au cours de la guerre et avant la victoire, le Maréchal venait, pour un motif quelconque, à ne plus être chef de l'État ?

« Pour être logiques avec nous-mêmes il faudrait, si cette éventualité se produisait, que je prenne le titre de chef de l'État.

« Ce ne pourrait être fait qu'avec l'accord du président Roosevelt et de M. W. Churchill.

« Dans l'état actuel des relations avec les gaullistes, il y aurait friction.

« D'autre part, si nous ne prenons pas cette solution, les gens d'ici, en particulier les musulmans, ne comprendront plus.

« Enfin, lorsque les plans alliés se développeront, certains territoires français seront libérés avant que toute la France ne le soit.

« Il faudra que l'administration civile de ces territoires reçoive des ordres d'autorités françaises — lesquelles ?

« Si le Maréchal est chef de l'État, les ordres sont donnés en son nom.

« S'il ne l'est plus, ce ne peut être au nom d'un chef de l'État choisi sous la pression allemande.

Solution possible

« Si ma présence en tant que chef de l'État constitue un obstacle, je peux en tant que successeur légalement désigné du chef de l'État prendre un acte constitutionnel déclarant que je n'accepte la succession qu'à titre provisoire et que je la transmets à une personne [non partisane] choisie en accord avec le Pdt Roosevelt et Mr. Churchill, et je resterai haut-commissaire en Afrique ou je prendrai n'importe quelle autre fonction jusqu'à la fin de la guerre[181]. »

Prolongement logique de la solution proposée, une autre note examine les « candidats » possibles à la succession :

« Si pour des raisons diverses l'amiral Darlan, successeur légal du chef de l'État, ne pouvait continuer, qui pourrait le remplacer ?

« Les gaullistes doivent être éliminés, car ils ont contre eux la majorité des Français d'Afrique, la presque totalité de l'armée de terre et de l'air, la totalité de l'armée de mer. En outre, de Gaulle est " noble ". Lui et Catroux sont considérés comme des réactionnaires.

« Du côté légal, le général Noguès ne paraît pas devoir obtenir l'adhésion des Américains, le gouverneur général Boisson n'aurait pas l'adhésion des gaullistes. Le général Giraud aurait l'adhésion des Américains ; on pourrait peut-être amener les gaullistes à l'admettre. Serait-il admis par les Français d'opinions radicales et socialistes ? C'est peu probable. En tout cas, il est le commandant en chef qualifié de la totalité des forces françaises. Son désir paraît être de faire la guerre et non de la politique. S'il commande effectivement les forces françaises, il ne pourra pas administrer.

« L'amiral Robert paraît avoir les sympathies américaines. Il est à peu près ignoré de tous les Français. Parmi les neutres, M. Pierre Cot doit être éliminé. Toute l'armée de l'air serait à rebrousse-poil et tous les modérés français le renieraient. Il est un des grands responsables de la carence de l'aviation française.

« M. Camille Chautemps est un homme fin et cultivé. Il a été le premier vice-président du Conseil du Maréchal. Il est pro-américain. Certains Français d'Amérique l'ont rejeté parce qu'il faisait partie du gouvernement qui a signé l'armistice.

« Il est le parfait représentant de l'ancien parlement français qui a amené le pays à la défaite.

« Son nom a été mêlé à des scandales retentissants.

« Dans l'ancien parlement, il n'y aurait eu sans doute que le président Herriot qui aurait pu être admis. Mais il est prisonnier, et il y a peu de chances pour que nous le retrouvions avant la fin des hostilités. Dans quel état physique et moral le retrouverons-nous ? Il doit avoir près de soixante-dix ans.

« Albert Sarraut ne paraît pas avoir été privé de sa liberté. Il est, lui aussi, l'un des grands représentants du parti radical. Aux dernières nouvelles, il était en bonne forme physique. Il faudrait le faire partir de France ; il doit être très surveillé.

« Pietri, ambassadeur à Madrid, est un homme intelligent mais sans aucune volonté. Il n'a pas été capable de choisir une ligne de conduite depuis le 11 novembre[182]. »

On peut sourire de l'étiquette réactionnaire accolée au nom de de Gaulle alors que l'année précédente, Darlan posait l'équation : gaullistes = communistes. Le prétexte importe peu ; il est hors de question d'abandonner le pouvoir aux gaullistes. Comme, pour des raisons variées, personne ne fait l'affaire, sauf peut-être Sarraut qui se trouve en France, il ne reste plus que lui. Et cependant, la veille de sa mort, il commente cette liste devant Murphy d'une manière qui ne laisse aucun doute sur sa lassitude.

« Nous allions nous quitter quand il me demanda de l'accompagner à son bureau. Une fois seul avec moi, il écarta les papiers qui encombraient sa table et me déclara tout de go : “ Vous savez sans doute qu'il se trame actuellement quatre complots visant à m'assassiner. Supposez qu'un de ces complots réussisse. Que ferez-vous alors, vous, Américains ? ” Il tira un feuillet de sa poche et déclara qu'il avait établi la liste de ceux qui pourraient utilement lui succéder. De Gaulle y figurait. Mais Darlan précisa : “ Ce serait prématuré. Au printemps 1943, peut-être. Actuellement, il vous attirerait des ennuis. ” Quant à Giraud, l'amiral ne voyait en lui qu'un bon divisionnaire et rien de plus. Suivaient les noms de quelques civils : Flandin, Herriot, Reynaud et d'autres que je ne me rappelle plus. Pour une raison ou une autre, on ne pouvait compter sur aucun d'eux. Darlan semblait sincèrement inquiet, mais il parlait de sa succession comme s'il s'agissait de prévoir la mort de quelqu'un d'autre et non pas la sienne. Puis, il haussa les épaules, ramena la pile de papiers devant lui et commença à les examiner un à un[183]. »

Il y a là une contradiction, mais elle n'est pas inexplicable. Le même phénomène pouvait déjà être observé dans les derniers mois de son ministère ou durant l'été, lors de son conflit avec Laval et Bridoux. L'assurance des années précédentes a cédé la place, après tant d'épreuves et de déconvenues, au doute qui se transforme de plus en plus souvent en découragement. Mais en même temps le lutteur ne veut pas renoncer et s'accroche. En cette fin d'année 1942, il a d'autant plus de raisons de s'accrocher que l'horizon semble enfin s'éclaircir. D'abord, Alain est sauvé, il va bientôt partir en convalescence aux États-Unis, et même si la perspective de le savoir paralysé est un déchirement, le pire a été évité. Ensuite, la position du haut-commissaire se renforce : sur le terrain, la collaboration avec les Américains fonctionne de mieux en mieux, Eisenhower d'abord si réticent (et même hostile) a changé d'avis à son sujet ; le fils du président des États-Unis vient même déjeuner chez lui le 23 décembre ; à l'étranger, il est permis d'escompter que les remous causés par son avènement vont progressivement se calmer, les Britanniques eux-mêmes paraissent se résigner et accepter le fait accompli. A l'intérieur, certains murmurent, mais son pouvoir s'est affermi, et la population reste calme. A l'extérieur, on attend pour bientôt le ralliement des Antilles, et on espère celui de la Force X. Des contacts sont pris avec certains éléments en métropole[184]. Dans le bras de fer qui l'oppose à de Gaulle, ses moyens sont apparemment supérieurs à ceux de son rival : détesté des Américains, celui-ci n'a que des territoires dispersés et démunis et des forces squelettiques. Mais cela n'est vrai que du point de vue des forces mortes, pour reprendre la terminologie de Clausewitz. Du point de vue moral, le général a une autorité que l'amiral n'a pas : il est l'espoir de la grande majorité des Français de métropole et est en train de réaliser sous son égide l'unification des mouvements de résistance.

On peut cependant se poser la question : si Darlan avait vécu, de Gaulle se serait-il imposé ? Il lui a fallu des mois pour éliminer définitivement Giraud dont la naïveté politique était prodigieuse. Darlan ne se serait jamais laissé manœuvrer de la sorte. Avec les conseils d'hommes comme Lemaigre-Dubreuil (qui acceptait de reprendre du service) ou — pourquoi pas ? — de Jean Monnet[185], il aurait pu prendre le tournant démocratique que Giraud lui-même a pris (son projet de constitution est déjà significatif de son évolution) et s'imposer définitivement. D'autre part, les cadres de l'armée d'armistice qui vont rejoindre la Résistance, au sein de l'Armée Secrète ou de l'Organisation de Résistance de l'Armée, auraient en majorité rallié son camp plutôt que celui de la France Libre : Revers élude les avances des gaullistes et envoie un émissaire à Alger dès le mois de décembre[186]. Scénario plausible sinon probable : c'est en tout cas celui que les instigateurs du complot ont eu à l'esprit. *Il faut que Darlan meure pour que de Gaulle gagne.*

Darlan le sait. Ses proches ne cessent de le lui dire : sa femme, complètement dépassée par les événements, répète : « Ils vont le tuer, ils vont le tuer[187]. » Moreau lui conseille de quitter Alger, foyer d'intrigues, et d'organiser un bataillon de marins chargé d'assurer sa sécurité. Il repousse la première proposition, accepte la deuxième, demande un jour où en est la formation du bataillon, en disant : « Je vais en avoir peut-être bientôt besoin », puis ne s'y intéresse plus[188]. Son secrétaire à l'Intérieur, d'Astier, l'entretient des multiples complots contre lui, avec l'arrière-pensée de le décourager ; il écoute, impassible. Quand Hourcade vient à son tour lui parler de sa sécurité, il le renvoie d'un geste[189]. Le gouverneur général Chatel, de nature plus émotive, se fait garder par des chars ; Darlan, lui, ne prend aucune précaution. Au contraire, n'importe qui peut entrer dans le haut-commissariat et accéder à son bureau, qui n'est gardé par personne et se trouve au fond d'un couloir que tout le monde doit emprunter. L'assassin saura en profiter.

Darlan attend les ides de mars[190], il s'expose par avance à son destin. Trop d'épreuves l'ont usé. Il sait que plusieurs de ses proches le trahissent, que les Britanniques continuent à le détester (à la mi-décembre, le très respectable *Times* relance les attaques contre lui), que l'attitude des Américains reste encore flottante. Le déjeuner du 23 décembre révèle toutes ces ambiguïtés : Eisenhower, Clark, Cunningham et Elliott Roosevelt sont là, alors qu'ils auraient tous refusé l'invitation quelques semaines plus tôt, mais Randolph Churchill, qui est annoncé, s'est décommandé à la dernière minute, et Clark fait une allusion insidieuse à son départ pour les États-Unis où il pourrait accompagner Alain — donc à son éloignement[191]. La flotte de Toulon a disparu, la Force X s'entête dans son abstention, les gaullistes continuent à prêcher la guerre civile contre les « traîtres » (il trouve un jour dans son courrier un numéro très violent du journal clandestin *Combat*). Le chemin à parcourir s'annonce plein d'embûches. L'Amiral de la flotte est las de lutter. La mort le délivrera d'un fardeau auquel il ne fait plus face que mécaniquement.

CHAPITRE XXI

Le complot

Le 24 décembre au matin, Darlan voit Eisenhower pour un ultime entretien. Il a reçu la veille des notabilités arabes et leur a promis qu'une conférence serait organisée dès que les circonstances le permettraient. Une commission étudie les solutions à apporter au problème juif. Le remplacement du gouverneur général Chatel par Peyrouton est acquis. A la fin, Darlan reparle de sa succession et commente à Eisenhower la liste qu'il a déjà montrée à Murphy : « Il est conscient des attaques et des insultes qui sont déversées sur lui à l'extérieur au moment où il fait un effort sans réserve pour soutenir la cause commune des Alliés[1]. » L'entrevue se passe donc bien et l'Amiral de la flotte est plutôt détendu. Après le déjeuner, vers 15 heures, il regagne le haut-commissariat avec Hourcade, qui a fait à Alain Darlan le récit de l'attentat.

« Je marchais derrière ton père et nous étions tous les deux gais et détendus. Je venais de lui dire je ne sais quelle de ces plaisanteries faciles qui l'amusaient et j'entends encore résonner son rire dans le corridor étroit.

« On débouchait dans une espèce d'antichambre, le bureau de ton père était juste en face, moi je tournais à droite pour me rendre dans le mien.

« Un jeune homme bien mis se tenait à la porte du bureau de ton père. Je fis intérieurement la remarque qu'il n'y avait ni planton ni huissier, ce qui était surprenant mais tout se déroula très vite : j'avais déjà fait deux pas dans la direction de mon bureau et dépassé par conséquent l'inconnu, quand j'entendis le premier coup de feu. Je me retournai pour voir partir le second alors que ton père s'écroulait à l'entrée de son bureau avec un très faible gémissement[2]. »

Hourcade bondit pour maîtriser l'assassin qui s'apprête à tirer de nouveau. S'ensuit une bousculade au cours de laquelle Hourcade est blessé et l'assassin capturé. Darlan gît à terre, inconscient. On racontera plus tard qu'il aurait murmuré : « Les Anglais m'ont eu » ou « M. Churchill est parvenu à ses fins », ou qu'il aurait fait un signe fataliste pour faire comprendre qu'il était fichu. Ces rumeurs inventées après coup n'ont aucun fondement sérieux. L'amiral a tout de suite perdu connaissance et est plongé dans le coma. Emporté à l'hôpital Maillot où se trouve son fils, il mourra en arrivant sur la table d'opération, vers 15 heures 45[3]. On affirmera plus tard que, s'il avait été transporté dans une clinique plus proche, il aurait pu être sauvé. Le témoignage de l'un des médecins qui ont constaté le décès contredit formellement cette assertion. La balle avait atteint la veine cave et l'hémorragie interne qui en avait résulté était mortelle[4].

Dès que les médecins annoncent qu'il n'y a plus rien à faire, ils voient avec stupéfaction le très jeune contre-amiral (Battet) qui l'a amené se précipiter sur le corps pour récupérer tous les papiers contenus dans ses poches, puis partir sans perdre un instant[5]. Il regagne le haut-commissariat où il va rassembler tous les papiers de l'amiral et les mettre en lieu sûr. Personne ne sait ce qui va se passer, et il prend ses précautions. Pour accroître la confusion, le général Giraud se trouve sur le front tunisien, et Noguès, chargé d'assurer l'intérim en vertu de l'ordonnance secrète du 2 décembre, est au Maroc. Bergeret, haut-commissaire adjoint et seul présent sur place, fait prévenir Noguès et diffuse une proclamation rejetant la responsabilité de l'attentat sur l'Axe et appelant la population au calme. Murphy le trouve assez indécis, ne sachant que faire. Il pense que Noguès est le seul capable de prendre la succession, mais Murphy lui déclare tout de suite que seul Giraud est acceptable[6].

Le 25, la dépouille de l'amiral est exposée au Palais d'Été, veillée par une haie de spahis et de tirailleurs, et par une garde de marins. La foule défile pendant plus de quinze heures, « dense, silencieuse, feutrant ses pas, baissant la voix, plus impressionnée qu'émue, plus curieuse que touchée et admirant cet apparat[7] ». Les obsèques solennelles ont lieu le 26 au matin à la cathédrale d'Alger, en présence d'Eisenhower, Cunningham, Clark et de tous les officiels français, à l'exception de Boisson qui n'arrivera que dans la soirée. Quelques heures avant la cérémonie, l'assassin a été fusillé après avoir été condamné à mort par le tribunal militaire de la XIXe région. Pris sur le fait, il n'a fait aucune difficulté pour signer des aveux et a prétendu avoir agi seul. Cela suffit à Noguès et à Bergeret qui ne tiennent aucunement à ce qu'une enquête fasse apparaître un complot organisé dont la divulgation affaiblirait encore le haut-commissariat. Mme Darlan, informée des démarches entreprises en faveur de l'assassin, qui est très jeune, a fait savoir qu'elle ne s'opposerait pas à une mesure de grâce, mais qu'elle ne la demande pas non plus. Giraud signe l'ordre d'exécution. Pour une fois, la justice ne perd pas de temps.

Elle va même beaucoup trop vite, car il apparaît bientôt que la thèse officielle ne tient pas. La présence du comte de Paris, les agissements des agents gaullistes, etc. rendent peu vraisemblable l'explication par le geste d'un exalté solitaire. D'autre part, les Américains s'agacent des rumeurs qui leur imputent une part de responsabilité[8], et le général Giraud qui, à la différence de Darlan, tient à sa vie, redoute d'être la prochaine victime. Il fait donc interner plusieurs comploteurs gaullistes ou monarchistes et prescrit une nouvelle enquête, confiée à un magistrat militaire appelé du Maroc, le commandant Albert Voituriez, après le refus du supérieur de celui-ci, le colonel Laroubine, qui a diligenté l'instruction ouverte contre de Gaulle en 1940 et ne tient pas à se compromettre un peu plus. Actif et intelligent, Voituriez met bientôt en cause plusieurs personnalités dont Henri d'Astier, secrétaire adjoint à l'Intérieur, et Alfred Pose, délégué général à l'Économie. Épouvanté, Giraud arrête l'enquête et laisse traîner les choses jusqu'à ce que l'arrivée du général de Gaulle amène la conclusion logique : non-lieu pour tous les inculpés. Le dossier d'instruction disparaît et le juge trop curieux est rendu à la vie civile. Officiellement, tout est terminé. L'énigme commence.

Au lendemain de la guerre, les bruits les plus divers circulent. Un premier récit d'ensemble, dont la documentation est puisée aux meilleures sources, paraît en 1952 sous la signature de *Chamine :* ce pseudonyme dissimule une journaliste, Geneviève Dunais, mais on murmure que c'est Jean Rigault qui a, sinon écrit, du moins inspiré le livre. L'information est remarquable, malgré d'inévitables erreurs et omissions. La thèse du complot monarchiste organisé par Pose et par d'Astier est clairement affirmée. Mais *Chamine* sent qu'il subsiste bien des zones d'ombre derrière cette évidence : « Les fins dernières de l'histoire ne seront peut-être jamais connues ou jamais révélées[9]. » Durant les deux décennies qui vont suivre, on obtiendra quelques précisions supplémentaires, sans pour autant éclairer l'affaire d'un jour véritablement nouveau. Les archives sont fermées, et les comploteurs, unis par le lien du sang, observent un mutisme complet, emportant l'un après l'autre leur secret dans la tombe : Henri d'Astier meurt en 1955, son frère François en 1958, Alfred Pose en 1958 aussi[10]. Le livre de Peter Tompkins, publié en 1965, reprend pour l'essentiel ce qu'avait déjà dit *Chamine,* même si l'appartenance de son auteur à l'O.S.S. (services secrets américains) pendant la guerre pouvait laisser espérer des révélations [11]. En 1967, Claude Paillat verse au dossier quelques pièces supplémentaires qui ne remettent pas en cause ce que l'on savait déjà [12].

La décennie 70 voit beaucoup de protagonistes du drame sortir de leur réserve. La piste monarchiste se précise avec le gros livre de Pierre Ordioni [13], puis le témoignage de Mme d'Astier de La Vigerie que publient Mario Faivre en 1975 dans *Nous avons tué Darlan* [14] et Georges Poisson en 1976 dans *Cette curieuse famille d'Orléans* [15] ; Poisson a soumis son manuscrit au comte de Paris, qui n'a fait aucune objection. Trois ans plus tard, pourtant, dans ses *Mémoires d'exil et de combat,* celui-ci nie toute responsabilité dans l'assassinat de l'Amiral de la flotte. Mais Alain Decaux reprend le témoignage de Mme d'Astier dans son émission *Alain Decaux raconte* le 26 mai 1979. Il s'appuie sur un grand nombre de témoignages ainsi que sur le dossier d'instruction que lui a communiqué le juge Voituriez [16], lequel publie l'année suivante le récit de son enquête [17].

La thèse qui se dégage de ces différents ouvrages est claire : qu'il ait ou non ordonné personnellement l'assassinat comme le soutient Mme d'Astier, le comte de Paris a en toute hypothèse cru que l'éviction de Darlan lui permettrait d'accéder au pouvoir. Le complot a été organisé par deux monarchistes convaincus, Alfred Pose et Henri d'Astier. L'implication des gaullistes est probable, mais ne peut être prouvée : pour Albert Voituriez, « il est certain que de Gaulle a donné son approbation à l'assassinat qui se préparait. Il n'est pas démontré qu'il ait donné l'ordre de l'exécution [18] ».

Une telle présentation soulève naturellement les protestations véhémentes des monarchistes et des gaullistes. Chez les premiers, Pierre Boutang soutient que le comte de Paris n'a jamais été souillé « par l'intention, ni l'ordre d'un meurtre. J'en ai la conviction totale [...] et la base d'une preuve [19] ». Le producteur Marcel Jullian recourt à une explication psychologique assez paradoxale. Le prince lui a accordé quatre entretiens dont le premier a été diffusé à la télévision le 21 janvier 1980 : « Le sang de Louis XVI continue de jouer un rôle en ce jour anniversaire de sa mort. Cette date, choisie par le prince, prouve qu'il est innocent de l'assassinat de Darlan. Psychiquement, j'ai raison : un Orléans ne peut plus commettre un acte de violence dans l'Histoire [20]. » Chez les gaullistes, le général Billotte, à l'époque chef de l'état-major particulier du général, et Gaston Palewski, son directeur de cabinet, dénoncent « l'absurdité de l'accusation portée contre de Gaulle », à qui l'idée d'assassinat politique était absolument étrangère [21].

Ces réactions sont liées aux sentiments intimes de fidèles qui n'acceptent pas que soit mise en cause une certaine idée de la monarchie ou du gaullisme[22]. En sens inverse, lorsque Maurice Duverger, qui n'est ni historien spécialiste de la période ni un acteur ou un témoin du drame, intervient dans le débat pour mettre en cause la responsabilité du général de Gaulle[23], on peut penser que son opposition résolue au gaullisme a influencé, sinon dicté, le jugement qu'il s'est forgé sur une affaire dont il ignore le détail. On retrouve de tels jugements politiques ou moraux à propos d'autres protagonistes. Ainsi, pour Gaston Palewski, le représentant de de Gaulle à Alger, René Capitant, étant d'une « pureté morale proverbiale, il était difficile de le soupçonner d'une connivence quelconque dans l'assassinat de Darlan[24] ».

Toutes ces dénégations laissent cependant entière la question de l'origine d'un complot dont personne ne nie l'existence. Par un procédé classique, monarchistes et gaullistes se rejettent mutuellement la responsabilité du meurtre. L'abbé Cordier, peu avant sa mort, qui survient en 1973, accuse le général de Gaulle d'avoir adressé « le grand signal » par l'intermédiaire du frère d'Henri d'Astier, le général François d'Astier de La Vigerie, pour « éviter que le prince n'assumât l'héritage de Vichy en Afrique du Nord[25] ». On a donc le choix entre trois modalités du complot :

— monarchistes seuls (thèse implicite des gaullistes) ;

— monarchistes manipulés à leur insu par des gaullistes (Voituriez, Decaux).

— monarchistes et gaullistes complices (Cordier, Fabre-Luce).

(L'implication des monarchistes étant surabondamment prouvée, l'option gaullistes seuls n'a jamais été sérieusement soutenue.)

A l'intérieur du complot monarchiste, on a le choix entre trois nouvelles options :

— le comte de Paris ne savait pas (Pierre de Bérard) ;

— le comte de Paris savait et a laissé faire (Voituriez) ;

— le comte de Paris a personnellement donné l'ordre (Faivre, Ordioni).

La gamme des options est déjà très vaste. Mais voici qu'avec les années 80 apparaissent deux pistes nouvelles qui récusent radicalement tout ce qui a été soutenu jusqu'alors. Elles affirment toutes deux que le complot monarchiste est une pure invention, de même que l'intervention du général de Gaulle, la décision a été prise par d'autres. Par qui ?

Par quelques jeunes patriotes qui ont agi spontanément ? C'est la thèse que défend Jean-Baptiste Duroselle : « L'exaltation fanatique de quelques jeunes hommes dans une atmosphère délétère paraît être l'explication la plus plausible[26]. » En 1986, Philippe Ragueneau, Compagnon de la Libération, révèle « la vérité sur la mort de Darlan » : le 18 novembre, quatre jeunes du Corps franc d'Afrique ont tiré à la courte paille, le sort a désigné Bonnier de La Chapelle : « Et tout est là ! [...] Clair comme le jour ! Et pourquoi diable imaginer, après cela, un ordre — bien inutile — du comte de Paris[27] ? »

Par les services secrets britanniques ? C'est la thèse que soutient depuis quelques années Anthony Verrier, qui a récemment reçu le renfort d'Anthony Cave Brown. Le premier fait remarquer que le Corps franc d'Afrique était contrôlé par le Special Operations Executive (S.O.E.) et que Churchill « se sentait plus directement et plus dangereusement menacé » et « avait déclaré plus d'une fois qu'il fallait l'abattre[28] » [Darlan]. Le second, dans sa biographie de Sir Stewart Menzies, chef de l'Intelligence Service, apporte quelques révélations sensationnelles : l'arme du crime était celle du major américain Carleton Coon qui appartenait à l'O.S.S. Le major se trouvait comme par hasard dans les environs du Palais d'Été au moment de l'assassinat, tandis que Menzies déjeunait avec les colonels Rivet et Ronin : lorsqu'on vint leur annoncer la nouvelle, ils ne se montrèrent ni surpris ni affectés et continuèrent leur conversation comme si rien ne s'était passé[29]. Il s'agirait donc d'une opération combinée par l'O.S.S. et le S.O.E. avec la complicité, ou au moins la neutralité du S.R. français. Verrier qualifie le complot monarchiste de « thèse romanesque » et absout pareillement les gaullistes : de Gaulle n'avait pas intérêt à faire disparaître Darlan[30].

C'est en cet état, passablement embrouillé, que se présente le dossier aujourd'hui. Alors que l'on pouvait penser vers 1980 que la trame du complot était à peu près cernée, même si les responsabilités de chacun n'étaient pas clairement établies, l'énigme a rebondi *in extremis* et s'est considérablement compliquée. Sera-t-il un jour possible de démêler cet entrelacs touffu d'affirmations contradictoires ? À défaut d'espérer y parvenir dans un avenir proche, on peut au moins tenter de « faire le tri » parmi les multiples versions qui nous sont proposées, de voir ce qui a résisté à la critique et, à l'inverse, d'écarter ou au moins de corriger certaines thèses excessives ou démenties par les faits.

Dans une affaire de ce genre, il est inévitable que les sources soient lacunaires. Des comploteurs ne laissent guère d'archives, et celles qui existent sont, soit épurées, soit fermées à la consultation. Des 2000 télégrammes échangés entre la France combattante à Londres et ses représentants (dont ceux d'Alger) en novembre et décembre 1942, on ne retrouve que le dixième dans les archives françaises. On pourrait pallier cette carence par les archives britanniques : les services d'écoute décryptaient systématiquement tous les messages des gouvernements en exil ou mouvements de résistance installés à Londres. Mais, bizarrement, parmi toutes les séries de messages ainsi déchiffrés, une seule reste obstinément fermée aux chercheurs : celle de la France combattante... De même, les archives du quartier général d'Eisenhower conservées à Kew (Londres) ne sont que partiellement consultables. Échappent notamment à l'historien les *daily intelligence reports*. D'habitude, on recourt aux archives américaines, plus libéralement ouvertes. Le Washington National Records Center détient une copie microfilmée de ces archives. Certains de ses rapports quotidiens sont consultables, mais deux liasses au moins restent inaccessibles, et justement l'une d'entre elles est cataloguée : « rapports contenant des détails sur le complot contre Darlan [31] ». N'est-ce pas surprenant alors que les procès-verbaux du Conseil national de sécurité des années 60 sont ouverts, révélant des secrets parfois explosifs [32] ?

Ne parlons pas du dossier de justice de Bonnier de La Chapelle, qui a résisté à toutes les demandes de dérogation, ou des archives de l'Intelligence Service, dont la consultation rappelle la quête du Saint-Graal : l'histoire officielle dirigée par Hinsley livre quantité d'informations sur les déchiffrements et les écoutes proprement militaires, mais se montre d'une discrétion très anglaise sur les actions de manipulation et de *deception*. Il y a peu, un historien s'est vu opposer un refus poli à sa demande de consultation. Son sujet : la crise d'Agadir... Certains dossiers datant du XIXe siècle restent clos.

Il y a là tout de même une indication. L'obstruction britannique est traditionnelle. Celle des Américains, en revanche, surprend, alors qu'ils sont généralement libéraux, voire parfois laxistes. Ce fait revêt une signification certaine lorsqu'on le rapproche de la consternation de Murphy à l'annonce de l'arrestation, en janvier 1943, de certains comploteurs [33]. Il n'est pas interdit d'en inférer que certains services américains au moins étaient au courant du complot, voire peut-être en relation avec quelques-unes des personnes impliquées. Le soin qu'ont mis les gaullistes à purger leurs archives et le refus britannique d'ouvrir la série des messages français alors qu'ils ont « libéré » sans difficultés leurs homologues belges, hollandais, tchèques, polonais... suggèrent que la France combattante est probablement plus impliquée qu'elle ne veut bien l'avouer. Certes, Jean-Baptiste Duroselle objecte que « la présomption ne suffit pas, dans un tel domaine [34] ». Mais un faisceau de présomptions finit par devenir troublant. Et il arrive parfois que l'on découvre un commencement de preuve. Le message de Catroux à de Gaulle retrouvé par l'historien allemand E. Krautkramer établit sans discussion possible que la France combattante a très tôt été au courant du complot[35].

L'existence de celui-ci n'est pas niable. L'exaltation de jeunes gens dans une atmosphère délétère est une explication commode, mais elle ne résiste pas à l'analyse. Les papiers saisis chez Henri d'Astier, les 40 000 dollars apportés de Londres par son frère, la proclamation du comte de Paris, la complicité de l'abbé Cordier, etc. sont des faits établis, indiscutables. Dire, comme Philippe Ragueneau, que Bonnier a rencontré « par hasard » Henri d'Astier, l'abbé Cordier et Mario Faivre, qui « habitent à l'étage au-dessous de sa fiancée[36] », est un peu court, d'autant plus que Ragueneau reconnaît lui-même n'avoir plus revu Bonnier après le 21 novembre, c'est-à-dire plus d'un mois avant le meurtre.

La même objection doit être adressée aux tenants de la piste britannique. S'il y a eu manipulation par l'I.S., elle ne fait que se rajouter aux agissements monarchistes et gaullistes, et non s'y substituer. D'autre part, il faut remarquer que tant Anthony Verrier qu'Anthony Cave Brown procèdent par affirmations, sans apporter d'éléments de preuves. Or certaines de leurs affirmations sont douteuses, ou même franchement erronées : ils affirment tous deux (l'un copiant l'autre) que l'arme du crime, un Colt Woodsman, appartenait à un membre de l'O.S.S. ; le seul problème est que Darlan a été tué par un 7,65[37]. D'autre part, le Journal de Rivet ne fait pas état d'une rencontre avec Menzies le 24, et pour cause : le commandant Paillole rencontrait celui-ci à Londres le jour même[38]. C'est dire que la piste britannique est encore loin d'être définitivement établie. En toute hypothèse, elle n'est nullement exclusive des autres.

Alors, monarchistes + gaullistes + Britanniques + (éventuellement) passivité ou complicité américaine ? Ce serait encore trop simple. Il faut y rajouter des éléments divers : parlementaires groupés autour de Pierre-Étienne Flandin, conseils généraux d'Algérie qui rêvent de jouer un rôle sous couvert de la loi Tréveneuc (qui leur confie la défense de l'intérêt public en cas d'empêchement du pouvoir central), communistes, Juifs... Il y a eu une multiplicité de complots plus ou moins élaborés, plus ou moins organisés, l'un manipulant l'autre, ou croyant le manipuler, tout en étant lui-même manipulé par un troisième, dans un entrelacs de relations d'une effrayante complexité. Comme l'a dit Gabriel Esquer, à propos de la conspiration du 8 novembre, « on trouverait à Alger dans la Résistance un état-major royaliste avec des lieutenants généralement israélites et des troupes qui sont dans leur très grande majorité gaullistes et républicaines[39] ». Les doubles jeux abondent, et peut-être même les triples. Viennent se superposer sur cet imbroglio des défaillances de mémoire et de curieux retournements. Les gaullistes, qui ne veulent plus être mêlés à l'assassinat en 1980, se précipitaient à une messe à la mémoire de Bonnier de La Chapelle en 1944 et lui accordaient une réhabilitation posthume l'année suivante. Mario Faivre, qui titre son témoignage *Nous avons tué Darlan,* déclarait peu après la guerre à l'historien Henri Michel qu'il n'avait vu Bonnier que trois ou quatre fois et qu'il le connaissait peu[40]. C'est dire combien les témoignages doivent être maniés avec précaution...

La critique se heurte à des obstacles à peu près insurmontables. Pierre Ordioni cite l'un des adjoints de Pose, qui le trouve « rayonnant » le lendemain de l'assassinat[41]. Pierre de Bérard le décrit au contraire inquiet, dans « l'incertitude du résultat d'une action totalement improvisée » et du sort de sa femme arrêtée par la Gestapo[42]. Qui dit la vérité ? Le choix doit s'opérer en fonction de recoupements parcellaires, de cohérence et de vraisemblance des témoignages. En attendant des pièces d'archives qui finiront bien un jour par sortir, on ne peut se prononcer de manière catégorique sur les rôles respectifs des uns et des autres. Mais on peut au moins cerner les grandes lignes, en distinguant les deux étages des différents complots : au sommet, ceux qui avaient intérêt à la disparition de Darlan ; sur place, les exécutants qui, bien souvent, n'ont pas attendu de recevoir des instructions pour agir ou ont interprété avec beaucoup de liberté les désirs exprimés ou supposés de leurs supérieurs.

À QUI PROFITE LE CRIME ?

Qui avait intérêt à la disparition de Darlan ? Trois noms ont été prononcés : le comte de Paris, le général de Gaulle, Churchill. On peut y ajouter une interrogation à propos de l'attitude de certains officiels américains.

Le comte de Paris

Le 25 août 1940, la mort de son père, le duc de Guise, avait fait du comte de Paris le chef de la Maison de France. À la différence de son père, le nouveau prétendant est décidé à travailler très activement à la restauration monarchique. Sa position est vite fixée : opposition aux Allemands en zone occupée, soutien à l'État français en zone libre. Ainsi qu'il l'expliquera plus tard,

Dunkerque, Mers el-Kébir et Dakar l'ont détourné de l'Angleterre et de la France libre[43]. Installé au Maroc espagnol, il va établir à la fin de 1940 un contact avec Vichy par l'intermédiaire de l'amiral d'Harcourt, commandant la marine au Maroc. À partir du 21 janvier 1941, il adresse à Darlan et à Weygand une série de notes et de lettres destinées à informer Vichy de la situation et de ses contacts. Ainsi, le 16 avril, rend-il compte de ses entretiens avec des personnalités britanniques à Lisbonne entre le 7 et le 15 avril[44]. Il montre à d'Harcourt, qui doit se rendre à Vichy, des notes dénonçant les rapports de Weygand avec les Britanniques et l'attitude équivoque de Pierre Lyautey. Le 26 mai, il informe Pétain de la naissance de ses jumeaux Michel et Jacques, et le 7 juillet demande que le chef de l'État se fasse représenter au baptême… Il croit que la fin de la IIIe République et l'âge du Maréchal ouvrent la voie à une restauration monarchique. Pour renforcer sa position au Maroc, il insiste auprès du commandant Sanson (chef du 2e Bureau de l'Amirauté et monarchiste déclaré), envoyé auprès de lui par Darlan le 19 juillet, pour que Noguès, qui lui est très hostile, soit remplacé par d'Harcourt et que soient mis à la tête des services de sécurité des hommes sûrs.

Malheureusement pour lui, Pétain proclamait avant la guerre : « Je suis un maréchal républicain », et ce n'était pas une formule en l'air. Il le dit sans ambages à Maurice Martin du Gard : « La monarchie ! Ah ! mais non ! Vous avez confiance dans cette famille, vous ? Et ça ne dit plus rien aux Français[45]. » Il se garde donc de donner le moindre encouragement au comte et ne lui répond jamais personnellement. Recevant d'Harcourt le 22 mars, Pétain lui déclare : « Que le comte de Paris ne fasse rien, mais nous renseigne[46]. » Le 9 juin, il fait répondre par Pierre de Leusse (représentant de Weygand à Vichy) qui remercie le prince de son discernement et de son grand loyalisme[47]. Le 12 septembre, c'est l'amiral Darlan qui répond lui-même à une lettre du 5 du même mois dans laquelle le prince a évoqué son avenir politique et fait savoir que, faute d'assurances sur le succès de sa cause, il reprendra sa liberté d'action. La fin de non-recevoir est très courtoise, mais dépourvue d'ambiguïté :

« Monseigneur,

« Je remercie Votre Altesse des renseignements et des réflexions dont Elle a bien voulu me faire part dans Sa lettre du 5 de ce mois.

« Je Lui sais gré, notamment, de l'adhésion qu'Elle renouvelle aux principes et à la ligne générale des efforts que le Maréchal accomplit, avec son gouvernement, pour sauvegarder l'unité française, préserver notre peuple de nouveaux conflits et de nouvelles aventures, remédier à ses misères, conserver le patrimoine national et impérial, donner à la France une conscience aussi vive que possible des ressources spirituelles et matérielles qu'elle doit trouver en elle-même, afin de restaurer sa grandeur, moyennant la fidélité complète de tous à une discipline que le simple bon sens suffirait à nous commander, dans les circonstances actuelles.

« D'autre part, Votre Altesse veut bien me demander quelle orientation le Maréchal entend donner au régime politique de la France.

Ma réponse se trouve dans les termes mêmes du mandat par lequel l'Assemblée nationale confia les pouvoirs au Maréchal. Ce mandat est ainsi formulé : " L'Assemblée nationale donne tous pouvoirs au gouvernement de la République, sous la signature et l'autorité du maréchal Pétain, à l'effet de promulguer par un ou plusieurs actes la nouvelle Constitution de l'État français. Cette Constitution devra garantir les droits du Travail, de la Famille, de la Patrie. Elle sera ratifiée par la Nation et appliquée par les assemblées qu'elle aura créées. "

« Un tel mandat charge le Maréchal d'assurer le passage de la Nation vers un nouvel état politique que, seule, la Nation elle-même pourra accepter et rendre définitif, étant précisé que le chef de l'État doit, par la Constitution, garantir en tout cas l'expression des droits du Travail, de la Famille et de la Patrie.

« L'autorité dont le Maréchal a été investi a un caractère tout personnel. Elle est prévue pour la durée des circonstances exceptionnelles pendant lesquelles le fonctionnement d'institutions normales est impossible. Il affaiblirait moralement cette autorité, qui est aujourd'hui une garantie essentielle du salut du pays, s'il en débordait ou faussait la définition.

« En même temps, il risquerait de donner prétexte ou motif à des divisions entre patriotes, divisions que son premier devoir est d'empêcher. En apportant lui-même l'exemple d'une discipline supérieure et de la plus haute loyauté envers son mandat, il lui est permis d'offrir à la Nation tous les enseignements nécessaires et de lui préparer des institutions dans le cadre desquelles elle pourra, le moment venu, se choisir un chef qui représente et défende ses intérêts permanents, spirituels et matériels. Ce moment viendra, lorsque, les circonstances étant de nouveau normales, la Constitution aura pu être promulguée.

« Je demande à Votre Altesse de bien vouloir agréer l'assurance de ma haute considération[48]. »

Cette lettre est remise à son destinataire le 17 septembre par le commandant Sanson. La déconvenue du Proton (groupe des conseillers privés du prince : Henri Billecocq, haut fonctionnaire à la résidence générale de France au Maroc ; Jacques Sire, important propriétaire ; le commandant du Boÿs)[49] est grande : « Le précédent souci de Darlan de ne pas se compromettre, de ne prendre aucun engagement, ressortent [*sic*] de ce texte juridicaillon politicard dont le vague est total. » Mais le comte est optimiste : « L'allusion au choix que la nation pourra faire d'un chef plus tard le satisfait. Il y voit une nette allusion à sa personne. Aussi renouvelle-t-il ses engagements de loyalisme à l'égard du gouvernement. » Sanson revoit les conseillers du prince le lendemain. Il leur explique que l'attitude de Darlan à l'encontre de l'idée monarchique est en train d'évoluer, allant même jusqu'à dire que « le succès de la cause royale auprès de lui sera assuré dans l'avenir ». Il promet d'agir en ce sens à Vichy. Le 11 octobre, d'Harcourt communique au Proton une lettre de Sanson : « Darlan a été " soufflé " par les déclarations et les fermes paroles du prince, mais rien de plus[50]. »

Déçu par l'insuccès de ses avances en direction de Vichy, le Proton encourage le comte de Paris à sonder les intentions des Allemands. Par l'intermédiaire du consul espagnol à Rabat, Propper de Callezon, des jalons en ce sens sont posés à la fin de novembre 41. Les premiers contacts sont peu encourageants, mais, le 12 janvier, le consul général allemand à Casablanca Auer sollicite une audience. L'entrevue a lieu à Larache, au Maroc espagnol, le 18 février 1942, dans le plus grand secret, mais avec l'assentiment des autorités espagnoles qui ont été prévenues. D'après le compte rendu d'Auer, le comte a déclaré qu' « il serait en mesure, le moment venu, de donner au Führer, ainsi qu'au peuple français lié à l'histoire de sa Maison, la garantie pour l'avenir qui serait également nécessaire à l'Allemagne de la part d'un peuple voisin de 40 millions d'âmes pour le Nouvel Ordre européen[51] ». Mais Berlin répond négativement au signal qui lui est adressé : le directeur des Affaires politiques à la Wilhelmstrasse fait savoir à Auer que Pétain reste le seul interlocuteur du Reich[52].

En mai 1942, le comte est découragé. Un journaliste qui s'était fait fort de prendre contact avec Laval et s'était fait avancer dans ce but une somme d'argent n'a pas reparu. A la fin du mois de juin, il se décide, sur les adjurations de ses conseillers, à effectuer une démarche de la dernière chance et écrit à Pétain pour demander une audience : il doit l'entretenir de questions extrêmement importantes. La lettre est remise à Ménétrel par Pierre de Bérard vers le 20 juillet. Pétain décide d'envoyer le colonel de Gorostarzu, de sa maison militaire, au prince. Mais celui-ci refuse de discuter avec lui : il ne parlera qu'au Maréchal, et il se rendra en France avec ou sans l'accord du gouvernement. Mis au pied du mur, intrigué aussi par les informations « extrêmement importantes » que le prince annonce (serait-il chargé par les Alliés d'une mission de médiation ?), Pétain se résigne à recevoir le prétendant, qui atterrit le 6 août à Clermont-Ferrand, plein d'espoir. Il a confié à Billecocq, qui l'accompagne, « qu'à vingt ans il a demandé à Jeanne d'Arc de l'éclairer sur sa future mission : la sainte lui a confirmé ce qu'il croyait déjà en lui-même, qu'il restaurerait la royauté en France ; c'est alors qu'il se consacra à la Sainte Vierge. Il veut donc prendre le pouvoir le 15 août ». Peu avant son départ, il a réuni le Proton, « plus royal que jamais, sa confiance croissant d'heure en heure, il est persuadé que le Maréchal est déjà à demi convaincu de la nécessité de restaurer la monarchie et qu'il cédera aisément aux arguments que le prétendant fera valoir lui-même[53] ».

La rencontre tant espérée a lieu à Charmeil, près de Vichy, où Pétain vient se reposer pendant l'été. Le prince essaie pendant une heure de persuader le Maréchal, mais sans succès.

> « A tous ces arguments, le Maréchal s'est borné à opposer les institutions républicaines, la mission dont il a été investi par le Parlement, son impuissance en face des factions et de l'occupation allemande. Niant que la France fût aussi bas que le prétendait le prince, il a déclaré : " Je gagne du temps, c'est l'essentiel. La guerre se terminera par un compromis que j'arbitrerai : la paix sera signée dans mon bureau[54]. " »

Pétain emmène ensuite tout le monde visiter le potager dont il est très fier : « " Je travaille pour mon successeur, déclare le Maréchal en nous faisant admirer toutes sortes de magnifiques légumes. — J'ai remporté une éclatante victoire sur le doryphore. " Et d'un geste qu'il veut généreux, il nous donne à chacun un énorme concombre[55]. » Un nouvel entretien, le lendemain matin, ne donne aucun résultat : « Le Maréchal cherche à obtenir du comte de Paris toutes les précisions possibles sur notre action, nos moyens, nos hommes. Le prince esquive et parle de l'avenir de la France. Le Maréchal chantonne, plaisante avec Ménétrel comme s'ils étaient seuls, puis reprend la conversation. Le prince est furieux[56]. » Dans l'après-midi, il rencontre Laval qui, en vieux républicain, lui propose ironiquement le secrétariat d'État au Ravitaillement[57]. Après un dernier dîner, morne et glacial, le 8 août, le comte de Paris regagne l'Afrique.

Les voies légales étant désormais fermées, le Proton songe alors au coup d'État. Il charge un émissaire, le colonel de Bernonville, chef adjoint des Services d'Ordre Légionnaires, de prendre contact avec Darnand : le chef des S.O.L. est un ancien de l'Action française et dispose de moyens considérables. Sans attendre, le prince entame une intense préparation diplomatique : il lui faut connaître la réaction de l'Axe ; aussi se rend-il à

Rome pour rencontrer un membre de la Maison de Savoie et le prince de Bismarck, ambassadeur d'Allemagne. Il doit également être reçu par le pape et compte s'arrêter en Espagne au retour, pour voir Franco. Mais rien ne se passe comme espéré. Darnand ne répond pas aux avances qui lui sont faites, la Maison de Savoie et Franco se dérobent. En revanche, l'audience pontificale a été « émouvante et très réconfortante... Le prince n'a pas caché au Saint-Père sa volonté de reconquérir le trône de ses ancêtres, au besoin par la force ; et qu'à ce moment-là au plus tard, pour châtier les responsables de la décadence spirituelle et matérielle de la France, il aurait à verser le sang. Risquerait-il alors d'être privé d'absolution ? Le pape lui a répondu que tant qu'il se maintiendrait scrupuleusement dans le cadre de ses devoirs d'État, il ne pouvait encourir aucun blâme, et que sa position vis-à-vis de l'Église restait inchangée. [...] De son côté, le prince de Bismarck a témoigné au comte de Paris une grande déférence et beaucoup d'intérêt. [...] Bismarck a proposé au prince une entrevue avec un représentant qualifié du Führer. Le comte de Paris a accepté le principe de l'entretien, quitte à en discuter les modalités au cas où il serait admis du côté allemand[58] ».

Entre le 10 et le 14 octobre, deux membres du Proton, Billecocq et Sire, viennent relancer Darnand, mais celui-ci refuse finalement de s'engager. Tous les efforts du prince en direction de Vichy et des Allemands se soldent donc par un échec total lorsque survient le débarquement allié en A.F.N. Malgré sa déconvenue, il donne le 8 novembre à ses partisans la consigne d'obéir aux ordres donnés par le Maréchal, « chef légal de l'État français ». Mais il songe tout de suite à tirer parti des événements. Ses conseillers sont divisés : le Proton lui dit qu'il faut renouer contact avec Vichy, tandis que d'autres le pressent de s'entendre avec les Anglo-Saxons, avec lesquels il n'a d'ailleurs jamais cessé d'entretenir des contacts, notamment durant ses voyages en Espagne ou au Portugal. Mais il ne s'est jamais engagé envers eux comme il l'a fait vis-à-vis de Vichy ou de l'Allemagne. En mars 1942, il a refusé de recevoir Henri d'Astier de La Vigerie, monarchiste, mais favorable aux Alliés[59], et peu après n'a donné aucune suite à une proposition similaire de Jean Rigault[60]. Au lendemain du débarquement, il se décide encore une fois à tenter sa chance du côté de Vichy et écrit à Laval le 16 novembre : « Je compte sur vous, Monsieur le Président, pour nous donner des certitudes que nous n'attendons plus de personne ici[61]. » Laval ne répondra pas, et ira même jusqu'à révéler l'existence de cette lettre le 13 décembre. Le contact avec la métropole est définitivement rompu, et l'attention du prince se tourne vers Alger. Il échappe à l'influence du Proton, qui rêve d'une monarchie anticapitaliste et antisémite, pour écouter d'autres avis, notamment ceux d'Alfred Pose qui lui envoie un émissaire le 20 novembre (c'est Marc Jacquet, qui sera ministre sous la Ve République).

Pose s'est rallié à la cause monarchiste depuis peu (en 1941), mais ses fonctions de directeur général de la Banque nationale du Commerce et de l'Industrie en Afrique et son intelligence remarquable le placent au-dessus de tous ceux qui gravitent autour du prince. Les nouvelles qu'il apporte sont d'un exceptionnel intérêt : à Alger, le pouvoir de Darlan est mal assuré, l'anarchie règne, et les présidents des conseils généraux d'Algérie ont écrit le 24 novembre à l'Amiral de la flotte pour contester la légalité de son pouvoir et lui demander de se retirer au profit d'un gouvernement provisoire qui serait constitué conformément aux dispositions de la loi Tréveneuc. « Pose a été chargé de remettre ce document au prince pour information. Il a vivement pressé celui-ci de donner suite à ce qu'il considère comme une proposition [62]. »

Le comte de Paris hésite devant les risques de l'opération, mais Pose insiste sur « l'extrême urgence de cette action. Nous sommes menacés d'une combinaison de Gaulle-Catroux ». Le comte décide d'envoyer Billecocq à Alger « prendre contact avec les présidents des conseils généraux et pousser les négociations aussi loin que cela sera possible ». Pose donne à Billecocq des précisions sur l'opération :

> « C'est Henri d'Astier de La Vigerie le *deus ex machina* de la manœuvre en cours. C'est lui qui a soufflé aux représentants algériens l'idée de la lettre à l'amiral Darlan et qui a obtenu d'eux communication au prince. [...] Pour terminer, Pose me donne quelques conseils sur les méthodes gouvernementales que le prince devra appliquer. Elles n'ont rien d'inattendu, ni de frappant. Mais avec une stupéfaction que je dissimule avec soin, j'entends le fils de paysan conclure : " Pour le peuple, pas trop d'instruction, un peu d'orthographe, les quatre opérations, la règle de trois, c'est plus qu'il n'en faut [63]. " »

Le 2 décembre, Billecocq arrive à Alger où il rencontre Henri d'Astier, accompagné du « fameux abbé Cordier, dont la soutane cache une âme d'aventurier sans scrupules », et lui communique « l'accord du prince pour l'opération telle qu'elle a été envisagée, c'est-à-dire offre du pouvoir dans des conditions légales, par les représentants algériens et avec l'assentiment américain ». Henri d'Astier est ravi : « Les circonstances nous sont favorables. Le désarroi de l'amiral Darlan est plus grand encore que nous le pensions à Rabat, après avoir entendu Pose. Il est impopulaire, se sait détesté des Anglais, peu prisé des Américains, dans une position fausse, et souhaite ardemment que quelqu'un ou quelque chose vienne le délivrer. » Billecocq revoit d'Astier, accompagné cette fois de Jacquet, et leur assure que le prince saura récompenser leur dévouement : « La satisfaction d'Henri d'Astier est visible, mais correcte et mesurée comme il se doit, celle de Jacquet est indécente. Il bredouille de joie, et avoue d'un mot son ambition. " Vous pourrez assurer au comte que je serai le plus dévoué de ses ministres. " » D'Astier le met en garde contre Rigault, secrétaire à l'Intérieur ; il pourrait avoir connaissance du complot, il faut s'en débarrasser : il « sera enlevé par des hommes de main, conduit de nuit en voiture dans le sud de l'Algérie, chez un colon ami et dévoué. Pendant huit jours, il sera privé de drogue (il est opiomane) : il sera aisé, alors, de le faire parler. Quand tous les renseignements auront été tirés de lui, il sera exécuté[64] ». Le 4 décembre, Billecocq rencontre Saurin, président du Conseil général d'Alger, qui se déclare acquis à la cause du prince, puis Froger, président du Conseil général d'Alger, qui se laisse convaincre à son tour[65]. Mais il ne rencontre aucun représentant américain. De retour à Rabat le 5 décembre, Billecocq rend compte au prince, qui « est effrayé par l'engagement que j'ai pris en son nom et par la proximité de l'événement », puis se décide à approuver le plan mis au point : appel des conseils généraux, démission de Darlan, accord de Murphy, et tout le monde sera mis devant le fait accompli. Le 9 décembre, le prétendant part pour Alger.

Arrivés au moment où le complot monarchiste va entrer dans une nouvelle phase, il nous est utile de faire le point. Nous sommes tributaires, pour connaître l'activité du comte de Paris jusqu'à son départ pour Alger, des passages très brefs de ses *Mémoires* et du Journal très détaillé de l'activité du Proton, qui nous fournit le récit de la mise en place du complot à Alger. C'est en fait notre seule source un peu précise, puisque Pose, d'Astier, Cordier et Jacquet n'ont rien dit : *Testis unus, testis nullus*... Cependant, ce document, dont la valeur peut être vérifiée par recoupement avec d'autres sources pour la période antérieure au 8 novembre, paraît crédible. Sur un seul point, il peut être contesté : les présidents Saurin et Froger ont catégoriquement nié avoir donné leur acquiescement à une restauration monarchique[66]. Mais l'affaire ayant échoué, ils avaient évidemment intérêt à nier toute participation. De toute façon, il ne s'agit pour l'historien (pour la réussite du complot, elle avait évidemment une importance décisive) que d'une question secondaire qui ne remet pas en cause la validité du schéma d'ensemble : le prince pense que le désordre d'Alger va lui permetre d'atteindre l'objectif qu'il poursuit avec une conviction mystique depuis qu'il est devenu le chef de la Maison de France ; il croit (Pose le lui a dit) que les conseils généraux sont acquis à la combinaison mise au point par Pose et d'Astier ; à aucun moment, il n'est question d'une action violente, on forcera peut-être la main de l'Amiral de la flotte, mais il n'est pas question de l'assassiner. Cela ne veut pas dire qu'il écarte par avance l'hypothèse d'avoir à faire couler le sang, il a d'ailleurs posé la question de son devoir d'État au Saint-Père, qui lui a donné une approbation tacite. Mais, lorsqu'il arrive à Alger, il n'est pas encore envisagé d'en venir à pareille extrémité.

Le général de Gaulle

Autant que le comte de Paris, le général de Gaulle a intérêt à l'élimination de Darlan. Avec la même ardeur mystique, il est convaincu d'incarner la France. Vichy est nul et non avenu, ce n'est qu'un foyer de traîtres, il n'est qu'une seule légitimité : la sienne. La guerre contre l'Allemagne s'accompagne donc logiquement d'une guerre contre les traîtres, et Darlan figure au premier rang, juste après Pétain. Avec son intuition politique exceptionnelle, de Gaulle comprend tout de suite le danger que représente, pour lui et pour la France combattante, le retournement de Darlan : si celui-ci parvient à rallier l'empire, le mouvement gaulliste sera marginalisé. Dès le lendemain de l'accord du 13 novembre, il écrit à Churchill :

> « L'avènement de Darlan en Afrique du Nord avec le concours des Américains et “ au nom du Maréchal ” constitue, à mon avis, un fait capital de cette guerre. Je crois qu'en ce qui concerne la nation française ce fait dépassera, par ses conséquences futures, la capitulation de Bordeaux[67]. »

Tant qu'il s'agissait de Giraud, de Gaulle n'avait pas d'inquiétudes excessives, ainsi qu'il s'en est expliqué le 10 novembre à ses principaux lieutenants : « Si j'estime ses qualités militaires, je le crois insuffisant pour la tâche très délicate qu'il prétend assumer. [...] Nous gardons pour le moment l'expectative en ce qui concerne Giraud[68]. » Il télégraphie à André Philip deux jours plus tard : « Mon opinion est que la combinaison Giraud est sans avenir[69]. » Mais sa position change quand le monde apprend que c'est finalement Darlan, et non Giraud, qui va exercer le pouvoir en Afrique du Nord : non seulement l'Amiral de la flotte est l'incarnation de la politique de Vichy, mais surtout il constitue un adversaire d'une autre stature que Giraud. La réaction est immédiate ; il la fait connaître par un communiqué rédigé dès le 14 novembre, mais diffusé seulement le 16 à cause de l'obstruction américaine : « Le général de Gaulle et le Comité national français font connaître qu'ils ne prennent aucune part et n'assument aucune responsabilité dans les négociations en cours en Afrique du Nord avec les délégués de Vichy. Si ces négociations devaient conduire à des dispositions qui auraient pour effet de consacrer le régime de Vichy en Afrique du Nord, celles-ci ne pourraient être acceptées par la France combattante[70]. » Il renonce au projet d'envoyer une délégation à Alger, projet qui lui avait été proposé dès le 8 par Henri Frenay à l'initiative des services secrets britanniques[71]. La guerre avec le pouvoir d'Alger sera aussi implacable que la guerre avec Vichy.

Le 15 novembre, de Gaulle répond à l'amiral Stark, commandant les forces navales américaines en Europe, qui lui a écrit pour justifier l'action américaine. Le message est fort bref, et tout à fait explicite :

> « Je vous accuse réception de votre lettre du 14 novembre.
> « Je comprends que les États-Unis paient la trahison des traîtres si elle leur paraît profitable, mais cela ne doit pas être payé sur l'honneur de la France.
> « Veuillez croire, amiral, à mes sentiments très distingués[72]. »

Même sécheresse avec Churchill qu'il rencontre le lendemain : « Cette affaire n'est pas propre, et je regrette de voir que vous vous y salissez quelque peu. » Un télégramme aux délégations de la France combattante dans l'empire et à l'étranger rend compte de cet entretien, dont de Gaulle a retiré l'assurance que « Churchill et Eden ne consentent pas à voir bâtir quelque chose de sérieux autour de Darlan[73]. » Deux jours plus tard, il précise ses intentions :

> « Non sans difficultés, nous avons pu écarter Darlan, tout au moins pour l'avenir. Mon intention est d'essayer de parvenir à un arrangement avec le général Giraud. [...] Tout le monde en France est unanime sur les deux points suivants : *Darlan est un traître qui doit être liquidé. Giraud a le devoir de se rallier à la France combattante*[74]. »

Cinq jours après « l'accord infâme », de Gaulle pense qu'il est possible de dissocier Giraud de Darlan, et que ce dernier n'est bien qu'un « expédient provisoire ». Mais il va vite apparaître que Giraud reste sourd à toutes les avances qui lui sont faites et s'en tient à ses fonctions militaires : il ne complotera pas contre Darlan. D'autre part, le ralliement de l'A.O.F. vient sérieusement consolider la position de celui-ci et atténue l'effet du sabordage. Le 1er décembre, dans un télégramme à son délégué à Nairobi, de Gaulle avoue franchement son inquiétude : « J'ai des raisons de croire que, dans l'orientation des diverses parties de l'empire, soit vers Darlan-Vichy, soit vers la France combattante, les Anglais se résignent au jeu actuel des Américains[75]. » L'entrevue qu'il demande avec insistance à Roosevelt n'arrive toujours pas[76] et il sait probablement que le président envisage maintenant la prolongation de l'« expédient provisoire » au moins jusqu'à la fin de la guerre. Durant les semaines qui suivent, ses appréhensions ne font que croître au point que, dans un moment de découragement, il s'abandonne jusqu'à déclarer au diplomate britannique Charles Peake qu'il songe à renoncer et à dissoudre la France combattante[77]. Mais ces moments d'égarement sont sans conséquences, et, sans désemparer, il met en place son dispositif pour combattre son rival.

D'abord, il cherche des appuis diplomatiques. Celui des gouvernements en exil lui est acquis (le retournement de Darlan pourrait constituer un mauvais exemple), mais il est de peu de poids ; de Gaulle compte sur Staline, bien que celui-ci, en bon cynique, n'ait à aucun moment condamné l'accord conclu avec Darlan[78], et il pousse son offensive dans ce sens. Le 28 novembre, le colonel Rémy et un représentant du comité central du P.C.F. ont échangé un procès-verbal définissant les grandes lignes de l'accord entre la France combattante et la Résistance communiste[79]. Le 13 décembre, de Gaulle se rend à l'ambassade soviétique à Londres pour obtenir un soutien, allant jusqu'à dire : « J'espère que les Russes seront à Berlin avant les Américains[80] », mais il n'en rapporte aucune assurance. Et pour cause : le 30 novembre, le ministre des Affaires étrangères Molotov a télégraphié à l'ambassadeur Maïsky : « Nous estimons que les Américains ont agi de manière juste en se servant de Darlan. Si Darlan veut conduire avec nous le combat contre Hitler, ce qu'il fait déjà, alors ce sera un " plus " pour la coalition anglo-russo-américaine[81]. »

Mais le soutien soviétique ne suffirait pas à débloquer la situation. Tout dépend de Washington. Le représentant de la France combattante aux États-Unis, Adrien Texier, reçoit le renfort d'André Philip, commissaire à l'Intérieur, pour faire le siège des autorités américaines. Peine perdue : le gouvernement américain considère que tout doit être subordonné aux considérations militaires, qu'« il n'a pas à favoriser un regroupement de toutes les forces françaises et qu'il est libre de traiter avec quiconque, qu'il s'appelle Darlan, Boisson ou Robert, détient de fait une parcelle d'autorité [82] ». Le 20 novembre, Philip et Texier sont reçus par Roosevelt à qui ils remettent une lettre de de Gaulle. Il est question d'une visite du chef de la France combattante aux États-Unis, et Billotte affirme que l'invitation est remise au général le 10 décembre par l'amiral Stark, lequel déclare au cours du déjeuner qui lui est offert que « le président Roosevelt ne pourra qu'apprécier la haute valeur de son interlocuteur et que les deux hommes se mettront d'accord sur le sort de l'expédient provisoire. Celui-ci pourrait être invité à faire retraite en un lieu lointain jusqu'à la fin des hostilités [83] ». En réalité, Roosevelt est loin d'être aussi bien disposé : il ne répond pas à la lettre de de Gaulle, et la visite promise est sans cesse reportée. Philip rentre, le 9 décembre, de Washington complètement découragé [84]. Le climat est donc loin d'être « euphorique », et c'est quelques jours après ce fameux déjeuner que de Gaulle confie son découragement à Charles Peake.

La conjoncture diplomatique étant assez peu favorable à un dénouement spontané, il faut déstabiliser l'Amiral de la flotte. Si la B.B.C. censure les propos trop vifs de de Gaulle, elle ne peut empêcher leur diffusion par les postes de l'A.E.F. ; de Gaulle est d'ailleurs tellement inquiet de l'attitude anglo-saxonne qu'il ordonne, le 3 décembre, de « continuer à faire assurer la garde militaire du poste radio de Brazzaville. Il y a des raisons sérieuses pour cela [85] ». Le 15 décembre, le commissariat à l'Information adresse aux stations de radio la liste des « points à reprendre dans vos émissions : le passé de Darlan [...], sa haine de l'Angleterre, déclarations pro-allemandes de Darlan [...], continuer les appels à l'union des patriotes. [...] Mots d'ordre des comités : élimination des traîtres et des saboteurs. [...] Dans le cas où l'Axe aurait réussi à précéder les Alliés en Afrique du Nord, quel Quisling français auraient-ils pu choisir sinon Darlan [86] ? ». De Gaulle ordonne « de préparer partout l'action directe et d'y passer en n'importe quel point où l'occasion vous paraîtra favorable afin de prendre de gré ou de force l'autorité dans tel ou tel territoire de l'A.O.F. [87] ». Le 28 novembre, il fait exécuter un coup de main contre l'île de la Réunion et ordonne de préparer une opération similaire contre la Côte française des Somalis. Mais cette propagande et ces actions périphériques ne peuvent amener de résultat à bref délai. Il faut agir au cœur, en Afrique du Nord.

Au début de décembre, une occasion de contact entre de Gaulle et Darlan se présente. Le général Catroux, que de Gaulle a convoqué à Londres pour une réunion extraordinaire du Conseil national français, doit s'arrêter à Gibraltar. Murphy en avertit Bergeret le 5 décembre, et Darlan décide de lui envoyer un émissaire. Ce sera le commandant de Beaufort, qui a servi sous les ordres de Catroux au Maroc. Eisenhower prête son avion personnel. La rencontre a lieu le 10 décembre, en présence du gouverneur de Gibraltar, MacFarlane, et du colonel Holmes, adjoint de Murphy. Catroux, qui s'attend à rencontrer un émissaire de Giraud (les gaullistes ont toujours à l'esprit l'idée d'essayer de séparer Giraud de Darlan), commence par refuser de recevoir un envoyé de Darlan, mais le gouverneur l'accueille à la même table, et la conversation finit par s'engager. D'après le journal de Bergeret, il n'y a eu qu'un « échange de banalités. Catroux est aimable, mais ne veut absolument pas parler de l'amiral[88] ». D'après les Souvenirs de Catroux, Beaufort lui aurait déclaré : « N'attaquez pas l'amiral Darlan. Il est las de la situation. Il s'en ira bientôt[89]. » Le télégramme qu'il adresse au général de Gaulle à son arrivée au Caire le 15 décembre rend cependant un son assez différent :

> « Giraud ne m'a envoyé personne à Gibraltar, ni Eisenhower non plus. Par contre, le commandant de Beaufort m'a été dépêché par Darlan, en entente avec Eisenhower, en vue de me mettre au courant de la situation. Darlan, à mon avis, a prétendu par ce moyen démontrer qu'il était seul le maître, qu'il était d'accord avec Eisenhower et qu'au demeurant, il ne refusait pas les conversations [...] avec nous.
>
> « J'ai répondu à son salut en lui disant mon regret de ne pouvoir m'entretenir avec l'envoyé de Darlan. Je lui ai dit notre position à l'égard de l'amiral, ainsi que ses raisons, en ajoutant que je demeurais prêt à causer avec Giraud. Beaufort a répondu que ce dernier était pour le moment impuissant.
>
> « Il est remarquable qu'après m'avoir exposé la nécessité actuelle du maintien de l'amiral, Beaufort ait exprimé le vœu qu'on cessât toute polémique sur son nom. [...] Il est clair que tout ce qui peut aider à réagir contre Darlan préoccupe ce dernier et son protecteur.
>
> « Ceci dit, il demeure que tous les éléments qui comptent en Afrique du Nord et en A.O.F. sont intoxiqués par l'esprit de Vichy et qu'ils s'agrègent autour de Darlan, émanation de Pétain. Ceci indique que les " écuries d'Augias " seront dures à nettoyer tant que nous ne serons pas sur les lieux. Ceci prouve encore une fois la nécessité d'évincer Darlan et Noguès, et Boisson, c'est-à-dire de décapiter cette résurrection de Vichy. Le difficile sera de convaincre Washington[90]. »

On ne peut pas parler d'optimisme débordant. Beaufort a peut-être pris sur lui de dire que Darlan s'en irait de lui-même, mais il n'était chargé d'aucun message en ce sens mais simplement d'essayer de parvenir à un accord que Darlan a résumé en deux points : « neutralité mutuelle, marche parallèle dans la guerre[91] ». Une note de Darlan rédigée la veille de la rencontre réaffirme sa position : « L'amiral est prêt à désigner la personnalité choisie pour lui succéder, si cela est favorable à la conduite heureuse de la guerre contre l'Axe par les Alliés. » Mais :

> « J'estime que tous les Français qui se sont placés du côté des Alliés doivent tous reconnaître le Maréchal comme chef.
>
> « La personne du général de Gaulle ou de tout autre gaulliste notoire ne sera pas agréée par la majorité des Français de l'Afrique du Nord[92]. »

Le 12 décembre, Darlan prend connaissance du rapport de Beaufort et constate l'impossibilité du rapprochement : « Catroux ignore tout de la situation en Afrique. Il croit ou feint de croire que l'Afrique du Nord n'est pas en lutte contre l'Axe. Si cet état d'esprit est celui des chefs gaullistes, une entente avec eux est difficile[93]. » De fait, de Gaulle n'envisage à aucun moment l'éventualité d'un accord. Accepter que Darlan lui remette de plein gré le pouvoir, ce serait d'une certaine manière reconnaître sa légitimité et endosser une continuité avec Vichy, ce qu'il refuse absolument. L'entrevue de Gibraltar s'inscrit dans le cadre d'une manœuvre destinée à séparer Giraud de Darlan, elle n'a aucunement pour but d'ouvrir des négociations avec le haut-commissaire.

Comme l'a dit Catroux dans son télégramme, il faut être sur place. Dès la fin de novembre, de Gaulle est résolu à envoyer une mission à Alger. Le 2 décembre, il informe Churchill qu'il a désigné à cette fin le général François d'Astier de La Vigerie[94], lequel a « pour mission de s'informer sur tout et de m'informer. [...] Naturellement, d'Astier n'aura rien à voir avec Darlan. Peut-être verra-t-il Giraud, mais non officiellement. [...] Mon plan est donc de prendre sur place, par tous les moyens, tous les contacts possibles afin que l'union avec nous se fasse du bas vers le haut[95] ». Le langage est feutré, mais le message est clair : il faut déstabiliser Darlan par tous les moyens. Nanti de l'autorisation américaine, François d'Astier débarque à Alger le 19 décembre dans l'après-midi et se préoccupe aussitôt de prendre le maximum de contacts. Naturellement, sa présence est tout de suite connue. Darlan en est informé le lendemain et s'énerve de constater que les Américains n'ont pas tenu leur engagement de ne laisser aucun gaulliste s'introduire en Afrique du Nord. Murphy, convoqué, affirme n'être pas au courant. Bergeret charge un de ses officiers de se mettre en rapport avec d'Astier. L'entrevue se passe très mal, d'Astier le prend de haut : « Je ne connais pas Darlan, ne lui reconnais aucun pouvoir ; Bergeret est un petit général de brigade ; moi, je représente 36 millions de Français et je suis l'invité du général Eisenhower, je n'irai voir ni Darlan ni Bergeret[96]. » Darlan décide de le mettre au secret à l'hôtel Aletti, où il est descendu, et de demander aux Américains de le faire repartir le plus vite possible. Mais le colonel Chrétien, toujours très prudent, refuse catégoriquement de faire arrêter d'Astier, et celui-ci n'a aucun mal à se débarrasser de l'unique agent de police placé devant la porte de sa chambre[97]. Murphy demande à Darlan, de la part d'Eisenhower, de recevoir d'Astier. La rencontre a lieu le 20 à 17 heures, en présence de Giraud, Bergeret, Rigault. D'Astier affecte de ne vouloir parler qu'à Giraud, lequel est très mal à l'aise. Darlan finit par lui couper la parole pour lui demander sèchement quelle est sa mission :

> « Il a déclaré qu'elle était d'ordre militaire : participation des forces gaullistes à la bataille d'Afrique ; étude de l'invasion de la France.
>
> « Il a ajouté qu'il venait en Algérie pour prêcher le calme et la discipline à ses partisans " pendant la durée des opérations en Tunisie ".
>
> « Je lui ai répondu :
>
> 1) que les forces françaises d'Afrique du Nord étaient largement suffisantes pour les opérations de Tunisie et que l'appoint éventuel de deux brigades gaullistes, d'ailleurs rattachées à la VIIIe armée britannique, ne nécessitait pas de grandes conversations techniques ;
>
> 2) que d'autre part leur entrée en territoire tunisien poserait un problème politique et militaire. Étant donné l'esprit antigaulliste des forces armées d'Afrique du Nord, cette entrée ne pouvait être envisagée sans conversations politiques préalables, et que au minimum les accords suivants devaient être passés :
>
> a. Neutralité politique totale des gaullistes vis-à-vis de l'Afrique française.
>
> b. Les forces gaullistes entrant en Tunisie seraient, en tant que forces françaises, placées sous les ordres du général Giraud C.E.C. français en Afrique du Nord.
>
> « Par la suite, le général Giraud a dit au général d'Astier qu'il était nécessaire que les prisonniers des gaullistes en A.E.F. fussent libérés.
>
> « Le général d'Astier s'est déclaré non qualifié pour la question de la neutralité politique. Je lui ai fait observer qu'il était paradoxal de le voir soi-disant prêcher le calme à terme ici pendant que la radio de Brazzaville attaquait les dirigeants d'A.F.N. J'ai ajouté qu'[*sic*]il me paraissait indispensable qu'il retourne à Londres pour prendre des directives de son chef[98]. »

Darlan et Giraud voient Eisenhower le soir. Darlan insiste pour un départ immédiat : « L'attitude du général d'Astier m'avait paru *dénuée de franchise,* et, étant donné ses réponses évasives sur la neutralité politique, il devait partir au plus tard le 22, sa mission soi-disant officielle terminée [99]. » Interrogé sur les effectifs de la France combattante en Afrique, d'Astier n'a pu donner aucune réponse précise et s'en est tiré par une pirouette : « Nous pouvons soulever à tout moment 300 000 résistants dans les régions du nord de la France », qui a seulement provoqué un haussement d'épaules de Rigault [100]. Mais Eisenhower insiste ; il veut à tout prix essayer de trouver un terrain d'entente entre Français : en faisant partir d'Astier trop vite, Darlan aurait l'air de redouter sa présence ; puisque sa mission est strictement militaire, que Giraud le reçoive... Darlan accepte de laisser Giraud voir d'Astier, mais quand il apprend que ce dernier a déclaré à Giraud qu'il comptait demeurer en A.F.N. deux ou trois semaines et se rendre à Casablanca et Oran, sa réaction est brutale : si le général d'Astier est autorisé à rester, il démissionnera [101]. Les Américains, mis au pied du mur, s'inclinent : d'Astier est embarqué dans un avion le 22 à 12 heures 30.

Plus tard, de Gaulle affirmera qu'il est revenu « très optimiste [102] ». On veut bien le croire. Mais était-ce à cause de ses entretiens « officiels » ou de ses contacts avec les comploteurs ? Il a vu son frère Henri ; peut-on croire qu'ils ont seulement échangé des nouvelles de la famille ? Il a rencontré les dirigeants du groupe gaulliste Combat et leur a remis 40 000 dollars : est-il concevable que ceux-ci ne lui aient rien dit du complot en cours ? On peut d'autant moins le croire que Londres est déjà parfaitement informé de ce qui se trame. Malgré les efforts pour faire disparaître toutes les traces de ces échanges entre Londres et Alger, il en reste quelques-unes. La première est un télégramme adressé à de Gaulle par Catroux le 15 décembre, donc avant le départ de d'Astier pour Alger, et retrouvé par E. Krautkramer.

> « Il m'a été affirmé à Gibraltar que d'Astier de La Vigerie, qui serait auprès de Darlan, vous a proposé une combinaison susceptible d'écarter l'amiral et de réaliser une coordination. Un télégramme par voie anglaise aurait demandé une rencontre avec d'Astier à Gibraltar. Êtes-vous au courant [103] ? »

Le message porte une annotation manuscrite, d'une écriture qui paraît être celle de Gaston Palewski : « Réponse faite par le général : oui. »

Le général est au courant, car les éléments gaullistes d'Alger sont en relation constante avec Londres, par l'intermédiaire d'un poste radio clandestin qui fonctionne depuis la fin de 1940, via

Afrique du Nord

COMITE NATIONAL FRANCAIS

TELEGRAMME

261

REPARTITIO
Ex. No. 2
n'bre ex. 2

Diplo 2/ p1
Coord 1
Econ
Colonies
C. Cent
Finances
All. Fam
Pensions
Interieur
Inf.
Justice
Inst. P.
E.M.P. 3 p1
E.M.P./SAN
Guerre
Guerre A.
Air
Marine
M. March
Chiffre
Archives 1 et 2

RK/EM 14.155 B.

16.12.42 11 h 30

Chiffre E.M.

TRES SECRET

De : Delfrance - Le Caire

15.12.42 - 17 h 00

Nº 319

POUR GENERAL DE GAULLE.

SECRET LE PLUS ABSOLU.

Il m'a été affirmé à Gibraltar que d'Astier de la Vigerie qui serait auprès de Darlan aurait à vous proposer une combinaison susceptible d'écarter l'Amiral et de réaliser une coordination. Un télégramme par voie anglaise aurait demandé une rencontre avec d'Astier à Gibraltar.

Etes-vous au courant ? (Reponse faite par general oui)

signé : Catroux ./.

Tanger (ou Gibraltar, en fait). Le radio est le capitaine L'Hostis, officier de réserve des transmissions et membre du groupe Combat que dirige René Capitant. Il existe peut-être aussi une autre liaison dont le groupe Combat n'a pas connaissance, on y reviendra. Il n'est donc pas étonnant que de Gaulle réponde positivement à la question de Catroux.

Mais la liaison n'est pas à sens unique : Londres peut aussi envoyer des instructions à Alger. Aucun de ces messages n'a survécu dans les archives françaises, et, nous l'avons dit, les décryptements britanniques ne sont pas consultables. Donc il n'y a aucune preuve. On dispose cependant d'un témoignage, celui du capitaine de vaisseau Maerten, qui se trouvait à Madagascar lors de l'attaque de l'île. Farouchement antiallemand, il a refusé de rejoindre les gaullistes, mais a accepté de travailler avec les Britanniques et est devenu conseiller de l'Intelligence Service pour l'organisation des débarquements sur la côte française. Grand ami du contre-amiral Marzin, il a revu celui-ci après la guerre et lui a raconté une intéressante histoire : après l'assassinat de Darlan, il a voulu arrêter sa collaboration avec l'I.S., persuadé que celui-ci était responsable du meurtre de son ancien chef. Ses supérieurs, qui avaient pu apprécier ses services, lui ont soutenu que le coup avait été monté par les gaullistes et ont produit à l'appui de leurs affirmations un télégramme envoyé par la France combattante durant le mois de novembre : « Attaquez Darlan par tous les moyens. Signé : Diethelm[104]. »

Bien sûr, il ne s'agit que d'un témoignage de seconde main et non d'un document authentique. On peut cependant lui accorder un certain crédit, ne serait-ce qu'en raison du nom du signataire : Diethelm, commissaire à l'*Intérieur,* n'était pas une personnalité de premier plan, mais il jouait un grand rôle dans les activités « souterraines », et Maerten ne pouvait certainement pas savoir, à la date où il confiait son secret à Marzin, que Diethelm était impliqué dans la tentative d'assassinat du général Giraud à Mazagran en août 1944 : chargé par de Gaulle de l'enquête, il commença par appeler à Alger, sous un motif futile, le magistrat militaire chargé de l'affaire, le temps d'envoyer tous les témoins au fin fond de l'Afrique équatoriale ou sur le front ; quand le magistrat revint, il n'y avait plus personne ; Diethelm donna ensuite personnellement l'ordre d'arrêter l'enquête ; l'un de ses proches collaborateurs avait déclaré auparavant au cours d'un dîner : « Nous tuerons Giraud, ce traître, maintenant ou plus tard en France si c'est nécessaire[105]. » Si Giraud suscitait une telle réaction, on peut imaginer celle que provoquait Darlan.

Le général de Gaulle partageait-il ces vues ? Ses partisans clament que l'idée de l'assassinat politique ne lui a jamais effleuré l'esprit ; le général Spears, qui l'avait introduit auprès de Churchill en 1940, a soutenu que, lorsqu'une certaine idée de la France était en jeu, le général était capable de tout. Propos d'inconditionnels d'un côté, d'un ami écarté de l'autre. En fait, si de Gaulle était opposé à l'assassinat politique, il ne l'était pas à la peine de mort pour les traîtres. Or il le dit en termes très clairs dans l'un de ses messages : « Darlan est un traître qui doit être liquidé [106]. » Il le répète à Cadogan, secrétaire général du Foreign Office, le 8 décembre : « Il faut se débarrasser de Darlan [107]. » Et s'il a plus tard déclaré à l'amiral Battet qu'il n'avait pas donné l'ordre de l'assassinat, il a aussi corrigé le général Chrétien qui lui parlait des circonstances dans lesquelles Darlan avait été assassiné : « Pas assassiné, exécuté [108]. » Tout est dans la qualification de l'acte...

Churchill

Si le comte de Paris et de Gaulle ont un intérêt direct et évident dans l'élimination (physique ou pas, ne tranchons pas la question pour l'instant) de Darlan, celui de Churchill est plus difficile à cerner. Le Premier ministre de Sa Majesté pourrait considérer qu'il s'agit là d'une affaire franco-française et ne pas être mécontent, après tout, de cette concurrence pour le pouvoir qui affaiblit un peu plus la France. Pour comprendre l'attitude de Churchill, on peut raisonner en termes purement cyniques, comme il l'a fait lui-même dans ses *Mémoires* : « Le meurtre de Darlan, si criminel soit-il, a épargné aux Alliés d'avoir à poursuivre leur coopération avec lui, en leur laissant tous les avantages que l'amiral avait pu leur procurer au cours des heures cruciales du débarquement allié [109]. » Mais ce ne serait pas suffisant. Il est essentiel de faire intervenir l'élément psychologique, affectif (on n'ose pas dire passionnel) dans les réactions du Premier ministre. S'il est vrai qu'une nation n'a que des intérêts, ses chefs peuvent avoir des amis ou des ennemis personnels. Churchill a un ennemi : Darlan, qui commande cette flotte qui lui a causé tant de soucis depuis 1940, qui l'a publiquement insulté (la mémoire sélective de Churchill oublie volontiers que c'est à la suite de Mers el-Kébir) et qui a collaboré avec l'Axe. Et il a un ami : de Gaulle.

Curieux ami en vérité. Les deux hommes n'ont cessé de se chamailler, à cause de l'amiral Muselier, de la Syrie, de Madagascar, etc. Le 30 septembre 1942, cinq semaines avant le débarquement en A.F.N., Churchill a lancé à de Gaulle : « Vous n'êtes pas la France ! [...] Je ne vous reconnais pas comme la

France ! [...] Vous êtes si combatif que, non content de lutter contre l'Allemagne, l'Italie et le Japon, vous voulez aussi combattre l'Angleterre et l'Amérique. [...] Vous nous avez manifesté une hostilité très marquée. Vous avez semé le désordre partout où vous êtes passé. » De Gaulle ne fait aucun effort pour calmer Churchill, qui déclare après l'entretien que « le général est vraiment un idiot ». Mais un peu plus tard, quand Harold Nicolson lui déclare que « tout cela n'a aucune importance puisque le général de Gaulle est un grand homme », il a cette réponse qui définit parfaitement leurs relations : « Un grand homme ! Il est arrogant, il est égoïste, il se considère comme le centre de l'univers, il est... Vous avez raison, c'est un grand homme [110]. » Tout le personnage churchillien est là : égocentrique, orgueilleux jusqu'à la mégalomanie, il a trouvé dans le général de Gaulle un compagnon d'épopée à sa mesure. Il ne l'abandonnera pas.

De son côté, de Gaulle sait tout de même qu'il ne peut pas aller jusqu'à la rupture, et un compromis ménageant les deux amours-propres est toujours trouvé *in extremis*. En plus, le général a une intuition politique hors du commun. Lorsque son chef d'état-major particulier l'informe, au matin du 8 novembre, du débarquement que Britanniques et Américains lui ont caché, il explose une fois de plus : « Eh bien, j'espère que les gens de Vichy les jetteront (il a dû employer un terme plus vigoureux) à la mer. On n'entre pas en France par effraction [111]. » Mais il saisit immédiatement l'ampleur de l'événement : ce qui est en jeu, du point de vue français, c'est le contrôle de l'empire ; qui détiendra le pouvoir à Alger a toutes les chances de le détenir ensuite à Paris, ce n'est pas le moment de bouder dans son coin. Il adopte aussitôt une attitude conciliante. Churchill, qu'il rencontre à midi, tout surpris de sa compréhension, lui déclare : « Je n'oublierai jamais ceux qui ne m'ont pas lâché en juin 40, quand j'étais seul. Vous verrez : nous descendrons ensemble les Champs-Élysées [112]. » Pour le consoler d'être tenu à l'écart de l'Afrique du Nord, il lui rétrocède l'administration de Madagascar. Et sans désemparer il commence son travail de sape contre le pouvoir mis en place le 13 novembre à Alger par les Américains, bombardant Roosevelt de télégrammes pour le mettre en garde contre Darlan. Sans succès, on l'a vu. Durant les semaines suivantes, il ne perd pas une occasion d'exprimer son « dégoût » de Darlan [113]. Le Churchill « affectif » est à fond pour de Gaulle, contre Darlan.

Mais le Premier ministre est aussi un réaliste qui pèse le pour et le contre, et sait apprécier lucidement une situation. Au fur et à mesure que le temps passe, il se rend compte que Roosevelt ne cédera pas à ses arguments et que l'accord avec Darlan fonctionne de mieux en mieux. Il en vient à s'exaspérer contre les attaques incessantes de la presse et d'une partie de la classe politique, ainsi qu'il s'en expliquera dans ses *Mémoires :* « Je trouvais leur attitude déraisonnable, car elle ne tenait pas assez compte des difficultés de la lutte et de la vie de nos soldats. Leurs critiques se faisant plus vives, j'en conçus de la colère et quelque mépris pour un tel manque de sens des proportions [114]. » A la fin de novembre, à la suite du ralliement de l'A.O.F., il en vient à déclarer à Anthony Eden (son ministre des Affaires étrangères) que « Darlan a fait davantage pour nous que de Gaulle » ; et l'un de ses collaborateurs note : « Le Premier ministre est de plus en plus favorable à Darlan [115]. » Le 10 décembre, dans un discours aux Communes réunies en session secrète, il fait « une apologie assez marquée de Darlan, qui fera sursauter plus d'un parlementaire », et égratigne de Gaulle dont il souligne « le caractère difficile et l'étroitesse de [ses] vues. [...] Je ne vous recommanderais pas de fonder tous vos espoirs et toute votre confiance sur cet homme, et encore moins de croire qu'à l'heure actuelle notre devoir serait de lui confier les destinées de la France [116] ».

En dépit de cette évolution, l'historien d'outre-Manche Anthony Verrier soutient que ce sont les services secrets britanniques qui ont assassiné Darlan. Dans l'attente de la parution de l'ouvrage qu'il annonce, on ne dispose pour l'instant que du bref article qu'il a donné à *L'Histoire.* A moins qu'il ne réserve ses arguments pour son livre, force est de constater qu'il n'apporte à l'appui de sa thèse aucun élément de preuve : il est inexact de dire que les Britanniques n'ont pas démenti les accusations lancés contre eux par les radios de Berlin et de Rome dès le 25 décembre (le démenti a un peu tardé, mais il est venu), et, en tout état de cause, l'indice n'aurait pas grande valeur probante. Dire que les Britanniques « avaient des raisons de vouloir se débarrasser à tout prix de l'amiral qui gardait des liens étroits avec le gouvernement de Vichy et refusait de soutenir fermement la campagne alliée contre l'Axe en Tunisie » est pour le moins vague et discutable. Les inquiétudes d'Eisenhower dont il est fait état ne correspondent pas au contenu des messages de décembre ; d'ailleurs Verrier reconnaît lui-même qu'Eisenhower, a, le 18 décembre, menacé le S.O.E. de faire supprimer son antenne en Afrique du Nord s'il poursuivait ses attaques contre Darlan [117]. Le seul point concret de la thèse de Verrier concerne les liens du Special Operations Executive avec le Corps franc d'Afrique auquel appartenait Bonnier de La Chapelle. Mais il est peut-être osé d'en déduire que le S.O.E. « avait recruté Fernand Bonnier de La Chapelle, futur assassin de l'amiral, qui était régulièrement entraîné au camp du S.O.E., au cap Matifou ». Le Corps franc était sans doute infiltré par le S.O.E., mais cela restait occulte, et aucun indice n'est fourni quant à une adhésion particulière de Bonnier aux services britanniques. Anthony Cave Brown, qui croit lui aussi à une responsabilité des services secrets britanniques dans l'assassinat de Darlan, mais reconnaît n'avoir guère de preuves en ce sens, note : « Autant qu'on peut le savoir, Bonnier n'avait pas de liens avec l'organisation de C [la lettre C désignait traditionnellement le chef de l'I.S. ; qui s'occupait seulement d'espionnage et d'intoxication (*deception*)[118]. »

La piste anglaise n'est pas nécessairement fausse. Beaucoup de Britanniques détestent Darlan. Au sein du gouvernement, Eden le combat farouchement : le 26 novembre, le ministre déclare ainsi à Churchill : « dès que la situation le permettra, il faudra examiner si et comment nous devons nous débarrasser de Darlan[119] » ; son secrétaire général Cadogan est encore plus direct : « Nous ne ferons rien de bon tant que nous n'aurons pas tué Darlan[120]. » L'I.S. est très implantée en Afrique du Nord, avec un réseau polonais, « l'agence Rygor », dont le chef a récemment raconté la fantastique histoire[121] et d'autres réseaux dont l'existence ne sera pas révélée avant longtemps[122]. Il est aussi exact que Londres est parfaitement renseigné et manipule les groupes gaullistes : après guerre, le radio du groupe Combat, le capitaine L'Hostis, découvrira avec stupeur que le soi-disant Tublier d'Argenson qui lui a livré en 1940 le poste radio et les codes de la part des services secrets du général de Gaulle était en fait un agent de l'I.S.[123]. Techniquement, les Britanniques ont donc les moyens d'agir.

Le Journal du colonel Rivet confirme d'ailleurs que plusieurs représentants de l'I.S. se sont rendus à Alger : il a vu le commander Crawford le 27 novembre, le colonel Winterbotham le 12 décembre[124]. En revanche, il ne dit mot du déjeuner qui, d'après Winterbotham, aurait réuni le 24 décembre les chefs des services secrets : Rivet (S.R. Terre) et Ronin (S.R. Air) du côté français, Menzies et son adjoint Winterbotham du côté anglais. D'après Winterbotham, on vint annoncer au moment du café que Darlan venait d'être assassiné : personne ne manifesta la moindre surprise et la conversation continua comme si de rien n'était. Malheureusement, ce témoignage décisif est contredit par le colonel Paillole, qui se trouvait alors à Londres et a rencontré Menzies à plusieurs reprises, dont le 24 décembre[125]...

Churchill n'était pas homme à reculer devant une « action spéciale », mais le risque d'une réaction américaine au cas où l'implication des services secrets britanniques viendrait à être prouvée donnait à réfléchir. En l'état actuel de la documentation, il est impossible de répondre à cette question. L'évolution de la mentalité de Churchill à partir de la fin novembre incite cependant à penser que, s'il a vu sans déplaisir excessif l'élimination de l'Amiral de la flotte, il s'est gardé d'un engagement actif, se contentant de laisser les complots suivre leur cours.

Et les Américains ?

Si le rôle des Britanniques reste peu clair, celui de certains services américains l'est encore moins. Tout le monde n'acceptait pas le nouveau cours imposé à la politique américaine par les événements et avalisé par Roosevelt. Les services de guerre psychologique étaient désorientés par ce pacte avec l'allié du diable, et leur antenne d'Alger menait une furieuse campagne contre Darlan [126]. Les services spéciaux, très actifs et très liés à l'I.S. (en cette circonstance au moins), semblent avoir été eux aussi très bien informés. Le Corps franc d'Afrique était encadré par des instructeurs de l'I.S. et de l'O.S.S. (l'Office of Strategic Service, précurseur de la C.I.A.). L'un d'entre eux, le major Carleton Coon — plus connu pour son œuvre anthropologique (il était professeur à Yale) que pour sa brève carrière d'agent secret —, avait rédigé un mémorandum recommandant la mise sur pied d'une unité spéciale chargée des assassinats politiques, et il se trouvait de son propre aveu dans les environs du Palais d'Été au moment de l'assassinat [127]. Mais jusqu'à quel point son témoignage est-il crédible ? Anthony Cave Brown confirme que Coon était le supérieur direct de Bonnier et que c'est son arme, un Colt Woodsman, qui a servi à l'assassinat. Mais le revolver qui a tué Darlan était d'un calibre beaucoup plus petit, les souvenirs de Mario Faivre sont confirmés par le médecin qui a constaté le décès [128]. D'autre part, Cave Brown accueille volontiers des témoignages approximatifs ou peu sûrs, allant jusqu'à prendre les accords Giraud-Murphy pour des accords Darlan-Murphy et même à qualifier le comte de Paris de « *strong supporter of Darlan* [129] » ! Après cela, on ne peut s'empêcher d'être un peu sceptique devant ses révélations sensationnelles...

Cela dit, il est certain que les complots qui bouillonnaient ne sont pas passés inaperçus des Américains. Murphy, dont le rôle exact est très ambigu, passait pour être l'amant de la princesse de Ligne [130], très liée aux milieux monarchistes, et il disposait de son propre réseau d'agents. Eisenhower recevait tous les jours des rapports de ses services secrets, et l'on sait que certains d'entre eux parlaient du complot, mais on a déjà dit qu'ils étaient toujours classifiés. « Ike » s'est d'ailleurs énervé des activités du

S.O.E. britannique. Le dénouement du complot n'a pas dû être une grande surprise pour lui. Opportunément, il quitte Alger le jour de l'assassinat, après un dernier entretien avec Darlan.

LE CHAUDRON D'ALGER

Une piste monarchiste abondamment jonchée d'indices... Une piste gaulliste, plus difficilement pénétrable, mais tout de même identifiable... Une piste britannique, que l'on devine plus qu'on ne la connaît... Une inconnue américaine... Cela fait déjà beaucoup. Mais le tableau se complique encore lorsqu'on constate que, sur le terrain, ces catégories, que l'on pourrait croire distinctes, sont constamment enchevêtrées.

L'histoire des mouvements de résistance en Afrique du Nord reste à écrire. Mais on dispose du livre de Gabriel Esquer, très apologétique et cependant fort riche en renseignements, sur la genèse desdits mouvements. Au mois d'avril 1941, le lieutenant de réserve Henri d'Astier de La Vigerie est affecté à la division d'Oran où il se lie avec le lieutenant Cordier, dans le civil prêtre du diocèse de Laon, et avec le colonel Van Hecke, chef des Chantiers de jeunesse. En novembre suivant, d'Astier fait la connaissance du commissaire Achiary et établit ainsi une liaison avec Alger. Au début de 1942, il vient à Alger où il entre en relation, par l'intermédiaire d'Achiary, avec José Aboulker, et s'agrège au groupe formé par l'industriel Lemaigre-Dubreuil, son associé Rigault, le diplomate Tarbé de Saint-Hardouin et Van Hecke, qui devient ainsi le groupe des Cinq. Le colonel Jousse sert de conseiller militaire, mais est tenu à l'écart des négociations avec les Américains. Lemaigre-Dubreuil, Rigault et d'Astier ont un point commun : « Une hostilité solide contre la République, rendue responsable de la déficience et de la démagogie parlementaire[131]. Ils passent un accord avec L'Hostis et Achiary, puis avec José Aboulker, qui ne partagent nullement leurs opinions monarchistes (la position de Lemaigre-Dubreuil s'écarte ici quelque peu de celle de d'Astier et Rigault : alors que les deux premiers sont monarchistes déclarés, Lemaigre-Dubreuil se satisferait de n'importe quelle forme de pouvoir fort) : tous collaboreront sans réserve au but commun, la réussite du débarquement allié; après, chacun reprendra sa liberté d'action. Mais les Cinq veillent à s'assurer l'exclusivité des contacts avec les Américains ou avec Giraud[132]. » Les gaullistes de l'organisation Combat, dirigée par le colonel Tubert et le professeur de droit René Capitant et qui dispose du poste de radio de L'Hostis, restent en marge. Ils ont des contacts occasionnels avec les Cinq, et sont en rapport avec le réseau de renseignement polonais, avec l'I.S. qui manipule sans qu'ils le sachent leurs transmissions avec Londres et avec le colonel Knox, adjoint de Murphy.

Mais le symbole de cet imbroglio est sans aucun doute Henri d'Astier de La Vigerie. Aux yeux de tous, il est monarchiste. Il représente « le royalisme chouan, sentimental autant que catholique [133] », on le croit volontiers mystique. Ses amis savent qu'il ne cache pas son admiration pour de Gaulle, mais tout le monde ignore qu'il est un agent gaulliste en liaison directe avec Londres. Par l'intermédiaire de L'Hostis ? Plus probablement par un autre canal sur lequel nous n'avons aucun renseignement. Mais l'existence de cette liaison est certaine : recevant Billecocq, envoyé par le comte de Paris dans les premiers jours de décembre, il lui annonce que le contact avec les gaullistes sera facile grâce à son frère qui se trouve à Londres [134]. Or François d'Astier n'a quitté la France qu'à l'extrême fin de novembre. Si Henri d'Astier est au courant quelques jours après, ce ne peut être que parce qu'il l'a appris par Londres. D'autre part, il informe de Gaulle, à la fin de novembre ou au début de décembre, de la possibilité d'éliminer Darlan et lui propose une rencontre à Gibraltar. Nous le savons par les Britanniques qui en sont informés : le gouverneur de Gibraltar, MacFarlane, pense que Catroux vient préparer cette rencontre, et il est très surpris de constater que « *Catroux said he knew nothing of d'Astier's proposal to meet de Gaulle in Gibraltar* [135] ». Henri d'Astier est donc à la fois en relation avec de Gaulle et avec les Britanniques, et, contrairement à L'Hostis, ce n'est pas à son insu : lorsqu'il rencontre Billecocq, il est accompagné d'un officier britannique qu'il présente comme étant l'un de ses amis [136]. Double ou triple jeu ? Pour qui travaille-t-il en fin de compte ? Ou le mystique dissimule-t-il un opportuniste qui se couvre de tous les côtés ?

Entre tous ces hommes qui poursuivent des buts différents, un facteur d'unité : le désir de se débarrasser de Darlan. Et une détermination qui ne les fait reculer devant l'emploi d'aucun moyen. Le général Slowikowski (« Rygor ») en donne un exemple caractéristique : en février 1942, quatre dirigeants de la résistance nord-africaine lui ont demandé d'intervenir auprès de Londres pour faire abattre l'avion transportant le ministre Pierre Pucheu : Henri d'Astier, André Achiary, le colonel Van Hecke, le capitaine L'Hostis [137]. Ce qui est bon pour Pucheu l'est à plus forte raison pour l'Amiral de la flotte.

Celui-ci sera tenu par ses services dans l'ignorance de ce qui se trame. Il sent bien qu'Alger grouille de comploteurs, mais il ne peut compter sur sa police dirigée par... Henri d'Astier. Il ne peut rien tirer non plus de ses services spéciaux : le colonel Chrétien, qui prétend se tenir à l'écart des luttes politiques, observe et ne dit rien. Le colonel Rivet, son chef, ne sait rien non plus. Le 19 novembre, Darlan le convoque au sujet des rumeurs qui sont arrivées jusqu'à lui : Rivet se fait apaisant, il n'y a aucun indice tangible. Qu'un homme d'habitude si bien informé (quand le comte de Paris est venu en France, il se trouvait « par hasard » dans les environs de Charmeil, bien que personne ne l'eût prévenu) soit soudainement si peu au courant de ce qui se passe est difficile à admettre. Peut-être a-t-il gardé le souvenir de ses démêlés de l'année précédente avec l'Amiral de la flotte... En tout cas, il ne fera rien pour tenir celui-ci informé [138]. Darlan aura connaissance de l'arrivée de François d'Astier qui a atterri sur un terrain militaire, mais il ne saura pas que le comte de Paris est arrivé à Alger le 10 décembre. Il ne sera informé que de la surface des choses : la lettre des présidents de conseils généraux, à laquelle il n'attachera pas une grande importance, ou les intrigues de Pierre-Étienne Flandin (tenu en réserve par Murphy, il ne jouera aucun rôle actif) [139], qu'il menacera le jour de sa mort de faire placer en résidence surveillée [140]. Il attendra le coup sans savoir d'où il viendra.

L'échec de la voie « légale »

Dans la nuit du 8 au 9 décembre, le comte de Paris quitte le Maroc. A la frontière, il est accueilli par l'abbé Cordier qui dispose d'un laissez-passer établi par le général de Monsabert et ordonnant aux autorités douanières et policières de s'abstenir de demander leurs papiers aux occupants du véhicule. L'identité de ceux-ci, en dehors de l'abbé Cordier et naturellement du comte de Paris, donne déjà une idée du caractère contradictoire des témoignages qui constituent notre source essentielle. *Chamine* nomme Mario Faivre et Marc Jacquet ; Pierre de Bérard affirme qu'il a fait partie du voyage et que le chauffeur leur a été présenté comme étant Mario Faivre. Mais ce dernier affirme n'avoir appris l'arrivée du comte qu'une fois celui-ci arrivé à Alger. Le juge Voituriez affirme quant à lui que « M. de Bérard a sans doute fait le voyage sur le capot ! », et que le quatrième homme n'était pas Jacquet, mais Gilbert Sabatier, membre du Corps franc. D'autres encore affirment que le chauffeur s'appelait Ponchon [141]. La question n'a pas en soi une importance capitale, mais elle est révélatrice des pièges tendus à l'historien.

La voiture arrive à Alger le 10 vers midi. Le comte de Paris est accueilli par Henri d'Astier. En fin d'après-midi, arrive Alfred

Pose qui apprend au prince qu'il sera logé chez un de ses amis, M. Jouvet, près de la rue Lafayette, où habite d'Astier. Dès le 13 décembre, cette résidence sera échangée contre l'appartement d'un autre ami de Pose, l'industriel Gérard Prohom. Le comte y restera jusqu'à la fin de son séjour, mais il recevra en plusieurs endroits : les écoutes téléphoniques ont localisé le 2, rue Lafayette (appartement de d'Astier), le 26, rue Michelet (appartement de Me Jacques Brunel, beau-frère du colonel Jousse), le 119 *ter*, rue Michelet (appartement de M. Langlois), un appartement de la résidence Algéria boulevard Saint-Saëns (appartenant à Marc Jacquet) et les locaux du Corps franc 7, rue Charras et au cap Matifou [142].

Malheureusement, la liste des audiences du prince, établie par Pierre de Bérard, a été perdue, et, après coup, la plupart des personnes concernées n'ont plus voulu se souvenir d'avoir été reçues par le comte de Paris. Pourtant, celui-ci a vu beaucoup de monde durant ces deux semaines, et dans tous les milieux. Le 14 décembre, il reçoit ainsi Pierre Alexandre, qui lui apporte l'adhésion de la communauté israélite [143]. Parmi les proches de Darlan, il voit probablement Rigault (mais celui-ci a rigoureusement démenti [144]), Bergeret (celui-ci est loyal envers l'Amiral de la flottte, mais convaincu qu'il ne pourra pas se maintenir au pouvoir [145]) et Saint-Hardouin. Il voit beaucoup de militaires, car le concours de l'armée est essentiel, et, parmi les présidents de conseils généraux, il rencontre au moins Saurin. Bien entendu, celui-ci a ensuite affirmé qu'il avait refusé son concours [146]. Pourtant, les choses semblent se présenter assez bien pour que le déclenchement du plan mis au point par Pose soit envisagé.

> « Trois délégations se rendraient simultanément, l'une chez l'amiral Darlan, conduite par Alfred Pose, l'autre auprès de Robert Murphy, diplomate américain représentant personnel du président Roosevelt en A.F.N., dirigée par Jean Rigault accompagné éventuellement de Jacques Tarbé de Saint-Hardouin, la troisième enfin, par correction, auprès du commandant des forces britanniques dont le rôle était très secondaire dans le contexte du moment.
>
> « À Darlan, que l'on savait las et tenté de quitter le pouvoir en raison de la vive contestation dont il était l'objet et qu'il n'ignorait pas, on demanderait d'accepter de signer dans l'intérêt du pays une lettre de démission en faveur du comte de Paris.
>
> « Dans le même temps, étaient notifiées à Murphy et au représentant britannique les raisons de l'appel au prince et du départ de l'amiral [147]. »

La date de l'opération est fixée : le 18 ou le 19 décembre. Il faut agir avant Noël, fête qui amènera beaucoup d'officiels à quitter Alger. Les chances de succès sont-elles réelles ? Qu'ont vraiment dit les personnalités rencontrées au comte de Paris ? A-t-il reçu des assurances ou n'a-t-il écouté que ce qu'il voulait entendre ? A cette question centrale, il est impossible de répondre. Quoi qu'il en soit, il est décidé à passer à l'action[148]. La proclamation annonçant qu'il prend le pouvoir est déjà rédigée[149]. Mais quelques heures avant de donner le signal, peut-être un jour avant, l'opération est retardée : Henri d'Astier annonce que son frère François, envoyé par le général de Gaulle, arrive à Alger. Le prétendant, qui entend réconcilier toutes les tendances et a inclus un appel au général de Gaulle, décide de le voir. L'entrevue a lieu dans l'après-midi du 19. Le comte de Paris fait la connaissance « d'un homme ouvert, sympathique bien que prudent et qui veillait, avant tout, à ne pas engager le général[150] ». Il n'élève aucune objection, se déclare « favorable personnellement à la position adoptée par le prince mais ne peut que transmettre ce qu'il vient d'apprendre au général de Gaulle[151] ».

Le retard entraîné par l'arrivée de François d'Astier va se révéler fatal au plan de Pose et de d'Astier. Quelques jours auparavant, Henri d'Astier a pris contact avec le général Mast, conjuré du 8 novembre, qui a été démonté de son commandement et nommé chef d'une mission de liaison avec le quartier général d'Eisenhower. Il lui a exposé le plan arrêté en lui demandant son concours : « Il fallait pressentir les gouvernements de Washington et de Londres et savoir s'ils ne feraient pas opposition à ce changement de régime[152]. » Mast accepte cette mission et rencontre Murphy, en « lui demandant d'interroger Roosevelt à ce sujet », et le chef d'état-major d'Eisenhower, le général Bedell Smith, qui doit contacter l'amiral Cunningham afin qu'il transmette à Londres. Les réponses arrivent rapidement. Du côté britannique, c'est un « non absolu » ; les Britanniques, qui ont maintenu une liaison avec le prince en 1941, ont perdu toute confiance en lui après son voyage à Vichy[153]. Du côté américain, le refus est identique, même s'il est formulé de façon « plus nuancée[154] » ; apparemment, Murphy n'a même pas consulté Washington, certain qu'il était de la réponse[155] : il a déjà eu assez d'ennuis avec l'expédient Darlan, il ne va pas maintenant introniser un prince !

Dans l'après-midi du 20, Henri d'Astier, peut-être informé par Jean Rigault (même si celui-ci a ensuite nié toute participation[156]), vient apprendre au comte de Paris le veto américain. Il est dès lors évident que l'opération projetée n'est plus possible. Trois possibilités s'offrent dès lors au prétendant :

1) Renoncer purement et simplement. Le général Mast

affirme que d'Astier lui a déclaré que « les partisans du comte de Paris renonçaient à poursuivre leur entreprise[157] ». À supposer que le propos soit authentique, il ne peut avoir qu'un but tactique et ne reflète pas l'état d'esprit des monarchistes. Le comte de Paris affirme, certes, dans ses *Mémoires,* avoir décidé d'abandonner le 22 décembre[158], mais dans l'esprit de Pose et des autres comploteurs, il ne s'agit que d'un temps d'arrêt motivé à la fois par la proximité de Noël et par la nécessité de définir une nouvelle stratégie[159]. Peut-être aussi, au moins pour certains d'entre eux, par la proximité de l'attentat, qui impose de prendre un peu de recul.

2) Obtenir la levée du veto américain. Le comte de Paris, que confirme Pierre de Bérard[160], affirme qu'il demande à Rigault de reprendre contact avec Murphy pour lui expliquer qu'il ne s'agit pas d'une restauration monarchique, mais d'une entreprise de réconciliation nationale. Rigault se dérobe : toute démarche supplémentaire serait inutile. Le 22, il revoit le prince, accompagné de Pose et de Jacquet, et redit sa conviction qu'il n'y a plus rien à faire. Les choses en sont là le 24 décembre.

3) Forcer le cours des choses en faisant disparaître l'Amiral de la flotte pour créer un vide du pouvoir. Le comte de Paris et son fidèle serviteur Pierre de Bérard affirment avec force qu'une telle idée ne leur est jamais venue à l'esprit.

En tout cas, une chose est sûre : le 24 décembre, l'Amiral de la flotte est assassiné.

Jusqu'à ce point, la reconstitution des événements ne soulève pas de difficultés majeures. Le complot visant à porter le comte de Paris au pouvoir par un coup de force camouflé sous les apparences d'une vague légalité est connu, son existence n'est contestée par personne, et son principe est simple : c'est une entreprise entièrement monarchiste, Alfred Pose en a défini les lignes directrices et est allé chercher le prétendant. La seule inconnue véritable réside dans les appuis sur lesquels elle pouvait compter. Avec le recul du temps, Alain Decaux considère que Pose a abusé le prince en lui faisant miroiter des adhésions imaginaires : « On se nourrit d'illusions. Il suffit qu'un israélite de qualité écrive une lettre pour affirmer sa sympathie à l'endroit du comte de Paris pour que les conjurés s'écrient : la communauté juive est avec nous. Si un franc-maçon se dit favorable à la prise du pouvoir par le comte de Paris, on déclare avoir rallié la franc-maçonnerie tout entière. Les adhésions dont on fera état par la suite — le général Bergeret, Saint-Hardouin — ne sont demeurées qu'à l'état d'hypothèses caressées trop complaisamment[161]. » Critique peut-être un peu trop sévère : dans l'atmosphère survoltée d'Alger, tout pouvait arriver, y compris des événements qui, en temps ordinaire, eussent paru farfelus. Le prince a vu beaucoup de monde, et si la plupart se sont sans doute cantonnés dans des promesses vagues, apparemment personne n'a exprimé d'opposition résolue. En tout cas, personne n'a dénoncé son projet à Darlan. Le 15 décembre, Juin se déclare partisan, devant le général Béthouart, « de la solution comte de Paris : " Je ne comprends pas qu'on n'y ait pas pensé plus tôt ", dit-il[162]. » Le général Mast estime que « le mouvement aurait pu, sans doute, réussir si l'on n'avait pas, à l'avance, demandé l'agrément des Anglais et des Américains. En admettant que Darlan se fût retiré à la demande des conseillers généraux, le commandant en chef américain se serait alors trouvé devant un fait accompli réalisé sans provoquer de désordre[163] ».

Certes... Mais si Darlan refusait de signer la lettre de démission qui lui était présentée ?... Faute de retraite volontaire, ne faudrait-il pas l'éliminer d'une manière autrement brutale ?

L'assassinat

On entre ici dans la zone d'ombre la plus épaisse. À partir de maintenant, la plupart des témoins vont mentir, et pas seulement par omission. Si certains exécutants se glorifient aujourd'hui d'une participation qui fut souvent bien moindre qu'ils ne le proclament, les organisateurs nient, le plus souvent en bloc : le comte de Paris et le général de Gaulle n'ont rien su, Henri d'Astier a tout au plus consenti à reconnaître « une responsabilité morale » (« assez lourde », admet-il tout de même[164]), Mme d'Astier a « chargé » le comte de Paris pour défendre la mémoire de son mari, et l'abbé Cordier, qui a armé le bras du meurtrier (au sens propre), est allé jusqu'à dire qu'il n'avait pas voulu cet assassinat. Des milliers de pages ont été écrites sur la question, et il en faudrait quelques centaines (au moins) pour comparer les différentes versions, réfuter les unes et préciser les autres. Il est sans doute préférable de se concentrer sur les questions essentielles en partant des points que l'on peut tenir pour acquis :

1) Il y a un complot monarchiste visant à porter le comte de Paris au pouvoir ;

2) Le général de Gaulle considère Darlan comme un traître qu'il faut éliminer. Il est quotidiennement tenu informé de l'évolution de la situation par ses agents, et il leur envoie un émissaire, le général François d'Astier de La Vigerie, dans les derniers jours de décembre ;

3) Churchill est lui aussi au courant du (ou des) complot(s) ;

4) Henri d'Astier de La Vigerie, qui occupe une place de premier plan dans le complot monarchiste, est un agent gaulliste, en relation avec les services secrets britanniques ;

5) François d'Astier a rencontré son frère et le comte de Paris ;

6) Deux jours après le départ de François d'Astier, l'amiral Darlan est assassiné par Fernand Bonnier de La Chapelle ;

7) Avant son exécution, Bonnier a reconnu être en relations étroites avec Henri d'Astier et l'assistant de celui-ci, l'abbé Cordier, qui lui a fourni les plans du haut-commissariat et lui a procuré l'arme [165].

De manière explicable — en raison de son état ecclésiastique — mais cependant peu honorable, l'abbé Cordier s'est retranché derrière le secret de la confession pour refuser de reconnaître les faits. Ceux-ci sont pourtant clairs : Henri d'Astier et l'abbé Cordier sont les organisateurs du meurtre, personne en dehors d'eux ne l'a sérieusement nié. Cordier a d'ailleurs chargé Henri d'Astier en dégageant sa propre responsabilité [166]. Mme d'Astier et son fils Jean-Bernard ont affirmé qu'il n'a fait qu'exécuter un ordre du comte de Paris, reconnaissant qu'il l'a au moins transmis [167]. Le comte de Paris dément avoir donné un tel ordre et évite de se prononcer sur le rôle exact d'Henri d'Astier. Philippe Ragueneau, qui nie qu'il y a eu complot, donne une explication toute simple de la rencontre entre Bonnier et le tandem d'Astier-Cordier, qui était déjà celle de Cordier [168]. Alain Decaux a repris cette rocambolesque histoire :

> « Dans le tumulte de la libération d'Alger, il [Bonnier] a rencontré une jeune fille. Coup de foudre. Amour partagé. Cette fois, Fernand est si amoureux qu'il s'est fiancé. [...] Et voici l'un de ces hasards extraordinaires, comme l'histoire nous a accoutumés d'en déceler au long des temps. La fiancée habite au 2, rue de la Fayette. Souvenez-vous. Qui réside aussi à cette adresse ? Les d'Astier de La Vigerie [169]. »

Bonnier est résolu à tuer Darlan. Membre du Corps franc d'Afrique, il a tiré au sort avec trois camarades (dont Philippe Ragueneau), le 18 novembre, pour savoir lequel assassinerait l'amiral. Sa tige a été la plus courte. Cherchant comment mettre à exécution son projet, il s'en est ouvert à Cordier qui habitait chez les d'Astier, à l'étage au-dessous de celui de sa fiancée. Celui-ci ne croit pas devoir lui refuser l'aide qui lui est demandée : « De toute façon, Bonnier va agir. Est-ce que j'ai la possibilité de lui en refuser les moyens [170] ? » Et Ragueneau peut conclure : « Et tout est là !... Clair comme le jour [171] ! » Devant une aussi providentielle coïncidence, comment douter que l'élimination de Darlan n'ait été un témoignage de la bienveillance divine envers la fille aînée de l'Église engagée sur une mauvaise voie ?

Le plan divin échappe à l'humaine analyse, mais il n'en va pas heureusement de même des choses de ce bas monde. Complétons donc ce touchant tableau : la belle inconnue qui a fait tourner la tête de Fernand Bonnier de La Chapelle est blonde, elle répond au doux prénom de Béatrice. Et rectifions un détail : elle n'habite pas à l'étage au-dessous des d'Astier, pour la très simple raison qu'elle s'appelle... Béatrice d'Astier de La Vigerie et qu'elle est la fille d'Henri. Ce sont peut-être les beaux yeux de Béatrice qui ont poussé Bonnier à revenir rue La Fayette, ce ne sont pas eux qui l'y ont amené la première fois. Il est venu parce qu'il a été recruté par d'Astier et Cordier qui cherchent un bras.

Où trouver ce bras, sinon dans ce Corps franc d'Afrique que d'Astier plus qu'aucun autre a contribué à organiser et dans lequel il a amené beaucoup de jeunes qu'il a connus aux Chantiers [172] ? Prévoyants, d'Astier et Cordier se sont mis à préparer leur affaire parallèlement au coup d'État. Mario Faivre, l'un de ces jeunes qui leur est tout dévoué, échafaude un plan : l'Amiral de la flotte se rend régulièrement du haut-commissariat à l'Amirauté, en passant par la rue Monge, avec une faible escorte : « Bloquer le véhicule, tuer Darlan c'est facile. Il suffit de le vouloir. Notre idée n'est pas de nous dissimuler dans une action secrète, mais d'agir au grand jour et en nombre, en revendiquant ouvertement notre acte [173]. » Cordier renâcle : il préfère une opération plus discrète, un attentat dans les locaux du haut-commissariat. Inconvénient : le meurtrier a peu de chances de fuir. Du coup, les enthousiasmes se refroidissent : Mario Faivre prétexte qu'il est trop connu des services de sécurité (ce qui est peut-être quelque peu exagéré...), Roger Rosfelder reconnaît honnêtement qu'il n'est pas très « chaud [174] », deux matamores qui clamaient partout leur intention d'abattre Darlan détalent sans demander leur reste dès qu'on leur propose de passer à l'acte [175]. Cordier, qui n'a pas envisagé un seul instant d'agir lui-même, peut-être à cause de son état ecclésiastique (mais celui-ci ne l'empêchera pas d'envoyer un gamin à la mort), plus probablement parce qu'il estime sa personne trop précieuse pour courir un tel risque, trouve alors le garçon qu'il faut : Bonnier.

Alain Decaux se demande pourquoi Cordier ne s'est pas adressé d'abord à Bonnier : « Pitié pour cette si grande jeunesse, pour cet idéalisme si pur [176] ? » Le caractère de l'abbé dément une si généreuse intention. Peut-être a-t-il cherché quelqu'un de moins émotif. En tout cas, Bonnier est pris en main, vers la fin de novembre ou le début de décembre, ainsi qu'il l'a lui-même expliqué aux commissaires Esquerré et Garidacci dans la nuit qui a précédé son exécution, avec une effrayante naïveté.

> « Je dois vous dire que j'allais tous les jours au domicile de M. Henri d'Astier, comme chargé de liaison du corps franc. Dans ce corps franc, nous avions formé entre nous un groupe de “ durs ”, que nous appelions le “ groupe d'Hydra ”. M. d'Astier ignorait ce détail. C'est le colonel Van Hecke qui m'avait désigné pour cette liaison.
>
> « M. d'Astier me recevait fort bien, parlait avec moi et m'avait présenté à ses deux filles, qui étaient très gentilles. Je n'étais pas du tout monarchiste, je n'y pensais même pas ! Au cours de nos conversations, M. d'Astier me montrait que la seule solution pour que la France voie s'ouvrir devant elle un avenir brillant était un retour à la monarchie, régime dont il me faisait l'éloge.
>
> « Ces conversations ont duré environ un mois. M. d'Astier me laissait même entendre qu'avec le nom que je portais, sous un tel régime politique, j'aurais pu devenir un jour ambassadeur. Et puis ses filles étaient bien agréables[177]... »

L'ardeur mystique de Bonnier est encore accentuée par le désir de conquérir Béatrice par une action d'éclat, et l'abbé se charge d'apaiser ses scrupules de conscience : tuer Darlan n'est pas un péché, d'ailleurs il le confessera avant d'agir. Cordier abuse ici de son état de prêtre de la manière la plus scandaleuse : même le plus ignorant des curés sait qu'on ne peut pas donner l'absolution pour un péché qui n'est pas encore commis (puisque l'absolution suppose le repentir et donc l'intention de ne pas recommencer) et que l'absolution donnée par un complice n'a aucune valeur. Double forfaiture, qui n'arrête pas Cordier.

Le 23 décembre, tout est prêt, et l'action est fixée pour le lendemain. Bonnier voit son ami Pierre Raynaud et lui expose le plan :

> « L'abbé a tout organisé. J'ai des papiers. Une fenêtre du bureau de Darlan sera ouverte, je sortirai par là et partirai par le parc. Si ça marche, j'irai me mettre au vert dès ce soir à Constantine, et je reviendrai avec Leclerc. Si ça rate, si je suis reconnu, on m'enverra en Amérique du Sud[177]. »

Cordier lui a remis un plan des lieux, une arme, une carte d'identité et un passeport, établis au nom de Morand par les services du commissaire Achiary, et 2000 dollars. De quoi lui permettre de vivre pendant un certain temps après sa fuite, au cas où il ne pourrait reprendre contact avec ses complices. Mais

Cordier croit-il vraiment que tout cela aura l'occasion de servir ?

Le 24 au matin, l'abbé donne à Bonnier l'absolution sacrilège. Jean-Bernard d'Astier conduit son ami au Palais d'Été. Mais lorsque Bonnier entre dans les bureaux du haut-commissariat, il voit l'Amiral de la flotte partir en voiture. Il ressort et va retrouver ses complices au restaurant Paris. Il déjeune avec d'Astier et Cordier, qui l'encouragent naturellement à renouveler sa tentative. Puis, avec Mario Faivre, Jean-Bernard d'Astier et Gilbert Sabatier, il va faire un tour dans la proche campagne pour se détendre. Il en profite pour essayer son arme, qui a un raté, et il l'échange contre le 7,65 de Jean-Bernard d'Astier. Retour vers le Palais d'Été en début d'après-midi. Bonnier demande à voir Louis Joxe, collaborateur de Rigault, dont Cordier lui a dit qu'il ne serait pas là. Cette deuxième tentative sera la bonne : pendant qu'il attend, la silhouette de Darlan apparaît dans le couloir...

A la recherche d'un commanditaire

Un exécutant : Bonnier de La Chapelle ; un sergent recruteur : Cordier; un maître d'œuvre : Henri d'Astier. Et au-dessus, qui ?...

A cette question décisive, personne n'apportera jamais de réponse définitive, incontestable, à moins qu'on ne découvre un jour dans les archives de l'Intelligence Service ou dans quelque fonds privé une pièce irréfutable. Mais, certainement, le doute subsistera. Il y a des choses qui ne s'écrivent pas. Ni le général de Gaulle ni le comte de Paris, on peut en être sûr, n'ont laissé de papier qui pourrait établir leur implication personnelle dans l'ordre d'assassinat (dans l'hypothèse où ils seraient impliqués, bien sûr). En revanche, il n'est pas absurde de penser qu'on pourrait un jour retrouver des indices sérieux. Pourquoi les rapports sur le complot adressés à Eisenhower sont-ils toujours classifiés ? Pourquoi les messages de la France combattante ont-ils à ce point été épurés, et pourquoi les déchiffrements britanniques desdits messages sont-ils les seuls de leur espèce à ne pas être consultables ? Pourquoi sinon parce que leur contenu pourrait apporter des révélations désagréables ? Tôt ou tard, celles-ci finiront par éclater. Mais pour l'instant, il faut se contenter de conjectures.

Lorsque le commandant Albert Voituriez commence son enquête, en janvier 1943, il interroge le commissaire Achiary qui lui déclare : « L'instigateur est Henri d'Astier de La Vigerie et l'agent d'exécution l'abbé Cordier. [...] Mais, à mon avis, il y a au-dessus d'eux une tête, un cerveau que je n'ai pu identifier avec certitude[179]. » Au cours d'un deuxième interrogatoire, il se décide à lâcher le nom qu'il a d'abord prétendu ignorer : « Le chef, d'après moi, c'est Pose[179]. » Voituriez découvre par les écoutes téléphoniques que Pose est intervenu de façon particulièrement insistante pour obtenir la grâce de Bonnier : « Il était le " cerveau " que je cherchais à identifier depuis le début de l'instruction. Il avait tout organisé, tout prévu, sauf le procès éclair de Bonnier de La Chapelle. Il avait tenté l'impossible pour éviter le pire. S'il n'avait été le chef, jamais il ne se serait compromis à ce point[180]. » Interrogé, Pose nie avec énergie avoir été informé de l'assassinat. Naturellement, le juge n'est pas convaincu.

Sur ce point comme sur beaucoup d'autres, on ne peut qu'émettre des hypothèses. D'après Voituriez, Pose aurait su dès le début que l'amiral Darlan ne se retirerait pas et qu'il faudrait l'assassiner, et il aurait abusé le comte de Paris en lui faisant miroiter une fausse adhésion des présidents de conseils généraux et un plan d'accession pacifique au pouvoir[181]. Cela est loin d'être sûr : le plan de déposition de Darlan n'a pas été qu'une façade, Billecocq est venu à Alger prendre des contacts, et il a apparemment rencontré deux des trois présidents ; ceux-ci se sont peut-être gardés d'un engagement formel, mais n'ont certainement pas opposé un refus catégorique. Au moins dans une première phase, Pose n'a probablement pas envisagé un assassinat. Savoir quelle a été son attitude après l'échec des contacts avec les Américains est plus difficile. Il a pu essayer de brusquer les choses pour tenter un coup de dés. Mais cette intelligence supérieure ne pouvait pas ne pas réaliser que le comte de Paris ne tirerait sans doute pas bénéfice de l'opération et qu'il valait mieux, plutôt, essayer de lever le veto américain. On doit également noter qu'aucun des témoignages des conjurés ne le met en cause à ce stade du complot, alors que tous citent d'Astier. En sens inverse, il s'est beaucoup dépensé pour sauver Bonnier, qu'il serait censé dans cette logique ne pas connaître. Le doute demeure.

En toute hypothèse, il faut remonter plus haut. Des accusations précises ont été formulées par les proches d'Henri d'Astier. Mario Faivre a donné un récit très précis. Le 21 décembre, Henri d'Astier lui aurait dit : « Mon frère François a apporté de Londres l'instruction formelle d'éliminer Darlan. »

Deux jours plus tard, Mme d'Astier lui relate un épisode survenu le 21. Le comte de Paris, saisi par une crise de paludisme, était alité, avec près de lui le ménage d'Astier et Cordier.

« Le prince nous a déclaré sans préambule : " J'ai maintenant la certitude que Darlan est un traître. Son maintien au pouvoir empêche toute solution. Je vous donne l'ordre de l'éliminer sans délai. Tout doit être terminé pour le 24. " Mon mari lui a demandé ce qu'il entendait par " éliminer ". Le comte de Paris a répondu : " Le faire disparaître. " De nouveau, Henri l'a interrogé : " Par tous les moyens. Est-ce cela que vous voulez dire ? " Alors le prince a déclaré : " Oui, c'est cela, le faire disparaître par tous les moyens[182]. " »

Henri d'Astier conclut, en s'adressant à Cordier : « Eh bien, l'abbé, à vous de jouer. » Mme d'Astier[183] et Jean-Bernard d'Astier[184] ont confirmé l'authenticité de ce témoignage, le second répétant : « Mon oncle François m'a aussi, à plusieurs reprises, confirmé qu'il avait, en décembre 1942, apporté à Alger l'instruction de de Gaulle de l'élimination de Darlan. » Même son de cloche chez Me Jean-Baptiste Biaggi, qui a bien connu les deux frères d'Astier après la guerre : « François d'Astier m'a dit formellement qu'il avait apporté à Alger l'ordre d'éliminer Darlan. Henri d'Astier m'a précisé sans la moindre ambiguïté qu'après avoir reçu le feu vert de de Gaulle — transmis par son frère — il a reçu la confirmation de l'exécution par le comte de Paris au moment où celui-ci habitait chez lui[185]. »

Le sens général de ces témoignages est donc parfaitement clair : un ordre venu de Londres relayé par le comte de Paris. Doit-on leur accorder foi ? Après tout, la veuve et le fils d'Henri d'Astier ont intérêt à dire que celui-ci n'a fait que transmettre un ordre venu de plus haut ; Mario Faivre est intimement lié aux d'Astier, et Me Biaggi a plus tard combattu de Gaulle au nom de l'Algérie française. Leurs dires ne sont donc pas désintéressés. Ils sont contredits par d'autres témoins qui nient que François d'Astier ait apporté l'ordre et/ou que le comte de Paris l'ait relayé.

Du côté gaulliste, on a affirmé que le général d'Astier n'est venu à Alger que pour prendre des contacts avec les éléments giraudistes et monarchistes et pour restructurer le mouvement gaulliste Combat auquel il apportait 40 000 dollars pour sa propagande (de vrais dollars et non des billets d'occupation non convertibles)[186]. Gaston Palewski souligne que tout passait par Capitant et que celui-ci ne pouvait être mêlé à un assassinat en raison de sa « pureté morale proverbiale » : d'ailleurs, il avait déconseillé avec la plus grande énergie à un membre de Combat nommé Dumas d'accepter de participer à un attentat organisé contre Darlan. Quant au fait que les 2 000 dollars trouvés sur

Bonnier aient fait partie de la somme apportée par François d'Astier, cela s'explique aisément : « L'argent remis au général d'Astier était destiné à René Capitant pour son journal *Combat.* Il est probable que le général d'Astier a demandé à René Capitant s'il pouvait remettre une faible partie de cette somme à son frère Henri d'Astier qui soutenait notoirement une action favorable à la Résistance. Cela explique que l'on ait pu trouver un reliquat de cette somme chez l'infortuné Bonnier de La Chapelle, sans que le général de Gaulle ni Capitant aient été en rien mêlés à l'assassinat de Darlan, comme on ose le prétendre en ce qui concerne le général[187]. »

Du côté monarchiste, le comte de Paris affirme naturellement que l'entrevue que relatent Mme d'Astier, Jean-Bernard d'Astier et Mario Faivre n'a jamais eu lieu. Pierre de Bérard précise que le général François d'Astier n'a transmis « aucun ordre concernant l'assassinat de Darlan. Au cours de cet entretien, le comte de Paris a simplement confirmé au général d'Astier, chargé d'une mission d'information par le général de Gaulle, son désir de faire appel à l'homme du 18 Juin dans le futur gouvernement que le prince constituerait après la démission de Darlan » ; le comte de Paris n'était pas malade le 21 (sa crise de paludisme ne se déclenchera que le 26) et n'habitait pas chez les d'Astier, dont l'appartement était « très sommairement meublé, pas chauffé et surpeuplé », mais chez les Prohom[188].

Voilà les thèses en présence : celle des proches d'Henri d'Astier, celle des gaullistes, celle des monarchistes. Toutes aussi peu contrôlables. A partir des éléments précédemment mis en lumière, on peut cependant émettre quelques objections et avancer quelques hypothèses.

S'agissant du comportement des gaullistes, tout d'abord, la vertueuse indignation de Gaston Palewski n'emporte pas la conviction. Personne ne songerait à contester la pureté morale de Capitant. Mais celle-ci s'accompagnait d'une conviction dans la défense de ses idées qui touchait au sectarisme. Si le salut de la France tel qu'il le concevait exigeait la disparition physique de l'Amiral de la flotte, il n'était pas homme à reculer. S'il a déconseillé au dénommé Dumas de commettre un attentat, c'est tout simplement parce qu'il a immédiatement pensé, ainsi que le note d'ailleurs Palewski, à une « provocation ». Ses éditoriaux du journal clandestin *Combat* étaient d'une extrême violence, et l'un d'eux disait explicitement : « Les jours de Darlan sont comptés », formule pour le moins susceptible d'une interprétation expéditive. D'autre part, les gaullistes suggèrent à demi-mot que Henri d'Astier n'était pas des leurs, ce qui est une aimable plaisanterie. Avant de repartir, François d'Astier a mis en place un triumvirat ayant tout pouvoir pour représenter de Gaulle et composé d'Henri d'Astier, de René Capitant et de Louis Joxe. Le deuxième était donc tout à fait au courant des activités du premier, et l'explication alambiquée que donne Gaston Palewski à propos des 2000 dollars trouvés sur Bonnier perd toute crédibilité. Si l'on ajoute que le faux passeport de Bonnier a été fourni par les services d'Achiary, très lié au groupe Capitant, il paraît clair que les gaullistes ont tout su du complot.

S'agissant du comte de Paris, la réponse est plus incertaine. Pierre de Bérard affirme que la nouvelle de l'attentat fut pour lui une complète surprise. Pierre Ordioni présente un tableau très différent, qui rejoint celui des d'Astier : le comte aurait « longuement étreint de joie » Marc Jacquet venu lui annoncer la mort de Darlan [189]. Le juge Voituriez propose une hypothèse médiane : le prince aurait fait part à Henri d'Astier des instructions apportées de Londres [190]. Mais il devait bien savoir, en pareil cas, qu'Henri d'Astier était sans aucun doute au courant avant lui : il était inimaginable que François dissimulât une pareille nouvelle à son frère. Si l'entrevue a eu lieu, ce n'était pas pour informer Henri d'Astier, mais bien pour lui donner des instructions [191].

Le récit de Mme d'Astier suscite cependant plusieurs réserves : les objections de Pierre de Bérard ne sont pas dénuées de toute pertinence, loin de là [192] ; en outre, il est pour le moins surprenant que Pose n'assiste pas à cette entrevue capitale et n'apparaisse plus, alors qu'au dire de Mme d'Astier elle-même, il était là quand le prétendant a reçu François d'Astier [193]. Le comte aurait alors agi à l'insu de Pose ? Tout cela n'est pas clair, loin de là, et on ne peut émettre que des suppositions. Le récit de Mme d'Astier est suspect, mais en même temps, il serait surprenant que le comte de Paris n'ait rien su. Il n'a pas donné d'ordre exprès, il est peu probable qu'il ait donné un consentement explicite. Peut-être a-t-il eu connaissance du projet et a-t-il laissé faire, espérant renverser ainsi le cours des choses.

Dans les deux cas, aucune preuve. Des accusations précises, mais sans preuve contre le comte de Paris. Des soupçons moins vivement exprimés contre les gaullistes, mais un faisceau d'indices troublants. Et au cœur de l'énigme, deux frères au comportement également énigmatique. Que François d'Astier ne soit pas venu seulement pour la propagande nous paraît certain, même si toutes les traces ont été soigneusement éliminées. Il apportait aussi des instruction pour l'action. Mais lesquelles ? De qui ? Et comment les a-t-il interprétées ? On se souvient qu'il avait déjà essayé d'entraîner Darlan dans le camp des jusqu'au-boutistes en juin 40 [194]. On ne peut exclure qu'il ait « durci » des directives en complétant « élimination » par le qualificatif « physique ». Mais cela n'est que conjecture. S'il est probable que le général de Gaulle lui-même, très conscient de la tache qu'entraînerait devant l'histoire un tel ordre, s'est gardé de parler explicitement d'élimination physique, il ne fait aucun doute que certains de ses sous-ordres ont dû être beaucoup plus explicites, qu'il s'agisse de Diethelm ou d'autres : il suffit de se reporter aux attaques incessantes de Radio-Brazzaville pour avoir une idée de leur état d'esprit. François d'Astier a confié qu'il avait apporté un ordre venu de Londres, sans préciser de qui il émanait. Un ordre disant on ne sait quoi, donné par on ne sait qui, n'est-ce pas le signe d'une organisation parfaite ?

Les Britanniques ont tout su et se sont montrés empressés à fournir les facilités demandées par la France combattante : les 40000 dollars qu'apporte François d'Astier ont été fournis par l'Intelligence Service [195], et dès que Murphy et Eisenhower, informés par MacFarlane [196] de la tentative d'Henri d'Astier de rapprocher giraudistes et gaullistes, décident d'autoriser la venue d'un émissaire gaulliste à Alger, dans l'espoir d'une solution sans heurts au problème politique en Afrique du Nord, ils procurent sans tarder un avion : de Gaulle est informé de l'accord américain le 14, et le général François d'Astier est à Gibraltar dès le 16 [197]. Les écoutes téléphoniques permettent d'établir que José Aboulker a eu durant la deuxième quinzaine de décembre plusieurs contacts avec un officier britannique qui se faisait appeler le capitaine Taylor [198]. Ne pourrait-il s'agir de l'officier qui accompagnait d'Astier lors de ses rencontres avec Billecocq ?

Et l'on revient à Henri d'Astier, intelligence machiavélienne, chez qui la conviction presque mystique qui frappait tous ceux qui l'approchaient dissimulait une capacité de manipulation vraiment exceptionnelle. Les écoutes téléphoniques le montrent au centre d'un réseau dont, près de cinquante ans après, on n'a pas réussi à identifier toute la trame. Des personnages comme le docteur Vidal-Wasner, Scholl, Guimenot, Kerseny, etc., identifiés par les écoutes, restent dans l'ombre, alors que l'on devine qu'ils ont dû jouer un rôle. Les monarchistes sont manipulés de manière magistrale. Le comte de Paris ne s'en apercevra qu'après coup, et il ne pourra que dire avec amertume : « Je n'ai pas à me féliciter du rôle qu'on m'a fait jouer dans cette affaire [199]. »

Oui, vraiment, le complot fut monté et exécuté de main de maître...

CONCLUSION

Au lendemain de l'assassinat, les rumeurs les plus diverses circulent, et les comploteurs s'agitent, à la fois pour obtenir la grâce de Bonnier de La Chapelle et pour faire élire le comte de Paris. Sur ces deux points, l'échec est complet. Les nombreuses interventions téléphoniques de Pose, de d'Astier, de Mᵉ Sansonnetti (avocat de Bonnier), de Rigault, etc. se heurtent à un mur. Noguès et Giraud ont pris leur décision, et elle est sans appel. L'assassin a reconnu les faits, il a déclaré avoir agi sans complices, la conclusion s'impose. Quand le comte de Paris parvient à rencontrer Giraud, dans la matinée du 26, et qu'il plaide à nouveau la cause de Bonnier, c'est pour s'entendre répondre froidement que la sentence est déjà exécutée. Cordier, plus directement responsable qu'aucun autre, se gardera d'intervenir avec beaucoup d'acharnement. Pour se donner bonne conscience, il priera pour l'âme du défunt durant ses messes...

La candidature du comte de Paris n'aboutira pas davantage. À l'opposition américaine s'ajoutent l'hostilité déclarée de Noguès, qui lance une boutade : « Sa mère à la rigueur, lui jamais » ; l'indifférence de Giraud, qui ne songe qu'aux opérations militaires, et de Boisson ; la réserve de Bergeret et de Chatel, qui accepteraient à la rigueur de suivre le mouvement, mais ne veulent pas prendre l'initiative. Au Conseil impérial du 26 décembre, la candidature du prince n'est même pas examinée, et, après le refus de Noguès, Giraud est élu à l'unanimité. Le comte de Paris est invité à regagner le Maroc espagnol. Prétextant son paludisme, il ne partira que le 10 janvier, escorté par le colonel Ronin. Partir plus tôt lui aurait épargné une dernière humiliation : le général Giraud interdit au juge Voituriez d'entendre le prince, même à titre de témoin, mais exige en échange une lettre dans laquelle ce dernier désavoue les agissements de ses partisans. Le comte de Paris signe[1].

L'enquête, bâclée au lendemain de l'attentat[2], reprend au début de janvier, mais Giraud, vite épouvanté par les révélations de Voituriez, décide « qu'il n'y avait pas lieu de remuer davantage de boue et d'attiser les passions[3] », apparemment à la suite d'un accord avec le général de Gaulle lors de la conférence d'Anfa[4]. Après l'arrivée de celui-ci à Alger, un juge militaire à la retraite est rappelé à l'activité et rend une ordonnance de non-lieu non motivée. Tous les inculpés sont libérés. Henri d'Astier est promu commandant, et de Gaulle le fait Compagnon de la Libération (officiellement, pour sa participation au débarquement du 8 novembre). Pour ne pas être en reste, Giraud lui décernera la Croix de guerre. Son frère François sera aussi Compagnon de la Libération. Après la guerre, ils militeront tous deux dans le mouvement gaulliste. L'abbé Cordier recevra, quant à lui, la médaille de la Résistance. Vicaire à Casablanca puis à Paris, il finira ses jours curé d'une paroisse rurale de l'Aisne. Le commissaire Achiary sera promu sous-préfet de Guelma : lors du soulèvement de mai 1945, il organisera une milice qui se signalera par de nombreuses exactions contre les musulmans : bénéficiant de puissantes protections, il parviendra à en rejeter la responsabilité sur le général Duval, qui passera pour le « bourreau de Sétif ». Son confrère Garidacci, qui s'est montré trop bavard durant l'enquête, sera mis à la retraite. Marc Jacquet, qui rêvait d'être ministre du comte de Paris, le sera du général de Gaulle, comme Louis Joxe. Alfred Pose continuera son métier de banquier, publiera un essai sur *La Philosophie du pouvoir,* qui lui ouvrira les portes de l'Institut. En 1953, il se présentera aux élections municipales à Saint-Jean-de-Luz : des mains anonymes écriront sur ses affiches : « Assassin de Darlan. » Il mourra peu après. Jusqu'aux années 70, tous respecteront la loi du silence. Les archives seront soigneusement épurées.

Du côté des proches de Darlan, la suite est évidemment plus douloureuse. Mme Darlan partira avec son fils malade aux États-Unis, où il sera soigné à la clinique de Warm Springs, qui a été celle de Roosevelt. Il restera paralysé des jambes et se retrouvera seul, sa femme l'ayant quitté durant sa maladie. Il se remet et épouse l'une de ses infirmières. De retour en France, le ménage va résider à Nérac avec Mme Darlan et Mme Keraudren (la sœur de l'amiral). Toutes ces épreuves ont fortement ébranlé Alain Darlan. Il en vient à penser que l'on veut l'empoisonner et, pendant un temps, ne mange plus que des œufs à la coque. Il ne s'entend pas très bien avec sa tante et sa mère, qui disparaissent en 1950 et 1958. Il publie en 1953 *L'amiral Darlan parle,* ouvrage qui obtient un succès de librairie considérable, et crée une agence de traduction technique. Mais le sort s'acharne sur lui : sa femme est atteinte d'un cancer, il se ruine pour la soigner. Seul, sans ressources, il est sauvé par l'intervention des amis qui lui restent : sur un rapport du docteur Cras (Jacques Mordal), appuyé par l'amiral Philippon, chef d'état-major particulier du président de la République, il est reconnu invalide de guerre à 100 % et reçoit enfin une pension, avec assistance d'une tierce personne. Il se marie une troisième fois et a un fils, Éric-Frank Darlan, le seul à représenter aujourd'hui le nom. Il meurt en 1983. Les « A.D.D. » ont leur carrière pratiquement brisée, à quelques exceptions près (Battet, Fenard). Dans l'ensemble, ils resteront tous fidèles à la mémoire de leur ancien chef. Ironie de l'histoire, deux fils d' « A.D.D. ». (Guichard et Missoffe) deviendront ministres du général de Gaulle. Quelques trajectoires seront pittoresques : l'un des secrétaires de Darlan deviendra secrétaire d'Edgar Faure ; le gamin qui livrait les fruits et légumes de l'Amirauté à Vichy deviendra un présentateur de télévision célèbre.

Quant aux deux victimes, elles connaîtront des sorts posthumes divergents. Bonnier de La Chapelle sera réhabilité en 1945 par un arrêt sommairement motivé de la cour d'appel d'Alger transformée en « chambre de révision » :

> « Attendu que, d'après différentes lettres se trouvant au dossier, de la dernière lettre de F. Bonnier de La Chapelle écrite quelques instants avant son exécution et enfin de divers documents découverts depuis la libération de la France, il apparaît certain que l'amiral Darlan agissait contre les intérêts de la France et que par suite l'acte ayant entraîné la condamnation de Bonnier de La Chapelle a bien été accompli dans l'intérêt de la libération de la France.
>
> « En conséquence, annule le jugement du tribunal permanent d'Alger siégeant en cour martiale le 25 décembre 1942 qui a prononcé la peine de mort contre F. Bonnier de La Chapelle[5]. »

Reconnaissants, les gaullistes d'Alger se presseront à une messe à sa mémoire en 1944. En revanche, ils poursuivront le souvenir de l'Amiral de la flotte d'une haine tenace. Le contre-amiral Gervais de Lafond, qui a eu l'impudence de faire célébrer une messe à la mémoire de Darlan en 1943, sera relevé de son commandement. Et lorsque, après la guerre, le notaire de Nérac s'occupera du règlement de la succession et demandera le bénéfice de l'abattement pour les ayants droit d'un militaire mort pour la France, le ministre de la Défense interviendra pour ordonner l'annulation de cette mention sur les registres de l'état civil. Officiellement, l'amiral Darlan n'est plus mort pour la

France, ce qui est assez logique puisque son assassin l'est devenu. Mais l'inscription subsistera sur la casemate d'Alger dans laquelle il repose jusqu'en 1964. Cette année-là, sa dépouille sera transportée sur l'escorteur *Maillé-Brézé* avec les honneurs militaires, le cercueil couvert d'un drapeau tricolore, au cimetière militaire de Mers el-Kébir, où il repose désormais parmi les victimes du 3 juillet 1940. Il semble que la France ne soit pas très désireuse de rapatrier les corps en raison de cette encombrante présence. Peu avant sa mort, Alain Darlan avait été interrogé sur une restitution des cendres de son père, pour une inhumation à Nérac. Il avait répondu qu'il n'y voyait pas d'inconvénient, pourvu que les honneurs militaires réservés à un Amiral de la flotte lui fussent rendus[6]. L'affaire en est restée là. Une rumeur prétend qu'en réalité le cercueil ne contient que du sable, des « A.D.D. » ayant immergé le corps en 1943 ou 1944 par peur d'une profanation[7]. Il est exact que la tombe a été profanée dans les années 60 par des voleurs qui ont cassé la plaque de marbre et dérobé les poignées couvertes d'argent du cercueil, mais rien n'autorise à penser que le corps a été enlevé. Un mystère supplémentaire autour de la fin de Darlan, qui reste jusqu'au bout fidèle à sa réputation d'insaisissabilité...

Fred Kupferman, dans sa biographie, a pris le parti très sage d'abandonner Laval le jour de son exécution, sans ajouter aucun commentaire. Tant de rumeurs contradictoires ont été émises sur l'Amiral de la flotte qu'il semblerait prudent de l'imiter. Disons cependant que l'image qui se dégage de la masse d'archives et de témoignages que nous avons manipulée est bien éloignée des portraits simplistes si abondamment colportés. Passionnément attaché à la marine, incontestablement peu préparé à des fonctions politiques qu'une ambition dévorante et une excessive confiance dans la sûreté de son jugement lui ont fait accepter avec empressement, il a cependant su s'élever à une vision globale et comprendre la portée des problèmes politiques et financiers que lui exposaient Moysset et Bouthillier. Il a vu, mieux que Laval et peut-être aussi mieux que Weygand, le caractère dramatique de la position de la France, coincée entre l'Allemagne et la Grande-Bretagne, la nécessité de durer et de limiter les dégâts en attendant de voir comment évolueraient les choses. À la différence de de Gaulle, il lui manquait une certaine idée de la France. À la vision à long terme de son rival, il a opposé une vision quotidienne : son problème permanent était de nourrir et protéger les Français, de limiter le pillage de la France, tâches d'intendance peu glorieuses, mais indispensables.

Mais l'opération Catapult a obscurci durablement son jugement, et la haine contre l'allié qui l'avait trahi a pesé sur son évaluation de la situation. Il a gravement sous-estimé le formidable potentiel des États-Unis, de même que la volonté de résistance des Russes, alors qu'il a au contraire été fasciné par l'organisation méthodique des Allemands : le général Bergeret a témoigné qu'il revenait toujours impressionné de ses voyages à Paris et qu'il lui fallait deux ou trois jours pour retrouver un jugement plus équilibré [8]. Malgré des erreurs, il a finalement réussi à éviter la rupture avec les Britanniques et à préserver l'empire. Mais ce résultat a été éclipsé par ses tirades antibritanniques, qui ne prêtaient pas à conséquence dans les faits, mais dont l'impact dans l'opinion a été désastreuse. Militaire habitué à commander et à être obéi, Darlan n'a jamais pleinement compris la dimension psychologique de la guerre. De là une rupture progressive et de plus en plus profonde avec le pays, encore aggravée par sa vanité et ses écarts de langage ou de conduite : chez lui, le style n'était pas à la hauteur du fond et son image en a beaucoup souffert. Ajoutons deux facteurs supplémentaires de discrédit : d'une part, il ne pouvait au mieux que limiter les souffrances des Français, et non leur procurer une amélioration sensible de leur sort ; d'autre part, détesté par les gaullistes, il a aussi été décrié par l'entourage de Pétain, et les deux clans opposés se sont finalement retrouvés dans une condamnation commune, même si celle-ci se fondait sur des motifs différents. Du Moulin de Labarthète a écrit : « L'amiral fera perdre du temps à la France. Il en fera perdre aussi à l'Allemagne [9]. » Formule brillante et creuse, à l'image de son auteur, à laquelle il n'est pas interdit de préférer l'appréciation plus mesurée de Maurice Martin du Gard : « L'histoire sera plus juste, je pense, quand, les temps redevenus sereins, on fera le bilan de ce Gascon qui n'avait plus d'autre ambition que de mourir sénateur en fumant sa dernière pipe à Nérac et que le destin chargea de ces responsabilités capitales auxquelles il ne fut pas toujours inférieur [10]. »

NOTES

AVANT-PROPOS

1. Robert Aron, *Histoire de Vichy,* Paris, Fayard, 1954, p. 375.
2. Robert O. Paxton, *la France de Vichy,* Paris, Le Seuil, 1972, p. 113 et 128.
3. Marc Ferro, *Pétain,* Paris, Fayard, 1987, p. IV.
4. Jean-Baptiste Duroselle, *l'Abîme,* Paris, Imprimerie nationale, 1982, p. 284.
5. Jean-Baptiste Duroselle, *op. cit.*, p. 397.
6. Arthur J. Marder, *From the Dardanelles to Oran,* Londres, Oxford University Press, 1974.
7. Anthony Cave Brown, *The Secret Service,* Londres, Michael Joseph, 1983.
8. Claude Farrère, *Darlan, amiral de France et sa flotte,* Paris, Flammarion, 1940.
9. G. Mikes, *Darlan. A Study,* Londres, Constable, 1943.
10. Alec de Montmorency, *The Enigma of Admiral Darlan,* New York, Dutton, 1943.
11. Amiral Docteur, *l'Énigme de la guerre. Darlan,* Paris, Éditions de la Couronne, 1949.
12. Alain Darlan, *l'Amiral Darlan parle,* Paris, Amiot-Dumont, 1954.
13. Jacques Raphaël-Leygues et François Flohic, *Darlan,* Paris, Plon, 1986.
14. *Cf.* Hervé Coutau-Bégarie, *le Phénomène nouvelle histoire,* Paris, Economica, 1989.
15. Dans la préface du tome I, Bouthillier annonce ce tome III du *Drame de Vichy,* qu'il a achevé mais jamais publié. Le manuscrit a été retrouvé.
16. On attend une publication posthume.
17. Après guerre, lorsque le fils d'un « ancien de Saint-Yorre » (comme on les appelait dans la marine) voulait entrer dans la marine, on lui demandait parfois au préalable l'assurance que la famille ne possédait aucun document « encombrant ». Beaucoup de pièces ont ainsi disparu.
18. Peter Novick, *l'Épuration française,* Paris, Balland, 1985.

19. A lire, un article récent de Philippe Bergougnoux, « Le réarmement de la marine nationale (1934-1939) », *Revue historique des armées,* 1985, n° 4.

20. Espagnac du Ravay, *Vingt ans de politique navale,* Grenoble, Arthaud, 1941.

21. Témoignage du commissaire général de La Monneraye, auteur du livre. Le pseudonyme est assez transparent : Espagnac est le nom de la mère de l'amiral Darlan et le Ravay est la propriété du comte de La Monneraye.

22. Témoignages du commandant Ballande et du commandant Jouanin.

23. Robert O. Paxton, *la France de Vichy,* Paris, Le Seuil, 1972.

24. Alain Darlan, *op. cit.,* p. 67.

25. Note du capitaine de frégate Vaillant, chef de la section historique, 1951, SHM, 1 BB2 208, et témoignage du fils de l'amiral Leclerc.

26. Henri Ballande, *De l'Amirauté à Bikini,* Paris, Presses de la Cité, 1972.

27. Henri Michel, « Darlan et le débarquement allié en Afrique du Nord », *Cahiers d'histoire de la guerre,* janvier 1949, p. 5-6.

28. Témoignage du commissaire général de La Monneraye.

29. A titre d'exemple, voici l'état, par bureaux, des archives fin juin 1940 (d'après la note 39 FMF SE du 11 juillet 1941, SHM, 1 BB2-173). Des destructions ont eu lieu à Dulamon les 22 et 23 juin, à Couzières du 14 au 16 juin, à Rochefort du 18 au 22 juin. La section études (FMF-SE) ne s'est jamais séparée de ses archives, mais il y a eu des incinérations (pas de relevé fait) ; FMF 1 (1er bureau) n'a plus « que des débris » ; FMF 2 conserve « une partie » de ses archives ; FMF 3 n'a plus rien d'antérieur à 1939 sauf les Instructions d'opérations de 1938 et a incinéré la correspondance secrète et très secrète de la guerre ; FMF 4 n'a « pratiquement plus rien ». Ont aussi été détruits tous les documents secrets d'EMG 1, toutes les archives d'EMG 2 de 1922 à 1937, toutes les archives d'EMG-RS, 2 tonnes de films...

30. Partis d'Alger en 1962 lors de l'évacuation (on possède le bordereau de départ), ils ne sont jamais arrivés. On ne sait pas s'ils ont été victimes d'un détournement ou du désordre des archives de COMAR Alger, qui, un quart de siècle après, attendent toujours leur classement à Toulon. D'autres papiers ont été conservés par la famille.

31. Jacques Raphaël-Leygues et Jean-Luc Barré, *Georges Leygues,* Paris, France-Empire, 1983.

32. D'autant plus curieuse qu'elle est intervenue assez tardivement. Alain Darlan les avait encore à sa disposition lorsqu'il rédigea son livre.

33. Amiral Auphan, *l'Honneur de servir,* Paris, France-Empire, 1978.

34. Guy Raïssac, *De la Marine à la Justice,* Paris, Albin Michel, 1972.

35. Henri Ballande, *De l'Amirauté à Bikini, op. cit.*

36. Jacques Benoist-Méchin, *De la défaite au désastre,* Paris, Albin Michel, 1984.

37. Pierre Ordioni, *Tout commence à Alger,* Paris, Albatros, 1972.

38. Albert Voituriez, *l'Affaire Darlan,* Paris, Lattès, 1980.

39. Amiral Moreau, *les Derniers Jours de l'amiral Darlan,* Paris, Pygmalion, 1986.

40. D'où le parti (peut-être excessif) adopté dans ce livre : ne pas tenir compte des paroles rapportées par Alain Darlan, et s'en tenir aux documents écrits. Cette attitude n'est bien entendu qu'une précaution, et non un jugement.

41. Yves Bouthillier, *le Drame de Vichy,* tome III.

42. Carl von Clausewitz, *Campagne de 1815,* Paris, Champ libre, 1977, p. 14.

43. Raymond Aron, *Penser la guerre-Clausewitz,* t. I, *l'Age européen,* Paris, Gallimard, 1976, p. 452.

44. Charles de Gaulle, *Mémoires de guerre,* II, *l'Unité,* Paris, Plon, 1954 p. 68-69.

NOTES DU CHAPITRE I

1. Lagneau et Arbuleau, *Dictionnaire des noms de famille.*

2. Renseignement fourni par le commandant Jean Pagès.

3. *Le Moniteur de la Flotte,* 5 octobre 1939.

4. Un arbre généalogique sommaire reconstitué par Mme Bordes en recense 8. Notre dépouillement de l'état civil de Podensac n'en a identifié que 5.

5. État civil de Podensac. On ne trouve pas trace d'un Darlan dans les registres britanniques de prisonniers, ni dans les listes alphabétiques (on trouve des marins du *Redoutable* dans les cartons ADM 103/611 et ADM 103/613), ni dans les listes par vaisseaux (quelques prisonniers du *Redoutable* dans les cartons ADM 103/32, H.M.S. *Bienfaisant,* et ADM 103/125, H.M.S. *Europa*). Mais beaucoup de registres ont disparu.

6. Jean Darlan a un fils, Pierre, qui a lui-même deux fils, Alfred, mort sans postérité, et Albert, père de Mme Hesez, l'une des deux nièces vivantes de l'amiral Darlan, l'autre étant Mme Bordes, née Benquet, petite-fille de l'oncle de l'amiral.

7. Alain Darlan, *op. cit.,* p. 17.

8. Témoignage de Mme Bordes.

9. Les Espagnac sont des protestants originaires de Clayrac, petit village proche de Nérac et l'un des fiefs du protestantisme en Gascogne.

10. La charge de notaire de Nérac appartient à la famille Melac depuis plusieurs générations (actuellement la huitième).

11. *Dictionnaire des parlementaires français.*

12. *Journal Officiel. Débats parlementaires,* Sénat, séance du 30 novembre 1897.

13. Jusque dans les colonnes du *Moniteur de la Flotte.* Dans une lettre à l'amiral d'Harcourt, Darlan attribue l'origine de cette rumeur à un journaliste nommé Porchier. Mais s'il s'en agaçait parfois, il savait aussi que cela pouvait lui être utile. A un membre de son état-major, il déclara un jour : « Ce n'est pas vrai, mais pourquoi voulez-vous que je démente ? »

14. Témoignage de Mme Benquet, de Podensac. Il reverra encore son cousin en juin 1940, lors du passage du gouvernement à Bordeaux.
15. Témoignage de Mme Bordes.
16. Jacques Raphaël-Leygues raconte que l'amiral avait un jour déclaré par erreur à l'ancien ministre de la Marine Raiberti, au cours d'une conversation téléphonique qu'il suivait distraitement tout en signant son courrier, qu'il était son fils. Simplement il pensait à Jean Darlan tandis que son interlocuteur parlait de Leygues. Il se reprit aussitôt, mais l'autre « ne fut jamais persuadé que Darlan ne lui avait pas dit la vérité lors de sa première affirmation », Jacques Raphaël-Leygues et François Flohic, *op. cit.*, p. 14-15.
17. Souvenirs de l'amiral Esteva. *Cf.* aussi Jacques Raphaël-Leygues et François Flohic, *op. cit.*, p. 16.
18. Amiral Auphan, *op. cit.*, p. 123.
19. Amiral Daveluy, *Souvenirs de la Marine*, non publiés en volume (les premiers chapitres ont paru dans la *Revue maritime*).
20. *Cf.* Hervé Coutau-Bégarie, « Stratégie navale. L'école française », *Stratégique*, à paraître.
21. Amiral Daveluy, *op. cit.*
22. Claude Farrère, *op. cit.*, p. 28-29.
23. Feuille de notes de François Darlan, SHM.
24. Dossier personnel de François Darlan, SHM.
25. Du moins le supposons-nous. Mais il n'était pas rare que l'École navale refusât les permissions sollicitées pour ce motif.
26. Rapport du commandant, de l'École d'application, SHM, BB3 1121.
27. Dossier personnel de Darlan, SHM.
28. Major d'entrée et de sortie et de l'École d'application après avoir été premier à tous les classements intermédiaires, Castex est entré à l'École navale trois ans plus tôt.
29. Amiral Daveluy, *op. cit.*

NOTES DU CHAPITRE II

1. James Cable, *Diplomacy at Sea*, Annapolis, Naval Institute Press, 1986, p. 144-145.
2. SHM, BB3 1229.
3. SHM, BB4 1666.
4. Dossier personnel.
5. Souvent improprement appelées Forces navales d'Extrême-Orient, nom qu'elles ne prendront qu'après la guerre.
6. SHM, BB4 1666.
7. SHM, BB4 1666.
8. Dossier personnel.
9. SHM, BB4 1677.
10. SHM, BB4 1678.
11. Dossier personnel.
12. SHM, 2E4 628.

13. SHM, 7DDI 1023.
14. Un T.O.S. est inscrit au dossier personnel de l'intéressé.
15. Ministre de la Marine du gouvernement Combes.
16. Les premiers dreadnoughts français ne seront prêts qu'en 1914.
17. Dossier personnel.
18. Dossier personnel.
19. Dossier personnel.
20. Dossier personnel. SHM, 2E4 660.
21. SHM, BB4 1700.
22. Jacques Raphaël-Leygues qualifie sa lettre de « spirituelle », *op. cit.*, p. 17. En fait, elle était purement administrative. Ce genre de réclamation était admis et Darlan ne se serait pas permis de faire de l'esprit.
23. Alain Darlan, *op. cit.*, p. 28.
24. SHM, BB4 1700.
25. SHM, BB4 1700.
26. Dossier personnel.
27. Dossier personnel.
28. Dossier personnel.
29. Dossier personnel.
30. SHM, BB4 1722.
31. Dossier personnel.
32. SHM, BB4 2333.
33. SHM, BB3 1323.
34. Dossier personnel.
35. Dossier personnel.
36. Une recherche généalogique effectuée en Angleterre confirme que Charles Rodney Morgan était vraisemblablement le fils naturel du troisième Lord Rodney qui avait épousé Charlotte Morgan en 1819. Malheureusement, l'acte de naissance de Charles a été détruit lors des incendies de la Commune et n'a pas été reconstitué. Dans la nouvelle édition du *Secret de Darlan,* Pierre Ordioni fournit des renseignements complémentaires qui lui ont été communiqués par la famille Cocteau. Jean Cocteau était le cousin germain de Berthe Darlan, et l'une des cousines germaines de Berthe épousa en troisièmes noces le général Catroux, *op. cit.,* éd. de 1986, p. 299.
37. Dossier personnel.
38. C'est-à-dire « prêté » pour une période limitée, sans que son affectation soit modifiée.
39. 10.8.1911.
40. L'Armée navale est alors commandée par l'amiral Jaurès, de la famille du dirigeant socialiste qui a fourni à la Marine deux amiraux et un ministre.
41. Dossier personnel.
42. Dossier personnel.
43. Témoignage du capitaine de vaisseau Arden, de la promotion 1912.
44. SHM, BB3 1362.
45. Dossier personnel.

46. Journal personnel de Pierre Loti.
47. SHM, 7DDI-1137.

NOTES DU CHAPITRE III

1. Le Journal de guerre du lieutenant de vaisseau Castex témoigne clairement de cette frustration. *Cf.* Hervé Coutau-Bégarie, *Castex, le stratège inconnu,* Paris, Économica, 1985.
2. L'historique des canonniers-marins permet de suivre l'itinéraire de Darlan pendant les années de guerre. Sauf indication contraire, c'est de cet historique que sont extraites les données sur lesquelles est fondé ce chapitre.
3. *Historique des batteries de canonniers-marins et des canonnières fluviales,* Service historique de la Marine, 1938.
4. *Id.*
5. *Id.*
6. Dossier personnel.
7. Dossier personnel.
8. SHM, II A 66.
9. SHM, SS Fd5.
10. Dossier personnel.
11. Dossier personnel.
12. Dossier personnel.
13. *Historique des canonniers.*
14. « Officier de tout premier ordre, d'une grande compétence technique et possédant en même temps des qualités militaires très brillantes tant dans l'exercice des reconnaissances et du choix des positions que dans la préparation des ordres de tir. A fait preuve d'un zèle, d'un dévouement et d'une intelligence dignes des plus grands éloges » — 7 septembre 1917. Dossier personnel.
15. *Historique des canonniers.*
16. Dossier personnel.
17. Texte dans Jacques Raphaël-Leygues et Jean-Luc Barré, *Georges Leygues, le « père » de la marine,* Paris, France-Empire, 1983, p. 293.
18. Amiral Daveluy, Souvenirs cités.
19. Jacques Raphaël-Leygues et François Flohic, *op. cit.*, p. 21-22.
20. Dossier personnel.

NOTES DU CHAPITRE IV

1. SHM, DD-179.
2. SHM, DD-179. Les canonnières fluviales n'ont pas de nom mais sont simplement désignées par des lettres.
3. SHM, DD-179.
4. Dossier personnel.
5. Dossier personnel.
6. Dossier personnel.
7. Il raconte l'anecdote en 1940 à Berthelot, qui sera secrétaire d'État

aux Communications à Vichy. Jean Berthelot, *Sur les rails du pouvoir,* Robert Laffont, 1968, p. 46.

8. SHM, 1BB4-67.
9. Dossier personnel.
10. Jacques Raphaël-Leygues et François Flohic, *op. cit.,* p. 24-25.
11. SHM, 7DD1-1091.
12. SHM, 7DD1-1091.
13. SHM, 7DD1-1091.
14. SHM, 1 CC - 342.
15. Dossier personnel.
16. Dossier personnel.
17. *Cf.* infra, p. 90.
18. Dont les mutineries de la mer Noire n'ont constitué qu'une partie. *Cf.* Philippe Masson, *la Marine française et la mer Noire,* Publications de la Sorbonne, 1982.
19. La tranche 1922 est la première du programme de reconstitution de la flotte. Il n'y a pas de tranche 1923, mais seulement un petit contingent de 6200 tonnes.
20. Amiral Auphan, *op. cit.,* p. 116.
21. Dans une notice biographique rédigée peu avant sa mort, Darlan revendique le mérite d'avoir « fait sortir » le décret du 22 avril. Dans ses souvenirs, l'amiral Auphan, chargé de la rédaction finale, note simplement que Darlan le chargea de la refonte du projet élaboré après de multiples consultations, *op. cit.,* p. 125.
22. Note aux références illisibles, mars 1925, SHM, 1 BB 2 - 114.
23. *Cf.* Hervé Coutau-Bégarie, *op. cit.,* p. 111.
24. Dossier personnel.
25. SHM, 1 BB 2 - 103.
26. Amiral Docteur, *op. cit.,* p. 13.
27. Amiral Docteur, *op. cit.,* p. 14-15.
28. Henri Ballande, *op. cit.,* p. 160.
29. Lettre du 24 février 1928, Papiers Docteur.
30. SHM, 1 BB 2 - 103.
31. SHM, 1 BB 2 - 103.
32. Dossier personnel.
33. Dossier personnel.
34. Jacques Raphaël-Leygues, *Georges Leygues, op. cit.,* p. 296.
35. Jacques Raphaël-Leygues, *Georges Leygues, op. cit.,* p. 297-298.
36. Jacques Raphaël-Leygues, *Georges Leygues, op. cit.,* p. 298-299.
37. Amiral Docteur, *op. cit.,* p. 19. Darlan a plusieurs fois manifesté son antiaméricanisme au cours de cette campagne, allant jusqu'à écrire : « L'Amérique est un conglomérat de races et de religions qui ne parviendra jamais à son unité et ne fera rien de grand » (Guy Raïssac, *De la Marine à la Justice,* p. 94). Peu avant l'arrivée à San Francisco, il avertit les midships de ne pas se laisser impressionner par ce qu'ils vont voir. Témoignage du commandant Bourgeois.
38. Jacques Raphaël-Leygues et Jean-Luc Barré, *op. cit.,* p. 300.
39. SHM, 1CC - 499.
40. SHM, 1CC - 500.

NOTES DU CHAPITRE V

1. Dossier personnel.
2. Alain Darlan, *op. cit.,* p. 34.
3. Lettre du 17 octobre 1930, amiral Docteur, *op. cit.,* p. 20-21.
4. « Projet d'extension du port d'Oran vers l'ouest », Note 22 EM 4 de COMAR Alger à Marine Bizerte du 30 août 1930, Archives du port de Toulon.
5. Lettre du 5 octobre 1930, amiral Docteur, *op. cit.,* p. 19-20.
6. Marcel Peyrouton, *Du service public à la prison commune,* Paris, Plon, 1950, p. 141.
7. Dossier personnel.
8. Lettre du 22 février 1932, amiral Docteur, *op. cit.,* p. 23-24.
9. Lettre du 24 janvier 1932, amiral Docteur, *op. cit.,* p. 22-23.
10. Les efforts de la Marine aboutiront au décret du 27 novembre 1932. Mais le contrôle ainsi retrouvé ne sera que partiel et ce n'est qu'en 1936 qu'elle obtiendra complète satisfaction. *Cf.* Espagnac du Ravay, *op. cit.,* p. 216-226.
11. V. A. Michelier, *Journal de bord,* Souvenirs non publiés, p. 333.
12. SHM, 1 BB4 - 85.
13. Alain Darlan, *op. cit.,* p. 37.
14. Lettre du 4 mai 1932, amiral Docteur, *op. cit.,* p. 25-26.
15. SHM, 1 BB8 - 46.
16. V. A. Michelier, *op. cit.,* p. 337.
17. Témoignage de M. Charles Castex.
18. SHM, 1 BB4 - 85.
19. Dossier personnel.
20. Comme l'affirme Jacques Raphaël-Leygues, qui semble surestimer leur importance. Il est en tout cas évident que Georges Leygues l'a conservé auprès de lui jusqu'au bout.
21. Dossier personnel.
22. Dossier personnel.
23. Note sans date, communiquée par Mme Warnier, fille de l'amiral Durand-Viel.
24. Maurice Vaïsse, *Sécurité d'abord. La politique française en matière de désarmement,* Paris, Pédone, 1980, p. 40. Notons au surplus que le ministre était libre de choisir un autre chef de cabinet. Jacques-Louis Dumesnil, ministre de la Marine en 1930, travailleur infatigable qui examinait à fond tous les dossiers, a choisi Traub.
25. V. A. Michelier, *op. cit.,* pp. 302 et 321.
26. Lettre du 3 mars 1931, texte dans Jacques Raphaël-Leygues et Jean-Luc Barré, *op. cit.,* p. 307.
27. Rapport au ministre, 8 juillet 1931, SHM, 1 BB2, 191.
28. Lettre du 24 novembre 1931, Papiers Violette, SHM MIC 212.
29. Amiral Docteur, *op. cit.,* p. 17-18.
30. Les cuirassés de poche de la classe *Deutschland.*
31. « Politique navale », 1930, SHM, 1 BB2 208.

32. « Note sur les missions de la marine en temps de guerre », note EMG 3 (1933), SHM, 1 BB2 214.

33. Note du 17 mars 1930. Dans le rapport cité note 31, il réclame la mise sur cale de 3 unités au lieu de 2.

34. Lettre du 25 décembre 1928, amiral Docteur, *op. cit.*, p. 18.

35. Lettre du 24 novembre 1931, Papiers Violette, SHM MIC 212.

36. François Pietri, *La Marine de la France,* Paris, Flammarion, 1940, p. 24.

37. « Politique navale », 1934, SHM, 1 BB2 208.

38. *Id.*

39. 1935.

40. Lettre du 5 octobre 1930, amiral Docteur, *op. cit.*, p. 20.

41. *Id.*

42. *Id.*

43. *Id.*

44. Lettre du 5 juillet 1930, Amiral Docteur, *op. cit.*, p. 43.

45. « Note sur le navire de ligne », 1930. SHM, 1 BB2 208.

46. Cité dans René Maine, *Histoire de la marine,* t. III, Paris, Éditions maritimes et d'outremer, 1981.

47. 14 novembre 1930.

48. *Cf. supra,* p. 64.

49. « Politique navale », rapport cité *supra,* note 31.

50. « La politique navale et l'accord naval anglo-allemand », 1935, SHM 1 BB2 208.

51. Papiers Docteur.

52. La documentation sur les négociations navales est abondante. On trouvera un résumé dans Hervé Coutau-Bégarie, *le Désarmement naval,* à paraître chez Economica en 1990. Toutes les références qui suivent en sont extraites.

53. Maurice Vaïsse, *op. cit.*, p. 4.

54. Note 626 Cab du 10 novembre 1929, SHM, 1 BB2 191.

55. *Id.*

56. « Point de départ des discussions », 31 janvier 1930, SHM, 1 BB2 191.

57. *Id.*

58. Alain Darlan, Lettre du 21 janvier 1930, *op. cit.*, p. 32.

59. Alain Darlan, Lettre du 23 janvier 1930, *op. cit.*, p. 32-33.

60. Alain Darlan, Lettre du 24 janvier 1930, *op. cit.*, p. 33.

61. Alain Darlan, Lettre sans date (mars 1930), *op. cit.*, p. 34.

62. Amiral Docteur, Lettre du 2 avril 1930, *op. cit.*, p. 40.

63. Alain Darlan, Lettre du 4 avril 1930, *op. cit.*, p. 34.

64. Alain Darlan, Lettre du 11 avril 1930, *op. cit.*, p. 35.

65. Alain Darlan, Lettre du 16 avril 1930, *op. cit.*, p. 36.

66. Cité par Maurice Vaïsse, *op. cit.*, p. 178.

67. Amiral Docteur, *op. cit.*, p. 41.

68. Jacques Raphaël-Leygues et Jean-Luc Barré, *op. cit.*, p. 306.

69. Les chiffres s'entendent bâtiments exempts de limitation exclus, de sorte que le tonnage réel est légèrement supérieur. Sont exempts les bâtiments de moins de 600 tonnes et les auxiliaires.

70. Lettre du 5 juillet 1930, Amiral Docteur, *op. cit.*, p. 42-43.
71. Espagnac du Ravay, *op. cit.*, p. 82-83.
72. Maurice Vaïsse, *op. cit.*, p. 602.
73. Note pour le ministre, 8 novembre 1930, SHM, 1 BB2 191.
74. Lettre au ministre de la Marine, 20 novembre 1930, SHM, 1 BB2 191.
75. Note remise par le ministre de la Marine à l'amiral Darlan avec un projet d'accord franco-britannique, 1er novembre 1930, SHM, 1 BB2 191.
76. Lettre au ministre de la Marine, 11 novembre 1930, SHM 1 BB2 191.
77. « Résumé des conversations entre M. Massigli et l'amiral Darlan avec M. Craigie », 20 novembre 1930. SHM, 1 BB2 191.
78. Un bâtiment est dit « hors d'âge » quand il a dépassé 25 ans pour les cuirassés, 15 ans pour les bâtiments légers. Dans le cas contraire il est « sous l'âge ».
79. D'après Maurice Vaïsse, *op. cit.*, p. 92-93.
80. Maurice Vaïsse, *op. cit.*, p. 93.
81. Il écrit à Georges Leygues pour lui dire qu'il n'a « pas eu à donner [son] avis de responsable », Jacques Raphaël-Leygues et Jean-Luc Barré, *op. cit.*, p. 307.
82. Lettre du 4 mars 1931, Jacques Raphaël-Leygues et Jean-Luc Barré, *op. cit.*, p. 268-269.
83. « Note pour le ministre », 10 mars 1931, transmise aux Affaires étrangères sous le no 97 Cab. SHM, 1 BB2 193.
84. Lettre du 30 mars 1931, Amiral Docteur, *op. cit.*, p. 47.
85. Lettre au ministre de la Marine, 1er avril 1931, SHM 1 BB2 193.
86. Lettre 142 Cab. O du ministre de la Marine au ministre des Affaires étrangères, 7 avril 1931, SHM, 1 BB2 193.
87. Lettre 189 Cab O du ministre de la Marine au ministre des Affaires étrangères, SHM, 1 BB2 193.
88. Lettre 242 Cab O du ministre de la Marine au ministre des Affaires étrangères, 1er juillet 1931, SHM, 1 BB2 193.
89. Lettre du ministre de la Marine au ministre des Affaires étrangères, date manquante, SHM, 1 BB2 193.
90. Lettre personnelle de Darlan à Massigli, 17 novembre 1931. Copie dactylographiée. SHM, 1 BB2 193.
91. Lettre 384 Cab O du 21 novembre 1931, SHM, 1 BB2 193.
92. Maurice Vaïsse, *op. cit.*, p. 192.
93. Amiral Docteur, *op. cit.*, p. 48.
94. Espagnac du Ravay, *op. cit.*, p. 107.
95. Espagnac du Ravay, *op. cit.*, p. 109-110.
96. Maurice Vaïsse, *op. cit.*, p. 397.
97. Le texte complet a été publié plusieurs fois, notamment dans Espagnac du Ravay, *op. cit.*, p. 128-130.
98. Maurice Vaïsse, *op. cit.*, p. 522-523.
99. Espagnac du Ravay, *op. cit.*, p. 141-142.
100. Lettre sans date, SHM, Papiers Violette M I C 212.
101. « Étude sur la répartition des forces navales françaises en temps

de paix et leur utilisation en temps de guerre » rédigée par l'amiral Darlan le 22 mars 1934, SHM 1 BB2 214.

102. SHM, 1 BB4 - 10.

103. Amiral Docteur, *op. cit.*, p. 28.

104. SHM, 1 BB4 - 10.

105. Amiral Docteur, *op. cit.*, p. 29.

106. SHM, 1 BB4 - 10.

107. *Cf.* Hervé Coutau-Bégarie, *Castex le stratège inconnu, op. cit.*, p. 120.

108. SHM, 1 BB4 - 10.

109. V. A. Michelier, *op. cit.*, p. 366.

110. SHM, 1 BB4 - 11.

111. SHM, 1 BB4 - 11.

112. Témoignage du vice-amiral Caron.

113. SHM, 1 BB4 - 11.

114. SHM, 1 BB4 - 11.

115. SHM, 1 BB4 - 12.

116. SHM, 1 BB4 - 11.

117. Témoignage d'un officier de l'escadre (au nom illisible) recueilli par Albert Vulliez. Papiers Vulliez.

118. Alain Darlan, *op. cit.*, p. 39, rapporte des paroles de regret peut-être un peu « réécrites », mais qui reflètent une réelle nostalgie que confirme le *Journal de bord* de l'amiral Michelier, p. 370 : « L'amiral Darlan nous quitta le 28 juin avec un sentiment de regret et d'émotion si vif qu'il éclata en larmes au cours de la dernière réunion des Commandants dans son salon de la *Provence.* »

119. Dans une notice biographique rédigée peu avant sa mort et qui figure aujourd'hui dans les papiers conservés par son petit-fils.

120. V. A. Michelier, *op. cit.*, p. 363.

121. Témoignage du commandant Jouanin.

122. Lettre du 13 mars 1936. Papiers Docteur. Publiée partiellement dans amiral Docteur, *op. cit.*, p. 31.

123. Il est logique de penser que c'est Gasnier-Duparc qui l'a spontanément appelé. Mais dans sa note autobiographique déjà citée, Darlan affirme qu' « en juin 1936, M. Daladier imposa au nouveau titulaire du ministère de la Marine la présence de l'amiral Darlan au poste de direction effective : le cabinet militaire ». Une telle assertion ne manque pas d'intriguer. Mais il ne faut pas oublier qu'en 1942, Darlan et Gasnier-Duparc avaient rompu toute relation (le premier ayant révoqué le second de ses fonctions de maire de Saint-Malo) et que Darlan ne tenait peut-être pas à mettre en avant son ancien ami.

124. Témoignage du commandant Jouanin.

125. Déposition de Léon Blum devant la commission chargée d'enquêter sur les *Événements survenus en France de 1933 à 1945,* Paris, Imprimerie de l'Assemblée nationale, 1951, T. 1, p. 218.

126. Amiral Decoux, *Adieu Marine,* Paris, Plon, 1957, p. 337.

127. Compte rendu de l'entretien du 5 août 1936, SHM 1 BB2 203.

128. Ce procès-verbal a été saisi par les Allemands en 1942.

129. Amiral Decoux, *op. cit.*, p. 338.

130. X., *Une figure de la Marine, l'amiral Mouget,* Paris, Bonneville 1938 (brochure sans références).

131. Souvenirs de l'amiral Le Luc. Darlan a gardé jusqu'au bout cette lettre dont l'original a été détruit le 14 janvier 1943 par le commissaire de La Monneraye sur ordre de Le Luc. Il en existait une copie qui n'a pu être retrouvée.

132. Amiral Docteur, *op. cit.*, p. 32-33.

133. De même, en 1939, l'amiral Decoux a été nommé commandant en chef des Forces navales d'Extrême-Orient après deux refus.

134. Darlan est accusé par le député de Seine-Inférieure, Fernand Engerrand, dans la séance du 25 mars 1935, d'avoir condamné à mort les Chantiers navals de Caen en leur ôtant toute commande de la Marine dans un but officiel de rationalisation, mais en réalité pour des motifs moins avouables. Malgré le refus du ministre Pietri de répondre au fond, l'interpellateur s'entête : « En ce qui concerne M. l'amiral Darlan, je peux prouver tout ce que j'ai dit. J'ai les lettres » (*Journal officiel, Débats parlementaires,* Chambre des députés, 1re séance du 25 mars 1935, p. 1290-1291). Bien que les pièces manquent, il est plus que vraisemblable qu'il s'agissait d'un conflit entre l'administration et le constructeur, comme l'indique d'ailleurs l'interpellateur, qui parle « de l'hostilité, aussi vigoureuse qu'inexpliquée, de quelques hauts fonctionnaires de la marine ». Le soupçon de corruption est à écarter.

NOTES DU CHAPITRE VI

1. *Cf.* Hervé Coutau-Bégarie, *op. cit.,* p. 111.

2. Ce n'est bien sûr pas une règle absolue. L'EMG arrête aussi des choix et le cabinet est parfois mis devant le fait accompli : ainsi, à propos de l'absence de porte-avions dans la tranche 1937.

3. Souvenirs de l'amiral Le Luc.

4. Durant les deux premiers mois de la drôle de guerre, les officiers de l'Amirauté pourront se faire une idée de l'état des relations entre Darlan et son ministre à la fréquence des déplacements de Tavera, qui mourra subitement en octobre 1939.

5. Réunion des ministres les plus directement concernés par la conduite de la guerre (président du Conseil, Affaires étrangères, Guerre, Air, Marine, Colonies, Finances). Les chefs d'état-major généraux y participent avec voix consultative.

6. « Hiérarchie dans les hauts grades », Note du 26 juillet 1938, SHM 1 BB2 212.

7. Espagnac du Ravay, *op. cit.,* p. 214.

8. Instruction particulière n° 18 EMG. SE du 23 avril 1937, SHM, Papiers Castex.

9. Note de l'amiral Castex au titre explicite : « La façon dont l'amiral Darlan, chef d'état-major général, comprenait l'action des amiraux membres du Conseil supérieur sous ses ordres, en les annihilant totalement » SHM, Papiers Castex.

10. Instruction particulière n° 157 EMG SE du 15 novembre 1938, SHM 1 BB2 212.

11. Directives pour les plans d'opérations du 5 juin 1937, SHM 1 BB2 212.

12. Note sur les directives du 5 juin. Le texte de cette note est perdu.

13. Note 80 EMG-SE du 24 juillet 1937, SHM Papiers Castex.

14. Introduction 1121 EMG3 OP du 26 novembre 1938, SHM 1 BB2 105.

15. Souvenirs de l'amiral Le Luc.

16. Témoignage du commandant Jouanin. Les archives du Conseil supérieur de la Marine ont malheureusement été détruites en 1940. On remarque aussi que Darlan prend soin de limiter l'accès des inspecteurs généraux à l'information : ils reçoivent beaucoup moins de documents que les préfets maritimes qui leur seront subordonnés.

17. Souvenirs de l'amiral Le Luc.

18. *Cf.* Adolphe Laurens, *le Commandement naval en Méditerranée,* Paris, Payot, 1931.

19. Note EMG SE sans numéro du 29 octobre 1937, SHM 1 BB2 212.

20. « De l'aménagement dans ses hauts grades de la hiérarchie militaire », Note du 15 novembre 1937, SHM 1 BB2 170.

21. Témoignage du commandant Jouanin.

22. Lette sans date (1939), Alain Darlan, *op. cit.,* p. 39.

23. Lettre du 14 juin 1939, amiral Docteur, *op. cit.,* p. 36.

24. Darlan s'oppose au général Mordacq à propos du Collège des Hautes Études de Défense nationale créé en 1936, et dont le premier directeur est l'amiral Castex. Mordacq a critiqué cette nomination dans *la Défense nationale en danger* (1938) : un marin « ne saurait être qualifié pour de telles études où l'armée de terre doit avoir, haut la main, la prépondérance ». Sous pseudonyme (commandant Morgan), Darlan réfute cette affirmation et défend le rôle de la marine.

25. Lettre 99 EMG SE du 9 août 1937, SHM, 1 BB2 182.

26. Note manuscrite du 8 juin 1939, SHM, 1 BB2, 214.

27. Note 99 EMG SE du 9 août 1937, SHM, 1 BB2, 182.

28. Note sur le commandement unique, SHM 1 BB2 208.

29. Texte dactylographié d'une brochure sur le commandement unique qui n'a pu être retrouvée, SHM, 1 BB2 208.

30. Procès-verbal de la réunion des chefs d'état-major généraux du mardi 1er août 1939. *Documents diplomatiques français* 1936-1939, t. XVII, n° 399, p. 664.

31. « Politique navale », note du 20 janvier 1938, SHM, 1 BB2 180. Le tonnage réel qui aura été voté à la déclaration de guerre atteindra 700 000 tonnes.

32. « Situation des flottes continentales européennes », Note 16 EMG SE du 21 avril 1937. (Note manuscrite de Darlan), SHM 1 BB2 208.

33. La Marine a dû renoncer à un croiseur et à un torpilleur.

34. Le procès-verbal de cette réunion a disparu comme les autres, et cette conclusion n'est connue que par la référence qui y est faite dans plusieurs documents.

35. « La marine française et le réarmement sur mer des puissances européennes », Note 177 EMG-EAN du 16 mars 1937, SHM 1 BB2 180.

36. Robert Frankenstein, *le Prix du réarmement français,* Paris, Publications de la Sorbonne, 1982, p. 83.

37. *Id.* Sur l'orientation idéologique de la thèse de Robert Frankenstein, *cf.* Hervé Coutau-Bégarie, « Comment les Français se sont préparés à la guerre », *Revue d'histoire diplomatique,* 1983 n° 3.

38. Lettre à l'amiral Docteur du 9 août 1937. Papiers Docteur.

39. « Sur notre politique extérieure ». Note manuscrite du 29 juillet 1937, SHM 1 BB2 208.

40. Note manuscrite du 7 janvier 1938, SHM 1 BB2 208.

41. Note du 20 janvier 1938, SHM, 1 BB2 208.

42. Chiffres indiqués par l'amiral Darlan dans une note manuscrite d'août 1939. Dans une note postérieure, l'amiral Auphan donne des chiffres inférieurs, la différence provenant de la non-prise en compte des unités votées mais non effectivement mises sur cale.

43. « La part de la marine dans le réarmement de la France », Note du 18 août 1939 en réponse à une demande du président du Conseil, SHM 1 BB2 214.

44. Note manuscrite du 5 avril 1939, SHM, 1 BB2 214.

45. « Financement des réalisations à poursuivre par la marine », Note 151 EMG SE du 4 novembre 1939, SHM, 1 BB2 208.

46. *Cf.* Robert Frankenstein, *op. cit.,* p. 89.

47. Note manuscrite du 3 décembre 1938, SHM, 1 BB2 208.

48. En décembre 1938, la nécessité de trouver 1,5 milliard pour l'achat de 1 000 avions aux États-Unis conduit Paul Reynaud à proposer de reporter la construction du cuirassé *Gascogne.* Darlan s'y oppose en faisant valoir que les crédits affectés à ce bâtiment pour 1939 ont déjà été dépensés. Il n'accepte d'abandonner que 100 millions sur son programme de stocks de combustibles. Procès-verbal de la séance du 5 décembre 1938 du Comité permanent de la Défense nationale, *Documents diplomatiques français* 1936-1939, XIII, doc. n° 37, p. 72.

49. « La situation actuelle et la politique militaire de la France », note 146 EMG SE du 17 octobre 1938, SHM, 1 BB2 171. De nombreuses notes traitent de cette question qui inquiète aussi le ministre au point de le conduire à créer un bureau des délais.

50. Conférence des services d'actions du 8 juin 1939, SHM, 1 BB2 172.

51. « Note sur le programme futur des constructions navales » 115 EMG, SE du 25 juillet 1938 SHM, 1 BB2 175.

52. Dès leur entrée en service, les *Dunkerque* révèlent plusieurs fautes de conception. La station d'huile unique pour le relèvement des panneaux blindés et la manœuvre des vannes essentielles a été dénoncée comme « une erreur immense avant même leur achèvement, en 1936. L'amiral Gensoul se plaint de leur tenue à la mer par gros temps, les tourelles embarquant l'eau. L'artillerie souffre de plusieurs défauts : le pointage est défectueux, les norias amenant les obus tombent en panne au bout de 6 à 10 salves, durant un exercice la porte du blockhaus du *Dunkerque* est restée coincée ouverte... », note du capitaine de vaisseau

Dornon, « Enseignements de la guerre. Les réformes nécessaires », FMF 1 n° 958 du 25 octobre 1941, SHM, TTE 79.

53. Note sans date, SHM 1 BB2 135.

54. Sauf par des vedettes rapides, dix fois plus légères.

55. Note 958 FMF 1 déjà citée *supra* à la note 52.

56. Mais il ne s'agissait généralement que d'attaques conduites par des avions isolés.

57. Les recherches sur le sonar ont été abandonnées en France en 1932, les portées obtenues étant jugées insuffisantes.

58. Témoignage du commandant Jouanin.

59. Henri Le Masson, *Histoire du torpilleur en France,* Académie de Marine, 1966, p. 278.

60. Conférence des services d'action du 20 avril 1939, SHM 1 BB2 171.

61. Note de 1939, citée par Henri Ballande, *op. cit.,* p. 74.

62. Amiral Darlan, manuscrit d'un article paru dans *le Miroir du Monde,* SHM, 1 BB2 208.

63. Le décret-loi du 2 mai 1938 a accordé 15 millions pour la base de Beyrouth. La Marine, après avoir refusé de participer au financement, a finalement accepté de contribuer, assez modestement (5 millions sur 25) aux trois annuités prévues. La base permettra « le ravitaillement simultané de 3 contre-torpilleurs, 2 sous-marins, avec séjour éventuel d'un croiseur » 151 EMG-SE du 4 novembre 1938, SHM, 1 BB2 208.

64. Note de Darlan au préfet maritime de la IVe région « Projet d'extension du port d'Oran vers l'ouest » citée *supra* ch. V, n. 4.

65. Compte rendu de la cérémonie, SHM, 1 BB2 172.

66. Note 146 EMG-SE du 17 octobre 1938, SHM, 1 BB2 171.

67. Rapport au ministre (date perdue), SHM, 1 BB2, 172.

68. Note 138 EMG-SE du 8 novembre 1937, SHM, 1 BB2, 170.

69. « Programme des constructions de l'aéronautique à entreprendre à partir de 1941 », Note EMG 3 du 16 février 1939, SHM, 1 BB2 170.

70. *Id.*

71. Michelier a consacré à cette question d'importants développements dans ses *Souvenirs.*

72. Le premier aurait dû être inscrit à la tranche 1937, mais le Conseil supérieur, dans sa séance du 27 août 1936, avait demandé son report, « la reconstitution de la flotte sous-marine allemande imposant d'accorder la priorité aux bâtiments d'escorte, 82 EMG-EAN du 6 novembre 1936, SHM, 1 BB2.

73. Livré en 1939, le *Graf Zeppelin* n'entrera jamais en service, à cause de l'obstruction de Goering. La France n'a pas le monopole des rivalités inter-armées.

74. La marine britannique elle-même a de nombreux points faibles, comme le montreront les désastres du *Hood,* puis du *Repulse* et du *Prince of Wales.*

75. Au 1er janvier 1938, les effectifs se montrent à 61 500 hommes, déjà en augmentation de 6 500 par rapport aux années 20 ; la loi du 2 mai 1938 les porte à 72 500 hommes, celle du 31 décembre 1938 à 74 900, celle du 27 mars 1939 à 77 500 hommes. Peu avant la déclaration de

guerre, ils passent à 82 500 hommes et il est prévu d'atteindre 85 000 en 1940. Si le plan avait été mené à exécution, ils auraient dépassé 90 000 hommes en 1943.

76. Avec une division de 2 contre-torpilleurs et 3 torpilleurs. La guerre l'empêchera d'entrer dans les faits.

77. Il écrit à Castex qui commande l'EGN pour critiquer le travail historique demandé à chaque stagiaire : il « absorbe ces officiers pendant plusieurs mois et réduit d'autant la durée de leurs réflexions sur d'autres sujets d'intérêt plus immédiat ». Il demande de remplacer ces thèses par des travaux plus restreints ne nécessitant aucune recherche en archives. 121 EMG-SE du 13 octobre 1937 SHM, 1 BB2 170.

78. Témoignage du commandant Jouanin.

79. « Situation politique internationale », Note manuscrite de novembre 1937, SHM, 1 BB2, 208.

80. « L'Angleterre et la France peuvent-elles soutenir un conflit contre l'Allemagne et l'Italie ? ». Note du 24 janvier 1939, SHM, 1 BB2 208.

81. Note 155 EMG-SE du 15 novembre 1938, SHM, 1 BB2, 171.

82. Note du 24 janvier 1939 citée *supra,* note 80.

83. *Cf.* par exemple le procès-verbal de son entretien avec l'amiral Pound, *cf.* infra note 106.

84. Note 155 EMG-SE déjà citée *supra,* note 81.

85. « Réflexions sur la situation actuelle », Note de juin 1939, SHM, 1 BB2 207.

86. Note 155, citée.

87. Note manuscrite du 31 décembre 1938, SHM, 1 BB2, 208.

88. Note 155, citée.

89. Instruction n° 1 (cas A-I) n° 1121 $\frac{\text{EGM 3}}{\text{OP}}$ du 26 novembre 1938. Il faut cependant préciser que dès septembre 1938 la perspective de la coopération britannique a conduit à une modification de la répartition initiale des forces : « Note sur la nouvelle organisation du commandement et de la répartition des forces navales françaises », SHM, 1 BB2 105.

90. Instruction 428 $\frac{\text{EMG 3}}{\text{OC}}$ du 10 avril 1939, elle même remplacée par l'instruction 653 $\frac{\text{EMG 3}}{\text{OP}}$ du 26 mai 1939.

91. « Réflexions... ». Note citée *supra,* note 85.

92. Note manuscrite de Darlan 78 EMG-SE du 16 juillet 1937. SHM, 1 BB2 208.

93. « Réflexions... ». Note citée *supra,* notes 85 et 91.

94. « Note au sujet de la politique française de défense nationale », 26 septembre 1939, SHM, 1 BB2 208.

95. « Réflexions... », note citée *supra,* notes 85 et 91.

96. Note rédigée en vue de la réunion des chefs d'état-major généraux du 3 juin 1939, SHM, 1 BB2 210.

97. Instruction 653 EMG 3, citée.

98. *Cf.* Hervé Coutau-Bégarie, *op. cit.,* p. 190.

99. « Réflexions... », note citée.

100. Témoignage du commandant Jouanin, confirmé par Henri Ballande, *op. cit.*, p. 92.

101. Philippe Masson, « La Marine française et la stratégie alliée », dans *Deutschland und Frankreich 1936-1939,* Munich, Artemis Verlag, p. 155.

102. Ces bonnes relations n'empêchent pas Darlan de savoir à quoi s'en tenir quant à l'énergie de son homologue terrestre ; à une remarque d'Auphan qui s'étonne de la mollesse de Gamelin, il répond : « Vous êtes naïf, vous verrez, tout est comme ça » Amiral Auphan, *L'Honneur de servir,* Paris, France-Empire, 1980, p. 237.

103. « Réflexions sur la puissance navale française », Note du 1er août 1939, SHM, 1 BB2 214.

104. Note 146 EMG-SE du 17 octobre 1938, citée.

105. Mémento fait à Portsmouth le 8 août 1939, SHM, 1 BB2 182.

106. Résumé de la conférence tenue à bord de l'*Enchantress,* SHM, 1 BB2, 182.

107. *Cf.* Jean Baptiste Duroselle, *la Décadence,* Paris, Imprimerie nationale, 1979, p. 332.

108. Note 791 EMG 3 du 26 août 1937 SHM, 1 BB2 203.

109. Rapport EMG 3 (sans numéro et sans date) sur l'activité générale de la Marine française de septembre 1937 à septembre 1938, SHM, 1 BB2 182.

110. Lettre 32 EMG 3 du 11 janvier 1939 au ministre des Colonies refusant d'envoyer une force navale à Djibouti, SHM, 1 BB2 182 et lettre 155 EMG-SE du 8 décembre 1937 refusant le renforcement des FNEO, SHM, 1 BB2 170; le 24 février 1939, une lettre assez sèche informe les Colonies que la Marine a fait ce qu'elle a pu pour la défense des colonies en cédant de vieux matériels et qu'elle ne fera pas plus. Lettre 238 EMG-3 du 24 février 1939, SHM, 1 BB2 182.

111. Lettre du 7 septembre 1938. Papiers Docteur. L'amiral Docteur n'en a publié qu'une version tronquée, par égard pour son ancien collaborateur.

112. « La crise de septembre 1938 », Note 43 EMG-SE du 31 mars 1939, SHM, 1 BB2 172.

113. Alain Darlan, *op. cit.*, p. 40.

114. Lettre du 14 juin 1939. Papiers Docteur.

115. Alain Darlan, *op. cit.*, p. 40.

116. *Documents diplomatiques français,* t. XVIII, doc. 324.

NOTES DU CHAPITRE VII

1. Commandant Morgan, « La conférence navale de Londres », *Revue maritime,* juin 1930.

2. Les « tapuscrits » de ces articles (Morgan était le nom de sa femme) se trouvent dans les papiers Darlan, SHM, 1 BB2 208.

3. Lettre à l'amiral Docteur, Amiral Docteur, *op. cit.*, p. 22.

4. Déclaration de l'amiral de Laborde à son procès, A.N., 3 W 199.
5. Guy Raïssac, *De la Marine à la justice,* Paris, Albin Michel, 1972, p. 24.
6. « J'ai de bonnes nouvelles de ma femme, je vous le dis parce que j'ai la vague crainte que vous ne soyez sans nouvelles fraîches de ma charmante compagne. Elle, quel que soit le tarif, ne vivra jamais de sa plume », Amiral Docteur, *op. cit.*, p. 22.
7. Henri Ballande, *De l'Amirauté à Bikini,* Paris, Presses de la Cité, 1972, p. 57.
8. Lettre à l'amiral Docteur du 18 février 1940, Papiers Docteur.
9. Un inspecteur du ravitaillement trop zélé dresse procès-verbal à son chauffeur qui prend livraison d'un rosbeef un jour sans viande. René Gillouin, *J'étais l'ami du maréchal Pétain,* Paris, Plon, 1966, p. 145.
10. Note 3986 SCOM du 25 juillet 1941. SHM, 3 DD2 520.
11. Note DM O 302 FMF 4 du 22 mars 1942 SHM, 3 DD2 520.
12. Jean Noli, *le Choix,* Paris, Fayard, 1972, p. 277. L'*Eros* prend pour nom l'*Incomprise* lors de son incorporation dans la Division métropolitaine de Police.
13. Témoignage du commandant Bourgeois.
14. Souvenirs de l'amiral Esteva.
15. Souvenirs de l'amiral Le Luc.
16. Il en parle plusieurs fois à Jacques Raphaël-Leygues.
17. Robert Aron, *Histoire de Vichy,* Paris, Fayard, 1954, p. 374.
18. Mais le dossier personnel ne mentionne pas toutes les décorations acquises après 1936. C'est ainsi qu'il ne mentionne ni la grand-croix de l'ordre royal de Victoria reçue à l'occasion de la visite de George VI en France, ni la grand-croix de la Rose blanche de Finlande reçue le 1er novembre 1940.
19. Amiral Docteur, *op. cit.*, p. 30.
20. Témoignage du commandant Jouanin.
21. Alain Darlan, *op. cit.,* hors-texte, p. 64-65.
22. Note du commandant Sanson sur Darlan et la franc-maçonnerie. Papiers Sanson.
23. *Id.*
24. Ronald Chalmers Hood III, *Royal Republicans French Naval Officers Corps Between the Wars,* Baton Rouge, Louisiana University Press, 1985.
25. Amiral Docteur, *op. cit.,* p. 27. *Les Écoutes* et *Le Populaire* ont accusé Darlan (et d'autres) d'encourager la diffusion de *L'Action française* dans les carrés.
26. Lettre du 18 octobre 1934, amiral Docteur, *op. cit.,* p. 31.
27. C'est l'erreur majeure de Zeev Sternhell, qui dans son livre *Ni droite ni gauche,* Paris, 1985, a voulu voir dans toutes les critiques adressées au blocage des institutions dans les années 30 l'expression d'un fascisme français.
28. Lettre du 5 juillet 1930, amiral Docteur, *op. cit.,* p. 43.
29. « Réflexions sur la situation actuelle », Note de juin 1939, SHM, 1 BB2 207.
30. Amiral Docteur, *op. cit.,* p. 27.

31. Lettre du 13 mars 1936. Papiers Docteur.
32. Lettre du 13 mars 1936. Papiers Docteur.
33. « Politique navale », 1934, SHM, 1 BB2 208.
34. « La politique navale et l'accord naval anglo-allemand », 1935, SHM, 1 BB2 208.
35. Cité par Maurice Vaïsse, *op. cit.*, p. 440.
36. Témoignage de Mme Bordes.
37. Lettre du 30 juillet 1938. Papiers Docteur.
38. *First Sea Lord,* à compter du 12 juin 1939.
39. Jacques Raphaël-Leygues et Jean-Luc Barré, *op. cit.*, p. 261.
40. On colporte qu'il va jusqu'à dire : « Je ne suis pas anglophobe, je suis anglophage. »
41. SHM. TTE 100.
42. Guy Raïssac, *op. cit.*, p. 115-116.
43. Carte adressée à Gensoul. Papiers Gensoul.
44. Il deviendra un historien des sciences célèbre, auteur notamment d'une somme monumentale, *le Système du monde*.
45. D'après le témoignage de Louis-Dominique Girard.
46. Nom familier des classes préparatoires à Navale.
47. Darlan fait cadeau à Michelier de sa propre croix de commandeur, qui avait auparavant été celle de son beau-frère Keraudren.
48. Henri Ballande, *op. cit.*, p. 58.
49. Henri Ballande, *op. cit.*, p. 149 pour Battet, p. 205 pour Auboyneau.
50. Henri Ballande, *op. cit.*, p. 222.
51. Jacques Raphaël-Leygues et François Flohic, *op. cit.*, p. 79.
52. Henri Ballande, *op. cit.*, p. 37.
53. Amiral Auphan, *op. cit.*, p. 242.
54. En décembre 1943, il rédige une « Histoire intérieure de Vichy » en 25 feuillets : il ne se corrige que quatre fois.
55. Guy Raïssac, *op. cit.*, p. 95.
56. Amiral Philippon, *le Métier de la mer,* Paris, France-Empire, 1958, p. 272. Celui qui n'a jamais connu la peur : de Laborde ; l'amour : Esteva, membre d'un tiers-ordre religieux ; la soif : Derrien, grand amateur de whisky.
57. Henri Ballande, *op. cit.*, p. 12-13.

NOTES DU CHAPITRE VIII

1. Henri Ballande, *op. cit.*, p. 41.
2. Dans une lettre à l'amiral Docteur, il écrit : « Durand-Viel, lui, vient d'entrer au Conseil de Suez, il n'y a pas de responsabilités et il y a des espèces sonnantes. » Lettre du 9 août 1937. Papiers Docteur.
3. Henri Ballande, *op. cit.*, p. 42-43.
4. Amiral Auphan, *op. cit.*, p. 239-240 et *Souvenirs* de l'amiral Le Luc. Le Luc ne parle pas d'une première visite à Daladier.
5. Amiral Docteur, *op. cit.*, p. 55.

6. Le site de Maintenon apparaît dans une note 179 EMG-2 du 2 avril 1938, SHM, 1 BB2 162.

7. Note répondant à la protestation du sous-préfet, SHM, 1 BB2 162.

8. *Souvenirs* de l'amiral Le Luc, et général Gamelin, *Servir,* t. 1, *les Armées françaises de 1940,* Paris, Plon, 1946, p. 191. Gamelin, lorsqu'il parle du « maréchal Pétain », emploie toujours des guillemets.

9. Henri Ballande, *op. cit.*, p. 51.

10. Notes 1 FMF-SE du 27 août 1939, et 37 FMF-SE du 1er novembre 1939, SHM, 1 BB2 233.

11. *Souvenirs* de l'amiral Le Luc.

12. 160 officiers et 580 sous-officiers, marins et employés pour les bureaux (dont 145 marins pour les transmissions) et 360 hommes pour l'intendance et la sûreté dont une compagnie de fusiliers marins avec drapeau et fanfare.

13. Jules Moch, *Rencontres avec Darlan, Eisenhower,* Paris, Plon, 1968, p. 57.

14. Sans date (avril 1939) et sans numéro. Instruction FB/AI, SHM, 1 BB2 105.

15. Instructions pour le théâtre nord. 1125 EMG-SE du 26 novembre 1938, SHM, 1 BB2 105.

16. Instruction pour le théâtre ouest, 1126 EMG-SE du 26 novembre 1938, SHM, 1 BB2 105. L'instruction est antérieure à la reconstitution de la Ve région.

17. Instructions pour le théâtre méditerranéen, 1124 EMG-SE du 26 novembre 1938. SHM, 1 BB2 105.

18. Note 186 FMF 3 du 30 septembre 1939. Instruction générale sur l'organisation du commandement et la répartition des forces, SHM, 1 BB2 105.

19. Jules Moch, *op. cit.*, p. 65.

20. *Cf. supra,* p. 126-127.

21. *Cf.* la lettre à l'amiral Docteur, citée *supra,* p. 153.

22. Si l'on en croit Alain Darlan, *op. cit.*, p. 77. Il faut cependant émettre des réserves sur l'authenticité des propos rapportés, car la question posée à Darlan (« Pourquoi Gensoul plutôt que Laborde ? ») est assez dépourvue de sens : inspecteur général, de Laborde ne pouvait commander qu'un théâtre d'opérations.

23. Il faut signaler l'exceptionnel intérêt des monographies publiées dès les années 50 par le Service historique de la Marine sur *les Forces maritimes du Nord, les Forces maritimes de l'Ouest et le Théâtre atlantique, le Théâtre méditerranéen, la Campagne de Norvège, l'Armistice de juin 1940 et la crise franco-britannique.* Mais on manque encore d'une synthèse fondée sur une exploitation intensive des archives.

24. *Journal des événements* tenu par l'amiral Darlan à partir du 1er septembre 1939 (cité ci-après, *Journal*), SHM, 1 BB2 208. Ce journal, où l'Amiral de la flotte parle souvent de lui à la troisième personne, a probablement été remanié postérieurement, peut-être vers la fin de 1940.

25. À l'exception de la 4e escadre qui reste à Bizerte. Signalons au

passage une ambiguïté de vocabulaire. Les FHM désignent tantôt l'ensemble des escadres (Méditerranée et Atlantique), tantôt les forces de Méditerranée, ou encore les seules 2ᵉ et 3ᵉ escadres (la 4ᵉ escadre stationnée à Bizerte constituant les Forces légères d'attaque). Ici, il s'agit bien sûr de la première acception.

26. *Journal,* p. 2.

27. Note 12 FMF-SE du 4 septembre 1939. SHM, 1 BB2 173.

28. *Journal,* p. 3.

29. Henri Ballande, *op. cit.*, p. 60-61.

30. En 1937, l'état-major général, en réponse à un questionnaire établi par les commissions parlementaires de la Marine, a déclaré que « pendant la dernière guerre, la méthode des convois escortés n'a dû son succès, d'ailleurs relatif, qu'à des circonstances parmi lesquelles il faut mentionner l'élimination à peu près totale des adversaires de surface et l'absence de péril aérien... [La marine] ne renonce pas radicalement à la méthode des convois, en fait, elle se propose de l'appliquer encore, mais seulement dans des cas d'espèce (navires précieux, parcours très exposés) » 24 EMG-SE du 22 février 1937, SHM, 1 BB2 172. On retrouve le même discours outre-Manche où l'Admiralty explique qu'elle n'envisage pas de former de convois dans les premières semaines de guerre, ce qui lui attire cette question mi-ironique, mi-stupéfaite d'un député : » Cela veut-il dire que vous attendrez que les pertes soient devenues insupportables pour en former ? », cité par Arthur J. Marder, *From Scapa Flow to Oran,* Oxford University Press, 1974, p. 42.

31. « Résumé de l'activité des Forces maritimes françaises pendant le mois d'octobre 1939 », SHM, 1 BB2 226.

32. Note 706 EMG-4 du 12 décembre 1939, SHM, TTE 62.

33. « Résumé de l'activité des Forces maritimes françaises pendant le mois de novembre 1939 », SHM, 1 BB2 226.

34. Henri Ballande, *op. cit.*, p. 69.

35. *Cf.* Claude Huan, « Les attaques en meute », *Nouvelle revue maritime,* avril 1984.

36. Jules Moch, *op. cit.*, p. 49.

37. « Quelques chiffres représentatifs de l'activité des Forces maritimes françaises », Note sans date, SHM, 1 BB2 214.

38. Note 42 FMF-SE du 6 novembre 1939, SHM, 1 BB2 172.

39. Alain Darlan affirme que son père était très conscient du poids politique de la flotte dans la coalition franco-britannique, *op. cit.*, p. 76. On le croit d'autant plus volontiers que plusieurs notes d'avant guerre exprimaient déjà cette préoccupation.

40. Note 3 FMF-SE du 28 janvier 1940, SHM, 1 BB2 173. Il faut encore ajouter à cette liste 7 avisos-dragueurs et 20 avisos-coloniaux en cours ou décidés.

41. « Constructions neuves », Note de l'amiral Darlan, SHM, 1 BB2 131. Une note du 15 avril 1940 envisage un croiseur lourd de 15 000 tonnes, armé de 3 tourelles triples de 203 (le calibre de 240 est aussi envisagé), SHM, 1 BB2 213.

42. Le Service des recherches scientifiques, créé le 19 juin 1920, est réorganisé par un arrêté en date du 14 décembre 1939.
43. *Journal,* p. 2-3.
44. *Journal,* p. 3.
45. Clapier est directeur du cabinet de Daladier. On se souvient que c'est lui que Tavera avait contacté lors de la succession de Durand-Viel.
46. *Journal,* p. 10. « Réflexions sur la conduite de la guerre » placées à la suite du 11 octobre.
47. Note du 11 octobre 1939 sans numéro, SHM, 1 BB2 208.
48. *Cf. supra* p. 137.
49. « Comment se déroulera la guerre maritime », directives de l'Amiral de la flotte, 3 août 1939, SHM, 1 BB2 207.
50. Comme la plupart des papiers Moysset, ces notes ont malheureusement disparu, à l'exception d'une seule, datée du 21 octobre 1939, SHM, TTE, 108.
51. Note 56 FMF 3 du 9 septembre 1939, SHM, 1 BB2 226.
52. Note 66 FMF 3 du 11 septembre 1939, SHM, 1 BB2 226.
53. *Journal,* p. 5. Le récit de Darlan est confirmé par le procès-verbal officiel publié dans François Bédarida, *la Stratégie secrète de la drôle de guerre,* Paris, Presses de la F.N.S.P. — Éditions du C.N.R.S., 1979, p. 128-129.
54. François Bédarida, *op. cit.,* p. 142.
55. *Journal,* p. 8.
56. *Journal,* p. 9.
57. Le conflit entre Darlan et Castex est retracé en détail dans Hervé Coutau-Bégarie, *Castex le stratège inconnu,* Economica, 1985.
58. Lettre manuscrite, 11 octobre 1939, SHM, Papiers Castex.
59. Note 144 FMN 3, du 14 octobre 1939, SHM, Papiers Castex.
60. Note 162 FMN 3, du 19 octobre 1939, SHM, Papiers Castex.
61. Note du 24 octobre 1939, SHM, 1 BB2 210.
62. Témoignage de M. Charles Castex.
63. Note 355 FMF 3, du 28 octobre 1939, SHM, Papiers Castex.
64. Note 354 FMF 3, du 28 octobre 1939, SHM, Papiers Castex. Castex a écrit plus tard en marge : « Et comment ! voir mai 40. »
65. Note 355 FMF 3, citée. Les griefs de Darlan sont exprimés dans deux notes différentes 354 et 355, écrites le même jour. Il faut noter qu'en janvier 1940, ce qu'avait craint Darlan se réalisera : les forces terrestres de Dunkerque seront constituées en division d'infanterie (la 68e D.I.). Mais l'Amirauté ne protestera pas contre ce qu'elle avait condamné en octobre.
66. Note 241 FMN 3, du 7 novembre 1939, SHM, Papiers Castex.
67. *Journal,* p. 12.
68. Lettre manuscrite 127 FMF-0 du 10 novembre 1939, SHM, Papiers Castex.
69. Lettre personnelle sans référence, SHM, Papiers Castex.
70. Pour qu'il n'y ait aucun doute, Castex a écrit en marge de la copie de sa réponse conservée par lui : « ironie ».
71. Lettre du 23 novembre 1939 au général Noguès, Archives privées.

72. Lettre du 11 avril 1940 au général Noguès, Archives privées.

73. Une lettre de Darlan à Campinchi 131 FMF 0 en date du 16 novembre expose en détail les reproches adressés à Muselier, SHM, TTC 11.

74. La rumeur en a au moins couru ; *cf.* Hervé Coutau-Bégarie, *op. cit.*, p. 205.

75. Note de l'amiral de Laborde sur le livre d'Albert Vulliez, *les Vingt derniers jours de la Flotte,* Papiers Vulliez.

76. Instruction générale 536 FMF 3 du 30 novembre 1939, SHM, 1 BB2 226.

77. Basil Liddell Hart, *Mémoires,* Paris, Fayard, p. 537.

78. Arthur J. Marder, *op. cit.*, p. 181.

79. Colonel de Villelume, *Autopsie d'une défaite,* Fayard, 1976, p. 21 : « Darlan ne comprend rien aux dispositions navales qu'ils [les Britanniques] ont prises », note Villelume le 3 septembre.

80. Henri Ballande, *op. cit.*, p. 55.

81. Procès-verbal (non officiel) de l' « entrevue de M. Winston Churchill et de l'amiral Darlan », 3 novembre 1939 (matin), établi par le C.C. Barjot, SHM, TTE 100.

82. « Conférence du 3 novembre 1939, après-midi » (Barjot n'y assistait pas) SHM, TTE 100.

83. « Exposé de l'Amiral de la Flotte », sans références, SHM, TTE 100.

84. On affirmera après la guerre que Churchill aurait souhaité obtenir le remplacement de Darlan par de Laborde qui lui faisait des avances. Cette rumeur ne repose sur aucun fondement. On a d'ailleurs du mal à imaginer l'amiral de Laborde, dont l'orgueil était immense, s'abaisser à faire la cour à des Anglais qu'il détestait profondément.

85. *Journal,* p. 14.

86. *Journal,* p. 15.

87. *Journal,* p. 16.

88. *Journal,* p. 16-18.

89. « Note sur la conduite de la guerre », 23 janvier 1940, SHM, TTE 100. Note remise au président du Conseil le 24 janvier et adressée au général Gamelin par lettre 190 FMF 3 le 26 janvier.

90. « Du blocus », Note sans référence du 24 mars 1940 (rédigée par Darlan ou par Auphan) SHM, TTE 100.

91. Note citée *supra* n. 89.

92. Paul Baudouin, *Neuf mois au gouvernement,* Paris, La Table Ronde, 1948, p. 36.

93. Le *Journal* s'arrête au 14 décembre pour ne reprendre qu'au 12 mars. Darlan a établi (ou fait établir) une « chronologie des événements avant le Conseil suprême du 5 février ». Elle ne commence qu'au 24 décembre.

94. Note 769 FMF-3 du 25 décembre 1939.

95. Chronologie citée, n. 93. Lettre 29 MNF (mission navale française à Londres ; V.A. Odend'hal) du 7 janvier 1940.

96. François Bédarida, *op. cit.*, p. 221.

97. Chronologie citée. Le passage souligné l'est par nous.

98. Chronologie citée.
99. Note sans numéro, 22 janvier 1940, SHM, 1 BB2 208.
100. Note sans numéro, 22 janvier 1940, SHM, 1 BB2 208.
101. Note sans numéro, 22 janvier 1940, SHM, 1 BB2 208, souligné par Darlan.
102. Note sans numéro, 22 janvier 1940, SHM, 1 BB2 208.
103. Historique (sans titre, ni références) de l'expédition scandinave, 10 mai 1940, SHM, 1 BB2 207.
104. Note citée *supra,* note 99.
105. Note manuscrite du 25 janvier 1940, SHM, 1 BB2 207.
106. Compte rendu d'une réunion au ministère de la guerre, SHM, 1 BB2 207.
107. Chronologie.
108. Chronologie. Cette instruction n'a pas été retrouvée, Hervé Cras, *la Campagne de Norvège,* SHM, 1955, ne cite que l'instruction préparatoire 360 FMF 3 du 14 février 1940, *op. cit.,* p. 16.
109. Navire auxiliaire ramenant en Allemagne les prisonniers du *Graf Spee* qui est intercepté par les Britanniques dans les eaux territoriales norvégiennes.
110. Chronologie.
111. Chronologie.
112. Lettre 433 FMF 3 du 22 février 1940, SHM, 1 BB2 207.
113. « Note sur la conduite de la guerre » (hypothèse d'une paix russo-finlandaise), SHM, 1 BB2 208.
114. Cela apparaît particulièrement bien dans François Bédarida, *op. cit.*
115. François Bédarida, *op. cit.,* p. 282.
116. Cité par Jacques Raphaël-Leygues et François Flohic, *op. cit.,* p. 81.
117. Amiral Docteur, *op. cit.,* p. 58.
118. « Il estime, en revanche, que l'amiral Darlan a du caractère », 3 mars 1940. Villelume, *op. cit.,* p. 221.
119. Lettre 32 FMF 0 adressée au ministre de la Marine, 24 mars 1940, SHM, 1 BB2 208.
120. « Événements du 12 mars au 15 juin 1940. » Suite du Journal s'arrêtant au 14 décembre.

Les divers comités et conseils qui fonctionnent jusqu'en juin 1940 sont souvent confondus. Il faut distinguer :

— *le cabinet de Guerre,* qui n'a pas d'existence légale. Il se réunit à 7 ou 8 reprises en juin. Reynaud, Chautemps (vice-président du Conseil), Daladier, Campinchi, Laurent-Eynac, Mandel, Dautry, Monnet.

— *le Comité restreint.* Sans existence légale, il se réunit quotidiennement à partir du 20 mai : Reynaud, Pétain, Weygand, Darlan.

— *le Conseil restreint.* Sans existence légale. Il réunit à partir du 10 juin les principaux membres du gouvernement.

— *le Comité de guerre.* Seul officiel, il réunit sous la présidence de Lebrun, Reynaud, Daladier, Campinchi, Laurent-Eynac, Gamelin, Darlan, Vuillemin et Bührer (chef d'état-major des colonies).

121. Note 765 FMF 3 du 24 mars 1940, SHM, 1 BB2 207.

122. « Note sur la conduite de la guerre — Canevas de l'exposé fait par l'amiral Darlan » au Conseil suprême du 28 mars (en réalité à la réunion des commandants en chef qui s'est tenue la veille), SHM, 1 BB2 207.

123. Compte rendu de la réunion des commandants en chef alliés. Brouillon établi par le C.V. Auphan, SHM, 1 BB2 207.

124. Dans ses souvenirs, Auphan soutient que la réponse de Darlan est relative à une remarque sur le manque d'énergie des Scandinaves, *op. cit.*, p. 250. Mais sur le papier qui a été conservé, elle figure après la remarque sur le Caucase citée ici.

125. Historique cité *supra*, note 103.

126. Sur cette série de négligences, dont il n'est donné ici qu'un très faible aperçu, *cf.* le livre stupéfiant de François Kersaudy, *Stratèges et Norvège. Les jeux de la guerre et du hasard*, Paris, Hachette, 1977.

127. Lettre 804 FMF 3, du 30 mars 1940, SHM, 1 BB2 207.

128. Lettre 828 FMF 3, du 2 avril 1940. Le texte de cette lettre n'a pas été retrouvé, mais son contenu est connu par un « Historique de l'expédition B.K. bis » établi le 9 avril 1940.

129. François Kersaudy, *op. cit.*, p. 259. Il faut cependant noter que l'Amirauté a eu connaissance des mouvements allemands dans la soirée du 8 et aussitôt déclenché l'opération d'embarquement. « Historique de l'expédition B.K. bis », cité.

130. « Événements... », cité p. 120.

131. « Événements... ».

132. Lettre 37 FMF 0, du 12 avril 1940, publiée dans François Bédarida, *op. cit.*, p. 399.

133. « Événements... ».

134. Paul Baudouin, *op. cit.*, p. 27.

135. « Événements... ».

136. Paul Baudouin, *op. cit.*, p. 31.

137. « Événements... ».

138. Note 926 FMF 3, du 13 avril 1940, approuvée par le Comité de guerre le même jour, SHM, 1 BB2, 207

139. « Événements... ».

140. Note 948 FMF 3, du 17 avril 1940, SHM, 1 BB2 207 et Lettre 39 FMF 0 (à Campinchi), du 19 avril 1940, SHM, TTC 11.

141. « Événements... ».

142. « Événements... ».

143. Amiral Docteur, *op. cit.*, p. 60.

144. Lettre à Paul Reynaud, citée par François Bedarida, *op. cit.*, p. 400.

145. Paul Baudouin, *op. cit.*, p. 36.

146. Citée par R.A.C. Parker, « Grande-Bretagne, France et Scandinavie en 1939-1940 : la politique, les hommes et la stratégie », dans *Français et Britanniques dans la drôle de guerre*, Paris, Éditions du C.N.R.S., 1979, p. 581.

147. Amiral Docteur, *op. cit.*, p. 60.

148. Note 948 FMF 3, du 17 avril 1940, SHM, 1 BB2 207.

149. « La situation maritime le 8 mai », SHM, 1 BB2 207.
150. « La situation maritime le 8 mai », SHM, 1 BB2 207.
151. « La situation maritime le 8 mai », SHM, 1 BB2 207. En fait, les archives allemandes prouvent qu'aucun sous-marin n'a été coulé.
152. Notes manuscrites sans références SHM, TTE 100.
153. Note n° 840/3 F.T., du 5 mai 1940, SHAT, 1 D 34.
154. L'amiral disait depuis des mois au capitaine de vaisseau Deleuze : « Qu'attend-on pour chasser Gamelin ? Quant à moi, je n'en voudrais même pas comme valet de chambre », Villelume, *op. cit.*, p. 276.
155. Procès-verbaux des Comités de guerre des 4 et 6 mai 1940, SHAT, 2 N 26.
156. Lettre à Esteva, 9 mai 1940. Papiers Esteva.
157. Historique cité *supra,* note 103.
158. Paul Baudouin, *op. cit.*, p. 36.
159. Certains ordres sont entièrement rédigés par lui.
160. Lettre à Esteva, 9 mai 1940. Papiers Esteva.
161. Paul Baudouin, *op. cit.*, p. 51.
162. Alain Darlan, *op. cit.*, p. 50-52.

NOTES DU CHAPITRE IX

1. *Cf. supra* p. 188-190.
2. L'Amirauté et le GQG de Vincennes échangent durant l'hiver des notes sur la participation des forces maritimes à l'avancée en Belgique.
3. En avril 1940, *cf. supra,* p. 203.
4. Alain Darlan, *op. cit.*, p. 53.
5. Alain Darlan, *op. cit.*, p. 53.
6. Il y aura une attitude brillante et gagnera la Légion d'honneur.
7. Alain Darlan, *op. cit.*, p. 53.
8. Alain Darlan, *op. cit.*, p. 53-54.
9. « Journal des événements du 21 mars au 15 juin 1940 », déjà cité au chapitre précédent.
10. Alain Darlan, *op. cit.*, p. 54
11. « Journal des événements... »
12. On sait que Reynaud voulait remplacer Gamelin depuis longtemps et que son projet butait sur l'opposition de Daladier.
13. Alain Darlan, *op. cit.*, p. 54. Alexis Léger est remplacé par François Charles-Roux.
14. Général Gamelin, *Servir,* tome I, *les Armées françaises de 1940,* Paris, Plon, 1948.
15. Paul Reynaud, *Mémoires,* tome II, *Envers et contre tous,* Paris, Flammarion, 1963, p. 361.
16. Cité par André Reussner, « La réorganisation du haut commandement au mois de mai 1940 », *Revue d'histoire de la Deuxième Guerre mondiale,* 1953, n° 10-11, p. 51.
17. André Reussner, *art. cit.*, p. 53-55.
18. Texte dans C. V. Caroff, *le Théâtre atlantique,* Service historique de la Marine, 1958, p. 9.

19. André Reussner, art. cit., p. 55 et 57-58.

20. C'était une des grandes idées de Darlan qui s'inquiétait d'une possible mainmise de l'Italie sur les Baléares avant même la guerre d'Espagne.

21. Contre les objectifs économiques en Italie.

22. Alain Darlan, *op. cit.*, p. 54-55.

23. « Journal des événements... »

24. Notes prises par l'amiral Darlan durant le comité. Papiers Le Luc.

25. Il est possible qu'il ait apporté des renseignements techniques au cours de brèves interventions qui n'ont pas été notées par Baudouin.

26. Alain Darlan, *op. cit.*, p. 55.

27. « Journal des événements... »

28. « Journal des événements... »

29. Amiral Auphan, *op. cit.*, p. 263.

30. Alain Darlan, *op. cit.*, p. 55-56.

31. Alain Darlan, *op. cit.*, p. 56.

32. SHM, BB9 414.

33. « Décisions du comité de guerre du 25 mai » et « Mesures à prendre par l'Amirauté », Notes manuscrites (rédigées sur le même feuillet) par l'amiral Darlan le 26 mai. Papiers Le Luc.

34. L'original a été remis au SHM en 1957 par l'amiral Le Luc, avec une notice explicative. Cette note a été publiée à plusieurs reprises, par Jacques Mordal, Jacques Raphaël-Leygues et François Flohic...

35. Alain Darlan, *op. cit.*, p. 56.

36. « Journal des événements... »

37. Alain Darlan, *op. cit.*, p. 57.

38. Chiffres indiqués par Darlan dans son « Journal des événements... ». Soit 512 unités françaises. 336 bâtiments britanniques ont participé à l'évacuation. Ils ont accompli un plus grand nombre de voyages, ayant commencé avant les Français.

39. Alain Darlan, *op. cit.*, p. 57.

40. Cité par l'amiral Auphan, *op. cit.*, p. 288.

41. C'est un grief qui sera souvent repris par les anciens de Dunkerque. Dans cette affaire, les torts sont partagés. Il faut reconnaître que, bien souvent, les soldats français cherchaient à s'embarquer à tout prix, sans respecter aucun ordre, alors que les Britanniques étaient beaucoup plus disciplinés. Mais il est non moins vrai que la part réservée aux Français était fort réduite (au 1er juin, le rapport était de 1 à 10 !) et que dans plusieurs cas les marins britanniques ont appliqué la consigne à l'égard des blessés français avec un manque de fraternité et même d'humanité qui a laissé une empreinte profonde sur les témoins français.

42. C'est un aspect peu connu de la bataille de Dunkerque. La chasse française n'interviendra qu'avec deux douzaines d'avions entre le 1er et le 3 juin. La R.A.F. y perdra 89 chasseurs, s'ajoutant aux 195 *Hurricane* perdus dans la première phase de la campagne, soit près du tiers de la chasse moderne britannique. On comprend pourquoi Churchill se refusait en juin à envoyer de nouvelles unités en France. Claude Huan et Alain Marchand, « La bataille aéronavale de Dunkerque », *Revue historique des armées,* 1988 nº 4.

43. Lettre du vice-amiral Odend'hal, citée dans amiral Auphan, *op. cit.*, p. 289.
44. Paul Baudouin, *op. cit.*, p. 124.
45. Alain Darlan, *op. cit.*, p. 58.
46. « Journal des événements... »
47. Henri Ballande, *op. cit.*, p. 270.
48. Henri Ballande, *op. cit.*, p. 270.
49. Amiral Auphan, *op. cit.*, p. 266.
50. Général de Gaulle, *Mémoires de guerre,* Paris, Plon, 1954, p. 54.
51. En dernier lieu, Marc Ferro, *op. cit.*, p. 74.
52. Paul de Villelume, *Journal d'une défaite,* p. 406.
53. Témoignage de Charles-Roux, A.N., 3 W 280. Darlan ajoute que pour l'occupation du Dodécanèse, il faudrait d'abord connaître l'attitude turque.
54. SHM, BB9, 415. COMAR : attaque des communications italiennes en Méditerranée centrale par sous-marins et aviation ; CORAD : attaque des communications italiennes avec la Tripolitaine par bâtiments de surface ; VADO : destruction d'installations industrielles dans la région Vado-Gênes ; CABO : coupure des câbles sous-marins italiens ; FOCOLAV : attaques aériennes contre l'Italie.
55. Il visite Gênes à la fin de 1940.
56. À l'exception du paquebot *Chella* coulé dans le port de Marseille par un raid aérien.
57. Témoignage de Charles-Roux, A.N., 3 W 280.
58. Procès-verbal du Conseil suprême du 11 juin cité par Weygand, *Rappelé au service,* Paris, Flammarion, 1950, p. 594.
59. Weygand, *op. cit.*, p. 216.
60. Weygand, *op. cit.*, p. 216.
61. Darlan griffonnait déjà les papiers placés devant lui lors des réunions des chefs d'état-major généraux ou du C.P.D.N. Il dessinera aussi quand il assistera aux discussions des protocoles de Paris en 1941 et le général américain Clark remarquera cette manie en novembre 1942.
62. Jules Moch, *Une si longue vie,* Robert Laffont, 1976, p. 159-160.
63. Cité par Jacques Raphaël-Leygues et François Flohic, *op. cit.*, p. 105.
64. Cité par Jacques Raphaël-Leygues et François Flohic, *op. cit.*, p. 106.
65. Jacques Raphaël-Leygues et François Flohic, *op. cit.*, p. 102.
66. Il vaudrait mieux dire « agnostique », *cf. supra,* p. 159
67. Jacques Raphaël-Leygues et François Flohic, *op. cit.*, p. 107.
68. Yves Bouthillier, *le Drame de Vichy, I. Face à l'ennemi, face à l'allié,* Paris, Plon, 1950, p. 26-27.
69. Jacques Raphaël-Leygues et François Flohic, *op. cit.*, p. 105.
70. Jacques Raphaël-Leygues et François Flohic, *op. cit.*, p. 107-108.
71. *Cf.* C. F. Caroff, *la Campagne de Norvège,* SHM, 1955, qui retrace au jour le jour l'activité de chaque bâtiment.
72. Amiral Auphan, *op. cit.*, p. 273.
73. Amiral Auphan, *op. cit.*, p. 270.

74. Jules Jeanneney, *Journal politique,* Paris, Armand Colin, 1972, p. 79.

75. Jacques Raphaël-Leygues et François Flohic, *op. cit.*, p. 95.

76. « Histoire intérieure de Vichy », note manuscrite rédigée en décembre 1942 à Alger, Papiers Leclerc.

77. Note 42, FMF-SE, du 8 juin 1940, SHM, 1 BB2 173.

78. Paul Baudouin, *op. cit.*, p. 152.

79. Note 1245 FMF, du 3 juin 1940 SHM, TTE 77.

80. Alain Darlan, *op. cit.*, p. 60. Le général Colson, chef d'état-major de l'armée, a déclaré au procès Weygand ignorer si l'ordre d'évacuation a été effectivement donné. Convoqué le 12 à Azay-sur-Cher, il entend de Gaulle lui exposer ses vues. Mais « l'étude faite en liaison avec l'E.M.G. de la Marine n'aboutit qu'à un refus de Darlan qui m'opposa les impossibilités matérielles de transport. Le chef du gouvernement n'étant pas là, l'affaire en resta là », dossier Weygand A.N. 3 W 340. De Gaulle ne demande d'ailleurs à l'Amirauté britannique que 500 000 tonnes. *Lettres, notes et carnets,* t. II, p. 503, beaucoup trop peu pour évacuer les 900 000 hommes dont il parle par ailleurs.

81. Général de Gaulle, *op. cit.*, p. 59. De Gaulle parle de « voix mauvaise » qui « lui ouvre » de « tristes perspectives ».

82. Alain Darlan, *op. cit.*, p. 60. Darlan se trompe de date en situant cet entretien le 13 juin.

83. Amiral Auphan, *op. cit.*, p. 271.

84. Paul Baudouin, *op. cit.*, p. 165.

85. Amiral Docteur, *op. cit.*, p. 73-74. Darlan donnera plus tard par erreur la date du 12 juin, alors qu'il précise par ailleurs que l'entretien a eu lieu le jour de l'arrivée de Churchill, donc le 11.

86. Paul Reynaud, cité par amiral Docteur, *op. cit.*, p. 74.

87. Note reproduite en fac-similé dans *L'Aurore* des 3-4 décembre 1949 et citée par Albert Kammerer, *la Tragédie de la flotte française,* Paris, Fayard, 1950, p. 66.

88. Hervé Cras, *l'Armistice de juin 1940 et la crise franco-britannique,* Service historique de la Marine, 1959, p. 56.

89. Note manuscrite datée du 15 juin 1940, Papiers Le Luc.

90. *Cf. supra,* p. 233.

91. « Note sur l'embarquement des parlementaires à bord du *Massilia* à Bordeaux le 20 juin 1940 », rédigée par l'amiral Darlan le 21 juin 1940, SHM, 1 BB2 208.

92. « Journal des événements... »

93. Paul Baudouin, *op. cit.*, p. 170.

94. Ce sauf-conduit rédigé sur une carte de visite de l'amiral de la Flotte figure dans les papiers Blum à F.N.S.P. Le 16 au soir, Blum déclare à son ami Albert Rivière qui va devenir, avec son approbation, ministre des Colonies : « Je souhaite que Darlan fasse partie du gouvernement. Avec lui, vous aurez un bon républicain sur lequel vous pourrez compter. » Charles Pomaret, *Le dernier témoin,* Presses de la Cité, 1968, p. 122. Dans la soirée, Darlan fait savoir par lettre à Herriot et Jeanneney que « le bateau désigné est le *Massilia...* Appareillage le 20, à partir de 16 heures ». Pomaret (ministre de l'Intérieur) qui n'a pas

été informé, en conclut que « Darlan seul, seulement en accord avec Alibert [sous-secrétaire d'État et conseiller très écouté de Pétain], avait décidé l'éloignement du Parlement ». Charles Pomaret, *op. cit.*, p. 166. Hormis la conviction de Pomaret, il n'y a aucun indice d'une collusion entre Darlan et Alibert.

95. À plusieurs reprises dans ses notes, Darlan se montre très dur envers Campinchi qui « donne les signes les plus évidents d'un désarroi total et d'une frousse intense. De ses propos on peut conclure que les hommes du Gouvernement sont des pantins et des paltoquets qui veulent être spectaculairement héroïques, mais qui voudraient bien que d'autres fassent pouce à leur place » « Journal des événements »..., vers le 14 juin. Le commandant Ballande rapporte une anecdote significative : « À la veille de l'entrée en guerre de l'Italie, Campinchi demande avec insistance, le mouillage d'un champ de mines devant Bastia, dont il est l'élu. Darlan l'éconduit poliment. », Henri Ballande, *op. cit.*, p. 56. Le ministre ne doit pas se mêler des opérations. Mais un champ de mines est cependant mouillé devant Bastia le 3 juin.

96. Télégramme n° 6614 FMF, envoyé le 15 juin, à 13 h 42. SHM, BB9 415.

97. Télégramme 8413, du 17 juin. Texte dans Hervé Cras, *op. cit.*, p. 25.

98. Hervé Cras, *op. cit.*, p. 25.

99. Télégramme 5002, du 17 juin, envoyé à 16 h 55. Hervé Cras, *op. cit.*, p. 57.

100. Télégramme 5006, du 18 juin, envoyé à 2 h 35. Hervé Cras, *op. cit.*, p. 57.

101. Arthur Marder reconnaît que Churchill s'est trompé, mais sa francophobie le pousse à justifier quand même l'attitude de Churchill par un argument assez spécieux : « Le vrai problème omis par Varillon [auteur de *Mers el-Kébir,* très hostile aux Anglais ; C.H. et H.C.B.] est que Darlan manqua de tenir informé le gouvernement britannique de ces faits. L'Amirauté apprit les mouvements du *Jean-Bart* et du *Richelieu,* mais eut peu de renseignements sur les sabordages et les démolitions dans les bases navales » (« Oran, 3rd July 1940 », dans Arthur J. Marder, *From Dardanelles to Oran,* Londres, Oxford University Press, 1974, p. 193-194). C'est omettre que les ports britanniques étaient encombrés de navires français réfugiés, certains en piteux état, preuve que tout ce qui pouvait flotter avait appareillé. D'autre part, même si l'on accepte l'argument, la responsabilité devrait en incomber non à l'Amirauté française, mais à l'officier de liaison britannique Pleydell-Bouverie, intégré à l'Amirauté et qui était en possession de toutes les informations.

102. Témoignage de Charles-Roux, A.N., 3 W 280.

103. Télégramme 5025-26, du 18 juin, envoyé à 22 h 40, Hervé Cras, *op. cit.*, p. 57.

104. Amiral Docteur, *op. cit.*, p. 62-63.

105. Le « sic » est de Le Luc. Ceux qui ont soutenu (Baudouin, Charles-Roux...) qu'il n'était question que d'armistice et en aucun cas de paix ont menti. *Souvenirs* de l'amiral Le Luc. On peut aussi noter le

télégramme adressé par les Affaires étrangères aux postes diplomatiques le 18 juin : « Présidé par le maréchal Pétain assisté du général Weygand et de l'amiral Darlan, le gouvernement français a donc demandé à l'Allemagne [...] de cesser les hostilités et de faire connaître ses conditions de paix. » Archives des Affaires étrangères, papiers 1940, chronologie n° 104.

La « promotion de la défaite » a compris quatre noms : Michelier, Le Luc, Godfroy, promus vice-amiraux, et Auphan, promu contre-amiral.

106. *Id.* Le volume des souvenirs de Le Luc consacré aux négociations de Rethondes ne sera consultable qu'en... 2040.

107. Alain Darlan, *op. cit.*, p. 67.

108. « Histoire intérieure de Vichy », note citée *supra*, n. 76.

109. La 5e D.C.T. (*Tartu, Chevalier Paul, Cassard)* arrive à Sète le 21 à 16 h 25. Le port de Sète étant encombré, les navires marchands vont à Port-Vendres.

110. SHM, BB9 49.

111. SHM, BB9 49.

112. Jules Jeanneney, *op. cit.*, p. 79.

113. Note citée *supra* (n 91). On notera au passage que cette réunion accroît encore les doutes que l'on peut avoir au sujet de l'incident du 15 juin tel qu'il est relaté par Herriot.

114. Alain Darlan, *op. cit.*, p. 67.

115. Lettre reproduite en fac-similé hors-texte dans Alex Wassilieff, *Un pavillon sans tâche,* Grasset, 1986.

116. Texte dans Hervé Cras, *op. cit.*, p. 58.

117. Ollive a pris rang de vice-amiral d'escadre à compter du 1er février 1937, Gensoul à compter du 1er mars.

118. Le manuscrit de Darlan comporte des points d'interrogation en face de « Amiral Nord », P M 2, P M 5.

119. Sur le *Massilia, cf.* Christine Rimbaud, *l'Affaire du Massilia,* Paris, Le Seuil, 1984.

120. « Journal des événements... »

121. Alain Darlan, *op. cit.*, p. 68.

122. Lettre du 20 juin 1940. Archives privées.

123. Amiral Auphan, *op. cit.*, p. 278.

124. Michael Salewski, « De Mers el-Kébir à Toulon. Les grandes lignes de la politique maritime franco-allemande de 1940 à 1942 », *Travaux et recherches du Centre de recherches sur les relations internationales,* Metz, 1973, p. 128.

125. Eberhard Jäckel, *la France dans l'Europe de Hitler,* Paris, Fayard, 1968, p. 57.

126. Eberhard Jäckel, *op. cit.*, p. 55-56.

127. Michael Salewski, *Die deutsche Seekriegsleitung 1935-1945,* I, *1935-1941,* Munich, Bernard & Graefe Verlag, 1970, p. 273.

128. Texte complet de la convention dans Hervé Cras, *op. cit.*, p. 29.

129. Paul Baudouin, *op. cit.*, p. 197.

130. Général Weygand, *op. cit.*, p. 261.

131. Paul Baudouin, *op. cit.*, p. 199.

132. Hervé Cras, *op. cit.*, p. 32-33.

133. Paul Baudouin, *op. cit.*, p. 201.

134. Télégrammes 5098 à 5101, du 22 juin, envoyés entre 16 h 40 et 16 h 55. Texte dans Hervé Cras, *op. cit.*, p. 49-50. Auphan confirme que c'est lui qui les a rédigés, *op. cit.*, p. 279.

135. Télégrammes 5104 et 5105, du 22 juin, envoyés à 18 h 10. Hervé Cras, *op. cit.*, p. 40.

136. Hervé Cras, *op. cit.*, p. 50.

137. Hervé Cras, *op. cit.*, p. 50.

138. Hervé Cras, *op. cit.*, p. 50.

139. La formule est de Hervé Cras, *op. cit.*, p. 51.

140. Hervé Cras, *op. cit.*, p. 51.

141. Télégrammes 5143 à 5145, du 24 juin, envoyés à 11 h 15. Hervé Cras, *op. cit.*, p. 51-52.

142. Télégrammes 5143 à 5145, du 24 juin, envoyés entre 12 h 45 et 12 h 55, Hervé Cras, *op. cit.*, p. 54. Albert Kammerer donne un texte légèrement différent contenant une phrase supplémentaire dans le préambule (« Les ordres resteront valables quels que soient les ordres contraires que vous pourriez recevoir par la suite, même s'ils sont signés de moi ») et un paragraphe supplémentaire : « En aucun cas n'obéir aux ordres d'une Amirauté étrangère » au 2e, il remplace « étranger » par « ex-allié », ce qui n'a pas la même signification, Albert Kammerer, *op. cit.*, p. 118. On doit préférer le texte de Cras qui est conforme aux registres de départ des messages de l'Amirauté.

143. Télégramme 5146, envoyé à 13 h 40. Hervé Cras, *op. cit.*, p. 59.

144. Message n° 3141, envoyé à 20 h 10. Hervé Cras, *op. cit.*, p. 45.

145. Colonel Longuechaud, *l'Abominable armistice de juin 1940,* Paris, Plon, 1984.

146. Note personnelle sans date, reproduite par Alain Darlan, *op. cit.*, p. 60.

147. Déclaration du général Georges au procès du maréchal Pétain.

148. Eberhard Jäckel, *la France dans l'Europe de Hitler,* Paris, Fayard, 1966.

149. Dernier en date, Marc Ferro, *Pétain,* Paris, Fayard, 1987. On attend avec impatience le *Pétain* de Guy Pedroncini.

150. « Considérations sur la continuation de la lutte en Afrique du Nord », 24 juin 1940, Papiers Le Luc.

151. Général de Gaulle, *op. cit.*, p. 46.

152. Jean Berthelot, *op. cit.*, p. 64.

153. Cité par Paul Reynaud, *op. cit.*, p. 511.

154. En septembre 1939, le tonnage de la marine marchande française s'élève à 2 690 000 tonneaux de jauge brute. Si l'on enlève les pétroliers et les fruitiers, il reste 111 paquebots (1 000 000 tx) qui peuvent enlever 1 300 hommes en moyenne et environ 400 cargos (1 255 200 tonnes) qui pourraient en embarquer beaucoup moins. La pénurie de tonnage est telle que malgré l'affrètement de 2 millions de tonneaux de navires neutres, les ports américains sont encombrés en 1940 de matériels qui ne peuvent être embarqués.

155. *Cf. supra* p. 186.

156. Note 174 FMF 3, du 28 septembre 1939, SHAA 1 D 34.

157. SHM, BB9 49, Messages du 16 au 29 juin 1940.

158. Ce problème du ravitaillement, capital en juin 1940, est curieusement passé pratiquement inaperçu des historiens. Une notable exception : Alfred Sauvy, *la Vie économique des Français de 1939 à 1945,* Paris, Flammarion, 1978, p. 57.

159. Blé, huile, sucre...

160. Télégramme n° 48 D.N., du 23 juin 1940, reçu à 9 h 25 (N° d'enregistrement à l'arrivée 7780) SHM, BB9 49.

161. Souvenirs inédits de l'amiral Esteva.

162. Christine Levisse-Touzé, « La préparation économique, industrielle et militaire de l'Afrique du Nord à la veille de la guerre », *Revue d'histoire de la Deuxième Guerre mondiale,* n° 142, 1986, p. 14.

163. *Cf.* Hervé Coutau-Bégarie, *op. cit.,* p. 207.

164. Paul Baudouin, *op. cit.,* p. 192.

165. Arthur J. Marder, *op. cit.,* p. 217.

166. Message de l'Air, du 11 juin, SHM, BB9 83.

167. Comme le souligne un message du ministère des Affaires étrangères le 15 juin.

168. Message du 14 juin, reçu à 21 h 20, BB9 265.

169. Message n° 576 de l'amiral Afrique, du 17 juin à 22 h, BB9 49.

170. Message de l'attaché naval à Madrid, reçu à 18 h 25. L'acte d'Algésiras donne à l'Espagne le droit d'intervenir au Maroc en cas de défaillance de la France.

171. Message n° 6636 FMF de l'amiral Afrique, reçu le 20 juin à 20 h, SHM, BB9 415.

172. Message de l'amiral Afrique, reçu le 22 juin à 10 h 03, BB9 415.

173. *Cf.* Warren Tute, *The Deadly Stroke,* Pan Books, 1970.

174. Marc Ferro, *op. cit.,* p. 72, qui se fonde sur le témoignage de Pomaret.

175. Robert Paxton, *op. cit.,* p. 25.

176. Aide-mémoire établi par le capitaine de vaisseau Négadelle le 13 juin, SHM, BB9 414.

177. Jean-Baptiste Duroselle, *l'Abîme,* Paris, Imprimerie nationale, 1982, p. 173.

178. Robert Aron, *Histoire de Vichy,* p. 84.

179. Jacques Raphaël-Leygues et François Flohic, *op. cit.,* p. 104.

180. Robert Gandin, *Darlan, Weygand, Cunningham,* Paris, Nouvelles Éditions latines, 1977, p. 107.

181. Lettre 35 Cab/127 T.S. Nous n'avons que l'original manuscrit, sans date (vers le 22 ou le 23 juin). La réponse de Darlan a disparu.

182. Journal du lieutenant de vaisseau Georges Sauerwein, capitaine de pavillon de l'amiral Esteva.

183. Ainsi que le contre-amiral Plançon, commandant la Marine en A.O.F. Peut-être aussi Decoux, en Indochine. Les deux premiers étaient de rang peu élevé, le troisième trop éloigné.

184. Ce problème sera traité au chapitre XI.

185. Jacques Raphaël-Leygues et François Flohic, *op. cit.,* p. 109. En revanche, l'attitude de Darlan a pu avoir une influence sur la décision de Noguès, qui a beaucoup hésité avant de s'incliner. Le général Barrau,

commandant en chef en A.O.F. envoie à Noguès un officier pour prendre son avis. Noguès lui déclare ne pouvoir défendre l'Afrique sans le concours de la Flotte. Déposition du général Barrau au procès Boisson, A.N. 3 W 72. Mais un historien américain a soutenu de manière convaincante que l'attitude belliqueuse de Noguès était surtout destinée à maintenir l'unité de l'Afrique du Nord autour de lui, précisément pour prévenir une éventuelle dissidence. William A. Hoisington Jr, *The Casablanca Connection,* Chapel Hill, University of North Carolina Press, 1984.

NOTES DU CHAPITRE X

1. P.M.H. Bell, « Prologue de Mers el-Kébir », *Revue d'histoire de la Deuxième Guerre mondiale,* janvier, 1959, p. 16.
2. Ce dialogue a été publié à de multiples reprises, avec de multiples variantes, la principale étant l'omission de la dernière phrase. *Cf.* par exemple Alain Darlan, *op. cit.,* p. 65.
3. Message du 12 juin. Churchill fait référence au *Richelieu* et au *Jean-Bart.* Warren Kimball, *Churchill-Roosevelt. The Complete Correspondance,* Princeton University Press, 1983, t. I. p. 44.
4. C'est ce que fait remarquer le géographe Nicholas Spykman dans son célèbre livre *America's Strategy in World Politics,* New York, Harcourt Brace, 1942.
5. P.M.H. Bell, *art. cit.,* p. 16.
6. F. Charles-Roux, *Cinq mois tragiques aux Affaires étrangères,* Plon, 1949, p. 36.
7. *Cf. supra,* p. 235.
8. Texte des deux télégrammes dans Hervé Cras, *op. cit.,* p. 7.
9. Conformément à une tradition inaugurée en 1870, l'ambassadeur des États-Unis en France ne quitte pas Paris. L'ambassadeur Bullitt est donc resté dans la capitale tandis que l'ambassadeur Biddle, accrédité auprès du gouvernement polonais en exil, suit les pérégrinations du gouvernement français.
10. « Journal des événements du 17 juin jusqu'au 5 septembre 1940 », SHM, 1 BB2, 208.
11. « Journal des événements du 17 juin jusqu'au 5 septembre 1940 », SHM, 1 BB2, 208.
12. Hervé Cras, *op. cit.,* p. 10.
13. Hervé Cras, *op. cit.,* p. 10.
14. F. Charles-Roux, *op. cit.,* p. 61.
15. Amiral Auphan « Les adieux franco-britanniques », *le Journal de la France. Les années 40,* 1971, n° 107, p. 325.
16. « Journal des événements... », le passage est reproduit dans Hervé Cras, *op. cit.,* p. 13.
17. Amiral Auphan, *l'Honneur de servir, op. cit.,* p. 276.
18. « Journal des événements... », le passage est reproduit dans Hervé Cras, *op. cit.,* p. 14. La date du 18 juin, d'abord contestée dans un sens ou dans l'autre, est aujourd'hui indiscutée.

19. Alain Darlan, *op. cit.*, p. 67-68.

20. Témoignage de l'amiral Dudley Pound cité par Hervé Cras, *op. cit.*, p. 13.

21. Témoignage de Lord Alexander, cité par P.M.H. Bell, *art. cit.*, p. 24.

22. C'est du moins l'hypothèse la plus probable qui se dégage de la confrontation des différentes versions rassemblées par Hervé Cras, *op. cit.*, p. 14-15.

23. Témoignage de l'amiral Odend'hal qui rencontre Pound à son retour en Angleterre. Hervé Cras, *op. cit.*, p. 14.

24. Paul Baudouin, *op. cit.*, p. 188.

25. Le conditionnel est préférable, car Darlan ne signale pas cette visite dans ses notes personnelles. Nous ne la connaissons que par Baudouin, qui y fait une brève allusion p. 188.

26. Paul Baudouin, *op. cit.*, p. 190 ; P.M.H. Bell situe par erreur cet entretien le 18 au soir.

27. Paul Baudouin, *op. cit.*, p. 192.

28. Hervé Cras, *op. cit.*, p. 87.

29. Télégramme 5022, du 18 juin à 20 h 25, Hervé Cras, *op. cit.*, p. 87.

30. Télégramme 5006, du 18 juin à 02 h 35, Hervé Cras, *op. cit.*, p. 86.

31. P.M.H. Bell, *art. cit.*, p. 23.

32. Hervé Cras, *op. cit.*, p. 87.

33. Le message du 17 juin ordonnant l'arraisonnement est bien retiré, mais dans les faits l'interdiction d'appareiller à destination des ports français demeure.

34. Télégrammes 5033, 5034, 5035 du 19 juin à 14 h 30. Hervé Cras, *op. cit.*, p. 82.

35. Télégramme n° 5064, du 20 juin à 20 h 05, SHM, BB9/415.

36. Prétexte fallacieux, car les bâtiments britanniques circulent normalement.

37. Télégramme n°s 5087-5088, du 22 juin à 03 h 00, Hervé Cras, *op. cit.*, p. 90.

38. Télégrammes n°s 5098 à 5101, envoyés à 16 h 40, déjà cités.

39. F. Charles-Roux, *op. cit.*, p. 89.

40. À la fin de la bataille de Dunkerque, Darlan décerne à Holland la cravate de commandeur de la Légion d'honneur.

41. Alex Wassilieff, *Un pavillon sans tâche,* Paris, Grasset, 1986.

42. Hervé Cras, *op. cit.*, p. 91.

43. Cité par Albert Vulliez, *Mers el-Kébir,* Paris, France-Empire, 1964, p. 189.

44. Hervé Cras, *op. cit.*, p. 114.

45. Message 5124-5-6-7, du 23 juin, envoyés de 17 h 30 à 17 h 40, Hervé Cras, *op. cit.*, p. 58-59.

46. « Journal des événements... »

47. Yves Bouthillier, *op. cit.*, t. III.

48. Pound commandait la *Mediterranean Fleet* durant la guerre

d'Espagne quand Esteva commandait le Dispositif spécial de surveillance.

49. *Souvenirs* inédits de l'amiral Esteva.

50. P.M.H. Bell. *art. cit.*, p. 30.

51. Hervé Cras, *op. cit.*, p. 60.

52. Hervé Cras, *op. cit.*, p. 60.

53. Hervé Cras, *op. cit.*, p. 79.

54. Hervé Cras, *op. cit.*, p. 117.

55. Hervé Cras, *op. cit.*, p. 115.

56. Hervé Cras, *op. cit.*, p. 115.

57. Message reçu par l'Amirauté le 29 juin à 19 h 35. N° d'arrivée 8275, SHM, BB9 50.

58. Hervé Cras, *op. cit.*, p. 116.

59. J.R.M. Butler, *Grand strategy,* vol. II, Londres, HMSO, 1957, p. 22. La Royal Navy n'appréciera pas d'être chargée de cette besogne et Lord Mountbatten a déclaré quelques mois avant sa mort : « La tristesse de cet événement n'a cessé de hanter la Royal Navy ces trente-neuf dernières années. »

60. Arthur J. Marder, *op. cit.,* p. 273. Le 4 juillet, l'Admiralty communique à ses grands subordonnés : « Nous pouvons bientôt être en guerre contre la France. »

61. Charles de Gaulle, *op. cit.*, p. 54.

62. Hervé Cras, *op. cit.*, p. 107.

63. Il note dans son « Journal des événements » : « L'odyssée de ces trois batteries, commandées par le capitaine de corvette Martinaut de Préneuf, montre qu'une unité bien commandée, bien encadrée, animée de l'esprit de corps et de patriotisme pouvait retraiter en bon ordre et sans rien abandonner [...]. Si l'armée française avait fait comme les batteries de 90, la retraite n'aurait peut-être pas été une déroute. »

64. Le 29 juin, 5 ministres sont installés à Brive, 3 à Tulle (dont la Défense nationale), 3 à Périgueux et 1 à Nérac (Marine).

65. « Journal des événements... »

66. « Journal des événements... » Le compte rendu de l'ambassadeur Bullitt est publié intégralement dans Raymond Tournoux, *Pétain et la France,* Plon, 1980, p. 117-121 : « L'amiral Darlan en voulait énormément à la Grande-Bretagne. Pour lui, la flotte anglaise s'était montrée aussi décevante que l'armée française [...]. Darlan me déclara être absolument certain que la Grande-Bretagne serait totalement conquise par l'Allemagne dans les cinq semaines [...]. Je lui fis remarquer qu'il semblait envisager cette perspective avec grand plaisir et comme au lieu de nier, il sourit, je lui dis avoir cru constater que les Français aimeraient voir conquérir l'Angleterre, de façon que la France soit la province conquise favorite parmi toutes celles dont s'empareraient les Allemands. Il sourit à nouveau et acquiesça d'un signe de tête. Il avait aussi peu confiance que moi dans les promesses allemandes [...]. Il ne croyait pas que la domination allemande sur terre durerait éternellement, mais elle menaçait d'être longue. Si désagréable que fût cette perspective, il fallait l'envisager. »

67. « Journal des événements... »

68. Fernschreiben 3/7/1940, 12 h 55, 1 Abt/Skl 9367/40 Kdos.

69. La saisie des navires français en Grande-Bretagne est décrite très minutieusement dans Hervé Cras, *op. cit.*

70. Le sort de la Force X est décrit, là aussi très minutieusement, dans le récit de son chef vice-amiral Godfroy, *l'Aventure de la force X à Alexandrie,* Paris, Plon, 1953, qui cite la plupart des messages reçus ou envoyés pendant ces journées, le plus souvent intégralement. Il note à propos de l'éventualité d'un combat : « Je ne pouvais guère, pour cette riposte, compter sur notre artillerie qui n'aurait probablement même pas le temps de venir en direction ; mais il suffisait de presser un bouton pour que, de chaque croiseur, quatre torpilles partent à la fois vers les agresseurs en trouvant précisément du côté de leur objectif cette zone de port assez profonde pour leur prise d'immersion », *op. cit.*, p. 64.

71. Albert Kammerer, *la Passion de la flotte française,* Fayard, 1951, p. 164. Très hostile à Darlan, Kammerer reconnaît que celui-ci n'a pas eu connaissance des termes exacts de l'ultimatum britannique durant ces heures critiques. En revanche, il reproche à Vichy d'avoir dissimulé la vérité quand elle a été connue. Il s'agit d'une querelle de principe, car l'irréparable était déjà accompli.

72. Charles-Roux, *op. cit.*, p. 121, qui écrit : « Tout au plus peut-on présumer que la réponse de l'amiral Darlan à l'amiral Gensoul aurait été plus nuancée. » Mais on ne voit pas clairement l'effet pratique qu'aurait pu produire une nuance. Ce jugement semble plus probant que celui du général Weygand, qui a affirmé dans ses Souvenirs que le départ pour les Antilles aurait pu constituer une solution acceptable.

73. Major général Playfair, *The Mediterranean and the Middle-East,* vol. I, Londres, HMSO, 1960.

74. Souvenirs de l'amiral Le Luc.

75. Message n° 3302, 3 juillet, 12 h 15, SHM, 1 BB2 214. Sauf indication contraire, tous les messages qui suivent proviennent de ce carton.

76. Message n° 3303, 3 juillet, 12 h 20.

77. *Souvenirs* de l'amiral Le Luc.

78. Message n° 3309, 3 juillet, 13 h 05.

79. Jacques Raphaël-Leygues et François Flohic, *op. cit.*, p. 121.

80. Jacques Raphaël-Leygues et François Flohic, *op. cit.*, p. 121.

81. Alain Darlan, *op. cit.*, p. 77.

82. Rapport de l'amiral Gensoul sur « les pourparlers de la bataille de Mers el-Kébir », 154 E.M. 3, du 9 juillet 1940, SHM, TT 001. Rappelons aussi que la bordée du *Hood* pèse près de 8 tonnes, celle du *Strasbourg,* 4,3 tonnes.

83. « Enlèvement des mines et torpilles d'Oran et de Mers el-Kébir » Note Marine, Oran, 943 EM3, du 25 août 1940, SHM, TT 001.

84. Paul Baudouin, *op. cit.*, p. 230.

85. Rapport de l'amiral Sommerville, PRO ADM 199/391. Dans le rapport de Gensoul on ne trouve pas pareille inversion sémantique.

86. A ce sujet le commandant du CT *Volta* a déclaré dans ses mémoires que les fumigènes auraient gêné le tir indirect des Anglais qui tiraient par-dessus la terre.

87. Compte rendu d'engagement du C. V. Collinet, 8 juillet 1940, SHM, TT 001.
88. Cité par Albert Vulliez, « Alexandrie et Dakar », *le Journal de la France. Les années 40,* n° 112, p. 473.
89. « Journal des événements... »
90. Albert Kammerer, *op. cit.*, p. 135.
91. Robert Gandin, *op. cit.*, p. 138. Le C.V. Gandin lui ayant glissé à l'oreille que l'officier en question avait joué un rôle heureux à Alexandrie en 1940, Darlan revint en arrière et le salua chaleureusement.
92. Message n° 3331, 3 juillet, 18 h 20.
93. Message n° 3328, 3 juillet, 19 h 00.
94. Message n° 3329, 3 juillet, 19 h 35.
95. Message n° 3330, 3 juillet, 19 h 36.
96. Message n° 3332, 3 juillet, 20 h 30.
97. Message n° 3336, 3 juillet, 21 h 00.
98. Vice-amiral Godfroy, *op. cit.*, p. 63.
99. Message n° 3346, 4 juillet, 3 h 25.
100. Message n° 3347, 4 juillet, 3 h 30.
101. Paul Baudouin, *op. cit.*, p. 232.
102. « Journal des événements... » Paul Baudouin, dans son récit, ne mentionne pas le fait.
103. Paul Baudouin, *op. cit.*, p. 233.
104. « Journal des événements... »
105. Message n° 3387, 5 juillet, 7 h 15. Devant la Commission parlementaire d'enquête, Baudouin a prétendu être à l'origine de cette annulation, lors du Conseil restreint. Mais le message a été envoyé avant le Conseil.
106. Message, 5 juillet, 14 h 40. Le n° d'enregistrement manque. N° 7400/D sur le registre des départs.
107. Cité par Albert Kammerer, *op. cit.*, p. 198-199.
108. F. Charles-Roux, *op. cit.*, p. 127.
109. F. Charles-Roux, *op. cit.*, p. 127.
110. Yves Bouthillier, *op. cit.*, t. I, p. 150-151.
111. Paul Baudouin, *op. cit.*, p. 237-238.
112. Paul Baudouin, *op. cit.*, p. 237-238.
113. « Rapport sur les événements survenus en France de 1933 à 1945. »
114. Lettre 88 P du vice-amiral d'escadre Duplat, 7 juillet 1940.
115. Message 3494, 8 juillet, 9440 ; SHM, BB9 266.
116. « Journal des événements... »
117. Messages 5251 et 5252, 6 juillet, 18 h 20.
118. Paul Baudouin, *op. cit.*, p. 239.
119. *Cf. infra,* p. 299.
120. Paul Baudouin, *op. cit.*, p. 269.
121. Messages n° 5270-5271, 8 juillet, 15 h 17-15 h 22.
122. Messages n^p 5278-5279, 8 juillet, 19 h 10. Lettre manuscrite du vice-amiral Michelier à Darlan, 7 juillet 1940, avec annotation de Darlan en marge.
123. Yves Bouthillier, *op. cit.*, t. I, p. 151.

124. Message n° 5299, 11 juillet, 20 h 20.

125. Message n° 5317, 14 juillet, 10 h 35.

126. Message n° 5322, 14 juillet, 17 h 35. Numéro probablement erroné (7884 D sur registre des départs).

127. Message n° 5322 (7886 D sur registre des départs), 14 juillet, 17 h 46.

128. « Journal des événements... »

129. Messages n° 5325 et 5327, 15 juillet, 11 h 13.

130. Vice-amiral Godfroy, *op. cit.*, p. 98.

131. Accord communiqué à l'Amirauté le 12 juillet. Message 9111 R, SHM, BB9 415.

132. *Cf.* amiral Robert, *la France aux Antilles*, Paris, Plon, 1950.

133. Message n° 4507, 31 juillet, 9 h 17.

134. Paul Baudouin, *op. cit.*, p. 269, confirmé par le « Journal des événements... »

135. Ces points seront traités au chapitre suivant.

136. « Journal des événements... »

137. Messages n° 4502-4503, 30 juillet, 22 h 58, SHM, 1 BB2 214.

138. *Souvenirs* inédits de l'amiral Esteva. Godfroy le confirme indirectement : Darlan, bien que n'ayant jamais exprimé par écrit cette approbation, lui télégraphia par la suite : « Je vous laisse libre d'agir pour le mieux, comme vous l'avez toujours fait. » Vice-amiral Godfroy, *op. cit.*, p. 99.

139. Yves Bouthillier, *op. cit.*, t. I, p. 157, ne mentionne aucune réaction hostile de Darlan. D'autre part, il est difficile de penser qu'une telle mesure, qui concernait d'abord la marine, aurait pu être prise sans son assentiment. Les Britanniques n'en manifestèrent aucune reconnaissance.

140. Yves Bouthillier, *op. cit.*, p. 15.

141. « Décision » manuscrite, non datée, avec un commentaire de l'amiral Le Luc qui le date « vers le 3 juillet 1941 », Papiers Le Luc. Le Luc précise que la décision n'a finalement pas été exécutée.

142. Lettre du 10 août 1940. Papiers Fontaine.

143. Michael Salewski, *art. cit.*, p. 131.

144. « Exposé des motifs qui ont conduit le gouvernement à demander un armistice à l'Allemagne et à l'Italie », 9 juillet 1940, SHM, 1 BB2 214.

145. Message n° 5137, envoyé le 24 juin à 9 h 05, SHM, BB9 415.

NOTES DU CHAPITRE XI

1. 638 000 tonnes en incluant les deux vieux cuirassés *Paris* et *Courbet* (46 600 tonnes).

2. L'un servait de dépôt, l'autre de navire école. Ils ont été réarmés pour la bataille de Dunkerque.

3. État de la marine marchande au 1er juillet 1940, SHM, TT M 13.

4. *Cf.* C. F. Caroff, *le Théâtre atlantique.*

5. Télégramme 741 CAB/C du général Noguès, du 12 juillet, SHM, TT J 58.

6. Message du 7 juillet, SHM, BB9 415.
7. Ordre 2 FMFI, du 10 juillet 1940, A.N., 3 W 71.
8. Message du 19 juillet, SHM, BB9 414.
9. Message du 4 juillet, SHM, BB9 414.
10. *Délégation française à la Commission allemande d'armistice,* t. 1 10-13 septembre 1940, p. 259.
11. Bulletin d'information du haut commandement n° 14, octobre 1940, SHM, TTE 79.
12. Henri Ballande, *op. cit.,* p. 114.
13. Hervé Cras, *op. cit.,* p. 108.
14. Papiers Sanson.
15. Par exemple, le C.V. Marzin. *Journal* inédit.
16. Tous les Français passés en Grande-Bretagne n'ont pas rallié la France libre. Certains ont préféré s'engager directement dans la Royal Navy.
17. « Exposé des motifs... » cité *supra,* ch. X, note 144.
18. « Exposé des motifs... » cité *supra,* ch. X, note 144.
19. « Le problème franco-britannique. » Note établie le 15 septembre 1940 par le contre-amiral Auphan, annotée et approuvée par l'amiral Darlan. SHM, Papiers Auphan.
20. « Où est notre devoir ? » Note rédigée le 11 octobre par l'amiral Darlan, Papiers Le Luc.
21. SHM, BB2/173.
22. « Le mouvement gaulliste dans la marine ». Note du 25 mars 1941, SHM, 1 BB2, 173.
23. La lettre de cet officier, connue de 2 ou 3 officiers de l'Amirauté, a été conservée par le C. C. Jouanin qui l'a ensuite détruite. Son témoignage nous a été confirmé par un officier à qui il l'avait montrée après la guerre et qui a souhaité conserver l'anonymat.
24. Où les citations avaient été accordées avec une telle prodigalité que dans certaines unités, le seul fait d'avoir conservé son fusil pendant la retraite entraînait l'octroi de la croix de guerre.
25. Note 94 FMF-SE du 19 novembre 1940, SHM, 1 BB2, 173.
26. Au début d'octobre, l'amiral Le Luc constate : « Nous manquerons bientôt d'officiers, nous manquons de marins, nous avons trop d'officiers-mariniers [...]. Si les adversaires nous accordent la Force de haute mer de l'amiral de Laborde, nous n'avons plus assez de personnel. » Lettre du 7 octobre 1940, SHM, TTE 79.
27. SHM, 41, CC 31.
28. Le 10 juillet, l'amiral Tropiques (de Laborde) estime qu'il n'y a pas de motif suffisant pour relever le contre-amiral Plançon par mesure disciplinaire en raison de son attitude devant l'ultimatum britannique, mais demande tout de même son remplacement par l'amiral Platon. Message 2014, du 10 juillet, SHM, BB9 50.
29. L'instruction provisoire du 15 juillet 1940 n'a pas été retrouvée. Mais elle est résumée dans la note 95 FMF-SE du 20 novembre 1940, SHM, 1 BB2 173.
30. Amiral Auphan, *op. cit.,* p. 293.
31. Instructions générales 1496 FMF 3 (sur le commandement des

forces maritimes) et 1497 FMF 3 (sur l'organisation des forces navales), 8 août 1940, SHM, 1 BB2 228.

32. Instruction générale 1820 FMF 3 du 14 septembre 1940. SHM, 1 BB2 228.

33. Les fonctions d'amiral Sud sont désormais fusionnées avec celles du préfet maritime de la IVe Région.

34. « La Marine doit garder son indépendance et sa liberté d'action », Note sans référence, 16 juillet 1940, SHM, 1 BB2 228.

35. « Journal des événements... »

36. « Journal des événements... »

37. Note 55 FMF-SE, 12 août 1940, SHM, 1 BB2 173.

38. L'existence de ces deux lettres est connue par les *Souvenirs* de l'amiral Le Luc.

39. Note de l'Amirauté, références manquantes, SHM, Papiers Auphan.

40. Lettre 2 FMF 0 du 26 juin 1940, A.N. AJ 41.

41. Lettre 1349 FMF 3 du 17 juillet 1940, SHM, TTE 77.

42. Résumé dans Hervé Cras, *op. cit.*, p. 108.

43. Message arrivée n° 8275, reçu le 29 juin à 19 h 35, SHM, BB9 50.

44. Il a été attaché naval à Paris et parle un excellent français.

45. Hervé Cras, *op. cit.*, p. 109.

46. Hervé Cras, *op. cit.*, p. 110.

47. Albert Kammerer, *op. cit.*, p. 180.

48. Michael Salewski, art. cit., p. 130. Dans son *Journal de bord*, p. 437 l'amiral Michelier s'attribue le mérite de cette concession allemande. Sans solliciter d'instruction de Vichy, il aurait demandé le 4 juillet la suspension de l'article 8, le libre passage par Gibraltar et la libération des services du ministère de la Marine capturés à Rochefort. Mais les notes du général Huntziger ne confirment pas cette interprétation et de toute façon la suspension de l'article 8 a été accordée par les Allemands dès le 3 juillet.

49. SHM, TTE 79.

50. « Journal des événements... ». Paul Baudouin ne mentionne pas le fait.

51. A.N., AJ 41, 1913.

52. Del. W. St K (M) 1311/40, 16 septembre 1940, A.N., AJ 41, 1913.

53. Dont 2 contre-torpilleurs et 2 avisos pour la Syrie.

54. Note FMF 3 sans numéro du 14 septembre 1940, D.S.A. 6314, A.N., AJ 41, 1913.

55. Michael Salewski, *art. cit.*, p. 132.

56. Lettre 1925 FMF 3/S.E.C.A., 27 septembre 1940, SHM, TTE 79.

57. SHM, TTE 79.

58. Instruction secrète 2272 FMF 3 du 5 décembre 1940, SHM 1 BB2 228.

59. Jean-Baptiste Duroselle (*op. cit.*, p. 248) donne les chiffres fournis par la délégation française à la C.A.A. Les bâtiments restés armés ont été rapportés à l'ensemble des navires existants, y compris les internés, ce qui fait apparaître une proportion moindre.

60. « Position à prendre dans la question " Cession du mazout ". »

Note remise par l'amiral Darlan au général Huntziger, 21 octobre 1940 ; SHM, TT J 60.

61. Lettre de Darlan à Michelier, 28 octobre 1940, A.N., AJ 41, 1913.

62. Lettre 2210 F.M.F. 3/ S.E.C.A. au général Huntziger, 28 octobre 1940. Un mémento récapitulant ces demandes est remis aux Allemands le 31 octobre à Paris. Une version remaniée est transmise à la C.A.A. le 12 novembre.

63. Intérieur, Production, Colonies, Jeunesse et Sports, Ravitaillement, Affaires étrangères, P.T.T., Chantiers de jeunesse, Domaines... On trouve de nombreuses lettres d'août et septembre 1940 proposant des candidatures à ces administrations dans SHM, 40 CC 41. Ce carton contient un riche ensemble de pièces sur les reclassements et le camouflage des marins en 1940.

64. « Effectifs de la marine au 5 août 1941 », Note 3065 FMF 3/ S.E.C.A. du 20 septembre 1941, A. N., AJ 41, 1893.

65. « Refonte des services spéciaux », note du 20 août 1940, sans références, corrigée de la main de l'amiral Darlan.

66. Henri Ballande, *op. cit.*, p. 122.

67. Paul Baudouin, *op. cit.*, p. 379.

68. Paul Baudouin, *op. cit.*, p. 281 qui parle des « bassesses » de Darlan.

69. Lettre 1527 FMF 3/S.E.C.A. du 13 août 1940, SHM, TTE 79.

70. Cité par Robert Aron, *op. cit.*, p. 263.

71. Paul Baudouin, *op. cit.*, p. 252.

72. Notes du général Huntziger, 1940-1941, t. IV, p. 9.

73. D.F.C.A.A. t. V, p. 438-440.

74. Robert Aron, *op. cit.*, p. 264.

75. Robert Paxton, *op. cit.*, p. 69.

76. Marc Ferro, *op. cit.*, p. 704.

77. Paul Baudouin, *op. cit.*, p. 267.

78. Paul Baudouin, *op. cit.*, p. 278.

79. Paul Baudouin, *op. cit.*, p. 371.

80. Yves Bouthillier, *op. cit.*, t. III.

81. Cité par Alain Darlan, *op. cit.*, p. 97.

82. Claire pour ceux qui pouvaient le comprendre.

83. Alain Darlan, *op. cit.*, p. 306.

84. Le dossier de la défense de l'Indochine est aux A.N., AJ 41, 1889 et 1890.

85. Étude sur le trafic entre la métropole et les colonies réalisées par la section trafic de la marine marchande en mars 1944, SHM, TT M 13.

86. « Journal des événements ».

87. Paul Baudouin, *op. cit.*, p. 269.

88. Paul Baudouin, *op. cit.*, p. 272.

89. Paul Baudouin, *op. cit.*, p. 301.

90. « Journal des événements... »

91. Lettre de l'amiral Duplat à Darlan, A.N., AJ 41, 693.

92. « Journal des événements ». La même idée est reprise dans l'Instruction secrète et personnelle remise à Bourragué le même jour :

« Si le but principal de votre mission est bien celui défini au paragraphe 2 de la présente mission, vous y verrez sans doute un autre but très important : il s'agit de justifier aux yeux des Allemands et des Italiens les demandes que je ne cesse de faire pour conserver armés le plus grand nombre de bâtiments. À l'heure où la France vient de demander pour sa Marine la prolongation de la suspension des clauses de l'armistice, alors que l'Allemagne et l'Italie entendent les faire exécuter à partir du 1er septembre, vous saisirez toutes les heureuses conséquences que peut avoir pour notre pays et sa Marine une mission comme celle qui vous est confiée, si elle est accomplie avec ferveur et activité. »

93. Comme le dit Jean-Baptiste Duroselle, *op. cit.*, p. 245.

94. Le dossier est très bien présenté dans Peter C. Smith, *Action Imminent. Three Studies of the Naval War in the Mediterranean Theatre during 1940,* Londres, William Kimber, 1980.

95. Registre de communication du *Georges Leygues,* cité par Peter C. Smith, *op. cit.*, p. 183.

96. Paul Baudouin, *op. cit.,* p. 351.

97. Paul Baudouin, *op. cit.,* p. 352.

98. Par la suite, Darlan reconnaîtra que la sanction était imméritée et confiera à Bourragué des postes importants.

99. Darlan donne cette date dans son « Journal des événements ».

100. Papiers de l'amiral Le Luc.

101. Message manuscrit n° 921, du 24 septembre 1940, Papiers Le Luc.

102. L'avion *Kondor* qui la transportait était arrivé à Séville. Dès le déclenchement de l'attaque britannique, les Français ont demandé à Wiesbaden son rappel en faisant valoir qu'on ne pouvait la laisser débarquer au moment où la propagande française répétait que les allégations britanniques étaient fausses et qu'il n'y avait pas un seul Allemand à Dakar. Réalistes, les Allemands l'ont admis. L'avion s'arrêtera à Casablanca.

103. Jean-Baptiste Duroselle, *op. cit.*, p. 275.

104. Bulletin du haut commandement n° 16, 22 octobre, SHM, TTE 79.

105. Robert Paxton, *op. cit.*, p. 93.

106. Jean-Baptiste Duroselle, *op. cit.,* p. 276.

107. PRO, FO, C 13 251 G du 15 décembre, C 11 885 G du 11 décembre, C 13 209 du 12 décembre.

108. « Contacts with the Vichy government », W.P. (40) 486, 19 décembre 1940, PRO, FO C 13251 G.

109. Allusion à l'attaque de Tarente le 11 novembre 1940 au cours de laquelle des avions-torpilleurs britanniques avaient avarié 3 cuirassés italiens.

110. Laquelle demandait au gouvernement de Vichy « d'adopter tacitement une politique s'abstenant d'opérations contre les colonies passées à la France libre ».

111. *Cf.* par exemple Jacques Soustelle, *Vingt-huit ans de gaullisme,* Paris, J'ai lu, 1971.

112. Robert Paxton, *op. cit.,* p. 93.

113. « Trafic maritime », Note de la section d'études techniques de la marine marchande, 25 janvier 1941, SHM, 1 BB2 223.

114. Robert Paxton, *op. cit.*, p. 93.

115. D'après un tableau établi par la Délégation française à la C.I.A. n° 2571/M, 25 mars 1941.

116. Marc Ferro, *op. cit.*, p. 154.

117. *Cf. supra,* p. 274.

118. Marc Ferro, *op. cit.*, p. 296.

119. Déposition de Jacques Chevalier devant la Haute Cour de Justice, 16 juin 1955, SHM, Papiers Auphan.

120. Alain Darlan, *op. cit.,* p. 98.

121. Note manuscrite datée du 27 août, signée « F. Darlan, ancien commandant de l'École de pilotage des côtes nord et ouest de la France », rédigée à la demande d'un correspondant prénommé John et que Darlan tutoie, SHM 1BB2 223. Cette note contredit l'assertion de F. Charles-Roux selon laquelle Darlan lui aurait déclaré que les premiers jours de novembre seraient particulièrement propices pour une invasion. (F. Charles-Roux, *op. cit.,* p. 149). Mais il ne s'agit que d'une différence de quelques jours.

122. « Situation générale », 9 décembre 1940, SHM, 1 BB2 223. La note porte le nom de l'amiral Darlan, ce qui indique qu'il en a au moins été destinataire et la référence C. Dd.

123. Yves Bouthillier, *op. cit.,* t. I, p. 200, confirmé par l'amiral Fernet, *Aux côtés du maréchal Pétain,* Paris, Plon, 1953, pp. 64-65.

NOTES DU CHAPITRE XII

1. *Cf.* Zeev Sternhell, *Ni droite ni gauche,* Paris, Le Seuil ; très documenté, mais qui catalogue sous l'étiquette « fasciste » tous ceux qui critiquent la IIIe République, quel que soit leur point de vue.

2. Cité par Weygand, *op. cit.,* p. 298.

3. « Exposé des motifs qui ont conduit le gouvernement à demander un armistice... », cité *supra.*

4. « Exposé des motifs qui ont conduit le gouvernement à demander un armistice... », cité *supra.*

5. « Journal des événements... »

6. « Journal des événements... »

7. Jacques Raphaël-Leygues et François Flohic, *op. cit.,* p. 66.

8. *Cf. infra.*

9. *Cf.* Robert Aron, *op. cit.,* p. 164.

10. « Journal des événements... »

11. *Cf. supra.*

12. « Journal des événements... »

13. « Journal des événements... »

14. « Journal des événements... »

15. Vice-amiral Fernet, *op. cit.*, p. 11.

16. Baudouin n'a noté que de très rares interventions de Darlan.

17. « Journal des événements... »

18. « Journal des événements... »
19. Lettre au chef de l'État, 21 août 1940, A.N., 3 W 296.
20. « Journal des événements... »
21. « Journal des événements... »
22. Lettre manuscrite du 4 août 1940, Papiers Fernet.
23. Note manuscrite sans date avec la mention « aux environs du 20 août 1940 » et lettre du 22 août 1940 commentée par Fernet. Papiers Fernet.
24. L'évolution de Platon n'apparaîtra véritablement qu'en 1941. Auphan l'attribue à une insolation reçue en Afrique.
25. SHAT, 1 P11. L'étude sur la défaite de l'Italie prévoit qu'elle permettrait de dégager l'Égypte, d'atteindre l'Axe sur son point le plus faible, d'offrir un théâtre d'opérations aux États-Unis, de porter la guerre sur le continent par la péninsule italienne.
26. Paul Baudouin, *op. cit.*, p. 337.
27. SHM, TT E 80.
28. Yves Bouthillier, *op. cit.*, t. I, p. 198.
29. « Commentaires », billet manuscrit du 27 octobre 1940, Papiers Le Luc.
30. Manuscrit d'un message pour les amiraux Landriau et Lacroix, 28 octobre 1940, Papiers Le Luc.
31. Lettre manuscrite, 1er novembre, Papiers Landriau.
32. « Histoire intérieure de Vichy », note citée *supra.*
33. Note pour le maréchal de France, chef de l'État, « Collaboration avec l'Allemagne », reproduite dans Yves Bouthillier, *op. cit.*, t. I, pp. 301 à 304. Un exemplaire se trouve dans les Papiers Le Luc.
34. Note pour le maréchal de France, chef de l'État, « Situation internationale et son évolution possible », 17 novembre 1940, Papiers Fernet.
35. Lettre manuscrite au général Weygand, 26 janvier 1941, SHAT, Papiers Weygand.
36. « Où est notre devoir ? », Note du 9 octobre 1940, dactylographiée, avec l'annotation de l'amiral Le Luc : « rédaction de l'Al Darlan », Papiers Le Luc.
37. Alain Darlan, *op. cit.*, p. 95.
38. Le *Journal* inédit du général Laure rend clairement compte de ces inquiétudes.
39. Yves Bouthillier, *op. cit.*, t. I, p. 229.
40. C'est ce qu'il déclare à Darlan après son renvoi. Compte rendu de l'amiral Darlan cité par Alain Darlan, *op. cit.*, p. 280.
41. *Journal* du général Laure.
42. Yves Bouthillier, *op. cit.*, p. 228.
43. Jacques Raphaël-Leygues et François Flohic, *op. cit.*, p. 128.
44. Yves Bouthillier, *op. cit.*, p. 228.
45. Yves Bouthillier, *op. cit.*, p. 245.
46. Procès-verbal de la réunion du 10 décembre 1940 publié intégralement par Louis Noguères, *le Véritable Procès du maréchal Pétain*, Paris, Fayard, 1955, p. 645.
47. Yves Bouthillier, *op. cit.*, p. 253.

48. *Journal* du général Laure.
49. Henri du Moulin de Labarthète, *le Temps des illusions,* Le cheval ailé, 1946, p. 66.
50. Yves Bouthillier, *op. cit.,* pp. 255-256.
51. *Souvenirs* de l'amiral Le Luc.
52. *Journal* du général Laure.
53. Après guerre, à son procès, le général Laure présentera les choses de manière différente, défavorable à Darlan : « L'amiral Darlan croit devoir saluer le général von Stülpnagel et Abetz, qui le reçoivent froidement. » Cité par Robert Aron, *Histoire de Vichy,* p. 336. La comparaison entre le récit fait sur le vif et la reconstitution faite après coup est révélatrice.
54. Le résumé de l'amiral Darlan a été publié par Alain Darlan, *op. cit.,* pp. 261-262, celui du général Laure se trouve dans son *Journal* resté inédit, le procès-verbal du commissaire Fatou figure dans les papiers Darlan.
55. Résumé de l'amiral Darlan.
56. Procès-verbal du commissaire Fatou. Papiers Darlan.
57. *Journal* du général Laure.
58. Résumé de l'amiral Darlan.
59. *Cf.* Robert Aron, *op. cit.,* p. 297.
60. *Journal* du général Laure.
61. « Entrevue du 16 décembre 1940 entre l'ambassadeur Abetz et l'amiral Darlan. » Papiers Darlan.
62. *Journal* du général Laure.
63. Ce mémento, resté en vigueur jusqu'à la fin, n'a pu être retrouvé. Son existence est attestée par un document de la marine qui y fait référence. Le départ de l'aviation constituait la mesure n° 18, celui de la marine la mesure n° 58.
64. « Entrevue entre le maréchal Pétain et l'ambassadeur Otto Abetz, le mardi 17 décembre 1940 », Papiers Darlan.
65. *Journal* du général Laure. Ce journal permet de corriger une erreur de détail : contrairement à ce qu'a déclaré après-guerre Laure lui-même lors de son procès, l'entrevue entre Pétain et Laval a eu lieu avant et non après le déjeuner.
66. Marc Ferro écrit (*op. cit.,* p. 209) que « seuls en sont demeurés des fragments puisqu'il ne s'agissait que d'un brouillon ». Les papiers Darlan contiennent les 2 versions, celle rédigée dans l'après-midi et celle remise à 21 heures à Abetz. Voici le texte de la première version, avec le passage supprimé dans la version définitive entre crochets. Le reste du texte n'a subi qu'une seule modification, également indiquée entre crochets :

> « Monsieur le Chancelier,
>
> « J'ai eu l'honneur de recevoir aujourd'hui votre ambassadeur, M. Abetz qui m'a de votre part présenté les propositions suivantes :
>
> 1° — Confier le Ministère des affaires étrangères à M. P. E. Flandin
> — Confier le Ministère de l'Intérieur à L. P. Laval.
>
> 2° — Remplacer au Ministère de l'Agriculture, M. Caziot, par M. Achard,

— Au Ministère de la Production Industrielle, M. Belin par M. Froideval.

3° — Pour que la continuation de la politique de collaboration soit possible, remplacer la Vice-Présidence du Conseil par une sorte de Directoire présidé par l'Amiral Darlan, et composé du Général Huntziger, de M. P. E. Flandin et de M. P. Laval.

4° — Rappeler le Général de la Laurencie, remplacé par M. de Brinon.

« Monsieur l'Ambassadeur Abetz a ajouté que le Gouvernement français était libre de sa décision, mais que, si ces divers points n'étaient pas acceptés, Votre Excellence ne pouvait garantir le maintien de la collaboration.

« Après les avoir examinés, j'ai exposé ces divers points au Conseil des Ministres.

« Aucune question ne se pose en ce qui concerne le Ministère des Affaires étrangères et je ne puis que me réjouir de la complète approbation que vous venez de donner à mon choix.

« En ce qui concerne M. P. Laval, j'ai exposé à mes collaborateurs comme je l'ai dit ce matin à votre représentant, qu'une grave atteinte serait portée à ma dignité et à mon autorité si j'appelais immédiatement M. P. Laval à siéger à nouveau dans le Gouvernement.

« J'ai hésité longtemps à me séparer de lui, car je reconnais à sa valeur le rôle qu'il a joué dans la préparation et les débuts de la collaboration franco-allemande. Mais nos divergences de conception touchant le fonctionnement du Gouvernement et les méthodes à employer pour l'épuration de l'administration et du pays, [ses attaques sournoises et continues à l'égard de la plupart de ses collègues, la défiance que le pays manifestait progressivement envers lui, les risques que son impopularité faisait courir à la politique de collaboration, enfin ses pratiques irrégulières de travail et l'ignorance quasi-complète dans laquelle il laissait ses collègues et moi-même touchant le résultat des négociations de Paris] rendaient inévitable une crise accusant l'impossibilité de le conserver auprès de moi comme principal collaborateur.

« Cette crise a éclaté le 13 décembre — et cette date, à mon vif regret, coïncida avec celle où Votre Excellence avait décidé de faire à l'égard de la France un geste d'amitié et de bienveillance.

« Aujourd'hui, Monsieur le Chancelier, vous me voyez résolu à procéder, sans délai, à une enquête précise sur l'exacte valeur des griefs qui m'ont conduit à me séparer de M. P. Laval.

« Si les résultats de cette enquête me montraient que certaines apparences m'ont trompé, je ne manquerais pas de répondre à votre désir en appelant à nouveau M. P. Laval au gouvernement.

« Mon intention est d'enquêter également sans retard sur les agissements que M. l'Ambassadeur Abetz a reprochés à M. Peyrouton, à M. Caziot et à M. Belin.

« Vous pouvez être assuré que si ces enquêtes révélaient certains actes ou attitudes contraires à l'esprit de collaboration qui m'anime et qui doit animer tous mes Ministres, je désignerais sans retard de nouveaux titulaires pour les portefeuilles détenus par les personnes ci-dessus visées.

« Il m'est agréable de vous marquer mon complet accord sur le remplacement de la Vice-Présidence du Conseil par une sorte de Directoire dont la composition serait celle qui m'a été suggérée, [à l'exception de M. P. Laval, dont le cas est réservé dans les conditions que je viens de vous indiquer] (devenu dans la rédaction définitive : si l'enquête à laquelle je vais faire procéder sur M. Pierre Laval me permet de le réintégrer dans le gouvernement).

« Enfin, en ce qui touche aux fonctions de représentant de mon gouvernement à Paris, je mets fin à la mission du général de La Laurencie et M. l'Ambassadeur de Brinon sera, conformément au désir que vous avez exprimé, accrédité auprès des autorités occupantes.

« Je voudrais, Monsieur le Chancelier, formuler le souhait que les difficultés exposées ce matin par M. l'Ambassadeur Abetz et que j'ai la volonté de résoudre, ne fassent pas naître dans votre esprit le moindre doute touchant ma ferme résolution de poursuivre, dans l'esprit de notre entretien de Montoire, la collaboration décidée entre nos deux pays.

« Je vous demande également de ne pas douter que tous mes collaborateurs partagent ce sentiment.

« Veuillez agréer, Monsieur le Chancelier, les assurances de ma très haute considération.

67. Toujours d'après le *Journal* de Laure, il ne semble pas que Laval ait dîné avec Abetz. Celui-ci a dîné avec Pétain, et Laure indique que l'ambiance fut bien meilleure que celle du déjeuner.

68. Télégramme d'Abetz n° 15556, du 18 décembre 1940. Rapport Abetz.

69. Robert Aron, *op. cit.*, p. 347.

70. « Communication de M. de Brinon », 21 décembre 1940, 12 h 40, Papiers Darlan.

71. « Communication de M. de Brinon », 22 décembre 1940, 12 h 05, citant le télégramme de Ribbentrop, Papiers Darlan.

72. « Instructions pour M. de Brinon », 22 décembre 1940, Papiers Darlan.

73. « Communication de M. de Brinon au général Laure », 24 décembre 1940, 12 h 10, Papiers Darlan.

74. Paul Stehlin, *Témoignage pour l'histoire,* Paris, Robert Laffont, 1964, p. 298.

75. Paul Stehlin, *op. cit.*, p. 300.

76. Andreas Hillgruber, *les Entretiens secrets d'Hitler,* Paris, Fayard, 1969, p. 414-420.

77. Paul Stehlin, *op. cit.,* p. 301-306

78. Publié par Alain Darlan, *op. cit.*, p. 263-267.

79. Paul Stehlin, *op. cit.*, p. 302.

80. Paul Stehlin, *op. cit.*, p. 302.

81. Cité par Alain Darlan, *op. cit.*, p. 267.

82. Paul Stehlin, *op. cit.*, p. 307.

83. Paul Stehlin, *op. cit.*, p. 307. Le jugement de Stehlin est à accueillir avec précaution, car, comme beaucoup, il cherche à se présenter comme un farouche résistant. Ainsi, p. 285, il suggère, sans toutefois l'écrire ouvertement, qu'il n'a pas assisté à la rencontre du 10 décembre alors que le procès-verbal rend compte de son intervention. Noguères, *op. cit.*, p. 648.

84. *Journal* du général Laure.

85. Paul Baudouin, *op. cit.*, p. 426.

NOTES DU CHAPITRE XIII

1. Le contre-amiral Bérenger met hors de combat la flotte siamoise sans aucune perte.

2. Message téléphoné le 7 janvier à 8 h 45, de F. de Brinon, Papiers Darlan.

3. Cette note est mentionnée dans deux documents différents. Elle a été transmise le 7 au matin par l'amiral Fernet. Mais Darlan ne l'a pas conservée dans son dossier pourtant très complet. Une note manuscrite, sans date mais placée avant les documents du 7 janvier (toutes les pièces sont numérotées et classées par ordre chronologique) pourrait en constituer le canevas. Elle développe quatre arguments :

« 1. Le maréchal n'a pas dit que l'enquête serait de *pure forme ;*

« 2. l'attitude insolente et inadmissible de M. Laval vis-à-vis du maréchal en présence de MM. Abetz, Achenbach, Al Darlan — comme les personnes qui se trouvaient dans la pièce voisine — rend impossible le retour de M. Laval ;

« 3. M. Laval a commis une grave erreur psychologique en partant sous la protection voyante de mitraillettes allemandes ;

« 4. l'ensemble de la population est *défavorable* à M. Laval et ce sentiment ne pourrait être qu'une entrave à la *collaboration.*

4. Communication de F. de Brinon le 7 janvier à 12 h 45, Papiers Darlan.

5. Message téléphoné le 8 janvier à 21 h 40 à F. de Brinon, Papiers Darlan.

6. Note remise par Darlan à Benoist-Méchin, reproduite *in extenso* dans Jacques Benoist-Méchin, *De la défaite au désastre,* t. I, Paris, Albin Michel, 1984, p. 46. Dans ses notes, Huntziger situe cette réunion du comité directeur le 10 janvier.

7. Note dactylographiée sans titre, du 13 janvier 1941, Papiers Darlan.

8. « Canevas de l'entretien que M. Benois-Méchin [*sic*] doit avoir avec M. von Ribbentrop », 13 janvier 1941, Papiers Darlan.

9. Télégramme du 26 décembre 1940 à Ribbentrop. Rapport Abetz.

10. Un résumé de ce rapport a été établi par le général de La Laurencie. Une copie se trouve dans les papiers Auphan au S.H.M.

11. Paul Baudouin, *op. cit.*, p. 427.

12. Télégramme n° 94 du 12 janvier 1941, Rapport Abetz.
13. Cité dans le « résumé de la politique française à l'égard de l'Allemagne » rédigé par l'amiral en novembre 1942 à Alger. Alain Darlan, *op. cit.,* p. 89.
14. Note du 19 janvier 1941, Papiers Darlan, reproduite dans Alain Darlan, *op. cit.,* pp. 268-269.
15. Robert Aron, *op. cit.,* p. 361.
16. Abetz s'en plaint à Darlan.
17. *Journal* du général Laure.
18. Lettre de Darlan à Weygand, 26 janvier 1941, S.H.A.T., Papiers Weygand.
19. Notes du général Huntziger, IV, p. 38.
20. *Journal* du général Laure.
21. « Organisation du gouvernement », note du 30 janvier 1941, Papiers Darlan.
22. Lettre de Ferdinand de Brinon du 30 janvier, Papiers Darlan.
23. Note du 30 janvier 1941, reproduite par Alain Darlan, *op. cit.,* p. 104 avec quelques corrections de style et des italiques qui ne figurent pas dans le texte original.
24. « Projet de gouvernement de la main du maréchal » Papiers Darlan.
25. 3 notes : Projet Maréchal, Projet Darlan, Projet Laval, Papiers Darlan.
26. Notes du général Huntziger, IV, p. 39.
27. Note du 1er février, Papiers Darlan.
28. Le compte rendu est écrit sur un papier à en-tête de l'hôtel Bristol. Il est reproduit par Alain Darlan, *op. cit.,* p. 274-275, à l'exception du dernier paragraphe.
29. Télégramme d'Abetz n° 413, du 4 février 1941, Rapport Abetz.
30. Note sans date (vers le 5 février), Papiers Darlan :

« Du côté allemand, les desiderata [sont les] suivants : la collaboration ne sera pas reprise avec le gouvernement actuel. Le retour de M. Laval est une condition sine qua non de la reprise de la collaboration. Les Allemands souhaiteraient voir séparer les fonctions de chef de l'État de celles de chef de gouvernement. Ils seraient rassurés sur la continuité de la politique si l'amiral Darlan était désigné officiellement comme successeur du Maréchal. Ils estiment que la sécurité de M. P. Laval devrait être assurée s'il revenait à Vichy (périphrase pour dire qu'ils le verraient à l'Intérieur).

« Du côté Laval, départ de tous les ministres, sauf amiral Darlan et général Huntziger. M. Laval, chef du gouvernement, choisissant les ministres et ayant pratiquement tout le pouvoir.

« Il est probable que M. Laval consentirait à ne pas être chef du gouvernement s'il était ministre de l'Intérieur.

« Le Maréchal : souhaite rester chef du gouvernement ; ne veut pas de M. Laval comme chef du gouvernement ; n'est pas très partisan de le voir à l'Intérieur. »

31. Annotation marginale de Darlan en marge du compte rendu de son entretien avec Laval le 4 février, Papiers Darlan.

32. *Journal* du général Laure.
33. Notes du général Huntziger, IV, p. 41
34. Notes du général Huntziger, IV, p. 42.
35. Yves Bouthillier, *op. cit.*, t. III.
36. Note du 7 février, reproduite dans Alain Darlan, *op. cit.*, p. 281 à 283. Alain Darlan a placé à la suite la note du 8 février, qui est en réalité distincte. La première devait servir de canevas pour la rencontre avec Abetz, la seconde donne les résultats dudit entretien.
37. Pierre Nicolle, *Cinquante mois d'armistice,* t. I, Paris, Éditions André Bonne, 1947, p. 174.
38. Message à Brinon, Papiers Darlan.
39. Note du 7 février, citée *supra,* n. 36.
40. Chevalier avait adressé un télégramme officiel de condoléances alors que Bergson était juif.
41. Note du 8 février, citée *supra,* n. 36.
42. *Journal* du général Laure.
43. Pierre Nicolle, *op. cit.*, p. 78.
44. Robert Aron, *op. cit.*, p. 367.
45. Robert Paxton, *op. cit.*, p. 103.
46. Robert Paxton, *op. cit.*, p. 112.
47. Télégramme n° 1556 cité par Marc Ferro, *op. cit.*, p. 207.
48. Télégramme du 26 décembre, Rapport Abetz.
49. Marc Ferro, *op. cit.*, p. 200.
50. Ce que lui reproche Paxton, *op. cit.*, p. 91.
51. Note du 30 janvier citée *supra,* n. 23. Alain Darlan, *op. cit.*, p. 105.
52. « Collaboration », note du 30 janvier reproduite dans Alain Darlan, *op. cit.*, p. 270, avec quelques variantes.
53. Note du 8 février, Alain Darlan, *op. cit.*, p. 285.
54. Alain Darlan écrit qu'il les faisait lire à Pétain en lui commentant.
55. Seuls les comptes rendus de l'entretien Pétain-Abetz du 17 décembre et de l'entretien Hitler-Darlan ont été dactylographiés.
56. Paul Sérant, *le Romantisme fasciste,* Fasquelle, 1959.
57. « Résumé de la politique française... », Alain Darlan, *op. cit.*; p. 90.
58. *Journal* du général Laure.
59. Rapport cité *supra,* n. 10.
60. L'amiral Auphan lui-même le reconnaît.
61. Instruction pour l'ambassadeur Abetz en date du 5 février 1941, Rapport Abetz.
62. *Journal* du général Laure.
63. Alain Darlan, *op. cit.*, p. 285, note du 8 février. L'acte n° 7 oblige les secrétaires d'État, hauts dignitaires et hauts fonctionnaires à prêter serment devant le chef de l'État et donne à celui-ci le pouvoir de prendre des sanctions contre eux.
64. Télégramme n° 451 d'Abetz, du 8 février 1941, A.N., AJ 41, 3W 353.
65. Témoignage de Jacques Benoist-Méchin.
66. Pierre Nicolle, *op. cit.*, p. 179.

67. Pierre Nicolle, *op. cit.*, p. 182.
68. Pierre Nicolle, *op. cit.*, p. 184.
69. « Thème de mon entretien du 19/2/41 avec l'ambassadeur Abetz ». Papiers Darlan.
70. Télégramme d'Abetz du 6 mars 1941, A.N., AJ 41, 3 W 356.
71. Amiral Auphan, *op. cit.*, p. 304.
72. *Journal* du général Laure et *Journal* du colonel Rivet. Archives Rivet.
73. Les Souvenirs de l'amiral Fenard sont très discrets sur cet épisode. Fenard (devenu gaulliste) suggère qu'il a refusé, mais sans préciser quoi. Il ajoute que Darlan lui répéta qu'il restait profondément antiallemand et qu'il résisterait au maximum à leurs exigences.
74. *Journal* du général Laure.
75. *Journal* du général Laure.
76. Note citée du 8 février. Alain Darlan, *op. cit.*, p. 285-286. Peyrecave était directeur général de Renault.
77. Note citée du 7 février, Alain Darlan, *op. cit.*, p. 284.
78. Yves Bouthillier, *op. cit.*, t. III.
79. Jean Berthelot, *op. cit.*, p. 147-148.
80. Pierre Nicolle, *op. cit.*, p. 183-191. Belin détenait précédemment la Production et le Travail, qui seront effectivement séparés dans la nouvelle organisation.
81. Cité par Robert Aron, *op. cit.*, p. 278.
82. Jacques Benoist-Méchin, *op. cit.*, p. 58.
83. Les feuillets relatant de façon détaillée l'entrée de Jacques Benoist-Méchin au gouvernement ont malheureusement été perdus et n'ont pu être insérés dans *De la défaite au désastre*.
84. *Journal* du général Laure.
85. Notes du général Huntziger, IV, p. 46.
86. *Journal* du général Laure.
87. Henri du Moulin de Labarthète, *op. cit.*, p. 138-139.
88. Yves Bouthillier, *op. cit.*, t. III.

NOTES DU CHAPITRE XIV

1. Les États-Unis n'étaient plus représentés depuis plusieurs mois que par un chargé d'affaires, Matthews.
2. Amiral Leahy, *Diaries,* 1941, à la date du 21 janvier.
3. Un navicert certifie la nature et la destination de la cargaison.
4. Télégramme du 5 avril 1941, Ambassade de France à Washington. SHM, TTM 13.
5. Ce que lui reproche Jean-Baptiste Duroselle, *op. cit.*, p. 276.
6. Instruction de Darlan à l'ambassadeur à Rio transmise par l'attaché naval, le capitaine de frégate André Daynac, par l'intermédiaire de l'ambassade de France en Uruguay, 29 mars 1941, col. II 1381/41 g, A.N., 3 W 349.
7. D'après le témoignage de François Pietri, ambassadeur à Madrid, cité par Jean-Baptiste Duroselle, *op. cit.*, p. 284.

8. Note du ministère de la Guerre sur les contacts en cours, 3 octobre 1941, A.N., 3 W 343.

9. 600 000 tonnes de phosphates agricoles et 120 000 tonnes de minerai de fer.

10. « Aperçu sur la contribution apportée à l'Allemagne par le gouvernement français dans le domaine de l'économie de guerre », note Ve/8/HG du 6 février 1941, A.N., AJ 41, 40.

11. Claude Paillat en a présenté un tableau détaillé dans ses *Dossiers secrets de la France contemporaine,* t. VI, *L'occupation,* vol. 1, *Le pillage de la France,* Paris, Robert Laffont, 1987.

12. Yves Bouthillier, *op. cit.,* t. II, p. 67.

13. Télégramme d'Abetz, du 26 janvier 1941, A.N., 3 W 348.

14. Directives de l'O.K.W. à la commission d'armistice de Wiesbaden, 14 janvier 1941, A.N., 3 W 348.

15. Contrairement à ce que suggère Henri Michel, *Pétain, Laval, Darlan : trois politiques ?,* Paris, Flammarion, 1972, p. 109, Vichy n'est pour rien dans cette substitution des Allemands aux Italiens.

16. Lettre 961 FMF 3/SECA du 18 mars 1941 de Darlan au général Doyen, président de la délégation française près de la CAA. Le 17 avril, il répond que « la flotte, tout en participant à la défaite nationale, ne peut accepter une suprématie quelconque des flottes allemande et italienne [...], la flotte française constitue actuellement dans le pays un ensemble foncièrement loyal ; un contrôle étranger ne peut qu'amener les marins à regretter leur conduite passée et faciliter un revirement d'esprit qu'il faut éviter à tout prix. » Les Allemands restant intransigeants, il suspend les exercices combinés le 14 août pour qu'ils ne puissent y assister. 2821 T.S. FMF 3/SECA du 14 août ; mais trois mois plus tard, les exigences de l'entraînement imposent de les reprendre. 3768 FMF 3/SECA du 18 novembre.

17. « Principales demandes de la Marine dont le règlement est toujours en cours. » Note 706 FMF 3/SECA du 2 mars 1941.

18. Dossier préparé en vue des négociations avec l'Allemagne, sans références. SHM, Papiers Auphan.

19. Yves Bouthillier, *op. cit.,* t. II, p. 67.

20. Circulaire aux postes diplomatiques, 14 mai 1941, A.N., II AG 458.

21. Extrait de presse relatif à la visite de Darlan en Bretagne, A.N., II AG 458.

22. Télégramme 441 de Welek-Wiesbaden au RAM du 28 avril 1941.

23. D.F.C.A.A., t. IV, p. 335.

24. « Histoire intérieure de Vichy ». Note manuscrite de Darlan, citée *supra,* confirmée par une lettre de Darlan au général Michel, du 26 octobre 1941, A.N., 2 AG 536.

25. On a souvent suggéré que Darlan avait accepté dès la fin 1940 ou le début 1941 l'accès des navires allemands à Dakar. Les instructions adressées le 21 décembre 1940 au général Weygand lui prescrivent de s'en tenir en pareille hypothèse aux règles du droit international (le séjour ne peut se prolonger au-delà de 72 heures). Télégrammes n°s 44 à 47 transmis à l'Amirauté française le 27 décembre, Papiers Fenard. Le gouverneur général Boisson émet des objections et obtient l'autorisation

de négocier en pareil cas avec le commandant du navire son désarmement. Lettre 24 C de Boisson au contre-amiral Landriau du 21 janvier 1941, SHM TTJ58. Les Allemands reviennent plusieurs fois à la charge et lorsque la négociation va s'ouvrir, il est question d'accorder à leurs ravitailleurs un droit d'escale sous pavillon neutre. Message de l'O.K.W. 039 du 13 avril 1941. RM7/1265.

26. Jacques Benoist-Méchin, *op. cit.*, p 68. Il est possible (et même probable) que cette éventualité ait déjà été évoquée par Abetz dans l'un de ses entretiens avec Darlan.

27. Jacques Benoist-Méchin, *op. cit.*, p. 70.

28. Robert Paxton, *op. cit.*, p. 121-122.

29. Jean-Baptiste Duroselle, *op. cit.*, p. 288.

30. Rapport d'Abetz, du 3 mai 1941, repris dans son rapport général, p. 60.

31. Dossier complet sur les négociations d'avril-mai 1941 dans A.N. 3 W 191.

32. Télégramme 2914 de Huntziger à Dentz du 4 mai. A.N. 3 W 188.

33. Note 1728 d'Abetz à Ribbentrop du 8 juin 1941.

34. Jacques Benoist-Méchin, *op. cit.*, p. 71.

35. Jacques Benoist-Méchin, *op. cit.*, p. 71.

36. Télégramme d'Abetz (n° manquant) du 6 mai 1941 repris dans son rapport général, p. 60.

37. Télégramme cité dans le rapport de la Commission consultative des dommages et réparations sur les *Dommages subis par la France et l'Union française du fait de la guerre,* t. II, p. 66.

38. Le compte rendu le plus complet est celui de Ritter StS 12/2 Frankreich 1, A.N. AJ 41, que nous citerons dans les paragraphes suivants sauf indication contraire.

39. Jacques Benoist-Méchin, *op. cit.*, p. 73.

40. Chiffre que les Allemands réduiront ensuite unilatéralement en excluant du bénéfice de cette mesure les officiers de réserve.

41. Yves Bouthillier, *op. cit.*, t. II, p. 6.

42. Jacques Benoist-Méchin, *op. cit.*, pp. 73-74.

43. Jacques Benoist-Méchin, *op. cit.*, p. 73.

44. Pierre Nicolle, *op. cit.*, t. I, p. 247.

45. Lettre manuscrite de Pétain à Weygand. Weygand, *op. cit.*, p. 420.

46. Son existence est connue par une lettre du général Laure à Pétain en date du 9 mai : « Nous vous envoyons Gorostarzu *[sic]* porteur d'une lettre de l'amiral Darlan », A.N., 3 W 65.

47. « Histoire intérieure de Vichy », note citée *supra.*

48. Jacques Benoist-Méchin, *op. cit.*, p. 79.

49. Le compte rendu de Schmidt a été publié en français dans Andreas Hillgruber, *op. cit.*, p. 545-557 et résumé dans Eberhard Jäckel, *op. cit.*, p. 238.

50. Jacques Benoist-Méchin, *op. cit.*, p. 79.

51. Cette citation et celles qui suivent sont tirées du résumé de E. Jäckel.

52. Andreas Hillgruber, *op. cit.*, p. 557.

53. « Thé copieux et fort bon », dit Darlan dans son récit.

54. Jacques Benoist-Méchin, *op. cit.*, p. 89.

55. *Documents on German Foreign Policy* et Eberhard Jäckel, *op. cit.*, p. 238-239.

56. Eberhard Jäckel, *op. cit.*, p. 239.

57. 12 millions par jour au lieu de 10, dont 3 à payer en or ou devises, satisfaction sur le Nord et le Pas-de-Calais, mais rien sur l'Alsace-Lorraine...

58. Télégramme 1480 d'Abetz au RAM. Rapport Abetz.

59. Eberhard Jäckel, *op. cit.*, p. 242.

60. Contre les militaires et les partisans de l'exploitation systématique, Abetz ne justifie son utilité que s'il obtient des Français des concessions très importantes, d'où son ardeur à offrir des contreparties.

61. Texte complet dans Henri Ballande, *op. cit.*, p. 288-290.

62. Tous les témoignages concordent sur ce point.

63. Jacques Benoist-Méchin, *op. cit.*, p. 99.

64. Jean Berthelot, *op. cit.*, p. 159.

65. Jacques Benoist-Méchin, *op. cit.*, p. 101.

66. Jacques Benoist-Méchin, *op. cit.*, p. 102.

67. Jacques Benoist-Méchin, *op. cit.*, p. 100.

68. Jacques Benoist-Méchin, *op. cit.*, p. 99-100.

69. « Note d'information relative aux communications maritimes françaises », 1954 S.G. du 15 mai 1941 SHM, TTM 84.

70. « Transport de munitions de l'armée coloniale de France en Indochine, 1655 FMF 3 du 14 mai 1941, SHM, TTE 84. D'autres actions du même genre n'ont donné lieu à aucun document écrit.

71. Robert Aron, *op. cit.*, p. 433.

72. Message de Robert de Leusse, 19 avril 1941, A.N., A.P., 3 W 343.

73. Télégramme du chargé d'affaires canadien Dupuy, cité par Raymond Tournoux, *op. cit.*, p. 280. Benoist-Méchin rapporte un propos semblable, *op. cit.*, p. 100.

74. Note de Benoist-Méchin à Darlan, 16 mai 1941, A.N., A.P., Papiers Bidault.

75. Note de Benoist-Méchin à Darlan, 16 mai 1941, A.N., Papiers Bidault.

76. Procès-verbal des entretiens établi par le lieutenant-colonel Marty, A.N. Cette feuille a fait l'objet de plusieurs tirages photographiques, dont l'un se trouve au SHM, TTE 84.

77. Note rédigée par le lieutenant-colonel Marty le 19 février 1942, à partir du procès-verbal analytique, D.F.C.A.A., t. IV, p. 461.

78. Les protocoles sont publiés intégralement dans D.F.C.A.A., t. IV, p. 472-480. Présentation détaillée dans Benoist-Méchin, *op. cit.*, p. 113-127.

79. Benoist-Méchin, *op. cit.*, p. 116.

80. Protocole sur l'Afrique du Nord, D.F.C.A.A., t. IV, p. 474.

81. Benoist-Méchin, *op. cit.*, p. 119.

82. Il s'en expliquera au vice-amiral Landriau venu à Vichy en juin :

« Il était 3 heures du matin, j'étais seul et je n'en pouvais plus », *Journal* inédit du V.A. Landriau, Papiers Landriau.

83. Roosevelt envisagera à la fin de la guerre d'y remplacer la souveraineté française par une tutelle stratégique américaine. On trouve de fréquentes références à Dakar dans la correspondance Roosevelt-Churchill.

84. Benoist-Méchin, *op. cit.*, p. 124.

85. Procès-verbal rédigé par le lieutenant-colonel Marty, qui a assisté à toutes les séances. D.F.C.A.A., t. IV, p. 469-470.

86. Benoist-Méchin, *op. cit.*, p. 127.

87. Benoist-Méchin, *op. cit.*, p. 127.

88. Contrairement à ce qu'affirment la plupart des auteurs à la suite de Benoist-Méchin, ce n'est pas Huntziger qui a signé les protocoles militaires mais Darlan lui-même ; l'original des protocoles ne laisse place à aucune contestation.

89. Rapport Abetz, p. 84.

90. Rapport du 27 juin 1941 repris dans Rapport Abetz, pp. 80-82.

91. Benoist-Méchin, *op. cit.*, p. 119.

92. Marc Ferro, *op. cit.*, pp. 319-320 ; Jean-Baptiste Duroselle, *op. cit.*, pp. 288-289.

93. Lettre n° 196 du 16 mai 1941, Weygand, *Rappelé au service. Mémoires,* t. III, Paris, Flammarion, 1950, p. 421.

94. Weygand, *op. cit.*, p. 420. Cette version est confirmée par ce qu'avait noté Weygand dans son carnet à la date du 6-7 mai : « L'amiral Darlan me prépare en me faisant dire que je dois me préparer à reprendre les territoires dissidents. »

95. Weygand, *op. cit.*, p. 423.

96. Lettre du 21 mai 1941 : « D'après les premiers renseignements qui me parviennent et que je crois utile de vous transmettre sans fards, l'annonce officielle de la politique de collaboration soulève dans les milieux civils et militaires de profonds remous [...]. Certains jugent que le Gouvernement n'a pas présenté les événements sous leur jour véritable », A.N., 3 W 342.

97. Témoignage de Berthelot, cité par Weygand, *op. cit.*, p. 436.

98. Weygand, *op. cit.*, p. 431.

99. Weygand, *op. cit.*, p. 431.

100. Note dactylographiée à en-tête du ministère des Affaires étrangères, A.N., 3 W 284.

101. *Souvenirs* inédits de l'amiral Esteva.

102. Dans ses mémoires, Weygand a corrigé : « Je le jette à l'eau à coup de canon. »

103. Benoist-Méchin, *op. cit.*, p. 142.

104. Carnets du général Weygand, SHAT.

105. Weygand, *op. cit.*, p. 439 confirmé par C.V. Gandin, *op. cit.* p. 181.

106. Weygand, *op. cit.*, p. 440.

107. Marc Ferro, *op. cit.*, pp. 321-322.

108. Benoist-Méchin, *op. cit.*, p. 137.

109. Yves Bouthillier, *op. cit.*, t. III.

110. Témoignage du général Bergeret, recueilli par l'amiral Michelier, SHM, Papiers Auphan.

111. Témoignage du général Bergeret.

112. Jérôme Carcopino, *Souvenirs de sept ans,* Paris, Flammarion, 1953, p. 548. Berthelot va dans le même sens : « Après la violente sortie du général Weygand, tout a été dit. L'amiral Darlan, à notre surprise, ne défend plus les protocoles que mollement. Pourtant, il est naturellement autoritaire et a de la suite dans les idées. Comment croire que, s'il avait réellement tenu aux accords, il n'eût pas mis toute sa ténacité à en obtenir la ratification ? », Jean Berthelot, *op. cit.*, p. 164.

113. Cité par Raymond Tournoux, *op. cit.*, p. 272.

114. Marc Ferro, *op. cit.*, p. 319.

115. Fred Kupferman, *op. cit.*, p. 268-270.

116. D.F.C.A.A., t. IV, p. 483, « La Banque de France ne saurait se dessaisir de l'or qui lui a été confié par la Bank Polski avant que le statut territorial de la Pologne ait été définitivement réglé par les traités de paix [...] ». Note du 31 mai 1941.

117. Nombreuses notes sur le sujet, notamment 1851 FMF 3/SECA du 3 juin 1941, 2006 FMF 3/SECA du 18 juin, 2053 FMF 3/SECA du 22 juin... SHM, TTE 85.

118. La délégation de Wiesbaden ne cesse de présenter des demandes en ce sens.

119. Capitaine de vaisseau Sanson, *la Guerre du chiffre,* « Du ravitaillement du pays au sauvetage de d'Estienne d'Orves », souvenirs inédits rédigés en 1966-1967, Papiers Sanson. On comprend d'autant moins l'accusation de Marc Ferro que le contre-amiral de Geffrier avait fourni à l'occasion du procès de l'amiral Auphan un témoignage semblable.

120. Lettre de l'amiral Leahy à Darlan, le 15 mai 1941, n° 588 A.N., 3 W 168.

121. Canevas manuscrit de Darlan, A.N., 3 W 168. La réponse du 17 mai figure dans le même carton.

122. Les Britanniques voulaient intercepter le cargo *Bangkok* qui rapportait 3 000 tonnes de caoutchouc d'Indochine. Pour une fois pris en défaut, les services de renseignement britanniques n'avaient pas su que la précieuse cargaison avait été déchargée à Casablanca pour être transportée par chemin de fer vers l'Algérie.

123. Note de J. Chartier, 18 mai 1941, A.N., 3 W 284.

124. « Note sommaire au sujet de l'activité du commandant Loustaunau-Lacau », rédigée par lui-même, A.N., 3 W 210.

125. *Id.*

126. *Cf.* Michel Garder, *la Guerre secrète des services spéciaux français,* Paris, Plon, 1967, p. 270.

127. Note du commandant Sanson, Archives Sanson.

128. Dentz télégraphie le 13 mai : « Avons impression côté allemand de solution improvisée sans plan défini. Choix ne paraît pas fait entre intervention militaire d'envergure et simple manifestation sans portée réelle sur sort Irak. Nous espérons réaction anglaise modérée s'il s'agit seulement de transit, mais en cas d'installation de bases nous devons

prévoir réaction brutale », A.N., Dossier du procès du général Dentz, 3 W 365.

129. Cité par E. Jäckel, *op. cit.*, p. 237.

130. Comme le souligne Charles Bloch, *le IIIe Reich et le monde*, Paris, Imprimerie nationale, 1986, p. 448.

131. Karl Gundelach, *Die deutsche Luftwaffe in Mittlemeer*, Berne, P. Lang, 1981, p. 238-250.

132. L'original français n'a pas été retrouvé. Texte allemand traduit en anglais dans D.G.F.P. vol. XII, n° 581, p. 936.

133. Message « réservé de réservé » 2494, du 1er juin à 9 heures, A.N., Dossier du procès du général Dentz, 3 W 365.

134. Procès-verbal de l'entrevue du 2 juin 1941 entre Hitler et Mussolini. Andreas Hillburger, *op. cit.*, p. 571.

135. E. Jäckel, *op. cit.*, p. 249. Une erreur d'impression ou d'écriture a fait que le texte donne la date du 1er juillet alors qu'il s'agit du 1er juin.

136. D.F.C.A.A., t. IV, p. 484-485.

137. Il est à noter que Marzin s'est déclaré opposé aux Protocoles et l'a dit à Darlan.

138. Texte dans Jacques Benoist-Méchin, *op. cit.*, t. I, p. 143-144.

139. Lettre d'Abetz à Darlan, 4 juin 1941, A.N. II AG 618. En marge, Darlan a écrit : « remercier décliner ».

140. Note manuscrite du 6 juin, A.N., 3 W 168. Le même carton contient la note remise à l'ambassade américaine le 8 juin, qui reprend les mêmes idées tout en l'actualisant pour tenir compte de l'attaque britannique : « Le gouvernement français, évitera, pour sa part, jusqu'à nouvel ordre, tout ce qui pourrait être de nature à aggraver et à étendre le conflit. »

141. Jacques Benoist-Méchin, *op. cit.*, p. 161.

142. Le télégramme est cité par Jean-Baptiste Duroselle, *op. cit.*, p. 292.

143. Message « réservé de réservé » 2549 FMF 3 au 12 juin, A.N., Dossier du procès du général Dentz, 3 W 365.

144. Procès-verbal résume des conversations du 10 juin dans D.F.C.A.A., t. IV, p. 566-571.

145. Jacques Benoist-Méchin, *op. cit.*, p. 168.

146. On trouve dans D.F.C.A.A., t. IV, p. 540-547 toute une série de messages relatifs à la non-intervention de l'aviation de l'Axe en Syrie.

147. Message très secret n° 91 de Dentz du 12 juin répété les 14 et 15 juin. A.N. Dossier du procès du général Dentz, 3 W 365.

148. Message « réservé de réservé » 2619 du 16 juin, avec original écrit de la main de Darlan, A.N., Dossier du procès du général Dentz, 3 W 365.

149. *Journal* du général Laure.

150. Après le passage du *Vauquelin*, une nouvelle tentative échoue. Partis de Salonique, les contre-torpilleurs sont repérés au large de Chypre et font demi-tour.

151. Déposition de l'amiral Marzin devant la commission d'épuration de la Marine qui reprend un message de l'amiral Gouton reçu à l'Amirauté le 15 juin, A.N., Dossier Dentz, 3 W 365.

152. Déposition de l'amiral Marzin citée *supra*. L'amiral Auphan propose une autre version qui impute la responsabilité du projet à Laborde : « Entre le 15 et le 20 juin, il [Darlan] avait invité plusieurs amiraux français de nos forces navales ou des commissions d'armistice et m'avait demandé de calmer l'amiral de Laborde qui, en bon baroudeur prêt aux coups les plus risqués, réclamait l'honneur pour les Forces de haute mer de Toulon d'aller combattre la Royal Navy en Méditerranée orientale », amiral Auphan, *op. cit.*, p. 306.

153. Mémorandum de l'amiral de Laborde 144 EM 3/ 19 T.S., du 15 mai 1941. SHM, TT N 12. Réponse de Darlan (il a signé et rajouté une conclusion manuscrite) 1/60 FMF 3 du 24 mai, SHM, TTE 84.

154. Note du gouvernement français remise à l'ambassade des États-Unis le 30 juin, A.N., 3 W 168.

155. « Télégramme à remettre à l'ambassade d'Amérique pour être transmis au gouvernement britannique », 11 juillet 1941, A.N., 3 W 168.

156. *Journal* du général Laure.

157. Commentaire confidentiel (« non sorti officiellement ») au compte rendu hebdomadaire de la D.F.C.A.A. du 23 juin 1941, D.F.C.A.A., t. IV, p. 529.

158. Commentaire confidentiel au compte rendu hebdomadaire de la D.F.C.A.A. du 30 juin 1941. D.F.C.A.A., t. IV, p. 555.

159. Lequel acceptera finalement de céder trois cargos.

160. Refus : Note 1885 FMF 3/SECA du 6 juin 1941 SHM, TTE 86. Accord de principe sur une proportion à déterminer et à compter du 1er septembre : Note 1923 FMF 3/SECA du 10 juin 1941, SHM, TTE 86. Comme d'habitude, une demande italienne similaire fait l'objet d'un refus à peine poli. Note 2587 FMF 3/SECA du 6 août 1941, SHM, TTE 86.

161. *Cf. infra*, p. 475.

162. D.F.C.A.A., t. IV, pp. 606 et 618.

163. *Dommages subis par la France et l'Union française du fait de la guerre*, *op. cit.*, t. II, p. 74.

164. Le procès-verbal résumé de la séance du 12 juin n'a pas été publié. Une copie se trouve dans A.N., AJ 41, 4.

165. Le procès-verbal de la réunion du 24 juin est publié dans D.F.C.A.A., t. IV, pp. 571-576. Les procès-verbaux des réunions des 25 et 26 juin manquent.

166. *Souvenirs* inédits de l'amiral Marzin.

167. Texte dans D.F.C.A.A., t. IV, pp. 576-579.

168. Procès-verbaux résumés dans D.F.C.A.A., t. IV, pp. 580-587.

169. Non publié, copie dans Dossier Darlan A.N., 3 W 67.

170. Discussion du projet de protocole par l'amiral Marzin, D.F.C.A.A., t. IV, pp. 587-589.

171. *Souvenirs* inédits de l'amiral Marzin.

172. *Carnets* du général Weygand.

173. Pierre Nicolle, *op. cit.*, p. 284.

174. La note de Weygand figure dans les papiers Noguès avec une lettre envoyée par Weygand à Noguès le 15 juillet : « Cette note a été

approuvée à l'unanimité. Je l'avais rédigée [...]. Je m'attendais à un très rude combat. Mais je dois dire que j'ai eu peu à lutter. »

175. *Carnets* du général Weygand. Après avoir raccompagné Weygand, Darlan déclare à Bouthillier : « Il n'est jamais parti si content. » Yves Bouthillier, *op. cit.*, t. III.

176. D.F.C.A.A., t. IV, p. 589-590.

177. Figure dans le rapport Abetz. Publiée dans Jacques Benoist-Méchin, *op. cit.*, t. I, p. 437-445.

178. Jacques Benoist-Méchin, *op. cit.*, t. I, p. 245.

179. Jacques Benoist-Méchin, *op. cit.*, t. I, p. 251.

180. Benoist-Méchin indique qu'il a obtenu l'accord de Bouthillier. Weygand, dans une lettre du 19 juillet, fait état de son « complet accord avec M. le Maréchal, avec le vice-président du Conseil et avec les membres du gouvernement avec lesquels j'avais été appelé à conférer le vendredi 11 juillet sur les négociations avec l'Allemagne. »

181. Rapport Abetz.

182. Robert Paxton, *op. cit.*, pp. 123-124.

183. Jacques Benoist-Méchin, *op. cit.*, t. 1, p. 145.

184. *Souvenirs* de l'amiral Marzin.

185. Amiral Leahy, *J'étais là,* p. 55.

NOTES DU CHAPITRE XV

1. *Cf. supra,* p. 434.

2. Rapport Abetz.

3. Lettre du 15 juin de l'OKW au ministère des Affaires étrangères, D.G.F.P. vol. XII n° 633. *Id.* du 2 juillet D.G.F.P., vol. XIII n° 61...

4. Procès-verbal de l'entretien du 24 juillet 1941 entre le général Vogl et le vice-amiral Michelier D.F.C.A.A., t. V, p. 5-10.

5. D.F.C.A.A., t. V, pp. 10-12.

6. A.N., 3 W 284 (malle Pétain).

7. Lorsque Weygand parle d'exigences insupportables, Darlan note en marge : « Je ne partage pas. Nous voulons changer le statut politique. » Lettre de Weygand à Pétain, octobre 1941, annotée par Darlan, A.N., AJ 41, 42.

8. Raymond Tournoux, *op. cit.,* p. 346.

9. Raymond Tournoux, *op. cit.,* p. 345 et témoignage de François Lehideux.

10. C'est ce qu'affirme son fils Alain Darlan, *op. cit.,* p. 113. Mais on sait que ses souvenirs personnels sont à manier avec précautions.

11. Yves Bouthillier, *op. cit.,* t. III. Cette note est publiée dans Jacques Weygand, *Weygand mon père,* Paris, Flammarion, 1970, p. 475-485. Les papiers Noguès contiennent une copie qui confirme l'exactitude du texte publié.

12. Roosevelt avait même prévu de reconstituer l'ancienne Lotharingie et avait conçu dans ce but le plan Wallonia. Anthony Eden, *Mémoires,* t. II, p. 432.

13. Note 2357 FMF 3/SECA du 18 juillet 1941, SHM, TTE 85.

14. Note 2821 FMF 3/SECA du 30 août 1941, SHM, TTE 86. Dans le

même sens, note 3573 FMF 3/SECA, du 4 novembre 1941, SHM, TTE 87 et plusieurs autres notes.

15. Note 2343/SG, du 7 juin 1941. A.N., F 60/1479.

16. Note 2997/SG, du 16 juillet 1941. A.N., TTJ 58.

17. D.F.C.A.A., t. V, pratiquement tous les rapports hebdomadaires.

18. Lettre du major Dankworth, citée dans Weygand, *op. cit.*, p. 449.

19. Weygand, qui n'avait certes pas un bon souvenir de Darlan, a cependant bien vu le fond de sa pensée : « Il était convaincu qu'on ne pouvait continuer à durer — car il s'agissait de durer — sans concessions à l'Allemagne », cité par Raymond Tournoux, *op. cit.*, p. 357.

20. Jacques Benoist-Méchin, *op. cit.*, t. I, p. 274.

21. Le procès-verbal de cette réunion n'a pas été retrouvé. Mais les exposés de Benoist-Méchin, Duplat et Michelier ont été reproduits à 7 exemplaires, l'un d'eux étant adressé au général Weygand qui l'a conservé, S.H.A.T., Papiers Weygand.

22. Jacques Benoist-Méchin, *op. cit.*, t. I, p. 278.

23. Texte dans Jacques Benoist-Méchin, *op. cit.*, , t. I, p. 278-279.

24. Note du 22 juillet 1941, A.N., 3 W 242 (malle Pétain).

25. Rapport du colonel Hagedorn, Bd St. S. Bd 5.F.6. A.N., 3 W 342.

26. D.F.C.A.A., t. IV, p. 639.

27. Le général Prioux a dépassé de 2 ans la limite d'âge alors que cette limite a été invoquée comme motif du rappel du général Doyen. Et surtout, il est prisonnier à Koenigstein. La réponse allemande à sa demande de libération ne manque pas de logique : « Dans l'intérêt même de la France, il y a lieu de désigner comme président de la Délégation française un général qui n'ait pas été fait prisonnier », *Journal de bord* de l'amiral Michelier, p. 451.

28. « Note pour M. le Maréchal », 21 juillet 1941, A.N., 3 W 242.

29. Note manuscrite du 27 juillet 1941 A.N., 3 W 278 (lettres adressées à Pétain).

30. Note du général Laure du 30 juillet 1941, A.N., 3 W 242 (Malle Pétain).

31. Pierre Nicolle, *op. cit.*, p. 289-303.

32. *Carnets* du général Weygand.

33. *Souvenirs* de l'amiral Le Luc.

34. Décret du 20 octobre 1941 (non publié au *J.O.*)

35. Michel Garder, *la Guerre secrète des services spéciaux français*, Paris, Plon, 1967, p. 289.

36. Témoignage de l'inspecteur général de Lombarès, qui était alors capitaine au secrétariat d'État à la Guerre.

37. *Journal* du général Laure.

38. Michel Garder, *op. cit.*, p. 293.

39. Jacques Benoist-Méchin, *op. cit.*, t. I, p. 294.

40. Lettre de Weygand à Pétain, n° 490 Cab. 19 juillet 1941, A.N., 3 W 242, partiellement citée dans Robert Aron, *op. cit.*, p. 454.

41. Jacques Benoist-Méchin, *op. cit.*, p. 296.

42. Lettre de Weygand à Darlan, 9 juillet 1941, A.N., 3 W 341.

43. Dès janvier 1941, il se plaignait de la maladresse d'Abrial, de son manque d'informations et de sa rigidité.

44. *Journal* du général Laure. Weygand est assisté d'un gouverneur général adjoint qui est un civil, Chatel.

45. Lettre d'Esteva à Darlan, octobre 1941, *Souvenirs* de l'amiral Esteva.

46. *Journal* du général Laure, confirmé par le *Journal* du général Rivet.

47. *Carnets* du général Weygand, S.H.A.T., Papiers Weygand.

48. David Kahn, *la Guerre des codes secrets,* Paris, Interédition, 1980, p. 232.

49. Le calendrier de l'affaire Weygand peut être suivi à travers le très minutieux récit de Darlan dans sa note à Pétain citée *supra,* n. 11. La citation se trouve dans Jacques Weygand, *op. cit.,* p. 476.

50. Télégramme d'Abetz. Rapport Abetz.

51. Jacques Weygand, *op. cit.,* p. 476.

52. « Note sur la situation politique », 5 octobre 1941, Papiers Auphan. Ce manuscrit de Darlan constitue une ébauche de la note citée *supra,* n. 11, qui sera remise le 8 novembre, Papiers Darlan. Weygand, de passage à Vichy, avait déclaré devant Scapini, ambassadeur de Pétain auprès des prisonniers, et collaborationniste notoire, qu'il souhaitait la défaite de l'Allemagne.

53. « Note sur la situation politique », 5 octobre 1941.

54. *Journal* du général Laure.

55. *Journal* du général Laure.

56. *Carnets* du général Weygand.

57. Nous suivons toujours la note du 8 novembre qui ne peut guère être suspectée sur ce point puisque Darlan l'a remise à Pétain.

58. *Id.*

59. Yves Bouthillier, *op. cit.,* t. III.

60. Note du 8 novembre. Jacques Weygand, *op. cit.,* p. 478.

61. Rapport au maréchal du 13 novembre, A.N., AJ 41.

62. Jacques Benoist-Méchin, *op. cit.,* p. 300.

63. La première version est celle de Weygand lui-même dans ses *Mémoires.* La seconde est celle de Darlan rapportée par Benoist-Méchin (qui l'a recueillie d'un témoin et non directement) *op. cit.,* t. I, p. 302-303.

64. Jacques Benoist-Méchin, *op. cit.,* t. I, p. 309.

65. Eberhard Jäckel, *op. cit.,* p. 289.

66. D.F.C.A.A., t. V, p. 57.

67. D.F.C.A.A., t. V, p. 97.

68. D.F.C.A.A., t. V, p. 116-117.

69. Eberhard Jäckel, *op. cit.,* p. 288.

70. Protocole de Gardone (version allemande), DWSTK/WE Ia 2175/41 gkdo.

71. D.F.C.A.A., t. V, p. 201.

72. Note manuscrite sans date. Dossier Darlan A.N., 3 W 65.

73. D.F.C.A.A., t. V, p. 213.

74. D.F.C.A.A., t. V, p. 203.

75. BA.MA Freiburg R.W 34 v/10.
76. En fait le renouvellement d'un accord précédent.
77. D.F.C.A.A., t. V, p. 276.
78. D.F.C.A.A., t. V, p. 289-290.
79. D.F.C.A.A., t. V, p. 303.
80. Aide-mémoire sur les négociations tripartites. Situation au 15 décembre. A.N., AJ41/41.
81. V. A. Michelier, *Journal de bord,* p. 457.
82. D.F.C.A.A., t. V, p. 335.
83. Eberhard Jäckel, *op. cit.,* p. 296.
84. Mémorandum de Saint-Florentin, A.N., AJ41/41.
85. Jacques Benoist-Méchin, *op. cit.,* p. 320-321.
86. Le 15 novembre, le *Glorieux* a raté son attaque contre un cargo britannique. Mais deux jours plus tard, le *Héros* coule le cargo norvégien *Thode Fagelund* au sud-est de East London.
87. Procès-verbal de l'entrevue de Saint-Florentin, publié dans Henri Ballande, *op. cit.,* p. 298-308. Le procès-verbal allemand, au-delà des inévitables nuances de restitution, le confirme entièrement.
88. Henri Ballande, *op. cit.,* p. 310.
89. Le *Dunkerque* aurait même pu rentrer beaucoup plus tôt si un incendie dans le câblage électrique (sans doute un sabotage) n'avait retardé son appareillage de six mois.
90. Il sera d'ailleurs retiré avant la fin de l'année dans des circonstances peu claires.
91. Rapport du général Juin, D.F.C.A.A., t. V, p. 384.
92. Texte de cette note dans Albert Kammerer, *la Passion de la flotte française,* p. 353 et *sqq.*
93. Note sans références rédigée par le commandant Mirauchaux qui était en poste à Lyon. Le baron Confalonieri était délégué de la CIA pour les questions civiles dans cette ville, et ami personnel du comte Ciano.
94. « Extraits de l'annexe très secrète du compte rendu des travaux de la délégation française à Turin pour la période du 21 novembre au 6 décembre 1941 », A.N., AJ 41 2213.
95. Lettre de l'amiral Duplat à la D.S.A., 4 décembre 1941, A.N., AJ 41 2213.
96. C'est en tout cas ce que rapporte le général Vacca-Maggiolini à l'amiral Duplat, qui reprend le propos dans l'un de ses rapports daté du 30 décembre.
97. Le gouvernement français avait lancé cette idée dès la fin de l'été.
98. Notes préparatoires datées du 7 décembre. Sur l'ouverture d'un dispensaire italien à Annecy, la restitution des sièges des consulats italiens, la libération d'un espion... : « Nous avons pris la décision très ferme de ne pas céder. Il n'y a pas eu depuis lors de raisons de modifier notre manière de voir. »
99. Jean Berthelot, *op. cit.,* p. 212.
100. Communication au Conseil des ministres du 13 décembre 1941, A.N., 3 W 62.
101. S.H.M., Papiers Auphan.

102. Amiral Castex, *Mélanges stratégiques*, Académie de marine, 1976.

103. Charles Rist, *Une saison gâtée*, Paris, Fayard, 1983, p. 199.

104. Le *Fort-de-France* allant de Fort-de-France à Casablanca et le *Banfora* allant de Dakar à Casablanca sont capturés. Le premier est récupéré grâce à l'intervention de bâtiments français.

105. Plusieurs interceptions entre Madagascar et Dakar.

106. Depuis l'armistice jusqu'au 1er décembre 1941, la France a transporté en Méditerranée :

— pour l'Allemagne,
102 700 tonnes de minerai de fer
222 502 tonnes de phosphates
300 tonnes de cobalt
400 camions
+ des produits coloniaux

— pour l'Italie,
222 930 tonnes de phosphates
10 500 tonnes de ferrailles
2 200 tonnes de pyrite

Source : « Note sur l'activité de la flotte française depuis l'armistice », 3 décembre 1941, SHM, Papiers Auphan.

107. Note 3881 FMF 3 du 26 novembre 1941, SHM, TTE 87.

108. Note 3049 FMF 3 du 19 septembre 1941 transmettant trois notes 3024 (sur l'AOF), 3025 (sur la Tunisie) et 3026 (sur le Maroc) du même jour SHM, TTE 87.

109. Benoist-Méchin consacre un chapitre très détaillé à cette négociation, *op. cit.*, t. I, p. 254-272.

110. Alain Darlan a publié une note de l'amiral justifiant l'accord par le maintien de la souveraineté française, *op. cit.*, p. 306-307.

111. La date de cette phrase célèbre a été discutée, Darlan lui-même ayant ensuite donné plusieurs récits contradictoires. Mais elle est incontestablement du 1er août 1941, car elle figure dans un message de Leahy publié dans les FRUS 1941, II, p. 189. Murphy montre une copie à Weygand qui la recopie dans ses carnets. Charles Rist confirme le propos. Le 19 octobre, il rencontre Darlan qui se répand en propos aigres sur les Américains : « Pouvez-vous débarquer un million d'hommes à Marseille ? Non ? Alors laissez-moi faire ma politique et ne venez pas me déranger. Est-ce que j'ai cédé quelque chose en Afrique ? Non, alors fichez-moi la paix. » Charles Rist, *op. cit.*, p. 197.

112. Darlan adresse une lettre de protestation à Leahy le 3 novembre contre cette « campagne organisée de dénigrement du maréchal Pétain et de son gouvernement ». Leahy Diary.

113. Annotation de Darlan sur une lettre de Weygand à Pétain, octobre 1941.

114. Lettre de Pétain à Roosevelt, copie dactylographiée, 27 octobre 1941, A.N., 3 W 283.

115. Charles Rist, *op. cit.*, p. 199.

116. Charles Rist, *op. cit.*, p. 203.

117. Note 2467 FMF 3/SECA du 19 novembre 1941, SHM, TTJ 8.

NOTES DU CHAPITRE XVI

1. Alain Darlan, *op. cit.*, p. 283.
2. Note manuscrite sans date (février 1941), Papiers Darlan.
3. *Cf. supra*, p. 334.
4. Cité par Joseph Barthélemy, *ministre de la Justice, 1941-1943*, Paris, Pygmalion, 1989, p. 82.
5. *Cf. supra*, p. 486.
6. *Cf.* le très beau livre de Fred Kupferman, *Laval*, Paris, Balland, 1987.
7. Isabelle Boussard, *Vichy et la corporation paysanne*, Paris, Presses de la Fondation nationale des Sciences politiques, 1980.
8. Robert Aron, *op. cit.*, p. 406.
9. Cité par Hubert Bonin, *Histoire économique de la IVe République*, Paris, Economica, 1987, p. 49.
10. *Cf. supra*, p. 385.
11. Pierre Nicolle a publié ce rapport en annexe dans le t. I de son livre cité, p. 511-512.
12. Henri du Moulin (l'orthographe varie) de Labarthète, *op. cit.*, p. 347.
13. Réflexion du général Laure dans son *Journal* à l'annonce de la nomination du vice-amiral Gouton comme commissaire général du pouvoir.
14. État des effectifs au 15 août 1941, SHM, 1 BB2 226.
15. Jean Berthelot, *op. cit.*, p. 179.
16. Joseph Barthélémy, *op. cit.*, p. 84.
17. Note manuscrite sans titre rédigée durant le premier semestre 1941, Papiers Darlan.
18. Alain Bitoun, *les Hommes d'Uriage*, Paris, La Découverte, 1988, p. 91-93, qui rapporte plusieurs témoignages d'anciens d'Uriage.
19. Robert Aron, *op. cit.*, p. 405.
20. Note citée supra n. 17.
21. Isabelle Boussard, *op. cit.*, p. 370.
22. *Cf.* Alfred Sauvy, *la Vie économique des Français de 1939 à 1945*, Paris, Flammarion, 1978, p. 136.
23. « Le rôle de la marine dans l'apport de l'empire au ravitaillement de la métropole », 27 mars 1942, SHM, 1 BB2 179 ; une note sans référence donne des chiffres encore inférieurs.

•	tonnage en 1938	2 952 975 tx
•	pertes jusqu'à l'armistice	697 400 tx
•	pertes depuis l'armistice	960 028 tx
•	tonnage subsistant au 1-4-42	1 295 547 tx
−	navires au mazout ou au gas-oil immobilisés	635 817 tx
−	paquebots impropres au transport des marchandises	117 866 tx
+	navires affrétés disponibles	63 000 tx
Total disponible : 127 navires		414 433 tx

24. Jérôme Carcopino, *op. cit.*, p. 338.
25. Jérôme Carcopino, *op. cit.*, p. 306.
26. Robert Paxton, *op. cit.*, p. 151.
27. Jérôme Carcopino, *op. cit.*, p. 327.
28. Lettre de Darlan à Carcopino, 4 octobre 1941, publiée en fac-similé dans Jérôme Carcopino, *op. cit.*, p. 696-697.
29. Henri Michel, *le Procès de Riom*, Paris, Albin Michel, 1979, p. 24.
30. Jean Berthelot, *op. cit.*, p. 191.
31. Jérôme Carcopino, *op. cit.*, p. 696-697. Darlan tapait sur la table avec son crayon quand il demandait le silence.
32. L'Amiral de la flotte a établi un récapitulatif de cette consultation que l'on trouve aux A.N. II AG 618. Entre crochets, les résultats de la délibération du 4 octobre.

« Le gouvernement est-il d'avis :

1. Que le Conseil de Justice Politique soit saisi des cas relatifs à MM. Mandel et Reynaud en vue d'une décision du Maréchal en application de l'acte constitutionnel n° 7 ?

OUI : Darlan, Romier, Moysset, Bouthillier, Berthelot, Platon, Bergeret, Huntziger, Caziot, Charbin, Benoist-Méchin.

Réponse positive mais limitée aux cas de Daladier et Gamelin : Pucheu, Belin, Lehideux.

[17 « oui »]

Réponses non parvenues : Barthélemy, Huart.

2. Que dans l'affirmative, le Maréchal sur avis dudit Conseil prononce une peine définitive ou provisoire ?

OUI : unanimité moins trois réponses non parvenues : Barthélemy, Huart, Carcopino.

[12 partisans d'une peine définitive, 5 d'une peine provisoire]

3. Que la Cour de Riom reste saisie du procès et dans l'affirmative que le procès soit ouvert dès que possible ?

OUI : Darlan, Romier, Moysset, Bouthillier, Berthelot, Charbin, Benoist-Méchin et, ultérieurement, tous les autres, sauf :

NON : Belin.

[Cour reste saisie : 17 « oui » ; dès que possible : 8 « oui »]

4. Que dans la même hypothèse une loi prévoit une procédure spéciale pour la présidence et la conduite du procès afin que le débat soit limité dans le temps et autant que possible dans son objet ?

OUI : Darlan, Romier, Moysset, Bouthillier, Berthelot, Benoist-Méchin, Charbin, Platon, Bergeret.

NON : Belin, Lehideux, Pucheu, Huntziger, Caziot.

Réponses non parvenues : Barthélemy, Huart, Carcopino.

[11 « oui », 4 « non », 2 abstentions : Lehideux, Pucheu]

5. Que dans la même hypothèse et la décision d'ouverture du procès n'étant pas prise immédiatement, le Maréchal prononce sur avis du Conseil de justice politique des condamnations provisoires ?

OUI : Benoist-Méchin, Moysset, Belin, Platon, Bergeret, Huntziger, Caziot.

NON : Bouthillier, Charbin, Berthelot.

Pas de réponse : Darlan, Lehideux, Romier, Pucheu.
[12 « oui », 3 « non »]

33. Télégramme 1197 d'Abetz, daté du 20 mars 1942. A.N., 3 W 207.

34. Christian J. Ehrengardt et Christopher Shores, *l'Aviation de Vichy au combat,* t. I, Paris, Lavauzelle, 1985, p. 13 et t. II, 1987, p. 136.

35. « Réponse téléphonique pour Monsieur de Brinon ». Note FMF/SECA sans numéro, 27 mars 1941, SHM, TTE 57.

36. D.F.C.A.A., t. IV, pp. 635-636.

37. D.F.C.A.A., t. V, p. 153.

38. Note 3782 FMF/SECA du 19 novembre 1941, SHM, TT 58. Voir aussi Patrick Facon et Françoise de Ruffay, « Aperçus sur la collaboration aéronautique franco-allemande 1940-1943 », *Revue d'histoire de la Deuxième Guerre mondiale,* octobre 1977.

39. Claude Huan, « La construction navale française », art. cit.

40. Note de l'Amiral de la flotte pour le CEM-FMF et directeur du cabinet, 13 décembre 1941, SHM, Papiers Auphan.

41. « Réponse à une note sur la réorganisation administrative du ministère de la Guerre », décembre 1941, SHM, Papiers Auphan.

42. Le colonel Fourcaud et l'amiral Muselier ont fait état de projets d'assassinat, sans donner de détails, *cf.* Raymond Tournoux, *op. cit.,* p. 348-349.

43. Robert Aron, *op. cit.,* p. 371.

44. Pierre Nicolle, *op. cit.,* t. I, p. 255.

45. *Cf.* Claude Lévy, *les Nouveaux Temps et l'idéologie de la collaboration,* Paris, Presses de la Fondation nationale des Sciences politiques, 1974.

46. Pierre Nicolle, *op. cit.,* p. 285.

47. Henry Lémery, *op. cit.,* p. 274.

48. *Cf. supra,* p. 158.

49. Henry Lémery, *op. cit.,* p. 275.

50. Joseph Barthélemy, *op. cit.,* p. 84 et 87.

51. Ainsi qu'en témoigne, entre autres, l'abondante diffusion du livre rédigé sur son ordre, *Vingt ans de politique navale.* À titre d'anecdote, on peut signaler que l'amiral Castex, ayant reçu un exemplaire, l'a rangé sans le lire (les pages ne sont pas découpées). Il n'imaginait que trop bien ce qu'il allait y trouver.

52. Note du 21 juillet 1941, citée *supra,* ch. XV, n. 28.

53. Henri Ballande, *op. cit.,* p. 127.

54. Circulaire n° 30, du secrétariat général à l'Information du 1er février 1942, A.N. 3 W 242.

55. Pierre Limagne, *op. cit.,* t. I, p. 472.

56. Télégramme de Ribbentrop à Abetz, 5 juillet 1941, DGFP vol. XII, n° 74, p. 88.

57. E. Jäckel, *op. cit.,* p. 267.

58. Pierre Limagne, *op. cit.,* t. I, p. 153.

59. Robert Aron, *op. cit.,* p. 374.

60. Note cité *supra,* n. 17.

61. Note manuscrite marquée « septembre 1941 », Papiers Darlan.

62. Note du Cabinet civil de Pétain en date du 18 septembre 1941, annotée par Darlan. A.N., AG II 604.
63. Réponse à la note SG 308 du chef de cabinet du secrétaire général du chef de l'État (Laure, qui était aussi inspecteur de la Légion), A.N., II AG 604.
64. « Conseil national de la Légion », 7 février 1942. Note manuscrite, Papiers Darlan.
65. Lettre de François Valentin à Pétain en date du 19 février 1942 et réponse de celui-ci en date du 25 février, A.N., II AG 604.
66. Robert Aron, *op. cit.*, p. 107. Le bruit court à Vichy que Darlan n'en a pas été averti. Jean Berthelot, *op. cit.*, p. 182.
67. Note citée *supra,* n. 17.
68. Note à propos d'une réunion du 25 août 1941 réunissant Dumoulin et Lavagne (cabinet de Pétain) et La Monneraye et Fontaine (cabinet de Darlan).
69. *J.O.*, octobre 1941, p. 4355.
70. Circulaire 4745 Int. 1 du 28 novembre 1941, SHM, 1 DD3 - 1086.
71. Papiers Sanson.
72. Il lui adressera une lettre pleine d'amertume.
73. Texte complet dans Robert Aron, *op. cit.*, p. 415. Une copie se trouve dans le dossier Barthélemy, A.N., 3 W 54.
74. Joseph Barthélemy, *op. cit.*
75. Pierre Nicolle mentionne cette rumeur à plusieurs reprises.
76. E. Jäckel, *op. cit.*, p. 269.
77. Henri Dumoulin de Labarthète, *op. cit.*, p. 355.
78. E. Jäckel, *op. cit.*, p. 283.
79. Note citée *supra,* n. 41.
80. *Documents maçonniques,* n° 2, Éditorial, p. 1.
81. Jean Berthelot, *op. cit.*, p. 197.
82. Joseph Barthélemy, *op. cit.*, p. 82.
83. Robert Paxton, *op. cit.*, p. 172.
84. Robert Paxton et Michael Marrus, *Vichy et les Juifs,* Paris, Calmann-Lévy, 1980, p. 192.
85. Robert Paxton et Michael Marrus, *op. cit.*, p. 160.
86. Robert Paxton et Michael Marrus, *op. cit.*, p. 111.
87. Jérôme Carcopino, *op. cit.*, p. 359.
88. Citée par Serge Klarsfeld, *Vichy-Auschwitz. Le rôle de Vichy dans la solution finale de la question juive en France en 1942,* Paris, Fayard, 1983, p. 49-50.
89. Lettre du 15 janvier 1942, A.N. II AG 536.
90. Robert Paxton et Michael Marrus, *op. cit.*, p. 200.

NOTES DU CHAPITRE XVII

1. Yves Bouthillier, *op. cit.*, t. III.
2. H. Dumoulin de Labarthète, *op. cit.*, p. 235.
3. « Réflexions sur la situation en janvier 1942 », Note de Bouthillier à Darlan, SHM, Papiers Auphan.

4. Lettre de Bouthillier au comte Schwerin von Krosigk, ministre des Finances du Reich, 29 janvier 1942. Yves Bouthillier, *op. cit.*, t. II, p. 509-513.

5. L'acceptation est notifiée aux Italiens le 22 décembre, la quantité de gas-oil étant toutefois limitée à 500 tonnes. Le 25 décembre, la France accepte, vu l'impossibilité de trouver des camions français pour le transport, l'envoi de camions italiens à raison de 150 par mois.

6. Lettre de l'amiral Duplat à Darlan, 30 décembre 1941, A.N., AJ 41/2213.

7. « Ce que nous suggèrent les Italiens me paraît être exactement ce que nous demanderont les Allemands, à moins qu'ils ne l'exigent », lettre citée *supra*, n. 6. Effectivement, les Allemands demandent des facilités équivalentes le 15 janvier. Ils se heurtent à un refus.

8. Lettre manuscrite à l'amiral Esteva, 2 janvier 1942, publiée en fac-similé dans Albert Kammerer, *op. cit.*, p. 356-358.

9. Les déclarations de Benoist-Méchin ont varié, et pas seulement dans le détail. Il y consacre tout un chapitre de son livre de souvenirs p. 351-369. Écrit avant son arrestation, ce livre est contredit par les réponses qu'il a données lors de l'instruction de son procès, où il avait évidemment intérêt à dire qu'il n'avait « jamais parlé d'une déclaration de guerre » et qu'il n'avait pas assisté au conseil au cours duquel la décision avait été prise.

10. Note de Benoist-Méchin à Darlan, 9 janvier 1942, A.N., 3 W 63. Reproduite avec de légères modifications dans *De la défaite au désastre*, p. 352.

11. « Toutes mes vues se trouvaient confirmées et même dépassées. Je n'avais donc pas eu tort de conduire les négociations comme je l'avais fait [...]. Je crus à ce moment que j'allais pouvoir tirer mon pays de l'abîme où l'avait plongé la défaite [...] », *De la défaite au désastre*, p. 355.

12. Robert Aron, *op. cit.*, pp. 739-747.

13. Robert Aron, *op. cit.*, p. 474.

14. Note de Benoist-Méchin à Darlan, 12 janvier 1942. A.N., 3 W 63.

15. Robert Aron, *op. cit.*, p. 746.

16. « Mémento à lire par l'amiral Duplat au général Vacca-Maggiolini », 10 janvier 1942, A.N., AJ 41213.

17. Télégramme d'Abetz à Ribbentrop n° 126, du 12 janvier 1942, A.N., 3 W 63.

18. Yves Bouthillier, *op. cit.*, t. II, p. 91.

19. Jean Berthelot, *op. cit.*, p. 220-221.

20. Cité par Arthur L. Funk, « Negotiating the Deal with Darlan », *Journal of Contemporary History*, 1973, n° 2, p. 88.

21. Cité dans Bernard Pujo, *Juin, maréchal de France*, Paris, Albin Michel, 1988, p. 99.

22. *Cf. supra*, p. 511-512.

23. Mémento cité *supra*, n. 16.

24. Publiées dans Alain Darlan, *op. cit.*, p. 121-125. La note du 13 février existe en deux versions, qui divergent par l'adjonction dans la

seconde d'un passage (qu'Alain Darlan n'a évidemment pas reproduit) à la suite du paragraphe sur les otages :

« *Le général von Stülpnagel reproche au gouvernement français de ne pas prendre de mesures de rigueur contre les Juifs :*

« *Or il y a actuellement en zone libre plus de 6000 Juifs répartis en 3 camps de travail.*

« *Le ministre de l'Intérieur étudie la possibilité d'interner dans des camps tous les Juifs arrivés en France depuis 1936 : l'impossibilité de construire rapidement des baraquements (manque de main-d'œuvre, manque de matériaux envoyés en majeure partie en Allemagne) retarde ces internements.*

« *Le 28 octobre 1941, une loi a été promulguée ordonnant la confiscation de tout appareil T.S.F. servant à écouter la radio étrangère.*

« *Cette loi vient appuyer l'ordonnance allemande du 13 août 1941 qui prescrit de saisir les postes radio des Juifs de la zone occupée et qu'il appartient à la police allemande d'exécuter.*

« *Si des dispositions particulières de contrôle demandées par les autorités occupantes n'ont pas été prises, c'est qu'elles eussent immanquablement abouti au résultat, non désiré, de faire passer les Juifs pour des martyrs aux yeux de la population.*

« *Je suis obligé de constater qu'après l'armistice, les autorités allemandes ont refoulé sur la zone libre 10000 Juifs provenant d'Allemagne, et que ceci n'a pas contribué à faciliter le problème général de l'installation des Juifs.* »

Version dactylographiée de la note du 13 janvier, Papiers Darlan.

25. Lettre de Darlan à l'amiral Duplat, 9 février 1942, A.N.

26. Lettre n° 27 SG/S à l'ambassadeur de Brinon. Cette extension du contrôle était motivée par le message du jour de l'an dans lequel Pétain avait parlé de sa « semi-liberté ». Redoutant les conséquences, Darlan avait tenté de s'opposer à sa diffusion.

27. Note 5824/41, du 17 janvier 1942 : l'Allemagne refuse la reconstitution de l'Armée du Levant ; Note 160 FMF/SECA, du 19 janvier 1942 : l'Allemagne n'accordera aucune contrepartie en échange de la location de deux remorqueurs. Message 1070 C/EM de la DFA, du 24 janvier 1942 : la libération des 6000 prisonniers africains est refusée. Note 1283 FA/S, du 15 janvier 1942 : l'Allemagne refuse tout renforcement de l'armée de l'air. Télégramme NR 31.865/FT, du 24 janvier : l'Allemagne refuse l'augmentation du corps des gardes de communications de 2000 à 2900 hommes.

28. Note de synthèse sur la semaine du 31 janvier au 7 février 1942, rédigée par Dumoulin de Labarthète, A.N. 3 W 61.

29. D.F.C.A.A., t. V.

30. Note 289 FMF/SECA du 5 février 1942, SHM, TTJ9.

31. Lettre 371 D.S.A., Cab du 3 mars 1942 à la D.F.C.A.A. A.N., AJ 41/43.

32. Note 950 FMF/SECA du 17 avril 1942. En février les livraisons sont accélérées : 25 tonnes tous les 8 jours, SHM, TTJ 10.

Une lettre de l'amiral Sud (Ollive) à Marzin (sous-chef d'état-major) en date du 4 avril 1942 fait le point sur divers incidents résultant du comportement italien. SHAT, Papiers Weygand.

33. Note 868 FMF/SECA, du 9 avril 1942. L'Amirauté répond que l'essence est devenue trop précieuse pour des patrouilles continues et que les mouvements britanniques sont rares ! SHM, TTJ 10.

34. Les notes FMF-SECA ne cessent de se plaindre des empiétements italiens. SHM, TTJ 10/11.

35. Amiral Michelier, *Journal de bord,* p. 454.

36. Capturés en 1940, environ 1500 marins étaient restés en France occupée pour assurer le fonctionnement des ports. Libres en fait, ils étaient officiellement considérés comme prisonniers. Note sur la situation des marins français des territoires occupés, rédigée par le commissaire Fatou, 14 janvier 1942, SHM, TTC 21.

37. Rapport de l'amiral Schultz, publié dans Raymond Tournoux, *op. cit.,* p. 350-353.

38. Rapport de la SKL, janvier 1942, cité par Michael Salewski, art. cit., p. 136.

39. Cette libération est terminée à la fin du 1er semestre 1942, sauf pour quelques malchanceux oubliés qui ne seront libérés qu'en 1943.

40. La démolition, commencée en mars 1941, est arrêtée en juillet, reprise en novembre, puis arrêtée de nouveau en février 42. Darlan n'aura obtenu qu'un répit, car les Allemands réquisitionnent l'appareil moteur le 23 juin 1942.

41. Procès-verbal allemand (le procès-verbal français n'a pas été retrouvé) dans Raymond Tournoux, *op. cit.,* p. 353-356.

42. Déclaration de Raeder à Abetz, télégramme d'Abetz 388, du 29 janvier 1942, cité par Michael Salewski, art. cit., p. 137.

43. Sauf l'accord de principe des Allemands pour la livraison de canons de 380 mm pour réparer la tourelle n° 2 du *Richelieu* avariée par l'explosion de l'un de ses propres projectiles lors de l'affaire de Dakar. Cette décision donnera lieu une fois de plus à d'interminables palabres, les deux pièces cédées par les Allemands étant usées et les Français demandant sept canons au total, pour pouvoir aussi achever le *Jean-Bart.* Note 758 FMF/SECA du 30 mars 1942. Finalement, les Allemands accorderont la construction des 7 canons demandés avec l'arrière-pensée de lancer de nouvelles exigences lors de la livraison. Note 1924 FMF/SECA, du 21 juillet 1942.

À noter aussi la demande allemande de renseignements sur la flotte britannique. Arguant de la faiblesse des services de renseignements français, l'Amirauté ne fournira que « des indications sur la situation de certaines bases anglaises (Gibraltar, Bathurst) et sur les forces navales britanniques vues des côtes françaises ou rencontrées par des bâtiments français, des informations diverses sur les pays où elle entretient des attachés navals, quelques informations économiques provenant de l'interception radio ». Note aux références illisibles, SHM, Papiers Auphan.

44. Henri Ballande, *op. cit.,* p. 124.

45. Arthur L. Funk, *art. cit.,* p. 187.

45bis. Alex Wassilieff, *Un pavillon sans tache,* Paris, Grasset, 1987, p. 225.

46. Robert E. Sherwood, *le Mémorial de Roosevelt d'après les papiers de Harry Hopkins,* II, *Roosevelt chef de guerre,* Paris, Plon, 1950, p. 23.

47. Conversation entre Mario Rossi et l'un des auteurs.

48. Cité par Pierre Ordioni, *le Secret de Darlan,* 1986, p. 109.

49. Robert Murphy, *Un diplomate parmi les guerriers,* Paris, Robert Laffont, 1965, p. 127.

50. Lettre à Claude Paillat, citée dans Claude Paillat, *l'Échiquier d'Alger,* I, *Avantage à Vichy,* Paris, Robert Laffont, 1967, p. 382-384.

51. Robert Murphy, *op. cit.,* p. 127, que l'on peut suivre sur ce terrain plus facilement que sur celui de la chronologie : il situe le premier contact avec Fenard le 8 mars, « peu après la disgrâce » de Darlan [sic], alors qu'il était en rapport avec Fenard depuis la fin 41.

52. Robert Aron, *op. cit.,* p. 478.

53. Albert Kammerer, *op. cit.,* p. 371.

54. Leahy Diary.

55. L'amiral Auphan parle d'une assurance écrite, mais aucun document n'a été retrouvé dans les archives américaines.

56. Une note de l'amiral Fenard, secrétaire général permanent en Afrique française, fait le point du ravitaillement fourni par les États-Unis en 1941. Pour les produits alimentaires, cela représente de 1 à 3 mois de consommation ; pour les produits pétroliers, de 5 à 6 mois. Au total 34 684 tonnes de produits divers et 43 602 tonnes de produits pétroliers ont été livrées en 1941. Les contingents accordés par les États-Unis étaient beaucoup plus importants : 441 000 tonnes de produits divers et 64 100 tonnes de carburants (programme suspendu de juin à octobre et repris ensuite sur la base de 30 000 tonnes par trimestre, mazout non compris), mais les moyens de transport étaient insuffisants. L'AFN dépend des États-Unis pour un grand nombre de produits y compris les ficelles pour la moisson et les allumettes (dont elle a acheté 14 999 380 boîtes). Note 77 SG P/3 du 7 février 1942. A.N., F 60/776.

57. Lettre de Leahy à Summer Welles, 4 mars 1942, National Archives, Papiers Leahy.

58. Reproche adressé par Alain Darlan à Murphy qui s'étonne que Leahy ne soit pas mis dans la confidence. Robert Murphy, *op. cit.,* p. 127.

59. Note manuscrite pour le contre-amiral Auphan, 1er mars 1942, SHM, Papiers Auphan. Cette mesure est motivée par une violente campagne de la presse américaine « contre la flotte française que l'on accuse d'être prête à se mettre aux ordres de l'Axe ».

60. Lettre manuscrite, Papiers Leahy, National Archives, Washington. Publication fautive dans Albert Kammerer, *op. cit.,* p. 373-374.

61. Jacques Benoist-Méchin, *op. cit.,* p. 381.

62. Note sur les « origines de la crise gouvernementale d'avril 1942 ». Alain Darlan, *op. cit.,* p. 130.

63. L'expression apparaît dans plusieurs notes, notamment celle rédigée par Darlan le 11 avril. Alain Darlan, *op. cit.,* p. 131.

64. H. du Moulin cite Barthélemy, Romier et l'amiral Platon « que le goût de l'intrigue commençait d'animer » H. Dumoulin de Labarthète, *op. cit.,* p. 415.

65. Note sans références, rédigée le 6 janvier 1942 (une première version manuscrite, quelque peu différente, a été rédigée la veille). Papiers Darlan.

66. Surnom parfois donné aux partisans de (François) Darlan.

67. René Gillouin, *J'étais l'ami du maréchal Pétain*, Paris, Plon, 1966, p. 147.

68. Jacques Benoist-Méchin, *op. cit.*, p. 415.

69. René Gillouin, *op. cit.*, p. 144.

70. Jacques Benoist-Méchin, *op. cit.*, p. 415.

71. Darlan a lui-même rédigé une note à ce sujet, qui mérite d'être reproduite :

« *Certains vieux amiraux critiquent l'amiral Darlan, en particulier Lacaze et Mornet.*

« *Lacaze n'a jamais aimé l'amiral Darlan. Pourquoi? Lacaze était jadis au plus mal avec le beau-frère de l'amiral, le contre-amiral Keraudren.*

« *Quand l'amiral Darlan était directeur de Cabinet, il a été amené à remettre plusieurs fois à sa place Lacaze qui avait la prétention de faire la pluie et le beau temps rue Royale.*

« *Lacaze qui était le seul amiral vivant ayant été ministre de la Marine ne doit pas voir d'un bon œil un plus jeune que lui ayant occupé des situations plus élevées.*

« *Enfin l'amiral Darlan a refusé de poser sa candidature à l'Académie de Marine dont Lacaze est un des plus beaux ornements.*

« *Mornet, quand il était lieutenant de vaisseau, avait sollicité et obtenu l'appui du père de l'amiral, alors garde des Sceaux. Cela se passait vers 1897. Il s'est souvenu de cet appui pour demander celui de l'amiral 40 ans plus tard, au titre de président du conseil d'administration des chantiers de Caen.*

« *L'amiral l'a envoyé promener sans grandes formalités en lui faisant remarquer 1. que les chantiers de Caen étaient une boîte malsaine; 2. qu'un service rendu par son père à Mornet ne le faisait pas débiteur de ce dernier, au contraire; 3. que c'était la 1re fois depuis que le " jeune " Darlan était dans la marine que Mornet lui portait un intérêt quelconque.*

« *Que des amiraux contemporains de Darlan soient jaloux de lui, c'est normal.* »

72. Henri Dumoulin de Labarthète, *op. cit.*, p. 413.

73. Jacques Benoist-Méchin, *op. cit.*, p. 390.

74. Yves Bouthillier, *op. cit.*, p.

75. Henri Dumoulin de Labarthète, *op. cit.*, p. 417.

76. Il établit des comptes rendus d'entretiens destinés au Maréchal. Darlan a eu connaissance du compte rendu de la conversation avec Benoist-Méchin et l'a annoté.

77. « Conversation avec M. Pucheu », 20 mars 1942, A.N., 3 W 287.

78. « Conversation avec M. Benoist-Méchin », 23 mars 1942, A.N., 3 W 287.

79. La chronologie est extrêmement floue. Dumoulin indique le 23 mars, Benoist-Méchin et Brinon le 26, Aron le 25.

80. Henri Dumoulin de Labarthète, *op. cit.*, p. 413-414.
81. Henri Dumoulin de Labarthète, *op. cit.*, p. 414.
82. Jacques Benoist-Méchin, *op. cit.*, p. 414-415.
83. Henri Dumoulin de Labarthète, *op. cit.*, p. 414.
84. Note rédigée à Alger par l'amiral Darlan. Alain Darlan, *op. cit.*, p. 92.
85. C'est par erreur que Jacques Benoist-Méchin affirme que Darlan est allé voir Laval de sa propre initiative.
86. Encore une fois, il peut y avoir un jour d'erreur, puisque cet entretien a eu lieu le lendemain de la rencontre de la forêt de Randan, pour laquelle la date du 27 mars nous semble la plus probable.
87. Note rédigée à Alger par l'amiral Darlan. Alain Darlan, *op. cit.*, p. 92.
88. Leahy Diary, 28 mars 1942, p. 39.
89. Alain Darlan, *op. cit.*, p. 92.
90. Cité par Pierre Limagne, *op. cit.*, t. I, p. 495.
91. Alain Darlan, *op. cit.*, p. 92.
92. Jacques Benoist-Méchin, *op. cit.*, p. 414.
93. Notes sténographiées de F. de Brinon, A.N., 3 W 61.
94. Pierre Limagne, *op. cit.*, p. 495.
95. Note manuscrite sans date, Papiers Darlan.
96. Liste dans Henri Dumoulin de Labarthète, *op. cit.*, p. 417.
97. Liste dans Jacques Benoist-Méchin, *op. cit.*, p. 416.
98. Jacques Benoist-Méchin, *op. cit.*, p. 416.
99. Jacques Benoist-Méchin, *op. cit.*, p. 414-415.
100. Robert Aron, *op. cit.*, p. 483.
101. Le 3 avril d'après Robert Aron, le 9 d'après Benoist-Méchin.
102. Robert Aron, *op. cit.*, p. 483.
103. Yves Bouthillier, *op. cit.*, t. III.
104. Texte de ce projet de réorganisation des structures gouvernementales dans Yves Bouthillier, *op. cit.*, t. III.
105. Texte des notes allemandes dans Jacques Benoist-Méchin, *op. cit.*, p. 418-421.
106. C'est ce que suggère Darlan d'après les notes de Brinon.
107. Benoist-Méchin le note avec raison : « Il parlait volontiers de donner sa démission, mais se ravisait toujours à la dernière minute », *op. cit.*, p. 402.
108. Projet de réorganisation des structures gouvernementales revu le 11 avril. A.N., 3 W 387.
109. Le bordereau d'envoi du lendemain à Laval parle de « la note que je vous ai remise de sa part [de Pétain] hier ».
110. Lettre rédigée le 11 avril (version manuscrite), corrigée et traduite en allemand le 13 (suppression du passage demandant des mesures favorables à la France de la part de l'Allemagne). SHM. Papiers Auphan.
111. Papiers Darlan. Alain Darlan a placé par erreur cette note à la date du 15 avril, ce que contredit formellement le récit de Bouthillier. Au contraire, le résumé que donne celui-ci de la note que Darlan a remise à Pétain le 11 au soir concorde exactement avec le texte de cette

note : « L'amiral disait en substance que le Maréchal paraissant hésiter sur la ligne de conduite à suivre, et l'Allemagne étant décidée, selon M. Laval, à mettre en œuvre une politique de représailles à l'égard de la France, il appartenait au Maréchal de trancher nettement la question en chargeant M. Laval de constituer un nouveau ministère. Lui, amiral Darlan, demanderait alors à être affecté à un poste exclusivement militaire et ne ferait point partie, par conséquent, de la combinaison. »

112. Lettre de Pétain à Darlan, 12 avril 1942, Alain Darlan, *op. cit.*, p. 294.

113. Notes sténographiées de F. de Brinon.

114. Yves Bouthillier, *op. cit.*, t. III.

115. Note dactylographiée sans références, A.N., 3 W 387.

116. Yves Bouthillier, *op. cit.*, t. III.

117. Télégramme d'Abetz, cité par Jacques Benoist-Méchin, *op. cit.*, p. 422.

118. Notes sténographiées de F. de Brinon.

119. Notes sténographiées de F. de Brinon.

120. Notes sténographiées de F. de Brinon.

121. C'est ce qu'indique une note de Darlan rédigée postérieurement : « Erreurs du gouvernement du Maréchal », Alain Darlan, *op. cit.*, p. 134.

122. Pierre Limagne, *op. cit.*, p. 507.

123. Yves Bouthillier, *op. cit.*, t. III.

124. Note du 15 avril. Papiers Darlan.

125. Décret n° 1 182 du 12 avril 1942 publié au *J.O.* du 16 avril. La lettre d'envoi au *J.O.* précise que le texte a été « rédigé par l'Amiral de la flotte lui-même », SHM, 42 CC3.

126. Notes sténographiées de F. de Brinon.

127. Pierre Limagne, *op. cit.*, p. 511.

Voici le texte de cette lettre de démission, A.N., II AG 536 :

« *Monsieur le Maréchal,*

« *Dans les circonstances que nous traversons, j'estime de mon devoir pour vous permettre de prendre les décisions que vous jugerez les meilleures pour l'intérêt national, de vous demander de bien vouloir accepter ma démission de ministre vice-président du Conseil, ministre de la Défense nationale, secrétaire d'État aux Affaires étrangères et à la Marine, secrétaire d'État p. i. à la Guerre.*

« *En vous remerciant respectueusement de la confiance dont vous voulez bien m'honorer, je vous demande, Monsieur le Maréchal, de daigner agréer, avec l'expression de mon entier dévouement, l'hommage de mon profond respect.* »

128. Pierre Nicolle reste une fois de plus un guide bien utile.

129. Pierre Limagne, *op. cit.*, p. 512.

130. Amiral Leahy, *J'étais là.*

NOTES DU CHAPITRE XVIII

1. Note manuscrite du 27 mai, Papiers Darlan. Reproduite par Alain Darlan, *op. cit.*, p. 130.
2. Jacques Benoist-Méchin, *op. cit.*, t. I, p. 425.
3. « Organisation du commandant en chef », note manuscrite du 20 avril 1942, Papiers Fontaine.
4. *Id.*
5. Déposition du général Jannekeyn au procès Bergeret. A.N. 3 W 50.
6. Henri Ballande, *op. cit.*, p. 148.
7. Henri Ballande, *op. cit.*, p. 148-149.
8. Joseph Barthélemy, *op. cit.*, p. 88.
9. Note manuscrite, sans références. Papiers Darlan.
10. Mémento de l'Amiral de la flotte, 7 mai 1942, SHM, 1 BB2 223.
11. Instruction pour l'organisation de la défense du territoire contre les débarquements, 9 juillet 1942, SHM, TTE 107.
12. Dans un canevas manuscrit, Darlan envisage une organisation duelle : une force aéroterrestre et une force aéromaritime. Dans son mémento destiné à circuler dans les états-majors, il se garde d'exprimer aussi brutalement sa pensée.
13. Jacques Benoist-Méchin, *op. cit.*, t. II, p. 20. Ironie du sort, il avait, sans succès, essayé d'obtenir la libération de Giraud pour le nommer à la place de Noguès.
14. Henri Ballande, *op. cit.*, p. 107. Le général Schlesser commandera la 5e D.B. en 1945.
15. Discours manuscrit adressé à des cadres de l'armée d'Afrique. SHM, Papiers Auphan.
16. Henri Ballande, *op. cit.*, p. 159-160.
17. Henri Ballande, *op. cit.*, p. 155-157.
18. Note sur le Plan d'équipement national, 3 octobre 1942, SHM, 1 BB2 223.
19. Directive n° 1 : « Emploi des forces militaires », 2 mai 1942, SHAT, 1 P 35.
20. Lettre de Juin à Darlan, 14 mai 1942, Papiers Juin.
21. Le télégramme a été retrouvé dans les archives allemandes.
22. Compte rendu de mission de l'amiral Nomura versé au procès Auphan, A.N. 3 W 43. Darlan et Auphan proposent d'échanger les concessions françaises en Chine contre la reconnaissance de la souveraineté de la France en Indochine.
23. Cité dans Pierre Limagne, *op. cit.*, t. I, p. 533.
24. Projet de message à Haussaire Antilles, sans date. Papiers Jouanin.
25. Darlan refuse que les pièces soient transportées à Toulon comme le demandaient les Allemands, et se contente de leur donner la liste des pièces rapatriées à Casablanca.
26. Henri Ballande, *op. cit.*, p. 147.
27. Télégramme n° 2924 du 10 juillet 1942. Rapport Abetz, p. 130-131.

28. Télégramme de Turck 1099 du 28 juillet 1942.
29. Note manuscrite sans date, Papiers Darlan.
30. Amiral Michelier, *op. cit.*, p. 401.
31. Amiral Jacques Moreau, *les Derniers Jours de l'amiral Darlan*, Paris, Pygmalion, 1985, p. 79.
32. « Éléments d'une note au sujet de la situation internationale », 11 septembre 1942, SHM, TTDD 26.
33. Les notes à ce sujet sont nombreuses, par exemple « Aggravation du contrôle italien de la marine », note 1031 FMF/SECA du 29 avril 1942; « Retrait des autorisations de trafic données le 6 septembre 1940 », note 2095 FMF/SECA du 8 août 1942, SHM, TTJ 12.
34. Télégramme 7715/DDSA/FE du 17 mai 1942, SHM, TTJ 11.
35. Note 1250 FMF/SECA du 22 mai 1942, SHM TTJ 11.
36. Témoignage du général Barrau au procès Boisson, A.N., 3 W 72.
37. Comptes rendus du Conseil des Ministres, A.N., 3 W 281.
38. Cette décision a souvent été imputée à l'amiral Darlan, mais un télégramme d'Abetz indique clairement que c'est Laval qui a donné l'accord de principe. D'ailleurs, après son éviction, Darlan a réduit les contacts avec les Allemands au minimum. Mais il est exact qu'il a été associé de près à l'organisation de l'opération. Le 13 juillet, il en a discuté avec Bousquet, secrétaire général de la Police, le 18, avec Laval lui-même. Les contacts avec les Allemands ont été assurés par le général Delmotte, proche de Laval, auquel Darlan a voué une vive hostilité. Il semble qu'après juillet l'affaire ait échappé au contrôle de Darlan qui, d'après Dupré, se serait montré surpris de l'accord donné par Delmotte le 1er octobre à l'installation de postes de goniométrie en zone libre. Mais faut-il croire Dupré, qui répondait à un interrogatoire judiciaire? Peut-être a-t-il atténué le rôle de Darlan (et donc le sien), mais il est hors de doute que l'initiative a appartenu à Laval et à Delmotte.
39. *Journal* du général Bridoux. A.N. 3 W 16, et interrogatoire du contre-amiral Dupré A.N., 3 W 164.
40. Henri Ballande, *op. cit.*, p. 265.
41. Lettre manuscrite de Darlan à Pétain au sujet d'une réclamation du général Bergeret. Papiers Bergeret.
42. Les lettres échangées durant cette crise se trouvent aux A.N., II AG 591.
43. Lettre reproduite intégralement dans amiral Docteur, *op. cit.*, pp. 231-238.
44. Claude Paillat, *L'Échiquier d'Alger*, t. I, pp. 383-384.
45. Claude Paillat, *op. cit.*, p. 384-385.
46. « Les pertes [alliées] sont insuffisantes pour " affamer " l'Angleterre; mais elles la gênent certainement beaucoup et l'empêchent de distraire le tonnage nécessaire à l'exécution d'une grande expédition outre-mer », Conversation du 2 juin 1942, SHM Papiers Auphan.
47. Compte rendu par Alain Darlan de ses contacts avec R. Murphy. Claude Paillat, *op. cit.*, p. 383.
48. Note 186 Cab. O (Auphan) du 24 juillet 1942, SHM, 1 BB2 223.
49. Copie de la lettre d'Auphan à l'amiral de Laborde 23 juillet 1942, SHM, Papiers Auphan.

50. *Cf. supra,* p. 156. Darlan se contente d'écrire à de Laborde.
51. Note 221 Cab. O (Auphan) du 13 août 1942, SHM, 1 BB2 223.
52. L'Amirauté établit un plan secret de transport de renforts pour l'Afrique du Nord. Déclaration de Juin au procès Auphan., A.N., 3 W 50.
53. Télégramme 974 FMF 3 du 3 octobre 1942. SHM, TTE 91. La réponse [non retrouvée] de COMAR Oran est envoyée le 27 octobre.
54. Témoignage du commandant Jouanin.
55. Télégramme du 4 septembre 1942, A.N., AJ 41 1911.
56. Henri Ballande, *op. cit.,* p. 161.
57. *Souvenirs* inédits du général Chrétien.
58. Arthur L. Funk, « Negotiating the Deal with Darlan », *Journal of Contemporary History,* 1973, n° 2, p. 92.
59. Compte rendu par le commandant Dorange de son entrevue avec Murphy, reproduit dans Claude Paillat, *op. cit.,* p. 389.
60. Rapport du médecin-chef Le Chuitton présenté sous forme de communication à l'Académie de Médecine. Papiers Fenard.
61. Pierre Limagne, *op. cit.,* t. I, p. 859.
62. Témoignage de l'amiral Cussac.
63. Henri Ballande, *op. cit.,* p. 167.
64. Amiral Michelier, *op. cit.,* p. 472.
65. Henri Ballande, *op. cit.,* p. 168.
66. Et non le 26 comme l'écrit Paillat qui reprend la note de Dorange.
67. Note du commandant Dorange sur les événements de 1942 en Afrique du Nord. Archives privées.
68. E. Krautkramer, *Frankreichs Kriegswende 1942,* Berne, P. Lang, 1989, p. 134. D'après le compte rendu cité par Krautkramer, c'est Darlan lui-même qui a suggéré au sultan d'inviter Pétain.
68 bis. NA. RG 59, 740 000 EW 1939, 24894.
69. A.D.A.P. t. IV, n° 127.
70. Note 1068 FMF 3 du 7 novembre 1942, SHM, TTE 91.
71. Note 1067 FMF 3 du 7 novembre 1942, SHM, TTE 91.
72. Témoignage du commandant Jouanin.
73. Amiral Jacques Moreau, *op. cit.*
74. Pierre Limagne, *op. cit.,* t. II, p. 87.
75. Joseph Barthélemy, *op. cit.,* p. 89.
76. Alain Darlan, *op. cit.,* p. 186.
77. *Id.*
78. *Id.*
79. Henri Ballande, *op. cit.,* p. 169.
80. Henri Ballande, *op. cit.,* p. 169-170.
81. Henri Ballande, *op. cit.,* p. 170.
82. Alain Darlan, *op. cit.,* p. 297.
83. Amiral Auphan, *l'Honneur de servir,* p. 375.
84. Jean-Baptiste Duroselle, *op. cit.,* p. 379.
85. Jacques Raphaël-Leygues et François Flohic, *op. cit.,* p. 962.
86. Rapport cité du médecin-chef Le Chuitton.
87. *Ibid.*

88. *Journal* du général Rivet.
89. Lettre manuscrite à un correspondant non identifié, 16 décembre 1942. A.N. Papiers Bidault.

NOTES DU CHAPITRE XIX

1. Il existe d'innombrables études sur l'opération *Torch*. Le guide le plus sûr est George F. Howe, *Northwest Africa-Seizing the Initiative in the West,* Washington, Office of the Chief of Military History, 1957.
2. Paul Paillole, *Services secrets,* Paris, Laffont, 1975, p. 411.
3. Pierre Limagne, *op. cit.,* t. II, p. 885.
4. BundesArchiv M.A., Fribourg.
5. Télégramme de Murphy en date du 16 octobre, cité par George F. Howe, *op. cit.,* p. 80.
6. Texte en français dans général Giraud, *Un seul but, la victoire. Alger 1942-1944,* Paris, Julliard, 1949, et en anglais dans FRUS 1942 vol. II, p. 413-422.
7. Robert Murphy, *op. cit.,* p. 141-142. Mais c'est peut-être Murphy lui-même qui a trompé ses correspondants.
8. *The Papers of David D. Eisenhower,* Baltimore, John Hopkins Press, 1970, vol. II.
9. Robert Murphy, *op. cit.,* p. 134.
10. Amiral Moreau, *op. cit.,* p. 74.
11. Témoignage de Mme Bergeret.
12. Télégramme 50744, du 7 novembre 1942 à 9 h 37 « Réservé absolu », SHM, BB9 433. Il faut rappeler que les messages « Marine » sont datés en heure GMT, tandis que Vichy est à GMT + 2 (l'heure allemande) et Alger à GMT + 1. Ainsi un message envoyé à 7 h GMT est reçu à Vichy à 9 h et à Alger à 8 h. Dans le texte, toutes les heures sont, sauf indication contraire, des heures locales Alger. Dans les notes, les heures sont celles portées sur les messages.
13. Témoignage de Mme Bergeret.
14. Témoignage du colonel Allemand, qui ajoute que Darlan ne le croit qu'à moitié.
15. Amiral Moreau, *op. cit.,* p. 59.
16. Amiral Moreau, *op. cit.,* p. 59.
17. Amiral Moreau, *op. cit.,* p. 63.
18. Amiral Moreau, *op. cit.,* p. 65.
19. Fenard affirme dans ses notes que Darlan prend contact avec Michelier, mais ce dernier n'indique rien dans ses Souvenirs, notant au contraire que la journée du 7 fut tout à fait « paisible ». Peut-être Darlan a-t-il contacté Noguès.
20. Sur la journée du 8, on dispose de multiples récits, notamment ceux de Murphy, Pendar, Moreau, Chrétien, Dorange, Juin, sans oublier Darlan lui-même et de multiples études qui se contredisent souvent, notamment à propos des heures (les acteurs ont noté leurs souvenirs plusieurs mois, voire plusieurs années après). Les développements qui suivent font la synthèse de ces différentes sources d'archives

sans relever les contradictions sur les points secondaires, notamment les heures.

21. Si l'on suit les récits de Chrétien et Murphy, Juin a été complètement surpris et a accompagné Murphy chez Darlan sans envoyer de message. Mais le journal du PC Opérations révèle que Juin a été informé à 0 h 50 par un message de Revers qu'une attaque massive pouvait se produire dans la matinée contre le Maroc et la Tunisie. Il en a informé l'amiral Moreau à 2 h 05 (heure locale), SHAT, 1 B 17.

22. *Souvenirs* du général Chrétien.

23. Robert Murphy, *Un diplomate parmi les guerriers,* p. 144.

24. Kenneth Pendar, *Alger 1942,* Paris, La Table ronde, 1967, p. 119.

25. *Souvenirs* du général Chrétien.

26. Robert Murphy, *op. cit.*, p. 145.

27. Publié à plusieurs reprises, par exemple dans amiral Moreau, *op. cit.*, p. 101.

28. Kenneth Pendar, *op. cit.*, p. 121. Après guerre, Fenard, converti au gaullisme, a nié avoir prononcé cette phrase. Mais on ne voit pas pourquoi Pendar l'aurait inventée.

29. Kenneth Pendar, *op. cit.*, p. 122. Après guerre, les chefs du mouvement insurrectionnel ont affirmé que Darlan envoyait dans ces messages un ordre de combattre les Américains, En réalité, il ne s'agissait pas d'ordres aux troupes, mais de comptes rendus adressés à Vichy. La mise au point de l'amiral Moreau, *op. cit.*, p. 88-89, est définitive.

30. Robert Murphy, *op. cit.*, p. 146.

31. En fait Mendigal n'a pas été fait prisonnier et dort paisiblement dans sa villa, mais on ne peut le prévenir car son téléphone a été coupé.

32. Récit des combats dans C. F. Caroff, *les Débarquements alliés en A.F.N. Novembre 1942,* Service historique de la Marine, 1960. Pour « respecter » l'engagement pris envers Giraud de ne pas inclure d'unités britanniques dans l'opération, les deux corvettes battent pavillon américain.

33. Kenneth Pendar, *op. cit.*, p. 121.

34. Amiral Moreau, *op. cit.*, p. 86.

35. Témoignage du C. F. Robert.

36. Commandant Dorange, « Note relative aux événements du 8 novembre 1942 », archives privées, p. 16.

37. Robert Murphy, *op. cit.*, p. 147.

38. Amiral Moreau, *op. cit.*, p. 101.

39. Expédiés sous les n°s 6711 (note 27) et 6710 (note 38).

40. Message 10870 d'A.F., 7 h 20, cité dans C.F. Caroff, *op. cit.*, p. 255.

41. Commandant Dorange, note citée, p. 20.

42. Télégramme n° 6714 cité par Albert Kammerer, *Du débarquement africain au meurtre de Darlan,* Paris, Flammarion, 1949, p. 273.

43. Message 2111 de DFA à DSA, à 0 h 25, SHM, TT 001.

44. Télégramme 58534 d'A.F., 5 h, C. F. Caroff, *op. cit.*, p. 79 et p. 269. Moreau a précisé à Kammerer qu'il l'avait lu à Darlan. Dans son livre, il ne fournit plus ce détail et indique ne plus se souvenir de l'heure à laquelle ce message a été reçu.

45. Télégramme 50753 de PM4, 8 h, cité par C. F. Caroff, *op. cit.*, p. 75.
46. Télégramme 10876 d'A.F., 11 h 39 cité par amiral Moreau, *op. cit.*, p. 105.
47. Albert Kammerer, *op. cit.*, p. 264.
48. Amiral Moreau, *op. cit.*, p. 105.
49. Télégramme allemand 403/42 Kdos, 15 h, cité par Marcel Spivak et Armand Leoni, *les Forces françaises dans la lutte contre l'Axe en Afrique*, Service historique de l'armée de terre, 1985, p. 77.
50. Publié à de multiples reprises ; par exemple C. F. Caroff, *op. cit.*, p. 79.
51. Albert Kammerer, *op. cit.*, p. 269.
52. Note manuscrite de Darlan, citée par Jacques Raphaël-Leygues et François Flohic, *op. cit.*, p. 172.
53. Amiral Moreau, *op. cit.*, p. 103.
54. Télégrammes 50757-50758, PM4, 11 h 40, « Réservé absolu » d'A. F. C. F. Caroff, *op. cit.*, p. 80.
55. Amiral Moreau, *op. cit.*, p. 103.
56. Télégramme, 10880 d'A.F., 11 h 55, « Réservé absolu », C. F. Caroff, *op. cit.*, p. 77.
57. Télégrammes 2116 à 2119, 16 h 35, « Réservé absolu », SHM, TT003.
58. Télégrammes 2116 à 2119, 16 h 35, « Réservé absolu », SHM, TT003.
59. Rapport du C. V. Murgue du 14 novembre 1942. SHM, Papiers Auphan.
60. Amiral Moreau, *op. cit.*, p. 150.
61. Journal du C. F. Robert.
62. Télégramme 6718, 16 h 30 (Vichy) « Relevé des Télégrammes échangés avec l'amiral Darlan les 8, 9 et 10 novembre 1942 », SHM, Papiers Auphan.
63. Amiral Moreau, *op. cit.*, p. 150.
64. Télégrammes 53057 de COMAR Alger, 17 h 01, Caroff, *op. cit.*, p. 80.
65. Albert Kammerer, *op. cit.*, p. 275.
66. Robert Murphy, *op. cit.*, p. 149. Kenneth Pendar, *op. cit.*, p.131.
67. Procès-verbal publié par l'amiral Moreau, *op. cit.*, p. 160-162 qui est un peu plus complet que celui conservé dans les archives Battet et publié par Jacques Raphaël-Leygues et François Flohic, *op. cit.*, p. 178-180.
68. Robert Murphy, *op. cit.*, p. 148.
69. Télégramme 53064 de COMAR Alger 22 h 18 « Relevé... SHM, papiers Auphan et C. F. Caroff, *op. cit.*, p. 80.
70. Télégramme 53067 cité dans Albert Kammerer, *op. cit.*, p. 309-310.
70 bis. Note manuscrite citée n° 52. Jacques Raphaël-Leygues et François Flohic, *op. cit.*, p. 173.
71. Giraud avait demandé un sous-marin américain, mais aucun

n'était disponible. On prit donc un sous-marin britannique dont on confia fictivement le commandement à un Américain. Giraud ne s'aperçut de rien.

72. Eisenhower publie un communiqué très optimiste après le départ de Giraud pour l'A.F.N. *Cf.* William Langer, *le Jeu américain à Vichy*, Paris, Plon, 1948, p. 367.

73. Robert Murphy, *op. cit.*, p. 152.

74. Télégramme 124 EM-CEC de 18 h 33 (h.l. Vichy).

75. Le procès-verbal (officieux) de ces délibérations est publié dans Albert Kammerer, *op. cit.*, p. 363 pour la citation présente.

76. Rapport du commandant Veyssier, commandant le 1/36, SHAA D2 313.

77. Télégramme 53062 de COMAR Alger, 22 h 50, le 8/11, C. F. Caroff, *op. cit.*, p. 76.

78. Télégramme sans n° d'Alger, 6 h 30, le 9/11. C. F. Caroff, *op. cit.*, p. 257, Darlan le confirme dans l'après-midi.

79. Télégramme 53 064 de COMAR Alger, 22 h 18, C. F. Caroff, *op. cit.*, p. 80.

80. Télégramme 58 567 d'A. F., 8 h 19, C. F. Caroff, *op. cit.*, p. 80.

81. Télégramme 53 074 de COMAR Alger, 10 h 49, C. F. Caroff, *op. cit.*, p. 81.

82. Télégramme 50764 à 50768 intégralement publié par Marcel Spivak et Armand Leoni, *op. cit.*, p. 81 et C. F. Caroff, *op. cit.*, p. 81.

83. Albert Kammerer, *op. cit.*, p. 371.

84. E. Krautkramer, *op. cit.*, p. 256.

85. Télégramme 50 770, 15 h 20, Relevé Auphan.

86. Amiral Moreau, *op. cit.*, p. 163-165.

87. Amiral Moreau, *op. cit.*, p. 166.

88. Télégrammes 50 775 à 50 779, C. F. Caroff, *op. cit.*, p. 91.

89. Télégramme personnel, sans numéro, de 12 h 34 GMT, cité par Albert Kammerer, *op. cit.*, p. 376.

90. Télégramme 58 606 de 22 h 30, SHM, TT003.

91. D'après Dorange, qui constitue ici la seule source, cet entretien se limite à un simple échange de vues générales.

92. Note du commandant Dorange.

93. Cité par Albert Kammerer, *op. cit.*, p. 389.

94. Cité par Robert Murphy, *op. cit.*, p. 153.

95. Cité par Robert Murphy, *op. cit.*, p. 151.

96. Amiral Moreau, *op. cit.*, pp. 168-171.

97. *Record of Events from the Date that Lt Gen. Mark W. Clark Entered into Negotiations with Admiral François Darlan until Darlan was assassinated on Christmas Eve 1942* (rapport rédigé sinon par Clark lui-même, du moins par un officier de son état-major tout de suite après les événements), Papiers Clark, The Citadel (Military College of South Carolina), Charleston.

98. Amiral Moreau, *op. cit.*, p. 171-172.

99. Lettre confiée au commandant Dorange, chargé de communiquer les accords à Noguès. Archives privées.

100. *Record of Events.*

101. *Record of Events.*
102. Amiral Moreau, *op. cit.*, p. 173.
103. Amiral Moreau, *op. cit.*, p. 183.
104. *Record of Events.*
105. Amiral Michelier, *Souvenirs,* p. 518.
106. Les Télégrammes de Chatel se trouvent aux A.N., II AG 617.
107. Télégramme 2140 PM4 à Amirauté française 10 h 14, répété à 11 h 25 n° 2141 cité par Marcel Spivak et Armand Leoni, *op. cit.*, p. 85.
108. *Souvenirs* de l'amiral Esteva.
109. Télégramme 10965, 15 h 35 (Vichy) C. F. Caroff, *op. cit.*, p. 84.
110. Télégramme 50785 de PM 4, 15 h 35, cité par Marcel Spivak et Armand Leoni, *op. cit.*, p. 86 et C. F. Caroff, *op. cit.*, p. 84.
111. Amiral Moreau, *op. cit.*, p. 175.
112. *Record of Events.* Une autre version affirme que Darlan aurait répondu : « Je m'en fous. »
113. Télégramme sans numéro, Alain Darlan, *op. cit.*, p. 205 donne 15 h 30, heure qui lui a été dite de mémoire.
114. Diverses destructions ont eu lieu lorsqu'il a fallu évacuer l'hôtel Saint-Georges réquisitionné par les Américains.
115. Archives privées.
116. Message 6763 de PM 4, 16 h 55, SHM, TT003.
117. Télégramme 50787 de P 4 17 h 20, SHM, TT003.
118. Télégramme 50788 de PM 4 19 h.
119. Télégramme 53077 de PM 4 13 h 20, C. F. Caroff, *op. cit.*, p. 71.
120. Message 6762 PM 4 de 13 h 20 envoyé par le chef d'état-major de Moreau.
121. Welvert obéit aux ordres de Chatel qui n'a pas encore repris contact avec Darlan.
122. Amiral Moreau, *op. cit.*, p. 177.
123. *Record of Events.*
124. *Ibid.*
125. *Ibid.*
126. Amiral Michelier, *Souvenirs,* pp. 518-519.
127. Télégramme 23 du 11 novembre à 5 h 25 A.N. II AG 617.
128. Télégramme 58649 d'A.F., 8 h, cité par Alain Darlan, *op. cit.*, p. 205 et C. F. Caroff, *op. cit.*, p. 85.
129. Lettre manuscrite de Juin à Noguès, 11 novembre 1942. Archives privées.
130. Note à M. le général Clark, 11 novembre 1942. Papiers Fenard.
131. Note commentant la précédente. Papiers Fenard.
132. *Record of Events.*
133. Télégramme 58652, 9 h 50, réservé de réservé 1521 reçu à 11 h 20 (heure locale). En raison de son contenu, il n'a pas été enregistré dans les registres de départ, pas même en blanc.
134. Message 58652 reçu à Alger à 10 h 20. SHM, TT003.
135. Le problème de la flotte sera étudié en détail au chapitre suivant.
136. Amiral Moreau, *op. cit.*, p. 192.
137. Amiral Moreau, *op. cit.*, p. 193.
138. Amiral Moreau, *op. cit.*, p. 193.

139. *Record of Events.*
140. On attend la traduction française du *Patton* de Martin Blumenson.
141. Amiral Moreau, *op. cit.*, p. 205.
142. Lettre de Noguès à Pétain, 12 novembre, 10 h 30. Archives privées.
143. *Souvenirs* du général Chrétien.
144. *Record of Events.*
145. Télégramme 50 803 de 1 h 20 cité par Albert Kammerer, *op. cit.*, p. 476.
146. *Souvenirs* du général Chrétien.
147. Télégrammes 58 031 à 58 044 n° 138 CMC de Noguès à Pétain, SHM, TT 003.
148. Amiral Moreau, *op. cit.*, p. 200.
149. *Record of Events.*
150. Télégrammes cités n. 147.
151. Télégramme sans numéro de 14 h, cité par l'amiral Moreau, *op. cit.*, p. 201.
152. Amiral Moreau, *op. cit.*, p. 201.
153. Jean-Baptiste Duroselle, *op. cit.* p. 388.
154. *Cf. supra,* p. 318-319.
155. Amiral Moreau, *op. cit.* p. 206 et C. F. Caroff, *op. cit.,*, p. 88.
156. Amiral Moreau, *op. cit.*, p. 207 et C. F. Caroff, *op. cit.,*, p. 88.
157. Jacques Raphaël-Leygues et François Flohic, *op. cit.,* p. 181.
158. Note sur la journée du 8 novembre citée par Alain Darlan, *op. cit.*, p. 190.
159. Amiral Moreau, *op. cit.*, p. 128.
160. Lettre au général Noguès du 12 novembre. Archives privées, citée par Bernard Pujo, *Juin, maréchal de France,* Paris, Albin Michel, 1988, p. 126.
161. Amiral Moreau, *op. cit.*, p. 84.
162. Commandant Dorange, note citée p. 19.
163. Commandant Dorange, note citée p. 17.
164. Commandant Dorange, note citée p. 31.
165. *Record of Events.*

NOTES DU CHAPITRE XX

1. Jean Doise et Maurice Vaïsse, *Diplomatie et outil militaire,* Paris, Imprimerie nationale, 1987.
2. Michelier raconte dans ses *Souvenirs* qu'il dut beaucoup insister pour obtenir la nomination de Lemonnier à la Marine marchande, car Darlan ne voulait pas s'en séparer, tant il en avait besoin auprès de lui. Et Hourcade raconte « la consternation » du cabinet à la lecture de la liste des promotions confectionnée en toute hâte.
3. Amiral Moreau, *op. cit.*, p. 213.
4. Message 58735.6 du 14 novembre, cité par Armand Leoni et Marcel Spivak, *op. cit.*, p. 99.

5. Henri Amouroux, *les Passions et les Haines,* Paris, Robert Laffont, 1987, p. 512-522.

6. SHM, TTT 24/122.

7. *Souvenirs* de l'amiral Michelier. Darlan ajoute sur le message transmis par Michelier : « et Lemonnier à titre temporaire ».

8. Lettre du C. V. Hourcade à Alain Darlan. Papiers Darlan.

9. Albert Kammerer, *op. cit.*, p. 505.

10. Ce texte a été publié à de multiples reprises, par exemple dans amiral Moreau, *op. cit.*, p. 219.

11. Manuscrit de la décision du 14 novembre. Papiers Fenard.

12. *Record of Events.*

13. Amiral Moreau, *op. cit.*, p. 218.

14. C. F. Dupin de Saint-Cyr, *Fragments,* Périgueux, Pierre Fanlac, 1982, p. 181.

15. Plusieurs versions de cette proclamation ont circulé, avec de légères différences de présentation. Celle qui est publiée ici est celle conservée dans les papiers Fenard. Texte pratiquement identique dans C. V. Caroff, *op. cit.*, p. 305. Dupin de Saint-Cyr dans ses *Fragments* affirme que c'est lui qui a suggéré à Battet l'idée de la fidélité au serment. Mais si Battet a peut-être rédigé un avant-projet, Darlan a revu et réécrit le texte. Les nombreuses annotations et corrections sur le manuscrit (conservé dans les papiers Fenard) montrent que cette mise au point a été particulièrement laborieuse.

16. *Record of Events.*

17. C. F. Dupin de Saint-Cyr, *op. cit.*, p. 183.

18. C. F. Dupin de Saint-Cyr, *op. cit.*, p. 184.

19. *Journal* du général Clark.

20. Chamine, *op. cit.*, p. 168.

21. *Ibid.*

22. *Souvenirs* du général Jean Chrétien.

23. Michel Garder, *op. cit.*, p. 353-354.

24. *Souvenirs* de l'amiral Michelier.

25. *Record of Events.*

26. Amiral Moreau, *op. cit.*, p. 202.

27. *Cf.* C. V. Caroff, *op. cit.*, p. 249 *sqq.*

28. *Souvenirs* de l'amiral Esteva.

29. C. V. Caroff, *op. cit.*, p. 264.

30. *Souvenirs* de l'amiral Esteva.

31. C. V. Caroff, *op. cit.*, p. 265.

32. C. V. Caroff, *op. cit.*, p. 267.

33. *Souvenirs* de l'amiral Esteva.

34. C. V. Caroff, *op. cit.*, p. 270-271.

35. Papiers Darlan et Jacques Raphaël-Leygues et François Flohic, *op. cit.*, p. 256.

36. Le V.A.E. Rivet avait été « dégagé des cadres » tout de suite après l'armistice et il en gardait rancune à Darlan. Il déclara au contrôleur Vinel qu'il ne servirait plus sous ses ordres. Rapport du contrôleur Vinel.

37. Papiers Darlan et Jacques Raphaël-Leygues et François Flohic, *op. cit.*, p. 265.

38. Note du général Barré sur les événements de Tunisie.

39. *Ibid.*

40. Message n° 50791 du 11 novembre à 10 h 15, C. V. Caroff, *op. cit.*, p. 263.

41. L'amiral Derrien est mort le 21 mai 1946 après avoir été détenu à la Maison-Carrée, avec les droits communs, dans des conditions indignes. Durant l'occupation allemande, il faisait parvenir aux Alliés des informations sur les mouvements de l'Axe.

42. *Journal de marche* du général Bergeret.

43. *Ibid.*

44. Récit plus détaillé dans C. V. Caroff, *op. cit.*, pp. 299-303.

45. Lettre de Darlan au gouverneur général Boisson, 18 novembre 1942.

46. C. V. Caroff, *op. cit.*, p. 301.

47. Lettre de Darlan au général Clark. Papiers Fenard.

48. Lettre d'Eisenhower à Boisson, 6 décembre 1942.

49. Chamine, *op. cit.*, p. 279-280.

50. Déclaration sur le ralliement de l'A.O.F., signée par Eisenhower, Darlan et Boisson, 7 décembre 1942.

51. *Record of Events.*

52. Message 50003, du 30 novembre 1942, publié par Jacques Raphaël-Leygues et François Flohic, *op. cit.*, p. 260.

53. Jean-Baptiste Duroselle, *op. cit.*, pp. 410-411.

54. *Record of Events.*

55. On peut même en douter au vu des lignes assez sibyllines, mais tout de même suggestives, qu'il donne dans *la France aux Antilles,* pp. 218-219, et qui reproduisent sa réponse à un questionnaire de l'Associated Press en mai 1943.

56. Réponse à un questionnaire de l'Associated Press. Papiers Darlan et Jacques Raphaël-Leygues et François Flohic, *op. cit.*, p. 203.

57. D'après Henri Noguères, *Le suicide de la flotte française,* Paris, Laffont, 1961.

58. *Record of Events.*

59. Publié à diverses reprises, notamment dans amiral Moreau, *op. cit.*, p. 203. Kammerer place par erreur ce télégramme le 10.

60. Voir les commentaires de l'amiral Moreau, *op. cit.*, pp. 203-204.

61. Message 50010 des FHM du 12 novembre. André Caroff, *op. cit.*, p. 85.

62. André Caroff, *op. cit.*, p. 85.

63. Message sans numéro par clef personnelle. SHM. Papiers Auphan.

64. Message 50799 de PMIV de 18 h 40 le 12 novembre, TT 003.

65. Message 50807 de PMIV de 14 h 10 le 13 novembre, TT 003.

66. Note de l'amiral de Laborde sur *Les vingt derniers jours de la Flotte* d'Albert Vulliez. Papiers Vulliez.

67. Déclaration de l'amiral Marquis à son procès, A.N., 3 W 199.

68. BAMA Freiburg. Journal de la SKL du 18 novembre 1941.

69. Albert Kammerer, *la Passion de la Flotte française.*
70. L'ordre aurait dû être transmis par l'intermédiaire de l'Amirauté.
71. Henri Ballande, *op. cit.*, p. 180-181.
72. *Record of Events.*
73. *Ibid.*
74. Lettre de l'amiral Auphan au grand amiral Raeder, 11 novembre 1942. SHM, Papiers Auphan.
75. Lettre du grand amiral Raeder à l'amiral Auphan, 12 novembre 1942. SHM, Papiers Auphan.
76. Message 58680, du 13 novembre à 10 h. SHM, TT 03.
77. Message 50810, du 13 novembre à 20 h 32. (Références incertaines.) *Souvenirs* du commandant Jouanin.
78. *Record of Events.*
79. Témoignage du capitaine de frégate Archambaud au procès Auphan, A.N. 3 W 50.
80. *Souvenirs* de l'amiral Le Luc.
81. Déclaration de l'amiral de Laborde à son procès, A.N. 3 W 199.
82. « Ordre spécial » de Hitler au chef des U. Boote en Méditerranée le 24 novembre 1942. BA-MA Freiburg. Journal du B.S.W. du 24 novembre 1942, p. 4762.
83. Procès de l'amiral de Laborde, A.N., 3 W 199.
84. Les éléments des 7e et 10e *Panzerdivizionen* engagés représentent 16000 hommes (et 120 chars), le détachement de la *Das Reich* 1268 hommes exactement.
85. *Souvenirs* de l'amiral Le Luc.
86. *Souvenirs* de l'amiral Le Luc.
87. Amiral Moreau, *op. cit.*, p. 236.
88. *Id.*
89. SHM, TT T13 51.
90. SHM, TT T18 5.
91. Note manuscrite sur le sabordage sans titre et sans date. Papiers Darlan.
92. « Histoire intérieure de Vichy », texte manuscrit cité *supra.*
93. Amiral Moreau, *op. cit.*, p. 237.
94. L'amiral Pound lui-même reconnaît publiquement que les marins français ont été fidèles à la parole donnée.
95. Lettre manuscrite du 23 novembre 1952, reçue par Godfroy le 30. Papiers Darlan et vice-amiral Godfroy, *l'Aventure de la Force X à Alexandrie,* p. 366.
96. Vice-amiral Godfroy, *op. cit.*, p. 367.
97. Barthes avait été son chef d'état-major.
98. Lettre manuscrite du 2 décembre, reçue par Godfroy le 5. Papiers Darlan et vice-amiral Godfroy, *op. cit.*, p. 375.
99. Vice-amiral Godfroy, *op. cit.*, p. 377. L'appel au ralliement survenait juste au moment de la déclaration de Roosevelt sur « l'expédient provisoire », ce qui ne pouvait qu'accentuer la réticence déjà exacerbée de Godfroy.
100. Papiers Darlan.
101. Amiral Moreau, *op. cit.*, p. 264.

102. Juridiquement, une ordonnance est un acte pris dans le domaine de la loi par le pouvoir exécutif agissant par délégation du pouvoir législatif.

103. Il est possible que ce numéro ait été réservé à une ordonnance qui n'a finalement pas été signée.

104. Jusqu'au 24 décembre, on compte 55 ordonnances numérotées. Mais il y a peut-être eu des ordonnances sans numéro. Et pour tout embrouiller, le *J.O.* du haut-commissariat a publié des ordonnances qui ont été antidatées. Ainsi, les 3 premières ordonnances que l'on trouve dans la série (incomplète) conservée aux A.N. F 41 801-828 n'ont aucun rapport avec celles publiées au *J.O.* avec la date du 16 novembre. Voici la liste de ces ordonnances telle qu'elle a pu être reconstituée. La mention *J.O.* indique une publication au *Journal officiel du haut-commissariat* dans les 2 premiers numéros (1er et 2 janvier 1943). La mention « texte manquant » indique que l'ordonnance en cause n'est connue que par référence :

N°	*date*	*objet*
1	14/11	habilitant le gouverneur général de l'Algérie à prendre toutes les mesures nécessaires
2	17/11	crée le Service d'information (un rectificatif du 22/11 le place sous l'autorité de Rigault nommé secrétaire aux Affaires politiques)
3	17/11	*J.O.* portant création de l'Office d'information « France-Afrique »
4	17/11	sur les attributions du secrétaire général économique (Fenard)
5	18/11	(secrète) sur les attributions du Service des contrôles techniques
6	18/11	rattachant la Délégation marocaine à l'Amiral de la flotte
7	18/11	texte manquant, remplacée par l'ordonnance n° 17
8	18/11	*J.O.* concernant les services et corps de contrôle des Finances
9	19/11	*J.O.* concernant les opérations de la Caisse des dépôts et consignations en Afrique française
10	20/11	*J.O.* au sujet de l'internement des ressortissants ennemis.
11	20/11	interdisant de communiquer avec la métropole
12	21/11	*J.O.* fixant les attributions de l'Office de la marine marchande en Afrique
13	21/11	*J.O.* concernant le régime des ports de commerce
14	21/11	texte manquant, remplacée par une ordonnance non identifiée.

15	22/11	fixant les orientations pour l'établissement du budget
16	22/11	*J.O.* relative au timbrage des bons du Trésor et effets publics
17	23/11	*J.O.* accordant une avance de 100 millions de francs au haut-commissariat
18		?
19	24/11	nominations : Bergeret (haut-commissaire adjoint) et Cabinet du haut-commissaire
20	24/11	texte manquant, non diffusée, organisant une Commission de liaison avec les autorités américaines, remplacée par l'ordonnance n° 40
21	24/11	donnant délégation de pouvoir au Résident général au Maroc
22	27/11	*J.O.* concernant l'exploitation de la compagnie Air France
23	27/11	*J.O.* fixant les attributions du général commandant les forces aériennes en Afrique du Nord
24	28/11	*J.O.* instituant un fonds spécial pour l'Office de la Marine marchande pour l'Afrique
25	28/11	*J.O.* accordant une dotation de 40 millions de francs à l'Office de la Marine marchande
26	29/11	*J.O.* relative à l'instruction des recours en grâce
27	29/11	*J.O.* supprimant les recours en grâce pour crime d'intelligence avec l'ennemi
28	30/11	*J.O.* relative à l'émission et au remboursement des bons du Trésor
29	02/12	*J.O.* relative à l'organisation France-Afrique
30	02/12	(secrète) relative à l'empêchement du haut-commissaire.
31	04/12	*J.O.* fixant le chiffre maximum des émissions de la Banque d'Algérie (à 15 milliards de Frs)
32	04/12	texte manquant, remplacée par l'ordonnance n° 42
33		?
34		texte manquant, remplacée par l'ordonnance n° 41
35	06/12	habilitant le gouverneur général de l'AOF à prendre toutes les mesures nécessaires
36	06/12	*J.O.* reconnaissant le caractère d'opération de guerre à l'ensemble des opérations effectuées en Afrique du Nord
37	06/12	*J.O.* relative au commandement et au statut de la gendarmerie en Afrique française

38	07/12	*J.O.* fixant les pouvoirs du haut-commissaire et l'organisation des services, remplace les ordonnances n° 1, 4 et 21
39	07/12	*J.O.* portant création d'un Conseil impérial
40	08/12	*J.O.* instituant une Commission de liaison avec les autorités américaines
41	10/12	*J.O.* portant création d'une vice-chancellerie de la Légion d'honneur en Afrique française
42	16/12	*J.O.* fixant le statut des ordonnateurs primaires
43	17/12	*J.O.* fixant le statut financier de l'Afrique française
44	18/12	*J.O.* instituant une chambre de cassation d'Afrique française
45	18/12	*J.O.* instituant une Commission des grâces
46	19/12	*J.O.* concernant le mode de règlement des dépenses effectuées par les armées de terre, de mer et de l'air
47	19/12	*J.O.* accordant le bénéfice d'avances remboursables aux titulaires de traitements et pensions précédemment servis par le Trésor métropolitain
48	19/12	*J.O.* portant organisation du Service géographique militaire en Afrique
49	20/12	*J.O.* instituant une délégation provisoire pour les entreprises privées de leurs dirigeants
50	20/12	*J.O.* fixant le taux des allocations aux familles de militaires français
51	20/12	*J.O.* interdisant tout rapport direct ou par personne interposée entre Français et ennemis ou territoires occupés par l'ennemi
52	22/12	*J.O.* fixant le taux des allocations aux familles de militaires indigènes
53	23/12	*J.O.* instituant un Comité consultatif de législation
54	23/12	*J.O.* portant nomination d'un professeur à l'université d'Alger
55	24/12	*J.O.* relative à la solde et aux indemnités des militaires indigènes nord-africains

105. La contradiction entre la « troisième » ordonnance datée du 16 novembre dans le *J.O.* et l'ordonnance n° 4 du 17 novembre est frappante : le 16, Darlan est supposé instituer un délégué général à l'Économie, le lendemain, il institue un secrétaire général économique qui a des attributions concurrentes sinon identiques et l'ordonnance n° 4 ne fait aucune référence au délégué général censé avoir été institué la veille. D'autre part, il faut noter que le poste de secrétaire général

économique disparaîtra quand le délégué général sera effectivement nommé au début de décembre : Fenard deviendra alors secrétaire général de la Fédération impériale. Enfin, cette absence de numéro pour des ordonnances aussi importantes est plus que curieuse, alors que toutes les autres ordonnances publiées au *J.O.* correspondent à des ordonnances numérotées.

106. La collection (incomplète) des ordonnances d'Alger est conservée aux A.N., F 41 801-828.

107. Les *Souvenirs* du général Chrétien sont confirmés par la déposition de Bonnier de la Chapelle avant son exécution. *Cf.* Albert Voituriez, *op. cit.*, p. 156.

108. Lettre de Lemaigre-Dubreuil à Darlan, accompagnée d'un projet de Comité impérial, 27 novembre 1942. Papiers Darlan. Le gouverneur général Chatel se faisait protéger par des chars.

109. *Souvenirs* du général Chrétien.

110. Au motif que les décisions relatives à la mobilisation ou aux Chantiers de jeunesse ne pouvaient être prises que par le haut-commissaire. Darlan donne raison à Noguès sur la procédure, mais entérine les décisions prises par Giraud. Brouillon de lettre de Darlan à Giraud. Papiers Darlan.

111. Manuscrit de la déclaration de Darlan devant la Conférence impériale. Papiers Darlan. Ce manuscrit est conforme dans ses grandes lignes au résumé du procès-verbal de la conférence établi par Battet et conservé dans les papiers Fenard. Chamine, *op. cit.*, p. 548-550, a publié des extraits de la même déclaration sur la politique à poursuivre. Il n'indique pas sa source et nous n'avons retrouvé ce passage dans aucun document d'archives. Il ne figure notamment pas dans le texte de Darlan ni dans le procès-verbal.

112. Procès-verbal de la conférence. Papiers Fenard.

113. Le texte de Darlan et le procès-verbal coïncident ici exactement, au point qu'on peut penser que le deuxième a simplement repris le premier.

114. Procès-verbal de la conférence. Les paragraphes sur les Juifs et les sociétés secrètes, les partis, la Légion et les Chantiers sont ceux du procès-verbal.

115. *Cf. infra*, p. 715.

116. Procès-verbal de la conférence.

117. Brouillon de lettre au général Noguès, 4 décembre 1942. Papiers Darlan.

118. La Chambre des députés n'avait pas délibéré sur la déclaration de guerre, mais seulement voté les crédits pour faire face à la situation internationale.

119. Habituellement, les ordonnances s'en tiennent à la troisième personne : « L'amiral de la Flotte haut-commissaire... ordonne. »

120. Hourcade et Battet ne s'entendent pas et à la fin de décembre, le premier doit quitter le haut-commissariat pour prendre le commandement du *Malin*.

121. *Journal de marche* de Bergeret.

122. Décision n° 46 M du 28 novembre 1942. Papiers Fenard.

123. Projet manuscrit de circulaire aux résidents et gouverneurs généraux.

124. Note manuscrite de l'amiral Darlan. Papiers Darlan.

125. Note manuscrite préparée pour la Conférence impériale. Papiers Darlan.

126. Lettre confidentielle de l'amiral Darlan aux gouverneurs et résidents généraux, 5 décembre 1942, dans Chamine, *op. cit.*, pp. 552-553.

127. « Conférence musulmane », note dactylographiée, reprenant un brouillon manuscrit. Papiers Darlan, sans date.

128. Chamine, *op. cit.*, p. 383.

129. *Journal de marche* du général Bergeret.

130. Cité par Renée Pierre-Gosset, *Expédients provisoires,* Paris, Fasquelle, p. 174-175.

131. Robert Murphy, *op. cit.*, p. 155.

132. Message du 14 novembre 1942 aux Combined Chiefs of Staff, *The Eisenhower Papers,* Baltimore, John Hopkins Press, 1970, p. 707-710.

133. Message 1155Z, du 15 novembre 1942, Warren Kimball, *op. cit.*, t. II, p. 4.

134. Projet de message de Roosevelt à Churchill non envoyé, 16 novembre 1942, Warren Kimball, *op. cit.*, t. II, p. 5.

135. Eisenhower en informe Clark, en lui recommandant d'entourer ses contacts avec Darlan de la plus grande discrétion. *Record of events.*

136. Message 1503Z du 17 novembre 1942, Warren Kimball, *op. cit.*, t. II, p. 7.

137. Crusoë (pseudonyme de Lemaigre-Dubreuil) *Vicissitudes d'une victoire,* 1945, pp. 136-137, texte original dans Warren Kimball, *op. cit.*, avec les corrections de Roosevelt, t. II, p. 8-9.

138. Message 1351Z, du 18 novembre 1942, Warren Kimball, *op. cit.*, t. II, p. 18.

139. Brouillon manuscrit de lettre au général Clark. Papiers Darlan.

140. Annotations manuscrites en tête du brouillon cité à la note précédente avec l'indication « conversation avec Clark et Murphy ».

141. *Record of events.*

142. Texte dans Chamine, *op. cit.*, pp. 550-551. Cette décision est suivie d'un ordre complémentaire, concernant les officiers, du 10 décembre. Texte dans Chamine, *op. cit.*, p. 551. Dans les faits, les officiers généraux concernés ne retrouvent pas leur commandement : Mast est chargé de la liaison avec les forces américaines, Béthouart est expédié à Gibraltar puis aux États-Unis.

143. *Record of events.*

144. *Ibid.* Eisenhower écrit à Washington que « la venue de de Gaulle et de ses partisans serait de la dynamite ».

145. Cette lettre a été plusieurs fois publiée, en dernier lieu dans Jacques Raphaël-Leygues et François Flohic, *op. cit.*, p. 201-202.

146. Texte français dans Chamine, *op. cit.*, p. 556-561 ; texte anglais (qui fait autorité) dans le *Record of events.*

147. *Record of events.*

148. Message 946, du 20 novembre, aux Combined Chiefs of Staff, *The Eisenhower Papers,* p. 741.

149. Crusoë, *op. cit.,* p. 63-64.

150. Message 94 du 20 novembre aux Combined Chiefs of Staff, *The Eisenhower Papers,* p. 740.

151. *Cf. supra,* p. 669. D'après le Journal de Leahy, Roosevelt a d'abord une réaction de refus : il ne veut pas approuver cet accord trop favorable aux Français. Mais l'intérêt stratégique de Dakar est tel qu'il s'incline très vite.

152. Chamine, *op. cit.,* p. 365.

153. *Record of events.*

154. Message sans numéro, du 19 novembre 1942. Warren Kimball, *op. cit.,* t. II, p. 22.

155. Message sans numéro, du 18 novembre 1942. Warren Kimball, *op. cit.,* t. II, p. 18.

156. Message TOR 2210, du 18 novembre 1942. Warren Kimball, *op. cit.,* t. II, p. 19.

157. Message cité *supra* à la note 154.

158. Message sans numéro, du 9 décembre 1942. Warren Kimball, *op. cit.,* t. II, p. 68.

159. Message 1647Z, du 22 novembre 1942. Warren Kimball, *op. cit.,* t. II, p. 29.

160. Message 1910Z, du 9 décembre 1942. Warren Kimball, *op. cit.,* t. II, p. 69.

161. Message sans numéro, du 19 décembre 1942. Warren Kimball, *op. cit.,* t. II, p. 84.

162. Leahy Diary.

163. *Cf.* André Kaspi, *Roosevelt,* Paris, Fayard, 1988, pp. 522-523.

164. Amiral Leahy, *J'étais là.*

165. Cette lettre a été intégralement publiée à plusieurs reprises, dans Crusoë, Alain Darlan, Jacques Raphaël-Leygues et François Flohic...

166. Lettre également très connue. L'original manuscrit est dans le Journal de Leahy. Dernière publication dans Jacques Raphaël-Leygues et François Flohic, *op. cit.,* p. 209-211.

167. Lettre également publiée à plusieurs reprises. Le billet de Churchill, dactylographié, porte la date du 5 décembre. Une réponse aussi prompte (la lettre est datée du 4) semble impossible : il n'y a pas de liaison officielle directe entre Alger et Londres et Darlan remet sa lettre à Clark qui la transmet à Eisenhower, lequel l'adresse à Churchill avec un mot d'accompagnement le 22.

168. Il n'écrira jamais à Darlan, alors qu'il écrit à Noguès. Anthony Verrier cite une lettre du 8 décembre à Marshall dans laquelle il écrit que Darlan pourrait bien une nouvelle fois virer de bord. Mais il ne cite pas sa source et la lettre du 8 décembre à Marshall publiée dans *The Eisenhower Papers* ne dit rien de tel.

169. Message du 20 novembre de Smuts à Churchill : « Il ne peut y avoir de doute que Darlan et ses amis ont brûlé leurs vaisseaux et font de leur mieux pour combattre l'Axe. » Copie adressée par Churchill à Roosevelt, Warren Kimball, *op. cit.,* t. II, p. 28.

170. Renée Pierre-Gosset, *op. cit.*, p. 210-213.

171. Anthony Verrier, « Les services secrets britanniques ont-ils assassiné l'amiral Darlan ? », *L'Histoire,* avril 1989.

172. Leahy, *Diary*. Cette circulaire est publiée dans Chamine, *op. cit.*, pp. 553-555.

173. Darlan lui a adressé une lettre personnelle. Mais Pucheu, qui passera peu après en Espagne, déclare que Pietri manquait totalement de volonté.

174. L'original manuscrit se trouve dans le *Leahy Diary*.

175. Note manuscrite (du genre brouillon, ce qui est exceptionnel) pour Fenard « Questions à envisager avec M. Murphy ». Papiers Fenard.

176. Réponse au questionnaire de l'Associated Press.

177. *Journal Officiel* du haut-commissariat n° 1. Darlan l'a d'ailleurs reconnu au moins une fois de son vivant dans la circulaire adressée le 5 décembre aux postes diplomatiques : « Aujourd'hui, la souveraineté nationale ne subsiste plus qu'en Afrique, où j'en assume les devoirs et les prérogatives avec les services du haut-commissariat qui constituent mon gouvernement », Chamine, *op. cit.*, p. 555. Mais Louis Joxe, qui travaillait avec Rigault, affirme que, « approuvé par Bergeret, ce texte ne reçut pas l'aval de Darlan ». Louis Joxe, *Victoires sur la nuit,* Paris, Flammarion, 1980, p. 63.

178. Projet de constitution publié dans Jacques Raphaël-Leygues et François Flohic, *op. cit.*, p. 220-222.

179. Il aurait même proposé à Murphy de lui signer une lettre de démission non datée.

180. Tous les articles, toutes les lettres qu'il rédige en décembre répètent cette idée.

181. « Question à étudier en accord avec M. Murphy », Note manuscrite du 22 décembre 1942. Papiers Fenard.

182. Note sans date (fin décembre) et sans titre, publiée dans Jacques Raphaël-Leygues et François Flohic, *op. cit.*, p. 236.

183. Robert Murphy, *op. cit.*, p. 160.

184. L'une au moins de ces lettres est adressée à un correspondant en métropole.

185. *Cf.* André Kaspi, *la Mission de Jean Monnet à Alger,* Paris, Imprimerie nationale, 1973.

186. « Position des généraux Revers, Olry, Verneau », rapport BCRA du 25 décembre 1942, A.N., FIA 3729.

187. Lettre du C.V. Hourcade à Alain Darlan. Papiers Darlan.

188. Amiral Moreau, *op. cit.*, p. 275.

189. Lettre de Hourcade à Alain Darlan, citée *supra.*

190. C'est aux ides de Mars que s'est produit l'assassinat de César.

191. Mark Clark, *op. cit.*, p. 115.

NOTES DU CHAPITRE XXI

1. Message 2409392 du 24 décembre 1942, Washington, National Record Center, AFHQ AG336/36.

2. Lettre d'Hourcade à Alain Darlan. Papiers Darlan.
3. Heure indiquée sur le constat de décès. Papiers Darlan.
4. Témoignage du docteur Prévost.
5. Témoignages du docteur Prévost et du fils de l'amiral Leclerc.
6. Télégramme 04132 du 26 décembre 1942. Franklin D. Roosevelt Library.
7. Chamine, *op. cit.*, p. 440.
8. C'est ce que déclare le général Bergeret au juge Voituriez. Albert Voituriez, *L'affaire Darlan. L'instruction judiciaire,* Lattès, 1980, p. 88-89.
9. Chamine, *op. cit.*, p. 525.
10. Ils ont peut-être laissé des documents ou des souvenirs, mais leurs héritiers n'ont jamais rien publié.
11. Peter Tompkins, *Le meurtre de l'amiral Darlan. Le secret des deux conspirations,* Albin Michel, 1966. L'édition anglaise a été publiée l'année précédente.
12. Claude Paillat, *Dossiers secrets d'Alger,* Robert Laffont, 1967.
13. Pierre Ordioni, *Tout commence à Alger 1940-1944,* Albatros, 1972.
14. Mario Faivre, *Nous avons tué Darlan,* La Table Ronde, 1975.
15. Georges Poisson, *Cette curieuse famille d'Orléans,* Perrin, 1976.
16. Alain Decaux reprend et prolonge son récit dans une série de trois articles publiés dans *Historama,* septembre, octobre et novembre 1979.
17. Albert Voituriez, *op. cit.*
18. Albert Voituriez, *op. cit.*, p. 276.
19. Pierre Boutang, « Ni l'intention ni l'ordre d'un meurtre chez le comte de Paris », *Le Monde,* 20 février 1980.
20. Cité par François Broche, préface à Albert Voituriez, *op. cit.*, p. 12-13.
21. Gaston Palewski, « L'absurdité de l'accusation portée contre de Gaulle », *Le Monde,* 20 février 1980.
22. De la même manière, mais avec une intention inverse, Jacques Isorni établit un parallèle entre l'assassinat de Darlan et l'affaire du Bazooka.
23. Maurice Duverger, *Le Monde.*
24. Gaston Palewski, art. cit.
25. *L'Aurore,* 7 novembre 1972.
26. Jean-Baptiste Duroselle, *op. cit.*, p. 400.
27. Philippe Ragueneau, « La vérité sur la mort de Darlan », *Historama,* janvier 1986.
28. Anthony Verrier, « Les services secrets anglais ont-ils assassiné l'amiral Darlan ? » *L'Histoire,* avril 1989, n° 120.
29. Anthony Cave Brown, *The Secret Servant. The Life of Sir Stewart Menzies, Churchill's Spymaster,* Londres, Michael Joseph, 1988, pp. 451-453.
30. Anthony Verrier, art. cit.
31. Catalogue des archives AFHQ. Les liasses fermées à la consultation portent les références 0100/21/827-829 et 0100/11A/16-20.

32. On attend la parution d'un livre de David Alan Rosenberg, qui en a donné un abrégé dans « The Origins of Overkill. Nuclear Weapons and American Strategy » *International Security*, printemps 1983.
33. Chamine, *op. cit.*, p. 496.
34. Jean-Baptiste Duroselle, *op. cit.*, p. 570 n. qq.
35. *Cf. infra.*
36. Philippe Ragueneau, art. cit., p. 26.
37. Anthony Cave Brown, *op. cit.*, p. 453 ; Anthony Verrier, art. cit.
38. *Journal* inédit du général Rivet.
39. Gabriel Esquer, *8 novembre 1942. Jour premier de la libération*, Tunis, Charlot, 1946, p. 101.
40. Série d'entretiens réalisés par Henri Michel à la fin des années 40, A.N. 72 AJ 210-211.
41. *Le Monde*, 1er février 1980.
42. *Le Monde*, 20 février 1980.
43. Henri, comte de Paris, *Mémoires d'exil et de combat*, Atelier Marcel Jullian, 1979, p. 000.
44. « Opinion des Anglais. Résumé de mes conversations avec des personnalités anglaises entre le 7 et le 15 avril 1941 », 16 avril 1941. Archives privées.
45. Raymond Tournoux, *op. cit.*, p. 401.
46. *Journal* de l'amiral d'Harcourt.
47. *Ibid.*
48. Raymond Tournoux, *op. cit.*, p. 401-402.
49. *Journal* du Proton, document non publié. Archives privées.
50. *Journal* du Proton.
51. Le rapport d'Auer a été publié dans *Le Figaro Magazine*, 28 mai 1982, traduit des A.D.A.P., n° 258, 19/2/42.
52. *Journal* du Proton.
53. *Journal* du Proton. Déclaration identique à Ménétrel qui a laissé un compte rendu. A.N. II AG 616.
54. *Id.*
55. *Id.*
56. *Id.*
57. « Si vous réussissez à ce poste, dans les circonstances présentes, alors la restauration de la monarchie deviendrait possible. »
58. *Journal* du Proton.
59. Déclaration de l'abbé Cordier, *L'Aurore*, 7 novembre 1982.
60. Témoignage de Jean Rigault, cité par Alain Decaux, art. cit., octobre 1979, p. 50.
61. Alain Decaux, art. cit., p. 51.
62. *Journal* du Proton.
63. *Id.*
64. *Id.*
65. *Id.*
66. Alain Decaux, art. cit., p. 57.
67. Général de Gaulle, *Lettres, notes et carnets, Juillet 41-mai 43*, Paris, Plon, 1982, p. 429.

68. Général de Gaulle, *op. cit.*, p. 426.
69. *Ibid.*
70. Général de Gaulle, *op. cit.*, p. 431.
71. Henri-Christian Giraud, *De Gaulle et les communistes,* Albin Michel, 1988, p. 176.
72. Général de Gaulle, *op. cit.*, p. 434.
73. Général de Gaulle, *op. cit.*, p. 436.
74. Général de Gaulle, *op. cit.*, p. 438.
75. Général de Gaulle, *op. cit.*, p. 453.
76. De Gaulle s'en inquiète le 1er décembre : « J'ai l'impression qu'une certaine équipe franco-américaine s'efforce d'empêcher ou de saboter d'avance la rencontre prévue entre le président Roosevelt et moi-même. C'est la même bande qui a jusqu'à présent réussi à empêcher toute entrevue », Général de Gaulle, *op. cit.*, p. 453.
77. François Kersaudy, *De Gaulle et Churchill,* Plon, 1980, p. 195.
78. Henri-Christian Giraud, *op. cit.*, p. 281.
79. Protocole publié et commenté dans Henri-Christian Giraud, *op. cit.*, p. 288-296.
80. Henri-Christian Giraud, *op. cit.*, p. 294.
81. *Id.*
82. Télégramme 13878 b/ Diplo. du 12 décembre 1942.
83. Témoignage du général Billotte, cité dans Gaston Palewski, art. cit.
84. « Philip arriva de Washington le 9 décembre. Son entrevue avec Roosevelt avait provoqué chez lui un véritable traumatisme moral ». Jacques Soustelle, *Envers et contre tout,* II *D'Alger à Paris,* Laffont 1950, p. 61.
85. Général de Gaulle, *op. cit.*, p. 455.
86 Télégramme au numéro illisible du 15 décembre 1942.
87. Général de Gaulle, *op. cit.*, p. 454.
88. Journal de marche du général Bergeret.
89. Général Catroux, *La Bataille de Méditerranée,* Julliard 1949, p. 124.
90. Télégramme Delfrance Le Caire n° 318 du 15 décembre 1942. MAE, CNF 130, p. 261.
91. Note manuscrite du 12 décembre, Papiers Darlan.
92. Note manuscrite du 8 décembre.
93. Note manuscrite citée *supra* n. 88.
94. Général de Gaulle, *op. cit.*, p. 455.
95. Général de Gaulle, *op. cit.*, p. 462-463.
96. *Journal de marche* du général Bergeret.
97. *Souvenirs* du général Jean Chrétien.
98. Note manuscrite du 21 décembre. Papiers Darlan.
99. *Id.*
100. Alain de Sérigny, *Échos d'Alger, 1940-1945,* Presses de la Cité, 1972, p. 148.
101. Note du 21 décembre, citée *supra,* n. 98.
102. Charles de Gaulle, *Mémoires de guerre.*
103. Elmar Krautkramer, « Admiral Darlan, de Gaulle und das

royalistische Komplott in Algier 1942 : Politische Implikationen der Kriegswende in Französich NordAfrika », *Vierteljahreshefte fur Zeitgeschichte,* 1984, p. 575.

104. *Souvenirs* de l'amiral Marzin.

105. Rapport du consul américain à Alger, 2 septembre 1944, copie dans le *Leahy Diary*.

106. Charles de Gaulle, *op. cit.*, p. 437.

107. Journal de Cadogan, cité par Anthony Cave Brown, *op. cit.*, p. 449.

108. *Souvenirs* du général Chrétien.

109. François Kersaudy, *op. cit.*, p. 196-197.

110. François Kersaudy, *op. cit.*, p. 175-178.

111. François Kersaudy, *op. cit.*, p. 184.

112. François Kersaudy, *op. cit.*, p. 186.

113. François Kersaudy, *op. cit.*, p. 189.

114. Cité par François Kersaudy, *op. cit.*, p. 192.

115. *Id.*

116. François Kersaudy, *op. cit.*, p. 194.

117. Anthony Verrier, art. cit.

118. Anthony Cave Brown, *op. cit.*, p. 450.

119. P.R.O. PREM 3/442/20 A.

120. Cité par Anthony Cave Brown, *op. cit.*, p. 449.

121. Major général Rygor Slowikowski, *In the Secret Service. The Lighting of the Torch,* Londres, The Windrush Press, 1988.

122. D'après un rapport publié par Anthony Cave Brown dans son livre, on sait qu'il y avait du moins quatre réseaux pour la seule Tunisie.

123. Lettre du capitaine L'Hostis aux auteurs.

124. *Journal* du colonel Rivet.

125. Anthony Cave Brown, *op. cit.*, p. 452. Le livre de Winterbotham a été publié en français : *Ultra,* Laffont, 1976. Le récit du déjeuner se trouve p. 99 de l'édition britannique et 119 de l'édition française. Son récit est contredit par le témoignage du colonel Paillole.

126. *Cf.* Jeanne-Henriette Louis, *L'engrenage de la violence. La guerre psychologique aux États-Unis pendant la Seconde Guerre mondiale,* Payot, 1987.

127. Anthony Cave Brown, *op. cit.*, p. 451.

128. Témoignage du docteur Prévost.

129. Anthony Cave Brown, *op. cit.*, p. 441.

130. Anthony Cave Brown, *op. cit.*, p. 441.

131. Gabriel Esquer, *op. cit.*, p. 98.

132. Gabriel Esquer, *op. cit.*, p. 101.

133. Gabriel Esquer, *op. cit.*, p. 99.

134. *Journal* du Proton.

135. Message 413, du 12 décembre du gouverneur MacFarlane à Eisenhower, Dwight Eisenhower Library.

136. *Journal* du Proton.

137. Lettre du général Slowikowski aux auteurs.

138. Pour son malheur, car il sera limogé après l'arrivée du général de Gaulle.

139. Murphy avait pris contact avec Flandin en 1941 et celui-ci était revenu en Afrique du Nord le 5 novembre 1942.
140. Télégramme cité *supra,* n. 1.
141. Chamine, *op. cit.,* p. 515 ; Mario Faivre, *op. cit.,* p. 126 ; Albert Voituriez, *op. cit.,* p. 126 ; *Souvenirs* du comte de Bérard.
142. Pierre Ordioni, *Tout commence à Alger, op. cit.,* p. 495.
143. *Souvenirs* du comte de Bérard.
144. Alain Decaux, art. cit., 2e partie, p. 60.
145. *Souvenirs* du comte de Bérard.
146. Alain Decaux, art. cit., 2e partie, p. 60.
147. *Souvenirs* du comte de Bérard.
148. *Id.*
149. Elle a été publiée à maintes reprises, notamment par le comte de Paris lui-même dans ses *Mémoires d'exil et de combat,* Atelier Marcel Jullian, 1979, p. 336-337.
150. Comte de Paris, *op. cit.,* p. 200.
151. *Souvenirs* du comte de Bérard.
152. Charles Mast, *Histoire d'une rébellion,* Plon, 1969, p. 416.
153. *Id.*
154. Aucune trace de cette affaire n'a jamais été trouvée dans les archives américaines.
155. C'est la version de Pierre de Bérard. Mais il est aussi possible que Henri d'Astier ait été informé directement par Mast qu'il avait personnellement contacté.
156. Alain Decaux, art. cit., 2e partie, p. 60.
157. Charles Mast, *op. cit.,* p. 417.
158. Comte de Paris, *op. cit.,* p. 204.
159. *Souvenirs* du comte de Bérard.
160. *Souvenirs* du comte de Bérard.
161. Alain Decaux, art. cit., 2e partie, p. 61.
162. Général Béthouart, *Cinq années d'espérance,* Plon, 1968, p. 177.
163. Charles Mast, *op. cit.,* p. 417.
164. Entretien avec Henri Michel. A.N., 72 AJ 210.
165. Le procès-verbal qu'il a signé a lui aussi été publié à de multiples reprises, par exemple dans Albert Voituriez, *op. cit.,* p. 156.
166. Déclarations à Philippe Bernert dans *L'Aurore* du 7 novembre 1942.
167. Le fait d'avoir transmis l'ordre va au-delà de la simple responsabilité morale.
168. *L'Aurore* du 7 novembre 1972.
169. Alain Decaux, art. cit., 3e partie, p. 24.
170. Mario Faivre, *op. cit.,* p. 142.
171. Philippe Ragueneau, art. cit., p. 27.
172. Cf. Gabriel Esquer, *op. cit.,* p. 350.
173. Mario Faivre, *op. cit.,* p. 125.
174. *L'Aurore* du 7 novembre 1972.
175. Mario Faivre, *op. cit.,* p. .
176. Alain Decaux, art. cit., 3e partie, p 24.
177. Albert Voituriez, *op. cit.,* p. 152.

178. Pierre Raynaud, *Témoignage et récit pour Mario Faivre,* cité par Jean-Bernard d'Astier de La Vigerie dans sa réponse à Philippe Ragueneau, *Historama,* juillet 1986, p. 93.
179. Albert Voituriez, *op. cit.,* p. 110.
180. Albert Voituriez, *op. cit.,* p. 199.
181. Albert Voituriez, *op. cit.,* p. 201.
182. Albert Voituriez, *op. cit.,* p. 172.
183. Mario Faivre, *op. cit.,* p. 146.
184. Mme d'Astier a donné à Alain Decaux une lettre reprenant ce témoignage.
185. Jean-Bernard d'Astier a donné une lettre-préface au deuxième livre de Mario Faivre, *Le chemin du palais d'été,* Regirex, 1980.
186. Alain Decaux, art. cit., 3e partie, p. 21.
187. Lettre du capitaine L'Hostis aux auteurs.
188. *Le Monde,* 20 février 1980.
189. *Le Monde,* 20 février 1980.
190. *Le Monde,* 20 février 1980.
191. Albert Voituriez, *op. cit.,* p. 152.
192. Encore que la crise de paludisme du prince se soit déclenchée avant le 26.
193. Alain Decaux, art. cit., 3e partie, p. 18.
194. *Cf. supra,* p. 227.
195. L'information est communiquée à Paillole par le colonel Cawguill, de l'I.S. dès janvier 1943. Paul Paillole, *Services secrets,* p. 447.
196. Le message cité supra n. 130 prouve que Murphy et Eisenhower étaient déjà au courant de ces contacts. Il y a donc eu des messages antérieurs, que l'on ne connaît pas encore.
197. Paillole le rencontre ce jour-là à Gibraltar alors qu'il s'apprête à gagner Londres.
198. Écoutes téléphoniques du 15/12/42 au 15/1/43. A.N., 3 W 64.
199. Lettre de Jean-Bernard d'Astier citée *supra* n. 172.

NOTES DE LA CONCLUSION

1. Cette lettre n'a pas été retrouvée.
2. *Cf.* Albert Voituriez, *op. cit.,* p. 204-207.
3. Général Giraud, *Un seul but, la victoire,* Julliard, 1949, p. 81.
4. C'est ce que Bergeret et Giraud expliquent au juge Voituriez. Albert Voituriez, *op. cit.,* p. 238.
5. Albert Voituriez, *op. cit.,* p. 242.
6. Témoignage du commandant Jouanin.
7. Alex Wassilief, *op. cit.,* p. 320.
8. Henri Dumoulin de Labarthète, *op. cit.,* p 87
9. Maurice Martin du Gard, *op. cit.,* p. 315.

SOURCES ET BIBLIOGRAPHIE

I. ARCHIVES

ARCHIVES NATIONALES (A. N.)

Série 3 W : cartons 16, 41 à 44, 49, 50 à 67, 70 à 74, 88, 96, 97, 148 à 151, 162 à 166, 169 à 175, 186, 188, 191, 196, 198, 199, 201, 207, 210, 212, 213, 217 à 234, 239 à 244, 256, 260, 277 à 284, 287, 292, 295 à 297, 316, 333, 340 à 345, 347, 348, 349, 356, 357, 358, 365, 387.
Série F ^{1}A : cartons 3600, 3601, 3657, 3705, 3715, 3716, 3723, 3729, 3744, 3794, 3796, 3823.
Série F 7 : cartons 14924, 14927.
Série F 60 : cartons 55, 56, 57, 114, 115, 569, 588, 744, 780, 1479, 1485, 1489.
Série 72 AJ : cartons 210, 211, 249, 250.
Série AJ 38 : cartons 5, 70.
Série AJ 41 : cartons 3, 6, 17 à 21, 24, 25, 33, 35, 37 à 44, 72, 88, 94, 114, 115, 144, 146, 148, 153 à 155, 158, 159, 185, 534, 682 à 717, 797, 822, 823, 885, 887, 1102, 1312, 1890 à 1917, 2000, 2059, 2063, 2091 à 2097, 2114 à 2116, 2149, 2150, 2154, 2160, 2161, 2169, 2211, 2213, 2237 à 2249.
Série II AG : cartons 3, 42, 52, 54, 58 à 63, 450, 458, 506, 536, 591, 601, 604, 616, 617, 618, 656.
Série Z : 6597 n° 5022 (procès de l'amiral Le Luc).
Papiers Bidault.

SERVICE HISTORIQUE DE LA MARINE (S.H.M.)

Les archives du S.H.M. ont fait l'objet d'un reclassement général, de sorte que les cotes indiquées ici, qui diffèrent de celles indiquées dans des travaux antérieurs (par exemple *Sécurité d'abord* de Maurice Vaïsse) peuvent avoir été changées. Les catalogues des archives dites 20-40 (entre-deux-guerres et drôle de guerre) et de la Seconde Guerre mondiale contiennent des tableaux de correspondance. Dans les notes, on trouve un ou deux cas de nouvelle numérotation, à l'occasion de cartons dépouillés en dernier (par exemple A 23).

II A 66

BB 2 : toute la série a été dépouillée (230 cartons). A signaler tout particulièrement les cartons 170 à 177 (archives de la section études), 207 (campagne de Norvège), 208 (notes de Darlan), ainsi que de riches dossiers sur le désarmement naval.

BB 3 : cartons 1229, 1323, 1362.

BB 4 : cartons 10, 11, 12, 67, 1666, 1667, 1678, 1700, 1722.

BB 7 : cartons 3, 4 (mission navale à Londres).

BB 8 : carton 42 (débris des archives du Conseil supérieur).

BB 9 : messages de l'Amirauté ; toute la série a été dépouillée pour les années 1939 à 1942.

1 CC : cartons 338, 342 (travaux du C.H.E.N.), 499, 500.

40 CC : carton 41.

41 CC : carton 31.

42 CC : carton 3.

DD : carton 179.

7 DD 1 : cartons 1023, 1091.

1 DD 3 : carton 1086.

2 E 4 : cartons 628, 660.

SS Fd : carton 5.

TTC : cartons 11, 21.

TTE : cartons 14 (recherches scientifiques) et 63 à 115 (FMF 3).

TTJ : toute la série (relations avec les commissions d'armistice allemande et italienne).

TTM : carton 13 (marine marchande).

TTN : toute la série (Forces maritimes du Sud, 40-42).

TTOO : série de trois cartons : « grandes études » sur le débarquement allié en AFN, le sabordage de la flotte.

TTT : registres de messages et comptes rendus d'activité ; dépouillement systématique pour les sous-séries TTT 18 (COMAR Alger), TTT 19 (COMAR Oran), sondages pour les autres sous-séries (23 Maroc, 25 AOF, 33 Diégo-Suarez...).

Papiers Violette (microfilm 212).

Papiers Auphan (très riches).

Papiers Castex.

Nota : les Papiers Fenard ont été égarés. Les Papiers Durand-Viel sont déposés au S.H.M., mais l'un d'entre nous a pu les consulter avant leur dépôt ; ils contiennent une série intéressante de lettres de Darlan. Les Papiers Michelier ne sont pas consultables.

Mémoires du C. V. Archambaut.

Dossier personnel de l'Amiral de la flotte Darlan.

Archives du port de Toulon (cartons relatifs à COMAR Alger).

Service historique de l'Armée de terre (S.H.A.T.)

Série P : archives du commandant en chef (1942), classées en 8 sous-séries, numérotées de 1 P à 8 P (organisation, personnel, plans d'opérations...). 40 cartons.
Papiers Weygand (plusieurs lettres de Darlan et de précieux carnets).

Nota : les Papiers Giraud ne sont plus accessibles, pour des raisons obscures. Les Papiers Gamelin ont été dispersés dans diverses séries.

Service historique de l'Armée de l'Air (S.H.A.A.)

Série 3 D : cartons 1, 6, 16, 319, 331 (sur la campagne de Syrie).

Archives du ministère des Affaires étrangères (M.A.E.)

Série CNF (messages de la France combattante).

Archives de la Fondation nationale des Sciences politiques (F.N.S.P.).

Papiers Léon Blum (deux pièces).
Papiers Daladier (plusieurs notes de Darlan).
Nota : catalogues remarquablement détaillés.

Archives privées

Darlan : fonds très riche comprenant notamment des dossiers sur la crise du 13 décembre 1940, la crise d'avril 1942 et la période finale d'Alger. Mais la correspondance familiale, qui existait encore après la guerre (Alain Darlan l'a citée), a disparu.
Bergeret : journal de marche tenu à Alger en novembre-décembre 1942.
Bouthillier : manuscrit du tome III du *Drame de Vichy* qui n'a jamais été publié.
Cagger : quelques pièces sur la période d'Alger.
Chrétien : souvenirs inédits.
Deramond : quelques pièces.
Docteur : correspondance Darlan-Docteur. On trouve des lettres inédites que Docteur n'avait pas publiées dans *La Grande Énigme de la guerre*. En revanche, certains originaux de lettres publiées manquent.
Durand-Viel : quelques pièces en possession de Mme Warnier.
Esteva : lettres de Darlan et souvenirs inédits.
Fenard : fonds très riche sur la période d'Alger, comprenant plusieurs notes manuscrites de Darlan.
Fernet : notes manuscrites de Darlan de 1940.

Fontaine : notes manuscrites de Darlan.
Gasnier-Duparc : ne restent que quelques pièces, d'intérêt secondaire.
Gensoul : lettres de Darlan 1938-1939.
D'Harcourt : journal inédit.
Huntziger : carnets inédits.
Jouanin : diverses notes, agenda.
Jousse : souvenirs inédits sur le débarquement du 8 novembre.
Landriau : pièces relatives à Dunkerque et à Dakar.
Laure : journal inédit, très important (manquent vingt pages, confiées à un historien américain qui ne les a jamais restituées).
Leclerc : quelques messages d'Alger.
Le Luc : plusieurs notes manuscrites de Darlan, de première importance, et souvenirs inédits : I A *l'Amirauté ;* III *Le sabordage* (le t. II sur la signature de l'armistice est fermé à la consultation).
Marzin : souvenirs inédits.
Michelier : souvenirs inédits.
Rivet : journal.
Sanson : nombreuses pièces sur l'Amirauté à Vichy et éléments d'un livre sur Darlan et la marine à Vichy (notamment sur l'affaire d'Estienne d'Orves).
Tracou : quelques pièces.
Vulliez : notes prises en vue de la rédaction des *Vingt derniers jours de la flotte* (nombreux témoignages ; longue note de l'amiral de Laborde).

Il faut y ajouter trois fonds qu'il ne nous est pas permis de citer (indiqués en note : *archives privées*).

ARCHIVES BRITANNIQUES (PUBLIC RECORD OFFICE)

ADM 103 : cartons 32, 125, 611, 613 (prisonniers de Trafalgar).
ADM 199/391 (documents relatifs à l'opération Catapult, notamment le rapport de l'amiral Sommerville).
FO 13251 C (contacts secrets de la fin 40, notamment rapport WP 40, 486 du 19 décembre).
PREM 3/442/20 A (sur l'affaire d'Alger).

ARCHIVES AMÉRICAINES

Washington National Records Center : AFHQ AG 336.36 (messages d'Eisenhower), *Leahy Diary*.
Dwight Eisenhower Library : Messages reçus par Eisenhower en novembre et décembre 1942.
Charleston, The Citadel (Military College of South Carolina) : Records of Evnts from the Date that Lt Gal Mark W. Clark Entered Negociations with Amiral François Darlan until Darlan was Assassinated on Christmas Eve 1942.

ARCHIVES ALLEMANDES

Bundes Archiv Military Archiv (Fribourg)
OKW 151.
RM 7 (M pour Marine) 94, 111 à 115, 255, 259, 490, 531, 1264, 1273, 2127, 2128.
RM 36/M : 649, 4511.
RW 34 (W pour Wehrmacht) : 9, 10, 20, 99, 100, 574, 747.
Case 569, 570, 571 (numérotation anglo-saxonne conservée dans l'attente d'un reclassement).
RH 27 (H pour Heer) : 7/121, 10/46.
RS é : (S pour SS) : 2/3.

ARCHIVES PUBLIÉES

Délégation française auprès de la Commission allemande de l'armistice. Recueil de documents publiés par le gouvernement français, Paris, Alfred Costes, 5 vol., 1947-1959.
Documents diplomatiques français (s'arrêtent pour l'instant en 1939).
Documents on German Foreign Policy, XI, XII, XIII, utilisés concuremment avec les *Akten zur Deutschen Auswartigen Politik,* XI, XII, XIII.
Foreign Relations of the United States 1940, 1941, 1942.
Churchill and Roosevelt. The Complete Correspondance, 3 vols, edited with a commentary by Warren F. Kimball, Princeton, Princeton University Press, 1984.
The Eisenhower Papers. The War Years, Baltimore, The John Hopkins University Press, 1970.
Le Mémorial de Roosevelt d'après les papiers de Harry Hopkins, t. II, *Roosevelt chef de guerre,* Paris, Plon, 1950.
Les Entretiens secrets de Hitler (septembre 1939-décembre 1941), édités par Andreas Hillgruber, Paris, Fayard, 1969.
Vichy 1940-1944. Archives de guerre d'Angelo Tasca, a cura di Denis Peschanski, Paris-Milan, Éditions du C.N.R.S.-Feltrinelli, 1985 (ensemble très riche mais peu de choses sur notre sujet ; une note de Darlan).
Les Papiers de l'amiral Darlan, édités par Hervé Coutau-Bégarie et Claude Huan, 2 vol., à paraître aux éditions Economica en 1989. Toutes les notes de Darlan citées dans ce livre sont intégralement publiées, avec des documents qui n'ont pas été cités ici.
Les Événements survenus en France de 1933 à 1945, témoignages et documents recueillis par la Commission d'enquête parlementaire, 11 vol. 1947-1952.

II — ORIENTATION BIBLIOGRAPHIQUE

Si les biographies de Darlan sont rares, les témoignages ou les études partielles sont abondants. Si l'on y ajoute la littérature consacrée à Vichy, l'ensemble devient gigantesque. Plutôt que de donner une énumération de toutes les œuvres consultées, il a paru préférable de fournir quelques orientations critiques (d'autres ouvrages sont cités dans les notes). Le lecteur intéressé trouvera une bibliographie pratiquement exhaustive sur la marine française de 1919 à 1945, établie par Hannsjörg KOWARK dans la *Jahresbibliographie,* Bibliothek für Zeitgeschichte, Stuttgart, t. 58 (1986), pp. 419-454. Il n'existe pas d'instrument équivalent pour l'histoire de Vichy, mais les ouvrages généraux de Robert ARON, Jean-Baptiste DUROSELLE, Jean-Pierre AZÉMA, etc. donnent des indications bibliographiques abondantes.

Le premier livre consacré à l'amiral Darlan n'est qu'une plaquette d'inspiration hagiographique : Claure FARRÈRE, *François Darlan, Amiral de France et sa flotte,* Paris, Flammarion, 1940. La même année paraissait à Lisbonne une plaquette associant les deux commandants en chef alliés qui allaient bientôt se détester : *Mauricio de Oliveira, Pound et Darlan,* Lisbonne, A. M. Pereira, 1940. Nettement moins hagiographiques, deux livres parus en Grande-Bretagne et aux États-Unis peu après son assassinat : Georges MIKES, *Darlan A Study,* Londres, Constable, 1943 ; Alec DE MONTMORENCY, *The Enigma of Admiral Darlan,* New York, Dutton, 1943. Après la guerre, la mémoire de l'Amiral de la flotte a été défendue dans : Amiral DOCTEUR, *la Grande Énigme de la guerre : Darlan, Amiral de la flotte,* Paris, Éditions de la Couronne, 1949 ; Alain DARLAN, *l'Amiral Darlan parle,* Paris, Amiot-Dumont, 1952. Inévitablement hagiographiques, ces deux ouvrages ont cependant publié très tôt un grand nombre de documents. Après eux, il n'y a plus de biographie jusqu'au petit livre de François FLOHIC et Jacques RAPHAËL-LEYGUES, *Darlan,* Paris, Plon, 1986, qui a publié divers documents extraits des papiers emportés par l'amiral à Alger.

En l'absence de biographies, on dispose d'ouvrages se concentrant sur les deux dernières années, notamment Pierre ORDIONI, *le Secret de Darlan, 1940-1942. Le vrai rival de De Gaulle,* Paris, Albatros, 1974, nouvelle édition complétée, 1986, qui présente une image un peu trop antiallemande et pro-alliée de la politique de l'Amiral de la flotte en 1941. Les ouvrages généraux sur Vichy sont signalés plus loin. Parmi les articles se concentrant sur Darlan, on doit signaler : Arthur FUNK, « Negotiating the Deal with Darlan », *Journal of Contemporary History,* 1973, pp. 81-117 ; Robert L. MELKA, « Darlan between Britain and Germany, 1940-1941 », *Journal of Contemporary History,* 1973, pp. 57-80, qui livre quelques-unes des conclusions d'une thèse, *Admiral Darlan and the Diplomacy of Vichy, 1940-1942* soutenue en 1966 à Chapel Hill University et disponible depuis 1984 en microfilm.

L'épisode final d'Alger a donné lieu à une très abondante littérature, dominée par trois grands livres : CHAMINE (pseudonyme de Geneviève

Dunais, conseillée par Jean Rigault), *Suite française. II, La querelle des généraux,* Paris, Albin Michel, 1952, extrêmement bien renseigné (Rigault n'avait pas été secrétaire à l'Intérieur pour rien) et assez sûr ; Amiral MOREAU, *les Derniers Jours de Darlan,* Paris, Pygmalion-Gérard Watelet, 1985, qui publie de nombreux documents et fournit un témoignage très précis ; Elmar KRAUTKRAMER, *Frankreichs Kriegswende, 1942,* Berne, P. Lang, 1989, de tout premier ordre, avec un appareil critique impressionnant. Utile par les nombreux messages qu'il publie (encore qu'il soit parfois nécessaire de se reporter à l'original pour disposer du texte complet ou exact), Albert KAMMERER, *Du débarquement africain au meurtre de Darlan,* Paris, Flammarion, 1949, très hostile à Darlan. Sur le complot, outre CHAMINE et KRAUTKRAMER (qui avait publié avant son livre un article très minutieux, « Admiral Darlan, de Gaulle, und das royalistische Komplott in Algeria, 1942 » : Politische Implikationene der Kriegswende in Französisch Nordafrika », *Vierteljahreshefte fur Zeitgeschichte,* 1984, pp. 529-581), on dispose du livre de Peter TOMPKINS, *le Meurtre de l'amiral Darlan,* Paris, Albin Michel, 1966, peu utilisable (aucun appareil critique, et la reprise de nombreux bruits dépourvus de tout fondement) et des témoignages (ou des plaidoyers) de plusieurs acteurs du drame : Pierre ORDIONI, *Tout commence à Alger, 1940-1944,* Paris, Stock ; 1972 (2e éd., Albatros, 1985) et Mario FAIVRE, *Nous avons tué Darlan,* Paris, La Table ronde, 1975, et *le Chemin du palais d'Été,* Paris, Regirex, 1982, ont donné des versions du complot monarchiste qui ont été démenties par le COMTE DE PARIS dans ses *Mémoires d'exil et de combat,* Paris, Atelier Marcel Jullian, 1979. La version gaulliste est exposée par le général BILLOTTE, « À propos de la mort de Darlan », *Revue de la France libre,* 1976, pp. 5-6 et Gaston PALEWSKI, *Mémoires d'action,* Paris, Plon, 1988, qu'il faut confronter aux messages publiés dans Charles DE GAULLE, *Lettres, notes et carnets, juillet 1941-avril 1943,* Paris, Plon, 1982. Philippe RAGUENEAU a présenté sa vision des choses dans « La vérité sur la mort de Darlan », *Historama,* 1986, pp. 20-27. La piste britannique est suggérée par Anthony VERRIER, « Les services secrets britanniques ont-ils assassiné l'amiral Darlan ? », *L'Histoire,* n° 121, avril 1989, Anthony CAVE BROWN, *The Secret Service. The Life of Sir Stewart Menzies, Churchill's Spymaster,* Londres, Michael Joseph, 1988, dans les deux cas sans preuves et avec de nombreuses inexactitudes (voir notre réponse à l'article de Verrier dans *L'Histoire,* n° 122, mai 1989). Alain DECAUX a ramené à la surface de nombreux témoignages à l'occasion de son émission qu'il a reprise et développée dans trois articles d'*Historama,* en septembre, octobre et novembre 1979. Le juge Voituriez a publié l'année suivante le récit de son enquête : Albert VOITURIEZ, *l'Affaire Darlan. L'instruction judiciaire,* Paris, Lattès, 1980, avec une présentation de François BROCHE, tandis que Alfred FABRE-LUCE accusait les gaullistes dans *Deux crimes d'Alger,* Paris, Julliard, 1980. Ces publications ont suscité une vive polémique dans la presse, dans les colonnes de *Royaliste,* n° 308 (24/1-6/2/1980), du *Monde,* 1er février 1980 et 20 février 1980, du *Midi libre,* 3 février 1980, de *Valeurs actuelles,* 11 février 1980… Y ajouter un dossier, plus ancien, dans *L'Aurore,* 7 novembre 1972 (déclarations de Cordier et Rosfelder), un autre dans *Le Monde,* 28-29 décembre 1986 et la réponse de Jean-Bernard d'Astier à l'article de Ragueneau dans *Historama,* juillet 1986, p. 93.

Si les études sur Darlan sont peu nombreuses, elles peuvent être complétées par des témoignages. Outre celui de l'amiral Moreau déjà cité, les plus intéressants sont ceux de l'amiral AUPHAN, *L'Honneur de servir,* Paris, France-Empire, 1980 ; Henri BALLANDE, *De l'Amirauté à Bikini,* Paris, Presses de la Cité, 1972 ; Robert GANDIN, *Darlan, Weygand, Cunningham, artisans de la victoire,* Paris, Nouvelles Éditions latines, 1977 ; Jules MOCH, *Rencontres avec Darlan et Eisenhower,* Paris, Plon, 1968 ; Guy RAÏSSAC, *De la Marine à la Justice. Un magistrat témoigne,* Paris, Albin Michel, 1972. Il faut y ajouter les souvenirs, assez nombreux, des ministres de Vichy : Joseph BARTHÉLEMY, *Ministre de la Justice. Vichy, 1941-1943,* Paris, Pygmalion-Gérard Watelet, 1989 (édition critique des souvenirs publiés confidentiellement en 1948), Paul BAUDOUIN, *Neuf mois au gouvernement,* Paris, La Table ronde, 1948 ; Jacques BENOIST-MÉCHIN, *De la défaite au désastre,* 2 vol., Paris, Albin Michel, 1985 (édition posthume d'un texte écrit en 1943-1944 et non retouché) ; Jean BERTHELOT, *Sur les rails du pouvoir,* Paris, Laffont, 1968 ; Yves BOUTHILLIER, *le Drame de Vichy, t. I, Face à l'ennemi, face à l'allié ; t. II, Finances sous la contrainte,* Paris, Plon, 1950 ; Jérôme CARCOPINO, *Souvenirs de sept ans, 1937-1944,* Paris, Flammarion, 1953 ; Henry LÉMERY, *D'une République à l'autre. Souvenirs de la mêlée politique, 1894-1944,* Paris, La Table ronde, 1964 ; Marcel PEYROUTON, *Du service public à la prison commune,* Paris, Plon, 1950 ; Charles POMARET, *le Dernier Témoin. Fin d'une guerre, fin d'une république,* Paris, Presses de la Cité, 1968 ; Pierre PUCHEU, *Ma vie,* Paris, Amiot-Dumont, 1948 (notes rédigées en prison) ; général WEYGAND, *Rappelé au service,* Paris, Flammarion, 1950. On peut y ajouter les souvenirs de plusieurs hauts fonctionnaires et officiers généraux, notamment : François CHARLES-ROUX, *Cinq mois tragiques aux Affaires étrangères, 21 mai-1er novembre 1940,* Paris, Plon, 1949 ; amiral DECOUX, *A la barre de l'Indochine (1940-1945),* Paris, Plon, 1949 et *Adieu Marine !,* Paris, Plon, 1957 ; amiral FERNET, *Aux côtés du maréchal Pétain. Souvenirs, 1940-1944,* Paris, Plon, 1953 ; amiral Georges ROBERT, *la France aux Antilles de 1939 à 1943,* Paris, Plon, 1950 ; Henri DU MOULIN DE LABARTHÈTE, *le Temps des illusions. Souvenirs (juillet 1940-avril 1942),* Genève, Le Cheval ailé, 1946. Pour l'ambiance de Vichy : Maurice MARTIN DU GARD, *la Chronique de Vichy, 1940-1944,* Paris, Flammarion, 1948 ; Pierre NICOLLE, *Cinquante mois d'armistice. Journal d'un témoin,* 2 vol., Paris, André Bonne, 1947. Peu de témoignages intéressants sur Darlan dans les trois volumes de *la Vie de France sous l'Occupation,* Paris, Plon, 1957, centrés sur l'action de Pierre Laval. Des renseignements utiles dans Paul STEHLIN, *Témoignage pour l'histoire,* Paris, Laffont, 1964 ; colonel de WILLELUME, *Journal d'une défaite,* Paris, Fayard, 1976 ; Charles RIST, *Une saison gâtée,* Paris, Fayard, 1983.

Sur l'épisode final à Alger, les témoignages autres que celui de l'amiral Moreau sont assez décevants : Robert MURPHY, *Un diplomate parmi les guerriers,* Paris, Laffont, 1965, s'est montré d'une extrême discrétion ; Kenneth PENDAR, *Alger 1942. Le débarquement et de Gaulle vus par un témoin américain,* Paris, La Table ronde, 1966 est plus précis mais n'a pas joué un grand rôle ; général GIRAUD, *Un seul but, la victoire. Alger, 1942-1944,* Paris, Julliard, 1949 ne dit pratiquement rien de ses rapports avec Darlan. Quelques renseignements à glaner dans général BÉTHOUART, *Cinq années d'espérance,* Paris, Plon, 1968 et Charles MAST, *Histoire d'une rébellion,* Paris, Plon, 1969. Une histoire hagiographique, mais très riche, de la résistance nord-africaine par l'un de ses membres : Gabriel ESQUER, *8 novembre 1942. Jour premier de la Libération,* Tunis, Charlot, 1946.

Il n'existe pas, sur la politique navale française dans l'entre-deux-guerres, d'étude comparable à celle de Theodore Ropp pour le début du siècle. Les deux seuls ouvrages disponibles sont : vice-amiral SALAÜN, *la Marine française,* Paris, Les Éditions de France, 1934 et ESPAGNAC DE RAVAY, *Vingt ans de politique navale, 1919-1939,* Grenoble, Arthaud, 1941 (travail d'état-major inspiré par Darlan), à compléter par un recueil de textes de François Piétri, *la France et la mer,* Paris, Flammarion, 1940. En attendant une étude générale, on doit se reporter aux ouvrages généraux, notamment Philippe MASSON, *Histoire de la Marine, t. II, De la vapeur à l'atome,* Paris, Lavauzelle, 1983 et Étienne TAILLEMITE, *l'Histoire ignorée de la marine française,* Paris, Perrin, 1988, et à des études partielles, notamment Ronald CHALMERS HOOD, *Royal Republicans. French Naval Dynasties between the World Wars,* Baton Rouge, Louisiane State University Press, 1985 (bien documenté, mais un peu caricatural), W. G. PERETT, *French Naval Policy and Foreign Affairs, 1930-1939* thèse disponible en microfilm, 1979 (n'épuise pas le sujet), ainsi que les nombreuses études techniques de Henri LE MASSON et Robert DUMAS, et divers articles, surtout ceux de Philippe BERGOUGNOUX, « Le réarmement de la marine nationale (1934-1939) », *Revue historique des armées,* 1985, n° 4, de Marc NOUSCHI, « La Marine française au début de la guerre d'Espagne », *Bulletin d'histoire moderne,* 1978, n° 25, pp. 15-31 et « La puissance navale française en 1937-1938 », *Revue historique des Armées,* 1983, n° 1, p. 53-59, et de Philippe MASSON, « La puissance navale française, 1919-1939 », *Revue maritime,* 1968, pp. 283-295 et ses communications aux colloques *Les relations franco-britanniques, 1935-1939,* Paris, CNRS, 1975 ; *La France et l'Allemagne, 1932-1936,* Paris, CNRS, 1980 ; *Deutschland und Frankreich, 1936-1939,* Munich, Artemis Verlag, 1980. Y ajouter André REUSSNER, *les Conversations franco-britanniques d'état-major (1935-1939),* Paris, Service historique de la Marine, 1969 ; une biographie de Georges Leygues : Jacques RAPHAËL-LEYGUES, *Georges Leygues, Le « père » de la Marine,* Paris, France-Empire, 1983, et deux études qui débordent du cadre de la marine : Maurice VAÏSSE, *Sécurité d'abord. La politique française en matière de désarmement, 9 décembre 1930-17 avril 1934,* Paris, Pédone, 1980 et Robert FRANKENSTEIN, *le Prix du réarmement français (1935-1939),* Paris, Publications de la Sorbonne, 1982 (sur l'orientation de cette thèse, *cf.* Hervé COUTAU-BÉGARIE, « Comment les Français se sont préparés à la guerre », *Revue d'histoire diplomatique,* 1983, n° 3, pp. 341-351). Le dossier du désarmement naval sera repris dans Hervé COUTAU-BÉGARIE, *Le Désarmement naval. Pavane pour des négociations défuntes et leçon d'histoire pour des négociations à venir,* à paraître en 1990.

Sur la guerre 39-45, la source fondamentale, d'un point de vue maritime, est la superbe série des études réalisées et éditées par le Service historique de la Marine : Hervé CRAS, *les Forces maritimes du Nord,* 3 vol., 1955 ; C. F. CAROFF, *le Théâtre atlantique,* 3 vol., 1958-1959 ; C. F. CAROFF, *le Théâtre méditerranéen,* 3 vol., 1960 ; C. F. CAROFF, *la Campagne de Norvège,* 1955 (réédition 1986) ; Hervé CRAS, *l'Armistice de juin 1940 et la crise franco-britannique,* 1959 ; C. F. CAROFF, *les Débarquements alliés en Afrique du Nord (novembre 1942),* 1960 (réédition 1987). La synthèse la plus sûre reste celle de l'amiral AUPHAN et Jacques MORDAL, *la Marine française pendant la Seconde Guerre mondiale,* Paris, Hachette, 1958, à compléter par Alex WASSILIEFF, *Un pavillon sans tache,* Paris, Grasset, 1986. Mais une nouvelle synthèse, fondée sur des archives maintenant ouvertes, serait nécessaire. Du côté allemand, tous les travaux antérieurs ont été surclassés par Michael SALEWSKI, *Die deutsche Seekriegsleitung, 1939-1945,* Francfort, Bernard und Graefe Verlag, 1970, 2 vol. L'auteur en a donné un résumé concernant la France : « De Mers el-Kébir à Toulon, les grandes lignes de la politique maritime franco-allemande de 1940 à 1942 », *Travaux du Centre de recherches sur les relations internationales,* Metz, 1973. A compléter par une monographie exemplaire : Karl GUNDEBACH, *Die deutsche Luftwaffe in Mittelmeer,* Berne, P. Lang, 1981. Du côté britannique, le vieil historique officiel de P. W. ROSKILL, *The War of Sea,* Londres, HMSO, 1954, 3 vol., aurait besoin d'une refonte. Arthur J. MARDER a donné un point de vue très churchillien sur Mers el-Kébir dans son recueil d'articles, *From the Dardanelles to Oran,* Londres, Oxford University Press, 1974 et une très belle monographie sur l'affaire de Dakar : *Operation Menace,* Londres, Oxford University Press, 1976. Sur Mers el-Kébir, ajouter P. M. H. BELL, « Prologue de Mers el-Kébir », *Revue d'histoire de la Deuxième Guerre mondiale,* janvier 1959 et Warren Tute, *The Deady Stroke,* Londres, Pan Books, 1970. Trois belles études (dont une sur la Force Y de Bourragué) dans Peter C. SMITH, *Action imminent. Three Studies on the Naval War in the Mediterranean Theatre during 1940,* Londres, William Kimber, 1980. Il n'existe pas de monographie consacrée à la Force X, mais son chef a laissé des souvenirs très précis, avec les principaux documents publiés intégralement : vice-amiral GODFROY, *l'Aventure de la Force X à Alexandrie (1940-1943),* Paris, Plon, 1953. Sur le sabordage, les livres sont nombreux, notamment Albert VULLIEZ, *les Vingt derniers jours de la flotte,* Paris, Presses de la Cité, 1963, et Jean-Jacques ANTIER, *le Sabordage de la flotte française à Toulon,* Paris-Brest, Éditions de la Cité, 1986, mais il serait nécessaire de reprendre le dossier à partir des archives allemandes pour en finir avec quelques contrevérités constamment répétées. Pas de biographies des grands chefs navals français à l'exception de Castex : Hervé COUTAU-BÉGARIE, *Castex le stratège inconnu,* Paris, Economica, 1985. Si l'on déborde du cadre naval, les études sont innombrables. Signalons deux publications sur la drôle de guerre : *Français et Britanniques dans la drôle de guerre,* Paris, CNRS, 1979 et François BÉDARIDA, *La Stratégie secrète de la drôle de guerre,* Paris, Presses de la Fondation nationale des Sciences politiques et

Editions du CNRS, 1979 (publication des procès-verbaux du Conseil suprême interallié, avec un très riche appareil critique) qui montrent bien la difficulté du fonctionnement de la coalition franco-britannique et les deux livres très spirituels de François KERSAUDY, *Stratèges et Norvège, 1940. Les jeux de la guerre et du hasard,* Paris, Hachette, 1977 et *1940. La guerre du fer,* Paris, Tallandier, 1988. Les actes d'un colloque : *Les Armées françaises pendant la Seconde Guerre mondiale,* Paris, Institut d'Histoire des conflits contemporains, 1986 sont utiles.

Sur Vichy, la littérature est immense, et l'on ne peut signaler ici que quelques études générales. Robert ARON, *Histoire de Vichy,* Paris, Fayard, 1954 reste un grand livre d'histoire qui ne mérite pas les critiques sévères et parfois diffamatoires qui ont été lancées contre lui par des historiens qui ne le valent pas toujours. Robert O. PAXTON, *la France de Vichy, 1940-1944,* Paris, Le Seuil, 1972, expose avec talent une thèse systématique qui a connu une étonnante fortune, mais qui n'est guère défendable. Henri MICHEL s'est également montré très dur dans son petit livre *Pétain, Laval, Darlan, trois politiques?,* Paris, Flammarion, 1972, à compléter par son *Vichy année 40,* Paris, Laffont, 1966. Jean-Baptiste DUROSELLE a livré une étude d'ensemble de la politique étrangère de la France dans *l'Abîme, 1939-1945,* Paris, Imprimerie nationale, 1982 (qui fait suite à *la Décadence, 1932-1939* dans la même collection, 1979) fondée sur des dépouillements d'archives impressionnants, bienveillante envers la France libre et critique envers Vichy. La thèse inverse est défendue dans des ouvrages non scientifiques, en dernier lieu Pierre QUEUILLE, *Histoire diplomatique de Vichy. Pétain diplomate,* Paris, Albatros, 1976, qui n'est guère utilisable. Parmi les multiples biographies de Pétain, les plus récentes sont celles de Herbert LOTMANN, *Pétain,* Paris, Le Seuil, 1984 et Marc FERRO, *Pétain,* Paris, Fayard, 1987. On attend avec impatience la biographie de Guy PEDRONCINI. Sur Laval, Fred KUPFERMAN, *Laval, 1883-1945,* Paris, Balland, 1987, a surclassé d'un coup et pour longtemps tous les ouvrages antérieurs. Les fresques de Claude PAILLAT, *l'Occupation, I. le Pillage de la France, juin 1940-novembre 1942* (t. VI des *Dossiers secrets de la France contemporaine*), Paris, Laffont, 1987 et d'Henri AMOUROUX, *les Passions et les haines,* Paris, Laffont, 1987 livrent de multiples anecdotes et renseignements, de même que Raymond TOURNOUX, *Pétain et les Français,* Paris, Plon, 1978. Parmi les études spécialisées, une place à part est à faire au livre exceptionnel de Eberhard JÄCKEL, *la France dans l'Europe de Hitler,* Paris, Fayard, 1968, à compléter par Karl-Volker NEUGEBAUER, *Die deutsche Militarkontrolle im unbesetzten Krankreich und in Französich NordwestAfrika, 1940-1942* Boppard-am-Rhein, Harald Bolt, 1970. La politique intérieure de Vichy reste très mal connue, à l'exception de sa politique répressive : Michael MARRUS et Robert PAXTON, *Vichy et les Juifs,* Paris, Calmann-Lévy, 1980 et Dominique ROSSIGNOL, *Vichy et les francs-maçons. La liquidation des sociétés secrètes, 1940-1944,* Paris, Lattès, 1981. Peu de choses sur l'économie, à part la synthèse d'Alfred SAUVY, *la Vie économique des Français, de 1939 à 1945,* Paris, Flammarion, 1978 et les remarques de Richard KUISEL, *l'Etat et le capitalisme en France au XXe siècle,* Paris, Gallimard, 1984, et de Hubert BONIN, *Histoire économique de la*

IVe République, Paris, Economica, 1987, à compléter par le rapport de la Commission consultative des dommages de guerre et réparations, *Dommages subis par la France et l'Union française du fait de la guerre,* 2 vol., Paris, Imprimerie nationale, 1950, et le livre ancien de Pierre ARNOULT, *les Finances de la France et l'occupation allemande, 1940-1944,* Paris, Presses universitaires de France, 1951. Deux études sectorielles sur la collaboration économique : Patrick FACON et Françoise DE RUFFRAY, « Aperçus sur la collaboration aéronautique franco-allemande, 1940-1943 », *Revue d'histoire de la Deuxième Guerre mondiale,* octobre 1977, et Claude HUAN, « La construction navale française, 1940-1942 », à paraître dans les Actes du colloque de Wiesbaden (1988). Pas d'étude d'ensemble sur la propagande, mais une source fabuleuse avec Pierre LIMAGNE, *Ephémérides de quatre années tragiques,* 3 vol., réédition, Lavilledieu, Editions de Candide, 1986. Pas d'étude d'ensemble sur la justice, mais plusieurs livres sur le procès de Riom, notamment Henri MICHEL, *le Procès de Riom,* Paris, Albin Michel, 1979. On attend l'édition des thèses de Michèle COINTET-LABROUSSE sur le Conseil national et de Bernard COMTE sur l'école d'Uriage (à paraître chez Fayard en 1991). Rien sur la politique coloniale ; on attend la publication de la thèse de Christine LEVISSE-TOUZÉ sur l'Afrique du Nord et le livre de Martin L. MICHELSON, *The Spoils of War,* qui devrait être d'un exceptionnel intérêt si l'on en juge par son article « Operation Susan. The Origins of the Free French Movement », *Military Affairs,* octobre 1988, pp. 192-196. À signaler une étude sur Noguès : William A. HOISINGTON Jr., *The Casablanca Connection,* Chapel Hill, University of North Carolina Press, 1986. Pas même d'étude d'ensemble sur la politique militaire de Vichy, à l'exception d'une histoire très minutieuse de l'aviation, malheureusement limitée aux opérations, Christian J. EHRENGARDT et Christopher STOKES, *l'Aviation de Vichy au combat,* Paris, Lavauzelle, 2 vol., 1985 et 1987. Une certaine attention a été accordée aux services secrets, avec Michel GARDER, *la Guerre secrète des services spéciaux français (1939-1945),* Paris, Plon, 1967 et Paul PAILLOLE, *Services spéciaux (1939-1945),* Paris, Laffont, 1975 (par deux anciens des services secrets). La *British Intelligence during the Second World War* edited by F. H. HINSLEY, Londres, HMSO, en cours de publication, contient peu de chose pour notre sujet.

ANNEXES

ANNEXE I

Organigramme du commandement de la déclaration de guerre

D'après l'Instruction n° 1 653 EMG 3 du 26 mai 1939

(1) Commandant en chef des Forces maritimes françaises
(2) Préfet maritime
(3) Forces navales d'Extrême-Orient
(4) Établissement français d'Océanie
(5) Afrique occidentale française
(6) Division navale du Levant
(7) Force de raid
(8) Forces de haute mer
(9) Forces légères d'attaque

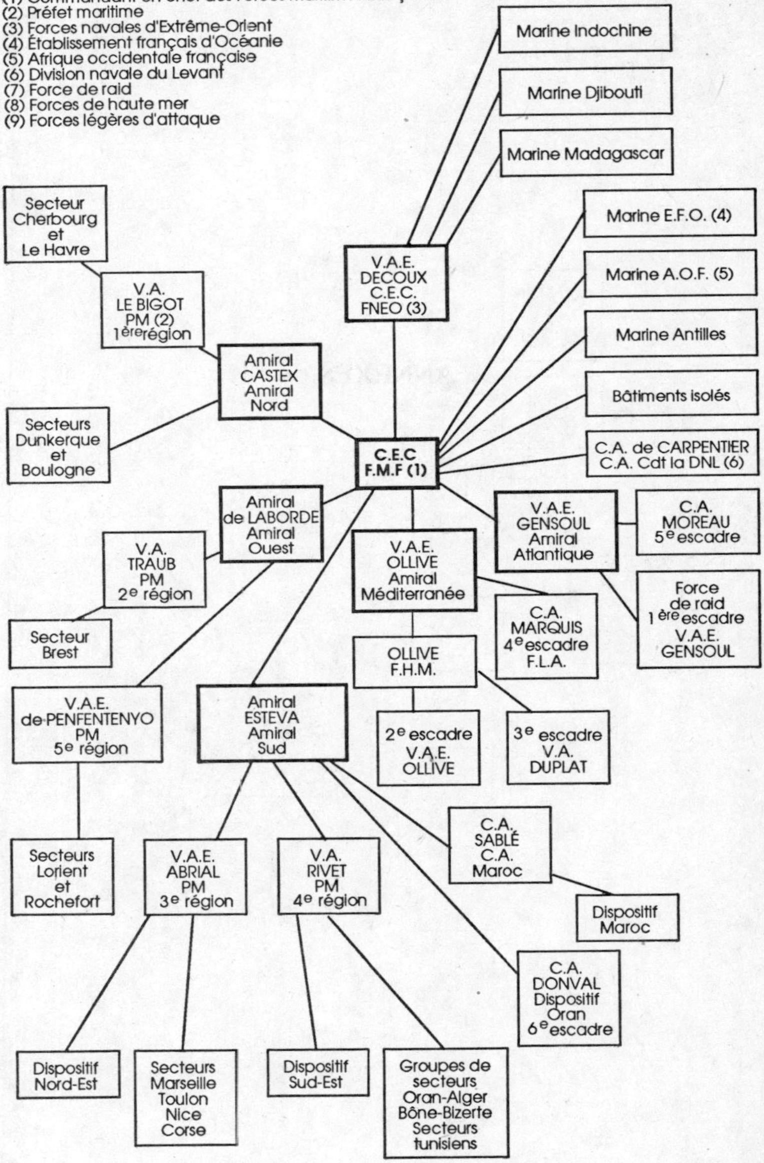

NOTA : peu après la déclaration de guerre, une Force Y est constituée dans l'Atlantique sud pour la chasse aux corsaires. Elle n'a qu'une existence éphémère.

ANNEXE II

Organigramme du commandement en avril-mai 1940

D'après l'instruction n° 1027 F.M.F. du 28 avril 1940

(1) Commandant en chef des Forces maritimes françaises
(2) Préfet maritime
(3) Forces navales d'Extrême-Orient
(4) Établissement français d'Océanie
(5) Afrique occidentale française
(6) Division navale du Levant
(7) Force de raid
(8) Forces de haute mer
(9) Forces légères d'attaque

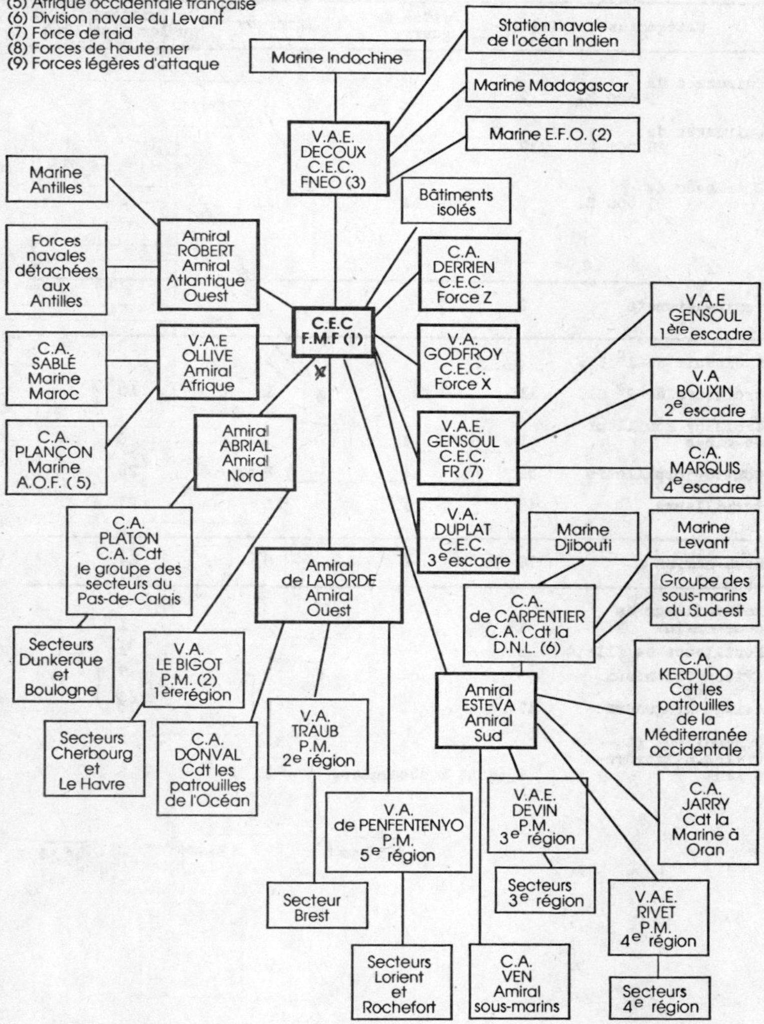

NOTA : En mai 1940 la Force Z devient "Forces navales de Scandinavie" et la Force X "Escadre de la Méditerranée orientale". Instruction 1130 F.M.F. 3 du 11 mai 1940.

ANNEXE III

La flotte française en 1940 (fac-similé)

Catégories	Totale	Pertes de guerre	Internés	Existant au 1er Sept.1940
Cuirassés de 35 000 t.	2			2
Cuirassés de 26 000 t.	2			2
Cuirassés de 23 000 t.	5	1	3	1
Porte-Aéronefs	2			2
Croiseurs de 1e Cl.	7		3	4
Croiseurs de 2e Cl.	11		1	10
Croiseur mouilleur de mines	1	1		0
Contre-Torpilleurs	32	4	2	26
Torpilleurs	45	7	11	27
Sous-Marins	78	6	8	64
Ravitailleur de sous-marins	1			1
Mouilleurs de filets	1			1
Avisos Coloniaux et	9	1	1	7
Avisos Dragueurs	17	1	3	13
Canonnières fluviales d'Extrême-Orient	9 (dont 2 désarmées)		1	6

50300 t 136000t 452000t

ANNEXE IV

Compte rendu annoté par Darlan (fac-similé)

ENTREVUE ENTRE LE MARECHAL PETAIN ET L'AMBASSADEUR OTTO ABETZ, LE MARDI 17 DECEMBRE 1940.

L'Ambassadeur ABETZ dit au MARECHAL qu'il est envoyé en mission par le FUHRER pour lui porter sa réponse à la lettre du 13 Décembre.

Le FUHRER a cru difficilement que cette lettre était du MARECHAL.

Il a vu dans l'éloignement de M. LAVAL un affront personnel parce que c'est lui qui a commensé la politique de collaboration.

Il a chargé M. ABETZ de dire au MARECHAL que, dans ces conditions, la politique de collaboration n'était plus possible.

Le FUHRER a pleine confiance dans le MARECHAL, dans la flotte et dans l'Amiral DARLAN, dans l'armée et le Général HUNTZIGER.

Le choix de M. FLANDIN a ravi le Gouvernement allemand.

Mais il y a dans le Gouvernement des hommes qui sont contre la collaboration et qui ont mené l'action contre M. LAVAL. Immédiatement après son éviction, des Allemands à Vichy ont été insultés et appelés boches; à Paris on a déclaré que c'était un coup des gaullistes.

Le Chancelier ne veut imposer aucune solution, mais la collaboration devient impossible et cela aura de graves

- 2 -

conséquences pour la métropole, l'empire et le traité de pai

Le FUHRER propose 4 points:

a) 1°- Ministre des Affaires Etrangères: M. FLANDIN,

2°- Ministre de l'Intérieur: M. LAVAL,

b) 3°- Remplacement de M. CAZIOT par M. ACHARD,

4°- Remplacement de M. BELIN par M. FROIDEVAL,

c) Pour que la continuation de la politique de collaboration soit possible,

Remplacement de la Vice-Présidence du Conseil par un Directoire présidé par l'Amiral et composé du Général HUNTZIGER, de M. FLANDIN et de M. LAVAL,

d) Destitution de La LAURENCIE qui serait remplacé par M. de BRINON.

Le Gouvernement est libre, mais si tout cela n'est pas accepté, la collaboration n'est pas garantie.

Ma mission officielle est terminée.

Voici la situation telle que je la vois.

Si M. LAVAL a été évincé, cela tient à trois causes:

Agissements des Américains et des Anglais contre M. LAVAL,

Le fait que cela va mal pour les Italiens en Méditerranée,

- 3 -

Peur du "DAUPHIN", le remplacement du MARECHAL par M. LAVAL étant impopulaire.

Notre désir est de voir la nation française forte et glorieuse.

Dans l'Europe future, chaque nation aura son rôle - si toutes pourront entretenir des forces armées de toute nature, l'Allemagne aura surtout l'aviation, la France, la marine, parce qu'une fois la tradition britannique disparue, il ne reste que la tradition française.-

Le successeur de HITLER est un aviateur, la logique voudrait que le successeur du MARECHAL fut un marin.

Le MARECHAL répond:

Sur certains points je suis d'accord. Mais il y a incompatibilité entre M. LAVAL et moi - je sais tout ce qu'il a fait; j'espérais pouvoir travailler avec lui coeur à coeur -

Sa collaboration est devenue peu intime.

En Août, on a attaqué quelques Ministres, C'est M. LAVAL qui avait monté l'affaire avec quelques journaux de Paris.

Peu de temps après, cela a recommencé pour d'autres Ministres dont je me suis séparé parce que anciens parlementaires.

- 4 -

M. LAVAL est resté seul parlementaire. Je me suis aperçu que ses procédés étaient toujours les mêmes. Il voulait me mettre dans les nuages et gouverner à ma place.

Je n'ai pas été de son avis.

Il venait à Paris et je n'avais jamais un rapport écrit sur ce qu'il y faisait.

Je connaissais ses relations d'affaires.

Bref, j'ai perdu ma confiance en lui.

Vous faites intervenir la collaboration, vous dites qu'elle ne peut avoir lieu: vous êtes mal informé. J'ai le ferme désir, appuyé par tous les membres du Gouvernement, de collaborer.

Pour arriver à ce que vous avez dit de l'Europe, vous anticipez sur la survivance: c'est justement le chef qui est avec moi ici à qui je pense.

Mon successeur sera désigné par le Conseil, mais je donnerai mon avis avant de disparaître.

M. ABETZ - Qu'ont vos Ministres derrière eux?

MARECHAL - Ils ont ma confiance.

M. ABETZ - On a reproché aux Allemands d'être bien informés. Je peux vous dire que si nous partions, pas un des hommes qui vous entourent ne resterait, ils seraient balayés car ils sont détestés et haïs.

MARECHAL - LAVAL comme eux.

- 5 -

M. ABETZ - Sa popularité à Paris a grandi depuis son éviction - vous pouvez la lui faire perdre en le libérant.- Nous avons des preuves que des Ministres sont contre la collaboration.

MARECHAL - Donnez-moi des preuves, je les remplacerai. Je pense que tout le monde marche derrière moi. Les cardinaux, les évêques (BAUDRILLART, SUHARD, GERLIER) font des mandements pour la collaboration. Il n'y a pas la moindre idée contraire.

M. ABETZ - Les maçons disent qu'ils collaborent avec nous et, par en-dessous donnent des instructions contraires.

MARÉCHAL - Je ne connais personne d'accord avec les Anglais dans mon entourage.

Je ne dis pas à haute voix ce que je pense, mais je suis contre les Anglais.

Le MARECHAL parle ensuite du Général de GAULLE.

M. ABETZ - Savez-vous que M. de BRINON qui est l'ami du FUHRER, qui vous portait une lettre de lui a été arrêté.

MARECHAL - Je le déplore.

Amiral DARLAN - M. PEYROUTON n'est pour rien dans cela.

M. ABETZ - Le FUHRER aurait fait fusiller le Ministre.

Toutes ces choses font que si les 4 points ne sont pas acceptés, si M. LAVAL n'est pas libéré, je refuse le déjeuner.

- 6 -

MARECHAL - Le Directoire, je l'accepte sauf LAVAL. Si j'étais amené à partir ce serait une catastrophe.

M. ABETZ - pour la France.

MARECHAL - et pour vous - à vous de savoir si je dois rester ou partir. J'accepte ce consulat - je ne peux pas reprendre M. LAVAL. Faites-moi confiance un mois.

M. ABETZ - Mes instructions ne le permettent pas. M. de BRINON est-il accepté comme représentant à Paris?

MARECHAL - Il est le dépositaire des secrets de M. LAVAL.

Amiral DARLAN - On peut le garder.

MARECHAL - Oui.

M. ABETZ - J'ai beaucoup fait pour la collaboration malgré des insultes. La défaite venue j'ai essayé d'arranger les choses: cela a été difficile.- LAVAL a rendu de grands servic[es] à la France.

MARECHAL - Sa collaboration a existé, mais il a fait des tas de choses qui m'ont peiné. Je ne sais pas si après un temps il ne pourra être repris mais il ne peut revenir ni aux Affaires Etrangères ni à l'Intérieur.

L'Amiral DARLAN demande ce qui est reproché à M. CAZIOT. M.ACHENBACH déclare que M. CAZIOT dit vouloir collaborer mais qu'il interdit aux organismes qui dépendent de lui de s'entendre avec les Allemands. Il en est de même pour M. BELIN.

MARECHAL - Je remplacerai volontiers M. BELIN à qui j'ai eu des observations à faire et qui ne réussit pas à proposer

...

- 7 -

les mesures destinées à supprimer la lutte des classes.

M. ABETZ déclare qu'il rompt l'entretien.

MARECHAL - Ma dignité s'oppose à la rentrée immédiate de M. LAVAL.

M. ACHENBACH - Il n'est pas question de cela. -

1°) L'Ambassadeur propose que le MARECHAL reçoive M. LAVAL et que l'entretien ait lieu dans un caractère amical - communiqué à la presse.

2°) Lettre pour le Chancelier donnant acceptation de principe - Mais pour le moment impossible de reprendre M. LAVAL.

L'Amiral DARLAN précise que, en tout cas, M. LAVAL ne pourrait reprendre une place équivalente à celle qu'il avait.

M. ABETZ - D'accord, une autre personne négocierait.

- Echanges de vues divers.

MARECHAL - Je propose de gagner du temps. Je crains beaucoup pour le pays - J'ai encore sa confiance, elle sera ébranlée si je fais toutes les concessions.

Si M. LAVAL cesse ses voyages à Paris et ses manières de faire je pourrais envisager de le reprendre.

Si j'arrive à avoir la preuve que je me suis trompé, je reviendrai sur ma décision. Pour le moment je n'ai pas la preuve.

- 8 -

M. ARENBACH - Il s'agit d'une question d'état d'esprit. Avant la guerre des relations de courtoisie avec l'Allemagne étaient suspectes. Il paraît en être de même maintenant. Du moins nous interprètons les faits ainsi.

MARECHAL - Cela passera. Je continue à faire de la propagand dans le sens de la collaboration. Je vais reviser le Gouvernement et intensifier mon action.

M. ABETZ - Je fais cette proposition en dehors de mes instructions:

1°) Le MARECHAL reçoit M. LAVAL pour faire un geste relati à la collaboration - Communiqué à la presse.

Le MARECHAL accepte.

2°) Confirmation par lettre écrite au Chancelier que le MARECHAL est d'accord sur ses propositions.

a) Directoire DARLAN - HUNTZIGER FLANDIN - LAVAL

b) LAVAL remplace PEYROUTON

c) CAZIOT et BELIN sont remplacés par ACHARD et FROIDEVA

d) BRINON remplace LA LAURENCIE.

Si ces choses sont confirmées la question du délai est réservée et le MARECHAL pourrait attendre.

MARECHAL - Je fais une exclusion pour M. LAVAL à l'Intérieur. Membre du Directoire: possible.

- 9 -

M. ABETZ menace de rompre la discussion.

L'Amiral lui fait observer que rien ne peut être réglé sans le Conseil des Ministres qui ne peut se réunir que l'après-midi.

M. ABETZ en convient et accepte de venir au déjeuner.

ANNEXE V

Organigramme du gouvernement Pétain-Darlan (février 1941) (fac-similé)

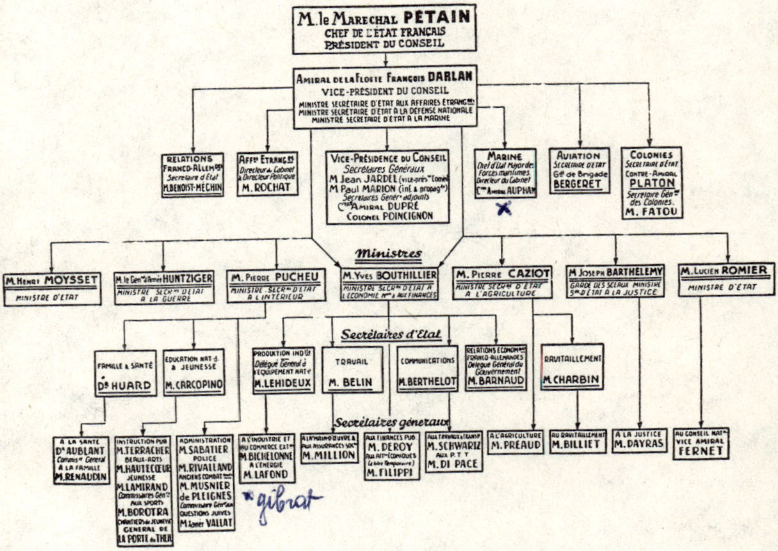

ANNEXE VI

Télégramme inédit de Mac Farlane confirmant celui du général Catroux (fac-similé)

FROM: Governor Gibraltar DATE: 122250Z Dec. REF. NO. 413

TO : General Eisenhower MOST IMMEDIATE SECRET

<u>Edited Literal</u> SECRET

I was present at meeting between Generals Catroux and Bethouard this afternoon. Catroux said he knew nothing of D'Astiers proposal to meet De Gaulle in Gibraltar. Bethouard gave Catroux a description of the situation in North Africa with considerable detail regarding his own share in recent events. Both were eloquent on the subject that both Darlan and Nogues must go. Catroux told Bethouard that he hoped to accompany General De Gaulle to see President Roosevelt early in January after which he thought it would be possible to initiate collaboration between fighting French and General Giraud. I have permitted Catroux and Bethouard to continue their talk which is now taking place in private. Bethouard with his companions in exile and Beaufort are returning to Algiers A.M. tomorrow has been told that he will be sent to America on a mission by Giraud. He has also received telegram from Du Breuil from Algiers who states he will be accompanying him to U.S A. my comments. Both Beaufort and Bethouard presented their cases logically very clearly and without exaggeration. Beaufort's advocacy was extremely good. Furthermore Beaufort has previously served under Catroux and Catroux has a good opinion of him but Catroux remained quite unshaken on the subject of refusing to deal with Darlan. Catroux indulged in no detailed criticism but stressed the point that Beaufort did <u>not</u> realise the intensity of the feeling against Darlan in Britain, America, the occupied countries and even French North Africa.

SECRET

INDEX

TABLE DES MATIÈRES

DANS LA MÊME COLLECTION

Pierre AUBÉ	*Godefroy de Bouillon*
	Thomas Becket
Françoise AUTRAND	*Charles VI*
Jean-Pierre BABELON	*Henri IV*
Michel BAR-ZOHAR	*Ben Gourion*
Jean BÉRENGER	*Guillaume Tell*
Jean-François BERGIER	*Turenne*
Guillaume de BERTIER de SAUVIGNY	*Metternich*
Jean-Paul BLED	*François-Joseph*
François BLUCHE	*Louis XIV*
Michel de BOÜARD	*Guillaume le Conquérant*
Pierre BROUÉ	*Trotsky*
Michel CARMONA	*Marie de Médicis*
	Richelieu
Louis CALLEBAT	*Pierre de Coubertin*
Duc de CASTRIES	*Mirabeau*
Pierre CHEVALLIER	*Louis XIII*
	Henri III
Eugen CIZEK	*Néron*
Ronald W. CLARK	*Benjamin Franklin*
André CLOT	*Soliman le Magnifique*
	Haroun al-Rachid
Ivan CLOULAS	*Les Borgia*
	Catherine de Médicis
	Laurent le Magnifique
	Henri II
André CORVISIER	*Louvois*
Liliane CRÉTÉ	*Coligny*
Daniel DESSERT	*Fouquet*
Jean DEVIOSSE	*Jean le Bon*
Michel DUCHEIN	*Marie Stuart*
Georges-Henri DUMONT	*Marie de Bourgogne*
Jacques DUQUESNE	*Saint Éloi*
Jean-Baptiste DUROSELLE	*Clemenceau*
Danielle ELISSEEFF	*Hideyoshi*

Jean ELLEINSTEIN	*Staline*
Paul FAURE	*Ulysse le Crétois*
	Alexandre
Jean FAVIER	*Philippe le Bel*
	François Villon
	La Guerre de Cent Ans
Marc FERRO	*Pétain*
Jean-Michel GAILLARD	*Jules Ferry*
Lothar GALL	*Bismarck*
Max GALLO	*Garibaldi*
Louis GIRARD	*Napoléon III*
Pauline GREGG	*Charles Ier*
Pierre GRIMAL	*Cicéron*
Pierre GUIRAL	*Adolphe Thiers*
Mireille HADAS-LEBEL	*Flavius Josèphe - Le Juif de Rome*
Léon E. HALKIN	*Érasme*
Brigitte HAMANN	*Élisabeth d'Autriche*
Jacques HARMAND	*Vercingétorix*
Jacques HEERS	*Marco Polo*
	Machiavel
François HINARD	*Sylla*
Michel HOÀNG	*Gengis khan*
HBERHARD HORST	*César*
Gérard ISRAËL	*Cyrus le Grand*
Jean JACQUART	*François Ier*
	Bayard
André KASPI	*Franklin Roosevelt*
Paul Murray KENDALL	*Louis XI*
	Richard III
	Warwick le Faiseur de Rois
Yvonne LABANDE-MAILFERT	*Charles VIII*
Claire LALOUETTE	*L'Empire des Ramsès*
	Thèbes
André LE RÉVÉREND	*Lyautey*
Évelyne LEVER	*Louis XVI*
	Louis XVIII
Robert K. MASSIE	*Pierre le Grand*
Georges MINON	*Henri VIII*
Pierre MIQUEL	*La Grande Guerre*

	Poincaré
	La Seconde Guerre mondiale
	Les Guerres de religion
Inès MURAT	*Colbert*
	La IIe République
Daniel NONY	*Caligula*
Stephen B. OATES	*Lincoln*
Joseph PÉREZ	*Isabelle et Ferdinand, Rois Catholiques d'Espagne*
Régine PERNOUD	*Jeanne d'Arc*
	Les Hommes de la Croisade
	Richard Cœur de Lion
Jean-Christian PETITFILS	*Le Régent*
Claude POULAIN	*Jacques Cœur*
Bernard QUILLIET	*Louis XII*
Jean RICHARD	*Saint Louis*
Pierre RICHÉ	*Gerbert d'Aurillac*
Jean-Paul ROUX	*Babur*
Yves SASSIER	*Hugues Capet*
Klaus SCHELLE	*Charles le Téméraire*
William SERMAN	*La Commune de Paris*
Daniel Jeremy SILVER	*Moïse*
Jean-Charles SOURNIA	*Blaise de Monluc*
Laurent THEIS	*Dagobert*
Jean TULARD	*Napoléon*
Bernard VINOT	*Saint-Just*

Cet ouvrage a été composé
par l'Imprimerie BUSSIÈRE
et imprimé sur presse CAMERON
dans les ateliers de la S.E.P.C.
à Saint-Amand-Montrond (Cher)
en mai 1989

35-65-8043-01

ISBN : 2-213-02271-2

N° d'édit. : 3258. N° d'imp. : 7714-579.
Dépôt légal : mai 1989.

Imprimé en France

35-8043-8